云南工商年鉴

YUNNAN INDUSTRY AND COMMERCE ALMANAC

2002

云南省人民政府研究室
云南省工商行政管理局 主办

工商年鉴》创刊

云南省新闻出版局
云南省质量技术监督局
云南省药品监督管理局
云南省旅游局
云南省乡镇企业局
云南省工商业联合会
云南省科学技术协会
云南省机械工业行业协会
云南省文学艺术界联合会
云南日报报业集团
云南省机械设备成套局
云南省公路局
云南省知识产权局
云南省地质矿产勘查开发局
云南省煤田地质局
云南省供销合作社联合社
云南省国家税务局
云南省出入境检验检疫局
云南煤矿安全监察局(省煤炭工业局)
云南省烟草专卖局
中国人民银行成都分行昆明金融监管办事处
云南省企业调查队
中国国际贸易促进会云南分会
云南省年鉴研究会
云南经济年鉴编辑部
云南统计年鉴编辑部
云南减灾年鉴编辑部
云南电力年鉴编辑部
昆明铁路年鉴编辑部
昆明理工大学年鉴编辑部
云南铜业年鉴编辑部
云南金融年鉴编辑部
昆明年鉴编辑部
曲靖年鉴编辑部
玉溪年鉴编辑部
昭通年鉴编辑部
楚雄年鉴编辑部
红河年鉴编辑部
文山年鉴编辑部
思茅年鉴编辑部
西双版纳年鉴编辑部
大理年鉴编辑部
保山年鉴编辑部
德宏年鉴编辑部
丽江年鉴编辑部
迪庆年鉴编辑部
临沧年鉴编辑部
香港佳信达印刷集团（云南佳信达印务有限公司）

(祝贺单位排名不分先后)

云南工商年鉴编辑委员会

名誉主任　吴光范（云南省人大常委会副主任）
程映萱（云南省副省长）

主　　任　邹纲仁（云南省人民政府秘书长）

副 主 任　车志敏（云南省人民政府研究室主任）
何远灿（云南省工商行政管理局局长）
庞锡钧（云南省发展计划委员会主任）
李现武（云南省经济贸易委员会主任）
赵　钰（云南省财政厅厅长）
程政宁（云南省建设厅厅长）
李裕光（云南省交通厅厅长）
孔垂柱（云南省水利厅厅长）
潘政扬（云南省农业厅厅长）
陈继海（云南省林业厅厅长）
孙小虹（云南省对外贸易经济合作厅副厅长）
贺光曙（云南省文化厅厅长）
陈觉民（云南省卫生厅厅长）
段捷庆（云南省国家税务局局长）
冯登坤（云南省地方税务局局长）
石振勤（云南省新闻出版局副局长）
鲁寿生（云南省质量技术监督局局长）
罗明义（云南省旅游局局长）
李维林（云南省烟草专卖局局长）
肖　鹏（云南省电力集团有限公司总经理）
龙　江（云南医药集团有限公司总经理）
祝培礼（云南省年鉴研究会会长）
李如林（云南省乡镇企业局局长）
王贵明（云南省工商行政管理局副局长）
周家祥（中央金融纪工委、金融系统监察局驻云南省金融系统纪检监察特派员办公室主任）

委　　员　姚应懿（云南年鉴杂志社社长、云南工商年鉴编辑部主任）
唐恒高（云南省工商行政管理学会秘书长）
杨汝祥（云南省工商行政管理局办公室主任）
唐腾激（云南省发展计划委员会办公室主任）
李泽栋（云南省经济贸易委员会办公室主任）
胡祖俊（云南省公安厅办公室主任）
杨利邦（云南省财政厅办公室主任）

李发新（云南省建设厅办公室主任）
江河云（云南省交通厅办公室主任）
朱发顺（云南省水利厅办公室主任）
张泽军（云南省农业厅办公室主任）
王　哲（云南省林业厅办公室主任）
范道同（云南省对外贸易经济合作厅办公室主任）
贾　奇（云南省文化厅办公室主任）
王天朝（云南省卫生厅办公室主任）
倪良宗（云南省国家税务局办公室主任）
徐胜旗（云南省地方税务局办公室主任）
张志坚（云南省新闻出版局办公室主任）
杨　甦（云南省质量技术监督局办公室主任）
曹昊男（云南省旅游局办公室主任）
温　剑（云南省乡镇企业局办公室主任）
温宁军（云南省烟草专卖局办公室主任）
李晓彤（云南电力集团有限公司办公室主任）
王爱中（云南省昆明市工商行政管理局局长）
任太文（云南省曲靖市工商行政管理局局长）
焦　平（云南省玉溪市工商行政管理局局长）
陈学坤（云南省昭通市工商行政管理局局长）
李治刚（云南省保山市工商行政管理局局长）
苏国胜（云南省楚雄彝族自治州工商行政管理局局长）
张惠英（云南省红河哈尼族彝族自治州工商行政管理局局长）
陈　勇（云南省文山壮族苗族自治州工商行政管理局局长）
杨健宏（云南省思茅地区工商行政管理局局长）
岩温扁（云南省西双版纳傣族自治州工商行政管理局局长）
李志林（云南省大理白族自治州工商行政管理局局长）
王一丁（云南省德宏傣族景颇族自治州工商行政管理局局长）
沙文才（云南省丽江地区工商行政管理局局长）
范福生（云南省怒江傈僳族自治州工商行政管理局局长）
高　进（云南省迪庆藏族自治州工商行政管理局局长）
李　晗（云南省临沧地区工商行政管理局局长）
龚新群（云南工商年鉴编辑部副主任）

特邀编委（排名不分先后）

苏乔宝　邓胜祥　普良红　潘炳寿　陈　登　樊兴华　郑建东　马建国　郭　兵
魏　健　李正茂　陈铁牛　鲁仕泽　王大骞　杨　飞　尚开伟　吴向东　张国邦
李国华　沐朝熙　蒋传书　马玉达　李希林　蒲开南　苟家正　王文忠　魏　江
孔旭东　翟家贵　刘文章　王家应

云南工商年鉴编辑部

主　　编	姚应懿　唐恒高　杨汝祥
副 主 编	龚新群　杨锦霞
编　　辑	李庆光　文同懿　曹锦树　蒲明权　彭良思　李世萍 郭　荣　赵　欣　罗昆德　杨泽勇　张丽芬　余发平 刘金富　夏丽艳　方万莲　时　琰　杜德艺　杜红纪 刘明会　周　鹏　杨　鸿　夏安洪　王天发　邹宏宁 游树田　李　勇　邹宏峰　冷传奎　刘光荣　赵春燕 杨　华　史树明　李明升　何　进
编　　务	文同懿　彭良思　李世萍
彩版设计	杨锦霞　李庆光　王　斌
英文要目翻译	王景来
索引编制	杨锦霞

《云南工商年鉴》(2002)总撰名单

（排名不分先后）

李维高	徐　强	李晓东	王红云	朱　华	徐佑勇	杨文华	徐玉明	阮云昆
陈　澎	唐昭义	孟　玥	杨晓斌	高　燕	孙玉虹	李冬梅	李赐祥	杨晓梅
张　磊	付淑芳	周家胜	徐颖梅	伍建斌	邹　灯	王学增	刘自兵	王　丽
徐海林	秦志元	王　丽	杨长会	方　伟	钱　敏	孔庆辉	王　忠	郎映楼
张家智	普中华	李宏刚	任宏光	马赛武	龚昌武	安晋良	王荣文	罗　飞
张　彦	吴启敏	吴家良	何顺品	王文跃	李安玉	吴长庆	何其松	陆　颖
者朝林	朱　娜	郭　华	秦之相	王剑清	周海章	梁世荣	杨若芬	赵惠春
张文平	吕俊泽	李长赋	王　伟	李祖贤	李利明	杨　庆	王威良	赵　懿
杨蒙昆	刘　坤	刘成林	袁贵生	杨光荣	赵永平	欧建国	张　敏	潘伟俊
付琴惠	周锦钊	欧阳翔	付建荣	孙印福	高保龙	陆莎莎	王　龙	高寿文
张云祥	黄富山	李　剑	黄　勇	赵　余	李发坤	朱　彬	王成贵	陶　东
王　芳	吴　江	胡　波	潘宗宏	聂春海	雷　波	陈　敏	陈启燕	王　华
何　锋	张　涛	彭　宏	董继龙	张明荣	杨家宝	李克用	李晓坤	陈荣华
马　彪	杨文沛	丁凤云	张　华	段丽君	许　旻	董国才	邵　丽	杨　波
段茹国	孟文祥	李春涛	吴云丽	孔维福	赵胜利	李　瑜	董文海	何绍仰
范兴凯	姚清泉	金健飞	陈绍兴	韦永钦	杨文勤	李学华	姬跃芳	李神州
赵文志	张玲丽	何　信	赵永新	何树洋	李　聪	施　剑	彭佑礼	郭忠福
周世光	张济能	钱　岩	杨启龙	袁建国	李树春			

编　辑　说　明

一、《云南工商年鉴》由云南省人民政府研究室和云南省工商行政管理局主管、主办，云南年鉴杂志社、云南省工商行政管理学会云南工商年鉴编辑部编辑，德宏民族出版社出版，首卷正文96万字。该年鉴从2002年起每年编辑出版一卷。

二、编辑出版《云南工商年鉴》(2002)，旨在以邓小平理论和党的十五大精神为指导，按照江泽民同志“三个代表”的要求，实事求是地辑录云南省工商行政管理系统在法制建设、市场监督管理、公平交易执法、企业登记管理、个体私营经济监管，广告监督管理、商标管理，维护消费者权益等方面的信息资料，帮助我省工商企业整顿和规范市场经济秩序，提高经济增长质量和效益，促进国民经济持续快速健康发展。

三、《云南工商年鉴》(2002)设特载、专文、大事记、工商行政管理、地州市县工商行政管理概况、法规·政策、重要文件选载、部分企事业单位简介、统计资料九个部类，集中反映了2001年云南省工商行政管理系统广大干部把好市场主体入门关，当好市场运行的“裁判员”、做好维护社会主义市场秩序的坚强卫士等方面的情况。

四、《云南工商年鉴》(2002)的体例分为一、二、三级目和条目。一级目为大部类，如工商行政管理、地州市县工商行政管理概况、法规·政策等，其标题在版内占三栏；二级目设在一级目内，其标题在版内占两栏；三级目设在二级目内，其标题在版内占一栏：三级目之下为条目，其标题以黑体字加方括号标明。为方便读者查阅，书末附有索引。

五、本年鉴稿件由全省工商行政管理系统及部分知名企事业单位提供，统计数据均使用法定单位，具有较强的权威性。

六、本年鉴的编辑出版，得到了中国工商报社、中国消费者报社、中国工商行政管理学会、工商出版社，各省、市、自治区工商行政管理局，云南省发展计划委员会等有关省属委办厅局，云南省年鉴研究会等单位，以及省人大常委会副主任吴光范、副省长程映萱等各级领导的关心、指导和支持，在此，一并向他们表示衷心的感谢。

云南工商年鉴编辑部

二OO二年十一月八日

目　　录

特　　载

在2000年公益广告表彰会上的讲话　吴光范　1
把握机遇　开拓进取
切实抓好保护消费者权益工作
——在云南省保护消费者权益委员会三届三次理事会上的讲话　程映萱　2
在全省市场办管脱钩电视电话会议上的讲话　程映萱　4
在全省工商行政管理工作会议上的讲话　程映萱　7
解放思想　开拓创新　狠抓落实
实现新世纪工商行政管理工作的良好开局　何远灿　11
在全省工商行政管理工作会议上的讲话　何远灿　20

专　　文

在建立经济户口试点工作会议上的讲话　王贵明　27
云南省“九五”商标工作回顾及展望
——在全省知识产权工作会议上的发言　赵　健　30
在全省整顿和规范市场经济秩序工作会议上的发言　郝青山　34
切实加强工商行政管理系统党风廉政建设和反腐败工作
在云南省工商行政管理系统纪检监察工作会议上的报告　曾荣基　36

大　事　记

2001年1月～12月　43

工商行政管理

综述　45
概况　45
学习和实践江总书记“三个代表”重要思想　45
纪检监察和党风廉政建设　45
整顿和规范市场经济秩序　45
市场办管脱钩　46
整治“三乱”　46
系统基本建设　46
地县工商局机构改革前期准备　46
市场监督管理　46
维护消费者合法权益　46
商标广告监督管理　46
法制工作　46
干部教育培训　46
系统财务工作　47
工商所建制调整和经济户口试点工作　47
对基层工作的指导　47

法制建设
加强对整顿和规范市场经济秩序的指导　47
加快立法和清理行政审批步伐　47
行政执法证培训和考试工作取得阶段性成果　47
加强对大案、要案、疑难案件查处工作的指导　47
行政执法监督工作　48

市场规范管理
概况　48
以商品交易市场规范化管理为重点强化重要商品市场的管理　48
顺利完成省政府交办的市场办管脱钩的各项任务　49
加强合同监管　49
转变政府职能，提高工作效率　50
商品交易市场统计和分析工作　50

公平交易执法
概况　50
打击假冒伪劣商品保护名优商品　50
积极开展反不正当竞争执法工作　50
严厉打击传销行为　51
积极开展对拼装汽车市场的专项整治　51
继续加大对各类市场专项整治　51

企业登记管理
概况　51
努力实现职能到位　51
认真做好内资企业登记注册工作　52
做好外商投资企业登记管理工作　52
强化对企业的监管力度，进一步整顿和规范市场主体行为　53
认真搞好内外资企业登记统计和档案管理工作　54
进一步提高全省企业登记管理干部队伍的整体素质和执法水平　54

个体私营经济监管
概况　54
全省城乡个体工商业私营企业发展的主要特点　54
个体私营经济增长的原因　55

广告监督管理
概况　55

加强广告经营资格检查规范广告经营主体资格　55
规范广告经营行为打击虚假违法广告　55
促进广告监管职能到位　56
继续组织开展公益广告活动　56

商标注册与管理
概况　56
加强政治思想教育和业务知识培训　57
强化商标监督管理工作　57
积极推进名牌战略的实施　57
扩大商标注册面　58
指导企业商标工作　58
抓好廉政勤政建设　58

个体、私营经济协会
概况　58
加强个体私营队伍的政治思想建设　58
加强个私经济组织的党建工作　59
继续开展法制教育和职业道德教育　59
以活动为载体做好服务工作　59

地州市县
工商行政管理概况

·昆明市·
整顿规范市场经济秩序　60
促进各类市场主体发展　60
广告监督管理　61
商标专用权管理　61
经济合同监督管理　61
保护消费者权益工作　61
市场办管脱钩　62
2001 年任职的局领导名单　62

盘龙区
工商行政管理基本情况　62
企业注册登记管理　62
公平交易　62
市场监督管理　62
个体私营经济监督管理　63
广告监督管理　63
消费者权益保护　63
商标管理　63
法制工作　63
其他重大事件　64
2001 年任职的局领导名单　64

五华区
工商行政管理基本情况　64
登记管理　64
整顿和规范市场经济秩序　64
广告监管　64
公平交易　64
消费者权益保护　64
2001 年任职的局领导名单　65

官渡区
工商行政管理基本情况　65
企业注册登记管理　65
公平交易　65
市场监督管理　65
个体私营经济监督管理　65
商标广告监督管理　65
消费者权益保护　65
法制工作　65
2001 年任职的局领导名单　65

西山区
工商行政管理基本情况　65
企业注册登记管理　66
公平交易　66
市场建设及整顿和规范经济秩序　66
个体私营经济监督管理　66
广告监督管理　66
消费者权益保护　66
商标管理　67
法制工作　67
2001 年任职的局领导名单　67

东川区
工商行政管理基本情况　67
个体、私营经济监督管理　67
企业注册登记管理　67
合同鉴证　67
市场监督管理　67
来信来访　68
市场办管脱钩　68
2001 年任职的局领导名单　68

安宁市
工商行政管理基本情况　68
企业注册登记管理　68
公平交易　68
市场管理　68
个体私营经济监督管理　68
商标广告监督管理　68
消费者权益保护　68
法制工作　68
重大事件　68
2001 年任职的局领导名单　68

呈贡县
工商行政管理基本情况　68
整顿和规范市场经济秩序　68
企业注册登记管理　69
公平交易执法和市场监督管理　69
广告监督管理　69
个体私营经济监督管理　69
2001 年任职的局领导名单　69

晋宁县
工商行政管理基本情况　69
企业注册登记管理　69
公平交易　69
市场监督管理　69
个体私营经济监督管理　70
广告监督管理　70
消费者权益保护　70
法制工作　70
其他重大事件　70
2001 年任职的局领导名单　70

富民县
工商行政管理基本情况　70
企业注册登记管理　70
公平交易　70
个体私营经济监督管理　70
广告监督管理　70
消费者权益保护　70
商标管理　70
法制工作　70
其他重大事件　70
2001 年任职的局领导名单　70

宜良县
工商行政管理基本情况　70
企业注册登记管理　70
市场监督管理　71
广告监督管理　71
消费者益保护　71
商标管理　71
个体私营经济监督管理　71
市场办管脱钩　71

2001 年任职的局领导名单　71

嵩明县
工商行政管理基本情况　71
企业注册登记管理　71
公平交易　71
市场监督管理　71
个体私营经济监督管理　71
广告监督管理　72
消费者权益保护　72
商标管理　72
法制工作　72
合同监督管理　72
其他重大事件　72
2001 年任职的局领导名单　72

石林彝族自治县
工商行政管理基本情况　72
企业注册登记管理　72
公平交易、市场监督管理　72
个体私营经济监督管理　72
广告监督管理　72
保护消费者权益　72
商标管理　72
法制工作　72
其他重大事件　72
2001 年任职的局领导名单　72

禄劝彝族苗族自治县
企业注册登记管理　72
市场监督管理和公平交易执法　73
商标广告管理　73
保护消费者权益　73
合同监管　73
2001 年任职的局领导名单　73

寻甸回族彝族自治县
工商行政管理基本情况　73
企业注册登记管理　73
公平交易管理　73
市场监督管理　73
个体私营经济监督管理　73
广告监督管理　73
消费者权益保护　73
商标管理　73
法制工作　74
2001 年任职的局领导名单　74

·曲靖市·
工商行政管理基本情况　74
企业注册登记管理　74
公平交易　74
市场监督管理　75
个体私营经济监督管理　75
广告监督管理　75
消费者权益保护　76
商标管理　76
法制工作　76
开发区分局工作　76
2001 年任职的局领导名单　76

麒麟区
工商行政管理基本情况　76
市场办管脱钩移交　77
企业注册登记管理　77
个体私营经济监督管理　77
商标、广告监督管理　78
市场监督管理　78
公平交易　78
消费者权益保护　78

宣威市
工商行政管理基本情况　78
企业注册登记管理　78
公平交易执法　79
市场监督管理　79
个体私营经济监督管理　79
广告监督管理　79
消费者权益保护　79
商标管理　79
法制工作　79
2001 年任职的局领导名单　79

沾益县
工商行政管理基本情况　79
企业注册登记管理　79
个体私营经济监督管理　79
公平交易　79
市场监督管理　80
商标广告监督管理　80
消费者权益保护　80
市场办管脱钩工作　80
2001 年任职的局领导名单　80

马龙县
工商行政管理基本情况　80
企业注册登记管理　80
公平交易　80
市场监督管理　80
个体私营经济监督管理　80
广告监管　80
消费者权益保护　80
商标管理　80
法制工作　80
2001 年任职的局领导名单　81

富源县
工商行政管理基本情况　81
企业注册登记管理　81
公平交易　81
市场监督管理　81
个体私营经济监督管理　81
商标、广告监督管理　81
消费者权益保护　81
法制工作　81
经济合同监督管理　81
市场办管脱钩　81
2001 年任职的局领导名单　82

罗平县
工商行政管理基本情况　82
企业登记管理　82
公平交易　82
市场监督管理　82
个体私营经济监督管理　82
消费者权益保护　82
法制工作　82
2001 年任职的局领导名单　82

师宗县
工商行政管理基本情况　82
整顿和规范市场经济秩序　82
加强干部队伍作风建设　83
2001 年任职的局领导名单　83

陆良县
工商行政管理基本情况　83
企业注册登记管理　83
公平交易　83
市场监督管理　83
个体私营经济监督管理　83
广告监督管理　83
消费者权益保护　83
2001 年任职的局领导名单　83

会泽县
工商行政管理基本情况 83
基础设施建设 84
精神文明建设 84
市场监督管理 84
广告监督管理 84
消费者权益保护 84
登记注册管理 84
个体私营经济监督管理 85
市场办管脱钩 85
2001 年任职的局领导名单 85

·玉溪市·
工商行政管理基本情况 85
市场规范化管理 85
整顿和规范市场经济秩序 85
市场办管脱钩移交工作 86
企业注册登记管理 86
公平交易 86
商标广告监督管理 86
法制 86
保护消费者权益 86
认真开展“三学”活动 87
党建工作 87
纪检监察工作 87
计划财务管理工作 87
人事教育工作 87
综合治理工作 87
2001 年任职的局领导名单 87

红塔区
工商行政管理基本情况 87
企业注册登记管理 88
公平交易 88
市场监督管理 88
个体私营经经济监督管理 88
商标广告监督管理 88
消费者权益保护 89
法制工作 89
合同管理 89
“经济户口”计算机网络管理 89
市场办管脱钩 89
经验交流 89
2001 年任职的局领导名单 89

江川县
基本情况 89
企业注册登记管理 89
公平交易 90
市场监督管理 90
个体私营经济监督管理 90
广告监督管理 90
消费者权益保护 90
商标管理 90
法制工作 90
2001 年任职的局领导名单 90

澄江县
工商行政管理基本情况 90
企业注册登记 90
公平交易 90
市场监督管理 90
个体私营经济管理 90
广告监督管理 90
消费者权益保护 90
2001 年任职的局领导名单 91

通海县
工商行政管理基本情况 91
企业注册登记管理 91
公平交易 91
市场监督管理 91
个体私营经济监督管理 91
广告监督管理 91
消费者权益保护 91
商标管理 91
法制工作 91
2001 年任职的局领导名单 91

华宁县
工商行政管理基本情况 91
企业注册登记管理 91
商标广告监督管理 92
消费者权益保护 92
合同监管 92
法制工作 92
2001 年任职的局领导名单 92

易门县
工商行政管理基本情况 92
企业注册登记管理 92
公平交易 92
商标广告监督管理 92
消费者权益保护 92
法制工作 92
2001 年任职的局领导名单 92

峨山彝族自治县
工商行政管理基本情况 93
市场监督管理 93
消费者权益保护 93
企业注册登记管理 93
个体私营经济监督管理 93
商标广告监督管理 93
党风廉政建设 93
社会治安综合治理 93
荣誉表彰 93
2001 年任职的局领导名单 94

新平彝族傣族自治县
工商行政管理基本情况 94
整顿和规范市场经济秩序 94
保护消费者权益 94
规范市场秩序 94
生猪定点屠宰监管 94
企业注册监管 94
商标广告管理 94
个体私营经济监督管理 95
法制工作 95
队伍建设 95
2001 年任职的局领导名单 95

元江哈尼族彝族傣族自治县
工商行政管理基本情况 95
企业注册登记管理 95
市场监督管理 95
商标广告管理工作 96
消费者权益保护 96
法制工作 96
市场办管脱钩工作 96
2001 年任职的局领导名单 96

高新技术开发区分局
工商行政管理基本情况 96
保护消费者权益 96
市场监督管理 97
企业注册登记管理 97
法制工作 97
2001 年任职的局领导名单 97

·昭通市·
工商行政管理基本情况 97
企业注册登记管理 97
市场监督管理 97
商标和广告监督管理 97

个体私营经济监督管理　98
公平交易执法　98
消费者权益保护　98
2001 年任职的局领导名单　98

昭阳区
工商行政管理基本情况　98
市场监督管理　98
公平交易　98
商标广告管理　98
企业个体监督管理　99
2001 年任职的局领导名单　99

鲁甸县
工商行政管理基本情况　99
企业注册登记管理　99
公平交易　99
市场监督管理　99
个体私营经济管理　99
广告监督管理　99
消费者权益保护　99
商标管理　99
法制工作　99
重大事件　99
2001 年任职的局领导名单　99

巧家县
工商行政管理基本情况　99
企业注册登记管理　99
公平交易　100
市场监督管理　100
个体私营经济监督管理　100
广告监督管理　100
消费者权益保护　100
商标管理　100
法制工作　100
2001 年任职的局领导名单　100

盐津县
工商行政管理基本情况　100
企业注册登记管理　100
公平交易　100
市场监督管理　100
广告和商标管理　101
消费者权益保护　101
法制工作　101
市场办管脱钩　101
精神文明建设　101
2001 年任职的局领导名单　101

大关县
工商行政管理基本情况　101
个私经济和企业注册登记管理　101
合同鉴证管理　101
市场监督管理　101
消费者权益保护　101
推行政务公开　101
市场办管脱钩　101
商标广告管理　101
2001 年任职的局领导名单　101

永善县
工商行政管理基本情况　102
企业注册登记管理　102
市场监督管理和公平交易　102
个体私营经济监督管理　102
广告监督管理　102
合同监督管理　102
消费者权益保护　102
“两费”收缴工作　102
客货营运车辆监管　102
2001 年任职的局领导名单　102

绥江县
工商行政管理基本情况　102
消费者权益保护　102
公平交易和市场监督管理　103
完成市场办管脱钩工作　103
企业注册登记管理　103
个体私营经济监督管理　103
启用新印章　103
2001 年任职的局领导名单　103

镇雄县
工商行政管理基本情况　103
企业注册登记管理　103
公平交易　103
市场监督管理　103
个体私营经济监督管理　104
广告监督管理　104
消费者权益保护　104
商标管理　104
法制工作　104
工商小区建设　104
2001 年任职的局领导名单　104

彝良县
工商行政管理基本情况　104
企业注册登记管理　104
公平交易管理　104
市场监督管理　104
个体私营企业管理　104
商标广告管理　104
消费者权益保护　104
法制工作　104
其他重大事件　104
2001 年任职的局领导名单　104

威信县
工商行政管理基本情况　104
企业注册登记管理　105
公平交易　105
市场监督管理　105
个体私营经济监督管理　105
广告监督管理　105
消费者权益保护　105
商标管理　105
法制工作　105
其他重大事件　105
2001 年任职的局领导名单　105

水富县
工商行政管理基本情况　105
企业注册登记管理　105
市场监督管理　105
个体私营经济监督管理　105
广告监督管理　106
消费者权益保护　106
其他重大事件　106
2001 年任职的局领导名单　106

·楚雄彝族自治州·
工商行政管理基本情况　106
企业注册登记管理　106
公平交易工作　106
市场监督管理　106
个体私营经济监督管理　107
广告监督管理　107
商标监督管理　107
消费者权益保护　107
法制工作　107
“三个代表”学习教育活动　107
圆满完成市场办管脱钩工作　107
2001 年任职的局领导名单　107

楚雄市
工商行政管理基本情况 107
发展个体、私营经济 108
企业注册登记管理 108
消费者权益保护 108
市场监督管理 108
广告监督管理 108
合同管理 108
圆满完成市场办管脱钩任务 108
法制工作 108
2001 年任职的局领导名单 108

双柏县
工商行政管理基本情况 108
企业登记注册管理 108
公平交易 108
市场监督管理 108
个体私营经济监督管理 109
广告商标监督管理 109
消费者权益保护 109
2001 年任职的局领导名单 109

牟定县
工商行政管理基本情况 109
干部队伍建设 109
企业注册登记管理 109
公平交易管理工作 109
市场监督管理 109
个体私营经济监督管理 109
商标广告管理工作 109
消费者权益保护 110
2001 年任职的局领导名单 110

南华县
工商行政管理基本情况 110
企业注册登记管理 110
公平交易 110
市场监督管理 110
个体私营经济监督管理 110
广告管理 110
消费者权益保护 110
商标管理 110
法制工作 110
其他重大事件 110
2001 年任职的局领导名单 110

姚安县
工商行政管理基本情况 110
企业注册登记管理 110
市场管理 110
个体私营经济监督管理 111
商标广告管理 111
消费者权益保护 111
法制工作 111
2001 年任职的局领导名单 111

大姚县
工商行政管理基本情况 111
企业注册登记管理 111
公平交易 111
市场监督管理 111
个体私营经济监督管理 111
广告监督管理 111
消费者权益保护 111
商标管理 111
法制工作 111
地震后恢复重建工作 111
2001 年任职的局领导名单 111

永仁县
工商行政管理基本情况 111
整顿和规范市场经济秩序工作 111
发挥职能作用支持改革发展 112
商标广告管理 112
市场办管脱钩 112
工商局机关办公大楼建设 112
奖励及荣誉 112
2001 年任职的局领导名单 112

元谋县
工商行政管理基本情况 112
注册登记管理 112
公平交易 112
消费者权益保护 113
基础设施建设 113
信息化建设 113
市场办管脱钩 113

武定县
工商行政管理基本情况 113
企业注册登记管理 113
公平交易 113
市场监督管理 113
个体私营经济监督管理 113
广告监督管理 113
消费者权益保护 113
商标管理 113
法制工作 113
“三个代表”学习教育活动 114
2001 年任职的局领导名单 114

禄丰县
工商行政管理基本情况 114
企业注册登记管理 114
公平交易 114
市场监督管理 114
个体私营经济管理 114
广告监督管理 114
消费者权益保护 114
商标管理 114
法制工作 114
三学教育 114
2001 年任职的局领导名单 114

经济技术开发区分局
基本情况 114
企业注册登记管理 114
公平交易 115
市场监督管理 115
个体私营经济监督管理 115
广告监督管理 115
消费者权益保护 115
个私协分会的工作 115
2001 年任职的局领导名单 115

·红河哈尼族彝族自治州·
工商行政管理基本情况 115
企业注册登记管理 115
公平交易 115
市场监督管理 116
个体私营经济监督管理 116
广告监督管理 116
消费者权益保护 116
商标管理 116
法制工作 116
重大事件 116
2001 年任职的局领导名单 116

个旧市
工商行政管理基本情况 116
企业注册登记管理 116
公平交易 116
市场监督管理 116
个体私营经济监督管理 117

广告监督管理　117
消费者权益保护　117
商标管理　117
法制工作　117
合同监管　117
2001 年任职的局领导名单　117

开远市
工商行政管理基本情况　117
企业注册登记管理　117
公平交易　117
市场监督管理　117
个体私营经济监督管理　117
广告监督管理　117
消费者权益保护　117
商标管理　117
法制工作　117
2001 年任职的局领导名单　117

蒙自县
工商行政管理基本情况　118
严把市场主体准入关　118
加强对非公有制经济的引导和发展　118
发挥经济合同监督职能　118
商标广告管理　118
积极开展各种专项检查和整治工作　118
开展整顿和规范市场经济秩序工作　118
采取上下联动监管模式　118
统一收费管理　118
强化纪检工作　118
保护消费者的合法权益　118
2001 年任职的局领导名单　118

建水县
工商行政管理基本情况　118
企业注册登记管理　118
公平交易　118
市场监督管理　119
个体私营经济监督管理　119
广告监督管理　119
消费者权益保护　119
商标管理　119
法制工作　119
重大事件　119
2001 年任职的局领导名单　119

石屏县
工商行政管理基本情况　119
整顿和规范市场经济秩序　119
企业登记　119
个体、私营企业登记　120
合同管理　120
保护消费者合法权益　120
商标广告　120
2001 年任职的局领导名单　120

弥勒县
工商行政管理基本情况　120
企业注册登记管理　120
公平交易　120
市场监督管理　120
个体私营经济监督管理　120
广告监督管理　120
消费者权益保护　120
商标管理　120
法制工作　120
2001 年任职的局领导名单　120

泸西县
工商行政管理基本情况　120
企业注册登记管理　120
公平交易、市场监督管理　120
个体私营经济监督管理　121
消费者权益保护　121
法制工作　121
其他重大事件　121
2001 年任职的局领导名单　121

元阳县
工商行政管理基本情况　121
企业注册登记管理　121
公平交易及市场监督管理　121
个体、私营经济监督管理　121
广告监督管理　121
消费者权益保护　121
商标管理　121
法制工作　121
2001 年任职的局领导名单　121

红河县
工商行政管理基本情况　121
企业注册登记　122
个体私营经济管理　122
市场监督管理　122
公平交易　122
消费者权益保护　122
2001 年任职的局领导名单　122

绿春县
工商行政管理基本情况　122
企业注册登记管理　122
公平交易　122
市场监督管理　122
个体私营经济监督管理　122
消费者权益保护　122
精神文明建设　122
2001 年任职的局领导名单　123

屏边苗族自治县
工商行政管理基本情况　123
企业、个体私营经济注册登记管理　123
公平交易　123
市场监督管理　123
消费者权益保护　123
商标管理　123
2001 年任职的局领导名单　123

河口瑶族自治县
工商行政管理基本情况　123
企业注册登记管理　123
公平交易　123
市场监督管理　123
个体私营经济监督管理　123
广告监督管理　123
消费者权益保护　124
商标管理　124
法制工作　124
2001 年任职的局领导名单　124

金平苗族瑶族傣族自治县
工商行政管理基本情况　124
企业注册登记管理　124
公平交易　124
市场监督管理　124
个体私营经济监督管理　124
广告商标监督管理　124
消费者权益保护　124
法制工作　124
2001 年任职的局领导名单　124

·文山壮族苗族自治州·
工商行政管理基本情况　125
队伍和体制建设　125
市场监督管理　125

消费者权益保护 126
表彰先进 126
2001 年任职的局领导名单 126

文山县
工商行政管理基本情况 126
企业注册登记管理 126
公平交易 126
市场监督管理 126
个体私营经济监督管理 126
广告监督管理 126
消费者权益保护 126
商标管理 126
法制工作 126
2001 年任职的局领导名单 126

砚山县
工商行政管理基本情况 127
企业注册登记管理 127
公平交易 127
市场监督管理 127
个体私营经济监督管理 127
广告监督管理 127
消费者权益保护 127
商标管理 127
法制工作 127
2001 年任职的局领导名单 127

西畴县
工商行政管理基本情况 127
市场监督管理 127
企业注册登记管理 128
个体私营经济监督管理 128
消费者权益保护 128
公平交易 128
法制工作 128
思想建设 128
2001 年任职的局领导名单 128

马关县
工商行政管理基本情况 128
素质教育 128
广告监督管理 128
企业注册登记管理 128
公平交易 128
个体私营经济监督管理 128
市场监督管理 128
扶贫助学 128

2001 年任职的局领导名单 129

丘北县
工商行政管理基本情况 129
企业注册登记管理 129
市场监督管理 129
个体私营经济监督管理 129
广告监督管理 129
消费者权益保护 129
法制工作 129
2001 年任职的局领导名单 129

广南县
工商行政管理基本情况 129
企业注册登记管理 129
公平交易 129
市场监督管理 129
个体私营经济监督管理 129
经济合同管理 129
消费者权益保护 129
法制工作 129
重大事件 129
2001 年任职的局领导名单 129

富宁县
工商行政管理基本情况 130
企业登记注册管理 130
市场监督管理 130
个体私营经济监督管理 130
广告监督管理 130
消费者权益保护 130
法制工作 130
其他重大事件 130
2001 年任职的局领导名单 130

麻栗坡县
工商行政管理基本情况 130
企业注册登记管理 130
公平交易 130
市场监督管理 130
个体私营经济监督管理 130
广告监督管理 130
消费者权益保护 130
商标管理 130
法制工作 130
2001 年任职的局领导名单 131

·思茅地区·

工商行政管理基本情况 131
企业登记注册管理 131
公平交易工作 131
市场监督管理 131
个体私营经济监督管理 131
广告监督管理 131
消费者权益保护 132
商标监督管理 132
法制工作 132
2001 年任职的局领导名单 132

思茅市
工商行政管理基本情况 132
企业注册登记管理 132
公平交易 132
市场监督管理 132
个体私营经济监督管理 132
广告监督管理 133
消费者权益保护 133
商标管理 133
法制工作 133
精神文明建设 133
2001 年任职的局领导名单 133

镇沅彝族哈尼族拉祜族自治县
工商行政管理基本情况 133
企业注册登记管理 133
公平交易 133
市场监督管理 133
个体私营经济 133
商标广告管理 133
消费者权益保护 133
法制工作 133
大事记 133
2001 年任职的局领导名单 134

普洱哈尼族彝族自治县
工商行政管理基本情况 134
思想建设 134
法制工作 134
注册登记管理 134
市场监督管理 134
2001 年任职的局领导名单 134

景东彝族自治县
工商行政管理基本情况 134
企业注册登记管理 134
市场监督管理 134

法制工作 134
2001 年任职的局领导名单 134

景谷傣族彝族自治县
工商行政管理基本情况 134
企业注册登记管理 134
公平交易 134
市场监督管理 135
个体私营经济监督管理 135
广告监督管理 135
消费者权益保护 135
商标管理 135
2001 年任职的局领导名单 135

墨江哈尼族自治县
工商行政管理基本情况 135
企业注册登记管理 135
公平交易 135
市场监督管理工作 135
个体私营经济监督管理 135
广告监督管理 135
消费者权益保护 135
商标管理 135
法制工作 135
2001 年任职的局领导名单 135

孟连傣族拉祜族佤族自治县
企业注册登记管理 135
市场监督管理 135
消费者权益保护 135
广告监督管理 136
公平交易 136
2001 年任职的局领导名单 136

澜沧拉祜族自治县
工商行政管理基本情况 136
企业注册登记管理 136
个体私营经济管理 136
市场监督管理 136
法制工作 136
2001 年任职的局领导名单 136

西盟佤族自治县
工商行政管理基本情况 136
企业注册登记管理 136
公平交易 136
市场监督管理 136
个体私营经济监督管理 136
商标广告监督管理 136
消费者权益保护 136
法制工作 137
2001 年任职的局领导名单 137

江城哈尼族彝族自治县
工商行政管理基本情况 137
企业登记注册管理 137
市场监督管理 137
个体私营经济监督管理 137
商标广告监督管理 137
消费者权益保护 137
法制工作 137
创建精神文明单位 137
2001 年任职的局领导单位 137

·西双版纳傣族自治州·
工商行政管理基本情况 137
企业注册登记管理 137
公平交易 138
市场监督管理 138
个体私营经济监督管理 138
广告监督管理 138
消费者权益保护 138
商标管理 138
法制工作 138
大事记 138
2001 年任职的局领导名单 139

景洪市
工商行政管理基本情况 139
市场监督管理 139
加强企业登记管理 139
广告监督管理 139
加强合同监管 139
公平交易 140
消费者权益保护 140
个体私营经济监管 140
为个体劳动者排忧解难 140
2001 年任职的局领导名单 140

勐海县
工商行政管理基本情况 140
企业注册登记管理 140
公平交易 140
市场监督管理 140
个体私营经济监督管理 140
消费者权益保护 141
法制工作 141
重大事件 141
2001 年任职的局领导名单 141

勐腊县
工商行政管理基本情况 141
企业注册登记管理 141
公平交易 141
市场监督管理 141
个体私营经济监督管理 141
广告监督管理 141
消费者权益保护 141
商标管理 141
法制工作 141
重大事件 141
2001 年任职的局领导名单 141

·大理白族自治州·
工商行政管理基本情况 142
整顿和规范市场经济秩序 142
规范市场主体　严把市场准入关 142
红盾打假护农 142
取缔非法收购拆解报废汽车经营点 142
公平交易 142
广告监督管理 142
打击非法传销 142
安全生产专项治理 142
肉食品市场专项整治 142
严厉打击制售假冒伪劣商品
　违法行为 142
城乡市场交易活跃 143
个体私营经济继续发展 143
企业改革结构优化 143
合同抵押管理 143
工商行政管理便民服务 143
2001 年任职的局领导名单 143

大理市
工商行政管理基本情况 143
企业注册登记管理 143
个体私营经济监督管理 143
市场监督管理 143
公平交易 143
消费者权益保护 144
法制教育工作 144
2001 年任职的局领导名单 144

祥云县

工商行政管理基本情况　144
企业注册登记管理　144
市场监督管理和公平交易执法　144
个体私营经济监督管理　144
广告监督管理　144
消费者权益保护　144
法制工作　144
2001 年任职的局领导名单　144

宾川县
工商行政管理基本情况　144
企业注册登记管理　144
公平交易　144
市场监督管理　144
个体私营经济监督管理　144
广告监督管理　144
消费者权益保护　145
商标管理　145
法制工作　145
受表彰情况　145
体制改革　145
2001 年任职的局领导名单　145

弥渡县
工商行政管理基本情况　145
企业个体经济注册登记管理　145
整顿和规范市场经济秩序　145
商标广告和经济合同管理　145
消费者权益保护　145
法制工作　145
举行市场办管脱钩交接签字仪式　145
2001 年任职的局领导名单　145

永平县
工商行政管理基本情况　145
企业注册登记管理　145
公平交易　145
市场监督管理　146
个体私营经济监督管理　146
广告监督管理　146
消费者权益保护　146
商标管理　146
法制工作　146
2001 年任职的局领导名单　146

云龙县
工商行政管理基本情况　146
企业注册登记管理　146
公平交易、市场监督管理、个体私营经济监督管理、消费者权益保护　146
商标管理、广告监督管理　147
法制工作　147
2001 年任职的局领导名单　147

洱源县
工商行政管理基本情况　147
企业注册登记　147
个体私营经济监督管理　147
公平交易和市场监督管理　147
消费者权益保护和法制工作　147
2001 年任职的局领导名单　147

剑川县
工商行政管理基本情况　147
企业注册登记管理　147
公平交易、市场监督管理　147
个体私营经济监督管理　147
广告监督管理　147
消费者权益保护　147
2001 年任职的局领导名单　148

鹤庆县
工商行政管理基本情况　148
企业注册登记管理　148
公平交易　148
市场监督管理　148
个体私营经济监督管理　148
广告监督管理　148
消费者权益保护　148
商标管理　148
法制工作　148
精神文明创建工作　148
2001 年任职的局领导名单　148

南涧彝族自治县
工商行政管理基本情况　148
企业注册登记管理　148
公平交易　148
市场监督管理　148
个体私营经济监督管理　148
广告监督管理　148
消费者权益保护　148
商标管理　148
法制工作　148
重大事件　149
2001 年任职的局领导名单　149

巍山彝族回族自治县
工商行政管理基本情况　149
企业注册登记管理　149
公平交易　149
市场监督管理　149
个体私营经济监督管理　149
广告监督管理　149
消费者权益保护　149
商标管理　149
法制工作　149
精神文明建设　149
党风廉政建设和队伍建设　149
2001 年任职的局领导名单　149

漾濞彝族自治县
工商行政管理基本情况　149
企业注册登记管理　149
公平交易　149
市场监督管理　149
个体私营经济监督管理　150
广告监督管理　150
消费者权益保护　150
商标管理　150
法制工作　150
2001 年任职的领导名单　150

·保山市·
注册登记管理　150
个体私营经济监督管理　150
市场监督管理　150
公平交易　151
商标广告管理　151
消费者权益保护　151
合同管理　152
法制建设　152
思想建设　152
信息化建设　152
2001 年任职的局领导名单　152

施甸县
工商行政管理基本情况　152
企业注册登记管理　152
公平交易　152
市场监督管理　152
个体私营经济监督管理　153
消费者权益保护　153

广告监督管理　153
法制工作　153
重大事件　153
2001 年任职的局领导名单　153

腾冲县
工商行政管理基本情况　153
企业注册登记管理　153
公平交易　153
市场监督管理　153
个体私营经济监督管理　153
商标广告监督管理　153
消费者权益保护　153
法制工作　153
2001 年任职的局领导名单　153

龙陵县
工商行政管理基本情况　153
企业注册登记管理　153
公平交易　154
市场监督管理　154
消费者权益保护　154
法制工作　154
2001 年任职的局领导名单　154

昌宁县
工商行政管理基本情况　154
企业注册登记管理　154
公平交易　154
市场监督管理　154
个体私营经济监督管理　154
广告监督管理　154
消费者权益保护　155
商标管理　155
法制工作　155
2001 年任职的局领导名单　155

·德宏傣族景颇族自治州·
工商行政管理基本情况　155
规范自身执法行为　155
精神文明建设　155
整顿和规范市场经济秩序　155
登记注册工作　155
商标管理　155
广告管理　155
经济合同管理　156
个体私营经济管理　156
企业年检个体户验照　156
查处经济案件　156
维护消费者权益　156
创建文明市场　156
成立私营企业工会组织　156
2001 年任职的局领导名单　156

潞西市
工商行政管理基本情况　156
企业登记管理　156
个体私营经济管理　156
商标广告管理　156
市场监督管理　156
经济合同管理　156
消费者权益保护　156
整顿规范市场　157
公平交易执法　157
2001 年任职的局领导名单　157

瑞丽市
工商行政管理基本情况　157
企业注册登记管理　157
个体私营经济监督管理　157
经济合同管理　157
市场监督管理　157
整顿和规范市场经济秩序　157
商标管理　157
广告管理　157
消费者权益保护　157
公平交易　157
法制工作　157
精神文明建设　157
扶贫工作　157
2001 年任职的局领导名单　157

梁河县
工商行政管理基本情况　157
企业注册登记管理工作　157
个体私营经济监督管理　158
公平交易　158
市场监督管理　158
广告监督管理　158
商标监督管理　158
经济合同管理　158
消费者权益保护　158
法制工作　158
2001 年任职的局领导名单　158

盈江县
工商行政管理基本情况　158
开展“三个代表”重要思想教育活动　158
抓干部队伍建设开展行风评议　158
开展整顿和规范市场经济秩序工作　158
企业个体登记管理　158
经济合同管理　158
商标广告管理　158
2001 年任职的局领导名单　158

陇川县
工商行政管理基本情况　158
精神文明建设　158
企业注册登记管理　159
个体私营经济监督管理　159
公平交易　159
市场监督管理　159
经济合同管理　159
商标注册与广告管理　159
消费者权益保护　159
2001 年任职的局领导名单　159

姐告边境贸易区
工商行政管理基本情况　159
企业、个体和私营经济管理　159
整顿和规范市场经济秩序　159
创建消费者满意一条街　159
建立健全党群组织　159
单位规范化管理和精神文明建设　159
2001 年任职的局领导名单　159

畹町经济开发区
工商行政管理基本情况　159
企业注册登记管理　159
公平交易执法　159
市场监督管理　159
个体私营经济监督管理　160
商标广告监督管理　160
消费者权益保护　160
法制建设　160
精神文明建设　160
2001 年任职的局领导名单　160

·丽江地区·
工商行政管理基本情况　160
全力打假治劣、规范市场交易行为　160
严厉查处不正当竞争行为、规范市场公平竞争秩序　161

提高执法人员素质、规范执法行为 161
提高思想认识、加强系统政治建设 161
抓好队伍建设落实、夯实队伍素质基础 161
2001 年任职的局领导名单 161

丽江纳西族自治县
工商行政管理基本情况 161
企业注册登记管理 162
公平交易 162
市场监督管理 162
个体私营经济监督管理 162
商标广告监督管理 162
消费者权益保护工作 162
法制工作 162
2001 年任职的局领导名单 162

永胜县
工商行政管理基本情况 162
企业注册登记管理 162
公平交易 162
广告监督管理 162
商标管理 163
消费者权益保护 163
市场监督管理 163
精神文明建设 163
2001 年任职的局领导名单 163

华坪县
工商行政管理基本情况 163
规范市场主体准入 163
规范市场竞争行为 163
规范市场交易行为 164
法制工作 164
执法监督 164
大事记 164
2001 年任职的领导名单 164

宁蒗彝族自治县
工商行政管理基本情况 164
强化监管执法，维护市场秩序 164
个体私营经济监督管理 164
市场监督管理 164
培训、提高干部的业务素质 164
加强内部管理 164
2001 年任职的局领导名单 165

·怒江傈僳族自治州·
工商行政管理基本情况 165
企业注册登记管理 165
公平交易 165
市场监督管理 165
个体私营经济监督管理 165
广告监督管理 165
消费者权益保护 165
商标管理 165
法制工作 165
2001 年任职的局领导名单 165

泸水县
工商行政管理基本情况 166
企业注册登记管理 166
公平交易 166
市场监督管理 166
个体私营经济监督管理 166
广告监督管理 166
消费者权益保护 166
商标管理 166
法制工作 166
2001 年任职的局领导名单 166

福贡县
工商行政管理基本情况 166
企业注册登记管理和个体私营经济监督管理 166
公平交易和消费者权益保护 166
2001 年任职的领导名单 166

兰坪县
工商行政管理基本情况 166
企业注册登记管理 166
个体私营经济监督管理 167
公平交易和市场监督管理 167
商标广告监督管理 167
2001 年任职的局领导名单 167

贡山独龙族怒族自治县
企业登记管理 167
市场监管 167
公平交易 167
思想建设 167
2001 年任职的局领导名单 167

·迪庆藏族自治州·
企业注册登记管理 167
公平交易 167
市场监督管理 168
个体经济监督管理 168
商标广告监督管理 168
消费者权益保护 168
思想建设 168
市场办管脱钩工作情况 168
严格依法行政、坚持政务公开 168
2001 年任职的局领导名单 168

中甸县
工商行政管理基本情况 168
企业注册登记管理 168
公平交易 169
市场监督管理 169
个体私营经济监督管理 169
广告监督管理 169
消费者权益保护 169
商标管理 169
法制工作 169
2001 年任职的局领导名单 169

德钦县
工商行政管理基本情况 169
企业注册登记管理 169
个体私营经济监督管理 169
市场监督管理 169
思想建设 169
2001 年任职的局领导名单 169

维西傈僳族自治县
工商行政管理基本情况 169
企业注册登记管理 170
公平交易 170
市场监督管理 170
个体私营经济监督管理 170
2001 年任职的局领导名单 170

·临沧地区·
工商行政管理基本情况 170
企业注册登记管理 170
公平交易 170
市场监督管理 170
个体私营经济管理 170
广告监督管理 170
消费者权益保护 171
商标监督管理 171
法制工作 171
经济合同管理 171

执法体系改革 171
扶贫工作 171
2001 年任职的局领导名单 171

临沧县
工商行政管理基本情况 171
企业注册登记管理 171
公平交易 171
市场监督管理 171
个体私营经济监督管理 171
广告监督管理 171
消费者权益保护 171
商标管理 172
法制工作 172
其他重大事项 172
2001 年任职的局领导名单 172

凤庆县
工商行政管理基本情况 172
企业注册登记管理 172
公平交易 172
市场监督管理 172
个体私营经济监督管理 172
广告监督管理 172
消费者权益保护 172
合同监督管理 172
法制工作 172
2001 年任职的局领导名单 172

云县
工商行政管理基本情况 172
企业注册登记管理 172
公平交易 172
市场监督管理 172
个体私营经济监督管理 173
广告监督管理 173
商标管理 173
消费者权益保护 173
法制工作 173
2001 年任职的局领导名单 173

永德县
工商行政管理基本情况 173
企业注册登记和个体私营经济监督管理 173
市场监督管理和公平交易 173
商标广告监督管理 173
消费者权益保护 173
法制工作 173
2001 年任职的局领导名单 173

镇康县
工商行政管理基本情况 173
企业注册登记管理 173
公平交易 173
市场监督管理 173
个体私营经济监督管理 173
广告监督管理 174
消费者权益保护 174
合同监督管理 174
法制工作 174
2001 年任职的局领导名单 174

双江拉祜族佤族布朗族傣族自治县
工商行政管理基本情况 174
企业注册登记管理 174
公平交易 174
市场监督管理 174
个体私营经济监督管理 174
广告监督管理 174
消费者权益保护 174
商标管理 174
法制工作 174
其他重大事件 174
2001 年任职的局领导名单 174

耿马傣族佤族自治县
工商行政管理基本情况 174
企业注册登记 174
个体私营经济监督管理 174
公平交易 174
消费者的权益保护 174
2001 年任职的局领导名单 175

沧源佤族自治县
工商行政管理基本情况 175
企业注册登记管理 175
公平交易 175
市场监督管理 175
个体私营经济监督管理 175
广告监督管理 175
消费者权益保护 175
商标管理 175
法制工作 175
大事记 175
2001 年任职的局领导名单 175

法规·政策

·法律·
中华人民共和国药品管理法 176
中华人民共和国中外合资经营企业法 182
中华人民共和国商标法 183

·行政法规·
中华人民共和国外资企业法实施细则 186
中华人民共和国中外合资经营企业法实施条例 190
印刷业管理条例 195

·行政规章·
国家工商行政管理总局授予湖北省荆门市、云南省玉溪市工商行政管理局外商投资企业核准登记权 199
国家工商行政管理总局对认定企业主管部门有关问题的答复 199
国家工商行政管理总局关于补发企业法人营业执照有关问题的答复 200
国家工商行政管理总局对国家独资公司及其子公司设立登记有关问题的答复 200
国家工商行政管理总局关于事业单位能否设立不具备企业法人资格的经营机构问题的答复 200
国家经济贸易委员会　国家工商行政管理总局　公安部　财政部　中国人民银行　海关总署　国家税务总局　中国证券监督管理委员会　国家质量监督检验检疫总局　国家外汇管理局关于加强中小企业信用管理工作的若干意见 200
公安部　国家经贸委　教育部　监察部　建设部　文化部　卫生部　国家广播电影电视总局　国家工商行政管理总局　国家旅游局　国家安全生产监督管理局关于开展公众聚集场所消防安全专项治理的实施意见 201
国务院纠正行业不正之风办公室　国家发展计划委员会　国家经

济贸易委员会　卫生部　国家工商行政管理总局　国家药品监督管理局　国家中医药管理局关于印发《医疗机构药品集中招标采购监督管理暂行办法》的通知　203
医疗机构药品集中招标采购监督管理暂行办法　203
国家工商行政管理总局　卫生部关于进一步加强医疗广告管理的通知　205
国家工商行政管理总局　国家广播电影电视总局新闻出版署关于进一步加强对大众传播媒介广告宣传管理的通知　206
国家工商行政管理总局关于非烟草制品生产者经销者发布含有与烟草有关内容广告问题的认定与处理意见　207
国家药品监督管理局　国家工商行政管理总局　新闻出版署关于公布允许刊播处方药广告的第一批医药专业媒体名单的通知　207
国家广播电影电视总局　信息产业部　国家工商行政管理总局关于加强卫星电视广播地面接收设施及境外卫星电视节目广告管理的通知　207
国家药品监督管理局　国家工商行政管理总局关于国家药品监督管理局停止受理药品广告申请的通知　208
国家药品监督管理局　国家工商行政管理总局关于加强药品广告审查监督管理工作的通知　208
国家工商行政管理总局关于停止执行《商标评审规则》第三十四条、第三十五条的通知　209
国家工商行政管理总局关于执行《中华人民共和国商标法》有关问题的通知　209
云南省人民政府关于公布云南省省直部门改革行政审批事项目录(第三批)的决定(摘登)　209
云南省人民政府关于废止2001年以前发布的部分规章的决定(摘登)　210

重要文件选载

云南省工商行政管理局转发国家工商总局《关于进一步加强对已取缔报废车辆拆解市场监管和打击非法拆解拼装车辆违法行为的通知》的通知　211
国家工商行政管理总局关于进一步加强对已取缔报废车辆拆解市场监管和打击非法拆解拼装车辆违法行为的通知　211
云南省工商行政管理系统关于开展严厉打击传销专项整治行动方案　212
云南省工商行政管理局云南省盐务管理局关于贯彻落实《云南省盐业管理条例》有关条款在具体执行中的规定　213
云南省工商行政管理局转发国家工商行政管理总局《关于进一步加强市场监督管理加大打击假冒伪劣违法行为的若干措施》的通知　213
国家工商行政管理总局关于印发《关于进一步加强市场监督管理加大打击假冒伪劣违法行为的若干措施》的通知　214
关于进一步加强市场监督管理加大打击假冒伪劣违法行为的若干措施　214
商品质量监督抽查暂行办法　215
云南省工商行政管理机关2001年“扫黄”“打非”集中行动方案　217
云南省工商行政管理局关于开展整顿和规范市场经济秩序工作的通知　217
云南省工商行政管理局关于进一步开展整顿和规范市场主体准入行为专项工作的通知　219
云南省工商行政管理局关于严厉打击非法出版物认真清理整治出版物市场的通知　220

部分企事业单位简介

重点单位选介　221
科教文卫　284
制造加工业　300
电力・通信・交通　316
中介・咨询・服务业　325
糖茶酒・日常生活　349
建筑・房地产业　360
商贸企业　372

统计资料

云南省查处公平交易案件基本情况　389
云南省内部企业登记基本情况　389
云南省外商投资企业登记基本情况(一)　389
云南省外商投资企业登记基本情况(二)　389
云南省私营企业基本情况　390
云南省个体工商业基本情况　390
云南省广告经营基本情况　390
云南省查处商标一般违法案件基本情况　390
云南省查处商标侵权假冒案件基本情况(一)　390
云南省查处商标侵权假冒案件基本情况(二)　391
云南省市场基本情况　391
云南省合同管理基本情况　391
云南省企业抵押物登记基本情况　391
云南省工商行政管理系统实有机构、编制、在职人员基本情况　391

索　引　392

CONTENTS IN BRIEF

Special Carrier

A speech at the Honoring Meeting of Commonweal Ads in 2000 ······ Wu Guangfan 1

Master opportunities, exploit forward and protect the rights and interests of consumers
——A speech at the Council of the Second Session of Third Committee of Yunnan Protecting Rights and Interests of Consumers ······ Cheng Yingxuan 2

A speech at the TV – Phone Meeting on Yunnan Market Dihook of Handle – manage ······ Cheng Yingxuan 4

A speech at the Working Meeting on Industrial and Commercial Management ······ Cheng Yingxuan 7

Liberating thoughts, exploiting, creating, carrying out and realizing good opening of industrial and commercial administration in the new century ······ He Yuancha 11

A speech at the Working Meeting of Industrial and Commercial Administration... He Yuancha 20

Special Articles

A speech at the Working Meeting of Set – up Economic Census Test ······ Wang Guiming 27

Review and expectation of "Nine – Five" brand work in Yunnan ······ He Jiang 30

A speech at the Working Meeting on Neatening and Standardizing Market Economic Order ······ Hao Qingshan 34

Strengthening rightness construction and anti – corruption in the industrial and commercial system ······ Zeng Rongji 36

Important Events

January – December of 2001 ······ 43

Industrial and Commercial Administration

Summary ······ 45

Construction of legal system ······ 47

Market standardizing management ······ 48

Law – executing of justice trade ······ 50

Management of enterprise registration ······ 51

Economic supervision and management for individual and private sector ······ 54

Supervision and management of ads ······ 55

Brand registration and management ······ 56

Society of Individual and Private Sector ······ 58

Outline of Industrial and Commercial Administration for the Prefectures, Cities and Counties

Kunming City ······ 60

Panlong District ······ 62

Wuhua District ······ 64

Guandu District ······ 65

Xishan District ······ 65

Dongchuan District ······ 65

Anning City ······ 68

Chenggong County ······ 68

Jinning County ······ 69

Fumin County ······ 70

Yiliang County ······ 70

Songming County ······ 71

Shilin Yi Autonomous County ······ 72

Luquan Yi and Miao Autonomous County ······ 72

Xuandian Hui and Yi Autonomous County ······ 73

Qujing City ······ 74

Qilin District ······ 76

Xuanwei City ······ 78

Zhanyi County ······ 79
Malong County ······ 80
Fuyuan County ······ 81
Luoping County ······ 82
Shizong County ······ 82
Luliang County ······ 83
Huize County ······ 83
Yuxi City ······ 85
Hongta District ······ 87
Jiangchuan County ······ 89
Chengjiang County ······ 90
Tonghai County ······ 91
Huaning County ······ 91
Yimen County ······ 93
Eshan Yi Autonomous County ······ 93
Xinping Yi Autonomous County ······ 94
Yuanjiang Hani and Yi Autonomous County ······ 95
Division of High and New Technique Development District ··· 96
Zhaotong City ······ 97
Zhaoyang District ······ 98
Ludian County ······ 98
Qiaojia County ······ 99
Yanjin County ······ 100
Daguan County ······ 101
Yongshan County ······ 102
Suijiang County ······ 102
Zhenxiong County ······ 103
Yiliang County ······ 104
Weixin County ······ 104
Shuifu County ······ 105
Chuxiong Yi Autonomous Prefecture ······ 106
Chuxiong City ······ 107
Shuangbai County ······ 108
Muding County ······ 109
Hanhua County ······ 110
Yaoan County ······ 110
Dayao County ······ 111
Yongren County ······ 111
Yuanmou County ······ 112
Wuding County ······ 113
Lufeng County ······ 114
Division of Economic and Technological Development ······ 114
Honghe Hani and Yi Autonomous Prefecture ······ 115
Gejiu City ······ 116
Kaiyuan City ······ 117
Mengzi County ······ 118
Jiangshui County ······ 118
Shiping County ······ 119
Mile County ······ 120
Luxi County ······ 120
Honghe County ······ 121
Lvchun County ······ 122
Pingbian Miao Autonomous County ······ 123
Hekou Yao Autonomous County ······ 123
Jinping Miao Yi and Dai Autonomous County ······ 124
Wenshan Zhuang and Miao Autonomous Prefecture ······ 125
Wenshan County ······ 126
Yanshan County ······ 127
Xichou County ······ 127
Maguan County ······ 128
Qiubei County ······ 129
Guangnan County ······ 129
Funing County ······ 130
Malepo County ······ 130
Simao Prefecture ······ 131
Simao City ······ 132
Zhenyuan Yi Hani and Lahu Autonomous County ······ 133
Puer Hani Autonomous County ······ 134
Jingdong Yi Autonomous County ······ 134
Jinggu Yi Autonomous County ······ 135
Mojiang Hani Autonomous County ······ 135
Menglian Dai Lahu and Wa Autonomous County ······ 135
Lancang Lahu Autonomous County ······ 136
Ximeng Wa Autonomous County ······ 136
Jiangcheng Hani and Yi Autonomous County ······ 137
Xushuangbanna Dai Autonomous Prefecture ······ 137
Jinghong City ······ 139
Menghai County ······ 140
Mengla County ······ 141
Dali Bai Autonomous Prefecture ······ 142
Dali City ······ 143
Xiangyun County ······ 144
Binchuan County ······ 144
Midu County ······ 145

Yongping County ······ 145
Yunlong County ······ 146
Eryuan County ······ 147
Jianchuan County ······ 147
Heqing County ······ 148
Nanjian Yi Autonomous County ······ 148
Weishan Yi and Hui Autonomous County ······ 149
Yangbi Yi Autonomous County ······ 149
Baoshan City ······ 150
Shidian County ······ 152
Tengchong County ······ 153
Longling County ······ 153
Changning County ······ 154
Dehong Dai and Jingpo Autonomous Prefecture ······ 155
Luxi City ······ 156
Ruili City ······ 157
Lianghe County ······ 157
Yingjiang County ······ 158
Longchuan County ······ 158
Gaojie Border Trade District ······ 159
Wanding Economic Development District ······ 159
Lijiang Prefecture ······ 160
Lijiang Naxi Autonomous County ······ 161
Yongsheng County ······ 162
Huaping County ······ 163
Ninglang Yi Autonomous County ······ 164
Nujiang Lisu Autonomous Prefecture ······ 165
Lushui County ······ 166
Fugong County ······ 166
Lanping County ······ 166
Diqing Zang Autonomous Prefecture ······ 167
Zhongdian County ······ 168
Deqin County ······ 169
Weixi Lusu Autonomous County ······ 169
Lincang Prefecture ······ 170
Lincang County ······ 171
Fengqing County ······ 172
Yunxian County ······ 172
Yongde County ······ 173
Zhenkang County ······ 173
Shuangjiang Lahu Wa Bulang and Dai Autonomous County ······ 174
Gengma Dai and Wa Autonomous County ······ 174
Cangyuan Wa Autonomous County ······ 175
Regulations and Policies ······ 176
Laws ······ 176
Administrative Regulations ······ 186
Administrative Rules ······ 199
Selections of Important Documents ······ 211
Brief Introduction of Partial Enterprise Units ······ 221
Statistical Data ······ 389
Index ······ 392

宣传彩页目录

云南工商行政管理局 1
曲靖市工商行政管理局 10
玉溪市工商行政管理局 11
昭通市工商行政管理局 12
楚雄州工商行政管理局 13
红河州工商行政管理局 14
文山州工商行政管理局 15
思茅地区工商行政管理局 16
西双版纳州工商行政管理局 17
大理州工商行政管理局 18
德宏州工商行政管理局 19
怒江州工商行政管理局 20
临沧地区工商行政管理局 21
蒙自县工商行政管理局 22
德宏州姐告边境贸易区工商分局 23
云南省林业厅 24
云南省乡镇企业局 25
云南石油化工集团有限公司 26
云南轻纺集团有限公司 27
昆明铁路局 28
昆明铁路局多元企业投资中心 29
中国长城资产管理公司
昆明办事处 30
云南省小龙潭矿务局 31
云南省卫生厅卫生监督所 32
昆明万能出租汽车有限公司
昆明万能驾校 33
云南省人力资源市场 34
银湖大酒店 34
重庆长安汽车股份有限公司 35
云南省昆明汽车运输经贸总公司
人和车友协会 35
云南大理交通运输集团公司 36
云南昌河汽车销售有限公司 38
中国联通云南分公司 39
云南省电信公司弥勒县电信局 40
昆明耀龙供用电有限公司 41
昆明供用电检修有限公司 42
云南大朝山水电有限责任公司
大朝山水电站 44
云南红河电力实业有限总公司 45
云南电力线路器材厂 45
昭通市水电综合经营公司 46
云南省143煤田地质勘探队
曲靖市霞光总公司 47
云南开远一行有限责任公司 48
昆明预达制管有限责任公司
昆明预应力制管厂 50
文山州煤业有限责任公司 50
云南红磷化工有限责任公司 51
云南世博建设监理有限责任公司 52
云南昆钢集团山河工程建设
监理有限公司 53
云南解化集团有限公司 54
云南省第三公路桥梁工程公司 56
云南第五公路桥梁工程有限
责任公司 57
镇雄县天源建筑建材总公司 58
云南省第一公路桥梁工程有限公司 58
云南路桥股份有限公司 59
吴川市第七建筑工程公司文山公司 60
大理古城建筑工程有限责任公司 62
楚雄德馨建业有限责任公司 63
云南开远三方实业有限公司 64
昆明金辉房地产开发公司 65
云南昆钢集团建筑有限公司
云南昆钢集团房地产开发
有限公司 66
昆明市房屋开发总公司 67
云南云电阳光房地产股份有限公司 68
云南省烟叶公司复合肥厂 69
曲烟企业 70
云南省蒙自烟草专卖局 72
云南省石屏县烟草专卖局 73
云南昆钢集团商贸有限公司 74
昆明新三江工程有限公司 75
云南昆船第一机械有限公司 76
昆明金象炭黑厂 78
昆明钢铁总公司凉亭轧钢厂 80
云南腾冲古林木业有限公司 81
蒙自县农村信用合作社 82
云南刘胡乐律师事务所 84
昆明超凡地价评估咨询有限公司 85
中国工商银行红河州分行 86
昆明公路管理总段沥青拌合厂 86
昆明才华货运有限公司 87
深圳市佳信达印务有限公司
云南办事处 88
昆明市专利事务所 88

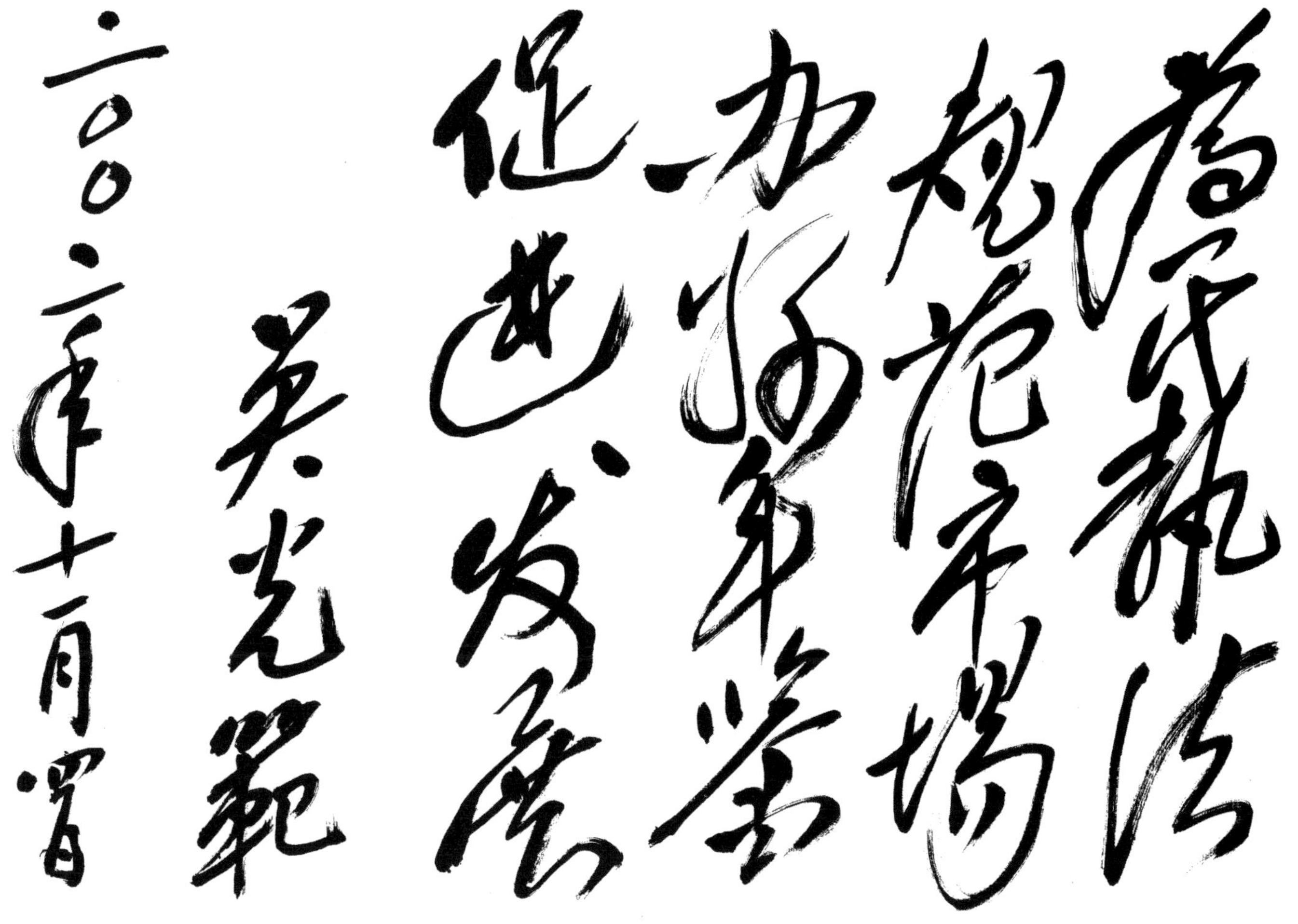

云南省人大常委会副主任吴光范同志为《云南工商年鉴》创刊题词

把好市场主体的入门关，当好市场的裁判员，做维护社会主义市场秩序的坚强卫士。

程映萱

二〇〇二.十.二〇

云南省副省长程映萱同志为《云南工商年鉴》创刊题词

2001年云南省工商行政管理工作会议在昆明召开

云南省工商行政管理工作会议于2001年2月5日在昆明召开，副省长程映萱到会作了重要讲话，省工商局长何远灿作工作报告。会议深入贯彻学习党的十五届五中全会、中央经济工作会议和省委六届十一次、十二次全会和全国工商行政管理工作暨双先表彰会议精神，总结2000年工作，部署2001年全省工商行政管理工作的任务。

领导深入

基层调研

云南工商行政实施网络化管理

“科学消费”年主题活动

消费者权益委员会
云南省工商行政管理局
咨询服务台

金碧商城
云南省工商局 云南省消委会 昆明市工商局 昆明市消费者协会
隆重纪念“3·15”国际消费者权益日

云南省工商行政管理局举办全省工商行政管理系统第一期法制培训班，副局长刘本军到会讲话

省工商行政管理局进一步加强干部人事管理，通过认真修订、完善规范干部录用、任免、考核轮岗等工作，强化日常管理、教育培训，加快对基层执法人员、业务骨干和专业人才的培养，着力提高干部的履职能力

受共青团中央、国家工商行政管理总局的委托，省工商局在昆明举行授予昆明工商行政管理局盘龙分局消保科优秀"青少年维权岗"称号的命名仪式。这是共青团中央、国家工商行政管理局联合在全国工商行政管理系统中开展创建优秀"青少年维权岗"以来，首次命名云南省的优秀"青少年维权岗"

省局召开全省工商系统处级干部交流座谈会，局领导何远灿、王贵明、赵健、郝青山、曾荣基参加座谈，听取汇报

中国驰名商标——云南白药®

云南白药集团股份有限公司的“云南白药”被国家工商行政管理总局正式认定为“中国驰名商标”。这是云南省荣获的第三件中国驰名商标，对云南实施名牌战略、发挥名牌效应、促进经济发展具有非常重要的意义。

把温暖送到基层

何远灿局长在文山州工商局看望干部职工

赵健副局长到禄劝工商局进行春节慰问

春节前夕，省局领导及机关各部门领导一行二十几人，分赴全省十六个地州工商局，三十几个县工商局以及七十几个基层工商所，看望慰问基层干部职工及离退休干部，把上级领导的关怀和温暖送到基层中去。

纪检组长曾荣基在昭通鲁甸慰问座谈

任仲生巡视员在玉溪市工商局慰问

闫守毓助理巡视员在红河县看望慰问

曲靖市工商行政管理局

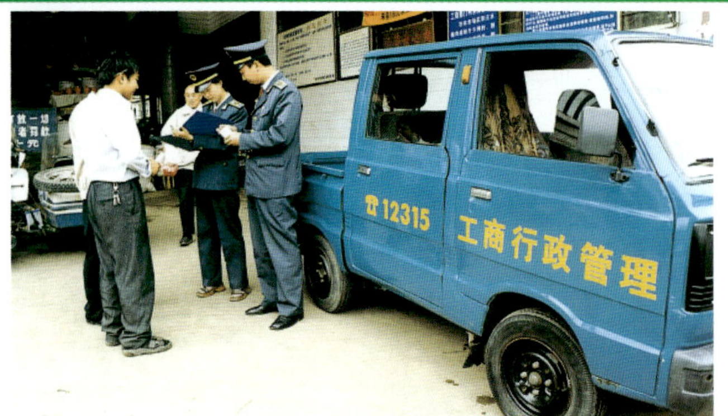

巡查市场

对食品、饮料市场进行检查

机关办证大厅

销毁假冒伪劣商品现场

2001年，全市各级工商行政管理部门，认真学习贯彻党的十五届六中全会、中央经济工作会议和全国、全省整顿和规范市场经济秩序工作会议精神，在省工商局和当地党委、政府的领导下，以邓小平理论为指导，努力实践“三个代表”的重要思想，牢牢把握整顿和规范市场经济秩序这一中心环节，大力抓好队伍自身建设，深入发动群众，精心组织力量，全力以赴开展整顿和规范市场经济秩序工作，全面推进全市工商行政管理的各项工作。一是整顿和规范市场主体，全市共登记各类企业1.01万户，注册资本173.4亿元；个体工商户5.28万户，全年新发展7317户，注册资金5.86亿元，从业人员8.36万人；私营企业1 027户，全年新发展175户，雇工人数2.92万人，注册资金9.61亿元。二是严厉打击各类经济违法违章行为，整顿和规范市场交易行为和市场竞争行为，共查处各类经济违法违章案件5 284件，案值1 736万元，罚没款196.06万元。三是整顿和规范市场执法行为，通过纪律整顿、思想教育、业务培训，工商干部执法水平有较大提高。

玉溪市工商行政管理局

国家工商总局外商投资企业注册局领导亲临市场指导工作

玉溪市工商行政管理局所在地是闻名遐迩的“聂耳故乡”、“云烟之乡”、“花灯之乡”。市局下辖8县1区工商局、1个分局，县区有20个工商分局、16个工商所，离市局最远的县有160余里之遥。机构改革后，市局内设10个处(室)，县局下设7个内设科室，红塔区设8个科室。

2001年是新世纪的开局之年，玉溪市工商行政管理局在省工商局和玉溪市委、市政府的正确领导下，始终坚持以马列主义、毛泽东思想、邓小平理论、江泽民总书记“三个代表”重要思想为指导，按照“十五”规划的总体部署和加入WTO的要求，全局上下团结一心，在党组的领导下，群策群力，紧紧围绕市委、市政府的中心工作，以整顿和规范市场经济秩序工作为全年工作重点，开展了十三项专项整治行动。一是“红盾打假护农行动”；二是“整顿节日市场、旅游市场行动”；三是“反误导、打虚假广告整治行动”；四是“扫黄打非行动”；五是“打假维权保名优”活动；六是“清理取缔废旧汽车回收拆解市场专项行动”；七是加大对食品、药品、粮食、成品油、汽车等重要商品和重要市场的监管；八是“追缴误售氰化钠行动”；九是“猎鹰行动”；十是“整顿和规范歌舞娱乐场所专项行动”；十一是“打假维权消费者满意街”、“户户讲道德、店店无假货”、“文明市场”创建活动；十二是“公众聚集场所消防安全检查”；十三是打击传销和变相传销活动。通过整治，强化了市场准入行为、市场交易行为，全面提高了工商干部队伍自身建设，促进了职能到位，各项工作取得了突出成绩。被省工商局评为“社会治安综合治理先进单位”、“年度党风廉政建设先进单位”、“全省工商系统‘九五’干部教育培训工作先进单位”、“全省工商系统清产核资一等奖”、“会计报表先进单位”、“年度打击非法拼装汽车行为，取缔报废汽车回收(拆解)市场联合行动先进单位”。为地方经济的持续稳定发展做出了积极贡献。

局领导为先进单位颁奖

“3·15”打假维权销毁现场

昭通市工商行政管理局

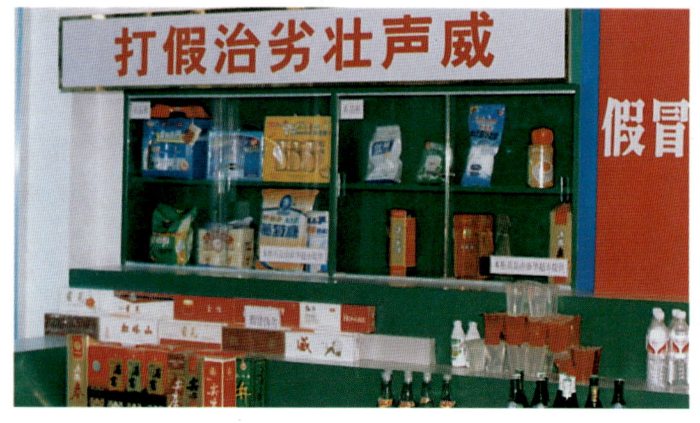

昭通市工商行政管理局共有局机关12个（其中市级局1个、县级局11个），内设机构93个，派出机构126个，领导职数50人（其中市局4人，县级局46人），在职职工1098人。

2001年，昭通市工商局认真执行《工商行政管理执法监督暂行规定》，修订和完善了行政执法责任制，行政执法错案追究制、行政赔偿追偿制和行政执法考评制。

强化市场专项整治工作，以深入开展集贸市场专项整治为契机，狠抓重点地区、重点商品、重点市场的专项整治和大案要案的查处，在全市范围内认真开展"打假保优"联合行动；加大力度整治农资市场，开展公众聚集场所消防安全治理。

2001年，昭通市工商行政管理局大力加强商标、广告监督管理，个体私营经济监督管理也收到明显效果。在公平交易执法方面，以整顿和规范市场经济秩序为主线，转变观念，加强市场监管，加大执法力度。全市共查处各类经济违法案件1647件，案值377.63万元。加强消费者权益保护，全市工商行政管理机关以"12315"投诉举报服务中心为依托，积极开展消费者权益保护工作，热情当好广大消费者的"保护神"。2001年，全面实现19个市场的办管脱钩。

楚雄州工商行政管理局

楚雄州工商局下辖10个县级局、1个开发区分局，现有在编干部职工878人，承担着全州各类企业8838户、个体工商户54150户和255个商品交易市场的监督管理和行政执法工作。

多年来，楚雄州工商局始终坚持外树形象，内强素质，扎扎实实开展自身建设，取得可喜的成绩。多次被评为省级文明单位，1999年被评为全国文明单位，2000年被国家工商局、国家人事部授予“全国先进集体”称号。2000年8月全省工商系统思想政治工作暨精神文明现场会在楚雄召开，会议提出“精神文明建设全省学楚雄”，对楚雄工商精神文明建设给予充分的肯定。

2002年4月楚雄州工商局在探索和创新中圆满完成了机构改革各项工作。楚雄州工商局将以开拓创新为主攻点，以队伍建设为支撑点，以信息化建设为切入点，以整顿和规范市场经济秩序为着力点，努力构建“团结干事、与时俱进、创新高效”的行政文化理念，抓发展、求创新，进中求质、进中求实，进一步推进制度建设和“两个文明”建设。

红河州工商行政管理局

省局领导到红河指导工作

检查亮照经营情况

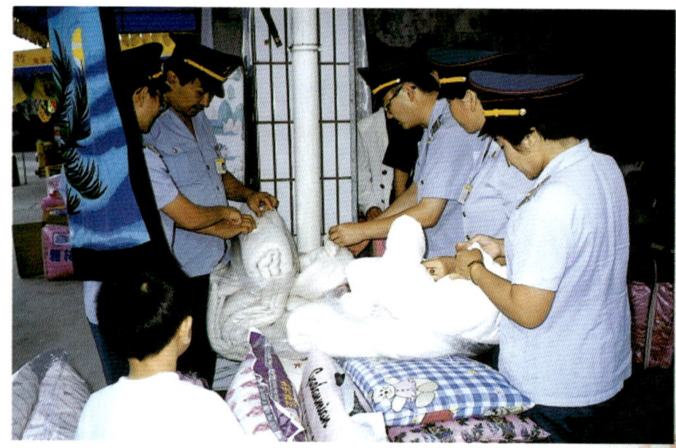

检查市场上销售的劣质棉

2001年，红河州工商行政管理局在省工商局和州委、州政府的正确领导下，高举邓小平理论伟大旗帜，以“三个代表”重要思想为指导，深入贯彻党的十五届五中、六中全会精神，根据上级的指示、部署，以整顿和规范市场经济秩序为中心，以加强纪检监察工作和党风廉政建设为重点，全局干部职工勇于创新，积极开拓进取，努力完成省工商局、州委、州政府部署的各项工作，全面推进了全州工商行政管理工作向前发展。

一年来，全州工商部门在履行市场监管与行政执法职能中，当好市场“守门员”，规范市场主体行为，严肃查处“三无”企业，严厉打击制售假冒伪劣商品违法行为，狠抓大要案件查处，查获各类假冒伪劣商品总值111.48万元。加强以粮食市场为重点的各类市场监管，严把粮食收购准入关，核发退出保护价粮食品种《收购许可证》285份。拓宽合同监管范围，打击合同欺诈行为，继续开展重合同守信用企业评定活动。进一步规范和完善个体私营企业的登记管理工作，坚决取缔无证经营。做好消费者投诉的受理和查处工作，建立“12315”消费者举报中心，初步形成了州、县、所三级维权执法网络，统一了网络标识和执法车辆标识。综合“四五”普法，组织执法骨干参加执法培训班，认真学习相关法律法规，规范执法行为。由于认识到位、组织严密、措施有力，各方面取得了阶段性成果，有力地维护了社会主义市场经济秩序。

办公大楼

文山州工商行政管理局

省局领导到州局开展督促调研工作

文山壮族苗族自治州辖文山、砚山、西畴、马关、麻栗坡、丘北、广南、富宁8县共115个乡镇，居住着汉、壮、苗、彝、瑶、回、傣、白、蒙古、仡佬、布依11个民族，少数民族占总人口的56.55%。

文山州工商行政管理系统共有在职干部职工882人，具有大中专学历的有758人，占在职人数的85.94%。全州以国有企业改革为中心，放开搞活中小企业，培育、扶植和发展企业集团，组建龙头企业，大力发展个体私营经济，年底已登记注册内资企业4 403户，注册资金26.13亿元，个体工商户3.74万户，注册资金2.70亿元，私营企业557户，注册资金4.94亿元。

全州有各类市场401个，消费品市场和生产资料市场年成交总额达21.67亿元。2001年，全州出动执法人员1.59万人次，清理各类市场701次。还首次介入电力、供水、供电等垄断性公用企业进行监督管理，组织企业负责人学习《反不正当竞争法》等法律、法规和政策，与此同时，强化执法人员的管理和监督，规范行政行为，实施“三严格、七公开、一监督”制度，取得了明显成效。全州工商局为强化消费者权益保护，切实维护消费者权益，全年受理消费者投诉案件1 725件，均全部解决，为消费者挽回经济损失33万元。2001年，全州工商系统组织开展了形式多样的政策法规学习，特别是开展“三个代表”重要思想学习教育活动，组织学习“七一”讲话和十五届六中全会精神，组织“四五”普法学习和《工商行政管理执法证》培训，为保证依法行政起到了积极作用。

省局何远灿局长（右二）视察丘北县工商局时，听取了丘北县局工作情况汇报。

陈勇局长（左一）陪同省人大、省政府领导巡查烟草现场。

省人大、省政府检查组参观州局举办的打假成果展

思茅地区工商行政管理局

地委宣传部领导参加工商系统学习“七一”讲话

行署领导视察3·15主会场

现场接受咨询

省局计算机中心技术人员到地区进行培训、辅导

思茅地区位于云南省西南部，总面积45 385平方千米，是云南省国土面积最大的一个多民族的边疆地区，全区9县1市，除思茅市外都是民族自治县，其中4个县分别与缅甸、越南、老挝接壤，国境线全长489.29千米，也是云南惟一与3个国家接壤的地区，历年来边民来往频繁，边境小额贸易十分活跃，区内有国家级口岸1个，省级口岸2个，陆路通道18条，是云南对外开放国际大通道的重要地区。

思茅地区工商行政管理局，坚持以经济建设为中心，以服务改革发展为己任，严把市场准入关。全区有各类工商企业4 685户，注册资本26.35亿元；核准办理注册登记的外商投资企业有38户，投资总额为8 069.21万美元。

在市场监管工作中，按照《国务院关于整顿和规范市场经济秩序的决定》，以开展市场检查为重点，全面整顿和规范市场经济秩序。全区工商部门共鉴证合同235份，金额4.04亿元，市场年检率为100%，评出30个“重合同守信誉”企业。

全局以“三个代表”重要思想为指导，认真贯彻落实全省第二次个体私营经济工作会议精神，切实加强对个体私营经济的引导和监督管理。全区城乡个体工商户有3.15万户，从业人员4.91万人，注册资金3.33亿元；私营企业413户，从业人员1.06万人，注册资金4.08亿元。2001年，共向国家缴纳税金1.03亿元，为思茅地区经济发展作出了应有的贡献。

全局积极开展保护消费者权益的工作，认真受理消费者投诉案，为消费者排忧解难，一年来，共受理投诉案件311件，挽回经济损失27.24万元。

为了进一步提高业务水平和人员素质，全局认真开展“工商法规学习年”活动，学习了9部主要法律和相关的法规、规章，并按照省局要求，对全区工商行政管理系统的行政执法进行全面的检查。对各级办案机构以一般程序进行处罚的案件全部进行了严格的审查，对一些不规范的执法行为进行了纠正，为保证依法行政起到了重要作用。

向学生讲解如何识别假冒伪劣商品

坐落于西双版纳州首府景洪市的西双版纳州工商局，全州共有企业4 169户，其中，法人企业1 119户，营业性企业3 050户，有限公司716户，国有独资企业9户，外资企业63户，个体工商户1.66万户，私营企业236户。

州工商局在省工商局和州党委、州政府的领导下，以“三个代表”重要思想为指导，充分发挥工商职能作用。依法对企业注册登记管理，强化市场监督管理及个体私营经济监督管理的力度，对商标管理和广告监督管理的专项整治，采取了有力措施，取得了显著成效。

一年来，全州工商局共查处各类违法违章案件1 235件，案值178.11万元，罚没款86.35万元。同时大力宣传《消费者权益保护法》，受理消费者投诉案件417件，解答率98%，为消费者挽回经济损失30.90万元，受到了广大消费者的赞扬。

西双版纳州工商局在局领导班子的带领下，积极推进工商行政管理工作职能到位，充分发挥职能作用，积极促进国有企业发展、改制和重组，严格把关，做到特事特办，为企业提供优质、快捷服务。为西双版纳的经济发展、社会稳定、民族团结、边疆巩固作出了应有的贡献。

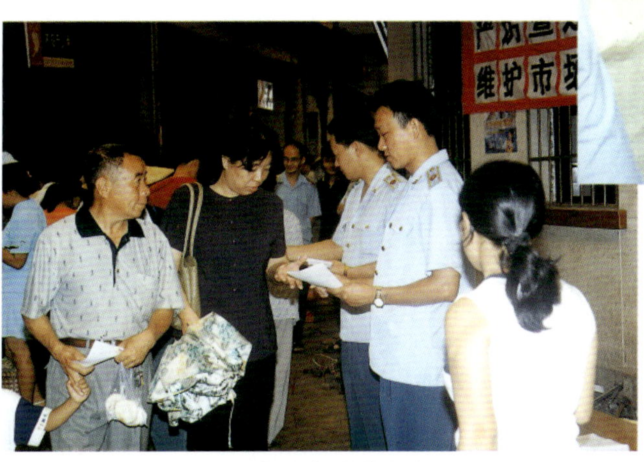

向群众散发宣传材料

当众销毁坑人秤

即将销毁的假冒伪劣商品

大理州工商行政管理局

州工商局举办全州行政执法培训班

大理市工商局合唱《红盾之光》

大理古城是国务院命名的旅游城市，闻名遐迩的滇西明珠——洱海，风景秀丽，吸引着众多的中外游人，大理州工商局就坐落于临洱海边的下关市。该局管辖着12个县市工商局，共有各类市场335个，个体工商户7 581户，私营企业1 408户，内资企业6 450户，外商投资企业60户。该局把整顿和规范市场经济秩序工作作为首要任务，狠抓落实，并按国家工商总局“三严格”、“三禁止”的规定，规范市场主体，严把市场准入关，推行建立“经济户口”工作，探索州局和基层所上下联动的监管模式。

该局通过宣传教育，自检自查，重点抽查，规范管理等有效措施，遏制了全州垄断行业的不正当竞争行为，切实保护了消费者的合法权益。为了维护全州经济稳定，严厉打击非法传销活动，全局反复调查，掌握线索，在公安部门的配合下，2001年共捣毁了传销窝点6个，清理传销人员176人，案值16.6万人，罚没款9 500元，有效地遏制了传销活动在大理州蔓延的势头。全州工商局严厉打击制售假冒伪劣商品的违法行为，查处各种假冒商标、假冒名烟、名酒及“三无”过期的食品和饮料、食用油等，案值68.1万元。清理文化市场，保护知识产权，查处商标违法案件和盗版影碟等，净化了文化市场。大理州工商局在2001年开展整顿和规范市场经济秩序的工作中取得了一定的成绩，为全州经济发展作出应有的贡献。

“3·15”晚会结束后，州、市工商局领导与全体演职员合影

德宏州工商行政管理局

市场管理员严格检查珠宝玉器产品

市场巡查严格查看副食品质量

德宏州工商行政管理局下辖1个分局、6个县级局。全局按照“十五”规划的总体部署和应对加入WTO的要求，充分履行工商行政管理职能，整顿和规范市场经济秩序；加强党风廉政建设，努力提高执法水平。各项工作都有了新的进展。

坚持“三严格三禁止”的原则，正确处理管理与发展的关系，认真做好各类企业的登记工作。充分发挥市场监管主力军的作用，开展了以节日农贸、食品饮料、肉食品、旅游、药品、建筑、文化娱乐等市场为重点的专项整顿。加强商标广告管理，对40户广告经营户的主体资格进行了重新核定。进一步加强经济合同管理，选评“重合同守信用”企业61户，推进了社会主义市场经济信用体制建设。大力发展个体私营经济，组建私营企业工会组织，对各县市评选推荐的22户个体工商户和私营企业命名为州级“光彩之星”。积极开展创建文明市场活动，有7个市场被评为全省文明市场，15个市场被评为全州文明市场。全局坚持“两个文明”一起抓，认真学习“三个代表”重要思想，加强建章立制，规范执法行为，州、县、所三级实行了（局）所长接待制度，拓宽了群众监督的渠道。年底，州工商局被评为省级文明单位。

检查化妆品市场

纪念中国共产党成立80周年活动中警民心连心，民族大团结合唱表演。

怒江州工商行政管理局

怒江傈僳族自治州位于云南省西北部，国境线449.5千米，是祖国西南边陲重镇。自治州辖泸水县、福贡县、贡山独龙族怒族自治县和兰坪白族普米族自治县，少数民族人口占总人口的94.5%。境内还分布着汉、彝、纳西、藏、傣、景颇族等12个民族。怒江州工商行政管理局有干部职工218人，具有大、中专文化程度的占85%，年龄在40岁以下的占79%。

怒江州工商局在省局的领导下，根据有关的政策、法规，结合本地实际情况严格执法，在工作中取得了一定的成绩。

截至2001年底，全州共登记注册各类企业974户，注册资金6.07亿元。全州个体工商户有6 497户，从业人员10 871人，注册资金9 220万元；私营企业有193户，从业人员4 670人，注册资金2.35亿元。个体私营经济企业和各类企业为怒江州的经济发展起到了积极作用。

怒江州工商局严把市场准入关，规范市场主体准入行为。结合开展整顿和规范市场经济秩序工作，维护合法的市场公平竞争，严厉查处强买强卖、欺诈等违法行为。与此同时，强化市场监督管理，实行市场巡查。维护了正常的市场经济秩序。

2001年全州工商系统首期执法证培训学习班

工商干部向群众介绍如何鉴别假冒伪劣商品

全州共有44个城乡集贸市场，2001年市场成交额达2.54亿元。根据国家总局、省局的批示精神，怒江州工商系统完成了市场办管脱钩工作，移交自办市场、联办市场各1个。

怒江州工商局坚持以公有制为主体，多种所有制经济共同发展的方针，大力发展个体私营经济，在保护生产经营者正当利益的同时，进一步贯彻《消费者权益保护法》，切实维护消费者合法权益。充分发挥“12315”消费者举报中心作用，现场受理消费者投诉。2001年全州查处侵害消费者权益案件299件，案值80.7万元，罚没款2.74万元。

全局进一步加强法制工作，促进依法行政。工商机关将法律、法规宣传作为中心工作来抓，及时纠正工作中的不足和错误，保护行政相对人的合法权益，维护了工商行政管理机关的执法权威和形象。

泸水县工商局在六库街举办假冒伪劣商品展览

省、州、县等领导参加泸水光彩完小开学庆典揭碑仪式

临沧地区工商行政管理局

临沧地区工商行政管理系统紧紧围绕省局“四大建设”的工作思路和临沧地委、行署的经济发展计划，努力实践江泽民同志“三个代表”重要思想，深入落实地区工商局党组提出的“抓根本、抓基础、抓基层，严格管理、严格执法”的“三抓两严”工作要求，以“抓班子，带队伍；抓制度，促规范；抓基础，求发展；抓基层，求落实”为工作方针，把工作标准定位于“让广大人民群众满意，让上级领导机关放心”，通过“内部管理体系、干部管理体系、财务管理体系、市场监管体系、执法监察体系、形象工程体系”的“六大管理体系”工作措施，努力推进“建设一个好班子，制定一套好制度，带出一支好队伍，创造一流好业绩”的“四个好”工作目标，充分发挥工商行政管理部门市场监管和行政执法职能，抓执法，整顿市场经济秩序；抓服务，促进地方经济发展；抓改革，深化工商行政管理体制建设；抓建设，推进工商行政管理自身改革与发展；抓落实，圆满完成年度工作任务。

李晗局长（右二）和毛文光副局长（右一）陪同行署领导视察“3·15”宣传点

中共永德县委、县人民政府向临沧地区工商行政管理局赠送“心系彝乡，情注教育”的牌匾

地址：临沧县凤翔镇南屏西路16号
电话：（0883）2122260
邮编：677000

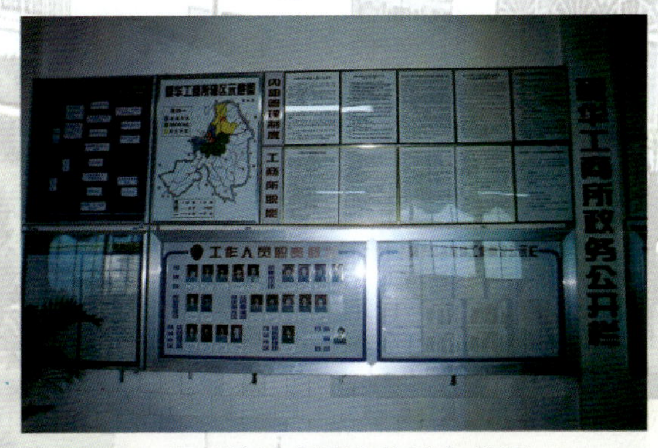

行政执法全面实施政务公开

临沧地区工商局办公大楼

全区工商系统举办法律知识竞赛

蒙自县工商行政管理局

蒙自县工商行政管理局以整顿和规范市场经济秩序为主线，大力推进市场监管制度改革，促进工商职能到位；继续整顿和规范市场准入、市场竞争和市场交易行为；保护消费者权益；严厉打击制售假冒伪劣商品行为。为蒙自的招商引资营造了良好的投资环境。

依照《公司法》、《企业法人登记管理条例》等法律法规，严格规范企业登记注册程序、前置专项审批手续，依法确认企业继续经营资格，严把市场主体准入关。截至2001年底，全县登记注册的个体工商户5 962户，比上年增长23.7%，全县非公有制经济出现了强劲发展势头。

依法履行合同监管职能，充分发挥合同鉴证管理的防范作用。一年来，共办理各类合同8 440份。组织开展“重合同，守信用”活动，2001年，全县共有25户企业被县人民政府命名表彰为“重合同守信用”单位。

加强对商标广告的登记管理工作，规范广告经营行为，加大对《广告法》、《商标法》的宣传力度，有效地维护了知名商标的专用权及法律的严肃性。

县工商部门成立了“整顿和规范市场经济秩序工作领导小组”，抽调专人负责制定工作方案，认真开展此项工作。一年来，共查处违法违章案件161件（含简易程序），收缴罚没款274879元；为受害单位、个人挽回经济损失24万元；查获了大量的假冒伪劣商品。

县工商部门设立了纪检室，配备了纪检组长，加强了纪检工作，主要是加大了对过去遗留问题的查办力度。全局干部职工增强了组织纪律性，涌现了拒贿2000元的好人好事，树立了工商干部依法行政的职业道德形象。

大力开展《消费者权益保护法》的宣传维权活动。以“绿色消费”为主题，积极受理消费者投诉，调解投诉纠纷，引导绿色消费。

局长　朱昆升

注册大厅

档案室

办公大楼

市场巡查

德宏州姐告边境贸易区工商分局

国门工商肩负着云南省扩大开放和连接东南业、南亚国际大通道战略发展目标的重任。12月2日，德宏州工商行政管理局姐告边境贸易区分局举行揭牌仪式，由省局何远灿局长和德宏州州长管国忠揭牌，姐告工商分局正式成立。

省工商局局长何远灿及德宏州州长管国忠为姐告分局揭牌

自左而右：
孟必光（瑞丽市委书记）、李增寿（州委副书记）、王贵明（省局副局长）、管国忠（州委副书记、州长）、何远灿（省局局长）、杨炎平（副州长）、杨岩保（州人大副主任）、思利章（瑞丽市市长）

罗宁（德宏州工商局副局长、姐告工商分局局长）率领姐告工商分局全体干部宣誓就职

充满生机与活力的云南林业

厅长陈继海

云南是全球生物多样性最丰富、最集中的地区之一，也是我国四大林区之一。全省现有林业用地面积和活立木蓄积量分别名列全国第三位；有林地面积名列全国第四位。全省从北到南分布着105个主要森林类型。丰富的植物资源为云南林业的发展提供了有利条件。

近10年来，尤其是“九五”以来，云南林业得到了快速发展。如今，全省已形成完整的林业行政管理网络。森林防火、资源林政管理、森林病虫害防治、森林公安、自然保护区和农村能源建设等森林保护工作取得了突破性进展，有的已跨入全国先进行列。以生态公益林和商品林建设为主的森林培育工作驶入了快车道。“九五”期间，全省绿化造林3029多万亩，封山育林4246万亩，完成义务植树7.29亿株，森林覆盖率由“八五”期间的40.66%增长到现在的44.3%；活立木蓄积量由13.6亿立方米提高到14.2亿立方米。全省于1997年消灭了历史上长期存在的森林赤字，实现了有林地面积和活立木蓄积量的双增长。全省建立了以森林资源培育为基础，加工和综合利用门类比较齐全的林产业，产品达160多种，林业总产值已达140亿元，年均递增9.6%,林业已成为一些地方的支柱产业。此外，林业科技教育、林业法制建设以及林业国际国内合作与交流也取得了明显的成绩。

云南省林业厅具有对云南省工商企业实行事项审批和许可证管理的政府职能。

电话：（0871）5117889

云南省最大的林纸企业—云景林纸股份有限公司思茅纸厂

金沙江上的绿色防护林带

机关干部义务植树

因地制宜发展经济林

林政执法人员在执法

云南省乡镇企业局

乡镇企业局新办公楼投入使用，黄炳生副省长到省局指导工作并表示祝贺

云南省乡镇企业局是省政府主管全省乡镇企业的直属机构，主要职责是：

1.贯彻执行国家关于乡镇企业的法律、法规和政策，对全省乡镇企业进行宏观指导。

2.指导乡镇企业的体制改革和机制创新、所有制结构调整，进一步建立适应社会主义市场经济发展要求的乡镇企业制度。

3.指导乡镇企业按照国家产业政策调整产业结构、产品结构和企业布局，引导地区间经济技术合作，提高乡镇企业产品质量和科技水平。

4.指导乡镇企业申办进出口经营权和实施“东西部合作工程”。

5.指导乡镇企业技术改造，为乡镇企业提供科技、信息、质量和计量标准等服务。

6.指导乡镇企业加强企业管理，做好财务会计和内部审计工作。

7.组织乡镇企业统计、信息工作，进行乡镇企业经济运行情况分析，为省政府宏观经济决策提供依据。

8.指导乡镇企业安全生产、环境保护和劳动卫生工作。

9.指导乡镇企业科技进步、教育培训，提高乡镇企业的科技水平和人员素质。

10.协调乡镇企业与综合经济部门、专业经济管理部门、执法监管部门的关系，依法对乡镇企业进行管理等。

内设机构有：

办公室、人事教育处、政策法规处、发展统计处、企业管理处、科技环保安全处。

地址：昆明市万华路169号
电话：0871-5707107
邮编：650224

云南石油化工集团有限公司

云南石油化工集团有限公司是原云南省石油化学工业厅整体转制成立的国有独资公司，经营管理原云南省石油化学工业厅机关及其直属单位的国有资产，并作为授权范围内的国有资产投资主体，代表云南省政府对授权范围内的国有资产行使出资者职能。

公司现有20个成员单位，职工3.3万人。拥有大型企业8个、中型企业5个、科研单位1个、设计单位1个、国家级和省部级企业技术开发中心3个，形成了包括磷矿采选、化肥、农药、氯碱、橡胶加工、有机化工、建筑安装、科研设计、贸易服务相配套的门类较为齐全的化学工业体系。截至2001年底，公司拥有资产总额101.96亿元，固定资产60.64亿元，净资产31.42亿元，所有者权益15.37亿元，实际授权经营的国有资产总额21.13亿元。

公司拥有丰富的磷矿资源，磷矿采选、湿法磷酸和高浓度磷复肥产量居全国第一；拥有国内一流的磷矿石采选企业和高浓度磷复肥生产企业，开创了中国湿法磷酸和高浓度磷复肥发展的成功道路。目前公司主要产品的年生产能力为：磷矿开采325万吨、合成氨64.5万吨、硫酸92万吨、磷酸折纯量27万吨、化肥折纯量89.9万吨(其中氮肥50.36万吨、磷肥37.65万吨、钾肥1.9万吨)、烧碱3万吨、纯碱6万吨，聚氯乙烯1.7万吨。以磷矿石、高浓度磷复肥、黄磷、磷酸、饲料添加剂等为主的多种产品销往全国各地并出口到40多个国家和地区。

云南石油化工集团有限公司的发展目标是：抓住中国加入WTO的历史契机，解放思想，更新观念，结合国际国内经济和科技发展形势，发挥资源优势，以市场为导向，以经济效益为核心，以现代企业管理和技术创新为重点，大力发展高浓度磷复肥、商品磷酸、精细磷化工和煤化工，把云南磷化工建设成为云南新的支柱产业，使云南成为全国最大的磷化工基地。

解化集团有限公司生活区一角

董事长：赵孟云
总经理：他盛华
地　址：云南省昆明市东风东路118号
电　话：0871-3331459
传　真：0871-3325990
邮　编：650041

云南轻纺集团有限公司

云南轻纺集团有限公司于2000年8月由原云南省轻纺工业厅成建制转体成立，代表省政府对授权范围内的国有资产行使出资者的职能。集团公司所属子公司有：云南云维集团有限公司、云南省盐业总公司(含昆明盐矿和一平浪盐矿)、云南省纺织总公司、云南省轻工供销总公司、云南省轻工业建设公司、云南省造纸工业公司、云南省工艺美术公司、云轻实业开发公司8户企业。轻纺集团还有云南省二轻产品销售公司、云南省轻纺工业设计院、云南省轻工业科学研究所、云南省工艺美术研究所、云南省轻工业学校、云南工艺美术学校、云南省轻工业技工学校等成员单位。

集团公司现有在职职工6852人，离、退休人员2710人，资产总额为15.73亿元，国家所有者权益5.83亿元，少数股东权益1.52亿元。截至2001年底，集团公司合并实现主营收入7.6亿元，实现利税1.04亿元。

集团公司经营范围包括：轻纺工业产品、机械设备、轻纺工业原料及其它包装材料、装饰材料、轻工燃料、工艺美术品、旅游产品、民族用品、机电产品；建筑材料、金属材料的批发、零售、代购、代销；轻纺工业技术咨询、服务、培训、信息、转让及中介服务；物资储备、轻工设备租赁、轻纺工业产品展销服务；轻纺工程勘察、设计、建筑安装、工程承包、系统集成、物资仓储；食糖、停车场经营、投资房地产、交通运输、旅游、宾馆等行业；自营和代理各类商品及技术的进出口业务，但国家限定公司经营或禁止进出口的商品及技术除外；经营进料加工和“三来一补”业务；开展对销贸易和转口贸易。

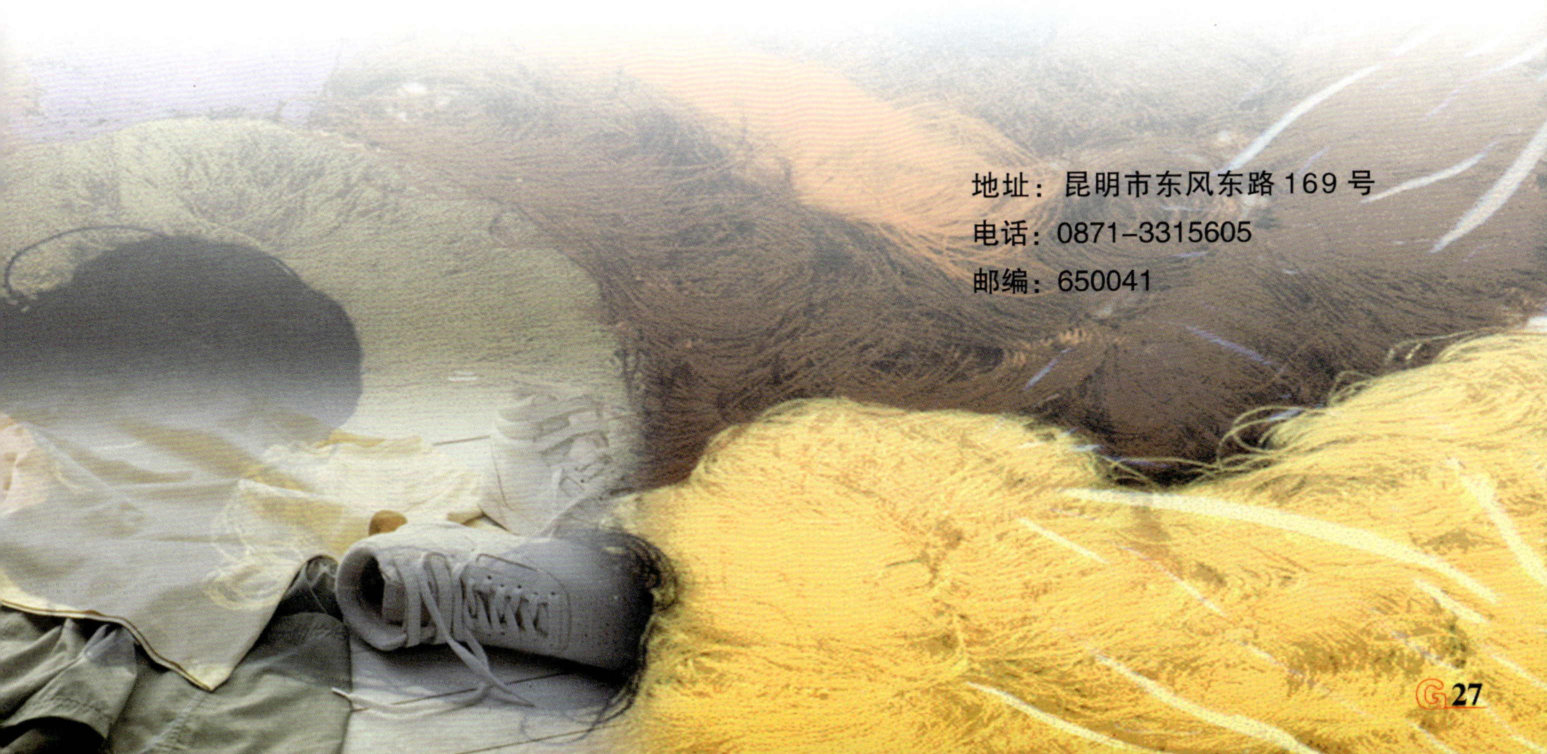

地址：昆明市东风东路169号
电话：0871-3315605
邮编：650041

昆明铁路局

局长：郑建东

党委书记：朱胜卿

1997年4月1日经国务院批准组建的昆明铁路局，是全国14个铁路局中准、米、寸3种铁路轨距并存的惟一铁路局，管辖贵昆、成昆、南昆3条准轨电气化铁路干线和昆河、蒙宝2条米轨铁路线，11条铁路支线，并对昆玉、广大两条地方、合资铁路进行管理。管辖范围东面贵昆线至凤凰山站与成都局交界，南昆线至威舍站与柳州局交界；南面昆河线至河口站与越南交界；　西面广大线至大理站；北面成昆线至迤资站与成都局交界。管内线路总延长2943千米，运营里程2059千米，承担着进出云南省1500万人的旅客发送、4000万吨货物和100万吨集装箱的运输任务。下设63个站段单位，203个车站，职工5.3万人，固定资产149亿元。安全生产持续稳定，从建局到2001年底，实现连续1736天无责任行车重大、大事故。

1999年10月，昆明铁路局按照铁道部“网运分离”的改革目标成立了客运公司，从模拟法人运作的体制开始，逐步向法人实体发展，积极向建立现代企业制度的改革目标推进。客运公司积极采取增设售票网点等措施加强营销，通过提高客运服务质量吸引客源。该公司承担的T61／2次列车，2002年4月荣获“中央文明办”、“国务院纠风办”“全国创建文明行业活动示范点”称号。

南昆、昆河铁路与312国道交叉一角

2001年10月，全省最大的集装箱货场——昆明东站240万吨新建集装箱货场开通，集装箱货场将为进出省内外物资提供优质、快捷的服务，为振兴云南经济和西部大开发作出应有的贡献。

法定代表人：郑建东
电话：(0871)6122150
地址：昆明市塘双路548号
邮编：650051

云南最大的集装箱货场——昆东集装箱货场，设计能力为240万吨/年。

昆明客运公司以旅客满意为标准，规范化服务

昆明铁路局
多元企业投资中心

昆明铁路国际旅行社（集团）
昆明北－河内跨国旅游专列

该中心经昆明铁路局授权，作为昆明铁路局投入多元经营企业的出资人代表，经国家主管部门批准，并经工商部门注册登记，成为以资本运营和监管的国有法人企业。该中心于2001年1月组建并投入运行，设有党政工团组织，并设有综合部、计划财务部、劳动人事教育部、管理部(科)、审计部、投资开发部、政策法规部等工作机构。

多元企业投资中心注册资金1.73亿元，资产总额9.11亿元，其投资的独资或控股企业94个，经营范围有货运代理，成品油销售，煤焦加工销售，磷化工产品生产销售，外贸、边贸、进出口，旅游餐饮，机车修理和机械加工，房地产开发，工程施工，生活服务，装卸服务，商贸，中铁快运，中铁寻呼，广告及花卉等行业，形成9个年产值超亿元的企业，多元企业年销售收入超过20亿元，成为昆明铁路局的重要经济支柱。

昆明铁路局多元企业投资中心成立后，理顺了铁路局与多元经营企业的产权关系，建立了多元企业国有资产营运、管理、监督体系，为多元经营企业建立现代企业制度，真正成为市场主体创造了条件，2001年完成销售收入16.1亿元。

昆明乐维物资供销中心储油7000立方的储油库

昆明云铁代理公司昆明东分公司代理业务现场

昆铁磷业工贸有限公司安宁化工厂生产的“铁龙花”、“云磷花”牌系列化肥

中国长城资产管理公司
昆明办事处

中国长城资产管理公司是经国务院批准，具有独立法人资格的国有独资金融企业。中国长城资产管理公司昆明办事处经中国人民银行批准设立、是中国长城资产管理公司在云南省的派出机构，在总公司授权范围内开展业务，并在云南省工商行政管理局注册，于2000年3月17日正式挂牌成立。现有员工65人，全部具有大专以上学历，其中6人具有高级技术职称，21人具有中级技术职称。办事处下设5个职能部门及6个项目经理组，有效加强对收购资产的管理工作。

昆明办事处始终以财政部、总公司和农总行的各项政策为依据，及时、有效保证进度，于2000年圆满完成总公司下达的41.1亿元的收购任务，其中债转股企业2户，金额4.1亿元。

根据《金融资产公司管理条例》和中国人民银行文件、中国长城资产管理公司法人授权书，中国长城资产管理公司昆明办事处在以下范围内开展业务：一、收购并管理中国农业银行剥离的不良资产；二、债务追偿、资产转让与销售；三、债务重组、资产重组、企业重组；四、债权转股权的调查与评审、股权管理；五、资产及项目评估；六、企业审计与破产清算；七、投资、财务及法律咨询顾问；八、以资抵债资产的租赁；九、经公司批准的其他业务。

开业以来，昆明办事处积极运用法律武器，依法诉讼，有效维护了国家债权并防止国有资产流失。截至目前，办事处通过诉讼等法律手段共实现资产处置逾5000万元。

法定代表人：郭尔合
电话：(0871)5324588
地址：昆明市人民中路1号
邮编：650051

云南省小龙潭矿务局

党委书记：岳宗谦

局长：王文忠

云南省小龙潭矿务局北距昆明230千米，南盘江和昆(明)河(口)铁路横贯矿区，公路与国道相接，交通便利，以生产褐煤为主，兼营建筑、机械维修及农副业生产。它是全国最大的地方露天煤矿和云南省最大的煤炭生产基地。主要产品褐煤是云南省煤炭资源中煤质较好的一种，宜作动力、建材、烤烟、制糖、化肥等工业及民用燃料。矿区为一山间盆地，含煤面积9.03平方千米，探明地质储量10.93亿吨，煤质优良，平均灰分率18%，平均基水分为34%，煤质发热量3100大卡/千克，煤层最大厚度223米，平均厚度72米，平均剥采比为1:1.33，露天开采条件优越。

小龙潭矿务局始建于1953年，原系人工采掘、畜力运输的小型露天矿。经过龙煤人近半个世纪的艰苦奋斗，矿务局依靠科技进步，先后投资14多亿元进行了4期扩建和两次生产技术改造，使生产规模由小到大，生产工艺从土到洋，采剥生产能力进一步得到提高，并已发展成为全国机械化程度较高，首家采用斗轮挖掘机——胶带运输机——排土机连续开采工艺系统的大型露天煤炭生产基地。全局年设计能力达到630万吨/年，目前年产褐煤500万吨左右。到2001年末，累计生产褐煤1.15亿吨，剥离土方近1.57亿立方米，累计实现现价工业总产值33亿元，实现利税近10亿元，为云南省经济发展和社会稳定做出了应有的贡献。20世纪80年代以来，矿务局两次荣记人事部、司法部“集体一等功”，先后被评为“省级先进企业”、“国家二级企业”、“能源部质量标准化矿务局”、“中国100家最大煤炭采选企业”、“云南省文明单位”等50多项荣誉称号，并多次受到省部级表彰。

地址：云南省开远市
电话：0873-7341161
邮编：661601

小龙潭矿务局主业产品——褐煤

小龙潭矿务局被国家能源部命名为“质量标准化矿务局”

小龙潭矿务局大门

云南省卫生厅卫生监督所

根据卫生部、省政府对整顿和规范市场经济秩序工作的统一部署，云南省卫生厅成立了云南省卫生系统整顿和规范市场经济秩序工作小组。从2001年5月份以来在有关部门的配合下开展了食品、化妆品、消毒产品生产经营、学校食堂和医疗服务市场的专项治理工作。据不完全统计，仅在食品打假专项活动中，全省共出动监督人员16 959人（次），组织开展活动609次，查获案件566起，取缔和捣毁无证窝点289个，查获违法产品96吨，标值134.5万元，罚款16.4万元，吊销卫生许可证63户，移送司法机关处理4人。通过整治活动，使非法生产经营食品、化妆品、一次性使用医疗卫生用品和非法医疗服务活动的势头得到明显遏制，同时严厉查处了一批大案、要案，为人民群众营造了一个良好的、规范的卫生氛围，保护了人民群众的健康。

1.卫生部副部长殷大奎及卫生部有关领导、陈勋儒副省长在省卫生厅领导的陪同下，亲临云南省卫生系统销毁假冒伪劣产品现场会。图为省卫生厅副厅长詹海峰在大会上号召全省卫生监督员为了广大人民群众的安全健康，再接再厉，努力工作。

2.2001年7月12日，殷大奎副部长亲自为销毁假冒伪劣产品点燃了第一把火。

3.省市区卫生、教育行政部门组成联合检查组，开展学校卫生监督，加强学校食堂食品卫生监督检查，消除学校卫生安全隐患。

4.云南省卫生厅卫生监督所对市场销售月饼及生产厂家进行监督检查，保证人民群众在中秋节期间吃 到卫生安全的月饼。

5.云南省卫生行政部门抽查市场销售大米，加强对粮食批发市场的卫生监督，让老百姓在市场上买到放心的大米。

6.省、地州（市）、区级卫生行政监督部门，销毁在“整顿和规范市场经济秩序”工作中没收的假冒伪劣产品。

昆明万能出租汽车有限公司
昆明万能驾校

万能公司参加优质车颁奖大会

昆明万能汽车总公司成立于1990年，经过7年的艰苦创业不断发展壮大，现已成为一个拥有万能出租汽车公司、万能汽车驾驶员培训学校、万能汽车修理厂、万能汽车租赁公司、万能花桥加油站、万能花木公司6个集汽车服务、驾驶培训、汽车租赁、修理、加油为一体的新型企业，以“管理求规范、服务争一流”为目标，为昆明市的交通运输及旅游服务事业做出了一定贡献。

总公司下属的万能出租汽车公司成立于1993年10月，以“团结务实、争先创优、服务社会”为企业精神，不断提高业务素质，努力适应市场、开拓市场，发挥专业优势，切实为驾驶员办实事，为乘客解疑难，建立了一支助人为乐、见义勇为、拾金不昧、品德优良的出租车队伍，每年都被评为行业先进单位。2001年被评为全国出租车优秀企业。

万能驾校于1997年成立，在云南首创轿车培训，是全国少数上网驾校之一，拥有大客车、大货车、吉普车、轿车90多辆，首家建成占地100多亩的花园式灯光训练基地，考试合格率达99%，结业率达100%，是集花卉、盆景、鸟类、垂钓为一体的全国少有的驾校，被评为昆明市“花园式文明单位”。

总公司在发展的同时不忘回报社会，对一些贫困地区人民给于援助支持，几年来多次向社会捐资助学。免费支持特困大学生学车、优惠支持各大专院校师生学车、为山区学校捐赠课桌椅、慰问和支持交警学车，每逢节假日慰问孤寡老人等，先后投入资金30多万元，为社会的公益事业尽了一份微薄之力。

法定代表人：尚开伟
电话：(0871) 5707448
地址：昆明市张官营
邮编：650031

万能汽车培训基地

云南省人力资源市场

云南省人力资源市场由云南省劳动和社会保障厅人力资源开发中心与新华通讯社云南分社总经理室携手创立，为了迎接21世纪知识经济时代对人力资源的需求，市场以开发人力资源为中心任务，秉承“客户至上、信誉第一、开发人才、服务社会”的宗旨不断提高服务质量，为社会各界提供优质的人力资源服务。市场现有1000多平方米宽敞明亮的交流大厅（近200个展位）。

根据客户需求，交流部现推出三个品牌人才交流会：机遇之窗：逢周五、周六定期举办交流会；精英天地：每月不定期举办特色专场交流会；英才超市：举办大型综合类交流会。同时与中国南方人才市场强强联手合作成立中国南方人才网云南市场，真正实现了异地之间资源共享、信息互换，使云南省人才的引进及输出更加方便、高效。

服务范围：

人才交流、就业指导、技能培训、人事代理、委托招聘、政策咨询、维权服务、国际务工、猎头服务、人才测评、论坛讲座、社区服务、异地开发、扶贫帮困、

云南省人力资源市场办公电话：

主任办公室：0871-5385958　行政部：0871-5385954　客户服务中心：0871-5323225
劳动保障部：0871-5365975　培训部：0871-5365975　猎头部：0871-5328761
企业服务处：0871-5328762　信息部：0871-5366036　交流部：0871-5383585　5344699
个人求职处：0871-5383485　5328755　5344645　5376615
传　　真：0871-5328765

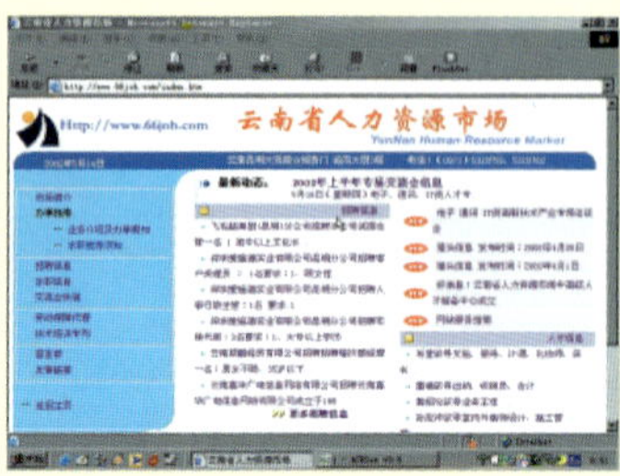

普者黑风景区 银湖大酒店

银湖大酒店，坐落于景色秀丽、山水清音的普者黑风景区。距云南丘北县城12千米，前有清澈的普者黑河环抱，后为终年翠绿的笔架山相拥。占地3万平方米，由开放型的园林建筑群落组成。酒店处娇山柔水间，承传统展现代，是您畅游普者黑理想的下榻地。

酒店由中国人民银行云南省分行和文山州分行联合投资兴建，是集住宿、餐饮、旅游娱乐、度假疗养、会议培训为一体的星级酒店。有套房、贵宾房、豪华标准间、普通标准间、普通经济三人间共80余间，200余个床位。房内配有有线电视，国内国际直拨电话，有各类会议室，商务资讯中心。有可同时容纳200人就餐的餐厅，并有装饰典雅风格各异的4个小型餐厅。酒店特聘名厨主理，您可品尝到普者黑质嫩鲜美的鱼虾，也可享用南北风味，还有民族风情浓郁、乡土气息淳厚的歌舞相伴。酒店设有大型豪华歌舞厅，配有设计独特、设备先进的KTV包房，棋牌室、桑拿、按摩、美容美发一应俱全。无论团队还是散客都能宾至如归。

另外，酒店专有的银湖垂钓中心，湖面800余亩，湖畔远村近树、芳草连绵、山水成趣。可垂钓、露营、野餐、举办大型篝火晚会等，是您怡情养性的世外桃源。

法定代表人：蒋立洪
总台电话：0876-4610068
销 售 部：0876-4610308
传　　真：0876-4610286

酒店外景

酒店外景

云南省昆明汽车运输经贸总公司人和车友协会（原十六站）

该站为省级国有专业运输单位，建设多年，本着服务于社会、学员是上帝的宗旨，为社会培训出数万名合格驾驶员，该站曾获省交通厅“安全生产”先进单位及“生产经营先进单位”等称号，现有轿车、吉普车、大货车、大客车等教学车辆40余辆，有正规灯光教学场地，木桩考仪等设施，价格适中，服务周到，开设有白班、夜班、周末班，陪练等，并可服务上门，就地培训。

站长：雷云高

地址：昆明市宜良县匡远镇清远街220号

电话：0871-7522658

邮编：652100

地址：重庆市江北区建新东路260号 邮编：400023 销售热线：（023）67591278 免费服务热线：8008070888 网址：http://WWW.changan.com.cn

经销单位

长安汽车玉溪分公司：0877-2063212

长安汽车昭通分公司：0870-2234275

长安汽车景洪分公司：0691-2200588

云南万友：0871-4624805

车龙公司：0871-4620376

云南成商：0871-8171030

长安汽车保山分公司：0873-2140893

长安汽车丽江分公司：0888-5181618

曲靖汽贸：0871-4620202

云南机电：0871-8246581

一汽工贸：0871-8172970

中国北方：0871-4624561

云南大理交通

董事长、总经理：马建国

云南大理交通运输集团公司，是大理地区惟一一家集客货运输、房地产开发、旅游商贸、宾馆饭店、汽车销售和维修，公路工程建设等为一体，拥有职工6400多人，固定资产2.3亿元，土地使用面积100多万平方米的大型运输企业集团。集团自1952年的下关保养厂(集团前身)成立至今，在大理这块滇西"咽喉"之地上整整奋斗了50个春秋，经历了从计划经济时代为保障国计民生的国家专业运输机构到扎根于市场经济的历史转变，完成了一系列战略管理的变革和创新。

企业在实施了"一包三调整"战略后，提出了"以市场为中心，汽车为轴心，旅游和房地产为两翼"的发展战略，致力于扩大自己的市场份额，提高企业运营的质量。集团通过战略的调整后，进行了合理有效的资源配置，确定了"客运做强、房地产做大，旅游做活，保修销售上台阶"的目标，着力培

条理有序的保修工区

欣欣向荣的保修销售业

蓬勃发展的房地产业

运输集团公司

植客运、旅游、房地产、保修四大支柱。 目前，集团已拥有高快客运公司和12个驻外客运分公司、39个汽车站点和沃尔沃、凯斯鲍尔、大宇、金龙等客运车辆2000多辆，营运线路通达6省21市，省内覆盖滇西8个地州。大理汽车客运站是目前滇西规模最大、设施功能最完善的站场。集团同时拥有客货车修理厂、轿车修理厂、汽车检测线、汽车销售公司、苍山旅行社、宾馆饭店、公路工程公司及房地产开发公司和物业管理公司等60多个二级经营单位，形成了庞大的、“一切服从市场需要”的业务经营网络。集团在坚持原有经营领域的基础上，通过向多个新的经营领域拓展，开辟多个市场、提供多种服务，走上了经营多样化、品牌多样化的路子，提高了企业竞争能力，增强了获利能力和经济效益。

2001年企业实施集团化经营战略，先后对云南汽车修理四厂合并吸纳，将大理州内12个县市客运单位兼并，重组了企业集团，企业走上了规模化、集团化、多样化的道路。

50年的风雨历程，大理交通运输集团同共和国一起成长，尤其是在市场经济大潮的搏击中，逐步树立了以市场为中心的企业管理理念和“团结、拼搏、务实、求效”的企业精神，并通过坚持对企业员工进行“旅客第一、用户第一、安全第一、服务第一”和“员工靠企业生存，企业靠员工发展”的思想教育，不断改变员工的价值观念，重塑企业文化和精神，全方位调动了员工的创造性，激发员工的工作热情。 同时，通过对质量、安全、成本、服务等市场竞争要素的注重，使集团保持了良好的社会形象。

法定代表人、董事长：马建国
地址：云南省大理市建设路78号
电话：0872-2125631
传真：0872-2125016

方兴未艾的旅游业

突飞猛进的客运业

昌河汽车
中国驰名商标

云南昌河汽车销售有限公司

昌河飞机工业集团公司隶属于中国航空工业第二集团公司，是中国直升机、微型汽车科研生产基地，亚洲最大吨位多用途直升机（直八型机）、中国最小吨位多用途直升机（直十一型机）和第一辆微型客车就诞生在这里。经过30多年的建设，公司现已发展成为以 资本为纽带，跨地区、跨所有制、具有批量生厂多型号直升机和年产16万辆微型车能力的军民结合型企业集团，是中国520家大型企业之一。公司坚持“军民结合、用户第一、改革创新、持续发展”的经营方针，实现了全面进步，1999年在全国1000家最大工业企业中排名169位。

云南昌河汽车销售有限公司是由昌河飞机工业(集团)有限责任公司参股创办的昌河汽车云南总代理公司。公司位于昆明市石安高速公路明波桥，距市中心8千米，总占地面积16 665平方米，注册资本1 000万元，是一家集整车销售、配件销售、汽车修理、仓储四位于一体的现代化企业。

公司现有员工近70人，共设计划部、销售部、配件供应中心、维修中心、办公室、财务部6个部门，采用先进信息系统，实行计算机联网管理。面对激烈的竞争，我们勇于开拓，不断进取，销售网络遍布全省，全省各地经销商近30家。在市场经济的大潮中，客户满意是公司的承诺，一流服务是公司的宗旨。让大家携起手来，共创明日的辉煌!

公司地址：云南省昆明市西山区石安高速公路明波桥旁昌河汽车城　　邮编：650100
销 售 部：0871-8173555；配件中心：0871-8172800；维修中心：0871-8171188
E-mail：Changhe@public.km.yn.cn

中国联通 CHINA UNICOM 云南分公司

中国联合通信有限公司是经国务院批准成立的国有重要骨干企业之一，是国内惟一经营综合类电信业务的运营公司，其业务范围为：固定电话业务、移动通信业务、数据通信业务、长途通信业务、无线寻呼业务及其他电信增值业务。中国联通公司于2000年6月21日、22日在纽约、香港成功上市，标志着公司正式步入国际资本市场，成为一个国际性的电信运营公司。

中国联通云南分公司自1998年GSMI30数字移动通信在昆明地区开通运营以来，各项业务蓬勃发展，网络建设与服务质量齐头并进。GSMI30和CDMAI33数字移动通信网络覆盖已达全省16个地州市，在全省范围内已开通IP电话业务、165国际互联网及193长途业务，126/127、128/129、191/192、198/199卫星联网寻呼业务。

中国联通云南分公司坚持以市场为导向， 以效益为中心，注重利用社会力量，保持持续、健康、快速发展，努力为社会提供综合、便利、有特色的电信服务；也一直注重为客户提供优质高效的服务，继率先推出低柜台、即买即通等服务后，又不断推出银行代缴话费，通过邮寄、传真、电子邮件等方式向用户免费寄送话单等服务举措。

中国联通云南分公司在云南省委、省政府及社会各界的关心和支持下，在中国联通总部的正确领导下，在短短几年的时间内，向前高速发展，取得了可喜的成绩。在未来的几年中，中国联通云南分公司将一如既往， 以“建立新机制，建设新网络，采用高技术，实现高增长，发展综合业务”为指导思想， 以移动通信、数据通信、国际国内长途通信为重点业务，深化改革、加强管理、改善服务、提高效益、迅速增强综合实力，实现跨越式发展，努力把中国联通云南分公司建设成为一个国际一流的电信企业，为云南省通信事业的发展和经济的腾飞贡献力量，为推动国民经济和社会信息化做出贡献。

法定代表人：陈铁牛

弥勒程控机房

云南省电信公司弥勒县电信局

弥勒县电信局在认真落实电信改革一系列措施的同时，面对激烈的市场竞争，狠抓企业内部管理，建立了一套适应市场的新机制，使全局干部职工自觉地把企业文化提升为自己的内部凝聚力和外部竞争力，认真推行“首问责任制”和“用户至上，用心服务”的理念，经过不懈努力，使整个企业取得了好的成绩。目前，弥勒县电信局拥有优良的通信固定资产1.67亿元，全县13个乡镇均装备了SDH环路数字传输网络，程控电话交换已安装到发达乡镇的村公所、办事处。全县共有固定电话客户36 000多户，一个覆盖着全县的大容量、高速率、数字化、宽带化的信息网络全面形成。县城无线市话网络有客户4000余户。宽带业务向广大客户提供语音、图像、影视、信息等服务，目前拥有固定客户3000多户。由于客户对弥勒县电信的全力支持，电信局严格按照有序竞争、规范经营的规则发展业务，业务总量、业务收入均有较大的提高 。

“内增素质，外塑形象”。弥勒县电信局在抓业务发展的同时，不忘企业文化建设，多年来，一直保持着省级“精神文明建设先进单位”的光荣称号。

地址：云南省弥勒县冉翁西路
电话：0873-6222666
邮编：652300

弥勒电信营业厅

弥勒电信大楼

昆明耀龙供用电有限公司

昆明供用电实业总公司创建十七年来，始终坚持“三个有利于”的标准，认真贯彻国家电力公司“以电力为主导，发展多种产业，提高科技含量，全面进入市场、兼顾两个效益，实现协调发展”的多种经营发展方针，确立了“注重经营效益、兼顾安置效益，依托主导产业，发展多元化经济”的指导思想，大胆突破劳动服务公司单纯依赖主业、安置型、单一业务发展的模式，从深化内部改革，加强科学管理，强化监督机制入手，使公司的发展发生了质的飞跃，迈上了“电为核心，多种产业，三大支柱，协调发展”的道路。到1995年，公司已发展成为集电气安装、设备制造、科技咨询、商业旅游为一体的综合经济实体，下属企业发展到16个，集团和产业化发展已见雏形。按照省局对多种产业发展战略的部署和要求，为使公司向“产权明晰、政企分开、权责明确、管理科学”的现代化企业发展。2001年4月20日公司职工持股会(出资1.7亿元，占注册资本的75%)与昆明滇能集团(控股)有限公司(出资6 060万元，占注册资本的25%)共同组建成立了昆明耀龙供用电有限公司。截至2001年末，公司已发展成为拥有4个工业企业、13个商业企业、11个施工企业、1个旅游企业及1个其他服务企业，集电力工程设计、安装施工、电力设备修造、商贸旅游、园艺种植及养殖为一体，经济效益、安置效益和社会效益均显著的电力多种经营企业集团。公司共有员工1 428人，总资产达到10亿元，2001年公司实现收入5亿元、利润2000万元。公司一直秉承“两个文明一起抓，两手都要硬”的工作宗旨，在物质文明建设取得显著成效的同时，精神文明建设也取得了累累硕果。2000年5月被省电力集团公司评为省电力系统“思想政治工作优秀企业”和“双文明单位”；8月，通过了国电公司考评并命名为“双文明单位”；还获得了省劳动和社会保障厅授予的九·五期间“劳动服务就业企业先进集体”以及市政府和市工商局联合授予的“守信誉、重合同”等荣誉称号；并连续多年获得昆明市“积极纳税光荣单位”、“实施劳动合同先进集体”等称号。回顾过去，昆明耀龙供用电有限公司走过了一条不平凡的创业发展之路。十七年来，公司资产增长了三千多倍，年均增长率达到72.8%，总收入增长了380多倍，年均增长率达到46.4%，利润增长了62.85倍，年均增长率达到31.8%，创造了卓越的经营业绩。十·五期间，公司的总体发展战略构想是：以创新为基础，以产权经营和资产重组为主要手段，实施外部投资和内部重组相结合，电力相关产业和其他产业相结合的多元化增长战略。通过多元化发展优化调整公司的产业结构、资本结构、组织结构和技术结构，实现资金关系、人才关系、技术关系和市场关系的多样化，形成适应未来竞争的核心能力和竞争优势，在技术和市场双重驱动下实现效益增长。

公司的总体规划目标为：按照现代企业制度的要求，建立起规范运作的股份有限公司，确保多种经营稳步发展，在产业结构上形成工程、制造、服务“三位一体”的产业体系，培育出具有龙头作用的骨干企业和拳头产品，在资本结构上实现股份多元化、价值化和市场化，在发展水平上实现企业整体价值的飞跃，逐步发展成为产业化、集团化和规范化运作的上市公司。战略规划实施的具体措施为：提高认识、解放思想、树立新的企业经营观念；实施人才战略，全面提高企业素质，为发展奠定基础；建立和完善现代企业制度，实现制度创新和管理创新；开展资本经营，调整产业结构和资本结构，发展上市公司；强化财务管理，确保资本经营落到实处；实施组织创新，按照产业发展和资本经营的需要调整组织结构；继续加强资产责任目标管理和成本目标管理，提高经济效益；努力开拓市场，加强市场营销；坚持预防为主，强化安全管理，确保安全生产，狠抓产品质量和服务质量，继续推进全面质量管理；建立企业管理信息网络，促进经营管理创新；增强民主管理意识，促进企业文化建设。

位于昆明市春城路的三星级耀龙饭店，可接待各种规模的会议和旅游团队

昆明供用电

公司领导班子

ZJQC

北京中经科环质量认证有限公司

质量体系认证证书

兹证明

昆明供用电检修有限公司

质量体系符合

GB/T19002-1994 idt ISO9002：1994 标准

送变电线路，送变电检修，高压试验，配电线路，开闭路，配电盘检修试验，10kV 及以上电缆运行维护试验，送电变配电及电缆缺陷及事故处理；110kV 及以下送变电工程安装、调试的生产、安装和服务

北京中经科环质量认证有限公司　总经理：

日　期：2001 年 月 6 日

ISO9002 国际质量

昆明供用电检修有限公司是在国有企业改革大潮中应运而生的、昆明地区最大的、技术力量雄厚的专业电力检修队伍。

昆明供用电检修有限公司下设 3 个专业分公司，现共有员工 350 人，其中大专以上学历的 62 人，中专以上学历的 29 人。具有高级专业技术资格的 5 人，具有中级专业技术资格的 25 人，具有初级专业技术资格的 38 人。

昆明供用电检修有限公司主要从事 10 千伏 ~500 千伏送变电设备检修；0.22 千伏 ~110 千伏送电、变电、配电、用电设备的安装和调试；10 千伏及以上电缆运行、维护、试验：电气设备油、气的试验和处理。

昆明供用电检修有限公司成立以来，依靠高素质的员工队伍和先进的技术设备，保证了昆明电网的正常运行。同时出色地完成了“昆明世界园艺博览会”等在昆明举行的各类大型活动的保供电任务，以及昆明电网的多起重大抢修任务，为昆明地区经济建设和社会稳定做出了积极的贡献。长期以来，昆明供用电检修有限公司坚持两个文明一起抓的工作方针。公司、3 个分公司以及 21 个班组分别被云南省昆明供电局授予“双文明基层”和“双文明班组”的称号；全公司 33 个班组均为安全、文明生产达标班组。

检修有限公司

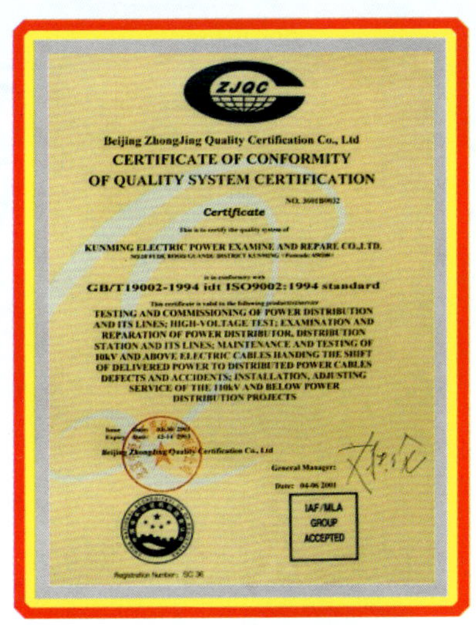

ZJQC

Beijing ZhongJing Quality Certification Co., Ltd

CERTIFICATE OF CONFORMITY
OF QUALITY SYSTEM CERTIFICATION

Certificate

This is to certify the quality system of

KUNMING ELECTRIC POWER EXAMINE AND REPARE CO.,LTD.

is in conformity with

GB/T19002-1994 idt ISO9002:1994 standard

This certificate is valid to the following product/service

TESTING AND COMMISSIONING OF POWER DISTRIBUTION AND ITS LINES; HIGH-VOLTAGE TEST; EXAMINATION AND REPARATION OF POWER DISTRIBUTOR, DISTRIBUTION STATION AND ITS LINES; MAINTENANCE AND TESTING OF 10kV AND ABOVE ELECTRIC CABLES HANDING THE SHIFT OF DELIVERED POWER TO DISTRIBUTED POWER CABLES DEFECTS AND ACCIDENTS; INSTALLATION, ADJUSTING SERVICE OF THE 110kV AND BELOW POWER DISTRIBUTION PROJECTS

Beijing ZhongJing Quality Certification Co., Ltd

General Manager:

Date: 04-06 2001

IAF/MLA GROUP ACCEPTED

Registration Number: SC 36

体系认证证书

公司办公大楼

公司员工进行10千伏电力电缆施工

公司员工带电更110千伏单串耐张绝缘子串

为了使自身的检修水平和服务水平上一个台阶，更好地服务于社会，昆明供用电检修有限公司确立了“责任在心，质量在手，管理从严。以先进的技术促进生产，以优质的服务赢得信誉”的质量方针，于2000年开展了ISO9002国际质量体系认证工作，并一举获得成功。

为更好的体现“人民电业为人民”的服务宗旨，使用户得到“优质、方便、规范、真诚”的服务。昆明供用电检修有限公司在保证昆明电网安全运行的同时，竭诚为全省用电客户提供全方位的服务。

昆明供用电检修有限公司愿与全省同行进行广泛的合作和技术交流，竭力为“西电东送”保驾护航，为实现云南省委、省政府将电力培育为云南省支柱产业的战略目标做出自己的贡献。

经理：邓胜祥　电话：(0871)3069501
书记：王泽勋　电话：(0871)3069511
地址：昆明市官渡区福德路18号
邮编：650200

公司员工检修220kV变电站

云南大朝山水电有限责任公司大朝山水电站

国家重点工程——大朝山水电站是澜沧江中下游梯级规划中紧接漫湾电站的下一座梯级电站，装机容量6 × 22.5万千瓦，总投资88.7亿元。是世纪之交国家实施西部大开发和西电东送的骨干工程。

大朝山电站1993年开始前期工程准备，1994年列入国家预备开工项目，1997年8月4日经国家批准正式开工，同年11月10日实现大江截流。电站于2001年12月26日首台机组并网发电，成为新世纪我国第一个投产发电的大型水电项目，至2003年6台机组将全部投入商业运行。

大朝山工程建设中，全面推行项目法人负责制、招标承包制和工程监理制。大朝山项目法人治理结构的有效运作和业主在工程建设中的主导作用，使电站工程进展顺利，质量、工期、投资等方面均得到有效控制，有望最终既不超概算，又能如期把位于西南边陲的大朝山建成一流电站。

大朝山电站的业主单位——云南大朝山水电有限责任公司于1994年11月由国家开发投资公司、云南红塔投资有限责任公司、云南省开发投资公司、云南省电力集团有限公司按照5∶3∶1∶1出资比例组建，公司注册资本金17.7亿元。该公司是国内最早依照《中华人民共和国公司法》组建的规范化的大型水电有限责任公司。大朝山水电站作为国内最早的独立发电厂之一，由大朝山责任公司实行建设、运营一体化管理。大朝山电站率先跨行业引入大型企业集团参股国家基础设施建设，开创了我国大型水电项目多元化集资的先河。

云南是中国水电管理体制改革的发祥地之一。继“鲁布革冲击”和“漫湾模式”之后，大朝山实施的改革举措，对加速发展我国西部水电建设事业也将起到积极的先导示范作用。

大朝山电站坝址原始地貌

电站建设期间碾压混凝土施工

首台22.5万千瓦机组投入运行

已投产发电的电站大坝雄姿

董事长：卜繁森
总经理：冯励生
地　址：护国路2-4号广业大厦
电　话：3116219　3116249
邮　编：650011
网　址：www.yndcs.com.cn

云南红河电力实业有限总公司

红电总公司投资兴建的滇南最大的文化体育科普娱乐城

云南红河电力实业有限总公司是具有独立法人资格的经济实体，属送变电工程施工叁级资质企业，于2000年通过 ISO9001 质量体系认证。公司现有员工780人，拥有资产总额4.17亿元，其中固定资产1.43亿元，注册资本金7 166万元。

公司始终遵循“以电力为主导、发展多种产业，提高科技含量、全面走向市场、兼顾两个效益、实现协调发展”的发展战略，坚持“以安全生产为基础、以经济效益为中心、以优质服务为宗旨”的经营方针，通过调整产业结构、理顺内部关系、强化全方位管理，取得了较好的社会效益和经济效益。先后被国家电力公司和云南省电力局(公司)授予“双文明单位”，被国家电力公司授予“电力多种经营优秀企业”、红河州国家税务局授予“先进纳税大户和先进纳税单位”光荣称号。

法定代表人、董事长：刘　林　　总经理：徐家奎
地　址：云南省个旧市工人村　　邮　编：661000
电　话：（0873）2135991　　传　真：（0873）2135991

卡丁车场

激流勇进

水上世界儿童戏水池

云南电力线路器材厂

中国第一基斜塔（用于鲁布革电厂出线）

云南电力线路器材厂隶属于云南电力集团有限公司，已有42年生产历史。其主要产品有：500千伏及以下各电压等级输变电热浸镀锌铁塔和220千伏及以下各电压等级环形钢筋混凝土电杆，是云南省惟一获得500千伏输变电线路铁塔生产许可证的企业。

该厂设备先进、技术力量雄厚，年镀锌铁塔加工能力达到2.5万吨，电杆年生产能力达3万段。镀锌铁塔及混凝土电杆多次获得省优、部优称号，镀锌质量属国内一流、省内首屈一指。

该厂以“聚集专业人才，制造优质产品，提供满意服务，树立良好信誉”为方针，1997年获ISO9002质量体系认证证书。产品除占领省内市场外，销往全国各地并得到业主和施工单位好评。企业连续9年被云南省人民政府命名为“重合同，守信用”先进企业，先后被国家电力公司、云南省电力集团有限公司、云南省人民政府、昆明市人民政府命名为“双文明单位”。

新世纪云南电力线路器材厂干部职工解放思想，开拓创新，与时俱进，盼与省内外各施工建设工程单位携手同行、共同发展。

电杆场

塔　林

法定代表人、厂长：陆飞龙
地址：昆明市新闻路493号
电话：4141724　4141657
邮编：650032
Email:yndlqa@public.km.yn.cn

昭通市水电综合经营公司

法定代表人 陇泽祥

地址：云南省昭通市城区
电话：（0870）2226369
邮编：657000

昭通市水电综合经营公司，注册资金1 474万元，主营瓦楞纸箱、机制纸、本册制造，五金交电、体育用品、日用百货、家用电器。

公司组建于1986年，同年6月办理工商注册登记。组建时，仅有总资产27万元，其中固定资产12万元，流动资金15万元。从商业流通起步，进而扩展到农水产、种植、养殖，最后形成以工业生产为主体的生产经营综合实体，1997年被划定为国家中一型企业。现有总资产5 158万元，固定资产3331万元，土地221亩（未计入资产内），职工326人。具有年产1 000万只瓦楞纸箱、150万套烟叶包装套箱，6 500吨机制纸的生产规模。从组建到2001年的15年中，共实现利税2 072.4万元，其中，利润804万元，上交国家税金1 268.4万元，为昭通地区经济的发展作出了应有的贡献。

公司下属纸箱厂，是在九十年代初，与"两烟"发展相匹配而兴办的包装企业，纸箱厂从设备，到技术工艺，均已步入全省瓦楞纸箱包装企业的前列。1993获取了"全国瓦楞纸箱产品I类生产许可证"、"出口商品生产企业证书"、"出口商品包装质量许可证"，一举跃入全国I 类包装生产企业行列，纳入全国出口商品编号管理。2000年通过ISO 9002国际质量体系认证，全面提高了企业素质，树立了良好的企业形象。其它下属各企业，经过不断努力，已初具规模，现仍在拼搏发展中。

七层瓦楞纸板全电脑自动生产线

物检室

云南省 143 煤田地质勘探队
曲靖市霞光总公司

队长、总经理：罗 俊

团结奋进的群体

云南省 143 煤田地质勘探队地处曲靖市中心的交通路段上，距麒麟街心花园 100 余米，与曲靖汽车客运站和高快客运站毗邻。

1959 年，为支援边疆建设，该队成建制从山西调往云南，43 年来在云南累计探明煤炭储量 110 亿吨，为云南煤炭工业的发展作出了突出贡献，1991 年荣获国家授予的“全国地质勘查功勋单位”称号。

为适应市场经济的要求，该队确立了争创名牌的发展道路，组建了曲靖市霞光总公司，总公司下设有：曲靖市霞光地质工程有限公司、曲靖市霞光宾馆、曲靖市霞光彩色包装印刷厂、曲靖市霞光雅亚物资经营公司、曲靖市霞光总公司物业管理处。霞光企业以全新的观念和地质队员坚韧的毅力，不断拓展市场扩大经营规模。在煤炭及其它矿产资源勘查、测绘及数字化图文处理、地下水资源勘探及开发、基础工程勘察及施工、环境及灾害地质防治、煤炭及其它矿产品的测试分析方面保持了功勋地质队的实力和荣誉。凭借良好的区位优势，大力发展宾馆、物业、印刷、勘探物资及油料供应等第三产业。霞光总公司已在区域经济中展现出了自己的实力，今后还要以雄厚的技术力量、精良的装备、过硬的作风、诚实、守信的风范，为社会贡献自己的力量。

地址：云南省曲靖市交通路 59 号
邮编：655000
电话：0874-3324150
E-mail：yn143dzd@163.net

技术过硬的印刷厂

西南地区第一口煤层气生产试验井

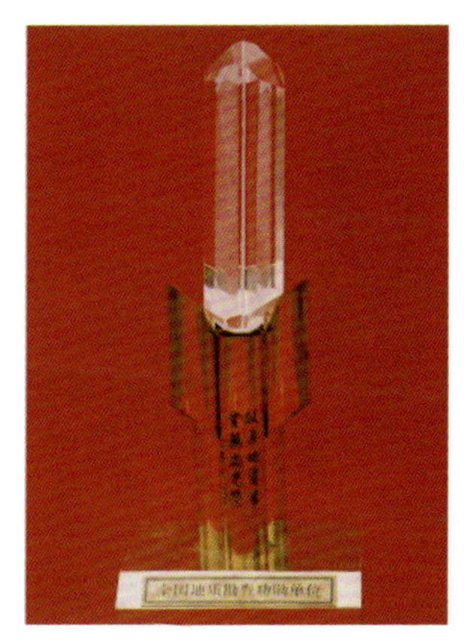
功勋单位奖杯

云南开远一行

YunNan Kai

坐落于开远经济实验区的塑钢门窗厂

塑钢产品实物展示

云南开远一行有限责任公司是云南省小龙潭发电厂在“以电力为主导、发展多种产业、提高科技含量、全面进入市场、兼顾两个效益、实现协调发展”的方针指导下，于1998年按规范的现代企业制度组建起来的。

公司经营范围涉足一、二、三产业，包括锅炉压力容器安装、检修，基础化工产品的生产销售，建材，汽车及工程机械运输与修理，汽车租赁业务，商贸，土建，水电安装(小水电运行及维护)、装潢，物资供应等，年产值逾亿元。公司先后与武汉大学、北京依赖性药物研究FR、云

10万千瓦发电机组检修

氯碱化工公司电解车间

粉煤灰彩色地面砖

粉煤灰道路建设

风雨同舟

有限责任公司

Yuan Co.,ltd

物资公司代理的部分产品

物资公司代理的部分产品

南省中医学院、成都电力试验研究所、山西化工研究所、云南省公路科研所等科研机构建立了良好的互动合作关系，构筑了公司的技术创新体系，涉足高新技术产业。

在国家实施西部大开发，构建昆河经济带，建设个(旧)开(远)蒙(自)群落中心城市宏伟构图的历史机遇面前，公司将以“求实、服务、敬业、创新”的企业作风，发扬“风雨同舟，一路同行”的企业精神，竭诚与各界人士共谋发展。

总经理：樊兴华
地　址：云南省开远市西南路
电　话：0873-7272072　　7272705

机电公司对汽轮机检修

汽运公司租赁行

汽运公司运输车队

一路同行

昆明预达制管有限责任公司
昆明预应力制管厂

国家二级企业

董事长：刘能模

昆明预达制管有限责任公司系昆明预应力制管厂和职工持股会共同发起组建的股份制企业。

公司（原昆明预应力制管厂）于1957年建厂，属国家建材局重点骨干企业，是云南省规模最大的钢筋砼输排水管道、水泥电杆专业制造厂家。公司生产历史悠久，技术力量雄厚，工艺技术先进，产品质量可靠。1989年，公司荣升为省级先进企业，1990年荣升为国家二级企业，预应力水泥电杆等四大系列产品均为省（部）级优质产品，深得用户信赖。产品畅销云南全省及四川、贵州、广西等省区。目前，公司根据市场需求，引进美国先进工艺技术，成功的开发研制了具有国际先进水平的PCCP管（预应力钢砼管），该管材集钢管及砼管之优，工作压力更高，运行更安全可靠，且经济实惠，是先进发达国家使用最多的管材之一。2001年又通过了ISO9002国际质量体系认证。

公司始终遵循“质量第一、用户至上”的宗旨，连续5年被评为省市“重合同、守信用”先进企业。公司热忱为您提供周到可信的售前咨询及售后服务，欢迎惠顾。

地址：昆明市新闻路底卢家营新村1号　　邮编：650032
电话：0871-4141888　7354771　传真：0871-4141616

文山州煤业有限责任公司

董事长：胡崇良

云南文山州煤业有限责任公司是按照现代企业制度要求，以普阳煤矿为核心，由原普阳煤矿、州煤管处、州煤炭工业联合发展有限公司改制后于1998年12月23日成立的股份制企业。注册资本2975.8万元人民币，公司拥有普阳煤矿、普阳大酒店、富宁汽车维修中心、普阳建材厂及广南煤业有限公司4个分支机构1个控股公司。公司普阳煤矿是文山州的重点煤炭基地，煤炭储量占全州的95%，担负着全州工农业生产及生活用煤的重任。该公司已连续数年平均上交利税超百万元人民币，公司技术力量雄厚，可对外承接大型工程设计，施工以及修理业务。公司普阳大酒店是严格按国际二星级标准兴建的多功能综合性大酒店，酒店自1999年5月开业以来，认真致力于软硬件开发，努力提高服务质量，于2000年8月正式被评为二星级酒店。该店坐落在文山城田坝心普阳路中段，地处文山城中心繁华地段,地理位置优越，交通便利，酒店设有豪华、普通、经济型单双套间84间141个床位，设有供400人同时就餐的餐厅，另外还设有高档豪华夜总会、桑拿、足道保健、烧烤美食、洗车停车、大型会议室，是住宿、娱乐、举办会议的理想之地。公司经过近两年的发展，现已拥有7000万元人民币资产，形成了以普阳煤矿为依托、酒店、汽车修理、房地产多业共同发展的良好格局。

公司以优惠的条件，诚邀海内外有识之士前来洽谈贸易、合作，共谋发展。

地址：云南文山普阳路中段
电话：0876-2184234

普阳大酒店外景

普阳煤矿采场

普阳煤矿生活区

云南红磷化工有限责任公司

云南红磷化工有限责任公司(前身原云南省红河磷肥厂)，属国家大型一档化工生产企业，为国内13家大型高浓度磷复肥生产企业之一。公司始建于1966年，经过30多年的建设和发展，逐步发展成为国内生产规模较大、技术装备先进、各种中间产品齐全配套、具备规模生产硫磷氟盐及合成氨等系列产品，拥有固定资产近14亿元，年销售收入超过4亿元，出口创汇超1 000万美元的国家重点大型磷复肥生产企业，在同行业中占有重要的地位。

处理能力550立方米／小时的污水处理站

目前公司已形成年产磷酸二铵30万吨、普通过磷酸钙30万吨、硫酸46万吨、磷酸15万吨、氮磷钾复混肥18万吨、氟硅酸钠10 000吨、硫基磷钾肥10万吨、碳酸氢铵6万吨、合成氨8万吨、硫酸锰2 000吨、聚合硫酸铁1 000吨的综合生产能力。

多年来，企业坚持走强化企业管理与技术改造相结合的路子，全面夯实各项管理基础，充分挖掘内部潜力，使企业的发展逐步走上了良性循环的轨道，建起了国家级的农化服务中心，公司主产品磷酸二铵、普通过磷酸钙、氟硅酸钠荣获“云南省名牌”产品称号，并于2000年通过了IS09002质量体系认证。近年来公司在国内不断提高服务质量的同时，积极拓展国际市场，磷酸二铵及普通过磷酸钙产品实物量及出口量连续几年居全国重点磷肥生产企业前列。

亚洲惟一采用半水一二水流程的湿法磷酸生产装置

“大地的丰收——红磷的追求”。该企业将以稳定的产品质量和良好的社会信誉，真诚为广大用户服务。让您满意是他们的服务承诺，共同发展是他们的最大愿望。

法定代表人、董事长：刘文章
总经理：马　策
电话：0873-7171751（公司办公室）
0873-7173084　7173085（销售公司）
0873-7173408（综合发展公司）
0873-7173040（进出口部）
传真：0873-7171380
地址：云南省开远市北郊
邮编：661600
网址：WWW.honglin.com
E-mail:HL1998@mail.hh.yn.cninfo.net

云南红磷化工有限责任公司生产区全景

云南世博建设监理有限责任公司

总经理：孔旭东

云南世博建设监理有限责任公司经省建设厅、省工商行政管理局批准，于1997年4月成立，原属云南省园艺博览局下属公司(现已改制为民营企业)。公司成立后，立即投入了国家重点工程——世界园艺博览园的紧张建设中。

世博园占地200万平方米，建筑面积达20万平方米。这些建筑物各具建筑特色，且水、暖、电、监控、消防、通信、音响、电视、电子彩屏等功能配套设施齐全，为搞好这一系列项目的工程建设监理工作，世博监理公司组织了4个监理组(园林园艺监理组、市政监理组、场馆监理组、附属工程监理组)，计各专业监理工程师70余人，在短短的两年时间里，经过顽强拼搏、昼夜奋战，胜利完成了省委、省政府及博览局下达的工程建设监理任务，为’99昆明世界园艺博览会的胜利召开做出了重要贡献。云南省委、省政府授予公司“先进集体”的荣誉称号。

在世博园工程全面竣工以后，公司面向社会，承接了下述工程的监理业务：

1.昆明市北辰小区(一、二、三期工程，合计建筑面积40万平方米)；

2.昆明春天映象青年公寓(建筑面积4.5万平方米、22层，高100米)；

3.天城园林居(一期工程建筑面积4万平方米)；

4.广大铁路昆明调度中心(建筑面积6千平方米)；

5.省政府北市区金安小区(园林绿化监理)；

6.省政府金牛小区(园林绿化监理)；

7.昆明醋酸纤维厂(园林绿化监理)；

8.世博园二期工程(灯光夜景、名花艺石园、艺术广场改建工程)；

9.怒江州六库市政工程(含道路、人行道、路灯、给排水等)；

10.曲靖市西苑小区(第一期工程建筑面积10万平方米)；

11.昆明沃尔玛山姆会员店(建筑面积1.7万平方米)；

12.阳光A版(建筑面积4万平方米、高度100米)。

上述工程项目的监理工作，均得到业主方和政府有关部门的好评。通过对上述工程项目的监理，公司在安装和装修的工程监理方面，积累了丰富的经验，公司对设备选型、进场检验、管道安装、设备安装、单机调试、系统调试等各个环节，均从严把关。至今各类设备运行正常，热带、温带、寒带的植物都生长良好。公司资质等级为乙级；现有职工49人，其中高级工程师和高级建筑师8人，高级经济师2人，工程师16人，助理工程师14人，技术人员和其他工作人员9人。一支以中青年技术骨干为主的，经过高标准、严要求、工期紧、任务重的世博会工程建设洗礼的世博监理工程师队伍，正以全新的姿态面向社会。

欢迎各位业主单位垂询。

总经理：孔旭东　0871-5012949　手机13708722656
副总经理：李竹莹　0871-5012949　手机13708735960
总工程师：阳升东　手机13629642989
联系人：李荣婧　0871-5012944

YunNan KunGang JiTuan

山河工程建设监理有限公司

董事长：

昆明钢铁集团有限公司是国家特大型工业企业和云南省最大的钢铁生产联合基地。位居全国500家最大工业企业第82位。云南昆钢集团山河工程建设监理有限公司，是昆钢集团有限公司设立的子公司，具有企业法人资格。

公司现有100多名长期从事大型工程建设管理的专业技术人才。公司拥有从事大型工程建设管理所必需的、先进的、系统的、完善的检测仪器、交通通信和现代化办公设备。

公司本着“守法、诚信、公正、科学”的执业准则，一如既往、面向市场、参与竞争、开拓创新，以创造性的劳动，一流的质量和高智能、高水平管理、服务，确保业主项目建设目标的顺利实现，为企业经济腾飞和社会发展作出积极的贡献。

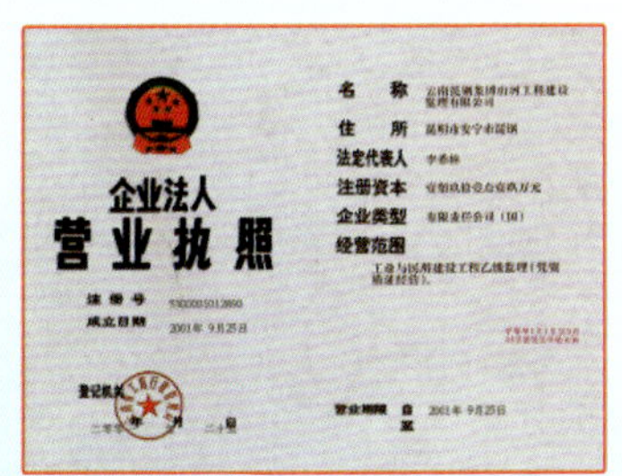

企业法人
营业执照

名称
住所
法定代表人
注册资本
企业类型
经营范围

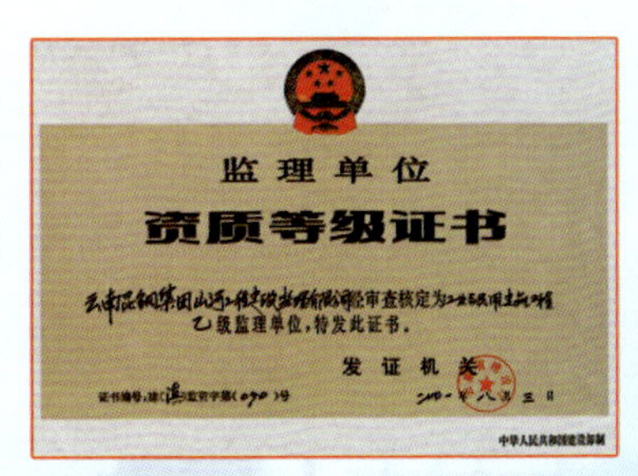

监理单位
资质等级证书

乙级监理单位，特发此证书。

发证机关

办公室电话：0871-8603196
经营部电话：0871-8603294
传　真：0871-8603287
联系人：宋元辅　周　玲
邮　编：650302
地　址：云南·昆明·安宁

云南解化集

公司大门

云南解化集团有限公司(驻昆解放军化肥厂)始建于1958年，是云贵高原上第一座中型氮肥企业，经过40多年的锤炼，现已发展成为以褐煤为主要原料生产多种化肥、化工产品的国家大型煤化工企业。公司现拥有总资产13.5亿元、固定资产11.5亿元，占地面积1887.89亩，在职职工4067人，其中工程技术人员及管理人员1004人。公司位于滇南交通枢纽重镇开远，距昆明228千米，利用开远小龙潭煤矿的丰富煤源进行生产，铁路专用线与昆河铁路网贯通，交通便利。

企业于1999年通过了IS09002国际质量体系认证。是云南省100家重点骨干企业之一，被云南省人民政府列为首批重点培养的大企业大集团之一，为全国12家农化服务中心之一，被中国烟草总公司、玉溪卷烟厂指定为烤烟复肥定点生产厂。

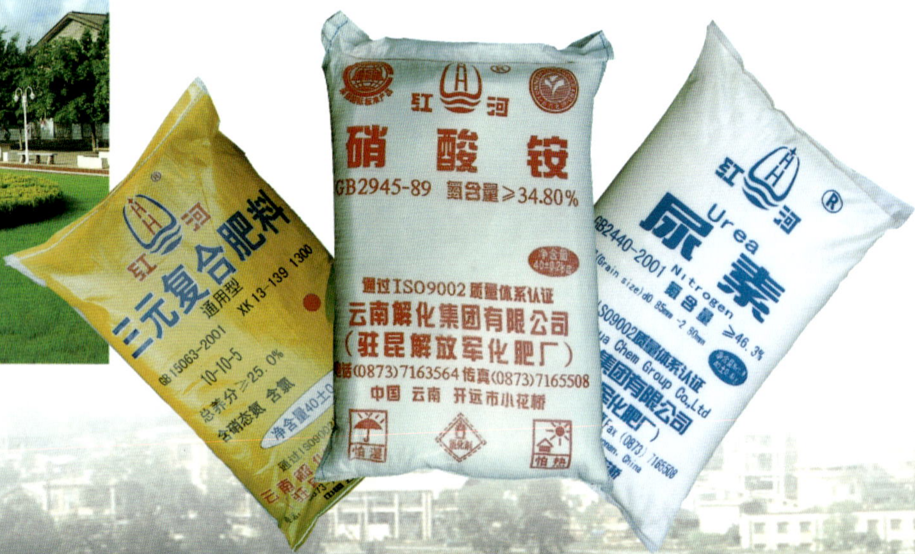

优美的环境

厂区全景

团有限公司

企业坚持“以肥为主，多种经营”的发展方向，现年产合成氨25万吨、硝酸铵28万吨、尿素15万吨、复合肥25万吨、硝酸钾20万吨以及多孔硝铵、硝酸钠、亚硝酸钠、燃油等30多种主副产品。其中，“红河”牌硝酸铵、复合肥为云南省名牌产品，复合肥、硝酸铵、工业硝酸钠、亚硝酸钠4个产品获得国家技术监督局颁发的采用国际标准产品标志证书。运用料浆法生产的复合肥有9大系列23个品种，复合肥荣获首届大西南博览会金奖。

近年来，企业强化内部管理，紧紧依靠科技进步，引进国内外先进技术，以市场为导向，积极调整产品结构，增强了企业竞争实力，使企业在生产、经营、管理等各方面都迈上了新台阶，先后荣获全国优秀化工企业金球奖、全国化工思想政治工作优秀企业、云南省争先创优优胜企业、云南省优秀管理达标企业、云南省重合同守信用先进单位等殊荣。

进入新世纪，公司努力营造有自己特色的企业文化，继续加大改革发展的力度，以市场为导向，加快技术创新步伐，大力开发新产品，加速扩大公司规模，充分发挥技术和资源优势，向生产高科技及生物化工产品方向发展。

法定代表人、董事长：苏乔宝
电话：（0873）7163306
传真：（0873）7164842
厂址：云南省开远市
邮编：661600
网址：http：//www.ynjh.com.cn
E-mail：ynjh@ynjh.com.cn

公司于1999年底通过ISO9002质量体系认证

公司荣获“云南省优秀管理达标企业”殊荣

公司主产品硝酸铵、复合肥荣获云南省名牌产品称号

云南省第三公路桥梁工程公司

建筑业企业

资质证书

经审查　云南省第三公路桥梁工程公司　核定为　公路工程施工　壹　级企业，特发此证书。

发证机关

证书编号：B532721081101　　1995年10月27日

云南省第三公路桥梁工程公司组建51年来，为我国的公路、桥梁建设做出了突出成绩。目前全公司已拥有15个下属道路施工分公司、两个桥梁分公司、两个路面机化分公司、一个隧道分公司以及物业公司、职工医院。公司设总试验室，配备全套公路工程试验器材，1991年被省公路局定为滇南片区试验中心，1994年被省建委批准为一级试验室，现正申报交通部甲级试验室。总试验室下属21个试验室，7个项目中心试验室。公司经省测绘局批准取得乙级测绘证书并经云南省公路局批准为监理十九处。

50余年来，全公司广大职工、工程技术人员以“质量为本，修路为荣”，公路为家，筑路为业，逢山开路，遇水架桥，常年累月披星戴月，爬山涉水，无数次地战胜了悬崖绝壁、坍方滑坡、冰雪冻土及泥石流，较好地完成了各个时期边防公路、重点公路和高等级公路的修建任务。还有一部分职工先后到过蒙古人民共和国、缅甸、尼泊尔、突尼斯、也门、越南、老挝、巴基斯坦等国承担援外任务，都出色地完成了任务，受到了党和人民的表彰和奖励。

据统计，50余年来全公司共完成等级公路80余条，共修建各类等级公路4200余千米，以及特大、大中桥梁290余座，其中高等级公路35余条（段）405.83千米。

1992年9月在全省重点公路建设会议上被云南省政府评为先进单位。1993年及1996年7月经云南省社会经济评价中心、云南省统计局、云南省建设厅评为云南省建筑施工百强企业，分别排列第五、第十四及第十一名，1995年10月经建设部批准晋升为公路工程一级施工企业，2000年被云南省交通厅授予交通系统“文明单位”。

法定代表人：李胜忠
地址：云南省思茅市思亭路1号
电话：0879-2202437
传真：0879-2201621
E-mail:Lqsgsyb@ynmail.com
邮编：665000

云南第五公路桥梁工程有限责任公司

公司参建的昆明南过境高架桥被评为省优工程

国家一级企业云南第五公路桥梁工程有限责任公司(原云南第五公路工程处)，是云南省第一支铺筑沥青路面、第一家修建高等级公路的专业队伍，成立于1958年。目前，拥有员工1273人，其中高级工程师24人，工程师89人。拥有修建各种等级公路和房屋的各类大中型机械设备及各类检测设备200多台（套），注册资本金7355.55万元，资产总值6.74亿元，净资产8810万元。公司集道路、桥梁、隧道、房屋等综合设计、施工，监理为一体，年施工能力10亿元以上。

44年来，公司累计完成施工里程3166千米，其中高等级公路的施工里程300多千米，大中型桥梁113座，特大桥3座，公路隧道1座，主要工程优良率达100%， 昆曲公路被评为部优二等奖、省优一等奖，南过境高架桥、昆玉线三标、十四标被评为省优工程。为适应市场与企业的发展前景需要，公司开始在房地产领域培育新的产业资本，“阳光海岸”的开发成功，实现了路、桥、隧、房并举的初步设想。

团结务实的领导班子（左四为董事长、总经理荀家正,左五为党委书记李向才）

“高效、卓越、开拓、创新”的企业精神一直引导公司在激烈的市场竞争中不断发展和超越。1992年跨入中国500家最大经济规模建筑企业、中国500家最佳经济效益建筑企业行列；1994年跨入中国铁路、公路、隧道、桥梁建筑行业100家最大经济规模、最佳经济效益的行列，云南省建筑施工企业综合实力百强第4名，1997年获昆明市“花园式单位”和省级“文明单位”称号；2000年获IS09002国际质量体系认证， 被国家人事部、交通部授予全国交通系统“先进集体”称号；2002年通过IS09002质量管理体系2000版改版、IS014001环境管理体系和OHSAS18001职业安全卫生管理体系认证，成为云南省第一家同时获“三大体系”国际认证的企业，被云南省经贸委、云南省财政厅授予“管理优秀达标”企业。

公司修建的西桥—召夸段水泥路，率先解决桥头跳车顽症

法定代表人：荀家正
地址：昆明市白龙小区龙华街
电话：（0871）5624919
传真：（0871）5624892
邮编：650224
网址 WWW.ynroad.com

『阳光海岸』一角

公司承建的昆曲高速公路昆明至易隆段B标获国优二等奖、省优一等奖

镇雄县天源建筑建材总公司

公司总经理 鲁周

镇雄县天源建筑建材总公司是私营企业，创建于1993年7月。拥有各种机械设备130多台（套），生产经营场地12万平方米，固定资产总值近3000万元，流动资金600余万元。公司现有员工464人，其中具有各种技术职称的63人。主要产品有《南台牌》普通硅酸盐水泥，各种规格的大理石板材、广场砖、碑板、桌面，水泥砌块、粗细砂等。

公司成立以来，先后承建了县城主要街道的路面及客运大楼，国税办公楼，公安、交警、交通局、县人民医院职工住宅楼等工程，所建工程均以造价低、工期短、质量过硬、服务周到而受到社会好评，公司的业绩，引起了政府部门的高度重视，多次受到省、市、县的表彰。1995年被云南省工商联、商会评为先进会员，1998年4月被云南省人民政府授予“云南省私营企业100强”称号。

1998年6月，公司积极参与困难集体企业的改制，有偿收购了连续4年亏损、濒临倒闭的“南台水泥厂”，投资近2000万元，对水泥生产、设备、设施进行了系统改造，淘汰了小型机立窑、回转窑、磨机，形成了年产20万吨的生产设备能力。2001年，生产水泥8.9万吨，人均年产水泥由原来的70吨提高到300余吨。全年实现产值突破2000万元，缴税130多万元。

地址：镇雄县乌峰镇建设街289号
电话：0870-3120773　3120927
传真：0870-3120773
邮编：657200

云南省第一公路桥梁工程有限公司

云南第一公路桥梁工程有限公司前身为云南省第一公路桥梁工程公司、云南省公路局第一工程处，成立于1950年8月，于1997年改制为有限公司。公司是国家公路工程总承包一级资质企业，主要从事公路、桥梁、隧道建设工程的施工，为云南省成立最早的专业路桥骨干施工企业，注册资本金1.03亿元。

公司下设25个综合施工分公司，分别承担路基、路面、桥梁、隧道工程施工，同时从事机修、酒店餐饮、商贸等多种经营。公司现有职工2052名，其中具有高级专业技术职称的58人，中级专业技术职称的140多人，大专以上学历的670多人。公司拥有各类大中型公路、桥梁、隧道施工机械设备592台(套)，设备总功率5.69万千瓦，建筑安装年施工能力在10亿元以上，具有大桥、特大桥和隧道的建设施工实践和管理能力。

通过公司几代筑路人的努力拼搏，在云南省内外、国内外承建各类等级公路达116条(段)，4000余千米，大中型桥梁、隧道106座。创建了昆曲公路、芒瑞公路、昆明南过境高架公路桥、昆明小菜园立交桥、楚大高速公路、昆玉高速公路等一批获国家建设部、交通部及云南省表彰的优质工程项目。1992年以来，公司曾三次荣获“全国优秀施工企业”称号。

法定代表人、董事长：袁永宁
党委书记、副董事长：周吉川
总经理：钱崇友
地址：云南省大理市泰安路11号
电话：0872-2125897　2121315
传真：0872-2121391
网址：www.ynlqygs.com
E-mail:webmaster@ynlqygs.com

云南路桥股份有限公司

董事长、总经理：鲁仕泽

云南路桥股份有限公司是2002年经省政府批准由云南省第四公路桥梁工程有限责任公司整体变更成立，并由云南省公路规划勘察设计院、云南省第四公路桥梁工程公司等12个法人股东共同出资，跨行业、跨所有制，科研设计领先，综合性、集团性的大型公路桥梁工程施工企业，具有地域综合优势、行业综合优势、经济综合优势，是交通系统第一家规范的股份制企业。其中云南省第四公路桥梁有限责任公司是国家公路桥梁工程总承包一级资质企业。

云南第四路桥公司成立50年来，共修筑各种等级公路3600多千米，各大中型桥梁150多座。其中1989年建成通车的碧安一级公路是云南省的第一条一级公路，揭开了云南高等级公路建设的历史性篇章。“八五”、“九五”期间，先后参加了昆明关上至小石坝、安楚、昭麻、楚大、昆明南过境高架桥、大保、昆曲、昆玉、玉元、曲胜、元磨、嵩待、昆石等一大批重点高等级公路和临沧机场主跑道工程建设。1999年改制以来，3年实现产值15亿元，上缴税金4764万元，年平均达1588万元。公司视质量为企业的生命，严格实行全员质量管理，认真按IS09002质量体系认证要求去做，所有单位工程竣工合格率达100%，优良品率达95%以上。公司承建的昆曲高速公路A2、F合同段、昆明南过境高架桥第一合同段、楚大高速公路第六合同段、昆玉高速公路第二合同段、第十三合同段、临沧机场主跑道第五合同段等工程分别获国家交通部、云南省优质工程奖。近10年来，公司一年迈上一个新台阶，产值逐年递增，主要经济技术指标实现快速、稳步增长，居同行业前列，为国家公路建设和云南社会经济发展做出了积极贡献。公司先后被国务院发展研究中心、国家建设部评为“中国500家最大经营规范建筑业企业”，“中国500家最佳经济效益建筑业企业”，被省建行评为“3A级信用单位”，被国家企业形象认定委员会评为“中国企业最佳形象3A级单位”，被中国企业发展研究中心评为“服务、质量、信誉3A级单位”，被国家交通部评为“发展交通、当好先行”先进单位。1996年被评为“云南省建筑施工企业综合实力100强第五名”，1998年荣获全国“五一”劳动奖状，1999年荣获云南省“第八届企业管理优秀奖”，2001年荣获“全国模范职工之家”称号，公司党委也被省交通厅党组授予1997~1998、1999~2000年先进党委。

公司现有各类专业技术人员613人，其中，高级专业技术人员66名，中级专业技术人员126名，初级专业技术人员421名；拥有国际先进水平，适应高等级公路修建的美国、日本、德国、意大利、韩国产ABG摊铺机、沥青拌合楼、凿岩台车、挖掘机、压路机和国内著名厂家生产的精良的设计、施工、检测设备1000多台(套)，总功率7万多千瓦。具有年完成产值10亿元以上的生产能力。

公司确立了“以科技开发为先导，以转换经营机制为动力，以市场为导向，不断提高产品质量、提高企业经济效益，使股东获得丰厚回报，并推动云南经济快速发展”的经营宗旨。公司将继续坚持“以科学管理创效益”，靠科技进步求发展，立足本省，面向全国，走出国门，一业为主，多种经营的经营战略，全面提高企业竞争力，促进企业稳步发展，使企业经济效益与社会效益同步增长，为国家交通建设和云南社会经济发展做出新的更大贡献。

公司修建的优质工程昆明大树营立交桥

公司施工的昆明南过境高架路荣获云南省1999年度优质工程一等奖

董事长、总经理：鲁仕泽
电话：(0871) 7153922　　(0878) 3123150
传真：(0871) 7153925　　(0878) 3123135
地址：昆明市宝海路　楚雄市白龙新村
邮编：650200（昆明）675000（楚雄）

吴川市第七建筑

公司承建的交通宾馆

公司承建的保险公司大楼

公司承建的州法院

吴川市第七建筑工程公司文山公司成立于1991年，是国家三级建筑施工企业，注册资金138万元，现有固定资产560万元，职工总人数210人，各类技术、经济管理人员69人。其中：高级工程师1人（聘用），工程师5人，助理工程师35人，质安员8人，施工员、技术员16人，财会员4人。

十多年来，吴川市第七建筑工程公司在文山州各部门的关心和支持下，从小到大，从弱到强。建筑产品已在文山、马关、富宁、砚山、广南、丘北等地不断发展扩大。据统计，到2001年10月底，在文山地区完成的优良工程有：中国人民解放军第六十七医院大礼堂；中国人民保险公司文山州公司办公楼；文山汽车运输经贸总公司交通宾馆；文山州复烤厂综合楼及选叶车间；文山州政府九龙宾馆；文山州委会堂；文山州烟草公司文汇大酒店；文山商检局办公楼；文山州工行住宅楼；文山州国家安全局住宅楼；文山州水电局住宅楼；文山县攀枝花乡政府住宅楼；中国人寿保险公司文山分公司住宅、办公楼；中国财产保险公司文山分公司办公、住宅楼；文山交通规费征稽处住宅楼；文山县水勘队职工集资住宅楼；文山州复烤厂职教办公楼；文山州运政管理处办公楼、住宅楼；文山州人事劳动局招待所、住宅楼；文山州电影公司办公楼、住宅楼；文山州种子公司综合楼；广南汽车总站；广南电信局集资楼；文山州民族文化中心文化大厦；文山州委职工集资住宅楼；文山州政府九龙宾馆客房楼；文山州人民医院集资住宅楼；文山州地方税务局聚兴大厦；文山州中级人民法院审判庭及住宅楼；马关县交警大队办公楼；富宁县人民政府集资住宅楼；富宁县人民政府普厅大酒店；富宁县新华镇人民政府办公楼；砚山县监狱办公楼；砚山县体育运

工程公司文山公司

吴川第七建筑工程公司文山公司法人、总经理：陈登

动场等一大批优良工程。在建工程有：文山州公安局指挥中心大楼、砚山县恒丰综合市场（预算造价2800万元）。公司连续十年被评为"重合同守信用"企业，2001年12月20日中华人民共和国国家工商行政管理总局公布首批"重合同守信用"企业名单，全国520家"重合同守信用"企业名单中，广东吴川七建司文山分公司名列其中。1994年文山县委、县政府授予公司总经理为"优秀乡镇企业家"，1998年文山县政府授予公司"先进纳税户"，1998年文山州（县）委、政府分别授予公司"十强企业"。1999年、2000年陈总经理被选为文山州政协第八届、第九届政协委员，2001年，任文山州工商联副会长。

近四年来，公司年均完成建筑工程施工任务6000万元，上缴税金200多万元，取得较好的经济效益和社会效益。

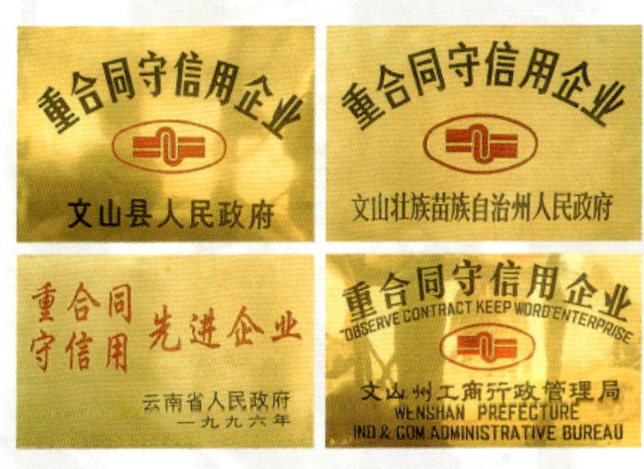

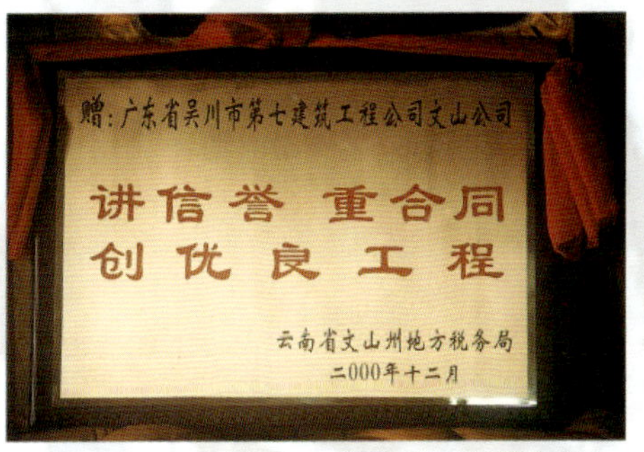

公司承建的聚兴大厦

大理古城建筑工程有限责任公司

雨铜观音殿

金花大酒店

改造后的大理复兴路

大理三塔钟楼

大理古城建筑有限责任公司前身为大理市第三建筑工程公司，创建于1958年，是大理地区具有丰富施工经验和管理技术的骨干施工企业。公司经过40多年的发展和努力，现有职工500余人，其中，专业技术人员占51%。公司总资产达4000万元，各类施工机械齐全，机具、机械及施工技术手段先进，现已具备对高层建筑、星级宾馆、大型厂房、桥梁、地下构筑物等高难度建筑的施工能力。40多年来，公司完成了古城大部分的工业厂房和民用建筑的施工任务，为大理的建设发展做出很大的贡献。

公司针对目前建筑市场的形势，制定的经营方针是“以质量求生存，以质量谋发展”。近几年来完成的工程，优良率达80%，其中还创建了1个省优一等奖、1个省优二等奖和两个省优三等奖。尤其是具有地方民族风格特色的古典建筑，如古城修复和复兴路改造及古典建筑风格的南诏建极大钟钟楼和雨铜观音殿，与千年古老的三塔交相辉映，融为一体，堪称仿古典范，受到社会各界人士喜爱和称赞。

法定代表人：杜金祥
电话：（0872）2670061
地址：大理古城玉洱路9号
邮编：671000

楚雄德馨建业有限责任公司

公司承建的中国银行楚雄分行营业楼

公司自1979年开始从事房屋建筑施工，在长达22年的施工实践中，培养造就了大批技术经济管理人才和熟练技工，承建了各类工业与民用建筑工程项目百余个，以良好的产品质量和服务质量赢得了广大客户的信任和建设主管部门的好评，并连续11年荣获"重合同、守信用企业"称号。现持有二级施工企业资质。

通过历年积累和投入，公司的整体素质和综合实力不断提高。改制后，注册资本600万元。目前，已有51人取得了专业技术职称，其中中级以上职称人员18人。有24人取得了项目经理资格，其中一、二级项目经理6人。置有各类施工机械61台（套），大、中型施工机械8台，具备了年完成施工产值8000万元的生产能力。

公司以"德馨"作为企业字号，其含意为：公司将一如既往、诚实守信，以良好的职业道德，为尊敬的客户营造温馨、舒适而优美的工作和生活环境；以良好的综合效益回报社会，报效祖国。这就是公司的经营宗旨！

云南省

私营企业100强

云南省人民政府

一九九八年四月

法定代表人、董事长：杨飞

总经理：杨玉林

电话：(0878) 3128589　3128286

地址：楚雄市团结路100号

邮编：675000

公司承建的楚雄彝族十月太阳历文化园

云南开远三方实业有限公司

云南开远三方实业有限公司是原红磷化工有限责任公司所属的一个子公司，地处滇南交通要道开远市北郊，距省会昆明250千米，距国家一级口岸河口仅225千米。

三方实业有限公司(原红磷三方机械建筑安装公司)始建于1994年，经过几年的奋斗拼搏，迅速发展成为拥有200多名职工，注册资金1 778万元，拥有中高级会计师、统计师、建筑工程师及专业技术人员58人。具备设备安装施工、房屋建筑工程施工、建筑装修装饰、钢结构工程、防腐工程、环保工程、机械加工、铸造锻件、电机修理、化工维护修理、汽车修理与配件、运输搬运装卸、劳务输出、电气仪表安装、压力管道、压力容器安装修理、锅炉修理及化学清洗、土石方工程等各种施工资质的综合性中型施工企业。

目前，公司已具备一级法人独立资格。依靠科学化的管理及标准化市场运作，仅2001年，公司总收入突破5000万元，实现利税490万元，并先后荣获中华全国总工会授予的“全国五一劳动奖状”，中共云南省委授予的“先进基层党组织”，中共开远市委员会、市人民政府授予的“三五”普法、“一五”依法治市先进集体，开远市人民政府颁发的“重合同守信用企业”等光荣称号，实现了公司发展史上质与量的飞跃。

“用户的满意，三方的追求”是公司的宗旨。公司将以用户至上、质量至上、诚信至上、依法经营为根本，与社会各界和广大用户开展广泛合作，并为之提供优质高效服务。

董事长：王家应
副董事长、总经理：高　焰
电话：(0873) 7173121
传真：(0873) 7173179
地址：云南开远市北郊
邮编：661600

红河州施工企业协会
会员单位

“三五”普法、“一五”依法治市
先进集体
中共开远市委员会
开远市人民政府
二00一年十二月

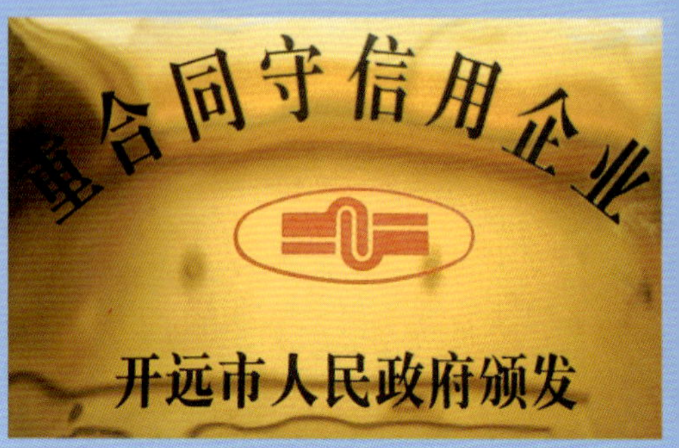

昆明金辉房地产开发公司

KUNMING JINHUI FANGDI CHAN KAIFA GONGSI

昆明金辉房地产开发公司成立于1993年，是具有独立法人资格、具备房地产开发三级资质的专业公司。公司法定代表人李建忠。公司拥有一批具有高、中级职称的经验丰富的专业管理人才。公司秉承质量第一、信誉至上的原则，以品质开拓市场，用真诚回报住户，尽力打造真正属于老百姓买得开心、住得舒心的房子。波罗小区一、二期工程现已开发完毕，并销售商品房89 352平方米，达到100%的售房率。

2002年3月16日开盘的波罗小区"金博园"，为昆明金辉房地产开发公司的精品园区，占地20.94亩，总建筑面积32 648.22平方米，住宅面积25 212.02平方米，有22种户型，绿化率≥34%，容积率1.81%，配套设施齐全，由社区中心医院提供健康1+8服务。

法定代表人：李建忠
地　址：穿金路636号
售楼部：5632065　5614656
办公室：5638908
工程部：5636935
邮　编：650224
http://www.jinhuienterprise.com

云南昆钢集团建筑有限公司
云南昆钢集团房地产开发有限公司

公司是隶属于昆明钢铁集团有限责任公司的国有全资子公司，是集建筑工程施工、房地产开发经营、建材生产、物业管理为一体的综合企业。2001年在云南省工商行政管理局注册登记为有限责任公司，注册资本1.67亿元，为建设部2001年审定的“冶炼工程施工总承包”、“钢结构工程专业承包”、“土石方工程专业承包”一级资质建筑施工企业，资质证书号为A1084053018101。公司能独立承担大、中型工业和民用建筑工程总承包施工，先后承建了年产66万吨钢的昆钢第三炼钢厂，年产35万吨材的高速线材厂，年受料489万吨的综合原料场及近40万平方米的住宅小区工程，年均建安产值2亿元。1997年昆钢高速线材厂土建设备安装工程荣获云南省级优质工程二等奖，2001年红河雄风印业有限公司彩印厂工程荣获云南省级优质工程二等奖。1990年起连续10年被评为省、市“重合同、守信用”企业。房地产开发有限公司注册资本2 683万元，具有房地产开发经营二级资质，先后组织开发了昆钢望湖小区、晓东里、湖光花园等住宅小区，2001年组织开发凌波小区、阳光花园近23万平方米，目前已进入主体完工阶段。公司现有从业人员3 800多人，有职称人数360多人，其中，高级职称26人，一级项目经理20人，公司装备精良、实力雄厚，管理科学，愿意与社会各界精诚合作。

法定代表人、党委书记、董事长、经理：蒲开南

公司承担施工的安（宁）温（泉）公路城区段

工程经营部：0871-8608120
房地产开发部：0871-8602318
地　　址：云南省安宁市昆钢建设南路
电　　话：0871-8608112
传　　真：0871-8607428
邮　　编：650302
网　　址：www.ynkg.com
昆明办事处：席子营西区10幢3单元602号

公司开发并施工的昆钢晓东里住宅小区外景

公司承担施工并获省优质工程奖的红河彩印厂

公司承担施工并获省优质工程奖的昆钢高速线材厂

昆明市房屋开发总公司

昆明市房屋开发总公司于1994年4月经昆明市工商行政管理局批准成立，注册资金2000万元，同年经省建设厅审查批准为二级资质。几年来，公司坚持“优质服务，信誉至上”的宗旨，依法进行房地产新区开发和旧城改造，注重经济效益、社会效益和环境效益的统一，为解决中低收入居民和职工住房，改善市民居住条件做出了贡献。

公司成立至今，成功地进行昆明市原木行街片区的旧城改造，按规划建成了高层、高密度的商业金融街区；同时开发建设了船房住宅区和欣龙花园等项目。几年来累计完成开发面积26.3万平方米，完成投资3.6亿元，上交利税1600余万元。1997年9月被市政府评为1995~1996年度安居工程开发建设先进单位；1998年9月被市政府评为昆明市二期园丁工程先进集体一等奖；1999年，公司跻身昆明市房地产开发企业30强之一；2000年被省建设厅评为云南省“九五”房地产开发先进企业。

法定代表人：李国华
地址：昆明市护国路57号
华尔贝大厦29楼
电话：0871-3100920　3178317
邮编：650021

云南云电阳光房地产股份有限公司

阳光花园 Sunshine Garden

云南云电阳光房地产股份有限公司前身是云南庆丰房地产开发有限公司，1996年9月2日，经云南省工商行政管理局核准登记注册，正式成立。

1998年，经云南省建设厅核准为三级资质房地产开发专营企业。1999年核准为二级资质专营企业。经过新发小区一期工程的开发建设，取得了房地产开发的宝贵经验，得到政府有关部门的大力支持帮助。先后开发了新发小区、阳光花园旭苑国家安居工程和阳光花园昊苑、昱苑。受到了居民的赞誉和政府的肯定。1997年9月被昆明市人民政府评定为1995~1996年度安居工程开发先进企业，1998年9月评为房地产开发管理先进企业，被工商银行多次评定为重信誉单位。1999年12月和2000年12月均被昆明市统计局评定为统计先进单位，2001年被云南省建设厅评为房地产开发先进企业，在云南省建设厅、云南省统计局公布的云南省房地产企业综合实力30强中，列第7位。

经过5年的开发与经营，该公司积累了丰富的经验，同时逐步树立了在昆明房地产企业良好的形象和提高了阳光优质品牌的品位。在“阳光花园”的知名度、美誉度不断提高的同时，公司进一步把握昆明房地产市场的状况，寻求昆明房地产市场开发新机遇。开发——“阳光A版”，春城小户型住宅群，并获得了明显的社会效益与经济效益。

2001年底，“云南电力集团有限公司”以资产重组的形式，成功地收购了“云南庆丰房地产开发有限公司”，并成立了“云南云电阳光房地产股份有限公司”。

云南云电阳光房地产股份有限公司已进入高速运行阶段，在昆明市政府的大力支持下，正投资兴建位于昆曲高速公路6公里处“昆明阳光高尔夫欧洲城”项目，该项目是以高尔夫球场为体育主题的龙头项目，建设一系列的城镇康体设施，创造大型主题城区。

公司现有员工65人，平均年龄28岁，大专以上学历占83%，具有中职以上专业技术人员14人。是一个朝气蓬勃、奋发向上的年轻集体，经过6年的合理运筹、成功收购、优质重组，已成为云南省房地产业中一支异军突起的生力军。

法定代表人：王大骞
电话：(0871)3142100
传真：(0871)3142120
地址：昆明市东风东路36号
建工大厦21层
邮编：650011
E-mail:manager@ynydyg.com

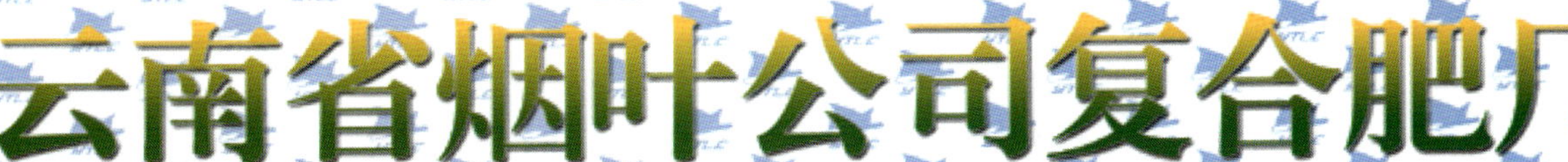

厂 址：云南省·昆明市关上

电 话：0871-7155407 7164161 810

世界最先进的GD3000高速卷包设备

曲烟生产车间

曲靖卷烟厂是一个从烤烟种植到卷烟生产，集农、工、贸、产、供、销于一体的现代化大型企业。企业占地面积121.84万平方米，建筑面积52.78万平方米，总资产75.87亿元。

曲靖卷烟厂坚持走科技兴企的道路，在烤烟生产中探索出一套先进的生产管理模式。曲靖市已成为全国最大的优质烤烟生产基地。2001年共收购烟叶288万担，实现收购总值14.59亿元。曲靖卷烟厂充分发挥得天独厚的烟叶原料优势，以市场为导向，以质量、科技求发展，经过“八五”、“九五”技术改造，从打叶复烤到制丝、卷烟生产已达到了国际先进水平，现已形成年产100万箱优质卷烟的

科技大厦

生产规模。

1995年，曲靖卷烟厂荣获“中国明星企业”称号。1998年顺利通过ISO9002国际质量体系认证，获得了走向全球、与国际接轨的“通行证”。

企业积极参与市场竞争，走规模化、集约化的生产经营道路，经济效益逐年上升，两个文明同步发展。2001年销售卷烟89.42万箱，实现工业总产值39.06亿元，实现最终销售收入53亿元，实现税利31.8亿元。企业被云南省评为超额完成税利指标先进单位。

职工培训中心

地址：曲靖市麒麟北路
电话：0874-3360001
传真：0874-3360040
网址：Http://www.qjcf.com.cn

厂区外貌

云南省蒙自烟草专卖局

云南省蒙自县烟草专卖局成立于1984年5月1日，与蒙自县烟草公司属两块牌子，一套班子，位于云南昆河经济带，个、开、蒙城市群的中心片区蒙自县城，是烤烟生产和卷烟批发专营企业。经历了风雨17年，在机遇与挑战中迅速发展，已成为一个拥有职工111人、净资产4883万元的烤烟生产和卷烟批发专营企业。

公司成立以来，依托蒙自这块最适宜烟叶生长的红土地，实施科技兴烟战略，认真贯彻省、州烤烟生产政策，坚持走品种、质量、效益型烟叶发展之路，使烤烟生产得到迅速发展。至2000年，公司累计收购烟叶113万担，上交烟叶税收1.3亿元；销售卷烟17.6万箱，“两烟”共实现税利2.4亿元，为蒙自经济发展做出了巨大贡献。

天源大酒店系蒙自县烟草公司直属企业，位于蒙自天马路中心地段．是服务功能齐全的四星级大酒店。酒店主楼12层，附楼4层，拥有豪华套房、标准套房、标准间等181间及大小会议厅、接见厅多间，设有商务中心、大堂休闲吧、茶座、超市、外币兑换点、桑拿部、健身中心、健美房、台球室、乒乓球室、棋牌室、保龄球馆、游泳池、网球场、迪高厅、KTV包房等设施。酒店还设有大、中、小型豪华宴会厅、西餐厅、自助餐厅及风味厅数间共600多个餐位，酒店一流的厨师可制作最正宗的云南名肴、过桥米线、风味小吃及本地特色菜肴、川滇粤菜系和西餐系列等。酒店采用现代化管理模式进行管理，拥有一流硬件设施，酒店员工以“宾客至上，服务第一”为宗旨，竭诚为客人提供最优质的吃、住、游、乐、购物一条龙服务。

法定代表人：马福廷
电话：(0873)3691458
传真：(0873)3691458
地址：环城北路200号
邮编：661100

保龄球馆

客 房

宴会厅

茶 座

游泳池

天源大酒店全貌

云南省石屏县烟草专卖局

办公大楼

云南省石屏县烟草专卖局成立于1984年，与云南省烟草石屏县公司属两块牌子，一套班子，经过十多年的创业，公司已从成立之初只有固定资产3.4万元的小型企业，发展成为拥有固定资产5000多万元，集产、供、销、加工、服务业于一体实力雄厚的国有中型企业。

公司成立以来，认真贯彻执行国家烟草专卖法规，坚持依法经营、管理，大力推广新科技，不断完善和提高管理水平，取得了较好的经济效益和社会效益。2001年，公司严格执行国家“双控”政策，全县种植烤烟5.57万亩，收购烟叶14.9万担，上等烟比例52.69%，收购总值8260万元；卷烟销售8747大箱，销售总额4900万元；实现“两烟”销售1.89亿元，创税利4500万元，人均创税利30万元，各项经济指标居全县之首，为石屏的经济发展作出了重要的贡献。

在未来的发展道路上，石屏县烟草公司决心团结一致，矢志改革，励精图治，坚持以人为本的管理理念，按照“规范、改革、创新”的要求，不断提高管理水平，努力创造更佳的经济效益和社会效益，为地方经济发展、社会进步作出更大的贡献。

三星级宾馆餐厅

三星级宾馆保龄球馆

云南昆钢集团商贸有限公司

公司董事长及董事
（左起：董事马国庆、董事长马玉达、董事王峰）

旅游部所属金鑫旅行社

综合贸易部南区市场外景

云南昆钢集团商贸有限公司是昆钢集团下属的具有独立法人资格的全资子公司，注册资金887.94万元。商贸有限公司作为综合性商贸企业，拥有固定资产5307万元。公司下设昆钢商场、边境贸易部等6个经营单位，在云南省昆明、瑞丽、畹町、景洪、河口、文山等地设有经营网点，在广西北海、广东广州、四川成都分别设有办事处。公司业务经营范围有：商品批发零售、日用百货、粮油副食、针纺织品、五金交电化工产品、工艺美术品、家用电器、黄金首饰、珠宝玉石制成品、金属材料、建筑材料、矿产品、电子产品及通信设备，橡胶及制品、餐饮娱乐、旅游、工程绿化、进出口贸易等。商贸有限公司自1996年以来连续4年被审定为省级“劳动执法审核合格单位”，被昆明市企业信用评估委员会审定批准为特级(3A)优良信用单位，1999年被昆明市评选为“物价计量信得过单位”。近年来公司投入巨资分别在昆钢居民密集区建盖了4个集贸市场。馨园餐厅的规模、功能堪称一流。5000平方米的超市商场2002年10月以前开业。

在新世纪里，云南昆钢集团商贸有限公司将面向未来，迎接挑战，与各界朋友携手共创辉煌。

广西北海北云饭店

党委书记、董事长、经理：马玉达
地址：云南昆明安宁市
电话：(0871)8755316　8755300
传真：(0871)8755316
网址：http//www.ynkg.com
邮编：650302

商场外景

馨园饮食城

驻德宏州瑞丽钢材市场

美国网球场与跑道营造者协会会员
中国体育用品联合会会员
亚太人造草运动场地营造商联合会会员

昆明新三江工程有限公司

New Sanjiang Engineering Co,Ltd.

昆明新三江工程有限公司成立于1991年。新三江之所以不断发展壮大，业务遍及国内及美国、澳洲、亚太地区，完全得益于多年来一直信守的重信誉、严管理、高素质，还有对社区、业主、公众及消费者的公正原则，目前新三江的员工已发展到了60多人。

该公司齐全的体育用品、运动器械设备的销售及完善的质量保证、售后服务在整个西南地区是屈指可数的，充分体现在公司有效的运转及灵活的操作方式上。

公司同时也是代表世界最高水平的美国网球场与跑道营造者协会会员、中国体育用品联合会会员、亚太人造草运动场地营造商联合会会员。在国内及周边地区营造了200余片各种质地的网球场、篮球场、排球场、羽毛球场、壁球房、足球场、游泳馆－Pu球场、人造草运动场及场馆大型钢屋架、网架等，在同行中成绩斐然，享誉日高。

公司所承建的塑胶跑道工程，无论在施工和技术方面都随时保持着与世界水平同步发展。公司运用先进的生产工艺施工技术，不但保证塑胶面层颗粒不脱落，并能根据业主的要求改变塑胶的颜色，全面改变了长期以来塑胶面层颜色及颗粒脱落的状况，使得塑胶跑道施工水平又上了一个新的台阶。公司在国内营造的200余片各种质地的运动场均获得业主的好评。

新三江一如既往地加强与你的真诚合作，把健康带给您，带给社区，带给公众。

云南省工行澄江培训中心

大理市体委网球场

临沧地区临通大酒店

云南省漫湾发电厂体育中心

兵器工业部疗养院羽毛球场

地址：昆明市高新开发区科锦路南疆花园13幢3楼AB座　电话：86-871-8315628　传真：86 871 8322738
邮编：650106　网址：http://www.boftec.gov.cn/sanjiang　邮箱：sanjiang@public.km.yn.com

昆船 KSEC

云南昆船第一机械有限公司

云南昆船第一机械有限公司位于国家级昆明经济技术开发区昆船工业区内， 隶属于中国船舶重工集团公司，是昆明船舶设备集团有限公司的骨干企业之一。公司拥有固定资产3亿多元，职员2000多人，各类专业技术人员500多人；拥有数控加工中心机群、数控齿轮加工中心、数控板材加工生产线、激光切割机等先进的工艺技术装备。在生产组织管理方面，全面推行MRPII辅助企业管理系统，使整个生产组织管理过程实行闭环控制。

在质量控制方面分别通过了中国新时代质量体系认证中心、北京中质协质量体系认证中心对公司GJB／Z9002—96、GB／T1 9001—1994(idt IS09001：94)质量体系的认证。

20世纪90年代以来，面对科学技术的迅猛发展，公司凭借集团优势，制定了高技术、高起点的发展战略，大力推进技术创新工作，成功开发了集光、机、电为一体的高科技产品—ZJ17型高速卷接机组与系列打叶复烤生产线，推出了具有国际先进水平的自动化物流系统。其中工业机器人、AGV激光导引自动运输系列车等已达到国际先进水平，并在青岛颐中集团、海尔集团、玉溪红塔集团、红河卷烟厂、淮阴卷烟厂等单位广泛使用。

新世纪伊始，为迎接入世后的挑战，公司在集团公司的领导下，追踪国际烟草加工最新技术，成功地开发了适应中国国情的新型制丝工艺成套设备，推出了自动开包、在线真空回潮、高温管道式烘丝系统等一批先进的烟草加工设备，为卷烟工业走向世界打下了基础。

与此同时， 公司还大力开发了各类塑料加工成套设备，目前已成为西南地区塑机制造业的重点骨干企业。

公司愿与各界携手合作，向用户提供优质产品和服务，把公司的劳动成果奉献于社会，造福于人类，共同创造美好的新世纪。

自动化物流系统

BW54后叉式激光导引运输车

BW55辊道式激光导引运输车

BY系列往复穿梭车

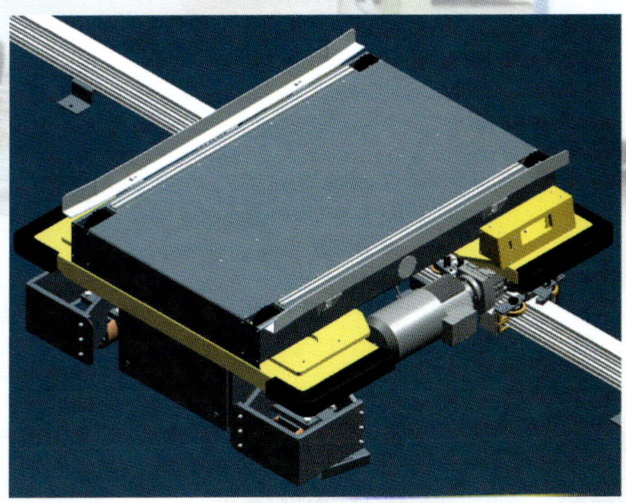
BY系列环行穿梭车

自动化物流系统是集光、机、电、信息技术于一体的系统工程，主要由自动化立体仓储系统、自动输送系统、自动导引运输车(AGV)系统、工业机器人作业系统、自动控制系统、实时监控系统、计算机模拟仿真系统、计算机集成管理系统、消防自动报警和喷水灭火系统以及摄像监控系统等组成，可广泛用于汽车、烟草、邮电、电子信息、化工、医药、轻工、商业配送、机场、码头等各个行业。

自动激光导引运输车(AGV)采用国际先进的激光导引技术和计算机控制技术，用于自动化的各种仓库和车间机台之间单层或多层货物的存取搬运工作，或在货架巷道及地面进行存取托盘货物等。根据用途可分为推挽式(BW51 系列)、后叉式(BW54 系列)、辊道式(BW55 系列)、牵引式(BW56 系列)。

BY 系列往复穿梭车、环行穿梭车主要用于固定站点货物的输送。

- 地　　址：昆明市东郊八公里昆船工业区
- 通讯地址：云南昆明502信箱一分箱
- 邮　　编：650236
- 电　　话：0871-7232215　7232201
- 传　　真：0871-7236420　7232205
- E-mail:KCYJXXB@public.km.yn.cn

云南炭黑第一厂

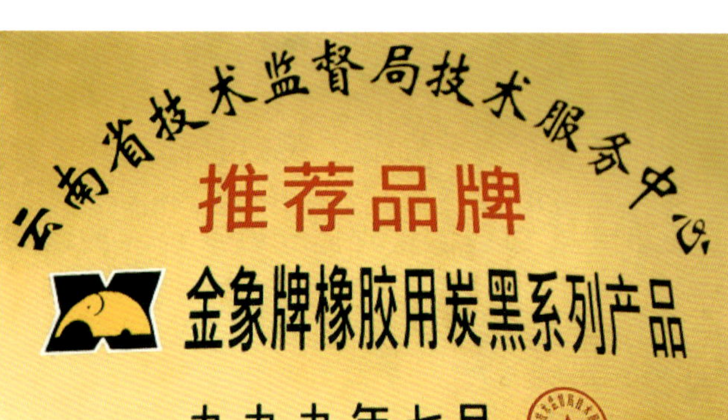
云南省技术监督局技术服务中心

推荐品牌

金象牌橡胶用炭黑系列产品

一九九九年七月

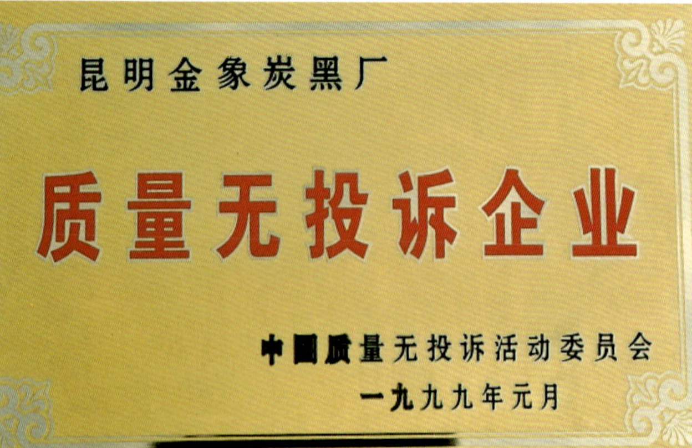
昆明金象炭黑厂

质量无投诉企业

中国质量无投诉活动委员会

一九九九年元月

昆明金象炭黑厂：

全国最受买方推崇的行业单位

世纪中国质量--双佳单位

中国质量无投诉活动委员会

一九九九年十一月八日

昆明金象炭黑厂

世纪中国质量双佳单位

全国最受买方推崇的行业单位

中国质量无投诉活动委员会

一九九九年十一月

昆明金象炭黑厂：

你单位生产的象牌N220、N234、N330橡胶用炭黑产品经相关质检机构检测合格，为2001年国家质量检测合格—质检合格好产品。

中国质量检验协会

二〇〇一年八月二十二日

炭黑厂

昆明金象炭黑厂由中橡集团炭黑研究设计院设计和技术指导，采用油——油炭黑新工艺，年产橡胶用炭黑10 000吨，具备充足的炭黑生产原料资源，厂区铁路直通全国各地，并具有一批高素质的员工队伍。

该厂从1994年10月投产以来，坚持管理创新和技术革新，注重人才管理、成本节支，深化用工，形成了金象管理思想：“点亮人性的光辉、我们追求真善美；回归生命的价值、我们不虚度人生；共创繁荣与幸福、我们风雨同舟。”在生产经营和管理上充分体现了以人为本，以发展求生存，不断研究和探索，充分激发和挖掘员工的积极因素，使全厂上下为一个共同的目标努力——炭黑产量成倍增长，品种规格不断增加，经济效益逐年翻番，企业规模飞速发展。

该厂所生产的金象牌炭黑系列产品，经国家技术监督局炭黑监督检验中心连续五年抽检、统检，年年合格，先后被中国质量无投诉活动委员会授予“质量无投诉企业”、“世纪中国质量双佳单位”、“全国最受买方推崇的行业单位”，多次被中国质量检验协会授予“国家监督抽查连续合格产品”、“国家监督抽检合格——质检合格好产品”、“争创中国名牌先进单位”，在泰国曼谷评为2001年石油化工行业科技展示暨产品推广优秀产品“金象奖”。

为了企业的生存和发展，金象人积极采用高新技术和先进设备，不断地开发新产品，满足橡胶加工、油漆、油墨等市场对炭黑产品的需求。

金象人的承诺：

用金象炭黑让您放心满意，金象产品质量优、服务优，金象为您服务您好我才好。

厂长：普良红
地址：云南省昆明市东郊大板桥
电话：0871-3138171-63270
手机：(0)13033384989
传真：0871-3138150

昆明钢铁总公司凉亭轧钢厂

法定代表人、厂长：沐朝熙

昆明钢铁总公司凉亭轧钢厂是隶属昆明钢铁总公司（现昆明钢铁集团有限责任公司），具有独立法人资格的国家二级企业，是国家一级计量单位，市级文明单位。该厂位于昆明市官渡区金马镇，占地164亩，拥有资产总值7500万元，职工1055人，其中工程技术人员124人，年产值2.5～3亿元。该厂具有40多年的轧钢历史，具有先进的设备组合及雄厚的技术力量，是云南省内惟一荣获国家采用国际标准认证焊接钢管生产厂家、热轧带钢生产厂家。主要产品有水煤气管、薄壁直缝电焊钢管、吹氧管、热轧带钢和冷轧带钢，现拥有4条焊管生产线，1条热轧生产线和两条冷轧生产线，年生产能力为焊管10万吨，热轧带钢16万吨，冷轧带钢4万吨，是云南省内最大的焊管、带钢生产厂家。凭着上乘的质量，良好的售后服务及合理的价格，产品除占领西南市场外还远销华南及东南亚国家和地区。

经营范围：水煤气管、薄壁焊接钢管、热轧带钢、冷轧带钢、钢材延伸加工

地址：云南省昆明市官渡区金马镇凉亭
电话：0871-3913325（厂长） 3911069（销售） 3843702（技术）
传真：0871-3911069
邮编：650215

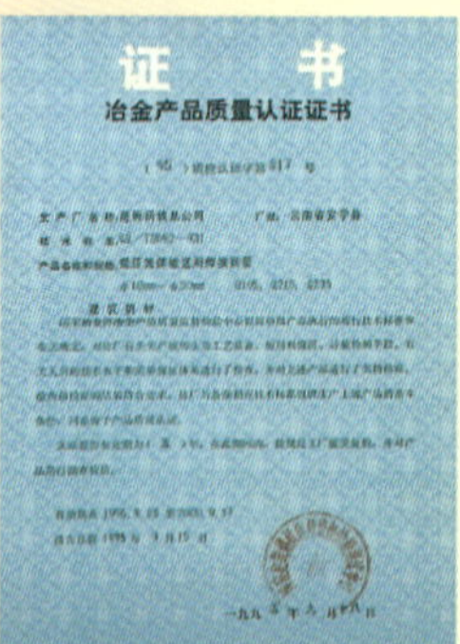

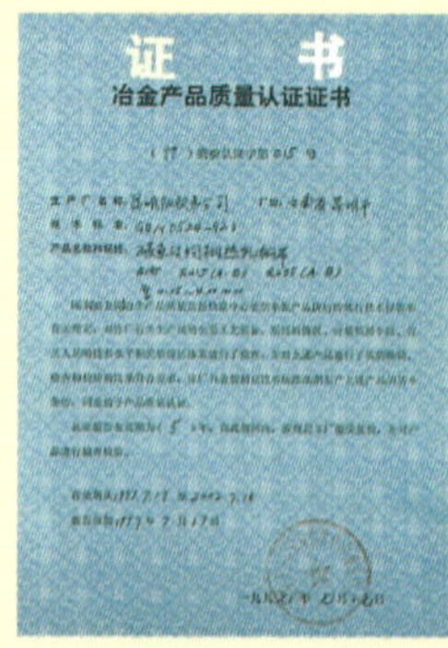

云南腾冲古林木业有限公司

法定代表人、董事长：张国邦

古林木业有限公司前身为古林木材厂，始建于1994年12月，初期是由公司董事长张国邦先生和公司董事杨如杰先生合伙与腾冲县林业局古永林场共同组建。该企业主要产品是实木门等建筑装饰材料。2000年在当地政府的倡导下进行了股份制改造，于2000年9月正式组建为腾冲县古林木业有限公司。

公司注册资金1 367.6万元，由三种经济成分组成：一是张国邦、杨如杰、江庆照三位自然人出资572.40万元，占股本的41.8%；二是本公司职工持股72人，出资395.20万元，占股本的28.8%；三是本县林业局古永、胆扎、苏江、瑞滇、明光、大河、沙坝7家国营林场出资400万元，占股本的29.4%；共11位股东出资组建的民营控股的股份制企业。

公司位于中国云南腾冲县城西南史迪威公路沿线8千米处（原古永老厂作为分支生产单位），占地150亩，现有加工厂房1.6万平方米，有较为规范的木材初加工设备和年干燥3万立方米木材的现代化标准蒸汽干燥设备，有较为先进的3条成品精加工流水作业生产线，建有较为适用的消防和环保排放配套设施，设有能容纳600~700员工的食宿等生活设施，公司现有就业员工500多人，具备较强的管理和技术力量以及新产品开发能力。

企业拥有自营进出口经营权。目前主要生产内销铁杉实木门及出口韩国铁杉实木门，年产量10 ~12万扇。出口美国的青松百叶门已形成批量生产。出口美国铁杉实木门和青松装饰板正在开发试制。

腾冲有丰富的资源优势、区位优势和得天独厚的地理气候条件，腾冲与缅甸毗邻，国境线全长达147.8千米。境内有猴桥国家级口岸和滇滩、自治口岸等大小进口木材通道14条，每年从缅甸进口各类优质木材50~60万立方米，境内也拥有相当数量的台杉、青松等人工林木材可供采伐利用。公司所在地云南腾冲县中和乡气候宜人，常年无霜，四季如春，年平均气温22℃，最高气温35℃，最低气温2℃，是进行木材加工的好地方。

公司于2001年11月向英国EQA公司申请并通过了ISO9001国际质量体系认证和ISO14001国际环保体系认证，为今后产品进入欧美等国际市场打下了良好的基础。

地址：云南省腾冲县中和乡石头山
电话: 0875-5891398
传真: 0875-5891399
邮编: 679118

初加工车间

干燥车间

冷压拼板

蒙自县农村

联社党组书记、主任：潘炳寿

蒙自县农村信用合作社成立于1954年，是经中国人民银行批准设立，由农民自愿入股组成，实行社员民主管理，主要为入股社员提供金融服务的农村合作金融组织，在上级行的正确领导下，在各级党政部门及社会各界的大力支持下，经过近半个世纪的风雨洗礼，走过了从小到大，由弱变强的发展历程。现已成为一支规模宏大，资金实力雄厚，业务范围广泛，经营网点众多，服务功能齐全，综合实力强大，支农作用突出的金融劲旅，成为支持蒙自县农村经济发展的主力军。截至2001年底，全县拥有12个独立核算信用社，26个营业网点，固定资产1 573万元，仅2001年就发放贷款1.3亿元，有力地支持了农村经济发展。

蒙自县农村信用社牢牢把握“面向农村、服务农民、发展农业”的市场定位，以“建一流班子、带一流队伍、树一流社风、创一流业绩”的工作思路，努力实现“上存款、活信贷、要效益、保安全”的

联社领导班子

信用合作社

工作目标，积极开拓服务领域，不断加大支农资金投入，唱响“支农”曲，吹响“富民”号，把党的金融方针政策和优质高效的金融服务送到农家和田间地头，为蒙自县农村经济的发展撑起了一片蓝天。蒙自县农村信用社的支农业绩，赢得了广大农民朋友的广泛赞誉，得到了上级领导的充分肯定，多次被授予“先进单位”、“文明单位”、“青年文明号”。

蒙自县农村信用社始终遵循“民主办社，灵活经营，高效廉洁、文明服务”的合作金融企业精神，贴紧农村，方便农民，充分发挥支农主力军作用，为蒙自县农业和农村经济的发展做出了巨大贡献。

主任：潘炳寿

地址：蒙自县环城北路 199 号

电话：（0873）3690344

邮编：661100

先进党支部
中共蒙自县委员会
一九九八年七月

新区办公楼

追寻党的足迹

我们将从这里走向世界

云南刘胡乐律师事务所

LHL Lawyer`s office

主任：王达人

云南刘胡乐律师事务所成立于2000年3月16日，由4名合伙人律师、8名专职律师和4名兼职律师组成。该所有1名博士，2名硕士和6名在读硕士研究生，平均年龄不到30岁。该所的办公用房已达1000平方米。通信、交通和办公自动化装备齐全。该所以之命名的刘胡乐律师，是一位具有一定社会影响和声誉的优秀律师。该所主任王达人律师，也是一位执业近20年，具有广泛知识和丰富经验的优秀律师。此外，该所都是30岁以下的年轻律师。他们都受过高等教育，并有良好的法律专业知识，还具有良好的外语基础，对国际金融、贸易都各有专长。该所为了实现自已“从这里走向世界”的目标，尽全力为每一个加盟的年轻人提供最多、最好的学习和实践机会，建立了严格的管理制度。他们的方针是“厚积而薄发”。

有了以上这些条件，有充分的理由相信，在迈向新世纪的第一个10年中，他们一定能“从这里走向世界”。

副主任：刘胡乐

事务所律师：熊斌、刘胡乐、梁堃、王达人

国际律师联盟主席埃斯特拉达·萨马诺先生颁发“全国荣誉律师奖”给刘胡乐律师

昆明超凡地价评估咨询有限公司

全所员工会议

昆明超凡地价评估咨询有限公司前身是昆明市地价评估事务所，该机构于1993年10月经昆明市人民政府批准成立，市工商行政管理局注册登记，属自收自支事业单位。多年来，他们曾先后取得过国土资源部、云南省国土资源厅颁发的土地估价机构准A级、A级、B级资质证书；省财政厅颁发的资产评估单项资格证书。专门从事于城镇土地分等定级、基准地价测算、宗地价评估、地产信息咨询、地产手续代理代办等业务，下设有五华、嵩明、石林、东川、禄劝5个县区分支机构。2000年初，为适应社会主义市场经济体制的要求，根据国家有关政策，昆明市地价评估事务所工作人员以不畏风险，敢于开拓的精神，放弃“铁饭碗”，与主管部门整体脱钩，改制为“昆明超凡地价评估咨询有限公司”。脱钩改制后，该公司独立面向市场，抓住机遇，加快发展，不断提高人员技术素质和职业道德，更新技术设备，增加资金积累，扩大业务范围。至目前为止，公司注册资金200万元，拥有总资产近700万元，配备有计算机局域网络、绘图仪、扫描仪等现代化办公设备。现有专职人员13人中，有国家注册估价师8人，4人同时有房地产经济师资格。12人具备大学本科、专科学历。多年来，一直承担着全市城镇土地定级、基准地价测算暨更新的基础工作和全市地产评估业中绝大部分的业务，共完成全市14个县(市)区城镇土地分等定级、基准地价测算，修订面积2亿多平方米；完成土地出让、转让、合资、抵押、破产兼并、企业改制、课税、司法仲裁等各类评估项目近1 700个；协助原中国地产评估咨询中心等单位完成国内外上市公司评估十多件；评估资产总值约1 051.13亿元；各项业务累计总收入1 359万元，并先后为各级政府、社会各界提供了数千条信息咨询服务；并承担了市政府、市国土部门委托的公益性业务。有力地支持了全市的社会经济体制改革，维护了国家和土地使用者的合法权益，赢得社会各界的公认和好评。

土地价格调查会

在创业和发展的岁月中，公司始终把“为土地管理事业服务、为社会主义市场经济服务”作为宗旨，恪守“客观公正、热情服务、严谨高效”的准则，牢固树立“一切以客户为中心”的思想，内强素质，外树形象，增强职工的竞争观念，提高服务水平，做一项业务交一方朋友，而不把这种交往视为单一的金钱关系。由于公司职工大部分都来自于原市土地管理局的各个业务部门，熟悉土地管理的法律法规和专业技术，具有丰富的地产评估知识和实践经验，擅长解决与土地估价相关的疑难问题，同时有强烈的工作责任心和良好的职业道德，能够与客户沟通交流，以诚相待。他们不仅限于完成评估工作，而且能为客户提供工作范围以外的法律政策咨询、策划、委托代理、交易中介、业务协调等大量无偿服务，他们坚持的是“没有最好，但有更好”，力求让客户满意。

面对中国“入世”的新形势，公司将继续坚持开拓进取精神，抓住机遇，加快发展，不断提高人员技术素质和职业道德，更新技术设备，进一步扩大业务范围，实现规范化管理，中介服务规模化运行。为社会经济发展作出更大的贡献。

小区开发项目评估　基准地价编制　野外实地勘估

法定代表人：翟家贵　电话：0871-3186066　邮编：650011

中国工商银行红河州分行

党委书记、行长：何　宇

2000年，在省分行、州委、州政府和人民银行的领导下，全行上下以党的十五届五中全会精神为指导，认真贯彻落实全省行长会议和党建工作会议精神。按照上级行关于“管理年”的各项工作要求，突出州分行“重管理、重质量、重效益”的工作重点，全面组织实施“深化改革，从严管理，提高效益，开拓发展”的全州系统总体工作思路，千方百计组织存款，努力提高资产质量，切实加强内部管理，稳健推进机构改革，全面强化党建和思想政治工作，促进了全行各项工作的稳步发展，圆满地完成了各项经营目标任务，有力地支持了红河州经济的持续快速增长。

2000年底，本外币各项存款余额48.27亿元，比1999年底增加2.74亿元，增长6.02%。其中对公存款17.8亿元，净增1.13亿元，储蓄存款30.47亿元，净增1.61亿元；外币存款余额304万美元，净增62万美元；人民币各项贷款余额31.13亿元，减少2.38亿元。较好地完成了省分行下达的经营效益计划。

地址：云南省个旧市中山路58号
电话：(0873)2160706
邮编：661000

办公大楼

宣传新开办的“万家福”个人消费贷款和“汇款直通车”新业务

行长何宇陪同个旧市委书记苏维凡深夜看望营业部加班的员工

昆明公路管理总段沥青拌合厂

厂长：张彬

昆明公路管理总段沥青拌合厂是昆明地区最早从事沥青生产的企业，生产经验丰富，加工工艺完善，产品质量达到交通部公路沥青路面施工技术规范标准，在南过境、安楚、昆玉、石新、昆禄等昆明地区重要交通干线的修建过程中，成为省交通厅公路建设主要供料单位，为昆明地区公路交通发展作出重要贡献。

企业注重引进国内外最新生产技术，力求与国际发展水平接轨。主要生产设备有意大利产SIM-CB160沥青拌合机和无锡产沥青导热油设备（技术性能居20世纪90年代同类产品领先水平），生产沥青混凝土拌合料160吨/时，在云南省同行业中居于首位。

企业实验检测设施齐全，技术力量雄厚，经云南省建设厅审核定为建筑一级实验室，为企业产品质量达标提供了有力保障。面向市场经济，由该厂牵头成立了通域工贸有限责任公司，开发公路路面专用硅精土，并形成一定的生产规模，为全省高速公路建设提供优质沥青路面专用硅精土。

企业积极拓展经营范围，为形成一体化经济创造了有利条件，所承建的大理-丽江公路60公里路面工程，被云南省交通厅评为优良工程。企业在生产经营活动中，注重产品质量的提高和新产品的开发，于2000年投入了很大的资金和技术，研制开发了硅改沥青拌合料，得到了交通厅及有关部门的充分肯定，并已应用于高速公路的修建和一般道路维护保养工程。

该厂通过引进的先进技术，成功生产了冷拌沥青拌合料，使沥青拌合料能在常温下施工，在安石、昆嵩、石新等高等级公路上使用后证明效果很好。在21世纪，企业全体员工愿与您携手共建美好家园，为全省道路交通建设作出更大贡献。

法定代表人：张　彬
地址：昆明市建设路282号　邮编：650031
电话：0871-5327934　传真：0871-5301037

综合办公大楼

昆明才华货运有限公司

昆明才华货运有限公司地处交通便利的豆腐营云兴路139号。公司货运储存充足、即时、便利，是每一位商客理想的货运中心。公司主要承接浙江温州至昆明；昆明至温州；湖南邵东至昆明；昆明至瑞丽等专线货运业务，公司奉行顾客至上、信誉第一的宗旨。

公司是警民共建单位，是昆明市质量检验协会质量跟踪服务单位，公司全体员工在总经理的领导下，培养了一批高素质和优良的管理人才，实行了规范化的管理。全体员工统一着装，实行一条龙优质化的服务。本着为客户着想的宗旨，便利客户、即时发货、送货到客户手中。

公司距云纺、螺丝湾批发市场仅有500米,距南窑批发大世界、裕丰大型综合商场仅700米，距西南大型综合批发商场、金碧商场仅1000米，是每一位新老客户理想的仓储货运中心。公司代办由昆发往全国各地的铁路货物运输。

公司货运信息反馈快捷、即时，掌握市场信息充足，欢迎各位新老客户惠顾。

货运业务电话：4192271
4139857
4152132
投诉监督电话：4113218
欢迎查询!

敬请各位新老客户惠顾

佳信達印刷
JIAXINDA

质量第一 信誉至上

深圳市佳信达印务有限公司云南办事处

德国海德堡探戈滚筒电分制版成套设备，CTP直接制版无菲林印刷设备，海德堡5色、4色、1+1色印刷机共十台，及全套印刷后加工、装订生产线。ISO9002国际认证企业，国家主管部门书刊印刷定点企业，深圳印刷协会副会长单位，2000年广东省印刷质量综合评比第三名，2001年广东省印刷质量综合评比第二名。

办事处受佳信达公司委托主要负责云南省内的印刷业务，经过几年来的努力，现业务已遍及昆明、玉溪、大理、丽江、楚雄、文山、曲靖等地州市。

精心设计制版、承印各类志书、年鉴、画册、期刊、杂志、海报、企业简介、产品包装、挂历、邮册等

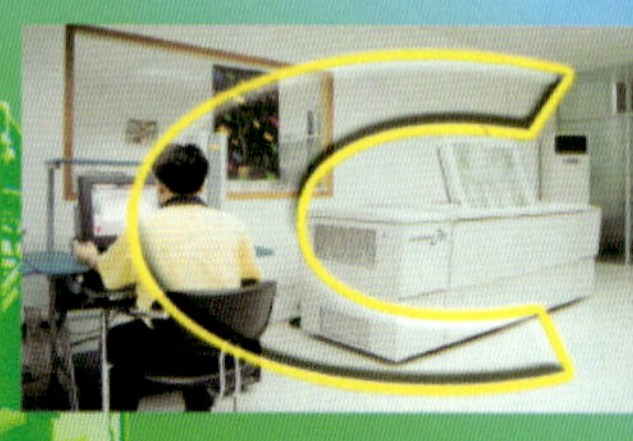

地址：昆明市青年路馨花园广场B幢2单元301室 邮编：650021
电话：0871-3210345 3130772 3130511 传真：3210345
E-mail:jiaxinda@public.km.yn.cn

昆明市专利事务所

昆明市专利事务所是代理专利申请及其它专利业务的工作机构。拥有一批覆盖多种专业学科、经过专门训练、富有经验的专利代理人，直接使用国家知识产权局下发的《中国专利数据库》、《中国专利说明书》光盘进行检索，用户可使用多个窗口及任何关键词，实现快速查找，查全率极高。以高效、快捷的现代办公模式，为广大企业、科研院所新科技成果实现知识产权保护做了大量有益的工作。该所仍将一如既往，为广大企业在专利保护方面搞好高效优质服务。

主要业务范围：代理专利申请、专利技术转让、承办各类专利纠纷及专利侵权诉讼案，包括起诉或应诉、承担企业常年专利法律顾问。

所长：雷　明

地址：昆明市拓东路120号4楼 邮编：650041
电话：0871-3173756 3171372 3103335 3103330

特　载

在2000年公益广告表彰会上的讲话

（2001年4月19日）

云南省人大常委会副主任　吴光范

同志们：

今天，省工商行政管理局在这里召开2000年“树立新风尚，迈向新世纪”公益广告活动表彰大会，特向获奖单位和个人表示热烈的祝贺。在当前我国改革开放的大潮中，随着社会主义市场经济的不断发展，公益广告是既很重要又容易被忽略的工作，说它容易被忽视，是因为它本身不会直接产生经济效益；说它重要，是因为它面向千家万户，好的公益广告对广大人民群众起着潜移默化的教育作用，引导人们弘扬时代主旋律，具有巨大的社会效益。为此，我讲两句话。

一、勤奋耕耘，成绩显著

1996年以来，省工商局在邓小平理论和十五大精神的指导下，连续5年在全省范围内先后组织开展了《中华好风尚》、《自强创辉煌》、《人与自然 和谐发展》、《树立新风尚，迈向新世纪》等主题的公益广告活动。5年来，同志们孜孜不倦，勤奋耕耘，取得了显著成效。其主要标志：一是导向正确。云南的公益广告已成为宣传党的路线、基本国策和法律政令的有力武器。二是力度较大。5年来，部分新闻媒体、广告公司积极参与，共投入资金1 554万元，拿出专门的时段、版面和广告位，制作公益广告1 769件，发布12.7万次。三是作用很大。我们省的公益广告，大多数主题鲜明、内涵深刻、创意精良，有很强的感召力，赢得了各族人民群众的认可和好评。公益广告日益融入人民群众的政治生活、经济生活、文化生活中，在改善社会风气方面起到了重要的作用，为我省的精神文明建设做出了积极的贡献。

二、精心组织，多出精品

一是要壮大公益广告队伍。特别是要鼓励和引导企业把公益广告作为企业的重要文化建设，融入企业发展方略。企业增强广告意识，施展广告手段，开拓国内外市场，无疑是正确的。但是，作为现代企业的领导人和管理者要看到企业文化对企业发展起着至关重要的作用。如今，越来越多的企业热衷参与公益广告的制作和发布，尽管公益广告不直接推销商品，但它能成为企业树立形象、传播声誉和扩大影响的重要公关手段。据北京、上海、深圳等地的调查表明，社会各界对公益广告的发布企业普遍有一定好感，尤其是平时对商业广告持怀疑态度的人，对做公益广告的企业持相信态度的占75%以上。在发达国家，公益广告往往在广告中占相当大的比例，特别是一些与公众关系密切的公司和行业，十分注重把自己的企业形象同公益广告联系在一起，在其广告预算中，公益广告费用通常占20%左右。未来的市场竞争，企业形象作用重大。社会的关注和企业的参与，是公益广告蓬勃发展的动力之源。二是要继续做好公益广告宣传活动的组织工作。公益广告活动开展时间不长，但已初步形成了很好的组织形式。即由各级工商行政管理机关和精神文明建设宣传部门联合组织，以广告业（含广告主）为主体，社会各界参与的新格局。工商行政管理机关担负着广告业的监督管理、行业指导的职能，组织公益广告宣传活动具有一定的优势。要进一步发挥联合共办、各界参与的优势。三是要始终注意把握公益广告的正确导向。要按照“三个代表”的要求，紧扣时代的脉搏，围绕党和政府的中心工作，弘扬正气，多出精品。要长期规划，精心组织，不断探索公益广告在市场经济模式下的运作方式，为我省的两个文明建设和实现省委提出的“三大目标”服务。

谢谢大家！

把握机遇　开拓进取
切实抓好保护消费者权益工作

——在云南省保护消费者权益委员会三届三次理事会上的讲话

（2001年1月19日）

云南省副省长　程映萱

各位理事、同志们：

今天省消委会召开三届三次理事会，总结理事会两年以来的工作，部署2001年工作。会前，消委会远灿会长给我汇报了省消委会的工作情况和今后的工作思路，我完全同意，待一会何会长还要向理事会报告。在此，我代表省政府对会议的召开表示热烈祝贺，并向长期为保护消费者权益事业而辛勤工作的同志们致以诚挚的问候！

今年是新世纪的开端，也是实施“十五”计划的第一年，召开这次世纪之交的理事会非常重要，它对于我们深入贯彻五中全会、中央经济工作会议、省委六届十一次、十二次全会精神，进一步拓展保护消费者权益事业，营造良好的市场环境，促进改革开放和经济社会发展都具有重要意义。这里，我先谈点想法。

一、全省经济社会发展情况

“九五”时期是我省经济发展较快较好的时期之一。五年中，全省国内生产总值由1206.7亿元增加到1995亿元（2000年为预计数），年均增长8.4%，略高于全国8.3%的平均水平。财政总收入由285.3亿元增加到430亿元，财政支出由235亿元增加到414亿元。农民人均纯收入从1011元增加到1488元，城镇居民人均可支配收入由4065元增加到6419元。国内生产总值提前5年、人均国内生产总值提前3年实现了翻两番的第二步战略目标。

但同时，我们还必须清醒认识到，云南经济社会发展水平仍处于社会主义初级阶段的低层次，还存在许多突出的矛盾和问题。经济结构、基础建设相对滞后和劳动者科学文化素质较低仍然制约着我省经济社会发展，支柱产业单一，企业技术创新、管理创新、竞争力和市场营销能力有待增强，市场体系不够健全，流通不畅。而当前，全球经济一体化进程加快，科技革命迅猛发展，国际竞争日趋激烈，国内市场关系发生变化，国际化程度和对外开放将进一步加深。我国即将加入世贸 组织，国家正在实施西部大开发战略，这一切都给我们消协带来了发展机遇和严峻挑战，也会给我们的市场监管带来新的问题和矛盾。我们要进一步增强紧迫感、责任感和忧患意识，抓住机遇，增强信心，开拓进取，战胜困难，迎接挑战。

二、消协工作取得了新成绩

在过去的两年中，省消委会及全省各级消委会，在各级政府有关部门和社会各界的支持下，结合自身的工作特点，认真履行法定职能，积极探索实践，做了大量宣传维权工作，广泛开展了宣传年主题、宣传《消法》为主要内容的宣传教育活动，在纪念3·15国际消费者权益日活动中，与新闻单位合办专题栏目，举办好新闻评选，印发宣传材料，开展现场咨询，并组织“3·15”专题晚会。同时，针对消费领域的重点难点问题，进行专项调查研讨，召开消费者座谈会，广泛收集各方面意见，及时向政府有关部门反馈，积极提出政策性建议。及时受理、调解消费者的投诉，全省各地消委会受理消费者投诉4万多件，挽回经济损失1700多万元，为稳定社会、减轻政府负担作出了贡献。积极配合执法部门开展市场监督检查，组织消费者开展消费者喜爱商品评选，表彰诚信商店（市场），对扶正限劣，打击制售假冒伪劣商品、欺诈损害消费者的违法行为，净化消费市场环境发挥了积极作用。

总之，我省各级消委会组织，在履行法定职责中，做了大量卓有成效的工作，社会影响与日俱增，在老百姓心目中已成为保护消费者权益的主要力量，为促进经济发展、维护政治稳定、推动社会进步作出了突出贡献。

三、抓住机遇，不断开拓进取

今年是新世纪开始的第一年，也是执行“十五”计划的第一年，我们的各项工作要迈好步、开好头。“十五”期间，我省经济社会发展的指导思想是：高举邓小平理论伟大旗帜，以江泽民同志“三个代表”重要思想为指针，坚持党的基本路线、基本纲领。解放思想、实事求是，开拓创新。抓住西部大开发的重大机遇，紧紧围绕建设绿色经济强省、民族文化大省和中国连接东南亚、南亚国际大通道的三大目标，坚持“两手抓、两手都要硬”，认真实施科教兴滇、可持续发展、城镇化和全方位开放战略；坚持以加快发展为主题，经济结构调整为主导，改革开放和科技进步为动力，提高人民生活水平为根本出发点，促进全省经济持续、快速、健康发展和社会全面进步，推动人民生活水平再上新台阶。经济社会发展的主要奋斗目标是：在确保质量和效益提高的前提下，力争经济增长率、固定资产投资增长率略高于全国平均水平，人口自然增长率接近或达到全国平均水平，综合实力进一步增强，三大目标建设迈出坚实的步伐。经济社会发展的基本思路是：坚持以发展为主题，以结构调整为主导，以提高经济效益为中心，以创新为动力，以富民为宗旨，以人才为关键，以稳定为前提。

现在，中央和省的大政方针已确定，关键是抓落实。针对省消委会的工作，我提出以下几点意见：

首先，要从政治高度把握消委会的工作方向。要认真学习江泽民总书记“三个代表”的重要思想，充分理解其代表最广大人民的根本利益的深刻含义。我们进行的保护消费者权益工作就是直接维护人民群众的利益免受损害，消委会组织是密切党和人民群众的桥梁，能够反映社情民意，是促进社会安定团结的重要力量。要认真学习十五届五中全会提出的“不断提高城乡居民的物质和文化生活水平，是发展经济的出发点和归宿，也是扩大内需，保证经济持续增长的动力”的论述。要认识到随着社会经济的发展和生产技术水平的不断提高，人民群众的生活水平将不断得到改善，社会购买力将会有更大增强，高档商品将不断进入消费者的家庭，消费结构将会发生变化，消费领域也会愈来愈宽，我们一定要适应形势，不断更新观念，找准拓宽消费者权益保护工作路子，切实做好我们的工作。

其次是加强社会监督，为消费者营造一个良好的消费环境。五中全会提出“进一步开放市场，建立和完善全国统一，公平竞争，规范有序的市场体系”、“整顿和规范市场经济秩序”、“做好加入世界贸易组织的各项准备工作”。随着我国加入 WTO 的日愈临近，各种消费领域存在的问题将显现出来，我们要把握时机，迎接挑战。在这方面，各级消费者组织要有充分的思想准备和具体的工作措施。一是配合有关行政执法部门，特别是工商部门，加大对市场的监督检查，要在纷繁复杂的各种消费纠纷中，抓热点难点问题，不断向政府和有关部门反馈意见，提出政策性的建议。二是受理、调解消费者投诉工作要有新的工作方法，要有创新。这项工作是一项民心工程，做好了就可为政府分忧，为消费者解难。因此，我们在工作中要不断摸索总结规律，区别好普遍性和特殊性问题。三是配合立法部门，将我省贯彻落实《消法》的实施办法尽快出台。

第三，结合“绿色消费年”主题，抓好宣传工作。中国消费者协会已把今年的主题确定为“绿色消费”，这个提法很好，很有创意。中央已提出要全面开发西部地区的战略。结合中央的工作方针，我省提出了要建立绿色经济强省、民族文化大省、旅游大省的规划。“绿色消费年”主题提出是贯彻五中全会精神，落实“十五”计划的需要，是消费维权国际化的需要。开展好“绿色消费”年主题活动对于促进建立我省绿色经济强省的战略计划将会取到积极的作用。这方面一定要结合实际，做好宣传工作，使“绿色消费”做到家喻户晓，深入人心。

第四，克服困难，抓好组织建设。当前，消委会的工作十分繁重，各级政府要关心支持消委会的工作。首先要尽快解决消委会常设机构的编制经费问题，稳定干部队伍，消除后顾之忧。今年地、州、市、县的机构改革即将进行，工商行政管理部门要主动汇报，争取同级政府的支持，尽快解决消委会的编制、经费问题，使各地消费者权益保护工作做到有专门机构，专门力量来抓。二是要配备好干部，提高消委会干部队伍的素质。现在形势发展很快。我们工作开展的如何，很大程度上取决于我们干部队伍素质，一定要调配适合做这项工作、高素质的人员到消委会，并通过开办各类型培训班，提高消委会干部的知识水平和业务能力，使干部队伍素质整体上得到提高，以适应形势及市场变化对我们的要求。

同志们，新世纪已经来临，党中央已为我们描绘出“十五计划”的宏伟蓝图。让我们高举邓小平理论伟大旗帜，紧密团结在以江泽民同志为核心的党中央周围，坚持党的基本路线，认真贯彻党的十五届五中全会和中央经济工作会议的精神，在各级党委、人大、政府领导和各有关部门的支持下，依靠各位理事和各级消委会同志们的共同努力，抓住机遇，锐意进取，在新的世纪里，为开创我省消费者权益保护工作新局面而努力！

新春佳节将至，我向大家并通过你们向全省消委会工作人员及家属拜个早年，祝大家新春愉快，工作顺利，身体健康！

谢谢大家。

在全省市场办管脱钩电视电话会议上的讲话

（2001 年 11 月 28 日）

云南省副省长 程映萱

同志们：

按照党中央、国务院的要求，工商行政管理机关必须限期与所办市场彻底脱钩。为确保这一重大工作部署落到实处，确保我省市场办管脱钩工作能够按期完成，省政府决定召开这次电视电话会议，进行动员和部署。下面，我讲几点意见：

一、统一思想，提高对市场办管脱钩工作重要性、紧迫性的认识

工商行政管理机关与所办市场脱钩，是党中央、国务院作出的一项重大决策。做好这项工作，是完善国家行政执法体制，加强市场执法机构建设的内在要求；是确保工商行政管理机关公正执法、廉洁高效，切实履行维护市场秩序职责的重要保证；也是我国加入 WTO，提高行政执法水平的现实选择。党中央国务院对市场办管脱钩工作极为重视，多次提出明确要求。今年 7 月，朱镕基总理进一步指出，工商行政管理系统与所办市场彻底脱钩，是重大原则问题，绝不能有半点含糊，不能藕断丝连。

最近，国务院办公厅发了国办发［2001］83 号文件，把市场办管脱钩工作作为一项严肃的政治任务，要求在各级政府的统一领导下，积极稳妥地进行。省政府办公厅也将下发我省的贯彻意见。各级政府和各级工商行政管理部门必须严格执行中央和我省对市场办管脱钩作出的各项规定，确保政令畅通，做到令行禁止。

根据国务院对市场办管脱钩工作的总体部署，各省、自治区、直辖市必须于今年 12 月中旬以前，完成市场办管彻底脱钩任务。12 月底，国务院将派出检查验收小组，逐省进行检查验收。完成市场办管脱钩工作时间紧、任务重，各级政府、有关部门要在统一认识的基础上，站在讲政治的高度，增强责任感和大局意识，克服畏难情绪。不讲条件，不打折扣，不拖后腿，坚定信心，确保市场办管脱钩工作任务按时圆满完成。

二、精心组织，周密安排，保证市场办管脱钩工作任务按期完成

国务院办公厅国办发［2001］83 号文件和我省的贯彻意见中，对市场办管脱钩的范围、方式和步骤已经作了具体安排。各级政府、有关部门要全面深入地领会文件精神，不折不扣地执行政策规定。在狠抓落实上下功夫，齐心协力，加快进度，确保工作任务按期完成。在此，我主要强调 3 方面的问题。

（一）要坚持“政府领导、分级负责、稳步推进、按期移交”的原则。几年来，各地按照国务院和省政府的部署，市场办管脱钩工作取得了明显进展，为彻底完成这项工作打下了良好的基础。按照 1999 年省政府办公厅《关于工商行政管理系统市场办管脱钩和移交工作实施方案的通知》（云政发［1999］248 号），绝大多数地方成立了“市场服务中心”，工商行政管理部门与自办、联办的市场基本实现了机构、人员、职责、财物“四分离”。需要指出的是，全省各级、各地的市场服务中心都应当由当地政府领导和管理。少数还没有成立市场服务中心的地方，要立即组织建起来。市场是为各地经济发展服务的一个载体，实施市场办管脱钩必须保证市场繁荣稳定，所以整个市场脱钩工作都要在当地政府的领导下进行。分级负责就是按照属地管理，市场办管脱钩工作分别以地、县为单位进行。县（市、区）工商局自办、联办的市场，其产权、债权债务和人员移交给地（州、市）政府领导和管理的市场服务中心。稳步推进，就是各级要按照"先移交，后清理，再处理”的办法，加快工作进度，在 12 月 15 日前按期办完市场脱钩手续。

（二）明确脱钩的方式和程序。各级工商局自办、联办的市场，以整体“捆绑”移交为主。个别地方、有的市场，经市场所属政府同意，也可以采取拍卖、转让资产、产权置换或改制为公司等形式进行。实施整体移交的市场，按照“人随市场走，债随市场交”的原则，在调查摸清底数的基础上，先由移交方（工商局）和接收方（市场服务中心）签署交接协议，办理市场产权、经营权、债权债务和经营服务人员移交手续。完成市场移交后，于 12 月 15 日前，在上级政府和上级工商局的共同监督下，由市场移交方（工商局）和市场所属地方政府签订市场办管脱钩交接协议，将市场和市场服务中心全面整体移交给当地政府或由政府指定的市场接收部门，实现工商行政管理部门与所办市场彻底脱钩。

此后，由当地政府组织有关部门，对接收的市场及市场服务中心的资产、债务进行清查核实，并责成有关单位办理产权及债权债务变更手续。对市场进行拍卖、转让资产、产权置换、改制为公司等形式脱钩的，要特别注意处理债务、人员安置等问题，严防国有资产流失。

（三）要依据政策，认真界定移交的市场资产、债权债务和人员的范围。市场办管脱钩涉及利益关系的调整，但必须明确，这次办管脱钩是工商行政管理部门与所办市场的脱钩，不是工商局和市场服务中心分家。因此，各级政府、各有关部门要改变模糊认识，严格按照国务院、省政府制定的政策和界定的范围做好交接工作。在移交市场资产的范围上，凡是工商行政管理部门自筹资金和财政拨款建设的各类市场，以及和其它单位、个人联办的市场中，属于工商行政管理部门，用于市场交易的产权份额，按账面价值全部移交。市场内属工商局的办公用房、住房及其它非用于市场交易经营的产权，已作为工商行政管理部门使用的行政性资产要剥离上划，不纳入移交范围。在移交债权债务上，凡是工商行政管理部门在建设市场和市场运行发展中形成的债权债务全部移交。在移交人员上，工商行政管理系统现有人员中，除已按行政、事业编制上划人员以外市场经营服务人员和混岗人员全部移交，应移交人员主要包括垂直上划时市场服务中心的在册人员、近两年政策性安置人员和市场服务中心所需的业务骨干。由于各地的市场发育程度不同，市场经营服务收入多少不一，市场经营服务收入不足的地方，要本着减轻财政负担的原则，把好人员关，防止突击进人。

三、严明纪律，保持稳定，确保市场办管脱钩工作顺利实施

市场办管脱钩工作时间紧、任务重，牵涉面广，涉及人、财、物的调整，情况较为复杂。各级政府、各有关部门要讲政治、讲大局、讲纪律，要本着互谅互让、顾全大局的原则，妥善解决实际工作中可能遇到的问题，不得在细枝末节、具体利益上纠缠、争执，影响整个脱钩工作的进程。各级政府、各有关部门要高度重视并切实做好稳定工作，稳定市场经营服务人员队伍，保证市场繁荣稳定和安全运营。

（一）从严治政，严格纪律。各级政府、各有关部门要把市场办管脱钩工作作为一项严肃的政治任务。认识要到位，态度要坚决，行动要积极，措施要得力，要求要从严。在市场办管脱钩的具体工作过程中，要严格遵守财经纪律，严防化公为私以及侵吞、私分国有资产行为的发生。凡涉及市场资产的处置事项，应严格按照《云南省行政事业单位固定资产管理暂行办法》的有关规定办理。对在移交工作中阳奉阴违、弄虚作假、徇私舞弊的，一经发现，要追究责任，严肃查处。各级要遵守市场移交的工作纪律，实行整体移交的，市场服务中心要认真执行整体接收市场资产、债权债务及转岗人员的规定，不得只接收效益好的市场，不要效益差的市场；不能只接收产权，不接收人员和债务。各级工商行政管理机关要严格执行市场办管脱钩的规定，彻底解决明脱暗不脱、藕断丝连的问题。

（二）要积极采取措施，保持市场经营服务人员队伍稳定，保持市场繁荣稳定。在市场脱钩过程中，全省有345个市场要移交，有近700名市场经营服务人员要转岗。市场办管脱钩期间的稳定工作，不仅关系到脱钩能否顺利进行，而且还会影响社会稳定。各级政府、各有关部门一定要尽职尽责，高度重视，做好稳定工作。要把稳定工作 的地方责任制和领导责任制贯穿到实施市场办管脱钩全过程中。一要做好深入细致的思想工作，大力宣传市场办管脱钩的政策。要讲清市场服务中心人员转岗，既不是分流，也不是下岗，只是工商行政管理部门与地方政府之间的移交。二要保持市场经营服务人员目前的实际收入水平。市场服务中心要立足于自我发展、自我保障，各级政府及其有关部门要积极帮助市场服务中心解决具体困难，解除转岗人员的后顾之忧。三要加强对转岗人员的政纪法纪教育，引导他们自觉服从改革，服从组织安排。市场服务中心要尽快建立健全各项规章制度，特别是人员管理方面的纪律，避免出现制度“真空”，用制度严格教育和管理队伍。四要对可能出现的问题进行排查，预测可能出现的情况，未雨绸缪。各级政府要结合本地实际，认真制定和落实维护稳定的各项措施，绝不能将矛盾上交。五要保持工作连续性，确保市场稳定。在办管脱钩过程中，各级工商行政管理部门与市场服务中心要搞好衔接，各司其职，各负其责，团结协作，共同维护市场繁荣稳定。今后几个月，市场将进入销售旺季，元旦、春节市场十分重要，绝不能因为办管脱钩，使市场出现混乱局面或发生安全事故。

四、加强领导，明确责任，做好市场办管脱钩工作的检查落实

贯彻落实党中央、国务院的决策，做好市场办管脱钩工作，各级政府要加强领导，把市场办管脱钩工作摆到重要议事日程，切实负起责任。一是要在组织移交上切实负起责任，及时协调解决有关问题，保证按时完成交接。二是要在稳定工作上切实负起责任。使市场服务中心尽快走上自主经营、自我发展的轨道。各级工商、财政、人事、劳动、土地、国有资产管理、金融等部门要密切配合，搞好协作，为市场办管脱钩创造一个宽松的环境。各级工商局的“一把手”要总负责，组织精干力量，对脱钩市场的产权、债权、债务、人员进行认真清理，做到手续合法、凭证齐备，并积极主动向当地政府报方案、提建议，当好政府的参谋和助手；各级财政部门要在市场的国有资产管理、处置方面切实负起责任；各级人事、劳动部门要实事求是地对市场服务中心人员的身份、编制、待遇等问题妥善解决；各金融单位要充分认识到实行市场办管脱钩、政企分开，是党中央、国务院作出的一项重大决策。现在市场开办主体发生了变化，市场债务主体也只有随之而改变。对工商行政管理部门办理市场债务的借贷主体变更手续，要给予积极支持。改革开放初期，办市场是社会公益事业。现在实行市场办管脱钩也是一项改革，改革必然有一定的成本。即便脱钩中少数市场会给金融部门形成一些不良借贷，我们也只有服从大局。说明白一点，市场服务中心是政府领导和管理的经营单位，按政企分开、政事分离的改革精神，政府及其职能机构工商行政管理部门不可能为市场服务中心这个独立法人组织充当债务主体。这一点，我们金融单位应当理解得到。

由于市场办管脱钩工作政策性强、涉及面广、难度较大，为加强对这项工作的领导，省政府已成立了由分管副省长负责的市场办管脱钩工作领导小组，省工商局、财政厅、人事厅、劳动和社会保障厅、省国土资源厅和有关金融部门作为成员单位。办事机构设在省工商局，具体负责此项工作的组织实施。各级政府也要尽快成立相应的机构，落实责任，为市场办管脱钩提供领导组织保证。各级要加强对市场办管脱钩工作的督促检查。省政府市场办管脱钩领导小组将于12月中旬派出检查组，对各地工作进行跟踪检查和验收，确保我省市场办管脱钩工作任务全面按期完成。

同志们，完成工商行政管理部门与所办市场彻底脱钩，是党中央、国务院决策的一项十分紧迫的改革任务，又是贯彻落实十五届六中全会关于“坚决执行党政机关与所办经营实体脱钩的规定”的一项政治任务，也是贯彻落实省委六届十五次全会精神的一个具体行动。各级政府、各有关部门要坚决贯彻国务院和省政府的部署，坚定信心振奋精神，改进工作作风，狠抓落实，以市场办管脱钩工作促进市场执法部门作风建设，以党风、政风带动民风，推进我省改革开放和现代化建设事业再上一个新台阶。

在全省工商行政管理工作会议上的讲话

(2002 年 1 月 17 日)

云南省副省长　程映萱

同志们:

今天召开的全省工商行政管理工作会议是一次重要的会议。会议的主要任务是:高举邓小平理论伟大旗帜,学习实践江泽民同志"三个代表"重要思想,认真贯彻落实十五届六中全会、中央经济工作会议、省第七次党代会和全国工商行政管理工作会议精神和朱镕基总理关于工商行政管理工作的重要批示,总结去年的工作,部署今年的任务。会前,工商局向省政府作了汇报,我认为,去年的工作总结实事求是,今年的工作安排符合省委、省政府的要求,我完全赞同,同志们要认真贯彻。下面,我讲几点意见。

一、把握我省经济发展形势,明确2002 年我省经济工作的主要任务

2001 年,全省经济呈平稳发展态势,运行基本正常。国内生产总值增长6.5%,首次登上 2000 亿元台阶,达到2060 亿元。农业生产在结构调整中稳步发展,粮食连续 9 年获得丰收,总产量达到 297.3 亿斤,增长 1.3%。工业生产保持一定增幅,增幅虽有所回落,但总体经济效益继续好转。1~11 月,全省工业累计完成增加值 622.2 亿元,增长3.4%,规模以上工业总产值增长5.2%,实现利税 73.4 亿元,增长11.1%。旅游业继续保持快速发展势头,全年接待国内外游客 4700 多万人次,旅游收入 262 亿元,分别增长 22%和 23.9%。对内,对外开放进一步扩大。全年进出口贸易总额增长 7%,签订经济社会合作项目 1000 多个,引进国内外资金 40 多亿元。固定资产投资规模继续扩大,重点建设项目进展顺利。全年全社会固定资产投资完成 740 亿元,创历史最高水平,增长 6%,其中用于技术改造的投资增长 25%,争取西部开发资金 53.8 亿元。社会消费保持较快增长,市场物价继续低位运行。全年全社会消费品零售总额实现 620 亿元,增长 11.5%,居民消费价格总体水平下降 0.9%。财政金融运行平稳,人民生活水平继续提高。全省地方财政一般预算收入增长 5%,支出增长 7%。银行存贷款分别增加 280 亿元和 180 亿元。农民和城镇居民人均可支配收入分别增长4% 和 7%。居民储蓄比年初增加12.5%左右。从总体上讲,去年,我省经济运行情况还是比较好的,基本实现了年初的预期目标。

取得这些成绩,是党中央、国务院和省委、省政府正确领导的结果,是全省各族人民智慧和劳动的结晶。全省工商行政管理干部职工也为之付出了艰苦的努力和辛勤的劳动,并做出了积极的贡献。在此,我代表省政府,向奋斗在工商行政管理战线上的全体干部职工和离退休老同志,表示衷心感谢!

在看到成绩的同时,我们也应该清醒地看到,我省当前的经济形势是比较严峻的,经济增长速度持续走低,四年来一直居全国第 29~30 位,去年没有达到7% 的预期目标,几个主要经济指标已连续几年排在全国后位,与全国经济发展水平的差距正在拉大。经济运行中还存在一些突出问题,经济发展还面临较大困难。主要是:1. 产业结构矛盾突出,经济体制的深层次问题没有解决,社会需求扩大不快,导致经济增长缺乏后劲。去年,全国国内需求持续回升,而我省投资、消费、净出口三大需求回升乏力,全社会固定资产投资连续三年未完成计划。支柱产业单一,新的支柱产业尚未培植起来,占工业总产值比重 33% 的烟草工业发展仍然困难。农业结构调整仍然存在盲目性和趋同性,农民增收缓慢,城乡居民收入差距继续扩大。所有制结构调整成效不明显,非公有制经济发展滞后,经济发展仍主要依靠国有经济带动。2. 财政形势严峻。财政收入由前几年的高速增长转为近几年的低速增长,与全国形成明显反差。刚性支出增加,国债项目配套资金严重短缺,财政支出中"吃饭"与"建设"的矛盾十分突出。3. 国际经济环境压力较大。占世界经济总量 70% 的美国、欧盟和日本三大经济主体同时陷入低潮,世界经济的负面影响可能比亚洲金融危机还要严重。加入世贸组织后,我们有了新的机遇,但是,由于我省经济综合实力不强,企业竞争力差,入世初期,一些企业和产业将面临考验。

未来 5 至 10 年,是云南发展的关键时期。我们虽然面临着困难,但我们也有许多有利的因素。我省已具备了一定的发展条件,各种资源十分丰富,区位优势较为明显,又面临我国实施西部大开发战略,加入世贸组织的极好机遇,全省上下人心思进、人心思变、人心思上、人心思富,对加快发展充满了信心。省第七次党代会已经勾画出我省经济社会的发展宏图:到 2010 年,全省国内生产总值比2000年再翻一番，人民生活步入小康。只要我们坚定信心，加快改革步伐，处理好经济运行中出现的问题，就能扭转经济增长速度连续走低的不利局面，实现全省经济持续、健康、快速发展。

2002年全省经济工作的总体要求：以邓小平理论和江泽民同志“三个代表”重要思想为指导，全面贯彻党的十五大、十五届三中全会，中央经济工作会议精神，认真落实省第七次党代会部署，紧紧抓住西部大开发和我国加入世贸组织的机遇，扎扎实实打基础，突出重点抓生态，调整结构创特色，依靠科技增效益，改革开放促发展，确实转变政府职能和作风，抓落实，办实事，求实效，加快云南经济持续快速健康发展和社会全面进步，以优异的成绩迎接党的“十六大”召开。2002年全省经济发展宏观调控主要预期目标：国内生产总值增长7%左右，全社会固定资产投资增长10%左右，社会消费品零售总额增长10%，外贸进出口贸易总额增长7%，城镇居民和农民人均可支配收入实际分别增长5%和4%，居民消费价格总水平控制在上涨1%左右。

2002年全省经济工作的主要任务：1. 继续加强农业基础建设，调整农业结构，千方百计增加农民收入；2. 想方设法增加投资，进一步扩大消费需求；3. 加大结构调整力度，推进特色经济发展，建设五大支柱产业，培育新的经济增长点；4. 深化国企改革，完善财税、金融体系；5. 进一步整顿和规范市场经济秩序，改善投资环境；6. 抓住入世机遇，扩大对外开放；7. 发展科技教育，提高竞争能力；8. 确实搞好生态建设和环境保护，推进可持续发展；9. 抓好扶贫济困工作，不断提高人民生活水平。

二、全省工商行政管理工作取得明显成效

实行省以下垂直管理以来，省委、省政府一直十分重视工商行政管理新体制的建设工作，大家也非常关心。全省工商行政管理机关做了大量工作，体制上划时，队伍建设、财务管理、基本建设等，各地是五花八门，经过两年多的磨合，找到了一套管好全系统人、财、物的有效办法。现在，新体制运行已经步入了正轨，全系统观念有了转变，工作有了创新，自身发展有了新思路；队伍素质有所提高，责任感、使命感明显增强；“四大建设”（体制建设、队伍建设、基础建设、社会主义精神文明建设）取得了实效；监管执法水平不断提高，业务工作上了一个新台阶，基本达到了直管的目的，省委、省政府比较满意。

2001年，全省各级工商行政管理机关努力实践“三个代表”重要思想，坚决执行党中央、国务院的方针政策，认真落实国家工商总局和省委、省政府的部署，紧紧围绕经济建设这一中心任务，充分发挥新体制的优势，以整顿和规范市场经济秩序为重点，开拓进取，扎实工作，各项工作都取得较大成绩，为我省经济发展作出了贡献。今天，我只讲其中三项：

（一）整顿和规范市场经济秩序工作初见成效。去年，全省各级工商行政管理机关按照国务院、省政府的部署，把整顿和规范市场经济秩序作为全系统全年的中心工作，统一思想，提高认识，加大投入，全力以赴，工作开展得扎实有效。在规范市场主体、打击假冒伪劣、整治虚假广告、查处商标侵权、惩处非法传销、打破地区封锁和行业垄断、制止不正当竞争、强化粮食等重要商品市场监管，以及配合有关部门开展“扫黄”、“打非”斗争等方面，做了大量工作。在组织领导、资金投入、方案措施、方式方法、宣传报道等方面有许多新举措。全系统共查处经济违法违章案件4万多件。捣毁了一批制售假冒伪劣商品的窝点，查处了一批大案要案，惩治了一批违法犯罪分子，市场经济秩序混乱的势头初步得到遏制。

（二）“市场办管脱钩”顺利完成。“市场办管脱钩”这项工作，前两年都在做，但都没有处理好，原因是多方面的。去年12月，各级政府和工商行政管理部门按照国务院的部署，采取果断措施，在很短的时间内，全系统345个市场全部移交，顺利实现了“市场办管脱钩”。这是同志们顾大局、识大体，坚决执行党中央、国务院决策的结果。20多年来，你们为建设这些市场，培育这些市场流了许多汗水，付出了许多心血。现在，职能职责发生了变化，党和国家赋予了工商行政管理部门更大的使命。肩上的重任要求你们要与所办市场彻底脱钩，不能既当“运动员”，又当“裁判员”。党中央、国务院这一决策是英明的，和所办市场脱钩后，你们就能轻装上阵，全力以赴地管好社会主义大市场。这次，你们表现出了顾大局、识大体的精神风貌，雷厉风行的工作作风，强有力的领导组织，充分说明，你们是一支胜任市场监管和行政执法使命的队伍，是一支能够完成党和人民交办重大任务的队伍。

（三）工作方法有所创新。直管以来，全省工商行政管理机关勇于进取，不断开拓创新。去年，又有了新举措，就是何远灿同志总结的12个字：走出去、请进来、走上来、沉下去。这个思路很好，值得提倡。走出去，到上海挂职锻炼，有利于我们的干部去开阔眼界，向经济发达地区学习先进的管理方法；请进来，把上海的同志请到云南来，让他们多了解云南，多认识云南，帮助我们改进工作，有利于加强滇沪合作，扩大云南对内对外开放；走上来，基层干部到省城跟班见习，他们可以站在省系统的高度，拓宽视野，开拓思维；沉下去，机关的领导干部经常下基层，搞调研，搞督促指导，既加强了基层工作，又利于机关决策，还能促进干部转变工作作风。去年，全系统组织了两次全省性的调研督查行动，省工商局机关处级以上的同志都到了基层，对全系统深入学习“三个代表”重要思想、纪检监察工作、整顿和规范市场经济秩序、市场管办脱钩、系统经费保障和基本建设提出了很好的意见和办法，到年终，这几项工作都做得不错。“沉下去”是系统直管后一种很好的工作方法。这么大的一个系统，这么多人，领导干部不下基层，不了解基层情况，怎么能管好呢？

三、认真贯彻落实省第七次党代会精神，全面完成今年的工商行政管理工作任务

省第七次党代会提出：到2010年，全省国内生产总值比2000年再翻一番，人民生活步入小康，建立起比较完善的社会主义市场经济体制，为本世纪中叶我省基本实现社会主义现代化奠定基础。要实现这一目标,需要各行业、各部门共同努力;需要有良好的市场经济秩序。工商行政管理部门的任务就是全面履行职能职责,规范市场经济秩序,促进我省经济发展。这是工商行政管理部门所有工作的出发点和落脚点。

关于今年的工作,国家工商总局在全国工商行政管理工作会议上作了部署,何远灿同志还要结合贯彻省第七次党代会精神和我省实际情况,做具体安排。我强调几点。

(一)紧紧围绕经济建设中心任务,继续大力整顿和规范市场经济秩序。

良好的市场经济秩序是经济持续、健康、快速发展的基本保障。经过一年的整顿和规范,我省市场经济秩序有所好转,但问题仍然严重。各级工商行政管理机关要有长期作战的思想准备,不要厌战,不要松懈,继续下大力气抓紧抓好。今年,要在去年取得阶段性成果的基础上,突出重点,标本兼治。

整顿和规范市场经济秩序要抓住突出问题,重点治理。一是进一步打击制售假冒伪劣商品的违法犯罪活动,特别是食品、饮料、酒、药品、医疗器械等商品的制假售假行为,直接危害人民生命健康,群众深恶痛绝,非狠狠打击不可。二是严防传销活动在我省重新抬头,危害人民,危害社会。一经发现,必须坚决打击,毫不留情,涉案主要人员要及时移交司法机关处理。要把传销消灭在萌芽状态。三是继续规范旅游市场秩序,查处导游"回扣"和"宰客"行为,制止不正当竞争,保护我省的拳头产业。四是继续查处垄断性行业限制竞争和公用企业滥用支配地位、强买强卖等违法行为。五是做好安全生产工作,加强对危险化学品、易燃易爆品的生产、运输、仓储、销售和使用等各个环节的监管,对容易发生重大安全生产事故的行业和企业要严加整顿,避免重大安全事故发生。

整顿和规范市场经济秩序要坚持标本兼治,重在治本的方针。一要严把市场准入关,从源头上治理。取缔"三无"企业,打击无照经营。对各类市场主体的资质要严格审查。建立健全市场准入和退出机制。积极配合有关部门对产品无市场、污染严重、浪费资源、技术落后、质量低劣、有严重安全隐患的企业进行清理关闭。二要立法建规,严格执法。针对突出问题,抓紧制定、完善法规规章。明确执法责任和责任追究制。违法必究,执法必严。执行移交司法处理的规定,做好行政处罚和刑事追究的衔接工作,要让犯罪分子受到最严厉的处罚。三要重视企业信用体系建设,抓紧建立企业信用公示制,督促所有市场主体诚实守信。有不良行为的企业要向社会公示,让他们名誉扫地,寸步难行。四要鼓励推广和规范连锁经营、物流配送等现代营销方式,使假冒伪劣商品难以进入市场。

(二)以"三个代表"重要思想为指导,努力提高队伍素质。

工商行政管理部门能否担当起新时期市场监管执法的繁重任务,关键在于干部队伍素质。经过多年努力,我们这支队伍的素质有了很大提高,整体上是好的,但还存在不少问题。整个系统学历层次偏低,知识结构不够全面,缺乏掌握计算机、外语、金融、证券、法律、国际贸易等方面知识的专业人才和复合型人才。部分同志知识更新慢,对新的监管领域的新知识知道不多,难以掌握新的监管方式和手段,特别是基层的同志接受培训、学习和再教育的机会不多,业务素质提高不快。有的地方、有的部位行业不正之风仍然存在,个别人甚至执法犯法。这些问题,影响了工商行政管理机关的执法权威,损害了工商行政管理队伍的整体形象,各级工商管理机关要高度重视。

队伍建设、队伍形象的问题,必须年年讲,年年抓。一要加强思想政治教育。要用江泽民同志"三个代表"重要思想来要求广大党员干部,牢固树立正确的世界观、人生观和价值观,树立全心全意为人民服务的思想,自觉把思想和行动统一到党的路线方针和重大决策上来。二要加强党风廉政建设和作风建设。反腐纠风要从源头抓起,从完善体制和制度入手。要建立健全纪检监察机构,加大案件查处力度。要加强反腐倡廉教育,增强廉政意识,自觉廉洁自律。要按照"八个坚持八个反对",改进思想作风、工作作风、领导作风和生活作风,树立清正廉洁的执法形象。三要加强班子建设。通过地县工商局机构改革,提拔一批政治素质高、业务素质强、作风素质好的干部充实地县工商局领导班子,不断提高领导班子的整体素质。只有高素质的班子才能带出高素质的队伍。四要注意提高全系统的学历层次。要鼓励在职人员提高学历,保证他们相应的学习时间。要把住进人关,严格按照国家公务员录用程序录用人,决不能先进人,再想办法解决。要多进一些专业人才。五要加强法规和业务培训。当前最紧迫的是抓紧计算机知识培训和世贸组织规则相关知识培训。全系统要有一个规划。培训要面向基层,多给基层的同志一些学习的机会。

(三)应对入世,加快信息化建设,创新监管方法。

加入世贸组织,我国参与经济全球化的进程必将加快,国内市场加快向市场主体多元化、经营方式多样化、复杂化的方向发展,政府管理经济的方式也必将发生深刻的变化,一是从微观管理转为宏观调控;二是从主要依靠行政手段管理转到依法管理上来。传统的监管方式已经无法适应现代市场监管的需要,也不符合政府转变职能的要求,工商行政管理部门必须按照国际惯例和市场经济规律的客观要求,应用现代信息技术,对传统管理手段和方法进行改造,创新监管方法,才能跟上经济和形势发展的要求,跟上时代步伐。

这几年,海关的"金关"、税务的"金税"、银行的"金卡"网络都建设起来了,运行效果都不错。他们有他们的优势,工商行政管理机关主管市场主体登记,掌管着企业的"经济户口",要充分利用这一优势,建立全省工商行政管理网络,把企业登记管理和对企业经营活动的监管用网络统一起来,开展网上查询、网上登记、网上审批、网上年检等业务,推行"经济户口"管理模式,施行企业信用公示制度,加强对现代物流、电子商务的管理等等。实现工商行政管理部门的信息化工作还处于起步阶段,但省政府非常重视这项工作。你们不要等、不要靠,要自己想办法筹集资金,加快建设,先行一步。省工商局已经成立了专门的领导机构，并制定了加快信息化建设的意见，这很好，关键是要抓落实。

搞信息化建设，要有一个科学合理的总体规划。全系统要统一领导、统一标准、统一建设，不要各行其是。各地的网络建设要分步实施，不要一哄而上，要建设一处，成功一处，发挥一处的效益。技术开发引进、设备采购，要多请这方面的专家提意见，多作些调研，既要考虑技术先进，又要考虑经济能力，不要一味贪大求洋。信息化建设一靠资金，二靠人才。资金要想办法落实。要发挥新体制的优点，从全省统筹经费中拿出一部分作为系统信息化建设资金。要调动地县工商局的积极性，实行省地县三级共同出资，分级负责建设。省工商局要积极向国家工商总局争取专项经费，地县工商局要积极向当地政府和有关部门寻求支持。人才要加快引进和培养。既要引进高水平、高素质的信息技术人才，也要培养、造就既懂工商业务，又懂技术的复合型人才。要站在把工商行政管理工作提高到新水平的战略高度来处理好技术人才问题。要抓紧计算机技能培训，领导干部要带头学，要带头运用计算机处理公务。同志们，今年是我国加入世贸组织的第一年，我们将迎来党的"十六大"召开，做好今年的工作意义重大。我们要紧密团结在以江泽民同志为核心的党中央周围，高举邓小平理论伟大旗帜，按照"三个代表"重要思想的要求，开拓创新，与时俱进，扎实工作，全面完成各项任务，以优异的成绩迎接党的十六大召开。

解放思想　开拓创新　狠抓落实

实现新世纪工商行政管理工作的良好开局

（2001年2月5日）

云南省工商行政管理局党组书记、局长　何远灿

同志们：

经云南省人民政府批准召开的全省工商行政管理工作会议，是本系统新世纪第一年的第一次重要会议。这次会议的主要任务是以邓小平理论和江泽民总书记“三个代表”的重要思想为指导，认真学习贯彻党的十五届五中全会、中央经济工作会议和省委六届十、十一、十二次全会、全国工商行政管理工作会议精神，总结去年的工作，安排部署今年的工作。刚才，程映萱副省长作了重要讲话，我们要认真学习传达并在实际工作中贯彻落实好。吴仪国务委员在全国工商行政管理工作会议上的重要讲话和王众孚局长的工作报告，已印发给大家，请同志们认真学习领会，回去后认真传达贯彻落实。下面，我代表省工商局党组就去年工作总结和今年的工作安排报告如下。

2000年工作回顾

2000年是世纪交替的一年，也是全省工商行政管理系统垂直管理新体制全面运行的一年。一年来，在省委、省政府和国家工商局的正确领导下，我们以邓小平理论为指导，深入贯彻党的十五届四中全会精神和上级的指示部署，认真学习和实践江泽民总书记“三个代表”的重要思想，经过全系统干部职工的共同努力，各方面工作都取得了新成效，为20世纪工商行政管理工作和自身建设划了一个句号，也为二十一世纪开好局、起好步，奠定了基础。概括起来说，去年的工作就是三句话：树立了指导思想，推进了职能到位，加强了自身建设。

一、树立了指导思想

思想是行动的先导，科学的指导思想指引着前进的方向。去年一年工作的突出成效就在于通过学习讨论，全系统树立了“三个代表”的指导思想。“三个代表”重要思想是全部工商行政管理工作的纲，纲举才能目张。

中国共产党始终代表中国先进生产力的发展要求、始终代表中国先进文化的前进方向、始终代表中国最广大人民的根本利益的重要思想，是以江泽民同志为核心的党中央深刻总结历史经验，清醒认识国内外形势发展的新趋势作出的科学结论，是对我们党的性质、宗旨、根本任务的新概括，是对马克思主义建党学说的新发展，是我们党的立党之本、执政之基、力量之源，是在新的历史条件下全面加强党的建设的伟大纲领。努力学习和实践江泽民同志关于“三个代表”的要求，贯彻从严治党的方针，全面推进党的思想、组织、作风建设，提高行政执法水平和市场监管能力，充分发挥好党和政府联系人民群众的桥梁纽带作用，是我们全系统各级党组织和广大党员长期的重大任务。

去年以来，全省工商行政管理系统认真开展了学习和实践“三个代表”的活动。省局领导班子、机关各处级单位和各地州市局都开展了学习讨论，注重找准“三个代表”重要思想和工商行政管理实际工作 的结合点，在理论联系实际上下功夫。从根本上说，工商行政管理的各项工作，都是为了支持和促进先进社会生产力的发展，都是为了保护和弘扬反映社会生产力发展要求的先进文化，都是为了维护和保障最广大人民群众的根本利益。因此，工商行政管理工作，就是实践“三个代表”的工作。

“三个代表”的重要思想，指引着我们前进的方向，是我们各项工作的出发点和目标，也是我们言行的准则。我们去年的工作之所以能取得成效，最重要的就在于学习和树立了“三个代表”的指导思想，用“三个代表”来指导规范我们的工作实践。这是去年工作取得成绩的根本原因，也是今年做好工作的根本经验。

二、推进了职能到位

在“三个代表”重要思想的指导下，依据法律法规，以“两整顿“为重点，通过全系统的共同努力，全省工商行政管理执法监管工作取得了新成效。

（一）以新体制的全面运行为契机，以服务改革发展为己任，为支持国有企业的改革和发展作出了积极的努力。

1. 积极发挥企业登记管理职能，依法确认企业的主体资格。为确保国有企业建立现代企业制度等各项改革的顺利实施，准确、及时地完成了商业、轻工、石化等厅局以及省属科研院所、电信和高校后勤等部门改制后的登记工作。积极

配合有关部门做好对产品无市场、长期亏损、扭亏无望和资源枯竭企业的关停并转工作,清理整顿浪费资源、技术落后、质量低劣、污染严重的"五小"企业,全省共注销了此类企业55户,吊销22户,变更3户。严格遵守企业登记程序,完成了新办企业和国有企业改制后的登记工作。截至2000年底,全省共有各类企业130462户,其中国有企业37521户;集体企业67516户;联营企业657户;股份合作企业3778户;公司14646户。

2. 积极支持非公有制经济的发展,加强监管,促进我省所有制结构调整。结合《个人独资企业法》的颁布实施,发展个人独资企业569户。积极支持私营企业兼并、购买国有中小企业和集体企业转制为私营企业。鼓励、引导国有企业下岗职工从事个体经营或到私营企业工作,实现再就业。去年全省个体私营经济共安置国有企业下岗职工14131人。截至去年底,全省共有个体工商户62.6万户,从业人员9.6万人;私营企业20079户,从业人员34.7万人,注册资金171.7亿元。

3. 积极做好外商投资企业的登记工作,提高我省利用外资的质量和水平。抓住我国即将加入WTO的机遇,利用我省成功举办世博会的契机,进一步扩大开放,加大招商引资力度。截至2000年底,全省共登记外商投资企业1631户,比上年底增加2.2%,投资总额累计达47.6亿美元,注册资金累计达30.6亿美元。

4. 积极引导企业运用商标广告策略增强市场竞争力,开拓市场。昆明卷烟厂的"云烟"商标被国家工商局认定为中国驰名商标,至此我省已有两件中国驰名商标。去年,全省的商标注册申请数为1458件,广告经营单位发展到1490户,从业人员11190人,营业额达7.4亿元,仍以年均一个亿的速度增长。

(二)以"两整顿"为契机,加大执法力度,为改革开放和经济发展创造良好的市场环境。

1. 加大打假治劣的力度,维护良好的市场秩序。去年全省共查处制假售假窝点389个;查获假冒伪劣物资价值1225万元。查处商标违法案件474件,收缴和销毁假冒商标标识90多万件(套),罚款40多万元,责令赔偿经济损失19万元;立案查处广告违法案件105件,收缴非法印刷品广告60余万份。

2. 深入贯彻《消费者权益保护法》,切实保护消费者合法权益。在惩治制假售假违法行为的同时,全省各级工商行政管理机关和消费者权益保护组织广泛开展了以"明明白白消费"为主题的消费者权益保护系列活动,以丰富多彩的方式深入宣传《消费者权益保护法》。各地工商行政管理机关陆续开通工商12315"投诉举报电话,健全消费者投诉举报网络,加大案件查处力度。全省共查处侵害消费者合法权益案件19698件,解决率达99.3%,为消费者挽回经济损失540万元。支持消费者向法院起诉223起。

3. 加强市场整治,对各类违法违章生产经营活动进行了全面的清理和取缔。全省在药品市场整治工作中出动车辆近千台(次),人员18000余人,检查国有、集体药店900多户,个体药店16810户,取缔无证照经营680户;取缔无证行医诊所1390户;没收非法进口和假冒伪劣药品、医疗器械价值229.9万元。集中对昆明市春苑小区非法药品市场进行了突击检查,一次取缔了18家有一定规模的非法药品经营户,查扣药品80多种,300余件。清理整顿涉及人民群众生命财产安全的生产经营活动。江西萍乡烟花爆炸事件发生后,各级工商行政管理机关与有关部门一道,对辖区内市场消防安全、个体私营采矿、易燃易爆物品的生产销售等重点部位进行大清查。全系统共出动1.8万余人次、5000余车(次),检查各类市场7000余个,经营户18万户(次),清理取缔存在危害人民群众生命财产安全隐患的违章违法生产经营户4166户。为进一步规范文化娱乐服务业的经营行为,对电子游戏、舞厅、卡拉OK厅、桑拿按摩洗浴、美容美发、酒吧、网吧、茶室、录像放映等经营户进行了检查、清理和登记。全省共出动2.7万人(次),检查4.5万户(次),取缔无照经营449户,停业160户,限期整改802户。

4. 严厉打击传销和变相传销行为,遏制了传销和变相传销蔓延势头。省局发出了《关于严厉打击任何形式的传销行为的紧急通知》,各地狠抓猛打,全省查处传销及变相传销案件56起。有效地遏制了传销和变相传销在我省回潮,维护了社会稳定。

5. 坚持从严治政,大力整顿队伍作风。全省各级工商行政管理机关按照国家局的部署,采取"整顿、纠正、建设"并举的工作方针,坚持廉洁执法,反对以权谋私,纠正廉政意识淡薄、违反财经纪律等不廉洁执法行为;坚持公正执法,反对徇私枉法、滥用职权等不公正执法行为;坚持文明执法,反对野蛮粗暴执法等严重影响工商部门形象的不文明执法行为。集中开展了整顿队伍作风的专项行动,公开处理了一批违法违纪人员,惩治了执法腐败,强化了廉政建设。各地共查处不廉洁执法行为15件、涉及15人,查处不公正执法行为3件、涉及6人,查处不文明执法行为8人。

(三)以强化粮食市场监管为重点,加强了对各类市场监管。

1. 以反仿冒、反误导为重点,加大了反不正当竞争执法力度。一是对仿冒知名商品特有的名称、包装、装潢、企业名称的行为以及虚假表示、虚假广告等误导、诋毁行为,进行了专项整治。二是以省人大颁布实施《云南省反不正当竞争条例》为契机,开展了反行政壁垒、行政垄断,维护公平竞争秩序的执法行动。全省共查处不正当竞争案件368件,立案199件,其中强制交易8件,不正当有奖销售8件,假冒、仿冒、误导246件。三是加强了重要合同的监管工作,打击合同欺诈违法行为。全省共鉴证各类合同18.3万份,涉及金额82.6亿元;检查6761个企业的合同履行情况,检查合同84.8万份,其中不合格合同有2.1万份,涉及金额1000万元;查处欺诈等违法合同案件8件,涉及金额595万元。

2. 坚持"管住收购,管好批发,规范加工,放开零售"方针,结合我省实际,加强对粮食市场的监管。全省粮食经营企业普遍建立了台账登记制,如实登记粮食的来源、去向、品种、数量、价格等内容,粮食加工和销售逐步纳入了规范化管理。为有效地加强对粮食收购、加工、运销等环节进行监管，全省共出动检查人员6960人（次），检查市场2011个，检查粮食企业7382户（次）（含个体工商户），取缔无证经营企业71户，查处非法收购、运销粮食案件81件，有效地维护了我省粮食市场的正常经营秩序。

3. 切实履行职能，认真完成市场综合整治的各项任务。加强与有关部门的协作配合，以取缔私货市场、打击私货交易为重点，对私货市场进行了专项整治，全年共查处走私贩私案件132件，立案107件，案值885万元。开展了“扫黄”、“打非”专项行动，对出版物市场进行了清理整治，全省共查获非法出版物3500册，收缴盗版光盘4万余片。加强了对商品交易市场的日常监管，全省共查处商品交易市场一般违章违法行为3.3万余起，罚没金额221万元，有效地维护了市场交易秩序。

4. 进一步加强法制工作，促进了全省工商行政管理系统依法行政。强化了工商法律法规培训。“九五”期间，全系统共举办150余次法律知识培训，培训干部职工3万余人次。“三五”普法期间，全省工商行政管理系统共举办了2000余期普法教育培训，市场经营人员参与培训人数达10万余人。积极参与地方立法。继续抓紧了对《云南省保护消费者权益条例（修正草案）》的修改、论证工作，基本完成了对《云南省无照经营处罚条例》的草拟、修改工作，参加了近百件涉及工商行政管理的地方性法规的论证和修改工作，从立法源头上防止行政权的交叉、重复和冲突，保证工商行政管理职权的完整性和有效性。加强执法监督工作，强化了案件核审、复议应诉、组织听证等工作。全省核审各类违法违章案件5887起，共受理当事人不服具体行政行为而申请复议92起，对102起案件实行了听证。

三、加强了自身建设

在“三个代表”重要思想的指导下，推进内强素质、外树形象工作，全省工商行政管理自身建设取得了新成效。

（一）进一步完善了发展思路。

经过一年半的新体制运行实践，省局党组较为完整地制定和提出了全省工商行政管理工作的发展思路，即抓好四大建设，推进职能到位。四大建设就是体制建设、队伍建设、基础建设和社会主义精神文明建设，职能到位就是国家法律法规赋予的执法监管行政职能必须倒位，二者有机结合，相辅相成，目的是服从和服务于党和政府的工作大局，推进改革、扩大开放、促进发展、保持稳定。四大建设和职能到位不可能一蹴而就，而是一个长期奋斗、实践“三个代表”重要思想的过程，我们必须持之以恒地为之而付出辛勤的努力。

（二）深入开展“三讲”教育，搞好机构改革，加强班子建设。

按照中央、省委的部署和要求，深入开展了省工商局领导班子和领导干部“三讲”教育回头看活动，组织开展了地州市工商局领导班子和领导干部“三讲”教育及“回头看”活动。通过“三讲”教育，各级领导班子和领导干部普遍受到一次深刻的马克思主义理论教育，思想上有明显提高，政治上有明显增强。特别是通过认真学习江泽民总书记“三个代表”的重要思想，进一步增强了为人民服务的宗旨意识，提高了依法行政的责任感和使命感。经过“三讲”教育，对十个地州市局领导班子的成员作了组织上的调整和充实，健全和加强了班子建设。省局机关顺利完成了机构改革，公务员编制精简了47.5%，领导干部轮岗面达60%以上，新提拔处级职务26人。九个地州市局健全了纪检监察机构。

（三）行风建设持续进展，治乱减负工作扎实有效。

狠抓行风评议的跟踪督察，继续推进行风建设。根据在1999年全省工商行政管理系统行风评议会上省政府评议组提出的工商系统在行风建设方面整改提出的三点要求，结合自查自纠中发现的问题，认真抓了行风评议的跟踪监督。检查结果表明，全系统行风建设整改抓得有力，行风建设取得了新的进展，受到了检查组的好评。

认真开展治乱减负自查自纠工作，切实减轻企业和个体工商户负担。根据国务院减轻企业负担部际联席会议《关于开展全国治乱减负人检查的通知》（国减办［2000］8号）和省人大对工商行政管理工作的视察要求，各级工商行政管理机关自上而下地开展了治乱减负自查自纠工作。针对少数县（市、区）不同程度地存在收取年检贴花费、动产抵押贷款登记费、年检标识费、年检材料费和打印费，以及在工商年检时强行收取个体工商户和私营企业协会会费，极个别地方还存在上路设卡收费等问题，各地本着有则改之、立整立改的态度，进行了严肃认真的整改，停止了各种违规收费行为，切实减轻了企业和个体工商户负担。

（四）制度建设取得新进展。

巩固和坚持行之有效的制度，建立健全新的执法工作制度，是“三讲”教育和新体制运行的需要，是对监管执法和政务公开的规范。一年多来，省局党组十分重视制度建设和落实，各地州市局、县级局和工商所都在制度建设上取得了新成效。基本上做到了用制度管人、管财、管基建，用制度管事。主要表现在：制定和完善了各级党组和领导班子的议事制度，重大问题坚持了集体讨论制度，不搞一言堂；初步建立起了工商行政管理系统内干部人事管理制度，明确了省、地两级工商局党组在干部管理工作中的职责并作出了具体规定；制定和实施了党风廉政建设责任制，初步形成了新体制下加强廉政建设，严肃惩治腐败的制度；形成了新体制下全省系统内财务管理的各项制度，健全了具体的管理办法；坚持了各项执法监管的制度，并在实践中不断健全。此外，在机关工作、内部管理中还建立和坚持了各项具体规章制度。

（五）调查研究，加强对基层工作的指导，帮助基层解决实际问题。

去年是全省工商行政管理系统的调查研究年，省局党组提出了心往基层想、人往基层走、钱往基层用的指导原则，省地县局三级领导深入基层调查的力度大，时间多，解决问题实在。为解决2000年全系统预算内人头经费不足的问题，省局系统人头经费中拿出2000万元补助基层，使全系统人头经费均达到12500元以上；为解决交通工具不足的问题，两年来省局从统筹经费中拿出

1500万元,先后购置60辆汽车,绝大部分分配备给地、县;为解决基层办公住房条件,两年各地基建费共2300万元;组织基层干部参观世博园及接待费支出400万元;两年来补助春节慰问支出425万元;首届"红盾杯"运动会支出80万元;系统服装费支出740万元;三个口岸工商分局补助300万元;其他补助基层300万元。以上合计,两年中,省局统筹经费共用于基层8000余万元,而垂直管理后,到去年12月底,省局对预算外收入统筹30%的金额仅为7900多万元。省局领导和省局机关处室负责同志(连同春节慰问座谈调研),深入到三分之一以上的县级局以及100多个工商所,切实帮助基层解决一些实际困难,特别是围绕 省委、省政府提出的建设连接东南亚、南亚国际大通道的战略目标,先后深入到瑞丽姐告、红河河口、勐腊磨憨等三个口岸调研,形成了建设"国门工商"的部署,受到省委、省政府领导的肯定。

(六)思想政治工作和精神文明建设取得新进展。

召开了全省工商行政管理系统思想政治工作和精神文明建设现场会,在全系统内明确提出"精神文明建设学楚雄"的口号。全省各地州市局贯彻楚雄会议精神,分别对各地加强和改进思想政治工作、加强社会主义精神文明建设作出了部署和安排。全系统内群众性思想政治工作和精神文明建设活动不断广泛深入地开展。组织开展了云南省工商行政管理系统首届"红盾杯"体育运动会,进一步增强了队伍的凝聚力。

此外,我们还认真贯彻落实《云南省人民政府办公厅关于转发云南省工商行政管理系统市场办管脱钩和移交工作实施方案的通知》,组织实施了市场办管脱钩工作,已经有9个地州市的实施方案报经政府批准。其它7个地州市也已形成具体方案报当地政府。全系统严格执行了国务院通知,个管费、市管费和企业注册登记费减20%收取。

省工商学校走联合办学之路的体制改革取得了重大进展。

一年来,我们的工作中还存在不少问题,主要表现在新体制的运行仍处在理顺的过程中,很多矛盾和问题不能一次全部解决,特别是经费困难问题,工商学校毕业生和干部职工子女就业问题等;执法监管工作中的程序违法和实体违法的问题,工作中仍然存在的不文明执法现象;离退休老同志的经费保障和公费医疗报销问题,仍有待解决;机关作风不正的问题仍然存在;个别地区的少数人不遵循党风廉政规定,违法违纪行为仍有发生。我们既要充分肯定成绩,再接再厉把工作做好,又要注意在今后的工作中认真注意解决好有关问题,这样做,才能确保全省工商行政管理工作不断前进!

2001年工作安排

2001年是新世纪的第一年,是国家和我省制定和实施"十五"计划的第一年,也是我国应对加入WTO的第一年。做好2001年的工作,对于开创新体制下工商行政管理工作的新局面,具有重要意义。2001年我省工商行政管理工作的总体要求是:以邓小平理论为指导,按照"三个代表"的要求,认真贯彻党的十五届五中全会、中央经济工作会议和省委六届十、十一、十二次全会、全国工商行政管理工作会议精神,集中抓好市场整治,继续推进四大建设,为建设全国统一、公平竞争、规范有序的市场体系而努力,为促进全省经济发展做贡献,实现新世纪的良好开局。

一、认清形势,明确任务,开拓创新

新形势提出了新任务。2001年我国现代化建设事业和工商行政管理工作都面临重大转变。从国家的总体发展战略看,我国正从实施第二步战略目标向实施第三步战略目标转变。从市场的发展变化看,我国社会主义市场体系,已从培植发育向规范运行转变。随着世界经济全球化进程加快,我国即将加入WTO,国内市场的国际化程度和对外开放程度进一步加深,迫切要求我们改善和完善市场监管机制和方式方法,进一步加强对知识产权的保护和加大竞争执法力度,努力营造有利于我国扩大国际交流与合作的良好市场环境。从国家发展决策的变化看,我国正从开放并优先发展东部沿海地区向全方位实施西部大开发战略转变。要努力实现省委、省政府提出的我省建设"绿色经济强省"、"民族文化大省"、"中国连接东南亚、南亚国际大通道"的跨世纪奋斗目标,要求我们加大监管执法力度和向社会提供良好的社会化服务,为我省调整产业结构,扩大对内对外开放,加快经济发展创造良好的市场环境。从工商行政管理自身的体制看,已由原来的分级管理体制变为垂直管理体制,实现了从小机关向大系统的转变。前年我们完成了体制改革,去年新体制全面运行,今年要不断完善新体制运行的各项机制,充分发挥新体制的优越性,争取在自身建设和履行职能方面都取得明显成效。为此,各级工商行政管理机关要进一步解放思想、统一认识,更加牢固树立监管社会主义统一市场的观念,坚持"寓执法于服务之中,寓监管于开放之中"的工作方针,进一步牢固树立履行职能,提供良好的服务,促进地方经济发展的意识;要更加严肃垂直管理体制下政令畅通的工作纪律,进一步增强大局意识和责任意识。

要进一步加强学习。必须了解和掌握市场运行规律,必须了解和熟悉各种科技含量越来越高、表现形式越来越复杂的商品经营形态和方式,必须了解和熟悉日益丰富多彩的商品和服务,必须了解和熟悉WTO的相关规则与工商行政管理各项业务的联系,必须熟悉和掌握种类繁多、涉及范围广的市场监管法律法规,必须有能力面对众多自我保护意识和法律观念逐渐增强的各类市场主体和消费者。面对新形势、新任务、新情况,要做到主动而不是被动,自觉而不是盲目地推进工商行政管理事业不断向前发展,就必须努力学习和补充各种知识尤其是新知识。通过刻苦学习和实践,不断充实和提高自己,改进思想方法、领导方法和工作方法,为胜利完成新世纪的历史任务奠定必备的知识基础,掌握工作的主动权。

要积极开拓创新。江泽民总书记指出:"创新是民族进步的灵魂,是国家兴旺发达不竭的动力"。工商行政管理事业要适应新形势的要求不断开创新局面,就要以创新作为根本的动力。全省工商行政管理干部必须进一步增强责任感和使命感,以坚韧不拔、奋发有为的精神状态,不断研究新情况,解决新问题,

坚持实践标准和“三个有利于”标准，勇于实践，勇于创新，不断推进体制创新、政策创新和监管方式的创新。努力做到新世纪有新面貌，新体制有新思路，新形势有新作为。

促进发展要有新思路。加快发展是国家和我省“十五”计划的主题。工商行政管理机关在履行市场监管执法职能中，要围绕国家和我省经济发展战略部署，通过改进和完善微观的监管方式和方法，积极参与宏观调控。一是要进一步落实党中央、国务院关于深化国有企业改革、政企分开等重要举措，继续支持国有中小企业改组、国有大中型企业的股份制改造和组建企业集团；认真做好科研院所企业化改革、中介机构脱钩、党政机关及军队、武警部队企业脱钩等登记注册工作。二是按照国家产业结构调整的方向和目标，加强与有关部门的配合，对国家限制发展的产业、项目以及浪费资源、污染严重、产品质量低劣、不具备安全生产条件的企业，做好关闭、破产等有关工作。三是按照“十五”计划的要求，推进科技体制改革和高新技术产业化，大力发展服务业特别是互联网络服务企业。对以高新技术成果出资入股的，经有关部门认定，其作价金额不受投资比例的限制；企业给予科技人员或其他员工股份奖励，准予办理股东或注册资本的变更登记。要按照国务院颁布的《互联网信息服务管理办法》，认真做好互联网信息服务企业的登记注册工作；支持传统服务企业改组改造，允许开展连锁经营、物流配送、多形式联运和网上销售。四是认真贯彻全省第二次私营经济工作会议精神，按照《中共云南省委、云南省人民政府关于大力发展个体私营经济的决定》及《补充规定》和省工商局制定的40条《实施细则》，进一步加强对非公有制经济的引导、监督、管理和服务工作。要引导和鼓励有条件的个体工商户、私营企业，积极参与国有企业的改制、兼并、租赁、拍卖等改革。要引导私营企业改革，强化内部管理，建立现代企业制度；引导个私企业优化产业和产品结构，上规模、上档次，向高科技、高附加值和集约化经营方向发展，使个体私营经济的整体效益逐步提高。要充分发挥个体私营经济在下岗职工再就业中的积极作用，鼓励个体工商户、私营企业招聘和吸收国有企业下岗职工再就业，鼓励下岗职工兴办个体工商户和私营企业。五是围绕西部大开发云南行动计划的实施，为到云南投资的省外企业和外商提供优质高效服务。支持省外企业和投资者来滇开办企业，放宽登记注册条件，简化办证程序和手续。支持省外投资者自主选择经营范围和经营方式，进行跨行业、跨地区、跨所有制开办企业。支持企业投资者和科研院所、高校等单位以资金、实物、专利、商标使用权、科研成果进行投入。支持省外企业和单位、个人以参股、合股、控股方式参与云南开发。

二、全力以赴，集中抓好整顿和规范市场经济秩序

中央经济工作会议明确提出，今年经济工作的重点任务之一是“切实加强管理，整顿和规范市场经济秩序”，全省工商行政管理工作会议明确提出，要“充分履行工商行政管理职能，整顿和规范市场经济秩序，强化对市场准入行为，市场竞争行为、市场交易行为和市场监管执法行为的规范管理，努力促进全国统一、公平竞争、规范有序的市场体系的建立”。党中央和国家工商局的指示部署，为我们指明了工作的方向，这是今年和今后工商行政管理职能工作的主题，是职能到位的目标。我们务必要认真学习领会，全力以赴，集中抓好并抓出成效。具体要求是：

（一）整顿和规范市场主体准入行为，促进各类市场主体科学规范、健康有序发展。

1. 加强登记管理与提高服务质量并重，依法把好市场准入关。登记工作要严格遵循国家法律法规规定的市场准入条件和程序，切实做到“三严格三禁止”，即严格执行登记管辖权限，禁止越权登记；严格执行登记管理的条件和程序，禁止随意降低法定条件，减少登记程序；严格执行法律法规规定的审批制度，禁止随意减少法律法规规定的专项审批或随意增加不必要的审批。同时，要进一步规范已准入的市场主体，依照现行法律法规，凡应办理前置审批而未办理或前置审批已超过有效期限的企业，要督促其限期补办有关手续，逾期未办的，责令其变更登记或办理注销登记。

2. 登记机关管理与工商所“经济户口”管理并重，实行登记机关与工商所上下联动的监管模式。用两年左右的时间在基层工商所全面建立企业“经济户口”，今年上半年各地要结合年检在全省范围内开展一次企业“经济户口”的全面审查工作，为在工商所建立辖区内企业“经济户口”管理档案，摸清底数，做好基础性工作。从今年开始，省局将逐步建立分级登记管理与属地监督管理相结合的联动机制。凡是有条件的工商所，都要通过计算机与登记机关联网，建立起所辖区域的“经济户口”；尚不具备计算机联网条件的地方，登记机关要与工商所建立企业登记与监督管理情况的交流和信息反馈制度，加强对企业的日常监管。今年，省局确定省局、昆明市和玉溪市作为试点单位，率先开展这项工作，积累经验，逐步在全省推广。

3. 搞好年检与日常动态管理并重，建立健全各类市场主体的退出机制。一是要结合2000年度企业年检，对企业进行一次全面彻底的普查。普查采用书式审查与实地检查相结合，以书式审查为主，紧密结合年检审查内容，将企业登记事项与企业登记档案进行对照检查，摸清底数，为建立登记机关与工商所联动的监管制度奠定基础。二是要加大执法力度，对未能按期参加2000年度年检的企业，限期补检公告发布后，仍未补办年检的，属两年连续未参检企业，按国家局有关规定，吊销其营业执照；属一年未参检企业，留待下一年度查处后再予通过年检。坚决取缔无照经营和继续清理“三无”企业。三是要加强对股东、出资人出资行为的监督管理，严厉打击虚假出资、抽逃出资行为。重点检查以实物出资方式设立的企业，对违反出资规定，拒不办理财产转移手续的有限责任公司，坚决予以查处。四是要加大对中介机构的监管力度，对在企业设立登记、变更登记和年检中弄虚作假、欺骗登记机关的资产评估机构、验资审计机构和咨询代理机构，从重予以处罚。情节严重的，坚决吊销其营业执照。五是要规范企业登记代理行为，加强对企业登记代理机构的监督检查，严厉查处非法代理行为和不规范代理行为。

（二）整顿和规范市场竞争行为，维护公平竞争的市场秩序。

1. 坚决查处各种不正当竞争行为。一是严厉查处仿冒知名商品特有的名称、包装、装潢、企业名称的行为及仿冒、伪造产地及产品质量标志的行为；严厉查处利用新产品上市、节日促销、巨奖销售、营销策划等方式对商品进行虚假宣传的误导行为；严厉查处低于成本销售、欺骗性有奖销售和商业诋毁等破坏公平竞争秩序的行为。二是以整治医药购销中的不正之风为突破口，推进商业贿赂等不正当竞争案件的查处工作，特别要严查建设工程、旅游、房地产等市场的商业贿络行为。三是加强对商业秘密的保护工作，准确、及时地认定、查处侵犯商业秘密的案件，力争使查处损害他人商业秘密案件工作有较大突破。

2. 认真开展重点垄断性行业限制竞争行为的专项整治。打破服务行业中的垄断经营，推进服务业市场化、社会化步伐。根据国家局的部署，今年二、三季度，集中半年时间，依法对电力、保险、铁路、邮政、商业银行等具有市场支配地位且限制竞争行为比较突出的垄断性行业，开展反限制竞争的专项执法行动，重点查处一批社会影响大、群众反映强烈的限制竞争案件。加强对供水、供电、供气及邮政、电信等公用事业的经营者滥用支配地位、强制交易等限制竞争行为的监管。

3. 继续加强广告监督管理工作。一要加大广告执法力度，突出重点，采取有力措施，继续开展广告市场的整顿和治理，以查处案件为突破口切实解决群众反映强烈的热点问题，严厉打击虚假违法广告，确保重点商品（服务）、重点媒介、重点地区的违法广告得到有效整治。二要强化广告审查机制，强化广告审查员的责任，特别要加强对药品、医疗、保健食品及特殊商品广告的审查，落实广告审查员“一票否决制”。要督促广告经营单位完善内部管理机制，广告业务要严格依照有关广告法律规定，依法经营，对达不到要求的，要限期整改，逾期不改的暂停或取消其广告经营资格。三要加强广告监测，形成快速反应的动态管理机制。各地要选择本地重点媒介和广告品种进行监测，及时发现和处理违法广告，监测情况要及时通报，对违法率较高的，要加大处罚力度，发挥广告监测的威慑和警示作用。

4. 加强对商标专用权的保护。要继续总结推广以商标办案为中心，充分发挥工商所商标监管职能的商标管理模式，突出重点，加大力度，严厉打击商标侵权行为。重点要加大对驰名商标、著名商标和全国、全省重点商标的保护力度。积极支持我省企业申报中国驰名商标。开展我省著名商标认定工作。继续对商标印制、生产、流通领域进行全方位监管，注重发现案件线索，追根溯源，一查到底。做好商标使用许可合同备案的管理工作，对商标使用许可，特别是证明商标使用许可行为进行规范。

（三）整顿和规范市场交易行为，保证国民经济的健康运行。

1. 继续深入开展整顿市场秩序的专项斗争。认真贯彻《国务院关于严厉打击制售假冒伪劣商品违法犯罪活动联合行动的通知》精神，严厉打击制假售假。按照“铲除窝点、严打惯犯、冲破保护伞”的方针，继续深入 抓好重点地区、重点商品、重点市场的专项整治，对辖区内的制假售假情况进行认真、彻底的清查，列出重点、规定整治期限，加强监督检查，狠抓大要案件的查处，切实落实打假工作责任制。继续深入开展“名优企业打假维权”活动，积极争取把我省烟草、制药等名优企业纳入全国工商行政管理机关打假维权协作网络，保护我省名优企业和名优商品。严厉打击传销、变相传销和其它欺诈违法经营活动。既要抓住苗头，把各种欺诈经营活动消灭在萌芽状态，又要加强宣传教育，增强广大群众对非法传销的识别能力和自我保护能力。深入开展“扫黄”、“打非”。下大力气对各种出版物经营场所进行全面清理，重点查缴政治性非法出版物、淫秽色情出版物、“法轮功”类非法出版物和各种盗版物。进一步加强对出版市场主体和经营行为监管，坚决取缔各种无证照非法经营，对违规情节严重或屡教不改的，坚决吊销营业执照；对“制黄”、“贩黄”和盗版盗印窝点要坚决摧毁和铲除。严厉打击走私贩私。积极配合有关部门，深入做好打击骗取出口退税，打击逃汇、骗汇，反假币，禁毒和社会治安综合治理等工作。

2. 强化消费者权益保护工作。结合地县级工商行政管理机关机构改革，健全各级消费者权益保护机构，形成完整有效的工商行政管理保护消费者权益执法体系。以统一、高效、权威为目标，加大消费者权益保护工作的科技含量和资金投入。继续加强“12315”消费者申诉举报服务网络建设，逐步在有条件的城市建立“12315”消费者申诉举报（指挥）中心，完善“12315”“一个中心、三级执法”的消费者权益保护执法机制；搞好系统内外协调，形成保护消费者合法权益整体合力，发挥消费者权益保护网络的联动作用，形成上下联动的执法优势。继续深入开展创建“打假维权、消费者满意街”活动，规范商业、服务业的经营行为，防止假冒伪劣商品流入市场。加强服务领域的消费者权益保护工作。要根据十五届五中全会提出的改善服务消费环境的要求，组织开展医疗卫生、中介服务、公用事业等服务消费领域的专项整治。

3. 加强对粮食市场等重要商品市场的监督管理。一是继续以粮食收购市场管理为重点，把好粮食收购主体资格准入关；抓好农村集贸市场和粮食批发市场的规范管理；继续完善粮食经营台账制度、巡查制度、粮食运输凭证查验制度等粮食市场管理制度，严厉打击粮食市场违法违章行为。二是继续加强对成品油、汽车、食品、酒类、卷烟、农资、旅游等重点市场的监管。三是继续加强对商品展销会的监管。严肃查处无证办展、虚假申请办展、不按规定审查参展商经营资格、利用展销会销售假冒伪劣商品等违法违章行为，规范展销会秩序。四是进一步深入开展“文明市场”创建活动，狠抓各类商品市场规范管理。五是研究和探索对电子商务等新的经营方式的监督管理。

4. 加强对合同和经纪人监管。要把打击合同欺诈工作作为今年工作的重点之一，结合我省实际，要对粮食、农业生产资料、成品油、房地产、建筑材料等合同进行重点监管，帮助企业把好合同签订和鉴证关；要加强财产抵押物登记工作，继续开展“重合同，守信用”活动，严肃查处违法合同；有条件的地区要积极开展对拍卖的监督管理；要进一步规范经纪人主体准入，严厉查处经纪人违法行为。

（四）整顿和规范市场监管执法行为，提高工商行政管理队伍的监管执法水平。

1. 坚持从严治政的方针，严格依法行政。法律法规重于泰山，行政执法必须做到有法必依、执法必严、违法必究。要继续坚持行风建设只有起点，没有终点的原则，下大力气整顿行业作风，纠正不正之风，坚持好各项行之有效的工作制度和纪律，严禁擅自上路设卡，杜绝乱收费、乱摊派、乱罚款。

2. 坚持政务公开，搞好民主监督。在工商行政管理工作中实行政务公开，就是将监管执法的全过程公开，自觉接受民主监督，这有利于促进公平、公正执法和加强队伍作风建设、廉政建设，树立良好的执法形象。要着眼于主要业务职责，紧紧抓住群众普遍关心和涉及群众切身利益的问题，全方位、有重点推行政务公开，突出透明性。一是重点加强企业、商标、广告等“窗口”部位的政务公开，依法全面公开企业登记和商标广告办证的依据、条件、程序、时限和结果等；二是重点加强收费管理方面的政务公开，依法公开收费的项目、标准和依据等，严格实行收支两条线管理；三是重点加强执法办案工作的政务公开，依法公开办案的依据、权限、程序和当事人的权利、义务等。在依法做好向社会公开工作的同时，要加强机关内部的政务公开建设，健全内部管理制度机制，增强机关工作的透明度和群众民主参与程度，提高决策和机关管理工作的科学化、民主化水平。

3. 整顿和规范监管执法行为的目标有两个：一个是建设好政治坚定、执法严格、作风优良、纪律严明的工商行政管理队伍；一个是建设好优美的市场环境、优良的市场秩序、优质的市场服务，让党和政府放心，让广大生产经营者和消费者满意。我们必须为之而作出不懈的努力。

三、继续推进“四大建设”

今年，全系统要结合新形势、新任务，在继续深入调研的基础上，制定和实施“四大建设”规划，全面推进“四大建设”。

（一）深化体制改革，搞好体制建设

1. 完成好地、县两级工商行政管理机关机构改革。全省各工商行政管理机关要进一步统一思想，提高认识，正确理解机构改革的重要意义及有关政策，顾全大局，积极参与和推进改革。要深入基层，搞好调研，制定科学合理的地、县两级工商局机构改革实施方案，并精心组织实施，确保机构改革顺利完成。结合机构改革，要进行地、县、所三级的建制调整，特别是要改革基层工商所建制，积极实施新监管模式，强化基层工商所监管执法职能。一是要坚持按经济区域设所的原则，撤并部分小型工商所，原则上对人员在 5 人以下的工商所予以撤并；二是贯彻“小局大所”方针，充实基层工商所执法薄弱的局面；三是改革基层工商所监管方式，全面推行“经济户口”管理制度和市场巡查制度；四是加强基础建设，逐步解决基层工商所办公楼建设，交通工具、通讯设备配备等问题；五是加强内部管理制度的健全完善，推进基层工商所规范化建设。今年省局将召开一次基层工商行政管理建制改革现场会。

要做好系统内分层次管理的事权划分，人权、财权、执法督查权、纪检监察权要相对集中，在此基础上，合理划分和下放事权。比如，省地两级企业登记管理部门要从实际出发，加大企业登记权限的下放力度，把工作重点转变到加强宏观指导和深入基层调查研究上来。

2. 完成好市场“办管脱钩”和市场移交工作。按照国家工商局的部署，今年市场“办管脱钩”工作要划句号。我省已经制定市场移交方案并经当地政府批准的 9 个地、州、市要在 4 月底以前，制定出移交方案，报经地方政府批准并于年底前完成。省局要加大对此项工作的协调和指导，加强督办工作。

3. 进一步抓好垂直管理体制下的财务管理工作。一是要加快建章立制，确保新的财务体制良好运行。制定和完善本系统固定资产管理办法、票据管理办法、差旅费管理办法、财务管理工作程序以及省局机关财务管理办法。二是要进一步巩固和强化“收支两条线”管理工作。坚决克服“收支两条线”管理“已差不多”的思想，认真检查促进“收支两条线”管理的深化和完善。三是要认真执行财务收支预算管理，不断增强预算管理，切实做好各项经费保障工作。要通过预算管理，不断增强预算的严肃性和透明度，逐步建立符合工商行政管理部门的实际的预算机制。四是要加强会计基础工作，不断提高会计工作质量。各级财会部门和财会人员都要认真学习，贯彻执行《会计基础工作规范》，把促进会计基础工作规范作一项经常性的工作任务来抓。要继续做好《会计法》的培训工作，使全系统各单位负责人和全体财会人员全面掌握《会计法》的基本规定，要建立会计月报报审制度，为领导掌握情况、正确决策提供准确依据；要加强财务监督检查，对经费使用实行事前、事中、事后的全程监督，采取定期或不定期检查抽查，专项财务检查，保证财务工作规范有序进行。系统内要加强内部审计，同时要自觉接受并积极配合财政、审计等部门的外部监督。

4. 着眼未来，做好系统内各事业单位工作。随着国家机构改革深入，下一步事业单位也面临改革。系统内隶属行政机关的各级协会、学会、学校要理顺与机关的关系，进一步发挥好各自的职能作用；各级机关服务中心、培训中心、市场服务中心要加强管理，改善和搞活经营，争取做到“一年奠基，二年成形，三年见效”，为今后的改革创造良好的条件。

（二）加强队伍建设

1. 把思想政治建设放在队伍建设的首位。在新的形势下，面临新的任务，全省各级工商行政管理机关都必须把思想政治建设放在首位。要再学习马克思主义基本理论、毛泽东思想基本理论、邓小平基本理论（三基本）和江总书记“三个代表”重要思想，紧跟着党中央，在思想上、政治上、行动上与江泽民同志为核心的党中央保持高度一致。要深入开展“三讲”教育，坚持搞好整改，巩固“三讲”成果。“三讲”教育不是一时，一地的事，是关系全局的大事，是一辈子的事，要在学习、工作、生活中制度化，把“三讲”教育真正落实到实处，提高领导班子的整体素质，确保党的基本路线、方针和政策的全面贯彻。

2. 加强领导班子建设。今年，结合地、县两级工商局机构改革，提高各级领导班子凝聚力和战斗力。同时，要重视基层工商所领导班子的配备。上级工商局党组要切实承担起对下级工商局领导班子考核与管理的职责，特别是对“一把手”的考察和培训。要严格执行《党政领导干部选拔任用工作暂行条例》等有关规定，建立任前考察、年度考核、任期经济责任审计等制度，并注意运用考察考核的成果。抓好选拔优秀年轻干部、妇女干部和少数民族干部的工作，加强对后备干部的选拔、培养、管理和使用工作，促进领导班子年轻化，逐步建立鼓励优秀年轻干部脱颖而出的用人机制。

3. 进一步规范干部人事管理工作，加强教育培训。认真修订、完善《云南省工商行政管理干部管理工作暂行规定》、《关于云南省工商行政管理系统人员录用、调动、工资审批等有关问题的通知》，规范干部录用、任免、考核、轮岗等工作。进一步改革用人机制，既高标准把好进人关，又畅通入口，积极引进系统急需的各类人才。逐步实行干部竞争上岗，通过公开选拔、择优上岗，不断增强机关工作人员的竞争意识。要依据组织、人事部门对岗位轮换的规定，积极推动系统内的干部轮岗工作。继续做好老干部工作，及时组织老干部学习传达有关文件政策，定期听取他们的意见和建议，认真负责地帮助他们解决实际困难。强化服务意识，作好服务工作，积极组织他们参加各种有益的文体活动，适时安排体检、疗养、参观和旅游，使老干部老有所养、老有所为、老有所乐、老有所教。

要按照江泽民总书记关于建设高素质干部队伍的要求，进一步提高对教育培训工作的认识，从战略高度重视和加强教育培训工作。下大力气加快对基层执法人员、业务骨干和专业人才的培训，着力提高干部的履职能力，培训的内容要根据实际需要，特别加强对 WTO 规则、法律知识和现代科技知识的培训。培训教育工作要加强组织领导，制定培训规划，认真实施。要积极创新培训教育的各种形式和途径。“西部开发，东部取经”。省局决定从今年起，分期分批组织年轻干部到上海市工商系统和省局、昆明市局机关挂职培训和跟班见习。

4. 进一步加强党风廉政和行风建设，坚决开展反腐败斗争。一是紧密联系我省工商行政管理系统的实际，抓紧《全省工商行政管理系统反腐败抓源头工作方案》的制定和实施，进一步加大治本力度，努力从源头上预防和治理腐败。二是加强党风廉政建设责任制的落实，制定《云南省工商系统落实党风廉政建设责任制考评办法》，并加强检查考评。三是要加大案件的查处力度，对违纪违法案件，发现一起，严肃查处一起，对工商队伍中的害群之马决不姑息迁就。四是加大纪检监察机构对行风建设各项制度落实情况的检查力度，进一步推进行风建设。五是加强纪检监察机构建设。全省各级工商行政管理局尚未成立纪检监察机构的要在今年内成立，并配齐配强工作人员。为贯彻落实中纪委五次全会和省纪委七次全会精神，省局将在上半年内召开纪检监察工作会议，对这方面的工作进行专门研究和部署。

5. 切实加强法制工作，提高依法行政水平。结合机构改革，抓紧做好法制机构建设。对尚未建立法制机构的单位要尽快建立法制机构，对已有机构但无专职人员的单位要落实人员，充分发挥法制机构在行政执法中的组织协调、监督、把关作用。要积极做好地方性立法工作。完成《云南省保护消费者权益条例》、《云南省无照经营行政处罚条例》的论证、修改工作，尽快报经省人大常委会审查通过，颁布实施；完成《云南省个体私营经济监督管理办法》的草拟工作；积极开展对网络经营市场监督管理的立法调研。深入开展执法监督检查工作，重点对市场准入、年检、规范市场竞争行为和市场秩序等环节的行政执法行为进行监督检查。加强对基层执法的指导，努力提高基层执法水平。要在总结各地经验的基础上、以有利于推动依法行政为出发点，制定《云南省工商行政管理所处罚权限规定》，明确行政执法的授权、委托关系，促进基层规范执法。要采取编发《法制工作交流》、组织法制工作经验交流会和案件研讨会等各种形式加强交流与研究，从正反两方面和案例中汲取经验和教训，促进执法水平提高。

（三）继续抓好系统的基础建设

工商行政管理机关面临新形势下的新任务，只有不断改善基础设施建设，更新装备，增加执法手段的技术含量，才能跟上时代进步的步伐，保障工作效率的提高和职能的到位。全系统要多方筹措资金继续推动基础设施建设。

要统筹规划，分期分批地解决全系统 6 个地州局和 25 个县局的办公楼建设问题。今年要启动省局办公大楼的建设。

要积极推动信息化建设和办公自动化建设，将信息化建设和办公自动化建设列为“十五”时期的重要工作，按照王众孚局长提出的“推进工商行政管理部门信息化，迎接新世纪挑战”的号召，加快“一库”、“一中心”、“三网”建设，努力实现工商行政管理信息化。通过信息化和办公自动化，提高工作效率，扭转机关人少事多的被动局面。

要继续加大投入，改善全系统交通、通讯等执法装备。

（四）切实改进和加强思想政治工作，大力加强社会主义精神文明建设

在去年楚雄会议提出了全系统思想政治工作和精神文明建设总体要求的基础上，今年要制定出具体要求，在全系统层层布置落实，严格考核，争取做到抓思想政治工作和精神文明建设年年都有新成效。

要大力弘扬先进，继续学习和推广楚雄经验，在全系统继续广泛开展创先争优活动，大力表彰和宣传各类先进典型，弘扬正气。省局决定在今年召开全省工商系统第四次“双先”表彰会，充分发挥示范作用，进一步调动和激发广大干部的积极性、主动性和创造性，在全系统形成奋发向上、敬业奉献的良好氛围，

为新世纪开创我省工商行政管理工作新局面注入新动力。

(五)调查研究，狠抓落实，确保全年工作取得实实在在的成效

2001年是省政府确定的“抓落实年”，全省工商行政管理机关要在去年“调查研究年”的基础上，把今年确定为“深入调研、狠抓落实年”，坚决反对和克服官僚主义、形式主义，确保今年的各项工作任务全面完成。

进一步转变工作作风，全系统省、地、县三级局机关都要把工作重点放到基层去，切实帮助基层解决工作实践中遇到的问题和困难。要实行领导班子干部和机关部门联系基层的制度。省局领导班子每位成员联系两个地州市，省局每个处级单位联系一个地州市，局领导和处室领导每年下基层调研不得少于3个月。局领导和处室全体干部综合计算，在一年内要跑遍全省所有工商所。

要带着问题搞调研，到艰苦困难的地方去，排忧解难；到矛盾突出、思想问题较多的地方去，理顺情绪，化解矛盾；到出现新情况、新问题的地方去，总结经验，解决问题；到工作推不开的地方去，打开局面。

要完善上级机关对下一级机关全面工作的年度考核考评机制，通过绩效考评，奖优罚劣。对重点的专项工作要实行目标管理责任制，严格量化考评。

各级工商行政管理机关所属的协会、学会、中心、事务所、学校等事业单位，都要围绕局机关的年度工作任务，在各自的职责范围内积极做好工作。各级工商行政管理机关要加强领导，关心、支持他们的工作。

同志们，云南工商行政管理工作已经前进在新世纪的征途中，我们要更紧密地团结在以江泽民同志为核心的党中央周围，在中共云南省委、省人民政府和国家工商行政管理局的领导下，团结一致，齐心协力，努力完成好今年的各项任务，实现新世纪和“十五”计划的良好开局，为我省改革开放经济建设做出新的贡献！

在全省工商行政管理工作会议上的讲话

（2002 年 1 月 17 日）

云南省工商行政管理局党组书记、局长　何远灿

同志们：

这次全省工商行政管理工作会议的主要任务是，以江泽民总书记“三个代表”重要思想为指导，贯彻落实党的十五届五中、六中全会、中央经济工作会议和省第七次党代会精神，传达贯彻朱总理重要批示和全国工商行政管理工作会议精神，传达贯彻徐荣凯代省长、程映萱副省长的重要批示，总结去年的工作，部署今年的工作。刚才，程映萱副省长作了重要讲话，我们要认真学习传达并在实际工作中贯彻落实好。下面，我代表省工商局就去年工作总结和今年工作部署报告如下：

2001 年工作回顾

新世纪元年，是云南工商行政管理工作努力学习和实践江总书记“三个代表”重要思想的一年。一年来，在省委、省政府和国家总局的正确领导下，我们高举邓小平理论伟大旗帜，以“三个代表”重要思想为指导，深入贯彻党的十五届五中、六中全会和上级的指示部署，以整顿和规范市场经济秩序为中心，以加强纪检监察工作和党风廉政建设为重点，全系统干部职工发挥了新世纪的创新精神，努力完成党中央、国务院和国家总局、省委、省政府部署的各项工作，全面推进全省工商行政管理各项工作。概括起来，就是一个实践、两个创新、完成了四件大事（市场办管脱钩、整治“三乱”、基本建设稳步推进、地县两级工商机关机构改革前期准备）。

一、一个实践，即认真学习和实践江总书记“三个代表”重要思想

“三个代表”重要思想是一切工商行政管理工作的纲，实践“三个代表”要求是我们一切工作的出发点和落脚点。“三个代表”重要思想的学习和实践，激发了工商行政管理工作的生机和活力；工商行政管理新体制的建立和不断完善，推进着工商行政管理职能工作和自身建设的开拓创新。

去年，全系统按照“三个层次”和“三个环节”要求，深入 学习和实践“三个代表”重要思想。第一个层次是领导干部带头学习和实践；第二个层次是各级党组织、党员干部认真学习和实践；第三个层次是全系统干部职工广泛学习和实践。“三个环节”即学习理解、联系结合、落实创新。在系统内结合职能工作认真学习和实践的同时，全省 12745 名基层干部职工，在当地党委“三学办”的指导下，按学习步骤，认真对“三个代表”重要思想进行了系统的学习。系统内的学习和实践也带动了市场监管和服务对象的学习和实践，如举办知识问答、短期培训等，组织经营者学习，促进文明市场的建立。通过分层次、有重点、多形式地深入学习和实践，真正做到了把全系统的思想认识统一到“三个代表”重要思想上来，把工作、行动落实到实践“三个代表”重要思想上来。系统内省、地、县工商局党组中心组累计学习 300 余次，撰写心得体会 9300 多篇，会议交流 2600 余篇，共组织经营者 20 余万人次学习。

二、两个创新，即整顿和规范市场经济秩序、纪检监察党风廉政建设工作有所创新

（一）整顿和规范市场经济秩序取得阶段性成果。

自觉把实践“三个代表”重要思想与整规工作紧密结合起来，按照统一部署，结合实际，切实做到认识、组织、措施和经费投入（全省共计投入 800 万元）“四个到位”，广泛发动群众，整规工作取得了阶段性成果。全省共查处各类经济违法违章案件 40960 件，立案查处 6783 件，总案值 1.4 亿元，罚没款总额 2585 万元，捣毁各类窝点 397 个。

1. 严把市场准入关，规范市场主体准入行为。坚决取缔无照经营，严肃查处“三无”企业，共查处无照证经营案件 2416 件，取缔“三无”企业 1415 户。清理复查企业和个体工商户档案 11.7 万户，重新审核登记易燃易爆生产企业及文化娱乐企业 17858 户，责令整改 2999 户，罚没金额 2.2 万元。建立市场退出机制，强化中介机构、合同、经纪人监管。配合有关部门建立和完善我省电子口岸执法系统，为 800 多户企业办理了中国电子口岸 IC 卡。截至 2001 年底，全省共登记内资企业 113529 户，注册资本（金）1676 亿元；外资企业 1624 户，注册资本（金）34.07 亿美元；个体工商户 691324 户，注册资本（金）82.05 亿元；私营企业 28737 户，注册资本（金）326.6 亿元。

2. 打击制假售假、欺诈等违法行为，大力整顿和规范市场交易行为。狠抓大要案的查处，对 15 个重点市场进行了治理，共查处案件 11317 件，查获假冒伪劣食品 25 公斤，香烟 5844 件。帮助 39 家烟草、制药名优企业进入全国或省

工商行政管理机关打假维权协作网络。查处伪劣种子7.6万公斤、化肥531吨、农药38吨；检查汽车配件、修理门市及废旧物品收购点1994户，取缔136户，罚没金额45万余元，收缴非法拆解、报废车辆626辆，暂扣报废汽车477辆、五大件687件，价值7770万元。与有关部门协同作战，查处案件137件。共查处传销和变相传销违法案件23件，收缴假币6.85万元。严厉打击走私贩私活动，查处案件325件，案值859万元。

3. 依托"12315"消费者申诉举报中心，切实维护消费者合法权益。地县所三级维权执法网络初步形成，统一了服务网络标识和执法车辆标识，配备执法车辆114辆。全年共受理消费者申诉1.5万件。盘龙分局、五华分局、安宁分局分别被团中央和国家总局授予"优秀青少年维权岗"荣誉称号；玉溪市南北大街和丽江县四方街，分别被国家总局命名为"打假维权、消费者满意街"。

4. 打破地区封锁和部门垄断，反不正当竞争执法行动取得历史性的突破。首次介入电力、电讯等垄断性行业，以及供水、供电、供气等公用事业进行监管执法。发布宣传报道1866条(篇)；查处仿冒、误导、节日促销、巨奖销售等案件1778起；查处建筑工程、旅游、房地产等市场商业贿赂案件125起；专项整治垄断性行业限制竞争行为，共查处案件18起，如昆明市煤气公司强制用户保险案，部分地州市中国移动、中国联通利用其垄断地位强制预交话费案，绿春县电力公司强制用户接受其下属企业进行施工安装案等。

5. 强化广告和商标监管工作。广告监管执法重心下移，推行审查员一票否决制，逐步建立快速反应的动态管理机制。共监测报纸广告10万余条，查处广告违法案件1761件，比上年增长92.7%，收缴违法印刷品广告144.9万份，停业整顿广告经营户12户。查处商标侵权假冒案件239件、商标违法案件487件，罚没金额53万元。到2001年底，全省广告经营单位发展到1813户，从业人员12410人，营业额8.5亿元；全省有效注册商标已达到15350件，中国驰名商标两件，正在申报的3件。

6. 以加强粮食市场的监管为重点，加强各类市场监管。取缔无照粮食企业308户，没收粮食86万斤，罚没金额25万元。加强对节日、旅游市场及有关重要商品的监管，查处案件3803件，捣毁窝点43个；受理投诉1823件。以关系人民群众身心健康的消费品为重点，对各类商品交易市场进行全面整治，查处违法违章案件41646件，罚没金额479万元。加强合同监管，打击了合同欺诈行为。

7. 加强法制工作，促进依法行政。会同有关部门修改论证《云南省消费者权益保护条例》，对《云南省反不正当竞争条例》等5部地方性法规，提出了修改意见。清理地方性法规、政府规章和其他政策性措施1289件。加强对基层执法工作的指导，对各地定性批复36件，核审51件案件，复议行政处罚案件9件。

(二)落实"三个代表"重要思想，以加强纪检监察党风廉政建设为重点，全面推进队伍建设。

1. 纪检监察党风廉政建设工作打开新局面。各级工商局党组高度重视，把纪检监察工作列入党组议事日程，真正做到把加强纪检监察工作与其它工作一起部署，一起研究，一起督促检查，形成了齐抓共管党风廉政建设和反腐倡廉工作的格局。完成多次专项检查，加强纪检监察机构参与工商行政管理中心工作的力度，行政执法与纪检监察 工作整体合力得到加强。以"三个代表"重要思想、十五届六中全会精神为指导，加强对党风廉政建设和反腐倡廉重要性、必要性的宣传教育和警示教育，提高系统廉洁从政和拒腐防变能力，增强了纪检监察干部的使命感和责任感。建立了系统纪检监察工作组织体系，理顺了工作关系，10个地州局和近三分之二的县局建立了纪检组，配备了人员，制定下发了纪检监察机构职能职责和基本工作制度，举办34期培训班，90余名纪检组长和几百名纪检干部参加了培训。加快反腐倡廉工作进程，狠抓行业不正之风，下发了《关于贯彻落实〈全国工商行政管理系统反腐抓源头工作方案〉实施办法》，全面实行政务公开，从省局到基层工商所，层层签订了党风廉政建设责任书。严肃查处各种违纪违法案件，截止去年12月，全系统共收到举报390件，受理325件，初查结果249件。

2. 认真整治"三乱"行为。及时推广文山州的做法和经验，提出"谁上路，谁下岗；谁'三乱'，谁脱装"，严厉要求，组织检查组分赴各地检查落实。全省把治理"三乱"作为努力实践"三个代表"重要思想的重要举措，作为减轻群众负担，促进群众增收，真正为人民群众谋利益的具体行动来抓，自下而上拉网式边查边改。有则改之，无则加勉。全系统"三乱"行为得到有效遏制。

3. 加强领导班子建设。顺应新体制要求，上级工商局党组切实承担起了对下级工商局领导班子考核和管理的职责。严格执行《党政领导干部选拔任用工作暂行条例》等有关规定，建立了任前考察、年度考核、任期经济责任审计等制度。充分考虑领导班子学历和专业特长的合理搭配，以及协调配合、团结作战能力。拓宽渠道，积极任用年轻干部，对少数民族地区，注意培养和选拔少数民族干部。

4. 加大教育培训力度，提高干部队伍整体素质。行政执法证培训和考试工作稳步推进，2245名干部参加了行政执法培训考试。各地普遍组织世贸知识培训和考核，加强系统财务工作人员会计电算化技能培训。选派82名中青年干部到省局或昆明市局跟班见习锻炼或到上海市工商局挂职锻炼，被选 派的干部共撰写心得体会或个人总结121篇。组织570名各地离退休干部到安宁培训中心疗养。

三、认真贯彻"三个代表"重要思想，狠抓落实，稳步推进体制建设

(一)全面完成市场办管脱钩任务。

根据国务院通知精神，加强调研，摸清底数；积极向省政府汇报并得到有力支持，以省政府名义召开电视电话会议，下发云政办发[2001]196号通知，提出限期完成市场办管彻底脱钩的实施意见，明确要求"工商行政管理机关不得以任何理由拒不移交，政府或指定部门亦不能以任何理由拒不接收"。为确保市场办管脱钩任务如期完成，各级实地督办、指导。全系统政令畅通，态度坚决，按照“先移交，后清理，再处理”的原则，截止12月15日，全省工商系统顺利全部完成市场办管脱钩工作。移交345个市场（自办市场253个，联办92个），移交市场资产91745.76万元，移交市场债务31953.87万元，移交市场服务人员981人。

（二）完成地县两级工商机关机构改革工作，成立了领导小组及办事机构。反复与省编办、省财政厅领导研究工作，力求把前期准备工作做细，做实、做好。结合系统实际，制定了实施方案等文件，明确了机构改革的原则、思路、目标和时间进程。确定了地县工商局内设机构数额、派出机构的设置原则；按照省编办和省人事厅的批复，确定了人员精简比例、领导职数的调整原则；明确了事业单位改革的总要求。

（三）强化“收支两条线”管理，进一步推进系统财务工作。

开展了收费专项检查自查自纠工作，强化了收费票据管理工作，开展了清理整顿银行账户工作。加强建章立制，制定下发了三个制度，拟定并上报省财政厅待批两个制度，拟定并正在征求意见两个制度。认真执行系统经费预算，共安排省局调控资金和省财政专款2128万元，用于建设和维修改造项目82个，安排交通工具购置经费592万元，为75个基层工商所配备了交通工具，为六个地级局配备了业务用车。摸清了全系统行政事业单位“家底”，总资产为13.19亿元，负债总额为3.55亿元，净资产为9.64亿元。

（四）加大系统基本建设力度。

制定了《系统基本建设审批管理暂行办法》。去年，筹措基本建设经费1893万元。其中820万元用于部分地县工商局办公楼建设、受震灾地区灾后重建；610万元解决在建项目缺口资金；463万元用于今年新增基本建设项目。在国家总局和省财政厅的大力支持下，筹集省局新办公大楼建设资金4213万元。全部归还了安宁温泉干部培训中心建设项目贷款。自1999年实行垂直管理以来，在省地县三级的努力下，共投入系统基本建设资金2.49亿元。

（五）调整工商所建制，经济户口试点工作稳步推进。

按照“小局大所”方针，充实工商所执法力量，扩大执法权限，全面推行市场巡查制度，有条件的工商所逐步推行了经济户口管理。昆明、思茅、大理、保山等经济户口试点单位，基本实现县以上登记机关与基层工商所上下联动的监管模式。姐告、磨憨、河口等口岸建立了国门工商，履行监管执法职能，强化服务意识。明确省、地、县三级企业登记管理权限，进一步理顺了职责权限。

（六）调查研究，狠抓落实，加强对基层工作的指导。

进一步转变作风，围绕“四大建设”和监管的执法工作，切实帮助基层解决工作中遇到的问题和困难。省局严格执行联系基层制度，保证下基层调研时间，去年九月和十二月份，省局两次开展下基层调研、督查、抓落实的统一行动，省局领导和处室负责同志深入到了全省大多数县局和部分工商所，地、县局领导深入绝大多数工商所，全系统的作风建设开了一个好头。

一年来，各级协会、学会、中心、事务所和学校等事业单位，紧紧围绕工商行政管理的中心工作，积极努力工作，取得了新成绩。我代表省局党组和省局机关，向全系统干部职工一年来付出的辛劳表示亲切慰问和由衷的感谢！

与此同时，我们在工作中也存在明显的不足，主要表现在：一是有待进一步转变观念，如从习惯性的监管执法向加入WTO后的监管执法转变、旧体制向新体制的转变等；二是队伍素质参差不齐，离朱总理“强化监管执法，勇作市场卫士”的要求还有很大差距；三是工作作风不正的问题仍然存在，不文明执法现象仍然存在；四是对于整规工作，个别地区和单位思想不够重视，认识不完全到位，畏难情绪较重，工作方法简单。我们在肯定成绩的同时，也要正视存在的问题，并在今后的工作中不断加以改进。

2002年工作安排

2002年是党和国家历史上具有重要意义的一年。党的十六大将胜利召开，我国已正式加入世贸组织，省第七次党代会绘就了我省未来5年的宏伟蓝图，认清全国和全省政治、经济大好形势，做好2002年的工作，对于我们在新体制下开创工商行政管理工作新局面至关重要。

今年全省工商行政管理工作的总体要求是：高举邓小平理论伟大旗帜，以江泽民总书记“三个代表”重要思想为指导，认真贯彻落实十五届五中、六中全会、中央经济工作会议、省第七次党代会、全国工商行政管理工作会议精神和朱总理的重要批示，把思想和行动统一到党中央、国务院、省委、省政府和国家工商总局的部署上来。解放思想，与时俱进，促进云南经济发展；坚持标本兼治，完善监管手段，继续深入整顿和规范市场经济秩序；应对“入世”，加强学习，全面提高队伍素质，继续推进“四大建设”；转变作风，狠抓落实，全力推动新体制下各项工作再上一个新台阶，为云南经济发展社会进步作出新的贡献。

一、解放思想，与时俱进，开拓创新，促进云南经济发展

解放思想才能与时俱进。要做到与时俱进，我们就必须加强学习，不断解放思想。

第一，要认真学习朱镕基总理重要批示，深刻认识新形势下工商行政管理的职能、职责、主要任务和地位作用，增强开拓创新的责任感和使命感。去年12月22日朱总理对工商行政管理工作的重要批示，明确了“工商行政管理部门是市场监管和行政执法的政府职能部门，承担着规范和维护市场秩序的重要职责”，给我们的职能定了位。朱总理对工商行政管理部门履行职责提出了“三句话”要求，就是“要把好市场主体的入门关，当好市场运行的裁判员，做好市场秩序的坚强卫士”，这就要求我们必须健全市场准入和退出规则；监督和维护各类市场主体依法取得市场准入资格，平等进入市场，公平竞争，守法经营；对不具备入场资格或因违法经营丧失市场主体资格的生产经营者，坚决逐出市场，确保市场经济公平、公正、公开、有序运行。朱总理还要求我们“所有工商管理人员都要忠于职守，勇于负责，清正廉洁，执法如山”。这十六个字，对我们建设一支什么样的队伍指明了方向。朱总理在对工商管理部门履行职能和队伍建设提出明确要求后，批示最后指出，“这是建成社会主义市场经济的保证。”这充分说明，在建设社会主义市场经济中，工商行政管理部门的职能和我们这支队伍，有着不可替代的地位和作用。深入学习领会朱总理的精辟批示，对我们找准位置，开拓前进，具有极其深远的重要意义。全省各级工商行政管理机关要通过深入学习领会朱总理的重要批示，进一步增强做好工商行政管理工作的使命感和责任感，把总理批示认真贯彻落实到我们的各项工作中去。

第二，要深入学习贯彻省第七次党代会精神，把促进云南经济发展作为工商行政管理工作的落脚点和归宿。省第七次党代会规划了我省未来五年的经济社会发展蓝图，明确提出围绕“三大目标”，实施“四大战略”，培育和壮大“五大支柱产业”；在经济工作中落实“五句话”。三大目标，就是建设绿色经济强省、民族文化大省和中国连接东南亚、南亚国际大通道；四大战略，就是实施可持续发展、科教兴滇、城镇化和全方位开放战略；五大支柱，就是培育和壮大烟草、生物资源开发创新、旅游、电力和矿产五大支柱产业；五句话，就是扎扎实实打基础，突出重点抓生态，调整结构创特色，依靠科技增效益，改革开放促发展。蓝图已经绘就，重点在于抓落实。工商行政管理机关作为政府主管市场监管和行政执法的职能部门，我们的监管执法活动，就是规范“三个行为”（市场准入、市场竞争、市场交易行为），营造“四个环境”，即营造各类市场主体公平竞争的市场环境，依法保护生产者、经营者合法权益的投资环境，消费者合法权益得到保障的放心消费环境，促使各类市场主体做到诚实信用的信誉环境。营造四个环境，笼统地说，就是营造良好的经济环境。市场行为规范了，经济环境好了，经济才能发展。因此，从根本上讲，促进经济发展是我们履行市场监管执法活动的落脚点和归宿。我们在依法履行职能的时候，务必要紧紧围绕经济建设这个中心努力促进经济发展，千方百计促进群众增收。我们要立足本职，贯彻落实好省第七次党代会精神，为云南经济发展尽职尽责。

第三，要进一步发挥工商行政管理职能，为我省改革发展服务。要运用企业登记管理职能，支持国有企业改组，改制和组建企业集团，提供咨询、论证和登记服务；支持外资进入我省鼓励发展的产业，实行直接登记审批；支持我省到国外、省外投资办实体，提供核转介绍服务；支持发展高新技术产业，鼓励企业和个人以高新技术投资人入股；继续配合有关部门做好对“五小”企业的关停并转工作；促进产业结构调整。要坚持“以放促活”的方针和“三个有利于”标准，按照省委确定的“三放六不限”方针，积极支持引导我省非公有制经济发展，促进所有制结构调整。按照省委、省政府《关于大力发展个体私营经济的决定》及《补充规定》和省工商局制定的40条《实施细则》，进一步加强对非公有制经济的引导、监督、管理和服务工作。引导和鼓励有条件的个体工商户，私营企业，积极参与国有企业的改制、兼并、租赁、拍卖，引导私营企业建立现代企业制度，引导个私企业优化产业和产品结构上规模、上档次，向高科技、高附加值和集约化经营方向发展，使个体私营经济的整体规模不断扩张，整体效益逐步提高。各级工商局要加强对个私协的领导，做到有人抓、有人管、有经费，充分发挥协会的“三自”作用，探索做好非公有制经济党建工作的有效方法和措施。要发挥商标广告职能，服务各类企业开拓市场。开展著名商标认定工作，支持我省支柱产业企业运用商标战略提高产品竞争力，争创驰名商标；引导企业运用广告战略开拓市场，提高市场占有份额。

第四，要扫清思想障碍，转变思想观念，大胆开拓创新，新形势下履行好部门职能、发挥好工商职能的地位和作用，制约和影响我们工作推进的最大障碍是观念陈旧、安于现状、缺乏进取。在一些地方和一部分同志身上，计划经济体制下市场管理的思维方式、工作方式和方法还没有完全打破，把手工作业、发发执照、收收费、撵撵街子、处理有形市场的一般违章违法等传统监管手段，当作全部职能的履行。我国已进入加快推进社会主义现代化建设进程的新阶段，党的十五届五中全会提出以信息化带动工业化的发展思路，要求我们传统管理方法向信息化管理手段转变；我国已加入世贸组织，市场国际化，市场主体、市场交易和市场竞争将发生新的、迅速的变化，需要我们实行符合国际惯例的法制化规范化管理；朱总理的重要批示，对我们的职能作用、队伍素质提出了更高的要求；云南加快发展、扩大开放，以及今年经济工作中确定扩大内需的方针，要求我们把市场秩序整顿好，以改善投资环境，增强消费信心，保护和扩大消费。认清形势，找准差距，目的是变压力为动力，克服传统思想观念和监管方法的惯性，要学习国内先进省市的好经验、好办法，面对现实，开拓创新，努力实现“五个转变”。一是要从主要监管集贸市场进一步转到监管社会主义统一大市场上来；二是要从主要监管单纯的国内市场转到监管日益国际化的市场上来；三是要从主要依靠行政手段监管市场进一步转到主要依靠法律手段监管市场上来；四是要从简单、低效的传统监管方式逐步向科学化、规范化、现代化的监管方式转变；五是要从分级管理体制下的业务指导继续向垂直管理体制下的全面领导转变，使我省工商行政管理在监管水平和质量上有大的提高。

二、坚持标本兼治，改进监管方式，继续深入整顿和规范市场秩序

党中央、国务院确定把整顿和规范市场经济秩序继续作为今年经济工作的一项重要任务，国家总局对此项工作进行了全面部署，全省各级工商行政管理机关要充分认识到整顿和规范市场经济秩序是一项长期的、综合性的工作。整顿，就是在一段相对集中的时间内，对市场经济秩序中一些特别突出的问题进行专项治理；规范，就是监督全社会各类市场主体按照法律从事经济活动。整顿是手段，规范是目的；整顿相对来说是阶段性行为，而规范是长远目标。整顿和规范的根本目的，在于促进经济发展和社会进步，要通过深入开展整顿和规范市场经济秩序的各项工作，为我省经济良好的运行提供保证，为改革、发展、稳定大局作出贡献，让党委、政府放心，使人民群众满意。

（一）严把市场准入关，规范市场主体行为。

要坚持登记管理与提高服务质量并重，坚持准入条件和程序，严把市场准入关，规范市场主体资格，从源头上抑制扰乱市场经济秩序的行为。要做到搞好年检和日常动态管理并重，严厉查处虚假出资、抽逃出资、虚报注册资本等违法行为，取缔无照经营，查处“三无”企业。密切配合有关部门，继续清理整顿印刷企业、矿产资源勘查开采企业、危险化学品生产经营企业、木材经营加工企业、酒类生产经营等。加强外商投资企业登记管理工作，围绕加入 WTO 环境下开放外商投资领域，提高利用外资工作的质量、水平，建立健全外商投资的市场准入工作机制，形成高效有序、统一有力的工作格局。加强对个体私营经济和经纪人、经纪机构、拍卖业的监管，依法确定其市场主体资格，严厉查处违法经营行为。

（二）强化流通领域商品质量监管，继续严厉打击制售假冒伪劣商品违法行为。

要坚持加强日常监管与开展专项治理相结合，进一步加大打假力度。要按照国家工商总局的安排部署，抓好商品质量监督抽查工作。重点对食品、农资、汽车（摩托车）配件、家电、装饰材料、化妆品、通讯工具、御寒品、保健品、旅游用品等与人民生活、生产密切相关的商品和重要市场、商场组织抽查。抽查结果要定期向社会公布，对发现的违法行为依法及时组织查处。各地要对辖区内的重点市场、重点区位有无制假售假进行认真调查摸底，集中整治城乡集贸市场，严厉打击各种违法违章行为。根据国家工商总局的布置，全年开展四次打假专项执法行动：第一季度，以食品打假为重点，保安全过节；第二季度，以农资打假为重点 ，保安全生产；第三季度，以家庭装饰材料打假为重点，保安全装修；第四季度，以汽车、摩托车配件打假为重点，保安全行驶。要突出狠抓制假售假大案要案的查处工作，制定和实施大案要案的排查和督办工作制度，排除地方保护主义干扰，加大办案力度，对涉嫌构成刑事犯罪的案件，要坚决按照有关规定和程序移送公安部门。要抓紧落实国家工商总局等三部门下发的《举报制售假冒伪劣商品违法行为奖励办法》，进一步完善假冒伪劣案件的发现机制。

（三）坚决打破地区封锁和行业垄断，加大反不正当竞争执法力度，坚决查禁传销和变相传销违法活动。

认真执行《国务院关于禁止在市场经济活动中实行地区封锁的规定》，依法查处地区封锁行为。重点查处酒类、化肥、烟草等行业或产品的地区封锁、地方保护行为。对地方政府及其所属部门滥用行政权力保护本地企业和产品、设置关卡阻碍外地商品和服务进入本地市场的，要依法提出行政建议，责令改正。继续对供电、供水、供气等垄断性行业限制部门强制用户购买其提供的产品或接受其提供的服务的行为。

深入开展打击仿冒、误导、不正当有奖销售行为的专项执法行动，重点检查食品、饮料、旅游、房地产等与人民群众切身利益息息相关的行业，重点检查小商品市场、城乡结合部市场、旅游景点。继续开展纠正医药购销中不正之风工作，强化对医疗机构药品集中招标采购活动的监管，坚决查处药品购销中的回扣及其他商业贿赂行为。积极探索新的执法途径，加大对网络经营活动的监管力度，依法查处网上不正当竞争行为。

各地要认真传达贯彻徐荣凯代省长的重要批示，严厉打击传销活动。对影响面广、规模大、危害严重的传销和变相传销大要案件，要组织专门力量，采取“端窝点，抓头目，封账号，吊执照”等强有力措施，依法严惩，彻查彻办。要密切配合有关部门，对转型外资企业“雇佣推销员证书”进行清理，防止转型外资企业采用传销的做法推销产品。充分发挥新闻媒体的舆论监督和宣传引导作用，公开揭露传销的欺骗性和严重危害性，公布举报电话，健全投诉网络，形成全社会共同抵制、打击传销违法活动的良好氛围。

（四）继续推进维权体系建设，强化消费者权益保护工作。

继续推进“12315”消费者申诉举报网络建设，进一步完善“12315”“一个中心”、“三级执法”上下联动的维权体系。健全消费者权益保护执法网络、与相关行政执法部门的维权协作网络、“12315”消费者申诉举报社会监督网络，及时受理消费者申诉举报，严肃查处侵害消费者权益案件。继续推进“百家企业打假维权”工作，充分发挥生产企业的优势和行业协会的作用，开展与企业联手打假维权行动。继续推进创建“打假维权示范点”建设。强化服务领域消费者权益保护工作。采取检查与抽查相结合的方法重点抓好餐饮、美容美发、洗染、照相、修理等服务场所的监管，积极与有关部门配合，加强对旅游、电信、航空、交通以及公用服务企业侵害消费者权益行为的查处。加强对消费者协会的指导，充分发挥消费者组织在维护消费者权益中的社会监督作用。

（五）继续加强各类市场的监管，维护良好的市场秩序。

继续做好粮食市场、棉花市场管理工作，严肃查处 违法经营，维护正常的市场秩序。加强对报废车辆拆解市场的监控，严防死灰复燃。积极配合有关部门，继续整顿规范文化市场，深入开展“扫黄”、“打非”、“禁毒”、反假币斗争，严厉打击逃汇、骗汇行为。严厉打击走私贩私违法行为。继续加强对成品油、汽车、食品、酒类、卷烟、农资、旅游重点市场的监管。加强对商品展销会的监管。

（六）继续加强商标广告监管工作。

各级要以实施新修订公布的《商标法》为契机，强化商标执法工作，严厉查处商标假冒侵权行为。重点要加大对驰名商标和全国、全省重点商标的保护力度。加强商标日常监管工作，规范企业商标使用和管理，做好商标使用许可合同备案的管理工作，继续加强对商标印制单位和其它印刷企业的监督管理。继续开展“反误导、打虚假”广告专项治理行动，巩固对医疗广告、保健食品广告、药品广告、房地产广告和“致富信息”广告、电视直销广告的治理成果，把日常监管和专项整治结合起来，堵源截流。强化广告审查机制，落实广告审查员责任制和一票否决制，加强广告经营资质管理。实施广告发布定期监测制度，加大广告巡查力度，监督管理广告的发布内容,及时制止、查处违法广告。

（七）加强法制工作,提高依法行政水平。

要根据世贸组织规则及我国所作的承诺,按照法制统一原则,对全系统现有的地方性法规、规章及规范性文件进行清理。认真落实"四五"普法规划,积极采取多种形式,向全社会广泛宣传工商行政管理法律法规,增强广大经营者消费者的法律意识,为工商行政执法营造良好的社会法制环境。积极做好地方性立法工作。完成《云南省保护消费者权益条例》的修订工作,争取在年内报省人大常委会审议通过和颁布施行;对《云南省经纪人条例》、《云南省查处生产销售伪劣商品行为条例》进行修改,配合省经贸委修改《云南省个体工商户条例》、《云南省私营企业条例》。加强行政执法证的培训、考试、发证工作,规范执法者的主体资格。加强案件核审把关;认真开展执法检查,促进依法行政。

发挥部门职能作用,做好社会治安综合治理工作,继续实行目标管理责任制。

（八）改革监管方式,提高监管水平。

要综合运用现代科技管理手段,增加市场监督科技含量,进一步改进市场监管执法。省局在总结去年"经济户口"管理各试点单位经验的基础上,将在全省范围内逐步推行上下联动的企业监管双轨制,登记机关要依法做好企业登记注册工作,并及时向企业所在地工商所提供企业登记注册信息,工商所要全面建立企业"经济户口",切实加强对辖区内各类企业的监督管理。各地要进一步发挥基层工商所监管巡查的职能作用,逐步推行辖区管理责任制,加快建立健全有关规章制度,促进市场巡查制度化、规范化。要积极探索企业信用公示制,建立企业良好行为和不良行为记录管理系统,向社会公布,促进市场主体信誉观念的形成。积极推进行政审批制度改革,试行企业登记注册互联审批制,实行企业登记办照"一家承办,转告相关,互联审批,限期完成"的政务流程,提高办事效率,改善我省投资环境。

三、应对"入世",加强学习,全面提高队伍素质,继续推进"四大建设"

（一）完成地、县两级工商行政管理机关机构改革,完善新体制建设。

关于机构改革工作,在这次会议上还要另行动员和部署。

市场办管脱钩,是新体制下进一步强化监管执法的必然要求,也是体制建设的一项重要工作。各级要在去年我省按时完成市场办管脱钩任务的基础上,巩固成果,防止反弹。省市场办管脱钩领导小组将适时组织力量进行一次复查。各级工商局要积极主动配合地方政府和有关部门做好市场办管脱钩的清理、处理工作。清理、处理中确保市场人员和债务的彻底移交,要确保市场繁荣和稳定。对市场脱钩移交人员,要继续做好深入细致的思想工作,不准把矛盾上交,防止集体上访。

（二）全面提高队伍整体素质。

努力实践江总书记"三个代表"重要思想,贯彻落实朱总理关于工商行政管理队伍建设十六字要求,应对加入世贸组织,迫切要求我们加强学习,建立适应新时期市场监管执法需要的高素质干部队伍。各级要加大干部培训工作的力度,要根据省局"十五"干部培训规划,制定年度培训计划,切实搞好学历培训、法规培训和专业培训,加大培训的经费投入。近期内要加强 WTO 规则知识的培训,尽快适应入世后强化监管执法的需要。继续加强法律法规知识培训,提高执法人员的业务能力,做到"执法者必先懂法"。加强计算机、英语等知识的培训,努力培养一批本系统的各类专业人才。

进一步加强地、县工商局领导班子建设。结合机构改革,要选拔使用一批优秀年轻干部、妇女干部和少数民族干部,加强对后备干部的选拔、培养、管理和使用工作,优化班子结构。各级领导班子要坚持和完善民主集中制的各项制度,不断提高领导班子及其成员的领导水平,提高正确把握形势,驾驭复杂局面的能力。积极推行干部公开选拔、竞争上岗制度和双向选择制度。加大干部交流、轮岗、跟班见习、挂职锻炼工作力度,要完善干部考核方法,试行末位待岗制度。

（三）继续加强纪检监察工作,推进全系统党风廉政建设。

全省工商系统各级纪检监察机构,要始终把握好纪检监察工作服从和服务于经济工作中心这个原则,认真全面地履行职责,努力使全省工商系统党风廉政建设和反腐败工作取得新成效。要加强"五风"建设,贯彻落实"八个坚持,八个反对"的原则;积极探索,力争在深入反腐败三项工作任务方面有新的突破;加强党风、党纪、廉政建设宣传教育,在构筑思想道德防范方面有所创新;进一步加强监察与监管工作相结合,形成行政执法与纪检监察的整体合力,努力促进工商职能到位;结合地县机构改革,进一步加强各级纪检监察机构建设,配齐配强纪检监察干部;开好一年一度的全省工商行政管理系统纪检监察工作会议;加强调查研究,增强工作的主动性和时效性;加大监督检查的力度,严肃执纪,强化措施落实力度,增强反腐倡廉的实效。

（四）继续抓好系统的基础建设。

工商行政管理机关面临新形势下的新任务,只有不断改善基础设施条件,更新装备,增加执法手段的技术含量,才能跟上时代进步的步伐,保障工作效率的提高和职能的到位。

要加快信息化建设步伐,提高现代化管理水平。加快信息化建设,对工商行政管理系统提高工作效率,创新监管方式,促进职能到位,提高队伍素质等方面起着十分重要的作用。最近,程映萱副省长到省工商局调研时就我省工商系统信息化建设提出了明确要求。在充分调研的基础上,经过党组多次研究,省局印发了《关于加快全省工商系统信息化建设的意见》,全省各级工商机关要严格执行《意见》的各项规定,切实加强领导,精心组织,推动信息化工作。全系统要加大投入,用3年时间,建设上联国家工商总局,下联全省地、县、所,外联相关省市区的计算机广域网。信息化建设中要严格遵循"统一领导、分级负责"的原则,"统一规划、统一标准"的原则,"重点保障、分批实施"的原则和"经济实用,应用为本"的原则。要注意培养引进专业人员,要加大培训力度,全系统要力争两年内，使一半以上的公务员能够熟练应用计算机。

要多方筹措资金，继续推动基础设施建设，保障工作效率的提高和职能到位的需要。系统的基本建设要严格执行省局印发的《云南省工商行政管理系统基本建设审批管理暂行办法》的规定，按照“统一管理，分批负责、统筹安排、量力而行、精心设计、适度超前、质量第一、终身负责”的原则进行，要严格执行立项审批制度、招投标制度、预决算制度、双合同制度、工程监理制度、资本金制度和建筑工程终身责任制度等规章制度。各级工商行政管理机关的办公楼建设规模按照省局规定的有关面积标准严格控制，切忌脱离实际，“贪大求洋”。今年要抓紧抓好省局办公楼的建设。要继续加大投入，努力改善全系统交通、通讯工具等执法装备。

（五）切实改进和加强思想政治工作，大力加强社会主义精神文明建设。

切实改进和加强思想政治工作，以学习何凯同志先进事迹为契机，继续开展“精神文明建设学楚雄”活动，大力弘扬先进，宣传和表彰各方面工作中表现突出的工作人员，在全系统大兴“争先创优”之风，使全系统建设文明单位和文明市场蔚为风气，年年都有新进展。省局决定在今年 召开全省工商系统第四次“双先”表彰会，充分发挥示范作用，进一步调动和激发广大干部职工的工作积极性、主动性和创造性，在全系统形成奋发向上、敬业奉献的良好氛围，为我省工商行政管理工作注入新动力。

四、改进作风，狠抓落实

云南省工商行政管理工作“高举邓小平理论伟大旗帜，以“三个代表”重要思想为指导，抓好“四大建设”，推进职能到位，促进经济发展和社会进步的总体发展思路已经明确，今年的各项工作目标也已经明确，今年全系统的主要任务就是团结一致，努力奋进，落实，落实，再落实。今年是全系统“作风建设年”、“调查研究年”、“狠抓落实年”。

抓落实，必须首先改进作风。全系统要认真贯彻落实党的十五届六中全会《决定》精神，按照“八个坚持、八个反对”的要求，切实转变作风。领导机关和领导干部要带头转变作风，要继续坚持“心往基层想、人往基层走，钱往基层用”，大兴深入基层调查研究、指导工作之风，在全系统继续坚持和完善领导机关和领导干部联系基层的制度。

抓落实，必须紧紧抓住整顿和规范市场经济秩序这个中心。整顿和规范市场经济秩序工作是党中央、国务院赋予工商行政管理部门的时代重任，履行好监管执法职能，维护良好的市场经济秩序是工商管理部门的基本职能。全系统要把思想和行动统一到党中央、国务院、省委、省政府和国家工商总局的部署上，全力以赴完成好整规工作各项任务。

抓落实，必须明确责任，强化督查，严格奖惩。各级领导班子既要坚持集体领导，又要分工负责，某一方面的工作由谁负责，由谁承担责任，必须清清楚楚。各级领导干部一定要增强政治责任心，真正做到按级负责，一级抓一级，一级带一级，建立和完善层层抓落实的责任制。要强化督查工作，做到奖罚分明，哪一级出了问题，就追究哪一级的责任；该奖励的要及时兑现奖励。

抓落实，必须加强纪检监察工作和党风廉政建设，要从严治党、从严治政、廉洁行政，以党风带行风，认真做好系统内的教育、监督、惩处、保护工作，执法监管工作做到哪里，纪检监察工作就延伸到哪里，政务公开和行风评议工作就延伸到哪里，以严明的执法监管行为来履行好职能工作，树立好市场忠诚卫士的良好形象。

各级工商行政管理机关所属的协会、学会、中心、事务所、学校等事业单位，都要围绕局机关的年度工作任务，在各自的职责范围内积极做好工作。各级工商行政管理要加强领导，关心、支持他们的工作。

同志们，云南工商行政管理工作正前进在新世纪的征途中，我们要紧密地团结在以江泽民同志为核心的党中央周围，在省委、省人民政府和国家工商行政管理总局的领导下，振奋精神，团结一致，齐心协力，努力完成好今年的各项工作任务，为我省经济发展和社会进步做出新贡献，以优异的成绩迎接党的十六大的胜利召开！

专 文

在建立经济户口试点工作会议上的讲话

（2001年4月20日）

云南省工商行政管理局副局长 王贵明

同志们：

自今年以来，省局企业处根据全省工商行政管理工作会议精神和2001年工作计划，就我省以省局、昆明市、玉溪市和楚雄州为试点，建立经济户口和上下联动监管机制作了必要的调研。最近，国家工商总局王众孚局长在“全国整顿和规范市场经济秩序工作会议上的讲话”中，又强调要将在基层工商所全面建立企业经济户口和实行县级以上登记机关与基层工商所上下联动的监管模式作为工商系统大力整顿和规范市场经济秩序的一项重要工作内容。今天，我们在这里召开的建立经济户口试点工作会，就是贯彻落实全国整顿和规范市场经济秩序工作会议和国家总局座谈会精神的一项具体工作。下面我讲三点意见，供同志们参考。

一、转变观念，开拓创新，充分认识建立经济户口上下联动监管机制的重要意义

（一）建立经济户口和上下联动机制，是工商行政管理自身改革和发展的需要。一是从工商行政管理自身改革和发展来看，其基本职能已由传统的管、办一体转变为市场监管和行政执法；监管的领域和对象已由侧重管理集贸市场和个体私营经济转变为监管各类有形和无形市场主体的市场准入、竞争和交易行为；机构体制已由条块结合以块为主转变为条块结合以条为主；监督管理的模式、方式方法正由单一、静态、事后查处为主转向综合、动态、事前、事中、事后相结合的全方位、多层次、规范化的监督管理；工商行政管理队伍在数量和素质上也有了新调整和变化。二是从市场变化看，21世纪将是一个高科技信息时代，多媒体手段流通领域广泛运用，新的经营业态，经营方式不断涌现；商品和服务日新月异、市场竞争空前激烈，政府的宏观管理调控手段方法不断规范和创新。面对新的形势，工商行政管理部门作为国家主管市场监管和行政执法的职能部门，必须全面改变传统的管理方式和方法，更新管理的观念和手段，适应国民经济发展和维护市场秩序的需要。

（二）建立经济户口和上下联动机制，是强化监管执法职能的需要。清理整顿和规范市场经济秩序，不仅要求登记工作严格遵循国家法律法规规定的市场准入条件和程序，切实做到“三严格三禁止”，即严格执行登记管辖权限，禁止越权登记；严格执行登记管理的条件和程序，禁止随意降低法定条件，减少登记程序；严格执行法律法规规定的审批制度，禁止随意减少法律法规规定的专项审批或随意增加不必要的审批。同时，要进一步规范已准入的市场主体。一是切实加强经济户口的管理，不管是国家的还是私营的，不管是各级工商行政管理局登记的，还是在工商所登记的，工商所都要建立经济户口，都要实行经济户口管理。经济户口的管理，就如同派出所的自然人口管理一样，只有把经济户口管好了，良好的经济秩序才有基础。二是建立分级登记管理与属地监督管理相结合的联动机制，解决以往重登记、轻管理，监督管理职能长期踏空的积弊。通过将工商所计算机与登记机关联网，拓宽工商行政管理的视野，消除以往监管体制难以克服的管理盲区，实现静态管理到动态管理的转变，才能迅速及时地了解掌握各种业态的发展变化，对市场经济秩序及其各类主体行为即时作出反应，增强管理的机动性和反应能力，把“分级登记，属地管理”的原则落到实地。

（三）建立经济户口和上下联动机制，是反腐倡廉提高干部队伍素质，树立良好工商形象的需要。建立经济户口和上下联动机制，特别是实现网络公示制度和计算机等现代管理手段的运用，有利于推进管理的公平和透明度，推进各部门的联系，实现互相配合、互相监督，减少人为因素对监管执法工作的干扰和影响，从技术上、机制上防止办人情案、发人情照，遏制消极腐败现象的发生，促进廉洁执法、公正执法、文明执法，树立良好的工商形象。此项工作也必将调动广大工商行政管理干部学习信息技术和业务知识的积极性，从而促进干部队伍素质的提高。所以，实现建立经济户口和上下联动机制，也是加强廉政建设和干部队伍建设的重大举措。

总之，各试点单位一定要从适应经济和社会发展全局的高度，从提高监管执法水平迫切需要的高度，从做好整顿和规范市场经济秩序重要工作的高度，深刻认识建立经济户口和上下联动机制的重要意义。

二、认真部署，精心组织，扎实抓好各项工作

（一）要认识到位。建立经济户口和上下联动机制，不单纯是技术性工作，也是单个部门的工作，它更多地还要触及管理体制、业务流程、部门关系、观念习惯等诸多方面，没有主要领导出面，没有各业务部门的全员参与，是很难实现的。综观兄弟省市正反两方面的经验，有十分重要的两条，一是各级领导高度重视，作为一把手工程来抓。二是有关业务部门的积极参与，协作配合。因此，在本次试点工作中，要求各试点单位要力求做到“四统一”，即统一领导，统一组织，统一规划，统一标准；坚持上下协调发展、规范管理、分段实施的建设原则。

（二）要在工作中坚持正确的指导方针和原则。各试点单位要注意以下几个问题：一是既要统筹规划，又要分步实施，要根据本地的财力和业务要求去逐步实现，绝不能不分轻重缓急，一哄而上；二是必须坚持统一标准，分级实施；三是在联合建设中，各地要结合本地实际，采取适于自身情况的方案和结构，既要给予适当投入，又要做到量力而行；四是坚持“资源”共享的方针，各级工商行政管理机关掌握的各类信息资源是促进社会经济发展的宝贵财富，不但要在工商行政管理系统内部做到资源共享，而且要充分利用这些资源为各级领导机关，为其他行政执法机关，为社会提供服务。

（三）理顺监督管理执法事权，保障监管工作顺利进行。工商所是工商行政管理的前沿阵地，在建立经济户口和上下联动机制后，工商行政管理的各项监管工作，大多要靠工商所来完成。因此，必须使综合工商所尽快成为有权威的市场执法和监督管理机构。第一，要明确建立经济户口和上下级联动后工商所的职能；第二，要规范机构设置，探索出一套适应监管工作的机构设置模式；第三，要继续下放管理权限，强调辖区管理的原则。对辖区内各类经济主体的违法行为，实行属地管理、分极审批，逐步扩大工商所职权，发挥其执法的主力军作用。第四，要采取委托制。目前，法律、法规没有明确授权给工商所的职责和任务，是否可考虑由市、市辖区局委托授权给工商所，上级部门行使审定权，下放具体事务权，加强分局对工商所的领导和业务部门对工商所的指导，促进工商所各项管理职能的到位。

（四）进一步完善适应监管工作需要的现代化的技术装备作支撑。建立经济户口和上下联动机制要求实现计算机联网，全部业务上网作业。也就是从省、市局到分局到工商所，全面实现计算机联网，工商管理主要各项业务工作实现上网作业。要实现这一目标，就必须有步骤地搞好工商行政管理业务工作软件的开发，把各项业务工作，监管的具体内容，监管相对人相关资料通过软件显示出来；同时要在系统内配好硬件设备，为改善加强监督管理服务，以满足业务软件安装的需要。企业登记管理部门和工商所是工商行政管理工作的窗口，是监管的第一线，因此，各级工商所行政管理机关在财力、物力投入上要向这些部门和工商所倾斜，加强这些部门应用现代科学技术对各类市场主体生产经营行为进行监督管理的能力，把基层工商所和一线执法单位建设成队伍整齐，人员素质较高，装备较好，反应迅速的工商行政执法部门。

三、以试点工作为契机，努力培养造就一支掌握现代信息技术的、高素质的工商行政管理队伍

建立经济户口和上下联动机制，既为工商行政管理机关强化监督执法提供了有力的管理手段和技术，也对工商行政管理干部队伍素质提出了更高的要求。我们要以此作为推进工商行政管理信息化的契机，采取有效措施，在大力提高各级干部的政治业务素质和掌握现代信息技术的水平的同时，大力加强各级信息机构和干部队伍的建设，适应监管社会主义大市场的需求，更好地发挥工商行政管理机关维护市场秩序、促进经济发展的职能作用。

（一）以江泽民同志“三个代表”的重要思想为指导，努力提高干部的政治素质，树立良好的工商形象。进入新的世纪，我们面临着许多新情况和新问题，科学地、创造性回答和解决这些问题，要求我们必须进一步加强思想作风建设、转变学风、改进工作作风。这是当前做好各项工作的重要保证。要进一步增强各级干部“讲学习、讲政治、讲正气”的自觉性，认真按照“三个代表”的要求，切实加强队伍的思想作风建设；要进一步转变学风，坚持理论联系实际，学以致用，努力提高广大干部运用党的基本理论、基本路线解决实际问题的能力和水平；要进一步转变工作作风，深入基层调查研究，下大力气克服官僚主义和形式主义，提高办事效率和工作质量，求真务实，牢固树立脚踏实地的工作作风。

（二）以适应新形势、新任务和工商管理职能转变要求为目标，不断提高干部的业务素质。要强化干部培训力度，组织和鼓励干部在不断学习的同时，重视学习和掌握现代科学技术知识特别是现代信息技术，力争用3—5年的时间，使全系统各级干部都能掌握计算机和网络的基本知识以及操作使用技能，以现代科技手段促进监管方式、方法的改革，进一步增强监管执法力度和有效性。

（三）适应推动工商行政管理信息化的需要，进一步加强信息机构和干部队伍建设。一是要加快建立健全信息化工作专门机构，凡是有条件的地方，都要成立信息化工作专门机构；一时还不具备条件的，也要配备得力干部和信息专业技术人员从事信息化工作。信息化工作涉及面广，技术性强，资金投入大，各级工商行政管理机关要切实加强领导，注意听取信息化机构的工作汇报，认真帮助协调、解决工作中遇到的困难和问题，大力支持信息化机构创造性地开展工作。二是要高度重视信息化干部队伍建设。没有一流的人才和专家，就不会有一流的信息化建设成果，各级工商行政管理部门要把信息化干部队伍建设作为一项重要而紧迫的任务，高度重视、抓紧抓好。

同志们，建立经济户口和上下联动机制，是时代赋予我们的任务，是新时期强化市场监管执法的必然要求。我们一定要转变观念，开拓进取，扎实工作，推动我省工商管理工作再上一个新的台阶，为维护市场经济秩序，促进经济发展做出新的更大的贡献。

云南省“九五”商标工作回顾及展望

——在全省知识产权工作会议上的发言

云南省工商行政管理局副局长　赵　健

各位领导、各位来宾、同志们：

首先，我代表云南省工商局，对云南省知识产权工作会议的召开表示热烈的祝贺。商标是知识产权的一个重要内容，借助我国成功加入世贸组织，新商标法将于今年12月1日实施的契机，我很高兴能与大家一起回顾我省的商标管理工作，总结经验，结合新形势探讨新的发展思路。

一、“九五”商标工作的回顾

“九五”期间，全省各级商标管理部门，以邓小平建设有中国特色社会主义理论为指导，努力实践江泽民总书记“三个代表”的重要思想，认真贯彻党和国家的路线方针政策，按照国家工商总局的工作安排，紧紧围绕“两整顿”，结合西部大开发，进一步解放思想，更新观念，内强素质，外塑形象，积极履行商标管理职能，以企业商标工作为重点，加强商标注册、商标管理和商标执法力度，在工作中取得了一定成绩。

（一）加强政治思想教育和业务知识培训，整顿队伍作风，不断提高政治思想水平和业务能力。

在各级工商行政管理局的领导下，商标管理部门和商标代理组织，始终把加强队伍建设，整顿队伍作风放在一切工作的首位，坚持政治思想学习和业务知识更新，使思想上、政治上时刻与党中央保持一致。几年来先后组织学习邓小平建设有中国特色的社会主义理论，江泽民三个代表重要思想，认真开展“三讲”教育，开展整顿队伍作风，“行风评议”等工作，与此同时，认真抓好业务培训。几年来，我省省局和昆明市局的商标管理干部，各地州市商标管理干部先后参加了国家工商总局商标局组织的昆明和西安培训班的学习培训，通过学习，我省商标干部对商标知识的掌握、商标监管执法的能力，都有了明显的进步和加强，业务水平有较大的提高。我省两个商标事务所在加强自身建设的同时，不断学习，积极进取，代理商标事务水平又上一个新台阶。

（二）积极推进名牌战略的实施，围绕争创驰名商标，开展全方位的宣传活动，提高全社会的商标意识。

改革开放以后，全社会的商标法律意识不断增强，广大消费者认牌消费成为风尚，激烈的市场竞争造就了企业运用商标战略开拓市场的能力，出现了一批以驰名商标为纽带加快发展经济的现代企业集团。根据云南的特色和优势，我们帮助玉溪卷烟厂、昆明卷烟厂、云南白药股份有限公司和云南盘龙云海药业有限公司准备了驰名商标的申报材料，向国家工商总局进行了推荐。通过我们和企业的共同努力，“红塔山”及“云烟”卷烟商标分别于1997年和2000年由国家工商行政管理总局认定为“中国驰名商标”。这是省委、省政府实施名牌战略的一项重大成果，是云南经济工作和商标工作的一件大事，是两家烟厂经过几十年努力取得的的企业殊荣，也是我们云南全省的荣誉。“红塔山”和“云烟”商标被认定中国驰名商标，对于进一步提高知名度，增强市场竞争力和扩大市场占有率，推动我省名牌战略的实施，促进我省经济快速发展将起到积极的作用。

商标战略的贯彻实施不可能脱离广泛的社会基础，没有全社会商标意识的提高，商标工作不可能取得大的成绩。几年来，我们抓住机遇，采取多种手段加强对商标的宣传。除了报刊、电视的宣传、实际工作的宣传外，我们还积极组织各种活动，增强宣传的效果。2000年8月，我们大力协助中华商标协会在昆明市金碧广场主办了“著名品牌中华世纪行，宣传《商标法》展示活动”，从而拉开了——著名品牌展示和中华炎黄圣火火炬传递活动的序幕。这在我省商标史上是一件前所未有的大事，它既是贯彻商标法的大型宣传教育活动，又表明了中国商标协会对我们云南商标事业各项工作的重视和充分肯定。

（三）加大商标执法力度，保护商标专用权，整顿市场秩序。

九五期间，我省商标管理部门以“整顿市场秩序”为中心工作，加大商标执法力度，共查处商标违法案件1872件。其中商标一般违法案件1218件，商标侵权假冒案件654件，收缴销毁假冒侵权的模具、印版等作案工具78件，罚款100多万元，责令赔偿经济损失49万元。特别是查处了一批影响恶劣的商标侵权案，有力地维护了市场经济秩序。

1. 坚决打击侵犯驰名商标、知名商标专用权的非法行为。

驰名商标、知名商标是我们的重点保护对象，也一直是假冒侵权活动的目标。几年来，我们对于商标侵权问题，坚持做到普通检查与重点检查相结合，发现一起，查处一起，决不手软，有力地树立了商标法的权威，维护了市场正常的经济秩序，保护了企业的合法权益。我们除了定期不定期地组织专项检查行动外，还按照国家工商总局商标局的部署，对一些驰名商标、知名商标特别是收录入《全国重点商标保护名录》的我省7个注册商标和进入《云南省重点保护商标名录》的205个知名度较高的注册商标进行了重点保护，对发生的侵权案件进行了重点查处。如：我们重点查处了不法分子对海南椰树集团有限公司“椰树”商标专用权的侵权案，对假冒“椰树”商标的侵权行为进行了严厉打击；根据企业投诉，我们对昆明街头“狗不理”包子店进行了清理，对23户擅自使用天津“狗不理”包子这一中国驰名商标的行为进行了严肃查处，假冒的招牌被当场摘除，并对相关责任人进行了处罚和责令赔偿，维护了注册商标所有人的合法权益，有力地保护了驰名商标；昆明锻造厂“山羊”钢锄在市场销售看好，一些不法分子便以假乱真，用一些近似商标大量制售，造成商标侵权，我们及时组织力量查处，仅在德宏州就收缴侵权商标钢锄10多万把；烟草是我省经济的支柱产业，也是不法分子侵犯的重点目标，几年来，围绕云南烟草产业的发展，保护云南卷烟的商标，打击假冒侵权，我们一直作为工作重点，予以高度重视。几年来，全省工商系统商标管理部门多次组织了专项检查和打假行动，共查处了涉及卷烟商标的侵权假冒案件323件，收缴用于商标假冒侵权的模具、印板、卷烟机等作案工具42件（套），收缴销毁假冒侵权商标标识120多万件（套），罚款80多万元。通过一系列的工作，有力打击了我省境内对卷烟商标的侵权假冒行为，保护了我省卷烟企业的合法权益。

2. 清理整治汽配市场商标使用混乱问题。

汽配经销商擅自使用他人汽车注册商标，是历年来商标管理的老大难问题，一直没有得到很好解决。我省各地许多汽配商店、汽配维修店都擅自将中外著名汽车商标，非常醒目地用作自己的营业招牌甚至店名，极易引起消费者误认。这些行为侵犯了他人的注册商标专用权，严重扰乱了市场秩序，影响十分恶劣。整治汽配市场、规范商标使用，是国家工商总局商标局确定的整顿市场秩序的主要工作之一。为此，省工商局及时组织各地工商局商标管理部门对全省汽配市场进行了大规模清理整治，对相对集中的汽配市场进行了拉网式的重点突击检查，取得了显著的成效。尤其是昆明市工商局商标管理处，先后出动人员150多人次，车辆14台次，对老民航路的“汽配一条街”进行大规模清理整治，检查420多户汽配商店和汽车维修店，其中380户涉及商标侵权的被当场清除招牌或勒令限期改正，有力地维护了商标权人的合法权益。

3. 加强对商标印制企业和专卖店的管理。

针对历年商标印制单位验证换证及对非印制商标单位检查中发现的问题，从1996年起，全省各地都专门组织了整改检查，督促企业完善和认真执行各项商标印制管理制度。经过五年多探索和努力，我省已经建立了比较完善的、行之有效的专卖店管理制度，得到国家工商总局的肯定和兄弟省市的好评，许多省市纷纷前来总结经验，广泛推广应用。现全省共认证专卖店近600户。

4. 继续加强对商品批发市场内商标违法行为的监控。

几年来，对发生商标违法行为较多的商品批发市场，各级商标管理部门始终都加强了监控。仅昆明市工商局及其四个分局，就在批发市场内先后查处了假冒和侵权案件420多件，涉及假冒和侵权商品有土司酒、庐州老窖酒、天使土豆片、山羊牌锄头、凤临牌茶叶、回味牌茶叶等。

（四）采取有力措施，努力扩大商标注册面。

前两年，因受经济环境的影响，我省商标注册申请量一直呈稳中有降的趋势。随着经济形势好转，企业商标意识的增强，加上商标管理部门和商标事务所继续采取各种有效措施，扭转了逐年下降势头，商标注册申请量已经开始回升。2000年，省、市两个商标事务所共代理商标注册申请1300多件，变更、转让、续展、补证、备案、驳回复审、异议中请等共计800余件，比往年同期有所增加。仅两事务所就为企业提供商标咨询5000多人次，商标查询1500件，主动到企业上门服务400多人次。“九五”期间新核准注册商标5900多件，到2000年底，全省有效注册商标将近14000件。

（五）开展商标验证，规范企业商标使用行为。

全省现有有效注册商标近14000件，扣除因企业关、停、产业结构调整，产品更新等原因未实际使用的外，有效使用的注册商标在12000件左右。2000年7月，我省各地都开展了商标验证工作，并验证8712件，占有效使用注册商标的72%，其中合格使用的7544件，占验证数的87%。经验证发现，注册人名义变更的430件（因改制而发生变更195件）；注册人地址变更的174件；注册人名义和地址同时变更的93件；注册证到期未续展的47件；注册证遗失的15件；实际使用中擅自改变注册商标的图形、文字或图文组合的92件；擅自许可他人使用的146件；没有标明注册标记的147件；使用商品超出核定范围的29件；未实际使用注册商标的88件。对这些不规范行为，我们都通知企业办理了相关手续或及时予以改正。商标验证是全省注册商标基本情况的一次普查，是规范企业商标使用行为的最好办法，各地都十分重视，采取了专人负责，上门服务等有力措施，使验证率达到85%以上。通过验证帮助企业找出自己不易觉察的问题，当场指出，当场解决，效果非常明显。

（六）指导企业商标工作，促进企业商标工作向更深层次发展。

在国企扭亏脱困的关键时刻，国有大中型企业在实行战略性改制、重组过程中容易造成商标管理混乱，甚至流失。各级商标管理部门和商标事务所指导企业积极保护和正确处置注册商标，帮助企业及时办理变更转让等手续，维护注册商标的有效性、合法性，防止这一无形资产流失。“九五”期间全省因企业改制、重组、合并，进行注册商标变更、转让共413件。同时，各级商标管理部门和商标事务所充分利用管理职能，帮助企业搞好商标设计、选择、注册、使用和管理工作。省局商标处和省商标事务所经过多方协调，指导云南白药股份有限公司提出了“云南白药”商标的注册申请，现该商标已经获准注册，解决了该公司长期以来品牌、广告与商标相分离的难题。

二、找出差距，抓住机遇，迎接挑战

当新的世纪来临的时候，展现在我们面前的形势是，经济全球化发展，科学技术发展更加迅猛，我国经过多年的谈判，终于成功地加入了世贸组织，今年12月1日经过修改的新商标法将在全国实施，商标工作任务更加繁重。因此，我们必须振奋精神，努力学习和研究有关世贸知识和新商标法的精神内核，为入世后加强商标监督管理，向企业提供准确、及时的商标法律服务作好准备。

尽管近年来我省商标工作为经济建设和社会发展做了大量工作，取得了一定成绩，但就全国来看，我省仍存在较大的差距，特别是面对我国加入世贸组织的新形势，在商标注册和商标管理等方面，仍存在不少问题。主要是：

（一）商标意识谈薄，许多企业仍未完全摆脱计划经济下形成的旧观念，全省大部分企业商标意识不强。目前我省有效注册商标数只占企业总数的5%左右。更重要的是，对作为现代企业应具备的商标意识，还没有一个全面的认识，在商标的注册、决策和自我保护等多方面都与发达地区有相当的差距。令人担忧的是我们有的地县领导至今在认识上还存在问题，在发展经济时，没有把商标这一重要的无形资产放在应有的位置来考虑 ，甚至认为可有可无。

（二）商标注册起点低，发展很不平衡。从1979年恢复商标注册工作以来，特别是商标注册工作主核转制发展为代理制后，全省有效注册商标增加了近二十倍，但大部分集中在昆明、大理、曲靖、玉溪等经济较发达的地区，而其他如怒江、临沧等地州数量就极其有限，有的县竟然一个有效的注册商标都没有。

（三）由于我省经济结构的特殊性，商标侵权情况也具有全国其他地区不同的特殊性。具体表现在我省商标被外省侵权的多，尤其集中在烟、糖、茶、药等优势行业中；而我省侵犯其他省市商标专用权的较少，许多人至今都还不知道假冒注册商标为何物。

三、进一步加强商标工作的主要思路

我省是地处西南边疆的不发达省份，处在西部大开发的优越环境中，商标工作应大有作为，更应发挥商标制度促进改革、扩大开发，保护先进，激励竞争，推动社会主义市场经济健康发展的作用。当前，面对经济全球化的发展趋势以及入世给我国带来的机遇与挑战，结合我省商标管理工作中存在的问题，我们工商行政管理机关进一步加强商标工作的基本思路是：以江泽民“三个代表”的重要思想为指导，抓住我国加入世贸组织和《商标法》修改实施的机遇，学习、宣传、贯彻《商标法》，整顿和规范市场经济秩序，进一步做好商标工作，促进知识产权保护，扩大对外开放，为我省经济建设和社会发展作出贡献。

主要应做好以下几点工作：

（一）进一步提高全社会的商标意识。这是加强商标管理的基础，必须使企业乃至全社会都充分认识到商标这一知识产权的重要性，认识到商标是关系到企业生存和发展的大问题，也是保护消费者合法权益的大问题。商标是企业重要的无形资产，是企业占领市场，巩固市场和开拓市场的锐利武器。在以知识创新为基本特色的的知识经济时代，对知识产权特别是商标专用权的获得与保护已是刻不容缓的事，这也是我们商标管理工作的一项重要内容。目前，我省企业和社会的普遍意识，还停留在重硬件，轻软件的观念上，只看到厂房设备等有形资产，看不到商标的知识产权价值。全省已注册的有效商标仅占全省企业数的5%，这充分说明了我省商标工作与经济建设的差距，我们必须站在世界进入新世纪，经济全球化的大趋势，我国加入世贸组织及适应市场经济的要求的高度；必须站在西部大开发我省战略目标实现的高度；必须站在全省国民经济和社会发展，提高企业竞争能力的高度，来认识商标工作的重要性，从省到各地，从企业到社会引起高度重视，大家动员起来，一起来加强做好商标工作。作为商标管理部门，我们要指导企业特别是具有一定生产规模、一定市场占有份额，商标具有一定知名度的企业，树立名牌意识、精品意识，争创著名商标、驰名商标；对那些商标已具备较高知名度的企业，特别是拥有驰名商标的企业，要结合经济结构的战略性调整，对他们加强特许连锁经营、以商标资产为纽带进行结构调整和资产重组、加入WTO后商标工作的新情况等有关知识以及有关商标的国际条约、商标国际注册知识等有关内容的培训和宣传，要引导他们充分利用商标这一商战利器，扩大市场占有份额，推动本地区经济发展。我们要探索一条发展中创新，创新中发展的商标管理的新路子，充分认识商标管理和经济发展关系，进一步发挥商标在经济生活中的促进作用。

（二）努力扩大商标注册面。注册商标绝对数的增加，往往标志着一个地区经济发展的水平。我省目前的两家商标事务所，负责全省大部分商标的注册代理服务，在办理商标注册、查询过程中已简化了手续，从而有效地扩大了商标注册面。但是与我省经济的发展相比，与外省商标工作相比，目前我省注册商标数量少、范围小，既不利于知识产权的保护，更不利于我省经济的发展，必须采取措施，从企业和商标代理两个方面加强工作，进一步扩大商标注册面。

针对不同企业的商标情况进行分类指导，我们应分别制定出一些适合不同企业发展商标的规划、措施。针对商标意识不强的老企业，积极帮助指导他们盘活商标这一无形资产，围绕商标塑造新的企业形象；对处于调整改制时期的企业，帮助他们正确使用和处置已有的注册商标，指导企业及时办理相应的变更、转让。使用许可合同备案等手续，维护注册商标的有效性和合法性，防止无形资产的流失。

（三）加强商标印制企业的管理。商标印制是假冒注册商标的源头，加强对源头的管理，就可以有效地控制假冒商标流入市场。在“十五”期间，我省工商行政管理机关商标主管部门将对全省商标印制业再进行一次全面清理，及时掌握商标印制企业及非商标印制企业的现状、侵权假冒商标标识的印制动向、委托印制等特点。坚持从严考核，严格把关，重新核发"印制商标单位证书"，并确定每年检查一次的制度，尽量把住源头关，净化我省市场。

（四）大力发展为民族经济、边贸经济、旅游经济服务的商品商标和服务商标，特别着重我省独具特色商品的原产地的证明商标的注册和保护。把主要或者全部的由于我省自然环境和传统的人文历史决定的商品质量和特色保持下去，流传后代，并为我省现在的经济发展形成实力。这是我们当前商标工作的一大任务。

（五）加强商标管理队伍建设。随着经济建设的发展，对外开放的扩大，商标管理工作量必然更加繁重。为了适应这一新的形势，必须加强各级工商行政管理机关对商标管理工作的队伍建设。在机构改革中，省、地、县三级都必须加强商标管理部门，设有专职人员，加强业务培训，以便更好地履行法律赋予的职能，推进监管执法到位。现在省局、市局、县局，都有一批熟悉商标法律、懂得商标管理，热心商标工作的爱岗敬业的业务骨干，要用这一批业务骨干去挑起我省商标工作的重担，对于我省商标工作作出贡献的干部，要建议各级工商局给予表扬和奖励。一定要抓紧、抓好业务工作，安排好省局和地方局的商标业务工作，互相配合，互相支持。使我省商标工作上一个新台阶。

我们同时要按照中共中央的廉政建设规定和省政府及国家工商局的廉政建设规定，抓好商标队伍的廉政建设，使我们的干部成为爱岗敬业、清正廉明、业务精通、品质高尚的人民放心的国家公务员，树立工商干部队伍的良好形象。

（六）进一步加大力度，严肃查处各种假冒注册商标违法行为。围绕国家工商行政管理局确定的"整顿和规范市场经济秩序"的中心工作，加大力度，对商标侵权违法行为予以坚决打击，对商标专用权予以有效保护。为了维护商标法的权威，促进我省经济的发展，我们将和有关部门配合，进一步抓好整顿和规范市场经济秩序，继续做好对商标违法行为的查处工作。坚持普遍检查与重点检查相结合，组织集中统一行动，发现一起查处一起，决不手软。商标管理工作是一项长期的艰苦的工作，只有全社会都来关心和支持，才能从根本上消除商标违法，让商标这一特定的知识产权更好地促进我省经济的发展。因此，在这一工作中，我们希望继续得到社会各界的广泛、大力支持。

（七）加强宣传工作，造成一个良好的社会舆论环境。我们必须借助我国加入世贸组织和商标法律修改、颁布实施的时机，采取多种方式广泛深入地做好宣传工作，掀起一个"学习商标法，宣传商标法，贯彻商标法"的热潮。加强学习和培训，通过各种媒体进行广泛宣传，开展一些有益的活动促进这一工作，使我省上下、部门、企业和人民群众都知道商标的功能和作用，知道商标对于我省经济发展的重要意义，知道商标与企业、职工的经济利益密不可分，知道商标关系着广大消费者的直接利益，从而为商标法的贯彻执行创造一个良好的社会舆论环境。

同志们，商标法律把国家、企业、人民的利益密切地结合起来，统一起来。让我们运用商标法律这一有力武器，促进知识产权保护，整顿和规范好市场经济秩序，为我国入世和我省经济发展作出贡献。

最后，预祝会议取得圆满成功！

在全省整顿和规范市场经济秩序工作会议上的发言

（2001 年 4 月 19 日）

云南省工商行政管理局副局长　郝青山

各位领导、同志们：

省政府召开的这次全省整顿和规范市场经济秩序工作会议是一次非常重要的会议，我们工商行政管理部门一定坚决贯彻落实会议精神，按照牛副省长重要讲话的要求，全省各级工商行政管理机关要统一思想，提高认识，加强领导，精心组织，充分发挥工商行政管理部门市场监督和行政执法的职能作用，全力以赴，扎扎实实地抓好省政府部署的各项工作，打好这场整顿和规范市场经济秩序的攻坚战。

今年初，省工商局按照国家工商局的部署，将整顿和规范市场经济秩序工作作为全系统今年工作的重点，并开展了初步的行动。省政府召开这次会议，使我们更加提高了认识，进一步明确了任务和增强了信心。会后，我们将马上在省地两级工商局成立整顿和规范市场经济秩序工作领导小组，县级工商局成立统一执法队，集中力量，保证人力物力，按照省政府确定的整顿和规范市场经济秩序的原则、工作重点和任务，结合自身职能，抓住直接关系群众切身利益、社会反映强烈的重点领域和突出问题，继续深入开展“春耕护农行动”，组织实施“清理无照经营行动”、“整顿节日市场行动”、“清理违法广告行动”、“打假维权保名优行动”、“反封锁反垄断行动”和“整顿队伍作风、规范执法行为行动”等一系列专项治理工作，以重点问题的突破带动全面工作的推进，强化对市场准入行为、市场交易行为、市场竞争行为和市场监管执法行为的规范管理，整顿和规范市场经济秩序，促进全国统一、公平竞争、规范有序的市场体系的建立。

一、开展“清理无照经营”行动，以查处违法违章经营为重点，大力整顿和规范市场主体准入行为

一是全面完成企业前置审批的复查工作，坚持法定条件，规范市场主体资格，严把市场准入关。加强对重点行业企业档案的清理，特别是对涉及人民群众生命财产安全的烟花爆竹等易燃易爆物品生产经营企业，以及从事歌舞娱乐、电子游戏、网吧、桑拿按摩、录像放映等经营的企业，要重点进行治理和规范。凡未按规定办理前置审批的，要督促其限期补办；逾期未办的，责令其办理变更登记或注销登记。二是在基层工商所全面建立企业“经济户口”，掌握企业动态情况，实行县以上登记机关与基层工商所上下联动的监管模式，及时发现和查处违法违章经营行为。三是加大企业年检力度，增加实地查验比例，严厉查处虚假出资、抽逃出资等行为，坚决取缔无照经营，严肃查处“三无”企业。四是建立市场主体退出机制，让那些已经不具备市场准入条件的企业和浪费资源、技术落后、质量低劣、污染严重的不具备安全生产条件的企业退出市场。五是强化对中介机构及中介活动的监管，严厉查处资产评估机构、验资审计机构、咨询代理机构出具虚假资信证明、虚假评估等不法行为。六是加强对合同和经纪人的监管，严厉打击利用买卖、承揽、居间合同进行欺诈的行为。

二、开展“打假维权保名优”等行动，以打击制售假冒伪劣商品、欺诈等违法行为为重点，大力整顿和规范市场交易行为

一是继续深入抓好重点地区、重点商品、重点市场的专项整治，狠抓大要案件的查处，深入开展打假行动。坚持重拳出击，依法严惩。对违法犯罪分子特别是惯犯和首恶人员，要依法从重从快惩处，触犯刑律的，及时移送司法机关追究刑事责任，绝不允许以罚代刑。要严格实行领导责任制，加强领导，责任到人。对工作不力、失职渎职的，要严肃处理。二是积极争取把我省烟草、制药等名优企业纳入全国工商行政管理机关打假维权网络，保护我省名优企业和名优商品。三是严厉打击传销、变相传销和其它欺诈违法经营活动，既要抓住苗头，把各种欺诈经营活动消灭在萌芽状态，又要加强宣传教育，增强广大群众对非法传销的识别能力和自我保护能力。四是继续加大对虚假违法广告和商标侵权假冒行为的惩治力度，维护广告经营秩序，切实保护商标专用权。五是加强对粮食、棉花、成品油、汽车等重要产品交易活动的监督管理，切实维护重要商品流通秩序。六是进一步强化消费者权益保护工作。今年内实现地级以上城市全部建立“12315”申诉举报指挥中心和三级行政执法网络，加大侵害消费者权益案件的查处力度，并把“12315”消费者申诉举报电话作为群众举报扰乱市场经济秩序违法行为的举报电话。七是继续密切配合有关部门，严厉打击偷税、骗税、骗汇行为，深入开展“扫黄”、“打非”

斗争。

三、开展“反封锁反垄断”等行动，以打破地区封锁和部门、行业垄断为重点，大力整顿和规范市场竞争行为

一是打破地区封锁和地方保护主义，创造公平竞争的市场环境，促进我省对内对外开放和西部大开发战略实施。二是严厉查处各种不正当竞争行为。重点是严厉查处仿冒知名商标特有的名称、包装、企业名称以及仿冒、伪造产地和产品质量标志行为；严厉查处利用节日促销、巨奖销售等方式，对商品进行虚假宣传的误导行为；严厉查处建筑工程、旅游、房地产等市场的商业贿赂行为。三是加大《反不正当竞争法》执法力度，认真开展垄断性行业限制竞争行为的专项整顿。重点是依法对电力、保险、铁路、邮政、商业银行等具有市场支配地位，且限制竞争行为比较突出的垄断性行业，开展反限制竞争的专项执法行动；加强对供水、供电、供气、电讯等公用事业的经营者滥用支配地位、强制交易等限制竞争行为的监管。

四、开展“整顿队伍作风，规范执法行为”行动。以惩治执法腐败、查处失职渎职为重点，大力整顿和规范市场监管执法行为

建设一支高素质的执法队伍，是工商行政管理机关提高执法权威，抓好整顿和规范市场经济秩序各项工作的重要组织保证。近几年来，我省工商行政管理队伍的素质虽然有了一定的提高，但执法不严、监管不力、作风不正等问题仍不同程度地存在。各级工商行政管理机关要高度重视，以这次整顿和规范市场经济秩序为契机，切实抓好队伍整顿。

一是从严查处失职渎职行为，对有令不行、有禁不止、有案不查、瞒案不报的单位和个人，以及监管不力、工作失职、无作为的行为，要坚决追究单位领导和有关责任人的责任，严肃查处。二是严厉惩治执法腐败行为，对有法不依、执法犯法、徇私枉法的，纪检、监察部门要加大查处力度，强化执法监察措施，一经查实，坚决依法依纪严肃处理，该撤职的撤职，该开除的开除，该移交司法机关追究刑事责任的坚决移交，决不姑息养奸。三是下大决心，采取果断措施，彻底解决市场办管脱钩的遗留问题；不折不扣地执行财务“收支两条线”管理的各项规定；深入推行政务公开；加强对窗口部位、关键部门、重要岗位的权力制约，从制度上、源头上防止和杜绝违法违纪问题的发生。四是运用正反两方面的典型，大力弘扬先进，切实加强干部队伍特别是基层执法队伍的教育、管理和建设，进一步纯洁队伍，优化素质，转变作风，强化监管，树立良好的工商行政管理形象。

切实加强工商行政管理系统党风廉政建设和反腐败工作

在云南省工商行政管理系统纪检监察工作会议上的报告

(2001年6月5日)

曾荣基

为认真学习贯彻中纪委五次、省纪委七次全会精神,进一步加强全系统党风廉政建设,省工商局党组决定召开这次会议。召开全省工商行政管理系统纪检监察专题工作会议,在省工商局历史上还是第一次,这表明了省局党组对纪检监察工作的重视和支持。会议的召开,将有力地推动全系统的党风廉政建设和反腐败工作,因此,这次会议很重要,意义很深远。

这次会议的主要任务是:以邓小平理论和党的基本路线为指导,按照江泽民总书记提出的“三个代表”要求,传达学习中纪委五次、省纪委七次全会精神,提高认识,统一思想,增强信心;总结回顾近几年来全工商系统党风廉政建设和反腐败工作;讨论全省工商系统反腐败抓源头和党风廉政建设责任制两个《实施办法》;讨论纪检监察工作职责;研究部署下步党风廉政建设和反腐败工作;同时用以会代训的办法对纪检监察干部进行培训。

这里,我侧重就近几年全省工商系统党风廉政建设、反腐败工作情况和今年工作任务及安排报告如下:

一、全省工商系统党风廉政建设和反腐败工作的基本情况

近几年来,全省工商行政管理系统在各级党委、政府的领导下,在纪检、监察机关和上级业务主管部门的具体指导下,广大干部努力学习毛泽东思想和邓小平理论,按照“三讲”要求,努力实践“三个代表”的重要思想,切实贯彻“从严治党”方针,领导干部廉洁自律工作进一步得到深化,案件查处力度不断加大,纠风工作继续健康发展,全系统党风廉政建设和反腐败工作取得了明显成效。

(一)抓政治理论学习教育,努力提高广大干部的政治素质。为提高党员干部的政治思想觉悟和职业道德水平,全省系统上下采取多种形式,认真组织学习毛泽东思想、邓小平理论、学习党的路线方针政策和国家的法律法规,坚持对干部进行理想信念教育、宗旨教育、法纪教育和廉政教育、职业道德教育以及“三讲”教育、“三个代表”的重要思想的学习教育。在学习中涌现出了一批我省工商行政管理系统先进单位和个人。楚雄州王立国局长被省政府授予全省十佳“人民满意公务员”称号,昆明市官渡分局罗建春被省人事厅记一等功二次。今年初,在国家工商局召开的“双先”表彰会上,我省2名先进工作者和6个先进单位受到国家工商局、人事部联合表彰,有13名优秀工商行政管理人员和10个先进工商局受到国家工商局表彰。

(二)抓廉洁自律制度的建立,努力推进党风廉政建设和反腐败工作。几年来,省局针对本部门本系统的实际和职能,围绕党风廉政建设和反腐败工作,先后制定和下发《云南省工商行政管理人员守则》(即“五要十不准”)、《反腐倡廉纠正行业不正之风的八条措施》、《县局以上领导干部廉洁自律的八点要求》、《工商行政管理人员廉政守则》(二十个不准)、《关于开展警示教育和清理检查贯彻执行“严禁用公款大吃大喝、挥霍浪费”规定情况的通知》等规范文件,加大了对工商干部言行举止和作风纪律的制约力度。各地、市、州、县局积极响应,狠抓落实。一些单位先后拟定下发了《党风廉政建设责任书》、《党风廉政建设责任考核办法》、《禁赌令》、《禁酒令》、《执法人员道德规范》等;有的地、州局纪检组制定了《纪检工作职责和工作规则》、《纪检组岗位职责》;有的向社会公布了廉政建设举报电话和设立了举报箱;有的局领导作风深入扎实,坚持每年一次民主评议制度,推行“给我提意见,只讲存在问题,不讲成绩”的好风气;有的还在工商系统以及社会各界人员中聘请上百名廉政监督员。同时,各级工商局在行风建设中围绕“案、费、证、照、摊”等重点岗位和环节,实行了办案、核审、批准“三交叉”,核定、开票、收缴“三分离”,摊位安排实行排队等摊、公开招标,证照办理实行了“一审一核”制和窗口服务制,坚持执行了财务收支两条线,加强了行政性收费和罚没收入管理。这些制度的建立和完善,为有效防范和制约干部不廉洁行为发生,产生了积极的保证作用。

(三)抓工商行政管理政务公开,虚心接受社会监督。全省各地、州、市、县局根据政务公开的内容,逐渐从窗口部门扩大到机关各业务部门。有的地、州、市局做到执法人员“桌上有职务、身份、职责牌,胸上有上岗卡、袋里有检查证,巡查时有告知通知、处罚文书"等;有的除在集贸市场中醒目位置上设置公平秤、监督岗、曝光台、宣传栏外,还公开了市场主办单位名称、管理人员姓名,应履行的职责及反扒窃提示和反假冒伪劣提示等;有的注册厅发放办事指南,安装了触摸式电脑,以方便办事对象事前事后查阅。近几年,省系统内为规范行政执法行为,先后建立了行政处罚、行政复议、行政诉讼备案制度。全省系统通过推行政务公开,增强了执法工作的透明度,提高了办事效率和服务水平。树立了工商管理部门良好的社会形象。

(四)抓干部的监督管理,建立健全监督管理机制。

在提拔任用干部上,增加了透明度,实行群众监督。去年省局机关机构改革中,首次采取了竞争上岗、双向选择的办法,公布了竞岗条件、资格和竞岗职位,规定了竞岗方法和演讲的时限。省局对提拔任用的干部,进行了廉政鉴定、诫勉谈话、离任审计,把监督的关口前移。实行民主监督方面,几年来,各级工商局党组坚持按照江总书记提出的"集体领导,民主集中,个别酝酿,会议决定"的16字方针,加强了班子民主集中制建设。多数地局建立了礼品礼金登记制、吃请登记制。一些地州局实行了签订党风廉政责任书,让群众对领导班子进行民主评议,进行年终统一考核,建立廉政档案,做到下级对上级,上级对下级,同级对同级之间的相互监督,并将考核结果,作为对领导干部任期业绩的评定,奖励惩处选拔任用的重要依据。有的地方还通过开展党风廉政建设问卷调查和建立局领导接待日、领导专线电话等制度,进一步接受群众的监督。

(五)抓标本兼治,加大查处案件力度。全省工商系统坚持"两手抓两手都要硬"的方针,加大了反腐倡廉的工作力度,努力从源头预防和治理腐败,维护促进改革、开放和稳定的大局。去年,根据国务院《关于开展全国治乱减负大检查的通知》精神,在全省工商行政管理系统开展治乱减负自查自纠工作,各地紧密结合"整顿市场秩序、整顿队伍作风",通过自查自纠,彻底纠正了以乱收费为主的"三乱"现象。今年初,根据国家工商总局的安排,在全省工商系统开展了从成安县工商局严重失职渎职问题中吸取深刻教训,集中进行以法纪教育为中心的队伍纪律作风整治的工作,各级通过摆查问题,边查边纠,边整边改,在严格作风纪律上取得明显的成效。根据省委办公厅、省政府办公厅信访局、省纪委 信访室转办的对昭通地区工商局有关问题的信访举报,省工商局于今年2月上旬派出工作组,前往昭通调查核实,掌握了所反映问题的基本情况和事实,澄清了有关问题,省工商局党组进行了认真研究,统一思想,实事求是地作出处理意见。上个月,省局为贯彻落实全国、全省整顿和规范市场经济秩序工作会议精神,成立了"整顿办",省局党组成员都参加了这项重中之重的工作。制定了云南工商行政管理局整顿和规范市场经济秩序工作方案,各地、州、市相继成立了"整顿办"。此次整顿,除整顿各个市场出现的混乱外,还要严惩执法腐败,重点对行政执法中的执法主体、执法程序、执法依据等进行整顿和检查。对那些有法不依,执法不严,随意执法,以罚代刑,甚至出现执法者与犯法者互相勾结的人和事,发现一起严惩一起,发现一人严惩一人,决不姑息养奸,这是整顿和规范市场经济秩序的必然要求,也是工商系统党风廉政建设和反腐败斗争的具体体现。就去年一年而言,全省系统内查处工商人员贪污11人,受贿1人、嫖娼赌博4人,违反财经纪律11人,侵占挪用公款20人、渎职失职2人、违法行政3人、违反组织纪律18人。其中,开除党藉8人,留党查看1人,党内严重警告4人,党内警告10人;开除公职10人,行政撤职3人,降级2人,记大过4人,记过8人,警告3人;交司法机关处理17人,其他处理22人。在处理的人员中,科级干部8人,一般干部56人,党员17人,其他人员5人。一年来共受理举报信件158件,澄清事实85件,批评教育41人,立案调查29人,结案29人。充分体现了纪检工作"教育、监督、保护、惩处"的职能。

回顾和总结全省系统几年来的党风廉建设和反腐倡廉工作,省局党组的决心是坚决的,采取的措施是有力的,取得的成绩受到了上级和社会的肯定和认可。同时,我们也应该清醒地看到,省工商系统党风廉政建设和反腐败工作与党中央"从严治党"的要求和人民群众的期望,仍然存在着一定的差距,不同程度地还存在着这样那样的问题。主要表现在:一是个别党员干部在执法中,存在着办事不公、执法不严的现象,有的甚至以情代法、以言代法、以权代法;二是有的干部廉洁自律的自觉性较差,有时还发生刁难管理对象,吃、拿、卡、要现象;三是有的不文明执法,态度生硬,作风粗暴;四是有的对自己的生活圈、社交圈缺乏自我辨别、自我约束;五是有个别党组织监督不到位,党员与党员之间,干部与干部之间缺少应有的监督和帮助。从纪检监察工作和队伍自身建设情况看,也存在着不足:一是全省系统内还有七个地州未配专职纪检组长,仍有近半数的县市局还未建立纪检监察机构,有的虽设立了机构但未配专职纪检监察员。二是已建立纪检监察机构有的内部职责不清,程序不明。三是绝大多数纪检监察干部业务生疏,未经过基本的学习培训。四是个别纪检干部对本职工作还不太安心。以上情况表明,无论是在党风廉政建设和反腐败工作方面,还是在纪检监察队伍建设方面,都还面临着很多亟待解决的问题,任务还很艰巨,需要我们增强责任感、紧迫感,保持昂扬斗志,采取有效措施,努力推动全省工商系统党风廉政建设和反腐败工作取得新成效。

二、认真学习贯彻"两会"精神,明确2001年党风廉政建设和反腐败工作任务

中纪委为深入贯彻党的十五大和十五届五中全会精神,总结2000年党风廉政建设和反腐败工作,分析当前反腐败斗争的形势,研究部署2001年党风廉政建设和反腐败工作,于2000年12月25日至27日在北京召开了中纪委第五次全体会议。会上,江总书记作了题为《总结党风廉政建设和反腐败斗争经验,加大从源头上预防和治理腐败的力度》的重要讲话。江总书记的讲话,全面科学地总结了多年来在反腐倡廉的实践中形成的重要认识和经验;深刻阐述了党的执政地位及其带来的影响；深刻揭示了人心向背决定政党、政权兴亡的历史规律；精辟论述了反腐败治标与治本的辩证关系；围绕“三个代表”重要思想，着眼新世纪、新形势对党的建设提出了新的要求，强调在继续抓好治标的同时，加大治本工作力度，从源头上预防和治理腐败。尉健行同志作了《加大治本力度、狠抓工作落实，取得反腐败斗争的新成效》的工作报告，就正确分析和认识反腐斗争形势，增强责任感和紧迫感问题进行了重点阐述，对2001年党风廉政建设和反腐败工作任务作了部署。

中纪委五次全会召开后，紧接着省纪委于2001年1月8日在昆明召开了中共云南省委纪委第七次全体会议，会议传达学习中纪委五次全会和江泽民同志的重要讲话精神，总结部署了2001年党风廉政建设和反腐败工作。会上，省委常委、省纪委书记陈培忠同志代表省纪委常委会作了工作报告，省委书记令狐安同志作了书面讲话。

省纪委七次全会提出2001年我省党风廉政建设和反腐败工作的总体要求是：坚持以邓小平理论和党的基本路线为指导，努力学习和实践“三个代表”的重要思想，深入贯彻“从严治党”方针，根据中纪委五次全会的部署和省委六届十次、十一次全会精神，深化反腐败三项工作，在继续着力于遏制腐败的同时，进一步加大从源头上预防和治理腐败的力度，努力取得党风廉政建设和反腐败斗争的新成效，为我省的改革开放和现代化建设提供有力的政治保障。

我们要认真贯彻“两会”精神，结合工商实际认真抓好落实，下大力加强工商系统党风廉政建设和反腐败工作，努力完成省纪委七次全会提出的反腐败各项工作任务。2001年党风廉政建设和反腐败工作主要任务是：

（一）要加大遏制腐败现象的力度。

1. 增强廉洁自律工作的针对性，促进各级领导干部廉洁从政。

结合省工商系统实际，今年要认真抓好以下工作：一是认真贯彻执行中纪委规范党员领导干部从政行为的六条规定。二是狠刹公款吃喝玩乐的歪风。继续贯彻执行云工商监字(2001)1号《关于在全省工商行政管理系统开展警示教育和清理检查情况的通知》，全省各级工商局和工商所要对公款吃喝和公款进营业性高消费娱乐场所等方面的情况进行不间断的清查，纪检监察机关进行不定期抽查，严肃查处顶风违纪行为，并针对薄弱环节，健全规章制度，严格管理监督。三是防止和纠正领导干部借房改之机以权谋私。要结合住房制度改革，各地州市局要组织人员集中开展一次清房工作，将个人申报与组织调查结合起来，综合运用纪律、行政、经济手段，坚持制止两处占房，用公款为领导干部超标建盖、购置和装修住房等行为。

各级领导干部要自觉严格自律，作出表率。要通过民主生活会对照检查，认真自查自纠。各级要建立廉洁自律规劝书，限期整改通知书等制度，采取群众评议、廉政述职、诫勉谈话和党风巡视等措施，促进各项廉洁自律要求的落实。对基层工商所的负责人，也要按照中央提出的领导干部廉洁自律的若干规定，联系实际认真进行自查自纠，解决党性党风方面存在的突出问题。

2. 严肃执法，坚决查处违纪违法行为。

要继续坚持集中力量查办大案要案。省局纪检、监察 机构重点查处县处级以上领导干部的违纪违法案件。在继续查办贪污、贿赂、挪用公款以及走私贩私等案件的同时，要查办领导干部严重失职渎职的案件，严重违反组织人事纪律特别是买官卖官的案件，领导干部配偶、子女和亲属利用该领导职权和职务上的影响谋取非法利益的案件，执纪执法干部贪赃、徇私舞弊案件和个人擅自决定重大事项给工商局造成严重损失的案件。还要查处违法违纪收受回扣、礼金和各种有价证券的案件以及挤占挪用专项资金行为和建设工程领域中的违纪违法案件。

各级工商局要按照最高人民检察院、国家工商总局《关于加强联系与配合，在工商行政管理系统共同开展预防职务犯罪工作的通知》要求，对工商部门工作人员的职务犯罪案件，主动配合各级检察机关，做好案件查处工作。

地县工商局党组要进一步加强对查办案件工作的统一领导，纪检监察机构要在立案前主动请示，查案时主动通气，结案时主动汇报，工作出现困难时主动报告。今年要求地州市工商局纪检监察机构必须有自办案件。同时，地州局纪检监察机构要加强对县局纪检组查办案件的工作指导。

3. 继续抓好纠正工商部门行业不正之风工作。

要坚持“纠建并举”的方针和“谁主管谁负责”的原则，重点抓好以下工作：

一是必须把纠正行业不正之风工作作为今年一项重要任务，用足够的精力抓紧、抓好、抓出成效。实行一把手负总责，分管领导具体负责，其他领导分工负责制。要把行风评议工作完成的质量、社会满意的程度，作为评定省、地、县三级领导班子，特别是一把手工作政绩、水平、能力的重要内容之一，实行一票否决制。

二是要发扬光大执法公开制。各地要在原来实行的“两公开一监督”制度的基础上，根据工商行政管理各职能的特性，将具体职责范围、执法和管理的内容、执法程序、工作标准、承诺工作期限、违法责任追究、监督举报电话等向社会公开明示，以规范执法行为，接受社会监督。

三是要用《行政诉讼法》、《国家赔偿法》、《行政处罚法》、《行政复议条例》等法律法规规范行政行为，做到正人先正己；推行行政执法考评、行政执法责任、行政执法追究、行政赔偿制度，确保行政执法行为公平、公正、公开。

四是巩固和完善办理证照、查处案件、收取规费、安排摊位的权力相互监督制约和分离机制，办理证照实行窗口服务制，案件查处必须经法制部门审核，规费和罚没收入严格实行收缴分离，严格执行收支两条线制度，集贸市场摊位一律由市场服务机构按照公开竞争的原则安排。

五是抓“3·15”服务台的建立和完善，做到受理快、出动快、解决快、查处快，切实维护消费者和经营者的合法权益。抓登记“窗口”岗位的文明、高效、依法办事的行为，实行热情服务、咨询耐心、文明礼貌、规范着装佩证，做到“生人熟人一个样，本地外地一个样，身份高低一个样”。彻底克服“门难进、脸难看、话难听、事难办”的衙门作风。

六是证照的审批可实行委托授权制和注册责任人制度，解决因领导不在就耽误办理的问题，同时，要划清受理人、审核人、审批人的责任。抓好集贸市场的为民服务，实行市场全天候巡查制，设立监督岗，公平秤、违章曝光台。此外，还要注意抓好临时人员和其它聘用人员的教育管理工作，不能因这些人员的素质问题，影响整个工商行政管理部门的形象。

（二）要下大力加快反腐败治本的进程。

我们要按照中央、中纪委和省委的部署，切实加大反腐败抓源头治本的力度，对涉及权、钱、人的热点问题，改革体制机制制度，达到“用好权、管好钱、办好事”的目的。

1. 加大审批制度改革力度，规范行政审批权力。

根据中纪委和省委的要求，对工商管理部门行政审批权力，作一次清理，可以取消的行政审批项目要尽量取消；可以用市场机制代行政审批的，要通过市场机制来处理。确需保留的审批项目，对审批权要合理分解，建立相互制约机制。要规范程序，减少审批环节，公开审批程序和结果，接受群众的监督。要结合机构改革，围绕建立“办事高效、运转协调、行为规范”的行政管理体系的目标，重点抓好调整和削减审批事项，科学制定审批操作规程，加强对审批行为的监督等环节，对行政审批项目进行全面清理规范。积极推行以便民服务为中心的“一条龙”办公等为模式的联合办公审批制度。各级工商纪检监察机构要积极协调配合有关部门开展工作，确保政令畅通。

2. 推进财务制度改革，强化资金监管。

中央明确要求，今年省级单位要试行部门预算，将部门所有收支均纳入财政预算管理；改革财政资金缴拨方式，逐步实施国库集中收付制度，为促进这些改革措施的落实，全省系统内要抓好以下工作：一是继续抓好已取消的行政事业性收费项目执法情况的监督检查，清理整顿重点行业，重点项目和中介服务收费；二是继续清理公款账户，严格核定保留账户。对于清理各种账外账和“小金库”过程中发现的严重违纪违规行为，要坚决查处；三是逐步试行“收费统一监管、财务统一核算、会计统一管理、分配统一标准”的预算外资金管理办法。各级工商纪检监察机构要积极协调配合有关部门开展工作，维护经济工作纪律，严肃查处各项清理工作中发现的违纪违法问题。

3. 积极推进干部人事制度改革，继续提高干部人事工作的民主、公开、竞争程度。

要坚决落实中央关于选拔任用工作方面的几项重要措施：一是选拔任用县局以上领导干部，必须在规定范围内进行民主推荐；拟任人要在本单位、本部门进行民意测验，多数群众不赞成的，不能提拔任用；对在年度考核中，民主评议不称职票达三分之一以上的领导干部，应免去其现职。二是要扩大任前公正，公开选拔、竞争上岗制度的适用范围。要加大干部交流力度，逐步试行干部考察预告制度、差额考察制度和考察结果通报制度等。为保证以上措施的推行，全省各级工商纪检监察机构要配合党组和人事部门，加强对贯彻执行《深化干部人事制度改革纲要》、《党政领导干部选拔任用工作暂行条例》情况的监督检查，在各项干部人事制度的改革措施推行过程中，维护和加强党的政治纪律、组织人事纪律。还要配合组织监督，逐步健全完善系统内实行的干部推荐责任制、考察和考核责任制、考察结果会审制、提拔任用干部决策责任制、用人失察责任追究制度。各级工商局要认真贯彻落实中纪委、中组部关于《坚决防止和查处干部选拔任用工作中不正之风和违纪违法的行为的通知》要求，严肃查处用人中的腐败现象。今年，省局、地局两级要普遍建立干部廉政档案。重申和强调，必须严格执行选拔任用干部书面征求纪检组意见的制度。

4. 进一步加强领导干部任期经济责任审计工作。

结合工商系统实际，今年还要重点开展县局以上领导干部任期经济责任审计工作。各级工商纪检监察机构要充分发挥职能作用，加强监督检查，支持审计等有关业务部门依法行使职能作用。要会同人事部门，充分利用经济责任审计的成果，把此项工作与加强干部的监督管理结合起来。对于通过经济责任审计发现的违纪违法案件，要坚决查处。

三、完成 2001 年工作任务和做好纪检监察工作的几点意见

完成好中纪委和省委提出的工作任务，一是要认清形势，提高认识，树立全局观念，切实增强责任感、紧迫感和工作的主动性，以改革创新的精神加倍努力工作。二是要明确工作任务，理清工作思路，讲究工作方法，采取相应的措施，全面落实今年各项工作任务。今年，全省在党风廉政建设和反腐败工作方面，要做到“五抓”，即“抓住、抓紧、抓死、抓好、抓实”。与此同时还要进一步加强纪检监察队伍自身建设。正确处理好相关的几个关系。

（一）关于做好党风廉政建设和反腐败工作问题。总体工作思路是：在省纪委和省局党组领导下，坚持以邓小平理论和党的基本路线方针为指导，努力学习和实践“三个代表”的重要思想，深入贯彻“从严治党”的方针，根据中纪委，省纪委的部署和要求，在继续着力遏制腐败的同时，进一步加大从源头上预防和治理腐败的力度。针对工商管理工作的特点，从治标入手，实行标本兼治，着力对“领导干部廉洁自律、查处案件和纠正行业不正之风”三项工作任务狠抓落实，抓重点、抓规范、抓源头、抓责任制、抓宣传教育。充分发挥纪检监察工作“教育，监督、保护、惩处”的职能，促使全省工商行政管理系统党风廉政建设和反腐败工作在落实和深化上见成效。具体讲，要着重从以下方面做好工作：

1. 抓住工作重点：加大遏制腐败现象的力度，就是狠抓今年反腐败工作“三项工作任务”的落实。在领导干部廉洁自律方面，中纪委提出了廉洁从政的六条规定，强调针对性。在查处违纪违法案件中，强调查处案件要严肃执纪问题。在抓好纠风工作方面，强调继续坚持“纠建并举”的方针和“谁主管谁负责”的原则抓好纠风工作。加快反腐败治本的进程，就是从反腐败抓源头上加大治本力度，对涉及权、钱、人的热点问题，要从体制、机制、制度的改革入手，达到“用好权、管好钱、办好事”的目的。结合工商系统情况，今年纪检工作重点，要抓好反腐败抓源头实施办法和党风廉政建设责任实施办法 的落实。

2. 抓紧制度的规范。用制度规范约束执法人员办理证、照、案、费执法行为，防范执法腐败问题的发生，使广大党员干部不能腐败，是搞好党风廉政建设的一个关键环节，也是在整顿和规范市场经济秩序中，规范执法行为的一项重要措施。反腐败斗争以来，各级工商行政管理机关都十分重视制度建设。省局也结合实际，建立了方方面面的廉政制度，这些制度对规范工商管理人员行政监管和执法行为，防止和减少执法腐败问题的发生起到了有效的防范作用，保证了绝大多数党员干部不犯错误或少犯错误，这一点应当予以充分肯定。但随着形势的发展，党风廉政建设中新情况、新问题不断出现，有些制度已不太适应，加上管理体制的改革，工作机制的转变，有一些相应的制度还没有跟上，还有些制度过于空泛，针对性操作性和约束性不强，针对上述情况，结合今年工商管理中心工作，全省工商行政管理机关要在完成整治规范市场经济秩序的同时，内部进行规范执法行为制度方面的建设工作，对以往制定的廉政制度进行检查清理，删繁就简，过时的要进行修改，要根据中纪委五次、省七次会议的精神，对缺少的内容进行补充完善，空泛的形式主义制度要作修改或作废，制定廉洁从政制度，一定要针对工商行政管理部门职能和工作特点。制度的规范着眼于抓源头治本的措施为主要内容。制定的制度不能只讲不准干什么，还要对不准做的事违反了如何处理作出规定，所定制度针对性和可操作性要强，执行不了的制度不要搞，不能搞形式主义。要求地、县工商局纪检机构把制度规范和强化监督检查作为一项重要的职责，始终抓在手上，坚持经常抓，加大力度，层层抓落实，在基层见效果。

3. 抓死源头治理工作。从源头上治理腐败是我们党一贯的方针。中纪委五次全会再次强调“标本兼治，综合治理，从源头上预防和治理腐败”。这是加快反腐败治本进程力度的切入点。从源头上抓，一靠教育，二靠法制，要通过抓法规、抓体制，抓管理三项建设来见其功。为进一步贯彻落实国家工商总局关于《全国工商行政管理系统反腐败抓源头工作方案》的部署和要求，结合我省工商行政管理系统党风廉政建设和反腐败工作的实际和需要，省工商局制定了贯彻落实国家总局《方案》的《实施办法》。全省工商行政管理系统反腐败抓源头工作的总体目标是，通过狠抓各项措施的落实，深化工商行政管理体制改革，以治理“乱收费、乱罚款、乱摊派”、“吃、拿、卡、要”，以权谋私执法腐败为重点，从体制、机制、制度和管理上入手，严格依法行政，提高行政效率和执法水平，在我省建立起一支高效、务实、文明、廉洁执法，人民满意的工商行政管理队伍。要把反腐败抓源头工作纳入省、地、县各级工商局领导班子和领导干部责任目标管理和党风廉政建设责任制的考核内容，实行年度检查、考核，实施责任追究。地县工商局，以及省局机关各处室、直属单位要按照《实施办法》制定自己的具体措施。各级纪检监察部门要把各项制度执行情况的督办和检查指导作为一项经常性工作来抓，深入基层调查研究，注重总结推广典型和经验，大力弘扬先进，优化素质。各级纪检部门在抓源头治理工作中需要注重的几个问题：一是要争取各级党组的支持；二是要充分发挥业务主管部门的作用；三是处理好反腐败治本与治标的关系，不能把抓源头与治标分离；四是抓源头工作要有明确具体标准；五是抓源头要有工作重点，有步骤，要抓住群众反映强烈，近期内看得见摸得着的问题；六是抓源头工作需要有一定的声势。

4. 抓好责任制落实。搞好党风廉政建设和反腐败工作，关键在责任制落实问题。各级工商行政管理机关的领导班子和领导干部都要全面深入落实党中央、国务院《关于实行党风廉政建设责任制的规定》，切实承担起党风廉政建设领导责任，要带头廉洁自律，率先垂范；要认真履行领导职责，对党员、干部严格要求，严格管理，严格监督，管理好班子，带好队伍；要始终把党风廉政建设摆上重要日程，切实做到党风廉政建设与业务工作一起部署，一起落实，一起检查，一起考核，确保党风廉政建设工作扎实开展，取得成效。全面落实责任制，要在加大监督检查的力度方面 下功夫，失职渎职，导致屡次发生问题的，要严肃追究有关领导者的责任，要通过抓责任追究，推动党风廉政建设责任制的全面落实，推动党风廉政建设工作的加强，为进一步认真贯彻落实中央和省委、省政府《关于实行党风廉政建设责任制规定》，省工商局结合工商行政管理工作的特点，制定了责任制《实施办法》。实施办法对实行责任制应坚持的原则、责任范围、部门责任、责任的考核、责任追究和廉政档案等方面都作了详细阐述。与《实施办法》相配套，还制定了责任制具体的考核办法，考核项目包括：从严治党的措施、反腐败三项任务落实情况和从源头治理腐败的力度三大方面内容。在这次工作会上，省工商局党组要与地州市工商局党组签订今年工商系统内党风廉政建设的责任书。对责任制执行情况的考核，实行年度与平时考核相结合的方法进行，采用百分制考核。党风廉政建设责任制的考核结果要进入廉政档案，作为对领导干部任期业绩的评定，奖励惩处、选拔任用的重要依据。全省工商系统内党风廉政建设责任制的考核，是在各级工商局党组领导下，由纪检监察部门负责组织实施。

5. 抓实反腐倡廉宣传教育。搞好反腐倡廉，加强教育是基础，各级工商行政管理局一定要把思想教育作为一项基础性工作常抓不懈，抓紧抓实。教育抓好了，认识提高了，就可以有力地防范和减少违法违纪问题的发生。反腐倡廉工作要立足于教育，着眼于防范。对此，各级纪检监察部门要全面、正确地履行“教育、监督、保护、惩处”四大职能，要努力当好经济工作的“保健医生”。当然，对那些患“病”的，有病看病，无病防病，“防病”措施重要的是着眼于宣传教育，提高免疫能力。宣传教育工作紧紧围绕新时期党风廉政建设和反腐败工作任务，以正面宣传为主，把握好正确的舆论导向。要大力宣传邓小平党风廉政建设理论和党中央关于反腐败工作的指导思想、方针政策和重大决策，把广大干部职工的思想统一到党中央的部署和决策上来，增强反腐败信心，积极参与。要大力宣传工商部门良好的形象，让全社会广大人民群众了解工商，支持工商，共同搞好工商管理工作。宣传教育的主要内容，一是理想信念的教育；二是有关党风廉政建设和反腐败工作的政策法规教育。通过抓具体的党性、党风、党纪教育，使工商管理部门广大党员干部知纪知法，增强是非观念和遵纪守法观念，提高廉洁从政意识和拒腐防变的能力。

（二）关于进一步加强纪检监察队伍建设问题。

自1999年工商系统实行省以下垂直管理以来，各级工商局党组对纪检监察工作比较重视，把纪检监察工作贯穿在工商各项业务工作的始终。全系统纪检监察工作从组织上、思想上、工作上都不同程度得到加强。已建立了纪检监察机构的地县工商局纪检组，他们在各级工商局党组领导下，敢抓敢管，不断完善各项规章制度，做了大量卓有成效的工作，为加强本单位党风廉政建设和反腐败工作，为促进工商部门履行好市场监管和行政执法职能，作出了积极的贡献。但由于多方面原因，纪检工作也仍然存在诸多困难和问题。在旧体制下，省以下工商局的党风廉政建设和反腐败工作是条块结合，以块为主，省以下实行垂直管理后，这项工作变为以条为主，这就大大加重了各级工商行政管理局的责任。从目前情况看，纪检监察队伍建设与发展着的新形势、新任务、新要求不适应性还较为明显。前段时间在系统内开展纪检工作调研中，各地州市局对做好纪检监察工作提出了很多的建议和要求，应摆到加强党风廉政建设和反腐败工作中一个重要问题加以研究解决。

加强纪检监察队伍建设总体工作思路是：严格按照江总书记对纪检监察队伍建设提出的“政治坚定、公正廉洁、纪律严明、业务精通、作风优良”要求，结合工商行政管理系统纪检监察工作的实际，着力抓建立健全 机构；抓人员政治、业务素质提高；抓职责到位，理顺工作程序，建立基本制度等工作。不断提高纪检干部的思想政治素质和业务能力，使纪检干部增强政治责任感和事业心。充分发挥主观能动性，积极主动开展工作，以对党和人民负责的精神，切实履行好职责。

1. 建立健全省工商行政管理系统内纪检监察工作组织体系。目前全省工商系统纪检监察工作组织体系状况是，其体制上下还不一致，其机构还不健全，其人员还不尽到位。今年下半年地县机构面临改革，进一步理顺工作组织体系，是一个回避不了的问题，这也是地、县工商局关心的问题。加大从严治党和反腐败工作力度，需要从监督机制和组织体系加以保障。中央和省委对地县机构改革中，如何加强纪检监察机构问题是十分重视的，对工商垂直管理这样的部门，地、县机构改革中纪检监察工作体制、工作机构和人员配备如何适应工作要求这个问题，省局党组在下一步进行地县工商局机构改革时将统筹考虑。总的精神就是，坚决按照江泽民总书记关于“在地方各级机构改革中，纪检监察机关只能加强，不能削弱”的重要指示，从适应体制垂直后反腐败工作任务的需要出发，科学合理地设置机构和配备人员。在今年二月份召开的全省工商行政管理工作会议上，何局长工作报告中就加强纪检监察机构建设问题明确提出：全省各级工商行政管理局尚未成立纪检监察机构的，要在今年内成立，并配齐配强工作人员。因此，各地县工商局不要等机构改革，按照全省工商工作会议精神，争取主动，尽快把未建立的机构和配备的人员到位，进一步理顺省地县三级工商局纪检监察工作体系，以适应体制垂直后党风廉政建设和反腐败工作任务的需要和要求。

2. 提高素质，建好队伍。努力建设一支高素质的纪检监察干部队伍，是做好党风廉政建设工作的组织保障。对纪检干部素质的基本要求，一是作为党员，党性要强，要有较高的思想觉悟，对党的事业有高度的责任感。二是要秉公执法，有自我牺牲精神。三是要懂得党内的法规和国家法律，并且要有一定现代社会科学、自然科学和市场经济的知识。四是要有较强的组织协调能力。五是要有强烈的形象、责任和拒腐防变三种意识。配备纪检干部要坚持标准，决不能搞照顾，希望各级工商局人事部门对纪检干部的考察，一定要选拔作风正派，热爱纪检工作，肯干工作的同志担任，“宁缺勿滥”。针对目前工商系统内纪检监察队伍人员新、业务生疏、办案工作经验不足，有的不安心工作，有的政治、业务素质不够高的现状，加强队伍建设着力在以下方面下功夫：一是努力提高纪检监察干部的政治素质。纪检干部在政治上、思想上、行动上要与党中央保持高度一致，绝对忠于党的纪检监察事业，自觉拒腐防变，始终保持纪检干部的政治本色，一身正气，要敢于坚持原则和敢于斗争，敢于碰硬。纪检干部肩负着一种特殊任务，十分艰巨，要经受住腐蚀与反腐蚀斗争的严峻考验，自身要过硬，因此，要把思想政治建设和纪律作风建设放在队伍建设的首位，强化政治纪律，增强党性观念，严格遵守政治纪律、保密纪律、工作纪律和办案纪律等。二是要把不断提高业务素质作为加强队伍建设一项当务之急工作抓实。采取分级培训办法解决工作急需的有关业务知识和工作技能。省局每年争取办一期业务培训班，对地州市一级纪检干部进行培训。除此以外，积极向省纪委、国家总局、中纪委推荐业务骨干去轮训。各地州市局也要从自己实际出发，制定切实可行的培训计划。纪检干部要认真学习马列主义、毛泽东思想、邓小平理论，特别是江总书记关于从严治党、深入开展反腐败斗争的重要论述。学懂弄通各项廉政规定，更多地了解和掌握市场经济条件下反腐败工作的特点和规律。三是要强调，纪检干部不能妄自菲薄，有为才有位，要树立在干中学，干中提高信心，要不断研究新情况，新问题，注重认真总结和积累工作经验，不断提高过硬的工作本领。

3. 明确工作职责，理顺工作程序。地、县工商局反映，目前纪检监察机构职责不清，程序不明，哪些事该由哪级办，哪些人该由哪级管理范围没有划分清楚，一些监督工作缺乏可操作的规定和程序，使监督检查工作难以落实。存在这种现状,一是原来省工商局没有纪检组这个机构,去年11月份才成立。二是旧体制下,省局与地、县工商局不是直管,上下级关系只是业务指导关系。现在要把理顺相关工作关系作为亟待解决的问题加以研究解决。围绕明确工作职能、理顺内部工作程序问题,省局纪检组制定了职能、职责和基本工作制度,在这次会上作为会议讨论文件让大家讨论,进一步听听大家的意见。会后,进一步修改完善后提交省局党组审定后实施。这里需要说明的,一是中纪委、国家工商总局和省纪委对派驻纪检组、省局纪检组搞的这个职能职责和制度也是根据上级领导讲话精神,参照别的部门和结合工商系统实际制定的,所搞的《职能及工作职责》和《基本工作制度》仅是从省局纪检组本身角度制定的,不是全系统的纪检监察的职能、职责和制度。因此,地、县工商局不能照搬,可参照,并结合本地区实际制定出本级纪检组的职能、职责和基本工作制度,经同级党组审定执行,报省局纪检组备案。二是省局纪检组所制定的职能、职责和基本工作制度是按派驻机构的工作体制来设定的。地、县机构改革还没搞,为不影响工作,可比照省局纪检组派驻工作体制模式考虑,其依据是,在省纪委七次全会上陈培忠书记报告中明确“要按照中央、中纪委的要求,在地县机构改革中,进一步加强纪检监察机关派驻(出)机构的建设,以上级纪检监察机关领导为主,编制单列”。至于下一步上级最后如何确定,再按上级最后确定的执行。三是各级工商局纪检组、监察室的主要职能,其范围可按省局纪检组搞的职能范围先框定,以便上下对口。但在处理信访、案件分工和处分违纪违法人员职责权限方面有所不同,省局和地州市局纪检组工作职责分工应按照干管权分级负责的原则来明确,具体是,省局纪检组、监察室原则上只办理涉及正副处级干部的案子,相应的处分权限也是管到处级干部,正科级以下干部违纪违法的案子,由地州局受理。要求地、县工商局纪检组要抓紧制定本级职能、职责和相应的制度,并抓好落实。地、县工商局纪检组、监察室机构内部各岗位的工作职责和基本工作制度,应结合本级纪检监察机构设立和人员配备的实际情况和需要来制定,原则只有一条,从工作出发,要有利于工作的开展去制定好工作职能、职责和必要的制度。所制定的职能、职责和制度也要随工作形势和任务变化,低调务实,用实际行动不断开拓进取,努力开创纪检监察工作的新局面。

(三)在纪检监察工作中需要处理好的几种关系。

省以下工商局实行垂直管理以后,随之而来的工商系统内部纪检工作从地方划入工商,历史的重任责无旁贷地落到了我们每位纪检干部的肩上。纪检工作要搞好,需要得到各级工商局党组和业务部门的进一步理解和支持,同时还要注重处理好几种关系,主要有:

1. 正确处理好党风廉政建设和反腐败工作与经济工作的关系。纪检监察工作应服从和服务于经济工作,抓好党风廉政建设和反腐败工作是促进经济工作顺利健康发展的保证,而经济工作反作用于党风廉政工作,不同时期经济工作决定了党风廉政建设和反腐败工作有不同的工作侧重点。我们执法部门的每一个干部,都要经受住经济发展新时期党风廉政建设面临的严峻考验。要很好地处理好两者关系,要“两手抓,两手都要硬”,决不可一手硬一手软。

2. 要处理好纪检监察工作与工商业务工作的关系。应当清楚,工商部门是在完成监管市场的任务,而纪检监察机构是在完成监督党风党纪和反腐败的任务,其性质完全不同。处理好纪检工作与工商业务工作关系就是要改变把业务工作与抓反腐倡廉工作完全对立起来,把纪检工作孤立起来等不正确的认识和做法,就是要改变目前部分地县局和业务部门尚存在对纪检监察工作的重要性、紧迫性认识模糊,忙于业务工作而忽视纪检监察工作,忽略了党风廉政建设,忽略了反腐败工作的现象。纪检监察工作部门对业务工作的监管,主要是通过检查各项制度的落实,用制度规范执法人员和执法行为,监管的目的是为工商管理业务工作保驾护航。

3. 要处理好各级纪检监察部门与同级党组织的关系。应当明确,各级纪检监察部门是在同级党组领导下开展工作。省局纪检组、监察室是省纪委、监察厅派驻省工商局的纪检监察机构,实行合署办公,一套工作机构,两个名称的体制,履行党的纪委检查和行政监察两种职能,接受省纪委、监察厅和省局党组双重领导,以省纪委为主。根据中纪委和省纪委有关规定,各级纪检监察部门有责进行同级监督,发现本单位党组及成员和行政领导有违反党纪政纪的情况,必须及时向上级报告,并有权进行初步核实。我们要记住:一个地方、一个单位党风廉政建设的好坏,反腐败斗争能否持久深入,取决于党委(组)是否真正加强了领导,取决于主要领导是否做到了率先垂范,取决于工作是否真正扎扎实实落到了实处。从工商各级纪检组来讲,要主动向同级党组请示、汇报工作,凡重大行动事先要报告,取得党组的支持。

4. 要处理好各级纪检监察部门与地方党委、纪委的关系。现阶段,各级工商局党的关系还在地方,地市工商局纪检监察部门党的领导同时接受地方党委和同级党组的领导。在案件审理中,要主动与地方纪委配合,争取支持。

5. 处理好省局纪检组与地、县纪检组的关系。省局纪检组主管全省工商管理系统纪检监察工作,负责对地市纪检组业务指导和纪检干部的管理工作。要改变垂直前管理体制下形成的管理关系,地市工商局纪检组要加强向省局纪检组请示汇报工作制度,定期报告工作情况,尽快建立起顺畅的工作体系。案件查处实行分级负责制,地州局对重大疑难案件必须报上级纪检组备案。

党风廉政建设和反腐败任务光荣而艰巨,我们要高举邓小平理论的伟大旗帜,紧密地团结在以江泽民同志为核心的党中央周围,在中纪委和省委、省纪委以及省局党组的领导下,以高度的责任感和紧迫感,扎实工作,锐意进取,开拓创新,狠抓反腐败各项任务的落实,努力取得工商系统反腐败工作的新成效,以保证和促进我省工商行政管理各项工作取得更大的发展。

大　事　记

2001年1月～12月

1 月

11 日

△云南省工商行政管理局发出《关于印发〈进一步规范工商行政管理机关"12315"消费者申诉举报工作的意见〉和〈工商行政管理机关消费者权益保护工作标准及考核办法〉的通知》。

15 日

△云南省工商行政管理局作出《关于表彰2000年度全省工商行政管理系统社会治安综合治理先进单位的决定》。楚雄州、大理州、德宏州工商行政管理局获一等奖，临沧地区、昆明市、文山州、丽江地区、玉溪市、保山地区、怒江州工商行政管理局获二等奖，曲靖市、红河州、西双版纳州、思茅地区、迪庆州工商行政管理局获三等奖。

19 日

△云南省保护消费者权益委员会在昆明召开三届三次理事会，总结1999年～2000年的工作，部署2001年的工作。副省长、省消委会名誉会长程映萱出席会议并讲话，省工商行政管理局局长、省消委会会长何远灿作工作报告。

2 月

2 日

△云南省消费者权益保护委员会在昆明召开"绿色消费"年主题座谈会，倡导消费者在消费时选择未被污染或有助于公众健康的绿色产品；在消费过程中注重对垃圾的处置，不造成污染；引导消费者转变观念，向崇尚自然，追求健康方向转变，在追求生活舒适的同时，注重环保，节约资源和能源，实现可持续消费。

5 日

△全省工商行政管理工作会议在昆明召开。副省长程映萱出席会议并讲话，省工商行政管理局局长何远灿在会上作《解放思想开拓进取狠抓落实实现新世纪工商行政管理工作的良好开局》的报告。

21 日

△中共云南省委宣传部、省文明办、省经贸委、省工商局、省质量技术监督局、省检验检疫局、团省委、省消委会联合发出《关于贯彻中央六部委〈关于2001年开展"百城万店无假货"活动的通知〉的意见》。《意见》要求：1. 调整机构，加强领导；2. 服从大局，服务社会；3. 把握重点，搞好延伸；4. 结合打假行动，净化流通市场；5. 积极开展活动，适时形成高潮；6. 搞好舆论引导，实行舆论监督。

3 月

6 日

△云南省工商行政管理局发出《关于转发国家工商行政管理局〈全国工商行政管理机关"12315"消费者申诉举报服务网络统一标识〉的通知》。

4 月

18 日

△云南省工商行政管理局整顿和规范市场经济秩序工作领导小组成立。组长何远灿，副组长王贵明、赵健、郝青山、曾荣基。

19 日～20 日

△全省整顿和规范市场经济秩序工作会议在昆明召开。省委常委、副省长牛绍尧，省人大常委会副主任戴光禄，副省长程映萱、陈勋儒，省政协副主席孟继尧，省直各委、办、厅、局（公司）的领导同志，各地（州、市）、县的党员（州长、市长）、分管副专员（副州长、副市长）、县长，各地州市经贸委主任、工商局局长、质监局局长等共400多人出席了会议。会上，省委常委、常务副省长牛绍尧作了题为《统一思想，提高认识，切实抓好整顿和规范市场经济秩序的工作》的工作报告，副省长程映萱作了会议总结。

19 日

△云南省工商行政管理局在昆明召开2000年"树立新风尚，迈向新世纪"公益广告活动表彰大会。省人大常委会副主任吴光范、省文明办副主任陶国相、省工商行政管理局副局长赵健出席会议并讲话。

20 日

△云南省工商行政管理局在昆明召开建立经济户口试点工作会议。省工商行政管理局副局长王贵明出席并讲话。

5 月

30 日

△云南省保护消费者权益委员会在昆明举行新闻发布会，公布2001年3月中旬～5月消委会在全省开展的"千万个绿色消费志愿者在行动"大型调查承诺活动的情况。

6 月

5 日

△5日～6日，全省工商行政管理系统纪检监察工作会议在昆明召开。会议的主要任务是传达贯彻中纪委五次全

会、省纪委七次全会精神，回顾总结近年来云南省工商系统开展党风廉政建设和反腐败工作的情况，安排部署2001年纪检监察工作任务。省纪委常委、省监察厅副厅长陈方宏、省工商行政管理局副局长王贵明出席会议并讲话，省工商行政管理局纪检组长曾荣基出席会议并作工作报告。

7 月

2 日

△中共云南省工商行政管理局党组制定《关于贯彻落实〈全国工商行政管理系统反腐败抓源头方案〉的实施办法》。《实施办法》共35条，自2001年6月1日施行。

8 月

15 日

△全省工商行政管理工作会议，在昆明召开。会议总结了2001年上半年整顿和规范市场经济秩序的工作，布置了下半年整顿和规范市场经济秩序工作的主要任务。省工商局副局长郝青山出席会议并讲话。

9 月

20 日

△云南省保护消费者权益委员会在昆明召开“2001年第六届云南省消费者喜爱商品”评选活动授牌大会。省工商行政管理局局长、省消委会会长何远灿出席会议并讲话。据统计，这项工作从4月起至8月止，历时5个多月，共有省内外117家企业9大类143个规格品种参加评选。截至8月20日，共收到消费者选票19910张。经评审委员会严格把关，最后评出140个企业的140个规格品种的商品为2001年第六届云南省消费者喜爱商品。

5 日

△5日～14日，云南省工商行政管理局局长何远灿到红河州弥勒、开远、蒙自、个旧4县、市工商局及6个工商所和州工商局进行调研，对红河州工商行政管理工作提出5点要求。

10 月

27 日

△13时35分，丽江地区永胜县境内发生里氏6.0级强烈地震，余震128次，18个乡（镇）受灾，致使1人死亡，131人受伤，1589人无家可归，20600人需转移安置，直接经济损失近3亿元。地震也造成工商所房屋严重拉裂成危房，直接经济损失达70万元，工商干部职工家庭房屋财产损失达90万元，个体工商户商品及房屋损失达200万元。地震发生后，14时，县工商局及重灾的南片各工商所全力以赴投入了紧张的抗震救灾工作。一是迅速查看辖区内的灾情。二是及时与当地党委、政府取得联系接受救灾任务。三是分成7个小组到辖区内38家企业、476户个体工商户了解受灾情况。四是加强市场巡查力度，掌握市场物资供应及物价情况，及时向出售油毛毡、塑料薄膜、彩塑料布等救灾物资的企业和个体户发出通知不得涨价，只能以原出售价或低于原出售价供应，若乱涨价就要严惩重罚。经过全体工商干部近一周不分昼夜的奋战，一些不法商贩乘机牟取暴利及制售假冒伪劣商品的行为得到了有效抑制。

11 月

27 日

△云南省人民政府下发《贯彻〈国务院办公厅转发工商总局关于工商行政管理机关限期与所办市场彻底脱钩有关问题意见的通知〉的实施意见》。《实施意见》共分3个部分：1. 提高认识，统一思想；2. 彻底脱钩的方法步骤；3. 加强领导，明确责任，严明纪律，限期完成办管脱钩。

28 日

△云南省人民政府召开全省市场办管脱钩电视电话会议。副省长程映萱出席会议并讲话，提出4点意见：1. 统一思想，提高对市场办管脱钩工作重要性、紧迫性的认识；2. 精心组织，周密安排，保证市场办管脱钩工作任务按期完成；3. 严明纪律，保持稳定，确保市场办管脱钩工作顺利实施；4. 加强领导，明确责任，做好市场办管脱钩工作的检查落实。

12 月

5 日

△5日～10日，云南省工商行政管理局由局长何远灿以及副局长王贵明、赵健、郝青山带队，组织16个督查组分赴16个地州，对办管脱钩工作进行指导和督查。主要检查各级工商部门是否与所办市场实现了彻底脱钩，各级政府是否按要求接收了市场、债权、债务和人员；移交手续是否完备，是否符合法律法规程序。

工商行政管理

综　述

【概　况】 2001年，是全省各级工商行政管理机关努力学习和认真实践江总书记“三个代表”重要思想的一年。一年来，在国家工商总局和省委、省政府的正确领导下，全省工商行政管理系统高举邓小平理论伟大旗帜，以“三个代表”重要思想为指导，深入贯彻党的十五届五中、六中全会和上级的安排部署，以整顿和规范市场经济秩序为中心，以加强纪检监察工作和党风廉政建设为重点，全系统干部职工充分发挥新世纪的创新精神，努力完成党中央、国务院和国家工商总局、省委、省政府部署的各项工作，为云南经济发展作出了新贡献。概括起来讲，就是一个实践，两个创新，完成了四件大事，即实践江总书记“三个代表”重要思想；整顿和规范市场经济秩序工作创新、纪检监察和党风廉政建设工作创新；完成市场办管脱钩、整治“三乱”、基本建设稳步推进、地县两级工商行政管理机关机构改革前期准备工作就绪。

【学习和实践江总书记“三个代表”重要思想】 “三个代表”重要思想是一切工商行政管理工作的纲，是一切工商行政管理工作的出发点和落脚点。通过学习和实践“三个代表”重要思想，激发了全省工商行政管理干部职工的生机和活力，推动着工商行政管理工作和自身建设的开拓创新，推进工商行政管理新体制不断完善。2001年，全省系统按照“三个层次”和“三个环节”要求，深入学习和实践“三个代表”重要思想。第一个层次是领导干部带头学习和实践；第二个层次是各级党组织、党员干部认真学习和实践；第三个层次是全系统干部职工广泛学习和实践。“三个环节”即学习理解、联系结合和落实创新。系统内省、地、县工商局党组中心学习组累计学习300余次，撰写心得体会9300多篇，会议交流2600余篇。在系统内结合职能工作认真学习和实践的同时，全省12745名基层干部职工，还在当地党委“三学办”的指导下，按学习步骤，认真对“三个代表”重要思想进行了系统学习。系统内的学习和实践带动了市场监管和服务对象的学习和实践，通过举办知识问答、短期培训等，组织经营者学习，促进文明市场的建立。经过分层次、有重点、多形式地深入学习和实践，真正做到了把全系统的思想认识统一到“三个代表”重要思想上来，把工作、行动落实到实践“三个代表”重要思想上来。

【纪检监察和党风廉政建设】 2001年各级工商局党组高度重视，把纪检监察工作列入党组重要议事日程，真正做到把加强纪检监察工作与其它工作一起部署，一起研究，一起督促检查，形成了齐抓共管党风廉政建设和反腐倡廉工作的格局。完成多次专项检查，加强纪检监察机构参与工商行政管理中心工作的力度，行政执法与纪检监察工作整体合力得到加强。以“三个代表”重要思想、十五届六中全会精神为指导，加强对党风廉政建设和反腐倡廉重要性、必要性的宣传教育和警示教育，提高系统廉洁从政和拒腐防变能力，增强了纪检监察干部的使命感和责任感。建立了全系统纪检监察工作组织体系，理顺了工作关系，10个地州局和近三分之二的县局建立了纪检组，配备了人员，制定下发了纪检监察机构职能职责和基本工作制度，举办34期培训班，90余名纪检组长和几百名纪检干部参加了培训。加快反腐倡廉工作进程，狠抓行业不正之风，下发了《关于贯彻落实〈全国工商行政管理系统反腐败抓源头工作方案〉实施办法》，全面实行政务公开，从省局到基层工商所，层层签订了党风廉政建设责任书。严肃查处各种违纪违法案件，全省系统共收到举报390件，受理325件，初查结果249件。

【整顿和规范市场经济秩序】 整顿和规范市场经济秩序是2001年全省工商行政管理系统的工作中心。一年来，全省系统自觉把实践“三个代表”重要思想与“整规”工作紧密结合起来，按照国务院、省政府的统一部署，结合实际，切实做到认识、组织、措施和经费投入（全省共计投入800万元）“四个到位”。全省共查处各类经济违法违章案件40960件，立案查处6783件，总案值1.4亿元，罚没款总额2585万元，捣毁各类窝点397个，整顿和规范市场经济秩序工作取得了阶段性成果。

严把市场准入关，规范市场主体准入行为。坚决取缔无照经营，严肃查处“三无”企业，共查处无照证经营案件2416件，取缔“三无”企业1415户。清理复查企业和个体工商户档案11.7万户，重新审核登记易燃易爆生产企业及文化娱乐企业17858户，责令整改2999户，罚没金额2.2万元。建立市场退出机制，强化中介机构、合同、经纪人监管。配合有关部门建立和完善全省电子口岸执法系统，为800多户企业办理了中国电子口岸IC卡。截至2001年底，全省共登记内资企业113529户，注册资本（金）1676亿元；外资企业1624户，注册资本34.07亿美元；个体工商户691324户，注册资金82.05亿元；私营企业28737户，注册资金326.6亿元。

打击制假售假、欺诈等违法行为，大

力整顿和规范市场交易行为。狠抓大要案的查处,对15个重点市场进行了治理,共查处案件11317件,查获假冒伪劣食品25万千克,香烟5844件。帮助39家烟草、制药名优企业进入全国或省工商行政管理机关打假维权协作网络。查处伪劣种子7.6万千克、化肥531吨、农药38吨;检查汽车配件、修理门市及废旧物品收购点1994户,取缔136户,罚没金额45万余元,收缴非法拆解、报废车辆626辆,暂扣报废汽车477辆、五大件687件,价值7770万元。与有关部门协同作战,查处案件137件。共查处传销和变相传销违法案件23件,收缴假币6.85万元。严厉打击走私贩私活动,查处案件325件,案值859万元。

打破地区封锁和部门垄断,反不正当竞争执法行动取得历史性的突破。首次介入电力、电讯等垄断性行业,以及供水、供电、供气等公用事业进行监管执法。发布宣传报道1866条(篇);查处仿冒、误导、节日促销、巨奖销售等案件1778起;查处建筑工程、旅游、房地产等市场商业贿赂案件125起;专项整治垄断性行业限制竞争行为,共查处案件18起。

【市场办管脱钩】 根据国务院通知精神,省局加强调研,摸清全省底数后,积极向省政府汇报并得到有力支持,以省政府名义召开电视电话会议,下发通知,提出限期完成市场办管彻底脱钩的实施意见,明确要求"工商行政管理机关不得以任何理由拒不移交,政府或指定部门亦不能以任何理由拒不接收"。为确保市场办管脱钩任务如期完成,各级实地督办、指导。全系统政令畅通,态度坚决,按照"先移交,后清理,再处理"的原则,截至12月15日,全省工商行政管理系统全部顺利完成市场办管脱钩工作。移交345个市场(自办市场253个,联办市场92个),移交市场资产91745.76万元,移交市场债务31953.87万元,移交市场服务人员981人。

【整治"三乱"】 2001年,全省工商行政管理系统认真按照省委部署,把治理"三乱"作为努力实践"三个代表"重要思想的重要举措,作为减轻群众负担,促进群众增收,真正为人民群众谋利益的具体行动来抓。在充分调查研究的基础上,及时推广文山州的做法和经验,提出"谁上路,谁下岗;谁'三乱',谁脱装"的严厉要求,组织检查组分赴各地检查落实,本着有则改之,无则加勉的态度,进行自下而上拉网式整改,全省工商行政管理系统基本杜绝了"三乱"。

【系统基本建设】 为了规范全省系统的基本建设,省局制定了《系统基本建设审批管理暂行办法》,筹措基本建设经费1893万元,其中,820万元用于部分地县工商局办公楼建设、受震灾地区灾后重建;610万元解决在建项目缺口资金;463万元用于2001年新增基本建设项目。在国家工商总局和省财政厅的大力支持下,筹集省局新办公大楼建设资金4213万元。全部归还了安宁温泉干部培训中心建设项目贷款。自1999年实行垂直管理以来,在省地县三级工商局的共同努力下,共投入系统基本建设资金2.49亿元。

【地县工商局机构改革前期准备】 省局成立了地县工商局机构改革工作领导小组及办事机构,并多次召开会议研究地县工商局机构改革工作,反复向省编办、省财政厅请示报告,力求把前期准备工作做细、做实、做好。结合全省系统实际,制定了实施方案,明确了机构改革的原则、思路、目标和时间进程,确定了地县工商局内设机构数额、派出机构的设置原则。按照省编办和省人事厅的批复,确定了人员精简比例、领导职数的调整原则,提出了事业单位改革的总体要求,基本完成了地县工商局机构改革前期准备。

【市场监督管理】 全省工商行政管理机关以加强粮食市场的监管为重点,加强各类市场的监督管理,取缔无照粮食经营企业308户,没收粮食86万斤,罚没金额25万元。加强对节日、旅游市场及有关重要商品的监管,查处案件3803件,捣毁窝点43个,受理投诉1823件。以关系人民群众身心健康的消费品为重点,对各类商品交易市场进行全面整治,查处违法违章案件41646件,罚没金额479万元。加强合同监管,打击了合同欺诈行为。

【维护消费者合法权益】 全省系统内地、县、所三级维权执法网络初步形成,统一了服务网络标识和执法车辆标识,配备执法车辆114辆。全年共受理消费者申诉1.5万件。盘龙分局、五华分局、安宁分局被团中央和国家工商总局授予"优秀青少年维权岗"荣誉称号。玉溪市南北大街和丽江县四方街被国家工商总局命名为"打假维权、消费者满意街"。

【商标广告监督管理】 2001年,广告监管执法重心下移,推行审查员一票否决制,逐步建立了快速反应的动态管理机制。全省系统共监测报纸广告10万余条,查处广告违法案件1761件,比上年增长92.7%,收缴违法印刷品广告144.9万份,责令12户广告经营户停业整顿。加大商标侵权和商标违法行为打击力度,保护商标专用权,去年共查处商标侵权假冒案件239件、商标违法案件487件,罚没金额53万元。到2001年底,全省广告经营单位发展到1813户,从业人员12410人,营业额8.5亿元。全省有效注册商标已达15350件,云南省拥有中国驰名商标2件:红塔山、云烟,正在申报的3件。

【法制工作】 省局会同有关部门修改论证《云南省消费者权益保护条例》,对《云南省反不正当竞争条例》等5部地方性法规,提出了修改意见。清理地方性法规、政府规章和其他政策措施1289件。加强对基层执法工作的指导,对各地定性批复36件,核审51件案件,复议行政处罚案件9件。

【干部教育培训】 全省系统稳步推进行政执法证培训和考试工作,2245名干部参加了行政执法培训考试。各地普遍组织世贸知识培训和考核,加强系统财务工作人员会计电算化技能培训。选派82名中青年干部到省局或昆明市局跟班见习锻炼，或者到上海市工商局挂职锻炼，被选派的干部共撰写心得体会或个人总结121篇。组织570名各地离退休干部到安宁培训中心疗养。

【系统财务工作】 全省系统内开展了收费专项检查自查自纠工作，强化了收费票据管理工作，清理整顿银行账户。加强建章立制，制定下发了三个制度，拟定并上报省财政厅待批两个制度，拟定并正在征求意见两个制度。认真执行系统经费预算，共安排省局调控资金和省财政专款2128万元，用于建设和维修改造项目82个，安排交通工具购置经费592万元，为75个基层工商所配备了交通工具，为六个地级工商局配备了业务用车。摸清了全系统行政事业单位“家底”，总资产为13.19亿元，负债总额为3.55亿元，净资产为9.64亿元。

【工商所建制调整和经济户口试点工作】 按照“小局大所”方针，充实工商所执法力量，扩大执法权限，全面推行市场巡查制度，有条件的工商所逐步推行了经济户口管理。昆明、思茅、大理、保山等经济户口试点单位，基本实现县以上登记机关与基层工商所上下联动的监管模式。在姐告、磨憨、河口三大口岸建立了“国门工商”，设置地级工商局的分局，履行监管执法职能，强化服务意识。

【对基层工作的指导】 省局机关进一步转变作风，围绕“四大建设”和监管执法工作，切实帮助基层解决工作中遇到的问题和困难。省局认真执行联系基层制度，保证下基层调研时间，9月和12月份，两次大规模组织下基层，开展调研督查和抓落实的统一行动。省局领导和处室负责同志深入到了全省大多数县局和部分工商所，地、县局领导深入到了绝大多数工商所，为全省系统作风建设开了一个好头。

法制建设

【加强对整顿和规范市场经济秩序的指导】 认真开展对不正当竞争行为整治的指导。对涉及电力、保险、邮政、房地产等具有市场支配地位，供水、供电、电信等公用事业经营者的滥用支配地位、强制交易等限制竞争行为进行准确定性，全年共批复不同类型的不正当竞争案件12起，为这方面案件的查处奠定了坚实的法律基础。

加强对打击传销和变相传销活动的法规指导。一是通过分析全省出现的大量传销和变相传销案件，归纳总结近期传销和变相传销的特点，并阐明了打击传销和变相传销的最新政策和法律依据，以《法制工作交流》的形式转发全省，为全省工商行政管理系统有效打击传销和变相传销活动进行了基础性的工作；二是全年对全省23件种类复杂、形式多样的传销和变相传销案件进行定性，为这些案件的查处提供了法律依据。

进一步加强对规范性文件的协调、审核、把关，进行了大量规范性和基础性的工作。经过认真审查，全年会签文件53件，回复征求意见稿69件，对国家工商行政管理总局、省政府、检察院、法院和其他有关部门15起质询事项进行了答复，与有关厅局联发文26件，内容涉及文化娱乐行业、印刷、出版、野生动植物保护等社会经济生活的各个方面，为全省的整顿和规范市场经济秩序进行了大量规范性基础性的工作。

【加快立法和清理行政审批步伐】 《云南省消费者权益保护条例》的立法修改工作基本完成。与省政府法制办、省人大财经委、法制委等部门对《云南省消费者权益保护条例》进行了21次修改论证工作。在这一立法阶段，先后到上海、浙江、广东、昆明、西双版纳、思茅、丽江等地进行了立法调研，召开了有社会各阶层人士参加的立法听证会，广泛听取社会各界的意见和建议，经过一系列的反复修改和论证，该《条例》报政府审议工作已基本结束，部分条款的前瞻性、可操作性处于全国的先列。目前即将由省政府提交省人大审议。

修改涉及工商行政管理地方性法规的工作初步展开。根据省人大、省政府的要求，提出了对《云南省反不正当竞争条例》等5部涉及工商行政管理地方性法规的修改意见，并以书面材料报省政府。

布置指导全省工商系统开展了清理行政审批工作。根据省委省政府的要求，在全省工商系统布置开展了清理地方性法规、政府规章和其他政策措施的工作，目前已对1289件文件进行了清理，其中保留的有446件，废止的有827件，拟修改的有16件。

【行政执法证培训和考试工作取得阶段性成果】 完成了省局机关和地州市局领导行政执法证培训和考试工作。法制处在人教处的积极配合下，完成了省局机关公务员行政执法证培训和考试任务。并对全省地州市工商局正副职领导，法制机构人员进行了培训考试。

全系统行政执法证培训和考试工作全面展开。到年底，已有3个地州全面完成了执法证培训和考试任务，5个地州完成了州局机关、县局副局以上干部和法制机构工作人员的培训和考试，2个地州完成了所属部分县的执法证培训和考试。其余地州也正按计划开展此项工作。据不完全统计，目前全系统已有2245人参加了行政执法证培训和考试。

通过行政执法证集中培训和考试，提高了队伍素质，在全系统引起了较大的反响，树立了工商行政管理机关在社会上的良好形象。在此次行政执法证集中培训和考试过程中，各地工商干部对涉及工商行政管理的法律、法规进行了一次全面、深入的学习。培训结束后，进行了严格的考试，并邀请当地的人大、政府派员参加监考。经过培训和考试，进一步提高了执法人员的执法水平，对促进依法行政和队伍建设起到了积极作用，各地、州、市工商行政管理局对此震动较大，反应良好，一致要求将考核工作长期坚持下去。同时还在当地树立了良好的学法形象，产生了积极的社会影响。

【加强对大案、要案、疑难案件查处工作的指导】 年内法制处先后到上海、浙江、文山、红河、思茅、丽江、曲靖、西双版纳、德宏等地，就近期出现的电子商务监管、成批吊销营业执照的程序、消费者权益保护、罚没物资处理等热点、难点问题进行了有针对性的调查研究，利用《法制工作交流》帮助广大工商行政管理干部了解掌握新情况、理解适用新法规、学会解决新问题取得了良好的效果。

通过批复、当面指导、电话答复,书面答复等形式对全省各地工商行政管理机关的大案、要案、疑难案件、限制竞争案件、传销和变相传销案件进行了具体指导,确保案件的准确、及时查处。2001年,共批复了全省各地、州、市工商行政管理机关有关案件请示认定、定性批复36件,解答电话咨询和有关执法业务请示300多个,有力地指导了全省各地工商行政管理机关的执法工作。

【行政执法监督工作】 一年来,法制处共核审了51件案件,为行政处罚案件提供了法律依据,对执法程序,案件定性等方面存在的违法行为进行了纠正。同时,复议行政处罚9起,撤销4起,维持5起,保护了行政相对人的合法权益,维护了工商行政机关的执法权威和形象。

昆明、思茅、西双版纳、保山、德宏、红河、丽江、临沧、昭通、楚雄等地州市开展了行政执法监督检查工作。

随着经济违法行为逐年增多,公检法机关在查处经济违法犯罪中需要对企业性质、企业变更、注册资本等情况进行鉴定。法制处与各级公检法机关加强联系、密切配合,对公检法机关要求鉴定的18起案件进行了认真审查,作出了答复,较好地配合了公检法机关打击经济犯罪。与此同时,法制处出庭应诉当事人起诉省局的行政诉讼案件2起,经认真准备,2起行政诉讼胜诉。另外,对全省各地工商行政管理机关行政诉讼案件的应诉进行了具体有效的指导。

全年全系统法制机构核审案件7329起;行政复议案件97起,其中撤销案件18起;行政诉讼案件22起,其中撤销8起;工商部门行政赔偿案件2起。

市场规范管理

【概　况】 云南省工商行政管理局市场处全体工作人员在局党组的领导下,认真学习了江总书记"七一"讲话,努力学习和实践"三个代表"的重要思想,团结协作,紧紧抓住整顿和规范市场经济秩序这条主线,以贯彻落实市场"办管脱钩"工作为重点,认真履行市场监督管理职能,圆满完成了上级交给的各项工作任务。

【以商品交易市场规范化管理为重点强化重要商品市场的管理】 一年来,全省各级工商行政管理市场监管部门以加强商品交易市场规范化管理为重点,以规范商品交易市场主办者的开办行为,规范进场经营者的经营行为,规范市场监管人员的执法行为为具体内容,强化重要商品市场的管理,大力整顿和规范市场经济秩序。

1. 继续深入开展市场巡查制。近几年开展的市场巡查制,实践证明是行之有效的新的市场监管方式,是强化市场监督力度,实现职能到位的重要手段。一年来,各级工商市场监管部门在深入开展市场巡查制的同时,进一步拓宽市场巡查的内容和方式,完善市场巡查的考核、记录和案件的档案管理制度,着力克服巡而不查、放松管理的倾向。

2. 逐步健全市场管理的规章制度,明确市场主办单位的责任和措施,建立健全服务承诺、质量保证、销货凭证、消费者投诉、索赔和违法违章的档案制度。加强了对上市商品来源和流向渠道的检查,有条件的市场,尝试建立上市商品台账备案制度,逐步形成上市商品质量管理、监督保证体系。

3. 积极开展评比"文明市场"的工作。创建文明市场,积极推行规范化管理,是工商行政管理机关在新形势下进一步加强执法力度,强化市场监管的重要内容,也是提高队伍素质,转变工作作风,保护广大消费者的合法权益,营造良好市场环境的有效途径,为做好该项工作,市场处按照《关于1998~2000年底"全省文明市场"评比、推荐工作的通知》要求,精心组织,严格把关,共评选出"全省文明市场"109个。

4. 继续管好粮食市场。按照国家粮改政策的要求,各级工商行政管理部门进一步加强对收购主体资格的审查和经营行为的规范。严格把住粮食收购资格准入关,严格执行"粮食运销证"制度和"退出保护价收购粮食许可证"制度,继续抓好粮食经营台账制度。重点管好粮食批发市场,严厉打击粮食违法、违章行为,维护好粮食收购市场的秩序。2001年,各级工商市管部门共出动检查16815人次,车辆4415台次,检查企业14645个次,检查市场3522个次,取缔无照经营企业308个,没收粮食85.93万千克,罚没金额24.67万元。

5. 为贯彻落实公安部等11个部门联合制定的《关于开展公众聚集场所消防安全专项治理的实施意见》和云南省政府《关于开展公众聚集场所消防安全专项治理的实施方案》精神,6月7日,制定下发了《云南省工商管理系统关于贯彻落实云南省人民政府〈关于开展公众聚集场所消防安全专项治理的实施方案〉的意见》,明确了工商部门在专项治理中的任务,并做出了具体的部署和要求。6月11日,成立了由郝青山副局长任组长,各有关处室负责人为成员的云南省工商行政管理系统公众聚集场所消防安全专项治理领导小组,办事机构设在市场处,全面负责专项治理工作的实施。接到文件后,各地工商行政管理机关高度重视,均迅速成立了分管副局长任组长的公众聚集场所消防安全专项治理领导小组,制定了具体的实施方案,把任务明确到科、所,把责任落实到个人,精心组织、狠抓落实,全面调查和排查商场、超市、室内市场的火灾隐患。这项工作采取的具体措施是:(1)按类别全面掌握工商行政管理机关登记公众聚集场所的数量。(2)全面调查和排查商场、超市、室内市场的火灾隐患,并组织开展消防安全专项治理工作。(3)各级工商部门要依法查处未经登记注册擅自开业的营业性公众聚集场所的经营单位。(4)两次派专人参加省政府组织的消防安全专项治理检查工作。据不完全统计,在这次专项行动中,工商部门共出动2943人(次),车辆894台(次),检查市场、商场1068家。排查出存在不同程度消防安全隐患的商场、市场321家,较圆满地完成了整治任务。

6. 以食品、副食品、肉食品、大米、酒类、饮料、烟花爆竹、燃器具、食品油等关系人民群众身心健康的消费品为重点,以日常监管和专项治理相结合的方式，对各类商品市场进行了全面检查整治。例如：为保证让老百姓吃上“放心肉”，8月份，市场处组织全省工商部门开展了肉食品市场专项整治，并参与了昆明市的整治行动，对昆明市场上发现的问题及时提出了整改意见。据不完全统计，今年全省共查处商品交易市场违法、违章案件41646件，罚没金额479万元。其中：无照经营11176件，短尺少秤3817件，假冒伪劣5489件，掺杂使假501件，出售违禁商品782件，超范围经营1817件，乱设摊点9567件，不按规定明码标价1688件，强买强卖73件。

7. 进一步加强节日市场的整治。今年元旦春节期间，全省市管部门共出动检查人员22680人次，出动检查车辆3764台次，检查市场、经营户108552家查处案件总数3803件，案值366.4万元，捣毁黑窝点43个，受理消费者投诉1823宗，为消费者挽回经济损失124.1万元。

8. 按照云南省假日旅游协调领导小组的统一部署，认真抓好2001年“黄金周”假日旅游市场管理工作。在《关于进一步加强假日旅游市场管理的通知》要求的基础上，下发了《关于做好“两节”期间有关工作的通知》和《转发〈关于抓好2001年“十一”黄金周假日旅游工作有关事宜的通知〉的通知》，在积极参加省假日办组织的各项检查工作的同时，全省各级工商部门出动了大量人力、物力，强化了对“黄金周”假日市场的整治，严厉打击了拉客宰客、出售假冒伪劣商品、盗用商标、无证照经营和超范围经营等违法、违规行为，净化了旅游市场。

9. 认真贯彻国家工商行政管理工作会议精神，在全省开展严厉打击非法出版物、整顿出版市场的统一行动。各级工商部门按照《关于打击非法出版物认真清理整治出版物市场的通知》要求，加强对出版物市场的整治。仅四、五月份，全省就出动检查人数7230人次，检查图书出版物经营户6195户，查缴非法书刊109990本，盗版、黄色碟片39617片，非法印制商标、广告263700张。进一步规范了出版物市场，促进了“扫黄打非”工作的开展。

10. 加强对汽车、成品油市场的监督管理。以规范市场准入行为、市场交易行为为重点，加大了对新、旧机动车市场的监管力度。(1)按省工商局有关文件要求，各地加大了对小轿车无照经营、超范围经营、擅自设立分支机构和代开发票的违法行为的查处力度。(2)按照5月9日国务院召开全国打击制售假冒伪劣商品违法犯罪活动电视电话会议精神，草拟了《严厉打击拼装汽车行为彻底取缔报废汽车回收拆解市场的实施方案》，与公平交易处积极配合，参与严厉打击拼装汽车行为，取缔报废车辆回收市场的行动。(3)按照《云南省贯彻落实(关于限期停止生产销售化油器类轿车及5座客车的通知)的实施方案》要求，对全省主要几个大型机动车市场的主办单位做了宣传和自查自纠的部署，及时通知各地工商部门对所列车型停止验证，并于10月23～24日对部分地、州、市进行了检查。(4)加强对成品油市场的监督管理。强化对成品油经营单位资格和成品油来源的检查，对经营非法生产、来源不明和假冒伪劣成品油进行了查处。

11. 继续加强对化肥、种子、农药、农机、农具等农业生产资料市场的监督管理，各地采取有力措施，重点打击了制售假化肥、农药、种子和劣质农机、农具等坑农害农的违法行为。例如：思茅地区4、5月份在全区范围内开展了一次对鼠药的专项检查，对经营各类鼠药的个人，进行了彻底清理，全区共查收“毒鼠强”等各类鼠药40464袋，总价值13571元，有效维护了人民群众生命财产的安全。

【顺利完成省政府交办的市场办管脱钩的各项任务】 在省政府和省工商局党组的统一领导下，经过全省工商部门的共同努力及有关部门的支持配合，全省工商行政管理系统与所办市场彻底脱钩工作顺利完成。截至2001年12月15日，全省16个地、州、市应脱钩市场总数345个(其中：自办市场253个，联办市场92个)，资产总额91745.76万元，债务总额31953.87万元，已脱钩市场总数345个(其中：自办市场253个，联办市场92个)，资产总额91427.76万元，债权总额20357.1万元，随市场移交人员数981人。

市场处作为云南省工商行政管理局市场办管脱钩工作领导小组办公室，8月份以来，把市场办管脱钩工作作为压倒一切的政治任务来抓。首先，积极做好对各地市场办管脱钩工作的政策性指导工作。对各地提出的各种问题和遇到的困难进行分析研究，提出指导意见。第二、收集、统计各地按要求上报的脱钩市场的情况和统计数据，摸清家底，为下一步工作打好基础，第三、按局党组的要求，积极进行调研，收集汇总16个督查调研组有关各地市场办管脱钩的调研情况，结合兄弟省市的先进经验，迅速草拟了《云南省工商行政管理局关于认真做好市场办管脱钩工作的实施意见》，对脱钩的原则、方式、步骤、纪律等作了明确规定，并且，在局领导的带领下，多次向省政府分管领导作了汇报，在《实施意见》的基础上形成了省政府下发的云政办发[2001]196号文，确保了市场办管脱钩工作的顺利进行。第四、向国家工商行政管理总局市场办管脱钩工作督查组做了工作进展情况的汇报，获得督查组的充分肯定。第五、加班加点，督促各地如期完成市场办管脱钩工作，在12月15日18时全省顺利完成市场办管脱钩工作任务后，当晚写出工作简报，及时向国家局报告完成情况。第六、拟就云南省工商行政管理系统市场办管脱钩工作情况汇报材料，接受国家工商总局检查验收组对全省市场办管脱钩工作的检查验收，检查验收组对全省的市场办管脱钩工作给予充分肯定和好评。

【加强合同监管】 1. 全省各级工商行政管理部门以贯彻实施合同法为契机，进一步加强合同监管力度。2001年共鉴证合同190927份，鉴证合同金额757355万元。其中：农副产品购销合同167158份，金额45724万元；建设工程承包合同3334份，金额360731万元；财产租赁合同10097份，金额40534万元；借款合同4840件，金额234322万元。调解合同争议77件。

2. 深入开展重合同、守信用工作。

全省共命名重合同、守信用企业3109户,其中:1～2年757户;3～4年744户;5年以上1608户。红河州、保山市还以州、市人民政府的名义,对重合同守信用单位进行表彰。在此基础上,全省向国家经贸委、工商总局推荐了12户企业,参加国家经贸委、国家工商行政管理总局全国500户重合同,守信用企业的命名表彰。

3. 继续做好抵押登记工作。2001年,全省共登记抵押合同3822份,其中:动产抵押合同2481份,抵押物总价值1215819万元;房地产抵押合同1341份,抵押物总价值189236万元。份数和总价值分别比上年减少30.36%和减少2.73%。但是,此项工作各地开展很不平衡,大部分地区开展的较好,但有的市虽有10多个县区,有时每月只登记了1份,应当引起重视。按照国家工商局有关文件的规定,市场处分别为曲靖市、玉溪市培训了抵押登记人员及分管领导40余人,为今后开展抵押登记工作打下了基础。针对机构改革后,合同管理人员估计将会有较大变动,应加大对没有培训过人员的培训工作。

4. 关于对拍卖的监管。由于各地机构、人员没有理顺,对有关拍卖的法律、法规不太熟悉,社会上对拍卖行为、《拍卖法》及有关法规也不太了解,因此各地工商部门对拍卖监管工作做的不理想。2001年,全省只有曲靖市、红河州2个州、市对拍卖活动进行了监管,2州、市共到工商机关备案28次,工商机关到现场监拍16次,拍卖委托书总金额2320万元,拍卖确认书总金额2137万元。2州、市工商机关共制止违法拍卖2起。

【转变政府职能,提高工作效率】 按照省政府公布的云南省省直部门改革行政审批事项目录(第三批)的决定,将中央驻滇单位、省属企业开办的商品交易市场的登记下放到各地、州、市工商部门。同时市场处将经纪人的监管委托给昆明市工商行政管理局双生分局。全省对经纪人的监管主要以规范主体准入为主,重点加强对经纪从业人员的培训和资格认定,昆明市、玉溪市、保山市2001年都办了经纪人培训班,培养了一批持证经纪人。昆明市还着手准备成立经纪人协会,希望通过行业自律,进一步规范经纪行为。

【商品交易市场统计和分析工作】 根据市场统计数据,2001年全省城乡市场繁荣稳定,交易活跃,秩序良好,全省商品交易市场成交额为346.69亿元,比上年同期增长7.02%。其中:消费品综合市场成交额为188.62亿元,比上年增长4.17%;农副产品市场成交额为58.82亿元,比上年增长10.82%;工业消费品市场成交额47.08亿元,比上年增长9.94%;全省消费品市场期末价格总水平比上年下降1.25%。存在的问题:1.由于市场专项整治比较多,市场办管脱钩工作任务重,加之机构改革后市场处人员少、工作量大、面广、任务重,造成了一些日常监管工作跟不上。2. 一些地区市场管理干部对法规、政策理解不深,须进一步加强学习。3. 个别地州对抵押工作不够重视,工作开展得不理想。4. 除机动车市场管理较规范,执法力度较强外,其他双生市场仍需进一步加强规范化管理。

公平交易执法

【概　况】 2001年全省各级工商行政管理公平交易执法工作,以整顿和规范市场经济秩序为重点,经过各级领导和全体执法人员的共同努力,取得了新的进展与成效。据统计,2001年全省工商系统共查处经济违法案件40960件,其中立案查处6783件,案件总值14149万元,罚没金额2585万元。

【打击假冒伪劣商品保护名优商品】 各地工商行政管理机关始终把"打假、保优"作为服务消费者、服务经营者、服务地方经济发展的一项重要工作来抓。1. 新年伊始,即认真开展"元旦"、"春节"市场的专项整治工作,大力查处各种制售假冒伪劣食品、饮料、烟、酒等违法行为,确保节日市场繁荣和广大消费者健康、安全。一年来共查获假冒伪劣食品250016千克,饮料25.5万多瓶,烟5844件,酒18.9万多瓶,食盐129吨。2. 积极与名优商品生产企业联手开展打假维权工作。在国家工商局组织开展的"百家企业打假维权"活动的基础上,已建成有33家企业参加的全省"打假维权"网络,进一步增强了打假的力度。玉溪市工商局与红塔集团联手,数次往返省内外,打掉多个假烟及侵权窝点。省工商局与名优企业联手在昆明查处了假冒"阿迪达斯"名牌的运动服装和运动鞋以及假冒"力士"、"梦幻"、"舒肤佳"等洗涤用品的案件。在打假保优工作中,工商机关主动与各新闻单位建立了密切联系,请新闻单位的记者参与执法行动,宣传工商行政管理的政策法规。在社会上营造打击制售假冒伪劣商品违法行为的舆论氛围。3. 省局公平交易处成立了指导各地开展公平交易执法的指挥中心,建立值班制度,明确值班人员的工作职责,改变过去对全省全面工作指导由综合科独家负责的做法,基本做到了人人熟悉法规,人人熟悉情况。由过去的领导安排工作,变为主动开展工作的局面,使全处的工作上了一个新的台阶。

【积极开展反不正当竞争执法工作】 年初,在昆明召开了全省工商行政管理系统反限制竞争专项整治工作会议,会议请到了国家工商总局公平交易局反垄断处的领导到会,采取"以会代训"的方式,对各地、州、市工商局公平交易(经检)的业务骨干进行了培训。按照国家工商行政管理总局的部署,这次会议对全省开展反限制竞争专项整治工作,起到了很好的效果。省局于4月20日在云南日报发布了对全省公用企业限制竞争自查自纠的《公告》,对不正当竞争行为的查处开了个好头,对全省开展反限制竞争专项整治工作吹响了冲锋号。为了更好的指导各地开展好专项整治工作,同时省局公平交易处专门编写了"全省工商行政管理系统《反限制竞争专项整治工作会议》材料选编",为搞好反限制竞争工作奠定了良好的基础。在召开全省工商行政管理系统反限制竞争专项整治工作会议之前,红河州工商局对某单位利用其自身独占地位,强制固定电话用户非法收取"来电显示"使用费的违法行为进行了查处,依据《云南省反不正当竞争条例》对该单位作出罚款5万元的行政处罚。2001年6月4日,省工商局对某公司强制煤气用户向保险公司投保的违法行为,并依据《中华人民共和国反不正当竞争法》的规定,进行了行政处罚。昆明市工商局、丽江地区工商局、临沧地区工商局以及其它地、州工商局分别对一些公用企业的限制竞争行为进行了行政处罚。通过专项整治规范了公用企业的经营行为,整顿和规范了市场经济秩序,使公用企业对市场经济的公平竞争有了一定的认识,受到了广大消费者和社会的好评。据统计全年各地查处不正当竞争案件357件,立案186件。上述案件中,仿冒、假冒、误导252件,不正当有奖销售11件,公用企业强制交易18件。

【严厉打击传销行为】 全省各级工商行政管理机关认真贯彻江总书记"三个代表"重要思想,始终把维护广大群众的切身利益作为开展公平交易执法的根本,始终把打击传销及变相传销活动摆在执法的重要位置。为认真贯彻国家工商总局《关于迅速开展广泛宣传、深入揭批、严厉打击传销、变相传销行为专项行动的通知》精神,全省各级工商行政管理机关先后成立了以局领导为组长的打击传销、变相传销活动领导小组,从公平交易处(科)抽调了政治强、业务精、办案经验丰富的干部组成领导小组办公室,实行一级抓一级、层层落实的专项治理目标责任制。省局就专项治理的内容、方法、步骤和要求等制定并下发了文件,同时要求各级工商行政管理机关要积极主动争取当地党委、政府的领导及公安机关等相关部门的支持、配合,为专项治理工作的开展提供了强有力的领导和组织保障,为打击传销、变相传销活动工作的开展奠定了基础。传销、变相传销活动涉及面广,人员复杂,案发地和实际操作指挥地常常各分东西,要及时有效地制止、打击传销、变相传销活动,必须充分发挥工商行政管理机关整体执法功能,上下联动。要求各级工商行政管理部门加强上下级之间的联系沟通,注重发挥基层工商所贴近群众的优势,及时掌握案件的第一手材料。根据案件的实际情况,适时委托基层工商部门作好案件的初步调查及前期准备工作,这样既有利于调动基层工商部门的积极性,又能通过执法办案提高基层工商部门的执法水平,有利于提高办案的实效性。据统计全省共查处传销及变相传销案件38件,其中结案29件,比2000年下降了67.8%。经过全省各级工商行政管理机关公平交易执法人员的共同努力,非法传销的势头被打了下去。

【积极开展对拼装汽车市场的专项整治】 根据国家工商行政管理总局的部署,省局于2001年5月初转发了总局《关于严厉打击非法收购拆解拼装汽车行为迅速取缔报废汽车拆解拼装市场的通知》;5月9日全国第二次联合打假电视电话会议后,根据国务委员吴仪同志的讲话精神,结合国务院办公厅《关于继续深入开展严厉打击制售假冒伪劣商品违法犯罪活动联合行动的通知》要求,以及国家经贸委《关于加强报废汽车回收拆解管理工作的通知》和省人民政府办公厅《云南省报废汽车回收(拆解)管理实施细则》的精神,省工商局整顿和规范市场经济秩序领导小组办公室及时拟定了《严厉打击拼装汽车行为彻底取缔报废汽车回收拆解市场联合行动实施方案》,在报请省整顿办审批的同时,下发各地、州、市工商行政管理局征求意见。在深入调查研究的基础上,省整顿办于2001年6月5日向全省发出了《省整顿办关于开展严厉打击拼装汽车行为彻底取缔报废汽车回收(拆解)市场联合行动的通知》。自此,一场全省历史上前所未有的针对报废汽车回收(拆解)市场的联合整治行动,在全省范围内轰轰烈烈地开展起来。根据"实施方案"的部署,全省各级工商行政管理机关立即行动,分阶段进行清查摸底,集中整顿治理工作,取得显著成效。截至9月1日,全省工商行政管理系统共出动执法人员33323人次,车辆8611台次,检查汽车配件门市、修理及废旧物品收购点1994户,取缔136户,罚没款45.09万元,收缴非法拆解、报废汽车626辆,暂扣报废汽车477辆、五大件总成687件,价值7770万元。有力地遏止了非法收购、拆解、拼装废旧汽车行为的蔓延,遏制了废旧金属回收行业的混乱局面。

【继续加大对各类市场专项整治】 1.与烟草部门联合对烟草市场进行了专项整治,严厉查禁、销售、运输假、私、非、超卷烟,全年查获假冒伪劣卷烟2205件。使烟草市场秩序有了较大改观。2.严厉打击私货交易,查处走私贩私行为。各地工商行政管理机关积极履行流通领域的打私职责,全年共查处走私贩私案件325件,案值859万元,查获汽车56辆,香烟493件,化妆品4.38万余盒,各类光盘16.38万张。3.继续对文化娱乐场所、网吧、电子游戏、音像制品、出版物市场的清理整顿,重新审批登记17858户,取缔无证经营和证照不齐519户,净化了社会文化市场。

企业登记管理

【概　况】 2001年全省的企业登记管理工作,继续坚持以经济建设为中心,以江泽民总书记"三个代表"重要思想为指导,认真贯彻党的十五届五中全会和中央经济工作会议精神,紧密结合整顿和规范市场经济秩序和应对加入WTO的要求,进一步解放思想、更新观念、开拓创新,充分发挥企业登记管理工作的职能作用,整顿和规范市场经济秩序,强化对市场主体行为的规范管理,促进了全省经济的持续、稳定、健康发展。

【努力实现职能到位】 1.改革和对外开放使工商行政管理系统的工作职能、体制机构、监管领域和监管方式方法发生了深刻的变革,面对新的形势和挑战,全省工商行政管理系统的企业登记管理干部不断加强学习,解放思想,更新观念,及时掌握新知识,研究新情况,解决新问题,进一步推进了全省企业登记管理方式方法的创新。2.应对我国加入WTO的要求,抓住西部大开发机遇,认真贯彻落实全省的对内对外开放政策,结合自身工作实际,进一步改进和加强企业登记管理工作,为省外、国外来滇投资企业营造良好的投资环境,提供优质高效的登记注册服务，以实际行动积极支持全省的对内对外开放工作。3. 适应市场营销方式的巨大变化对企业登记管理工作的新要求，加强对采取连锁店、仓储、电子商务、电视直销、邮购、配送中心等新型经营方式企业的登记管理工作的探索和研究，尽快熟悉新的领域和市场经济理论，加快了现代化监管技术的应用。4. 省局企业处适应全省工商行政管理体制改革和职能转换的需要，及时把工作重点转移到加强宏观指导和调查研究上。一是从 2001 年 6 月 1 日起将注册资本(金)在 500 万元人民币以下的企业登记权限下放到了各地、州、市工商局，各地、州、市工商局也从当地实际出发，制定了相应的措施，理顺了关系。二是在做好省局自身企业登记管理业务工作的同时，由处领导带队，多次深入基层进行业务指导和调查研究，及时了解并积极研究当前全省企业登记管理工作的热点、难点，认真总结基层的好经验。研究解决新问题，不断加强对基层的宏观指导，进一步增强了全省企业登记管理工作的主动性、预见性和针对性。

【认真做好内资企业登记注册工作】

1. 进一步解放思想，改进工作作风，强化服务意识，认真搞好各类企业的登记注册工作，依法把好市场准入关。工作中既严格遵循国家法律法规规定的市场准入条件和程序，切实做到“三严格三禁止”，即：严格执行登记管辖权限，禁止越权登记；严格执行登记管理的条件和程序，禁止随意降低法定条件，减少登记程序；严格执行法律法规规定的审批制度，禁止随意减少法律法规规定的专项审批或随意增加不必要的审批。同时，又做到急企业之所急，想企业之所想，为企业办理登记注册提供优质、方便、快捷的服务。截至 2001 年 12 月底，全省共登记注册内资企业 114231 户，注册资本(金)17343612 万元，其中：法人企业 43720 户，国有企业 34547 户，集体企业 56797 户，联营企业 487 户，股份合作制企业 4183 户，公司 17997 户。

2. 进一步落实党中央、国务院关于深化国有企业改革、促进政企分开的有关精神，积极支持和促进全省国有企业的改革、改组、改造，继续支持国有小型企业以改组、联合、兼并、租赁、承包经营和股份制、出售等形式进行战略性改组；继续支持国有大中型企业进行股份制改造和组建企业集团；继续做好科研院所企业化改革、中介机构脱钩、党政机关及军队、武警部队企业脱钩等的登记注册工作。

3. 依法履行企业登记管理职能，支持国家产业政策和生产力布局的调整，积极配合有关部门进一步做好对产品没有市场、长期亏损、扭亏无望和资源枯竭的企业，以及浪费资源、技术落后、质量低劣、污染严重的“五小”企业的关停并转工作，及时为这类企业办理变更或注销登记手续。

4. 积极支持发展高新技术产业，促进高新技术成果产业化。一是支持企业科技进步，鼓励企业以高新技术出资入股；二是积极支持国有企业与科研机构、大专院校厂校挂钩、强强联合、优势互补，加快全省应用技术的开发和推广，促进高新技术成果的转化；三是认真做好互联网信息服务企业的登记注册工作，支持传统服务企业改组改造，允许开展连锁经营、物流配送、多式联营和网上销售。

5. 根据海关总署、外经贸部、国家工商总局、信息产业部等 12 个部委关于建立中国电子口岸执法系统的有关通知要求，抽调专人常住海关，与昆明海关、省外经贸厅、省技术监督局、省税务局等部门密切配合，协作互动，认真做好云南省电子口岸执法系统的建立和完善工作，为全省企业申办各种进出口手续提供了便利，为全省进出口创汇提供了良好条件。截至 2001 年 12 月 20 日，已为 800 多户企业办理了中国电子口岸企业 IC 卡，在办理过程中能严格执法，积极服务，受到了有关部门的表彰。

6. 认真学习和贯彻国务院办公厅《关于认真做好第二次全国基本单位普查的通知》精神，充分认识普查的重要性、紧迫性和艰巨性，认真履行职责，与其它相关部门搞好协调配合，积极做好普查的前期准备工作。

7. 为了整顿和规范市场经济秩序，落实煤矿安全专项整治工作，根据国务院办公厅《关于进一步做好关闭整顿小煤矿和煤矿安全生产工作的通知》精神和省政府的有关部署和要求，从 16 个地州市企业科抽调出 16 名干部，随省煤矿安全专项整治验收领导小组赴各地州对煤矿安全进行整治验收，对不合格的煤矿依法办理注销和吊销手续，同时，结合年检，加大了对煤矿生产、经营企业登记注册手续的审查力度。

8. 认真开展建立企业经济户口工作，积极探索县级以上登记机关与基层工商所上下联动的监管模式。一是省局企业处根据全省工商行政管理工作会议精神和 2001 年工作计划，就全省以昆明市、玉溪市、保山市、思茅地区和楚雄州为试点，建立企业经济户口和上下联动监督机制作了认真的调查研究。二是组织召开由省局和昆明市局等五个试点单位分管局长和企业科科长参加的建立经济户口试点工作会议，就在试点地区开展建立经济户口工作提出了具体的要求，作了认真的布置和安排。三是各试点地区以昆明市为龙头，按照会议要求，精心组织、周密部署，认真开展本地区的建立经济户口工作，积累了一些有益的经验，取得了一定成果。目前，昆明市无论在硬件设施的配置还是软件的开发利用方面均达到了全国的中上水平，并为全省工商系统起到了示范和带动作用。保山地区已从软件、硬件、人力、财力、物力等方面进行了大量投入，做了许多艰苦的准备工作，目前已进入微机管理实施阶段。思茅地区建立了片区责任制。楚雄州、玉溪市也做了大量积极的探索和研究，为下一步工作的开展奠定了基础。四是其它没有纳入试点的地、州、市工商局认真抓基础，建机构，积极创造条件，为在全省全面推行建立经济户口工作做好前期准备。

【做好外商投资企业登记管理工作】

1. 解放思想，抓住机遇，充分发挥登记机关的职能作用，做好外商投资企业登记工作。(1)抓住我国加入 WTO 和实施西部大开发的历史机遇，努力扩大利用外资的数量和规模。工作中一方面依照国家现行的法律法规，对企业所提交的材料进行认真审查，严格把好市场准入关;另一方面进一步解放思想、开拓创新,认真研究登记工作中出现的新情况、新问题,积极探索新的思路和对策。截至2001年11月30日,全省累计登记注册外商投资企业2047户,注销了102户,吊销了321户,全省实有外商投资企业1624户,投资总额达53.81亿美元,注册资本34.07亿美元,其中外方认缴20.53亿美元。(2)按照国民经济和社会发展的总体要求,结合全省实际,认真引导外资投向,优化产业机构,努力做到趋利避害、扬长避短,合理利用外资,促进了全省支柱产业的建设和产业结构的调整。(3)在扩大引进外资数量的同时,注重提高引进外资的质量,不断增强全省外商投资企业参与国内国际市场的竞争力。对于跨国公司、世界500强企业在滇的投资项目和一些投资规模较大、管理水平先进、社会效益和经济效益较好的外商投资企业给予政策上的积极指导和扶持。(4)积极支持国有企业利用外资进行改革、改组和改造,鼓励国有大中型企业采取多种方式利用外资进行资产重组,盘活存量资产,改善经营机制,提高管理水平。登记过程中注意与国有资产管理部门协调配合,确保国有资产的保值增值。

2. 配合省政府做好投资环境的改善工作,改进工作方法,提高工作效率,为企业提供优质高效服务。(1)为了进一步改善、优化云南省投资环境,省政府建立了"云南省外资服务楼",为外商投资企业提供统一、规范、优质、高效的一条龙服务。工商部门作为外资服务楼的重要组成部分,严格按照省委省政府的要求,自觉克服业务量大与人手少的矛盾,做到人员到位、职能到位、服务到位,获得了省外资办和企业的好评。(2)不断改进工作方式和工作作风,规范工作程序,减少审批环节,实行行政公示制、工作服务承诺制,切实提高对外商投资企业的服务质量和服务效率。(3)通过到企业调研、片区会议等形式,了解外商投资企业发展状况,及时为企业解决经营过程中碰到的实际困难,为企业做实事。

3. 认真做好全省外商投资企业经营执照的换照工作。按照国家工商行政管理总局《关于做好更换外商投资企业经营执照版式工作的通知》要求,结合年检,为全省通过年检的807户外商投资企业、517户外商投资企业分支机构更换了新版营业执照,并结合换照,对外商投资企业的前置审批手续进行了清理、复查,针对存在的问题,进行了认真的处理。

【强化对企业的监管力度,进一步整顿和规范市场主体行为】 1. 以检查出资到位情况和查处虚假出资、抽逃出资、"三无"企业为重点,认真做好年度内外资企业年检工作,具体做法:一是继续加大对"三无"企业的清理力度,严厉查处抽逃出资、虚假出资的违法行为。对那些长期查无下落、名存实亡、连续不参加年检的企业进行了吊销处理,通过年检全省共吊销内资企业1292户,外商投资企业123户。二是对外商投资企业注册资本的到位情况进行了认真的清理和催缴,提高了全省外商投资企业注册资本的实际出资率。三是对需办理前置审批的企业进行全面复查,对应办而未办前置审批手续或虽有前置审批手续但有效期限已过的企业,督促其限期补办相关手续,提交有效的批准证书、许可证或资格认定文件,逾期未办的,不予通过年检,责令其变更经营范围或办理注销登记。四是认真清理"五小"企业以及涉及公共安全、人民生命财产安全企业,督促应关闭的"五小"企业及达不到安全生产要求的企业办理注销登记或变更登记手续,对应办理注销登记而拒不办理的企业,依法吊销其营业执照。五是探索行之有效的监管模式,建立工商所经济户口辖区管理责任制。昆明作为云南省建立经济户口的试点地区之一,在年检工作中将外地来昆企业放到了属地工商所进行年检,其它地区则普遍采取了将年检工作与片区管理相结合的办法,由各基层工商所对所分管辖区内的企业进行年检初审及实地检查,在工商所建立企业档案,实行县以上登记机关与基层工商所上下联动的监管模式。六是在年检中加大对中介机构的监管力度,严格审查企业的评估资格、验资审计资格和咨询代理资格,对中介机构乱设立的无照分支机构进行了清理整顿,对从事虚假验资的会计师事务所进行了立案查处。七是继续推行企业免检制度,对那些守法经营、信誉良好的国有企业和国有控股企业实行免检。八是强化服务意识,改进工作程序,提高办事效率,坚持文明执法,挂牌上岗,责任到人,公开接受企业监督,受到了企业好评。九是区别不同情况,慎重处理年检中发现的问题,对于虽未能按时参检或未按规定办理变更登记但生产经营活动正常的企业,进行批评教育,责令限期补办年检或变更登记手续,情节严重的给予适当处罚对于有虚假出资、抽逃出资等违法违纪行为的企业,则从重予以处罚,情节严重的,吊销营业执照。

2. 按照国家工商总局《关于认真做好安全生产集中专项整治工作的通知》要求,对全省各个领域的安全生产工作进行了全面检查,并以重特大安全生产事故和公共安全事故多发、人民群众普遍关注的行业和领域为重点,集中力量,开展了五个方面的专项整治工作:(1)对民用爆破器材和烟花爆竹进行专项整治。(2)对道路和水上交通运输安全进行专项整治。(3)对煤矿安全进行专项整治。(4)对化学危险品的储运进行专项整治。(5)对公众聚集场所的消防安全进行专项整治。针对存在的问题,依法进行了处理,该吊销营业执照的,坚决吊销营业执照,消除各种安全隐患,有效地防范了安全事故的发生。

3. 按照国家工商总局的工作部署,认真开展整顿和规范市场主体准入行为专项工作,在清理涉及公共安全、人民群众生命财产安全的重点行业或项目的企业登记档案的基础上,各地安排专人对全省登记注册的企业登记档案有重点地进行了一次全面、深入、彻底的复查清理。对涉及公共安全的危险物品生产企业及娱乐场所、宾馆、饭店等公共聚众场所,还进行了实地检查清理,并将清理情况和处理结果向国家工商行政管理总局作了专题报告。全省这次共清理复查企业登记书式档案37584户(其中省工商局企业处对所登记注册的所有企业共6131户逐户进行了清理、复查)。通过这次清理、复查,共发现不合格企业

3730户，责令整顿2999户，办理变更544户，注销或吊销187户，取缔无照经营54户，罚款金额2.2224万元。

4. 加大执法力度，认真做好对企业的日常监督管理工作，及时发现问题，认真进行处理。对社会反映问题较多的企业，特别是对造成一定社会影响的企业，依据国家的有关法律法规给予了从重从快的处罚，为全省企业的发展创造了公平有序的竞争环境。

【认真搞好内外资企业登记统计和档案管理工作】 1. 及时、准确、按质、按量地完成了2000年全省内、外资企业登记统计年报及2001年月报、季报、半年报的汇总上报及统计分析工作，为政府有关部门和各级领导宏观决策提供了可靠的依据。

2. 不断加强和改进企业登记档案管理工作，运用现代化的管理手段，为社会提供方便、快捷的档案查询服务，2001年共接待公安局、法院、检察院、国家安全、纪委、台办、律师事务所等部门和单位查询企业档案3000多户，为全省有关部门查处各种违法犯罪活动提供了依据。

【进一步提高全省企业登记管理干部队伍的整体素质和执法水平】 1. 继续巩固和扩大"三讲"教育成果，认真落实整改措施，工作中坚持以江泽民总书记的"三个代表"重要思想为指导，全面正确地理解和贯彻执行党的路线、方针、政策和企业登记管理法律法规，不断健全内部管理机制，严格工作纪律和工作制度，改进工作作风，规范执法行为，坚持公正执法。

2. 继续加强党风廉政建设，认真贯彻落实党中央确定的从源头上预防和治理腐败的指导方针，深入推行政务公开制度，健全职务权力制约机制，狠抓廉政教育，从制度上、思想上进一步提高反腐倡廉的自觉性，坚持廉洁执法、秉公办事。

3. 强化服务意识，狠抓"窗口"建设，工作中始终坚持以全心全意为人民服务为宗旨，通过完善内部操作规程，改进管理手段，积极推进办公自动化，公开办事程序，不断提高工作效率，坚持文明执法，热情服务，坚决纠正和防止工作中的粗暴、野蛮、拖沓现象，树立了良好的工商形象。

总的说来，2001年全省的企业登记管理工作有创新，有突破，取得了显著的成绩，但也还存在一些不足：一是部分企业登记管理干部对业务知识的掌握还不够，素质有待进一步提高，业务培训工作尚需加强；二是信息技术的运用尚不充分，企业登记管理信息化建设有待于进一步加强。

个体私营经济监管

【概　况】 截至2001年12月底，全省城乡个体工商户共有691324户，从业人员1042922人，同比分别增长10.4%和11.4%；注册资金820518万元；总产值353092万元；销售总额或营业收入2036583万元；社会消费品零售额1638531万元，同比分别增长20.2%、23.4%、13.3%和15.3%。全省私营企业共发展到28737户，从业人员458305人，同比分别增长43.1%和32.0%；注册资金3265827万元；总产值1530891万元；销售总额或营业收入1346149万元；社会消费品零售额1453849万元，同比分别增长90.2%、58.8%、46.4%和55.1%。

本年度安置国有企业下岗职工从事个私经济18998人，同比增长34.4%。

【全省城乡个体工商业私营企业发展的主要特点】 1. 个体工商户、私营企业全面增长。2000年末，全省城乡个体工商户因换照出现下跌，进入2001年以来，逐月有所回升。至年末，全省个私经济发展呈现快速增长态势。

2. 城镇个私经济发展较农村迅速。城镇个体工商户有323512户，从业人员494234人，同比分别增长12.2%和13.6%；农村个体工商户有367812户，从业人员548688人，同比分别增长8.9%和9.5%，城镇个体工商户增幅分别高于农村增幅3.3个百分点和4.1个百分点。私营企业，城镇有23403户，从业人员324109人，同比分别增长50.7%和41.8%。农村有5334户，从业人员134196人，同比分别增长17.2%和13.0%，城镇私营企业增幅分别高于农村增幅33.5个百分点和28.8个百分点。

3. 个体工商户、私营企业经营的八大行业均有不同程度增长。个体工商户经营的八大行业具体为：农林牧渔业增长22.1%；采掘业增长31.8%；制造业增长8.7%；建筑业增长9.9%；交通运输仓储业增长0.5%；批发和零售贸易餐饮业增长10.7%；社会服务业增长18.5%；其他行业增长38.8%。私营企业经营的八大行业具体为：农林牧渔业增长37.4%；采掘业增长33.6%；制造业增长14.2%；建筑业增长48.5%；交通运输仓储业增长26.1%；批发和零售贸易餐饮业增长50.2%；社会服务业增长57.5%；其他行业增长112.7%。

4. 全省私营企业发展较快。四种组织形式的私企发展各异，具体是：独资企业5832户，同比增长1.8%；合伙企业809户，同比减少11.0%；有限责任公司22095户，同比增长64.4%；股份有限公司1户，同比增长100%。按《合伙企业法》登记的合伙企业有369户，同比增长28.6%。私营企业经营规模有所提高，其中，注册资金在100～500万元的有3928户，同比增长25.3%；注册资金在500～1000万元的有430户，同比增长50.3%；1000万元以上的有254户，同比增长53.0%；注册资金在亿元以上的有3户，同比增长50.0%。雇工在100～500人的私营企业有300户，同比增长43.5%；雇工在500～1000人的有10户，同比增长11.1%；雇工在1000人以上的有3户，同比增长50.0%。另外，全省外向型私营经济有较大发展，出口创汇的私营企业发展到24户，出口创汇折合人民币11120万元，同比分别增长20.0%和78.3%。

5. 一、二产业继续增大，第三产业仍占主体。全省个私经济中，从事第一、二产业的有94670户，从事第三产业的有625391户，同比分别增长5.7%和6.1%。目前，个私一、二产业户数占个私总户数的13.1%；第三产业户数占总户数的86.9%。

6. 从16个地、州、市发展情况看,个体工商户,各地均有所增长,其中,长幅最大的前2位是:迪庆、红河,其户数同比分别增长22.5%和19.2%。私营企业,除昭通同比下降2.2%外,其余15个地、州、市均有不同程度增长,其中,增长前2位的是:丽江、文山,其户数同比增长134.5%和45.1%。

【个体私营经济增长的原因】 2001年,全省城乡个体工商户、私营企业有较大发展的原因:一是全省各级工商行政管理机关认真贯彻落实省委、省政府2000年12月召开的全省第二次个私经济工作会议精神,积极采取有效措施,加大工作力度,有效促进了全省个私经济的发展。二是省人事厅、省财政厅为进一步落实《中共云南省委、云南省人民政府〈关于大力发展个体私营经济的决定〉的补充规定》,联合制定了《关于机关事业单位工作人员从事个体私营经济活动有关待遇的处理意见》,这些政策从带薪、提前退休和辞职等给予优惠待遇,使部分机关、事业单位的富余人员分流并投身个私经营。三是逐步理顺了全省私营企业登记管理职责,强化了个私监管工作规范化管理。针对全省私营企业登记注册职责交叉,统计数据不实等问题,省工商局于2001年5月下发了《关于划分全省私营企业登记注册管理权限的通知》,各地将原在企业口登记未纳入个私统计范围的私营企业调整归口统计,必然使全省私营企业户数增长突出。四是随着全省建立个私"经济户口"工作的部署和实施,对个体工商户、私营企业建档、建卡、建账等"三建"工作已在各地辖区内逐步推行,使监管职能规范化,提高了工作效率,促进了个私经济的健康稳步发展。

存在问题:1. 行业结构不尽合理,从事生产性的少,从事社会服务性的多。2. 地区发展仍不平衡,经济发达地区与贫困落后地区之间差距较大。3. 随着整顿和规范市场经济秩序工作的深入,加大了对市场主体资格的确认等规范化管理原因,外向型个体工商户经营有所减少。

广告监督管理

【概 况】 云南省广告监督管理工作,依照国家工商行政管理总局的工作思路和省局党组的工作部署,认真贯彻党中央、国务院关于大力整顿和规范市场经济秩序的总要求,围绕以整顿和规范广告市场秩序为主线,改革创新,拓展思路,加强规范,加强指导等方面,做了大量的工作:一是加强广告市场的专项整治,打击虚假违法广告,规范广告的市场经营行为;二是减少审批环节,调整下放有关审批管理权限,促进广告监管职能到位;三是适应垂直管理工作的需要,加强调查研究,提高对广告监管工作的指导效果;四是深入开展公益活动等,各项工作均取得了明显的成效。

2001年,云南省广告业随着经济的发展继续保持良好的发展势头。一方面广告监管部门严把广告市场准入关,另一方面省工商局调整下放有关审批权限,减少审批环节,支持了广告业的发展,截至12月30日,广告经营单位发展到1813户,比上年同期增加323户,增长21.7%;其中广告公司的发展速度最快,在新增加的323户广告经营单位中专业广告公司的增加数就有156户,占新增加数的48.3%,增长17.5%;广告从业人员发展达12410人,比上年同期增加1220人,增长11%;广告营业额85208万元,比上年同期增加11605万元,增长15.8%,其中新闻媒介单位经营广告仍占重头,媒介广告经营额43641万元,占广告经营总额的51.2%。

【加强广告经营资格检查规范广告经营主体资格】 1. 依法确认广告经营单位的经营资格。根据《广告经营资格检查办法》,自2001年1月~5月,全省各级工商行政管理机关认真组织了对广告经营单位进行了全面的资格检查。2000年全省应检广告经营单位1593户,实际参加年检1365户。经检查合格通过年检,继续经营广告业务的1268户,合格率为93%,对存在问题,暂缓通过的61户进行了限期整改,对违反规定的14户,进行了处罚,对不具备广告经营资格的22户,取消了广告经营资格。通过年度检查,进一步规范确认了广告经营的主体资格,及时查处纠正了违法违规的行为。

2. 不断提高广告从业人员的素质。2001年,一是为不断扩大提升广告经营单位从业人员的业务素质,继续组织全省第七期617人广告专业技术岗位资格的培训、辅导、考试及第八期广告专业技术岗位资格的报名工作;二是为不断提高广告经营单位的法律意识和依法经营的自觉性,继续组织第四期广告经营单位广告审查员779人的培训辅导、考试及第五期的报名工作。

【规范广告经营行为打击虚假违法广告】 1. 加强日常监管、规范媒介经营广告的发布内容。2001年,是整顿规范年,在增强广告监管力度的基础上,全省共监测报纸31份,监测广告97465条,查出不规范和违法广告7818条,违法率8%,这些违法广告主要集中在医疗广告,药品广告和保健食品广告方面,查出违法医疗广告2421条,违法率为16.6%,查出违法药品广告471条,违法率为9.3%,由于增强了广告监管力度,违法广告得到控制,违法的主要表现是:(1)医疗广告未按格式化的要求发布,利用医药科研机构,学术机构及专家患者的形象作证明宣传疗效,以新闻报道的形式发布医疗广告,性病广告禁而不止;(2)药品广告宣传患者形象,宣传治愈率,宣传治疗性功能障碍;(3)保健食品广告使用易与药品混淆的用语,宣传疗效和治愈率。对上述查处的违法广告,依据不同情况进行了处理。4月5日,对报纸监测发现的"快可立"、"乐立杯"广告中含有危害国家统一的内容,及时组织全省重点城市和有关地州城市进行查处,及时制止了危害国家统一的不良影响。

2. 开展"反误导、打虚假"广告专项治理,严厉打击虚假违法广告。根据国家工商行政管理总局"反误导、打虚假"广告专项治理行动的要求,结合国务院、省政府关于整顿和规范市场经济秩序的部署,云南省工商局组织了四次专项治理行动,一方面,协调联系有关部门,争取各方面的支持;另一方面,动员全系统的力量，集中整治，全年从不同的角度分三个战役确立治理的重点，从省会城市到地州，从药品、保健食品、医疗服务广告到房地产致富信息广告等，有力的治理了虚假违法广告。

5月14日～29日，历时半个月，省工商局组织了有省卫生厅、省药品监督管理局、市工商局等部门参加的联合检查组，对昆明市区内91家省、市电视、广播、报纸、期刊等新闻媒介单位在对医疗广告、药品广告、保健食品广告进行自查、规范的基础上进一步开展了大规模的全面检查，检查的重点即针对消费者反映强烈的问题较多的医疗服务、药品及保健食品广告。通过检查2063条广告共查出违法广告448条，违法率为21.7%，针对不同的问题，进行了及时处理。其中，停止发布43条，当场限期纠正78条，待立案质询36条，当场处罚291条，罚款22.62万元，通过检查处理，治理了药品、保健食品及医疗广告的违法行为，促进了广告行为的规范。

8月1日～30日，省工商局组织全省14个地、州、市在各地组织专项治理的基础上，以两个地州为一个小组，由分管局领导亲自挂帅，广告监管干部参加，开展地区间相互交叉检查，省局组织三个片组下到地、州、市进行跟踪督查。14个地、州、市共检查媒体58家，检查广告1119条次，查出违法违规广告186条次，分别进行了即时纠正，限期整改，停止播发和当场处理。通过交叉检查，一方面治理了广告的违法行为；另一方面促进了广告监管的执法统一性；第三是增强了局领导对广告监管工作的重视和支持。

7月1日～9月30日，按照国家工商总局的统一部署，全省各地领导重视，措施有力，对房地产广告和致富信息广告进行了集中整治，出动检查人员473人，车辆100余台次，共检查广告经营单位92户、广告主29户、检查房地产广告97条，致富信息广告62条，查出违法房地产广告4条，致富信息广告15条，收缴违法印刷品2000余份，通过检查，遏制了虚假广告的欺诈行为。

四季度，重点治理电视直销广告，共检查电视直销广告54条，查出违法的电视直销广告25条，普遍存在无相关的证明及未按规定建立承接登记、审查和档案制度等问题，对此，一方面限期整改，另一方面进行了及时的纠正和处理。

违法广告的主要表现：1. 医疗广告违法突出。主要表现为：(1)无审批文号；(2)未按格式化要求，超出证明范围发布；(3)以新闻形式发布医疗广告；(4)利用医生、患者的名义和形象或医疗权威机构等推荐语进行宣传；(5)夸大宣传治疗效果；(6)描述性病症状做性病广告。2. 部分医疗机构多次违法。在多个媒体重复作违法广告。3. 保健食品广告与药品混淆：(1)使用医疗广告用语及使用易与药品相混淆的用语；(2)宣传疗效欺骗、误导消费者。4. 药品广告违法的表现：(1)无批号，超出药品审查机关审批范围；(2)使用绝对化用语，夸大药品疗效；(3)宣传治愈率；(4)无审批文号或篡改批文号。5. 房地产广告中未标明预售或销售许可证书号。6. 电视直销广告没有相关的证明材料。

此外，检查中反映出比较突出的问题：1. 媒介经营广告受利益驱动，注重经济效益，不注重社会效益，忽视法律法规的要求，未严格按照法律、法规的要求发布广告，以致大量违法广告在媒介登场。2. 媒介发布广告普遍存在审查不严的问题。应提交的证明材料不齐备。审查员一票否决制得不到落实，广告的承接、登记、审核、合同、档案等管理制度也不健全。3. 媒介之间互相攀比，有故意规避法律的行为。2001年共查处广告违法案件1761件，比上年同期的914件增加了847件，增幅为92.7%，责令停止发布广告157件，收缴违法印刷品广告144.9万份，罚款191万，比上年同期的40万元，增加了151万元，增幅为377.5%，停业整顿12户。

【促进广告监管职能到位】 近年来，随着市场经济的发展，广告业快速发展，广告的监督管理量大、面广、任务重，但广告监管机构不健全，人少，力量不足，广告监管存在盲区，适应不了广告监管工作的需要。省局在调查研究的基础上，转变观念，拓展思路，增强工作的指导性，结合云南实际，改革提出了有效的广告监管措施，实施执法重心下移，充分发挥基层工商局(所)的监管作用，促进各地提高广告监管的执法力度。

1. 调整下发广告有关审批权限，减少审批环节，提高办事效率、促进各级(基层)工商局(所)广告监管职能到位。

2. 要求各地、州、市、县工商局设立相应的广告监管机构，落实岗位人员，完善审批登记和监督管理的岗位职能，强化广告监管工作。

3. 委托昆明市工商局广告监管部门对省属部份新闻媒体的广告发布活动进行监督管理，加强对媒介发布广告的监测及日常监督管理，增强了广告监管的执法力度。

4. 加强调查研究，提高工作的指导效果。针对店堂广告登记管理中存在的问题，及时开展调查研究，及时发现和帮助基层解决店堂广告及广告监管工作中的难点问题。

5. 指导督促媒介单位建立健全广告经营管理的相关制度，强化审查员制度，推行审查员一票否决制，规范媒介发布行为，及时查处虚假违法广告。

6. 不断提高执法的统一性和促进广告监管职能到位，省局组织开展地州间的相互交叉检查，增强了分管局长对广告监管工作的重视和支持，促进广告监管执法的统一性，提高了广告监管干部的业务素质。

【继续组织开展公益广告活动】 积极发挥公益广告的社会教育、文化传播，舆论导向功能，以科学的理论武装人，以正确的舆论引导人，以高尚的精神塑造人。2001年围绕新世纪，新风尚的公益广告主题，组织发布了中国自强，统一祖国，反腐倡廉，倡导文明，倡导民族精神，崇尚科学、反对邪教、反对法轮功，保护环境，遵守交通规则等内容的公益广告，共投入资金107万元，制作发布公益广告105条次，促进了精神文明建设。

商标注册与管理

【概　况】 2001年，全省各级商标管理部门，按照江泽民总书记“三个代表”重要思想的要求,认真落实党的十五届五中全会和中央经济工作会议精神,根据国家工商行政管理总局商标局的总体要求部署以及全省工商工作会议精神,按照年初工作安排,加强法律法规学习,强化思想政治工作和精神文明建设。加强党风廉政建设,加强业务培训,严格教育、管理;全面提高队伍素质,外树形象;整顿市场经济秩序;应对加入世贸组织;保护知识产权;宣传学习新《商标法》,强化商标监督管理,严厉打击商标侵权与商标违法行为,保护注册商标专用权。规范企业商标使用,引导企业办理商标注册与商标维权。规范专卖(营)店的经营行为等方面,做了大量的工作,在一定程度上发挥了职能作用,为西部大开发,促进我省经济的持续稳定健康发展做出了贡献。

【加强政治思想教育和业务知识培训】 在各级工商局领导下,商标管理部门和商标代理组织认真贯彻"三讲"教育精神,始终把加强队伍建设,整顿队伍作风放在一切工作的首要位置,坚持政治思想学习和业务知识更新,使思想上、政治上时刻与党中央保持一致,政治素质和业务能力不断提高。一年来,围绕全面提高干部队伍素质这一主题,结合商标监督管理工作的要求,各地、州、市针对基层工商局商标管理队伍机构不健全、人员不够、力量不足等实际情况,专门抽调商广、经检、企业、法制等部门人员,进行商标法和商标办案培训,大大提高了商标办案的执法水平。全省两个商标事务所在加强自身建设的同时,不断学习,不断努力,使代理水平又上一个新台阶。

【强化商标监督管理工作】 根据国务院关于整顿市场经济秩序的重要决定和省局文件精神,全省商标管理部门以"整顿和规范市场经济秩序"为中心,在强化监督管理方面主要抓了以下几项工作的落实:

1. 加大商标执法力度,严厉打击商标侵权与商标违法行为,保护商标专用权。一年来共查处商标违法案件487件,已结案430件,其中商标一般违法案件191件,商标侵权假冒案件239件,收缴销毁假冒侵权商标标识111多万件(套),收缴用于商标假冒侵权的模具、印版等作案工具19件,罚款53万多元,责令赔偿经济损失28万元。特别是查处了一批影响恶劣的商标侵权案子,如6月开始在全省范围内查处的侵犯广西源安堂制药厂"肤阴洁"注册商标一案,收效显著,切实维护了商标权人和广大消费者的合法权益,得到了厂家和消费者的高度赞誉。

2. 针对各地随着经济的发展出现的有些品牌商品专卖(营)店经营行为不规范,在一定程度上扰乱了市场秩序,侵害了商标所有人和消费者的合法权益的问题,制定了《关于加强专卖店(专营店、专修店)管理的暂行规定》,开展了清理整顿各类专卖(营)店和换发资格证和铜牌的工作。加强完善对专卖店的监督管理,使之制度化、规范化。对专卖店的资格确认、行为方式、期限、范围等内容纳入了规范化管理。全省共对40多个专业市场、近70条主要繁华街道进行了清理整顿,清理打着专卖(营)及总经销、总代理招牌的商铺9050户、新办补办专卖(营)资格证988户、取缔无合法手续的专卖(营)店530户。

3. 为配合国家工商总局全面清理印刷行业的活动,加强对商标印制行业的监督管理,切实保护商标所有人的商标专用权。2001年7月~9月全省对商标印制单位进行了验证和换证,对非商标印制单位进行了执法检查。各地、州、市集中时间、集中人力对商标印制单位进行了抽查与验证,对非商标印制单位进行了重点检查,共计换发《印制商标单位证书》315家,检查印制商标企业211家,重点检查非商标印制单位132家,收到自查报告400多份。昆明地区通过检查,对新办或缺少商标印制管理人员的企业开办了一期培训班,参加商标印制管理人员培训的企业173家,受训215人。通过培训,让相关人员学习了《商标法》《商标法实施细则》、《商标印制管理办法》。经考试合格的人员颁发了《商标印制管理人员资格证》。同时在10月份制定了《云南省商标印制单位资质标准(试行)》,使企业的商标印制管理进一步规范,从而更好地把住了假冒注册商标的源头关,净化了全省市场。

4. 对汽车行业商标进行了清理整顿。全省开展了汽车、摩托车行业的商标假冒侵权行为的专项整治活动,根据各地汽车行业的分布特点,统一行动,对相对集中的汽配市场,以国际知名商标作为店铺招牌或汽修厂牌子的,进行了拉网式的重点突击检查,共出动执法检查人员近600人,车辆200多台次。全省的检查统计结果中,将他人注册的文字、图形商标标识作为企业招牌使用的侵权行为共有600多家,约占清理总数的41%;涉及汽配行业的1100多家;对这些经营户,通过检查,制止了侵权行为,并对其进行了相应的处罚,共下达《责令限期改进通知书》300多份,对未在限期内改正的,严格按照《商标法》进行了处理。现场责令拆除悬挂的汽车注册商标标牌296块,当场没收印有未经商标权人许可使用的商标图文名片10000多张,查获并扣留销售标识不明汽车配件18件,价值16000元。通过这次全省的清理整顿行动,有效地阻止了汽车行业商标侵权的行为,同时也使各汽车修理、修配行业与广大经营户受到了遵法、守法的法制宣传教育。

【积极推进名牌战略的实施】 1997年玉溪卷烟厂的"红塔山"被认定为驰名商标以来,"云烟"卷烟商标也于2000年9月27日,被国家工商行政管理局认定为"中国驰名商标",这是省委,省政府实施名牌战略的一项重大成果。以此为契机,根据云南的特色和优势,积极向省内具有较高知名度商标的企业宣传争创驰名商标的重要意义,并帮助云南白药股份有限公司、盘龙云海药业有限公司、红河卷烟厂等一批知名企业认真准备申请驰名商标的前期工作,2001年2月、6月和12月向国家工商总局商标局进行了推荐,推动了全省名牌战略的实施,为促进云南省经济发展发挥了积极的作用。

随着全社会商标法律意识的不断增强,广大消费者认牌消费已成为风尚,激烈的市场竞争造就了企业运用商标战略开拓市场的能力，出现了一批以商标为纽带发展的现代企业集团。我们积极主动地与这些企业取得联系，安排时间到各企业参加有关商标法律法规的学习研讨活动，通过座谈、讲课使广大企业干部职工充分认识到商标对于企业生存和发展的重要性。实践证明，这种作法收到了很好的效果。

【扩大商标注册面】 2001年，随着经济形势好转，加上商标管理部门和商标事务所继续采取各种有效措施，商标注册申请量延续了去年的上升势头。到12月31日，省、市两个商标事务所共代理商标注册申请2125件，其中新注册申请1712件，变更、转让、续展、补证、备案、驳回复审、异议申请等共413件，比上年均有所增加。仅两事务所就为企业提供商标咨询400多人次，商标查询250件，主动到企业上门服务70多人次。尤其是12月1日新《商标法》颁布实施后，由于社会的广泛关注，新闻媒体及时宣传，以自然人申请商标注册的数量在短短一个月内就达到了50件，全年云南省新核准注册商标约1350件。截至2001年底，全省有效注册商标数近15350件。

【指导企业商标工作】 由于2000年是国企扭亏脱困关键性的一年，国有大中型企业在实行战略性改制、重组过程中容易造成商标管理混乱，甚至流失。各级商标管理部门和商标事务所积极指导企业如何正确处置注册商标，帮助企业及时办理变更、转让等手续，维护注册商标的有效性、合法性，防止这一无形资产的流失。2001年全省因企业改制、重组、合并，进行注册商标变更、转让共102件。同时，各级商标管理部门和商标事务所充分利用管理职能，帮助企业搞好商标设计、选择、注册、使用和管理工作。解决了很多企业品牌、广告与商标长期相分离的难题。

为适应我国加入WTO之后，商标保护国际化的要求，参加了科技部门牵头的，与专利、版权等知识产权管理部门合办的省内各地、州的知识产权培训班。为相对位于较偏远地区的政府部门和企业的同志认真讲解了与商标相关的法律知识，结合当地较有优势的产品，为地方特色产品的推广出谋划策。

【抓好廉政勤政建设】 加强队伍建设，提高队伍素质，必须从抓廉政勤政建设入手。全省各级商标管理部门始终把内强素质，外树形象作为队伍建设的准则，坚持落实廉政建设和作风纪律建设为主的各项规章制度。如在查处商标侵权与商标违法案件过程中，坚持依法办案，严格办案程序；在办理《专卖（营）资格证》、《印制商标单位证书》过程中，坚持严格把关与层层审批制度，对有些当事人采取的送红包、请吃饭行为都予以拒绝。在抓廉政、勤政建设过程中，党员、干部带好头，全体干部纪律严、作风正、能吃苦、讲团结，保证了年度工作任务的顺利完成，在群众眼中树立了良好的执法形象。

个体、私营经济协会

【概　况】 云南省个体劳动者协会，私营企业协会在省工商局党组织的领导下，认真贯彻江总书记“七·一”重要讲话和十五届六中全会精神，深化加大宣传力度，思想教育，拓宽服务领域，加强自身建设，努力提高个私经济从业队伍的整体素质和协会工作水平，为促进全省个体私营经济健康发展做出了新贡献。

【加强个体私营队伍的政治思想建设】

1. 狠抓了江总书记“七一”讲话的传达学习。江泽民总书记在中国共产党成立80周年大会上的重要讲话发表后，省个私协及时召开了座谈讨论会，专门下发了文件，就学习、宣传、贯彻“讲话”精神提出了明确要求，作出了统一部署。各级协会工作人员以及广大会员通过学习认识到，“七一”讲话充分肯定了个私经济组织在国家经济中的重要地位和作用，必须更加增强党在个私经济中的政治核心地位，决心以更加饱满的热情，搞好我省的个体、私营经济工作，为党和国家的强盛作出更大的贡献。

2. 认真开展了“三个代表”的贯彻落实。江总书记“三个代表”的重要思想在全省个体劳动者中产生了强烈的反响。这是江泽民同志深刻总结历史经验，清醒认识国内外形势发展的新趋势作出的科学结论，是对党的性质、宗旨、根本任务的新概括，是对马克思主义建党学说的新发展，是新形势下对广大党员和各级党组织提出的新要求，是我们党的立党之本、执政之基、力量之源，是在新的历史条件下全面加强党的建设和伟大纲领。根据云南省委的有关要求，省个、私协认真组织系统内各级组织对江泽民“三个代表”的讲话进行了逐级传达学习，学习了《中共云南省委关于贯彻落实江泽民同志“三个代表”重要思想的决定》等有关文件精神，配合“三讲”教育，在全省个私协系统中开展了以“三个代表”重要思想为指导，深入开展解放思想、更新观念的大讨论，使广大会员增强了自我建设的责任感和紧迫感，逐步树立了发展个体私营经济与社会主义市场经济和西部大开发相适应的思想观念，增强了个体劳动者投身云南省经济建设的凝聚力。

3. 深入贯彻了党的十五届六中全会精神。本年度，全省个私协系统在继续贯彻党的十五届五中全会及全省工商行政管理会议精神的基础上，认真传达学习了党的十五届六中全会精神，认真学习、深入贯彻了《中共中央关于加强和改进思想政治工作的若干意见》，充分认识到新时期加强和改进思想政治工作的必要性和紧迫性，立足个体私营经济发展和个协、私协会员的思想实际，大力加强和改进个协、私协思想政治工作。按照十五届六中全会精神，进一步组织学习了邓小平理论和党的方针、政策，教育引导广大会员坚定信念，紧跟着共产党走社会主义道路。学习宣传了九届全国人大二次会议通过的《宪法修正案》，使广大会员充分认识到公有制为主体，多种所有制经济共同发展的基本经济制度，确认了个体、私营经济等非公有制经济是社会主义市场经济的重要组成部分，个体私营经济的发展有了更加稳固的、强有力的法律保障，广大会员就象吃了定心丸，思想进一步得到解放，步子进一步迈大，有效地促进了全省个私经济的健康发展。

4. 加强了自身宣传教育工作。在加强各项政策性政治思想教育的同时，全省个私协系统特别注重了自我宣传教育。下发了关于转发中国个协《关于做好2002年(光彩)杂志发行工作的通知》的通知，《光彩》杂志是惟一在全国范围内面向个体工商户、私营企业公开发行的刊物，广大会员从中可以学习党和政府的方针、政策、法律、法规，可以获取经济信息、经营经验，在全省广大会员中打下了更加牢固的根基。

【加强个私经济组织的党建工作】 江泽民总书记在江苏、浙江、上海考察工作时关于加强非公有制企业党建工作的重要讲话发表后，云南省个私经济党建工作出现了前所未有的良好局面，各级个私协会抓住时机抽调专门人员，积极配合当地组织部门，在原有的工作基础上，加大了党建力度。按照省委组织部有关文件的要求，省个私协会还就个私经济党组织机构设立在协会的可行性问题进行研究，昆明、曲靖、玉溪等个私经济相对发达的7个地区进行了深入的调研，得出了个私协会最有条件建立党组织机构，可以通过党建促自建的结论。并准备积极向有关组织部门反映实情，力争进一步建立健全各级个体、私营党组织。理顺隶属关系，形成上下规范的管理体制，努力最大限度地发挥党在个体、私营经济组织中的核心政治作用，积极推动个体、私营企业党建工作的全面开展。

【继续开展法制教育和职业道德教育】 按照中个协《关于全国个体劳动者和私营企业经营者“三五”普法宣传教育计划》，继续组织个体工商户学习了《宪法修正案》、《反不正当竞争法》、《消费者权益保护法》、《合同法》、《城乡个体工商户管理暂行条例》、《云南省查处生产销售伪劣商品行为条例》等有关法律法规，不断提高了个体劳动者、私营企业经营者的法律意识，做到守法经营、文明经商。

另外，全省个私协系统继续狠抓了职业道德教育。省个私协办下发了关于在广大会员中进一步加强职业道德教育的通知，继续在全省深入地开展了“光彩之星”、“青年文明号”、“户户讲道德、店店无假货”等活动，教育引导广大会员认识自己的主人翁地位，树立崇高的理想，自觉遵守《个体劳动者职业道德规范》，做到文明经营、优质服务、不造假、不掺假、不售假。

【以活动为载体做好服务工作】 1. 借我国加入WTO的东风，加强国际贸易知识培训。随着我国加入WTO，我国经济融入了世界经济一体化进程将加快，为个体、私营经济走向国际市场打开了方便之门。为使会员提前融入入世氛围，各级个私协会组织会员学习了世贸知识，使他们思想上作好参予国际经济竞争的准备。

2. 努力为会员办实事。省个私协下发《举办第一期2000版IS09000标准资格认证培训》的通知，为私营企业参加国标资质评定培训有关知识。今年还组织了“云南餐饮名店”评选活动的调查、摸底、报名工作，积极为个私餐业打响云南品牌。

3. 组织会员参观考察。为开阔个体私营企业经营者的视野，促进全省个私经济的高质量发展。2001年8月份，组织全省部分私营企业，参加中国贸易代表团云南分团，到土耳其参加了国际博览会。10月份，省个协、私协组织了一批个体户和私营企业厂长经理到香港参观考察，学习先进的管理经验。

地州市县工商行政管理概况

昆　明　市

【整顿规范市场经济秩序】 2001年,昆明市工商局根据国务院、省、市政府先后召开的"整顿规范市场经济秩序"会议精神及国家工商总局、省工商局的工作任务安排,始终把整顿规范市场经济秩序作为全年市场监督管理和行政执法的主线,精心组织,周密部署,以查处昆明地区市场违法违章经营为重点,整顿规范市场主体准入行为;以打击制售假冒劣质商品、欺诈骗销等违法行为为重点,整顿规范市场交易行为;以打破地区封锁和部门行业垄断为重点,整顿规范市场竞争行为;在全市大规模开展整顿规范市场经济秩序的行动。

1. 组织开展专项斗争,对市场经营秩序进行集中整治。全市工商行政管理部门与有关职能部门通力协作,在全年内先后开展了整顿元旦、春节市场,清理有毒大米、有毒薄饼及"吊白块"米制品,整顿卷烟市场,清理整顿网吧、电子游戏室及娱乐市场,整顿音像、出版和文化市场,取缔非法药品及医疗器械市场,清理农资市场,清理收缴拼装汽车、摩托车,收缴不可降解塑料袋,追缴劣质有害药品,打击传销和变相传销,收缴反动和非法出版图书,反误导打假广告等专项斗争20余次。据不完全统计,全市工商部门共出动人员33 000多人次,组织市场检查行动2 400余次,共查处市场各类经济案件8 153件,案值6 025万元,比上年上升54.3%。查处的假冒劣质商品案件653件,捣毁取缔制假售假窝点200余个,组织大规模的销假活动12批次,标值800多万元。查处违法经营和假冒劣质商品一大批。

2. 规范市场主体准入行为,加强年度检审和清理中介组织。一是大力加强年度检审工作。上半年全市应参加年检的国有、集体、合作企业共31 230户,实际参检企业23 076户,参检率为73.89%;注销企业1 648户,吊销失踪、停业、关闭和两年以上未参加年检及名存实亡的企业9 245户。全市应参加年检的私营企业11 264户,除名存实亡、停业1 989户外,应参检为9 275户,实际参检户为8 071户,年检率为87%,责令注销名存实亡的企业120户,吊销两年以上未参加年检及"三无"企业1 480户。二是在办理各类企业登记注册和年度检审中,依法执行国家法定条件和审批程序,对前置审批条件不具备、不完备,未能按期年检,在入股中有拆资、抽逃资金等违章行为的企业,分别予以行政处罚;对全市1 800多户分别从事歌舞娱乐、文化出版、桑拿美容、电脑网吧、烟花爆竹、医药器械、食品加工等行业的企业,因前置审批手续不全、过期或无前置审批手续,责令其强制办理了变更或注销手续。为执行国务院和省市的有关要求,今年内坚决停发了舞厅、夜总会、发廊、美容按摩等行业的营业执照。当年度,办理全市关、停、并、转的"五小"企业共32户。三是对中介机构进行清理整治和规范。截至11月,全市工商行政管理机关对从事会计、审计事务和劳务、房屋、购销、出国留学等中介机构进行清理整顿,对中介验资机构改制以来的验资报告进行复查,清理查处非法代理行为。据统计,当年1月~11月份,全市共清理整治中介机构1 800余户(家),查处有虚假验资行为的12户(家),无照经纪人1户。当年度,全市清理审核外商投资企业480户,分支机构135户;吊销"三无"外资企业执照122户,分支机构营业执照32户;及时查处了一些外资企业的违法违章行为,全面实行了"外商投资企业的实收资本公示制"。

3. 积极开展反不正当竞争行为的执法检查。针对经济领域内和群众反映一些公用部门利用其独占地位的限制竞争和垄断经营行为,昆明市各级工商行政管理机关着重对供电、电信、供水、煤气、铁路、保险等具有独占经营地位部门、利用行政权力强制交易的行为进行重点检查,先期召集有关部门开会,学习有关法规和中央、省市文件,提出了自查自纠要求和限期整改措施。全市工商行政管理机关向600余家企业下发了《关于开展重点行业限制竞争行为专项整治工作通知》后,收到自查自纠报告300余份,其中煤气、燃气、保险等部门对本部下属单位提出了贯彻落实的具体要求,煤气总公司作出"六不准、一必须"的规定。当年度,全市共查获不正当竞争案件45件,案值278万元。

4. 严厉打击传销和变相传销等欺诈骗销行为。根据上级的有关文件通知要求,昆明市各级工商行政管理机关把查处打击传销和变相传销违法活动,作为整顿规范市场经济秩序和维护社会稳定的一项重点。当年度共查处传销案12件,案值1 366万元。取缔非法传销窝点22个,遣散参与人员5 000余人。

【促进各类市场主体发展】 在整顿规范市场经济秩序的同时,各级工商行政管理机关继续更新观念,转变作风,改进工作方法,提高办事效率,大力支持国有企业深化改革，促进各类投资主体的设立、个体私营经济的发展和各类商品交易市场的繁荣兴旺。2001年，昆明市有国有、集体、合作等性质的企业32 489户，注册资金481.36亿元，两项指标与去年同期相比，分别下降25.5%和17%。全市私营企业12 691户，从业人员147 248人，注册资金122.82亿元，与上年同期相比分别增加24%、22%、25%。个体工商户发展到12.97万户，从业人员195 053人，注册资金24.35亿元，分别比上年同期增加10%、12%、23%。截至12月，全市外商投资企业为520户（其中合资企业267户，合作企业40户，独资企业213户），投资总额15.22亿美元，注册资本9.33亿美元，其中外方认缴额为6.16亿美元。与上年同期相比，开业户数上升8%，投资总额、注册资本和外方认缴额分别比去年同期下降21%、18%和21%。截至12月，全市共有各类商品交易市场631个（已登记注册、核发《市场登记证》的527个）。其中，按交易商品分类，有消费品市场557个，生产资料市场70个，生产要素市场4个；按交易方式分类，有零售市场482个，批发市场149个，其中农副产品批发市场42个，工业品批发市场40个，生产资料批发市场67个；当年全市各类商品交易市场成交额为142.79亿元，比上年同期增长7.8%。

【广告监督管理】 当年广告监督管理以“整顿规范市场经济秩序”为主线，主要开展了查处虚假误导广告，规范广告发布秩序的工作。为配合“中国昆明国际旅游节”、“中国昆明国际艺术节”、“中国昆明国际花卉节”、“中国昆明国际旅游交易会”等重大活动，昆明市各级工商行政管理机关加强了对户外、店堂、印刷品和传媒广告的监督管理，先后组织较大的户外广告整治行动20余次，检查广告发布市场2 300余次，收缴各类违法违章散发的印刷品广告51.7万份，清除违规张贴发布的布标、广告牌1 293条（块），查处各类广告违法违章案件495件，罚没款63万元。工商部门分三个阶段在全市开展了“反误导、打虚假”广告专项斗争，对全市91家新闻媒体进行分类检查，检查各类广告2 063条，查处违法广告448条，监测报纸广告11.9万条，查处违规违法广告2万余条。在各广告媒体和广告公司建立了广告审查员制度，组织全市广告经营单位参加国家工商总局举办的“广告专业技术岗位资格培训”和“广告审查人员”培训，共培训403人；组织广告法律法规培训两期，培训377人。根据市政府指示，与电信部门联合对张贴印制假证件广告的不法分子，采取暂停电话并追究违法责任的措施，收到良好的效果。组织了昆明市6家有实力广告公司的24件广告作品参加第八届中国广告节，其中一件获银奖，一件获铜奖，5件入围奖。市局广告处被国家工商总局授予“全国广告监督管理先进单位”，被省工商局评为“广告管理基本情况统计工作一等奖”。

【商标专用权管理】 当年度，全市工商行政管理机关开展了查处仿冒注册商标、清理全市专营专卖店、清理汽车修理行业未经授权擅自使用国内外注册商标、整顿商标印制企业等多项工作。共清理检查挂专营专卖店招牌的商店800余户，取缔无合法手续的专营专卖店200余家，新办、补办专营专卖手续资格证204户，换发新证51户；开展对汽车修理行业擅自使用国内外著名商标的清理检查，查处涉嫌汽车商标侵权的维修厂400余户，下达整改通知书200余份，拆除擅自悬挂的汽车商标100余块，查缴没收未经授权擅自使用注册商标标识名片1千余张；受理省内外商家商标侵权投诉案26件，案值100余万元，现已结案19件。全年检查商标负责制企业123户，换发商标印制证书200余家，查处非商标印制单位40余户，此外还培训商标印制企业70余家共204人，新办商标印制许可证20户。

【经济合同监督管理】 当年度，经济合同管理着重在加强规范企业合同契约行为，增强企业自律能力和防范能力。全市工商行政管理系统共鉴证各类经济合同1 908份，鉴证金额为6.11亿元；共办理企业财产抵押物登记644份，抵押物价值29.08亿元，主债权金额9.32亿元；全年各级工商行政管理机关检查了438个企业的合同履约情况，检查监督履行合同11 230份，履约金额9.53亿元。共举办《合同法》、《担保法》、《合同示范文本》等内容培训10余期，培训850多家企业的1 200余名营销人员。当年度全市有“重合同守信用”企业1 232户。

【保护消费者权益工作】 全市各级工商行政管理机关和保护消费者权益委员会结合“整顿规范市场经济秩序”和“绿色消费”主题，大力加强工商“3·15”投诉服务机构的维权体系建设，进一步建立健全消费者投诉服务网络和反映机制，完善以市局服务台为指挥中心及市局、分（县）局、基层工商所三级联动的执法和投诉服务工作体系。当年度查处了一批较大的侵害消费者权益案件；与昆明电信管理部门共同完成了手机“三包”服务规定的准备实施工作；在全市工商部门与消委会中大力开展创建“青少年维权岗”活动，继2000年盘龙分局工商“3·15”投诉服务台获共青团中央、国家工商总局命名的全国“优秀青少年维权岗”称号后，2001年，五华、安宁分局的工商“3·15”服务又获得共青团中央、国家工商总局命名的“优秀青少年维权岗”称号；与市教育、物价、税务、劳动等部门共同对社会办学市场进行清理规范，督促6家未经批准的招生单位补办了合法手续；各级消委会开展了绿色产品和绿色基地的推介活动，引导市民科学健康消费；市消委会成立了昆明市仲裁委员会消费者争议仲裁中心，进行了两年一度的全市“消费者信得过单位”评比活动，共有69家企业获得这一殊荣。结合在昆明市举办的“中国昆明国际旅游交易会”等系列活动，各级消委会加大对消费者投诉服务的处理力度，创造良好的市场交易和消费购物环境。全年共受理消费者投诉、申诉案件4 386件，为消费者挽回经济损失514万余元，查处侵犯消费者权益案件776件，案值479万元；与110联动105次，处理市政府便民热线交办的事项16件。

【市场办管脱钩】 根据国务院办公厅“转发工商总局关于工商行政管理机关限期与所办市场彻底脱钩有关问题意见的通知”和云南省人民政府办公厅及昆明市人民政府办公厅有关文件的通知精神,昆明市工商行政管理局积极认真抓好与所办市场的脱钩移交工作。当年上半年对市局及14个分局、县工商局所属的市场进行摸底排查,梳理资产,清理账目、核对数字、造册登记,移交前,全市各级工商机关成立工作机构,制定移交方案计划,拟制各种文书文件,为市政府牵头协调,与有关部门通力协作,做好脱钩市场人员的思想稳定工作,妥善解决各种问题和困难,确保了移交工作的限期顺利进行。据统计,全市工商部门这次移交的市场共有46个,总资产16 034.21万元,总债权11 387.11万元,总债务4 647.1万元,市场经营管理服务机构10个,人员298人。按照“先移交,再清理,后处理”的原则,全市工商部门于当年12月15日全部完成市场移交工作,市场资产的清理和遗留问题的处理将继续进行。

【2001年任职的局领导名单】

局　　长　王爱中

副 局 长　刘福忠　苏国胜

　　　　　阳　端(至2月)

纪检组长　张忠民

盘龙区

【工商行政管理基本情况】 2001年,盘龙工商局内设8科1室1队,派出机构为7个工商所;在职干部204人,工勤人员1人,个协干部17人;管辖范围是盘龙区11个办事处的行政区域。

【企业注册登记管理】 年内,共计依法办理企业新开业登记140户,注销登记217户,变更登记579户,发放IC卡290份。累计全区企业在册户数为4 063户(其中:法人企业2 188户,营业企业1 875户),注册总资本(金)达147 392万元,共安排从(就)业人员49 094人。共办理企业年检(含注销、吊销)47 308户,占应检户数的84.85%,并对57户违法违规企业进行了查处,罚没金额为1.96万元。

【公平交易】 2001年,为认真贯彻上级一系列工作会议和指示精神,盘龙分局成立了以局长为第一责任人的工作领导小组,加强领导,统一思想,精心组织,围绕重点任务,先后出动执法人员达7 389人(次),车辆800多台(次),并联合相关职能部门,对节日市场、食品市场、药品市场、音像制品、文化出版物市场、汽车配件、贩卖假币、“三无企业”、文化娱乐场所和烟草市场等,有针对性地采取了一系列大规模的专项治理行动,抓紧抓好整顿和规范市场经济秩序工作。

1. 以查处违法违章经营为重点,大力整顿和规范市场主体准入行为。在注册登记管理工作和专项治理行动中,严把市场准入关、坚持法定条件、规范市场主体资格。根据省、市工商专项治理要求,对468户企业(含娱乐场所)进行了专项检查,重新提交相关有效前置许可证,其中:不合格限期整改80户,办理变更36户,注销或吊销77户。与此同时,通过对本区8 431户个体工商户的验照,以及对4 308户企业、209户私营企业的年检工作,对其经营资格和经营行为进行了全面审核。年中,工商分局依法对9 247户企业给予吊销《营业执照》;对58户个体私营责令限期补齐手续;对8户个体及3户私营企业强制其转项经营;对186户专门从事娱乐服务行业的个私业户,进行了重新审核登记工作;对3 082户个体工商户进行了变更登记。在清理整顿”三无企业“行动中,工商分局利用已自建成型经济户口这一优势,将企业、个体登记数据库与经济户口数据库进行比对核查,发现590户企业的登记资料未在经济户口中反映出来,随后分发各工商所逐家逐户实地核查。最终确认590户企业中:失踪的239户;无经营地址的7户;已变更的21户;属外区经营的173户;正在办理撤销的13户;歇业的9户;已注销6户;正常经营122户。在清理整顿无照经营行动中,各工商所严格按分局要求反复排查,对无照经营行为加大整治力度,依法进行了整改、处罚和取缔。共计发出责令整改95户;登门宣传说服、批评教育156户;整顿和规范经营行为207户。较好地起到把好市场准入关、维护市场经济秩序的积极作用。

2. 以打击制售假冒伪劣商品、欺诈等违法行为为重点,大力整顿和规范市场交易行为。继续深入抓好重点商品、重点市场、重点街道的专项整治,特别是针对与人民群众生活息息相关的食品饮料、药品、香烟、电子电信产品、家电、汽配等重点商品的监管,发起专项整治行动,查处大、要案,严厉打击制售假冒伪劣商品行为。

全年,工商分局共查处各类经济违法违章案件2 365件,其中一般程序立案查处259件,简易程序处理2 106件,累计罚没金额320万元。在查处的案件中:违反反不正当竞争法规6件;违反消费者权益保护法规14件;违反商标法规13件;违反企业登记管理法规70件;违反广告法规65件;违反产品质量法规16件;违反投机倒把行政处罚法规71件;违反进出口商品管理法规2件;违反其它法规2 108件。

在查大案、挖窝点工作中,共查获制假售假窝点12个,查获假冒伪劣物品有:拼装车1辆,假冒摩托车6辆,假冒汽车配件3 871件,烟草17.6吨,假冒香烟881件,假化肥12吨,走私进口香烟16件,冒牌服装7 623件,假酒312瓶,假冒饮料2 220瓶件,不合格复印机15台,假冒瓷砖6万多件,假冒电动工具3 490台,假冒手机3台,假冒手机电池1 674块、充电器310套,假冒索尼磁盘1 320盘,盗版VCD片39 499片,各类商标标识16万余套等。

【市场监督管理】 一年来,工商分局坚持不懈地加大对辖区内各市场和街道的巡查管理力度。认真贯彻落实分局制定的《工商所工作目标考核细则》,加大检查密度和检查覆盖的范围,并针对不同时期出现的问题,及时制定改进措施,完善监管方式,确保各项市场监管考核指标任务的落实到位。全年,分局督查组下所检查近60次,各工商所自行巡查市场及辖区街道7 839次,取缔乱摆摊点及无照经营1 496起,处理调解纠纷600

余起,检查衡器30 795杆(台),查处不合格285杆(台),规范明码标价29 323户(次),规范亮照经营35 792户(次),查获并销毁了一批假冒伪劣商品。

此外,将辖区经营户防火安全工作作为头等大事来抓,在反复检查、落实安全防火措施及责任制的基础上,加大防火安全宣传力度,并分批对巡查干部和经营户进行了消防安全知识以及防火器材使用的专项培训。查隐患、堵漏洞、常抓不懈、防患于未然。通过以上措施,使规范化管理工作较为扎实有效地得到加强和完善,不但净化及维护了市场交易环境和秩序,而且也推动了所辖市场的繁荣发展。据全年统计,市场总成交量为69 711.69吨,总成交金额达49 967.84万元。

年内,工商分局结合"整顿和规范市场经济秩序"工作的深入开展。一是继续做好正义路"全国百城万店无假货示范街"及青年路"全省百城万店无假货示范街"的保持和巩固工作;二是在年初通过扎实有效的工作,已经将景星花鸟珠宝市场创建成了昆明市"百城万店无假货"示范市场,并正在向创建全省的"百城万店无假货示范市场"努力;三是在此基础上,深化了白塔路中段、西南外商场、席子营食品批发市场创建购物放心市场(街道)的工作。力求将市场规范化管理同创建购物放心街(市)的工作有机结合,向争创"购物放心辖区"的远景目标推进,从而实现工商管理部门整顿和规范市场交易行为的根本职能。

监督合同执行。全年,检查了154家企业的合同签订履行情况,监督合同当事人履行合同200份,涉及金额700余万元;解决合同纠纷5起,为当事人挽回或避免经济损失80万余元;共鉴证经济合同3份,办理动产抵押登记2份,发放合同文本100余份。

【个体私营经济监督管理】 一年来,充分发挥工商行政管理工作的职能作用,积极为地方非公有制经济发展服务。截至12月,共依法新登记注册个体工商户2 765户,私营企业96户,使全区实有个体工商户累计达9 486户,从业人员12 925人,累计注册资金1.07亿元;实有私营企业达369户,投资者800人、雇工人数2 742人,累计注册资金20 385万元。使全区个体、私营的户数、人数、注册资金较去年均有所增长。

年初,为保证盘龙区政府便民服务中心的开业,工商分局投入大量精力做好各项筹备工作,从进驻项目确定、进驻人员选派、办照程序对接、数据档案传输,乃至分局、窗口与中心之间的协调运作等,较好地确保和完成了工商窗口工作的按时、全面展开。一年来,便民中心工商窗口依法行政,以高效率的优质服务,兑现了工商部门向社会的承诺,共完成个体登记2 392户、私营企业登记83户、集体企业登记140户,为促进盘龙区经济的发展作出贡献,也为较好地履行工商职能和塑造工商形象争了光、添了彩。

【广告监督管理】 为规范广告发布行为,制止和打击违法虚假广告,共计免费办理户外广告登记332份、店堂广告登记1 375份、广告登记证延期257份,并对辖区内专营专卖店进行检查32次,其中督促办理专卖证12个。

工商分局还分别对布标广告、医疗药品广告、保健食品广告及房地产广告进行了较大规模的专项整治行动。其中:先后查处了布标广告212条,查获并收缴医药、房地产等各类违法印刷品广告2.34万余份,对有关当事人进行责令整改及当场处罚41户次。进而加大了对虚假违法广告和商标侵权假冒行为的整治力度,维护了广告经营秩序,切实保护了商标专用权。

【消费者权益保护】 2001年的消费者权益保护工作,盘龙工商分局继续在完善网络与保证快速反应机制的前提下,着重从扩大宣传、加强教育、拓展影响来不断推动工作取得新的进展。

结合2001年"3·15"主题活动,与昆明市"百城万店无假货示范街"办公室联合组织省、市12家大中型企业,开展了"盘龙区保护消费者法律知识竞赛"活动,并于"3·15"当日,在辖区内设立8个宣传点,开展了大规模街头宣传、咨询和现场受理活动;二是继续突出和加强对青少年消费者合法权益的保护工作,开展"3·15"青少年维权活动,通过"致盘龙区青少年一封信"的形式,普及消保知识、提高维权意识,同时公开举报(投诉)电话,将消费常识及维权承诺告知广大青少年。在"六一"节当天和次日,工商分局、盘龙区青少年宫等地,联合开展了"倡导绿色消费、推进青少年维权"的宣传活动,在广大青少年和家长中产生了极大的影响;三是在11月3日、4日两天,分局消保科与德春电信共同设点,以文艺演出和有奖竞答的形式,向群众广泛宣传新的"手机三包规定",现场受理咨询并散发了相关宣传材料4 500余份,收到好的效果。

据全年统计,分局共受理消费者申(投)诉1 175件,解决1 145件,解决率达97.4%,做到了事事有落实、件件有结果,为消费者挽回经济损失79.78万元,接受群众咨询7 009人次。不仅及时有效地保护了消费者合法权益,而且在全面兑现社会承诺的前提下,较好地体现和提升了工商部门服务社会、为群众排忧解难的良好形象。

【商标管理】 为做好《商标法》的宣传工作,共向企业发放各类宣传材料212份,并指导、协助5个企业进行了商标注册相关手续的办理。

【法制工作】 法制工作是行政执法的重要保障。一年来,盘龙工商局紧扣"加强指导服务、强化监督、规范执法"的工作思路,以规范执法为主要内容,坚持推行和落实"四制",不断拓宽和强化执法监督范围。在主要对行政处罚案件核审监督的基础上,逐步强化了对行政许可、行政调解、行政收费、行政强制和行政不作为等方面的监督。在案件核审工作中,全年按一般程序处理的登记立案案件共计259件,完成核审259件(其中:退卷补证400余件次,四次退卷补证的16件次)。以上案件中:1万元以下案件248件,1万元至10万元案件9件,10万元至30万元案件2件。在通过核审的259件案件中未发生一起复议诉讼案件,确保了案件办理质量。

年中，对全局行政执法工作进行了三次执法监督检查，共抽查企业登记档案16份、个体登记档案45份、广告登记档案5份、行政调解档案75份、行政收费凭据14本。通过行政执法检查，找出不足和存在问题，及时向执法机构提出建议和改进方法，不断规范全局的行政执法工作。

据不完全统计，全年共接待有关行政执法咨询1 000余件次，受理解决当事人不服处罚提出的陈述、申辨17件。

【其他重大事件】 完善"经济户口"，构建"小局大所"。盘龙工商分局在省、市局的领导下，在辖区推行"经济户口"管理和尝试"小局大所"工作模式，通过今年的实践运行，已经显现出一定效果。

1. 通过"经济户口"的建立和完善，拓展执法领域，强化动态监管。经工商分局广大干部职工艰苦、细致和卓有成效的工作，做到对辖区各类市场经营主体"三清一明"，即：门清、户清、片清、情况明。在摸底数、建档案，搭建"经济户口"框架的基础上，通过软件开发、硬件配置到位，建立了初具规模的辖区"经济户口"纸质和电子两套档案系统，形成了整个分局"经济户口"动态监管网络，并在进一步完善工商所内部联网、数据传输、资料反馈的前提下，实现了工商所与分局、分局与市局的联网，加大了"经济户口"数据库的资源共享程度。现在，经分局登记注册的经营主体，在各所"经济户口"中反应出的实查监管率已达98%以上，为拓展监管领域和范围奠定了基础，使"经济户口"与巡查工作密切配合，互动反馈，达到对辖区实施动态监管的要求，从而发挥了"经济户口"作为市场监管特殊手段的作用。

2. 探索"小局大所"管理模式，不断推进监督职能到位。通过人员调整配置，充实一线监管力量，并按照新的市场监管工作方式和任务要求，将工商所内部划分为内勤组、巡查组、督查组三块，形成三组联动工作机制，并进而依据《工商所条例》赋予的职责和任务，按经济区域划分责任区，形成"片区式巡查、一体化管理"的动态监管格局。并将工商动态监管执法和服务，覆盖到每个经营主体从市场准入到参与市场活动的全过程，从而使各工商所逐步向职责明确、务实高效、监管到位和考核制度化、程序化、规范化的管理工作模式发展。

【2001年任职的局领导名单】

党组书记、局　长	戚发云
党组成员、副局长	王玉华
	刘　友
党组成员、纪检组长	龙治海

五华区

【工商行政管理基本情况】 全区各类商品成交额为15.1亿元，其中，工业品成交额为9.5亿元，生产资料为1.7亿元，农副产品成交额和成交量分别为3.9亿元和5 644吨；新开市场5个，新发展企业381户；新发展个体工商户3 627户；查处各类经济违法案件931件，其中：一般程序案件76件，简易处罚案件855件。案件罚没款总额为598 575元。

【登记管理】 以登记管理和服务并重的指导思想，切实搞好登记管理工作，改变了以往重登记、轻管理和服务的现象，由被动服务转变为主动为群众提供服务。发挥五华区便民中心各行政部门集中的优势，加强横向联系与协作，上门为企业服务，积极提前介入企业改制，如在昆明金环实业总公司的改制过程中，区工商局登记部门积极提供业务咨询，想办法、出主意，主动与体改委、计经委、国资局等政府部门联系，帮助并支持尽早完成改制工作。通过年检清理"名存实亡"企业，加强对企业的监督管理，进一步规范企业经营行为，保护了企业合法权利，打击了违法经营，维护了公平竞争，彻底清理核对多年来积累的上万份企业档案资料，对6 480户"名存实亡"的企业依照法律程序进行了吊销。

【整顿和规范市场经济秩序】 严厉打击传销和变相传销违法经营活动。针对近年来变相传销活动又死灰复燃的现象，加大了对传销的打击力度。2001年，查处了案值404万元某公司变相传销案，没收传销产品195件，捣毁一个名为"美商全球得利卡"的传销组织。在查处传销案的过程中，还与公安部门配合集中开展统一行动，大力加强宣传教育工作，增强广大群众对传销等欺诈经营活动的识别能力和自我保护能力，同时强化日常监督，把传销等欺诈经营活动消灭在萌芽状态。

按照国务院"铲除窝点、严打惯犯"的方针，对辖区内的重点地区，重点商品、重点市场进行了专项整治，深化整顿和规范市场经济秩序，查处各种不正当竞争行为，开展对垄断性行业限制竞争行为的专项整治，严厉打击制假售假，走私贩私、传销、逃汇、骗汇等违法行为，以维护公平竞争的市场秩序，特别抓好重点地区、重点市场、重点商品的监督，健全执法体系，形成打假合力，坚持集中打击与日常监管相结合，重点打击与综合治理相结合，健全完善激励举报网络和消费者申诉举报网络，保证及时发现举报及时出动查处。加强法制宣传教育，努力营造"有法必依，个个维权"的执法环境和社会氛围。

【广告监管】 在抓好店堂牌广告发布登记管理的同时，重点加强对药品广告、保健食品广告、房地产广告、致富信息广告的治理，配合公安、市容等部门整治了群众反映强烈、整治难度较大的街头"办证"小广告。全年共收缴违法广告3万份。查获涉嫌商标侵权的"华伦天奴·古柏"名牌服装共计493件（条、套），标值415 884元。

【公平交易】 遵循"规范为主"的原则，按照"树形象、增威信"的思路，开展公用企业或其他依法具有独立地位的经营者限制竞争行为专项整治工作。对一些市场存在的不正当竞争行为依法进行了规范。对保险公司通过市场主办单位强制收取保险费的行为进行了摸底调查；查处了有欺诈行为的有奖销售案、仿冒知名商品包装装潢案、利用中国体育电脑彩票开展有奖销售活动案、中医院涉嫌商业贿赂案（已移送公安部门处理）等4个不正当竞争案。

【消费者权益保护】 在消费者权益保护工作中，积极探索新路子，深入企业开办《消法》知识讲座，并率先将消保维权工作引进社区，认真维护青少年这一特殊消费群体的权益，聘请法律自愿者，发挥志愿者公益、奉献的作用，为消费者提供法律服务。2001 年，共受理消费者投诉755 件，接受消费者咨询 12 496 件。通过扎实有效的消保维权工作，局消保科被团中央、国家总局授予“全国青少年维权岗”，园西所争创的市场“青少年维权岗”也通过了验收。

【2001 年任职的局领导名单】

局　　长　张卫民

副 局 长　马　翔　王洛跃

　　　　　杨家华

纪检组长　刘小绍

官渡区

【工商行政管理基本情况】　官渡区工商局在市工商局和区委、区政府的领导下，以江总书记“三个代表”为指导，认真贯彻落实国务院、省、市、区整顿和规范市场经济秩序工作会议精神，加快“经济户口”监管模式改革，进一步加强市场监管和行政执法，全力以赴，扎扎实实抓好“整规”工作，圆满完成了各项工作任务，为国际旅游节、艺术节、昆交会、旅交会的成功举办和官渡区市场经济秩序的明显好转做出了贡献。

【企业注册登记管理】　2001 年新登记企业 193 户，办理企业变更登记 647 户，办理企业注销登记 139 户。帮助昆明承汇物业管理公司等 15 户企业完成了改制登记工作。2001 年官渡区应参加年检的企业 5 242 户，通过年检的企业 2 896 户。清理出两年以上未年检企业 1 483 户，对实属“三无企业”的 1 435 户拟给予吊销。因严格前置审批手续，年检率为 81%，较往年有较大下降。截至 12 月 10 日，官渡区工商局登记注册企业累计达 5 321 户。

【公平交易】　全年查处制售假冒伪劣商品案件 46 件，铲除制假窝点 108 个。查获的假冒伪劣商品主要有：侵权商标标识 50 万套、假洗发水 11 710 件、假通化葡萄酒 4.3 万瓶、假“火爆酒”150 件、盗版 VCD 碟片 1.3 万余张、冥币 149 件、假名牌酒 160 件、假洗衣粉 123 件，假冒食盐 22.50 吨、假油毡 1 790 件。查扣无证经营电脑 310 台、拼装 140 东风大货车 1 辆、报废美国伏特天霸车 21 车、非法拼装正三轮摩托车 14 辆。驱散多起非法传销活动，取缔传销和变相传销活动两起，立案查处传销案 2 件。积极营造官渡区全民打假氛围。

【市场监督管理】　2001 年新登记市场 8 个，办理变更登记 15 个，办理注销登记 2 个，年检 71 个。现官渡区各类商品交易市场已达 203 个，市场成交额为 459 935.03 万元，市场成交额与去年同期相比上升了 4%。全年共出动市场检查 3 481 次，出动检查人员 20 046 人次，检查经营户 62 418 户，查处扣斤压两 239 起，检查衡器 12 708 杆/台，其中不合格 404 杆/台，取缔无证经营摊点 4 011 个。同时积极协助市场主办单位做好消防等安全防范工作。

【个体私营经济监督管理】　全年新发展个体工商户 7 971 户，从业人员 13 792 人；私营企业 172 户，投资人数 341 人，注册资本 7306 万元。办理个体工商户注销登记 3 458 户，办理私营企业注销登记 6 户。办理个体工商户验证 25 788 户，验照率达 89%，验照合格户 19 605 户，验照合格率达 68%；年检私营企业 514 户，年检率达 87%，年检合格户 429 户，年检合格率达 72%。2001 年底，全区共有个体工商户 34 547 户，从业人员 60 471 人，注册资金 68 313 万元；私营企业 787 户，投资人数 1 564 人，雇工人数 5 791 人，注册资本 15 359 万元。

【商标广告监督管理】　全年取缔无专卖店资格的经营户 34 户，办理专卖店资格证 39 份；督促企业进行商标注册 31 件，查询商标 67 个；国际注册 1 件，域名注册 1 件；办理商标侵权案件 44 件，其中简易程序 19 件，一般程序 25 件，罚没款 39.3 万元；严厉打击虚假违法广告，全年共办理广告违法案件 65 件，其中简易程序 54 件，一般程序 11 件，罚没款共计 17.8 万元。

【消费者权益保护】　围绕“绿色消费”及开展“青少年维权活动”，发放宣传材料 3.35 万份。实现“3·15”三级投诉网络服务机制，受理消费者申诉 969 件，经调解解决 941 件，解决率为 97.1%，为消费者挽回经济损失 2 333.70 万元，支持消费者到法院起诉 19 件，不合申诉不予受理 28 件。7 月份，消保科被中消协评为落实消协首项职能最佳单位（县区）第一名。

【法制工作】　全年举办 6 次全员培训，在网上开通“法制天地“栏目，启动建立经济户口工作，制定了以首问负责制为主的统一规范的公示制度。全局共查处经济案件 1 099 件，总罚没款为 118.8 万元，其中，一般程序案件 215 件，罚没款 88.08 万元，简易 884 件，罚款 30.69 万元，总案值 1 089 万元。未发生行政诉讼、行政复议、行政赔偿案件。

【2001 年任职的局领导名单】

局　　长　张　勇

副 局 长　李　铨　赵书华

　　　　　丁永勋

纪检组长　陈忠兴

西山区

【工商行政管理基本情况】　2001 年，昆明市工商行政管理局西山分局在省、市工商局和区委、区政府的领导下，紧紧围绕整顿和规范市场经济秩序这一主线，深入贯彻党的十五届四中、五中全会精神及区委七届五次会议精神，以江泽民总书记“三个代表”重要思想为指导，认真履行工商行政管理职能，开拓进取，努力工作，为西山区经济的健康稳定发展做出了积极的贡献。

2001 年为新开办 4 个市场核发了《市场登记证》，新发展企业 107 户，新发展个体工商户 2 791 户，新发展个体私营企业 112 户，查处各类经济案件 346 件，其中一般程序事件 56 件，简易程序案件 290 件，案件罚没款总额为

36.65万元。

【企业注册登记管理】 企业注册登记管理以“经济户口”监管模式为基础，已全程实现了计算机电子流程化，提高了工作效率，并坚持一审一核制和严格前置审批条件，严格依法登记，全年新发展企业107户，新增注册资金1995万元。到2001年底，西山区共有企业2 368户，注册资金达207 266万元。2001年度应检企业2 368户，实检企业1 782户，年检率达到75%。

【公平交易】 公平交易工作全面贯彻党中央、国务院关于“整顿和规范市场秩序”的指导精神，结合实际，营造公平竞争的市场秩序，切实保护经营者和消费者的合法权益。全年共查处各类经济违法案件346件，其中一般程序查处56件，简易程序案件290件，案值250余万元，罚没金额达36.65万元。查获的违法经营物资主要有：烟叶、烟丝、“小春城”香烟、磁带和磁带标识、假冒“茅乡缘”酒、“舒佳窖”酒、“劲酒”、假冒“龙门”洗衣粉、“雕”牌洗衣粉、工业洗涤剂、食盐、中西成药及医疗器械、假冒胶卷、“三无”月饼等。

在打击假冒伪劣商品的同时，积极与企业联合，保护企业驰名商标的知识产权，维护企业合法权益。年内先后与盘龙云海、子弟土豆片、云南白药厂、上海百事可乐、劲酒企业、贵阳调味品有限公司等企业联合，根据企业提供的线索分别在春苑非法药品市场、广丰、华丰、大兴等综合市场进行了大量的检查工作，同时根据省、市局的指示，对辖区内个别单位涉嫌不正当竞争和限制竞争行为进行了专项检查。

案件查处有较大突破，查获了一个制假时间长达3年之久、掺假达40%，而且掺入对人体极为有害的工业用色素酸性大红、碱性莹光黄、变质花生等制假辣椒面窝点，由于制假者已触犯了刑法，后依法移交司法机关追究其刑事责任。

【市场建设及整顿和规范经济秩序】 2001年，全局新发展市场4个，其中消费品市场3个、生产资料市场1个。截至2001年底，全区共有市场93个，其中消费品市场53个、专业市场40个，市场占地面积达928.68万平方米，总投资达5.6亿元。在市场建设的同时，加大对市场的监管力度，整顿和规范社会主义市场经济秩序。

1. 对春苑非法药品市场的整顿和西苑电器批发市场盗版光盘的专项治理。全局干部职工敢于碰硬，采取各种措施，花大力气，彻底拔除了春苑非法药品市场这个硬钉子，使这个多年来禁而不止的市场得以彻底取缔，在音像市场整顿中，查获盗版光盘500余盒（片），涉及金额2万余元。

2. 对生产资料市场的整治。在春耕秋收农忙季节，为防止假种籽、假化肥、劣质农膜流入市场，加大了对各农资市场，销售点的检查，共检查销售点76个，没收无生产日期和保质期的种籽50袋，没收过期兽用注射液115盒。针对昆明鑫意建材市场无证经营现象较为严重的问题，集中力量进行整顿治理，对38户无证经营户发出了限期整改通知书，暂扣了900余元的物资待处，经过整治，市场经营秩序得到了彻底的改变。

3. 大力整顿消费品市场，确保节日市场的经营秩序。出动干部200余人次，车辆49台次，对辖区内的主要集贸市场及两个生猪定点屠宰市场进行了检查，检查肉食品经营摊点1 120个，确保群众吃上放心肉。在中秋节前，对辖区内各月饼销售点进行了彻底的检查，共检查销售点174个，查获“三无”月饼销售点3个，没收“三无”月饼1 700余个、广西月饼9盒，保证了人民群众的身体健康。另外查获“黑心棉”加工点4个，收缴“黑心棉被”“黑心棉絮”3 000余床，收缴含磷洗衣粉2 600余袋，不可降解塑料袋106千克；配合卫生、防疫、消防等部门，对存在安全隐患的市场责令限期整改；依法取缔自制土锅炉17台、三无锅炉3台，责令整改存在安全隐患的锅炉5台；检查了37家成人用品店，销毁内容淫秽的水牌22块。

4. 规范市场秩序。一年来，共大规模的检查市场21次，检查摊点及经营户8 136户（摊），查处无证经营940户，依法取缔占道经营的马街小新村非法菜市场，对黄土坡立交桥地区秩序混乱，无证经营现象严重的问题进行了集中治理，检查文化市场经营户132家。

年内，马街综合市场、西南布料市场保持了“省级文明市场”称号；西华农贸市场、碧鸡农贸市场、明波兽药市场、黄土坡农贸市场等市场保持了“市级文明市场称号”；另有11个市场达到规范化管理达标市场。

【个体私营经济监督管理】 2001年，新发展个体工商户2 791户，新增注册资金5 339万元；新办私营企业112户，新增注册资金5 619万元。其中自然人有限公司69户，注册资金4 498万元；独资企业33户，注册资金681万元；合伙企业10户，注册资金440万元。

截至2001年底，全区共有个体工商户10 589户，从业人员14 483人，注册资金18 041万元；共有私营企业465户，从业人员2 656人，注册资金达43 509万元。其中，自然人有限责任公司234户，从业人员1 164人；个人独资企业209户，从业人员1 367人；合伙企业22户，从业人员125人。

2001年个体工商户实验照数9 665户，占应验数90%；私营企业实际验照458户，占应验数的95%；对未按期验照和年检的，登报公告，吊销了2 591户个体工商户、88户私营企业的执照。

【广告监督管理】 2001年，全局共办理店堂广告登记2 131份、户外广告39份布标30份、灯箱4份、招牌30份、户外牌匾20份。在做好广告登记的同时，按照“抓重点、追源头、找结合”的工作思路，加大了对虚假违法广告的查处力度。主要针对辖区的医疗、保健食品广告，出动执法人员237人次，车辆50台次，查处了违法药品广告26件，对未经工商登记的违法广告予以强制撤出。收缴印刷品小广告12件计1 500多份、非法电器广告21件、布标164条。

【消费者权益保护】 发挥“3·15”消费服务网络的作用，共处理消费者投诉、申诉506件，不予受理42件，支持消费者起诉36件，接待消费者来访咨询5 698

人次，为消费者挽回经济损失55.7万元。在落实《消费者权益保护法》首项职能中荣获“全国最佳优秀单位”的光荣称号，被市消协授予第六届“消费者信得过单位”组织奖。

紧紧围绕“绿色消费”主题，开展声势浩大的宣传咨询服务活动，全局共有68人参加了宣传活动，发放宣传材料3 600份，接待咨询400人次，在“推优”保名牌，促进地方经济发展方面，全区的“团结乡苹果”、“金吉利果冻、棒棒头”被省消协评为“第六届消费者喜爱商品”，西山区百货公司被评为“昆明市第六届消费者信得过单位”。同时，在原有8个“消费者联络站”的基础上，新建立了云安会都、团结乡、新东方宏盛达家具名店、大观木制品建材市场等4个消费者联络站。

在市工商局组织的首次公开销毁假冒伪劣商品活动中，共销毁了食品、药品、文化用品等6大类80多个品种的假冒伪劣商品，价值25万余元，第二次销毁了劣质中西成药、医疗器械、卫生材料193件，“小春城”香烟43件，假冒“茅乡酒”56件，盗版劣质磁带8 000余盒，不可自然降解塑料袋5.2万个，含磷洗衣粉3 600袋。净化了全区的市场环境。

【商标管理】 2001年，为伊天园、昆明西山永雄石化有限公司办理了“伊天园”、“永霸”等商标注册登记16件，同时做好驰名商标的知识产权保护工作，查处了两起侵犯商标案。为贯彻落实省工商局《关于开展对汽车行业商标进行清理整顿的通知》精神，共出动执法人员67人次，车辆30台次，对全区的汽车市场和汽车修理厂21家进行了清查，查处了2家无证经营销售“铁将军”、“捍将”、“天能”等品牌的汽车防盗报警系统。

【法制工作】 根据省工商局关于所有执法人员必须经过执法资格培训，取得合格证后方能行使执法权的要求，集中3天时间对全局干部进行了执法培训，90名干部一次通过市局组织的执法资格考试。

为贯彻省、市工商局执法监督精神，全局组织了对1998年以来案件的复查清理。复查适用一般程序处罚的案件170件，抽查适用简易程序处罚的案件211件，复查扣留（封存）财务通知书791份，对违反办案程序、行政强制措施使用不当、没收物品处理手续不完备、档案装订和保管不符合要求等问题，通过各种补救方法进行必要的纠正。对2001年查办的346件违法案件（其中适用一般程序处罚案件56件，简易程序处罚案件290件），罚没金额36.65万元等情况进行了核审，确保了局的各项处罚准确、无误，严格依法行政、依法处罚。

【2001年任职的局领导名单】

局　　长　王勤书

副 局 长　杨碧留　朱洪彪

纪检组长　段朝华

东川区

【工商行政管理基本情况】 东川工商分局内设机构10个，派出基层所由9个合并为5个，全局在编人员88人，其中党员54人，占总数的61.4%；中专学历23人，占26.2%；大专以上文化42人，占47.8%。

【个体、私营经济监督管理】 1. 依法行政，圆满完成全区个体工商户验照和私营企业年检工作。2001年度应参加验照3 267户，已验照2 981户，验照率为91.25%；应参加年检私营企业131户，已检131户，经年检审验符合办理年检登记有109户，检存率89%，有7户作变更登记。15户不予年检，其中6户吊销营业执照，9户注销登记处理。2. 以“两整顿”为契机，组织了三次大规模拉网式清整行动，共出动182人（次），检查个体经营2 585户，私营企业98户，查出无照经营152户，补办营业执照144户。3. 建立“经济户口”促进工商所行政执法规范化管理进程。截至2001年11月底，已建立城乡个体工商户经济户口2 847户，各类企业663户；全年新发展个体户792户、私营企业34户；全区共有个体工商户3 872户，从业人员5 736人，注册资金2 908万元，总产值2 979万元；私营企业150户，投资者304人，雇工2 000人，注册资本894万元，总产值5 147万元 。

【企业注册登记管理】 强化企业监督管理，规范其组织行为，促进职能到位。1. 按时完成2001年度企业年检工作；2. 依照法律法规严把市场准入关；3. 加大执法力度，杜绝“三无”企业；4. 加强商标、广告的监管职能。截至2001年11月20日，全区共有各类企业532户，其中法人企业271户，注册资金9 682万元；分支机构261户，本期开业29户，本期注销86户。全区广告经营单位4户。已注册企业中，23户企业共有28个商标。

【合同鉴证】 按照新《合同法》要求，深入企业指导合同工作。全年鉴证合同6份，金额1 200万元；抵押登记17份，价值151万元，主债权数额112万元。东川制药厂等35家企业荣获东川区1999～2000年度“重合同、守信用”称号。

【市场监督管理】 2001年，整顿和规范市场经济秩序列为工商工作重中之重。按照国务院、国家工商局有关会议精神和省、市工商局工作部署，东川区工商局制定了工作方案，加大整顿和规范市场经济秩序工作力度。一是整顿和规范市场主体资格，严把市场准入关，1月～11月全区共清查各类企业4406户（次），吊销营业执照123户，注销309户；二是严厉打击制假、售假、传销和变相传销活动；三是整顿和规范全区药品广告、医疗广告、保健食品广告，打击虚假违法广告、商标侵权等违法行为；四是加强对生产要素市场，生产资料市场的监督管理，严厉查处非法拆卸报废汽车、拼装旧机动车进行交易和自用的违法违章行为。1月～11月，共出动执法人员1 340余人次，车辆200多台次，检查各类企业、门店（摊点）8 270户次，取缔制假窝点4个。查获制假、售假、商标侵权等一般程序案件13件，罚没金额26 330元，简易程序案件101件，罚没金额10 419元，收缴商品物资有食品类，饮料类等10余大类，商品总值7万余元。

【来信来访】 全年共受理各类来信来访335件。其中信访11件,局长接待6件,咨询199件,受理消费者投诉139件,为消费者挽回经济损失15万余元。东川百货大楼等11家单位被评为1999~2000年度全区“消费者诚信单位”。

【市场办管脱钩】 按照国务院办公厅和省政府办公厅有关文件要求工商行政管理机关限期与所办市场彻底脱钩的规定开展工作。东川工商局自建市场有三个,即集义街肉市场,碧谷农贸市场和钢都商城百货市场,虽然有市场建设债务重,货款压力大等困难,但我们积极采取措施,到2001年12月14日完成了此项工作,所移交的市场没有一分欠账。

【2001年任职的局领导名单】

党组书记、局　长　肖保正
副 局 长　姚宏明
纪检组长　齐　进

安宁市

【工商行政管理基本情况】 2001年,昆明市工商局安宁分局辖区10乡镇面积1 321平方公里,实有职工89人,内设机构8个,下辖工商所8个,全年共上缴规费390.8万元。

【企业注册登记管理】 安宁分局坚持严格执法,热情服务原则,把好市场准入关。在登记方面,截至2001年11月20日,全市经登记注册的企业共1 170户,注册资金151 615万元,其中:国有企业268户,联营企业8户,公司企业161户,股份合作制企业15户,其他企业5户。在年检方面,2001年应检1 237户,至4月30日,已检1 087户,占应检企业的87.9%。截至2001年10月24日,仍有82户企业未申报年检,昆明市工商局安宁分局依法作出吊销82户未参加年检企业营业执照的决定。

【公平交易】 2001年,分局围绕整顿和规范市场经济秩序,加大监管力度,查处各类违法违章案件,全年开展了对节日市场、肉食市场、农资市场、粮食市场、文化市场及“禁白”专项检查的清理整顿,截至2001年11月25日,全局共查处各类违法违章案件340件,案值604.10万元,总计罚没金额44.56万元。在实施与企业联合打假行动中,与安宁林源纸业有限公司联合在昆明市各大批发市场中查获假冒“珍泉牌”卫生纸360件,卷筒纸18件,“山茶牌”卷筒纸13件,有力地打击了制售假冒伪劣商品行为。

【市场管理】 安宁分局加大监管力度,城乡集市贸易繁荣活跃,全年各类消费品市场成交总额为41 019万元,与2000年同期39 521万元相比,增加1 498万元,增长3.79%,商品成交量总额为8.48万吨,与2000年同期6.86万吨相比,增加1.62万吨,增长19.1%。

【个体私营经济监督管理】 积极引导全市非公经济健康有序发展。截至2001年11月25日,全市共有个体工商户6 407户,从业人员8 832人,注册资金9 658万元,各类私营企业358户,投资者760人,雇工3 803人,拥有注册资金28 642万元,比2000年增加56户,增长18.54%,在私营企业年检中,已检265户,占应检数83.6%,至10月24日,仍有50户未申报参加年检,工商局依法吊销50户未参加年检私营企业营业执照。

【商标广告监督管理】 安宁分局认真履行职责,对在本辖区内发布的户外广告,均要求其到工商部门登记,全年共登记户外广告32户,对申请办理商标注册的企业,积极鼓励其办理,全年共受理3户。

【消费者权益保护】 2001年,安宁市保护消费者权益委员会率先在校园成立“青少年维权岗”,大力宣传贯彻《消费者权益保护法》,同时面向社会宣传、培训12次,参加者达2 000人次,散发宣传资料2.2万份。全年共受理消费者投诉231件,涉及金额362 792元,为消费者挽回经济损失158 784元,查处侵害消费者合法权益案件13件,罚款7 295元,捣毁制假窝点1个,全年共发布消费警示2个,简报4期,新闻媒体报道12次。

【法制工作】 安宁分局加强执法监督,搞好执法规范,保障各项工商管理法律法规的正确实施,全年共开展执法检查2次,调阅各类登记注册材料619份,各类案件材料515份,“四制”材料35份,3·15投诉受理材料110份,开展业务培训3次,核审一般程序案件28件,简易程序案件249件,未发生听证、复议、诉讼和赔偿案件。

【重大事件】 2001年8月,安宁市保护消费者权益委员会被共青团中央、国家工商管理总局授予“全国优秀青少年维权岗”荣誉称号。

2001年12月15日,昆明市工商局安宁分局正式将自办的两个市场移交安宁市国资局,彻底完成办管脱钩工作。

【2001年任职的局领导名单】

局　　长　段学甫
副 局 长　刘人凰(女)　王汝全
纪检组长　张明敏(女)

呈贡县

【工商行政管理基本情况】 昆明市呈贡县工商行政管理局位于云南高原明珠滇池东岸。全局79人,派出机构设工商所6个,内设机构6个。全局较好地完成了2001年的各项工作任务,基本实现夯实基础、开拓创新的工作目标。

2001年年初局党组一班人积极参加了县委组织的全县副科级以上领导干部“三个代表”重要思想的学习,经过三个月的系统学习,树立起开拓进取、雷厉风行的作风,高标准、高质量、高效率地完成各项工作任务;树立起注重实效、真抓实干的作风,不搞形式主义,务求实效;树立起淡泊名利、艰苦奋斗的作风,正确对待党和人民给予的权力。

【整顿和规范市场经济秩序】 2001年重点对辖区内的农资、农机市场进行了专项治理。在整治农资市场过程中,首先成立了“呈贡县农业生产资料市场协会”,115户经或户加入了协会,并主动与有关部门密切配合,先后进行了4次专项整治,基本达到了政府、消费者和经营者满意的目的。在整治农机市场过程中,以查处非法拼(组)装机动车为重点,同时与机动车经营户签订了“呈贡县机动车经营户守法经营保证书”。通过整治,农机市场经营秩序有了明显的好转。

强化日常市场监管,特别是节假日期间,从不间断市场巡查,使辖区内的各类市场经营秩序基本处于良好状态,规范了市场竞争行为。通过严厉打击各种制假售假不正当竞争和违法违章行为,各项工作有所创新,拓宽了监管领域。

【企业注册登记管理】 2001年全县应参加企业年检870户,实检666户,年检率为76.55%。对23户不按规定时间报送年检材料和未按时限参加年检的企业给予处罚,罚款金额计3.55万元,对484户从1997年度至今未参加年检的企业,给予吊销营业执照的处罚。在全局辖区登记注册现有企业761户,其中国有122户,集体539户,联营2户,有限公司98户。2001年新办企业33户,受理企业变更登记138户,注销登记14户。

开展经济户口监管工作。全局在结合实际,统一思想,明确任务的基础上,制定了实施方案,为各工商所配备了微机,组织全局45岁以下的干部进行脱产培训学习,经培训,这些干部初步掌握了计算机的操作及基本知识;登记科和各工商所完成了辖区内企业、个体户的数据采集工作和数据卡片登记工作,为下一步全面实施“经济户口”网络化管理奠定了基础。

【公平交易执法和市场监督管理】 为贯彻国家总局的决定,全局对辖区范围内具有行政性垄断的电力、保险、邮政、电信、铁路、商业银行、供水、供电、石油、石化、医疗机构等公用企业进行调查摸底和检查,先后出动人员40人次,车辆10辆次,检查公用企业25户。对检查出的一般问题提出整顿意见,要求企业制定整顿措施;对个别单位的不正当竞争行为责令限期整改。

严厉查处制售假冒伪劣商品行为,清除市场障碍。全局共查处各类违法违章经济案件328件,案件总值1 069万元,罚没金额79万元。其中一般程序已结案件105件,简易程序已结案件229件。没收违法和物资有:假冒春城牌香烟20件,假冒人头马、XO洋酒128瓶,走私贩私五粮液酒1 080瓶,价值20余万元,违法倒买倒卖化肥12吨,假冒商标标识30万套,假磁疗戒指4 400个,以工业盐假冒食用盐10.65吨,假冒“白象”、“黎阳”牌食盐塑料包装袋8万个。

在案件查处过程中,局领导、法制科严把案件核审关,严格按照市局下发的《案件核审工作规程》和《行政处罚文书示范文本》,认真做好案件核审工作,把“四制”工作列为年度目标责任考核内容进行量化,年终检查兑现。由于核审工作的认真、严格,使全局案件查处工作,无论是范围上、数量上、质量上都与往年有较大的突破和长足的进步,到目前为止,无论是一般程序还是简易程序处罚的案件,均未发生错案和存在行政赔偿等问题。

【广告监督管理】 2001年,全局对辖区内的户外广告、店堂广告以及广告经营单位实施全面清理和监管,并对城区广告经营户进行广告法律法规的培训工作,规范了城区广告市场的经营发布行为。到目前为止,全局共办理户外广告登记41份,办理店堂广告220份,并建立了广告登记台账,同时加大对广告的的监管力度。配合卫生、药品部门对医疗药品广告进行全面检查,共没收各种违规药剂广告牌9块,医疗器械广告1 563张,查处非法散发印刷品广告1户,没收销毁印刷品广告1 000余份,罚款3 000元。广告管理工作逐步走上了正轨。

【个体私营经济监督管理】 2001年,认真指导个、私协会工作,切实为个、私企业排忧解难。个私协会工作根据县委、县政府的要求,依法成立了“呈贡县私营企业工会联合会”,全县75户私营企业工会加入了联合会,从而维护了私营企业职工的合法权益。另外,个、私协会还通过多方协调,帮助解决个体户和私营企业的一些实际困难,曾先后三次为私营企业的产品、规模、形象作免费电视报道和广告宣传,为边远山区的贫困、伤残个体户减免工商管理费,为42家遭受火灾的经营户募捐和捐赠救灾款1.4万元,同时推荐3家私营企业由昆明市政府命名为2000年度50强企业,2家有限公司为昆明市2000年度先进私营企业,2户个体户为昆明市2000年度先进个体户,受到了县委、县政府和个、私企业主的赞扬和信赖。

【2001年任职的局领导名单】

局　长(党组书记)　刘　超

副局长　姜　柯

　　　　王　霞

纪检组长　马志荣

晋宁县

【工商行政管理基本情况】 晋宁县工商行政管理局,在职人员95人,其中工勤人员14人,内设局办公室、市场监督管理科、法制科、企业、个体注册登记管理科、经济检查大队,派出机构有昆阳工商所、晋城工商所、古城工商所、上蒜工商所、新街工商所、夕阳工商所。

【企业注册登记管理】 现有新办集体、国有、股份制及改制企业20户,各类企业727户,年内对269户“三无’企业依法吊销了营业执照,并向社会公告,使市场准入行为大有改观。

【公平交易】 查处各类经济案件176件,收缴罚没金额19.3万元。没收并销毁了价值12万余元的不合格产品,对维护社会主义市场经济秩序、保护合法经营,起到了重要作用。

【市场监督管理】 在市场交易、竞争行为监管工作中,由于采取局所上下连动,与23家生产磷化肥厂家签订责任书,并与农业、技监、卫生、供销、农资等部门进行多次联合打假行动,对全县所有集贸市场以及重点行业经营情况进行拉网式检查,使整顿市场经济秩序工作收到明显成效。

【个体私营经济监督管理】 年内全县发展个体工商户1 290户,现共有8 055户;办理私营企业设立登记57户,现共有216户;完成税收424万元,对发展晋宁县的经济作出了贡献,在搞活流通中发挥了生力军作用。

【广告监督管理】 全局在加强广告管理工作中,审核准予发布电视广告15份,办理店堂广告4份,户外广告5份,经审核不准发布12份,取缔虚假违法医疗广告3起。

【消费者权益保护】 全局在作好日常投诉工作的同时,加强"3·15"、"12315"值班工作,做到节假日、休息日有投必接,处理率达92.6%,为消费者挽回损失6.5万元。开展"消费者信得过单位"评比活动。由于工作做得好,受到群众的欢迎和好评。

【法制工作】 按计划,继续组织干部进行《反不正当竞争》、《公司法》、行政执法考试等法律法规培训,经考试取得良好成绩。做好执法监督工作,并通过案件的认真核审,把好了全局行政处罚案件的质量关,促进了办案人员业务水平的提高。

【其他重大事件】 2001年12月,晋宁县工商局局争创了市级"文明单位"。

【2001年任职的局领导名单】

局　　长　王长春
副 局 长　拔永明　赵永华
纪检组长　张金义

富民县

【工商行政管理基本情况】 一年来,县工商局在省、市工商局和县委、县政府的领导下,按照年初的工作安排和开展"整顿和规范市场经济秩序"等专项工作的要求,充分发挥工商行政管理的职能作用,尽职尽责、真抓实干,进一步加强市场执法监查和提高干部队伍素质,为建立起有权威的工商执法机构和树立良好的工商队伍形象而努力工作,圆满地完成了2001年的各项任务。

【企业注册登记管理】 截至2001年11月30日,全县已登记注册的国有、集体企业总数321户,注册资金79 642.13万元;新发展企业14户,注册资金183万元。对2001年4月30日前未年检的企业给予处罚,罚款7 000元,同时依法吊销了未参加年检的65户企业的执照。

【公平交易】 公平交易部门全年共查处各类经济违法案件178件,案值达20余万元。查获各类超期变质商品;各类"假、私、非、超"卷烟60件;各类劣质兽药、饲料添加剂5件;查获假药酒33箱,过期成品药68批;办理粮食案件5件、农资案件15件;没收假冒劣质"白象"牌食盐3吨和用于腌制杨梅的工业盐2.4吨;没收仿冒"玉象"牌鲜椰提子圈600袋;收缴冒牌葡萄糖60袋。共计罚款6.94万元。

【个体私营经济监督管理】 截至2001年4月30日,全县已登记注册的个体工商户达2 912户,在上年的基础 上新增564户;全县已注册私营企业151户,与上年相比,新增40户;按期完成验照和年检任务。

【广告监督管理】 办理了21户户外广告登记;查处违法户外广告行为50起;收缴各类违法小广告1万份。

【消费者权益保护】 全年共受理投诉76件,接待来访、咨询80人次,投诉解决率97.34%,为消费者挽回经济损失2万余元。

【商标管理】 帮助、指导企业办理商标注册3件;查处假冒商标案1件,没收包装纸1 500张;查处非法印制商标案1件,罚款150元。

【法制工作】 积极开展法律培训工作,经考核,全局干部职工均合格。全年共审核案件178件,其中,一般程序案件18件,简易程序案件160件,没有发生一起复议案件。

【其他重大事件】 2001年12月14日上午,在县工商局4楼会议室召开会议,将原由县工商局管理的者北、东村农贸市场移交县供销社管理。12月26日,富民县私营企业协会成立。

【2001年任职的局领导名单】

局　　长　李　能
副 局 长　李培洪　张德华
纪检组长　徐世昌

宜良县

【工商行政管理基本情况】 2001年,宜良县工商局在省、市工商局的领导下,以"三学"教育为动力,以服务地方经济建设为己任,以整顿和规范市场经济秩序为主线,团结奋进,真抓实干,开拓创新,锐意进取,各项工作取得了新的成绩。

通过学习教育,找准了"三个代表"与工商行政管理工作的结合点,找准了自身的不足和差距,于是积极推进干部队伍作风建设、党风廉政建设、制度建设和精神文明建设,使县局"三学"活动收到了良好的效果。市工商局把县局"三学"活动的经验在全市工商系统作宣传交流,县"三学"领导小组和社会各界给予一致好评,云南日报、云南经济日报、宜良电视台先后对县局的"三学"活动进行了报道。

【企业注册登记管理】 1. 企业年检、个体工商户验照工作取得好成绩。2001年全县应参检企业817户,实检805户,年检率94.41%;应验照个体工商户10 227户,实验照9 799户,验照率98.69%。2. 加大查处"三无"企业、取缔无照经营的工作力度。2001年全局共查处无照经营案件664件,公告注销"三无"企业64户。3. 全面启动"经济户口"监管模式改革工作。根据省、市局要求,县局及时成立工作领导班子,制定实施方案,组织业务培训,加快微机配置及网络建设，认真扎实开展入户调查登记、档案整理等工作，目前全局各单位纸质、电子经济户口档案已全部建立并转入市场巡查联动工作。

【市场监督管理】 根据省、市工商局关于开展整顿和规范市场经济秩序工作的通知精神，我局高度重视，结合实际认真组织开展了整顿食品、药品、肉食品、农药、种子、文化市场等10余项专项整顿工作，取得了良好的成效。截至12月16日，出动人员5 280人次、车辆1 120台次、检查市场58个次、经营户11 257户次，查处各类市场违法违章案件1 214件，案值310万元，罚款62.06万元。案件数与上年同期相比增加187件，增幅为15.4%；罚没款与上年同期相比增加8.64万元，增幅为13.9%。捣毁制假窝点8个，查获各种假冒伪劣商品涉及食品、药品、日用品、通信器材等29个品种共计120 163瓶（盒、袋、块），标值51.11万元。

【广告监督管理】 2001年全局共办理户外广告登记44户，店堂广告登记548户，查处违法广告案件19件，罚没款0.9万元，收缴非法印刷品广告7.5万余张，撤除违法户外广告牌58块（条）、清除墙面小广告625张。同时，全局积极探索广告市场管理的新方法、新思路，制作了店堂广告登记小标识，挨家挨户地为已办证的经营户张贴标识，以便区分监管与未监管，大大提高了工作效率。

【消费者权益保护】 全年共受理消费者投诉215件，解决209件，移送司法部门处理6件，解决率为100%，为消费者挽回经济损失4.5万元。同时，为适应我国入世后的需要，更好地为国内外消费者服务，我们制作了100块标有中英文的“消费者举报投诉电话”牌匾发放到规模较大的服务性企业。年内积极开展“消费者信得过企业”评选活动和创建“无假货示范街”活动，把保护消费者合法权益与树立经营者良好的商业信誉结合起来，推动打假维权工作深入开展。

【商标管理】 1. 对县内各个市场、经营户进行两次商标侵权行为的清查，查处商标侵权案件3件，收缴假冒商标标识1.9万份。2. 对全县各个专营、专卖、专修店进行检查，取缔6户未获授权的专卖店。3. 对全县的各类企业进行走访调查，帮助企业办理商标注册，实施名牌战略。目前，全县已办理注册商标的企业有87户。

【个体私营经济监督管理】 1. 认真贯彻落实地方党委、政府关于非公经济发展的有关文件精神，坚持“两手抓”的方针，一手抓鼓励发展，一手抓监督管理，进一步推动个体、私营经济向高起点、大规模的方向迈进。截至12月底，全县私营企业发展到172户，注册资金35 880万元，投资者人数374人，雇工人数5 075人；个体工商户发展到10 183户，注册资金9 852.4万元，从业人员16 987人。2. 深入企业走访调查研究，了解他们生产经营活动中的困难和问题，积极为企业解决资金周转困难问题，先后为三户企业贷款20余万元，帮助他们走出了困境；3. 组建成立了宜良县私营企业工会联合会，积极稳妥地抓好对符合条件的61户私营企业基层工会的筹建工作。

【市场办管脱钩】 根据中央、省、市关于工商行政管理机关限期与所办市场彻底脱钩的有关文件精神及时开展工作，与各有关单位协调，对应移交的资产、人员、财务等进行认真清理、登记造册。12月14日举行市场办管脱钩签字仪式，服务中心及两个市场顺利进行了移交。按照“先移交、后清理、再处理”的原则，县工商局在签字仪式后又及时进行清理和处理，确保12月15日前办管脱钩工作任务的圆满完成。

【2001年任职的局领导名单】

党组书记、局　长	陈志良
党组成员、副局长	王运钦
局党组成员、纪检组长	杨树明

嵩明县

【工商行政管理基本情况】 2001年嵩明县工商局机构设置：内设机构办公室、企业登记科、个体登记科、经济检查科、市场监督管理科、法制科、市场巡查中队7个；派出机构嵩阳工商所、城区工商所、杨桥工商所、杨林工商所、小街工商所、四营工商所、白邑工商所、阿子营工商所、新街工商所（2001年11月与四营工商所合并）9个。

在职人员及领导职数：全局公务员85人，工勤人员6人，劳协人员18人，市场服务部8人（2001年12月15日脱钩），2001年7月调入1人，退休1人，年末合计109人，其中局长1人，副局长2人，纪检组长1人，科（室）所长22人。

【企业注册登记管理】 年末，嵩明县工商局注册登记的企业合计637户，其中企业法人236户，本年开业2户，本年注销37户；营业企业401户，本年开业11户，本年注销36户；全年注册资本（金）56 663.90万元，支持办理国有企业改制1户：电力公司；集体企业改制6户：嵩阳、杨林、杨桥、阿子营、四营、小街6个乡镇的建筑公司。

【公平交易】 2001年全局共查处各类经济案件263件，其中立案46件，案值188万元，罚没金额19万元。

【市场监督管理】 嵩明县工商局登记的集贸市场27个。赶街日，工商所要对集贸市场进行巡查；节假日，县局市场监督管理科还要组织人员进行两轮市场大检查。一年来，共查处没收各种劣质、过期、“三无”食品200余个品种5 800千克，价值2.07万元；没收组装的无任何标识的电动机51台、盗版影碟片1 479碟，假酒标识1 000套，非法倒卖化肥217吨，假烟146条，非法加工的烟丝6吨、烤烟3吨，价值4万余元。

【个体私营经济监督管理】 2001年，嵩明县私营企业共有157户，其中独资企业78户，合伙企业9户，有限责任公司70户；投资者人数392人，雇工人数4 578人，注册资本（金）28 797万元，总产值56 387万元，销售总额或营业收入4 968万元，社会消费品零售额

20 427 万元;个体工商户 6 848 户,从业人员 11 750 人,注册资本(金)38 373 万元,总产值 28 692 万元,销售总收入或营业收入 30 424 万元,社会消费品零售额 33 103 万元。

【广告监督管理】 2001 年,各类户外广告登记 25 户。

【消费者权益保护】 全年,县消委会及各消费者投诉站受理消费者投诉 220 件,为消费者挽回经济损失 12.8 万元,接待采访咨询 646 人次。

【商标管理】 帮助企业申报商标注册 3 个。

【法制工作】 1. 制定四个制度:《嵩明县工商局行政执法监督检查制度》、《嵩明县工商局工商所法制监督员制度》、《嵩明县工商局工商行政管理法律法规及工商业务知识考核制度》、《嵩明县工商局法制工作考核办法》。2. 干部职工培训:7~8 月 1 次,11 月 1 次,参训率为 100%,考试及格率 99%。3. 执法检查:4 月、9 月两次。4. 照前普法培训:每月 1 期,培训人数 1 006 人。

【合同监督管理】 全年调解争议合同事件 8 起,争议金额 49 万元;登记贷款合同 296 份,抵押金额 58 769 万元,主债权金额 2 250 万元,其他经济合同 36 份,金额 1 860 万元;鉴证合同 234 份,金额 3 463 万元。

【其他重大事件】 1. 新街工商所撤销并四营工商所,时间 2001 年 11 月 30 日。2. 嵩明县农贸市场办管脱钩,时间 2001 年 12 月 15 日。

【2001 年任职的局领导名单】

局　　长　马来有
副 局 长　张锡明　杨重远
纪检组长　李　薇

石林彝族自治县

【工商行政管理基本情况】 石林县工商局设 7 个科(室)、5 个工商所。全局共有 112 人,其中离退休 14 人,占总人数的 12.5%,妇女 35 人,占 31.25%,党员 50 人,占 44.6%,共青团员 20 人,占 18%,少数民族 27 人,占 24.1%。在职人员中,大中专以上文化的有 68 人,占在职人员的 69.4%,初高中文化的有 26 人,占 26.5%,小学文化的有 4 人,占 4.1%。

【企业注册登记管理】 截至 2001 年 12 月,共登记注册国有企业、集体企业、有限责任公司(内资)498 户,从业人员 11 475 人,注册资金 67 386.08 万元,办理变更登记 30 户,注销登记 9 户。

【公平交易、市场监督管理】 根据国家有关法律法规,加大市场监管力度,全年共查处各类违法违章案件 94 件,案值 130.30 万元,罚没金额 20.54 万元,维护了社会主义市场经济秩序。

【个体私营经济监督管理】 截至 2001 年 12 月底,共登记个体工商户 4 445 户,从业人员 6 171 人,注册资金 4 843 万元,办理变更登记 175 户,注销登记 194 户,各种违反法律法规受处罚 11 户,罚金 3 100 元,共登记注册各类私营企业 126 户,从业人员 2 381 人,注册资金 12 435 万元,办理变更登记 15 户,注销登记 1 户。

【广告监督管理】 2001 年核准登记户外广告 78 件,店堂广告 77 件,临时广告经营户 5 户,登记广告发布 9 起,开具户外广告执法通知 25 份,限期整改 40 户,处罚虚假广告 2 户 4 条,罚款 1 000 元。

【保护消费者权益】 开展以“绿色消费”为主题的“3·15 国际消费者权益日”活动;发布三次消费警示;开展评选“消费者信得过单位”活动;2001 年共受理消费者投诉 204 件,解决 197 件,解决率 96.5%,接受来访咨询 8 750 人次,收到表扬信 11 封,锦旗 4 面,为消费者挽回直接经济损失 9.89 万元;5. 开展绿色消费调查,共发放调查表 2 000 份,收回 1 620 份。

【商标管理】 截至 2001 年 12 月,共注册商标 33 件,其中:在有效期内使用的注册商标 18 件,申请注册未批准使用的 8 件,注册商标超过有效期未续展被他人注册的 1 件。清理“专营专卖店”22 户,核发《资格证》8 户,警告商标侵权行为 16 户。

【法制工作】 根据国家工商局令制订了《石林县工商局关于贯彻落实工商行政管理机关执法监督暂行规定实施意见》的 9 项行政执法监督制度,2001 年共开展了两次行政执法检查工作,规范和纠正了违反登记程序和缺少登记要件的企业登记 12 个,开展个体私营企业普法培训,组织学习 15 次,参学人数 3 710 人。

【其他重大事件】 1. 2001 年 12 月 1 日石林县施行生猪定点屠宰;2. 按照党中央、国务院的要求,于 12 月 14 日,将石林县双龙集贸市场移交给石林县人民政府。

【2001 年任职的局领导名单】

局　长、党组书记　昂志兴(彝族)
副局长、党总支书记　杨自辉
　　　　　　　　　　徐文兴
纪检组长、党总支副书记　陈忠瑛(彝族)

禄劝彝族苗族自治县

【企业注册登记管理】 坚持“三严格三禁止”的原则,认真开展登记专项执法检查,规范市场主体的准入行为,严把市场准入关。全年共办理企业开业登记 49 户(其中新发展私营企业 11 户)、变更登记 108 户、注销登记 130 户;新登记发展个体工商户 2 543 户。至年底,全县共有各类企业 893 户,其中私营企业 58 户、分支机构 7 户,投资者共 176 人,雇工 526 人,注册资本 4 839 万元,实现产值 753 万元;个体工商户 5 148 户,从业人员 5 865 人,注册资金 4 812 万元,实现产值 654 万元,营业收入 4 697 万元,社会消费品零售额 128 万元。通过年检和验照工作,共处罚违反登记法规的企业41户、个体工商户7户，吊销企业营业执照35户（其中20户为“三无企业”），查处、取缔无照经营134户，对245户美发美容、歌舞娱乐、电子游戏、网吧等进行专项清理并对其中109户进行规范和转业、停业整改，对矿产采选业23户、建筑企业9户、成品油经营16户、中介机构1户进行清理规范。

【市场监督管理和公平交易执法】 认真开展整顿和规范市场经济秩序工作，结合日常市场巡查和节日市场检查，先后组织进行了打破地方封锁、公用企业限制竞争专项治理和农资市场联合打假、电子游戏、歌舞娱乐、美容美发等专项清理，还开展了打击非法回收拆解拼装报废汽车专项斗争以及查禁“法轮功”、“白色污染”有毒食品和食品添加剂等专项检查。加大市场监督检查和执法力度，维护公平交易和竞争秩序，保护了人民群众的利益，促进了经济的健康发展。全年共出动1 822人次，检查生产经营户4 408户，衡器2 788杆（台），共查办各类经济违法违章案件292件（立案49件、简易处罚243件），罚没金额12.96万元。其中：查办生产销售假冒伪劣商品12件，案值6.8万元；没收假酒612瓶、劣质食品75千克、假冒奶粉133袋、假洗洁精433件、假冒鸡精140袋，配合有关部门查缴44种案值4万余元的假劣药品。通过对农资市场联合执法检查，查办违法经营农资产品案件28件，取缔非法经营28户，没收化肥106.5吨、农药1 604千克、农膜2.4吨、假兽药8种2 224瓶（袋、合）、劣质饲料和饲料添加剂8种750千克；办理机动车验证561辆，清理取缔报废汽车回收拆解企业4户，查扣报废汽车16台。

【商标广告管理】 以户外广告、印刷品广告和店堂广告为重点，把登记审批权下放到工商所，加强日常监管。全年共办理广告登记803户（其中：户外广告47户、店堂广告756户），查处取缔非法户外广告8户，收缴非法印刷品广告5 000余份。以打击假冒商标和规范专营专卖行为为重点，对49户汽车行业使用商标情况进行清理，责令整改1户，帮助企业办理商标注册查询、咨询8件。

【保护消费者权益】 以工商所为依托，完善“12315”消费者申诉举报服务网络，建立了上下联动的值班、接待、处理制度，热忱为消费者服务。全年共受理、处理消费者投诉案件40件，案值4.81万元，受理举报8件，做到事事有答复，件件有回音，所有案件都得到处理。

【合同监管】 积极参与国家重点工程（掌鸠河引水供水工程）移民项目涉及的合同监管，对建筑工程和农田水利项目招投标严把资格审查关。全年共参与订立和鉴证合同37件，鉴证合同金额24 887.97万元。其中：建设工程合同29件，鉴证合同金额364.97万元；动产抵押主合同5件，抵押物价值6 466万元，主债权金额4 005万元；房地产抵押主合同3件，抵押物价值596万元，主债权金额500万元。

【2001年任职的局领导名单】

局　　长　程全周

副 局 长　张贵发　张学仁

纪检组长　杨国虎

寻甸回族彝族自治县

【工商行政管理基本情况】 2001年，寻甸工商局在省局的指导下，以党的十五届五中、六中及中央经济工作会议精神为指针，深入实践江总书记“三个代表”重要思想，立足县情，扎实工作，为实现工商行政管理职能及寻甸县社会经济发展目标作出了积极贡献。截至2001年底，寻甸工商局共有职工104人，其中公务员87名，工人17名。全局共有党员60名，本科生11名，大专生42名，中专及其以下学历者51人。

【企业注册登记管理】 2001年，全县共有企业559户，注册资本36 960万元，实收资本26 341万元，新开业7户、注销27户，与2000年同期相比，户数下降4%，注册资金上升9.6%。

【公平交易管理】 一年来，全局共查处各种违法违章案件81件，罚没金额48.8万元；全年共组织8次大规模的市场整治，小范围内配合相关部门开展经济检查工作，9月初配合公安、消防部门对辖区内200座以上酒店进行安全检查；10月初配合公安等部门取缔52座无证开采小煤矿；10月中旬配合盐业办查处私运无碘盐17吨。在重点市场与重点商品的日常监管上取得重大进展，1月份查获工业用盐30吨，4月份查获套装劣质化肥891.7吨。目前，全县市场秩序稳定，市场成交额上升2.4%，被市局评为“规范化达标市场”。

【市场监督管理】 全年共检查粮食批发企业17户、粮食运输行为84起，在对农贸市场的整治中，全年共出动人员420人次，车辆82台次，查处案件13件，没收假化肥5.2吨，征收无照经营化肥29吨。在肉食品市场管理中，没收销毁病死猪肉550千克，处罚违法经营户5户。

【个体私营经济监督管理】 全县共有私营企业73户，新开业6户，注销10户，雇工人数1 827人，注册资金9 952万元，销售金额2 310万元；全县共有个体工商户4 991户，从业人员7 268人，注册资金6 318万元；全年新发展517户，增长率为7%。

【广告监督管理】 全年共查处非法散发不健康广告案件2件，收缴非法广告6 000余份，处以罚款5 000元，管理中审查发放《户外广告登记证》21份，有效遏制了虚假广告和户外乱设置张贴广告的行为。

【消费者权益保护】 全年共接受咨询19人次，受理办结投诉7件次，为消费者挽回直接经济损失3 300余元。一年来共接收举报18起，查处14起。“3·15”活动组织车辆13台，工作人员87人，发放宣传材料2万份，销毁假非烟、食品等10个品种标值35万元的假劣商品。

【商标管理】 2001年全县共有注册商

标20件，其中寻甸县化肥厂的“牛栏江”牌过磷酸钙、碳酸氢经局推荐，被确定为云南省重点保护商标。

【法制工作】 1. 坚决推行四制和依法治局的方针，全年所办案件均严格按四制执行；2. 以“四五”普法为龙头，严抓队伍执法业务培训；3. 继续执行自我培训计划，组织45岁以下职工进行培训和考核；4. 不断完善制度促进内部执法管理；5. 增强了法制工作的调研。

【2001年任职的局领导名单】

局　　长　陆兴春

副 局 长　李志明

纪检组长　高文才

曲　靖　市

【工商行政管理基本情况】 2001年，全市各级工商行政管理部门，认真学习贯彻党的十五届六中全会、中央经济工作会议和全国、全省整顿和规范市经济秩序工作会议精神，在省工商局和当地党委、政府的领导下，以邓小平理论为指导，努力实践“三个代表”的重要思想，牢牢把握整顿和规范市场经济秩序这一中心环节，大力抓好队伍自身建设，深入发动群众，精心组织力量，全力以赴开展整顿和规范市场经济秩序工作，全面推进全市工商行政管理的各项工作。1. 整顿和规范市场主体，全市共登记各类企业10 053户，注册资本173.4亿元；个体工商户52 792户，2001年新发展7 317户，注册资金5.86亿元，从业人员8.36万人；私营企业1 027户，2001年新发展175户，雇工人数2.92万人，注册资金9.61亿元。2. 严厉打击各类经济违法违章行为，整顿和规范市场交易行为和市场竞争行为，共查处各类经济违法违章案件5 284件，案值1 736万元，罚没款196.06万元。3. 整顿和规范市场执法行为，通过纪律整顿、思想教育、业务培训，工商干部执法水平有较大提高。

【企业注册登记管理】 全市共登记注册各类企业10 053户，比上年的10 158户减少105户，注册资金173.4亿元，比上年增加16.86亿元。在规范市场准入工作方面，主要是完善咨询、受理、审查、核准“三分离”制度。在清理市场主体资格工作方面，主要是通过年检，完善企业前置审批手续，查处“三无企业”和无照经营。今年应年检10 158户，实检8 694户，参检率达98.6%，通过清理，共注销企业1 344户，吊销执照316户，警告36户，罚款78户。同时，为支持企业深化改革，各级工商部门发挥职能作用，积极参与进口公司、市医药集团总公司等近百家国有企业的改制论证工作。

为进一步规范前置审批程序，严把市场准入关，特别是对涉及人民群众生命财产安全的生产经营食品、药品、易燃爆有毒物品、汽车及摩托车配件和歌舞娱乐、电子游戏、网吧、桑拿按摩、录像放映等行业，配合有关部门进行专项治理，对一批不符合条件的经营主体进行了清理取缔限期整改或是变更经营范围。全市共清理、复查各类经营主体7 672户，其中歌舞娱乐317户，电子游戏277户，网吧225户，桑拿按摩108户，录像放映213户，清理和限令补办前置审批手续1 667户，变更232户，注销279户。

【公平交易】 2001年，紧紧抓住市场竞争中的热点、焦点和难点问题，加大公平交易执法力度，打破部门垄断和地区封锁，深入开展整顿市场秩序的专项斗争，以查处大要案件为突破口，全市共查处各类经济违章案件5 284件，其中立案查处483件，案值1 736万元，罚没金额196.06万元，移送司法机关查处案件2件，取缔无证经营户130户，为大力整顿和规范市场交易行为具体开展了以打击制售假冒伪劣商品、欺诈行为为重点的一系列专项整治行动。

1. 各地以打假为重点，大力整顿和规范农资市场，2001年共查处制售假冒伪劣农资案件157件，案值70.7万元，罚没款11.9万元，捣毁制假冒伪劣农资窝点19个，查处违法经营化肥1 191吨、种子10吨，假冒劣质农药4吨。

2. 食品市场的专项检查行动。全市各级工商行政管理部门组织开展了节日市场、旅游市场及学校周边经营环境专项整治行动，出动大批人员对食品经营企业、批零门店和摊点进行了拉网式检查，共查获假冒伪劣食品17.1吨，价值14.16万元，饮料、瓶酒15 058瓶，价值25.84万元。清理食品生产经营主体3 848个，对不具备生产条件的企业进行了变更登记。

3. 查缴“毒鼠强”等剧毒药品专项行动。针对社会上出现的多起投毒和误食剧毒鼠药事件，各地工商行政管理机关积极行动，集中力量进行查禁和收缴，并追根溯源，捣毁多个生产加工窝点，收缴一批成品原材料。

4. 药品市场整治，加大了对非法药品和医疗器械违法行为的打击力度。据不完全统计，全市清理药品经营主体684户，吊注销营业执照80户；查获假劣药品2 486盒，劣质注射器212只，案值3.5万余元；查处违法药品广告案件117件，收缴药品广告12.3万份。同时积极出动人员，配合卫生行政部门整顿药品市场，对麒麟、沾益等地的多家违法经营药品的经营户进行了取缔、查处，查扣违法经营药品价值100多万元。

5. 清理取缔废旧汽车回收拆解市场专项行动。根据省整顿办和省工商局的部署，市各级工商机关及时行动，认真进行摸底调查，对汽配门市、汽车修理及废旧物品收购点进行大规模检查，共检查废旧金属回收企业61户，汽车配件经营及个体工商户265户，汽车修理企业及个体工商户284户，摩托车经营户154户，摩托车维修门店229个，报废汽车回收拆解企业1户及下设回收点2个。查处非法收购拆解拼组装汽车案

17件，案值13.6万余元，罚没款12.27万元。

6. 严厉打击传销和变相传销违法活动。查处传销和变相传销案件12件，案值8.4万元，罚没款2.33万元，清理驱散传销人员1 500余人。为进一步维护社会秩序的稳定，认真贯彻国务院下发的《关于开展严厉打击传销专项整治行动的通知》精神，市工商局成立了“打击传销和变相传销专项整治工作领导小组”，并制定《曲靖市工商行政管理系统开展严厉打击传销和变相传销专项整治行动方案》，各县局、分局结合当地实际，制定措施，严密注意传销和变相传销动向，重拳出击，严厉打击。

7. 对蚕茧、烟草、出版物、建筑、彩票等重要商品和重要市场的监管。一年来查处非法收购倒卖蚕茧案9件，案值47万余元；查处一非法收购烟叶及加工烟丝窝点，就地封存烟叶及烟丝制品近50吨；清理检查出版物经营单位70余个，取销非法经营户7户，并按省局的布置，对各种政治性法轮功类、淫秽色情类非法出版物进行了重点查缴，捣毁一个印制传播封建迷信出版物的窝点。配合林业公安部门，开展了“打击破坏野生动物资源违法犯罪”的“猎鹰行动”，对公路沿线、宾馆、酒店进行检查，查处了一批非法贩运、收购野生动物的违法行为。

8. 对垄断行业限制竞争行为的专项整治。市局召开整顿和规范市场经济秩序工作会议以后，各地积极行动起来，加大法律法规的宣传力度，对垄断行业限制竞争情况进行摸底调查和在企业中开展自检自查工作，掌握了一些案件线索，一些企业闻风而动，着手整改。2001年查处了邮政、金融、保险、通信行业限制竞争案件14件，其中已结案4件，罚款19万元，作出限期整改通知书25份，在社会上引起了强烈反响，得到了省工商局和市政府的支持和肯定。

【市场监督管理】 以加强市场规范化管理为重点，以规范商品交易市场主办者的开办行为，规范进场经营者的经营行为为具体内容。在商品交易市场监管中，清理和查处违章违规行为12 842起，罚款22.83万元。

1. 市场登记和年检工作。从年初开始经过三个多月的工作，对符合登记条件的218个市场实检217个，年检率达99.5%，同时，认真执行开办市场登记注册制度，2001年新开办市场18个，有15个市场已办理了《市场登记证》，其余3个正在办理之中。

2. 商场（柜台）出租和商品展销会管理。市局下发了《关于认真开展商场出租管理和市场巡查工作的通知》，要求商场（柜台）出租要按规定签订出租合同，办理营业执照，悬挂租赁标志。据统计，全市780户商场租赁柜台户已纳入管理。此外，按照《展销会管理办法》的规定，全年在全市办理《展销会登记证》81个，查处了三起无证展销案件，罚款4 200元。

3. 市场脱钩工作。根据国务院和省市有关文件的精神和要求，曲靖市于11月28日～12月12日开展了全市工商行政管理机关限期与所办市场彻底脱钩工作，在短短十多天时间里，在市局统一领导和安排部署下，做了大量具体细致的工作，按省政府要求提前三天圆满结束第一阶段移交任务，受到省局督查组的好评。

4. 文化市场专项治理。清理整治出版物市场、电脑软件、互联网上网服务营业场所和经营户1 116户，收缴非法出版物2 421余册、盗版、淫秽光碟11 006碟（盒）。

5. 粮食市场监管。以维护粮食收购秩序为重点，共查处粮食违法案件85件，取缔无证经营21户，没收粮食371.5吨，查扣530吨，罚没款4.3万元。

6. 公众聚集场所消防安全专项治理。市局及各县局、分局专门成立了领导小组，对总建筑面积超过3 000平方米的52个商场、超市和室内市场进行了检查，在3个月的消防安全专项治理中，张贴《消防安全专项治理公告》100多份，对排查出14个市场、商场存在的火灾隐患，已责令限期改正。通过治理，商场、超市和室内市场的消防安全工作得到进一步重视，消除了一批火险隐患。

7. 合同管理工作。合同监管工作继续以打击合同欺诈为重点，规范合同行为，提高合同信誉。2001年全市共鉴证合同8 276份，合同金额12.4亿元，与上年同比，分别增长57.8%和51.9%。对1 308户企业的7 002份合同签约情况进行了监督检查，促使当事人履行合同5 547份，金额4.7亿元。协助当事人挽回损失4件，金额41万元。2001年以来共办理企业抵押物登记247件，抵押物价值14.1亿元，主债权金额7.6亿元。全年认定和命名“重合同，守信用”企业298户。

【个体私营经济监督管理】 2001年，全市各级工商部门采取多种有力措施，严密组织个体验照和私营企业年检工作，清理和查处无证经营。全市个体工商户应验照数为47 449户，已完成验照46 242户，占97.4%。私营企业应年检800户，已年检772户，占96.5%，与2000年相比，分别提高了21和11个百分点。为严把市场准入关，各级在验照和年检工作中，完善了登记程序，规范了档案台账及统计管理，通过清理，吊销私营企业执照19户，注销64户，办理变更手续89户，进一步规范了私营企业的经营主体。与此同时，各县按照整顿和规范市场秩序工作实施方案，认真组织力量，集中2个月时间，对无证经营进行拉网式清理整顿，全市共查处无证照经营2 500多户，有证无照经营200余户，打击了非法经营活动。截至2001年底，全市个体工商户发展到52 792户，从业人员83 683人，注册资金5.8亿元；私营企业1 027户（不含自然人出资的有限责任公司），雇工29 227人，注册资金9.6亿元。

【广告监督管理】 开展“反误导、打虚假”治理广告市场专项行动。主要以各类媒体发放的医疗、药品、保健品、印刷品广告和未经登记擅自发布的各类广告进行了重点打击，对户外广告进行了全面清理规范。整治行动中共查处虚假违法广告案件239件，罚款5.5万元，其中药品广告138件、医疗服务广告29件、保健食品广告16件等，收缴药品广告

8 243 份，保健食品、印刷品广告 122 541 份，清理户外广告 284 块(条)，张贴广告 4 000 余份，对 59 户广告违法单位发出行政告诫，限期整改。收缴、销毁性病医疗牌匾广告 12 块。此外，还召开对媒体、广告经营单位的广告整治动员会，通过动员，全市停播、停登违法医疗广告 47 条，对电视直销广告中 6 条广告进行了纠正处理，增强了广告主和广告经营户的法律观念。

【消费者权益保护】 严厉打击制售假冒伪劣商品违法活动，加大查处侵害消费者权益案件工作力度，认真处理消费者申诉，切实维护消费者的合法权益。各级工商部门"12315"和各级消委共受理消费者投诉 6 599 余件，受理举报 274 件，查处侵害消费者权益案件 3 200 余件，案值 91.5 万元，罚没款 42.8 万元，查处制售假冒伪劣商品案 907 件，案值 370.51 万元，罚没款 28.7 万元。接待消费者来信来访 25 310 人(次)，为消费者挽回损失 86.22 万元。与此同时，积极开展了创建"打假维权消费者满意街"活动，罗平、沾益还分别与共青团、教育部门开展了联合创建"青少年维权岗"活动，受到广大群众和政府的好评。另外，还组织定制了 1.3 万块可悬挂的"12315"举报、投诉标志牌，分发到各县、市、区的经营场所中悬挂，为有效保护消费者合法权益不受侵害起到积极作用。

各级消委会积极组织"3·15"国际消费者权益日宣传活动，各级工商部门均成立了"3·15"活动领导小组，各级政府领导发表了电视讲话，突出"绿色消费"主题活动。活动期间共出动人员 1 344 个次，车辆 94 台次，设咨询宣传点 224 个，印发宣传材料 5.49 万份，为消费者提供咨询服务 18 093 人次，现场受理消费者投诉 167 件，召开假冒伪劣商品曝光销毁现场会 7 场次，销毁的假劣商品标价 128.6 万元。同时，各级消委会配合工商部门开展市场整治工作，积极参与打假维权系列活动。

【商标管理】 主要是打击商标侵权假冒违法活动。在以食品、药品、汽车配件等商品为重点的专项执法检查中，对 43 户利用中外知名品牌的文字商标、图形商标做店名或打专营、专卖、总经销、总代理的情况进行清理。对 37 户销售有问题的汽车配件经营户进行了整治，查扣无中文标识汽车配件 27 箱，球头、密封胶 57 个(套)，机油、油漆 10 件等商品。在清理专营专卖店的工作中，清理不符合专营专卖条件，提供不出合法手续，不予发放和换发牌匾的 90 户。对侵犯广西源安堂制药厂"肤阴洁"商标专用权违法行为进行了清查，清理药店 449 家，查扣侵权"肤阴洁"杀菌剂 534 瓶，有效地制止了不法商贩的违法行为。在省商检部门的支持配合下，对麒麟、宣威城区经营进口手机、服装、钟表、皮革、家电等几大类商品进行了检查，仅麒麟区就查出 49 户经营者涉嫌经营假进口商品及商标侵权商品。此外，与一些著名品牌厂家开展联手打假清理市场活动。先后开展了对"小糊涂仙"酒、"豪吉鸡精"、"荷花"味精、"乔丹"运动鞋、"华伦天奴·古柏"服装、广州"拉芳"日用品等知名产品的打假保优行动。通过打击商标侵权假冒违法专项治理，曲靖市今年共查处商标侵权假冒案件 83 件，案值 300 余万元，收缴商标标识、包装近 200 万件(个)，在查获案件中，案值较大的有市局查获的假冒"华尔泰"铝塑板案、宣威查获的假冒上海"申星"等 5 个品牌矿灯案、假冒峨牌等 15 个品牌假酒案。

【法制工作】 2001 年是"四五"普法启动年，按照上级安排，市局制定下发了《曲靖市工商系统"四五"普法规划》，明确了"四五"普法的任务和要求。按市政府和省局的统一部署，对曲靖市工商局建立以来所有规范性文件和政策措施进行了一次全面的清理，清理出以市政府名义下发、经修改继续使用的 5 件；市工商局制定下发的 44 件，其中应予作废的 37 件，修改后延用的 7 件。各级法制部门对立案查处的 483 件案件依法进行了核审，核审率达 100%。为提高办案质量，规范执法行为，市局采取措施，制定下了发《曲靖市工商局关于对行政处罚案件、企业、个体私营企业登记工作进行考核评比的通知》。全年市局收到行政复议申请 11 件，受理 10 件，其中：3 件经法律咨询当事人主动撤销复议申请，4 件维持原处罚，撤销 2 件，1 件待复议。

【开发区分局工作】 开发区分局在几年实践经验的基础上，注重队伍建设，合理设置机构，明确划分职责，促进了工作的开展。在 2001 年的整顿和规范市场秩序工作中，取得了较好的成绩。到年底，在分局登记注册的各类企业共 180 户(新发展 19 户)，应参加年检 154 户，实检 129 户，年检率为 84%。在分局登记注册的个体工商户 1 742 户(当年新发展 420 户)，验照 924 户。在整治市场秩序中，发出《关于开发区内整顿和规范市场经济秩序的通告》1 000 余份，共清理各类市场主体 3 200 余户(次)，取缔无证经营 151 户，清理违法违章广告 250 余条，受理消费者投诉 6 件，查处各类违法违章案件 94 件，其中立案查处 12 件，简易处罚 82 件，罚款 64 290 元。查处商标侵权案件 113 件，案值 3 600 余元。全年共鉴证经济合同 42 份，金额 2 857 万元。认定和命名 2000 年度"重合同，守信用"企业 50 户。2001 年 10 月份，在开发区建立了市府便民服务中心工商局窗口，仅 2 个月时间，受理各种办件 339 年。

【2001 年任职的局领导名单】

局　长　任太文

副局长　饶世钦　高　标

　　　　钱国甲　赵鑫玉

麒麟区

【工商行政管理基本情况】 2001 年，工商部门迎来了新世纪前所未有的机遇和挑战：国家工商局升格为国家工商总局，朱镕基总理视察国家工商总局并作出重要批示。曲靖市工商局麒麟分局以此为契机，结合麒麟区经济发展的实际，努力营造改革开放、公平竞争、规范有序的市场环境，强化市场监管和行政执法，努力推进职能到位并圆满完成市场"办管"脱钩移交工作，麒麟分局从登记管理工作着手,积极推进国有企业改革,建立现代企业制度,营造宽松的环境,发展非公有制经济。截至12月,共登记企业1 853户,个体工商户9 182户,私营企业174户。全年登记核发《广告发布登记证》3 520份。按照全国整顿和规范市场经济秩序的要求,积极查办经济违法违章案件。全年查处万元以上案件6件,千元以上案件65件,简处案件1 145件,案件标值171.44万元。先后鉴证各类合同2 978份,参与22件建筑工程的招投标,金额6.1亿元。深入开展消保维权活动,全年共受理消费者投诉4 850件,为消费者挽回损失36.27万元,为强化制度建设,分局建立健全纪检监察网络,补充《考勤管理规定》、颁布《禁酒令》,率先在系统内建立《诚勉谈话制度》,加强队伍作风建设和法纪教育,积极推行政务公开。年内,分局还积极参与清产核资、治理"三乱"自纠自查和开展收费票据清查工作,开展好工会、共青团、老龄、妇女工作,组织丰富多采的文体活动,参与建党80周年知识竞赛和读书活动,积极开展好信访工作。全年共受理信访件23件,其中纪检类3件,综合信访类20件,办结率100%。分局还积极参与争先创优活动,2001年,越州工商所创区级文明单位,城关工商所创市级文明单位,城关工商所、企业科被团区委评为"青年文明号",有4名同志分别被命名为麒麟区"优秀青年"、"巾帼建功标兵"、"青年岗位能手"等称号。综合工作连续3年在全市工商系统名列前茅。在新闻信息宣传工作方面,全年共有322篇新闻、信息、论文等作品在《云南经济日报》、《云南工商管理》、《企业与市场》、《曲靖党建》、《曲靖日报》等各级媒体刊播使用,有效的树立了新时期工商行政管理形象,增强了麒麟分局的凝聚力、战斗力和创造力。

【市场办管脱钩移交】 在2001年11月底全省"办管脱钩"电视电话会议后,麒麟分局党组以高度的政治责任感和求真务实的精神,为办管脱钩中涉及市场的经营权、债权、债务、经营服务人员等人、财、物作了大量艰苦细致的工作,按照"先移交、后清理、再处理"的原则,市场整体"捆绑"移交给当地政府或由政府指定的市场接受部门,先整体接收后,再进行清产核资有关问题的处理。分局党组为确保在全市12月15日以前顺利移交,确保人员稳定和"平稳移交",分别召开分局离退休干部、科队所长、市场服务中心人员及家属、商场业主等座谈会,并在麒麟区市场"办管"脱钩领导小组的带领下和有关部门的配合下,于12月12日顺利完成麒麟区工商系统市场"办管"脱钩的移交工作。按照麒麟区政府有关文件要求,继续作好"清理"、"处理"工作。移交仪式在麒麟区政府会议厅举行。

麒麟分局共移交市场4个:珠江商场、南宁市场、前北农贸市场、书院路农贸市场,市场总面积21 733.47平方米;移交账面资产2 680.8万元,移交债务1 596.06万元;移交市场经营管理人员30人。政府领导、人事、劳动、财政等部门负责人到会并参加了签字仪式,至此,麒麟区市场办管脱钩移交工作圆满完成。作为国家的经济行政执法部门,在监管社会主义市场经济的过程中,工商行政管理部门的地位和作用日趋重要,为正确贯彻执行工商行政管理的政策、法律法规,促进依法行政,分局强化执法监管,认真规范执法行为,圆满完成"三五"普法验收工作。按"四五"普法宣传发动年要求,分局成立了"四五"普法领导小组,开展普法培训,就《法制办案程序和办案方法》开展专题讲座,组织大规模的法律法规知识竞赛,并第一次在法律法规知识竞赛中引入案例分析,从而提高全局干部的执法办案水平。同时,分局还做好法制审核、监督工作,2001年,共审核一般程序的立案案件66件,审核率100%。指导办理公用企业限制竞争案件3起,全年未出现一起行政复议和行政诉讼案件,分局干部的法律意识和依法行政水平有所提高。

【企业注册登记管理】 把工商管理的职能定位在市场监管和行政执法,这不仅是工商管理体制改革实现职能到位的一个大转变,也是从旧的计划经济时代的监管模式中摆脱出来,建立社会主义市场经济体制的客观要求。因此,麒麟分局以促进经济增长方式的根本转变为己任,从市场准入行为入手,推进国有企业改革、改制和实现战略性改组,扶持企业建立现代企业制度,为企业谋求商机,逐步适应"入世"的要求,特别在"入口"关上,充分发挥登记管理的职能,加强企业前置审批条件的清理和登记工作,甄别挂靠集体企业,取缔无照经营,实行企业年度检验。年检中,对合格企业予以公告,对年检不合格企业依法进行处罚,使企业的运作更加符合市场经济的要求。

2001年,麒麟分局共登记注册企业1 853户,注册资金为137 678万元,其中法人企业507户,营业企业782户,公司420户,分公司144户。企业注册登记户数趋于平稳发展的态势,注册资金则稳中有升,在年检中,分局实行登记机关与工商所联动管理机制,发放年检宣传材料1 500多份进行广泛宣传,对全区1 619户企业实行了年检,年检率达96.84%。从登记情况看:一方面,对企业规范管理的力度进一步加强,特别是涉及前置条件的,对不符合要求的情况分别进行变更、限期整改,吊销执照处理;另一方面,注册资金投入可以看出企业正向集约化规模经营方向发展,企业运作已逐步形成良性发展态势。

【个体私营经济监督管理】 在个体、私营等非公有制经济的发展方面,分局认真贯彻执行区党委《关于加快发展个体私营经济的决定》的精神,采取"三放"、"五不限",依法为非公有制经济发展提供优惠政策,营造更加宽松的环境。

2001年,这个区共有个体工商户9 285户、注册资金7 192万元、从业人员14 292。个体工商户的发展、资金的投入趋于平稳。由于2000年分局开展了四年一度的个体换照工作,换照中对注销后未及时统计上报,部分属自然消失的个体工商户进行认真清理,因此,个体工商户数目前的发展呈现稳中有升。

私营企业到2001年有174户,注册资金14 050万元,从业人员3 046人,总的发展呈上升趋势。作为一个新的经济增长点,个体私营等非公有制经济正在得到健康发展,规模也在逐渐扩大,正由量的增长转为质的变化，占国民经济GDP的比重也逐年增长，已成为当地一个新的经济增长点。

【商标、广告监督管理】 在商标广告管理工作方面，分局注重培养企业的品牌意识。通过对企业进行广泛宣传，全年共受理商标查询21个，对辖区8个企业品牌商标报请商标注册。在对广告市场的清理整顿方面，重点是对药品广告、户外广告和印刷品市场进行清理，对保健品广告及招工职业介绍违法广告进行处理。在两次大的整顿活动中，与两城区工商所配合，共没收非法印刷品广告1.5万份，没收布标15条。先后核发《广告发布登记证》3 520份，其中：店堂广告3 250份，户外广告83份，印刷品广告187份。

【市场监督管理】 2001年，国务院在全国深入开展整顿规范市场经济秩序的活动，结合辖区的特点，分局以打击假冒伪劣，整顿煤炭生产秩序、蚕茧收购秩序为突破口，汇同相关部门开展了一系列整治活动，维护了正常的市场秩序。2001年共查处万元以上案件6件，千元以上案件65件，简处案件1 145件，案件标值171.44万元，罚没款17.60万元。

为确保2001年的整顿和规范市场经济秩序工作收到实效，分局领导与相关科室签订了《查办大要案奖惩责任书》，明确办案人员责任，并实行奖惩挂钩。先后开展了几项专项整治：1. 以食品、药品、服装、家电为重点共检查经营户97户，收缴过期食品1 560多千克，假“绿色大米”17袋，走私大米55袋，假冒劣质饮料4 500瓶（袋），没收假“荷花”味精15件（150千克）假冒商标标识66 850个，假冒伪劣豆瓣酱334箱，半成品豆瓣酱95缸，收缴“毒鼠强”8 700克。2. 开展“两节”打假活动，出动人员60人次，车辆15辆次；开展“红盾打假护农”行动，查获伪劣农药100千克。3. 在省商检局、市工商局的配合下，开展进口服装市场专项整治，共出动人员60人次，车辆20辆次，对196户进行了检查，对69户经营户的物资进行暂扣处理，查扣物资40多个品种，价值90多万元；4. 严厉打击传销和变相传销，查处传销案5件，并对传销的欺诈性和危害性，通过新闻媒体进行曝光。5. 开展学校周边环境治理工作，出动人员40人，车辆10辆次，查缴儿童玩具钞票1 663袋，过期假劣食品192千克，烟花2件，小爆竹1件。6. 清理检查汽车配件市场，共检查25户经营户，对11户销售假冒汽车配件的商家进行立案查处，收缴电油泵、水油泵21支，假冒机油3件，汽车配件29件（套），查扣拼装摩托8辆，拼装彩电4台。7. 与市、区技监部门配合，对东山销售矿山设备的商店进行检查，收缴假冒劣质矿灯45台，矿灯接线350米，充电器45个。8. 配合林业公安开展“猎鹰行动”，检查饭店、宾馆23家，收缴野生动物4个品种43只。通过专项治理，有力的净化了麒麟区市场，分局整顿和规范市场经济秩序工作取得了阶段性成果。

【公平交易】 分局充分发挥合同监管的职能作用，介入建筑市场、金融市场、房地产市场的监督管理，开展合同鉴证、管理工作。2001年共鉴证各类合同2 978份，鉴证金额33 366.63万元，合同履行率达99%，办理企业财产抵押登记59件，抵押物价值3.78亿元。主债权17 170万元。根据国家工商局的认定标准，召开年度“重合同、守信用”先进企业认定会议，确定“重守”企业238家。先后参与22项建筑工程的招投标，工程金额6.1亿元。分局还抓好统一合同文本的推广使用，发放合同示范文本4 600份，有力地促进了合同监管的广度、深度，使合同管理工作向制度化、规范化方向发展。

分局加大市场监管力度，重点开展了市场出租柜台管理和公众聚集场所消防安全专项整治工作，加强粮食市场监管，开展文化市场管理。对城区各大商场租赁柜台集中清理，规范70家，标明经营者真实身份237户。检查酒店、宾馆71家，发出消防安全限期整改通知书68份，批办6次展销会，对34个市场进行年检。检查娱乐场所484家，收缴盗版光碟2 040张，取缔无证经营和限期整改67家，净化了文化市场。为确保粮食市场管理各项政策落到实处，分局还把好粮食加工、批发等环节，加强对用粮大户监管，检查粮食企业1 332户，查处粮食违法案件13件。

【消费者权益保护】 分局在1998年成立市场巡查中心，1999年开通“12315”投诉举报电话以来，形成健全的“12315”投诉举报网络，为分局快速处理消费者投诉和查办案件提供了有力的保证。围绕2001年“3·15”消费者权益保护宣传活动“绿色消费年”主题，分局8个工商所开展了大规模的宣传咨询活动，共出动人员404人次，车辆15辆次，接待群众2 582人次，发放宣传资料1.5万余份。2001年，共受理消费者投诉4 850件，为消费者挽回经济损失36.27万元，接待群众来访4 970人次。仅“12315”消费者投诉举报网络就收到举报电话473个，有效投诉149个，回复149个。消费者、经营者自我保护意识、依法保护合法权益意识得到了提高。从投诉的性质看，也由单一的质量问题向质量、价格、虚假广告、假劣商品、计量、欺诈骗消费者等方面拓展。投诉的内容有家电类48件、机械类52件、日用百货类66件、食品类4 568件、药物和医疗用品类3件，服务类66件，农业生产资料类19件，其它28件。分局还通过开展“打假维权满意街活动”，评出65家企业为“消费者信得过单位”。为营造健康的消费环境，促进当地经济的健康发展作出了应有的贡献。

宣威市

【工商行政管理基本情况】 2001年，宣威分局有干部职工199人，机关内设机构11个，下属有21个工商所。

【企业注册登记管理】 2001年，宣威分局充分发挥企业注册登记管理职能，依法确认企业的市场主体资格，强化对企业的年度资格审验工作。围绕建立现代企业制度，准确及时做好国有、集体企业改制的登记工作。支持企业横向联合组建企业集团。执行国家产业调整政策，配合有关部门对浪费资源、污染环境、技术落后的“五小”企业进行清理关闭。全年新办企业275户;办理变更登记200户;为企业办理异地设立分支机构核转9件;开具企业印鉴刊刻证明75件;为企业提供咨询87人(次),向企业发放咨询材料2 100份;接待企业主管部门、司法机关查询企业档案89人(次);回访企业161户,在2001年的企业年检工作中,对1 354户企业进行了年检,占应检户数1 425户的95%。查办各类企业违章违法案件28件,罚没款31 300元。

【公平交易执法】 2001年,宣威分局依据《反不正当竞争法》、《云南省查处生产销售伪劣商品行为条例》等法律法规,认真开展公平交易执法工作。全年共查处各类经济违章违法案件679件,其中,一般程序处罚案件89件,简易处罚案件590件;总案值108.5万元,罚没收入总计22.6万元。在所查办的案件中,千元以上的44件,万元以上的6件。

【市场监督管理】 2001年,宣威分局以整顿和规范市场经济秩序为中心,强化市场监管执法,在市场监督管理工作中,1. 取缔无证经营,“拉网式”检查门店6 921户,查出无照经营户1 544户,取缔692户,办照852户。2. 整治鼠药市场。查获剧毒鼠药3万余袋(瓶、支)。3. 整治盐业市场,共查获缺碘、碘含量不足和工业盐冒充食用盐总计12 800千克。端掉1个制售劣质食盐窝点。4. 对书刊、音像、歌舞娱乐、桑拿按摩、录像放映、网吧、电子游戏等行业进行了全面清理整顿,查处无证和证照不全经营户216户,取缔无证经营网吧、电子游戏室23户,查获各种盗版书籍5 000余册,盗版音像制品1 248盘。5. 整治肉食品市场,共检查肉食品加工经营企业18个、个体经营410户,肉食品市场24个,端掉3个收购加工销售病死猪牛肉窝点,查获病死和死因不明猪牛肉2 400千克。6. 开展“节日食品安全消费”专项行动。7. 对10个市场,2个商场进行了重点消防安全检查。8. 规范了134户出租、租赁柜台的行为,并发放了“租赁柜台”标牌100块。9. 规范粮食、农资市场秩序,全年共查办粮食案件24件,查扣非法收购和贩运玉米162吨;查办农资案件30件,查处违法经营化肥380吨,查获劣质农膜30千克。10. 规范进口商品市场秩序,共查获20余种非法或假冒进口商品,查获物品标值14万余元。

【个体私营经济监督管理】 2001年,宣威分局认真落实推动个体私营经济加快发展的各项措施,全年,新发展个体工商户970户,私营企业41户,在2000年8 350户和102户地基础上分别增长11.7%和40.2%,总数分别达到9 320户、143户。

【广告监督管理】 2001年,宣威分局加强对广告的监督检查。全年共查办广告违法案件11件,罚没款1 400元;查获违法广告牌126块,违法印刷品广告2.1万份。

【消费者权益保护】 2001年,宣威市消费者权益保护委员会围绕“绿色消费年”主题,积极受理消费者投诉,为消费者排忧解难,全年共受理消费者投诉345件,为消费者挽回经济损失10万余元。

【商标管理】 2001年,宣威分局在商标监管工作中,主要清理汽车行业商标和专卖(营)店,对不具备专卖(营)资格的6个门店给予限期整改,撤除不合格门店牌匾106块。

【法制工作】 2001年,宣威分局的法制工作实行行政执法责任制、错案追究制、赔偿追偿制和执法评议考核制度,对一般程序处罚案件实行“办、审、定”分离制度。年内,共核审行政处罚案件89件,有2件申请复议案件,均维持原处罚决定,无行政诉讼和行政赔偿案件。年内组织系统内干部职工进行了一次为期3天的工商法律、法规培训;系统内158名公务员取得了《世贸组织基本知识培训》合格证。

【2001年任职的局领导名单】
局　　长　樊福贵(1月~7月30日任职)
　　　　　刘家升(7月30日起任职)
副 局 长　李学义　杨绪柏
　　　　　马毓稳(3月9日起任职)
纪检组长　(空缺)

沾益县

【工商行政管理基本情况】 2001年沾益县工商局内设9个科(队、室):办公室、财务科、人事科、法制科、企业登记管理科、个体私营经济监督管理科、合同管理科、市场管理科、经济检查大队,下设8个工商所:西平、花山、大坡、白水、盘江、炎方、德泽和菱角工商所,设3个群团组织:沾益县保护消费者权益委员会、沾益县个体劳动者协会及沾益县私营企业协会,增设纪检组。全局共有编制109人,其中行政编制84人,事业编制25人,年末实有在职干部80人,离休干部1人,退休干部4人,代管市场服务中心17人。

【企业注册登记管理】 1. 依法确认市场主体,提高登记质量。年内,新办理企业登记注册55户,办理注销登记15户,办理变更登记127户。年底,全县共有企业859户,注册资金46 963万元;集体企业465户,注册资金22 351万元;联营企业3户,注册资金79万元;有限责任公司32户,注册资金14 679万元;股份合作制2户,注册资金1 926万元。2. 做好企业年检工作。2001年,应检企业821户,实检783户,年检率95.3%。

【个体私营经济监督管理】 年内共办理个体工商户注册登记215户,从业人员290人,注册资金190万元。年底,全县共有个体工商户3 960户,从业人员5 022人,注册资金2 032万元。全县新发展私营企业15户,从业人员215人,注册资金831万元。年底,全县共有私营企业100户,从业人员1 779人,注册资金6 940万元。2001年1月~4月,对3 371户个体工商户进行验照,验照率99.2%;对93户私营企业进行了年检,年检率96.87%。

【公平交易】 全年共查处违法违章案

件546件，罚没款11.6万元，其中立案56件。1. 严厉打击假冒伪劣商品。共查获各种假、私、非、超卷烟400余条，过期“三无”食品5 000余袋（盒、瓶）。2. 大力整顿农资市场。检查各种店铺100余家，肥料200余吨，查扣无证经营化肥4吨，过期种子300余千克，假冒农药960千克，价值11 520元。3. 开展打击拼装车市场工作。共检查248户个体汽车修理配件点，未发现无证照或证照不全，擅自回收报废汽车拆解拼装行为。4. 开展反垄断、反限制竞争行动。5. 严厉打击走私行为，查获一辆“尼桑”走私轿车。6. 认真清理整顿医药市场，检查药品经营户56家，没收假劣商品41瓶。7. 开展肉食品市场专项整治工作，查处销售病害和注水肉18户，查获病害私宰肉320千克。

【市场监督管理】 1. 对全县25个市场的《市场登记证》进行了全面审验，年内新发展2个生猪市场，使全县市场数达到27个。2. 强化粮食市场监管，查处非法收购运销案50件，没收粮食56吨，登记粮食4 000余吨，核发《粮食运销证》513份，查扣粮食110吨，罚没款22 000元。3. 加强商品交易市场管理。年内，全县商品交易额达14 700万元，比上年增加12.9%。4. 加强文化市场清理整顿。对西平、花山的25家电脑屋、“网吧”进行检查，对证照不全的13户发出《限期整改通知书》，查处3家“黑网吧”；其次，对音像文化市场进行整治。收缴盗版、淫秽VCD碟片128片，对2户证照不全的经营户责令限期整改。

全年共鉴证合同536份，合同金额6 937万元。受理企业抵押登记16件，抵押物价值3 927万元，主债权金额2 223万元。命名表彰69家企业为“重合同、守信用”先进企业。

【商标广告监督管理】 全年，共查处仿冒“奇强”商标案件1件，没收“奇强”洗衣粉100余袋。查处违法行医广告5 600份，清理审查登记布标广告16条，路牌广告12块，招生广告1.2万份。

【消费者权益保护】 沾益县保护消费者权益委员会成立以来，认真开展以“绿色消费”为主题的“3·15”国际消费者权益日宣传咨询和执法活动。6月1日，在沾益县四所中学成立了“青少年维权岗”。全年共受理消费者投诉196件，解决率100%，涉案金额48万元，为消费者挽回经济损失11万元。

【市场办管脱钩工作】 沾益县工商局按照“先移交、后清理、再处理”的原则，经多方努力，于12月10日在沾益县工商局正式举行“沾益县市场办管脱钩移交签字仪式”，在县人民政府副县长刘俊的主持下，沾益县工商局与沾益县城建局签定《沾益县市场办管脱钩移交协议书》。至此，沾益县市场办管脱钩工作圆满完成。

【2001年任职的局领导名单】

局　长、党组书记　马有林
党组副书记　田富德
副局长　周福华　杨　坤
纪检组长　姜泽芳

马龙县

【工商行政管理基本情况】 2001年，马龙县工商局共有干部职工71人，其中，离退休职工11人，全局机关内设6个股、室和下设4个工商所，监管全县五乡四镇的九个集贸市场、1524户个体工商户，26户私营企业和388户工商企业。

【企业注册登记管理】 2001年，全县共有企业388户，其中：法人企业98户，营业企业290户，注册资金31 740万户。

【公平交易】 年内，认真贯彻落实国家、省、市、县整顿和规范市场经济秩序工作会议精神，结合全县实际，突出重点，制定具体的《实施方案》和《工作计划》，全年共查处各类违法违章案件276件，其中立案查处42件，简易查处234件，总案值达1.41万元，罚没物资变价款1.2万元。

【市场监督管理】 1. 认真开展市场巡查工作，建立完善巡查制度，组织开展对全县农资、医药、成品油、文化等市场进行专项治理。2. 认真做好全县九个集贸市场的年检及市场交易的统计工作，3. 按期完成马龙县工商局与所办市场的脱钩工作，于12月11日顺利将原自办的“龙泉市场”、马龙县市场开发服务中心及人员和市场债权债务等移交至马龙县人民政府办公室。

【个体私营经济监督管理】 认真贯彻落实各级党委政府关于发展个体私营经济的优惠政策和“治乱减负”的有关规定，转变传统的监管方式，强调监管与服务，管理与发展的统一，至12月15日，全县有个体工商户1 524户，从业人员1 971人，注册资金1 270万元，私营企业26户，从业人员724人，注册资金2 739万元。

【广告监管】 年内，认真开展广告市场的专项治理，重点整治虚假违法医疗、药品、保健品广告，共检查广告5条（次），责令停止发布2条，严肃查处户外广告违法行为，收缴非法印刷品广告6 000余份。

【消费者权益保护】 以“绿色消费年”为主题，在全县九个乡镇开展了“3·15”消费者权益保护日宣传活动。热情接待消费者咨询1万余人次，积极受理解决消费者投诉58件，为消费者挽回经济损失12 735.80元。在全县部分企业及工商所建立健全消费者投诉联络站10个。

【商标管理】 对全县12户注册商标进行了验证。加强《商标法》宣传，帮助企业做好商标注册，全年3次协助企业到省、市工商局办理代办商标注册事宜，办理商标核转3件。

【法制工作】 1. 认真执行审核制度，对全局所查办的42件一般程序的案件进行了全面审核，通过审核的案件没有引起行政复议或行政诉讼。2. 组织全局办案业务能手深入基层工商所指导帮助查办案件，提高全局办案水平。3. 做好

"四五"普法的各项准备工作,组织职工进行法制学习培训,提高全局干部职工执法水平,保障依法行政。

【2001年任职的局领导名单】

局　　长　李　贵

副 局 长　王保柱

纪检组长　朱恩荣

富 源 县

【工商行政管理基本情况】 2001年,曲靖市富源县工商行政管理局共有干部职工99人,其中党员82人,内设股(室)10个,派出机构9个,设党支部8个。从职级结构上:主任科员28人,副主任科员32人,科员25人,办事员8人,工人5人,事业编制人员1人;文化结构上:大专以上25人,中专46人,高中12人,初中及以下16人;年龄结构上:30岁以下27人,31岁~40岁41人,41岁~50岁16人,50岁以上15人。

2001年中,富源县工商局以认真学习和实践江总书记的"三个代表"重要思想为契机,以加强思想政治工作,狠抓精神文明建设为切入点,以制定责任制,健全和完善内部制约机制为突破口,以加强党风廉政建设为保障,全面推进了整顿和规范市场经济秩序工作,各项工作取得了良好的成绩。

【企业注册登记管理】 2001年,富源县工商局新登记注册各类工商企业32户,注册资本3 370.5万元,其中:有限责任公司6户,注册资本2 150万元;非公司企业法人3户,注册资本63万元,营业性企业9户,注册资本1 157.5万元。办理企业主要登记事项变更的110户,注销登记56户。在企业年检工作上,全县应检企业778户,实检686户,年检时办理注销的45户,年检率94%。同时,认真清理企业档案,对前置审批证件不全及证件过期的92户企业责令办理变更登记或取消相关经营项目。

【公平交易】 富源县工商局以查处大要案为突破口,追根求源,端窝打点,发现一个,捣毁一个,加大查处力度切实维护公平交易。全年共查处各类经济违法案件227件,处罚款11.45万元,查处化肥259吨,饮料食品1 881瓶,盗版光盘4 018盘,劣质矿灯及原材料3万余盏等一大批假冒伪劣商品及违法物资价值217万余元,同时,认真开展反不正当竞争,维护公平竞争,对电信、铁路等单位进行专项调研。

【市场监督管理】 富源县工商局以加大市场巡查力度,加强市场登记管理为切入点,认真整顿规范市场秩序,全年开展了盐业市场专项整治,检查食盐经营户200余户,开展了废旧机动车辆拼装市场专项整治,取缔旧机动车辆拆解点4个,开展了娱乐场所专项整治,清理录像室、电子游戏室等经营户139户等10余项市场专项整治。特别是在清理整顿学校周边市场中,收缴"三无"、劣质食品2.7吨,捣毁两个食品制假窝点,并收缴学校周边鼠药3万余包。由于监管到位,市场繁荣稳定,2001年全县市场交易额为4.34亿元,比2000年增长8.9%。

【个体私营经济监督管理】 富源县工商局新登记注册个体户850户,从业人员1 071人,注册资金2 204万元,新登记注册私营企业28户,投资者37人,雇工1 213人,注册资金1 954万元;应检私营企业153户,实检140户,年检率91.5%,年检后私营企业128户,检存率92.2%;个体工商户应验照4 922户,实验照4671户,验照率94.9%。2001年共查处个体工商户违法违章行为177起,私营企业违法违章行为21起,查处无照经营205户,补办登记186户。

【商标、广告监督管理】 富源县工商局以加强《商标法》、《广告法》宣传学习为重点,认真加强商标、广告监督管理。在广告监督管理上,强化广告审查机制,对广告经营单位进行年审、抽查,年审、抽查率均为100%;对广告专项整治,收缴、销毁虚假广告牌(匾)26块,收缴违规广告宣传材料7.06万份,限期整改医疗服务广告1条;认真做好户外广告登记,全年共登记11件;认真开展各类专卖(营)店专项整治活动,检查各类专卖(营)店14户,检查率为100%,对其中手续齐备的8户颁发了"专卖(营)店资格证"铜牌。

【消费者权益保护】 2001年,富源县工商局的消费权益保护工作,主要围绕宣传"绿色消费"主题开展。开展了声势浩大的"3·15"活动,在整个活动期间,共设宣传点14个,印发宣传资料1.2万份,组织假冒伪劣商品曝光现场会,销毁假冒伪劣商品案值87万余元;认真做好消费者投诉案件的调解工作,共受理消费者投诉案件238件,调解238件,为消费者挽回经济损失9.25万元。围绕"三重一大",全面开展打假治劣活动,没收、销毁假劣商品价值150余万元。

【法制工作】 富源县工商局对市场准入、年检、规范市场竞争行为和市场交易行为等环节的执法行为进行全过程监督,立案案件29件,核审29件,核审率为100%,在所查办的案件中,没有申请复议案件。并认真做好"四五"普法工作,发放普法宣传资料5 000余份,同时加强干部职工法制建设,购买、发放法律书籍124套(本),组织干部职工参加《婚姻法》、《世贸组织法规》等考试3次,参考率100%,合格率100%。

【经济合同监督管理】 富源县工商局共鉴证各类经济合同465份,标的金额1.04亿元,办理抵押物登记35份,抵押物价值1.44亿元,主债权金额7 558万元。深入到88户企业检查合同1 098份,金额1.84万元,没有发现违反合同的行为。同时评选2001年度"重合同、守信用"企业59户。

【市场办管脱钩】 富源县工商局根据上级市场办管脱钩文件精神,2001年在成立办管脱钩工作领导小组的基础上,全面提高干部职工对市场办管脱钩重要性、必要性、紧迫性的认识,同时认真做好要脱钩的3个市场的清产核资工作,为市场办管脱钩工作奠定了坚实的基础。并在富源县人民政府的监督下,于12月9日与市场接收单位签订协议,完成市场第一阶段的移交工作。

【2001年任职的局领导名单】
党组书记、局　长　杨应良
党组副书记、副局长　杨洪波
党组成员、副局长　张如恒
张　谦
纪检组长　邵明和

罗平县

【工商行政管理基本情况】　2001年,罗平县工商局认真学习实践江泽民"三个代表"重要思想,学习党的十五届六中全会决定,严格按照国家工商总局、省工商局、市工商局和县委、政府的工作部署,以整顿和规范市场经济秩序为重点,一手抓队伍建设,一手抓业务开展,取得明显的成绩。

【企业登记管理】　2001年全县应检各类企业486户,实检467户,占应检数的96%,依法注销名存实亡企业21户,严格规范企业生产经营行为,全年共查办企业违法违章案件61件,其中一般案件27件,简易处罚案件34件,共处罚款30 390万元。

【公平交易】　全年以整顿和规范市场经济秩序为重点,加大大案要案的查处力度,共立案查处各类经济违法违章案件612件,罚款金额10.32万元,其中简易案件550件,一般程序案件62件,在查处的大案要案中,仅以有奖销售为名非法发行彩票案,案值就达30余万元。

【市场监督管理】　加大查处假冒伪劣商品力度,全年共出动执法人员5 000人次,查缴各类假冒伪劣商品标值达83万余元,全县应检市场27个,实检27个,办理新建市场开业登记2个,12月中旬,完成了本部门自办和联办市场移交后的变更登记工作,此外,全年对各类市场进行安全检查6次,补办市场安全检查意见书5份。继续加强对粮食市场的监管工作,坚决取缔违法主体的经济行为,指导、监督、督促合法粮食经营单位建立用粮台账72户,强化对商品展销市场的监管,全年共批准合法商品展销活动2次,对未经批准擅自举办展销活动的1家单位责令停止展销。并处罚款2 000元,强化对县城出租柜台进行监管,依法对4个出租柜台纳入登记管理,促其守法经营,加强经济合同管理,全年共鉴证各类经济合同405件,金额435 370.9万元,共办理抵押物登记40件,抵押物价值13 644.5万元,主债权金额6 317万元,通过参与招标活动,严格执行《招标投标法》对建筑工程进行监管,促进招标工作得以在"公平、公正、公开"的平等竞争机制下正常运行,全年共参与18个工程项目招标,中标金额1 450万元。认真开展合同帮扶活动,分别在化肥厂等4家单位率先进行试点,与之签订由县工商局制定的《合同帮扶活动责任制书》,监督企业购销合同,从源头上制止企业购进和销出假冒伪劣商品。认真开展"重合同守信用"评比活动,全年共报经县人民政府审批表彰41家先进单位。

【个体私营经济监督管理】　2001年度全县个体工商户应验照4 681户,已验4 517户,占应验照率的96%,私营企业应验71户(含分支机构),名存实亡12户,注销2户,共14户,已验57户(含分支机构),占应检率的100%,到2001年底,全县累计有个体工商户5 107户,从业人员7 581人,注册资金3 919万元。私营企业57户,雇工1 517人,注册资金11 058万元,全年共取缔无照经营户526户,立案查处个体私营经济违章案件46件,简易处罚案件545件,共处罚款39 281.44元,全面完成了建立"经济户口管理"的各项准备工作,各工商所进入个体工商户的档案录入工作。

【消费者权益保护】　紧紧围绕"绿色消费年"主题,在"3·15"国际保护消费者权益日前夕,张贴主题年宣传画40张,散发宣传资料200份,现场受理解决消费者投诉8件,县政府分管工商工作的领导发表电视讲话,并在县城赖石山销毁洋垃圾40.8吨及标值6万余元的假冒伪劣商品,开展创建"青少年消费者维权岗"活动,维护青少年合法权益,全年共受理消费者投诉案件419件,解决419件,为消费者挽回经济损失6万余元。

【法制工作】　充分发挥法制机构组织、协调、监督、把关、服务的职能作用,完成"四五"普法总体规划制定工作,制定了《罗平县工商局法制宣传教育规划》,并认真组织实施,组织全体人员参加了世贸组织基本法律制度和新婚姻法基本知识统一考试,人人合格,全面贯彻执行《工商行政管理机关执法监督暂行规定》,严格按要求进行一般程序案件的审核把关工作,全年共审核一般程序处罚案件69件,法制核审率达100%,为防止和纠正违法和不正当的行政行为发生,还认真组织开展了执法检查工作,对工商局机关各执法科室及各工商所的执法活动做好服务、检查、考评、督促、纠正等工作。

【2001年任职的局领导名单】
党组书记、局　长　湛　江
党组副书记　张国荣
党组成员、副局长　张传虎
王体道
党组成员、纪检组长　郑作宾

师宗县

【工商行政管理基本情况】　2001年以来,在省、市局的领导和关心下,全局上下齐心协力,认真学习"三个代表"重要思想,深入开展党的十五届六中全会、省委七次党代会的学习教育活动,不断提高广大职工的思想和业务素质,在解放思想、转变观念中提高认识,充分发挥党支部战斗保垒作用、党员先锋模范作用,在实践工作中增强职工的主动性和创造性;以不断健全和落实好单位的内部各项规章制度为手段;以整顿和规范市场经济秩序为工商行政管理工作的重点,顺利完成了2001年各项工作任务。

【整顿和规范市场经济秩序】　开展"清理整顿无照经营"行动,严肃查处"三无"企业,坚决取缔无证无照经营行为;从严整顿从事易燃易爆、有毒等危险物品生产、销售、使用等涉及人民生命财产安全的企业和个体户；检查和整治涉农行业的不法经营行为，保障全县农业生产顺利进行；加大“打假维权保名优”活动的力度；严厉打击传销、变相传销和其它欺诈经营行为，努力维护经济秩序和社会稳定；开展“反垄断、反封锁”行动，促进地方经济健康、持续、快速发展。

没收和查扣的主要物资有：烟草10.08吨，香烟315条，化肥78.34吨，粮食339.3吨，假盐600千克，各种酒168瓶，食品839千克，饮料4 300瓶，违法药品广告2万余份，印刷品广告1万余份，各类劣质农药300余瓶（袋），总罚没达10万余元，使辖区的整顿和规范市场经济工作取得良好成绩。

共鉴证各类合同304份，金额6 523.71万元，其中建设施工合同14份，金额达1 430.51万元，商场出租合同259份，金额达87.2万元，借款合同31份，金额达5 006万元，检查企业41户，抽查合同152份，监督当事人履行合同一份，金额1.54万元，命名认定“重合同守信用”企业29户。有效地规范了经济往来中的签约行为。

全县应检企业共有500户，私营企业44户，个体工商户3 885户，实检数分别为470户、43户、3 465户，年检率96%、98%、93%，其中企业限期补办前置手续2户，注销53户，取缔非法经营企业2户，罚款1万元，吊销未按照规定年检的企业营业执照34户，督促变更为个人独资企业1户。

【加强干部队伍作风建设】 根据县委和上级主管部门党组决定在全系统内深入开展江总书记“三个代表”重要思想学习实践活动，促进全体职工转变思想作风，认真学习和领会党的十五届六中全会、省委七次党代会的精神。要求全系统职工要以“八坚持、八反对”为作风建设的出发点，加强宗旨教育，提高为人民服务的自觉性，树立廉洁自律、文明礼貌、执法公正的工商干部形象。

加强干部职工的法律、法规学习教育，不断提高干部队伍素质。深入开展法纪教育和警示教育，印发有关法律法规文件，分片集中干部职工学习，先后学习了《行政处罚法》以及《工商行政管理机关行政处罚暂行办法》、《赔偿法》、《粮食收购条例》等相关法律法规。以创建精神文明单位为载体，加强系统内外的思想政治建设。

2001年除了加强全体职工的政治理论学习、思想教育和对非公有制经济业主的政策、法律宣传外，与宣传部门配合，在系统内外进行精神文明创建活动，通过各单位的努力工作，系统内竹基工商所被评为县级文明单位，有47户非公有制经济业主被县文明办分别命名为星级文明户，切实发挥市场监管职能，保证了全县经济健康、持续发展。

【2001年任职的局领导名单】

局　长、党组书记　赵忠明
副局长、党组成员　刘福昌
　　　　　　　　　马　洪
纪检组长　李建文

陆良县

【工商行政管理基本情况】 2001年，陆良县工商局共有在职在编干部职工103人，男79人，女24人，离退休干部15人，其中党员60人，主任科员30人，副主任科员37人，科员18人，办事员2人，工勤人员2人，工人14人，本科4人，专科18人，中专12人，高中13人，初中26人。局机关设人事监察、财务、法制、经检、市管、合同、企业、个体、消保9个股室，下设7个工商所。

【企业注册登记管理】 全县登记注册工商企业995户，注册资金226 719万元，其中国有企业317户，集体企业511户，联营企业4户，股份制企业148户，股份合作制企业15户。

【公平交易】 2001年共查获各类违法违章案件810件，立案查处51件，其中大要案11件。主要开展了重点垄断性行业限制竞争行为的专项整治，对电力、保险、供水、供气、烟草、农村信贷、丝绸、电信、邮政、移动通信等行业进行了摸底调查。开展了废旧汽车回收拆解市场的清理取缔，共清理11户。

【市场监督管理】 主要开展了打击假冒伪劣商品专项斗争、农资市场、蚕茧市场、药品市场、学校附近食品卫生、餐饮、住宿业等的专项整治。在此期间，对全县7个乡镇的18个市场进行了拉网式的检查，主要围绕医药、食品、农药、种子、饲料、建筑材料等重点商品展开。共查获蚕茧案件6件，查获蚕茧4吨，化肥案件43件，征收没收化肥173.6吨，对两所使用不合格火炼油的学校进行了处罚。并对3 000平方米面积以下的市场、商场的消防安全设施进行了检查。

【个体私营经济监督管理】 2001年，全县共登记注册个体工商户7 021户，注册资金6 122万元，从业人员9 588人，私营企业81户，注册资金7 825万元，从业人员5 278人。

【广告监督管理】 全年共审理电视广告19件，户外广告20件，医疗广告10件，对9户广告经营单位进行了年检。收缴各类非法广告印刷品7 000余张，广告牌50块，拆除不合格布标114条，查处了一起非法销售无刊号封建迷信书刊案件，查缴虚假广告1 000份和部分封建迷信书刊。

【消费者权益保护】 “3·15”期间，共发放宣传材料1.22万份，接受咨询323人次，悬挂标语32幅，制作宣传板（栏）11个，当众销毁5万余元的假冒伪劣商品17种。全年共受理投诉335件，解决335件，为消费者挽回经济损失18万余元。

【2001年任职的局领导名单】

局党组书记、局　长　何国先
局党组成员、副局长　许光平
　　　　　　　　　　李　旭

会泽县

【工商行政管理基本情况】 会泽县工商局有在职职工119人，其中：男性98人，女性21人；会泽县工商局以“提高执法监管手段，促进职能到位”为目标，本着“精简、统一、效能”的原则，按照“小局大所”的思路，实施了基层工商所按经济区域设置的新框架，把原来22个工商所调整为8个工商所。为今后机构改革奠定了基础。

在“三个代表”的学习教育和“思想大解放，会泽大发展”的大讨论活动中，制定了学习计划，组织职工学习了必读篇目，撰写了心得体会和读书笔记，开展了批评与自我批评，找出了存在的问题，制定了整改措施，使干部职工的思想觉悟有了进一步提高。不断加强制度建设，注重以制度管人、管事。2001年重新制定了《会泽县工商局职业道德规范》，从会议、着装、学习、考勤、纪律制度等方面作了全面的规定，提高了队伍遵章守纪的自觉性，精神面貌有了很大改变。县局与各工商所、股（室）签订了目标管理责任书，党风廉政建设责任制、社会治安综合治理责任制，保障了各项工作的全面发展。

【基础设施建设】 一年以来，为适应工商所按经济区划设置的要求，启用了县局新办公楼，配置了新的办公设施，改变了多年来困扰局机关办公室条件差的状况。为县局办公室、登记室、监督室、财务室和钟屏工商所、者海工商所配备了微机。扩建了架车工商所的住房，对罗布古工商所的办公用房进行了整修。为迤车、驾车、罗布古工商所购置了办案用车，改善了基层工商所的工作条件。

【精神文明建设】 根据市局精神文明建设“十五”规划的要求，该局结合实际制定了精神文明建设“十五”规划，5年之内全部工商所要达到县级文明单位，争取2～3个所达到市级文明单位，争取1～2个所达到省级文明单位，以此推动全系统社会主义精神文明建设。到目前为止，已有6个工商所被评为县级文明单位，局机关被评为市级文明单位。

【市场监督管理】 2001年，清理无照经营，以查处违法违章经营为重点，大力整顿和规范市场主体准入行为。一年来，共检查清理国营、个体、企业和个体门店6 000余户，清理无照经营600余户，责令限期补办证照205户。

开展“打假维权保护名优”行动，以打击制售假冒伪劣商品、欺诈等违法行为为重点，大力整顿和规范市场交易行为。一年来，对烟、酒、食品、药品、粮食等涉及消费者切身利益的重点商品以及钟屏、者海两个重点地区和国道213线的市场进行整治，共清理市场77个，出动人员1 103人（次），取缔驾车和者海占道经营的市场2个。全年共立案查处违法违章案件72件，已结案70件，案值50.43万元，收缴罚没款33.7万元，其中：罚没款上万元案件7件。在经济检查工作中，1. 加强农贸市场的监管力度，实施“红盾打假护农”行动，全县共查封29个品种的过期农药，价值25万余元。2. 配合厂家落实“打假”联合行动，查处仿冒泸州老窖品牌的各类酒110瓶，仿冒“小湖涂仙”酒75瓶，价值9 000余元。3. 加强粮食收购市场的监管，查处非法收购粮食案件34起，没收玉米203吨，金额15万余元。4. 加强对老矿山的管理，严禁非法开采矿产资源，没收矿石345.7吨，价值1.7万余元。5. 揣掉了一个收购、拆解废旧汽车拼装销售窝点，查扣拼装汽车3辆（已移交交警部门处理）和无编号的旧发动机4台及零配件1批。6. 捣毁了两个死猪肉加工销售窝点，销毁死猪肉510千克，没收作案工具冰柜2台。7. 查处没收假冒品牌香烟109件，价值3.6万余元。8. 加强元旦、春节等节日和黄金旅游周市场的“打假保节”工作，严厉打击食品、肉类市场不法行为，做到“有诉必接、有假必打”。加强市场和旅游景点的消防防火等安全检查，确保了当地节日期间和黄金旅游周市场的繁荣、稳定、有序和安全。全年查处商品交易违法案件688起，收缴罚款919元。9. 清理占道经营和沿街流动叫卖经营3 000余户，没收不合格杆秤537把，没收过期食品及饮料7 000余袋（盒），没收伪劣药品30瓶，没收各类禁销鼠药7 500余袋（瓶）；检查学校周边环境的饮食摊点200余个，取缔无照、无卫生设施的摊点40余个；检查处理无碘盐13 600千克；取缔无证、无条件行医诊所2个。10. 加强经济合同管理，全年进行经济合同鉴证365份，鉴证金额4 276.4万元。

【广告监督管理】 一年来，共检查开展广告业务的企业4户，共查处违反广告法规的案件1件，罚款1 000元。没收非法印刷品广告若干份，拆除违章宣传标语（横幅）128条。办理户外广告19件。

【消费者权益保护】 2001年，消协工作的主题是进行“绿色消费”，即引导消费者树立绿色消费观念，增强环保意识，向无污染、无公害，有助于身体健康的“绿色消费”方面发展。在“3·15”活动中，1. 加大宣传力度，利用广播、电视、宣传车进行宣传，请副县长进行《倡导“绿色消费”，提高生活质量，促进经济社会发展》的专题电视讲话。2. 充分调动各工商所及监督站开展市场检查。3. 集中精力，抽调人员与烟草专卖局、县技术监督局、县卫生局等单位开展联合检查活动。共出动人员170余人（次），检查国营、集体、企业和个体门店477个，没收销毁食品及饮料1 617袋（瓶），洗发用品360瓶，食盐270千克，籽种624千克，皮鞋7双，各种假冒卷烟27 062条，总价值达36万元。现场受理消费者投诉16件。4. 对检查没收的假、劣商品进行曝光和现场销毁。

在日常工作中，受理消费者投诉256起，为消费者挽回经济损失19 890.30元，接受来访咨询人员251人（次）。

【登记注册管理】 全县累计登记注册的各类工商企业1 137户，注册资金18.54亿元。其中：国有企业451户，注册资金15.35亿元；集体企业577户，注册资金1.58亿元；有限责任公司33户，注册资金1.42亿元；股份合作制企业12户，注册资金2 003万元。

新注册企业67户，注册资金1 541万元，法人企业4户，分公司18户，有限责任公司3户。本年度注销企业154户，其中法人企业15户，营业性企业67户，分公司1户，受理变更登记124户。

全县应参加年检企业1 150户，实际参加年检1 012户，查无下落11户，年检后注销59户，年检率为93.13%。已检的1 012户企业有注册资金15.02亿元，资产总额58.7亿元，负债总额

55.92亿元,税后利润3.22亿元;亏损企业80户,占已检企业总数的7.9%;本年度回访企业67户。在企业大检查中共检查企业1 012户,占全县企业1 150户的93.13%。年度查办案件27件,罚款8.43万元,其中,不按规定时限办理变更登记的3户,不按规定办理年检的8户,擅自设立分支机构的1户,销售假冒伪劣商品的15户。

【个体私营经济监督管理】 全县现有私营企业125户,注册资金1.02亿元,雇工总人数7 671人,投资者人数385人。其中:独资企业43户,雇工1 892人,注册资本2 597万元;合伙企业25户,投资者人数116人,雇工1 536人,注册资本964万元;有限责任公司57户,投资者人数227人,雇工4 243人,注册资本6 593万元。

本年度应检私营企业125户,实际参加年检116户,年检率达96.7%。

新注册私营企业16户,注册资金926万元,其中:独资企业2户,合伙4户,有限责任公司10户。本年度注销私营企业16户,受理变更登记32户,回访企业16户,检查企业116户。

全县有证个体工商户5 696户,从业人员6 570人,注册资金3 145万元。其中:新发展1 035户,从业人员1 388人,注册资金989万元。本年度注销个体工商户202户,占全县总户数5 696户的3.5%。全年实现总产值810万元,销售总额5 116万元,社会消费品零售额6 240万元。

【市场办管脱钩】 按照上级部门和县政府的要求,成立了以局长为组长的会泽县工商局市场办管脱钩工作领导小组;拟制了《会泽县工商系统限期与所办市场彻底脱钩的实施意见》;配合县政府市场移交清产核资小组认真清理市场资产,整理账务,盘查市场服务中心人员人事档案。2001年12月12日,在县政府市场办管脱钩领导小组的监督下,向县政府指派的接交单位县经贸局正式作了移交,按期完成了市场办管脱钩工作。

【2001年任职的局领导名单】

党组书记、局　长	王德开
党组成员、副局长	蒋济骏
	艾金钰
	高朝兴
党组成员、纪检组长	潘茂发

玉　溪　市

【工商行政管理基本情况】 玉溪市工商行政管理局所在地是闻名遐尔的“聂耳故乡”、“云烟之乡”、“花灯之乡”。市局下辖8县1区工商局、1个分局,县区有20个工商分局、16个工商所,机构改革后,市局内设10个处(室),县局下设7个内设科室,红塔区设8个科室。

2001年是新世纪的开局之年,玉溪市工商行政管理在省工商局和玉溪市委、政府的正确领导下,始终坚持以马列主义、毛泽东思想、邓小平理论、江总书记“三个代表”重要思想为指导,按照“十五”规划的总体部署和加入WTO的要求,全局上下团结一心,在党组的领导下,群策群力,紧紧围绕市委、政府的中心工作,以整顿和规范市场经济秩序工作为全年工作重点,开展了13项专项整治行动,1.“红盾打假护农行动”。2.“整顿节日市场、旅游市场行动”。3.“反误导、打虚假广告整治行动”。4.“扫黄打非行动”。5.“打假维权保名优”活动。6.“清理取缔废旧汽车回收拆解市场专项行动”。7. 加大对食品、药品、粮食、成品油、汽车等重要商品和重要市场的监管。8.“追缴误售氰化钠行动”。9.“猎鹰行动”。1.“整顿和规范歌舞娱乐场所专项行动”。11.“打假维权消费者满意街”、“户户讲道德、店店无假货”、“文明市场”创建活动。12.“公众聚集场所消防安全检查”。13. 打击传销和变相传销活动。通过整治,强化了市场准入行为、市场交易行为,全面提高了工商干部队伍自身建设,促进了职能到位,各项工作取得了突出成绩;被省工商局评为“社会治安综合治理先进单位”、“年度党风廉政建设先进单位”、“全省工商系统‘九五’干部教育培训工作先进单位”、“全省工商系统清产核资一等奖”、“会计报表先进单位”、“年度打击非法拼装汽车行为,取缔报废汽车回收(拆解)市场联合行动先进单位”,为地方经济的持续稳定发展做出了积极贡献。

【市场规范化管理】 为提高商品市场规范化管理水平,创造良好的市场交易秩序和优良的交易环境,玉溪市工商局制定下发了《玉溪市商品交易市场管理规范实施意见》、《市场规范化管理及文明市场考核评比标准》,各县(区)工商局高度重视,结合各地实际,认真贯彻落实。1. 领导重视,认识统一,机构健全,有效地促进了市场管理水平的提高,使市场管理工作逐步走向制度化、规范化。2. 加大投入,完善设施,从硬件上保证管理规范的实施。3. 建立健全各项规章制度,推行市场巡查制,建立管理责任制,完善督查考评制,实行预警警示制,公开监管承诺制,抓制度,促规范。4. 突出重点,注重实效,齐抓共管,全面落实,各县区都选择了2～3个商品市场,按照管理规范的九条47项标准逐条逐项地抓落实。

对上报的29个市场进行了考核打分,评出了西门市场、珊瑚建材市场等20个市级文明市场。占全市商品市场总数的8.8%,达到了预期的效果,为创造良好的市场交易秩序和优美的交易环境作出了积极的贡献。目前玉溪市的市场规范化管理工作在全省已处于领先地位,受到国家工商总局的赞誉,省工商局已作为典型向全省推开。

【整顿和规范市场经济秩序】 开展了“红盾行动打假护农”、“反误导、打虚假”、“打假维权保名优”、“清理废旧汽车市场”、“追缴误售氰化钠”、“猎鹰行动”、“整顿规范娱乐场所”、“重点商品、重点监管”等一系列专项治理工作,查处了“制售假酒案”、“劣质油墨案”、“非法印制商标案”、“强制保险案”、“药品非法经销案”、“倒卖烟叶案”、“私屠滥宰死猪案”等10大令人关注的维权案件,加强了对市场经济秩序的整顿和规范,共查处制假售假案件449件,案件金额608万元,其中立案36件,案值365万元;查获假冒伪劣商品40余个品种270多吨,查获粮食、烟叶等违禁物资1 300余吨,捣毁制假售假窝点19个;查处侵害消费者权益案件1 183件,为消费者挽回经济损失达76.5万元。

【市场办管脱钩移交工作】 根据国务院、省、市人民政府、省工商局的要求,玉溪市工商局党组加强领导,采取有效措施,精心组织,认真开展市场办管脱钩移交工作。玉溪市完成脱钩任务的有8县1区工商局,应脱钩的自办联办市场43个,应移交市场服务中心9个,人员71人,按照市场产权、债务、债权、人员“四移交”的原则,自2001年8月中旬开始至9月底,经过1个半月的努力,顺利地移交当地政府,彻底地进行了市场办管脱钩工作。全市8县1区共移交市场43个(其中自办27个,联办16个),市场占地面积35.75万平方米,建筑面积21.9万平方米,资产1.41亿元,债权499.26万元,债务5 650.08万元,其中欠金融部门3 743.8万元,欠建筑工程公司(队)1 906.28万元,移交机构(市场服务中心)9个,移交人员71人,其中合同制工人32人,事业职工39人,完全彻底地完成了市场办管脱钩移交工作。

【企业注册登记管理】 严把市场主体准入关,以整顿和规范市场准入行为为重点,认真搞好企业日常登记监管工作。1. 内资企业注册登记:截至2001年12月底,全市共注册登记内资企业7 842户,注册资金10亿元人民币;注册登记个体工商户54 163户,注册资金8.23亿元。其中:法人企业3 011户,营业性企业4 831户。2. 外资企业注册登记:2001年元月,国家工商总局授予玉溪市外商投资企业登记管理权。截至2001年12月底,全市注册登记外资企业102户,注销10户,在册92户。其中:法人企业82户,注册资本1.64亿美元;外资企业分支机构(含办事机构)10户。3. 圆满完成了年度全市内外资企业年检工作。全市年检内资企业9 116户,年检率为91.2%。年检外商投资企业40户,年检率44.9%;完成个体工商户验照贴花43 813户。4. 对全市企业登记档案进行了全面清理。全市工商部门共清理各类企业档案10 545户,按档案管理要求进行了充实规范。5. 统一了全市企业注册登记程序。全市制定了统一的《企业注册登记程序》(试行),就企业注册登记的项目、审批程序、须提交的材料、收费标准、收费依据、办理承诺时限等作出了统一规定,下发全市试行取得较好成效。6. 试行建立企业“经济户口”管理制度。以玉溪市工商局红塔分局为试点探索建立企业“经济户口”管理制度取得成功,拟在2002年面向全市推广。7. 玉溪市便民服务中心“工商窗口”工作成绩突出。由于在“窗口”工作的同志态度热情、服务周到、办事方便快捷、严格按承诺时效兑现各项审批核准服务,受到人民群众好评并得到市便民服务中心多次通报表彰。

【公平交易】 2001年,全市共查处各类经济违法违章案件3 385件,其中立案211件,案值924万元,罚款56万元,没收金额22万元。涉及的主要物资有:汽车4辆、汽车摩托车配件202件、酒精、白酒4 783千克、烟草229吨、化肥364 915千克、种子4 390千克、农药2 678千克、粮食97吨、酒1 498瓶、食品6 372千克、饮料9 261瓶、服装1 441件、化妆品2 385瓶、影碟机8台、VCD、DVD、CD盘995张,电视机3台、书刊192册、商标标识3 221万套。

【商标广告监督管理】 2001年,玉溪市工商行政管理局加大商标广告监督管理力度,,突出监管重点,拓展监管领域,依法打击假冒商标、商标侵权行为和虚假违法广告行为,切实保护了商标专用权,有效地维护了广告市场秩序的健康发展。1. 认真开展了广告经营单位年检,商标印制单位验证、换证工作,依法把好准入关;2. 加强对非商标印制单位进行执法检查,从源头上堵截假冒商标行为。全年共检查印制单位33户,立案查处了1起非法印刷商标案,查获违法印制商标标识纸箱4万余只,违法金额17万余元,罚款5 600元。3. 在全市范围内组织开展“反误导,打虚假”广告市场治理专项行动,有力地查处了药品、食品、医疗、房地产、“致富”广告中的虚假违法行为。全年共出动执法人员912余人次,车辆274台次,收缴内容不健康的医疗广告、药品广告34 393余份,内容虚假的药品广告53 867份,保健食品广告62 486份,清查未经登记的各类印刷品广告125 968余份、路牌广告188块、布标广告35条、店堂广告286块,户外广告617块,处罚违法广告59起,罚款27 020元。

【法　制】 2001年,玉溪市工商局通过狠抓《玉溪市工商行政管理局执法责任暂行办法》、《玉溪市工商行政管理局执法考评暂行办法》、《玉溪市工商行政管理局错案追究暂行办法》、《玉溪市工商行政管理局赔偿追偿暂行办法》等执法责任系列办法的督查落实,收到了较好的效果。1. 行政执法责任制度已全面落实。2. 贯彻实施工商法律法规定期报告制度工作运转正常,全年处理行政处罚案件4051件,案值466万元。3. 案件核审、执法工作规范性文件核审工作逐渐形成制度。2001年年,全市法制机构核审立案查处行政处罚案件436件,建议补充修改68份,核审执法工作规范性文件176件,建议修改完善21件,建议撤销1件。四是由于工作到位、成绩显著,被省政法委评为全省依法治省执法工作先进单位。

【保护消费者权益】 市工商局紧紧围绕“绿色消费”这一主题开展声势浩大的3·15系列活动,在活动期间:1. 设立投诉电话10部,出动人员1563人次,车辆40余台次,设立咨询服务点59个,受理各种投诉案件73件,解决71件,为消费者挽回经济损失25万余元。受理咨询业务1.2万余人次,编发宣传材料2.1万份。2. 建立健全投诉服务网络。全年共设立市县12315投诉二级中心站一个,开通了“12315”投诉、举报电话,悬挂12315投诉、举报牌1 500块。在现有消委会11个、分会3个、监督站49个的基础上,市局和消委会又从有关部门聘请了监督员12人。形成了市、县、乡三级消费者监督服务网络。

【认真开展“三学”活动】 按照中央《关于在农村开展“三个代表”重要思想学习教育活动的意见》和当地党委《关于开展“三个代表”重要思想教育活动实施方案》的部署和要求,全市工商行政管理系统从1月上旬至4月下旬集中时间、集中精力开展了“三个代表”重要思想的学习教育活动。在学习中做到4个结合:即学习文件精神与个人自学相结合;集中辅导与研讨相结合;集中学习与个人记读书笔记写心得体会文章相结合;理论学习与联系个人思想、工作实际相结合。据统计,全市工商系统参加学习的800余名干部职工人人写了读书笔记,共开展交心谈心316人次,召开各类座谈会62次,入户调查278次,发放征求意见表1 254份,共征求到意见346条。通过“三学”教育活动,使全系统各级班子建设明显加强,干部队伍的整体素质得到了进一步提高。

【党建工作】 2001年,玉溪市工商局在加强党的组织建设,推动工商行政管理工作方面提供了组织保障。市局党组对党的组织建设极为重视,上半年重新调整党的组织机构,将局机关原来党总支下设的3个支部调整为5个支部,全面推行“双目标”管理,逐步实现了局机关党建工作制度化、规范化。认真抓好党员的教育管理工作,严格落实“三会一课”制度,进一步增强党员的党性观念。全年共组织党员观看党员电教片3次,做好党员的培养和发展工作,严格按照“坚持标准、保证质量、改善机构、慎重发展”的方针,发展新党员2名。

【纪检监察工作】 加强党风廉政建设,营造纪律严明,作风优良、文明执法、依法行政的工商行政管理队伍。1. 召开了全市工商系统纪检监察工作会议,总结回顾近几年来的纪检监察工作,部署安排今后一个时期的纪检监察工作任务,签订了党风廉政建设责任书,聘请了人大、政协领导及社会各界知名人士15人为第二届行风义务监督员。2. 深入开展队伍作风整顿和警示教育,确保干部队伍纯洁稳定。3. 加大违法案件的查处力度,全年查办案件6件。4. 坚持政务公开,对政务公开的内容、形式、要求作了明确的规定,并自觉接受社会的监督。年内被省局评为“党风廉政建设先进单位”。

【计划财务管理工作】 2001年,玉溪市工商局计划财务管理工作在局党组的正确领导和省局计划财务处的指导下,严格执行年度财务收支预算,不断加强财务管理,各项工作取得较好的成绩。1. 确保了工商事业发展的合理需要,做到收支平衡略有结余。2. 按照省局要求,对全市工商系统2001年度资产进行全面清理,并被省局评为“全省工商系统清产核资一等奖”。3. 不断加强内部监管、健全完善制度;对工商旧版票据进行清理销毁;对行政性收费进行检查;出台了《玉溪市工商行政管理系统内部审计制度(试行)》。4. 搞好系统财务调研工作:基础设施建设、“收支两条线”管理、社会保障问题、市场管办脱钩情况、工商系统负债情况等。5. 认真编报月、季、年度财务会计报表,连续被省局评为一等奖。6. 对全市工商系统财会人员进行计算机培训。

【人事教育工作】 玉溪市工商局人事教育工作在局党组的正确领导和省局人教处的指导下,紧紧围绕《2001年人事教育工作要点》,切实加强领导班子和干部队伍建设,指导各县(区)局人事教育科开展好各项工作,取得了一定的成绩。1. 顺利完成了2001年度公务员、机关事业单位干部工人的年度考核工作;2. 积极稳妥地推进全市工商系统机构改革;3. 完善制度建设,抓好教育培训,切实加强干部队伍建设;4. 抓好领导干部的考核考察和配置工作,进一步加强领导班子建设;5. 积极探索新时期老干部管理新方法,切实加强老干部管理工作;6. 积极开展争先创优活动,加强精神文明建设,年内申报红塔区第二届文明单位获得成功;7. 搞好人事档案的管理工作;8. 完成市场办管脱钩及人员移交工作;9. 做好省局人教处布置的各项调查统计工作。年内被省局评为“九五干部教育培训工作先进单位”。

【综合治理工作】 市局党组认真贯彻执行《中共中央关于加强社会治安综合治理的意见》,按照《云南省工商行政管理系统社会治安综合治理责任书》、《玉溪市红塔区社会治安综合治理责任书》的规定和要求,本着“管好自己的人,看好自己的门,办好自己的事”和“谁主管谁负责”的原则,采取一系列有效措施,加大人防、物防、技防的管理力度,使“稳定压倒一切”的思想深入人心,年内未出现大小事故,确保了单位内部的安全稳定,推动了全市工商行政管理工作的全面发展,为促进玉溪经济繁荣、社会稳定作出了积极的贡献。按照属地管理的原则,年内被红塔区综治委评为先进单位,同时,被省局评为“社会治安综合治理先进单位”,受到了表彰和奖励。

【2001年任职的局领导名单】

党组书记、局　长　焦　平
副 局 长　陈立志
　　(2001年7月退休)
　　曾德均
　　李宝生
　　(2001年12月到位)
　　董从寿
　　(2001年12月到位)
纪检组长　唐家云

红塔区

【工商行政管理基本情况】 玉溪市工商局红塔分局(以下简称红塔工商分局),围绕整顿和规范市场经济秩序的工作重心,在提高广大干部的思想觉悟、政治觉悟,增强队伍凝聚力和向心力的基础上,做好应对中国加入WTO后行政执法体系变革的准备,积极推进工商行政管理职能到位，主要工作是：1. 分学习、对照检查、整改提高三个阶段展开“三学活动”，筛选出24篇体会文章在“三个代表”重要思想学习园地张贴、交流，找出平时工作中5个方面存在的问题，并在职工中发放52份征求意见表，听取职工的意见和建议。加强班子建设和队伍建设，提高综合素质和执法水平，加强法制建设和政务公开，完善各项规章制度，开展“创造公平竞争环境，塑造良好工商形象”等活动，在局机关及部份工商所创立7个文明示范窗口，强化服务意识，以学习活动促进工作的开展。2. 以计算机网络的建立为基础，通过“经济户口”片区管理制度的推行，规范各类市场主体的准入行为、经营行为；3. 顺利完成市场办管彻底脱钩工作，保障市场在新的管理模式中平稳过渡；4. 大力整顿和规范市场经济秩序，确保红塔区经济秩序稳定，经济发展顺利；5. 在玉江路段创建“打假维权，消费者满意一条街”，号召全社会以诚实守信为根本，共同维护消费者的合法权益；6. 建立执法工作规范性文件核审制度，进一步规范行政执法行为。通过全局职工的共同努力，红塔工商分局被红塔区委、政府分别授予2001年度“红塔区第二届文明单位”、“政务公开先进单位”、“党风廉政建设先进单位”、“消防安全先进单位”等光荣称号。

【企业注册登记管理】 年度企业年检应检2 215户，实检2 010户，年检率为90.47%；2001年新登记注册各类企业235户，办理改制企业6户、变更登记企业201户、注销登记140户，开业数与注销数相抵共增加75户，企业户数与上一年同期相比有较好的发展势头。其中，新注册私营企业125户，注销22户，新注册私营企业占新注册企业总数的53.19%。至12月底，在区工商局注册的各类企业共3 356户，注册资本28.99亿元，其中国有企业442户，注册资本2.06亿元；集体企业1 669户，注册资本8.63亿元；联营企业58户，注册资本8 834万元；股份制企业63户，注册资本2.24亿元；有限责任公司（不含私营企业）295户，注册资本6.99亿元；私营企业829户，注册资本8.18亿元。

【公平交易】 2001年红塔工商分局在维护公平交易工作中采取日常检查与专项检查相结合，元月份牵头检查“有毒大米”；2月份为确保节日安全，检查以散装酒、食品及冷冻品为主的节日用品；3月份按照玉溪市工商局的部署，对低级淫秽书刊进行专项检查；4月份开展打假护农农资市场专项检查；5月份开展对假冒药品的专项查处；7月份对食用无碘盐进行专项检查；8月份联合公安清理旧手机市场；9月份配合公安清理娱乐场所；11月份配合公安整顿修理行业中非法改装轻型摩托车的行为。全年共查处案件519件，罚没金额27.47万元，案值139.77万元，其中查处非法传销案3件，涉案人员近200人。在查案办案的同时，还加大了对工商所查办案件的协助与指导，召开了“案件质量评查会议”，通报了平时检查中发现的29项问题，大大提高了办案质量，确保了红塔区市场经济秩序健康发展。

【市场监督管理】 红塔工商分局根据国务院整顿和规范市场经济秩序的决定及各级政府和工商部门的安排部署，成立了整顿和规范市场经济秩序领导小组，以日常巡查和专项整治相结合的方式，做好以下方面的工作：1. 以查处违法违章经营行为为重点，大力整顿和规范市场主体准入行为；2. 开展“打假维权保名优”等专项活动，以打击制售假冒伪劣商品、欺诈等违法行为为重点，大力整顿和规范市场交易秩序；3. 以打破部门和行业垄断为重点，大力整顿和规范竞争行为；4. 正人先正已，继续整顿队伍作风，规范市场监管执法行为。全年共检查集体门店2 266个、摊点25 455个、企业1 866户、市场2 567个（次）、个体工商户21 698户（次），取缔无照经营848户，处罚398人（次），违章摊点2 010个。同时按质按量完成了一年一度的市场年检工作，年检率达100%。并对市场实行规范化管理，确保市场在办管脱钩的交替时期保持正常的运转秩序，通过有效管理，窑头市场、北城农贸市场、珊瑚建材市场被评为市场文明市场。

【个体私营经济监督管理】 2001年，个体工商户的管理工作，1. 抓好年度的个体工商户贴花验照。全局辖区内应参加验照的个体工商户8 070户（运输户4 117户除外），实际验照7 529户，验照率为93.29%。在验照期间办理歇业167户，查处违法违章190户，其中，责令整改86户、批评教育41户、处以罚款63户，罚款金额2.8万元；收缴旧式执照（正、副本）8套。2. 做好个体工商户的发展工作。当年新登记注册个体工商户2 236户，从业人员3 773人，注册资金4 860万元。其中，新增个体运输户85户，注册资金341万元，占新增户数的26.3%。至12月底，全局共登记注册个体工商户13 664户，从业人员16 887人，注册奖金2.33亿元。红塔区个体工商户实现营业收入59.84亿元，上缴国家税金1.5亿元，占全区乡镇企业营业收入和税金的55.31%和42.40%。

至2001年12月，经红塔工商分局核准注册的私营企业829户，投资人数2 111人，雇工人数14 643人，注册资本8.18亿元。与2000年同期相比，分别增加61户、148人、890人和1.66亿元，增长7.9%、7.54%、2.47%、19.03%。私营企业户数和注册资本分别占红塔区企业数的24.7%和28.22%。注册资本在50～99万元的327户，100～499万元的139户，500～999万元的19户，1 000万元以上的4户，私营企业平均注册资本为98.71万元。2001年，私营企业实现营业收入29.98亿元，上缴国家税金9 742万元，分别占红塔区乡镇企业收入和税金的27.71%、27.33%。

【商标广告监督管理】 2001年，商标广告管理工作，1. 做好商标注册申请代理。至12月底，红塔工商分局辖区内共有注册商标479件，其中当年新办申请注册商标76件，变更5件，续展6件，补证6件，允许使用1件。有商标印制单位30户，其中当年新办5户。2. 商标监管。全年查处商标违法案件13起，罚款金额12 000元，没收侵权“肤阴洁”46

瓶，收缴假冒注册商标9 000张；对红塔区中心城区92户专卖店、专营店、专修店进行检查，其中已办有专卖资格证的31户，限期补办手续的40户，拆除擅自使用他人注册商标的21户。3. 对28户商标印制单位和13户非商标印制单位进行验证、换证和执法检查。对一户没有取得商标印制资格非法承接商标印制业务的企业进行了处罚。4. 加强广告管理。至年底，红塔区有广告经营单位15户、兼营单位2户，其中，2001年新发展3户。全年审查户外广告800份，在户外广告发布栏张贴2 108张，清理乱张贴户外广告2 300余张，收缴非法印刷品广告1万余张、广告牌子113块。

【消费者权益保护】 2001年，玉溪市红塔区保护消费者权益委员会的工作主要是：1. 紧紧围绕“绿色消费年”主题开展保护消费者权益的法律、法规宣传活动，宣传点遍及红塔区各乡镇，共发放宣传资料12 871份，接待咨询群众3万余人次，并邀请中国电信玉溪分公司等8户企业参加“绿色消费年”主题座谈会，提高了经营者、消费者的维权意识。2. 在玉江路中段开展创建“打假维权，消费者满意一条街”活动，在管理辖区内设立315举报投诉中心，加大消费者合法权益保护力度，将示范街区范围内的180户经营者的综合情况建立了“经济户口”档案，并由区消委会、红塔工商分局、技术监督局红塔分局、区物价局等五个部门与经营户签订《“户户讲道德，店店无假货”打假维权消费者满意一条街责任书》，以点带面，动员全社会共同维护消费者合法权益。区消委会全年受理消费者投诉412件，解决率98.5%，为消费者挽回经济损失50.47万元，其中因欺诈行为得到加倍赔偿921元，支持消费者起诉的6件，提供案件后政府罚款3 926元；3. 经区消委会推荐申报，玉溪市同乐太阳能厂等7户企业8个品种的商品被评为“2001年云南省消费者喜爱商品”，提高了名、特、优新产品的知名度。

【法制工作】 2001年3月，经玉溪市工商局批准，红塔工商分局将法制管理工作从人教法制科分离出来，单独设立法制科，负责全局的法律、法规及工商业务知识的宣传、教育、考核工作及完善、健全执法监督制度，严格核审立案查处的案卷，审查各类营业执照的前置审批条件，严把行政执法监督关。法制科设立后，对全局115名职工进行了《中华人民共和国行政管理执法证》资格培训考试，已有111人通过考核。对各工商所、市场服务中心和市场开办方负责人共154人进行了市场管理法律、法规和业务知识培训，提高了市场管理人员的综合管理水平。

【合同管理】 红塔工商分局2001年的合同管理，以《合同法》和《担保法》为依据，主要做好三方面的工作。1. 合同监管，全年共鉴证合同41 348份，合同金额2.04亿元，其中，建筑施工合同58份、商品房购销合同370份、财产租赁合同920份；检查建筑、建材、房地产、农资等行业240户企业的740份涉及金额为9.57亿元的合同；在红塔区“重合同、守信用”的企业中，经红塔工商分局推荐报送，玉溪市红塔区供销社农资有限责任公司被国家工商总局评为“重合同、守信用”先进单位。2. 企业财产抵押。全年共办理抵押登记138宗，抵押金额4.96亿元，企业从银行获得贷款2.69亿元。3. 做好企业回访，其中回访“重合同，守信用”企业33户，调解合同纠纷11起，对企业的生产经营及信誉度起到有效的监督。

【“经济户口”计算机网络管理】 根据国家工商总局《基层建设纲要》精神，红塔工商分局于2001年7月开始，投资100余万元，分四个阶段率先在玉溪市展开“经济户口”片区管理制度的计算机软件开发、硬件配置、操作人员培训。全面开展个体工商户、企业资料归档录入工作，于12月底实现了全局联网办公，强化了执法手段，标志着红塔工商分局的监督管理模式进入了崭新的阶段。

【市场办管脱钩】 2001年8月，红塔工商分局根据省、市有关文件要求，在与所办市场实行机构、职责、财务、人员“四分离”的基础上，将南门农贸市场、窑头商场、李棋农贸市场、北城农贸市场、北城生猪市场5个自办市场和大营街农贸市场、珊瑚农贸市场、红塔市场3个联办市场的产权、债权及15名在职经营服务人员移交给红塔区市场服务中心，再将市场服务中心移交给红塔区政府，实现了市场办管彻底脱钩。

【经验交流】 2001年11月7日～11日由红塔工商分局承办的全国二十城区工商局长工作研讨会第十四次会议在玉溪中玉酒店举行。与会的120余名代表本着“沟涌、合作、创新、发展”的宗旨，对中国加入WTO后，工商行政管理如何进一步加大执法力度，更好地服务于经济建设等问题进行了探讨和经验交流。大会在红塔区举行，这是玉溪市社会经济发展水平和投资环境等对外形象在全国工商界同仁面前的一个展示，具有很现实的意义。

【2001年任职的局领导名单】

党组书记、局　长	李亚明
党组成员、副局长	黄亚勇　袁家喜　夏子荣
党组成员、纪检组长	杨丽琼

江川县

【基本情况】 江川县工商行政管理局2001年内设机构：经济检查、企业、人事教育、法制、计划财务、市场科，办公室。派出机构有大街、江城分局，前卫九溪、路居工商所。全局实有在职人数79人，其中公务员77人，工人2人。离退休人员20人。社会团体有江川县保护消费者权益委员会、江川县个体私营企业协会。

【企业注册登记管理】 至2001年底，注册登记的企业有851户（国有企业163户，注册资金16 954万元，集体企业392户，注册资金20 293万元，联营企业7户，注册资金646万元，股份合作制企业20户，注册资金925万元，有限公司89户，注册资金19 954万元。私营企业

183户,注册资金15 967万元)、注册资金74 793万元,个体工商户5 664户,注册资金10 034万元,从业人员6 302人。

【公平交易】 2001年,查处各类经济违法违章案件95起,没收日用消费品17类计2 634件,案值136万元;没收食品12类计2 369包,案值13 863元;罚款5.2万元;办理企业抵押贷款登记23份,主债权金额3 792万元,变更登记3份,注销登记1份;办理合同鉴证2份、合同金额58.5万元;检查26个企业的250份合同签订履行情况,合同金额2 129.1万元。

【市场监督管理】 对全县21个集贸市场进行登记年检,年检率达95%;按照国务院、省政府和省工商局关于整顿和规范市场经济秩序的要求,对农贸市场、农资市场、节日市场、旅行市场、粮食市场、生猪屠宰和鲜肉市场进行专项整治,出动人员2 345人次,车辆538台次,收缴各种物资7类计99 843件,价值156 305元,罚款4 800元。

【个体私营经济监督管理】 在年检验照工作中处理违法违章172户,罚款1 450元。在个体私营企业中首次开展了"户户讲道德、店店无假货"示范活动,评出19户示范单位。积极举办法律法规知识竞赛,参加市工商局、市个体私营企业协会举办的"玉溪市个体私营企业法律法规知识电视比赛"活动,江川县个私协代表队荣获全市第一名。

【广告监督管理】 开展《广告法》宣传活动。对没有经过审批擅自发布的73条布标广告和200余张户外广告、医药广告进行清除。对三户广告经营户的经营行为进行规范教育。

【消费者权益保护】 2001年,以"注重'绿色消费',保护生命安全"为主题,开通12315投诉专线电话。开展假冒商品展览、销毁等一系列活动,对广大消费者进行宣传教育。建立投诉受理制度,受理政策咨询1 000余人,全年受理投诉100件,结案98起,结案率98%,移送司法机关2件,为消费者挽回直接经济损失10万余元,其中现金赔偿额5 400元。在县城"明珠路"创建"消费者满意一条街",有131户经营户加入创建行列。

【商标管理】 2001年,共有注册商标66个,商标印制单位3户。本年度注册商标4个、续展2个。根据《商标法》的规定,依法收缴假冒商标8万张。

【法制工作】 2001年,全局干部通过了《世界贸易组织与中国》、"十法一条例"学习考核,成绩都在合格以上。执法文书规范、适用法律法规正确,行政许可行为合法有效。无申诉、复议案件。

江川县工商行政管理局被评为"江川县普法先进集体"、"玉溪市文明单位"。大街市场、江城市场被玉溪市工商局授予"文明市场"称号。

【2001年任职的局领导名单】

局　长　夏子荣

副局长　靳培良　龚子朝

副局长兼大街分局长　王少良

纪检组长　张有武

澄江县

【工商行政管理基本情况】 澄江县工商系统现有在职职工53人,内设科室6个,派出机构为1个分局、4个基层工商所。

【企业注册登记】 年度应年检企业468户,实检450户,未验18户;在年检中,办理了60户的变更手续,注销35户。

【公平交易】 2001年内,组织打假8次,出动车辆16辆次,人员78人次,检查国有、集体企业65户,个体户750余户,查获假冒劣质商品70余种994瓶(简袋),价值9 963.40元。

【市场监督管理】 2001年市场监督管理的重点是:1. 粮食市场:组织检查两次,共出动车辆36辆次,人员108人次,检查经营户166户,查获擅自收购小麦案12起,计21 744.4千克。2. 农资市场:依据澄江县政府《关于蔬菜生产中禁止使用和县内禁止经营高毒高残留农药的通知》及有关法规,收缴甲胺磷220瓶,氧化乐果30瓶,克百威30袋,呋喃丹21千克,假农药8个品种160包(袋),扣留无证经营农药18种、620袋(瓶),价值5 000余元。对15个店铺经营的无检疫证、合格证的散装菜碗豆种子进行了封存,对三户违法经营者罚款150元。查获非法倒卖化肥的单位、个人7起,共74.2吨,其中:劣质磷肥34吨、普钙24吨、尿素16吨、氢铵0.24吨。总价值:25 530.20元。3. 文化市场:清理网吧11个,打击盗版行为和涉及黄色淫秽内容光盘的非法经营行为,没收VCD90片,价值180元。取缔存在安全隐患的歌舞厅8家。

【个体私营经济管理】 全县应验个体工商户3 109,实验2 353户,未验264户,停业、歇业492户,验照率92%。私营企业应检75户,已检47户,注销3户,未检25户。到2001年止,全县共有个体工商户3 238户,从业人员3 972人,注册资金3 661万元;私营企业87户,投资人数158人,雇工人数1 973人,注册资金10 266万元。

【广告监督管理】 清理各种违规和未经登记的牌匾96块,布标52块,灯箱广告5个、橱窗广告5户,户外广告112块。查处发布虚假广告经营单位2家,收缴虚假印刷广告7.1万多份。

【消费者权益保护】 全年受理投诉案件25件,解决率100%,为消费者挽回经济损失2.586万元、案值2.96万元,其中处理欺诈行为加倍偿件一起。接待群众来信来访167人次。开展以"绿色消费年"为主题"3·15"国际消费者权益日的宣传活动。制作有关"绿色消费"的宣传材料、宣传画、布标等,利用电视、宣传车进行宣传。共出动宣传车12台次、人员82人次,在县城及右所、龙街、阳宗镇部分村社,发放有关"绿色消费"宣传资料1 000余份。

【2001年任职的局领导名单】

党组书记、局　长　李忠华

副 局 长　钱云昌　李红庭

纪检组长　王家礼

通海县

【工商行政管理基本情况】 2001年底，玉溪市通海县工商行政管理局有职工68人，平均年龄39岁，其中男性52人，占75%；女性16人，占25%。局领导4人，平均年龄40岁，科所长平均年龄36岁，内设机构6个，即：办公室（含财务）、人教科、法制科、公平交易科、市场监督管理科，企业个体注册登记管理科；派出机构4个，即：秀山分局、四街分局、河西工商所、杨广工商所。全局有本科生7人，占9%；大专生21人，占28%；中专生30人，占40%；高中及其高中以下的10%，占23%。

【企业注册登记管理】 至2001年底，全县依法核准登记的国有、集体企业733户，注册资本11.78亿元，其中，国有企业142户，注册资本1.43亿元；集体企业487户，注册资本6.33亿元；股份合作制企业49户，注册资本1.38亿元；有限责任公司55户，注册资本2.64亿元。

【公平交易】 2001年，共查处各类违法违章案件272件，案值143.59万元；共没收物资：过期食品904千克，变质饮料1 587瓶，盗版VCD光碟590张，劣质电器697个，假冒知名香烟877包，走私香烟265包，非正规渠道进货香烟4 916包，食盐1 000千克，中药材24千克，不合格杆秤661把，洗衣粉350千克，不合格耳机88个，计算器20个。查获并依法征收小麦220 033千克，玉米13 160千克。没收假冒西服77套，案值7万元，与有关部门配合查处私自生产冒牌卷烟y-3大型烟机1台，为消费者追回货款3.1万元。查获非法经营批发药品一案，没收价值98.81万元的药品1 183类。共鉴证建设工程承包合同18份，鉴证金额2 772.85万元；办理抵押担保登记38份，抵押物价值11 335万元，主债权金额5 538万元；其中，房地产抵押1份，抵押物价值93万元，主债权金额50万元；动产抵押登记37份，抵押物价值11 242万元，主债权金额5 488万元；查处违约合同案1件，为当事人挽回损失1.6万元。全年共进行摩托车验证1 518辆。

【市场监督管理】 加强维权体系建设以整顿和规范市场主体准入行为，加大市场监管力度，继续加强对各类市场的规范化管理。2001年，共抽调人员476人次，出动车辆155台次，采取突击检查与日常监管相结合的办法，对全县的文化娱乐业、美容美发业、桑拿按摩、影像放映、网吧以及“三无”企业和无照经营行为清理整顿。共检查了967个经营单位，扣押电脑50台，收缴暂扣营业执照48份，限期整改37户，查处“三无”企业67户，取缔无照经营43户，罚款1 200元。

【个体私营经济监督管理】 玉溪市通海县工商局加大了对无证经营的查处力度，为个体私营经济的发展提供了一个健康、良好的发展环境，到2001年底，全县共有个体工商户6 365户，从业人员9 964人，注册资金13 548万元，与上年底相比户数增加969户，从业人员增加1 551人，注册资金增加1 932万元。

【广告监督管理】 2001年经核发的广告经营单位9户，工商局与城建等部门组成广告清理整顿小组，对全县18户企业的77条（幅）广告进行了清理，实行登记许可制度，有80%的户外广告办理了登记手续。同时，对乱张贴或带有明显欺骗性的广告进行严厉查处，全年共查处乱贴广告746条（幅），虚假广告3.2万张。

【消费者权益保护】 充分发挥“12315”指挥中心作用，开展打假维权活动，积极办理消费者投诉案件，2001年共受理消费者投诉96件，调处91件，争议金额26万元。

【商标管理】 2001年，全局注册商标数103件，其中正常使用81件，组织对商标印制单位进行年度换证，在持证的12户企业中，除2户企业因长期停产须申报注销外，其余10户按要求分别办理了换证手续或变更登记手续。

【法制工作】 1. 为加强依法行政工作，2001年县工商局制定实施了行政执法“考评暂行办法”，“责任追究暂行办法”、“行政赔偿追偿暂行办法”、“行政处罚案件操作办法”、“行政处罚案件核审实施办法”，在执行上述办法的基础上，又制定了“行政许可监督暂行办法”、“收费行为监督暂行办法”“印章使用登记制度”、“内部财务管理制度”等制度。这些制度的出台，加强了执法行为的程序监督制约。2. 组织“WTO”知识培训，全局共有77人参加了“WTO”知识培训，经考试全部达到合格标准；组织了工商业务知识培训，参训人员76人，培训结束后进行了考试。

【2001年任职的局领导名单】

局　　长　李宏奇（至2001年8月）

　　　　　谢　斌（2001年9月起）

副 局 长　周红卫　纳兴逵

　　　　　石正义

纪检组长　罗秀伦

华宁县

【工商行政管理基本情况】 华宁县位于滇中腹地，美丽的抚仙湖畔，隶属于云南省玉溪市。全县辖地4镇1乡1 313平方千米，总共19.20万人口。近年来，华宁县工商局在各级党委、政府的领导、关心、支持下，各项事业取得了长足的发展。全局56名工商干部肩负着全县23个市场，512户工商企业、5 005户个体工商户、65户私营企业的监管工作，由于不断的强化执法队伍建设，华宁工商体现出了清正廉洁、依法行政、热情高效、文明公正的工商执法形象，展示了新世纪经济卫士红盾风采。

【企业注册登记管理】 加强市场主体“经济户口”的建户工作，在分局各所实施“经济户口”管理模式及动态监管，

2001年全系统完成普查建卡5 428户，占总数的97%；切实履行职责，搞好年度年检、验照工作，全年完成工商企业年检524户，注销20户；完成私营企业年检56户，完成个体工商户验照3 818户；开展回访调研，加强清理整治，发挥“注册厅”示范窗口作用，丰富服务内容。

【商标广告监督管理】 加强农贸市场监管，开展“红盾打假护农”活动；加大市场整治力度，强化“节日、旅游市场”监管；突出专项整治，着力开展“反误导，打虚假广告”、“打假维权保名优”活动。全年累计检查市场23个，经营户4 377户，查处非法印刷品4.5万张，取缔乱张贴广告251张，规范广告108条(张)，没收烟叶30余吨，保“名优”案件2起，收缴罚没款1 500元，为企业追回货款10 869.5元。全年共查处各种经济违法违章案件176件，案值140 810元，罚没金额1 060元，一般违法违章案件169件。

【消费者权益保护】 开展创建“打假维权、消费者满意一条街”活动和“文明市场”创建活动。接待群众来信来访263人次。受理投诉143件，为消费者挽回经济损失265 635元。

【合同监管】 深入市场，服务企业，2001年办理合同鉴证76份，合同金额5 093.34万元；办理贷款抵押登记27份，抵押物价达16 695万元，贷款9 964万元；实施跟踪服务，全年对20户重点企业进行长期监管，检查合同113份，查处无效合同2份，挽回损失9万余元，工商鉴证合同，其履约率为95%。

【法制工作】 实行法律、法规实施报告制度；规范性文件审核备案制度；开展行政许可法律审核工作。全年进行行政许可法律审核194件，核审案件10起。开展“四五”普法及培训工作，全年举办华宁工商《法制园地》四期480份，举办专业法制培训2期，共培训人员96人次。

【2001年任职的局领导名单】

局　　长　李跃进

副 局 长　杨　伟　龚子朝

纪检组长　杨永康

易门县

【工商行政管理基本情况】 易门县工商行政管理局辖龙泉分局和绿汁、六街、十街3个工商所，有干部职工63人。

2001年，在省、市工商局及县委、县政府的领导下，高举邓小平理论伟大旗帜，以“三个代表”重要思想为指导，紧紧围绕经济工作的中心任务，大力整顿和规范市场经济秩序，狠抓体制改革和队伍建设，全面推进了易门县工商行政管理各项工作，为繁荣易门经济发挥了重要作用。

【企业注册登记管理】 全县工商行政管理机关坚持准入条件和程序，严把市场准入关，规范市场主体资格，从源头上抑制扰乱市场经济秩序的行为。截至年底，经登记注册的工商企业552户，其中法人企业167户，营业性企业385户，注册资本总额52 508万元；登记注册个体工商户4 012户，从业人员4 971人，注册资金6 362万元；私营企业96户，注册资金10 687万元。及时清查连续两年未参加年检企业183户，通知11户办理了注销登记，其余172户企业，根据规定，依法吊销营业执照。

【公平交易】 2001年易门县工商行政管理干部按照上级部署，积极开展公平交易执法，加强对市场的监督管理力度，整顿市场经济秩序，开展了“打假联合”、“红盾护农”、“粮食市场监管”等一系列行动，强化流通领域商品质量监管，严厉打击制售假冒伪劣商品违法行为。1～12月，全局共出动人员1 660余人次，检查各种经营门市、店铺、摊点3 222个，查处各种经济违章案件216件，打击私屠乱宰生猪行为132起，查处人寿保险公司强制保险1件，共3 285户，清退违章保险金152万元。对食品、饮料、酒类、卷烟、化妆品、药品、成品油、农资、化肥等市场的整治，使市场经济环境和秩序得到有效治理。

【商标广告监督管理】 年内，县、所(分局)工商行政管理机关强化广告和商标执法工作，规范企业商标使用和管理，做好商标使用许可备案和管理工作，接待商标注册咨询人员21人，帮助和指导意达陶瓷等3家企业申报了商标注册。强化广告审查机制，加强广告巡查力度，监督广告的发布内容，及时制止、查处未经登记的布标、店堂广告49块，对私设广告的单位进行了批评教育，责令补办广告登记手续24条。

【消费者权益保护】 2001年，在继续推进“12315”消费者申诉举报网络建设的同时，进一步完善“12315”、“一个中心”、“三级执法”上下联动的维权体系。及时受理消费者申诉举报，严肃查处侵犯消费者权益案件。1～12月，消委会共受理消费者投诉78件，解决78件，为消费者挽回经济损失6.89万元，接待来信来访、咨询5 587人次。开展创建“打假维权满意街”活动，建成了沿街193户经营各种商品的龙泉路示范街。全县共审批“户户讲道德、店店无假货”示范单位23户，市场秩序运行良好，消费者权益受到保护。

【法制工作】 2001年，为进一步完善执法制度，严格执法纪律，规范执法者的主体资格。1. 大力组织工商行政执法人员学习法律，并进行行政执法知识考试；2. 加强案件审理把关，认真开展执法检查，促进依法行政，保障严格执法。1～12月，共核审立案查处案件203件，案件核审率100%。对证据不足的案件，建议补证，对程序不合格的案件，建议办案机构纠正，并首次对分局和工商所适用简易程序处罚的案件实行备案简易处罚决定书27份。

【2001年任职的局领导名单】

局　　长　杨绍清

副 局 长　马福思

（续任～2001年9月）

张卫明(续任～)

纪检组长　柳万刚

峨山彝族自治县

【工商行政管理基本情况】 2001年,峨山县工商行政管理工作坚持以江总书记“三个代表”重要思想为指导,以整顿和规范市场经济秩序为中心,强化对市场准入行为、市场竞争行为、市场交易行为和市场监管执法行为的规范化管理,积极推进城乡集贸市场规范化管理工作,打击制假、售假、走私、贩私、非法传销等违法行为,努力保护生产者、经营者、消费者的合法权益。为促进“全国统一、公平竞争、规范有序”的市场体系的建立,充分发挥了工商行政管理机关的职能作用。2001年,峨山县工商局机关内设机构为7科、1室、1队、即:人事教育科、法制科、计划财务科、经检科、市场监管科、个体私营经济监管科、企业注册登记监管科、县局办公室、市场执法稽查队。派出机构为:双江工商分局、小街工商所、化念工商所、塔甸工商所、富良棚工商所、甸中工商所及大龙潭工商点。截至2001年底,峨山县工商局在职人数为82人,2001年10月,按照省、市工商局关于市场管办脱钩的要求,峨山县工商局市场服务中心划归地方政府建制管理。

【市场监督管理】 为贯彻中央关于开展“整顿和规范市场经济秩序”的通知精神,按照玉溪市工商局和县委、政府的统一部署,峨山县工商局与公安、文化、卫生、技监、经贸委、药监、农资、物价等部门密切配合,联合开展对文化娱乐、网络经营、药品、食盐、农资、废旧机动车、中介服务等市场和行业进行集中清理整顿。同时,峨山县工商局还组织开展以嶍峨商业城为重点的集贸市场专项治理工作,在总结经验的基础上,对县内所有城乡集贸市场因地制宜地实施规范化管理。2001年6月,随着嶍峨商业城二期扩建工程竣工后的市场搬迁,峨山县城从此结束了以街为市的历史。

【消费者权益保护】 为切实保护广大消费者的合法权益,肃清假冒伪劣商品,营造良好的消费环境,2001年3月,县人民政府作出决定,将县城桂峰路中段(桂峰桥至昆洛公路)作为峨山县“打假维权、创建消费者满意一条街”活动的示范点,还成立了创建工作领导小组,办公室设在县消委办。创建区内共有经营户49户,其中:国有企业4户、集体企业2户、个体工商户43户。2001年8月,创建区内的所有经营户先后与县消费者权益保护委员会签订了《经营户承诺责任书》,8月2日,创建工作领导小组为经营户统一授牌。2001年,峨山县消委会和各基层分会共受理消费者投诉276件,办理答复251件,调解购物纠纷113起,2001年,峨山县工商局在全县范围内集中开展规模较大的市场执法检查6次,查获的假冒伪劣商品主要有:假玉林泉酒99件、火爆酒27件、散装白酒1 000余千克、零星假冒名牌酒754件;假蜂蜜49千克,劣质电线190米,劣质碾米机13台,假劣农药893瓶(袋),假劣药品42种,假烟451包,假冒洗发水2 204袋(瓶),假冒化妆品273瓶,假冒劣质食品3 084瓶(袋),假劣种籽722千克,劣质液化气38瓶,变质猪肉134千克,剧毒禁销鼠药729瓶等等。

【企业注册登记管理】 截至2001年底,全县共有各类工商企业601户,其中:企业法人240户,营业性登记361户,注册资本累计64 716万元。年内注册登记17户,注册资本4 437万元,年内变更登记39户,注销27户。企业年检是工商行政管理机关确认市场主体资格的一项重要措施。2001年,全县应参加年检的工商企业为611户,实检539户,未参加年检的17户,年检中注销19户,因两年以上未参加年检而被工商行政管理机关吊销《营业执照》处罚的企业36户。

【个体私营经济监督管理】 截至2001年底,全县共有个体工商户4 499户,从业人数5 360人,注册资本累计6 925万元,年内新增个体工商户546户,新增从业人员740人,新增注册资本1 284万元,年内办理歇业个体工商户508户,办理变更登记46户。2001年,全县应参加验照的个体工商户4 500户,实际验照3 133户,占总数的92%。截至2001年底,全县共有私营企业111户,注册资本累计19 700万元,年内新增私营企业11户,新增注册资本1 561万元,年内办理变更登记12户,办理注销2户,2001年,峨山县工商行政管理机关查处无照经营241户。

【商标广告监督管理】 2001年,峨山县工商行政管理机关共受理商标注册登记2件,受理审查各类广告47件,查处商标违法案件6起,收缴假冒商标标识91 032张,没收印制工具2件,查处广告违法案件10起,收缴违法广告宣传品6 137张,罚款人民币500元,办理动产抵押登记12件,抵押物价值367万元。

【党风廉政建设】 2001年初,峨山县工商局党组在与玉溪市工商局党组签订《党风廉政建设责任书》后,又分别同双江工商分局和各工商所签订了《党风廉政建设责任书》,逐级落实党风廉政建设责任制,2001年,按照县委的布置和要求,峨山县工商局机关开展了“三个代表”重要思想学习教育活动,对干部职工提出的问题进行整改,2001年,峨山县工商局党组开展廉洁自律自查和检查2次,对双江工商分局和各工商所开展党风廉政建设检查1次,

【社会治安综合治理】 2001年1月,峨山县工商局与玉溪市工商局签订了《社会治安综合治理责任书》,同月,县工商局与双江工商分局及各工商所签订了《社会治安综合治理责任书》。4月,对市场开办方管理人员进行市场消防安全知识培训,又分别于“五一”、火把节、中秋节、国庆节、元旦和春节,对节日市场进行执法检查,在2001年中,峨山县工商行政管理系统内未发生重大交通事故、重大治安案件和刑事案件。

【荣誉表彰】 2001年9月,峨山县工商局被峨山县委、政府评为峨山县“三五”普法工作先进集体。同月,被峨山县委、政府、县人武部评为峨山县双拥先进单位。2001年12月,被峨山县委、政府评为峨山县五十周年县庆工作先进单位。同月,被峨山县委、政府评为2001

年~2002年度文明单位，并受到表彰奖励。

【2001年任职的局领导名单】

党组书记、局　长　施连富（~2001年8月）
马福思（2001年8月~）

党组成员、副局长　杨福安
普文和

党组成员、纪检组长　龙泽信

新平彝族傣族自治县

【工商行政管理基本情况】 新平县工商行政管理局内设办公室、人事教育科、计划财务科、法制科、个体私营经济监督管理科、企业注册科、市管经检科7个科室，下设桂山分局、新化、扬武、漠沙、建兴、腰街、戛洒、水塘7个工商所。承担全县的市场监管、经济检查、经济合同管理、抵押物登记、五小车辆验证、商标、广告管理、个体、企业注册登记管理、生猪定点屠宰等行政执法工作。2001年，新平县工商行政管理局认真贯彻落实省、市工商工作会议和县委八届四次全会精神，以促进地方经济建设为宗旨，以整顿和规范市场经济秩序为工作重点，加强队伍建设，强化对市场准入行为、市场竞争行为、市场交易行为和市场监管执法行为的规范化管理，狠抓各项工作的贯彻落实，取得了较好的成效。

【整顿和规范市场经济秩序】 2001年，新平县工商行政管理部门以农资、粮食、食品、饮品等与人民群众利益密切相关的商品为重点，开展整顿和规范市场经济秩序工作，严厉打击各种经济违法违章行为。全县共出动执法人员1 520人次，出动车辆365辆次，查处化肥123.51吨（其中没收化肥82.41吨、征收41.1吨）、失效农药659.4千克、农膜540千克；查获玉米、大米等4个品种的粮食22 537千克（其中没收大米625千克，征收粮食21 912千克）；查获假冒伪劣食品1 018千克、饮料2 366瓶、酒330瓶、卷烟48包、化妆品433瓶、日用品1 611条、燃具灶26台、花线305米、饲料添加剂7 740袋、盗版书刊143本、肤阴洁273瓶、手机7台、剧毒鼠药170包、走私进口旧服装694件；销毁饮料2 400余袋；查处废旧东风牌汽车6台，拆解汽车零部件12吨。全县共查处各类经济违法违章案件304件，案值29.36万元。罚没金额3.82万元；其中立案查处30件，案值18.91万元。通过整治规范市场经济秩序活动，进一步遏制和减少了各种经济违法案件的发生，净化了市场环境。

【保护消费者权益】 2001年，新平县工商行政管理机关和消委会组织开展以“绿色消费”为主题的消费者权益保护活动，以各种方式深入宣传贯彻《中华人民共和国消费者权益保护法》。“3·15”活动期间，在全县范围内共发放宣传材料5 500份，现场为群众提供咨询服务250人次，共销毁7大类110个品种案值4.5万元的假冒伪劣商品。全年县消委会共受理解决消费者投诉案件122件，解决率达100%，为消费者挽回经济损失32 650元，接待群众来访122人。

【规范市场秩序】 整顿和规范商品交易市场秩序，促进城乡集贸市场的繁荣与发展。1. 进行市场年检，全县共检市场35个，其中综合市场27个，农副产品市场8个。通过年检，有8个市场补办消防安全合格意见书，12个市场补齐县计委批准的市场建设文件，规范了市场管理，促进了市场的安全与繁荣。2. 深入开展创建文明市场活动，整治市场脏、乱、差问题，营造良好的市场交易环境。按照玉溪市工商局要求，组织开展了文明市场的创建活动，桂山农贸市场、戛洒集贸市场、扬武集贸市场被评为市级文明市场。城乡集贸市场的规范化管理促进了新平县市场的繁荣与发展，2001年，全县城乡市场贸易成交额达2.84亿元。

【生猪定点屠宰监管】 为确保人民群众吃上放心肉，工商行政管理机关对生猪定点屠宰进行监督管理。抽调专人参与屠宰的监管。全年全县共宰杀生猪46 923头、牛3 653头。取缔非法屠宰户1户，查获病猪肉4头，查处10起私屠乱宰生猪案，处予罚款3 600元。

【企业注册监管】 新平县工商行政管理部门发挥企业登记管理职能，按照企业登记管理的法规和政策，依法确认企业的市场主体资格。为确保国有企业建立现代企业制度等各项改革的顺利实施，新平县工商行政管理部门支持国有企业改组改制，做好相关服务工作。2001年底止，全县共登记注册的各类工商企业313户，注册资本53 085万元，其中企业法人124户，营业性企业189户，办理变更登记85户，注销企业83户，新发展企业8户。

新平县工商行政管理机关以“整顿和规范市场经济秩序”为契机，严把市场主体准入关，查处各种违法经营活动。1. 开展一年一度的年检工作，以年检为契机，逐步规范市场主体资格，对全县398户企业实行年检，参检率为96.9%，合格率为97.5%。2. 加大打击力度，严肃查处各种违法经营行为。一年来，全县共办理变更登记85户，吊销企业营业执照11户，注销54户“三无企业”，对5户“假集体企业”进行限期整顿。3. 加强企业前置审批复查工作，对企业登记档案特别是涉及人民生命财产安全行业的企业登记档案进行了全面清查，全县共清理各类企业档案308户，其中查出手续不全的企业档案53户，对此进行了限期补办手续和办理变更登记处理。

【商标广告管理】 2001年，对全县29件商标进行了全面登记，建立商标档案，加强商标监管工作，打击商标侵权行为，在全县范围内共清理查处13户商标侵权行为。在广告的监管中，一方面开展广告经营单位的年度检验，对10户广告经营单位和广告发布者的经营资格进行审查，查处7户经营单位无资格认证，对其中3户责令停业整顿、4户限期整改；另一方面打击各种非法广告，以商场、药店、生活区、街道等为重点进行清理整顿，共出动车辆21辆次，执法人员68人次，收缴非法印刷品广告4 689份，虚假广告2 867份，内容不健康医药广告

1 784 份，夸大功效、内容不实的保健品广告 2 486 份，办理户外广告登记 86 户。

【个体私营经济监督管理】 加强对个私经济的监管，支持非公有制经济的发展。1. 认真做好登记注册工作，加强日常监管力度，对办照后无经营活动或自动歇业超过 6 个月以上的及时办理注销登记手续。截至 2001 年底，全县经登记注册的个体工商户共有 4 388 户，从业人员 6 162 人，注册资金 3 502 万元，营业收入 15 109 万元，分别比 2000 年同期增长 2.8%、2.4%、11.6%、17.2%，其中，1～12 月新发展个体工商户 404 户，注销 296 户。私营企业 49 户，从业人员 1 869 人，注册资金 9 994 万元，营业收入 4 977 万元，与 2000 年同期相比，户数持平，从业人员增长 8%，注册资金增长 63.5%，营业收入增长 50.7%，其中，2001 年 1～12 月新发展私营企业 9 户，注销 9 户。2. 以验照、年检为契机，加大对无照经营和其他违法违章行为的清理查处力度。全县应验照个体工商户 4 268 户，实验 4 060 户，验照率 95%；应参加年检私营企业 49 户，实检 49 户，年检率 100%，其中年检合格企业 38 户，办理缓检手续 3 户，注销 5 户，吊销 3 户，检存企业 41 户，检存率 84%。

【法制工作】 对工商行政许可进行审核监督，规范和促进行政审批工作。根据玉溪市工商局的要求，把《营业执照》、《展销会登记证》、《企业抵押物登记证》等审批许可行为纳入法制审核监督范围，建立了行政许可审核监督制度，实行业务机构受理审查、法制机构审核、局领导审批的运行机制。2001 年 1～12 月，共审核工商行政许可事项 204 项，符合法定条件，建议局长予以审批的占 85%，建议业务机构补证的占 10%，建议业务机构同申请人修改的占 5%。坚持行政处罚案件核审制度，确保案件质量。实行行政处罚案件办、审、定分离制度，对立案查处的行政处罚案件，坚持由法制机构对案件管辖权、违法主体、案件事实与证据、行政措施以及处罚标准等事项进行书面核审。2001 年 1～12 月，核审行政处罚案件 28 件，建议报局长批准 23 件，建议办案机构修改 5 件。

【队伍建设】 1. 2001 年，按照新平县委和玉溪市工商局的要求，在县工商系统干部职工中认真开展了学习“三个代表”重要思想教育活动，用“三个代表”重要思想指导规范工作实践。在“三学”活动中，从领导班子成员到一般职工，都撰写了 3 000 多字的心得体会和 5 000 多字的读书笔记。通过准备动员、学习培训、对照检查、整顿提高四个阶段的学习教育，使广大干部职工得到深刻教育，在思想和工作上有了明显的提高。2. 坚持政治业务学习制度，加大干部业务知识培训力度。2001 年，新平县工商系统坚持每周一次的政治业务学习制度，把政治理论和业务学习紧密结合起来，不断提高职工的思想水平和业务水平。全系统共组织学习 354 场次，参学人数达 3 200 余人次，参学面达 100%。同时，为适应干部轮岗需要，采取各种形式加强职工的业务知识培训，以知识竞赛、闭卷考试、邀请云南省商检局、玉溪市工商局业务科室领导授课等形式，共组织了 3 次培训，培训面达 100%。通过灵活多样的形式，使干部队伍的业务素质得到了提高。

【2001 年任职的局领导名单】

局　　长　施万金

副 局 长　高　鸿　李桂琴

纪检组长　乔家清

元江哈尼族彝族傣族自治县

【工商行政管理基本情况】 元江县工商行政管理局内设 6 科 1 室，即：市场管理科、经济检查科、注册登记科、法制科、计划财务科、人事教育科和办公室；下设 5 所 1 分局，即：因远工商所、东峨工商所、甘庄工商所、青龙厂工商所、羊街工商所和澧江工商分局。全系统编制 78 人，现有职工 76 人，公务员 74 人，工人 2 人，平均年龄 34 岁。其中：男 64 人，女 12 人；具有大专以上学历 37 人（研究生 2 人、本科 1 人、大专 34 人），中专（高中）学历 32 人，初中及初中以下学历 7 人，局党组下设 1 个党总支和 3 个党支部，有党员 44 人，占全局干部职工总人数的 57.9%。

【企业注册登记管理】 企业年检和个体验照是登记机关继续确认市场主体资格的法定制度。在年检和验照中严格审查登记的前置审批、登记事项变动情况，注重清理“三无”企业和歇业的个体工商户。2001 年，应检内资企业 450 户，实检 358 户，注销 82 户，未检 10 户，参检率 97.6%，合格率 99.1%。私营企业应检 86 户，实检 74 户，注销 3 户，未检 9 户，参检率 90%，合格率 98.6%。个体工商户应验照 5 446 户，实验 4 381 户，注销 411 户，查无下落处理 654 户，验照率达 89%。在日常登记管理工作中，严格按照法律法规和登记程序办事，认真履行“三严格三禁止”要求，严把市场主体准入关。截至 2001 年 12 月，元江县有内资企业 392 户，注册资金 47 767 万元；私营企业 109 户，注册资本 8 583 万元，从业人员 11 209 人。

【市场监督管理】 1. 在全县范围内组织元旦、春节两大节日市场整治，严厉打击制售假冒伪劣商品行为。2. 开展了对成品油市场、农资市场和文化市场的专项检查，检查成品油经营企业 25 户，农资经营企业 68 户，音像制品经营户 56 户，报刊亭（店）16 个，计算机软件经营户 1 户，电子游戏室 8 户，电脑网吧 12 户，卡拉 OK、录像放映厅、美容美发、洗头按摩等文化娱乐行业 36 户。查处无照经营 1 户，督办变更登记 12 户，没收超期、失效农药 755 瓶（包），查处违法经营化肥案 8 件，暂扣化肥 71 990 千克，音像制品有盗版嫌疑的较多，有待于下一步查处。3. 加强粮食市场管理，一方面要求粮食收储企业严格执行国家政策，敞开收购农民余粮，做到不限收、不拒收、不压级压价；另一方面，加强市场巡查，严厉打击违法经营行为。在粮食跨县（区）运销中，严把验证关，2001 年共验证粮食 342 万千克，维护了粮食市场秩序。4. 开展垄断性行业限制竞争行为专项整治，促进公平竞争。针对具有垄断性和独占性特征的企业,采取企业自查与行政执法部门重点抽查的方法进行整治。5. 加强对报废汽车拆卸市场检查,查获擅自收购报废汽车和拆卸案件1起,没收报废汽车3辆。6. 开展对市场中介组织专项调查,查清了元江县有中介组织11个,从业人员51人,已办理登记8个,未登记3个。7. 开展整顿道路运输市场工作,元江县工商局主动与交通部门联系,对道路运输市场进行流动检查,查验运输户300多户,发出限期办照通知书120份,督促181户交通运输户办理了营业执照。同时,检查汽车修理厂(店)78户,封存有假冒嫌疑的汽车配件158件,标值1.2万元。全年元江县工商局共出动执法人员9 815人次,执法车辆627台次,组织市场消防安全检查190余次,整改有火灾等不安全隐患30项,检查商店门店14 448个,查处各类经济违法违章案件1 446件(其中立案查处33件,简易处罚6件。即时处罚1 407件)案值300.35万元,收缴罚没款12.46万元。

【商标广告管理】 1. 按时完成了商标验证工作。结合企业年检,对全县15户企业23件注册商标进行了验证,共验证商标16件,占就验总数的70%,因企业注销未办理商标验证7件,占应验总数的30%,通过验证,进一步掌握了元江县企业使用商标的情况,加强了商标管理。2. 开展了《广告经营许可证》验证和打击违法广告行为,元江县领取《广告经营许可证》的单位有12户,已验证12户,验证率达100%。同时,集中人力、物力对全县广告经营单位、医药市场及其他公共场所进行了专项整治。全年共办理广告登记116件,查处违法广告案件8起,处罚款1 200元,收缴非法印刷品广告17 067份,责令拆除乱张贴广告56份,不规范字号名称招牌5块,进一步净化了广告市场。

【消费者权益保护】 2001年,元江县工商局和消委会紧紧围绕"绿色消费"这一主题开展活动。1. 在"3·15"活动期间,利用电视、宣传车、发放传单、实物展览等形式广泛宣传《消法》及有关法律法规。全县共设宣传咨询服务点6个,发放宣传材料3 200份,现场接受咨询120人次,受理投诉6件,当场解决4件。2. 召开消委会理事扩大会议,联合卫生、医药、物价、烟草、技术监督局等部门开展联合打假行动,没收假烟、假药、过期食品、化妆品等伪劣商品30余种1 000余件,标值4 851元。3. 加大受理投诉工作力度。全年共受理消费者投诉83件,解决83件,投诉金额77 756元,为消费者挽回损失63 143元。4. 长期在集贸市场内设立保护消费者权益监督岗,实行天天3·15,全年共免费为消费者提供复秤29 175人次。5. 认真开展"户户讲道德,店店无假货"评比活动和"消费者满意一条街"创建活动。在评比活动中,评出了17户个体私营企业为示范单位。同时,创建了元江县第一条"打假维权、消费者满意街"。

【法制工作】 2001年法制监督工作主要以案件审核和监督内部各单位履行规章制度为重点。在案件审核工作中,坚持"以事实为依据,以法律为准绳"的原则,不徇私情、公平公正,按照案审程序,做到案件材料齐全、处罚主体正确、利用法律法规正确、定性准确、处罚恰当、实施行政强制措施合法、文书规范。全年,共核审各类案件27件,核审中,因证据不足退回4件,事实不清退回1件,达不到立案标准退回2件,纠正适用法规不当2件,接待当事人陈述申辩17人次。在日常监察工作中,发出执法通知书23份,查出干部职能不到位情况67人次,纠正个体验照错误12户次。通过法制监察,规范了市场监管执法行为,有效地打击了经济违法违章行为。

【市场办管脱钩】 2001年,按照国务院、省、市人民政府的要求,在市工商局、县委、政府及有关部门的关心支持下,本着"人随市场走,债随市场交"的原则,于8月16日,将元江县工商局经营多年的自办联办市场的产权、经营权、债权债务及经营管理人员移交给县人民政府,实现了机构、职责、财物、人员与工商行政管理机关"四分离",全面彻底完成了市场办管脱钩移交工作。共移交市场9个(其中自办1个,联办8个),市场占地面积67 545平方米,建筑面积75 041平方米,资产2 313.16万元(其中固定资产2 313万元,流动资产0.16万元),债权239万元,债务542万元,移交工作人员11人。

【2001年任职的局领导名单】

局党组书记、局　长

　　李宝生(2001年11月离任)

　　李阿斗(2001年12月上任)

局党组成员、副局长

　　李阿斗(2001年12月离任)

　　许斌强(2001年7月离任)

　　李文康(2001年7月上任)

局党组成员、纪检组长　王登山

高新技术开发区分局

【工商行政管理基本情况】 2001年高新区分局在玉溪工商行政管理局和玉溪高新技术产业开发区管委会的正确领导下,紧紧围绕市局部署的中心工作,以学习和实践江总书记"三个代表"重要思想及整顿市场秩序,整顿队伍作风为工作重点,认真履行工商部门的工作职责,结合高新区的实际,加大市场监管和行政执法力度,拓展市场领域,发扬"强队伍、重素质、求实效、树形象"的高新区工商精神,内强素质、外树形象,为各类市场主体创造良好的经营环境,有效地维护了当地的市场经济秩序,促进了开发区的经济发展。

高新区自成立以来,人员和机构的设置尚不健全,高新区经济主体发展变化快,监管难度较大,面对这样的局面,局领导要求每位同志,要以新的观念、新的方式,加强对新形势下出现的新情况和新问题的探讨和研究,进一步加强市场监管和行政执法的针对性和有效性,加大监管力度,拓展监管领域,为高新区市场经济的发展作出新贡献。

【保护消费者权益】 随着高新区工商分局"内强素质、外树形象"工作的不断展开,受理消费者投诉随之增多,2001年共受理消者投诉37起,成功调解22起,为消费者挽回经济损失11 096元;

接受咨询400余次。组织开展了以“绿色消费”为主题的宣传活动,共接受咨询3 000余次。发放各种宣传材料20余种、5 000余份;出动宣传车5辆次,制作各种宣传布标9块。组织一批伪劣商品及假药100余种,公开曝光,提高广大群众识别能力。并组织了以“崇尚自然、热爱生命”为主题的万人宣言签字活动。

【市场监督管理】 积极开展经济检查工作,严格打假刺劣,及时查处各种违法违章行为。本年度共检查经营户9 000余户,走访企业266家,处罚违规经营个体工商户21户,罚款总额2 850元;批评教育300余户;责令停业7户;查处违法广告11起,没收各种违规广告品5千余份(幅);没收劣质食品、过期食品500余千克(20余个品种),各种包装袋3万余个。

【企业注册登记管理】 企业注册登记处是分局的一个重要形象窗口,同时又是涉及法律法规较多、业务能力要求较高的处室。为圆满完成本年度的工作任务,采取了多种形式的学习,做到每一位干部能够独立完成从个体户登记到外资企业初审所有的登记注册,在咨询服务过程中规范和使用文明用语,做到“咨询服务一语清,申请办照一次清”。

年度末共有企业法人26户,年检中注销3户,参加年检户为20户,年检率为87%;营业性企业共42户;年检中注销15户,参加年检数为22户,年检率为81.5%。私营企业为48户,实检企业38户,年检率为87.5%,有合伙企业7户,参加年检户数6户,年检率为85.7%;个体工商户共有653户,实际验照贴花户数为548户,年检验照率83.9%,年检期间自行注销户为70户。

截至2001年10月23日,共有内资企业106户,法人企业55户、营业性企业51户,注册资本金共44 534万元;私营企业共有156户,法人企业113户、营业性企业43户,注册资金21 533万元;个体工商户共有881户,注册资金为2 077万元,从业人员为3 024人。

【法制工作】 按照上级的安排部署,2001年分局个私协会积极组织广大会员开展《公司法》、《个体户私营经济实用法律知识读本》等法律法规的宣传、培训工作。认真贯彻落实中央经济工作会议精神,以及市委、市政府《关于对企业管理、经营者进行社会主义市场经济法律知识培训》的有关精神,分局努力提高企业管理者、经营者的法律、法规意识,增强法制观念,确保经营者做到守法经营,并用法律保护自身的合法权益,推进全区个私经济健康发展。8月22日,分局组织代表参加了全市个体、私营企业范围内开展学法用法和法规知识电视竞赛活动,并荣获二等奖。积极为工商户排忧解难。为下岗职工减免个体管理费7 590元,对46户困难、残疾会员减免个体管理费35 260元;总计金额42 850元。严格执行政策,规范会费标准。加强舆论宣传,为个体经济发展拓展空间。加强自身建设,扎实抓好个私企业“户户讲道德、店店无假货”评比授牌活动,维护经营者和消费者的合法权益。

【2001年任职的局领导名单】

局　长　王凤云

副局长　许斌强　何海俊

昭　通　市

【工商行政管理基本情况】 2001年昭通市工商行政管理局(原昭通地区工商行政管理局)共有局机关12个(其中市级局1个、县级局11个),内设机构93个,派出机构126个,领导职数50人(其中市局4人,县级局46人);共有在职职工1 098人(其中干部996人、工人102人),男818人、女280人;职工文化程度:本科30人,专科405人,中专(或高中)514人,初中以下149人;有党员514人,团员72人,党员占职工比例为46.6%;少数民族83人。

【企业注册登记管理】 强化企业登记和监管手段,市场主体更加规范。2001年,在企业登记注册和监管方面,简化不必要的手续,提高办事效率,更好树立行政管理部门的窗口服务形象。根据《企业法人登记管理条例》、《公司法》等法律法规,到年底共登记各类企业4 513户,注册资本达到213 803万元,其中法人企业1 488户,有限责任公司239户,年内办理开业登记的213户,办理注销登记的807户。在企业监管方面,加大年检力度,全市企业年检参检率94.1%,合格率97.87%,年检时查处注册资本不到位的26户,“三无”企业4户,吊销营业执照49户。

【市场监督管理】 1.强化执法监督工作。2001年全市工商行政管理机关认真执行《工商行政管理执法监督暂行规定》,同时还修订和完善了行政执法责任制、行政执法错案追究制、行政赔偿追偿制和行政执法考评制。全年,全市工商行政管理机关查办案件198件,经昭通市工商局核审的195件,核审率98.4%;收到申请复议案件13件,受理5件。2.强化市场专项整治工作。以深入开展集贸市场专项整治为契机,狠抓重点地区、重点商品、重点市场的专项整治和大案要案的查处,在全市范围内认真开展“打假保优”联合行动;加大力度整治农资市场,确保安全生产;开展公共聚集场所消防安全治理。2001年,全面实现19个市场的办管脱钩;共查处商品交易市场违法案件1 647件;全市332个集贸市场年成交额78 459.34万元,比2000年增长10.32%;完成310个市场年检,实现税收1 245万元。

【商标和广告监督管理】 依据《商标

法》、《广告法》以及相关法律法规，结合昭通商标、广告行业发展的实际状况，采取各种方法和措施，来促进商标和广告业的健康发展。加强《商标法》宣传，及时查办各种商标侵权案件，保护好全国名特优商标和地方重点商标，到2001年底，全市共有注册商标近200件。加强对广告审查员和广告经营单位的法律法规培训，加强对报社、电视台等媒体的广告监测，查办违法广告案件，特别是关系老百姓生活的虚假广告。全市具备资格的广告经营单位21户，广告从业人员161人，广告营业额287万元；查处广告违法案件58件，其中55件属印刷品广告和户外广告案件，分别作了罚款、没收、停止发布、通告批评等处罚。

【个体私营经济监督管理】 昭通市各级工商行政管理部门到2001年底，共登记个体工商户46 345户，从业人员96 473人，注册资金达到24 586万元，年内开业登记7 783户，安置下岗职工174人；个体工商户验照率达85.1%；查处有违法行为的个体工商户552户，罚款24.33万元。登记私营企业271户，进行年检的有235户，年检率为86.7%。

【公平交易执法】 以整顿和规范市场经济秩序为主线，转变观念，加强市场监管，加大执法力度。全市共查处各类经济违法案件1 647件，案值377.63万元，罚款32.01万元；鉴证合同511份，合同金额35 079万元；办理抵押物登记51份，抵押物价值16 287万元；命名表彰了84家“重合同，守信用”企业。

深入开展“打假治劣”专项行动，端掉黑窝点29个，确保名优产品、消费者和生产者的合法权益；认真开展“打假护农保春耕”联合行动，共检查农资经营单位405家，没收假化肥26吨、劣质玉米种子2.08吨；坚决打击各种不正当竞争行为，维护公平竞争的市场秩序，全市共查处10件仿冒知名商品的名称、包装、装潢、企业名称的行为；认真开展重点垄断行业的限制竞争行为的专项整治，打击拼装汽车行为，对昭阳区的违法经营户进行清理，立案查处18户，查处非法回收报废汽车拆散件723件；打击传销和变相传销工作初见成效；配合有关部门，开展文化、药品市场的清理整顿。

【消费者权益保护】 全市工商行政管理机关以“12315”申诉举报服务中心为依托，积极开展消费者权益保护工作，热情当好广大消费者的“保护神”。年内“12315”共受理消费者投诉案件1 393件，解决了1 379件，结案率为99%。为全市61家单位解决了日产V31、V33小汽车索赔维修问题，确保车辆用户的合法权益。

【2001年任职的局领导名单】

局　长　蔡一轩

副局长　王明军　胡　杰

纪检组长　晋芳国

昭阳区

【工商行政管理基本情况】 昭阳区工商行政管理局是昭通市工商行政管理的直属机构，正科级建制。2001年昭阳区工商局共有内设机构7个：办公室、法制科、市管科、企业科、财务科、个体科、合同科，新设立监察室1个，派出机构15个：东城工商所、南城工商所、西城工商所、北城工商所、滇东北商贸中心工商所、经检队、生产资料管理所、永丰中心工商所、守望中心工商所、洒渔中心工商所、乐居中心工商所、炎山中心工商所、火车站中心工商所、北闸中心工商所、靖安中心工商所。指导消协和劳协的工作。截至2001年12月31日，全局共有干部216人，工人18人，合计234人。大学本科7人，大专93人，中专52人，高中53人，初中以下29人。

【市场监督管理】 在进一步深化粮食流通体制中，规范了粮食收购、销售、批发市场，维护了粮食购销秩序。在粮食、税务、公安、交警等职能部门的配合下，粮食稽查队充分发挥主力军的作用，共查获大米1 845吨，面粉30吨，收取两金93 880元。开展“重合同、守信用”评比活动，培训合同管理人员80余人。鉴证合同73份，比2000年的69份增长5.8%，办理财产抵押登记4份，比上年增长3份。

顺利完成市场办管脱钩工作。原属工商管理的市场于12月6日移交给昭阳区政府指定的单位财委接收，其中移交机构1个：滇东北大市场经营服务中心；移交人员：滇东北大市场经营服务中心21人（均属合同制工人）；移交市场31个：须变更登记的市场28个，须资产移交市场3个（花鸟市场、滇东北商贸中心市场、迎风桥市场）；移交债务914.95万元。

2001年在年检范围的市场有35个，其中农副产品市场6个，专业市场2个，综合市场27个，都予以年检，年检率达100%。

【公平交易】 2001年共查处各种违法案件60起，案值35万元左右，结案58起，结案率为96.7%，罚款14 806元，其中查处反不正当竞争案件2起。

全年共接待消费者来访、咨询1 500余人次，热线电话受话300余次，受理各类投诉、举报案件403件，其中正式调查后调解248起，口头调解155起，转有关部门18件（其中两例支持消费者上诉法院并胜诉），终止调解7件，转查举报17件，为消费者挽回直接经济损失65万余元。

整顿和规范市场经济秩序期间（6~12月），共出动车辆40辆400余次，先后抽调200多人，出动检查2 500余人次，清查经营户2 629户（国营45户、集体59户，个私2 540户），查处无证经营303户，查缴或暂扣各类假劣或违法经营商品500余种13 726件，标值35余万元。捣毁、取缔16个影响大、涉及面广、危害性较大的制售假冒伪劣商品黑窝点。

【商标广告管理】 为加强商标使用的管理，2001年对商标印制单位进行年检、验证15户，并纳入工商所“经济户口”的管理，查处商标侵权案3件。为加强对字号招牌的管理，对城区各专卖（营）店、总经销、总代理进行清理整顿，共检查各类专卖（营）店、总经销、总代理60家,上报市局核发资格证书1家,新办理专卖店8家,不具备条件的拆除招牌12家,限期拆除的35家。为加强广告的监督管理,对2个广告经营单位进行年检,办理户外广告登记16户,查收各类违法印刷品广告10万余份。

【企业个体监督管理】 严格按程序对个体和企业办理开业登记和进行年检验照工作,年初总企业数675个,其中注销43个、歇业待注销36个,年检企业576个,占应年检数596的96.6%;截至12月底,共有个体工商户12 352户,新办5 307户,自然歇业1 250户。全年共有私营企业70户,年初有64户,歇业3户,年检56户,占应年检61户的91.8%,各经营户的亮照率达90%以上。

7月16日昭通"撤地设市后",原"昭通地区昭通市工商行政管理局"更名为"昭通市工商行政管理局昭阳分局"。

【2001年任职的局领导名单】

党组成员、副局长　张静涛(主持工作)
　　　　　　　　　张学平
党组成员、纪检组长　李　建(~5月)
　　　　　　　　　吕晓雯
　　　　　　　　　(5月~12月)

鲁甸县

【工商行政管理基本情况】 全局2001年有在职人员91人,其中行政编制87人,事业编制4人;男60人,女31人;文化程度:本科2人,大专30人,中专35人,高中14人,初中10人;有5个工商所,管理全县14个乡镇、27个市场;内设机构8个。

【企业注册登记管理】 根据《公司法》、《企业法人登记管理条例》、《企业年度检验办法》的规定,依法对全县329户各类企业的生产经营情况、盈亏情况、遵章守纪情况进行了认真的年检,注销企业40户(其中"三无"企业32户,其它8户),实际年检289户,年检率为100%,年检合格率为86.7%;严把市场主体准入关,对各类企业严格按照法定程序进行登记,做到"三严格三禁止"。全年新核准登记企业2户,变更2户。

【公平交易】 按照上级的要求,2001年经济工作的重点任务之一是"切实加强管理、整顿和规范市场经济秩序"。鲁甸工商局以县城市场、城乡结合部和各乡镇主要市场作为重点整治对象,品种主要以化肥、农药、种籽、药品、食品、饮品、烟、酒、食用盐、化妆品等为重点商品,开展系列打假整治行动。全年共查处各类违法违章案件66件,其中立案查处4件,适用简易程序处罚62件,无申请复议案件。没收假冒伪劣商品,总计案值5万余元,县内的不法交易行为得到了有效遏制。

【市场监督管理】 2001年积极加强对粮食市场、烟草市场、医药市场、肉食市场、汽车修理等各类市场的管理,在有关部门的支持、配合下,出动检查人员500余人次,没收中草药222个品种;西药20个品种,不合格医疗器械63种,不合格医疗卫生手套100双,销毁不合格纯净水29瓶;积极开展企业"重合同、守信用"评选活动。

【个体私营经济管理】 对全县27户私营企业进行了年检、完成1 496户个体工商户的验照贴花工作。全年新核准登记私营企业7户,个体工商户92户;清理文化娱乐场所70户,协助清查"三无"盲流人员300余人次。

【广告监督管理】 对广告经营单位进行认真年检,严格审查广告内容,严肃查处非法印刷品广告,收缴非法印刷品广告1300余份。

【消费者权益保护】 利用"3·15"国际消费者权益保护日,广泛宣传"绿色消费"的深远意义,继续加大《消法》的宣传力度,共出动宣传车5辆次,宣传人员80余人次,张贴大小标语100余条,发放宣传资料1 000余条,接受消费者咨询200余人次。全年受理消费者投诉12件,结案10件,撤诉2件,无积案,为消费者挽回经济损失7200元。

【商标管理】 加大《商标法》的宣传力度,积极指导企业和个人认真使用商标,切实保护商标专用权。

【法制工作】 加强办案人员的法律、法规培训,继续推行行政执法的错案追究、行政赔偿追偿责任制,明确执法责任。杜绝执法的随意性,增强办案的责任感,全年核审案件4件,核审率为100%,无一起申请复议案件。

【重大事件】 12月9日将所办3个市场(商贸中心、龙树农贸市场、翠屏农贸市场)移交给县国有资产管理局管理。完成市场办管脱钩工作。

【2001年任职的局领导名单】

党组书记、局　长　马果平
党组成员、副局长(兼纪检组长)
　　　　　　　　何仁才
党组成员、副局长　米长旭

巧家县

【工商行政管理基本情况】 2001年全局共有在职干部职工75人,其中干部69人(科级以上职务53人,科员15人,办事人员1人),工勤人员2人,以工代干4人,离退休干部36人;最大年龄59岁,最小年龄20岁,平均年龄38.9岁。有大专学历26人,占34.7%;中专学历31人,占41.3%;高中学历7人,占9.3%;初中以下学历11人,占14.7%。

机构设置有内设机构6个:即办公室、财务室、登记股、市管股、法制股、纪检监察室;派出机构8个,即7个工商所,1个纪检大队。

【企业注册登记管理】 2001年全县共有企业515户,其中法人企业155户,营业性企业360户,注册资金16 379万元。在企业申请注册登记方面,县工商局严把市场准入关,严格审批程序,建立"经济户口"管理,实施企业监管双轨制。

【公平交易】 公平交易行为是市场经济秩序中的重要环节。2001 年县工商局认真贯彻国务院、国家工商局、省、市工商局文件精神,深入开展全国联合“打假”和“整顿和规范市场经济秩序”工作,加大了经济违法违章案件的查处和打击力度,维护公平交易,保护消费者的合法权益。以农资市场、粮食市场、药品、饮品、卷烟和酒类市场为整治重点,先后组织了 5 次大的市场整治行动,查处各类经济违法违章案件 46 件,总案值 43.54 万元。

【市场监督管理】 在市工商局和当地政府的领导下,县局坚持深化改革与加强法制建设并举,标本兼治、边整边改,着力治本,近期抓整改见成效,远期抓规范巩固成果的指导思想,认真开展整顿和规范市场经济秩序工作,做到三个到位:

1. 组织领导措施到位。成立了昭通地区巧家县工商行政管理局整顿和规范市场经济秩序领导组,拟定了《整顿和规范市场经济秩序工作具体施行方案》,又制定了五年内整顿和规范市场经济秩序的目标,为实现县内市场经济秩序的根本转变准备了条件。

2. 宣传工作到位。为了加大宣传力度,举办宣传栏,制作永久性宣传标语,向社会公布消费者投诉电话“12315”和打假维权举报电话“7122893”,设置举报箱,公布打假维权举报奖励制度,并先后汇同技术监督局、烟草、卫生防疫、文体、农牧等单位召开了展示和销毁伪劣商品现场会,公开销毁了案值 9.46 万元的假冒伪劣商品。

3. 查处打击力度到位。根据上级指示,组织执法人员在有关部门配合下,对全县 19 个乡镇市场进行全面拉网式清查,先后开展了大规模的统一行动 3 次,出动执法人员 450 人次,车 28 辆次,检查个体门店 2 536 户次,检查企业 9 户,查处无证经营户 361 户,查处食品、饮品、烟酒、食盐、农药、种子、汽车、摩托车配件等 30 个商品种类的假冒伪劣商品,价值 12.78 万元,立案 37 件,罚款 5 686 元。

【个体私营经济监督管理】 个体私营经济是社会主义市场经济的重要组成部份,县工商局严把注册登记“准入关”,认真核准登记,并按《城乡个体工商户管理暂行条例》的规定,做好个体验照贴花工作,做到大力发展,严格把关,严格管理,2001 年全县共有个体工商户 2 905 户,从业人员 5 739 人,注册资金 1 478 万元;有私营企业 23 户,从业人员 419 人,注册奖金 2 025 万元。

【广告监督管理】 2001 年在整顿和规范市场经济秩序中,对虚假广告、误导消费者行为进行了专项治理,重点对保健品、药品、医疗器械等违法广告和擅自设立的户外广告、非法印刷品广告进行清理,共检查店堂广告设置 215 户,责令改正 15 条,收缴非法印刷品(药品内容)广告 1.2 万份,处罚广告散发者 2 人,罚款 80 元,清除擅自设置的户外广告 25 条。

【消费者权益保护】 2001 年充分发挥“12315”职能作用,认真开展消委会工作,保护消费者的合法权益,加大《消费者权益保护法》的宣传力度,接受咨询 900 余人次,发放宣传资料 5 000 余份。全年受理消费者投诉案件 40 件,解决 40 件,为消费者挽回经济损失 4.2 万元。

【商标管理】 实施新修订的《商标法》,强化商标执法工作,严厉查处商标侵权假冒行为,进一步规范企业商标的使用管理,做好商标使用许可合同备案的管理工作和对商标印制单位和其他印刷企业的监督。

【法制工作】 2001 年是实施“四五”普法规划的第一年,县局全面开展“四五”普法教育,加大工商行政管理法律法规的宣传力度,增强广大经营者和消费者的法律意识,进行了行政执法培训,通过考试领取执法证,规范执法者主体资格,促进依法行政,推行政务公开制,增大执法透明度。

【2001 年任职的局领导名单】

局　长、党组书记兼纪检组长　黄国祥

副局长　杨龙贵　王　鹏

盐津县

【工商行政管理基本情况】 2001 年,按照朱镕基总理对工商行政管理“强化市场监管、勇做市场卫士”的总体要求,贯彻落实国务院“关于整顿和规范市场经济秩序的决定”,强化了对市场的监管力度,实现职能到位。

盐津县工商行政管理局机构为:办公室、人事监察股、计划财务股、法制股、登记注册股、市场规范管理股;设 5 个派出机构:盐井、普洱、柿子、牛寨 4 个中心工商所及经济检查队;设代理机构 1 个,即消费者权益保护委员会。有在职干部职工 77 人(局机关 25 人,基层 52 人),其中:大专以上文化 17 人,高中、中专 37 人,初中和初中以下 23 人。

【企业注册登记管理】 2001 年,登记注册的个体工商户 3 495 户,企业人员 4 883 人,注册资金 2 569 万元;私营企业 5 户,注册资金 266 万元;内资企业 194 户,其中法人企业 70 户,营业性企业 107 户,注册资金 5 915 万元;有限责任公司及分公司 17 户。

【公平交易】 2001 年,按照上级要求严厉打击传销,变相传销及欺诈等违法经营活动,查处一起利用“养蝎致富”进行欺诈的违法经营案件,为农民挽回经济损失 6 500 元。对粮食、农资加强监督管理,全年共办理粮食案件 4 件,没收非法粮源 17 吨,查获农资案件 43 件,没收征收化肥 40.715 吨,专项检查保险、供水、供电、电信等 4 家企业的行政垄断行为。

【市场监督管理】 2001 年,全县已登记发证的集贸市场 28 个,总占地面积 6 738 平方米,分布在全县各乡镇。强化市场监管,突出重点,开展打假专项行动,全年共没收销毁案值达 3.8 万余元的各类假冒伪劣、过期变质饮品、食品、香烟、酒类、化妆品、药品等,切实保护经营者、消费者的合法权益;加强合同监管,严防合同欺诈,共检查10万元以上合同29份,金额为1 484万元,收到备案合同19份,金额73.19万元,鉴证合同22份,金额724万元。

【广告和商标管理】 针对市场状况,对服装、卷烟、酒类、家电等商品商标的侵权行为进行专项检查。2001年共办理广告备案登记15件,拆除未经许可擅自悬挂的广告23幅,违法店堂广告53幅,收缴内容不健康、虚假程度大的印刷品广告2..8万张。

【消费者权益保护】 围绕“绿色消费年”主题,开展了“云南省消费者喜爱商品评选活动”的推荐工作,县茶叶公司生产的“云津牌靓颜苦丁茶”被评为2001年云南省消费者喜爱商品。消委会全年共接待电话、上门咨询680人次,受理投诉36件,结案35件,支持消费者向人民法院起诉1起,为消费者挽回经济损失39 952元。

【法制工作】 2001年,全面教育广大干部正确处理好严格执法与规范自身行为的关系,执行《行政不作为追究制》,进一步加强党风廉政建设,拓展政务公开,加强对干部职工的法律、法规培训。

【市场办管脱钩】 2001年,为认真贯彻执行国务院、省政府关于工商行政管理机关与所办市场彻底脱钩的决定,结合盐津县实际,从管办脱钩“四分离”原则入手,按照“以资抵债”形式,12月7日,把原盐津县工商局开办的普洱农贸市场(包括市场债务)全部移交给中国农业银行盐津县支行,市场办管彻底脱钩。

【精神文明建设】 2001年,县局被继续命名为“市级文明单位”;经检队通过“市级文明单位”复查,并继续申报“青年文明号”;在全市粮食市场监管和市场管办脱钩工作会议上,进行了粮食市场和市场管办脱钩工作经验交流,并受表彰为全市“粮食市场监管执法机关先进单位”。

【2001年任职的局领导名单】

局　长　严康俊

副局长　胡家平　邓秀平

大关县

【工商行政管理基本情况】 2001年,大关县工商行政管理局共有职工68人(含个体劳协2人),其中在职职工56人,离退休职工12人,党员29人。在职职工中,女职工17人,大专以上学历23人(本科4人),中专学历17人,局机关职工26人,基层所职工30人。全局设有办公室、监察室、人事股、法制股、市管股、登记股、经检队、财会室8个工作机构和7个基层工商所;辖管11个乡镇、14个消费品市场。年内全局完成两费收缴65.2万元,实现了市局下达增收20%的指标。

【个私经济和企业注册登记管理】 2001年全县共有注册登记的国有企业、集体企业、股份制企业、有限责任公司164户,注册资金8 874万元;注册登记的个体户1 598户,注册资金510万元,总产值362万元,营业总收入2 521万元;注册私营企业12户,注册资金1 481万元,总产值396万元,营业收入9万元。

【合同鉴证管理】 年内,全局共办理合同鉴证和动产物抵押合同27份,其中动产物抵押合同4份,合同总金额2392万元。开展“重合同、守信用”企业评选活动,共评选、表彰依法管理、依法经营的“重合同、守信用”企业12户。

【市场监督管理】 根据国务院和上级的要求,2001年大关进行了整顿和规范市场经济秩序的工作。从5月23日起,全局职工分6个组对全县各乡镇市场、公路沿线的生产者和经营者进行拉网式检查。共出动工商干部72人次,车辆8台次,检查各类企业58户,个体工商户918户;清理无照经营户124户,未亮照经营76户,超范围经营118户;查收假酒、假饮料622瓶,劣质皮鞋69双、电线800米,非法生产大冰饮料封口机一台,冰袋232个,过期变质啤酒等各种副食品60余个品种17 383件,总价值4万余元。随后,对一些重点市场进行了专门整治,查处非法从事农药、种子等经营户51户,收缴农用物质6 008件,价值1.2万余元;清理无证照经营互联网吧18家,取缔非法销售汽油、柴油个体户8户,没收汽油1.65吨、柴油4.95吨、油桶58个,案值1.65万元;全年共办理各类市场经济案件29件,立案查处10件,结案6件。

【消费者权益保护】 年内,大关工商局购置“12315”投诉专用车,进一步加强了消费者投诉网络建设。全年共受理消费者投诉30件,解决30件,为消费者挽回经济损失18 712元。

【推行政务公开】 全面推行政务公开,接受群众监督。主要做了五个方面的工作:上岗人员全部佩戴胸卡;各股室在醒目位置公开办事程序和收费依据、标准及职责;局机关在醒目位置公开上岗人员姓名、照片和职责;在醒目位置设政务公开栏,公开了常用工商法律、法规和规章。

【市场办管脱钩】 年内,大关工商局在上级规定时限内,完成了市场办管分离任务。大关工商局自1993年以来修建了3个市场,除东贸大楼现为县局办公楼不作为市场移交,另外两个市场即上高桥和高桥集贸市场移交县政府经贸委,明确了债权债务,签订了相关协议,办理完毕银行账务关系和市场登记手续,实现了管建分离、办管脱钩。

【商标广告管理】 2001年,对已注册商标中的一户进行了续展工作,同时保护商标专用权,打击侵权商标;查处大关县一户药店经营“肤阴洁”注册商标侵权事件,14瓶商品全部没收。在广告管理方面,从严审查广告经营主体资格,规范广告经营行为,2001年合法登记户外广告16户。对全县专卖店、专修店清理14户,办理合法专卖店1户。

【2001年任职的局领导名单】

局　　长　连正康

副 局 长　吴远辉(彝族)
　　　　　吴　琦(女)
纪检组长　吴远辉(兼职)

永善县

【工商行政管理基本情况】 2001年,永善工商局一手抓队伍建设,一手抓监管执法,先后制定和完善了8个方面的规章制度,做到有章可循,用制度管人。由于精心组织,狠抓落实,各项工作取得进展,赢得了“全市工商局长目标责任制一等奖”、“全县‘社会治安综合治理’先进奖”、“全县‘扶残、助残、先进计划生育’一等奖”、“全县‘党纪、政纪条规知识竞赛’组织奖”。

县局已成立了局党组,设有局党总支,下设机关、景新、桧溪、黄华、莲峰5个党支部,有中共党员31名。内设机构有办公室、计划财务股、人事教育股、注册登记股、合同股、法制股和纪检监察室等8个股室,派出机构有景新、桧溪、细沙、黄华、莲峰、大兴、茂林、墨翰、码口等工商所9个,经济检查队1个。辖区遍及全县18乡镇,有干部84名,其中,领导职数4人,中层干部20人,大专以上文化程度30人,男女比例约2:1。

【企业注册登记管理】 2001年全县有各类企业371户,按一年一度检验的有关规定,对102户法人企业、269户营业企业进行了年检。对未按规定时限参加年检的企业给予降级处理7户,注销10户。

【市场监督管理和公平交易】 按照市工商局的总体部署,永善工商局制定了整顿和规范市场经济秩序实施方案和机关股室“助所”行动计划。上半年,局机关派出22人,深入全县9个工商所、18乡(镇)共30个集市开展局所联动整治行动。下半年,分别4次对县城区域内所有的广告经营者,建筑企业,电力、保险、邮政、商业银行等垄断行业以及供水、供电、电信、移动等公用企事业单位进行了法律、法规知识培训,在自查自纠基础上,全面进行清理整治。全年立案查处各类经济违法违章案件12件,结案11件,结案率92%,罚没款7 750元;实施当场处罚案件28件,罚款金额1 700元;查处和收缴假冒伪劣昭产二曲酒1 625瓶、过期变质饮料1 847瓶,过期变质食品3 417盒(袋),洗发水、化妆品、一次性注射器等假冒伪劣商品若干。同时对县城区9所中、小学校周边环境进行了专项治理。

【个体私营经济监督管理】 全县有个体工商户3 727户,验照贴花3 354户,完成任务90%以上;取缔无照经营172户,限期补办营业执照128户,亮照经营率达90%以上。各工商所分别建立了简易台式“经济户口”。

【广告监督管理】 2001年,结合永善实际,重点对户外广告进行监督管理,利用有线电视,向社会宣传户外广告登记管理条例,出动巡查人员48人次,巡查车辆4台次,拆除擅自发布户外广告12起,收缴含淫秽内容的违法印刷品广告1.05万份,新办理户外广告注册登记38份,使全县户外广告管理走上了正轨。

【合同监督管理】 全年共鉴定经济合同28份,合同金额1 726.12万元,其中建筑工程合同22份,金额565.93万元,企业动产抵押合同6份,主债金额1 160.19万元,抵押物价值1 927.74万元。抽查金融、电信、供水、供电等8个单位各种格式合同81种,并进行了登记备案。

【消费者权益保护】 一年一度的“3·15”国际消费者权益保护日活动期间,工商局汇同质监、卫生防疫、药检、畜牧等部门,在县城市场接待消费者咨询1 000人次,散发宣传资料1.4万余份,现场接受投诉2起,由“12315”中心工作人员当即作了调处。全年“12315”投投诉中心共受理消费者投诉19起,其中涉农2起,人身伤害1起,全部调处成功,为消费者挽回经济损失1.02万元。

【“两费”收缴工作】 2001年共收缴“两费”103.4万元,占目标任务95万元的108%,比上年同期73万元增收30万元,增长41%。“两费”收缴工作采取了两条措施:一是县局派“助所”工作组协助清收;二是对历年未收的个私营运车辆今年全面依法收缴,做到应收尽收,不多收,也不少收。

【客货营运车辆监管】 2001年设立车辆管理办公室,对全县客货私车进行监督管理,清理各类车辆860辆,补办个体私车注册登记手续23户,变更43户,查处无照从事货物运输案件3件,依法清收个体工商管理费11.5万元。

【2001年任职局领导名单】
局　　长　邹安才(4月抽调昭通市工商局工作)
副 局 长　张全胜(4月主持工作)
　　　　　姜世波
纪检组长　唐大清

绥江县

【工商行政管理基本情况】 2001年,绥江县工商行政管理局内设办公室、法制股、公平交易股、计划财务股、市场监督管理股、注册登记管理股,辖中城工商所、会仪工商所、新滩工商所,板栗工商所、经济监督检查队。至12月底,实有公务员48人,工人4人。公务员中正科级1人、副科级2人、主任科员2人、副主任科员28人、科员14人、办事员1人,工人中高级工2人、中级工1人、初级工1人;具有大专以上文化程度者21人。一年来,全县工商行政管理系统在市工商局党组和县委、政府的领导下,以整顿和规范市场经济秩序为主线,以打击假冒伪劣商品、保护消费者合法权益为重点,强化对市场准入行为、市场竞争行为、市场交易行为和市场监管执法行为的规范化管理。

【消费者权益保护】 2001年3月16日,由县工商局牵头,与质量技术监督局在人民广场举办“3·15”宣传咨询服务活动,向广大人民群众宣传《消费者权益保护法》及有关法律法规,突出维护消费者健康权,倡导绿色消费方面的宣传,解答消费者提出的问题,受理群众的投诉举报。其间，工商、质量技术监督共出动工作人员49人，发放绿色消费宣传资料1 564份，张贴标语56条，接待群众咨询482人次，受理投诉3件，现场解决2件，展示各种假冒过期商品72个品种。

【公平交易和市场监督管理】 整顿和规范市场经济秩序是2001年工作的重大任务，结合本县实际，切实开展工作：

1. 从年检入手，加强对企业的监督管理，开展了对企业经济户口的全面审查，在工商所建立辖区内企业户口管理档案，重点对企业注册资金和主要登记事项进行监督。截止4月30日，共年检企业157户，年检率95%，合格率98%。在年检中因不按时报送年检材料或逾期不年检受到处理的企业5户。

2. 从清理无照经营入手，加强对个体私营经济的监督管理。5月25日～6月25日，开展"清理无照经营"为重点的整治行动，共取缔无照经营户23户，与此同时，开展了对个体工商户的验照贴花工作，共验照贴花1780户，验照率94%。验照工作中，查处违法违章经营的个体工商户11户，达到了保护合法、取缔非法的目的。

3. 组织开展了对农资市场的专项整治。从清查农资经营主体资格、经营渠道等环节入手，严查种子、化肥、农药、农机等生产资料经营违法行为，工商局经济监督检查队出动检查人员73人次、车辆14辆次，共检查农资经营单位45户。

4. 以查处规避招标、假招标和转包为重点，整顿和规范建筑市场。提高建筑企业法定代表人与项目负责人法律意识，使企业守法经营，依法经营。

5. 对药品市场进行清理整顿。8月22日在城郊金银山集中销毁违法药品98件，过期药品5件，效期较长老产品药品105件，标价达8.5万元。

6. 围绕整顿和规范市场竞争行为，依法重点对电力、保险、邮政、商业银行等垄断性行业开展反限制竞争的专项执法行动。同时，加强对供水、供电、电信等公用事业经营单位强制交易等行为的监管。

【完成市场办管脱钩工作】 按照党中央、国务院、省政府关于工商行政管理机关必须在限期内与所办市场彻底脱钩的要求和国务院办公厅及省政府办公厅有关文件精神，根据"先移交、后清理、再处理"的原则，2001年12月5日，县工商局与县经贸委签署市场办管脱钩移交协议，全县列入办管脱钩的小溪沟农贸市场实现顺利移交。

【企业注册登记管理】 县工商局加强登记管理与提高服务质量并重，依法严把市场准入关，切实做到"三严格三禁止"（严格执行登记管辖权，禁止越权登记；严格执行登记管理的条件和程序，禁止随意降低法定条件，减少登记程序；严格执行法律法规规定的审批制度，禁止随意减少法律法规规定的专项审批或随意增加不必要的审批）。结合绥江实际，对符合法律规定的依法办，对没有法律规定而有政策规定的按政策规定办，对既无法律又无政策规定的，经请示决定办。截至12月底，全县共有工商企业165户（其中法人企业112户，营业性企业53户），注册资本19 939万元。

【个体私营经济监督管理】 县工商行政管理部门认真贯彻全省第二次个体私营经济工作会议精神，积极组织实施《个人独资企业法》和《个人独资企业登记管理办法》，在继续贯彻落实省委、省政府《关于大力发展个体私营经济的决定》的工作中，切实转变职能，强化服务意识，提高服务效率和办事效率，按照县委"增粮、强畜、兴竹、上茶"的发展思路，积极引导从事农业科技、农村社会服务、农副产品加工及流通的个体私营企业。截至12月25日，全县登记注册的个体工商业户为1 920户，注册资本634万元；私营企业20户，投资者28人，注册资本780万元。

【启用新印章】 昭通撤地设市后，根据昭通市工商局有关文件通知，县工商局从2001年8月21日启用"昭通市绥江县工商行政管理局"印章并停止使用"昭通地区绥江县工商行政管理局"印章。

【2001年任职的局领导名单】
党组书记、局　长　钟　毅
党组成员、副局长、纪检组长（兼）
王国菖
副局长　周　越

镇雄县

【工商行政管理基本情况】 2001年，全县工商系统以"三个代表"重要思想和党的十五届六中全会精神为指导，认真贯彻落实市局党组和县委、政府的安排部署，紧紧围绕经济建设这个中心，以局长目标责任制为主线，整顿和规范市场经济秩序为重点，全面推进监管职能到位，各方面的工作都取得了明显成效。

镇雄县工商行政管理系统干部职工187人，其中：在职151人，离退休39人；在职干部职工中，党员76人，设党总支1个，支部15个；本科文化的2人，大专文化的53人，中专文化的40人。局机关设9个股室，县城1个市场管理所，1个经济监督检查队，基层设19个股室，县城1个市场管理所，1个经济监督检查队。基层设19个工商所，100人。全县有集贸市场61个，其中封闭式市场1个，半封闭式市场2个，国有集体企业617户，其中法人企业131户，营业企业486户，私营企业68户，个体工商户9612户。镇雄系国家扶贫开发工作重点县，县情一大二穷，镇雄工商系统面大、点多、战线长，人平均工作负担较重。

【企业注册登记管理】 2001年企业注册登记管理，完成年检542户，年检率达95.7%，对未按时年检的7户企业予以处罚。对16户企业进行补证，对12户"重合同、守信用"企业命名表彰。

【公平交易】 经济违法案件共立案95件，案值100.17万元，结案86件，罚没款金额17.14万元，办结简易案件393件，没收电子游戏52台。

【市场监督管理】 开展五次打假治劣活动和市场整治活动，取缔临时摊点700个，取缔门槛摊200个，清理各类门点店1 000个，取缔无证经营户81户。

没收伪劣商品9大类、39个品种,标值17.4万元。捣毁制假窝点3个,地下机械加工厂3个,饮料加工厂1个,食品加工厂1个。

【个体私营经济监督管理】 全面开展个体工商户清理复查工作,共清理复查个体工商户9 442户,清理复查特种行业681户,依法注销589户,对20户进行了变更登记,对需要提交前置审批的78户限时补办了相关手续。

【广告监督管理】 没收违法广告20幅,收缴非法印刷品广告3 000余份,收缴人民币图样、冥币9 000余张。办理违法广告案5件,办结4件,处罚金额0.17万元。

【消费者权益保护】 受理消费者投诉案件55件,办结55件,为消费者挽回直接经济损失4.75万元,成功调处了国家工商总局“12315”举报投诉中心转办的消费者投诉纠纷案1件。

【商标管理】 对已注册的12个商标进行了验证,检查了商标印刷企业。

【法制工作】 对干部职工进行法律法规培训1次,对中层干部进行法律法规培训1次,在县城分别对专卖(营)店、公用企业、私营企业、建筑企业经营管理人员进行了培训,县局与系统各单位、单位负责人与执法人员分别签订了《行政执法责任状》。

【工商小区建设】 共征地28.9亩,建职工住房128套,2.2万平方米,建公用房1幢,统一设计,自己组织施工,达到低投入、高效率的要求。

【2001年任职的局领导名单】

局　　长　吴长庆

副 局 长　朱启权　钟世伟　高　云

纪检组长　成联元。

彝良县

【工商行政管理基本情况】 2001年,全局在职干部职工84人,退休职工32人。在职干部职工中大专学历39人,中专学历29人,高中及以下学历15人,党员35名,平均年龄35岁,机关内设6个股室,辖5个中心工商所,全县18个乡镇,32个市场,人口51.1万人。

【企业注册登记管理】 年内全县共有企业366户,其中国有企业124户,集体企业230户,公司12户,注册资金9 262万元。

【公平交易管理】 紧紧围绕“整顿和规范市场经济秩序”这一中心,以整顿和规范市场主体准入、市场竞争、市场交易和市场监管执法行为为重点,加大对无照经营及假冒伪劣商品的查处打击力度。一年来,共查办各类经济违法违章案件83件,其中:立案查处5件,结案5件,即时处罚案件78件,案件总值7.25万元,没收物品标值1.27万元,收缴罚款5 650元。

【市场监督管理】 1. 继续深化粮改政策,推进粮食市场监管到位,主要抓了“12345”工程,即:把好一个关口,做好两个规范,狠抓三项制度,落实四个到位,打击五种行为。2. 强化农资市场管理。采取的具体办法是:因地制宜,合理布局,个人申请,政府审批,工商管理。一方面满足了农业生产需求,另一方面缓解了政府在农业供给中的压力,通过这种方式达到了“三个满意”即:农民满意、政府满意、经营者满意。

【个体私营企业管理】 全县共有个体工商户3 179户,从业人员4 104人,私营企业15户,注册资金846万元,投资人数48人,雇工人数433人,其中:独资企业2户,注册资金66万元;合伙企业6户,注册资金213万元;有限公司7户,注册资金567万元。

【商标广告管理】 严厉查处商标广告违法行为,没收违法户外广告散页763份,横幅4条,办理简易登记8户,全县拥有注册商标2个。

【消费者权益保护】 全年共受理消费者投诉案件26件,结案25件,为消费者挽回经济损失7万余元。

【法制工作】 建立法律法规学习制度,建立个人学习档案,全年组织干部职工法律知识培训13次,564人次参加,组织考试4次,考试成绩纳入年度公务员考核。

【其他重大事件】 1. 为促进地方经济发展,改善全局基础设施滞后的状况,向县委、县政府争取政策,从盘活企业资产入手,启动了彝良县个体私营经济园区和工商小区的简称“两区”建设,该工程总投资2 456万元,总建筑面积29 200平方米。

2.“两费”收入152.5万元,创历史最高记录。

3. 连续两年获局长目标责任制“一等奖”。

【2001年任职的局领导名单】

局　　长　宋召平

副 局 长　张绍芸(女)　廖俊宇

纪检组长　杨永勤

威信县

【工商行政管理基本情况】 2001年,威信县工商局在昭通市工商局党组和威信县委、政府的领导下,以“三个代表”重要思想为指导,认真学习贯彻江总书记“七一”讲话以及党的十五届六中全会精神,按照维护市场经济秩序、监督管理社会主义大市场的总体要求,以整顿和规范市场经济秩序为重点,以服务地方经济发展为目的,着力抓好队伍建设、体制建设、党风廉政和精神文明建设,推进了工商监管职能到位,各项工作取得了明显成效,促进了全县经济健康有序发展。

全局有干部职工113人,其中干部103人,职工10人;女职工33人,男职工80人;党员57人,团员18人;本科3人,专科40人,中专及高中66人,初中及以下学历4人。局机关设有办公室、人事教育股、计划财务股、法制股、消保股、企业股、个体股、市管股、纪检监察室、基建办等10个内设机构；基层设有经济检查队、扎西集贸市场管理所、扎西、双河、水田、高田、旧城、罗布、林凤、三楼工商所等10个派出机构；全县有集贸市场19个，国有集体企业245户，个体工商户2 770户。

【企业注册登记管理】 年内共登记国有企业2户，集体企业3户；12月底全县共有国有企业11[illegible]户，从业人员3 250人，注册资金480万元；集体企业133户，从业人员3 180人，注册资金3 984万元；年检235户，年检率96%。

【公平交易】 全年共查处各类经济违法违章案件41件，案值[illegible]1.22万元，没收金额1.49万元，罚款金额1.1万元。

【市场监督管理】 全年共出动工商执法人员213人次，检查市场19个，检查国有集体及私营企业272户，个体工商户2 506户，收缴各类假冒伪劣商品303种，总标值12.6万元；调处市场纠纷128人次，取缔无证经营42户。

【个体私营经济监督管理】 全年发展个体工商户450户，从业人员500人，注册资金137万元；私营企业13户，从业人员250人，注册资金720万元。到12月底，全县个体工商户已达2 764户，从业人员4 839人，注册资金635万元；私营企业55户，从业人员1 350人，注册资金4 014万元。

【广告监督管理】 全年共办理广告发布登记46户，收缴违法印刷品广告500余份，查处违法违章广告6户，罚款0.22万元。

【消费者权益保护】 开展“3·15”宣传活动，发放宣传资料1 100余份，接待消费者投诉6起，为当事人挽回经济损失800余元；接待咨询人员680人次；展示销毁标值5.5万元的假冒劣质商品。一年来，受理消费者投诉72起，为当事人挽回经济损失2.2万元；处理消费者纠纷案件1件，案值0.2万元，罚款0.07万元。

【商标管理】 全县共有5个注册商标，对商标持有人进行了一年一度的检验工作。

【法制工作】 对基层工商所87名干部职工进行了为期一个半月的工商法律法规培训。

【其他重大事件】 12月6日，威信县工商局与威信县人民政府指定接收单位威信县经济贸易委员会，举行了威信县扎西集贸市场办管脱钩交接仪式。

5月4日，投资规模为220万元的威信县工商局办公大楼破土动工。

8月31日，昭通市工商局党组书记、局长蔡一轩一行3人专程到威信县工商局传达国务院朱总理7月27日考察国家工商总局时的讲话精神。

9月9日，省工商局个体处长阳贻栋一行3人到威信县工商局开展调研工作。

3月16日～5月28日，威信县工商局局长丁开路，经昭通地区工商局党组推荐，省工商局党组决定，到上海市浦东开发区工商一分局挂职锻炼。

【2001年任职的局领导名单】

局　　长　丁开路

副 局 长　柯发昌

副局长、纪检组长　王子香。

水富县

【工商行政管理基本情况】 水富县工商行政管理局内设办公室、财务室、人事股、个体股、企业股、巡查队、法制股、经检队、投诉中心，派出机构有云富工商所、楼坝中心工商所。全局干部职工63人，其中在职职工52人，退休职工11人。在职职工中，干部51人，工人1人，党员21人，共青团员7人。文化层次：本科文化3人，大专文化26人，中专和高中文化12人，初中及其以下文化的11人。年龄层次：50岁以上的7人，30～50岁的36人，30岁以下的9人。

【企业注册登记管理】 充分发挥注册登记的职能作用，严格依法行政，促进了水富县市场主体的健康发展。2001年全县共计232户工商企业，年检合格企业225户，在年检中，对43个企业办理了变更手续，对不按规定办理年检的42户企业予以注销。全年新办理各类企业25户。其中国有企业64户，注册资金5 314万元；集体企业85户，注册资金1 491万元；股份合格制企业31户，注册资金1 368万元；公司54户，注册资金3 736万元。

日常监督管理中，对已登记注册的企业，重点是新开办的企业做到定期检查或建立回访制度，日常监督和定期检查做到有记录并及时查处或解决存在的问题。登记注册材料归档及时，材料齐备，及时统计各种报表、数据，按时报送上级机关，并用统计分析向社会或有关部门提供相关信息。

【市场监督管理】 1. 完成全县市场的登记年检工作。根据《商品交易市场登记管理办法》及有关文件精神，按时完成对全县市场的登记、年检工作，年检市场8个，登记市场5个。2. 对粮食市场的监管，认真贯彻执行粮改政策和全区粮食市场管理工作会议精神，积极开展“12315”工程，规范粮食经营主体资格，核发粮食运销证100份，被市局评为粮食市场监管先进单位。3. 开展对经济合同的监管工作，认真贯彻执行《合同法》，努力为合同当事人提供服务和排忧解难，调解合同纠纷，查办各种违章违法合同案件。全年共鉴证合同73份，合同金额300多万元，调解合同纠纷4起，为经营者追回直接经济损失3万元。4. 打击制假、售假行为。全年，共没收过期变质饮料276瓶、方便面137包、饼干117袋(包)、糖果213包、豆油250袋和散装豆油250千克。查获价值近60万元的假冒卷烟并予以没收。5. 整顿和规范市场经济秩序，5月28日～6月1日开展了为期5天的拉网式集中整顿市场经济秩序工作。

【个体私营经济监督管理】 认真组织对全县个体户验照贴花，完成率86%，认真开展对私营企业的年检工作,对16户私营企业进行了注销。全年新注册登记个体户376户,从业人员585人,注册资金418万元。新注册登记私营企业5户,投资者10人,雇工166人,注册资金117万元。共变更登记个体户185户,变更登记私营企业2户。到12月底,全县共有个体户2 984户,注册资金3 133万元,从业人员3 685人;私营企业39户,投资者91人,雇工1 662人,注册资金1 437万元。

【广告监督管理】 建立了广告审查员制度。广告审查员负责对广告发布单位进行经常性的监督管理,要求广告经营单位签定《广告发布业务合同》,以便进行监督和审查。截至12月15日前登记户外广告64户,查处违法广告34户,其中化妆品广告2户,医疗器械广告1户,医疗服务广告3户,酒类广告2户,家用电器广告1户,药品广告5户,其它广告20户。

【消费者权益保护】 1. 围绕"绿色消费年"主题,开展"3·15"活动。进行《消法》宣传,展示各种假冒伪劣商品,现场为广大消费者作真假味精、真假香烟等劣质不合格产品的鉴别,这次活动深得广大消费者的好评。2. 本着全心全意为人民服务的宗旨,及时处理每一件投诉。全年受理投诉案件88件,解决78件,为消费者挽回经济损失13.31万元。与去年同期相比,受理总件数增加40件,增加率45%,解决率提高36%,为消费者挽回经济损失12.77万元。

【其他重大事件】 根据云南省人民政府办公厅"转发国务院办公厅关于工商行政管理机关限期与所办市场彻底脱钩文件的通知"精神,于2001年12月8日,将县局所办的丰华市场、临江巷市场、临江市场以及友谊市场内摆放的摊位全部移交给了政府指定的部门经贸委。

【2001年任职的局领导名单】

局　　长　蒋泽富
副 局 长　杨　耕　杨元帅　张　沛
纪检组长　凌发雄

楚雄彝族自治州

【工商行政管理基本情况】 楚雄州工商局下辖10个县(市)局,1个开发区分局,现有在编干部职工878人,承担着全州各类企业8 838户、个体工商户54 150户和255个商品交易市场的监督管理和行政执法工作。2001年,在省工商局和楚雄州委、州政府的领导下,扎实开展"三个代表"重要思想学习教育活动,继续加强队伍建设,全力以赴搞好整顿和规范市场经济秩序工作,各项职能工作不断推进。

【企业注册登记管理】 2001年末,楚雄州注册登记企业7 720户(其中企业法人2 010户、营业单位5 710户),注册资本(金)49.91亿元。新注册外商投资企业2户,现全州境内共有外商投资企业47户,注册资本7 411万美元。全州各级工商部门积极推行直接办理制、窗口服务制、社会服务承诺制,把法定办照时限由30日缩短为5个工作日,对改制企业,积极参与改制方案论证,并采取上门宣传法律法规等形式,指导企业组建企业集团,为改制企业办理注册登记等。以清理前置审批为重点,在年检中对关系人民生命财产安全的文化娱乐、"五小"企业进行了清理核实,全面推行"经济户口"管理,被列为全省建立"经济户口"管理的试点地州。

【公平交易工作】 2001年,楚雄州各级工商行政管理部门按照全省整顿和规范市场经济秩序工作会议精神迅速部署,积极行动,充分发挥主力军的作用,成立了工作领导小组,及时拟定实施方案及配套、细化的8个行动方案,在全州掀起整顿和规范市场经济秩序工作的热潮。同时,充分发挥"12315"投诉、受理、调解、查处的便捷优势,及时保护消费者和经营者的合法权益,有效打击违法、违章行为。

一年来,全州工商部门共查处各类经济违法违章案件10 325件,案值796.5万元,罚没款160万元。共查处违反《反法》案件75件,案值44万元,其中立案查处66件,共计对16户依法占有独占地位的经营者和公用企业进行了立案调查,结案5件。继续对传销和变相传销进行综合整治,共立案查处违法行为8件,案值9万元,罚没款2.2万元,驱散非法传销人员300多人。继续抓好《合同法》的宣传和合同鉴证和财产抵押登记工作,全州276个企业经年审合格获得"重合同守信用"称号。全州共鉴证合同2 529份,金额55 391万元,监督合同当事人履行756份、金额8 698万元,协助合同当事人挽回或避免经济损失28.7万元。办理财产抵押登记483份,抵押物价值11 3730万元,主债权金额69 058万元。

【市场监督管理】 2001年,楚雄州各级工商行政管理部门以整顿和规范市场经济秩序为主线,充分发挥职能作用,切实加强对各类市场的监督管理,对关系人民群众身心健康的畜禽屠宰、肉类卫生、食用油以及食品、农副产品、酒类、饮料、烟花爆竹、燃器具等消费品进行了重点检查;对音像市场、电子游戏、网吧、各类书市、书摊等经营场所进行检查整治。以查缴政治性非法出版物、淫秽色情出版物、"法轮功"类出版物和各种盗版出版物为重点,全面开展对出版物市场的专项检查整治;严厉打击非法销售剧毒鼠药,剧毒农药行为;严肃查处经销假劣配件及超范围经营、无照经营;严厉打击非法拼装拆解汽车行为。一年来全州共检查整顿市场1 181次,参加检查人数达7 185人,查处市场违法违章案件

10 606 件。继续深入加强对粮食市场的监督，共检查经营户 527 户，检查粮食市场 178 个，查处粮食违法案件 9 件，没收粮食 0.93 万千克，罚款 1.57 万元。

【个体私营经济监督管理】 年末，全州城乡个体工商户达 54 150 户，从业人员 77 719 人，注册资金 46 091 万元；私营企业达 1 071 户，从业人员 29 117 人，注册资金 106 619 万元。认真开展验照年检工作，全州应验照 47 792 户，完成验照 46 859 户，验照率为 98%；全州应年检私营企业 938 户，实检 827 户，年检率为 88.5%。同时集中时间、集中力量对辖区内企业、个体工商户营业执照使用情况进行清理整顿。全州共检查个体、私营企业 36 717 户，清理无证经营 5 748 户，规范不亮照经营 7 921 户。对擅自改变登记事项、超范围经营或有虚假出资、抽逃资金等违法违章行为的 258 户个体户、98 户私营企业进行了处罚。对原登记事项涉及前置审批手续的个体、私营企业进行清理，至 12 月底，全州共检查清理需办理前置审批手续的 18 832 户，已规范（补办或责令限期补办）12 757 户。

【广告监督管理】 全年组织开展广告市场清理整顿 175 次，查处各类广告案件 104 件，其中立案查处 34 件，罚款金额 6 万多元，取缔非法行医乱张贴广告的窝点 29 个，清除乱张贴户外广告 64 757 份，拆除违法设置的户外广告 153 块，收缴乱拉乱挂的布标广告 3 809 条，收缴乱散发印刷品广告 16 6797 份，清除违法代办“文凭证件”广告 6 661 条，查处违法药品经营窝点 13 个，扣贸违法药品 1 311 盒，清理整顿违法发布房地产广告 35 条、致富信息广告 28 条、医疗广告 46 条。

【商标监督管理】 各级工商行政管理部门加大对商标专项检查和商标侵权案件的查处力度。2001 年全州查处商标侵权案件 82 件，其中立案查处 29 件，查获的商品主要有：卷烟、瓶酒、大米、食品、化妆品、电器、农药等，案值 61.3 万元，收缴并销售商标标识及侵权物品 15.8 万件，捣毁制假售假窝点 4 个，罚没金额 12.1 万元。年内，新申报商标注册 86 件，批准注册的 72 件，至年末，全州共有注册商标 469 件。

【消费者权益保护】 2001 年，全州消费者协会围绕“绿色消费年”主题，积极拓宽受理投诉领域，加大社会监督力度，做好消费引导，加强维权法律、法规宣传，努力为消费者营造良好的消费环境，取得了明显成效。一年来，全州各级消协组织共受理投诉 2 189 件，解决 2 163 件，解决率为 98.8%，为消费者挽回经济损失 78.67 万元。其中因经营者欺诈骗销行为获得加倍赔偿投诉 33 件，消费者获得加倍赔偿金额 11 533 元；支持消费者依法起诉 28 件，提供案件由执法部门查处罚款 8 972 元；接待群众来信、来访咨询 3 451 人（次）。

【法制工作】 全州工商系统进一步完善行政执法责任体系，制定了《整顿和规范市场经济秩序责任制度》、《机关工作人员行政不作为追究办法》，开展行政执法监督检查工作，开展多种形式的工商法律法规知识培训和考试。各级工商法制机构审核立案 1 449 件，核审率 100%。全州共发生行政复议案件 18 件，经复议维持 10 件、变更 2 件、撤销 1 件、申请人撤回复议申请 4 件、申请人不具备主体资格裁定不予受理 1 件；共发生行政诉讼案件 5 件，其中二审法院维护原判 1 件，一审未审结 1 件、二审尚未审结 2 件，当事人撤诉 1 件。

【“三个代表”学习教育活动】 楚雄州工商行政管理部门按照中央的部署，及时拟定方案成立了楚雄州工商局“三个代表”重要思想学习教育协调领导小组，制定了全系统“三学”实施方案。并与州“三学”办、县（市）三学办、派驻巡视组协调配合、互通情况，加强“三学”活动的监督检查和情况反馈，受到了省委“三学”办驻楚雄巡视组的肯定。

【圆满完成市场办管脱钩工作】 2001 年按照省政府的统一部署认真扎实地开展工作。全州县（市）政府和工商部门都分别成立领导小组，州政府对市场移交工作中的具体问题统一制定 8 条措施。州局建立领导分片包干责任制度，成立 3 个督查工作组深入各县（市）抓落实。全州属脱钩范围的市场共 57 个，面积 236 329.09 平方米，资产 5 086.02 万元，债务 846.5 万元，人员 25 人。至 12 月 15 日以移交、出售、转让、注销等方式，全部实现了脱钩。

【2001 年任职的局领导名单】

局　　长　王立国

副 局 长　张国斌　张如伦　陈学坤

纪检组长　钱应金

楚雄市

【工商行政管理基本情况】 2001 年，楚雄市工商行政管理局大力整顿和规范市场经济秩序，狠抓队伍建设、办管脱钩、体制改革，在严把市场主体准入、强化监管执法、维护公平竞争、保护消费者合法权益、建立和维护良好的市场经济秩序、服务地方经济等方面，做出了突出贡献。

机构改革。按照“小局大所”的思路，新设企业登记注册管理分局、经济监督检查分局、市场巡查管理大队和行政科。局机关由原来的 7 科 2 室，精简到现在的 4 科 1 室，机关工作人员由原来的 49 人精简到现在的 29 人，并把坝区 7 个工商所合并为 2 个分局，把山区 5 个工商所撤并，组建为 2 个中心工商所。

队伍建设。以建“一流的干部队伍”为目标，抓好班子建设，选好支部书记，配强分局（大队、工商所）班子，建设一支政治坚定、业务精通、执法严格、公正廉洁、作风优良的工商行政管理队伍。同时内强素质外树形象，鼓励职工多渠道接受学历教育，目前大专以上有 75 人，26 人在读。

基层建设。市工商局积极倡导“一线工作法”，改革在一线实施，领导到一线服务，问题在一线解决，干部在一线创业，人员向一线充实，经费向一线倾斜，政绩在一线体现，形象在一线树立。通过抓基层建设，在全州工商系统 2001 年工作综合量化考核中，取得第一名的历史最好成绩。

硬件建设。年内，市工商局初步实现了“五有目标”：有规范的办公室、有电脑、有汽车、有食堂、有浴室。还购置了用于接送子女上学的专车，解决了干部职工接送小孩的后顾之忧，为行政执法提供了有力的保护。通过硬件建设，2001年全局计算机网络初具规模，基本实现办公自动化。

【发展个体、私营经济】 市工商局积极支持和引导个体私营经济健康发展，现全市个体工商户已发展到10 093户，私营企业发展到113户。

【企业注册登记管理】 2001年4月，市工商局将企业注册、个体登记、商标、广告、合同管理等职能合并，建成企业注册大厅，实行“一门管理，一门收费、限时办结”的“一厅式”服务模式，在方便企业和个体、缩短办照时间、提高工商效率的同时，有效地杜绝了暗箱操作和“门难进，验难看，事难办”的现象，充分体现了工商部门“管理就是服务”的理念。

【消费者权益保护】 为及时受理投诉，切实保护消费者合法权益，市工商局建立了“3·15”快速反应中心。结合内设机构调整，健全了消费者权益保护机构，形成了以城区为中心辐射乡镇的三级举报服务体系。2001年，共受理消费者投诉883件，比上年增长126%，解决了862件，解决率97%，为消费者挽回经济损失44.7万元，比上年增长80%。

8月，市工商局选择商业繁华的鹿城南路中段作为“消费者满意示范街”创建街道。确定了“消费者满意商店”86户，并设立“消费者满意示范街监督岗”，受理消费者投诉318件，解决313件，为消费者挽回经济损失16.2万元，接待消费者咨询392人次。

【市场监督管理】 2001年市工商局积极探索监督方式和拓宽监管领域，由驻场式的静态监管转变为巡查式的动态管理，监管领域也从集贸市场、有形市场逐步转移到统一大市场上来，初步介入对电信、供水、供电、保险、房地产、拍卖等具有垄断性质的行业的监管。

为规范楚雄市电子游戏、电脑“网吧”的经营行为，市工商局联合有关部门，对楚雄城区电子游戏、电脑“网吧”进行专项整治。共检查电子游戏室30家，电脑“网吧”38家，共查出无证经营或证照不全的电子游戏室26家、电脑“网吧”21家。对符合条件的进行重新审批换发营业执照，对达不到条件的坚决予以取缔。现已按条件重新登记19家。

全年，市工商局打击非法和变相传销，共查处传销案件7件，涉案人员500余人，捣毁传销窝点32处，案值15万元。

【广告监督管理】 年内，市工商局在城区设置了40块户外广告张贴栏，规范户外广告张贴行为，组织人员对户外广告进行清除；捣毁非法行医广告窝点5个，收缴各类药品400多瓶；清除乱张贴广告6 000余份，铲除或覆盖办假文凭广告1 500余条，抓获张贴非法广告人员42人。

【合同管理】 全年共鉴证经济合同189份，办理动产抵押登记25件，登记抵押物价值8 058.35万元。

【圆满完成市场办管脱钩任务】 2001年市工商局按照党中央、国务院关于工商部门必须与所办市场彻底脱钩的要求和省、州的统一部署，截至12月13日，圆满完成了与水闸口农贸市场、西路小商品市场、鹿城东路屠宰市场和富民、苍岭、吕合、三街等4个大牧畜市场彻底脱钩的工作任务。

【法制工作】 市工商局进一步完善办案制度，加强对立案案件的审查力度，成立了案审领导小组，对所有案件力求做到事实清楚、证据确凿、定性准确、处罚适当、程序合法。全年共办理一般程序案件216件，组织法律法规考试4次。

【2001年任职的局领导名单】

局　　长　杨　军
副 局 长　杞顺昌　马进逵　谢学贵
纪检组长　孙　琳

双柏县

【工商行政管理基本情况】 2001年，双柏县工商行政管理局设办公室、市管股、企业股、个体股、合同股、经检队6个内设机构，妥甸分局、爱尼山、鄂加、新街、法脿、大庄工商所6个派出机构，设有个体劳动者协会和消费者协会。全局共有在职干部57人，其中，市场服务中心3人（事业编制），共管辖25个集贸市场，1个市场服务中心。一年来，县工商局认真组织政治理论业务学习，36名干部职工参加了第一批“三个代表”重要思想学习教育，216人（次）参加了工商行政管理法律法规知识培训，102人（次）参加了行政执法资格考试，年内还制定了《一日一题》、《双柏县工商行政管理人员九要九不要》、《局长接待日制》等制度。在公益事业方面，组织开展了全局干部职工捐款捐物，为扶贫联系点赠送新课桌、慰问敬老院、改造办公生活区环境和工会活动场所等工作。

【企业登记注册管理】 加强登记管理与提高服务质量，积极支持并参与企业改制工作，严把市场准入关，严格执行“三严格三禁止”，年初对全县484户企业进行了年检，注销94户，办理变更27户。年末实有企业391户，其中，法人企业101户，集体企业169户，注册资金20 081万元。

【公平交易】 以整顿和规范市场经济秩序为契机，加大了查处制售假冒伪劣商品违法行为的力度。全年共立案查处92件，简易处罚474件，收缴罚没款1.71万元，依法对没收的5大类，46种价值10.8万元的假劣、超期变质商品组织了销毁。

【市场监督管理】 组织人员1 171人（次），检查整顿市场127次，受检查摊点12 970个，没收不合格称23杆（台），非法书刊73本，变质及假酒（饮料）875瓶，变质罐头347瓶。办宣传栏10期，黑板报71期，广播宣传231次，公布商品信息217期。设复称台7个，复称1 367次。调解市场纠纷114起，调解114起。全年消费品市场成交额5 463万元。

【个体私营经济监督管理】 2001年以整顿和规范市场经济准入为重点,开展个体私营经济监督管理工作,从重点抓发展向重点促发展转变。年末共有个体工商户2 560户,比上年增长13.6%;从业人员2 895人,比上年增长10.4%;私营企业23户,比上年增长35.3%;从业人员388人,比上年增长32%。

【广告商标监督管理】 广告商标管理工作以整顿和规范市场经济秩序为契机,加大了监督管理力度。全年共清除乱广告1 049份,没收非法印刷品2 120张(份)、布标182条、广告牌12块,捣毁张贴性病广告窝点2个。年内设置户外广告18块。

【消费者权益保护】 强化了消费者权益保护工作。当年增设了5个投诉站,年末共有投诉站15个。年内命名了72户"消费者信得过商店",加强了非公有制经济党建工作。全年共接待消费者来访274人(次),受理投诉185件,调解和查处185件,为消费者追回经济损失2 954元。

【2001年任职的局领导名单】

局党组书记、局　长　倪志鹰
副 局 长　杨开智
　　　　　普海涛
纪检组长　苏舜生

牟定县

【工商行政管理基本情况】 2001年,牟定县工商行政管理工作以整顿和规范市场经济秩序为主线,狠抓市场办管脱钩和队伍建设,为维护市场经济秩序,促进当地经济和社会发展作出了新的贡献。当年全县实有各类登记注册企业486户,注册资本(金)39 072万元;私营企业55户,注册资金6 157万元;个体工商户4 159户,从业人员7 586人,注册资金9 048.91万元;全县个体和私营企业实现产值9 138万元,营业收入8 657万元,实现社会消费品零售总额12 827万元;全县城乡集市贸易成交额达8 803.9万元。年内查处经济违法违章案件481件,案值26.15万元,收缴罚没款20.63万元。

【干部队伍建设】 在县委的领导下,认真扎实地开展"三个代表"重要思想学教活动,并做到"三个代表"学教活动与自己的思想、工作实际相结合,与开展"不干工商干什么"大讨论相结合。县工商局"三个代表"学教活动严格按照学习培训、对照检查、整改提高、回访复查各个阶段的要求进行,使干部深受教育,敬业精神和热爱岗位意识得到增强,牢固树立了为人民服务的宗旨意识。在注重政治理论学习的同时,加强法律、法规业务知识的学习,提高了干部的业务素质和综合执法水平,促进了干部队伍建设。

【企业注册登记管理】 在支持企业深化改革的同时,建立了企业"经济户口"档案和基层工商所管理台账,实现上下联动的监管模式。全年新办注册登记企业34户,办理注销210户,变更98户,2000年的年检率达99%,走访年检企业596户(次),组织专项检查4次,查处企业违法违章案件18件,罚没金额3.79万元。

【公平交易管理工作】 1. 继续抓好《合同法》的宣传和财产抵押登记工作。全年鉴证合同182份,金额4 171万元,检查合同1 986份,监督合同当事人履行合同224份,协助合同当事人挽回损失10件,金额25万元,办理企业动产抵押登记43份,价值7 036万元,担保贷款主债权4 713万元,为企业注入了活力。2. 开展"重合同、守信用"企业年审工作,上报县人民政府保留称号26户,撤销称号企业2户。3. 以整顿和规范市场经济秩序为主线,严厉打击制售假冒伪劣商品的经营行为。积极开展专项执法行动,对具有独占地位的保险、电信、供水等行业的不正当竞争行为进行监督检查,维护了全县经济领域的公平竞争秩序,年内共查处各类违法违章案件452件,立案122件,案值25万元,罚没金额13万元。

【市场监督管理】 2001年,按照整顿和规范市场经济秩序的要求,切实加强市场监督管理,促进各类市场的健康发展。1. 在抓好日常监管的同时,切实抓好节日市场的监管,营造安全、健康的节日市场消费环境。全年共进行各类市场检查96次,出动检查人员677人(次),检查经营门店、摊点2 080户(次),查办市场案件149件,调解市场纠纷362起,政策咨询472人(次),公布商品信息48期。2. 对全县14个市场逐一年审,对发现问题的4个市场责令限期整改,2个办理注销。3. 完成全县市场的办管脱钩工作,共脱钩市场4个(总占地面积11 398.78平方米,总建设面积3 044.18平方米,总投资212.6万元)。4. 切实维护粮食市场秩序,成立巡查小组,对粮食收购行为实施有效监管。5. 抓好市场交易服务,确保"南永公路"建设,保证过境顺畅。6. 会同有关部门开展市场消防安全检查,加强各类市场的专项整治。7. 开展创建"消费者满意示范街"活动。

【个体私营经济监督管理】 2001年加强了对个体私营经济登记规范化管理工作,严把市场准入关,建立了个私经济户口管理台账档案,全面完成个私企业的年检验照工作;积极研究企业改革发展的适用法律政策,制定了支持企业改制的16条措施,为企业改革搞好服务,对20户改制企业办理了变更登记,为其减免登记费4.74万元;为贫困地区困难户、下岗职工、残疾人减免个体管理费255户,共减免2.79万元;清理无照经营783户,纳入管理441户,取缔342户,清理前置许可证手续1 489户,限期整改69户,有力地促进了个体私营经济健康发展。

【商标广告管理工作】 一面积极鼓励支持广告业的发展,抓好广告行业精神文明建设,引导各类业主申报商标注册,另一方面加大管理力度,清理违规户外广告164户(次),清除乱张贴广告1 203

条(张),收缴违法广告3 242份、布标28条,查处案件31件,罚款0.28万元。全年共查处商标案件18件,罚款2.21万元,同时引导各类业主申报注册商标9件,已获准注册商标1件,年末,全县注册商标已达36件。

【消费者权益保护】 紧紧围绕“绿色消费年”主题,以“3·15”活动为重点开展工作。县委、县人大、县政府有关领导参加了活动,并当众销毁35个品种、6 815件、价值2.55万元的假冒伪劣商品,同时在全县范围开展“揭谎月”活动,活动中查处乱张贴广告694份,劝喻改正3件,查处21件。

2001年,县工商部门积极认真受理消费者投诉,切实保护消费者权益,全年共受理消费者投诉294件,解决294件,为消费者挽回损失1.03万元,接待来访、咨询472人(次)。

【2001年任职的局领导名单】

局　　长　杨正平(至2001年7月)
　　　　　罗永高(2001年7月后)
副 局 长　吴琼凤(至2001年7月)
　　　　　薛　虹
纪检组长　刘凤先

南华县

【工商行政管理基本情况】 南华县工商局现有在职干部职工77人,其中党员62人。拥有大专以上学历36人,占总人数的46%,内设7个股室,下设8个工商所。2001年,县工商局在州工商局和县委、政府的领导下,认真学习贯彻党的十五届六中全会精神和江总书记“三个代表”重要思想及七一讲话精神,开展机关效能建设,狠抓干部队伍作风和精神文明建设,全力以赴整顿和规范市场经济秩序,圆满完成了上级下达的各项工作任务,为南华的改革开放、经济发展、社会稳定作出积极的贡献。

【企业注册登记管理】 严把市场准入关,年内共办理开业登记34户,变更登记158户,注销登记87户,年末全县共有国有集体企业478户,其中法人96户;按时完成了企业年检工作,年检率达100%;加大监督管理力度,开展了亮照经营、前置审批等专项检查,清理出涉及前置审批的企业411户,限期补交有关许可证,清理无照经营38户,查处企业违法违章案件23件;支持企业改革,积极为企业提供政策法规指导,为37户困难企业减免登记费1 480元。

【公平交易】 认真开展“打假治劣”、“红盾护农保春耕”等专项执法行动,共查办各类案件1 593件,案值13.16万元,罚没款4.51万元。查获的主要物资有:化肥63 918千克,农药235千克,各种假劣和过期食品、饮料、香烟、化妆品等7 500多千克,盗版碟片3 016片,捣毁白酒制假窝点1个。鉴证各种合同450份,办理动产抵押登记42份,新命名3户“重合同、守信用”企业。

【市场监督管理】 认真开展“消费者满意示范街”创建活动,确定34户为“消费者满意示范商店”,与各经营户签订了文明经营责任书;将零散经营的野生食用菌、建材等经营户迁入市场内经营;加强市场巡查,对县城市场实行全天候监管。

【个体私营经济监督管理】 2001年,开展个体验照和私营企业年检,验照率和年检率分别为99.6%和100%。大力扶持发展个私经济,先后为494户个体工商户减免登记费、管理费4.02万元,并全免了1 244户个体运输户的管理费。2001年全县共有私营企业63户,从业人员2 215人,注册资金6 957.3万元;有个体工商户5 146户,从业人员6 088人,注册资金3 756.5万元;建立了经济户口卡。

【广告管理】 办理广告经营许可证2户,设置户外广告张贴栏13块,办理户外广告登记49份。查办广告案件115件,没收非法印刷品广告4 997份,清除乱张贴广告1 740份。

【消费者权益保护】 “12315”全天24小时值班,受理消费者投诉148件,挽回经济损失3万余元。

【商标管理】 办理注册商标9个,批准开设专卖店7个,查办商标案件212件,收缴假冒商标标识2 437个。

【法制工作】 县级与股、所,股所与职工层层签订执法责任书,组织学法活动320余次,举办行政执法培训班2期,开展法律知识考试3次。

【其他重大事件】 1. 认真组织开展“三个代表”重要思想学习教育活动,多次得到州、县“三学”检查组的充分肯定和好评;2. 切实抓好党建工作,2001年7月,县局党总支被州委命名为”先进基层党组织“;3. 加强精神文明建设,建立健全规章制度,完善政务公开,被县委、政府确定为南华县机关效能建设试点示范单位;4. 认真做好市场办管脱钩工作,圆满完成了脱钩任务。

【2001年任职的局领导名单】

局　　长　刘锡海
副 局 长　查国良　张春华　张立宏
纪检组长　张跃强

姚安县

【工商行政管理基本情况】 2001年,全局共有在职干部57人,退休干部11人,在职干部中大学本科1人,专科30人,中专9人,高中2人,初中以下15人,平均年龄39岁。全局设有办公室、计财股、个私股、企业股、公平交易股、法制股等6个内设股室和栋川、光禄、前场、弥兴4个工商所及挂靠工商部门的个协、消协两个群团组织。

【企业注册登记管理】 全县共有各类注册企业660户,注册资金13 910万元,其中:国有企业150户,注册资金2 546万元;集体企业382户,注册资金3 745万元;股份合作企业70户,注册资金4 731万元;有限责任公司58户,注册资本2 888万元。

【市场管理】 围绕整顿和规范市场经

济秩序,以查处各种不正当竞争行为、生产销售假冒伪劣商品行为和传销、变相传销等欺诈行为和规范农资市场、粮食市场,整治公用企业的垄断行为为重点,深入开展市场经济秩序整顿工作。2001年度共查处各类经济违法违章案件270件,其中立案81件,案值19.36万元,收缴罚没款4.7万元,没收和销毁违法物品标值3.2万元。

【个体私营经济监督管理】 年末,全县共有个体工商户和私营企业4 992户,从业人员7 693人,注册资金6 429.14万元,年度上缴国家税收700多万元,其中私营企业18户,从业人员255人,注册资金360万元。

【商标广告管理】 为加强广告管理,在进行电视、广播广告管理的同时,各工商所在各乡镇、村办的大力支持下,积极探索户外广告管理新模式,建立户外广告张贴责任制,对乱张贴的户外广告,由各村、办和户主、经营户负责清理。同时在集市显要位置设置广告张贴专栏,供张贴户外广告使用。本年度查处违法广告和商标侵权案件19件,收缴非法印刷品广告25 753张,清除乱张贴广告5 479份,收缴侵权商标标识24 651张,至2001年底,全县共有注册商标20件。

【消费者权益保护】 2001年度以"科学消费"为主题,围绕扩大"12315"的知名度,广泛开展各种宣传,同时,积极受理消费纠纷,共受理消费者投诉案件33件,成功调解33件,调解率为100%,为消费者挽回经济损失5 450元。

【法制工作】 实行每周一晚的法律法规学习制度,广泛开展执法技能培训,并对干部开展每个季度一次的法律法规闭卷考试。本年度,共开展法规学习42次,参学人员1 848人(次),闭卷考试4次,参考率、合格率均为100%。同时,积极开展个体工商户开业前的法律法规培训工作,本年度共开展培训26期,参学人员894人。

【2001年任职的局领导名单】

局　　长　高庆华

副 局 长　谭继伟

纪检组长　刘佳佶。

大姚县

【工商行政管理基本情况】 2001年大姚县工商局共有在职干部职工79人,退休人员20人,有9个股(室),9个工商所。

【企业注册登记管理】 全县企业总户数557户,其中企业法人117户,注册资金总额20 042万元。

【公平交易】 在整顿和规范市场经济秩序中,共出动执法人员1 507人次,车辆444台次,整顿各种门店、摊点4 777个,查获案件1 300件,案值达47.27万元;鉴证经济合同261份,鉴证金额3 145.5万元;办理动产抵押登记35份,抵押物价值3 536万元。

【市场监督管理】 全年查处过期失效食品543.5千克,饮料43 466瓶(听),劣质电池1 586对,假冒卷烟1 281条,假酒1 226瓶,假冒月饼3 000多个,劣质化妆品902袋(瓶),查扣水蜜桃香泉39 568瓶,收缴标识2万多张,查处非法经营的药品105种,查处违法经营的化肥72.2吨,农药39 577瓶(袋),蚕茧1 194.6千克,收缴剧毒鼠药2 040瓶(袋),调整市场摊点269个,取缔随意摆摊设点,占道经营的经营户36户,整顿欺行霸市的经营行为6起。

【个体私营经济监督管理】 个体工商户4 664户,从业人员6 874人,注册资金4 306万元。私营企业78户,从业人员1 519人,注册资金7 479.4万元。

【广告监督管理】 收缴违法户外印刷品广告7 157份、广告牌66个、店堂招牌3个,清洗"代办文凭"、"招工信息"、"治疗性病"等广告245条,查处违法广告案件5件。

【消费者权益保护】 健全"12315"投诉举报网络,2001年共受理消费者投诉案件141件,解决140件,为消费者挽回经济损失4万余元。

【商标管理】 查处商标案件17件,收缴假冒商标标识2 000多张。

【法制工作】 加强普法和法制宣传工作,组织干部职工进行法律法规知识考试,共宣传法律、法规146次,发放宣传材料15 550份,审核立案案件205件。

【地震后恢复重建工作】 "1·15"地震恢复重建工作取得突破性进展,年底16户集资建房户已乔迁新居,另外两批干部职工商品房也已开工建设。

【2001年任职的局领导名单】

局　　长　凌剑玭

副 局 长　马永明

纪检组长　赵惠春

永仁县

【工商行政管理基本情况】 永仁县工商行政管理局内设办公室、人事监察、市管、合同、企业、个体7个职能股室,下设永定、宜就、永兴、万马、中和、大把关、猛虎7个工商所;共有干部职工72人,其中在职干部56人,离退休干部16人,在职干部职工中35岁以下干部32人占62%;大专以上学历的干部27人占52%。设有党总支1个,下设宜就、永定、中和、局机关4个党支部,共有党员27名;设有党组1个,党组书记1名,党组成员3名;同时还设有工会、妇女及个体劳动者协会、消费者协会、私营企业协会等群团组织。

【整顿和规范市场经济秩序工作】 一年来,永仁县工商系统整顿和规范市场经济秩序,重点对粮食市场、农资市场、食品饮料、药品、食盐、卷烟、拼装汽车、户外广告、剧毒鼠药、易燃易爆物品、娱乐及出版物市场等进行了专项检查和清理整顿。2001年共查处各类经济案件1 691件,其中立案案件110件,罚没款7.6万元;鉴证各类经济合同154份,金额2 368万元;办理财产抵押登记36件,抵押登记借款金额1 396万元;命名“重合同,守信用”企业11户;受理消费者投诉165件,为消费者挽回经济损失15.8万元。通过清理整顿,全县市场经济秩序有了明显好转,城乡市场交易活跃,购销两旺,消费品市场成交额6 053万元,比上年同期5 273万元增长15%。

【发挥职能作用支持改革发展】 永仁县工商行政管理局紧紧围绕建立社会主义市场经济体制的目标和县委、政府工作思路及州局的工作重点,正确处理严格管理与支持发展的关系,把好各类市场主体准入关,促进了地方经济的发展。到2001年末,全县共有各类企业355户,其中:法人企业133户,拥有注册资金12 399万元。个体工商户已发展到2 458户,安置就业人员4 232人,注册资金2 195.7万元,完成工业产值451万元,销售总额2 304万元,社会消费品零售额2 454.7万元。私营企业发展到37户,安置就业人员514人。拥有注册资本2 159万元,完成总产值1 772万元,销售总额289万元,消费品零售额1 593万元。个体私营经济向国家缴纳税收431.6万元,比上年同期净增21.6万元,是国有企业缴纳工商税收354.9万元的121.6%、是集体企业缴纳工商税收322.5万元的133.8%。

【商标广告管理】 全年共清理乱张贴广告562份,收缴违法印刷品广告2 684份,清洗代办文凭广告468条,查处广告案件9件,投资1万余元,在城区主要地段建立了10块户外广告张贴专栏,规范了广告发布管理,净化和美化了市容市貌,到2001年末,全县拥有永桥等有效注册商标10件。

【市场办管脱钩】 2001年12月13日,永仁县工商局向县人民政府移交市场3个,即大井湾综合农贸市场、大牲畜专业交易市场、宜就乡小型农贸市场,移交市场服务中心机构1个,市场总面积31 115平方米,资产总额572.364万元,市场债务总额182.2万元,至此,市场办管脱钩工作全面完成。

【工商局机关办公大楼建设】 2001年9月10日,建筑面积1 468平方米、总投资168万元的永仁县工商局办公综合大楼竣工投入使用,改变了县局机关及永定工商所办公场地狭小,条件简陋的状况。

【奖励及荣誉】 2001年,永仁县工商局被省委、省政府命名为省级文明单位,被州工商局和县委、县政府评为党风廉政建设和社会治安综合治理先进单位,在全州工商系统综合量化考核工作中获第三名,被县委命名为思想政治工作先进单位,三五普法先进单位,局党总支所属局机关党支部被命名为先进党支部,永定大井湾市场被命名为省级文明市场等。

【2001年任职的局领导名单】
局党组书记、局　长　罗礼元
党组成员、副局长　姜瑞琪　许国芳
党组成员、纪检组长　方永坤

元谋县

【工商行政管理基本情况】 年内加强队伍建设,开展了“三个代表”重要思想学习教育活动,组织干部职工学习、讨论10场次,参加人员595人次。学习教育活动期间,召开干部职工座谈会3次,到会79人次;召开个体工商户座谈会10场次,到会140人次;召开人民代表、政协委员和本局退休干部座谈会各1次,参会70多人次;召开股所长以上干部民主生活会1次;深入乡镇党委、政府7个;深入挂点联系村(办)农户19户,广泛征求意见和建议,归纳出存在问题8条,意见和建议12条,制定整改措施8条,并落实了领导责任和承办部门,在实际工作中按步骤加以实施。抓干部的学历教育和业务培训,鼓励、支持干部职工参加各类函授学习,从8月17日开始,利用每周五晚上的时间,组织各业务股室负责人对全体干部职工进行业务知识培训。每季度组织一次法律法规知识考试,9月,又组织开展了为期15天的电脑操作培训,培训人员29人。

【注册登记管理】 9月底,建立完成了以创建“绿色通道”为主要内容的注册登记工作制度,实现企业、个体、商标、广告、合同合署办公,受理、审查、核准、收费、发照一条龙服务,开放了对外服务窗口。年内,依法办理企业开业登记60户、变更登记159户、注销登记145户,办理个体工商户、私营企业开业登记649户。年底,全县登记在册的国有、集体企业422户(其中法人企业83户),注册资本10 487万元,个体工商户3 735户、私营企业72户,注册资金9 529万元,从业人员6 534人。加强对市场主体行为的日常监管,开展了无照经营、亮证经营专项检查,共查处无照经营502户,已纳入登记办照460户,限期办照27户,取缔15户,罚款6 385元。为企业制定改制方案,拟出企业重新注册登记所需资料示范文本供改制企业参考,积极支持企业改革。年底,全县31户改制企业中有23户顺利完成改制工作。建立了辖区内的“经济户口”管理制度,初步建立了局所联动的监管模式。

【公平交易】 年内,认真整治了农贸市场脏、乱、差问题。组织开展了红盾打假护农保春耕、节日市场整治、打假保优、打击合同欺诈等各种专项执法行动,共查处各类经济违法违章案件602件,收缴罚没款3.97万元,其中立案查处90件,收缴罚没款3.34万元,捣毁制假、售假窝点3个。查获假冒洗衣粉232件(袋),制假洗衣粉原料1 680千克,假劣、过期农药或国家明令禁止使用的农药680千克,制假工业洗涤剂1 550千克,各种商标标识740张,制假工具封口机3台,包装纸箱250个,制假化肥包装袋2 700条,进口旧服装160套,黄色、盗版VCD光碟550张,过期变质食品447千克,饮料1 379瓶,化妆品654瓶,假劣化肥11.04吨,非法倒卖的各种化肥158.96吨。采取措施对虚假广告、社会反映强烈的特殊商品和服务广告、印刷品广告进行集中整治,共拆除、没收户外广告牌220块,清除乱张贴户外广告5 278张,捣毁无证医治癌症、性病的窝点10个,收缴各类违法虚假广告宣传品65 160张,布标广告58条,医疗器件18

件，药品（针水）324 支，中草药 183 千克。开展合同鉴证和财产抵押物登记工作，年内共鉴证各种合同 186 份，鉴证金额 426.7 万元，办理财产抵押物登记 46 份，抵押物价值 12 514 万元。

【消费者权益保护】 2001 年下半年，充实了“12315”快速反应中心的执法力量，建立了“双休日”市场巡查组制度。年内，共受理、解决消费者投诉案件 84 件，立案查处消保案件 3 件，移交有关部门处理 6 件，为消费者追偿 8 430 元，为消费者挽回直接经济损失 16 230 元。与元马商贸街 46 户经营户签订了文明经营责任书，完成了首期消费者满意示范街创建工作。

【基础设施建设】 年内，完成了局机关档案室建设，装修了能禹工商所办公楼，启动了黄瓜园工商所办公住宿楼和老城工商所办公住宿楼工程，为 4 个基层工商所建立了职工食堂，积极向省、州争取，为 4 个基层工商所解决交通工具 4 辆。

【信息化建设】 年内，投资 13 万元完成了局域网络建设，全局配备计算机 13 台（套），局机关实现报送资料采用电子邮件传输，降低了办公成本，推动办公自动化进程。

【市场办管脱钩】 2001 年 12 月 15 日，按照党中央、国务院和省政府的文件要求，把原由工商局经营管理的元谋工贸市场、元马农贸市场和物茂农贸市场全部移交给县人民政府指定的部门经营和管理。

武定县

【工商行政管理基本情况】 楚雄州武定县工商行政管理局有在职干部职工 81 人，其中副主任科员以上干部 48 人，少数民族干部 44 人，妇女干部 19 人，大专文化 46 人，平均年龄 34.7 岁。全系统共设 7 个股室 2 个队 4 个工商所，即：局办公室、企业登记注册股、公平交易股、人事教育监察股、市场监督管理股、法制股、个体私营经济管理股、经济检查队、市场巡查队、近城工商所、插甸工商所、高桥工商所、发窝工商所，有党总支 1 个，党支部 5 个，中共党员 43 名。

【企业注册登记管理】 多种形式宣传法律法规和企业改制的政策规定及优惠措施，积极主动参与改制方案论证，指导制定企业章程及相关注册资料，及时审核办理登记注册，为企业深化改革和发展提供快捷服务。到 2001 年末，全县共有企业 783 户，其中法人企业 178 户，营业企业 605 户，注册资本 19 766 万元，年内共办理开业登记 37 户，办理注销登记 163 户，全县应年检企业 907 户，实际已年检 823 户，未检 84 户，年检中注销 46 户，年检率 96%。

【公平交易】 共清理各类经营网点 2 487 户，查处无照经营 397 户，取缔无证经营网点 255 户，纳入管理 142 户，清理各类前置审批手续 347 份，办理变更手续 45 户，注销 83 户，吊销各类企业营业执照 30 户。查处各类违法违章案件 986 件，罚款 9.96 万元，其中立案 82 件，办理企业抵押登记 40 件，抵押物价值 6 130.78 万元，借款合同金额 4 292.39 万元，鉴证合同 175 份，鉴证金额 407.71 万元。

【市场监督管理】 年内共出动工商干部 381 人次，开展各种专项检查 74 场次，检查市场 48 个，检查门店、摊点 8 169 个，没收或强制收购各类化肥 59.32 吨，没收农用地膜 125 千克，食品、饮料 1 418 袋（瓶），超期月饼 817 个，各种鼠药 393 瓶，不合格药品 4 769 包，收缴碟片 1 073 片。出动工商干部 617 人次，车辆 101 台（辆），检查粮食市场 173 个（次），检查经营户 517 户，查扣粮食 17.7 吨，立案查处粮食案件 5 件，罚款 8 140 元。同时，县政府和工商局分别成立领导小组，制定实施方案，审计部门对资产债务进行了审计，在多方努力下，于 12 月 13 日完成市场移交工作。

【个体私营经济监督管理】 加强个体私营经济党建工作，认真落实“三放”、“六不限”的简化办照（证）手续，为当地的个体私营经济发展献计献策。2001 年全县应验照个体工商户 3 755 户，未验 75 户，验照率 98%；应年检私营企业 66 户，实检 65 户，年检率 98.4%；为 110 户困难个体工商户减免管理费 12 630 元，为从事个体经营的 116 户下岗职工减免各种费 4.06 万元。至年末，全县实有个体工商户 4 257 户，从业人员 5 386 人，注册资金 2 402 万元，私营企业 85 户，雇工人数 1 495 人，投资人达 108 人，注册资金累计为 4 330 万元。

【广告监督管理】 2001 年召开会议宣传《广告法》26 次，出黑板报 30 期，走访企业 688 户，清理户外广告 12 次，查处广告案件 10 件，罚没金额 850 元，没收非法广告品 2 300 份，办理户外广告登记 25 户，在城区乱张贴、乱散发广告的问题基本得到解决。

【消费者权益保护】 紧紧围绕“绿色消费年”主题，积极引导绿色消费，同时加大监督，为消费者排忧解难。年内共评出消费者信得过单位 11 个，消费者信得过门店 30 个，设“12315”宣传牌 2 块，受理消费者投诉 35 件，调处 32 件，为消费者挽回经济损失 14 904 元，接待来访咨询群众 145 人次。

【商标管理】 严厉打击商标侵权行为，加大对商标、驰名商标、著名商标的保护力度。依法治理和整顿专卖店名称及营业招牌的商标侵权行为，年内共治理和整顿专卖店 15 家，取缔 5 家，限期整改 2 家，补办手续 8 家，同时把企业、个体申请商标注册作为促进地方经济发展的重要工作来抓，全年共指导帮助企业申报商标注册 5 件。

【法制工作】 强化学法和考试制度，每星期半天政治业务学习，每季度由股（所）长组织开展有针对性的学法活动，并进行法律法规知识考试。认真核审立案案件，坚持把好主体关、事实关、证据关、程序关、定性关，不断提高办案质量，同时局领导与各股（室）、所签订了行政执法责任书，细化落实到每一个人，确保严格执法、依法行政。年内共组织学习387次2 825人(次)参加。

【"三个代表"学习教育活动】 历时80天,做到每个学习阶段都有组织、有检查、有落实、有总结,使整个'三学"活动收到了真正的实效:1. 班子的整体合力进一步增强;2. 服务意识有了很大提高;3. 思想作风、工作作风明显转变;4. 更好地坚持民主集中制原则;5. 推进职能到位;6. 边学边改、边查边改收到明显实效。

【2001年任职的局领导名单】

局　　长　唐春文

副 局 长　杨廉章　张洪安

纪检组长　黄加元

禄丰县

【工商行政管理基本情况】 楚雄州禄丰县工商行政管理局下设11个工商所、1个分局,内设7个股(室)、队,共有干部职工126人,离退休人员20人,挂靠管理的单位有禄丰县个体劳动者协会、私营企业协会、消费者协会和市场服务中心。设有中共禄丰县工商局党组、中共禄丰县工商局机关委员会。

【企业注册登记管理】 2001年度,共对全县的1 371户企业进行了年检,年检率达100%,在年检工作中,为233户企业办理了变更手续,对6户企业进行了处罚,为71户企业办理了注销登记。对不按照规定时限参加年检的213户企业,进行了公告并依法吊销其营业执照。年末,全县共有企业1 484户,注册资金71 854万元,其中当年新发展93户,注册资金3 387万元。

【公平交易】 全年共查处各类违法违章案件2 668件,其中立案查处197件,案值35.56万元,罚款14万元,没收金额6.51万元,查获了一大批涉案物资。鉴证经济合同422份,金额1 387万元,检查合同294份,金额2 883万元。按照《担保法》为企业办理抵押物登记60份,抵押物价值19 241万元,借贷金额14 827万元。同时认真开展"重合同、守信用"企业评比活动,经县工商局考核审查,27户企业被县人民政府命名为"重合同、守信用"单位。

【市场监督管理】 全县工商部门共出动人员1 092人次、车辆206台(次),检查整顿市场56场次,摊点、门店2 368个,查获剧毒鼠药、过期劣质食品、劣质饮料、假酱油、假调味品、仿冒皮带、仿冒石英表、盗版VCD碟片、不合格计量器具、剧毒中药材、黄色淫秽书刊、地面卫星接收器、不合格液化气钢瓶、进口旧服装等一大批物资。同时,强化对粮食市场的管理,维护粮食收购秩序,加大对粮食收购台账、运销证制度的检查力度,严厉打击未经批准擅自收购粮食的违法行为。建立粮食加工经营台账159户,检查粮食经营户704户,取缔无照经营637户,变更经营26户。

【个体私营经济管理】 全局认真贯彻落实各级党委、政府关于支持个体私营等非公有制经济发展的优惠政策,强化服务意识,大力促进个体私营经济的健康发展。2001年内全县登记注册个体工商户11 363户,从业人员18 033人,注册资金9 277万元,其中当年新发展1 160户,注册资金717.9万元,私营企业达262户,从业人员7 810人,注册资金25 428.65万元。

【广告监督管理】 全年共清理户外广告98户(次),清除乱张贴广告13 392份,查获违法印刷品广告16种4 800余份。

【消费者权益保护】 全系统成立了"12315"快速反应及消费者申诉举报中心、消费者申诉举报站,确保及时、快捷、高效地处理消费者申诉举报。同时加大工商"12315"宣传力度,全年共发放"3·15"宣传材料7 500份,受理消费者投诉、举报398件,为消费者挽回经济损失15.97万元。完成了全县三菱帕杰罗V31、V33越野车质量问题的调查并转州消协处理。与县委宣传部、县文明办、县消协共同在县城金山镇和文通镇各创建了一条"消费者满意一条街"。

【商标管理】 全年检查指定印制商标单位28次,积极为企业申报商标注册8件。

【法制工作】 在系统内先后建立完善了行政处罚、行政复议、行政诉讼备案制度、行政处罚案件核审制度、行政执法考评、行政执法责任、错案追究、行政赔偿等制度。同时加强干部职工法制教育,结合"四五"普法工作的开展,坚持每季度对干部职工进行一次法律知识考试。

【三学教育】 按照中央关于在县、乡两级开展"三个代表"重要思想学习教育活动的要求,县局提高认识、统一思想、加强领导,结合实际,把学习教育活动抓紧抓好,抓出成效。在整改过程中把小事做实,把实事做好,根据群众的意见,解决了县城农贸市场摊位费按年收取的问题、基层职工的住宅问题、子女到县城入学的问题以及基层所的"五小"工程建设问题,使职工有了一个好的工作和生活环境。由于措施有力,县局"三个代表"学习教育活动得到县委的肯定,代表全县多次接受省、州三学督导组的检查得到好评。

【2001年任职的局领导名单】

局　　长　唐思虎

副 局 长　释治云　李培武

纪检组长　尹　明

经济技术开发区分局

【基本情况】 新世纪开局之年,在州工商局党组,开发区党委、管委会的领导下,经认真学习和实践"三个代表"的重要思想,努力做好各项工作,分局职工的思想政治素质、业务素质有较大提高。

【企业注册登记管理】 1. 认真开展企业年检工作。应参检企业125户,通过年检的122户,年检率为97.6%,对逾期报送年检材料的14户企业,依法进行行政处罚,收缴罚款4 300元,对超过年检期限的14户企业,依法吊销了营业执照。

2. 认真开展前置审批清理工作,严把市场准入关,共清理企业档案 117 户,对前置审批材料不齐或已过期的 23 户企业,限期补齐材料或办理变更登记;对新开办的严格遵守前置审批规定,严把市场准入关。

3. 全面推行"企业经济户口"管理制度。共建立企业经济户口管理卡片 117 户,占企业总户数的 96.7%。

【公平交易】 1. 案件查处。全年共查处案件 47 件,其中立案查处 2 件,一是吊销了 14 户企业的营业执照,二是查处非法经营"回收筷"案一件,没收销毁"回收筷"21 箱(约 1 500 双)、塑料包装袋 685 个、外包装纸箱 31 个。2. 认真做好经济合同鉴证和企业动产抵押物登记,共办理合同鉴证 14 份、企业动产抵押物登记 5 份。

【市场监督管理】 1. 加强市场检查,查处违法违章和无照经营行为。2001 年共开展市场检查 32 次,拆除未经批准、擅自发布的户外广告 46 条(幅),责令经营者当场销毁过期饮料、食品 94 瓶(袋),发出限期办照通知书 179 份,对 21 户无照经营者当场进行处罚,罚款共 1 380 元。2. 加强对文化市场的管理。分别于 9 月、11 月、12 月 3 次对区内的文化娱乐服务场所进行专项检查,共检查娱乐服务场所 143 户(次),对存在安全隐患的 2 户私营企业和 21 户个体工商户限期进行了整改。3. 对农贸市场进行日常监管,按规定收取市场管理费,共收取市场管理费 48 826 元。

【个体私营经济监督管理】 1. 认真开展个体工商户验照和私营企业年检工作。应验照个体工商户 667 户,实验 527 户,验照率 97.5%;应年检的私营企业 95 户,实检 94 户,年检率为 99%。

2. 建立个体工商户经济户口卡片 750 户,占个体工商户总数的 94%;建立私营企业经济户口卡 93 户,占企业总户数的 98%。

3. 认真收取个体工商户管理费。在对个体工商户进行日常监管的同时做好收费工作,全年共收取个体工商户管理费 25.84 万元。

4. 大力发展个体私营经济。到 12 月 10 日,个体工商户发展到 796 户,完成计划任务的 104%,私营企业发展到 128 户,完成计划任务的 102%。

【广告监督管理】 强化户外广告登记管理,共办理户外广告登记 12 件;加大对户外广告的清理检查,由分局牵头,城管、公安配合,加强对户外广告的管理,发出《限期改正通知书》8 份;对未经核准登记,擅自发布户外广告的一户企业,经限期办理仍未办理,依法给予了罚款 1 000 元的处罚。

【消费者权益保护】 全年共受理消费者投诉 17 件,经调解有 11 件得到解决,为消费者挽回经济损失 6000 余元。

【个私协分会的工作】 组织个协小组会 6 次,参加人数 450 人,学习了法律法规;召开私协理事会、小组会 8 次,组织了 2 批 34 户企业到泰国考察,开阔了视野;举办开发区私营企业"首届运动会",进行了篮球、拔河等 4 个项目的比赛。通过开展学习和活动,加强了经营者守法的自觉性,增进了友谊,丰富了会员的文化生活,增强了协会的凝聚力。

【2001 年任职的局领导名单】

局　长　吴开云

副局长　寸永明

红河哈尼族彝族自治州

【工商行政管理基本情况】 2001 年,红河州工商行局深入学习和实践江总书记"三个代表"重要思想。一年来,在省工商局和州委、州政府的正确领导下,高举邓小平理论伟大旗帜,以"三个代表"重要思想为指导,深入贯彻党的十五届五中、六中全会精神,根据上级的指示、部署,以整顿和规范市场经济秩序为中心,以加强纪检监察工作和党风廉政建设为重点,全局干部职工勇于创新,积极开拓进取,努力完成省工商局、州委、州政府部署的各项工作,全面推进了全州工商行政管理的工作向前发展。

一年来,全州工商局在履行市场监管与行政执法职能中,按照上级的统一部署,结合当地实施情况制定了切实可行的方案,做到认识到位、加强领导、组织严密、措施有力、行动迅速,取得了阶段性成果。全州共查处各类经济违法违章案件 1 021 件(其中立案查处 296 件),总案值 369 万元,罚没款 88 万元,捣毁各类窝点 34 个。移送司法机关案件 2 件。

【企业注册登记管理】 当好市场"守门员",规范市场主体准入行为。坚持提高服务质量与加强登记管理并重,坚持登记机关管理与工商所管理并重,坚持年检与日常动态管理并重,切实加强了对各类市场主体的监管。坚决取缔无照经营,规范亮照经营行为,严肃查处"三无"企业。加大清理力度,在年检期间共清理"三无"企业及不亮照企业 562 户,在清理整顿市场经济秩序工作中,共清理书式档案 5 044 户(册)。强化企业年检。内资企业年检率为 87.1%,外资企业年检率达 44.9%。截至 2001 年底,全州经登记注册的内资企业 9 274 户,注册资本(金)101.61 亿万元;外资企业 73 户,注册资本 1.25 亿美元。

【公平交易】 严厉查处制售假冒伪劣商品违法行为,大力整顿和规范市场交易行为。狠抓大要案件查处,查处制假售假案件 418 件,查获各类假冒伪劣商品总值 111.48 万元。查处传销和变相传销案件 4 件。检查经营废旧金属收购 62 户、收购拆解旧机动车经营户 4 户、经营摩托车、汽车配件 447 户,立案查处

6件。

【市场监督管理】 加强以粮食市场为重点的各类市场监管,维护市场经济秩序。严把粮食收购准入关,核发退出保护价粮食品种《收购许可证》285份,核准粮食部门收购粮食66 582吨。加强对节日、旅游市场及有关重要商品的监管。开展创建文明市场活动,25个市场被红河州人民政府命名为1998~2000年度全州文明市场,6个市场被省工商局命名为1998~2000年度全省文明市场。配合公安、文化部门清理整顿电子游戏经营场所和文化娱乐服务场所。对公众聚集场所消防安全进行专项治理。开展肉食品市场专项整治,收缴病害肉、注水肉、私宰肉共19 116千克。拓宽合同监管范围,打击合同欺诈行为。鉴证各类合同167 964份,协调解决合同纠纷9起,协助合同当事人挽回或避免损失19万元。继续开展重合同守信用企业评定活动,全年经州、县、市人民政府命名2000年度重合同守信用企业439户,326户企业被州人民政府命名为1998~2000年度重合同守信用企业。积极开展抵押物登记,办理抵押物登记597份。加强对拍卖活动地监管,参加现场拍卖活动13次。

【个体私营经济监督管理】 规范市场主体准入行为。结合整顿和规范市场经济秩序工作,进一步规范和完善个体私营企业的登记管理工作,坚决取缔无照经营,规范亮照经营行为。在全州采取拉网式的方法全面开展清理,共清理出无照经营户3 196户,整改不亮照经营户1 981户。认真开展对个体私营企业档案的清理复查工作,重点对41 176户个体私营企业档案进行了清理复查。强化个体工商户验照和私营企业的年检工作,截至年检时限,全州参加验照的个体工商户45 984户,验照率达78%;私营企业年检1 229户,年检率达97%。截至2001年底,全州经登记注册的个体工商户70 671户,从业人员122 014人,注册资金68 421万元;私营企业1 443户,从业人员39 218人,注册资金152 810万元。

【广告监督管理】 强化广告监管工作。全年共监测报纸广告1 065条,对发布广告媒体提出警告6条(次),当场处罚1条(次)。查处广告违法案件95件,处予罚款5万元,查处违法印刷品广告18.3万份。到年底,全州登记注册广告经营单位136户,从业人员1 000人,广告营业额1 886万元,创广告利润323万元,上缴税收130万元。

【消费者权益保护】 做好消费者投诉的受理和查处工作,切实维护消费者合法权益。全州各县、市工商局建立了"12315"消费者申诉举报中心,开通了"12315"申诉举报电话,初步形成州、县、所三级维权执法网络,统一了网络标识和执法车辆标识。全年共受理消费者投诉1 259件,查处侵害消费者权益案件478件,罚没金额6.29万元,为消费者挽回经济损失117.33万元,在开展"百城万店无假货活动"中,州工商局被评为先进集体,全局有13名干部被评为先进个人。

【商标管理】 强化商标监管工作。加大商标侵权商标违法行为打击力度,保护注册商标专用权。查处商标侵权假冒案件5件,商标一般违法案件8件,处以罚款16 138元,收缴商标标识731 330件(套)。经登记认证注册商标商品专卖店80户。

【法制工作】 加强法制工作,促进依法行政。加强了法律法规培训,全局结合"四五"普法,认真学习了与工商行政管理监管执法职能相关的法律法规,州工商局组织了执法骨干100多人参加的执法培训班。清理地方性法规、政府规章和其他政策措施12件。加强执法监督,立案查处的296件案件全部经过法制机构核审。收到复议申请5件,受理3件;经复议维持原处罚决定2件,撤销原处罚决定1件。认真组织听证,维护当事人合法权益。规范执法人员主体资格,申请审验的935份行政执法证全部合格有效。

【重大事件】 红河州工商行政管理局在省工商局和州委、州政府的关心支持下,将原州工商局老宿舍改造装修为办公楼。该工程于2001年9月28日动工,至2002年2月8日峻工,并于2002年3月7日正式搬入办公,从而结束了红河州工商局20年来没有自己办公楼的状况。

【2001年任职的局领导名单】
局　　长　张惠英
副 局 长　李文炳　何南云　李世清
纪检组长　(暂缺)

个旧市

【工商行政管理基本情况】 全局干部职工118人,设有锡城、人民路农贸市场、鸡街、大屯、卡房、老厂、黄草坝、蔓耗工商所及党办、局办、财务、人事、经检、市场、商标、合同、法制、个体、企业科、工会、消委会、个体劳动者协会、私营企业协会、市场服务中心、老龄委8个工商所13个科室3个协会1个中心等机构。

【企业注册登记管理】 登记注册的企业累计数2 029户,注册资金21.81亿万元。

【公平交易】 全年共查处"黑心棉"、假洗发水、劣质饮料和包谷酒、无照经营等各类经济违法违规案件172件,案值120多万元。

【市场监督管理】 医药市场:检查医疗机构、药店、诊所、游医115户,药品品种8 280种,销毁过期药品1 835盒(瓶)。文化娱乐市场:清查市区卡拉歌舞厅120户、电子游戏室103户、美容美发93户、放映室3户及其它娱乐场所,共计655户;限期整改31户,歇业停办16户,罚款11户,没收盗版书30本,音像带40盒,VCD片12套。网吧经营场所:查处违法违规网吧25家,暂扣电脑171台。农资市场方面,开展"打假护农保春耕"行动,清查了化肥、农药等市场,共检查营业点30多个,农药150多种,没收过期农药12个品种100多瓶(袋)。食品市场;检查肉食品生产加工和经销企业33家，市场25个，经营户14 313户(次)，查处病害肉、注水肉和私宰肉12 330千克；对其它食品也进行了大检查，没收超期变质“五标明”不全的食品13 000多千克，假食用醋和饮料13 200多瓶。另外，还检查了汽车、摩托车修理场所126户，废旧金属经营户25户，成品油经营户43户，对违法违规者进行了处罚。

【个体私营经济监督管理】 登记注册的个体工商户累计9 629户，注册资金9 731万元；私营企业累计477户，注册资金35 780.6万元。对3年未参加年检的109户私营企业予以吊销。

【广告监督管理】 审批户外广告26件，印刷品广告87件，店堂广告175件，备案药品等类广告64件；查办广告违章案件25起，收缴违法印刷品16万多份，撤除大型户外违法广告80平方米。

【消费者权益保护】 全年接到群众投诉举报477起，接待消费者咨询4 480多人次。受理的投诉件有：家用电器类36件，家用机械类8件，日用百货类156件，食品类26件，药品及医疗器械类15件，服务类207件，农业生产资料类2件，其它类27件。投诉调处率达98.5%。为消费者挽回经济损失12.7万余元。

【商标管理】 开展保护商标专用权和打击商标侵权工作中，主要进行以保护“源安堂”商标专用权为重点进行检查，检查国有、集体、个体医疗单位、药店共22户，对3户未经批准擅自从事商标印制单位进行了查处。

【法制工作】 全局开展“一月学一法”的学习培训活动，学习了《行政复议法》、《企业法人登记管理条例》、《合同法》、《担保法》等法规，培训的人数达400多人次，制定了“四五”普法实施意见。

【合同监管】 自开展“重合同、守信用”评定活动以来，评定出云锡公司等103家企业为1999年～2000年度“重合同、守信用”企业。全年办理财产抵押登记56份，鉴证合同1 859份，合同金额达2 291万元。

【2001年任职的局领导名单】

党组书记、局　长　童昆发
副 局 长　苏官顺　杨挺屹
　　　　　王美良
纪检组长　孟德纪

开远市

【工商行政管理基本情况】 开远市工商局共设9科1室1队两中心，6个工商所。有干部职工120人，文化程度：大学本科2人、大专毕业58人、中专34人、高中13人、以下5人，分别占总人数的2%、52%、30%、12%、4%。

【企业注册登记管理】 把好市场准入关，强化企业年度检审工作，清理取缔无照经营企业使公平竞争有序进行。至2001年12月底，全市共有工商企业1 479户，参检1 206户，年检率为80%。

【公平交易】 为规范市场交易行为，加大公平交易执法力度，2001年市局检查市场和企业共达305家。出动人员308人次，车辆93辆次，发放各种宣传资料4.5万份，查获各种“三无”劣质食品24种，400多袋，假烟30条、假酒1495瓶、病死猪肉458千克；假劣质冒名牌抽油烟机、灶具共89台(件)，案值70万多元。查扣化肥11.7吨，没收假药1 260盒(瓶)，假洗发剂4862袋(瓶)，劣质电池276只，劣质棉絮54床，摩托车火花塞130支，传真机6部，照相机20部，封口机2台，剧毒鼠药9 000多瓶，半成品洗衣粉469千克，包装袋1 000多个，假冒商品729 900套，案值100多万元，取缔无照经营2户。

【市场监督管理】 2001年，开远市有各类商品交易市场36个，全市城乡消费品市场交易额为230 561.8万元，比上年增长3.25%，全年鉴证各类经济合同110 699份，金额31 971万元，共办理抵押登记47份，抵押值45 858万元，贷款金额27 010万元，参与建设工程投标10次，有34户连续三年被评为“重合同、守信用”先进企业。

【个体私营经济监督管理】 截至2001年12月底，全市共有个体工商户7 076户，从业人员13 987人，注册资金9 343.2万元，资产总额2 223.3万元，商品零售额12 291.8万元；发展私营企业167户，雇工人数3 278人，注册资本11 174.5万元，资产总额5 297.8万元，商品零售额6 681.6万元。

【广告监督管理】 全市有广告经营单位32户，从业人员227人，全年广告营业额389万元。查处各类违法违章案件13件，罚款金额1.12万元，取缔4户无证行医户，收缴印刷品广告16万份，违法广告牌97块，办理商标侵权案件2起。

【消费者权益保护】 全年受理消费者投诉共628件，总值162.55万元，为消费者挽回经济损失107.92万元，加倍赔偿消费者的金额3 600元。在“3·15国际消费者权益保护日”共展出各类假冒伪劣商品15大类149个品种，设立宣传点23个，发放宣传资料3.5万份，提供咨询服务1.36万人次。

【商标管理】 开远市现有注册商标95个，分别使用在19个类别的商品上，省重点保护商标4个，有注册商标专卖店24个，另有2户在申请中，代企业查询商标21个，办理注册商标11件。

【法制工作】 2001年市工商局按《业务培训计划》对全局干部职工进行了8次以上工商法规岗位应知应会的知识培训，请省、州工商局领导和省工商学校的教师来授课，在年底进行了综合测试，举行了该局第一次工商法规听证会。

【2001年任职的局领导名单】

局　　长　王兴忠
副 局 长　马志明　王　刚
纪检组长　李显玉

蒙自县

【工商行政管理基本情况】 蒙自县工商行政管理局以整顿和规范市场经济秩序为主线,大力推进市场监管制度改革,促进工商职能到位;继续整顿和规范市场准入,市场竞争和市场交易行为;保护消费者合法权益;严厉打击制售假冒伪劣商品行为,为蒙自的招商引资营造了良好的投资环境。

【严把市场主体准入关】 依照《公司法》、《企业法人登记管理条例》等法律法规,严格规范企业登记注册程序、前置专项审批手续,依法确认企业继续经营资格,严把市场主体准入关。

【加强对非公有制经济的引导和发展】 进一步执行蒙自县委、县政府《关于大力发展个体私营经济的决定》和《关于经济开发区内无承包土地农户享受有关政策的通知》的精神,坚持一手抓规范,一手抓发展的原则,积极引导个体私营经济的健康发展,完成了2000年度个体工商户验照贴花及私营企业年检工作。截至2001年底,全县登记注册的个体工商户5 962户,比上年增长23.7%,全县非公有制经济出现了强劲发展势头。

【发挥经济合同监督职能】 依法履行合同监管职能,充分发挥合同鉴证管理的防范作用。一年来,共办理各类合同8 440份。组织开展"重合同,守信用"活动,2001年,全县共有25户企业被县人民政府命名表彰为"重合作守信用"单位。积极推行合同示范文本,共发放各种合同示范文本2 700份,发放宣传材料232份。

【商标广告管理】 加强对商标广告的登记管理工作,打击非法印刷的广告,规范广告经营行为,规范市场行为。清理检查,加大了对《广告法》、《商标法》的宣传力度,有效地维护了知名商标的专用权及法律的严肃性。

【积极开展各种专项检查和整治工作】 积极开展各项检查和整治工作,先后开展了公众聚集场所消防安全专项治理工作;创建"平安大道"以及"省级文明公路运输线"的整治工作;"元旦"、"春节"期间市场整治和防火安全检查工作;"五一"、"国庆"黄金周的市场整治;学校周边环境专项整治;副食品市场专项检查;肉食品市场的专项整治;医疗卫生、药品市场秩序整顿;音像、歌舞、娱乐服务等文化市场的整治;农药市场的整治等工作。

【开展整顿和规范市场经济秩序工作】 遵照党中央、国务院整顿和规范市场经济秩序的决定,县工商部门成立了"整顿和规范市场经济秩序工作领导小组",抽调专人负责制定工作方案,认真开展此项工作。一年来,共查处违法违章案件161件(含简易程序),收缴罚没款274 879元;为受害单位、个人挽回经济损失24万元;查获了大量的假冒伪劣商品。

【采取上下联动监管模式】 在基层工商所全面建立企业、个体"经济户口",实行"联动管理制度",重新清理企业档案858户。能全面、准确、及时地反映市场主体从注册到变更、年检、注销的全过程,使工商部门进一步加大了监管力度,严厉查处了"三无"企业,实现工商部门对市场主体的全方位监管。

【统一收费管理】 2001年,为进一步规范城区文化娱乐、饮食、小商品批发零售行业的收费管理,切实保障投资经营者的合法权益,促进蒙自县外商投资和个体工商企业快速健康发展,对蒙自城区文化娱乐、饮食、小商品(含百货、服装等)批发零售3个行业的定期,定项收费及定项、不定时的收费,委托县工商行政管理部门统一收取,同时对违规罚款实行罚缴分离的管理。

【强化纪检工作】 县工商部门设立了纪检室,配备了纪检组长,强化了纪检工作。加大了对过去遗留问题的查办力度。全局干部职工增强了组织纪律性,涌现了拒贿2 000元的好人好事,树立了工商干部依法行政的职业道德形象。

【保护消费者的合法权益】 大力开展《消费者权益保护法》的宣传维权活动。以"绿色消费"为主题,积极受理消费者投诉,调解投诉纠纷,引导绿色消费。

【2001年任职的局领导名单】

局　　长　朱昆升

副 局 长　陈丕云　卢文亮

纪检组长　汪　勇

建水县

【工商行政管理基本情况】 2001年建水县工商局认真学习贯彻江总书记的"七·一"讲话精神,切实开展"三个代表"重要思想的学习教育活动,以整顿和规范市场经济秩序为重点,加强队伍建设,加大执法监管力度,为维护市场经济秩序,繁荣市场,促进地方经济发展做了大量的工作。

【企业注册登记管理】 坚持前置审批,严把市场准入关。清理企业档案1 215户,查出前置审批手续不齐全或已过期失效的企业74户,共116项,已限期补办齐备。全县现有企业1 170户,注册资(本)金61 208万元,其中:国有企业297户,集体企业553户,联营企业4户,股份合作企业56户,公司260户。

切实做好企业年检工作。共检查企业是否亮照经营500多户,应年检企业1 215户,实检1 209户,,年检率达99.5%。办理企业变更登记133户,注销82户。

【公平交易】 2001年,检查非法拼装、拆解、废旧汽车经营户22户,查获4户存有大量报废汽车五大件及配件,废旧汽车16辆,已作了相应的处罚,没收旧牌照66块。检查汽车、摩托车配件经营25户,查扣"三无"配件1041件,标值2万多元。在"打假护农"专项行动中,检查127户,查获劣质化肥25吨,混合饲料5 700千克,假冒农药100千克,青饲料机154台,总标值2万多元。协助华宁工商局处理假种子坑农案,为农民挽回经济损失5.236万元。

配合有关部门对全县卷烟市场进行

清理整顿，查获并没收卷烟 1 038.2 条，扣留待处理的 40 多件、罚款 9 355 元，案值 4 万多元。

全年共查办案件 70 件，其中立案 25 件，捣毁制假窝点 15 个，收缴罚没款 42 215.38 万元。查获并没收了一大批假冒伪劣商品。

【市场监督管理】 2001 年对市场的监督管理主要在以下三方面：

1. 肉食品市场的专项治理，检查市场 52 个，经营户 851 户，查获并没收病死猪肉 190 千克进行了销毁，取缔无照经营 10 户。

2. 市场消防安全专项治理。确定了 11 个市场作为治理的重点，治理中督办市场登记证 1 个，取缔 1 个，验收合格 9 个，限期办理消防手续 1 个。县工商局的消防安全专项治理工作被考核为 90 分。

3. 加强“元旦”、“春节”等节日市场的监管，检查市场 241 个（次），计量衡器 273（把）台，经营户 231 户，取缔无照经营 15 户，调整搬迁了占道经营的竹木铁器市场，改造搬迁了小商品市场。收缴剧毒鼠药 3 270 包（瓶）。鉴证各类合同 23 822 份，金额 34 711 万元。命名表彰“重合同，守信用”企业县级 60 户、州级 41 户，办理财产抵押登记 77 份，价值 37 874 万元，主债权金额 22 651 万元。完成了市场办管脱钩任务。分别完成了“建水历史文化旅游节”和“燕窝节”的商贸展销活动的管理工作。

【个体私营经济监督管理】 2001 年，加强对个私经济的监督管理。现有个体工商户 11 737 户，从业人员 22 100 人，注册资金 16 547.9 万元。私营企业 49 户，投资者 104 人，注册资金 3 941.4 万元。个体工商户验照 7 465 户，验照率达 73%。私营企业年检 52 户，年检率达 100%。清理无照经营 565 户，已办照 531 户。

对文化娱乐场所重新办理了登记，网吧进行了字号名称的预先登记。

【广告监督管理】 2001 年，以清理户外广告为重点，共检查 317 户，下达违章通知书 222 份，办理登记户外广告 62 份，店堂广告 140 份，没收广告牌 170 块、布标 7 幅、印刷品广告 8 300 多份。清除不良广告 300 条，责令电台、电视台停播 4 条，整改 11 条。现有广告经营单位 12 户。

【消费者权益保护】 全年受理消费者投诉 182 件，调解率达 100%，为消费者挽回经济损失 24.39 万元，围绕开展“3·15”的宣传咨询活动，签订了《千万个绿色消费志愿者在行动》的承诺卡 2300 多份。

【商标管理】 全县现有注册商标 56 件，开展了对其注册商标商品的专项检查，先后检查了 4 次，共检查 36 户商业企业，28 户专卖店。查处了 36 户非商标印制单位，给 2 户商标印制单位换发了新证，11 户专卖（营）店换发了新证书和铜牌，停止了 4 户专卖专营的资格。有效地保护了注册商标所有人的合法权益，规范了专卖店名称的使用。

【法制工作】 始终坚持案件审核制度，全年共审核一般程序处理的案件 27 件，简易程序处罚的案件 139 件，涉及罚没款 64 664 元。由于审核严格，办案质量过硬，至今无一件申请复议或提请诉讼案件发生。法制培训 77 人次。

【重大事件】 1. 全面完成了清产核资工作，进一步摸清了家底。2. 4～6 月局机关开展了“三个代表”重要思想的学习教育活动，领导班子成员还与农民群众“三同”，了解其疾苦，帮助解决灾后生产自救和人畜饮水等实际困难，通过学习使大家受到了教育提高，机关作风得到明显好转。3. 6 月份参与抗洪救灾工作及捐款活动，单位捐款 1 万元，个人捐款 6 060 元，参与朱德旧居修缮捐款 12 700 元。4. 11 月份参与县矿山治理工作。

【2001 年任职的局领导名单】

局　　长　张文彩
副 局 长　何　伟　易　彬
纪检组长　杜联忠

石屏县

【工商行政管理基本情况】 石屏县工商局现有干部 87 人。在职 69 人，其中男 48 人，女 21 人；在职党员 43 人，文化结构：大学 2 人，大专 35 人，中专 19 人，高中 2 人，初中以下 10 人。设 6 个科室，7 个工商所，1 个经济监督检查队。2001 年，全局以江泽民总书记“三个代表”重要思想和“七一”讲话为指导，在省、州工商局的部署安排下，认真贯彻执行各项法律法规。依法核准登记企业、个体工商户，强化市场主体准入行为；整顿和规范市场经济秩序，努力建立和完善公平竞争、规范有序的市场体系；加强队伍建设，提高队伍素质，提高执法水平，为石屏的经济发展做出了重要贡献。

【整顿和规范市场经济秩序】 按照省、州工商局的安排部署，于 2001 年 5 月 14 日开展了整顿和规范市场经济秩序，查处违法违章为重点的专项行动，前后 3 次大规模地开展清理无照经营，检查市场 11 个，检查市场主体 6 547 户，捣毁制假窝点 6 个，查处各类经济违法违章案件 58 件，立案查处 22 件，结案 22 件，案值 6 万多元。1. 整顿节日市场。组织力量对各类市场进行检查，重点对烟、酒、食品、饮料等商品检查，让消费者有一个良好的、放心的购物环境。2. 整顿农资市场。在春耕季节开展“红盾打假护农”执法行动，严厉打击无照经营、制售假冒伪劣化肥的坑农害农行为，切实保护农村消费者的合法权益。3. 整顿和规范豆制品市场。豆制品行业是石屏县的一大支柱产业，由县委、政府牵头，工商、技监、卫生等部门积极参与，对豆制品行业进行整顿治理。收缴、销毁含有毒添加剂吊白块豆腐皮 60 多吨，进一步规范了豆制品行业。4. 整顿药品市场。共检查个体行医经营户 35 户，其中证照齐全的 27 户，行医执照过期收回营业执照 8 户，责令限期提交证件。

【企业登记】 全县共有各类工商企业 745 户，其中法人企业 213 户，营业企业（含分支）532 户，注册资本（金）42 625 万元。国有企业 178 户，集体企业 390

户,股份合作企业 95 户,有限责任公司 81 户,联营企业 1 户。2001 年企业发展的特点是:企业户数回落,总户数、法人企业、营业企业相对减少,注册资本(金)减少,企业总户数减少 7.91%,注册资本(金)减少 0.44%,有限责任公司发展速度缓慢。

【个体、私营企业登记】 全县共有个体工商户 5 682 户,从业人员 15 578 人,注册资金 7 229.2 万元。私营企业 66 户,投资人数 176 人,雇工人数 2 503 人,注册资金 8 850.3 万元。“非公有制经济是我国社会主义市场经济的重要组成部分”,县委、县政府按照十五大报告精神,制定了发展个体私营经济的政策和措施,县工商局按照县委、政府发展非公有制经济的规定,积极扶持个私经济发展,对边远地区、困难户、下岗职工在办照、交费时给予照顾,促进了石屏个体、私营企业的发展。

【合同管理】 依法做好合同鉴证工作,2001 年鉴证各类合同 25 969 份,金额 6 763.14 万元;办理企业财产抵押物登记 21 份,抵押物价值 7 325.3 万元。开展“重合同、守信用”评比活动,有 34 户企业经县政府批准为 2000 年度“重合同、守信用”企业;有 32 户连续三年评为“重合同、守信用”企业,受到州人民政府表彰。

【保护消费者合法权益】 围绕“绿色消费”为主题,开展保护消费者合法权益活动,印发宣传材料,宣传、落实《消法》。受理消费者投诉案件 43 件,为消费者挽回经济损失 2.2 万元,解决率达 100%。

【商标广告】 全县现有注册商标 28 个。近年来石屏特产豆制品迅速发展,腐皮、大杨梅、水泥在市场上享有一定声誉。“玉龙牌”、“石峰牌”、“金泉云丝牌”腐皮(丝)商标注册后,产品远销北京、上海、江浙等地;“异龙牌”水泥用于玉元、鸡石等公路重点建设项目。广告经营单位 2 户。在整顿和规范市场经济秩序中,加大对假冒注册商标及违法广告的清理,依法收缴商标标识包装袋 9.59 万个,违法广告 1.7 万份。

【2001 年任职的局领导名单】

局　长、党组书记　田忠义
副 局 长　何云武　杨　宏
纪检组长　邹　云

弥 勒 县

【工商行政管理基本情况】 内设办公室、财务室、企业登记注册(含商广)、合同、市场管理、经济检查、个体登记注册、法制股 7 个股室和消费者权益保护委员会、个体劳动者协会及弥阳、新哨、竹元、朋普、虹溪、巡检司、东风、西二八等 8 个工商所,共有干部职工 117 人。2001 年按照省、州工商局的安排部署,认真开展学习和实践“三个代表”重要思想,在局党组的领导和干部职工的努力下,结合实际,切实履行职责,勇做市场卫士,大力加强整顿和规范市场经济秩序,并取得明显成效,严厉打击了经济违法违章者,促进了公平竞争,建立了良好的经济秩序。

【企业注册登记管理】 2001 年全县登记注册企业 655 户,注册资金 122 934 万元。其中:国有企业 256 户,注册资金 78 565 元;集体企业 189 户,注册资金 13 496 万元;股份企业 52 户,注册资金 2 321 万元;联营企业 5 户,注册资金 1 888 万元。公司 153 户,注册资金 26 664 万元。

【公平交易】 共查处经济违法、违章案件 106 件,案件总值 25.85 万元,收缴罚没款 8.1 万元,捣毁制假窝点、非法传销组织各 1 个。

【市场监督管理】 共出动人员 2 556 人次,车辆 586 辆(次),加强对各类市场的监督管理,共查处价值 17 万多元的各种假冒伪劣产品;鉴证经济合同 40 671 份,鉴证金额 17 737 万元;办理抵押物登记合同 24 份,抵押金额 19 375 万元,担保主债权金额 13 050 万元。

【个体私营经济监督管理】 登记注册的个体工商户 8 448 户,注册资金 5 220 万元,从业人员 24 783 人;登记注册的私营企业 150 户,注册资金 63 362.5 万元,从业人员 7 176 人。清理无照经营 750 户。

【广告监督管理】 全县有合法广告经营单位 11 家,广告经营额达 102 万元。收缴各种非法广告、传单 1 900 多份,查处非法从事广告经营活动的个体工商户 6 户。

【消费者权益保护】 受理消费者投诉案件 69 件,调解 67 件,投诉金额 53 022 元,为消费者挽回经济损失 35 699 元。

【商标管理】 全县登记在册的注册商标 52 个。开展“打假保名优”的专项活动,加强了对红河州“红烟”、“红酒”等品牌的保护。

【法制工作】 加强法律、法规培训、宣传,查处案件做到事实清楚,证据确凿,处理恰当,程序合法。审核各类经济违法违章案件 261 件,审核率达 100%。

【2001 年任职的局领导名单】

党组书记、局　长　张志华
副 局 长　毕金录　童建福
纪检组长　周　星

泸 西 县

【工商行政管理基本情况】 2001 年,泸西县工商行政管理局,在职人员 92 名,其中:公务员 81 名,工勤人员 11 名,党员 53 名。内设秘书、财务、法制、合同、企业、商广、市管、个私股、经检队;下设中枢、金马、旧城、午街、永宁、逸圃、白水、三塘、向阳 9 个工商所。

【企业注册登记管理】 全县注册企业 364 户,注册资金 58 474.00 万元。新发展 83 户(其中法人企业 12 户,营业企业 71 户)。办理变更 17 户,注销 59 户。

【公平交易、市场监督管理】 2001 年开展3次规模较大的整顿市场经济秩序工作,完成全县17个市场登记证的年检工作。清查粮食经营(许可证)73户,全年消费品市场成交额为11 515万元,与上年相比增长0.7%,在市场整顿中全年出动车辆76辆(次),人员400多人(次),捣毁制假窝点3个,查处经济案件71起,立案24件,罚没款55 350元,清理无照经营176户;检查经营门店4 728户,收缴过期变质食品12 730瓶(盒),价值达5万多元;查获无照经营粮食9.55吨,化肥101.75吨,种子1 576千克。假化肥12.85吨,假种子2 689千克;查处无照经营16户,办理经济案件28件;作出限期整改书2份,责令暂停销售并退还厂家处理的商品3 000多千克。

【个体私营经济监督管理】 全县共登记注册个体工商户5 162户,注册资本5 058.6万元,从业人员7 721人,比去年同期增加3 971户、1 324.8万元、1 367人。私营企业154户,注册资本202 906万元,从业人员5 456人,比去年同期增加了10户、6 054.8万元、898人。完成个体贴花验照2 700户,私营企业年检131户。

【消费者权益保护】 2001年开展"3·15"、"绿色消费"宣传执法活动,半个月共动用车辆34辆(次),出动183人(次),发放宣传材料1.1万多份,由质监、药检、生资、种子等相关部门参加。3月14日在城区举行20多个种类价值191 258.5元的假冒伪劣商品销毁大会。全年共受理消费者投诉16件,调解16件,调解率为100%,为消费者挽回经济损失46 485.60元,其中一起(赔偿额较多的)是李某等7人,到该县五者温泉旅游造成受伤的医疗费和误工费,经调解双方达成协议共计赔偿25 960.62元。另一起是金马新坝段某(因使用农药烤烟)受损一案,经调解双方达成协议由农药经营者赔偿段某4 000株烤烟、受损款2 000元,由生产农药的厂家赔偿经营者1.2万元的损失费。同时积极参与了县委宣传部组织的在九华路中段创建"无假货一条街"的活动。

【法制工作】 组织了两次对全局150名工商行政执法人员的法律法规学习和培训。核审各类经济违法违章案件24件,核审率为100%。

【其他重大事件】 "重合同、守信用"先进企业审验及评定活动:2001年评定出20户为"重合同、守信用"的先进企业和20户"先进建筑施工队"。

"个协"换届:10月11日,召开了泸西县个体劳动者协会第六次代表大会,代表105人,选举产生了会长、副会长、秘书长,表彰了先进个协1个,先进会员31人,先进私营企业6户。

信息工作:经报刊采用36篇,其中:刊登在《红河日报》的有5篇,《红河工商行政管理》17篇,《企业与市场》3篇,《云南经济日报》4篇,《泸西报》7篇。被州、局评为一等奖。

【2001年任职的局领导名单】

局　　长　马慈三
副 局 长　陈茂林　王家能　夏明山
纪检组长　沈文洪

元阳县

【工商行政管理基本情况】 元阳县工商局辖15个乡镇。设有办公室、法制、财务、企业、个体、公平交易股等6个职能股室。有南沙、马街、新街、牛角寨、沙拉托、黄茅岭、胜村、嘎娘、上新城、小新街、逢春岭、大坪乡13个工商所。全局共有83人。其中:局机关25人,工商所53人,党员46人。全局共有大专生26人,中专生47人。

【企业注册登记管理】 全县共有各类工商企业329户、注册资金17 556万元。其中:国有企业83户,注册资金7 739万元、集体企业156户,注册资金3 179万元。股份制企业27户,注册资金1 289万元,有限责任公司62户、注册资金5 549万元。

【公平交易及市场监督管理】 按照省州工商局确定的工作重点,针对该县市场经济中存在的突出问题,认真组织开展了一系列专项治理工作,强化了对市场交易行为的整顿和规范工作,至年底全局共出动执法人员976人(次),出勤车辆95辆(次),检查市场78个(次)、检查各类经营户1205户,查处经济违法案件143件,价值25万元,罚没款1.41万元。

【个体、私营经济监督管理】 全县共有个体工商户3 875户,从业人员4 990人,注册资金1 830.7万元;私营企业31户,从业人员711人,注册资金2 119.6万元;个体工商户及私营企业实现产值775.0万元,销售总额或营业收入6 360.30万元,社会商品零售额4 393.7万元,上缴税金304.2万元。

【广告监督管理】 清理各种招牌广告1 230块(幅),性病广告800多份,现有广告经营单位1户。

【消费者权益保护】 全年受理消费者投诉10件,为消费者挽回经济损失34万元。

【商标管理】 没收假冒"漫江河"牌茶叶包装袋1.8万个,现有商标印制单位1户,各种注册商标27个。

【法制工作】 认真贯彻执行州工商局制定的行政执法责任制,错案追究制,行政执法考评制和赔偿制,进一步促进了行政执法规范化、制度化。对企业经营管理人员和个体工商户进行了社会主义市场经济法律知识的培训,积极推行行政办案、审案、定案之权分离制,严把案件质量关。

【2001年任职的局领导名单】

局　　长　杨之林
副 局 长　公孙赦　何忠民
　　　　　王晓琼(女)
纪检组长　公孙赦(兼)

红河县

【工商行政管理基本情况】 红河县工商行政管理局设1室、5股、8个基层工商所,即:办公室;公平交易、市场监督管理、企业注册、个体私营经济管理、法制股;迤萨、阿扎河、甲寅、浪堤、乐育、宝华、大羊街、三村工商所。2001 年红河县工商局在上级主管部门和县委、县政府的领导下,认真贯彻执行党和国家改革开放、发展经济的方针政策,从红河县的实际出发,努力开拓进取,秉公执法,充分发挥职能作用,为维护社会主义市场经济秩序,促进该县国民经济的健康发展,做出了优异的成绩。

【企业注册登记】 工商企业注册登记成果斐然。1980 年,全县的工商企业仅有 103 户,从业人员 1 276 人,注册资金 705 万元,截至 2001 年底,注册登记的各类工商企业已达 330 户,其中企业法人 93 户,分支和营业单位 237 户。新办企业 12 户,注销企业 16 户,全年受理企业变更登记 76 户。从业人员 3 888 人,注册资本(金)11 220 万元。比 1980 年分别增长 3.2 倍、3 倍、15.9 倍。

【个体私营经济管理】 全县个体私营经济从 1979 年恢复发展以来,发展迅速,建县之初,全县仅有个体工商 474 户,从业人员 657 人,至 2001 年已发展到 2 217 户,从业人员 3 949 人。分别增长了 4.8 倍、6 倍。在加强个体经营管理的同时,还积极支持发展私营企业,私营企业已发展到 12 户,从业人员 157 人,注册资金 457.5 万元。

【市场监督管理】 2001 年全县集市贸易成交额达 80 278 万元,比 1980 年的 147.5 万元增长 54 倍。全县已初步形成了一个大、中、小结合,多种类、多层次、多功能、贯通城乡、连接内地的集市贸易网络,极大地方便了人民群众的交易活动。

为了维护正常的市场经济秩序,该县工商部门不断加大对市场经济违法活动的打击力度,1980 年至今累计查处各种经济违法活动 1 356 件(起),案值 554.6 万元,罚没入库金额 28.5 万元。为国家和消费者挽回经济损失 157 万元。用实际行动捍卫了国家和消费者的经济利益。

【公平交易】 全局 2001 年鉴证建设工程合同 14 份,金额 1 029 万元,接待来访咨询 23 人次,参加招标、评标 5 次,验收工程 15 次,财产抵押物登记 5 份,抵押物总价值 877 万元,担保银行贷款 453 万元,现场勘验 10 人(次)。未出现不守合同或利用合同欺诈损害国家、集体和他人利益的现象。合同的有效鉴证,为企业参与市场竞争创造了条件,提供了法律保障。

【消费者权益保护】 以"绿色消费"为主题。全县开展了"百万绿色消费手册大赠送"的宣传活动。同时又广泛深入地开展了关于"消费者权益保护"的法律、法规的宣传活动。充分运用好"12315"消费者投诉举报热线,加大保护消费者合法权益的力度。2001 年共受理消费者的投诉 28 件,并已解决,解决率达 100%,为消费者挽回经济损失 3.6 万元,得到了消费者的一致好评。

工商行政管理干部是市场活动中的"经济卫士",正是他们的辛勤努力工作,公正执法,保护了经营者和消费者的合法权益,促进了全县公平竞争,完善了规范有序的市场经济体系的建立,维护了该县市场经济秩序。

【2001 年任职的局领导名单】

局　　长　白开仕
副 局 长　张有才
纪检组长　杨建明

绿春县

【工商行政管理基本情况】 绿春县位于云南省南部,东依金平、元阳两县,北靠红河县,西邻墨江县,西南隔李仙江与江城县相望,东南与越南接壤,全县总面积 3 096.86 平方千米,人口 200 973 人。

2001 年,绿春县工商局在职干部 54 人。其中:少数民族干部 43 人,妇女干部 11 人;局机关内设机构 7 股 1 室,即:个体私营经济管理、企业登记管理(含商标、广告)、合同管理、市场管理、法制股、办公室;辖 7 个基层工商所,即:城区工商、戈奎工商、平河工商、三猛工商、牛孔工商、大水沟工商、大黑山工商所。全局以江泽民"三个代表"重要思想为指导,以整顿和规范市场经济秩序为重点,切实开展工商行政管理的各项工作。

【企业注册登记管理】 以企业年检为重点,强化市场主体准入行为,全年办理注销登记 33 户、变更登记 35 户、开业登记 6 户,截至 2001 年底,共有各类企业 216 户、注册资本 6 062 万元。

【公平交易】 以打击假冒伪劣商品为重点,整顿和规范市场交易行为,共查处各类违法违章案件 41 件,案值 4.37 万元,收缴罚没款 1 万元,其中立案查处 4 件,案值 3.28 万元,罚款 7 000 元,没收物资变价款 1 275 元,查获价值 5.28 万元的物资,主要有:假冒卷烟、假酒、劣质成品油、超期变质食品、饮料等。

【市场监督管理】 以整顿和规范市场经济秩序为契机,集中开展了节日、农资、肉食品、文化娱乐、医疗卫生、成品油市场等的清理整顿工作,通过清理整顿,净化了市场秩序,保护了合法经营、取缔了非法经营。

【个体私营经济监督管理】 从源头上严把市场准入关,强化日常监督管理,规范市场主体行为,促进公平竞争,截至 2001 年底全县共有个体工商户 2 590 户、从业人员 4 509 人、注册资金 1 584.7 万元,私营企业 20 户、从业人员 241 人,注册资金 418 万元。

【消费者权益保护】 围绕"绿色消费"为主题,开展消费者权益保护工作,全年接受咨询 1 000 多人次,发放宣传材料 300 多份,受理消费者投诉 22 件、解决 20 件,为消费者挽回经济损失 26 567 元。

【精神文明建设】 认真贯彻落实江泽民《论社会主义精神文明建设》、《公民道德实施纲要》和全省工商系统思想政治工作和精神文明建设工作会议精神,加大精神文明建设工作力度,努力争创文明单位。截至 2001 年,局机关被评为州级文明单位,下辖的 7 个工商所中 4

个工商所跨入了县级文明单位的行列。

【2001年任职的局领导名单】
局　　长　王立翠
副 局 长　胡继成　张宏强
纪检组长　李袖华

屏边苗族自治县

【工商行政管理基本情况】 2001年,全局在州工商局和县委、县政府的领导下,以"三个代表"重要思想为指导,紧紧围绕着"整顿和规范市场经济秩序"这一中心任务开展各项工作,顺利完成了各项工作任务。

【企业、个体私营经济注册登记管理】 截至12月底,全县共有登记注册的各类工商企业245户,注册资金24 415万元,个体工商户2 466户,从业人员3 828人,注册资金1 382.4万元。在登记注册中,严把市场主体准入关,做到证据资料齐全,手续完备方可核准发照,个私档案实行专人管理、专人负责。

【公平交易】 全年共查处各类经济案件305件,收缴罚没款3 390元,2001年展开了"反垄断、反封锁"的专项行动,对邮政、保险、金融、自来水厂、电信、电力等具有独占地位的公有企业开展调查、自查及重点抽查,及时发现,立即制止这种不正当的竞争和损害消费者利益的行为。

【市场监督管理】 该局结合实际情况,制定了《屏边县工商局关于整顿和规范市场经济秩序工作方案》,成立了市场整顿领导小组,清理检查各类企业和个体户2 670家,查处无照和不亮照经营137户,取缔无照经营71户,限期办照或变更154户,认真、全面重点地清理了农资、文化、白酒生产销售市场。

【广告监督管理】 重点清理了户外广告,收缴非法宣传单3 060份,同时加强了对临时性户外广告的审核登记和管理。

【消费者权益保护】 围绕"绿色消费年"为主题开展"3·15"活动,认真受理消费者投诉,积极为消费者排忧解难。全年共受理投诉案件142件,为消费者挽回经济损失97 798元。

【商标管理】 全县共有注册商标25件,一年来,结合宣传贯彻修改后的新商标法,开展了"打假保名优"和查处假冒注册商标违法活动,查处假冒注册商标案件1件,罚款1 000元。

【2001年任职的局领导名单】
局　　长　陶玉福
副 局 长　杨德斌　梅保元　杨保德
纪检组长　罗　静

河口瑶族自治县

【工商行政管理基本情况】 河口瑶族自治县位于云南省南端,县城与越南老街省省会——老街市隔河相望,边界线长193千米,是国家一类开放口岸,是中国西南地区通向东南亚的重要口岸,总面积1 332平方千米,辖4乡2镇,总人口95 226人。外来常住人员平均每年3万人以上。河口县工商局有在职人员61人,其中:大专以上文化的20人,占全局总人员的32.8%;高中、中专文化的27个,占44.3%;平均年龄36.5岁。内设科室9个,下设工商所4个,监管着全县各类市场20个,其中,边民贸易市场4个,年市场成交额达128 762万元,边贸成交额12亿元。全局围绕,"边贸、旅游、热区开发"三大支柱产业开展工商工作。

【企业注册登记管理】 企业注册登记管理工作坚持以有利于改革开放,有利于边境贸易区建设和发展为标准,以企业注册登记政策法规为依据,工作中注重登记条件的审查,注重前置审批手续审查,严把市场准入关。以年检为重点,注重登记后企业运行的监督管理,确保企业健康发展。截至2001年12月31日,全县共有各类工商企业459户,其中法人企业240名,注册资本金达40 832万元。

【公平交易】 围绕整顿和规范市场经济秩序工作为重点,主要抓了七个方面的工作:1. 开展反仿冒、反误导专项执法活动;2. 对公用企业(邮政、电信、保险、供水等)限制竞争行为进行专项整治;3. 深入开展"打假维权保名优"活动;4. 打击收购拆解拼装汽车行为;5. 开展"扫黄打非"净化文化市场专项活动;6. 开展打击制贩假币专项斗争;7. 开展辖区液化气不正当竞争专项整治行动。全年共查处经济违法案件40件,其中:立案查处的19件,案值205 277元。查处捣毁假烟生产窝点1个,没收违法物品总价值268 101元,罚没款金额23 585.10元。净化了县辖区内各类市场,切实保护经营者和消费者的合法权益。

【市场监督管理】 2001年按照省、州工商局的工作部署,1. 加大巡查力度,以查亮照经营为重点,坚决取缔无证照经营。一年来共查出无照经营户91户,其中取缔11户;2. 加强对节日市场管理,查处违法违章经营行为,收缴各种不合格计量器具20多把(台);3. 主动同相关部门配合,适时开展专项整治,如与公安、消防等部门配合,对公众聚集场所的消防安全进行整治,有效预防和消除火灾隐患;与城建综合执法部门配合,清理和取缔城市道路上的占道经营行为。通过以上工作,消除市场脏、乱、差现象,理顺和规范了各类市场的经营秩序。

【个体私营经济监督管理】 认真履行登记管理职能,改进工作程序,积极引导,热情服务,促进个体私营经济的发展。截至2001年12月,全县发展个体工商户2 614户,注册资金2 335万元;发展私营企业16户,注册资金556万元;发展独资企业5户,注册资金123.2万元;合伙企业1户,注册资金6万元。积极促进了地方经济的发展。

【广告监督管理】 认真贯彻全国工商工作会议精神,加强广告执法力度,严打虚假违法广告。1. 对辖区的7户广告经营单位进行检查,取缔注销1户,核减经营范围1户;2. 成立"反误导、打虚假”广告治理专项小组,加强户外广告的监督管理,重点是医疗机构,药品经营单位,一年中限期拆除广告牌7个,收缴非法印刷品1万多份,广告牌8个,有效地维护了广大消费者的合法权益。

【消费者权益保护】 加强消费者投诉工作,推进民心工程建设,围绕“绿色消费年”为主题,加大“3·15”宣传力度,积极受理消费者投诉,一年来共受理各类消费者投诉49件,成功调解39件,为消费者挽回经济损失20 420元,解决率79.6%,受到社会和消费者的好评。

【商标管理】 对全县已注册的5个商标分别建立台账、档案并监督和指导企业依法使用商标。加强对专卖店和非商标印制单位的监管,全年限期拆除招牌4个,限期整顿3户,补办专卖手续4户,收缴非法印制的商标标识8万余张,维护了商标使用者的合法权益。

【法制工作】 法制工作取得新进展,认真抓好法制宣传教育工作,自办宣传栏20期,利用报纸、电视、印发资料、标语、小册子、考试等多种形式宣传各项法规,努力提高工商执法人员执法素质和广大群众及社会各界的经济法律意识;建立和完善行政执法制度,推进政务公开,规范行政执法行为(如执法责任制的建立);严格各项行政执法程序,加强内部监督,做好案件审查、审理工作,全年所办的19件行政处罚案件,没有出现复议或行政诉讼。

【2001年任职的局领导名单】

局　　长　王　文
副 局 长　李贵祥　孟宪军
纪检组长　周锦钊

金平苗族瑶族傣族自治县

【工商行政管理基本情况】 红河州金平自治县工商行政管理局2001年有干部职工81人,内设办公室、财务、法制、个体、企业、合同、市场科、经检队8个机构,派出城关、金水河、勐拉、者米、老勐、铜厂、沙依坡、渡口、勐桥、马鞍底10个工商所。

【企业注册登记管理】 2001年全县共有各类内资企业372户,注册资本(金)43 268万元,比2000年同期分别增长15.07%、2.24%。年底新发展有限责任公司5户,全县应参加年检企业438户,实际参检企业为370户,参检率达86.7%,参检合格率为100%。注销各类企业41户。在年检工作中,重点检查了各企业前置审批手续是否齐全、有效、有无抽逃资金、伪造、出租、涂改、转让营业执照等现象,有无使用名称与核准名称不一致的企业。

【公平交易】 全年查处消费品市场一般违章案件137件,立案查处各类经济案件12件,结案11件,案值2.289万元,收缴罚没款2.7万元,没收的物品有:非法倒卖的化肥27.825吨,假冒卫生纸229刀,各种食品、饮料2 700袋(听、包、瓶),劣质白酒1.6吨,过期劣质药品30多件,收缴封建迷信活动“冥币”3034张。

【市场监督管理】 2001年,根据省、州工商局领导的部署与安排,金平工商局在市场监督管理方面做了以下工作:

1. 继续加强对粮食市场的监管;2. 对学校周边环境的整治;3. 开展对文化市场的治理整顿,开展“扫黄”、“打非”、清理电子游戏室工作;4. 整治和规范集贸市场;5. 协助有关部门开展成品油市场的整治;6. 开展对公众聚集场所消防安全的专项治理;7. 认真做好各类商品展销会的核准工作;8. 对各类市场进行登记注册,实现登记监督管理到位。

【个体私营经济监督管理】 截至2001年12月底,全县有个体工商户3 630户,从业人员4 579人,注册资金1 954.5万元,比上年同期分别增长18%、15%、14%。私营企业16户,从业人员229人,注册资金575.6万元,比上年同期分别增长12%、4.8%、17%。在大力引导发展的同时,加强对个体工商户和私营企业的监督管理,严格前置审批制度,开展清理无照经营工作,共查出无照经营户196户,督促办照182户,取缔14户,督促亮照23户,并对5户长期无照经营户进行罚款。

【广告商标监督管理】 广告监督管理重点以查处广告违法违规案件为突破口,切实解决群众反映强烈的性病广告、医疗、药品、保健食品广告等热点问题,全年没收违规广告520张,取缔无行医资格的个体行医户1户,收缴标值人币1 000元的药品及行医器械。

加强商标专用权的保护,以保护全国、全省驰名商标为重点,加大保护力度,打击商标侵权行为,支持县内企业申报云南省著名商标,对注册商标印制、生产、流通领域进行全方位监管,全年查处商标侵权案件1件,收缴各类商标标识12 600多张。

【消费者权益保护】 继续加强“12315”消费者投诉举报服务网建设,精心组织开展“3·15国家消费者权益日”宣传活动,全年共受理消费者投诉案件105件,解决103件,为消费者挽回经济损失4.68万元。

【法制工作】 1. 组织开展法律法规的宣传、咨询活动,重点宣传《反不正当竞争法》、《消费者权益保护法》;2. 组织全局干部职工开展“四五”普法工作;3. 搞好行政执法检查,加强对基层执法指导;4. 做好行政执法证和督察证的年度检验工作;5. 组织干部职工及部分个体工商户参加各类法律法规知识竞赛和党的知识竞赛;6. 我国加入WTO后,按照要求进行了对全局现行规范性文件的清理工作;7. 严把案件质量关,增强依法行政的准确性,注重案件核审,提高办案质量。

【2001年任职的局领导名单】

局　　长　张跃林
副 局 长　刘　勇
纪检组长　杨子雄

文山壮族苗族自治州

【工商行政管理基本情况】 2001年，是实施“十五”计划和深化体制改革、加强监督管理的一年。全州工商行政管理机关认真履行市场监督和行政执法职能，以整顿和规范市场经济秩序为中心，加强纪检监察和干部队伍建设；全系统干部职工认真实践“三个代表”重要思想，扎实有效地开展工作，促进了全州社会经济的健康发展。

1. 案件查处。2001年全州共查处各类经济违法违章案件1 151件，总案值132万元，罚没金额20余万元，捣毁各类黑窝点37个。

2. 企业登记注册情况。全州已登记注册内资企业4 403户，注册资本26.13亿元；个体工商户37 422户，注册资金2.70亿元；私营企业557户，注册资本4.94亿元。

3. 商标广告注册登记情况。商标注册达到324件；广告经营单位登记29户，年广告营业额241万元。

4. 市场登记情况。全州共有各类市场401个，其中：消费品市场292个、生产资料市场3个、商品展销会市场56个、自然形成的市场50个；消费品市场和生产资料市场成交总额达21.67亿元。

5. 全州共整治占道经营和以路为市的市场55个，并制定管理措施，建立市场管理责任制和考核办法，加强对市场的监管和迁移等工作，确保主干道的畅通。

【队伍和体制建设】 1. 工商行政管理队伍建设。全州工商行政管理系统共有干部职工1 140人，其中：在职干部职工882人、离休干部32人、退休干部职工226人。全年组织了形式多样的政策法规业务培训，主要是：开展“三个代表”重要思想学习教育活动，提高服务意识；组织学习江泽民“七一”讲话和十五届六中全会精神，增强政治理论和纪律观念；组织首次“四五”普法学习考试和三期《工商行政管理执法证》培训考试；批准和选送一大批业务骨干参加各类大专院校学习培训，提高文化水平和业务知识。在全州882名干部职工中，具有本科学历10人、大专学历241人、中专学历288人、高中学历219人、初中以下学历124人。

2. 工商行政管理干部教育管理。开展“作风纪律整顿月”活动，推进行风建设；严格规范工商行政管理执法人员的执法行为，实行办案三交叉；申请摊位实行排队和公开招标，证照办理实行“一审一核”制和窗口服务制；推行系统内干部轮岗制；严格执行财务管理“收支两条线”，严肃财经纪律；积极推行政务公开。在全州聘请了244名行风义务监督员，诚恳接受社会的监督。坚持“两手抓、两手都要硬”的方针，对干部提出“不允许不作为，也不允许乱作为”的严格要求。2001年共收到各种举报24件，受理10件；内部发现问题3件；立案查处8件；其中：贪污公款2件2人、受贿1件1人、违法行政1件1人、违反内部规章制度2件21人、刑事犯罪2件2人；在涉案人员中，被开除党籍2人、开除公职3人、辞退3人、移送司法机关处理5人、按内部规章制度处理21人、批评教育6人。开展“三乱”行为整治教育活动，严格依法行政，并提出“谁上路，谁下岗”和“谁三乱、谁脱装”的严厉要求，规范干部职工的监管和执法行为。

3. 工商行政管理体制建设。全州工商行政管理机构设置1个州局机关、8个县局机关、82个派出机构（基层工商所），担负着全州各类市场监督管理和行政执法工作；根据国务院和省政府《关于工商行政管理机关限期与所办市场彻底脱钩的通知》规定，全州工商系统迅速组建了专门领导机构，按照州人民政府批准的“政府领导、工商移交、个协接收、各方配合”实施方案，于2001年12月13日将所办的18个市场移交给文山州个体劳动者协会经营管理，实现了工商行政管理系统所办市场的机构、职责、财物、人员上的“四分离”。

【市场监督管理】 1. 把好市场主体准入关。坚决取缔无照经营394户，清理复查企业和个体工商户档案15 939户，责令办理变更登记146户，办理注销登记445户，责令整改447户，处罚85户，罚款2.39万元。有效地把好市场准入关。对236个市场进行年度检验，其中：合格235个，不合格、不予通过年检的市场1个。

2. 整顿和规范市场交易行为。全州出动执法人员15 940人次，车辆2 300台次，清理各类市场701个（次），查处商标侵权、假冒和伪劣商品案922件，案值109万元，罚没款16万元。查获假劣农药8.39吨、化肥20.51吨、种子146千克、粮食18吨；查获假冒伪劣食品8.60吨、香烟5.5万条、烟叶1吨多、烟丝1.5吨；收缴各种包装物154 243个、商标标识86万件等。检查肉食品生产加工和经销企业2 184户，依法取缔乱宰户72户，查处销售病害肉和注水肉经销商14户，没收病害肉2.02吨。开展鼠药市场整顿，对270多个乡村市场进行拉网式清查，捣毁制售剧毒鼠药窝点4个，收缴“三步倒”、“闻到死”等剧毒急性鼠药83 704瓶（袋），抓获制售剧毒鼠药违法人员7人，并移交公安机关处理。依法取缔市场上的赌博摊点18个，算命摊点36个；查获各种淫秽书刊243册，淫秽盗版VCD影碟812片及其它盗版VCD影碟2.53万片；收缴非法出版物和封建迷信书刊1 515册。开展广告市场整治，净化广告市场环境，监测报纸广告1 522条，收缴违法印刷品广告13.75万份，清除违法张贴性病广告8 000余张；捣毁非法印制印刷品广告窝点4个，责令停止发布违法广告585条次，收缴广告牌98块，整改不规范广告544条次，行政处罚13户，罚款4.42万元。

3. 整顿和规范市场竞争行为。首次介入电力、供水、供电等垄断性公用企业的监管执法。召开有独占地位公用企业负责人会议，组织学习《反不正当竞争法》等法律法规和政策，部署其开展不正当竞争和垄断经营的自查自纠工作；组织专项检查，规范公用企业的经营行为；立案查处不正当竞争案9件，案值19万元；查处传销案1件18人。

4. 机动车辆专业交易市场管理。按照"五个一"示范市场的要求，组织实施证照悬挂、商品标价、计量器具、购牌配戴四统一和划行归市、秩序良好的规范化管理。全年办理新旧机动车辆交易验证5 275份，其中新车3 736份、旧车1 639份；查处乱开发票、开假发票和超期验证等违法违章行为经营户63户，罚款1.31万元，维护了机动车交易市场秩序。

5. 整顿和规范市场执法行为。强化执法人员的管理和监督，规范行政行为，实施"三严格'七公开'一监督"制度。"三严格"即严格治政、严格执行收支两条线规定、严格管理制度。"七公开"即一是企业和个体登记注册、年检、验照的办事程序、条件、时限公开；二是市场管理、查处经济违法违章的内容、范围、处罚尺度公开；三是行政收费公开，全部实行亮证收费；四是公务纪律公开；五是工作人员身份公开；六是消费者投诉渠道公开；七是社会监督公开。"一监督"即是接受社会监督。从制度上进一步规范了工商行政管理执法人员的行政行为，取得了明显成效，并被省工商局在全省推广。

【消费者权益保护】 加强消费者权益保护，切实维护消费者合法权益。2001年设立"12315"投诉、咨询、举报服务台6个，消费者投诉站19个，消费监督站65个；受理消费投诉案件1 725件，均全部解决，为消费者挽回经济损失33万元；开展活动66次，接待来访、咨询人员56 981人次，印发宣传材料4.14万份；参与对商品和服务质量的监督检查349次，专项调查43次等，进一步提高了服务质量，热情为消费者服务。

【表彰先进】 1. 2001年受省委、省政府表彰的先进集体和个人。6月，广南县工商局被中共云南省委、省人民政府表彰为"一九九六年——二〇〇〇年云南省第三个五年法制宣传教育工作先进集体"。6月，州工商局李文昌同志被中共云南省委、省人民政府表彰为"三五"普法先进工作者。

2. 受省工商局表彰的先进集体。文山河滨农贸市场被省工商行政管理局命名为省级文明市场。

3. 2001年受州委、州政府表彰的先进集体和个人。6月，广南县工商局和砚山县工商局党总支分别被中共文山州委表彰为"文山州党的建设先进基层党组织"。6月，马关县工商局被中共文山州委、州政府授予"二七"扶贫攻坚先进单位。7月，丘北县工商局经州级文明单位复查验收领导小组复查验收为"州级文明单位"。8月，州工商局被中共文山州委、州人民政府表彰为"三五"普法和依法治理先进集体。8月，文山县工商局被中共文山州委、州人民政府表彰为"三五"普法和依法治理先进集体。9月，州工商局被州精神文明建设指导委员会授予"创建文明行业先进单位"荣誉称号。8月，文山县工商局被中共文山州委、州人民政府表彰为"三五"普法和依法治理先进集体。10月，州工商局沈凌、刘玉芳和文山县工商局唐明德同志在中国第三届特产文化节工作中，成绩突出，分别被中共文山州委、州人民政府表彰为先进工作者。11月，富宁县工商局被州人民政府授予抗洪先进集体荣誉称号。11月，富宁县工商局陈大慧同志被州人民政府授予抗洪先进个人荣誉称号。

【2001年任职的局领导名单】

局　长、党组书记　陈　勇

党组成员、副局长　叶树清　杨贵洪

文山县

【工商行政管理基本情况】 全局共有干部职工137人，监管着全县17个乡（镇）的48个市场、609户工商企业、9 883户个体私营经济企业。

【企业注册登记管理】 2001年培训217名企业法定代表人或负责人，对644户工商企业进行年度检验，办理工商企业开业登记50户、变更登记97户、注销登记106户。

【公平交易】 年内，出动人员2 730人（次），车辆256台（次），检查经营户1 450户。捣毁制假窝点7个，立案查处案件40件，案值总计26万元，处以罚款19.2万元。

【市场监督管理】 2001年，鉴证合同59份，金额5 087万元；检查合同3 512份，金额3.6亿元。对全县的35个制式市场进行年度检验，年检合格率97.14%。出动人员71人（次）、车辆8台（次），对全县的市场进行安全经营大检查。按规定办理粮食运销证23份，运销粮食276吨，取缔无证经营粮食户26户。

【个体私营经济监督管理】 全年对8 824户个体户进行验照，验照率达93.2%，注销278户；对115户私营企业进行年度检验，依法注销17户；清理涉及前置审批的3 233户个体户、87户私营企业，对1 047户发出整改通知。

【广告监督管理】 收缴非法印刷品广告9万张、小册子100本，查处违法广告195条，责令停止发布广告82条，清除乱张贴广告5 000张，捣毁3个非法印制广告窝点，处罚款2.32万元。

【消费者权益保护】 开展"3·15"宣传活动，发放宣传材料1 000多份，受理消费者投诉案件443件，调解成功率为100%，为消费者挽回经济损失21万元。

【商标管理】 加强商标使用的宣传教育，清查商标侵权案件和违法使用商标案件。

【法制工作】 组织普法教育和执法检查，全年审核一般程序案件26件，答辩复议案件1件，协助办案42件。12月份，将所属的三七市场等3个商品交易市场的人、财、物、机构与局彻底脱钩。

【2001年任职的局领导名单】

局　　长　兰利祥
副 局 长　叶淑华　卓秉文
纪检组长　魏　铭

砚 山 县

【工商行政管理基本情况】 砚山县工商行政管理局机关有职能科室8个，派出机构7个，全局共有干部职工124人，公务员103人，工人21人，其中：大、中专74人，占总人数的59.68%；高中33人，占总人数的26.61%。局机关有一个党组，一个党总支，共有党员61人，占总人数的49.19%。

【企业注册登记管理】 2001年认真规范市场主体进入规则，在登记过程中切实做到“三严格、三禁止”，严防不合格的主体进入市场。截至11月20日，经工商局登记注册的各类企业共有543户，注册资金2.41亿元。其中：法人企业161户、营业企业382户、有限责任公司18户、注册资本7 112万元，分公司28户、新登记注册20户、注销40户。

【公平交易】 2001年内共出动执法人员万余人次，车辆2 000多台次；对16个市场的3万多个门点、摊点进行检查。全年共捣毁制售假冒伪劣商品窝点21个，查处涉嫌案件941件，其中：立案119件，与上年同期相比增加41件，增长了52.56%；当场处罚案件822件，案值60.46万元，收缴罚款12.8万元。

【市场监督管理】 全年在市场上取缔赌博摊点9个、算命摊点18个，查获过期农药、化肥12 275瓶(袋)，淫秽盗版VCD影碟812片，其它盗版VCD影碟25 279片，封建迷信书刊244册，非法盗版的书刊160册。加强粮食市场的监督管理，对粮食市场中的违法行为进行专项整治。

【个体私营经济监督管理】 认真清理涉及前置审批的个体工商户档案4 680户，应重新核准登记注册的有1 314户。全县个体工商户应验照4 014户，实验照4 013户，验照率99.98%。私营企业应年检75户，实年检72户，参检率96%。在审验中，共清理无照经营户360户。全县实有个体工商户4 952户，从业人员5 943人，注册资金3 600万元；实有私营企业109户，投资人数487人，雇工人数2 246人，注册资金1.06亿元。全年新登记注册个体工商户498户，歇业注销449户，新登记注册私营企业32户。

【广告监督管理】 2001年，共清理非法印刷品广告15 469余份、店堂广告10块、布标21块、牌匾7块，查处案件21件，其中当场处罚17件，罚款5 700元。

【消费者权益保护】 在“3·15”活动期间，举办展览12场次，提供咨询服务50 000人次；现场受理投诉案件83件，解决52件；展出价值15万元的各种假冒伪劣商品60多个品种，并当众销毁。2001年，共受理消费者投诉案件570件，为消费者挽回经济损失2.62万元。

【商标管理】 2001年，局有关部门指导并帮助“砚山小粒花生油厂”和“砚山水泥厂”等4户企业办理了商标注册。

【法制工作】 2001年，全局加强执法培训，加强依法行政，切实保护生产经营者的合法权益。并组织干部职工参加“四五”普法考试，使干部职工掌握各种法律法规知识。同时，把3个自办市场整体移交给接收方(文山州个体劳动者协会)，完成了市场办管脱钩工作。

【2001年任职的局领导名单】
局　　长　李汝海
副 局 长　文丽萍　靳　强
纪检组长　黄试凤

西 畴 县

【工商行政管理基本情况】 西畴县工商行政管理局，有8个职能部门。全局人员87人，其中干部71人，工人10人(合同工5人)。

【市场监督管理】 1. 清查前置审批的企业，严格市场准入行为。清理企业档案422户，需前置审批的企业135户。清理个体私营企业档案2 522户，未办理前置审批手续的235户，现已全部办完。市场上共检查无照和证照不齐备经营户122户、超经营范围28户、改变经营地址未进行变更登记的5户、一照多店的7户，均全部补办了证照及变更登记。共出动执法人员568人次、车辆42台次。查处一般违法违章案件14件，案值11.08万元，罚没金额1.57万元。

2. 整治农资市场。共检查农资经销门点82户，取缔无证照农资经营6户，没收农药102.2千克，其中过期农药2.4千克，标识不清的农药1.8千克。

3. 食品市场的整顿。共检查食品门店、摊点834户，查处出生产、销售伪劣商品户32户、摊点834户，没收不合格塑料袋饮料1 915袋和过期方便面、土豆片、饼干、珍珠糖40余千克以及假冒春城烟300余包。净化了食品市场，保护了广大消费者的合法权益。

4. 开展避孕药具市场专项清理。共清理药具销售点51个，其中：销售合格产品的45个、销售过期变质、失效等不合格产品的6个。检查了避孕工具等18个品种，没收劣质避孕套68盒、长效口服避孕片9板、短效口服避孕片14板、妊娠诊断试剂19条、滴丸50板。

5. 清缴剧毒鼠药。共没收毒鼠强19 078瓶、氟乙酰铵2 093支、氟乙酰铵原料3千克、磷化锌1 658包、剧毒鼠药标印章1枚、防毒面具1套、鼠药标7 100份、空瓶2 000余个，捣毁非法制售剧毒鼠药窝点2个。

6. 规范商场和柜台租赁市场。共清查了出租方207户，其中：国营、集体企业18户、私营企业1户、个体工商户1户；承租方135户，均按有关规定办理了变更手续和营业执照。

7. 整治文化市场。对全县53户电子游戏室、歌舞厅、网吧、录像室进行了清理，共清理无照经营户15户，处罚了4户。

8. 查处商标侵权和广告违法行为。共检查清理专卖(营)店经营户6户、汽车修理户29户，查处非商标印制企业、个体户38户，收缴非法广告印刷品7种

3 960 张,无证游医医疗广告布标一块,当场强制撤出布标10块。登记审查临时广告18户。

9. 开展"反垄断、反封锁"活动。以电力、保险、供电、供水具有独占地位的公用企业为重点,安排企业进行自查自纠,对社会影响大、群众反映强烈的垄断经营,限制其竞争行为和强制其服务行为。

10. 食品加工行业的清查。对全县生猪屠宰和肉食品市场进行检查。检查屠宰厂2个,肉食品加工点9个,查获销毁没收病猪肉100多千克。检查酒类加工企业(含个体户)32户;饮料加工户21户。

11. 开展公共场所的消防安全专项检查。共检商场、市场17个。

12. 整治学校周边市场经营环境。共检查乡(镇)学校及幼儿园27所,各类摊(店)42个,取缔无照经营3户,立案查处1户,限期整改2户,通过清理整治,净化了学校周边的市场经营环境。

13. 清理宾馆酒店中的餐饮、卡拉OK及歌舞娱乐、桑拿按摩洗头健身等附属经营。检查宾馆酒店6户,均办理了个体执照。

【企业注册登记管理】 2001年,登记注册各类工商企业397户,比上年同期减少25户,下降5.92%;注册资本(金)2.03亿元,比上年同期增加86万元,上升0.42%,其中:法人企业101户,与上年同期持平;营业企业296户,比上年同期减少25户,下降7.8%。国有企业174户(含营业企业),比上年同期减少13户,下降6.95%;集体企业189户(含营业企业),比上年同期减少25户,下降59.52%;注销企业42户,比上年同期增加17户,上升68%。处罚企业18户,其中:警告5户、罚款13户,罚没金额1 300元。对424户企业进行了检查,实检412户,占应检数据的97.17%。年检中办理注销登记39户,办理变更登记的58户,新登记注册企业5户。

【个体私营经济监督管理】 全县共登记注册个体工商户2 638户,从业人员2 917人,注册资金2 029.4万元,其中:新发展364户、从业人员396人、注册资金550.9万元。全县共有私营企业25户,从业人员614人,注册资金2 452.7万元,其中:新发展5户、从业人员83人、注册资金1 397万元。

【消费者权益保护】 全年受理消费者投诉案件142件、调解成功率100%,为消费者挽回经济损失8 667.7元,有效地保护了消费者的合法权益。

【公平交易】 2001年鉴证各类合同33份,金额1 308万元,其中:建设工程承包合同25份,金额1 034万元;借款合同7份,金额264万元;其他合同1份,金额11万元。鉴证合同严格按《合同鉴证办法》的有关规定办理。检查合同185份,金额1.33亿元;办理动产抵押合同4份,金额3 750万元,抵押物价7 286万元。

【法制工作】 共培训企业管理人员349人,个体工商户2 260人,干部队伍90人次,核审案件达到事实清楚,证据充分,定性准确,手续完备、处理恰当,共核审案件14件。

【思想建设】 积极开展江泽民总书记"三个代表"重要思想学习教育,并结合国家工商总局"作风整顿"活动的有关精神,进一步提高了干部队伍的政治素质,转变了工作作风。通过学习,广大干部职工受到了一次深刻的马克思主义理论教育,思想上有了明显提高,政治上有了明显进步,作风纪律明显改善。

【2001年任职的局领导名单】

局　　长　程联斌
副 局 长　熊兴祥　王朝科
纪检组长　吴　锟

马关县

【工商行政管理基本情况】 马关县工商行政管理局内设8个职能部门。系统共有干部职工112人。其中干部102人,以工代干人员10人。

【素质教育】 开展"三个代表"重要思想学习活动,"学习培训、对照检查、整改提高"三个阶段学习圆满完成,顺利通过县委"三学办"的检查、考核。

【广告监督管理】 指导7户商标登记注册。全年共办理12户广告的发布工作;查处违法广告案件3件。散发广告宣传材料5 000余份。

【企业注册登记管理】 2001年办理新开业企业登记注册59户,注册资金1 060万元,注销152户。年末全县实有各类工商企业469户,注册资金1.8亿元。

【公平交易】 共鉴证各类经济合同280份,金额3 133万元,履行率100%;受理并调解合同纠纷案5件,调解金额35万元;办理动产抵押登记14件,抵押金额6 687万元。通过评选,推荐了28户企业由县人民政府命名的"重合同、守信用"企业。

【个体私营经济监督管理】 2001年,新发展个体工商户1 022户,从业人员1 199人,注册资金610万元;新发展私营企业53户,从业人员375人,注册资金2 327.8万元。全县实有个体工商户5 430户,从业人员7 296人,注册资金2 320.8万元;私营企业83户,从业人员887人,注册资金3 524.8万元。2001年中,拨款3 442元扶持边远贫困山区个体户,为239户残疾、特困户、下岗职工减免工商管理费4.45万元。

【市场监督管理】 2001年,出动车辆106台次,人员593人次,对各类市场、门店进行专项检查、整治;收缴假冒伪劣商品、过期变质食品、剧毒鼠药等16个品种,标值达6万余元,罚没金额2.28万元。受理消费者投诉案件411件,调解案件411件。为消费者挽回经济损失4.8万元。

【扶贫助学】 认真实践"三个代表",心系扶贫点,为群众办好事、办实事,投入资金6 000元为新寨小学新建饮水池;

投入资金5 000元用于新(寨)花(坝)公路修建;投入资金3 000元,帮助新寨村群众发展亚麻生产。做好“一帮一”扶贫工作,全系统干部自觉资助贫困户衣物、现金、化肥、种子等物折价6 000余元;把自发捐款5 832元送到富宁灾区。

【2001年任职的局领导名单】
局　　长　秦　华
副 局 长　陈显勤　尚承凤
纪检组长　李兴荣

丘北县

【工商行政管理基本情况】　全局有干部职工88人,其中:大专以上22人、中专和高中程度53人、初中以下13人,有党员52人,离退休人员33人。县局设立党总支委员会,下设6个党支部,内设机构10个,派出机构5个。挂靠在工商部门的机构3个。

【企业注册登记管理】　2001年,注册登记的企业有276户,其中:国有企业133户,注册资金6 300万元;集体企业96户,注册资金1 989万元;联营企业2户,注册资金105万元;有限责任公司45户(其中分公司29户),注册资金5 234万元。

【市场监督管理】　年内被评为州级文明市场1个,县级文明市场4个。查处农资违法案件31件,查获非法经营的化肥112.38吨,种子2.223吨,劣质化肥24.1吨,假杂交玉米种子193千克,农药1 347瓶。立案查处假冒商标和伪劣商品案件8件,其他违法违章案件11件;端掉制假售假窝点3个,查获“三无”食品、饮料9 957包(瓶),假蜂密70千克、劣质化妆品325包、假冒鸡精396包、假调料170千克,不合格汽车缸套22个、制假工具2台,假冒劣质洗衣粉5 110千克、洗洁精120瓶、超期失效饲料2.5吨、假冒卷烟945包,收缴剧毒鼠药4 226包,原料13.5千克,包装瓶8 000余个,标签4 835张。

【个体私营经济监督管理】　全县个体工商户有4 019户,从业人员4 429人,注册资金3 291.2万元;私营企业40户,从业人员72人,注册资金4 689.8万元。

【广告监督管理】　重点整顿性病广告、店堂广告以及其它各种户外广告,拆除非法广告367条(块),进一步规范了全县广告业的管理。

【消费者权益保护】　设立“12315”投诉中心和举报服务台;在各乡镇设置投诉、举报箱20个。全年共受理消费者投诉案件228件,为消费者挽回经济损失5万余元。

【法制工作】　结合“四五”普法教育,有计划、有步骤的开展法律、法规的学习和培训,组织全局干部职工参加全省统一组织的工商行政管理法律知识考试,进一步提高执法人员的水平。

【2001年任职的局领导名单】
局　长(党组书记)　赵　勇
副 局 长　居培斌　李永奎
纪检组长　余学林

广南县

【工商行政管理基本情况】　广南县工商行政管理局设8个职能部门。全系统干部职工117人(其中:男96人,女21人),大专生29人,中专生44人,高中生35人,初中生9人。

【企业注册登记管理】　全县注册登记各类企业共有537户,注册资金2.37亿元。

【公平交易】　2001年,捣毁制假售假窝点5个,立案查处经济违法违章案件73件;没收劣质棉絮804床、假冒真丝棉被45床、影碟机4台、农药8 257瓶、“梦真”葡萄酒740瓶、白药24瓶、消炎止血创可贴81盒、饮料4 713瓶、卷烟2 018条、油漆128瓶(桶)、铅笔3 018支、非法出版物1 024册、剧毒鼠药79 794瓶(支)、制鼠药用原料58千克、装鼠药用包装物4 000个、手机电池36块、手机3部、印刷品广告15 000份、石林运动鞋24(双)、《营业执照》复印件2份。

【市场监督管理】　以整顿规范市场秩序为契机,组织开展“两节”市场、农资市场、药品市场、家电市场、电信市场、食品市场及学校周边经营环境的专项整治等12次,净化了市场环境,维护了市场秩序,全县还核准注册广告经营单位2户,注册商标18件。

【个体私营经济监督管理】　全县核准注册登记个体工商户3 619户,从业人员4 791人,注册资金2 620万元;核准注册登记私营企业35户,从业人员(含投资者)96人,注册资金2 220万元,雇工486人。

【经济合同管理】　鉴证各类经济合同27份,合同金额为1 333万元;积极开展“重合同,守信用”活动,有18家企业被广南县委、县人民政府授予“重合同,守信用”企业。

【消费者权益保护】　围绕“绿色消费年”主题开展“3·15”宣传活动,开通“12315”投诉电话。受理消费者投诉案件231件,为消费者挽回经济损失2.66万元。公开销毁一批价值20万元的假冒伪劣商品。

【法制工作】　加强市场监管法律法规宣传,制作法制宣传专栏4期;核审一般程序案件73件;积极参加普法考试42人,及格42人。在普法工作中,通过检查验收被省委、省政府授予“三五”普法先进单位。

【重大事件】　12月7日,省工商局何远灿局长等领导一行深入广南县工商局调研、检查指导工作;12月11日,举行市场办管脱钩移交仪式。

【2001年任职的局领导名单】
局　　长　岳万坤
副 局 长　季　菲　农应存

纪检组长　杨　勉

富宁县

【工商行政管理基本情况】 富宁县工商行政管理局现有干部职工83人，具有大专文化以上24人，中专28人，高中7人。局机关设9股1室，下设10个工商所，负责全县15个乡镇的工商行政管理工作。

【企业登记注册管理】 全县应年检企业460户，参检438户，年检率达95.2%，对不按时参检的8户企业，罚款3 300元。

富宁县依法注册登记各类企业472户，注册资本1.00亿元，其中：国有企业185户、集体企业208户、联营企业9户、合作制企业10户、有限公司60户，与上年同期460户相比上升2.61%。

【市场监督管理】 2001年，在市场巡查工作中，共查处各类一般违法违章案件306件，罚没款共计4 420.70元。全年共查处各类违法违章案件36起，查获各类假冒伪劣商品49种5 380包（瓶、块），总案值23.05万元。

【个体私营经济监督管理】 全年共查处无照经营168户，超范围经营6户，未参加年检5户，擅自改变登记事项18户，被罚款5 800元。全县依法注册登记的个体私营企业总户数为4 563户，从业人员6 830人，注册资金6 778万元。

【广告监督管理】 对全县发布的各类广告进行专项清理整顿，共收缴非法印刷广告32 804张（块、条），罚款600元。遏制了非法发送、张贴、悬挂户外广告的行为，初步规范了广告市场。

【消费者权益保护】 全年共受理消费者投诉案件390件，挽回经济损失6.81万元。查处因欺诈行为加倍赔偿金额3 200.20元。

【法制工作】 根据省工商局《2001年全省法制工作意见》的指示精神，围绕“绿色消费”为主题，采取多种形式，广泛宣传各种法律法规，一年来共发放宣传材料33 100份；同时进行法律法规培训，共举办培训班3期，参训人员128人次，审核各类行政案件37件，案值7.71万元。

【其他重大事件】 2001年，富宁县先后发生了“7·3”和“8·25”特大洪灾，给人民生命财产造成巨大损失。为把洪灾造成的损失降到最低限度，全局干部职工积极响应党委、政府的号召，全身心地投入到抗洪救灾工作中去。一方面组织力量清理城北、城南两个集贸市场及街道的淤泥；另一方面积极组织货源，确保市场供应，并加大市场监管力度，打击市场上哄抬物价等扰乱市场经营秩序的违法违章行为，做到抗救灾和市场监管两不误，确保灾期市场物价稳定和正常运转。同时深入受灾个体户、私营企业调查了解灾情并进行慰问，号召全体干部职工向灾区人民捐款捐物，帮助受灾群众渡过难关，尽快恢复生产，重建家园。2001年11月23日，在文山州人民政府召开的全州抗洪救灾表彰大会上，富宁县工商局被文山州政府授于“抗洪救灾先进集体”荣誉称号，陈大慧和王光荣两位同志分别被州政府和县政府授予抗洪先进个人荣誉称号。

【2001年任职的局领导名单】
党组书记、局　长　　黄仕文
党组成员、副局长　　黄家文　杨云玲
党组成员、纪检组长　陈大慧

麻栗坡县

【工商行政管理基本情况】 全局有干部职工74人，其中：党员28人，女干部职工21人，占28%，少数民族26人，占35%，大专以上23人，占31%；平均年龄32岁。下设8个工商所，13个股（室）。

【企业注册登记管理】 全县登记注册企业409户，注册资金1.083亿元。以企业年检工作为重点，加大对企业的监管力度，共查处企业违法违章案件18件，维护了正常的市场经济秩序。

【公平交易】 全力开展整顿和规范市场经济秩序工作，全年共立案查处违法违章案件43件，案值12万元，罚款2.5万元。

【市场监督管理】 为切实加强市场监督管理工作，对全县农资市场、成品油市场、文化市场等进行了清理整治，共查处各类违法违章案件280件，罚款3.2万元。同时还加强合同监管。2001年共办理合同鉴证35件，合同金额2 066万元；办理财产抵押登记7份，抵押物价值2 881万元，调解合同纠纷8件，争议金额1.7万元，查处违法合同1件，案值15万元。

【个体私营经济监督管理】 全县注册的个体工商户达2 628户，从业人员4 482人，注册资金1 972万元；私营企业31户，从业人员550人，注册资金2 970万元。

【广告监督管理】 在全县范围内开展对医疗、药品、保健食品广告的专项整治，共出动执法人员300人次，收缴非法印刷品广告1 200余份，拆除户外广告117条（块），查处违法案件11件。

【消费者权益保护】 为切实维护广大消费者的合法权益，县消委会充分利用一年一度的“3·15”宣传活动，大力宣传《消费者权益保护法》、《产品质量法》等法律法规，提高了消费者的自我保护意识，2001年共受理消费者投诉215件，挽回经济损失3.1万元。

【商标管理】 全县注册商标17件。一年来共查处商标侵权违法案件5件，罚款2万元。

【法制工作】 为提高执法人员素质，规范执法行为，严把案件审核关。一是在各工商所设专职法制员，负责辖区内法律法规的宣传和案件初审。二是结合“四五”普法工作，组织系统干部职工学习了《公司法》、《合同法》等法规，同时举办培训班培训个体工商户和企业管理人员共918人次。

【2001年任职的局领导名单】

党组书记、局　长　　邓朝荣

党组成员、副局长　　贺成艳　辛良金

党组成员、纪检组长　徐晓文

思茅地区

【工商行政管理基本情况】　思茅地区位于云南省西南部与缅甸、越南、老挝接壤。区内有国家级口岸1个,省级口岸2个,陆路通道18条,是云南建立国际大通道的重要地区。

区工商行政管理系统机构设置有157个,其中:地局机关1个,县(市)局机关10个。地局机关设有8个科室,1个经检大队;县(市)局机关设有71个股室,10个经检队;全区设有56个工商所。全区在职人员731人,其中:干部643人、工人88人。大专以上354人,占总人数的48%,中专、高中262人,占总人数36%,初中以下115人,占总人数的15.7%。

【企业登记注册管理】　全区企业登记管理工作,按照全省工商行政管理工作会议精神及《2001年全省企业登记管理工作要点》,坚持以经济建设为中心,以服务改革发展为己任,严把市场准入关,充分发挥企业登记管理工作的职能作用,为国有企业建立现代化企业制度取得了进一步发展。

全区截至2001年11月30日,在册各类工商企业达4 685户,注册资本263 647万元,其中:法人企业1 263户、营业性企业3 422户,国有企业1 756户、集体企业2 219户、联营企业11户、股份合作制企业132户、有限责任公司211户。

思茅地区经省工商局核准办理注册登记的外商投资企业共有38户,投资总额8 069.21万美元,注册资本4 162.32万美元,其中:法人企业33户、营业性企业4户、办事机构1户、中外合资企业21户、中外合作企业1户、外商独资企业14户。

【公平交易工作】　全区公平交易工作以认真贯彻落实"整顿和规范市场经济秩序"为重点,切实围绕打击伪劣、走私、贩私、垄断、限制、传销、变相传销、假冒、仿冒、误导、欺诈等违法违章行为。取缔无证照经营为主要内容,大力加强专项整顿和阶段整治工作,认真、及时、有效地开展"红盾打假护农"行动和农资市场专项检查工作。会同公安、文化、新闻3家单位对全区出版物和盗版物,特别是盗版软件及"法轮功"反动书(画)刊进行了整治。根据国务院、国家总局和省局的指示精神,开展"清理取缔废旧汽车回收拆解、拼装汽车专项行动",确保经济秩序健康发展。以打破地区封锁和部门、行业垄断为重点、难点,大力查处不正当竞争行为。为维护全区市场经济秩序,促进经济健康有序的发展取得了一定的成绩。

全年,全区查处各类经济违法违章案件1 027件,比上年同期案件总数上升84.3%,其中:立案查处94件,比上年同期下降12.96;没收金额14万元,比上年同期上升27.27%;罚款金额15万元,比上年同期上升114%。取缔无照经营15户,捣毁窝点2个,移送司法机关1件。

【市场监督管理】　市场监管工作按照《国务院关于整顿和规范市场经济秩序的决定》,开展市场检查为重点,全面整顿和规范市场经济秩序。

元旦、春节、五一节、国庆节进行了认真的清理整顿,开展了鼠药市场专项检查。对学校周边饮食摊点进行了专门检查。市场登记年检工作,应检数178个,年检率为100%。按党中央、国务院及省政府要求,在12月10日前,全区4个自办市场全部进行了移交签字。全区工商部门管理机关共鉴证合同235份,金额40 396万元。本年度全区工商部门共办理企业动产抵押登记85份,抵押物价值69 988万元,被担保合同金额46 026万元。办理抵押变更登记5份,抵押物价值616万元,主债权338万元;办理注销登记11份,抵押物价值5 947万元,主债权金额2 990万元。全年共办理登记12份,抵押物价值5 896万元,主债权3 728万元。2001年全区共评出重守信企业30户,比上年上升了100%。

【个体私营经济监督管理】　全区个体私营经济监督管理工作以"三个代表"重要思想为指导,认真贯彻落实全省第二次个体私营经济工作会议精神,切实加强对个体私营经济的引导和监督管理,促进了全区个体私营经济持续、稳定、健康地发展。

截至12月底,全区城乡个体工商户共有31 480户,从业人员49 051人,注册资金33 288万元,总产值16 019万元,销售总额或营业收入90 999万元,社会消费零售额88 021万元。全区私营企业发展到413户,从业人员10 608人,注册资金40 774万元,销售总额或营业收入25 126万元,社会消费品零售额35 300万元。个体工商户、私营企业1～11月共向国家缴纳税金10 273万元。

全年,共查处个体工商户有违法经营行为1 712户,处罚个体工商户123户,罚款金额11.26万元。共清理无照经营1 020户。

【广告监督管理】　全区共有广告经营单位57户,从业人员310人,其中新发展2户,广告营业额317万元。2001年户外广告发布十分活跃,全区共发布布标广告2 100余条,各类墙报小广告12万余条(次),路牌、灯箱广告5 150余块。

广告监督管理工作中对广告经营单位进行年度检验,应检55户,实检52户,参检率为94.55%。开展了对医药、医疗不良广告的专项检查。共检查门点276个,清除药品、医疗不良广告1 650条;没收违法药品、医疗广告5万余份;

没收过期药品及国家规定停用药品等284盒(件)。全区共出动了1 120人(次),出动车辆86辆(次),对全区乡、镇以上的街道进行全面检查清理,对310个药品、医疗门店,168个店堂进行重点检查。共没收各类小报、小传单广告7万余份,收扣药品21盒,清理拆除各类违法违规广告22 101张(块),责令限期补办手续的临时性广告286条(块),对1户发布违规广告给予警告处理,对7起发布违法广告给予罚款处理。对广告经营单位实行重点监测,2001年全区共重点监测广告7 674余条(次),监测中发现有违规广告102条(次),给予纠正处理。对2户发布虚假广告的经营单位给予罚款4 000元处理。

【消费者权益保护】 认真开展“3·15”暨“绿色消费年”主题活动。全区进行市场检查46次,出动车辆69台(次),参检人员276人,检查门店3 662人,涉及215个品种。在思茅电视台开辟“相约3·15”栏目,在《思茅报》开办“3·15”专版,举办了一台丰富多彩的文艺晚会。全区设立宣传咨询服务点56个,提供咨询服务23 293人次,散发宣传材料54 270份,制作宣传标志46个。

认真开展“2001年第三届云南省消费者喜爱商品”评选活动。全区共推荐申报了8个品牌的产品。为此,思茅地区消委会荣获了省消委授予的组织三等奖。

认真开展“百城万店无假货”活动。全区各级消委会与宣传、工商等部门共同开展“百城万店无假货”示范店、示范街活动。

认真受理消费者投诉,为消费者排忧解难。一年来共受理消费者投诉案件311件,解决295件,解决率为94.9%;挽回经济损失24.24万元,支持消费者起诉案件2件。接待来访接受咨询2 216人次。

【商标监督管理】 全区共有有效注册商标235件,其中:2001年新注册的有效商标20件、申请注册商标9件。全区共有商标印制单位20户,经过培训取得商标印制资格证的有29人。经过清理审核具备专卖(营)店已纳入登记管理的有53户。

全区商标监督管理人员共深入企业157户267人(次),为企业提供法律及业务咨询126次。

为了维护商标市场经营秩序,保护品牌商标的专用权,5月份,开展了商标维权月活动,主要整治规范专卖(营)店及商标印制单位等经营秩序。全区在整治月活动中共投入316人(次),出动车辆56辆(次),共检查467个商店(印刷单位、打字、复印门店)。对符合条件专卖(营)店的56户纳入登记管理,对发现不具备专卖(营)店103户,分别给予限期纠正。

【法制工作】 区各级工商机关的各级法制机构按照省局《2001年全省法制工作意见》的要求和安排,开展了加强法制机构建设,规范执法人员主体资格,强化行政执法监督等各方面工作。1. 加强法制机构建设,明确法制机构职责。2. 加强业务学习,提高人员素质。全区认真开展了“工商法规学习年”活动,到11月底,共组织全区认真地学习了9部主要法律和相关的法规、规章,进行了8次考试。3. 全面开展执法检查,严格实行执法监督。按照省局的要求,地局对全区工商行政管理系统的行政执法进行全面的检查。对企业登记管理、个体登记管理、市场管理、商标管理、广告管理和行政执法监督等各方面进行了全面的检查。4. 组织申领行政执法证,规范执法人员主体资格。5. 推行执法责任制,加强行政执法监督。按照省局建立分级评议考核制度,促进职责落实到位的要求和地区推执办《关于在全区推行执法责任制试点工作安排意见》的要求,认真地对现行有效的工商行政管理法规进行了清理、汇编,明确了各内设执法机构的职责、权限,草拟和组织各业务科室与局领导签订执法责任状,为保证执法责任制的落实结合省局的“四个办法”制定了7个配套的规章制度。6. 调查研究、积极建议、参与立法。法制科组织各县(市)工商局消协的工作人员收集建议,按时报送给省局《云南省消费者权益保护条例》调研组。7. 严把案件核审关,保证正确实施处罚。

【2001年任职的局领导名单】

党组书记、局　长　杨建宏
党组成员、副局长　李忠平　雷　洪　孔照文　张治国

思茅市

【工商行政管理基本情况】 全局机关内设8个科室,下设5个工商所,1个经济检查队,挂靠2个群众团体(市个体劳动者协会、市保护消费者权益委员会);局设1个党总支,下设4个党支部。全局共有在职人员88名,离休人员4名,退休人员5名。

【企业注册登记管理】 全局在开展企业注册登记管理过程中,严把市场准入关,截至2001年11月30日,登记注册的各种各类企业443户,注册资金24 756万元,其中:法人企业151户、营业性企业292户,依照《公司法》规范注册的公司46户,注册资金14 022万元。

【公平交易】 2001年,全局不断加大执法力度,强化对市场准入行为、市场反不正当竞争行为、市场交易行为和市场监管执法行为的规范管理,全年依法查处各类违法违章行为共45起,其中:立案查处23起,查结21起;使用简易程序处罚22起,全年累计没收和执行罚款5.4万元。

【市场监督管理】 2001年通过加大市场监管力度,整顿和规范市场交易行为,促进了城乡集市贸易的繁荣和物价稳定。据统计,全年集市贸易成交量达39 940吨,成交额2.63亿元,分别比2000年上升11.35%和10.82%。

【个体私营经济监督管理】 全局积极鼓励和支持个体私营经济发展,全市在册个体工商户5 488户,从业人员8 368人,注册资金4 573万元;私营企业发展到142户,从业人员1 732人,注册资金11 514万元。2001年度,全市个体私营

经济向国家依法纳税2 344万元，约占全市财政收入的25%。

【广告监督管理】 全局在严格对辖区内21户广告经营单位进行资质年检的同时，依法审批登记户外广告112项，计17 473条；清除违法广告310条、非法印刷品广告63 000余份、外贴非法性病广告7起，违法布标广告2起，维护了良好的广告市场秩序。

【消费者权益保护】 工商局进一步完善"12315"投诉举报网络，积极受理消费咨询和投诉，全年共接待电话、来人咨询334人(次)，受理消费者投诉案件46件，解决45件，解决率为97.8%，挽回经济损失5.32万元。

【商标管理】 全局主动调整职能，建立完善商标档案，严厉查处假冒商标和商标侵权行为，对全市39户专卖(营)店进行清理整顿，进一步确认了专卖资格。

【法制工作】 抓好法律法规的学习、宣传、教育和培训，组织开展了"工商法规学习年"活动，举办了"一旬一案例"办案培训，同时强化执法，认真推行执法责任制，层层签订执法责任状。

【精神文明建设】 一年来，全局广泛开展了"三个代表"重要思想的学习教育活动，深入学习江总书记"七一"重要讲话和十五届六中全会精神，积极开展创建文明单位活动，城南、城北两个工商所被市委、市政府评为"市级文明单位"，同时，两个所也被共青团思茅市委评为"青年文明号"。

【2001年任职的局领导名单】

局　　长　张治国

副 局 长　刀祖应　杨忠华　李　江

纪检组长　王有权

镇沅彝族哈尼族拉祜族自治县

【工商行政管理基本情况】 2001年底前，设10个股室，7个工商所；有干部55人，其中：男36人，女19人。党员19人，团员2人；大专以上32人，中专14人，高中7人，初中1人，小学1人。全县共辖2镇9乡16个片区。

全局有三菱车1辆，北京吉普车1辆，市场巡查车1辆。

【企业注册登记管理】 2001年以前，全县有各类工商企业341户，其中：法人企业113户、营业性企业228户。2001年企业年检率为100%。为帮助基层工商所建立企业经济户口档案的管理和加强对企业的监管工作，对全县各企业负责人进行了专门的培训。

【公平交易】 全年共没收非法经营化肥46.45吨、农药28.8千克。查处劣质化肥7.3吨，案值6.88万元。国庆中秋专项整治中，共查处各类违法经济案件33件，其中：立案查处6件，案值达23.33万元，罚没金额为2.18万元。

"五一"节专项检查中，出动50人次，检查大小门店401个，查获过期商品40个品种，价值千余元；取缔学校周边流动摊点11户；收缴剧毒鼠药6个品种10.69千克。查处报废汽车回收企业1个、汽车配件经营3家、摩托车经营店10家、废旧金属收购点6家，对非法经营废旧汽车收购企业进行了处罚。

【市场监督管理】 在整顿和规范市场经济工作中，积极配合公安、文化、农牧、卫生、质监等部门开展各项治理工作。在三大节日巡查中出动300余人次，检查企业、个体工商户2 800余户，收缴各类过期变质商品48个，总价值2.22万元。

【个体私营经济】 由于县委、政府重视个体私营经济的发展，同时出台了相关政策，到2001年底止，全县个体工商户已发展到1 847户，从业人员2 273人，注册资金1 940万元。并对全县个体工商户经济户口档案重新按片区、行业设立了管理卡和迁出迁入联系卡。2001年，个体工商户向国家上缴税金达387.2万元，占全县财政收入的12.6%。经营者中大专以上文化的17人，高中、中专424人，占从业人员的20%。

【商标广告管理】 2001年根据《镇沅彝族哈尼族拉祜族自治县关于强化广告监督管理规定》的有关规定，对未经审批登记而乱贴、乱发、乱印制的各类广告进行清理规范，在整顿规范中取缔了1户无医疗广告发布审批而发布医疗广告的单位，拆除药品广告牌4块，横幅1条。

在商标维权活动中，清理规范了各类专营、专卖、专修店，同时对其资格进行审定。

【消费者权益保护】 在县委、政府的大力支持下，全局自上而下地开展消费者权益保护工作，开展以"绿色消费"为主题的宣传活动，印发各种宣传材料2 000余份，为消费者提供咨询1 000余人次，制作宣传栏6个，发布消费警示40余条；开通了投诉电话，接受消费者投诉案件25件，调解23件，调解率为97.5%，挽回经济损失6万余元。

【法制工作】 根据上级工商机关要求和当地党委、政府的安排，镇沅县工商局认真开展推行执法责任制工作。2001年共清理登记有效工商法规117个，建立规章制度6个，签订执法责任书13份。同时认真组织全局干部职工参加地区"工商法规学习年"9个法律、13个法规的学习考试，合格率达100%。

对各股室报送的7起案件进行严格的审核，严把案审关，7起案件均未出现上诉等情况，确保行政执法的严肃性和有效性。

【大事记】 1. 初步实现了与地局财务电算化管理和政务信息网上传输。2. 全局开展"工商法规学习年"活动。3. 获思茅地区宣传、信息工作三等奖，三章田工商所王学智获个人二等奖。4. 全县7个工商所共16个经济片区，推行经济户口片区管理模式。5. 全局精神文明建设目标确定在创建"省级文明单位"。6. 镇沅县工商局恩乐工商分局(原城关工商所)被恩乐政府授予优秀站所荣誉称号，被镇沅县委、县政府授予文明单位。7. 向从事工商工作20年以上的8位“老工商”颁发由国家工商总局签发的荣誉证书。8. 省经检处李处长到镇沅进行工作检查和机构改革工作的调研。10. 完成与所办市场“办管脱钩”工作。

【2001年任职的局领导名单】

局　　长　杨波

副 局 长　卫大昌　李新祥

纪检组长　石　梅

普洱哈尼族彝族自治县

【工商行政管理基本情况】 2001年全局共有干部职工72人，平均年龄34岁；党员干部35人占49%，大中专43人占60%。全局设9个职能部门，派出机构11个。

普洱工商局自成立以来，多次受到地区工商局、县委政府的表彰，2000年被思茅地区行署授予“精神文明”单位，2001年全局创建“文明系统行业”并通过验收。

【思想建设】 认真组织开展“三个代表”重要思想学习活动，努力实践“三个代表”重要思想，通过“三个代表”重要思想学习，全局职工在思想上得到根本转变，工作效率得到提高，服务意识得到增强。

【法制工作】 组织全体干部职工开展工商8个主体法的学习活动，提高广大干部职工业务知识水平，增强综合监管能力，适应形势发展需要。并通过了县精神文明委员会验收。推行片区管理责任制，建立片区经济户口。按地区工商局实行片区管理责任制的安排，全局所有基层工商所开展了建立片区经济户口、实行片区管理责任制，将管理职责划片、划段、分组落实到每位具体责任人，实行责任到人、任务到人，强化了监管，促进了职能到位。

【注册登记管理】 全县有集贸市场9个，个体私营经济3 220户，工商企业522户，注册商标24个。

【市场监督管理】 认真组织落实各项监管职能工作，维护市场经济秩序。2001年查处各类经济案件91件，案值7.26万元，没收金额1.37万元，罚款1万元。查处非法经营化肥2吨、食品610千克、化妆品6 106袋(瓶)、鼠药9 380袋(瓶)、鼠药配剂19.6千克，无线市话手机44部、农药970瓶、卫星地面接收设施17套，收缴违法黄色书刊60册，资牌音录相带648盒，取缔无证经营96户，调解消费者投诉案件47件，挽回经济损失4万余元。

【2001年任职的局领导名单】

局　　长　王启文

副 局 长　张应文　郭应明

纪检组长　兰明勇

景东彝族自治县

【工商行政管理基本情况】 全县工商系统121名干部职工中，有65人取得大专以上学历，还有18人正在学习深造，为市场监管和行政执法奠定了基石。

【企业注册登记管理】 多年来，县工商局依法鉴定各类市场主体的经营资格，把好市场准入关。截至2001年底，共登记注册企业518户，注册资本30 331万元；个体工商户4 274户，注册资本30 923万元，从业人员5 168人；私营企业45户，注册资本3 276万元，雇工1 236人；发展注册商标16件。

【市场监督管理】 为净化城乡市场，繁荣地方经济，工商局在全县46个集贸市场范围内积极开展了“有事找工商，满意在市场”和创建文明市场等系列活动。2001年，查处各类虚假、淫秽印刷品广告26 100份，取缔非法设置牌匾22块，查处各类违法违章案件415件，案值15.8万元，为消费者挽回直接经济损失3.93万元。全县共有地级文明市场5个，县级文明市场12个。

【法制工作】 与时俱进，开拓创新。2001年，全局卓有成效地开展了“工商法规学习年”活动，被中共云南省委、云南省人民政府授予“三·五”法制宣传教育工作先进集体。

【2001年任职的局领导名单】

局　　长　王成贵

副 局 长　杨明兰　李应华

纪检组长　李　兵

景谷傣族彝族自治县

【工商行政管理基本情况】 景谷工商行政管理局共有干部职工100人，其中：离退休人员10人，在职90人，属国家公务员46人，工人44人。大专以上36人，中专25人，高中20人，初中以下9人。全局机构设置8股8所，8所分辖全县12个乡(镇)。

【企业注册登记管理】 严格执行《公司法》、《公司登记管理条例》、《企业法人登记管理条例》，严把市场准入关，坚持“一审一核制”，引导企业向建立现代企业方向发展。2001年全县实有企业653户，注册资金34 795万元，其中：全民所有制企业153户，注册资金1.21亿元；集体所有制企业395户，注册资金4 508万元；联营企业1户，注册资金304万元；股份合作企业28户，注册资金852万元；有限责任公司32户，注册资金17 067万元。

【公平交易】 2001年根据中共中央、国务院关于整顿和规范市场经济秩序工作会议精神，景谷县工商局积极开展整顿和规范市场经济秩序：1. 在全县开展针对粮、油、副食品、饮料、化妆品、保健品批零市场的检查。2. 进一步规范农业生产资料市场，理顺经营渠道，查处违法违规行为。3. 检查汽配市场和各类机动车拼装市场，打击非法拼装机动车辆行为。4. 清理无证照经营户，查处非法经营易燃易爆物品和药品的单位和个人，开展对中小学校内及周边经营环境的清理整顿。5. 在全县范围内开展严打传销和变相传销活动。全年共开展各类检查15次，检查经营户2 900户，查处案件107件，价值12.17万元，罚金2.28万元；查处伪劣食品14 564袋

(包)、饮料、酒2 368瓶、化妆品7 866瓶(袋)、饲料粉碎机5台、机动车滤清器、门锁36个、黄色影碟8片,劣质化肥16.35吨、伪劣药品156瓶(盒),伪劣丝棉被1 180床,查处制售伪劣康巴汉子酒1起,没收伪劣康巴汉子酒347件。

【市场监督管理】 加强日常市场监督,加大巡查力度,认真抓好粮、油、肉、蛋、米等重要消费品市场的监督管理,组织抓好景谷县"三大节日"商品交易活动,积极倡导"文娱搭台,经济唱戏",不断丰富和推动景谷经济向前发展。按照谁投资,谁受益的原则,认真做好市场培育工作,加快全县市场建设,改善经营环境。2001年,全县新建成两个农贸市场投入使用。全县共建各类市场21个,投入资金2 715.5万元。

【个体私营经济监督管理】 全县共有个体工商户4 222户,从业人员5 627人,注册资金3 663万元;私营企业22户,投资者62人,雇工701人,注册资金1 581万元。开展对娱乐场所和"网吧"的清理整顿工作,取缔非法经营2户,重新注册登记12户。

【广告监督管理】 根据省地要求,开展广告市场整顿月活动。收缴违法药品广告小报280份,清理店堂广告130条(张),广告牌10个,对10家经营广告业的单位进行了规范检查。

【消费者权益保护】 2001年全县共受理消费者投诉案件58起,调解率达98.3%,挽回经济损失8.3万元。支持消费者起诉案件1件,接受咨询1 080人(次)。开展"3·15"消费者日宣传活动,悬挂标语口号16条、设咨询投诉点9个,出动宣传车5台(次),制作宣传栏17个,印发宣传单12 000份,制作电视专题节目2期,制作专题广播节目8期。对1999年度授予"消费者信得过单位"的26个单位或个体户进行复审,并颁发荣誉证书和牌匾。

【商标管理】 景谷县工商局开展商标维权月活动,进一步加强对商标专用权的保护,维护知名商品、商标专用权利。对全县专营、专卖店进行清理整顿,取缔5户;达到经营条件重新办理相关手续的15户。

【2001年任职的局领导名单】
局　　长　王顺民
副局长　马　荣　石　璟(女)
纪检组长　纪文松

墨江哈尼族自治县

【工商行政管理基本情况】 墨江县工商局下设有7个股室、5个工商所(按经济区划分),有一支平均年龄37岁,大专学历占54.2%的年轻的管理干部队伍,共70人。

【企业注册登记管理】 墨江县已登记注册的企业有608户,注册资金1.71亿元。其中:国有企业191户,注册资金1.21亿元;集体企业309户,注册资金1 872万元;股份合作制企业44户,注册资金503万元;有限责任公司54户,注册资金2 609万元。

【公平交易】 全局共查处经济违法案件13起,案值4.83万元;鉴证建筑合同20份,合同金额为1 537万元;企业动产抵押登记3份,抵押金额1 200万元;借款合同金额650万元。

【市场监督管理工作】 全局注重实效,分季节、分时段,多次开展宣传教育和专项清理整顿工作,共查获掺假粮食89.6千克,无证经营71户,过期霉变食品36 993瓶(袋)、药品2 055盒、饮料2 310瓶(袋),"三无"产品7 058瓶(袋),盗版、淫秽光碟45盘,冒牌"肤阴洁"347瓶,没收国家明令禁止销售的有毒物品"毒鼠强"363瓶、"快杀灵"240袋、"盖世灵一扫光"1千克、"肤一仙安"13千克,无标识毒鼠药50千克,案值10.92万元。

【个体私营经济监督管理】 全局登记注册的个体工商户有3 751户,从业人员6 183人,注册资金4 214万元。

【广告监督管理】 组成反应快速的动态管理机制,加强广告管理力度,严厉打击虚假违法广告。2001年共办理户外广告登记62户,查处违法户外广告8起,立案查处2起,涉案金额4 616元。

【消费者权益保护】 设立"12315"消费者投诉举报中心,受理消费者投诉案件27件,挽回经济损失1.217万元。

【商标管理】 采取有力措施,加强商标管理,2001年发展了有效商标8个。

【法制工作】 制定和完善落实执法责任制的各项制度和措施,明确执法主体、范围和责任,规范执法程序和执法行为,强化执法意识,2001年共审核案件12件,并且无行政复议案件发生。

【2001年任职的局领导名单】
党组书记、局　长　周江勇
党组成员、副局长　郑江云　陈　莹
纪检组长　赵文祥

孟连傣族拉祜族佤族自治县

【企业注册登记管理】 孟连县工商行政管理局下设孟连工商所、勐马工商所、腊垒工商所。2001年共有注册企业216户。其中:法人企业71户,营业性企业145户;共有注册个体工商户2 236户,从业人员3 654人,注册资金5 125万元;共有私营企业25户,从业人员1 612人,注册资金1 786万元。全年市场成交额7 877万元。

【市场监督管理】 加大市场巡查,严厉打击制售假冒伪劣商品,整顿并规范市场经济秩序。2001年共出动车辆19次81人次,查获标值1.82万元的假冒伪劣商品。取缔无证生产销售鼠药窝点1户,查获鼠药42.3千克、"毒鼠强"6.8千克、成品剧毒鼠药55.3千克、各种鼠药包装袋(瓶)104 813个。

【消费者权益保护】 查处各类经济案件15件,其中:当场处罚4件,立案查处

11件,受理消费者投诉案件52件,挽回经济损失4.7万元。

【广告监督管理】 全县已有注册商标15个,具有广告经营资格6户。检查广告经营使用单位14户,收缴各种违法广告1 634份。同时依法批准发布广告62户。

【公平交易】 全年依法审查登记合同32份,合同金额4 214.24万元;动产抵押登记合同8份,合同金额3 643.24万元,抵押物价值5 217万元。

【2001年任职的局领导名单】

局　　长　王启文

副 局 长　秦和忠　李安文

纪检组长　阮正兴

澜沧拉祜族自治县

【工商行政管理基本情况】 全局有干部职工74名(其中县局28名)下设5个工商所,1个工作站,管辖全县23个乡镇、50个城乡集贸市场(其中农业农贸市场9个)。

【企业注册登记管理】 全县共有在册企业543户。其中:企业法人111户(国有企业53户、集体企业55户、有限责任公司3户),营业性企业432户(国家企业219户、集体企业205户、有限责任分公司8户)共有注册资本4.92亿元。全年新注册登记企业112户,注销企业121户。

【个体私营经济监督管理】 全县共有个体工商户4 140户,从业人员6 258人,注册资金5 443万元。其中:城镇个体工商户2 583户,少数民族个体工商户1 547户(主体民族拉祜族个体户682户),全年新发展969户,注销585户。

私营企业22户,投资者人数44人,雇工人数247人,注册资本(金)3 085万元。其中:独资企业9户,有限责任公司13户。

【市场监督管理】 2001年,共查处各种违法违章案件151件,涉案财物价值达32.15万元,罚款金额3.98万元(其中:立案查处11件、案值21.78万元,罚款2.7万元),收缴各类假冒伪劣商品总价值达10.92万元。涉及危害人民生命财产安全的案件有:渗油大米10吨、无碘盐10.57吨、毒鼠药234千克,假冒及过期食品2 500千克。市场检查肉食品经营户151户,查处违章案件40件,案值2.88万元,罚款8 880元。其中没收销毁不合格鲜肉160千克。在广告管理方面,清理未经审批擅自发布的广告150条,牌匾65块,收缴销毁未经审批内容不健康的药品保健品广告小报2万余份。围绕"绿色消费"主题年活动,以每年的3·15活动为契机,利用12315服务网络积极为广大消费者排忧解难,接待来信来访和服务咨询达184人次,为消费者挽回经济损失1.07万元。在经济合同管理方面,全年共依法审查鉴证合同32件,合同金额为2 738万元;办理企业动产抵押29件,抵押物价值1.35亿元,主债权金额7 057万元,为促进地方经济的发展作出了应有的贡献。

【法制工作】 认真组织开展"工商法规学习年活动",按照地局要求,对与工商业务相关的8个实体法和相关法规进行了较全面的学习考试,为提高监督执法水平奠定了较好的基础。

按照县委《关于在全县推行执法责任制的实施意见》,局党组认真组织开展了推行执法责任制工作,制定了本局《执法考核评议暂行制度》、《行政执法错案责任追究暂行办法》等5个内部监督制约制度,并与县人大常委会、县人民政府签订了执法责任状。

【2001年任职的局领导名单】

党组书记、局　长　沈新伟

党组成员、副局长　李克生　胡　波　苏志刚

党组成员、纪检组长　李春亚

西盟佤族自治县

【工商行政管理基本情况】 县工商行政管理局现有干部职工34人,其中:大专文化8人,中专文化12人,平均年龄35.8岁,男职工18人,女职工16人,少数民族职工占76.4%。

【企业注册登记管理】 全县共有各类企业111户,注册资本7 585万元。其中:国有企业65户,注册资本5 096万元;集体企业43户,注册资本2 220万元;联营企业1户,注册资本109万元;公司2户,注册资本160万元。企业注册登记管理工作,注重提供政策咨询和指导服务,加强企业监督管理,严把市场准入关,通过年检及回访检查,依法查处"三无企业",规范市场主体准入行为。

【公平交易】 整顿和规范市场竞争行为,打破地区封锁和行业垄断,纠正不正当竞争行为,严厉打击传销和变相传销行为,净化市场,维护公平交易。

【市场监督管理】 整顿和规范市场经济秩序,进一步完善市场监督管理,加强市场巡查;严厉查处制售假冒伪劣商品的行为;做好合同鉴证,开展"重合同,守信用"活动,查处利用合同欺诈等违法违章行为,维护正常的市场交易秩序。全县集市成交量为5 055.55吨,成交金额4 824.73万元,比上年增长20.16%。

【个体私营经济监督管理】 2001年,全县个体工商户为1 060户,注册资金815万元,从业人员2 085人,比上年增长1.5%。通过登记、验照、查处无证经营,结合片区管理,加强对个体私营经济的引导和监管,促进个体私营经济的持续、稳定、健康发展。

【商标广告监督管理】 认真宣传学习《商标法》、《广告法》,增强市场主体商标、广告意识,查处商标侵权行为,做好广告监督管理工作,结合西盟县实际,重点做好户外广告、店堂牌匾广告的监督管理。

【消费者权益保护】 紧紧围绕3月15日国际消费者权益日"绿色消费"为主题,开展现场咨询活动,认真做好12315投诉、举报和调解、处理工作,维护消费

者合法权益。

【法制工作】 按照上级布置,认真开展“工商法规学习年”活动,认真组织干部职工参加工商八大法的学习考试,增加法律知识,增强法制观念;开展行政执法监督检查,根据西盟佤族自治县推行执法责任制实施办法的规定,制定了执法责任状,并通过了县人大常委会推行执法责任制办公室的验收。

【2001 年任职的局领导名单】

局　　长　李清华

副 局 长　岩　龙

纪检组长　潘宗红

江城哈尼族彝族自治县

【工商行政管理基本情况】 全局在职干部职工 45 人,离退休干部 5 人,共 50 人。局机关内设 8 个职能部门、3 个派出机构、2 个挂靠机构,县局党组下属 3 个支部。

【企业登记注册管理】 工商局充分发挥登记注册的职能作用,严格执行国家法律法规和产业政策,坚持“三严格三禁止”的办事程序,2001 年全县在册的各类工商企业 188 户,注册资本 1.01 亿元。

【市场监督管理】 整顿和规范市场交易行为,积极开展节日期间重点检查;共查处各类违法违章案件 212 件,案值约 1 万元;查获非法经营粮食 4.3 吨、酒类 836 瓶以及过期变质食品 200 千克、饮料 4 900 瓶、劣质洗发露 1 346 瓶(袋)、鼠药 7 件。

积极开展“重合同、守信用”评比活动,全县共评出 18 户“重合同、守信用”先进单位和个人。加强经济合同鉴证和动产抵押登记的监管工作,全年鉴证各类经济合同 8 份,金额 920 万元,办理动产抵押登记 4 户,主债合同金额 188 万元,抵押金额 608 万元。

【个体私营经济监督管理】 工商局于 2001 年 8 月设立了登记注册大厅,做到当天受理、当天发照,方便了企业和个体工商户,提高了工作效率。全县有个体工商户 1 471 户,从业人员 2 291 人,注册资金 990 万元;私营企业 22 户,从业人员 605 人,注册资金 14.09 万元。个体工商户和私营企业全年共上缴税金 450 万元。

【商标广告监督管理】 全县有有效商标 10 件。查处假冒注册商标案 1 件,收缴假冒注册商标标识 4 万张;清理各类户外广告 204 个,拆除违法违章广告牌匾 27 块,取缔非法印制医疗广告宣传品窝点 1 个,收缴非法医疗广告印刷品 8 200 余张、药品 80 余瓶,价值 1 500 余元。

【消费者权益保护】 围绕“绿色消费年”为主题,深入开展《消法》宣传活动。2001 年共受理各类投诉案件 19 件,挽回经济损失 8 084 元,有效地保护了消费者的合法权益。

【法制工作】 认真开展“工商法规学习年”活动,提高队伍执法水平,根据思茅地区工商局《关于开展“工商法规学习年”活动的通知》要求,组织干部职工对《公司法》、《反不正当竞争》等 9 部法律及相关法规进行了全面系统的学习,并顺利通过了考试。

2001 年,江城工商局被县委、县人民政府授予“三五”普法先进单位和推行执法责任制先进单位。纪检组长白光明同志被县委、县人民政府评为“三五”普法先进个人。

【创建精神文明单位】 按照创建精神文明单位的条件要求,局领导始终坚持“完善硬件、强化软件、以软促硬、协调发展”的方针,认真组织,狠抓落实,加强了办公环境的绿化、美化。2001 年,局机关和城关工商所被县委命名为“文明单位”。与此同时,按照“管理科学、职责明确、职能到位、运转协调”的工作目标,将工商所管理的区域划分为若干个片区,确定人员,明确职责,建立片区经济户口档案,细化工作任务,全方位地开展各项管理工作,实现了责任到人,职能到位的规范化管理。

【2001 年任职的局领导名单】

党组书记、局　　长　杨德辉

党组成员、副局长　　李发清

党组成员、纪检组长　白光明

西双版纳傣族自治州

【工商行政管理基本情况】 2001 年,全州工商行政管理工作在省工商局党组和地方党委的领导下,以“三个代表”重要思想为指导,高举邓小平理论伟大旗帜,解放思想,更新观念,勇于创新,积极推进工商行政管理工作职能到位,为西双版纳经济发展、社会稳定、民族团结、边疆巩固作出了应有的贡献。

全州在职人员 293 人,其中干部 278 人,占 95%,工人 15 人,占 5%,男 189 人,占 65%,女 104 人,占 35%。学历结构:研究生 1 人,占 0.3%,本科 24 人,占 8%,大专 131 人,占 45%,中专 81 人,占 28%,高中 37 人,占 13%,初中以下 19 人,占 6%。

【企业注册登记管理】 认真做好 2000 年度企业年检工作,努力提高年检质量。截至 2001 年 4 月 30 日,全州应检企业 4 231 户,实际参加年检 3 248 户,年检率为 75%;外资企业应年检 63 户,实际参加年检 21 户,年检率 33.3%。全州共有企业 4 169 户,注册资金 320 534 万元。其中企业法人 1 119 户、营业性企业 3 050 户、有限公司 716 户、国有独资企业 9 户,受省工商局委托管理外资企业 63 户。全年为企业办理名称预先核准登记 13 户、办理各类企业开业登记

120户、办理企业变更登记210户、办理注销企业156户、查处和吊销“三无”企业123户。

【公平交易】 2001来,全州工商系统共查处各类违法违章案件1 235件,同比下降46%;案值178.11万元,同比下降35%;罚没款86.35万元,同比上升10%。查获收缴的主要物品有:钢材0.62吨、摩托车配件48件、橡胶90吨、农药200千克、棉花0.25吨、酒16 053瓶、影碟机3台、黄金915.94克、白银498克、淫秽书刊116册等,总价值35.79万元。在“元旦”、“春节”、“五一”、“十一”黄金周等重大节前,开展节日市场专项整治,开展文化市场专项整治行动,检查书店、音像制品门市137户,查缴盗版书刊275册、盗版影碟946盒;清理整顿电脑网吧44户,查出证照不全的经营户17户,其中4户立案进行查处;集中10天时间,开展整治农资市场专项行动,检查农资经销户77户,查获过期失效农药7.3吨,价值58.19万元,对8户经营户进行了处罚,开展报废汽车回收(拆解)联合检查行动,检查汽车修理厂和旧金属收购点24户,取缔非法交易旧农机场所1处,查处无照经营2户、超范围经营收购废旧车辆“五大件”12户,就地封存待处理废旧车17辆,没收废旧金属8.6吨,有力地打击了非法回收、拆解、拼装报废汽车和收购废旧金属的行为。

【市场监督管理】 2001年全州共有各类市场76个(综合市场70个、专业市场6个),市场成交额为7.37亿多,同比上升4.5%。应年检市场63个,实际参检61个,占应检数的96.8%。做好商品展销登记工作,共登记各类商品展销34次,通过商品展销核准工作,对发展经济、打破地区封锁、限制不正当竞争、活跃市场、平抑物价、满足人民群众的物质文化生活需要起到了积极的作用。为贯彻国务院粮食流通体制改革的决定,加强粮食市场管理,全州工商机关对粮食经销单位开具粮食“准运证”1 515张,外销粮食17 601吨。

【个体私营经济监督管理】 截至2001年底,全州共有个体工商户16 606户,从业人员24 293人,同比增长4.9和11%。注册资金17 252万元,销售总额或营业收入76 417万元,同比分别增长19%和减少0.26%。全州有私营企业共238户,从业人员5 075人,同比增长25.3%和19.1%;注册资金18 041万元,同比增长24.97%;销售总额或营业收入14 590万元,同比增长5.95%;全州个体工商户和私营企业向国家纳税4 982万元,同比下降8.87%。

个体工商户验照和私营企业年检工作,截至2001年4月底,全州共验照13 670户,验照率为86.2%;私营企业年检165户,年检率为86.8%。全年共查处违法违章行为无照经营1 005起罚款898户49万元,没收非法所得8户,罚款10万元。

一年来,充分发挥个体劳动者协会的作用,积极研究和探索新形势下建立个体和私营企业的服务体系,全局还配合有关部门抓紧了私营企业职工养老保险、新的社会阶层成员调查等项工作。

【广告监督管理】 全州共有广告经营单位43户,从业人员223人,广告经营额1 375万元。根据省工商局《关于开展“反误导打虚假”广告市场整治专项行动的通知》,全州工商系统抽调部分人员,集中时间,对户外、保健品、医疗、药品、致富信息广告等进行清理整治,共查处违法布标、牌、匾广告396条(幅)。该州与思茅两地对电视、报纸、广播等媒介发布的药品保健、医疗服务、致富信息广告进行交叉检查,共查处违法广告24条,占检查数的10.7%,达到了相互学习,共同提高广告管理水平的目的。

【消费者权益保护】 全州消费者权益保护委员会紧紧围绕“绿色消费”为主题,在广播电视、街道、市场、机关、企业、农村等大力宣传传播《消费者权益保护法》和“绿色消费”的知识。通过宣传,提高了消费者的自我保护意识,扩大了“消协”的影响力和知名度。全年,受理消费者投诉417件,解决409件,解决率为98%,为消费者挽回经济损失30.90万元,为消费者提供咨询服务605人次。特别是景洪市工商局消协实行全天24小时受理消费投诉值班制,及时为消费者解决了许多困难,受到广大消费者的好评。

【商标管理】 一年来,全州注册商标由上年75个增加到85个。加强了商标法规的宣传,为申请注册商标者提供服务40次。对商标印制商标标识进行了全面的整顿,收缴非法商标标识18 000份,对13户拥有注册商标的单位进行年检。根据省工商局《关于对全省各类专卖店进行清理整顿及换发资格证书和铜牌的通知》,对全州35家专卖店进行了清理整顿,对符合条件的30家换发了资格证书和铜牌。取消了不具备条件者的专卖资格,保护了注册商标专用权,维护了生产者和消费者的合法权益。

【法制工作】 严把各类案件核审关,认真审理复议案件。一年来,全州工商系统法制机构共核审行政处罚案件1 024件,其中简易程序处罚553件,听证案件9件,放弃听证7件,从核审把关后,全年法院没有接到起诉的案件。同时,受理被处罚人员申请复议案件6起,同比下降233%。经过认真审理,申请人自愿撤回申请复议案1起,维持原处理决定3起,变更处罚2起。根据申请人的请求,支持了申请人的合法请求,体现了行政执法的公平、公正原则。

全州工商执法人员分二期进行行政执法培训,共有278人参加培训。

【大事记】 2001年3月2日,召开州工商志编纂领导小组会议,审定修改的《西双版纳工商志》初稿。

2001年4月27日,州工商局召开局长办公会议,传达贯彻全国、全省“整顿和规范市场经济秩序”工作会议精神,启动全州工商系统整顿和规范市场经济秩序工作。

2001年7月4日,在景洪召开全州工商系统纪检监察工作会议,州工商局副局长兼纪检组长普祖武传达了全省工商系统纪检监察工作会议精神,总结近期纪检工作和部署今后的工作,明确要求各县(市)工商局要设立纪检监察机构,配备专职纪检人员。

2001年7月6日,全州工商系统开展了清产核资工作,历时一个月时间,初步摸清了家底,解决了一些历史遗留下来的问题。

2001年8月28日～29日,在景洪东风农场召开全州工商工作会议,州工商局党组书记、局长赵明聪传达全国、全省工商工作会议精神,报告2000年经费预算执行情况和2001年经费预算安排。

2001年11月23日～29日,在景洪分两批组织全州工商系统干部278人进行行政执法培训。

2001年11月29日,州工商局召开市场办管脱钩领导小组会议,传达学习了国务院关于市场办管脱钩文件精神,制定了西双版纳州工商系统市场办管脱钩实施方案。

2001年12月14日,全州工商系统举行市场办管脱钩移交仪式,向当地政府移交自办联办市场11个。至此,全系统在规定时间内完成了市场办管脱钩任务。

【2001年任职的局领导名单】

局　长　赵明聪

副局长　普祖武

景洪市

【工商行政管理基本情况】 景洪市地处中缅边境西南段,辖区总面积6 800平方千米,人口40万。辖区内共有12个乡、镇(其中沿边乡、镇3个,边境线长137.5千米),国营农场5个。国家级口岸1个(景洪港)、省级口岸1个(曼栋),共有城乡集贸市场34个,边境贸易区1个("240"边贸区),有国家旅游区3个(版纳猴山2A、森林公园4A、野象谷3A、傣族4A、风情园2A、曼听公园2A、花卉园3A)。

全局编制总人数为100人,局机关设领导5名(局长1名、副局长3名、纪检组长1名)、7个股室(办公室、公平交易、人教、商广、市场、个私企业、法制股),基层共设3个分局6个所,分别是城关、开发区、橄榄坝分局和普文、勐养、勐龙、小街、嘎酒、嘎栋所。

全局干部职工中,文化程度:本科11人,大专40人,中专26人,高中13人,初中10人。平均年龄35岁。

【市场监督管理】 2001年,在市局的统一指挥下,坚持不懈地开展打假工作。全局共查处各类违法违章案件797件,罚没款总额68万元。查获的各类假冒伪劣商品有冒牌舒蕾、飘柔、大宝等名牌洗发露、洗面奶29 407瓶(袋)、科宝抽油烟机5台、康巴汉子酒3 977瓶、钢筋620千克、水泥229袋,查扣过期变质农药36个品种共计111 770瓶(袋)、过期饲料13个品种1 380千克、过期兽药34个品种511瓶(袋)假药材56千克、假沙金198件、劣质包谷酒、香米酒1 753瓶,查处走私物品有:龙眼干712件、食用油662桶、泰国轮胎143条,端掉劣质酱油生产窝点1个,查扣酱油700千克,收缴不合格杆秤37把、台秤5台,查扣未检猪肉类3 503千克,收缴仿冒知名商标标识3 262张、不合格卫生筷5万多双,查扣各类物资总价值达190多万元。

严厉打击"注水肉"、"私宰肉"上市,该局采取追根溯源堵源头,掌握线索端窝头,仔细查市场的办法,加大查处力度,增强巡查次数,端掉私宰窝点7个,查获私宰肉3 800千克,确保"放心肉"上市。

【加强企业登记管理】 严把市场准入关,该局严格按照国家法律、法规规定的市场准入条件和程序,在登记注册中做到"三严格三禁止"。一年来,全局注册登记的企业共725户、营业企业463户、国有企业165户、集体企业269户、有限公司204户、股份合作制企业76户、联营企业11户。

在严把登记注册关的同时,还通过对企业的年检强化监督管理。2001年,在年检中发现有企业名称与印章不符的企业3户,给予警告处罚并限期改正。有4户不具备法人资格的企业,根据规定降格为营业,并办理变更登记。清理出"名为集体实为个体"的企业6户,转个体科办理为个体或私营企业营业执照,"三无"企业9户,注销49户。对逾期不参加年检的64户企业给予吊销营业执照的处罚,并在《西双版纳报》上一一曝光。从而促进了该市市场经济秩序健康有序发展。

为了从源头上遏制扰乱市场经济秩序行为的发生,打击无照经营,全局结合监管工作实际特制定了《景洪市工商局开展治理整顿"三无"企业和无照经营行为实施方案》,组织精兵强将开展整治。全局共出动检查人员243人,出动车辆82辆(次),检查企业256户,个体工商户2 353户,查处无照经营139户(其中企业76户、个体56户、私营企业7户),给予警告28户,处罚款10 617元。保护了合法经营,维护了公平竞争的市场经济秩序。

【广告监督管理】 加大商标、广告市场的监管力度,努力营造统一规范、公平竞争的广告市场环境。1. 以宣传广告管理法规为重点,对商标印制单位、广告经营单位和注册商标品牌的专营店共发送117份商标广告法律法规材料及表格;2. 对全市布标、路牌、灯箱等户外广告和药品、医疗、保健食品、化妆品、印刷品等广告进行专项治理;3. 对服务、房地产广告及致富信息、电视直销广告进行整治;4. 开展"反误导打虚假"广告市场专项治理行动,收缴各种违法违规广告2 500条、印刷品28 460张,限期拆除5块灯箱招牌广告,要求补办手续16块,提出改进不规范广告28条,立案调查23起,处罚4起,罚款10 500元。通过规范和整治,全市广告市场秩序明显好转。

【加强合同监管】 为了从源头上堵住签订合同的漏洞,规范企业签约行为,加强了《合同法》的宣传,发放合同示范文本1万份,把宣传合同的真实性、可行性与企业信誉结合起来,认真把好鉴证关,有效地防止了合同欺诈行为。一年来,共鉴证合同47份,鉴证金额5 088万元,收取鉴证费10 176元,所鉴证合同履约率保持在98%以上。为监督合同履行,参加招投标37次,工程验收39次,验收金额5 490万元,在合同履行期间，主动到施工现场进行检查，发现问题当场指出，责令纠正，防患于未然，大大提高了合同履约率，对那些不履行合同又不承担违约责任的当事人，依法严处，保护他人的合法权益。

【公平交易】 强化集贸市场监管与服务。为维护公平竞争的交易秩序，保护消费者合法权益不受侵害，各基层工商所加强对市场的巡查，对市场上出现的欺行霸市、哄抬物价或低价促销、掺杂使假等不正当竞争行为给予严厉查处，打击不法商贩的嚣张气焰。

【消费者权益保护】 维护经营者及消费者的合法权益。完善"咨询服务台"工作，认真解答消费者的各种咨询，做到"有事必答、有事必帮、有事必解"，使市场形成商贩云集、行业繁荣、交易活跃的良好景象。做好复秤工作，全年各市场共为群众复秤 120 359 次，复秤总重量 471 838 千克，对发现短斤少两的 58 起作了罚款处理。

保护消费者权益工作进一步加强。一年来共受理消费者投诉 428 件，处理 426 件，为消费者挽回经济损失 32 万元，接待来访和为消费者提供咨询服务 1 200 人次。结合"绿色消费年"为主题，积极组织实施"千万个绿色消费志愿者在行动"活动，发出征询卡 2 万份，收回 1.8 万份。

【个体私营经济监管】 全局于 2001 年 1 月 4 月集中开展了对全市个体工商户的验照检查工作。为求使验照工作的精神宣传到每一个体工商户，为确保按时、按质、按量完成验照工作，工商所干部走村串寨，反复检查，反复宣传。到 4 月底，全市共验照 6 110 户，注销 958 户，流失 318 户，在应验照的 7 386 户基础上完成验照率 96%。验照期间，补交个体管理费 19 820 元，收取会员费 58 250 元，查处无照经营 161 起，处罚 2 600 元。此次验照工作中，勐养工商所、勐龙工商所、江北工商分局成绩突出，受到市局的表彰。

通过验照，取缔无照经营，从源头上遏制扰乱市场经济秩序行为的发生，保护了经营者公平竞争的市场环境。截至 2001 年 12 月底，全市共发展个体工商户 7 297 户，从业人员 10 286 人，注册资金 6 976 万元，私营企业 80 户，从业人员 2 819 人，注册资金 5 501 万元。

个私企业的发展壮大，已成为该市经济发展的主要力量。在强化监管的同时，该局采取引导、扶持等方法积极为个体私营经济服务。工商所积极扶持下岗职工、残疾人员和特困户从事个体经营，仅景洪工商所 2001 年支持辖区"下岗、残疾、困难"者从事个体经营的有 319 户、从业人员 342 人。

【为个体劳动者排忧解难】 2001 年，"个体劳动者协会"充分发挥党和政府联系个体私营经济的"桥梁"和"纽带"作用，为广大会员排忧解难。个协党支部在市工商局党总支的领导下，坚持以"三个代表"的重要思想为指导，用多种形式壮大党在个体工商户中的力量。个协党支部现有党员 18 人，年内发展新党员 3 人。个协力求把协会办成"会员之家"，为广大会员排忧解难，多办实事，做会员的贴心人。"10·18"洪灾，市局领导十分重视，以局长岩温扁为首的局领导班子与个协组成慰问组到灾区慰问受灾个体工商户 2 次，并为 35 户不同程度受灾的个体工商户发放慰问金 5 900 元，帮助他们重建家园，恢复生产，使广大个体工商户真正感受到党和政府的温暖，坚定了他们从事个体私营经济的决心。

【2001 年任职的局领导名单】

局　　长　岩温扁

副 局 长　周斯林　罗景成　董兆明

纪检组长　宋　华(女)

勐海县

【工商行政管理基本情况】 勐海县工商局，辖区范围有 5 511 多平方千米，30 多万人口，12 个乡(镇)，1 个黎明农工商联合公司。全局共有内设机构 8 股 1 室 1 纪检组，8 个工商所。现有干部职工共 71 人，其中，干部 67 人，事业干部 1 人，以工代干 2 人；男职工 50 人，女职工 21 人；少数民族 38 人，占 53.5%；共产党员 35 人，占 49.3%；大学本科 2 人，专科 22 人，中专 30 人，高中 12 人，初中以下 5 人；目前尚有 16 人分别就读本科、专科函授学习。全局 71 名工作人员均参加了年度考核，评出了 11 名优秀公务员，占 15.5%，其余人员均评为职称，占 84.5%。

【企业注册登记管理】 在监管中，全面了解企业经营状况，严厉查处虚假出资、抽逃出资等行为，加大企业年检力度，严厉查处"三无"企业，重点清理非法物品、易燃易爆物品、农资、粮食、成品油、食品。截至 2001 年 11 月 30 日，依法登记注册的工商企业有 539 户，注册资本 32 070 万元。

【公平交易】 结合勐海县实际，对县城、各乡镇及乡级偏僻市场进行检查整治，净化市场经济秩序。2001 年，共查处各类经济违法违章案件 183 件，案值 70 万元，罚没款 10.248 万元。积极与各股所及相关部门密切配合，有效地打击各类假冒伪劣商品在市场上销售，确保市场经济秩序正常运行。

【市场监督管理】 按照国务院的统一部署，坚持"三重一大"的工作方针，该县根据生产渠道少，流通环节多，易受假冒伪劣商品入侵等特点，组织开展各种有针对性的市场检查和整治：1. 加强对上市商品、肉食、农资、音像市场及歌舞娱乐服务场所、旅游、医药市场的监督管理和整治，进一步规范市场主体行为；2. 重点打击欺行霸市、强买强卖、缺斤少两、坑蒙拐骗等严重扰乱市场秩序的行为；3. 治理整顿"三无"企业和无照经营专项行动，规范市场主体资格；4. 完善和落实安全责任制，提高消防安全意识，消除各种隐患，抓好各类市场消防安全工作；5. 在节假日期间加强市场大检查，规范交易秩序，维护消费者的合法权益。通过各项工作的开展，切实为民办实事。

【个体私营经济监督管理】 认真做好个体验照和私营企业年检工作，把好市场准入关。截至2001年12月12日，该县共有个体工商户4 653户，从业人员6 353人，注册资金5 630万元，总产值4 019万元，销售总额或营业收入13 194万元，社会消费品零售额17 213万元。

【消费者权益保护】 根据以“绿色消费”为主题年的通知精神，认真开展工作，发挥好“12315”投诉服务台的职能作用，做到“有诉必接，有案必查”，加强市场巡查，为群众排忧解难。2001年共受理投诉145件，为消费者挽回经济损失30 877.80元，基层工商所共受理消费者投诉171件。

【法制工作】 严把各类行政处罚案件核审关，严格监督各股所及全体工商干部依法行政，对违法行为及时查处。指导、协助各股所查处各种违法违章案件，核审查处了各类案件48件。一年来未出现复议案件和诉讼案件，严格了法定程序，保护了当事人的合法权益。

【重大事件】 2001年12月7日，勐海县举行集贸市场管办脱钩交接仪式，正式移交勐海县人民政府。

【2001年任职的局领导名单】
局　　长　张海燕
副 局 长　周邦明　岩　伦
纪检组长　岩　章

勐腊县

【工商行政管理基本情况】 2001年，勐腊县工商行政管理局在省、州局的正确领导下，牢记“三个代表”的思想宗旨，锐意进取，开拓创新。充分履行工商行政管理职能，整顿和规范市场经济秩序；统一思想，凝聚力量，依法行政，以全新的姿态、全新的面貌，创造了新的业绩。

勐腊县工商局现有在职干部职工89人，其中局领导4人，公务员80人，以工代干5人。全局离退休人员23人。在职干部职工男60人，女29人，大专以上文化44人，中专文化22人，高中文化10人，初中文化以下13人。全县13个乡镇设有8个工商所，局机关内设机构9个，有2个群众社团组织。

【企业注册登记管理】 严把市场准入关，规范市场主体准入行为，严格登记管辖权限，减少登记程序。截至2001年12月全县共注册登记企业600户。其中法人企业144户；营业性企业456户，注册资金37 237万元；国有企业209户，注册资金2 612万元；集体企业253户，注册资金7 136万元；股份合作制企业47户，注册资金2 909万元；公司90户，注册资金4 580万元。

【公平交易】 勐腊县工商局大力整顿规范市场经济秩序，维护公开、公平、公正的竞争环境。2001年集中力量，先后开展了几次大规模的专项行动，针对文化、建筑、医疗、农资、集贸市场等进行了专项整治，共出动车辆110辆（次），出动人员350人次，对800家企业5 600个体户进行认真细致地检查，立案查处各类经济案件232起，严厉地打击了经济违法行为，有效地维护了市场秩序。

【市场监督管理】 2001年全县辖区内注册登记市场共有14个，其中新办3个，年检率为100%，市场成交额13 557万元，同比增长7.9个百分点。本年度全局会同消防大队积极开展了消防安全宣传和检查，发现有隐患苗头，及时下发限期整改通知书，由于措施得当避免了一切安全事故的发生。

【个体私营经济监督管理】 全县共有个体工商户4 195户，从业人员6 699人，注册资金4 191万元；私营企业41户，从业人员559人，注册资金2 530万元。个体工商户、私营企业全年上交税金1 256万元。

【广告监督管理】 规范广告发布内容和广告经营行为，落实企业广告审查员制度，全年依法查处广告违法案件7起，收缴非法印刷品广告3 500份、横幅广告10幅。办理户外广告、店堂牌匾广告登记46份。

【消费者权益保护】 认真做到“有诉必接，有假必打，有案必查”，把保护消费者合法权益作为实践“三个代表”重要思想的切入点。一年来共受理消费者投诉106件，调解成功97件，接诉金额25.58万元，为消费者挽回经济损失4.1万元。印发《消法》宣传资料1.2万份，接受法规咨询1 000人次。

【商标管理】 注重发展和保护名牌注册商标。2001年5月23日按照全州统一部署安排，对全县的21户企业及个体批发部进行突击检查，共查获商标侵权的“康巴汉子”酒3 990瓶，价值19 950元。有效地保护了名牌注册商标的合法地位。

【法制工作】 2001年，全局继续把好“三关”，强化内部监督制约机制，明确依法行政，切实提高案件的审核质量，营造了“层层把关，案案审核；法制统一全局，全局统一执法”的良好执法监督环境。制定了《西双版纳州勐腊县工商行政管理局查处违法违规经济案件奖惩规定》，激发了全局干部的办案积极性，一改昔日“工商所收费，经检股办案”；“男主外，女主内”的传统思想，全年办案232起，完全实现“人人能办案，人人会办案”的目标。

【重大事件】 1. 认真贯彻省局“四大建设”部署要求，县工商局在勐腊县新城开发区征用土地10亩，建盖了2幢24套职工住宅楼和1幢6层办公大楼。预计总投资786万元，建筑规模10 659.81平方米，现已投入资金429.8万元。

2. 弘扬正气，树立新风，党组书记、局长谭应华同志被推荐为省级学习“三个代表”先进个人，同时因帮教“法轮功”练习者成绩显著，被中共云南省委评为2001年度“先进个人”。

【2001年任职的局领导名单】
局　长、党组书记　谭应华
副局长、党组成员　岩　约　查树英
纪检书记　陶松能

大理白族自治州

【工商行政管理基本情况】 2001年，全州工商行政管理系统在省工商局和州委、州政府的领导下，以邓小平理论和"三个代表"重要思想为指导，认真学习贯彻党的十五届五中、六中全会、全省工商行政管理工作会议和全州三级干部会议精神，以开展"三个代表"重要思想和《中共中央关于加强和改进党的作风建设的决定》学习教育为动力，以整顿和规范市场经济秩序为重点，以营造一流的投资环境、良好的市场经济秩序为目标，做了大量扎实而卓有成效的工作。

【整顿和规范市场经济秩序】 根据国务院《关于整顿和规范市场经济秩序的决定》要求，从2001年开始，由各级政府组织领导，相关职能部门参与，集中开展整顿和规范市场经济秩序工作，并作为"十五"期间政府工作中的一项大事来抓，工商行政管理部门作为主力军，全力参与了此项工作。

在省工商局和州政府的领导下，全州工商行政管理机关加强领导，成立机构，落实人员、经费，把整顿和规范市场经济秩序工作作为年内首要工作狠抓落实，常抓不懈，取得了成效。

【规范市场主体　严把市场准入关】 按照国家工商总局"三严格"、"三禁止"的规定，结合企业年检和个体工商户验照，1. 开展了企业、个体工商户档案的复查工作。全州共清理各类企业档案6 008户，私营企业档案1 380户，个体工商档案58 019户，补办卫生、公安、文化、消防许可证12 337份，对345户从事娱乐经营的企业、个体工商户进行重新登记，对1 417户前置审批材料不全或已超期的经营户采取限期补全、注销登记等处理；2. 开展"清理无照经营"行动。全州共查处"三无"企业75户，取缔无照经营778户，清理含有不良文化影响的企业名称5户；3. 推行建立"经济户口"工作，探索县局和基层工商所上下联动的监管模式，全州12个县市都初步推行并建立了"经济户口"。通过清理整顿，完备了登记材料，规范了市场准入行为。

【红盾打假护农】 春耕期间，全州工商行政管理机关开展了以清理农药、化肥、农机具为主要内容的"红盾打假护农"专项行动，共出动车辆238台次，执法人员1 203人次，对全州1 100多户农资经营户进行了全面清理检查，查处违法经营案件55件，案值26万元，没收劣质化肥2.4吨，伪劣种子1.65吨，"三无"脱粒机12台、过期失效农药71个种类、3.71吨，罚没款11.8万元。全州农资市场基本得到规范，有力地保护了广大农民的利益。

【取缔非法收购拆解报废汽车经营点】5月，根据取缔非法收购拆解报废汽车工作安排，工商行政管理机关对祥云、巍山、漾濞、大理、洱源、弥渡等县市的202户收购废旧金属经营户进行检查，对23户非法收购拆解报废汽车经营点进行了取缔，立案查处10户，查获非法收购拆解报废汽车84辆，价值75.2万元，罚没款5.47万元。

【公平交易】 2001年6月~8月，大理州开展了重点行业限制竞争行为专项整治工作，重点整治电信、电力、保险、银行、供水、农村信贷、房地产、旅游等垄断行业凭借垄断地位限制竞争，损害消费者合法权益的行为。工商部门通过宣传教育、要求自检自查、重点抽查、规范管理等措施，有效地规范了全州垄断行业经营行为，保护了消费者的合法权益。期间共查处不正当竞争案件9件，案值21万元，罚没金额2万元。

【广告监督管理】 按照省工商局"反误导，打虚假"广告市场专项行动的要求，全州工商行政管理机关对广告行业进行了集中整治，共出动465人次，检查广告经营单位58户，检查广告1 054条，责令停发违法广告58条(其中电视、报纸广告23条)，收缴违法印刷品广告35万份，查处广告违法违规案件33件，罚没款3万元。

【打击非法传销】 为严厉打击传销和变相传销违法活动，维护全州经济社会稳定，经过工商行政管理机关反复调查，掌握线索，在公安部门的配合下，2001年共捣毁了传销窝点6个(主要是大理市)，清理传销人员176人，案值16.6万元，罚没款9 500元，有效地遏制了传销在全州蔓延的势头。

【安全生产专项治理】 按照各级党委政府对加强安全生产管理工作的有关要求，1. 对全州工商行政管理机关自办的41个市场进行了全面检查，落实整改措施；2. 配合公安、文化、卫生、消防等部门对全州公共聚集场所及存在易燃易爆等安全隐患的554户企业进行安全大检查，变更登记9户，限期整改188户，注销收回营业执照37户，签订责任书355份；3. 配合矿管部门对全州不符合安全要求的小煤窑进行全面关闭，收回营业执照。

【肉食品市场专项整治】 根据国家工商总局《关于立即开展肉食品市场专项整治的紧急通知》要求，全州工商行政管理机关及时贯彻、迅速组织开展专项整治。1. 严把市场主体准入关，要求重点集镇都要建立生猪定点屠宰场，未取得"卫生许可证"的肉食品经营户一律不予办理营业执照；2. 加大市场巡查力度。进一步强化对肉食品市场的监管，未经检疫的肉食品一律不准上市；3. 加大案件查处力度，并予以曝光，震慑违法分子。整治期间，全州共查处销售病害肉和注水肉经营户83户，取缔非法屠宰户80户，没收病害肉和注水肉38.1吨，案值15万元，罚没款6.44万元，有效地净化了全州肉食品市场。

【严厉打击制售假冒伪劣商品违法行为】 1. 在元旦、春节、"三月街"、"3·

15”、“五一”、“十一”等节假日期间，全州工商行政管理机关共检查经营户1.13万户，摊点5 700个，企业1 530户，检查涉及各种假冒商标、假冒名烟、名酒、“三无”过期食品饮料、食用油，以及危害青少年身心健康的玩具、烟花爆竹等，案值68.1万元，立案41件，罚没款8.5万元，捣毁制假窝点19个。

2. 对全州学校、幼儿园周围的饮食、副食等经营户进行清理检查，检查经营摊点5 200个，取缔非法摊点182个，没收“三无”过期饮料2.6万袋，食品871.8千克，限期整改11户。同时对全州各类市场和街道鼠药经营点进行清理检查，收缴国家禁止销售的“毒鼠强”、“三步倒”等剧毒鼠药5 325包，消除了安全隐患。

3. 清理文化市场、保护知识产权。查处商标违法案件24件，罚没金额1.9万元。配合文化、公安等部门严厉打击非法出版物，检查印刷企业30家，图书报刊经营户650户，没收盗版书刊1 483本、淫秽书刊28本、盗版影碟5 143盘，清理无照摊店12户，有效地净化了文化市场。

2001年，全州工商机关共查处各类违法案件2 828件，同比上升12.4%，案值708万元，其中：立案查处案件514件，同比上升31.5%，罚没金额152万元，捣毁制假窝点55个，非法传销窝点6个。

【城乡市场交易活跃】 到2001年底，全州共有各类市场335个，其中：消费品市场317个、生产资料市场16个、生产要素市场2个、市场交易额26.61亿元，比上年同期增长6.3%，主要农产品和工业品比上年有较大升幅。

【个体私营经济继续发展】 2001年，全州工商行政管理机关继续坚持鼓励发展、正确引导、依法管理的方针，为非公有制经济发展营造公平竞争的环境，促进了个体私营经济健康发展。到年底，全州已登记注册个体工商户达75 851户，从业人员达94 577人，注册资本达7.47亿元，分别比上年末增1.9%、5%和下降1.6%；私营企业达1 408户，从业人员达25 041人，注册资本达12亿元，分别比上年末增2%、11.5%和15.72%。自然人出资的有限责任公司发展迅速，比上年末增29.59%；个体工商户和私营企业安置下岗职工1 555人。

【企业改革结构优化】 到2001年底，全州共有内资企业6 450户，注册资本43.17亿元；分别比上年下降9.7%和1.7%。外商投资企业60户，注册资本0.928亿美元和人民币0.91亿元。

【合同抵押管理】 2001年，全州工商行政管理机关共鉴证合同3 834份，鉴证金额25 046万元，办理各类抵押登记838份，主债权金额66 596万元。

【工商行政管理便民服务】 为营造一流的投资环境，促进地方经济发展，按照州人民政府的统一要求，全州12个县市工商局均在当地便民服务中心设立了工商行政管理便民服务窗口，把部分区域内的企业和个体工商户注册登记、市场及展销会登记、企业动产抵押登记、粮食运销证发放等工商行政管理业务划到便民服务窗口办理。从2001年4月起，全州各县市工商行政管理便民服务窗口陆续开始办公，全年共受理服务事项3 001件，咨询件3 010件，办结率达100%。

【2001年任职的局领导名单】

局　　长　李志林
副 局 长　吴锦坤　成云滔　蒲天雨
纪检组长　李永庆

大理市

【工商行政管理基本情况】 大理市工商行政管理局，内设机构7个，派出机构7个，州属市管机构2个，全局在编人员129人，其中：国家公务员125人，工勤人员3人，离岗从事个体私营经济1人。

【企业注册登记管理】 截至2001年底，经注册登记的工商企业1 560家，注册资金17.11亿元。其中：有限责任公司注册登记244家，注册资本9.52亿元，本年度新开业46家。工商企业年检数1 286家，年检率82.4%。

【个体私营经济监督管理】 到2001年11月底，全市注册登记的个体工商户14 260户，注册资金1.67亿元，从业人员23 281人。本年新发展数3 261户；私营企业607户，注册资金4.533亿元，投资者1 895人，雇工6 851人，其中：自然人设立的有限责任公司415户，注册资金3.804亿元，投资者1 583人，雇工24 610人。本年新发展数126户；个体工商户验照数13 861户，验照率91.23%，验存率98.40%；私营企业年检数568户，年检率85.54%，检存率100%。

【市场监督管理】 在整顿和规范市场经济秩序工作中，开展了“清理无照经营”行动。2001年共取缔无照经营559户，查处“三无”企业34家，立案查处5户，罚没款2.35万元；开展对校园周边经营环境的专项整顿。共清查饮食摊点466个，捣毁非法制售假冒软包装饮料窝点1个。收缴软包装饮料18 168袋、过期食品1 513袋、“三无”食品3 320袋；开展打击非法收购、拆解、拼装汽车专项治理。共查处和取缔从事废旧车收购、拆解和金属废品收购经营户15户。开展“打传销、促稳定”的专项治理。查处传销和变相传销案5起，捣毁传销窝点5个，案值16万元，其中：立案查处2起，结案2起，罚没款9 500元。开展“清理文化市场，保护知识产权”的专项行动。查处各类违法广告宣传品12万多份，收缴假冒商品外包装及商标标识144 500个，收缴非法出版物32册，淫秽书刊8册，盗版光碟140盘；开展了对移动电话销售市场的专项整治。没收有质量问题和走私进口手机62部、电池73块，罚款53万元；开展对食品及肉食品市场专项治理。查处销售病害肉和注水肉的经营户15户，病害肉和注水肉29.4吨，取缔非法屠宰户8户；开展对药品、医疗器械专项治理；开展了“安全生产治理工作”等。

【公平交易】 2001年度，共查处各类违法违章案件365件,案值320万元,罚没款80万元。其中:立案196件,查处制售假冒伪劣商品行为83件,捣毁窝点39个,没收销毁"过期、变质、三无"食品1.27吨、不合格酒21 780瓶、不合格饮料600瓶、不合格化妆品2 954瓶、VCD光碟15盘;收缴侵权商标标识及户外广告非法印刷品86万套。

【消费者权益保护】 2001年"3·15"国际消费者权益日期间,组织了各大商场和厂家的投诉服务站18个,走向街头举办声势浩大的宣传日咨询服务和"打假维权"活动,发出的宣传资料数万份,接待消费者咨询服务数万人次,受理投诉案件1 525件,调解率达98.6%,涉及商品价值52.39万元,挽回经济损失29.83万元;受理旅游投诉案件98件,为游客挽回经济损失1.67万元。建立了以市局"3·15"中心、工商分局、工商所三级投诉、举报、受理网络,24小时全天候为消费者服务,市局在大理有线电视台创办的《3·15热线》,是最受广大群众欢迎的一个栏目,到年底,已办137期,在社会上具有一定的知名度和影响力。

【法制教育工作】 建立法制教育制度,完善行政执法责任制,采取多种形式举办法律、法规知识的执法骨干培训,积极组织企业法定代表人、个体工商户和私营企业主120多人的法制教育培训,用专门经费订购各类法制教育教材500余册,在"三五"普法工作中,被大理市委评为先进单位。

【2001年任职的局领导名单】
党组书记、局　长　王鸣江
党组成员、副局长　张　祥　王建敏

祥云县

【工商行政管理基本情况】 全局共有职工82人,平均年龄38.6岁;大学本科4人、专科24人、中专(高中)38人、初中以下16人。内设机构7个股(室),派出机构7个工商所。辖区内13个乡(镇),137个村委会(办事处)。

【企业注册登记管理】 2001年全县经登记注册的各类企业608户,注册资金33 428万元,其中:企业法人115户、营业性企业493户。本年度新发展股份合作制企业19户、股份制企业19户、集体企业13户、国有企业1户。

【市场监督管理和公平交易执法】 2001年,在市场监督管理和公平交易执法中,积极开展整顿和规范市场经济秩序工作。共查处案件273件(立案查处22件),案值84.8万元,罚没款8.1万元。较为突出的是5~6月份开展的严厉打击非法拆解销售废旧机动车市场专项整治行动,共出动执法人员280人次,车辆55辆次,查处违法经营户15户,查封五大总程齐全的报废汽车77辆及其它配件若干,案值70余万元,罚款5.18万元。此次行动取缔了县内收购拆解废旧汽车市场。

【个体私营经济监督管理】 2001年全县共有个体工商户10 016户,从业人员12 566人,注册资金10 885万元。与2000年相比,户数、人数、资金分别增长5.2%、6.1%和10.6%。有限责任公司42户,独资企业15户,合伙企业4户。

【广告监督管理】 开展以"反误导,打虚假"为主题的广告市场清理整顿。检查广告经营户5户,广告32条;捣毁淫秽下流、格调低下、带有治疗和改善性功能内容的印刷品广告窝点1个;查处擅自发布印刷品广告的药品经营者4户,收缴非法广告24种143 500份、广告牌匾54块,没收假劣药品156个品种,价值3 215元。

【消费者权益保护】 重点抓了四个方面的工作:1. 积极为消费者提供消费信息和咨询服务。2. 围绕"绿色消费年"主题,着眼营造安全、健康的消费环境,全年查处假冒伪劣、过期变质商品以及非法出版物等834个品种,总值44.51万元。3. 积极受理消费者投诉案件26件,挽回经济损失3.97万元。4. 开展了以揭穿引人误解的"揭谎月"活动。

【法制工作】 1. 成立法制股,建立法制机构;2. 进行对执法干部的法制法规学习培训;3. 充分发挥法制机构的职能作用,严把案件质量关。

【2001年任职的局领导名单】
党组书记、局　长　陈维光
党组成员、副局长　蒋荣华　张光佑
党组成员、纪检组长　张　敏

宾川县

【工商行政管理基本情况】 全局干部职工128人(不含退离休人员),男93人,女35人,党员57人,平均年龄35岁;大专以上学历47人,高中、中专学历55人,内设7个股室、下设8个工商所,有1个党总支,8个党支部。

【企业注册登记管理】 2001年经工商局登记注册的工商企业有611户,注册资本约2亿元。全年实地检查企业555户,注销、吊销企业117户;新注册登记34户,办理变更登记123户,处罚34户,企业年检率为97.5%。

【公平交易】 依法查处各类经济违法违章案件1 111件(其中立案查处8件,案值26.4万元)。

【市场监督管理】 全局管辖已注册登记的各类市场18个。一年重点开展了"两节"市场、"打假护农"、肉食品市场、拼装汽车、报废汽车回收(拆解)市场及废旧金属收购市场、文化市场和歌舞娱乐场所、专业市场消防安全、学校周边饮食摊点、移动电话销售市场、打击制贩假币等专项整治工作,共检查经营户2 300户,查处各类违章违法案件383件。

【个体私营经济监督管理】 注册登记的个体工商户有8 729户,注册资本1.16亿元;私营企业69户,注册资本4 798万元;开展的个体贴花验照率为95.6%,私营企业年检率为95.8%。

【广告监督管理】 注册登记的广告经营单位有4户。年内重点开展了房地产广告、医疗广告、致富信息广告等专项治理行动。

【消费者权益保护】 全年受理消费者投诉案件10件，调处率为100%，挽回损失0.8万元。同时，围绕“绿色消费”主题，开展“3·15”维权打假活动，散发宣传材料1万份，张贴标语78幅。

【商标管理】 申请注册的商标共有6件。重点开展了专卖店清理整顿和查处商标侵权行为，共查处仿冒“冷酸灵”、“冷酸王”牙膏案件22件，仿冒“小糊涂仙”酒名称、包装、装潢案件1件。

【法制工作】 全年组织世贸知识和工商法律法规专题学习培训33场次，参训人员498人次。

【受表彰情况】 被评为省级“文明单位”。

【体制改革】 2001年12月13日，举行了市场办管脱钩移交仪式。

【2001年任职的局领导名单】

局　　长　王以达

副 局 长　李朝忠　白淑春

纪检组长　毛仁军

弥渡县

【工商行政管理基本情况】 2001年，弥渡县工商局被县委、政府命名为“文明行业”。全系统9个单位先后创建成省级文明单位2个，州级1个，县级5个，精神文明建设先进单位1个。

【企业个体经济注册登记管理】 建立现代企业制度为目标，大力支持企业深化改革，加强对企业的监督管理，严把登记注册关，建立“经济户口”制度，规范市场主体行为。按《企业年度检验办法》，对全县工商企业依法进行年检。全县实有企业278户，其中：法人登记71户，营业登记207户，注册资本(金)1.79亿元。按“三严格，三禁止”的要求，严把市场准入关，鼓励、支持和引导非公有制经济健康发展。新开业个体工商户1 072户，1 159人；私营企业12户，128人。全县个体工商户达7 187户、7 700人；私营企业107户、1 045人，注册资金总额9 260万元。结合企业年检、个体验照工作，清理档案7 804份、复查前置审批个体工商户2 934户、私营企业40户、工商企业149户、前置审批补件6件。

【整顿和规范市场经济秩序】 从整治农资市场、废旧物资收购市场、文化市场等方面入手，共出动执法人员848人次，车辆1 487台次，检查各类市场34个，依法查处各类违法违章案件115件。检查农资经营户198户，查获伪劣、过期失效农药71个种类45 179瓶(袋、盒)，标价值达18.47万元。对全县从事废旧物资回收和汽车维修、零配件销售的经营户进行全面检查，对7户从事报废车拆解经营户依法作取缔处理。对经营书刊、音像制品的39户经营户进行检查，查获带有封建迷信色彩的非法出版物434本，无照经营3户。对全县的商品批发、零售企业进行检查，查处非法经营药品4户。清理整顿各类专卖店，保护商标专用权。清查“三无”企业，打击非法经营行为。关闭和责令34户小煤矿停产进行整顿，并依法收回《营业执照》。开展对重点行业限制竞争行为专项整治和反行政性壁垒调研工作。全年共查处经济违法违章案件264件，罚没金额6.3万元。

【商标广告和经济合同管理】 对从事广告经营活动的单位和个人严格依法清理整顿，确定经营主体资格，加强户外广告管理，查处广告违法案件7件。全县有注册商标15个，从事广告经营单位8户。全年共鉴证经济合同1 306份，鉴证金额4 143万元。

【消费者权益保护】 积极开展“3·15”系列活动，散发宣传材料2.5万份，广泛开展法律法规宣传咨询服务，开展市场专项检查，积极受理消费者投诉。3月14日举行“弥渡县3·15公开销毁假冒伪劣商品现场会”，销毁假冒伪劣过期商品45个大类、153个品种，标价值25万余元。全年受理消费者投诉案件141件，为消费者挽回损失2.68万元，切实保护了消费者合法权益。

【法制工作】 开展了规范性文件清理、法制工作经验交流和行政执法监督检查。核审行政处罚案件79件，全权代理出庭应诉1起行政诉讼案件并胜诉。

【举行市场办管脱钩交接签字仪式】 2001年12月14日，在工商局举行市场办管脱钩签字仪式。副县长王联富、工商局长李国分别代表接收方和移交方在移交协议书上签了字。全县列入移交的市场共4个，占地面积41 538.04平方米。资产评估总值2 475.24万元，市场建设负债719.43万元，市场净资产1 755.81万元。

【2001年任职的局领导名单】

局　　长　李　国

副 局 长　合幼敏　司建秀

纪检组长　王　洪

永平县

【工商行政管理基本情况】 2001年，永平县工商行政管理局共有干部职工68人，其中：在职干部职工51人，离退休干部17人。内设机构9个，下设派出机构5个。

【企业注册登记管理】 2001年，全县共注册登记各类工商企业181户，注册资(本)金1.42亿元。其中：国有企业65户，注册资金8 866万元；集体企业49户，注册资金739万元；股份合作制企业5户，注册资金313万元；公司62户，注册资本1.23亿元。年检率为96%。

【公平交易】 2001年以整顿和规范市场经济秩序为重点，严厉打击经济违法违章行为。1. 开展反不正当竞争专项整治，召开由电力、保险、供水、金融等部门主要负责人参加的“反不正当竞争专项治理工作会议”，公用企业写出自查报告22份，并依法对其进行了检查；

2. 进一步加强专项整治的力度，严厉打击制售假冒伪劣商品行为。全年共查处违法违章案件114件(立案45件)，案值41.117万元，罚款1.95万元，没收假冒岩峰蜜14千克、丝棉被20床、化妆品207瓶；没收劣质食品220千克、饮料329瓶、水泵1台、香皂206块、白酒24瓶；没收剧毒鼠药2 143包。

【市场监督管理】 坚持和完善市场巡查制，加强"元旦、春节"等节日市场管理，开展"农资打假保春耕"、"取缔非法收购拆解报废汽车"及文化市场、肉食品市场和学校周围摊点专项整治行动。共出动车辆24台次，人员198人次，检查经营户1 285户，查处违章违规经营化肥1 270吨、农药15吨、农机具360件，取缔无照经营64户。结合市场年检，强化市场安全检查。全县应参加"2000年度"市场年检的市场12个。实际年检12个。年检期间，出动人员95人次，查出并消除火灾隐患16起，动员160户经营户购买泡沫灭火器185只。

【个体私营经济监督管理】 加强监管与服务，支持非公有制经济发展。1. 开展个体工商户验照和私营企业年检。个体工商应参加验照3 550户，实际验照3 146户，验照率89%；私营企业应参加年检69户，实际年检66户，年检率96%。2. 建立和完善"经济户口"。清理出个体和私营企业前置审批手续不齐192户，并责令补办了相关手续。3. 为个体和私营企业提供便捷服务。在县便民服务中心开设了"工商便民服务窗口"，全年共受理个体和私营企业登记101件，办结101件。4. 为个体和私营企业排忧解难，先后对遭受火灾、泥石流和洪灾的48户个体和私营企业进行了慰问，发放慰问金1.96万元。2001年，全县个体工商户发展到3 673户，从业人员5 203人，注册资金2 887万元；私营企业60户，从业人员1 623人，注册资本15 375万元。

【广告监督管理】 加强对广告的事后监督与事前登记管理。以医疗广告、药品广告、食品广告为清理重点，严厉打击和治理虚假广告违法行业。全年共审批登记各类广告27条。其中：临时性广告13条、户外广告13条、电视广告1条；检查广告经营单位7户，检查广告30条，收缴违法印刷品广告1 100份。

【消费者权益保护】 开通了县城"12315"消费者申诉举报电话，设立了龙街、杉阳、曲硐、老街4个基层工商所申诉举报站，形成了以县城为中心覆盖5乡4镇的"3·15"宣传咨询服务及执法活动网络。先后悬挂宣传横幅布标8条，出动宣传车4次，发放宣传材料2.8万份，广泛宣传《消法》及相关法律法规。全年共受理消费者投诉案件7件，解决7件，挽回经济损失520元。

【商标管理】 根据《商标法》及实施细则，1. 督促注册商标持有人对注册商标的管理。全县已注册的商标有《阿邑寨》、《南疆风情》、《博南山》、《霁虹桥》、《银河》等商品商标。2. 清理整顿专卖(专营)店，查处假冒商标侵权行为，保护知名品牌。共出动10人次，检查专卖(专营)店11个，对存在问题的3个专卖(专营)店责令整改。

【法制工作】 加强法制工作，确保依法行政。一是开展了以面向基层工商所为主的行政执法模拟培训，29名干部通过理论学习和模拟办案，基本掌握了行政执法办案技能。二是推行行政执法责任制，制定了大理州永平县工商行政管理局《行政执法责任制暂行规定》、《行政执法评议考评办法》(试行)、《执法过错责任追究办法》和《行政赔偿追偿办法》(试行)。严把案件核审关，全年核审的各类案件，没有发生一件行政复议和行政诉讼。

【2001年任职的局领导名单】

局　　长　卢吉康

副 局 长　杨志勇　施云龙

纪检组长　丁淑华

云龙县

【工商行政管理基本情况】 云龙县工商局有职工51人(公务员)，合同制工人3人，临时工4人，全局男职工28人，女职工23人。局机关在职人员24人，内设7个股室，全局设有5个基层工商所，管理着全县境内的29个街场。

【企业注册登记管理】 2001年全县有各类企业299个，其中：法人企业71户，注册资本8 723万元，当年开业60户，注销92户。国有企业74户，其中：法人企业7户，注册资金1 111万元。集体企业89户，其中：法人企业34户，注册资金2 055万元；联营企业1户，注册资金200万元；股份合作企业54户，注册资本4 278万元。有个体工商户3 606户，从业人员4 621人，注册资金4 415万元。当年开业253户，从业人员462人，注册资金277万元。私营企业46户，从业人数72人，雇工人数1 694人，注册资本7 247万元。在私营企业中属独资企业32户，合伙企业6户，有限责任公司8户。

【公平交易、市场监督管理、个体私营经济监督管理、消费者权益保护】 2001年，全局公平交易、市场监督管理、个体私营经济监督管理工作，归由经济检查大队负责。年内工作以"两整顿"为重点，依据工商行政管理法律、法规，结合县情严厉打击制售假冒伪劣商品违法违章行为，集中抓好文化娱乐、建筑行业、医药行业、烟花爆竹、粮食市场整顿以及打假护农专项整治。根据省、州的统一安排部署，集中精力，依法对全县的电力、保险、邮政、商业银行、供水等具有支配地位且限制竞争行为的垄断行业，开展反限制竞争的专项整治，有力地监管了公用事业经营滥用支配地位、强制交易等行为。打破服务行业中垄断经营，推进服务业市场化、社会化和规范化的步伐。全年共查处假冒伪劣案件53件，其中：立案查处25件、简易程序案件28件。捣毁制假窝点3个，罚没金额约2万元。消费者权益保护日期间，开设了"12315"专线举报电话，受理和解决消费者投诉案件96件，挽回经济损失2.8万元，促进了市场的健康发展和繁荣。

【商标管理、广告监督管理】 2001年，云龙县商标管理和广告监督管理归合同股负责，根据云龙实际，积极为商品生产者、经营者做好商标咨询服务的同时，正确引导商标所有者创造名特优产品，保护商标的资产价值。集中力量，与文化、公安、交通等部门做好户外广告的清理整治，特别对保健食品进行清理。全县申请办理商标件、有广告经营资格的2个单位，全年没有违法广告案件。

【法制工作】 全年法制股组织职工参加各类法律法规的学习、培训9次，对全局达到立案标准的25件案件，遵照事实清楚、证据确凿、定性准确、处理恰当、程序合法的办案原则，进行案件核审，确保办案质量，没有出现冤、假、错案。

【2001年任职的局领导名单】

局　　长　杨卫忠

副 局 长　杨文沛　杨吉兴

纪检组长　施江平

洱源县

【工商行政管理基本情况】 2001年，洱源县工商行政管理局内设8股2室，下设7个工商所、5个工商点，全局干部职工75人，其中局机关22人，基层工商所53人。

【企业注册登记】 在企业注册登记管理中，严格执行有关规定，严把市场准入关。截至年底，全县经核准登记的企业319户，注册资金1.39亿元。结合整顿和规范市场经济秩序工作，认真开展市场主体档案、前置审批的清理和“三无企业”的查处工作，34户企业限期补齐了有效的证件和有关材料，1户给予处罚，12户吊销营业执照。在搞好日常监管工作的同时，认真抓好年检工作，参检率达95.9%，在年检中注销企业55户，给予警告4户，给予处罚5户，并在工商所建立了企业“经济户口”档案。

【个体私营经济监督管理】 个体私营经济监管方面，在搞好监管工作的同时，重点在扶持、发展、引导上下功夫，强化服务意识，落实有关优惠政策。年底，个体户已发展到6 004户，注册资金4 492万元。全县个体私营经济全年纳税1 055万元，占全县财政收入的20%，已成为全县经济发展的重要支柱。

【公平交易和市场监督管理】 2001年，紧紧围绕整顿和规范市场经济秩序开展工作，加大节日市场的监管力度，并积极开展红盾打假护农、打假维权保名优、禁磷工作、查处无照经营等专项行动，取得明显的成效。共查处各类违法违章案件109件，取缔无照和违法违章经营24户，捣毁2个制假窝点，罚没款3万余元，没收总价值2万元的假冒伪劣商品，使市场经济不断向健康方向发展。

【消费者权益保护和法制工作】 在不断进行宣传消法的同时，积极受理、调解消费者的投诉，全年共受理、调解消费者投诉案件6件，挽回经济损失10万元，其中：涉及服务质量问题获赔1.23万元，保护了消费者合法权益。在系统内认真抓好法律、法规的学习、培训，并推行执法责任制，案件核审制，全年所办案件无复议和行政诉讼的发生。积极开展广告的专项整治，重点对广告经营单位和印刷品广告市场进行检查。通过整治，净化和规范了广告市场，对商标侵权行为进行查处，保护商标专用权。

【2001年任职的局领导名单】

局　　长　张用明

副 局 长　尹乐春　张宏宝

纪检组长　黄国钧

剑川县

【工商行政管理基本情况】 2001年在职人员59人，其中：行政人员54人，工勤1人，事业人员4人。

【企业注册登记管理】 2001年，在企业登记管理工作中，坚持严把市场准入的审批条件，切实加强准入后的监督管理，把国有独资企业及金融、农资、食品、药品及验资机构作为监管的重要对象，同时积极为全县经济体制改革服务。截至年底，全县实有企业302户，其中：法人企业89户，营业性及分支机构213户，注册资金1.22亿元。

【公平交易、市场监督管理】 2001年深入开展“红盾打假护农”行动，从5月份开始，对全县各乡镇农资市场进行清理整治，共清出56家证照不全的经营户，其中立案查处13户，罚没款1.63万元。对关于群众日常生活的重点商品和旅游市场进行整顿，查获各种假冒伪劣商品100余种，价值达3.65万元。全年市场成交额累计达7 894万元。解决交易纠纷26件，纠正各种违章行为60件。取缔学校周边无证商贩和摊点47个，移送公安机关处理销售无碘食盐大案1件。全年查处各类经济违法案件40件，其中立案32件，案值达52.8万元，罚没款5.2万元。此外，加强合同抵押管理，办理动产抵押合同10件，金额2 069万元。

【个体私营经济监督管理】 注重监管与发展并重，努力提供优质服务，简化办照手续，结合县情引导工商户向木雕产业、旅游业、种养殖业、建筑建材等方面发展，向上规模、上档次发展。截至年底，全县个体工商户发展到3 373户，从业人员3 764人，注册资金2 422万元，同去年相比分别下降7.8%、7.3%、3%。主要原因是2001年按政策规定，拖拉机等从事农业的机动车不办执照，一年到期的交通运输业歇业较多造成的。全县私营企业发展到39户，注册资金2 001万元，从业人员836人，同上年相比分别上升18%、59%、38%。

【广告监督管理】 对全县存在的医疗、食品、印刷品发送以及乱张贴广告的违法行为进行彻底清理和查处，对擅自发布和播放医疗广告的经营单位依照《医疗广告管理办法》之规定进行查处，收缴1.3万元的罚没款。

【消费者权益保护】 全年共受理消费者投诉案件12件，挽回经济损失4万多元，处理群众消费咨询37件，在“3·15”期间，举行假冒伪劣商品展示，散发

《消费者权益保护法》等宣传材料 1.8 万份。

【2001 年任职的局领导名单】
局　　长　尹迪生
副 局 长　杨嵩山　张子煊
纪检组长　张柱炳

鹤庆县

【工商行政管理基本情况】　内设机构 4 个，派出机构 7 个。

【企业注册登记管理】　按照“三严格”、“三禁止”的规定，加大企业年检力度，做好前置审批复查工作，严厉查处违法违章经营。2001 年年底，全县共登记注册各类企业 302 户，注册资金 1.613 亿元。

【公平交易】　日常监管与专项治理相结合，强化市场巡查，依法查处各类违法违章案件 233 件，案值 36 万元，罚没金额 1.74 万元。

【市场监督管理】　按照完成市场办管脱钩工作的有关规定，2001 年 12 月 14 日，全局所办 4 个市场整体移交给县市场服务中心。全年市场商品交易成交额达 14 474 万元，同 2000 年相比增长 2.1%。

【个体私营经济监督管理】　建立个体私营企业“经济户口”档案。2001 年年底，全县有个体工商户 5 271 户，从业人员 6 095 人；私营企业 45 户，从业人员 1 411 人。

【广告监督管理】　全县有 2 个广告经营单位。在“反误导、打虚假”专项整治中，投入执法人员 56 人次，没收非法印刷品广告 1 365 张。

【消费者权益保护】　积极协助“消委”开展工作，受理消费者投诉案件 15 件，处理 15 件，挽回经济损失 2.4 万元，接受消费者咨询 178 人次。

【商标管理】　在国家工商总局注册的商标共有 13 个。根据州局安排，对商标印制单位进行了一次专项整顿。

【法制工作】　积极推行执法责任制，被县“依法治县办公室”评为优秀单位，居全县执法单位之首，年底又被省委、省政府评为推行执法责任制先进单位。主要做法和经验入编《依法治国在云南》一书。被县委、政府授予“三五”普法先进单位。

【精神文明创建工作】　根据年初制定的《鹤庆县工商局加强思想政治工作和精神文明建设三年(2001～2003)规划》，全面推进精神文明创建工作，11 月，局机关被命名为县级“三优单位”和“花园式单位”，城关工商分局、朵美工商所、辛屯工商所命名为“三优单位”，松桂工商分局保持“文明单位”。

【2001 年任职的局领导名单】
局　　长　段成衣
副 局 长　朱戈迈　王晓锐
纪检组长　杨志新

南涧彝族自治县

【工商行政管理基本情况】　南涧县工商局设 6 个股室、辖 1 个分局和 5 个工商所，有在职干部职工 67 人。

【企业注册登记管理】　2001 年，对 198 名企业管理人员进行了法律法规知识培训，并对 352 户企业进行年检，年检合格率为 99.72%。同时办理开业注册登记企业 20 户，注销登记企业 32 户，变更登记企业 42 户，截至年底，全县有登记注册企业 346 户(法人企业 74 户)，注册资金 1.19 亿元。

【公平交易】　全年，共查处各类违法违章案件 47 件(立案查处 7 件)，总案值 13 万元，罚没款 1 万元。

【市场监督管理】　1. 积极开展专项整治行动。共出动车辆 60 多台次、人员 300 多人次，对 9 个集贸市场、2 000 多个经营门店进行专项检查。2. 深入开展整顿和规范市场经济秩序工作。自 4 月份以来，对 260 户企业和个体户档案进行前置审批复查，对 187 户企业和个体户安全生产情况进行实地检查；为 4 639 户个体工商户归档建台，清理无照经营 117 户，取缔 6 户。同时出动人员 573 人次，车辆 137 台次，对全县 9 个市场进行了 21 次集中整治，共查处违法违章案件 39 件，案值 10.2 万元。3. 依法鉴证各类合同 20 份，合同金额 1 021 万元。检查合同 564 份，合同金额 1 565 万元；办理抵押物登记 82 份，抵押物价值 4 926 万元，主债权金额 2 957 万元；注销抵押物登记 12 份，抵押物价值 1 089 万元，主债权金额 731 万元。

【个体私营经济监督管理】　全年对 3 475 户个体户进行验照贴花，对 54 户私营企业进行年检。同时新办理注册登记个体户 555 户，注册资金 1 937 万元，从业人员 753 人；私营企业 10 户，注册资金 1 893 万元，从业人员 219 人。截至年底，全县有个体工商户 4 638 户，注册资金 4 752 万元，从业人员 5 472 人；私营企业 70 户，注册资金 5 702 万元，从业人员 1 045 人。

【广告监督管理】　全年共检查有线电视广告 100 条，作停播处理 2 条，查处利用大众宣传媒介作虚假宣传欺诈消费者广告案 1 件，没收非法广告 2 000 多张。

【消费者权益保护】　2001 年 3 月 12 日，县工商局、县消委会在县城组织开展了声势浩大的 3·15 执法宣传活动，共发放宣传材料 7 766 份，接受咨询 3 000 多人次，现场烧毁价值 9 万多元的假冒伪劣商品。年内，共接待来信来访人员 64 人次，受理消费者投诉案件 31 件，挽回经济损失 7 800 元。

【商标管理】　1. 健全商标管理档案及台账；2. 根据商标保护目录，严厉查处商标侵权行为。

【法制工作】　认真清理与世贸规则不相适应的地方性法律法规；严把案件核

审关。年内无一件复议案件。

【重大事件】 12月31日上午在南涧宾馆举行南涧县市场办管脱钩移交签字仪式，县工商局将占地面积74 933.85平方米，总投资2 352.01万元的3个市场及县市场开发经营服务中心和人员移交给了县人民政府。

【2001年任职的局领导名单】
局党组书记、局　长　　魏永康
局党组成员、副局长　　杨云辉
　　　　　　　　　　　王丽萍
局党组成员、纪检组长　赵　莲

巍山彝族回族自治县

【工商行政管理基本情况】 2001年，大理州巍山县工商行政管理局共有75名干部职工，内设机构6个，派出机构4个。

【企业注册登记管理】 严把市场准入关、严格执行各种前置审批手续。2001年，共办理企业开业登记29户，注销登记59户，变更登记34户，在企业年检中共清理出12户“假集体”企业，到年底，注册登记的国有、集体企业共320户，注册资金13 786万元。

【公平交易】 在整顿和规范市场经济中，2001年共查处各种经济违法案件171件，案值77.33万元，没收金额10.81万元，罚没金额16.03万元，有力地维护了全县的市场经济秩序。

【市场监督管理】 2001年，加大市场监管力度，认真做好市场巡查工作，对市场进行了全方位的监管；在市场检查中，共没收不合格杆称32支，无碘食盐107千克，假玉米籽种20千克；征收超经营范围玉米籽种271千克；没收各种过期变质饮料350瓶，副食品105千克；瓶酒95瓶，豪吉鸡精168袋，化妆品106包；没收并销毁病死畜肉726千克；对倒卖粮食情节较为严重的17户经营户进行了处罚，共罚款人民币5 600元；对全县9个市场、10个歌舞厅、8个录像厅等公共娱乐场所进行了消防安全检查；清理文化市场3个，收缴盗版光盘747盒、黄色书刊16本，有力地维护了县市场经营秩序。12月15日，将滇西甸中大牲畜市场和莱秧河牲畜木村市场顺利移交于县人民政府。

【个体私营经济监督管理】 加大了对个体工商户和私营企业的登记管理和日常监管工作，2001年度，共办理私营企业开业登记39户，注销登记7户，办理个体工商户开业登记821户，注销登记258户。在个体工商户验照和私营企业年检中共清理出需办理前置审批手续的个体工商户422户，私营企业22户。到年底止，全局注册登记的个体工商户6 168户，注册资金6 457万元；私营企业111户，注册资金1.056亿元，从业人员1 924人。

【广告监督管理】 2001年，对全县广告经营单位进行资质年检，同时加强了对广告市场的监管。在市场检查中，共没收非法的药品、保健食品，家电等12个品种的印刷品广告1 800余份，禁止发布性病广告2条。对县医药有限责任公司违反《印刷品广告管理办法》行为，依法进行了处理，给予罚款8 000元的处罚，维护了广告市场秩序。

【消费者权益保护】 为了更好地保护消费者合法权益，全局对“重点地区、重点市场、重点商品 ”进行了整治。在春节和3·15期间开展了广泛的宣传咨询活动，共出动车辆35辆次，人员310人次，接待采访、咨询82人次，发放宣传资料1.3万份，全年共受理消费者投诉案件13件，挽回损失1.26万元。

【商标管理】 工商局对商标的监管主要是在2000年的商标验证基础上，建立完善注册商标台账，年内共注册商标登记18户。

【法制工作】 在全局内分4个阶段开展了推行执法责任制工作，制定了20个制度；结合“四五”普法，加强学习教育培训工作。2001年，被州委普法办授予“大理州‘三五’普法先进集体”称号。

【精神文明建设】 2001年，局机关被州委、州政府命名为“第八批州级文明单位”，全局80%的单位均已是文明单位。

【党风廉政建设和队伍建设】 由于制度健全，措施得力，监督有力，2001年局党风廉政建设和队伍纪律作风建设取得了明显成效，局党总支被县委授予“先进基层党支部（党总支）”荣誉称号；在2001年目标管理考核中，局党总支被县机关党委评为先进党总支。

【2001年任职的局领导名单】
局　　长　杨天信
副 局 长　李金权　李一江
纪检组长　梁建国

漾濞彝族自治县

【工商行政管理基本情况】 2001年，全局有在职职工56人，设有8个股室、5个工商所。

【企业注册登记管理】 2001年，应参加年检的企业202户，实检202户，年检100%率，合格100%率，办理开业登记22户，办理注销登记75户，查处无照经营7户。

【公平交易】 积极开展打假护农保春耕行动，共查处违法经营案件38件，伪劣种子160千克。取缔非法收购拆解报废汽车的个体户6户，查获非法收购报废汽车6辆，价值5 754元，罚款1 400元；开展反限制竞争专项整治行动，召集电力、保险、供电、农村信贷等部门召开专项工作会议并要求各部门自检自查，自查后将自查报告报县工商局。

【市场监督管理】 加强市场巡查，要求各工商所进一步加大市场巡查制的工作力度，做到事事有记录；积极配合有关部门组织开展办管脱钩的移交工作，并于2001年12月14日将县城集贸市场顺利移交给当地政府；加强对全县14个市场的监督管理，交易额达7 236万元，比上年增长12%。

【个体私营经济监督管理】 大力发展个体私营经济,到2001年底个体户达2 006户,比上年增长8.3%;私营企业达18户,从业人员达214人,注册资金1 273万元,上交税金395.74万元,占本级财政收入的16.4%。

【广告监督管理】 全局共出动38人次检查广告158条,责令停发3条,限期办理登记158条。

【消费者权益保护】 全年共受理消费者投诉案件6起,调解6起,均是质量方面的投诉。

【商标管理】 2001年,根据省、州工商局的要求,对种类专卖(营)店进行清理整顿及换发资格证书等工作。

【法制工作】 根据省、州工商局的学习要求,严格按上级法制工作要点,制定本局的法制工作计划,按计划认真组织广大干部职工各种法律法规,确保全局广大干部职工做到依法行政。

【2001年任职的局领导名单】

局　　长　张　奎

副 局 长　赵学新　段正宏

纪检组长　李富宝

保　山　市

【注册登记管理】 2001年全市登记在册的各类工商企业4 943户,与上年同期相比减440户,注册资本33.97亿元,与上年同期相比增加3.08亿元,增长10%。国有企业1481户,比上年减少243户,下降14%,注册资本11.91亿元,减少1.28亿元,下降9.7%;集体企业2 215户,减少492户,下降18%;股份合作制企业410户,增加37户,增长10%,注册资本2.55亿元,增加4.6%;公司817户,增加257户,增加45.9%,注册资本11.06亿元,增加4.51亿元,增加68.7%。农、林、牧、渔业169户,占3.4%;采掘业92户,占1.86%;制造业593户,占12%;电力、煤气及水的生产和供应业77户,占1.56%;建筑业118户,占1.38%;地质勘察、水利管理业12户,占0.24%;交通运输、仓储及邮电通信业260户,占5.26%;批发和零售贸易、餐饮业2 716户,占54.95%;金融、保险业346户,占7%;房地产业33户,占0.67%;社会服务业439户,占8.9%;卫生体育和社会服务业8户,占0.16%;教育文化艺术及广播电视业,占1.07%;科学研究和综合技术服务业22户,占0.445%;其他行业5户,占0.1%。

2000年度应检企业5 380户(其中:法人企业1 354户、营业性企业4 026户),实检企业4 524户(其中:法人企业1 354户、营业性企业3 291户),参检率97.8%,通过率100%。2000年度注销企业753户。按企业类型分:国有企业1 719户,实检1 304户,参检率97.02%,注销413户;集体企业2 726户,实检2 426户,参检率98.9%,注销273户;有限责任公司561户,实检474户,参检率93%,注销51户;股分合作制企业374户,参检356户,参检率99.44%,注销16户。未参检企业(已歇业或查无下落)103户。资本及经营情况:全市企业注册资本31.77亿元,实收资本26.95亿元,注册资本到位率84.81%;资产总额542.81亿元,负产债总额87.76亿元,盈利741户,亏损490户,盈利额1.91亿元,亏损额1.93亿元。外商投资企业2000年度应检65户,实检34户(法人28户,分支机构6户),参检率52.3%。

在搞好年检的同时,还充分发挥企业登记管理职能,服务经济建设。全局相继帮助组建了龙塘糖业集团和保山交通集团有限公司等一批企业,同时,积极支持政府建立骨干支柱产业,调整产业结构,帮助企业完善内部管理机制,盘活企业和国有存量资产,在各级工商部门的支持下,全市除龙陵县外,都注册了“国有资产经营管理”的独资公司。年内各级工商部门利用登记管理储存的信息、资料,积极为企业、投资者牵线搭桥,目前到保山市投资办厂的三资企业已达71户,其中新注册6户,注册资本1 471万美元。

【个体私营经济监督管理】 全市登记在册个体工商户32 889户,与去年相比增加5 241户,从业人员48 823人,注册资金3.84亿元,产值3.14亿元,销售收入或营业额10.72亿元,商品零售额8.10亿元。私营企业552户,增103户,雇主和投资者8 684人,注册资本3.29亿元,全年个体私营经济实现税收1.33亿元。

个体工商户验照率达95.1%,私营企业年检率达到95.32%。共检查个体工商户9 200余户,查处无照经营700余户。

在个体运输业监管上,龙陵县局应办照2 634户,已办照1 620户,办照率达61.5%。目前全区纳入登记管理的个体行医户300余户。

【市场监督管理】 按照国务院《整顿和规范市场经济秩序的决定》和省政府召开整顿和规范市场经济秩序工作会议的精神,市局严格按照省局的部署及时成立了整顿和规范领导小组和办公室,先后召开系统内整规工作专题会议4次;根据省局和地方党委政府的要求,认真制定了适合本地区实际的《关于开展整顿和规范市场经济秩序,为全区改革开放和经济发展创造良好局面的实施方案》。会同经贸委、公安、农业、供销等部门制定了《关于整顿和规范机动车辆交易市场秩序,严厉打击非法拼(组)装机动车辆及制售汽车配件的实施方案》、《关于整顿和规范农资市场秩序,严厉打击制售假冒伪劣农资商品的实施方案》、《整顿和规范新旧机动车辆、报废机动车辆的实施意见》和《规范小轿车经营秩序的意见》。行署先后以文件下发各县(区)人民政府市直相关部门贯彻执行。

结合实际,标本兼治,对市场主体进行了整顿和规范。1. 年检验照期间,各县(区)工商局对2000年12月底以前注册登记的各类企业和个体工商户,进行了准入资格的重新审查,特别是对涉及人民群众生命财产安全的烟花爆竹等易燃易爆生产企业以及从事歌舞娱乐、电子游戏、网吧、桑拿按摩、录像放映等经营的企业,进行了重点治理的规范。全市共清理检查各类企业档案3 500户,综合检查率为65.1%,复查前置审批条件1 851户,占企业总数的34.4%。通过档案清理、实地检查、年检和验照,全市工商系统向676户在登记注册中有问题的企业发出了警告处理通知书,限期补办前置手续709户,对225户有违法违章行为的市场主体实施了经济处罚,注销不合格企业875户,责令停业整顿6户,吊销营业执照逐出市场118户。2. 严把进入市场的主体资格审查关,严格把住注册程序、前置条件、主要登记事项等各个关口,使全市390户企业的注册登记质量得到保证;3. 严厉查处无照经营,坚决取缔"三无"企业,开展"查处无照经营、清理假集体"的工作,全市共查处无照经营企业586户,对20余户假集体依法采用不同方式恢复了企业的本来面目。

点面结合,全面推进,大力整顿和规范市场交易行为。全市共查处各种违法违章案件1 469件,总案值200余万元,比去年同期的704件,上升1.09倍,有力地打击各类违法违章行为,净化了市场。

以"红盾打假护农"和"农资市场打假整治联合执法行为"为主题,对全市农资市场进行专项清理整顿。坚持"一主两辅"理顺农资经营渠道,全市共核查1 478户农资经营企业。组织了以查处农资生产经营是否存在证照齐全、掺杂使假、以次充好、变质失效、侵犯注册商标专用权、仿冒知名商品、虚假宣传为主要内容的大规模清查行为,共出动检查人员500余人次,车辆130辆次,查获违法经营化肥127.7吨,种子26.7吨,农药4.78吨。

以打击制售假冒伪劣商品,欺诈等行为为重点,开展打假护权保名优行动,大力整顿和规范市场交易行为。

全年共查获各类假冒伪劣商品共10个大类,案值56.94万元。充分发挥工商行政管理打假维权作用,积极保护省名优企业和知名商品,先后同云南知名品牌"云南红"厂家,"冷酸灵"牙膏厂家,"山羊"牌铜锄厂家协作进行联合打假,收缴了一批仿冒知名品牌的假冒伪劣商品。

加强对知名商标、省地著名商标的保护。在商标验证时对企业使用商标的行为进行检查,查处商标侵权案件2件,查扣违法商标标识9 000多枚。同时,各级工商部门在全市范围内广泛开展了"反误导、打虚假"专项治理检查,在查处虚假印刷品广告、保健品广告、药品广告等方面取得明显成效;全市共查处各类违法广告案件46件,收缴并销毁违法印刷品广告12万份。

整顿和规范报废旧机动车辆回收、拆解市场秩序,严厉打击非法收购、拼装行为。按照省局部署,从5月到10月联合公安、交警、经贸委、农机监理等有关部门,出动检查执法人员268人(次),车辆872(台)次,对报废机动车辆、汽车配件、废旧金属市场进行清理整顿,共检查经营户968户,收缴查扣报废机动车辆整车19辆、报废车零配件及生产性废旧金属498吨,依法取缔非法和超经营范围收购、拆解报废机动车辆经营8户。同时,与市经贸委、市交警支队组织建立了保山旧机动车辆交易中心,并在4县设立了分中心和报废机动车辆回收网点。

密切配合有关部门,深入开展"扫黄、扫非"专项斗争。全市工商局密切配合各行业主管部门对文化娱乐音像书刊发行、放映、出版印刷等特殊行业进行专项整治,共清查文化娱乐场所367户,收缴淫秽光碟2 168片、非法书刊6万余份、盗版光碟530片、歌带2 500盒。查办制售、传播非法出版物案件5件,案值4.75万元,罚没款2.65万元。同时按照国家局布置开展反假币宣传周活动。收缴冥币1.1万张。

【公平交易】 2001年度全市查办不正当竞争案件9件,案值65.36万元。同时,成功查办烟草公司搭售案件和客运站滥收费案件,使保山市实现了反垄断案件零的突破。认真贯彻全省打私工作会议精神,深入开展流通领域的打私工作,全年共立案查办各类走私贩私案件146件,案值169.36万元,罚没款51.57万元。

【商标广告管理】 完成了商标验证工作。验证商标250件,在验证中对重点企业进行了实地抽查;协助省商标注册中介组织为12户企业办理了续展、转让、许可使用、变更等手续,对5户有商标侵权和冒充注册商标行为进行查处或纠正;保护商标注册人权利,制止欺诈消费者的经营行为。各级工商部门组织了对商标专卖店的专项整治行动,整治中共清查专卖店187户,对不具备认证条件,侵权挂牌的102户经营户责令限期拆牌,经过整顿,目前全市67户商标专卖店获得合法认证;全市拥有注册商标391件,新注册31件(均为个私企业注册),比去年同期增加8.4%,使保山市成为拥有注册商标最多的3个地州之一;对广告公司、广告经营单位进行资格审查,规范广告设计和发布行为,通过检查,全市47户广告经营单位,通过了27户,核销6户,暂缓通过责令限期整顿14户;全市共查处各类违法广告案件46件,罚款4.96万元,收缴并销毁违法印刷品广告12万份。

【消费者权益保护】 1. 建立和开通了"12315"消费者申诉举报电话。全市各县(区)于3月15日全部开通了"12315"申诉举报电话,基本形成了"12315""一个中心、三级执法"的消费权益保护机制。据不完全统计,全市共受理消费者投诉441件,调解441件,调解率达100%,为消费者挽回经济损失32.76万元,与2000年同期相比,增加193件,增长率为78%。

2. 扎扎实实地开展了“3·15”宣传活动。“3·15”期间全市工商、质量技术监督、卫生防疫、新闻等部门抽调396人次,在城区开展活动17次,设宣传点12个;在乡村开展活动27次,设宣传点24个,接受咨询12 300人次。印发宣传材料47 300余份,组织市场检查28次,销毁假冒伪劣商品86个品种,总价值74.4万元;同时根据省消委的布置,组织调查承诺卡1万份,回收5 012份。

3. 认真组织“消费者信得过单位”的清理审核和消费者喜爱评选活动,制定了《关于消费者信得过单位考核》规定和《消费者信得过单位工作标准》,对已授予的5家企业进行了审验。推荐6个产品参加了“云南省消费者喜爱商品评选”活动,6个产品全部获评。

【合同管理】 各县(区)局重点加强了动产抵押登记工作,实现了动产抵押登记数增20%的目标。据统计,全市动产抵押登记159份,抵押物价值8.36亿元,担保主债权金额5.56亿元,全区鉴证各类合同1 368份,鉴证金额4.77亿元。

【法制建设】 全市法制工作围绕“强化法制培训,规范执法监督,搞好法制保障”的目标,各县(区)局结合企业年检、个体验照和整规工作,针对行政执法的薄弱环节,采取以会代训、集中培训、案例分析和知识竞赛等形式,深入开展法制建设。全市工商队伍,业务素质和执法水平得到明显提高。年内5县(区)局按照“半年一小检,一年一大检”的要求,对辖区内行政执法情况进行了两次检查,对检查中发现的问题及时进行了纠正;同时,严格案件核审制度,对立案查处的447件案件,逐一审核。全年共受理的复议案件3件,均由申请人撤销。对县(区)局领导、市局机关全体干部职工的《行政执法证》进行培训考试工作;做好“四五”普法启动工作,在9月份召开的普法工作会议上全系统有4个单位(保山市局、隆阳区局、施甸县局、龙陵县局)评为先进集体,2人被评为先进个人。2001年全系统又配合普法,对全市个体工商户开展了《婚姻法基本知识》的普法培训,到年底共举办培训班48期,培训个体工商户4 254人,为“四五”普法工作的全面启动起到了积极的推动作用。

【思想建设】 全系统按照省局要求,扎实开展了各项学习教育活动,1. 深入开展“三个代表”重要思想学习教育。为全面掌握各县(区)局“三个代表”教育活动的开展情况,确保“三个代表”教育收到实效,市局在学习教育期间派出督查组深入到5县(区)局进行检查、督促,受到地县两级党委、政府的赞扬。2. 认真贯彻江总书记“七一”重要讲话和十五届六中全会精神,组织广大干部职工深入学习《讲话》精神,在学习中坚持做到学用结合,知行统一,以实际行动履行“三个代表”要求。3. 召开以加强思想政治、促进党风廉政建设为主要内容的全市思想政治工作暨“双先”表彰会和全市纪检监察工作会议,印发了《关于全市工商行政管理系统加强和改进思想政治工作的意见》,统一思想,明确目标,会上对近几年来工商战线上涌现出的17个先进工商所33名优秀工商行政管理人员进行了表彰。4. 各县区局都按要求分别设立了纪检监察室,配备了专职工作人员,各工商所确定了兼职纪检监察员,制定了相应的工作职责和必要的工作制度,形成了系统纪检监察网络。5. 按照“干部四化”标准和“德才兼备”原则,对部分县(区)局领导班子进行了充实,经过充实后的5县(区)局班子平均年龄降低到40岁,全部达到大专以上文化程度。

全系统已有21个单位获得“精神文明单位称号”,其中:省级文明单位1个,地级文明单位10个,县级文明单位10个。

【信息化建设】 年内,实施了以“保山红盾网”和隆阳分局“经济户口”试点工作为主要内容的信息化建设工程。在国际互联网上注册并开通了保山红盾网站,为社会提供全方位的工商行政管理信息和服务,逐步开展网上企业查询、网上举报投诉、网上年检等业务;在隆阳分局建立起辖区内各类市场主体的“经济户口”红盾档案和电子数据库,改革基层工商所日常监管模式,实施以计算机网络技术为支撑、以市场巡查为主要方式“三级三组”联动的全方位规范化、动态式的监督管理模式。

【2001年任职的局领导名单】

局　　长　李治刚

副 局 长　王德山　鲁春寿　李祖宪

纪检组长　程良金

施甸县

【工商行政管理基本情况】 施甸县工商局下设8个工商所,有8个内设机构,人员编制92人,其中:行政编制72人,事业编制20人,有在职干部88人。

施甸县工商局以党的十五届六中全会和江总书记“七一”讲话精神为指导,深入开展“三个代表”学习教育活动,强化队伍建设,围绕整顿和规范市场经济秩序,全面开展监管执法各项工作,取得了一定的成绩。2001年县工商系统被县委、政府授予县级文明行业称号,县局分别被市委、市政府和县政府评为“三五普法”先进单位,被市政协和县政协评为提案承办先进单位。

【企业注册登记管理】 按照“三严格、三禁止”的要求,对405户企业档案进行全面清理,查缺补漏,完善了前置审批手续。开展工商所“经济户口”管理,将注册登记初审权下放到基层所。年末登记注册的企业共414户,其中:国有企业145户、集体企业218户、股份合作制企业24户、股份制企业27户。

【公平交易】 全年共查处经济违法案件103件,案值105万元,罚没款5.49万元。查处非法拼装拆解机动车3起,查获无碘盐80余吨、仿冒他人商标火炮700余封、酒450瓶,查处非法经营药品19起300余件、农药630瓶(袋),查获一批走私物品和盗版书刊。

【市场监督管理】 认真开展市场专项整治,进一步规范了市场交易行为。对旧机动车交易拆卸、废旧金属收购市场进行清理整顿，取缔4个报废汽车收购点；清理加油站点，取缔29户无经营资格的加油站点；对全县31个娱乐场所、集贸市场秩序进行整顿，没收不合格杆秤100余把、烈性鼠药7 000余袋(瓶)。

【个体私营经济监督管理】 2001年按“整规”的要求，对2 696户个体户和31户私营企业档案进行了全面清理，完善了1 860户个体户和13户前置审批手续。2001年末，全县共有个体户2 640户，与上年同比增7.3%，从业人员3 015人，与上年同比增8.4%，注册资金3 483万元，与上年同比增34.5%；私营企业33户，注册资金2 703万元，从业人员830人，均比上年有较大增长。

【消费者权益保护】 加强投诉网络建设，开通“12315”投诉电话，配置了专用车，健全消费者组织，选举产生县消委第二届理事会；加大查处力度，打击坑害消费者的违法行为，捣毁制售“黑心棉”等制假窝点等；认真组织以绿色消费为主题的“3·15”活动，组织销毁价值21.79万元的假冒伪劣和过期商品。

【广告监督管理】 2001年，工商局认真组织对广告经营单位的监督管理，查处违法广告行为，全年查获违法广告25 000余份。

【法制工作】 2001年，法制工作主要抓了法制宣传教育，组织执法人员培训3次，参加培训人员252人(次)，组织了150人参加的企业法人代表培训，组织了个体工商户的《婚姻法》普法教育；加强案件核审，对全局83件案件进行了核审，年内没有发生行政复议和诉讼案件；积极开展执法检查，对重大案件实行跟踪督查、现场指导。

【重大事件】 施甸县“4·10”、“4·12”地震，县工商系统办公楼等基础设施严重受损，省局领导多次深入灾区，拨出资金，帮助解决了重建中的问题。

【2001年任职的局领导名单】
党组书记、局　长　李　勇
党组成员、副局长　吴碧泉　李子和
纪检组长　董国才

腾冲县

【工商行政管理基本情况】 云南边陲重镇腾冲县，是著名的侨乡，历史文化名城和珠宝玉石集散地。县工商局内设6个股(室)、1个后勤服务中心，下辖3个分局、9个工商所，在编职工132人。

【企业注册登记管理】 全局在支持企业发展的同时，加大对企业的监管力度；变更经营范围50余户，吊销营业执照96户。截至2001年底，全县企业登记总数1 442户，注册资本(金)4.21亿元，其中：国有企业350户、集体企业883户、股份合作制企业121户、其它企业88户。

【公平交易】 一方面重点查处假冒伪劣商品，另一方面从以查处投机倒把案件为主转移到查处不正当竞争案件上来，全年 共查处违法违章案件489起，维护了市场经济条件下的公平交易秩序。

【市场监督管理】 加强市场巡查，在日常监管的基础上有针对性地对农资市场、旧机动车辆、汽车配件、废旧金属市场、文化市场等进行了专项整治。与此同时，不断探索、完善对市场的监管方式、方法和手段，举办了首届经纪人培训班。

【个体私营经济监督管理】 截至2001年底，全县个体工商户达10 149户，从业人员18 771人，注册资金1.25亿元；私营企业178户，从业人员3 524人，注册资金1.19亿元。个体私营经济已成为腾冲国民经济的重要组成部分。

【商标广告监督管理】 指导企业运用商标、广告策略开拓市场，坚决打击商标侵权和商标、广告违法行为。截至2001年底，全县共有商标72件；注册广告经营单位16个，从业人员75人，广告经营额134.9万元，实现税收8.1万元。

【消费者权益保护】 开通“12315”申诉举报电话，逐步形成“12315”一个中心，“三级”执法的消费者权益保护机制。全年共受理消费者投诉案件80件，调处80件，调处率100%，为消费者挽回直接经济损失7.38万元。

【法制工作】 1.加强普法培训，对外坚持向经营者普法，对内培训执法人员200多人次，并整理印发了《整顿市场秩序及基本处罚依据和幅度》；2.坚持行政处罚，“办、审、决”三分离，案件核审率100%；3.强化执法监督检查，使执法工作步入制度化、规范化轨道。

【2001年任职的局领导名单】
党组书记、局　长　王　森
副 局 长　解其厚　李　忠　王运达
纪检组长　沈加美(女，佤族)

龙陵县

【工商行政管理基本情况】 龙陵县工商局共有行政执法人员53人，工勤人员4人。其中：大专以上12人，占21%，中专22人，占38.6%。局领导4人，平均年龄41岁。设7个内设机构和7个派出机构。设立党总支委员会1个，5个党支部，其中含1个老干支部，共有共产党员33人。

【企业注册登记管理】 加强企业年检力度，严肃查处“三无”企业。2001年1～4月份对辖区内688户企业进行年度检验，实际参检684户，年检率为99.42%。在年检中，以清理前置审批工作为重点，大力整顿和规范市场主体准入行为。严格坚持企业回访制度，对44户新开企业进行了回访，回访率为100%。完成了辖区注册商标的年检和验证，办理商标转让4件，商标注册人名变更4件，注销商标3件，商标年检33件，年检验证率为100%。对商标印制企业进行了验证，对16名商标印制管理人员进行资格培训。全县共登记注册的各类工商企业591户，其中：公司制企业35户、非公司制企业556户。

【公平交易】 打击走私贩私和各类经济违法违章行为。开展以反垄断为重点,整顿和规范市场竞争行为。年内,共查处各类违法违章案件309件,其中:当场处罚177件,罚款8 851元,立案查处132件,案值40.29万元,罚没金额19.84万元。查处违法经营的主要物资有:走私卷烟、走私进口药品、进口白糖、化肥、农药等。

2001年度,共鉴证各类经济合同45份,鉴证金额2 234万元,办理企业动产抵押登记25份,抵押物价值1.07亿元。评出1999~2000年度"重合同、守信用"单位20户。

【市场监督管理】 开展各类市场专项整治工作,整顿和规范市场交易行为。1. 元旦、春节前夕,组织执法人员146人次,出动车辆34台(次),共检查市场36个次,检查销售门店987个,没收假冒伪劣商品152个品种价值3 183元。2. 继续认真落实《粮食收购条例》,严厉打击粮食市场违法违章行为。3. 以"红盾打假护农"为重点,整顿和规范农资市场的生产、经营行为。4. 清理整顿剧毒鼠药市场,查处25户违法经营剧毒鼠药的经营户,没收剧毒鼠药19千克,罚款170元。5. 开展反"假币周"宣传活动,共出动人员38人次,车辆9台次,共收缴套用人民币图案的黑币4 949张,维护了金融市场秩序。6. 清理整顿专卖(营)店,维护商标人的合法权益。7. 清理整顿学校周边环境,共出动人员60人次,对40所中小学周边297户经营进行了检查,取缔无证经营户63户,销毁价值298元的过期食品,净化了校园周边环境。8. 开展"揭谎月"活动,净化信息市场,现场拆除误导消费者的违法虚假广告牌、布标7幅,对3起在市场上利用保健食品进行实物违法宣传的广告行为进行了处罚。

【消费者权益保护】 2001年,加强消费者权益保护工作,及时调查处理消费者申诉、举报案件和权益纠纷。于3月设立了"12315"申诉举报中心,开通了"12315"电话。9月份,各所也相继设立了"12315"消费者申诉举报站。全年共接受咨询776人次,受理消费者投诉、申诉案件26件,调解达成协议25件,调解成功率为96.15%。通过调解,为消费者挽回经济损失2.91万元,获取损害赔偿3 000元。

【法制工作】 为提高干部队伍的业务素质,提高依法行政的能力和执法水平,每季度结合工作开展形式多样的法律法规的培训。在案件核审中,对事实不清、证据不足、定性不准、超出管辖权、适用法律法规不当等案件,分别建议办事机构修改、补证、移送。全年对适用一般程序办理的132件行政案件进行了案件核审,案件核审率达100%。在搞好案件审核的同时,从2月2日~3月14日,分三个阶段在局机关系统地开展了"三个代表"重要思想学习教育活动。

9月20日~11月15日,在上级工商部门的领导和县司法局及其它有关部门的通力协作下,完成了对全县个体工商户新婚姻法基本知识的培训考试工作,共培训个体工商户2 454户。

【2001年任职的局领导名单】

局　　长　杨明刚

副 局 长　杨源敏　刘绍云

纪检组长　张定强

昌宁县

【工商行政管理基本情况】 昌宁县工商局在职干部职工82人,其中:公务人员71人、工人11人(自收自支1人);机关内设机构8个,派出机构11个,离退休干部职工18人,其中离休4人。

【企业注册登记管理】 2001年,全县应参加年检的各类企业758户,已检750户,占应检数的98.9%;企业法人123户,已检118户,占应检数的95.9%。全县企业法人共有注册资本(金)3.46亿元,其中:国有企业法人注册资本(金)1.17亿元,集体企业法人注册资本(金)7 462万元,国有独资公司注册资本(金)1 800万元,非私营公司注册资本1.07亿元,股份合作制企业注册资本2 930万元。全县企业资产总额9.60亿元,负债总额7.35亿元,实收资本1.52亿元。通过年检全县注销各类企业113户,其中:国有企业11户、集体企业88户、非私营企业公司7户,办理变更登记的各类企业71户(企业法人21户、营业性分支机构50户)。

【公平交易】 2001年,共查处各类违法违章案件213件,罚没款3.87万元,其中:一般程序29件,案值16.75万元,没收款1.46万元,罚款1.43万元;简易程序184件,罚款9 688元。处理违法经营化肥166.34吨,没收劣质农药价值4.9万元。查获3个非法收购、拆解、销售废旧汽车及"五大总成"窝点,查获"140"整车1辆、三轮摩托车1辆,"五大总成"及其他配件203件。全年度直接没收假冒伪劣商品价值22.17万元。

【市场监督管理】 2001年,共取缔无照经营287家,对177个当事人进行了处罚,处以罚款2.68万元,没收非法财物价值10.1万元。关闭了辖区内17家小煤矿生产作坊,取缔了所有剧毒鼠药市场,清理整顿了全县农资市场、成品油等市场,对国营、集体、个体私营门店2 839个、营业性摊点11 115个、年成交额达1.36亿元的辖区内46个市场进行了年检。

【个体私营经济监督管理】 2001年全县共有在册个体工商户4 987户,从业人员8 568人,注册资本(金)6371.5万元;参加验照4 962户,验照率99.5%,验照期间共注销991户,验照结束后实有个体户3 968户(含验照期间新办数)。有在册私营企业70户,从业人员1 152人,注册资本(金)5 484.48万元,其中:独资37户、合伙企业2户、自然公司31户,69户参与年检,年检率98.6%;年检后实有私营企业67户,注册资金4 011.8万元,实收资本金1 861.4万元,资产总额4 762.1万元。

【广告监督管理】 2001年,审查登记户外广告51户,查处违法广告案件9起,没收非法广告5.5万张(幅、条、块)。

【消费者权益保护】 2001年3月14日,开通“12315”投诉举报电话,同时设立投诉举报中心。全年共受理投诉举报案件76件(举报4件),调处率100%,挽回直接经济损失6.19万元,间接经济损失13万元。

【商标管理】 全县共有注册商标46个,应参加验证35个,实际验证33个,验证率94.29%。

【法制工作】 全年度举办了4期法律法规知识培训,培训人员达160人次。另外,于2001年12月9日把县局经办的市场签字移交给昌宁县人民政府。

【2001年任职的局领导名单】

党组书记、局　长　　杨国平

党组成员、副局长　　肖子荣　袁关友

党组成员、纪检组长　杜润兰

德宏傣族景颇族自治州

【工商行政管理基本情况】 2001年,全州工商行政管理部门,按照国家工商总局关于以江泽民总书记“三个代表”重要思想为指导,认真贯彻落实党的十五届五中全会和中央经济工作会议精神,充分履行工商行政管理职能,整顿和规范市场经济秩序,强化对市场的规范管理,规范有序的市场体系的建立和完善。

全州工商部门结合学习“三个代表”重要思想,坚持把改善干部学历结构和提高干部综合素质结合起来,加大干部培训的力度,州工商局和州委党校联合办了工商校外大专班,全州60名干部参加学习。年内共举办干部业务培训5次,对100多名干部进行了统计、计算机、办公信息等业务技能培训。同时还选送了3名干部到上海市的工商部门挂职锻炼,2名干部到昆明市工商局跟班见习。被省工商局评为干部培训教育先进单位。

深入学习“三个代表”的重要思想,加强党风廉政建设、坚持“两个文明”一起抓,使各项工作都有新的进展,干部队伍建设、基础设施建设、精神文明建设都取得了新的成绩。

2000年2月27日,德宏州人民政府在芒市召开全州工商行政管理工作暨第五届“双先”表彰会议,州政府主要领导、各县(市、区)分管领导、州直有关部门领导和来自全州工商系统的代表共180多人出席会议,会议总结了2000年的工作,部署了2001年的任务,有18个单位被评为全州先进集体,60名个人被评为先进工作者,受到州人民政府的表彰。

【规范自身执法行为】 2001年全州工商局对历年来制定的15个行政措施进行了清理,废止了4个。同时,加强了建章立制,制发了对扣留、罚没物资管理的3个规定。9月,州工商局采取听汇报与实地检查相结合的方式,对7个县、市、区工商局和13个工商所的行政执法工作进行了全面检查,对暴露出来的问题,进行认真整改。

以公开干部身份,公开管理职责,公开办事程序,公开工作纪律,公开监督渠道为主要内容,全面推进政务公开,增强工作透明度。州、县、所三级实行了局(所)长接待制度,每月两次定期接待群众来访,拓宽群众监督的渠道。

【精神文明建设】 精神文明建设进一步加强,创建文明单位工作有了新的突破。年内,有1个集体被评为省级先进集体,2个人被评为省级先进个人,州工商局办公室被命名为省级青年文明号,瑞丽市弄岛工商所、梁河县大厂工商所、陇川县陇把工商所被命名为州级青年文明号,瑞丽市工商局、梁河县工商局被评为州级文明单位,州工商局被评为省级文明单位。年底,全州共有州级文明单位7个、县级文明单位16个。

认真落实了社会治安综合治理的各项工作措施,确保了社会治安的稳定,被州委、州政府表彰为“十年综治先进单位”和2001年度“综合优秀单位”,被省局表彰为2001年度综治一等奖单位。

【整顿和规范市场经济秩序】 2001年,按照云南省人民政府、省工商局的统一部署,充分发挥市场监管主力军的作用,全面开展了整顿和规范市场经济秩序的专项斗争。自4月份以来,以节日市场,农资、食品饮料,肉食品,旅游,药品、建筑、文化娱乐市场,学校周边环境,鼠药及易制毒物品、市场消防安全,拆解拼装汽车和废旧金属收购等专项整顿为重点,在全州范围内深入扎实地开展了12次大规模的专项整顿活动。在各项整顿活动中,全州共出动车辆2 200辆(次),人员15 550人次,检查市场,街道2 150条(次),检查企业、个体户及各类经营门店31 000多户(次),查处市场违法违章行为1 920起,捣毁生产不合格食品、饮料窝点17个,查缴了一大批假劣商品和违法经营物资,有效地维护了正常的市场经济秩序。

【登记注册工作】 坚持“三严格三禁止”的原则,正确处理管理与发展的关系,认真做好各类企业的登记注册工作。全年新登记内资企业365户,外资企业4户,私营企业163户,个体工商户5 435户。至年底全州共有内资企业3 216户,外资企业61户,私营企业647户,个体工商户22 491户。

【商标管理】 以保护商标专用权为重点加强了商标管理工作,对36户专卖店进行了清理整顿,对8家商标印制单位和11家非商标印制单位进行了检查和清理,经过清理,全州保留商标印制单位6家。全年查处商标侵权案9件。

【广告管理】 以“反误导,打虚假”为重点,切实加大广告执法力度,对22户综合广告企业的主体资格进行了重新核定,对40户广告经营个体户的主体资格进行了清理规范。检查药店、医疗机构,新闻媒介,广告经营单位311户,拆除各类违反规定的灯箱,招牌,画贴等640张(个),布标347幅,收缴违法印刷品广告163 500份。并对报纸、电视的693条广告进行分级监测,对10条电视违法广告责令停播,对两家电视台发出警告。

【经济合同管理】 以合同鉴证和抵押物登记为重点,进一步加强了经济合同管理,全州共鉴证经济合同126份,金额20 038万元;抵押物登记60份,抵押物价值33 843万元,主债权金额15 158万元。检查经济合同53份,评选2000年度"重合同、守信用"企业61户,进一步推进了社会主义市场经济信用体制建设。

【个体私营经济管理】 认真贯彻落实省、州关于大力发展个体私营经济的决定,切实加强对个体私营经济的管理,促进了个体私营经济的发展。年底,全州个体工商户已达22 491户,从业人员35 143人、注册资金23 800万元,分别比上年同期增长15.5%、13.6%、24.8%。私营企业已达674户,雇工人数6 657人,注册资金45 947万元,户数和注册资本比上年同期增长4%和7%。对有违法违章行为的958户个体工商户进行了查处,对涉及前置审批的8 449户个体工商户和82户私营企业进行了清理复查,对提供前置审批手续不合格的606户责令整改,办理变更登记10户,注销9户。

【企业年检个体户验照】 2001年依法对各类企业进行了年度检验,对个体工商户进行验照。全州共检内资企业3 384户,年检率占93.8%,外资企业47户,年检率占79.7%,私营企业566户,年检率占87.3%,个体工商户验照17 987户,验照率占92.3%。全年吊销企业营业执照94户,注销私营企业62户,注销个体工商户1 932户。

【查处经济案件】 坚持教育规范和打击违法行为相结合,切实加强经济案件的查处,全年共查处各类经济案件382件,案值912.04万元,罚没款276.46万元,分别比上年同期增长91%、209%和188%。

全州共有市场巡查队31个,全年出动巡查人员2 770人,查处各类市场违法违章案件1 292件,罚没款11.809万元。

【维护消费者权益】 全年受理消费者投诉396件,比上年增长61%。办结369件,办结率为93%,为消费者避免或挽回经济损失约45万元。

【创建文明市场】 积极开展创建文明市场活动,通过各级干部的努力,有7个市场被评为全省文明市场,15个市场被评为全州文明市场。

【成立私营企业工会组织】 州工商局与州工会密切合作,在州直私营企业中组建了24个工会委员会或工会小组,并成立了"德宏州州直私营企业工会联合会",该会设在州工商局内,州工商局分管个私工作的领导兼任工会主席。

同时,州工商局、州个体劳动者协会,对各县市评选推荐的22户个体工商户和私营企业命名为州级"光彩之星"。至此,全州已命名县级"光彩之星"30户,州级"光彩之星"22户。

【2001年任职的局领导名单】

党组书记、局　长　王一丁

党组成员、副局长　何永春　杨明忠　罗　宁

纪检组长　杨爱华

潞西市

【工商行政管理基本情况】 2001年,潞西市工商局在省、州工商局和潞西市委、政府的领导下,以邓小平理论和江泽民总书记"三个代表"的重要思想为指导,以"三学"活动为契机,以体制改革为动力,强化自身建设、廉政建设和文明窗口建设,认真开展整顿和规范市场经济秩序工作,推进了各项工作的全面发展。

【企业登记管理】 全局坚持"三严格、三禁止"的原则,又较好地处理了为市场服务、企业发展等管理规范关系,加强了登记注册工作。全年新登记企业21户,到年底,全市共有各类工商企业633户,其中法人企业199户,营业性企业436户,注册资金28 290万元。

【个体私营经济管理】 2001年进一步加强对个体私营经济的管理,推进了全市个体私营经济的发展。至年底全市共有个体工商户6 641户,从业人员10 613人,注册资金7 040.54万元;私营企业159户,注册资金11 156.9万元;新增加个体工商户1 618户,私营企业57户。年底表彰了15户先进私营企业。

【商标广告管理】 认真做好各类广告的登记管理工作,切实加大广告执法力度,依法登记各类广告516条,对312户商标企业和47件注册商标进行了清理规范。按照规定之要求对24户广告经营单位进行了年检,查处虚假违法药品广告1起,查处违法广告180多条,强制拆除75条,没收布标200多幅,没收非法广告牌43块。

【市场监督管理】 认真完成了市场年检工作,加强了粮食市场管理,查获跨地区非法运输的大米12吨,查处非法更改粮食发票、违法收粮经营户1户。加强了市场巡查工作,全年共出动巡查人员10 137人次,车辆3 024辆次,认真开展了市场消防安全整治工作。

【经济合同管理】 以合同鉴证和抵押物登记为重点,进一步加强了经济合同管理,全市共办理企业财产抵押登记8份,抵押物价值9 928万元;鉴证合同43份,金额6 207万元;验收建筑承包合同10份,金额1 049万元;检查经济合同60份,金额3 149万元。

【消费者权益保护】 紧紧围绕"绿色消费年"为主题,加强了消费者权益保护工作,全年受理消费者投诉举报案件34件,案值9.3万元。

【整顿规范市场】 认真开展了整顿规范市场经济秩序工作，共出动人员16 525人次，车辆4 002辆次。共检查个体工商户24 824户，查处无照经营471户，不亮照经营204户；清理电脑“网吧”34户，电脑40部，发廊46户，违法加工销售伪劣棉被加工点3个，取缔无照生产饮料窝点1个；取缔非法屠宰点2个，并查缴了一大批假劣违法物资。

【公平交易执法】 由于开展和实行了公平交易执法工作，全年共查处各类经济案件93件，罚没收入29万元。

【2001年任职的局领导名单】

党组书记、局　长　赵国旺
副　局　长　朱成跃　杨正雄
　　　　　　祁永兴　谢志华
纪检组长　朱成跃

瑞丽市

【工商行政管理基本情况】 2001年，瑞丽市工商局以江总书记“三个代表”重要思想为指导，认真贯彻落实党的十五届五中全会和中央经济工作会议精神，全面加强干部队伍建设和精神文明建设，在省、州上级工商局的领导下，深入整顿和规范市场经济秩序，各项工作都取得了较为显著的成绩，被上级党组织推荐为全国“三个代表”学习活动先进单位。

【企业注册登记管理】 全局按照“三严格，三禁止”的规定，切实加强市场主体准入管理。全年新登记企业44户、改制2户，至年底，共登记注册的企业670户，注册资金49 620万元。

【个体私营经济监督管理】 切实加强个体私营经济管理，促进全市个体私营经济发展。年底，共注册登记的个体工商户6 000户，从业人员10 105人，注册资金8 072万元；私营企业163户，注册资金11 096万元，从业人员1 545人。

【经济合同管理】 以合同鉴证和监督合同履行为重点，切实加强合同管理，全年开展合同鉴证16份，鉴证金额2 275万元。监督合同履约能力9起，签证金额1 397万元。

【市场监督管理】 加强了市场监督管理工作，共出动巡查人员1 560人次，车辆390辆次。检查个体经营户3 558户（次），各类市场66个（次），收缴过期变质食品、假香皂、假洗发精等价值10万多元的物品。至年底，全市共有各类市场18个，市场年成交额达2.39亿元。

【整顿和规范市场经济秩序】 认真开展“红盾打假”护农保春耕活动、整治鼠药市场、学校周边经营环境、药品市场、废旧汽车经营市场、歌舞娱乐场所、互联网营业场所、旅游市场、粮食市场监管等专项整治行动。全局共出动车辆220辆次、人员800人次，检查经营户1 481户（次）。

【商标管理】 全市共有注册商标13个，较上年增加3个。加强了对商标印制企业和专卖店的监管，查处侵权案件5起，案值41万元，罚没款9.38万元。

【广告管理】 加强了对医疗、药品、食品等广告的监管，拆除各类违法灯箱、匾牌399个（块）、布标232幅、收缴印刷品广告2 341份，办理户外广告登记277份，监测报纸、电视等传媒广告31次，查处各类广告违法行为12起。至年底，全市共有广告经营单位18户，注册资金608万，从业人员120人。

【消费者权益保护】 开展了“国际消费者权益日”系列活动，销毁20多万元的假冒伪劣商品。全年受理投诉204件，解决投诉180件，挽回经济损失达18.98万元，接待来访咨询8 408人次。设置“假冒伪劣商品识别宣传栏”，受到社会各界的一致好评。

【公平交易】 围绕整顿、规范市场经济秩序为目标，组织查处了一批走私贩私、制假售假等经济违法案件203件，案值373万元，罚没款156万元。

【法制工作】 受理审核案件139件，无一件复议、上诉。举办工商所长培训班2次，培训正、副所长20人，办案知识培训3次50人，统计法培训1次20人。

【精神文明建设】 市局被命名为州级文明单位，姐相工商所、城关工商所市场巡查队被命名为市级青年文明号；局党总支被市委评为先进基层党组织；卢振伟被评为思想政治工作先进个人，王荣贵被州委评为优秀党务工作者，赵佳鸿被评为全省打私先进个人。

【扶贫工作】 开展结对扶贫，为扶贫挂钩点捐款4 150元、大米750千克等，筹资5.1万元修建扶贫桥1座。

社会治安综合治理工作成绩突出，经州局考评，被评为社会治安综合治理一等奖。

【2001年任职的局领导名单】

党组书记、局　长　卢振伟
副　局　长　王荣贵　刘正举　李红彦
纪检组长　刘正举

梁河县

【工商行政管理基本情况】 2001年，梁河县工商局在省、州工商局及上级党委、政府的正确领导下，以邓小平理论和江泽民“三个代表”重要思想为指导，认真贯彻落实党的十五届五中、六中全会和中央经济工作会议精神，进一步加强党风廉政建设和干部队伍建设，认真开展整顿和规范市场经济秩序工作，使全县工商工作上了一个新的台阶。

按照上级党组织的统一部署，以学习江总书记“七一”讲话为重点，深入开展了“三个代表”重要思想学习教育活动，并被县委确定为“三学”先进单位。

【企业注册登记管理工作】 坚持“三严格、三禁止”规定，认真做好企业登记工作。全年共办理企业开业登记29户，注册资金324万元。至年底，全县共有企业306户，注册资金20 751万元。

【个体私营经济监督管理】 认真做好个体私营登记注册工作。至年底,共登记个体工商户 1 800 户,私营企业 48 户。

【公平交易】 以全县保险、电信、供水、供电、盐业专卖等公用企业进行全面摸底调查,认真查办走私贩私和限制竞争行为等经济违法违章案件,全年共查处各种经济案件 63 起,其中:简易程序处罚案件 39 起,一般程序处罚案件 24 起。

【市场监督管理】 全县以文化、节日、肉食品、农资、食品、饮料等市场整顿为重点,认真开展了整顿和规范市场秩序工作。共出动人员 8 120 人次,车辆 412 辆(次),查获了一大批假劣物资。

【广告监督管理】 开展了广告经营户年检工作,做好广告登记工作。至年底,共登记的各类广告 126 件,其中印刷品广告 3 件,户外广告 15 件,店堂牌匾广告 108 件。

【商标监督管理】 对全县 27 件注册商标进行检查,并对商标印制单位开展了验证、换证及非商标印制单位执法检查活动。

【经济合同管理】 认真开展合同鉴证工作,办理抵押物登记 4 份,金额 1 550 万元。鉴证建筑合同 1 份,金额 10 万元。

【消费者权益保护】 以“12315”特服电话为主线,切实保护消费者的合法权益。全年共受理消费者投诉 24 件,为消费者挽回直接经济损失 39 161 元,接受消费者咨询 102 人次。

【法制工作】 认真抓好执法检查工作,制定了“四五”普法规划。6 月 6 日,举办了全县各工商所法制专管员的培训。

【2001 年任职的局领导名单】

党组书记、局　长　王永光

副 局 长　赵家相　闫宏方　何成劭

纪检组长　闫宏芳

盈江县

【工商行政管理基本情况】 2001 年,盈江县工商行政管理局以江总书记“三个代表”重要思想为指导,认真贯彻落实党的十五届五中全会精神,按照省、州工商局的安排部署,深入开展了整顿和规范市场经济秩序工作,积极探索适应边疆经济发展的监管模式,提出了“打基础、创条件;抓队伍、树形象;抓监管、促效益;抓服务、创文明”的工作思路,主要抓了“四大建设”和“五小工程”,使各项工作取得了明显的成效。

【开展“三个代表”重要思想教育活动】 按照州工商局和盈江县“三学”办的要求,深入扎实地开展了“三个代表”学习教育活动,促进了各项工作的发展。在此基础上,认真开展了创建精神文明单位活动。到年底,有州、县级“青年文明号”4 个,“州级文明示范单位”2 个,州、县级“文明单位”7 个,受国家表彰先进集体 1 个,先进个人 1 个。

【抓干部队伍建设开展行风评议】 9 月,盈江县政协在全县范围内对工商局工作作风进行了评议。共发放问卷 200 份,收回 199 份,回收率 99.5%,满意率 83%。对问卷中反映出的问题进行了全面整改,使干部作风得到根本好转。

【开展整顿和规范市场经济秩序工作】 2001 年全局共出动执法人员 2 840 人次,车辆 526 辆次,清理检查各类市场 28 个,清理各类市场主体 4 800 户,共立案查处各类经济违法违章案件 572 起,罚没金额 344 521 元。取缔各类非法生产经营窝点 4 个,查处无证经营 308 户,注销个体户 125 户,取缔不亮证经营 281 户,查获各类违法物品价值 50 多万元。

【企业个体登记管理】 充分发挥职能作用,严把市场准入关,强化登记管理工作。至年底,全县共有各类工商企业 512 户,注册资本总额 54 227 万元。个体工商户 4 301 户,从业人员 6 387 人,注册资金 3 264 万元;私营企业 96 户,投资者 183 人,雇工人数 1 839 人,注册资金 7 538 万元。同时对具备条件的 11 家私营企业组建成立了基层工会或工会小组。

【经济合同管理】 以加强合同鉴证和抵押物登记为重点,进一步加强合同管理。全年共鉴证借款合同 36 份,鉴证金额 5 086.5 万元,办理抵押合同 22 份,抵押物价值 6 946.2 万元。

【商标广告管理】 以打击虚假违法广告和商标侵权为重点,加强商标广告管理。一年来,共清理检查药店 30 户,限期撤除户外广告灯箱、招牌,店堂广告 30 户,收缴内容低级庸俗的各类印刷品广告 1.6 万份。查处假冒他人注册商标 2 起,取缔文化用品专卖店 2 户,服装专卖店 1 户。

【2001 年任职的局领导名单】

党组书记、局　长　杨学章

副 局 长　岳成贵　朱建刚　杨明方

纪检组长　杨进春

陇川县

【工商行政管理基本情况】 2001 年,在省、州工商局及当地党委、政府的领导下,陇川县工商局以邓小平理论以江泽民“三个代表”重要思想为指导,认真贯彻党的十五届五中、六中全会和中央经济工作会议精神,进一步加强干部队伍建设,认真开展整顿和规范市场秩序工作,使各项工作都取得了新的成绩。

【精神文明建设】 按照上级党组织的统一部署,深入开展了“三个代表”重要思想学习教育活动。以“爱我工商,兴我工商,我是工商人,办好工商事”的要求,积极创建文明单位,深入开展警民共建社会主义精神文明活动,局办公室被评为县组“青年文明号”。

在人事改革的同时,陇川县工商局在全州工商系统率先进行机构改革试点,开展了竞争上岗、双向选择工作,为全州机构改革积累了经验。

【企业注册登记管理】 坚持“三严格、三禁止”，认真做好企业登记工作。至年底，全县共有各类企业402户，其中法人企业104户，营业性企业298户，

【个体私营经济监督管理】 认真开展了个体私营经济管理工作。全县共有个体工商户2 512户，从业人员3 711人，注册资金1 940万元。私营企业55户，注册资金1 192万元，雇工387人。

【公平交易】 加强了公平交易执法工作。年内，共查办各类案件156件，其中立案102件，简易程序54件，罚没款25.4万元。

【市场监督管理】 认真开展了整顿和规范市场秩序工作。全年共组织专项检查137次，出动车辆197辆(次)，人员793人(次)，检查企业及个体户2 159户(次)，共查缴了一大批假劣物资。

【经济合同管理】 加强了经济合同管理，认真开展了抵押物登记管理工作。全年共鉴证合同10份，鉴证金额743.68万元，办理了1份企业动产抵押登记，抵押金额为1 188.33万元，抵押贷款700万元。

【商标注册与广告管理】 以商标专用权保护为重点，严厉打击商标侵权行为，全县共有注册商标企业9户，注册商标15个，有广告制作权经营户7户，广告发布单位1个。

【消费者权益保护】 围绕“绿色消费年”为主题，加强了消费者权益保护工作。全年共受理投诉举报案件16件，结案率达100%，为消费者挽回经济损失3.4万元。接待消费者58人次来访、咨询。

积极开展了法律培训，认真做好案件审核工作。全年审核案件156件，其中简易程序案件54件，一般程序案件102件。

【2001年任职的局领导名单】
党组书记、局　长　胡　宁
副　局　长　雷自强　岳荣光　段开洪
纪检组长　胡　宁

姐告边境贸易区

【工商行政管理基本情况】 2001年，在省、州工商局及姐告工委、管委的领导下，姐告边境贸易区分局以邓小平理论和江泽民“三个代表”重要思想为指导，积极适应姐告边境贸易区进一步扩大改革开放的要求，全面落实省委、省政府姐告现场办公会精神，按照建设“国门工商”的要求，进一步加强干部队伍建设，认真开展整顿和规范市场秩序工作，使各项工作都取得了新的成绩。

【企业、个体和私营经济管理】 2001年，分局坚持“三严格、三禁止”，认真加强了对企业、个体、私营经济管理工作。截至2001年11月15日，区内共有内资企业87户，其中法人企业44户，营业性企业43户，注册资本8 576万元，个体工商户710户，从业人员1 331人，注册资本1 358.8万元。私营企业50户，其中企业法人36户、个人独资企业1户，营业性企业13户。从业人员256人，注册资金3 373万元。

【整顿和规范市场经济秩序】 分局深入贯彻省局何远灿局长有关“国门工商”的重要讲话精神，依照上级部署，紧紧结合姐告边境贸易区“境内关外”的特殊监管模式，不断创新，大胆开拓新的监管模式和领域，充分体现了工作中的“国门特色”。全年开展12次专项整治，共出动车辆268辆次，人员804人次。全年共查获经济违法案件23起，案值98.6万元，罚没款62.6万元。在公安部门的配合下，查办了一起单个案件罚没款高达30万元的大案。

【创建消费者满意一条街】 以把姐告中缅街创建为“打假维权，消费者满意一条街”为目标，采取与经营者签订《共创消费者满意一条街责任书》，设立市场监督岗，加大检查力度等措施，强化监管，使中缅街的市场秩序发生了根本改善，显现出了勃勃生机。

【建立健全党群组织】 2001年，相继成立了“姐告工商分局党支部”，“姐告边境贸易区保护消费者权益委员会”和“姐告个、私协分会”。一年中共受理消费者投诉9起，调解处理7起，移交有关部门2起，为消费者挽回经济损失3.3万元。

【单位规范化管理和精神文明建设】 2001年12月，姐告分局被授予市级“文明单位”称号，分局档案管理工作并于12月已顺利通过了省级C1级档案综合管理标准验收，在全州范围内率先实现了档案达标。

【2001年任职的局领导名单】
局　长　罗　宁
副局长　马向红

畹町经济开发区

【工商行政管理基本情况】 2001年，在德宏州工商局和畹町工委、管委的领导下，畹町经济开发区工商局坚持以江总书记“三个代表”重要思想为指导，认真贯彻落实党的十五届五中、六中全会精神，认真开展整顿和规范市场经济秩序工作，加强队伍建设和精神文明建设，各项工作取得较好成效，为促进畹町经济发展和社会进步做出了积极的贡献。

【企业注册登记管理】 深入开展了企业前置审批复查工作，共检查企业145户，责令限期补办材料28户，责令办理变更登记12户，查处“三无”企业6户。坚持“三严格三禁止”，严把市场准入关。至年底，共登记各类工商企业128户，注册资金9 196万元。

【公平交易执法】 以“打假”、“打私”、“打非”为重点，加强流通领域商品质量的监管。全年共查处各类经济违章违法案件99件，其中：立案查处25件，案值65.62万元。

【市场监督管理】 以创建“文明集市”为重点，狠抓市场消防安全和商品消费

安全管理，至年底，共登记各类市场3个，市场成交额1 057万元，比上年增长4%。

【个体私营经济监督管理】 积极鼓励和引导个体私营经济的发展，至年底，共登记个体工商户626户，从业人员995人。登记私营企业34户，从业人员172人。

【商标广告监督管理】 以保护商标专用权为重点，积极帮助和指导企业正确运用商标策略开拓市场，共有注册商标8个，其中云南省重点保护商标1个。深入开展了"反误导、打虚假"广告市场专项行动。

【消费者权益保护】 围绕"绿色消费年"为主题，加强了消费者权益保护工作。全年共受理消费者投诉(申诉)、举报案件6件，结案率达100%，为消费者挽回经济损失9 000元。

【法制建设】 积极推行了"一月一法一考"和"一周一题一案"学习制度。严格执行案件核审制度，全年共核审案件17件，核审率达100%。

【精神文明建设】 认真落实党风廉政建设目标责任制，加强了思想政治工作和精神文明建设。年度，畹町工商局先后被上级工商部门和地方党委、市政府评为"全州工商系统先进集体"、"文明单位"、"政治思想工作先进单位"和"安全文明单位"。

【2001年任职的局领导名单】

党组书记、局　长　湛所君

副　局　长　唐腊刀

纪检组长　唐勒弄

丽江地区

【工商行政管理基本情况】 1. 登记管理严格执行"三严格、三禁止"，按照"受理、审查、核准、发照、公告"五段式办理登记；2. 切实抓好企业年检和日常监管；3. 认真为企业搞好章程起草、辅导；4. 积极支持企业兼并、组建集团企业，建立现代企业体制；5. 热忱支持外来企业在丽江投资。通过强化登记管理，促进了企业发展。截至2001年底，全区企业总数为3 035户，注册资金170 905万元，与上年同期比，企业户减少649户，下降率为17.6%，注册资金增加3 986万元，增长2.4%。其中：国有企业1 078户，注册资金72 183万元，同比户减少199户，下降率为15.6%，资金增加12 034万元，增长20%；集体企业1 100户，注册资金24 785万元，同比户减少237户，下降17.7%，资金增加974万元，增长4%；联营企业17户，注册资金4 792万元，同比户减少3户，下降15%，资金减少63万元，下降1.3%；股份制合作企业324户，注册资金9 180万元，同比户减少13户，下降3.9%，资金增加1 163万元，增长14.5%；公司516户，注册资金59 963万元，同比户减少197户，下降27.6%，资金减少10 124万元，下降了14.5%。同时大力支持个私经济发展，加大对个私经济的监管力度，拓宽监管领域，认真贯彻落实《云南省委、省人民政府关于大力发展个体私营经济的决定》，积极搞好服务，推动个私经济发展，截至年底，全区个体工商户发展到18 774户，从业人员21 255人，注册资金17 494万元，分别比上年增长12.2%、15.8%、31.2%；私营企业204户，从业人员3 074人，注册资金18 935万元，分别比上年增长19.3%、21%、18%。全年新登记管理种、养、加工户145户、个体运输专业户1 035户，其中新登记个体运输户比上年增加918户。全区个体户应验照16 732户，实验照16 233户，验照率97%。私营企业应年检171户，实检164户，参检率91%。个体验照抽查率达3%，企业年抽检率10%，规范了市场主体准入行为。

【全力打假治劣、规范市场交易行为】 2001年按照国务院《关于整顿和规范市场经济秩序的决定》和省工商局、地委、行署的要求，全区工商系统用最大的力气，集中力量，上下联动，整体作战，开展整顿和规范市场交易行为的专项斗争，严厉打击各种制售假冒伪劣商品违章违法行为。全年共出动执法人员2 213人(次)，车辆350辆次。具体开展了以下专项整治工作。

1. 认真贯彻落实《国务院关于严厉打击制售假冒伪劣商品违法犯罪活动联合行动通知》精神，开展重点地区、重点商品、重点市场检查整治，严厉打击制售假冒伪劣商品违法犯罪活动。共检查市场121个，摊点、门店9 500个，查获假砖茶2 855块，假茶原料9 497千克，"报喜鸟"皮具14个，圣罗兰西服28套，西铁城、梅花表6块，过期变质饮料、啤酒28 284瓶，劣质白酒3 320千克，酒精5 346千克，进口酒165瓶，钢材4.1吨，卫星地面接收设施58套，天线43根，分置器15个，天线插头297个，电缆线350米，变质食品730.2千克，捣毁制假窝点5个。

2. 大力整治节日市场。全年在重大节日，大规模开展了12次"红盾行动"。共查处违法经营高档烟、酒、副食品、化妆品、电器、衣服等案件2 539件，案值250多万元。

3. 加大农资市场整治力度。一年来在开展"红盾打假护农"中，检查整顿农资市场、经营网点304个，查处无照经营户34户，违法经营"两杂"种子4 488千克，农药5 359千克，化肥10 640千克，地膜1 378千克，假种籽3 290千克，收缴剧毒鼠药1 156瓶(袋)，严惩了"坑农、害农"行为，规范了农资市场经营秩序。

4. 强化粮食市场监督。在重点抓好永胜县粮食监管的同时监管其它3县。主要采取"坚持打击与拓宽搞活并举，一打击两规范”的方针，加大宣传、执法力度，工作取得了显著成绩，共查处非法收购粮食49吨，案值4.04万元，罚款0.72万元。

5. 加强医疗药品监管。共检查医疗器械药品经营门店53个，查处不合格一次性注射器74具，化妆品379瓶，违禁药品75件，侵权“肤阴洁液”59瓶，没收了药品，器械对经营户作停业整顿处理。

6. 狠抓报废汽车回收、拆解市场整治。采取拉网式清理检查，查处非法拼装农用车9辆，非法销售发动机5台，“三无”汽配件901件，取缔了11户报废汽车回收、拆解经营户。

7. 切实抓了旅游市场整治。丽江、宁蒗县局全年出动执法人员620人（次），车辆180辆（次），35次对丽江古城、云杉坪、玉峰寺、虎跳峡、长江第一湾、泸沽湖等重要景区景点进行整治，查获庸俗旅游纪念品350件，劣质中药材94千克，假岩峰蜜60千克，海狗鞭、鹿鞭39根，各种过期变质饮料、副食品1 259袋（瓶），短斤少两行为48起。

8. 开展了“扫黄打非”专项整治，围绕“严打”专项斗争，抽出执法人员配合公安、文化等部门清理检查宾馆、酒店89家，歌舞厅63户，电子游戏、网吧32户，美容美发厅31户，查出“三无”盲流人员19人，淫秽书刊94 343册，盗版光盘1 919张，取缔了15家证照不全的歌舞厅。同时对公众聚集场所的消防安全进行了检查整治，责令8户消防安全不合格者停业整顿。

9. 围绕“绿色消费年”开展消费者保护工作。一是按上级要求，在全县城组织了“3·15”纪念日专题活动，广泛宣传《消法》、《合同法》、《反不正当竞争法》、印发宣传材料6.8万份，销毁假冒伪劣商品57件，价值30多万元。二是在4县开通了“12315”投诉举报电话，公布举报电话5个，建立投诉站37个，落实了举报值班制度，在重大节日期间24小时有人值班不失控。三是认真做好消费者投诉工作，全年受理投诉、申诉案件549件，调处537件，支持到法院起诉2件，为消费者挽回经济损失167.8万元。

10. 加强合同监管。全年累计办理企业抵押登记59份，抵押物价值3.2995亿元，主债权金额1.9174亿元，鉴证合同2 390份。

11. 进一步加强车辆管理，坚持严格审查交易行为，严格验证，防止非法车辆在丽江落户，杜绝了非法交易行为。全年共验证新旧汽车1 937辆，摩托车424部。

【严厉查处不正当竞争行为、规范市场公平竞争秩序】 1. 严厉惩治传销、变相传销违法行为。全年查处传销案15件，结案14件，案值1 000多万元，罚款33万元。2. 加大广告管理力度，组织22人参加广告岗位技术资格培训，14人经考试合格取得了资格证书，举办了26人参加的广告审查员培训班。办理广告登记248份查处各种虚假违法广告案37件，取缔8块未经登记擅自发布的广告招牌，没收广告宣传单34 200份，罚款3 500元。3. 加强对商标专用权的保护，对全区专卖店进行了全面清理，共检查了120户，确定了57户经营资格，责令31户不具备专卖条件的经营户限期更改牌匾。4. 开展对公用企业限制竞争行为的查处。针对社会反映强烈的保险、交通、供水、供电等行业存在不正当竞争行为，组织4县局经检股长进行立案调查，查出7户公用企业严重违反《反不正当竞争法》，非法获利60.5万元，处罚5户，罚款25万元。

【提高执法人员素质、规范执法行为】 1. 抓了执法人员的业务培训，举办了四期培训班，培训执法人员172人；2. 以“成安事件”为反面教材，在队伍中开展了“两查、两看”整顿教育。3. 深化工商干部“廉政二十条、五要十不准”和“五.五形象工程”中规定的“五不准、三管住”学习教育，用硬规定规范干部监管执法行为；4. 执法办案实行办案与罚没物资管理相分离和案件评查的原则，杜绝违法行政，办人情案、办关系案现象；5. 全方位推行政务公开，增强机关透明度和群众民主参与程度；6. 按上级要求完成了市场办管脱钩工作，于12月25日前将丽江县的玉河农贸、高寨、卿云市场，永胜县的城关集贸市场，宁蒗县的大兴市场移交当地政府管理、从源头上治腐败。及时纠正执法不公，越权行政等违法行为，形成清正廉洁良好风气，树立队伍严格执法形象。

【提高思想认识、加强系统政治建设】 2001年，按照中央、省、地委上级工商部门的统一部署要求，坚持高标准严要求，改进学风、力求效果，扎扎实实开展政治学习教育活动。各级党组织把学习摆到突出位置，作为大事来抓。地局成立了以局党组书记、局长沙文才为组长，科（室）负责人为成员的“三学”领导小组和办公室。制订了切实可行的学习计划。

通过开展一系列的政治学习教育活动，提高了干部职工实践“三个代表”重要思想的自觉性，增强了干部职工的政治敏锐性、政治鉴别力，达到了思想上有明显提高、政治上有明显进步、作风上有所转变、纪律上有所增强、工作上有显著实绩的目的。

【抓好队伍建设落实、夯实队伍素质基础】 遵照江泽民总书记提出的“建设一支适应社会主义现代化建设需要的高素质干部队伍，是我们事业不断成功的关键”的指示。地局党组加强队伍素质建设。狠抓教育培训，提高干部的业务素质。根据年初制订的《工作意见》，加大实施“红盾人才培训计划”力度，开展执法人员业务骨干法律知识培训，举办公务员电脑培训班。邀请党校教授、教员讲授WTO、组织干部职工参加世贸组织基本知识考试。全年共举办法律知识、公务员电脑、办案纪检、WTO知识培训班各4期。通过培训提高了干部综合知识，全区340名工商干部职工获得了WTO基本知识考试合格证。

【2001年任职的局领导名单】

局　长　沙文才

副局长　曲　培　唐　欣

丽江纳西族自治县

【工商行政管理基本情况】 2001年，

丽江县工商局有在职干部职工 105 人，设有 8 个职能股室、7 个基层工商所、党总支下设 3 个支部。全县辖区共有各类企业 970 户，个体工商户 8 744 户、私营企业 177 户，各类登记的市场有 25 个、市场总面积达 22.6 万平方米，总投资 98 623 万元。

【企业注册登记管理】 全县注册的企业 970 户，注册资本 46 704 万元、企业年检 970 户，合格率达 99%。在企业登记监管工作中，认真贯彻《合同法》和《公司登记管理条例》，充分发挥市场主体登记管理的职能作用，严格把好市场准入关。

【公平交易】 2001 年，共出动检查人员 1 247 人(次)，出动车 130 多辆(次)，检查各类企业 171 户，个体工商户 3 100 户，各类市场 25 个，共查处各类违法违章案件 510 件，案值 147.52 万元，没收价值近 30 万元的各类假冒伪劣商品。

【市场监督管理】 1. 认真落实国家工商总局《商品交易市场管理办法》，组织开展对各类市场的注册登记；2. 认真宣传贯彻《反不正当竞争法》、《消费者权益保护法》等法律、法规、开展“满意在市场、有事找工商”活动；3. 开展创建文明市场活动，共表彰文明市场 16 个；4. 严厉查处市场内违法违章经营行为，共查处 210 件，端掉制假窝点 6 个。

【个体私营经济监督管理】 个体工商户已发展 8 744 户，从业人员 9 925 人、注册资金 6 939 万元，比 2000 年分别增长 21%、28.6% 和 82%，私营企业总户数 177 户、投资人数 735 人，注册资本 20 576 万元，比 2000 年分别增长 26%、31% 和 81%。

【商标广告监督管理】 2001 年为了指导企业完善管理，补办申请注册商标，避免漏注或被抢注，加强了对企业许可使用商标的管理。严厉查处各种违法广告经营活动，共查处各类虚假违法广告 24 件，没收非法印刷广告 130 000 张，有力地保护了企业和消费者的合法权益。

【消费者权益保护工作】 开展“3·15”系列活动，积极推动“消保”工作。“3·15”消费者权益保护日，以“绿色消费”为主题进行开展“反虚假、反欺诈”的宣传活动，增强人民群众维护自身利益意识和依法护权的自觉性。全年共受理消费者投诉 319 起，行政调解成功 315 起，为消费者挽回经济损失 49 万元。

【法制工作】 按照“三五”普法规划的要求，开展与工商行政管理相关的法律法规宣传和培训教育工作，认真学习了《行政处罚法》、《行政诉讼法》、《消费者权益保护法》、《企业法》等法律法规和《工商行政管理机关行政处罚程序暂行规定》等地方法规。通过办学习班、开座谈会等形式进行法律培训。

【2001 年任职的局领导名单】

局　长　和　毅

副局长　熊绍文　杨其珍(女)

　　　　原云莉(女)

永胜县

【工商行政管理基本情况】 2001 年，永胜县工商局在上级工商局的正确领导下，紧紧围绕丽江工商“五·五形象工程”这个中心，狠抓干部队伍建设，大力加强对基层工商所执法人员的业务培训，举办了 WTO、纪检、法制、电脑培训学习。培训人员 126 人(次)。扎扎实实地开展了“三个代表”重要思想学习教育活动，进一步转变了机关工作作风，增强了服务意识，推动了各项工作的顺利开展，被地委“学教”领导小组评为“学习教育活动先进单位。遵照上级工商局和县人民政府的安排部署，整顿和规范市场经济秩序，加大市场监管力度，规范市场经营行为，全年共查处各类经济违法违章案件 538 件，其中立案查处 146 件，案值 85.01 万元，罚没款 26.70 万元，为全县经济健康、稳定、持续发展营造了良好的环境。

【企业注册登记管理】 规范市场主体行为，严把市场准入关，严格执行国家有关法律法规及有关政策，切实做到“三严格三禁止”，2001 年全县登记注册企业 786 户，注册资本(金)25 279 万元，其中国有企业 223 户，集体企业 346 户，联营企业 1 户，股份合作制企业 152 户，有限公司 64 户。2001 年新办理开业登记 70 户，变更登记 231 户，注销登记 64 户；登记注册的个体工商户 4 957 户，注册资金 4 176.6 万元，其中当年新办理开业登记 550 户，注销登记户，变更登记 127 户；私营企业 56 户，注册资本(金) 9 372 万元，新办理开业登记 12 户，注销登记 3 户，变更登记 21 户。在监管工作中，实行登记管理与工商所“经济户口”管理并重，管理干部实行分片包干，责任到人，发挥“片区警”和“户籍警”作用，为规范企业经营行为和推进工商职能到位打下了良好基础。全面开展企业前置审批的复查工作，对全县 580 户企业的书式档案进行复查，发现缺少前置审批或许可证过期的 52 户，责令限期补办 39 户，办理变更登记 11 户、注销 2 户。2001 年，共查处违反登记管理法律法规案件 45 件，罚没款 25 000 元，其中吊销《企业法人营业执照》10 个，分支机构《营业执照》10 个，查处无照经营案 2 件，办理登记时提交虚假证明文件 1 件，转租营业执照 1 件，未按时报送年检材料的 19 件，未按时参加年检的 15 件。

【公平交易】 规范市场竞争行为，维护公平竞争的市场秩序。严厉打击仿冒知名商品特有的名称、包装、企业名称的违法行为，查处了梁官镇黄××假冒云南下关茶厂厂名、商标标识、产地、质量认证等及制售假冒“宝焰”牌砖茶案，查获假砖茶 2 855 块，制假茶原料 9 497.5 千克，制茶模具 18 套。依法作出了没收假冒产品及其工具，并吊销了营业执照。认真开展对垄断性行业限制竞争行为的专项整治，维护了广大消费者的合法权益。

【广告监督管理】 加强广告监管工作，办理广告登记 82 份，其中电视广告 28 份，印刷品广告 32 份，户外 22 份，对药品、医疗、保健品广告也进行了专项整治，查处广告违法案件 27 件，罚没款 1 350 元，没收违法印刷品 3 万多份。

【商标管理】 加强对商标专用权的保护，对全县的专卖店进行了清查，共检查专卖店46户，对不符合专卖店条件的31户经营户责令拆除了专卖招牌，予以手续齐全的15户核发了《专卖店资格认证书》，保护广大消费者及商标所有权人的合法权益。

规范市场交易行为，促进经济健康有序发展，认真贯彻《国务院关于严厉打击制售假冒伪劣商品违法犯罪活动联合行动的通知》后，严厉打击制假售假行为，查获过期产品及变质食品5 302.42千克，化妆品397瓶，酒精勾兑酒1 500千克，酒精4 146.5千克，劣质白酒25 936瓶，劣质钢材4.1吨，“三无”汽车配件685件（套）。开展“扫黄”、“打非”工作以来，对娱乐场所、书刊、音像市场进行了专项检查，没收违法销售的盗版书籍50多册，淫秽光盘75盘。取缔无照“美容按摩厅”2户。

【消费者权益保护】 为保护消费者权益，按照“有诉必接”、“有案必查”的原则，及时受理消费者投诉，共受理投诉176起，调解处理173起，为消费者挽回经济损失5.8万元。加强对粮食、农资等重要商品的监督管理，共查获非法收购粮食案件5件，查扣粮食38吨，案值4.01万元。开展“红盾打假护农”行动，查获非法经营销售的“两杂”种子4 488.7千克，农药4 850千克，农用地膜1 200千克，化肥78 000千克，收缴剧毒鼠药1 156瓶（袋），有效地遏制了“坑农”、“害农”事件的发生，为全县农民增收、农业增产、农村稳定起到了积极的作用。加强合同监管，办理合同鉴证14份，金额1 017.58万元。办理企业动产抵押登记7份，主债权金额2 025.8万元。推行示范文本96册，发放“三书”900份，检查了11户企业的经济合同履行情况，又检查了各类经济合同。深入开展了“重合同、守信用”活动，评选出永胜县第一建筑工程公司等33户企业为2000～2001年度“重合同、守信用”先进企业，报经县人民政府予以表彰。

【市场监督管理】 规范市场监管执法行为，提高监管执法水平。认真开展从“成安事件”中吸取深刻教训，对工商队伍中的纪律作风进行了整治活动，为严肃法纪，在执法办案中实行立案、办案、核案相分离，组织人员开展案件评查工作，及时纠正违法行政行为，杜绝了办人情案、关系案的现象。进一步建立和建全了各项规章制度，真正做到用规范的行为教育人、管理人，从制度上从源头上治理腐败，防范腐败。

【精神文明建设】 2001年，永胜县工商局遵照丽江工商“五、五形象工程”的要求，以“三个代表”重要思想为指导，将精神文明建设作为一项重要的工作内容来抓，贯穿了各项工作的始终，被县委、县政府评为“群众性精神文明创建活动先进集体”。

1. 开展文明单位创建活动，充分调动广大干部职工积极性，广泛开展“做合格工商干部，当人民满意公务员”活动，在市场上设立了监督岗、服务台，从点滴的小事做起，树立了文明管理，秉公办事的良好形象，通过全县工商干部的共同努力，永胜县工商局被地委、行署授予“文明单位”称号。2001年9月，城关工商所被省委、省人民政府授予“文明单位”称号。

2. 开展“户户讲道德、店店无假货”竞赛活动，增强广大经营者合法经营，文明经商意识，共推选26户“先进门店”报地区审批表彰。

3. 开展“打假维权，消费者满意文明示范街”创建活动。投资2 600余元，为被列为“打假维权，消费者满意文明街”的县城东街，制作宣传牌2个。发放《消费者权益保护法》、《产品质量法》、宣传材料2 000多份，与经营者签订创建责任书106份，完善经营者自我监督及社会监督机制，评选了10户为文明经营、优质服务的个体工商户为“文明示范户”，以点带面，逐步推广，营造良好的市场交易环境，让广大消费者满意。

4. 开展“文明市场”评选工作。采取日常检查、抽查和年终综合评比相结合的方式，评选出县城综合农贸、仁和、期纳、程海、金江、片角市场梁官、金官、顺州、永胜县建材、永胜县烧烤、仁和大牲畜、片角小百货市场13个市场为县组“文明市场”，促进了市场管理规范。

【2001年任职的局领导名单】

局　长、党组书记　杨建福

副局长、党组成员　杨向东

华坪县

【工商行政管理基本情况】 2001年，华坪县工商行政管理局始终把坚持政治理论学习与贯彻党的十五大精神、把学习江总书记“七一”讲话与认真实践“三个代表”重要思想紧密联系起来，依照国务院《关于整顿和规范市场经济秩序的决定》，围绕实现丽江工商“5·5形象工程”目标，抓落实、抓规范，在促进系统精神文明建设、维护市场经济秩序等方面做了大量工作。全局干部职工59人，县局机关26人，基层工商所33人。

实施“知识导航工程”，提高队伍整体素质，全局干部参加了WTO知识培训，110人次参加了法制、纪检和执法办案培训；18名干部参加函授大专学历学习。抓党风和行政、局所签订责任书5份，配备法制、纪检兼职干部7名；2001年县局被授予“三五”普法一级达标单位，

【规范市场主体准入】 登记管理严格按照“三严格、三禁止”，严把准入关，全年新注册登记企业15户，办理涉及登记事项变更企业51户，依法注销企业37户，全县各类工商企业累计达到409户，注册资金23 814万元。新登记个体工商户500户，私营企业17户，注册个体工商户累计达到3 139户，注册资金4 430.5万。私营企业68户，注册资金4 587.1万元。企业年检率为97%，个体工商户验照率为95.6%，私营企业年检率达到96%。

【规范市场竞争行为】 强化商标日常监管，全面清理全县11个注册商标，对26户使用专卖（营）店中不具备专卖（营）条件的18户经营者作了处理。建立了印制商标单位及非印制商标单位的检查制度，逐步规范商标使用行为。

开展"反误导、打虚假"专项行动。集中对药品、医疗、保健食品、房地产、致富信息广告进行专项整治,收缴非法的各种宣传品2 000多份,查处违法广告案件10件。

开展垄断性行业限制竞争行为专项整治,调查了解2件不正当竞争行为案。

【规范市场交易行为】 强化对重点行业、重点商品的专项整治。开展粮食和农资市场的清理整顿,查处擅自收购粮食案件6件,查获粮食11 042千克,检查农资经营门市28个,征收化肥3吨,没收过期变质农药509千克,劣质农膜132.6千克、打击制售假冒伪劣商品行为。结合节假日市场,以食品、饮料、卷烟、酒类为主,查获过期饮品200多瓶,饮料200听,假冒"澳的利"35件,无生产日期月饼700个,各种过期变质食品200多种,检查医药经营门市53个。

开展创建"文明街片、段"活动,签订"文明经营责任书"97份,评选"户户讲道德、店店无假货"先进门店68户,以点代面,创建良好交易环境。

强化合同监督,检查各类经济合同102份,合同金额4 000多万元。帮助52户企业完善了合同管理制度,发放合同文本250份,"三书"110份,办理动产抵押登记23份,抵押物金额9 735万元,主债权金额5 259万元,鉴证各类经济合同2 636份,调解合同纠纷3件。

开通"12315"消费者投诉电话,及时受理消费者投诉案件112件,调处106件,为消费者挽回经济损失31 396元。

2001年,共出动车辆100辆(次),人员519人(次),检查市场12个,企业40户,经营门店、摊位1 049个,查处案件203件,案值6.68万元,罚设款2.107万元。

【法制工作】 加强工商法律、法规宣传、培训,举办行政执法人员培训班一期,培训人员40人。结合"3·15"国际消费者权益日和"6·26"国际禁毒日为内容的宣传、咨询服务活动2次,印发宣传资料4 600多份,制作宣传栏、图片16块,接待咨询群众1 250人(次)。

【执法监督】 加强对行政执法的日常监督,认真做好案件核审工作,严格执行登记管理的条件和程序,禁止随意降低法定条件;严格执行法律、法规规定的审批制度。按照"三严格、三禁止"的规定,对市场准入工作进行监督检查,实地抽查各类型企业25户,全年共核审立案查处案件37件。

【大事记】 2001年3月18日~5月21日,局长饶宝军选派到上海挂职学习、考察,由副局长马继良主持工作。

2001年9月~11月,执行地局干部交流见习的决定,局长饶宝军交流到地局见习,副局长马继良交流到永胜县局主持工作,永胜县局副局长杨向东交流到华坪县局主持工作,11月末,干部异地交流见习结束。

【2001年任职的局领导名单】

局　长、党组书记　饶宝军

副局长　马继良　和民生

宁蒗彝族自治县

【工商行政管理基本情况】 宁蒗彝族自治县工商行政管理局现有干部职工57人,内设6股1室,下设4个工商所。2001年,制定了《考核工作实施方案》,把全局年度工作任务分解细化,分别下达给各股(室)、所和局班子,实行百分制量化考核。考核与奖惩挂钩,有效地调动了干部职工的工作积极性,确保了年度工作任务的全面完成。

【强化监管执法,维护市场秩序】 认真执行"三严格、三禁止"规定。在年检中,严格审查年检审计报告,遏制了注册资本不实、抽逃出资等现象。开展3次规范市场主体准入行为的专项整治活动,在各工商所建立企业"经济户口"。截至年底,全县企业在册143户,注册资本11 827万元。

【个体私营经济监督管理】 加强对个体私营经济的监督管理,责令办理变更登记47户,因违法违章进行处罚137户(次)。截至年底,登记在册个体工商户2 063户,从业人员2 635人,注册资金1 949.2万元。

【市场监督管理】 认真开展整顿规范市场经济秩序工作,抓好日常监管、打假治劣工作的同时,全局还着重抓了几项工作:1. 先后5次对泸沽湖旅游市场进行整治;2. 受地局委托对保险公司强制学生投保"学平险"一案进行了历时3个月的调查取证并上交地局处罚;3. 抽调基层6人到经检股见习,进行实战训练;4. 在县城开展了创建"打假维权,消费者满意街"活动,与224户经营签订了"责任书"和"文明公约";5. 开展"文明市场"创建活动,表彰县级"文明市场"4个;6. 制定实施了《工商所辖区管理办法》。

全年共查处各类案件202起,其中立案查处25起,总案值6.93万元,罚没款1.6万元。受理消费者投诉33起,挽回经济损失8 700元。

【培训、提高干部的业务素质】 认真开展"三个代表"学习教育活动,聘请党校教师上"七一讲话"讲座课;坚持周三学习日制度,组织学习业务知识;举办了《行政处罚法》等五部法律法规的培训考试活动;举办了计算机和"WTO知识"培训;鼓励干部写稿投稿,全年共有38篇稿件被各级报刊采用。

【加强内部管理】 抓制度。对已有的15个规章制度进行补充完善并严格执行。实行上下班签到,杜绝了迟到早退现象。基本实现依制度管人、管事。

抓行风。继续聘请评议员,坚持民主评议制度,组织开展了机关1季1次和工商所1月1次的"整风肃纪日"活动。分别以局和股(所)为单位开展了两次民主生活会,落实了局、所纪检监察兼职人员,制定纪检监察工作制度,强化了内部监督。开展以"一张笑脸迎客,一把椅子让座,一杯热茶待人,一句礼貌话暖心,一个圆满答复"为内容的"五个一"活动。

一年来,由于全县各所同志们的努力和辛勤工作,取得了一定成绩:大兴工商所被评为乡(镇)级"文明单位",战河工商所从乡级先进单位荣升为"县级文明单位",县局从地级"文明单位"荣升为省级"文明单位"。同时还荣获云南省"三五普法先进集体"、地级"巾帼文明示范岗"和县"三五普法一级达标单位"、"党风廉政建设先进集体"、"综合工作先进集体"、"先进党支部"等荣誉。目前,全局已提前完成创建文明单位的五年规划目标。

【2001 年任职的局领导名单】
局　长　张建华
副局长　金古社忍　博成岗

怒江傈僳族自治州

【工商行政管理基本情况】 2001 年怒江州工商局的机构设置:1 个州局 4 个县局,内设 44 个科、股、队;16 个基层工商所、1 个直属分局。州局内设机构 8 个,派出机构 1 个即直属分局。

人员编制:全州工商系统编制 256 人,其中:行政编制 208 人,事业编制 8 人;处级领导 3 人,非领导 1 人;科级领导 24 人。

学历结构:大专以上 63 人,占总人数的 29%;中专 94 人,占总人数的 43%;高中 28 人,占总人数的 13%;初中以下 32 人,占总人数的 15%。大专以上学历任正、副处级 3 人,任正、副科长 13 人,任正、副股、所长 32 人;中专学历中任正、副科长 7 人。

【企业注册登记管理】 严把市场准入关,规范市场主体准入行为。2001 年全州工商系统坚决取缔无照经营,共查处"三无"企业 71 户,依法取缔 71 户。以查验合法性为重点,在年检的基础上对 50% 的企业主体查看档案材料,深入厂矿企业进行实地资格验证。实际年检企业 913 户,参检率为 86%,合格率为 99%;责令限期办理年检手续的 122 户;警告责令改正的 4 户;处罚的 7 户。清理复查企业档案 883 户,实地查验 343 户,不合格 11 户,责令整顿 6 户,办理变更 33 户;吊销企业营业执照 105 户,罚款 0.3 万元。坚持依法登记,严格审批程序,及时认真地为各类企业办理设立、变更、注销登记手续。在登记过程中坚持"三严格三禁止",正确处理热情服务与严格把关,提高效率与按程序办事的关系。截至 2001 年底,全州共登记注册各类企业 974 户,注册资本 6.07 亿元,其中:国有企业 462 户,注册资本 1.97 亿元;集体企业 405 户,注册资本 2.38 亿元;联营企业 3 户,注册资本 2 950 万元;股份合作制企业 9 户,注册资本 425 万元;公司 95 户,注册资本 1.38 亿元。一年来全州共办理设立登记 103 户,变更登记 236 户,注销登记 211 户。

【公平交易】 2001 年全州工商系统以打假治劣为重点,以打击涉及群众意见较大反映强烈和危害人民群众身心健康的商品为主,对食品、饮品、药品、保健品,以及一次性输液器、汽车配件和成品油等重点商品开展了大规模的打假整治活动,并进行了全面的监督检查,取得了阶段性成果。全州共查处各类经济违法违章案件 493 件,其中立案 37 件,总案值 1 267.75 万元,罚没款 11.8714 万元。办理抵押登记 20 份,抵押物价值 1.03 亿元。

【市场监督管理】 2001 年,全州共查处市场一般违法违章案件 373 件,罚没总金额 2.572 万元;全州共有 44 个城乡集贸市场,市场成交额为 2.54 亿元。全州工商系统完成市场办管脱钩工作。移交 2 个市场(自办市场 1 个,联办市场 1 个),市场资产 403 万元,市场债务 53 万元。

【个体私营经济监督管理】 全州个体工商户有 6 497 户,从业人员 10 871 人,注册资金 9 220 万元;全州私营企业有 193 户,雇工人数 4 670 人,注册资金 2.35 亿元。

【广告监督管理】 全州工商机关以查处非法广告为重点,打击到处张贴和散发广告的行为。共收缴非法印刷品广告 5.4 万份,查处医疗广告 120 张;核发《广告许可证》4 户,登记各类广告 38 件,广告经营额 18 万元。共监测广告 787 条,责令停止发布的医疗广告 1 起。

【消费者权益保护】 全州工商机关认真宣传《中华人民共和国消费者权益保护法》,以"绿色消费"活动为主题,认真开展"3·15"宣传活动,充分发挥"12315"消费者申诉举报中心作用,现场受理消费者投诉 20 件,解决 9 件,得到社会各界好评。2001 年全州查处侵害消费者权益案件 299 件,案值 80.7 万元,罚没款 2.74 万元。

【商标管理】 切实加强商标管理,坚决取缔非法商标行为,维护驰名商标。全州共查获商标侵权产品"肤阴洁"等 4 个品牌,产品价值 265 元,查处侵权商标专用权的违法行为,保护了注册商标专用权。全州至 2001 年底已注册的各类商标 19 件。

【法制工作】 加强法制工作,促进依法行政。全州工商机关将法律、法规宣传作为中心工作来抓,发放宣传材料 400 余份,受到宣传教育的群众达 9 万余人。对系统内办理的 502 起行政案件,进行全方位监督;核审行政案件 41 起,并及时纠正案件中的不足和错误,保护了行政相对人的合法权益,维护了工商行政管理机关的执法权威和形象;怒江州工商系统第一期《行政执法证》法规通过培训考试,全部合格。另外,认真清理了 1980 年以来的地方性法规和其他政策措施 35 件,并按要求向政府法制部门提出处理意见和建议。

【2001 年任职的局领导名单】

党组书记、局　长　　范福生
党组成员、副局长　　胡仲春
局党组成员、纪检组长　蔡义生

泸水县

【工商行政管理基本情况】　全局在职总人数60人，女性干部职工19人，占在职总人数30.6%；中共党员37人，占61.6%；少数民族干部职工45人，占75%；大专21人，占35%；中专28人，占46.6%；高中6人，占10%；初中以下5人，占8.3%。内设机构6个、派出机构7个。

【企业注册登记管理】　严格按照企业注册登记管理条例，坚决取缔"无照经营"、"三无企业"，严把市场准入关。全县注册登记企业有216户，注册资本1.07亿元。

【公平交易】　结合开展整顿和规范市场经济秩序工作，维护合法的市场公平竞争，严厉查处强买强卖、欺诈等违法行为。2001年，全县共查处案件160件，案件总值36.32万元，罚没款总金额2.68万元（立案查处案件27件，案件总值22.92万元，罚没款总金额1.5342万元）。

【市场监督管理】　全县共查处市场一般违法违章案件152件，罚款总金额0.936万元；全县共有19个城乡集贸市场，年内市场成交总额15 624万元。

【个体私营经济监督管理】　年内全县个体工商户有2 512户，从业人员4 637人，注册资金3 941万元；私营企业有82户，从业人员1 831人，注册资金9 835万元。

【广告监督管理】　加强广告监督管理，严厉查处各类虚假广告行为，净化文化市场环境。2001年登记各类广告38件（户外广告16件、印刷广告6件、电视广告16件），收缴非法印刷品广告5.4万份、非法出版物156册、盗版VCD光盘46盒、音像制品11盘。

【消费者权益保护】　设立"12315"消费者投诉举报电话，认真受理消费者投诉案件。2001年全县共受理消费者投诉案件83件，调解83件，调解率100%，为消费者挽回经济损失12万余元。

【商标管理】　切实加强商标管理，坚决取缔侵权商标行为，维护驰名商标。2001年注册商标1件。

【法制工作】　加强法律法规培训宣传工作，提高经营者和消费者的法律意识。2001年对全县的企业、私营企业负责人进行《行政处罚法》、《反不正当竞争法》的培训并组织考试，考试合格率100%。开展"3·15"绿色消费年活动，发放宣传资料2 500份；共查阅内部各种案卷613卷；全县行政处罚核审案件197件。

【2001年任职的局领导名单】
党组书记、局　长　刘　翔
党组成员、副局长　杨文林　杨文忠
纪检负责人　杨文忠（兼）

福贡县

【工商行政管理基本情况】　福贡县工商局有干部职工38人，其中男24人，占63.2%，女14人，占36.8%；大专以上8人，占21%，中专18人，占47.4%，高中5人，占13.2%，初中以下7人，占18.4%；有党员12人，占干部职工总数的32%。内设6个职能部门和3个派出机构。

【企业注册登记管理和个体私营经济监督管理】　2001年底，有企业154户，其中：私营企业7户、个体工商户1 048户。在日常登记管理中，严格依法行政，严把市场准入关，做到"三严格、三禁止"。全年共清理复查企业和个体工商户档案1 183户，对一批无前置审批或前置审批过期的企业和个体工商户进行了限期整改；年内吊销了23户企业营业执照，全年成交总金额2 350万元。

【公平交易和消费者权益保护】　深入抓好重点地区、重点商品、重点市场专项整顿工作，特别是对涉及人民群众生命财产安全的烟花爆竹，以及电子游戏、网吧、按摩、音像放映等经营者进行了严格的资格审查。共出动执法车辆75台次，检查人员236人次，其中：责令补办营业执照44户，取缔17户；查处各类违法违章案件191起，案值5.25万元，罚款0.95万元；收缴各类价值2万余元的假冒伪劣商品，其中：重点查处1起非法经营化肥案，罚款500元；征收三无复合肥8吨，案值5 520元；责令停止销售玉米陈种案1起3.63吨；赔偿农民玉米种子1.15吨，为农民挽回经济损失2 300元。开展食品市场专项整治工作，没收检疫不合格猪肉2吨多，查处扣留无证经营肥膘腌肉案1起2.5吨，让群众吃上了"放心肉"。

【2001年任职的局领导名单】
局　长　李四博（傈僳族）
副局长　和应新（普米族）
　　　　夏绍峰（傈僳族）

兰坪县

【工商行政管理基本情况】　兰坪县工商局设5个职能部门。有干部职工76人，其中：男49人、女27人；党员26人；大专18人，高中、中专44人，初中以下14人。

【企业注册登记管理】　2001年，加强企业登记注册监管，认真完成企业年检工作。全县应检企业284户，其中：按期年检企业248户，注销2户；登报公告限期补检企业38户，注销2户；登报公告吊销营业执照36户。截至年底，共登记注册各类企业219户，注册资本2.09亿元，其中：国有企业85户，注册资本5 067万元；集体企业113户，注册资本1.08亿元；股份合作制企业1户，注册资本30万元；有限公司11户，注册资本5 041万元。严格把好市场准入关，确保注册资本的真实性和合法性。严格执行《企业法人登记管理条例》、《公司法》、《公司登记管理条例》等法律法规，对涉及前置审批的企业，在未取得相关许可证或证明文件之前一律不核准其经营范围。

【个体私营经济监督管理】 2001年，认真贯彻落实省委、省政府《关于加快非公有制经济发展的决定》，推动全县个体私营经济快速 健康发展。截至年底，全县共登记注册个体工商户2 206户、从业人员3 417人，注册资金3 372万元。比上年增长7.43%；私营企业70户，从业人员2 594人，注册资金9 989.4万元，比上年增长30%。在认真做好登记工作的同时还加大监督管理力度，集中力量对从事美容美发、电子游戏、歌舞厅等行业的个体工商户进行了清理整顿，特别是对无照经营、超经营范围、不亮照经营、转让营业执照、销售假冒伪劣商品等违法行为进行了有力的查处，为合法经营的个体私营企业创造了良好的市场环境。

【公平交易和市场监督管理】 2001年对全县各类市场进行了清理整顿。共出动135人次，检查了各类修理厂35户、废旧金属回收2户，彻底查禁废旧汽车回收拼装的非法活动。在文化市场整顿期间，依法收缴非法盗版VCD光盘1 987盘、淫秽书刊103本，淫秽VCD光盘10盘、非法录音带348盒。在矿石流通市场整顿期间，积极配合有关部门，共查处非法经营的矿石300多吨。同时，对全县肉食品市场进行了清理整顿，配合有关单位搞好检疫工作，让广大消费者吃上"放心肉"，维护了良好的市场秩序。认真开展"三打""三反"。年内，共查处经济违法案件168件，案件总价值10.24万元，其中：立案查处4件，罚没金额0.697万元；配合医药卫生部门没收失效药品76种，案值1.56万元，受理消费者投诉2件。年内，市场成交活跃，全县集贸市场成交额为7 514.7万元，与上年同期相比增长1 422.4万元，增长率为19%。主要农副产品价格总水平为93%，比上年下降7.16%。

【商标广告监督管理】 全县已注册各类商标18件，其中：国家工商总局注册公告12件，其余6件尚未公告。在广告的监管上，清理整顿了广告市场，查处了非法广告5件，收缴虚假广告326份，取缔药品禁语广告1户。

【2001年任职的局领导名单】

局　长　王仲昌

副局长　和龙泉　和兴宝

贡山独龙族怒族自治县

【企业登记管理】 2001年度企业年检合格数为29户。全县个体工商户共有550户，从业人员1 055人，注册资金403万元。工商局对这些企业和个体户的市场准入、市场竞争行为、市场交易行为进行规范和管理。

【市场监管】 进一步落实市场巡查制，巩固和规范市场的监督管理，坚持管好管活贡山县的各类市场。2001年"3·15"期间，在全县(独龙江乡除外)3乡1镇，重点在县城范围之内开展大检查活动，维护了消费者合法权益。

【公平交易】 本年度共查处经济违法案件87件，案值2.60万元。同时，加强合同管理工作，全年共鉴证合同7份，金额761.69万元，其中：抵押合同1份，价值731.9万元。

【思想建设】 加强队伍建设。加强业务学习，定期组织干部职工认真学习马列主义、毛泽东思想、邓小平理论，学习江泽民总书记"三个代表"的重要思想，用科学理论武装干部职工的思想，不断提高整体的思想素质，政治素质。

【2001年任职的局领导名单】

局　　长　尹　康

副 局 长　杨金黎

纪检组长　尹　康(兼)

迪庆藏族自治州

【企业注册登记管理】 强化服务意识，改进企业登记管理，切实提高工作效率和执法管理水平。截至2001年12月，全州登记注册的各类企业为970户，注册资金91 136万元，其中：法人企业301户、国有企业341户、集体企业394户、股份合作制企业37户。认真做好2000年年度检验工作，加大年检执法力度，及时下发年检通知，认真把好年检材料审查、核准关；严格审查企业年检材料是否齐全、年检实际情况与登记注册事项是否一致、资金是否到位、企业登记事项是否发生变化、企业是否正常开展生产经营活动；对涉及公共安全企业的经营项目及相应前置审批手续进行严格审查，对无许可证或许可证过期、前置审批手续不全的，待补全手续后再予以通过年检，对确定注销的企业依法进行注销登记，对逾期未年检的企业，采取处罚与教育相结合的方法进行处理。年检中依法注销企业69户，并对5户无正当理由迟迟不参加年检的企业处以500～1 000元的罚款。

【公平交易】 认真开展重点垄断性行业限制竞争行为的专项整治。根据国家总局和省局的部署，依法对电力、通信、保险、商业银行等具有市场支配地位且限制竞争行为比较突出的垄断性行业，开展了反限制竞争行为的专项执法活动。对群众反映强烈，社会影响大的器材垄断，不合理收费等限制竞争行为进行重点整治和查处。加强对供电、供水、供气、通信等公用事业的经营者滥用支配地位、强制交易等限制竞争行为的监督管理。发出通知要求具有垄断性的企业开展竞争行为自查自纠，提出整改措施；加大执法力度，依法查处不正当竞争行为。依法对两家国营公用事业经营单位不正当竞争行为进行查处，责令其停止违法行为，限期整改，并处以罚款10万元。

严厉查处假冒知名特有的名称、包装、装潢、企业名称的行为以及假冒、伪造产地等产品质量标志的行为，严厉查处对商品进行虚假宣传的误导行为。整治医药购销中的不正之风，查处商业贿赂等不法行为。加强对商业秘密的保护工作。在加强监督，依法查处的过程中，先后同云南高原葡萄酒有限公司、腾冲清凉山茶有限公司、四川豪吉食品有限公司、浙江纳爱斯有限公司等知名企业联手，对迪庆市场上的仿冒伪造等行为进行了查处，净化了市场，起到打假扶优的积极作用。

【市场监督管理】 2001年对全州3个县城和重要交通沿线的各类企业、个体工商户进行全面的清理检查，对无照经营和超越经营范围的市场行为进行了重点整治。开展以查处假化肥、假农药、假籽种为重点的农业生产资料市场的清理整顿工作和红盾打假护农资市场秩序，保证农业生产和农村人民群众的根本利益。开展对歌舞厅、电子游戏等文化娱乐服务行业的清理整顿工作；对以药品、医疗器械和门诊为主要内容的医药市场进行了专项整治；开展对元旦、春节、“五·一”、国庆等节日消费品市场的专项检查整治；依法对手机和小灵通市场的检查整治。共没收33部不合格手机、200块无中文标识手机电池。根据电信公司的举报，在公安、电信等部门的协助下，对中甸县城出现的“倒卖小灵通”事件进行依法查处，没收小灵通19部。

加强对粮食等重要商品交易活动的管理。继续以粮食收购市场管理为重点，把住粮食收购主体资格准入关，完善粮食经营台账制度、巡查制度、粮食运输凭证查验制度，依法严厉打击粮食市场违法违章行为，确保迪庆州粮食市场的良好秩序，保证粮食流通体制改革的顺利进行。加强对酒类、食品、卷烟等重点商品和旅游市场的监管。依法查处制造销售劣质白酒和假冒伪劣行为。对迪庆州各旅游景区景点进行专项检查，并加强日常监督管理，依法查处在景区景点销售假天麻等行为，维护了迪庆香格里拉景区景点良好的市场交易秩序。

【个体经济监督管理】 截至12月，全州共有个体工商户7 585户，从业人员11 439人，注册资金12 345万元；私营企业90户，雇工人数1 820人，注册资金16 542万元。个体和私营经济得到了快速发展，各项指标达到历史最高水平。按照省局的布置，结合迪庆实际，按时完成了全州个体工商户和私营企业的年检验照工作。在对个私经济的登记注册中，坚持受理、审查、审批的程序，做到依法按章办照，严把个私经济的市场准入关。同时，增强服务意识和提高办事效率，做到随来随办，方便服务对象，促进了个私经济的健康发展。

【商标广告监督管理】 督促广告经营单位完善内部管理机制，严格依照有关广告的法制规定，依法经营。2001年在对全州广告经营户进行摸底调查的基础上，重点整治违法经营广告业务和滥发医疗广告的行为；清除违法广告牌、广告布标；对滥发性病医疗广告的单位进行了处罚，责令其停止发布广告并分别处以200～1 000元的罚款。加强对商标专用权的保护，以商标办案为中心，充分发挥工商所商标监管职能，重点加大对驰名商标、著名商标和重点商标的保护力度；积极支持迪庆州企业申报云南省著名商标。加强了对商标印制、流通领域的日常监督管理。

【消费者权益保护】 建立健全“12315”申诉举报受理电话值班制度，切实开展以“绿色消费”为主题的“3·15”活动，发布消费警示信息，组织以消费者权益日活动为内容的电视、广播等新闻媒体宣传报道。开展千万个绿色消费志愿者在行动——填答《绿色消费调查承诺卡》宣传活动。深入开展创建“打假维权，消费者满意街”活动，进一步加强消费者满意街的管理和建设，规范商业、服务业的经营行为，为消费者创造安全、健康、放心的消费环境。全年共受理消费者投诉案件31件，为消费者挽回经济损失1.6万元，对消费者投诉的处理、调解率达100%。

【思想建设】 根据中央的决定，按照省局、州委、县委的统一部署，全系统分别进行了“三个代表”学习教育和深入学习江总书记“七一”讲话活动。

通过“三个代表”重要思想和“七·一”讲话的学习教育活动，认识得到了很大的提高和深化；理想和信念得到进一步的加强；全心全意为人民服务的宗旨意识得到了升华；工作作风得到了很好的转变。

全州工商行政人员在思想上、政治上和行动上同以江泽民总书记为核心的党中央保持一致，同省局保持一致而努力。

【市场办管脱钩工作情况】 认真贯彻执行国务院有关文件和全省市场办管脱钩电视电话会议精神，按照省局的部署，严格执行市场办管脱钩规定，坚定信心，克服困难，积极稳妥地做好各方面的工作，于2001年12月15日圆满完成了市场移交，实现了与所办市场彻底脱钩。

【严格依法行政、坚持政务公开】 在整顿和规范市场经济秩序的同时，坚持整顿队伍作风，坚持有法必依，执法必严，违法必究的原则，严格规范市场执法行为。严格执行各项行之有效的工作制度和行业纪律，坚持政务公开，搞好民主监督，增加透明度，形成了文明办事，依法办事，纪律严明，清正廉洁的良好风气。

【2001年任职的局领导名单】

局　　长　高　进（藏族）
副 局 长　和富才（怒族）
纪检组长　李庆庚（白族）

中甸县

【工商行政管理基本情况】 全局内设机构7个，派出机构6个，在职干部职工人数为62人。

【企业注册登记管理】 严格执行前置审批程序，严把市场准入关。全县依法注册了各类工商企业84户，注册资金2.57亿元。2001年新增注册登记各类工商企业19户，注册资金为1 392万元,其中:国有企业6户,注册资金346万元;集体5户,注册资金12万元;有限责任公司7户,注册资金550万元;股份合作制1户,注册资金484万元。办理变更登记30户,注销登记93户。参加年检企业78户,其中:国有16户、集体42户、有限责任公司15户、股份合作制5户、年检率为77%,吊销营业执照31户。

【公平交易】 2001年围绕整顿和规范市场经济秩序这一中心工作,县局共查处各类违法案件466件,罚款3.99万元,没收非法所得360元。捣毁制假白酒窝点3个,没收食品430千克、瓶装白酒58瓶、假云南红13瓶、散装白酒6.937吨、制假酒配料8种1.65千克、各类饮料542瓶、化妆品606瓶、棉花0.03吨、建筑涂料396桶、不合格杆秤15把、台秤5个。通过整顿,进一步净化了中甸县的市场环境。

全年共鉴证建设工程合同48份,合同金额为4 223万元;企业租赁合同1份,金额1 200万元。办理抵押物登记4份,抵押物价值527万元,主债权金额222万元;检查企业13户,监督合同当事人履行合同844份,合同金额为27 183万元;协助合同当事人挽回损失1件,金额为124.5万元。

命名表彰了2000年度"重合同、守信用"单位9个。全年共收取合同鉴证费1.9万元,参加建设工程招投标4次。

【市场监督管理】 全年办理市场登记7户,参加年检7户,年检率为100%。

审核办理专卖店15户,清理了不具备专卖资格的6户专卖店。

按照国家工商局《关于进一步加强粮食收购市场监督管理工作的通知》,认真开展"一打击"、"两规范"执法活动。

重视和加强对松茸市场的监督管理工作,全年收取松茸管理费62万元。

按照省、州工商局的安排,积极稳妥地做好全县市场管办脱钩工作。

【个体私营经济监督管理】 截至2001年底,依法登记了个体工商户5 321户,注册资金9 547万元;私营企业73户,注册资金14 918万元。2001年内依法登记办理个体工商户998户,注册资金796万元;私营企业27户,注册资金8 038万元,增长率为37%。全年共年检私营企业62户,年检率为84.9%,个体验照率为92.8%,歇业113户。

【广告监督管理】 积极开展"反误导、打虚假"专项治理工作。全年共出动执法人员56人次,检查广告制作公司7户、广告个体工商户6户、药店17户、其它经营户28户;下发责令整改通知书4份;建议改正通知书15份;依法没收未登记的布标13幅、违法药品广告牌11块、性病宣传单374张、其它违法广告117份。查处违法广告8件,罚款0.36万元。

【消费者权益保护】 充分发挥"12315"投诉举报网络作用,认真开展"3·15"系列活动,切实保护消费者合法权益。"3·15"期间,全局出动人员300人次,领导参加12人次,出动车辆10台次,提供咨询500人次,散发宣传材料2 000份,张贴标语200多条。全年共受理消费者投诉案件12件,为消费者挽回损失2.87万元。

表彰了2000年度"打假维权、消费者满意街"先进单位4户,其中:国营2户,个体工商户2户。

【商标管理】 在全县国营、集体、私营企业及个体工商户中广泛宣传《商标法》,处理商标侵权案件1起。

【法制工作】 根据省局法制处及县"三五"普法办的布置,认真做好全县法制宣传教育工作,积极完成全局"三五"普法工作,普法率为100%。同时认真做好对全局行政执法的监督、指导、协调工作。

【2001年任职的局领导名单】

局　　长　李志军(藏族)

副 局 长　姚品高(白族)　祁灿华

纪检组长　周世林(藏族)

德钦县

【工商行政管理基本情况】 2001年,全局内设7股1室,4个派出机构,全局有30人,人员编制38名,其中行政编制29名,事业编制9名。领导4名,即局长1名,副局长2名,纪检组长1名。

【企业注册登记管理】 2001年,登记注册的各类企业为94户,注册资金1.06亿元,其中:国有企业47户、集体企业44户、公司3户、本期开业3户、注销3户。

全县应参检各类企业92户,实际参检88户,年检率95.7%,较往年有了很大提高。同时清理查处了"三无"企业3户。

【个体私营经济监督管理】 截至2001年,德钦县共有个体工商户984户,从业人员1 258人,注册资金955万元;私营企业7户,雇工人数86人,注册资金290万元。

【市场监督管理】 整顿工作中,全局共出动执法人员480人次,执法车辆76台次;检查经营单位787户,集贸市场1个;没收各种假冒伪劣商品价值2万余元;查处违法违章案件294件,立案查处3件;规范无照经营184户,清理假集体42户,查处传销1起,制止不正当竞争行为1起。

【思想建设】 全局组织干部职工认真学习"三个代表"重要思想,进一步加强市场监督管理和依法行政,推进工商行政管理职能到位。取得了一定的成效。

【2001年任职的局领导名单】

党组书记、局　长　取　登

副 局 长　李　刚

纪检组长　刘志华

维西傈僳族自治县

【工商行政管理基本情况】 全局编制数48人,实有在职人员44人,其中:女职工10人、共产党员25人、专科以上学历20人、高中、中专以上学历16人、初中以下8人。内设7个职能股室,5个派出机构。

【企业注册登记管理】 全县注册登记法人企业63户,注册资本9 631万元;营业企业257户,国有企业19户,注册资本4 074万元;集体企业37户、注册资本4 084万元;股份合作制企业2户,资本149万元;公司5户,注册资本1 324万元。

【公平交易】 1. 经检案件201件,没收金额3.00万元,罚款金额0.23万元,其中立案2起,涉案金额6.24万元;其余案件3件,金额0.22万元。2. 消保案件:全年共受理消费者投诉案件17件。处理消费者申诉13件,调解成功13件,挽回经济损失1.06万元。其中商品消费申诉11件,挽回经济损失1.00万元;服务消费申诉3件,挽回经济损失60元。查处制售假冒伪劣商品案198件,适用简易程序查处197件,立案1件。总案值3.12万元,没收金额3.00万元,罚款0.12万元。

【市场监督管理】 就维西县而言,主要承担市场管理费收取工作,全年共收取市场管理费12.46万元。

【个体私营经济监督管理】 2001年全县共有个体工商户1 071户,从业人员1 772人,注册资本1 847万元;私营企业2户,从业人员15人,注册资本160万元。

【2001年任职的局领导名单】

局　　长　杨雄星

副 局 长　和顺英　雷责明

纪检组长　钱嘉光

临沧地区

【工商行政管理基本情况】 临沧距省会昆明650千米,全地区总面积2.4万平方千米,总人口224万人,辖8个县,89个乡镇,925个村民委员会。临沧地区工商局成立于1979年。2001年临沧地区工商系统共有行政机构9个,工商所54个,机关内设机构59个,其中地区工商局内设机构11个。全区工商系统共有在职人员569名,其中,机关193名,工商所350名,所属事业单位26名;共有离退休人员108名。全区工商行政班子领导职数9正19副,其中,地区工商局1正2副,年内有1正1副,8县工商局8正17副,年内有8正17副。全区有纪检领导职数9个,年内8县工商局已配齐了纪检组长。全区工商系统共有机关党委1个,党总支8个,党支部33个,妇女委员会1个,工会委员会1个。2001年底,全系统地级文明单位4个,县级文明单位18个。

【企业注册登记管理】 至2001年底全区共登记注册内资企业3 175户,注册资本(金)273 810万元,其中国有1 213户,集体1 175户,联营4户,股份合作161户,有限公司622户;外资企业18户,注册资本(金)2 622.4万美元。全年建立企业经济户口3 367户;帮助全区150户国有企业中的147户完成改制任务,使列入政府考核扭亏增盈的78户国有企业中的63户实现扭亏;把好市场主体准入关,查出应有但缺前置审批或前置审批不齐的企业档案72卷,办理变更登记11户,注销5户;取缔26户锗烟尘厂,关闭小煤窑146个。

【公平交易】 以整顿和规范市场经济秩序工作为中心,地县工商局成立了"整规"工作领导小组和督察组,各县局共抽调126人组建了综合执法队,围绕市场准入行为、市场竞争行为、市场交易行为和监管执法行为,抓实"整规"工作。全年共查处各类违法违章案件1 512件(其中立案案件250件)总案值381.64万元,罚没款106.15万元;在查处的案件中,非法销售电视卫星接收设备案件11件,仿冒知名商品特有名称、包装、企业名称的各类案件11件,农资案件933件,走私案件19件,移交司法部门野生动物制品走私案件1件,制假售假案件274件;取缔非法生产经营窝点26个;公开销毁假劣商品900余种,标值213万余元。

【市场监督管理】 对176个市场进行年检,年检中注销1个有场无市的市场;12月6日~14日,临沧地区工商行政管理机关将所办的13个市场的机构、编制、人员、资产、债权、债务一次性移交给各县人民政府指定的接收部门,共移交市场服务中心7个、事业编制82名、在职人员76名,全部市场资产总额4 070.26万元,总占地面积100 714平方米,建筑面积79 214平方米,负债总额2 397.66万元。安全生产管理方面,共清除消防安全和生产安全隐患791处,与市场主办单位和各类企业个体工商户签订消防安全责任书220份,要求市场主办单位配置各类消防设施和器材230件(套)。

【个体私营经济管理】 至年底全区共登记注册个体工商户33 000户,从业人员44 128人,注册资金38 599万元;私营企业298户,从业人员6 468人,注册资金37 560万元,其中独资企业153户,合伙企业7户,有限责任公司138户。建立个体工商户经济户口32 956户,私营企业经济户口252户。把好市场主体准入关,清理出个体工商户应有前置审批手续而没有的1 797户,手续不齐的4 390户;清理出私营企业应有前置审批手续而没有的2户,手续不齐的27户;查处无照经营个体工商户1 583户,其他违法违章个体工商户345户。

【广告监督管理】 2001年,全区共有广告经营单位57户。查处违法广告案件90件，收缴各类广告印刷品42 050份，拆除非法布标广告155幅，非法灯箱广告69块。

【消费者权益保护】 开展“3·15”国际消费者权益日宣传咨询服务和执法活动，“3·15”期间捣毁制假售假窝点7个，查处虚假广告6户，没收非法广告2.5万余份，没收假冒伪劣商品349种，标值118.59万元；全区工商系统共销毁假冒伪劣商品900余种，标值120余万元。全年消委会共受理消费者投诉333件，解决316件，解决率为94.9%，受理申诉总金额24.49万元。为消费者挽回经济损失17.89万元，接待来访、咨询人数9241人次。规范全区“12315”网络建设，制定了《临沧地区工商行政管理“12315”消费者申诉举报工作暂行规则》。在全区8县城主要街道分别创建“打假维权，消费者满意一条街”，国营企业158户、私营企业7户、个体工商1 003户参加创建活动。

【商标监督管理】 全区共申报商标注册续展转让8件，其中申报6件，续展1件、转让1件，商标转让开创了全区商标专用权交易的先河，至年底全区共有注册商标234件。查处商标侵权案件14件，收缴商标标识11.86万套，没收了一批假冒商品。

【法制工作】 完成“三五”普法工作，兴办全区工商行政管理系统行政执法培训班。完善行政执法配套体系建设，制定了《云南省临沧地区工商行政管理所经济户口管理暂行办法》、《临沧地区工商行政管理系统窗口服务暂行办法》、《临沧地区工商行政管理所辖区管理暂行办法》、《临沧地区工商行政管理所片区管理暂行办法》、《临沧地区工商行政管理“12315”消费者申诉举报工作暂行规则》、《临沧地区工商行政管理局监管执法规范(暂行)》、《临沧地区县级工商行政管理执法规范(暂行)》、《临沧地区工商行政管理系统政务公开暂行办法》；强化系统内部执法监督及案审程序，核审案件264件，受理听证3件，受理复议案件8件，无上诉案件。

【经济合同管理】 2001年全区鉴证经济合同291份，鉴证金额9 496.73万元；办理抵押物登记113份，抵押物价值44 746万元。开展2000年度“重合同守信用”活动，51户评定为“重合同守信用企业”；参加投标现场监督26次，拓展了药品采购投标监督等领域。

【执法体系改革】 2001年全区工商系统实施地、县、所三级综合配套改革。地局机关在“统”上花力气，将企业登记注册、广告管理的部分人事权下放给县级工商行政管理局。县局机关在“精”上下功夫，将原来设置的企业、个体、市场等十多个内设机构统一按市场准入认证、市场规范管理、法制监督、后勤保障“四大块”设置。基层工商所在“强”上作文章。按《工商所管理条例》，明确基层工商所的登记注册初审权、监管权和案件查处权；建制上，按经济区域将原来的54个调整为32个；机制上，全面推行工商所辖区管理责任制、经济户口管理制、区域巡查制、片区管理责任制等“四制”；在基层工商所建立集证照办理、法规咨询、受理申诉、规费收缴为一体的综合服务窗口。通过执法改革，全区54个基层工商所由不办案到办了1 186件，占全系统查办案件的78%。

【扶贫工作】 在全区个体工商户、私营企业、各类工商企业和全体工商行政管理干部职工中开展“光彩行动”，募集资金45万元，从其他渠道多方筹集资金40万余元，共计80余万元，将挂钩单位永德县乌木彝族乡(全省506个扶贫攻坚乡之一)石灰地村完小迁址到黄家寨，新建了一所光彩希望小学。学校于2000年11月26日动工，2001年7月26日竣工，2001年9月9日正式投入使用。学校占地10余亩，总建筑面积2 635平方米，是一所水、电、路“三通”，学习、体育、生活设施俱全的花园式村级完全小学——永德县乌木龙光彩希望小学。另外深入开展干部职工对结扶贫工作，为结对的36户困难户各购买了大米、化肥及部分生产生活用品。

【2001年任职的局领导名单】
党组书记、局　长　李　晗
党组成员、副局长　毛文光

临沧县

【工商行政管理基本情况】 临沧县总面积2 652平方千米，人口27.16万人，辖2镇9乡，财政收入7 369万元。临沧县工商局成立于1973年。全局下设纪检监察室、办公室、法制股、市场准入登记管理股、市场规范管理股及6个工商所，下属有消委会、个协、私协。县局设1个党组、1个总支、4个支部，有党员31名。有地级文明单位1个，县级文明单位2个、县级青年文明号2个、巾帼文明示范岗1个。有在职干部职工84人。管理集贸市场31个，国有集体企业373户，私营企业71户，个体工商户5 846户。

【企业注册登记管理】 2001年，全县在册企业404户，注册资金37 628万元。查处企业违法违章案件10件，罚没收入0.68万元。

【公平交易】 查处各类案件195件，其中一般程序55件，简易程序140件，总案值84.31万元，罚没收入8.308万元。

【市场监督管理】 查处各类案件195件，没收食用酒精3 613千克、成品油720千克、假烟962条、农药30千克、饮料1 196瓶、过期食品302千克、化妆品1 818瓶、盗版碟片1 117张，总价值27万元，罚没款8.31万元。

【个体私营经济监督管理】 建立个体经济户口5 846户，从业人员7 681人，注册资金5 736万元。查处违法违章案件49件，罚没收入6.26万元。

【广告监督管理】 办理户外广告登记102件，核发印刷品广告登记证31份、广告经营许可证3份。查处广告违法案件33件，罚没收入1.73万元。

【消费者权益保护】 接待咨询、来访

1 281 人次，受理消费者投诉 119 件，解决 116 件，解决率 97.5%。为消费者挽回经济损失 63 951.2 元。

【商标管理】 在册商标 53 件，查贸易商标 4 件，正在办理 4 件，核准专营专卖店 42 户，商标印制单位 8 户。

【法制工作】 核审各类案件 195 件，总案值 84.31 万元，罚没款 8.31 万元，申请强制执行 1 件，报地局备案 2 件，举行行政处罚听证会 1 起。

【其他重大事项】 2001 年 2 月 13 日，全面启动"三个代表"重要思想学习教育活动；5 月 15 日，全面开展整顿和规范市场经济秩序工程；6 月 12 日，制订临沧县工商局第十个五年发展计划；6 月 18 日，省委、省政府授予"三五普法"先进集体及先进个人荣誉称号；12 月 8 日，省工商局人教处处长路化成到县工商局检查市场办管脱钩工作；12 月 11 日，市场办管脱钩工作全面结束。

【2001 年任职的局领导名单】

党组书记、局　长　郭云富

党组成员、副局长　李明祥　李相平

党组成员、纪检组长　杨体英

凤庆县

【工商行政管理基本情况】 凤庆县位于滇西纵谷南部，全县国土总面积 3 335 千米，山区面积占 98%，距行署所在地 123 千米，距省会昆明 605 千米。现有人口 42.14 万人。境内产茶历史悠久，被誉为"滇红茶的故乡"。截至 2001 年，凤庆县工商局有工作人员 74 人。局机关内设机构按市场准入登记、市场规范管理、法制监督、后勤保障"四大块"设置，有派出机构（工商所）7 个。

【企业注册登记管理】 2001 年，全县应检企业 401 户，其中：企业法人 146 户（含营业性企业），实年检企业法人 398 户，年检率 99.25%，依法吊销营业执照 3 户，注销 49 户，年内办理开业 63 户，清理出"三无"企业和无照经营 54 户。

【公平交易】 2001 年，根据上级要求，有步骤、分阶段开展整顿和规范市场经济秩序工作。截至 12 月底，共查处各类违法违章案件 44 件，案件总值 35.85 万元，罚没及物资变价款 31.78 万元。

【市场监督管理】 全年共出动车辆 50 台次，检查人员 127 人次，重点对农资市场、食品市场、文化市场等进行清理整治。查处没收非法贩运化肥 330.34 吨、粮食 19.7 吨、查扣工业用盐 32.1 吨、劣质食盐 149.7 吨，非法勾兑白酒 1 128 千克，确保了市场的安全稳定。

【个体私营经济监督管理】 2001 年，完成个体户验照 4 732 户，验照率 96%，验照期间办理歇业 196 户，清理无照经营 29 户，规范亮照经营 181 户，变更登记 21 户。同时，对 30 户私营企业进行了年检，年检率 100%。

【广告监督管理】 加大对商标广告的管理力度，规范广告经营和发布行为，2001 年共出动车辆 7 台次，检查人员 15 人次，检查商标印制单位 2 个，其它广告经营单位 4 个，各类广告宣传门店 21 个，对其中 9 户违规宣传户作限期改正处理，审查办理户外广告登记证 210 户，没收未经许可私自散发广告 4 000 张。

【消费者权益保护】 开通并完善了"12315"投诉电话，建立健全了消费者权益保护组织，受理消费者投诉 41 起，解决 38 起，投诉商品价值 6.25 万元。同时开展以"绿色消费"为主题的宣传咨询和执法活动，印发宣传资料 9 550 份，出宣传栏 28 期。

【合同监督管理】 按照"重合同、守信用"标准，被地区命名"重合同、守信用"企业 4 户。年内鉴证建筑合同 10 份，合同标的金额 731.64 万元。办理企业动产抵押登记 13 份，价值 2 603.27 万元，担保主债权金额 1 225 万元。

【法制工作】 举办工商法律法规培训班 2 期，参加培训 17 人，刊出法制宣传栏 98 期，全年累计督办各类案件 157 件，对立案查处的 44 件严格核审，严把质量关。

【2001 年任职的局领导名单】

局　　长　代永平

副 局 长　杨志良　袁嘉侯　李绍光

纪检组长　彭志荣

云　县

【工商行政管理基本情况】 云县工商行政管理局设办公室、法制股、市场规范管理股、市场准入登记管理股 4 个内设机构，有工商所 7 个，个体劳动者协会和云县保护消费者权益委员会 1 个。全局现有干部职工 74 人，平均年龄 35 岁，其中大专以上 28 人，中专及高中以上 44 人，初中 2 人。

【企业注册登记管理】 2001 年，全县应检企业 503 户，已检 497 户，参检率为 98.8%，年底在册企业 477 户，其中法人企业 82 户，营业性 395 户，注册资本金 34 692 万元。

【公平交易】 在整顿和规范市场经济秩序工作中，全年查处各种违法违章经营案件 32 件，总案值 4.39 万元，收缴罚没款 1.17 万元，检查各类企业 309 户，门店 2 048 个，查处了 14 户无照经营行为，没收违法所得 0.06 万元，收缴罚款 0.8 万元。

【市场监督管理】 全县共有 41 个集贸市场，成交额 9 699.98 万元，年内对农资、文化、食品、药品、行医、化妆品、粮食市场进行专项整治，在市场上查处盗版光盘 277 张，录音带 338 盒，非法出版物 103 册；查处生产、加工、销售假冒伪劣商品案件 10 起，没收病猪肉 56.5 千克、假冒"豪吉"鸡精 120 千克、劣质饮料 34 箱、假辣子面 895 千克、收缴罚款 7 950 元；全年共办理合同鉴证 4 份，鉴证金额 404 万元，办理企业动产抵押登记 24 份，抵押物价值 6 839 万元，主债权金额 1 825 万元。

【个体私营经济监督管理】 年内个体工商户应验照5 692户，实验5 380户，验照率94.37%，通过验照注销312户，私营企业应参检50户，实检50户，参检率为100%，通过年检注销1户，年底在册个体工商户有5 056户，从业人员7 908人，注册资金6 023万元，私营企业55户，从业人员1 278人，注册资金799万元。

【广告监督管理】 全县共有广告经营单位9户，参检合格率为100%；一年来共纳入户外广告登记421户，查处违法发布广告案件2起，收缴罚款1 200元。

【商标管理】 全县共有注册商标23个，全部参检，合格率为100%。

【消费者权益保护】 全年共受理消费者投诉案件36起，调解达成协议36件，调解率100%。投诉商品服务价值5.33万元，为消费者挽回经济损失3.96万元，接待来访咨询138人次。在国道214线草皮街段创建"打假维权，消费者满意一条街"。

【法制工作】 2001年共核审行政处罚案件27件，在行政处罚中受理当事人听证案件1件，因违法事实不成立，撤销行政处罚案件1件。

【2001年任职的局领导名单】

党组书记、局　长　　茶正荣
党组成员、副局长　　杨兴才　王兴科
党组成员、纪检组长　陈立中

永德县

【工商行政管理基本情况】 永德县总面积3 208.06平方千米，辖12个乡镇，118个村民委员会，20个集贸市场。永德县工商行政管理局内设机构按市场准入登记管理、市场规范管理、法制监督和后勤保障4大块设置，有工商所9个。有在职人员62名干部，其中大专以上学历17人，在读大专16人，中专以下29人，中共党员30人，共青团员11人。有县级文明单位4个。

【企业注册登记和个体私营经济监督管理】 至2001年底，全县共有注册登记的企业502户，注册资金33 713万元，企业总户数与上年同期相比下降5.2%。共有私营企业22户，从业人员349人，注册资金1 162万元；有个体工商户3 520户，从业人员4 104人，注册资金23万元；与上年同期相比，总户数上升1.5%，从业人员上升4.4%，注册资金上升15.7%。

【市场监督管理和公平交易】 以推行"四制"为重点，加大对无证照经营、超范围经营、欺行霸市巡查，加大对假冒伪劣、违法广告、非法经营和黄、赌、毒行为的打击力度。全年共查处各类违法违章案件53件，案值30万元，罚款3.26万元。

【商标广告监督管理】 规范专卖店行为，2001年开展对各类专卖（营）店的清理及换发资格证书和铜牌工作；保护商标专用权，树重点商标形象，为辖区"玉丹"饮料、"银竹蒸绿茶"等消费者喜爱商品提供优质服务和保护措施；整治广告市场，出动人员120人次，车辆20台次，清理单位160户，没收违法印刷品700份。

【消费者权益保护】 以"绿色消费年"为主题，全面开展"3·15"国际消费者权益日宣传咨询和执法活动，张贴标语520幅、发放宣传材料600份，公开销毁假冒伪劣商品案值3.5万元。全年共受理消费者投诉31件，解决率100%，为消费者挽回经济损失1.02万元；创建有101户企业和个体组成的"打假维权，消费者满意街区"1条。

【法制工作】 加强培训，举办执法培训班3期；有54名干部通过地局执法考试；严把案件审核关，使案件的定性更具法制性和透明度；组织业务骨干到外县学习借鉴。

【2001年任职的局领导名单】

党组书记、局　长　　蒋正荣
党组成员、副局长　　茶世能　武文春
党组成员、纪检组长　杨仁延

镇康县

【工商行政管理基本情况】 镇康县位于云南省西南边陲，与缅甸接壤，国境线长96.36千米，总面积2 565平方千米，总人口16.1945万人。有省级边境口岸—南伞口岸。截至2001年底，全局有在职人员58名。局机关按市场准入登记、市场规范管理、法制监督、后勤保障4大块设置，有工商所7个。

【企业注册登记管理】 2001年底，全县应检企业256户，其中：企业法人71户，营业性企业185户。实际年检企业法人69户，营业性企业183户，年检率分别为97.2%和98.9%。对未参加年检的4户以及名存实亡的60户供销系统分支机构依法注销营业执照。对43户企业限期补办前置登记手续。对3户"三无"企业吊销营业执照。年内办理开业39户。

【公平交易】 2001年有步骤、分阶段开展整顿和规范市场经济秩序工作，共查处各类违法违章案件235件，其中立案查处65件，罚没金额19.09万元，捣毁制假窝点1个。

【市场监督管理】 全年共出动检查人员296人次，车辆98台次，重点对农资市场、食品市场、粮食市场、文化市场等进行清理整治。查处没收化肥41吨，劣质农药3 130千克，劣质种子460千克，粮食57吨，盗版、淫秽光盘、画贴565盒（张），销毁假冒伪劣食品17种，价值7 000元。

【个体私营经济监督管理】 完成个体工商户验照2 617户，验照率92%，验照期间办理歇业188户，年内新发展429户，注销299户，变更151户。应办私营企业年检14户，在法定年检时限内已通过年检12户，年检率92.3%，办理注销登记1户，无故不参加年检立案查处1户（罚款1万元）。

【广告监督管理】 开展广告市场整治，查处无证发布广告3户，罚款3 300元。没收违法药品广告9 800份，责令当场拆除12户。清理登记店堂牌匾广告204户，户外广告登记44户。

【消费者权益保护】 开展“绿色消费”为主题宣传咨询和执法活动。受理、调解消费者投诉27起，投诉商品价值2.24万元，为消费者挽回损失1万元。创建“打假维权，消费者满意一条街”1条。

【合同监督管理】 命名“重合同、守信用”企业3户；办理合同鉴证13份，金额536万元；抵押物登记14份，价值8 260万元，借贷金额5 379万元。

【法制工作】 抓好案件核审工作，严把质量关，全年共核审立案查处案件65件。

【2001年任职的局领导名单】

党组书记、局　长　李向春

党组书记、副局长　刘建疆　解沂鲁

党组书记、纪检组长　李安华

双江拉祜族佤族
布朗族傣族自治县

【工商行政管理基本情况】 县工商局有行政编制46名，事业编制7名，在职人员53人，辖7个乡镇2个农场，辖区面积2 165.03平方千米，总人口16.28万人。有内设机构4个，个私协会1个，消费者权益保护委员会1个，工商所5个。

【企业注册登记管理】 2001年，全县共有内资企业211户，注册资金11 523万元。其中国有企业120户，集体企业65户，各类公司23户，股份合作制企业3户。年检注销企业43户，新登记企业20户。

【公平交易】 全局共查处违法违章案件118件，案值38.72万元，没收物资金额6.32万元，罚没款3.36万元，其中立案案件25件，罚款3.32万元。

【市场监督管理】 2001年，全县共登记市场9个，其中综合集贸市场8个，工业品市场1个。全年市场成交额3 604.96万元，同比增幅27.02%。一年来，全局共出动执法人员588人次，车辆74台次，开展了以农资、食品饮料、卫生以及安全生产为主的整顿和规范市场经济秩序工作，共检查各类经营单位、经营门店1 333个(户)，取缔查处违法经营户112户。

【个体私营经济监督管理】 2001年，全县共有登记个体工商户3 925户，从业人员5 675人，注册资金3 729万元。本年度新开业420户，注销58户，私营企业28户，注册资金2 124万元。雇工人数455人，年度新开业10户，注销2户。个体工商户、私营企业年检验照率分别为96%、100%。

【广告监督管理】 2001年，全县共有广告经营户2户，其中国有企业1户，个体经营1户，2000年广告业年检注销3户。全年共受理户外广告登记24户(次)，取缔非法广告牌31块。

【消费者权益保护】 全年共受理消费者投诉26件，为消费者挽回损失1.3万元，接待消费者来访咨询221人次。以“星级文明经营户”评比办法开展了“打假维权、消费者满意一条街”创建工作。牵头组织实施了生猪定点屠宰的“放心肉”工程。

【商标管理】 2001年，全县共有注册商标23个，正常使用的14个，商标验证率100%。查处假冒商标案2件。

【法制工作】 全年共开展执法检查2次，抽查各类“经济户口”档案536份，户外广告登记档案10份，案件核审率68%。开展法制培训2次，参训人员74人次，检查执法机构5个。

【其他重大事件】 1.2001年被临沧地委、行署评选为地级文明单位。2.被临沧地区工商局授予社会治安综合治理第一名以及消费者权益保护、精神文明创建、财务管理、企业登记管理、人事教育、党风廉政建设先进单位称号，被县委、县人民政府授予“三五”普法先进单位称号。

【2001年任职的局领导名单】

党组书记、局　长　朱　亮

党组成员、副局长　龙老旺

副　局　长　王庭勇

党组成员、纪检组长　周世光

耿马傣族佤族自治县

【工商行政管理基本情况】 全局有干部职工73人，其中公务员68人，工人5人，党员30人，大专文化14人，中专、高中文化45人，初中以下文化14人。设有党组1个、党总支1个、党支部3个。有内设机构4个，工商所5个，其中分局1个。附属消费者权益保护委员会、个体劳动者协会、私营企业协会、工会小组、妇女小组。2001年11月，耿马工商所、勐永工商所被耿马县委、县人民政府授予县级文明单位，12月县局机关被临沧地委、行署授予地级文明单位。

【企业注册登记】 全县共有注册登记企业277户，注册资本(金)36 575万元，其中国家企业129户、集体企业90户、公司39户、股份合作制企业16户、联营企业3户。

【个体私营经济监督管理】 全县共注册登记个体工商户4 568户，注册资金9 260万元，从业人员5 755人，私营企业14户，注册资本(金)3 900万元。

【公平交易】 全年共出动执法人员600余人次、车辆200余台次，检查各类企业个私经营户3 200余户次，查处各类违法违章经济案件281件，案值89.135万元，罚没金额25万余元。

【消费者权益保护】 全年共受理消费者投诉申诉44件，解决44件，受理总金额4.7万元，为消费者挽回经济损失3

万余元。同时在耿马县城“震新路”开展了创建“打假维权、消费者满意一条街”活动。

【2001 年任职的局领导名单】
党组书记、局　长　田永进
党组成员、副局长　梁建荣　唐春生
党组成员、纪检组长　任学营

沧源佤族自治县

【工商行政管理基本情况】 沧源县总面积 2 445 平方千米，人口 16 万人，县工商局管辖 11 个乡镇。工商局设置为县局机关，下设勐省、芒卡、勐懂和勐角 4 个工商所，1 个市场管理办公室，1 个市场服务中心。县局机关设置市场准入登记管理股、市场规范管理股、法制股、个私协办、监察室和局办公室。全局设 1 个党组、1 个总支、4 个支部，干部职工共 61 人。全局干部职工中领导 4 人、干部 44 人、职工 17 人，大专学历 15 人、中专学历 17 名、高中以下 8 名、少数民族 38 人。

【企业注册登记管理】 2001 年，全县在册企业 315 户，注册资金 26 403 万元，县工商局对在册企业实行“经济户口”管理制度。

【公平交易】 查处各类案件 287 件，罚款金额 3.5925 万元，没收金额 0.292 万元，案值 11.8812 万元，其中立案查处 18 件。

【市场监督管理】 加强市场登记管理，完善全县 13 个集贸市场登记制，同时，对全县 13 个市场进行清理整顿，对各专业市场：医药医疗市场、建筑建材市场、食品市场、卷烟市场、文化市场、农药农资市场、汽车摩托车配件市场进行专项整治。1 ~ 12 月份共出动车辆 276 台、人员 1 121 人次，对大小门店 3 892 个、摊位 1 326 个进行整顿和规范。

【个体私营经济监督管理】 建立个体私营经济户口 2 748 户，注册资金 2 510 万元，从业人员 5 368 人。对全县 16 户私营企业进行年检，注册资金 637 万元，从业人员 406 人。

【广告监督管理】 对县城“专卖店”、“专修店”进行清理登记验证，办理户外广告登记 27 户，查处违法违章广告 14 条，没收印刷品广告 789 张，强行拆除户外广告 68 张、布标 28 条，加盖违法广告印章 130 份。

【消费者权益保护】 2001 年，受理消费者投诉案件 20 起，积极为消费者挽回经济损失 8 526.56 元。

【商标管理】 在册商标 29 户（件），初审公告 1 户，年内新申请 1 户，对 2 户印制商标单位进行换证验照，对 4 户注册商标商品专卖店进行换证验证。

【法制工作】 对 2001 年查处行政处罚 287 件进行核审、检查和考评。对行政案件事前、事中、事后进行系统监督，同时开展了执法监督和执法程序的培训学习，提高执法水平。

【大事记】 1.2001 年 4 月份组织全局干部职工开展为期 14 天的军训活动；2.10 月份县局机关、芒卡、勐省、勐懂工商所申报文明单位；3.12 月 13 日举行勐懂综合商场移交仪式，综合商场管理人员 9 名，清洁临时人员 7 名及财物、债务一起移交县政府经贸局。

【2001 年任职的局领导名单】
党组书记、局　长　牟临军
党组成员、副局长　肖文明　汪恒东
党组成员、纪检组长　李有平

法规·政策

法 律

中华人民共和国药品管理法

（1984年9月20日第五届全国人民代表大会常务委员会第七次会议通过 2001年2月28日第九届全国人民代表大会常务委员会第二十次会议修订通过 2001年2月28日中华人民共和国主席令第45号公布 自2001年12月1日起施行）

第一章 总 则

第一条 为加强药品监督管理，保证药品质量，保障人体用药安全，维护人民身体健康和用药的合法权益，特制定本法。

第二条 在中华人民共和国境内从事药品的研制、生产、经营、使用和监督管理的单位或者个人，必须遵守本法。

第三条 国家发展现代药和传统药，充分发挥其在预防、医疗和保健中的作用。

国家保护野生药材资源，鼓励培育中药材。

第四条 国家鼓励研究和创制新药，保护公民、法人和其他组织研究、开发新药的合法权益。

第五条 国务院药品监督管理部门主管全国药品监督管理工作。国务院有关部门在各自的职责范围内负责与药品有关的监督管理工作。

省、自治区、直辖市人民政府药品监督管理部门负责本行政区域内的药品监督管理工作。省、自治区、直辖市人民政府有关部门在各自的职责范围内负责与药品有关的监督管理工作。

国务院药品监督管理部门应当配合国务院经济综合主管部门，执行国家制定的药品行业发展规划和产业政策。

第六条 药品监督管理部门设置或者确定的药品检验机构，承担依法实施药品审批和药品质量监督检查所需的药品检验工作。

第二章 药品生产企业管理

第七条 开办药品生产企业，须经企业所在地省、自治区、直辖市人民政府药品监督管理部门批准并发给《药品生产许可证》。凭《药品生产许可证》到工商行政管理部门办理登记注册。无《药品生产许可证》的，不得生产药品。

《药品生产许可证》应当标明有效期和生产范围，到期重新审查发证。

药品监督管理部门批准开办药品生产企业，除依据本法第八条规定的条件外，还应当符合国家制定的药品行业发展规划和产业政策，防止重复建设。

第八条 开办药品生产企业，必须具备以下条件：

（一）具有依法经过资格认定的药学技术人员、工程技术人员及相应的技术工人；

（二）具有与其药品生产相适应的厂房、设施和卫生环境；

（三）具有能对所生产药品进行质量管理和质量检验的机构、人员以及必要的仪器设备；

（四）具有保证药品质量的规章制度。

第九条 药品生产企业必须按照国务院药品监督管理部门依据本法制定的《药品生产质量管理规范》组织生产。药品监督管理部门按照规定对药品生产企业是否符合《药品生产质量管理规范》的要求进行认证；对认证合格的，发给认证证书。

《药品生产质量管理规范》的具体实施办法、实施步骤由国务院药品监督管理部门规定。

第十条 除中药饮片的炮制外，药品必须按照国家药品标准和国务院药品监督管理部门批准的生产工艺进行生产，生产记录必须完整准确。药品生产企业改变影响药品质量的生产工艺的，必须报原批准部门审核批准。

中药饮片必须按照国家药品标准炮制；国家药品标准没有规定的，必须按照省、自治区、直辖市人民政府药品监督管理部门制定的炮制规范炮制。省、自治区、直辖市人民政府药品监督管理部门制定的炮制规范应当报国务院药品监督管理部门备案。

第十一条 生产药品所需的原料、辅料，必须符合药用要求。

第十二条 药品生产企业必须对其生产的药品进行质量检验；不符合国家药品标准或者不按照省、自治区、直辖市人民政府药品监督管理部门制定的中药饮片炮制规范炮制的，不得出厂。

第十三条 经国务院药品监督管理部门或者国务院药品监督管理部门授权的省、自治区、直辖市人民政府药品监督管理部门批准药品生产企业可以接受委托生产药品。

第三章 药品经营企业管理

第十四条 开办药品批发企业，须经企业所在地省、自治区、直辖市人民政府药品监督管理部门批准并发给《药品经营许可证》;开办药品零售企业,须经企业所在地县级以上地方药品监督管理部门批准并发给《药品经营许可证》,凭《药品经营许可证》到工商行政管理部门办理登记注册。无《药品经营许可证》的,不得经营药品。

《药品经营许可证》应当标明有效期和经营范围,到期重新审查发证。

药品监督管理部门批准开办药品经营企业,除依据本法第十五条规定的条件外,还应当遵循合理布局和方便群众购药的原则。

第十五条 开办药品经营企业必须具备以下条件:

(一)具有依法经过资格认定的药学技术人员;

(二)具有与所经营药品相适应的营业场所、设备、仓储设施、卫生环境;

(三)具有与所经营药品相适应的质量管理机构或者人员;

(四)具有保证所经营药品质量的规章制度。

第十六条 药品经营企业必须按照国务院药品监督管理部门依据本法制定的《药品经营质量管理规范》经营药品。药品监督管理部门按照规定对药品经营企业是否符合《药品经营质量管理规范》的要求进行认证;对认证合格的,发给认证证书。

《药品经营质量管理规范》的具体实施办法、实施步骤由国务院药品监督管理部门规定。

第十七条 药品经营企业购进药品,必须建立并执行进货检查验收制度,验明药品合格证明和其他标识;不符合规定要求的,不得购进。

第十八条 药品经营企业购销药品,必须有真实完整的购销记录。购销记录必须注明药品的通用名称、剂型、规格、批号、有效期、生产厂商、购(销)货单位、购(销)货数量、购销价格、购(销)货日期及国务院药品监督管理部门规定的其他内容。

第十九条 药品经营企业销售药品必须准确无误,并正确说明用法、用量和注意事项;调配处方必须经过核对,对处方所列药品不得擅自更改或者代用。对有配伍禁忌或者超剂量的处方,应当拒绝调配;必要时,经处方医师更正或者重新签字,方可调配。

药品经营企业销售中药材,必须标明产地。

第二十条 药品经营企业必须制定和执行药品保管制度,采取必要的冷藏、防冻、防潮、防虫、防鼠等措施,保证药品质量。

药品入库和出库必须执行检查制度。

第二十一条 城乡集市贸易市场可以出售中药材,国务院另有规定的除外。

城乡集市贸易市场不得出售中药材以外的药品,但持有《药品经营许可证》的药品零售企业在规定的范围内可以在城乡集市贸易市场设点出售中药材以外的药品。具体办法由国务院规定。

第四章 医疗机构的药剂管理

第二十二条 医疗机构必须配备依法经过资格认定的药学技术人员。非药学技术人员不得直接从事药剂技术工作。

第二十三条 医疗机构配制制剂,须经所在地省、自治区、直辖市人民政府卫生行政部门审核同意,由省、自治区、直辖市人民政府药品监督管理部门批准,发给《医疗机构制剂许可证》。无《医疗机构制剂许可证》的,不得配制制剂。

《医疗机构制剂许可证》应当标明有效期,到期重新审查发证。

第二十四条 医疗机构配制制剂,必须具有能够保证制剂质量的设施、管理制度、检验仪器和卫生条件。

第二十五条 医疗机构配制的制剂,应当是本单位临床需要而市场上没有供应的品种,并须经所在地省、自治区、直辖市人民政府药品监督管理部门批准后方可配制。配制的制剂必须按照规定进行质量检验;合格的,凭医师处方在本医疗机构使用。特殊情况下,经国务院或者省、自治区、直辖市人民政府的药品监督管理部门批准,医疗机构配制的制剂可以在指定的医疗机构之间调剂使用。

医疗机构配制的制剂,不得在市场销售。

第二十六条 医疗机构购进药品,必须建立并执行进货检查验收制度,验明药品合格证明和其他标识;不符合规定要求的,不得购进和使用。

第二十七条 医疗机构的药剂人员调配处方,必须经过核对,对处方所列药品不得擅自更改或者代用。对有配伍禁忌或者超剂量的处方,应当拒绝调配;必要时,经处方医师更正或者重新签字,方可调配。

第二十八条 医疗机构必须制定和执行药品保管制度,采取必要的冷藏、防冻、防潮、防虫、防鼠等措施,保证药品质量。

第五章 药品管理

第二十九条 研制新药,必须按照国务院药品监督管理部门的规定如实报送研制方法、质量指标、药理及毒理试验结果等有关资料和样品,经国务院药品监督管理部门批准后,方可进行临床试验。药物临床试验机构资格的认定办法,由国务院药品监督管理部门、国务院卫生行政部门共同制定。

完成临床试验并通过审批的新药,由国务院药品监督管理部门批准,发给新药证书。

第三十条 药物的非临床安全性评价研究机构和临床试验机构必须分别执行药物非临床研究质量管理规范、药物临床试验质量管理规范。

药物非临床研究质量管理规范、药物临床试验质量管理规范由国务院确定的部门制定。

第三十一条 生产新药或者已有国家标准的药品的,须经国务院药品监督管理部门批准,并发给药品批准文号;但是,生产没有实施批准文号管理的中药材和中药饮片除外。实施批准文号管理的中药材、中药饮片品种目录由国务院药品监督管理部门会同国务院中医药管理部门制定。

药品生产企业在取得药品批准文号后,方可生产该药品。

第三十二条 药品必须符合国家药品标准。中药饮片依照本法第十条第二款的规定执行。

国务院药品监督管理部门颁布的《中华人民共和国药典》和药品标准为国家药品标准。

国务院药品监督管理部门组织药典委员会，负责国家药品标准的制定和修订。

国务院药品监督管理部门的药品检验机构负责标定国家药品标准品、对照品。

第三十三条 国务院药品监督管理部门组织药学、医学和其他技术人员，对新药进行审评，对已经批准生产的药品进行再评价。

第三十四条 药品生产企业、药品经营企业、医疗机构必须从具有药品生产、经营资格的企业购进药品；但是，购进没有实施批准文号管理的中药材除外。

第三十五条 国家对麻醉药品、精神药品、医疗用毒性药品、放射性药品，实行特殊管理。管理办法由国务院制定。

第三十六条 国家实行中药品种保护制度。具体办法由国务院制定。

第三十七条 国家对药品实行处方药与非处方药分类管理制度。具体办法由国务院制定。

第三十八条 禁止进口疗效不确、不良反应大或者其他原因危害人体健康的药品。

第三十九条 药品进口，须经国务院药品监督管理部门组织审查，经审查确认符合质量标准、安全有效的，方可批准进口，并发给进口药品注册证书。

医疗单位临床急需或者个人自用进口的少量药品，按照国家有关规定办理进口手续。

第四十条 药品必须从允许药品进口的口岸进口，并由进口药品的企业向口岸所在地药品监督管理部门登记备案。海关凭药品监督管理部门出具的《进口药品通关单》放行。无《进口药品通关单》的，海关不得放行。

口岸所在地药品监督管理部门应当通知药品检验机构按照国务院药品监督管理部门的规定对进口药品进行抽查检验，并依照本法第四十一条第二款的规定收取检验费。

允许药品进口的口岸由国务院药品监督管理部门会同海关总署提出，报国务院批准。

第四十一条 国务院药品监督管理部门对下列药品在销售前或者进口时，指定药品检验机构进行检验；检验不合格的，不得销售或者进口：

（一）国务院药品监督管理部门规定的生物制品；

（二）首次在中国销售的药品；

（三）国务院规定的其他药品。

前款所列药品的检验费项目和收费标准由国务院财政部门会同国务院价格主管部门核定并公告。检验费收缴办法由国务院财政部门会同国务院药品监督管理部门制定。

第四十二条 国务院药品监督管理部门对已经批准生产或者进口的药品，应当组织调查；对疗效不确、不良反应大或者其他原因危害人体健康的药品，应当撤销批准文号或者进口药品注册证书。

已被撤销批准文号或者进口药品注册证书的药品，不得生产或者进口、销售和使用；已经生产或者进口的，由当地药品监督管理部门监督销毁或者处理。

第四十三条 国家实行药品储备制度。

国内发生重大灾情、疫情及其他突发事件时，国务院规定的部门可以紧急调用企业药品。

第四十四条 对国内供应不足的药品，国务院有权限制或者禁止出口。

第四十五条 进口、出口麻醉药品和国家规定范围内的精神药品，必须持有国务院药品监督管理部门发给的《进口准许证》、《出口准许证》。

第四十六条 新发现和从国外引种的药材，经国务院药品监督管理部门审核批准后，方可销售。

第四十七条 地区性民间习用药材的管理办法，由国务院药品监督管理部门会同国务院中医药管理部门制定。

第四十八条 禁止生产（包括配制，下同）、销售假药。

有下列情形之一的，为假药：

（一）药品所含成份与国家药品标准规定的成份不符的；

（二）以非药品冒充药品或者以他种药品冒充此种药品的。

有下列情形之一的药品，按假药论处：

（一）国务院药品监督管理部门规定禁止使用的；

（二）依照本法必须批准而未经批准生产、进口，或者依照本法必须检验而未经检验即销售的；

（三）变质的；

（四）被污染的；

（五）使用依照本法必须取得批准文号而未取得批准文号的原料药生产的；

（六）所标明的适应症或者功能主治超出规定范围的。

第四十九条 禁止生产、销售劣药。

药品成份的含量不符合国家药品标准的，为劣药。

有下列情形之一的药品，按劣药论处：

（一）未标明有效期或者更改有效期的；

（二）不注明或者更改生产批号的；

（三）超过有效期的；

（四）直接接触药品的包装材料和容器未经批准的；

（五）擅自添加着色剂、防腐剂、香料、矫味剂及辅料的；

（六）其他不符合药品标准规定的。

第五十条 列入国家药品标准的药品名称为药品通用名称。已经作为药品通用名称的，该名称不得作为药品商标使用。

第五十一条 药品生产企业、药品经营企业和医疗机构直接接触药品的工作人员，必须每年进行健康检查。患有传染病或者其他可能污染药品的疾病的，不得从事直接接触药品的工作。

第六章　药品包装的管理

第五十二条 直接接触药品的包装材料和容器，必须符合药用要求，符合保障人体健康、安全的标准，并由药品监督管理部门在审批药品时一并审批。

药品生产企业不得使用未经批准的直接接触药品的包装材料和容器。

对不合格的直接接触药品的包装材

料和容器,由药品监督管理部门责令停止使用。

第五十三条 药品包装必须适合药品质量的要求,方便储存、运输和医疗使用。

发运中药材必须有包装。在每件包装上,必须注明品名、产地、日期、调出单位,并附有质量合格的标志。

第五十四条 药品包装必须按照规定印有或者贴有标签并附有说明书。

标签或者说明书上必须注明药品的通用名称、成份、规格、生产企业、批准文号、产品批号、生产日期、有效期、适应症或者功能主治、用法、用量、禁忌、不良反应和注意事项。

麻醉药品、精神药品、医疗用毒性药品、放射性药品、外用药品和非处方药的标签,必须印有规定的标志。

第七章　药品价格和广告的管理

第五十五条 依法实行政府定价、政府指导价的药品,政府价格主管部门应当依照《中华人民共和国价格法》规定的定价原则,依据社会平均成本、市场供求状况和社会承受能力合理制定和调整价格,做到质价相符,消除虚高价格,保护用药者的正当利益。

药品的生产企业、经营企业和医疗机构必须执行政府定价、政府指导价,不得以任何形式擅自提高价格。

药品生产企业应当依法向政府价格主管部门如实提供药品的生产经营成本,不得拒报、虚报、瞒报。

第五十六条 依法实行市场调节价的药品,药品的生产企业、经营企业和医疗机构应当按照公平、合理和诚实信用、质价相符的原则制定价格,为用药者提供价格合理的药品。

药品的生产企业、经营企业和医疗机构应当遵守国务院价格主管部门关于药价管理的规定,制定和标明药品零售价格,禁止暴利和损害用药者利益的价格欺诈行为。

第五十七条 药品的生产企业、经营企业、医疗机构应当依法向政府价格主管部门提供其药品的实际购销价格和购销数量等资料。

第五十八条 医疗机构应当向患者提供所用药品的价格清单;医疗保险定点医疗机构还应当按照规定的办法如实公布其常用药品的价格,加强合理用药的管理。具体办法由国务院卫生行政部门规定。

第五十九条 禁止药品的生产企业、经营企业和医疗机构在药品购销中账外暗中给予、收受回扣或者其他利益。

禁止药品的生产企业、经营企业或者其代理人以任何名义给予使用其药品的医疗机构的负责人、药品采购人员、医师等有关人员以财物或者其他利益。禁止医疗机构的负责人、药品采购人员、医师等有关人员以任何名义收受药品的生产企业、经营企业或者其代理人给予的财物或者其他利益。

第六十条 药品广告须经企业所在地省、自治区、直辖市人民政府药品监督管理部门批准,并发给药品广告批准文号;未取得药品广告批准文号的,不得发布。

处方药可以在国务院卫生行政部门和国务院药品监督管理部门共同指定的医学、药学专业刊物上介绍,但不得在大众传播媒介发布广告或者以其他方式进行以公众为对象的广告宣传。

第六十一条 药品广告的内容必须真实、合法,以国务院药品监督管理部门批准的说明书为准,不得含有虚假的内容。

药品广告不得含有不科学的表示功效的断言或者保证;不得利用国家机关、医药科研单位、学术机构或者专家、学者、医师、患者的名义和形象作证明。

非药品广告不得有涉及药品的宣传。

第六十二条 省、自治区、直辖市人民政府药品监督管理部门应当对其批准的药品广告进行检查,对于违反本法和《中华人民共和国广告法》的广告,应当向广告监督管理机关通报并提出处理建议,广告监督管理机关应当依法作出处理。

第六十三条 药品价格和广告,本法未规定的,适用《中华人民共和国价格法》、《中华人民共和国广告法》的规定。

第八章　药品监督

第六十四条 药品监督管理部门有权按照法律、行政法规的规定对报经其审批的药品研制和药品的生产、经营以及医疗机构使用药品的事项进行监督检查,有关单位和个人不得拒绝和隐瞒。

药品监督管理部门进行监督检查时,必须出示证明文件,对监督检查中知悉的被检查人的技术秘密和业务秘密应当保密。

第六十五条 药品监督管理部门根据监督检查的需要,可以对药品质量进行抽查检验。抽查检验应当按照规定抽样,并不得收取任何费用。所需费用按照国务院规定列支。

药品监督管理部门对有证据证明可能危害人体健康的药品及其有关材料可以采取查封、扣押的行政强制措施,并在7日内作出行政处理决定;药品需要检验的,必须自检验报告书发出之日起15日内作出行政处理决定。

第六十六条 国务院和省、自治区、直辖市人民政府的药品监督管理部门应当定期公告药品质量抽查检验的结果;公告不当的,必须在原公告范围内予以更正。

第六十七条 当事人对药品检验机构的检验结果有异议的,可以自收到药品检验结果之日起7日内向原药品检验机构或者上一级药品监督管理部门设置或者确定的药品检验机构申请复验,也可以直接向国务院药品监督管理部门设置或者确定的药品检验机构申请复验。受理复验的药品检验机构必须在国务院药品监督管理部门规定的时间内作出复验结论。

第六十八条 药品监督管理部门应当按照规定,依据《药品生产质量管理规范》、《药品经营质量管理规范》,对经其认证合格的药品生产企业、药品经营企业进行认证后的跟踪检查。

第六十九条 地方人民政府和药品监督管理部门不得以要求实施药品检验、审批等手段限制或者排斥非本地区药品生产企业依照本法规定生产的药品进入本地区。

第七十条 药品监督管理部门及其设置的药品检验机构和确定的专业从事

药品检验的机构不得参与药品生产经营活动，不得以其名义推荐或者监制、监销药品。

药品监督管理部门及其设置的药品检验机构和确定的专业从事药品检验的机构的工作人员不得参与药品生产经营活动。

第七十一条 国家实行药品不良反应报告制度。药品生产企业、药品经营企业和医疗机构必须经常考察本单位所生产、经营、使用的药品质量、疗效和反应。发现可能与用药有关的严重不良反应，必须及时向当地省、自治区、直辖市人民政府药品监督管理部门和卫生行政部门报告。具体办法由国务院药品监督管理部门会同国务院卫生行政部门制定。

对已确认发生严重不良反应的药品，国务院或者省、自治区、直辖市人民政府的药品监督管理部门可以采取停止生产、销售、使用的紧急控制措施，并应当在5日内组织鉴定，自鉴定结论作出之日起15日内依法作出行政处理决定。

第七十二条 药品生产企业、药品经营企业和医疗机构的药品检验机构或者人员，应当接受当地药品监督管理部门设置的药品检验机构的业务指导。

第九章 法律责任

第七十三条 未取得《药品生产许可证》、《药品经营许可证》或者《医疗机构制剂许可证》生产药品、经营药品的，依法予以取缔，没收违法生产、销售的药品和违法所得，并处违法生产、销售的药品（包括已售出的和未售出的药品，下同）货值金额2倍以上5倍以下的罚款；构成犯罪的，依法追究刑事责任。

第七十四条 生产、销售假药的，没收违法生产、销售的药品和违法所得，并处违法生产、销售药品货值金额2倍以上5倍以下的罚款；有药品批准证明文件的予以撤销，并责令停产、停业整顿；情节严重的，吊销《药品生产许可证》、《药品经营许可证》或者《医疗机构制剂许可证》；构成犯罪的，依法追究刑事责任。

第七十五条 生产、销售劣药的，没收违法生产、销售的药品和违法所得，并处违法生产、销售药品货值金额1倍以上3倍以下的罚款；情节严重的，责令停产、停业整顿或者撤销药品批准证明文件、吊销《药品生产许可证》、《药品经营许可证》或者《医疗机构制剂许可证》；构成犯罪的，依法追究刑事责任。

第七十六条 从事生产、销售假药及生产、销售劣药情节严重的企业或者其他单位，其直接负责的主管人员和其他直接责任人员10年内不得从事药品生产、经营活动。

对生产者专门用于生产假药、劣药的原辅材料、包装材料、生产设备，予以没收。

第七十七条 知道或者应当知道属于假劣药品而为其提供运输、保管、仓储等便利条件的，没收全部运输、保管、仓储的收入，并处违法收入50%以上3倍以下的罚款；构成犯罪的，依法追究刑事责任。

第七十八条 对假药、劣药的处罚通知，必须载明药品检验机构的质量检验结果；但是，本法第四十八条第三款第（一）、（二）、（五）、（六）项和第四十九条第三款规定的情形除外。

第七十九条 药品的生产企业、经营企业、药物非临床安全性评价研究机构、药物临床试验机构未按照规定实施《药品生产质量管理规范》、《药品经营质量管理规范》、药物非临床研究质量管理规范、药物临床试验质量管理规范的，给予警告，责令限期改正；逾期不改正的，责令停产、停业整顿，并处5000元以上2万元以下的罚款；情节严重的，吊销《药品生产许可证》、《药品经营许可证》和药物临床试验机构的资格。

第八十条 药品的生产企业、经营企业或者医疗机构违反本法第三十四条的规定，从无《药品生产许可证》、《药品经营许可证》的企业购进药品的，责令改正，没收违法购进的药品，并处违法购进药品货值金额2倍以上5倍以下的罚款；有违法所得的，没收违法所得；情节严重的，吊销《药品生产许可证》、《药品经营许可证》或者医疗机构执业许可证书。

第八十一条 进口已获得药品进口注册证书的药品，未按照本法规定向允许药品进口的口岸所在地的药品监督管理部门登记备案的，给予警告，责令限期改正；逾期不改正的，撤销进口药品注册证书。

第八十二条 伪造、变造、买卖、出租、出借许可证或者药品批准证明文件的，没收违法所得，并处违法所得1倍以上3倍以下的罚款；没有违法所得的，处2万元以上10万元以下的罚款；情节严重的，并吊销卖方、出租方、出借方的《药品生产许可证》、《药品经营许可证》、《医疗机构制剂许可证》或者撤销药品批准证明文件；构成犯罪的，依法追究刑事责任。

第八十三条 违反本法规定，提供虚假的证明、文件资料样品或者采取其他欺骗手段取得《药品生产许可证》、《药品经营许可证》、《医疗机构制剂许可证》或者药品批准证明文件的，吊销《药品生产许可证》、《药品经营许可证》、《医疗机构制剂许可证》或者撤销药品批准证明文件，5年内不受理其申请，并处1万元以上3万元以下的罚款。

第八十四条 医疗机构将其配制的制剂在市场销售的，责令改正，没收违法销售的制剂，并处违法销售制剂货值金额1倍以上3倍以下的罚款；有违法所得的，没收违法所得。

第八十五条 药品经营企业违反本法第十八条、第十九条规定的，责令改正，给予警告；情节严重的，吊销《药品经营许可证》。

第八十六条 药品标识不符合本法第五十四条规定的，除依法应当按照假药、劣药论处的外，责令改正，给予警告；情节严重的，撤销该药品的批准证明文件。

第八十七条 药品检验机构出具虚假检验报告，构成犯罪的，依法追究刑事责任；不构成犯罪的，责令改正，给予警告，对单位并处3万元以上5万元以下的罚款；对直接负责的主管人员和其他直接责任人员依法给予降级、撤职、开除的处分，并处3万元以下的罚款；有违法所得的，没收违法所得；情节严重的，撤销其检验资格。药品检验机构出具的检验结果不实，造成损失的，应当承担相应的赔偿责任。

第八十八条 本法第七十三条至第八十七条规定的行政处罚，由县级以上药品监督管理部门按照国务院药品监督管理部门规定的职责分工决定；吊销《药品生产许可证》、《药品经营许可证》、《医疗机构制剂许可证》、医疗机构执业许可证书或者撤销药品批准证明文件的，由原发证、批准的部门决定。

第八十九条 违反本法第五十五条、第五十六条、第五十七条关于药品价格管理的规定的，依照《中华人民共和国价格法》的规定处罚。

第九十条 药品的生产企业、经营企业、医疗机构在药品购销中暗中给予、收受回扣或者其他利益的，药品的生产企业、经营企业或者其代理人给予使用其药品的医疗机构的负责人、药品采购人员、医师等有关人员以财物或者其他利益的，由工商行政管理部门处1万元以上20万元以下的罚款，有违法所得的，予以没收；情节严重的，由工商行政管理部门吊销药品生产企业、药品经营企业的营业执照，并通知药品监督管理部门，由药品监督管理部门吊销其《药品生产许可证》、《药品经营许可证》；构成犯罪的，依法追究刑事责任。

第九十一条 药品的生产企业、经营企业的负责人、采购人员等有关人员在药品购销中收受其他生产企业、经营企业或者其代理人给予的财物或者其他利益的，依法给予处分，没收违法所得；构成犯罪的，依法追究刑事责任。

医疗机构的负责人、药品采购人员、医师等有关人员收受药品生产企业、药品经营企业或者其代理人给予的财物或者其他利益的，由卫生行政部门或者本单位给予处分，没收违法所得；对违法行为情节严重的执业医师，由卫生行政部门吊销其执业证书；构成犯罪的，依法追究刑事责任。

第九十二条 违反本法有关药品广告的管理规定的，依照《中华人民共和国广告法》的规定处罚，并由发给广告批准文号的药品监督管理部门撤销广告批准文号，1年内不受理该品种的广告审批申请；构成犯罪的，依法追究刑事责任。

药品监督管理部门对药品广告不依法履行审查职责，批准发布的广告有虚假或者其他违反法律、行政法规的内容的，对直接负责的主管人员和其他直接责任人员依法给予行政处分；构成犯罪的，依法追究刑事责任。

第九十三条 药品的生产企业、经营企业、医疗机构违反本法规定，给药品使用者造成损害的，依法承担赔偿责任。

第九十四条 药品监督管理部门违反本法规定，有下列行为之一的，由其上级主管机关或者监察机关责令收回违法发给的证书、撤销药品批准证明文件，对直接负责的主管人员和其他直接责任人员依法给予行政处分；构成犯罪的，依法追究刑事责任：

（一）对不符合《药品生产质量管理规范》、《药品经营质量管理规范》的企业发给符合有关规范的认证证书的，或者对取得认证证书的企业未按照规定履行跟踪检查的职责，对不符合认证条件的企业未依法责令其改正或者撤销其认证证书的；

（二）对不符合法定条件的单位发给《药品生产许可证》、《药品经营许可证》或者《医疗机构制剂许可证》的；

（三）对不符合进口条件的药品发给进口药品注册证书的；

（四）对不具备临床试验条件或者生产条件而批准进行临床试验、发给新药证书、发给药品批准文号的。

第九十五条 药品监督管理部门或者其设置的药品检验机构或者其确定的专业从事药品检验的机构参与药品生产经营活动的，由其上级机关或者监察机关责令改正，有违法收入的予以没收；情节严重的，对直接负责的主管人员和其他直接责任人员依法给予行政处分。

药品监督管理部门或者其设置的药品检验机构或者其确定的专业从事药品检验的机构的工作人员参与药品生产经营活动的，依法给予行政处分。

第九十六条 药品监督管理部门或者其设置、确定的药品检验机构在药品监督检验中违法收取检验费用的，由政府有关部门责令退还，对直接负责的主管人员和其他直接责任人员依法给予行政处分。对违法收取检验费用情节严重的药品检验机构，撤销其检验资格。

第九十七条 药品监督管理部门应当依法履行监督检查职责，监督已取得《药品生产许可证》、《药品经营许可证》的企业依照本法规定从事药品生产、经营活动。

已取得《药品生产许可证》、《药品经营许可证》的企业生产、销售假药、劣药的，除依法追究该企业的法律责任外，对有失职、渎职行为的药品监督管理部门直接负责的主管人员和其他直接责任人员依法给予行政处分；构成犯罪的，依法追究刑事责任。

第九十八条 药品监督管理部门对下级药品监督管理部门违反本法的行政行为，责令限期改正；逾期不改正的，有权予以改变或者撤销。

第九十九条 药品监督管理人员滥用职权、徇私舞弊、玩忽职守，构成犯罪的，依法追究刑事责任；尚不构成犯罪的，依法给予行政处分。

第一百条 依照本法被吊销《药品生产许可证》、《药品经营许可证》的，由药品监督管理部门通知工商行政管理部门办理变更或者注销登记。

第一百零一条 本章规定的货值金额以违法生产、销售药品的标价计算；没有标价的，按照同类药品的市场价格计算。

第十章　附　则

第一百零二条 本法下列用语的含义是：

药品，是指用于预防、治疗、诊断人的疾病，有目的地调节人的生理机能并规定有适应症或者功能主治、用法和用量的物质，包括中药材、中药饮片、中成药、化学原料药及其制剂、抗生素、生化药品、放射性药品、血清、疫苗、血液制品和诊断药品等。

辅料，是指生产药品和调配处方时所用的赋形剂和附加剂。

药品生产企业，是指生产药品的专营企业或者兼营企业。

药品经营企业，是指经营药品的专营企业或者兼营企业。

第一百零三条 中药材的种植、采集和饲养的管理办法，由国务院另行制定。

第一百零四条 国家对预防性生物制品的流通实行特殊管理。具体办法由国务院制定。

第一百零五条 中国人民解放军执行本法的具体办法,由国务院、中央军事委员会依据本法制定。

第一百零六条 本法自 2001 年 12 月 1 日起施行。

中华人民共和国中外合资经营企业法

(1979 年 7 月 1 日第五届全国人民代表大会第二次会议通过 根据 1990 年 4 月 4 日第七届全国人民代表大会第三次会议《关于修改〈中华人民共和国中外合资经营企业法〉的决定》修正 根据 2001 年 3 月 15 日第九届全国人民代表大会第四次会议《关于修改〈中华人民共和国中外合资经营企业法〉的决定》第二次修正)

第一条 中华人民共和国为了扩大国际经济合作和技术交流,允许外国公司、企业和其他经济组织或个人(以下简称外国合营者),按照平等互利的原则,经中国政府批准,在中华人民共和国境内,同中国的公司、企业或其他经济组织(以下简称中国合营者)共同举办合营企业。

第二条 中国政府依法保护外国合营者按照经中国政府批准的协议、合同、章程在合营企业的投资、应分得的利润和其他合法权益。

合营企业的一切活动应遵守中华人民共和国法律、法规的规定。

国家对合营企业不实行国有化和征收;在特殊情况下,根据社会公共利益的需要,对合营企业可以依照法律程序实行征收,并给予相应的补偿。

第三条 合营各方签订的合营协议、合同、章程,应报国家对外经济贸易主管部门(以下称审查批准机关)审查批准。审查批准机关应在 3 个月内决定批准或不批准。合营企业经批准后,向国家工商行政管理主管部门登记,领取营业执照,开始营业。

第四条 合营企业的形式为有限责任公司。

在合营企业的注册资本中,外国合营者的投资比例一般不低于 25%。

合营各方按注册资本比例分享利润和分担风险及亏损。

合营者的注册资本如果转让必须经合营各方同意。

第五条 合营企业各方可以现金、实物、工业产权等进行投资。

外国合营者作为投资的技术和设备,必须确实是适合我国需要的先进技术和设备。如果有意以落后的技术和设备进行欺骗,造成损失的,应赔偿损失。

中国合营者的投资可包括为合营企业经营期间提供的场地使用权。如果场地使用权未作为中国合营者投资的一部分,合营企业应向中国政府缴纳使用费。

上述各项投资应在合营企业的合同和章程中加以规定,其价格(场地除外)由合营各方评议商定。

第六条 合营企业设董事会,其人数组成由合营各方协商,在合同、章程中确定,并由合营各方委派和撤换。董事长和副董事长由合营各方协商确定或由董事会选举产生。中外合营者的一方担任董事长的,由他方担任副董事长。董事会根据平等互利的原则,决定合营企业的重大问题。

董事会的职权是按合营企业章程规定,讨论决定合营企业的一切重大问题:企业发展规划、生产经营活动方案、收支预算、利润分配、劳动工资计划、停业,以及总经理、副总经理、总工程师、总会计师、审计师的任命或聘请及其职权和待遇等。

正副总经理(或正副厂长)由合营各方分别担任。

合营企业职工的录用、辞退、报酬、福利、劳动保护、劳动保险等事项,应当依法通过订立合同加以规定。

第七条 合营企业的职工依法建立工会组织,开展工会活动,维护职工的合法权益。

合营企业应当为本企业工会提供必要的活动条件。

第八条 合营企业获得的毛利润,按中华人民共和国税法规定缴纳合营企业所得税后,扣除合营企业章程规定的储备基金、职工奖励及福利基金、企业发展基金,净利润根据合营各方注册资本的比例进行分配。

合营企业依照国家有关税收的法律和行政法规的规定,可以享受减税、免税的优惠待遇。

外国合营者将分得的净利润用于在中国境内再投资时,可申请退还已缴纳的部分所得税。

第九条 合营企业应凭营业执照在国家外汇管理机关允许经营外汇业务的银行或其他金融机构开立外汇账户。

合营企业的有关外汇事宜,应遵照中华人民共和国外汇管理条例办理。

合营企业在其经营活动中,可直接向外国银行筹措资金。

合营企业的各项保险应向中国境内的保险公司投保。

第十条 合营企业在批准的经营范围内所需的原材料、燃料等物资,按照公平、合理的原则,可以在国内市场或者在国际市场上购买。

鼓励合营企业向中国境外销售产品。出口产品可由合营企业直接或与其有关的委托机构向国外市场出售,也可通过中国的外贸机构出售。合营企业产品也可在中国市场销售。

合营企业需要时可在中国境外设立分支机构。

第十一条 外国合营者在履行法律和协议、合同规定的义务后分得的净利润,在合营企业期满或者中止时所分得的资金以及其他资金,可按合营企业合同规定的货币,按外汇管理条例汇往国外。

鼓励外国合营者将可汇出的外汇存入中国银行。

第十二条 合营企业的外籍职工的工资收入和其他正当收入,按中华人民共和国税法缴纳个人所得税后,可按外汇管理条例汇往国外。

第十三条 合营企业的合营期限,按不同行业、不同情况,作不同的约定。有的行业的合营企业,应当约定合营期限;有的行业的合营企业,可以约定合营期限,也可以不约定合营期限。约定合营期限的合营企业,合营各方同意延长合营期限的,应在距合营期满 6 个月前向审查批准机关提出申请。审查批准机关应自接到申请之日起1个月内决定批准或不批准。

第十四条 合营企业如发生严重亏损、一方不履行合同和章程规定的义务、不可抗力等,经合营各方协商同意,报请审查批准机关批准,并向国家工商行政管理主管部门登记,可终止合同。如果因违反合同而造成损失的,应由违反合同的一方承担经济责任。

第十五条 合营各方发生纠纷,董事会不能协商解决时,由中国仲裁机构进行调解或仲裁,也可由合营各方协议在其他仲裁机构仲裁。

合营各方没有在合同中订有仲裁条款的或者事后没有达成书面仲裁协议的,可以向人民法院起诉。

第十六条 本法自公布之日起生效。

中华人民共和国商标法

(1982年8月23日第五届全国人民代表大会常务委员会第二十四次会议通过 根据1993年2月22日第七届全国人民代表大会常务委员会第三十次会议《关于修改〈中华人民共和国商标法〉的决定》第一次修正 根据2001年10月27日第九届全国人民代表大会常务委员会第二十四次会议《关于修改〈中华人民共和国商标法〉的决定》第二次修正)

第一章 总 则

第一条 为了加强商标管理,保护商标专用权,促使生产、经营者保护商品和服务质量,维护商标信誉,以保障消费者和生产、经营者的利益,促进社会主义市场经济的发展,特制定本法。

第二条 国务院工商行政管理部门商标局主管全国商标注册和管理的工作。

国务院工商行政管理部门设立商标评审委员会,负责处理商标争议事宜。

第三条 经商标局核准注册的商标为注册商标,包括商品商标、服务商标和集体商标、证明商标;商标注册人享有商标专用权,受法律保护。

本法所称集体商标,是指以团体、协会或者其他组织名义注册,供该组织成员在商事活动中使用,以表明使用者在该组织中的成员资格的标志。

本法所称证明商标,是指由对某种商品或者服务具有监督能力的组织所控制,而由该组织以外的单位或者个人使用于其商品或者服务,用以证明该商品或者服务的原产地、原料、制造方法、质量或者其他特定品质的标志。

集体商标、证明商标注册和管理的特殊事项,由国务院工商行政管理部门规定。

第四条 自然人、法人或者其他组织对其生产、制造、加工、拣选或者经销的商品,需要取得商标专用权的,应当向商标局申请商品商标注册。

自然人、法人或者其他组织对其提供的服务项目,需要取得商标专用权的,应当向商标局申请服务商标注册。

本法有关商品商标的规定,适用于服务商标。

第五条 两个以上的自然人、法人或者其他组织可以共同向商标局申请注册同一商标,共同享有和行使该商标专用权。

第六条 国家规定必须使用注册商标的商品,必须申请商标注册,未经核准注册的,不得在市场销售。

第七条 商标使用人应当对其使用商标的商品质量负责。各级工商行政管理部门应当通过商标管理,制止欺骗消费者的行为。

第八条 任何能够将自然人、法人或者其他组织的商品与他人的商品区别开的可视性标志,包括文字、图形、字母、数字、三维标志和颜色组合,以及上述要素的组合,均可以作为商标申请注册。

第九条 申请注册的商标,应当有显著特征,便于识别,并不得与他人在先取得的合法权利相冲突。

商标注册人有权标明“注册商标”或者注册标记。

第十条 下列标志不得作为商标使用:

(一)同中华人民共和国的国家名称、国旗、国徽、军旗、勋章相同或者近似的,以及同中央国家机关所在地特定地点的名称或者标志性建筑物的名称、图形相同的;

(二)同外国的国家名称、国旗、国徽、军旗相同或者近似的,但该国政府同意的除外;

(三)同政府间国际组织的名称、旗帜、徽记相同或者近似的,但经该组织同意或者不易误导公众的除外;

(四)与表明实施控制、予以保证的官方标志、检验印记相同或者近似的,但经授权的除外;

(五)同“红十字”、“红新月”的名称、标志相同或者近似的;

(六)带有民族歧视性的;

(七)夸大宣传并带有欺骗性的;

(八)有害于社会主义道德风尚或者有其他不良影响的。

县级以上行政区划的地名或者公众知晓的外国地名,不得作为商标。但是,地名具有其他含义或者作为集体商标、证明商标组成部分的除外;已经注册的使用地名的商标继续有效。

第十一条 下列标志不得作为商标注册:

(一)仅有本商品的通用名称、图形、型号的;

(二)仅仅直接表示商品的质量、主要原料、功能、用途、重量、数量及其他特点的;

(三)缺乏显著特征的。

前款所列标志经过使用取得显著特征,并便于识别的,可以作为商标注册。

第十二条 以三维标志申请注册商标的,仅由商品自身的性质产生的形状、为获得技术效果而需有的商品形状或者使商品具有实质性价值的形状,不得注册。

第十三条 就相同或者类似商品申请注册的商标是复制、摹仿或者翻译他人未在中国注册的驰名商标,容易导致混淆的,不予注册并禁止使用。

就不相同或者不相类似商品申请注册的商标是复制、摹仿或者翻译他人已经在中国注册的驰名商标,误导公众,致使该驰名商标注册人的利益可能受到损害的,不予注册并禁止使用。

第十四条 认定驰名商标应当考虑下列因素:

（一）相关公众对该商标的知晓程度；

（二）该商标使用的持续时间；

（三）该商标的任何宣传工作的持续时间、程度和地理范围；

（四）该商标作为驰名商标受保护的记录；

（五）该商标驰名的其他因素。

第十五条 未经授权，代理人或者代表人以自己的名义将被代理人或者被代表人的商标进行注册，被代理人或者被代表人提出异议的，不予注册并禁止使用。

第十六条 商标中有商品的地理标志，而该商品并非来源于该标志所标示的地区，误导公众的，不予注册并禁止使用；但是，已经善意取得注册的继续有效。

前款所称地理标志，是指标示某商品来源于某地区，该商品的特定质量、信誉或者其他特征，主要由该地区的自然因素或者人文因素所决定的标志。

第十七条 外国人或者外国企业在中国申请商标注册的，应当按其所属国和中华人民共和国签订的协议或者共同参加的国际条约办理，或者按对等原则办理。

第十八条 外国人或者外国企业在中国申请商标注册和办理其他商标事宜的，应当委托国家认可的具有商标代理资格的组织代理。

第二章 商标注册的申请

第十九条 申请商标注册的，应当按规定的商品分类表填报使用商标的商品类别和商品名称。

第二十条 商标注册申请人在不同类别的商品上申请注册同一商标的，应当按商品分类表提出注册申请。

第二十一条 注册商标需要在同一类的其他商品上使用的，应当另行提出注册申请。

第二十二条 注册商标需要改变其标志的，应当重新提出注册申请。

第二十三条 注册商标需要变更注册人的名义、地址或者其他注册事项的，应当提出变更申请。

第二十四条 商标注册申请人自其商标在外国第一次提出商标注册申请之日起6个月内，又在中国就相同商品以同一商标提出商标注册申请的，依照该外国同中国签订的协议或者共同参加的国际条约，或者按照相互承认优先权的原则，可以享有优先权。

依照前款要求优先权的，应当在提出商标注册申请的时候提出书面声明，并且在3个月内提交第一次提出的商标注册申请文件的副本；未提出书面声明或者逾期未提交商标注册申请文件副本的，视为未要求优先权。

第二十五条 商标在中国政府主办的或者承认的国际展览会展出的商品上首次使用的，自该商品展出之日起6个月内，该商标的注册申请人可以享有优先权。

依照前款要求优先权的，应当在提出商标注册申请的时候提出书面声明，并且在3个月内提交展出其商品的展览会名称、在展出商品上使用该商标的证据、展出日期等证明文件；未提出书面声明或者逾期未提交证明文件的，视为未要求优先权。

第二十六条 为申请商标注册所申报的事项和所提供的材料应当真实、准确、完整。

第三章 商标注册的审查和核准

第二十七条 申请注册的商标，凡符合本法有关规定的，由商标局初步审定，予以公告。

第二十八条 申请注册的商标，凡不符合本法有关规定或者同他人在同一种商品或者类似商品上已经注册的或者初步审定的商标相同或者近似的，由商标局驳回申请，不予公告。

第二十九条 两个或者两个以上的商标注册申请人，在同一种商品或者类似商品上，以相同或者近似的商标申请注册的，初步审定并公告申请在先的商标；同一天申请的，初步审定并公告使用在先的商标，驳回其他人的申请，不予公告。

第三十条 对初步审定的商标，自公告之日起3个月内，任何人均可以提出异议。公告期满无异议的，予以核准注册，发给商标注册证，并予公告。

第三十一条 申请商标注册不得损害他人现有的在先权利，也不得以不正当手段抢先注册他人已经使用并有一定影响的商标。

第三十二条 对驳回申请、不予公告的商标，商标局应当书面通知商标注册申请人。商标注册申请人不服的，可以自收到通知之日起15日内向商标评审委员会申请复审，由商标评审委员会做出决定，并书面通知申请人。

当事人对商标评审委员会的决定不服的，可以自收到通知之日起30日内向人民法院起诉。

第三十三条 对初步审定、予以公告的商标提出异议的，商标局应当听取异议人和被异议人陈述事实和理由，经调查核实后，做出裁定。当事人不服的，可以自收到通知之日起15日内向商标评审委员会申请复审，由商标评审委员会做出裁定，并书面通知异议人和被异议人。

当事人对商标评审委员会的裁定不服的，可以自收到通知之日起30日内向人民法院起诉。人民法院应当通知商标复审程序的对方当事人作为第三人参加诉讼。

第三十四条 当事人在法定期限内对商标局做出的裁定不申请复审或者对商标评审委员会做出的裁定不向人民法院起诉的，裁定生效。经裁定异议不能成立的，予以核准注册，发给商标注册证并予公告；经裁定异议成立的，不予核准注册。

经裁定异议不能成立而核准注册的，商标注册申请人取得商标专用权的时间自初审公告3个月期满之日起计算。

第三十五条 对商标注册申请和商标复审申请应当及时进行审查。

第三十六条 商标注册申请人或者注册人发现商标申请文件或者注册文件有明显错误的，可以申请更正。商标局依法在其职权范围内作出更正，并通知当事人。

前款所称更正错误不涉及商标申请文件或者注册文件的实质性内容。

第四章 注册商标的续展、转让和使用许可

第三十七条 注册商标的有效期为10年,自核准注册之日起计算。

第三十八条 注册商标有效期满,需要继续使用的,应当在期满前6个月内申请续展注册;在此期间未能提出申请的,可以给予6个月的宽展期。宽展期满仍未提出申请的,注销其注册商标。

每次续展注册的有效期为10年。

续展注册经核准后,予以公告。

第三十九条 转让注册商标的,转让人和受让人应当签订转让协议,并共同向商标局提出申请。受让人应当保证使用该注册商标的商品质量。

转让注册商标经核准后,予以公告。受让人自公告之日起享有商标专用权。

第四十条 商标注册人可以通过签订商标使用许可合同,许可他人使用其注册商标。许可人应当监督被许可人使用其注册商标的商品质量。被许可人应当保证使用该注册商标的商品质量。

经许可使用他人注册商标的,必须在使用该注册商标的商品上标明被许可人的名称和商品产地。

商标使用许可合同应当报商标局备案。

第五章 注册商标争议的裁定

第四十一条 已经注册的商标,违反本法第十条、第十一条、第十二条规定的,或者是以欺骗手段或者其他不正当手段取得注册的,由商标局撤销该注册商标;其他单位或者个人可以请求商标评审委员会裁定撤销该注册商标。

已经注册的商标,违反本法第十三条、第十五条、第十六条、第三十一条规定的,自商标注册之日起5年内,商标所有人或者利害关系人可以请求商标评审委员会裁定撤销该注册商标。对恶意注册的,驰名商标所有人不受5年的时间限制。

除前两款规定的情形外,对已经注册的商标有争议的,可以自该商标经核准注册之日起5年内,向商标评审委员会申请裁定。

商标评审委员会收到裁定申请后,应当通知有关当事人,并限期提出答辩。

第四十二条 对核准注册前已经提出异议并经裁定的商标,不得再以相同的事实和理由申请裁定。

第四十三条 商标评审委员会做出维持或者撤销注册商标的裁定后,应当书面通知有关当事人。

当事人对商标评审委员会的裁定不服的,可以自收到通知之日起30日内向人民法院起诉。人民法院应当通知商标裁定程序的对方当事人作为第三人参加诉讼。

第六章 商标使用的管理

第四十四条 使用注册商标,有下列行为之一的,由商标局责令限期改正或者撤销其注册商标:

(一)自行改变注册商标的;

(二)自行改变注册商标的注册人名义、地址或者其他注册事项的;

(三)自行转让注册商标的;

(四)连续3年停止使用的。

第四十五条 使用注册商标,其商品粗制滥造,以次充好,欺骗消费者的,由各级工商行政管理部门分别不同情况,责令限期改正,并可以予以通报或者处以罚款,或者由商标局撤销其注册商标。

第四十六条 注册商标被撤销的或者期满不再续展的,自撤销或者注销之日起1年内,商标局对与该商标相同或者近似的商标注册申请,不予核准。

第四十七条 违反本法第六条规定的,由地方工商行政管理部门责令限期申请注册,可以并处罚款。

第四十八条 使用未注册商标,有下列行为之一的,由地方工商行政管理部门予以制止,限期改正,并可以予以通报或者处以罚款:

(一)冒充注册商标的;

(二)违反本法第十条规定的;

(三)粗制滥造,以次充好,欺骗消费者的。

第四十九条 对商标局撤销注册商标的决定,当事人不服的,可以自收到通知之日起15日内向商标评审委员会申请复审,由商标评审委员会做出决定,并书面通知申请人。

当事人对商标评审委员会的决定不服的,可以自收到通知之日起30日内向人民法院起诉。

第五十条 对工商行政管理部门根据本法第四十五条、第四十七条、第四十八条的规定做出的罚款决定,当事人不服的,可以自收到通知之日起15日内,向人民法院起诉;期满不起诉又不履行的,由有关工商行政管理部门申请人民法院强制执行。

第七章 注册商标专用权的保护

第五十一条 注册商标的专用权,以核准注册的商标和核定使用的商品为限。

第五十二条 有下列行为之一的,均属侵犯注册商标专用权:

(一)未经商标注册人的许可,在同一种商品或者类似商品上使用与其注册商标相同或者近似的商标的;

(二)销售侵犯注册商标专用权的商品的;

(三)伪造、擅自制造他人注册商标标识或者销售伪造、擅自制造的注册商标标识的;

(四)未经商标注册人同意,更换其注册商标并将该更换商标的商品又投入市场的;

(五)给他人的注册商标专用权造成其他损害的。

第五十三条 有本法第五十二条所列侵犯注册商标专用权行为之一,引起纠纷的,由当事人协商解决;不愿协商或者协商不成的,商标注册人或者利害关系人可以向人民法院起诉,也可以请求工商行政管理部门处理。工商行政管理部门处理时,认定侵权行为成立的,责令立即停止侵权行为,没收、销毁侵权商品和专门用于制造侵权商品、伪造注册商标标识的工具,并可处以罚款。当事人对处理决定不服的,可以自收到处理通知之日起15日内依照《中华人民共和国行政诉讼法》向人民法院起诉;侵权人期满不起诉又不履行的,工商行政管理部门可以申请人民法院强制执行。进行处理的工商行政管理部门根据当事人的请求,可以就侵犯商标专用权的赔偿数额进行调解;调解不成的,当事人可以

依照《中华人民共和国民事诉讼法》向人民法院起诉。

第五十四条 对侵犯注册商标专用权的行为，工商行政管理部门有权依法查处；涉嫌犯罪的，应当及时移送司法机关依法处理。

第五十五条 县级以上工商行政管理部门根据已经取得的违法嫌疑证据或者举报，对涉嫌侵犯他人注册商标专用权的行为进行查处时，可以行使下列职权：

（一）询问有关当事人，调查与侵犯他人注册商标专用权有关的情况；

（二）查阅、复制当事人与侵权活动有关的合同、发票、账簿以及其他有关资料；

（三）对当事人涉嫌从事侵犯他人注册商标专用权活动的场所实施现场检查；

（四）检查与侵权活动有关的物品；对有证据证明是侵犯他人注册商标专用权的物品，可以查封或者扣押。

工商行政管理部门依法行使前款规定的职权时，当事人应当予以协助、配合，不得拒绝、阻挠。

第五十六条 侵犯商标专用权的赔偿数额，为侵权人在侵权期间因侵权所获得的利益，或者被侵权人在被侵权期间因被侵权所受到的损失，包括被侵权人为制止侵权行为所支付的合理开支。

前款所称侵权人因侵权所得利益，或者被侵权人因被侵权所受损失难以确定的，由人民法院根据侵权行为的情节判决给予50万元以下的赔偿。

销售不知道是侵犯注册商标专用权的商品，能证明该商品是自己合法取得的并说明提供者的，不承担赔偿责任。

第五十七条 商标注册人或者利害关系人有证据证明他人正在实施或者即将实施侵犯其注册商标专用权的行为，如不及时制止，将会使其合法权益受到难以弥补的损害的，可以在起诉前向人民法院申请采取责令停止有关行为和财产保全的措施。

人民法院处理前款申请，适用《中华人民共和国民事诉讼法》第九十三条至第九十六条和第九十九条的规定。

第五十八条 为制止侵权行为，在证据可能灭失或者以后难以取得的情况下，商标注册人或者利害关系人可以在起诉前向人民法院申请保全证据。

人民法院接受申请后，必须在48小时内做出裁定；裁定采取保全措施的，应当立即开始执行。

人民法院可以责令申请人提供担保，申请人不提供担保的，驳回申请。

申请人在人民法院采取保全措施后15日内不起诉的，人民法院应当解除保全措施。

第五十九条 未经商标注册人许可，在同一种商品上使用与其注册商标相同的商标，构成犯罪的，除赔偿被侵权人的损失外，依法追究刑事责任。

伪造、擅自制造他人注册商标标识或者销售伪造、擅自制造的注册商标标识，构成犯罪的，除赔偿被侵权人的损失外，依法追究刑事责任。

销售明知是假冒注册商标的商品，构成犯罪的，除赔偿被侵权人的损失外，依法追究刑事责任。

第六十条 从事商标注册、管理和复审工作的国家机关工作人员必须秉公执法，廉洁自律，忠于职守，文明服务。

商标局、商标评审委员会以及从事商标注册、管理和复审工作的国家机关工作人员不得从事商标代理业务和商品生产经营活动。

第六十一条 工商行政管理部门应当建立健全内部监督制度，对负责商标注册、管理和复审工作的国家机关工作人员执行法律、行政法规和遵守纪律的情况，进行监督检查。

第六十二条 从事商标注册、管理和复审工作的国家机关工作人员玩忽职守、滥用职权、徇私舞弊，违法办理商标注册、管理和复审事项，收受当事人财物，牟取不正当利益，构成犯罪的，依法追究刑事责任；尚不构成犯罪的，依法给予行政处分。

第八章 附 则

第六十三条 申请商标注册和办理其他商标事宜的，应当缴纳费用，具体收费标准另定。

第六十四条 本法自1983年3月1日起施行。1963年4月10日国务院公布的《商标管理条例》同时废止；其他有关商标管理的规定，凡与本法抵触的，同时失效。

本法施行前已经注册的商标继续有效。

行政法规

中华人民共和国外资企业法实施细则

（1990年10月28日国务院批准 1990年12月12日对外经济贸易部发布 根据2001年4月12日《国务院关于修改〈中华人民共和国外资企业法实施细则〉的决定》修订）

第一章 总 则

第一条 根据《中华人民共和国外资企业法》的规定，制定本实施细则。

第二条 外资企业受中国法律的管辖和保护。

外资企业在中国境内从事经营活动，必须遵守中国的法律、法规，不得损害中国的社会公共利益。

第三条 设立外资企业，必须有利于中国国民经济的发展，能够取得显著的经济效益。国家鼓励外资企业采用先进技术和设备，从事新产品开发，实现产品升级换代，节约能源和原材料，并鼓励举办产品出口的外资企业。

第四条 禁止或者限制设立外资企业的行业，按照国家指导外商投资方向的规定及外商投资产业指导目录执行。

第五条 申请设立外资企业，有下

列情况之一的，不予批准：

（一）有损中国主权或者社会公共利益的；

（二）危及中国国家安全的；

（三）违反中国法律、法规的；

（四）不符合中国国民经济发展要求的；

（五）可能造成环境污染的。

第六条 外资企业在批准的经营范围内，自主经营管理，不受干涉。

第二章 设立程序

第七条 设立外资企业的申请，由中华人民共和国对外贸易经济合作部（以下简称对外贸易经济合作部）审查批准后，发给批准证书。

设立外资企业的申请属于下列情形的，国务院授权省、自治区、直辖市和计划单列市、经济特区人民政府审查批准后，发给批准证书：

（一）投资总额在国务院规定的投资审批权限以内的；

（二）不需要国家调拨原材料，不影响能源、交通运输、外贸出口配额等全国综合平衡的。

省、自治区、直辖市和计划单列市、经济特区人民政府在国务院授权范围内批准设立外资企业，应当在批准后15天内报对外贸易经济合作部备案（对外贸易经济合作部和省、自治区、直辖市和计划单列市、经济特区人民政府，以下统称审批机关）。

第八条 申请设立的外资企业，其产品涉及出口许可证、出口配额、进口许可证或者属于国家限制进口的，应当依照有关管理权限事先征得对外经济贸易主管部门的同意。

第九条 外国投资者在提出设立外资企业的申请前，应当就下列事项向拟设立外资企业所在地的县级或者县级以上地方人民政府提交报告。报告内容包括：设立外资企业的宗旨；经营范围、规模；生产产品；使用的技术设备；用地面积及要求；需要用水、电、煤、煤气或者其他能源的条件及数量；对公共设施的要求等。

县级或者县级以上地方人民政府应当在收到外国投资者提交的报告之日起30天内以书面形式答复外国投资者。

第十条 外国投资者设立外资企业，应当通过拟设立外资企业所在地的县级或者县级以上地方人民政府向审批机关提出申请，并报送下列文件：

（一）设立外资企业申请书；

（二）可行性研究报告；

（三）外资企业章程；

（四）外资企业法定代表人（或者董事会人选）名单；

（五）外国投资者的法律证明文件和资信证明文件；

（六）拟设立外资企业所在地的县级或者县级以上地方人民政府的书面答复；

（七）需要进口的物资清单；

（八）其他需要报送的文件。

前款（一）、（三）项文件必须用中文书写；（二）、（四）、（五）项文件可以用外文书写，但应当附中文译文。

两个或者两个以上外国投资者共同申请设立外资企业，应当将其签订的合同副本报送审批机关备案。

第十一条 审批机关应当在收到申请设立外资企业的全部文件之日起90天内决定批准或者不批准。审批机关如果发现上述文件不齐备或者有不当之处，可以要求限期补报或者修改。

第十二条 设立外资企业的申请经审批机关批准后，外国投资者应当在收到批准证书之日起30天内向工商行政管理机关申请登记，领取营业执照。外资企业的营业执照签发日期，为该企业成立日期。

外国投资者在收到批准证书之日起满30天未向工商行政管理机关申请登记的，外资企业批准证书自动失效。

外资企业应当在企业成立之日起30天内向税务机关办理税务登记。

第十三条 外国投资者可以委托中国的外商投资企业服务机构或者其他经济组织代为办理本实施细则第八条、第九条第一款和第十条规定事宜，但须签订委托合同。

第十四条 设立外资企业的申请书应当包括下列内容：

（一）外国投资者的姓名或者名称、住所、注册地和法定代表人的姓名、国籍、职务；

（二）拟设立外资企业的名称、住所；

（三）经营范围、产品品种和生产规模；

（四）拟设立外资企业的投资总额、注册资本、资金来源、出资方式和期限；

（五）拟设立外资企业的组织形式和机构、法定代表人；

（六）采用的主要生产设备及其新旧程度、生产技术、工艺水平及其来源；

（七）产品的销售方向、地区和销售渠道、方式；

（八）外汇资金的收支安排；

（九）有关机构设置和人员编制，职工的招用、培训、工资、福利、保险、劳动保护等事项的安排；

（十）可能造成环境污染的程度和解决措施；

（十一）场地选择和用地面积；

（十二）基本建设和生产经营所需资金、能源、原材料及其解决办法；

（十三）项目实施的进度计划；

（十四）拟设立外资企业的经营期限。

第十五条 外资企业的章程应当包括下列内容

（一）名称及住所；

（二）宗旨、经营范围；

（三）投资总额、注册资本、出资期限；

（四）组织形式；

（五）内部组织机构及其职权和议事规则，法定代表人以及总经理、总工程师、总会计师等人员的职责、权限；

（六）财务、会计及审计的原则和制度；

（七）劳动管理；

（八）经营期限、终止及清算；

（九）章程的修改程序。

第十六条 外资企业的章程经审批机关批准后生效，修改时同。

第十七条 外资企业的分立、合并或者由于其他原因导致资本发生重大变动，须经审批机关批准，并应当聘请中国的注册会计师验证和出具验资报告；经审批机关批准后，向工商行政管理机关办理变更登记手续。

第三章　组织形式与注册资本

第十八条　外资企业的组织形式为有限责任公司。经批准也可以为其他责任形式。

外资企业为有限责任公司的，外国投资者对企业的责任以其认缴的出资额为限。

外资企业为其他责任形式的，外国投资者对企业的责任适用中国法律、法规的规定。

第十九条　外资企业的投资总额，是指开办外资企业所需资金总额，即按其生产规模需要投入的基本建设资金和生产流动资金的总和。

第二十条　外资企业的注册资本，是指为设立外资企业在工商行政管理机关登记的资本总额，即外国投资者认缴的全部出资额。

外资企业的注册资本要与其经营规模相适应，注册资本与投资总额的比例应当符合中国有关规定。

第二十一条　外资企业在经营期内不得减少其注册资本。但是，因投资总额和生产经营规模等发生变化，确需减少的，须经审批机关批准。

第二十二条　外资企业注册资本的增加、转让，须经审批机关批准，并向工商行政管理机关办理变更登记手续。

第二十三条　外资企业将其财产或者权益对外抵押、转让，须经审批机关批准并向工商行政管理机关备案。

第二十四条　外资企业的法定代表人是依照其章程规定，代表外资企业行使职权的负责人。

法定代表人无法履行其职权时，应当以书面形式委托代理人，代其行使职权。

第四章　出资方式与期限

第二十五条　外国投资者可以用可自由兑换的外币出资，也可以用机器设备、工业产权、专有技术等作价出资。

经审批机关批准，外国投资者也可以用其从中国境内举办的其他外商投资企业获得的人民币利润出资。

第二十六条　外国投资者以机器设备作价出资的，该机器设备应当是外资企业生产所必需的设备。

该机器设备的作价不得高于同类机器设备当时的国际市场正常价格。

对作价出资的机器设备，应当列出详细的作价出资清单，包括名称、种类、数量、作价等，作为设立外资企业申请书的附件一并报送审批机关。

第二十七条　外国投资者以工业产权、专有技术作价出资的，该工业产权、专有技术应当为外国投资者所有。

该工业产权、专有技术的作价应当与国际上通常的作价原则相一致，其作价金额不得超过外资企业注册资本的20%。

对作价出资的工业产权、专有技术，应当备有详细资料，包括所有权证书的复制件，有效状况及其技术性能、实用价值，作价的计算根据和标准等，作为设立外资企业申请书的附件一并报送审批机关。

第二十八条　作价出资的机器设备运抵中国口岸时，外资企业应当报请中国的商检机构进行检验，由该商检机构出具检验报告。

作价出资的机器设备的品种、质量和数量与外国投资者报送审批机关的作价出资清单列出的机器设备的品种、质量和数量不符的，审批机关有权要求外国投资者限期改正。

第二十九条　作价出资的工业产权、专有技术实施后，审批机关有权进行检查。该工业产权、专有技术与外国投资者原提供的资料不符的，审批机关有权要求外国投资者限期改正。

第三十条　外国投资者缴付出资的期限应当在设立外资企业申请书和外资企业章程中载明。外国投资者可以分期缴付出资，但最后一期出资应当在营业执照签发之日起3年内缴清。其中第一期出资不得少于外国投资者认缴出资额的15%，并应当在外资企业营业执照签发之日起90天内缴清。

外国投资者未能在前款规定的期限内缴付第一期出资的，外资企业批准证书即自动失效。外资企业应当向工商行政管理机关办理注销登记手续，缴销营业执照；不办理注销登记手续和缴销营业执照的，由工商行政管理机关吊销其营业执照，并予以公告。

第三十一条　第一期出资后的其他各期的出资，外国投资者应当如期缴付。无正当理由逾期30天不出资的，依照本实施细则第三十条第二款的规定处理。

外国投资者有正当理由要求延期出资的，应当经审批机关同意，并报工商行政管理机关备案。

第三十二条　外国投资者缴付每期出资后，外资企业应当聘请中国的注册会计师验证，并出具验资报告，报审批机关和工商行政管理机关备案。

第五章　用地及其费用

第三十三条　外资企业的用地，由外资企业所在地的县级或者县级以上地方人民政府根据本地区的情况审核后，予以安排。

第三十四条　外资企业应当在营业执照签发之日起30天内，持批准证书和营业执照到外资企业所在地县级或者县级以上地方人民政府的土地管理部门办理土地使用手续，领取土地证书。

第三十五条　土地证书为外资企业使用土地的法律凭证。外资企业在经营期限内未经批准，其土地使用权不得转让。

第三十六条　外资企业在领取土地证书时，应当向其所在地土地管理部门缴纳土地使用费。

第三十七条　外资企业使用经过开发的土地，应当缴付土地开发费。

前款所指土地开发费包括征地拆迁安置费用和为外资企业配套的基础设施建设费用。土地开发费可由土地开发单位一次性计收或者分年计收。

第三十八条　外资企业使用未经开发的土地，可以自行开发或者委托中国有关单位开发。基础设施的建设，应当由外资企业所在地县级或者县级以上地方人民政府统一安排。

第三十九条　外资企业的土地使用费和土地开发费的计收标准，依照中国有关规定办理。

第四十条　外资企业的土地使用年限，与经批准的该外资企业的经营期限相同。

第四十一条　外资企业除依照本章

规定取得土地使用权外,还可以依照中国其他法规的规定取得土地使用权。

第六章 购买与销售

第四十二条 外资企业有权自行决定购买本企业自用的机器设备、原材料、燃料、零部件、配套件、元器件、运输工具和办公用品等(以下统称“物资”)。

外资企业在中国购买物资,在同等条件下,享受与中国企业同等的待遇。

第四十三条 外资企业可以在中国市场销售其产品。国家鼓励外资企业出口其生产的产品。

第四十四条 外资企业有权自行出口本企业生产的产品,也可以委托中国的外贸公司代销或者委托中国境外的公司代销。

外资企业可以自行在中国销售本企业生产的产品,也可以委托商业机构代销其产品。

第四十五条 外国投资者作为出资的机器设备,依照中国规定需要领取进口许可证的,外资企业凭批准的该企业进口设备和物资清单直接或者委托代理机构向发证机关申领进口许可证。

外资企业在批准的经营范围内,进口本企业自用并为生产所需的物资,依照中国规定需要领取进口许可证的,应当编制年度进口计划,每半年向发证机关申领一次。

外资企业出口产品,依照中国规定需要领取出口许可证的,应当编制年度出口计划,每半年向发证机关申领一次。

第四十六条 外资企业进口的物资以及技术劳务的价格不得高于当时的国际市场同类物资以及技术劳务的正常价格。外资企业的出口产品价格,由外资企业参照当时的国际市场价格自行确定,但不得低于合理的出口价格。用高价进口、低价出口等方式逃避税收的,税务机关有权根据税法规定,追究其法律责任。

第四十七条 外资企业应当依照《中华人民共和国统计法》及中国利用外资统计制度的规定,提供统计资料,报送统计报表。

第七章 税 务

第四十八条 外资企业应当依照中国法律、法规的规定,缴纳税款。

第四十九条 外资企业的职工应当依照中国法律、法规的规定,缴纳个人所得税。

第五十条 外资企业进口下列物资,依照中国税法的有关规定减税、免税:

(一)外国投资者作为出资的机器设备、零部件、建设用建筑材料以及安装、加固机器所需材料;

(二)外资企业以投资总额内的资金进口本企业生产所需的自用机器设备、零部件、生产用交通运输工具以及生产管理设备;

(三)外资企业为生产出口产品而进口的原材料、辅料、元器件、零部件和包装物料。

前款所述的进口物资,经批准在中国境内转卖或者转用于生产在中国境内销售的产品,应当依照中国税法纳税或者补税。

第五十一条 外资企业生产的出口产品,除中国限制出口的以外,依照中国税法的有关规定减税、免税或者退税。

第八章 外汇管理

第五十二条 外资企业的外汇事宜,应当依照中国有关外汇管理的法规办理。

第五十三条 外资企业凭工商行政管理机关发给的营业执照,在中国境内可以经营外汇业务的银行开立账户,由开户银行监督收付。

外资企业的外汇收入,应当存入其开户银行的外汇账户;外汇支出,应当从其外汇账户中支付。

第五十四条 外资企业因生产和经营需要在中国境外的银行开立外汇账户,须经中国外汇管理机关批准,并依照中国外汇管理机关的规定定期报告外汇收付情况和提供银行对账单。

第五十五条 外资企业中的外籍职工和港澳台职工的工资和其他正当的外汇收益,依照中国税法纳税后,可以自由汇出。

第九章 财务会计

第五十六条 外资企业应当依照中国法律、法规和财政机关的规定,建立财务会计制度并报其所在地财政、税务机关备案。

第五十七条 外资企业的会计年度自公历年的1月1日起至12月31日止。

第五十八条 外资企业依照中国税法规定缴纳所得税后的利润,应当提取储备基金和职工奖励及福利基金。储备基金的提取比例不得低于税后利润的10%,当累计提取金额达到注册资本的50%时,可以不再提取。职工奖励及福利基金的提取比例由外资企业自行确定。

外资企业以往会计年度的亏损未弥补前,不得分配利润;以往会计年度未分配的利润,可与本会计年度可供分配的利润一并分配。

第五十九条 外资企业的自制会计凭证、会计账簿和会计报表,应当用中文书写;用外文书写的,应当加注中文。

第六十条 外资企业应当独立核算。

外资企业的年度会计报表和清算会计报表,应当依照中国财政、税务机关的规定编制。以外币编报会计报表的,应当同时编报外币折合为人民币的会计报表。

外资企业的年度会计报表和清算会计报表,应当聘请中国的注册会计师进行验证并出具报告。

第二款和第三款规定的外资企业的年度会计报表和清算会计报表,连同中国的注册会计师出具的报告,应当在规定的时间内报送财政、税务机关,并报审批机关和工商行政管理机关备案。

第六十一条 外国投资者可以聘请中国或者外国的会计人员查阅外资企业账簿,费用由外国投资者承担。

第六十二条 外资企业应当向财政、税务机关报送年度资产负债表和损益表,并报审批机关和工商行政管理机关备案。

第六十三条 外资企业应当在企业所在地设置会计账簿,并接受财政、税务机关的监督。

违反前款规定的,财政、税务机关可以处以罚款,工商行政管理机关可以责令停止营业或者吊销营业执照。

第十章 职 工

第六十四条 外资企业在中国境内雇用职工,企业和职工双方应当依照中国的法律、法规签订劳动合同。合同中应当订明雇用、辞退、报酬、福利、劳动保护、劳动保险等事项。

外资企业不得雇用童工。

第六十五条 外资企业应当负责职工的业务、技术培训,建立考核制度,使职工在生产、管理技能方面能够适应企业的生产与发展需要。

第十一章 工 会

第六十六条 外资企业的职工有权依照《中华人民共和国工会法》的规定,建立基层工会组织,开展工会活动。

第六十七条 外资企业工会是职工利益的代表,有权代表职工同本企业签订劳动合同,并监督劳动合同的执行。

第六十八条 外资企业工会的基本任务是:依照中国法律、法规的规定维护职工的合法权益,协助企业合理安排和使用职工福利、奖励基金;组织职工学习政治、科学技术和业务知识,开展文艺、体育活动;教育职工遵守劳动纪律,努力完成企业的各项经济任务。

外资企业研究决定有关职工奖惩、工资制度、生活福利、劳动保护和保险问题时,工会代表有权列席会议。外资企业应当听取工会的意见,取得工会的合作。

第六十九条 外资企业应当积极支持本企业工会的工作,依照《中华人民共和国工会法》的规定,为工会组织提供必要的房屋和设备,用于办公、会议、举办职工集体福利、文化、体育事业。外资企业每月按照企业职工实发工资总额的2%拨交工会经费,由本企业工会依照中华全国总工会制定的有关工会经费管理办法使用。

第十二章 期限、终止与清算

第七十条 外资企业的经营期限,根据不同行业和企业的具体情况,由外国投资者在设立外资企业的申请书中拟订,经审批机关批准。

第七十一条 外资企业的经营期限,从其营业执照签发之日起计算。

外资企业经营期满需要延长经营期限的,应当在距经营期满180天前向审批机关报送延长经营期限的申请书。审批机关应当在收到申请书之日起30天内决定批准或者不批准。

外资企业经批准延长经营期限的,应当自收到批准延长期限文件之日起30天内,向工商行政管理机关办理变更登记手续。

第七十二条 外资企业有下列情形之一的,应予终止:

(一)经营期限届满;

(二)经营不善,严重亏损,外国投资者决定解散;

(三)因自然灾害、战争等不可抗力而遭受严重损失,无法继续经营;

(四)破产;

(五)违反中国法律、法规,危害社会公共利益被依法撤销;

(六)外资企业章程规定的其他解散事由已经出现。

外资企业如存在前款第(二)、(三)、(四)项所列情形,应当自行提交终止申请书,报审批机关核准。审批机关作出核准的日期为企业的终止日期。

第七十三条 外资企业依照本实施细则第七十二条第(一)、(二)、(三)、(六)项的规定终止的,应当在终止之日起15天内对外公告并通知债权人,并在终止公告发出之日起15天内,提出清算程序、原则和清算委员会人选,报审批机关审核后进行清算。

第七十四条 清算委员会应当由外资企业的法定代表人、债权人代表以及有关主管机关的代表组成,并聘请中国的注册会计师、律师等参加。

第七十五条 清算委员会行使下列职权:

(一)召集债权人会议;

(二)接管并清理企业财产,编制资产负债表和财产目录;

(三)提出财产作价和计算依据;

(四)制定清算方案;

(五)收回债权和清偿债务;

(六)追回股东应缴而未缴的款项;

(七)分配剩余财产;

(八)代表外资企业起诉和应诉。

第七十六条 外资企业在清算结束之前,外国投资者不得将该企业的资金汇出或者携出中国境外,不得自行处理企业的财产。

外资企业清算结束,其资产净额和剩余财产超过注册资本的部分视同利润,应当依照中国税法缴纳所得税。

第七十七条 外资企业清算结束,应当向工商行政管理机关办理注销登记手续,缴销营业执照。

第七十八条 外资企业清算处理财产时,在同等条件下,中国的企业或者其他经济组织有优先购买权。

第七十九条 外资企业依照本实施细则第七十二条第(四)项的规定终止的,参照中国有关法律、法规进行清算。

外资企业依照本实施细则第七十二条第(五)项的规定终止的,依照中国有关规定进行清算。

第十三章 附 则

第八十条 外资企业的各项保险,应当向中国境内的保险公司投保。

第八十一条 外资企业与其他公司、企业或者经济组织以及个人签订合同,适用《中华人民共和国合同法》。

第八十二条 香港、澳门、台湾地区的公司、企业和其他经济组织或者个人以及在国外居住的中国公民在大陆设立全部资本为其所有的企业,参照本实施细则办理。

第八十三条 外资企业中的外籍职工和港澳台职工可带进合理自用的交通工具和生活物品,并依照中国规定办理进口手续。

第八十四条 本实施细则自公布之日起施行。

中华人民共和国中外合资经营企业法实施条例

(1983年9月20日国务院发布 1986年1月15日、1987年12月21日国务院修订 根据2001年7月22日《国务院关于修改(中华人民共和国中外合资经

营企业法实施条例)的决定》修订)

第一章 总 则

第一条 为了便于《中华人民共和国中外合资经营企业法》(以下简称《中外合资经营企业法》的顺利实施,制定本条例。

第二条 依照《中外合资经营企业法》批准在中国境内设立的中外合资经营企业(以下简称合营企业)是中国的法人,受中国法律的管辖和保护。

第三条 在中国境内设立的合营企业,应当能够促进中国经济的发展和科学技术水平的提高,有利于社会主义现代化建设。

国家鼓励、允许、限制或者禁止设立合营企业的行业,按照国家指导外商投资方向的规定及外商投资产业指导目录执行。

第四条 申请设立合营企业有下列情况之一的,不予批准:

(一)有损中国主权的;

(二)违反中国法律的;

(三)不符合中国国民经济发展要求的;

(四)造成环境污染的;

(五)签订的协议、合同、章程显属不公平,损害合营一方权益的。

第五条 在中国法律、法规和合营企业协议、合同、章程规定的范围内,合营企业有权自主地进行经营管理。各有关部门应当给予支持和帮助。

第二章 设立与登记

第六条 在中国境内设立合营企业,必须经中华人民共和国对外贸易经济合作部(以下简称对外贸易经济合作部)审查批准。批准后,由对外贸易经济合作部发给批准证书。

凡具备下列条件的,国务院授权省、自治区、直辖市人民政府或者国务院有关部门审批:

(一)投资总额在国务院规定的投资审批权限以内,中国合营者的资金来源已经落实的;

(二)不需要国家增拨原材料,不影响燃料、动力、交通运输、外贸出口配额等方面的全国平衡的。

依照前款批准设立的合营企业,应当报对外贸易经济合作部备案。

对外贸易经济合作部和国务院授权的省、自治区、直辖市人民政府或者国务院有关部门,以下统称审批机构。

第七条 申请设立合营企业,由中外合营者共同向审批机构报送下列文件:

(一)设立合营企业的申请书;

(二)合营各方共同编制的可行性研究报告;

(三)由合营各方授权代表签署的合营企业协议、合同和章程;

(四)由合营各方委派的合营企业董事长、副董事长、董事人选名单;

(五)审批机构规定的其他文件。

前款所列文件必须用中文书写,其中第(二)、(三)、(四)项文件可以同时用合营各方商定的一种外文书写。两种文字书写的文件具有同等效力。

审批机构发现报送的文件有不当之处的,应当要求限期修改。

第八条 审批机构自接到本条例第七条规定的全部文件之日起,3个月内决定批准或者不批准。

第九条 申请者应当自收到批准证书之日起1个月内,按照国家有关规定,向工商行政管理机关(以下简称登记管理机构)办理登记手续。合营企业的营业执照签发日期,即为该合营企业的成立日期。

第十条 本条例所称合营企业协议,是指合营各方对设立合营企业的某些要点和原则达成一致意见而订立的文件;所称合营企业合同,是指合营各方为设立合营企业就相互权利、义务关系达成一致意见而订立的文件;所称合营企业章程,是指按照合营企业合同规定的原则,经合营各方一致同意,规定合营企业的宗旨、组织原则和经营管理方法等事项的文件。

合营企业协议与合营企业合同有抵触时,以合营企业合同为准。

经合营各方同意,也可以不订立合营企业协议而只订立合营企业合同、章程。

第十一条 合营企业合同应当包括下列主要内容:

(一)合营各方的名称、注册国家、法定地址和法定代表人的姓名、职务、国籍;

(二)合营企业名称、法定地址、宗旨、经营范围和规模;

(三)合营企业的投资总额,注册资本,合营各方的出资额、出资比例、出资方式、出资的缴付期限以及出资额欠缴、股权转让的规定;

(四)合营各方利润分配和亏损分担的比例;

(五)合营企业董事会的组成、董事名额的分配以及总经理、副总经理及其他高级管理人员的职责、权限和聘用办法;

(六)采用的主要生产设备、生产技术及其来源;

(七)原材料购买和产品销售方式;

(八)财务、会计、审计的处理原则;

(九)有关劳动管理、工资、福利、劳动保险等事项的规定;

(十)合营企业期限、解散及清算程序;

(十一)违反合同的责任;

(十二)解决合营各方之间争议的方式和程序;

(十三)合同文本采用的文字和合同生效的条件。

合营企业合同的附件,与合营企业合同具有同等效力。

第十二条 合营企业合同的订立、效力、解释、执行及其争议的解决,均应当适用中国的法律。

第十三条 合营企业章程应当包括下列主要内容:

(一)合营企业名称及法定地址;

(二)合营企业的宗旨、经营范围和合营期限;

(三)合营各方的名称、注册国家、法定地址、法定代表人的姓名、职务、国籍;

(四)合营企业的投资总额,注册资本,合营各方的出资额、出资比例、股权转让的规定,利润分配和亏损分担的比例;

(五)董事会的组成、职权和议事规则,董事的任期,董事长、副董事长的职责;

（六）管理机构的设置，办事规则，总经理、副总经理及其他高级管理人员的职责和任免方法；

（七）财务、会计、审计制度的原则；

（八）解散和清算；

（九）章程修改的程序。

第十四条　合营企业协议、合同和章程经审批机构批准后生效，其修改时同。

第十五条　审批机构和登记管理机构对合营企业合同、章程的执行负有监督检查的责任。

第三章　组织形式与注册资本

第十六条　合营企业为有限责任公司。

合营各方对合营企业的责任以各自认缴的出资额为限。

第十七条　合营企业的投资总额（含企业借款），是指按照合营企业合同、章程规定的生产规模需要投入的基本建设资金和生产流动资金的总和。

第十八条　合营企业的注册资本，是指为设立合营企业在登记管理机构登记的资本总额，应为合营各方认缴的出资额之和。

合营企业的注册资本一般应当以人民币表示，也可以用合营各方约定的外币表示。

第十九条　合营企业在合营期内不得减少其注册资本。因投资总额和生产经营规模等发生变化，确需减少的，须经审批机构批准。

第二十条　合营一方向第三者转让其全部或者部分股权的，须经合营他方同意，并报审批机构批准，向登记管理机构办理变更登记手续。

合营一方转让其全部或者部分股权时，合营他方有优先购买权。

合营一方向第三者转让股权的条件，不得比向合营他方转让的条件优惠。

违反上述规定的，其转让无效。

第二十一条　合营企业注册资本的增加、减少，应当由董事会会议通过，并报审批机构批准，向登记管理机构办理变更登记手续。

第四章　出资方式

第二十二条　合营者可以用货币出资，也可以用建筑物、厂房、机器设备或者其他物料、工业产权、专有技术、场地使用权等作价出资。以建筑物、厂房、机器设备或者其他物料、工业产权、专有技术作为出资的，其作价由合营各方按照公平合理的原则协商确定，或者聘请合营各方同意的第三者评定。

第二十三条　外国合营者出资的外币，按缴款当日中国人民银行公布的基准汇率折算成人民币或者套算成约定的外币。

中国合营者出资的人民币现金，需要折算成外币的，按缴款当日中国人民银行公布的基准汇率折算。

第二十四条　作为外国合营者出资的机器设备或者其他物料，应当是合营企业生产所必需的。

前款所指机器设备或者其他物料的作价，不得高于同类机器设备或者其他物料当时的国际市场价格。

第二十五条　作为外国合营者出资的工业产权或者专有技术，必须符合下列条件之一：

（一）能显著改进现有产品的性能、质量，提高生产效率的；

（二）能显著节约原材料、燃料、动力的。

第二十六条　外国合营者以工业产权或者专有技术作为出资，应当提交该工业产权或者专有技术的有关资料，包括专利证书或者商标注册证书的复制件、有效状况及其技术特性、实用价值、作价的计算根据、与中国合营者签订的作价协议等有关文件，作为合营合同的附件。

第二十七条　外国合营者作为出资的机器设备或者其他物料、工业产权或者专有技术，应当报审批机构批准。

第二十八条　合营各方应当按照合同规定的期限缴清各自的出资额。逾期未缴或者未缴清的，应当按合同规定支付迟延利息或者赔偿损失。

第二十九条　合营各方缴付出资额后，应当由中国的注册会计师验证，出具验资报告后，由合营企业据以发给出资证明书。出资证明书载明下列事项：合营企业名称；合营企业成立的年、月、日；合营者名称（或者姓名）及其出资额、出资的年、月、日；发给出资证明书的年、月、日。

第五章　董事会与经营管理机构

第三十条　董事会是合营企业的最高权力机构，决定合营企业的一切重大问题。

第三十一条　董事会成员不得少于3人。董事名额的分配由合营各方参照出资比例协商确定。

董事的任期为4年，经合营各方继续委派可以连任。

第三十二条　董事会会议每年至少召开1次，由董事长负责召集并主持。董事长不能召集时，由董事长委托副董事长或者其他董事负责召集并主持董事会会议。经1/3以上董事提议，可以由董事长召开董事会临时会议。

董事会会议应当有2/3以上董事出席方能举行。董事不能出席的，可以出具委托书委托他人代表其出席和表决。

董事会会议一般应当在合营企业法定地址所在地举行。

第三十三条　下列事项由出席董事会会议的董事一致通过方可作出决议：

（一）合营企业章程的修改；

（二）合营企业的中止、解散；

（三）合营企业注册资本的增加、减少；

（四）合营企业的合并、分立。

其他事项，可以根据合营企业章程载明的议事规则作出决议。

第三十四条　董事长是合营企业的法定代表人。董事长不能履行职责时，应当授权副董事长或者其他董事代表合营企业。

第三十五条　合营企业设经营管理机构，负责企业的日常经营管理工作。经营管理机构设总经理1人，副总经理若干人。副总经理协助总经理工作。

第三十六条　总经理执行董事会会议的各项决议，组织领导合营企业的日常经营管理工作。在董事会授权范围内，总经理对外代表合营企业，对内任免下属人员，行使董事会授予的其他职权。

第三十七条　总经理、副总经理由

合营企业董事会聘请,可以由中国公民担任,也可以由外国公民担任。

经董事会聘请,董事长、副董事长、董事可以兼任合营企业的总经理、副总经理或者其他高级管理职务。

总经理处理重要问题时,应当同副总经理协商。

总经理或者副总经理不得兼任其他经济组织的总经理或者副总经理,不得参与其他经济组织对本企业的商业竞争。

第三十八条 总经理、副总经理及其他高级管理人员有营私舞弊或者严重失职行为的,经董事会决议可以随时解聘。

第三十九条 合营企业需要在国外和港澳地区设立分支机构(含销售机构)时,应当报对外贸易经济合作部批准。

第六章 引进技术

第四十条 本条例所称引进技术,是指合营企业通过技术转让的方式,从第三者或者合营者获得所需要的技术。

第四十一条 合营企业引进的技术应当是适用的、先进的,使其产品在国内具有显著的社会经济效益或者在国际市场上具有竞争能力。

第四十二条 在订立技术转让协议时,必须维护合营企业独立进行经营管理的权利,并参照本条例第二十六条的规定,要求技术输出方提供有关的资料。

第四十三条 合营企业订立的技术转让协议,应当报审批机构批准。

技术转让协议必须符合下列规定:

(一)技术使用费应当公平合理;

(二)除双方另有协议外,技术输出方不得限制技术输入方出口其产品的地区、数量和价格;

(三)技术转让协议的期限一般不超过10年;

(四)技术转让协议期满后,技术输入方有权继续使用该项技术;

(五)订立技术转让协议双方,相互交换改进技术的条件应当对等;

(六)技术输入方有权按自己认为合适的来源购买需要的机器设备、零部件和原材料;

(七)不得含有为中国的法律、法规所禁止的不合理的限制性条款。

第七章 场地使用权及其费用

第四十四条 合营企业使用场地,必须贯彻执行节约用地的原则。所需场地,应当由合营企业向所在地的市(县)级土地主管部门提出申请,经审查批准后,通过签订合同取得场地使用权。合同应当订明场地面积、地点、用途、合同期限、场地使用权的费用(以下简称场地使用费)、双方的权利与义务、违反合同的罚则等。

第四十五条 合营企业所需场地的使用权,已为中国合营者所拥有的,中国合营者可以将其作为对合营企业的出资,其作价金额应当与取得同类场地使用权所应缴纳的使用费相同。

第四十六条 场地使用费标准应当根据该场地的用途、地理环境条件、征地拆迁安置费用和合营企业对基础设施的要求等因素,由所在地的省、自治区、直辖市人民政府规定,并向对外贸易经济合作部和国家土地主管部门备案。

第四十七条 从事农业、畜牧业的合营企业,经所在地的省、自治区、直辖市人民政府同意,可以按合营企业营业收入的百分比向所在地的土地主管部门缴纳场地使用费。

在经济不发达地区从事开发性的项目,场地使用费经所在地人民政府同意,可以给予特别优惠。

第四十八条 场地使用费在开始用地的5年内不调整。以后随着经济的发展、供需情况的变化和地理环境条件的变化需要调整时,调整的间隔期应当不少于3年。

场地使用费作为中国合营者投资的,在该合同期限内不得调整。

第四十九条 合营企业按本条例第四十四条取得的场地使用权,其场地使用费应当按合同规定的用地时间从开始时起按年缴纳,第一日历年用地时间超过半年的按半年计算;不足半年的免缴。在合同期内,场地使用费如有调整,应当自调整的年度起按新的费用标准缴纳。

第五十条 合营企业除依照本章规定取得场地使用权外,还可以按照国家有关规定取得场地使用权。

第八章 购买与销售

第五十一条 合营企业所需的机器设备、原材料、燃料、配套件、运输工具和办公用品等(以下简称物资),有权自行决定在中国购买或者向国外购买。

第五十二条 合营企业需要在中国购置的办公、生活用品,按需要量购买,不受限制。

第五十三条 中国政府鼓励合营企业向国际市场销售其产品。

第五十四条 合营企业有权自行出口其产品,也可以委托外国合营者的销售机构或者中国的外贸公司代销或者经销。

第五十五条 合营企业在合营合同规定的经营范围内,进口本企业生产所需的机器设备、零配件、原材料、燃料,凡属国家规定需要领取进口许可证的,每年编制一次计划,每半年申领一次。外国合营者作为出资的机器设备或者其他物料,可以凭审批机构的批准文件直接办理进口许可证进口。超出合营合同规定范围进口的物资,凡国家规定需要领取进口许可证的,应当另行申领。

合营企业生产的产品,可以自主经营出口,凡属国家规定需要领取出口许可证的,合营企业按照本企业的年度出口计划,每半年申领一次。

第五十六条 合营企业在国内购买物资的价格以及支付水、电、气、热、货物运输、劳务、工程设计、咨询、广告等服务的费用,享受与国内其他企业同等的待遇。

第五十七条 合营企业与中国其他经济组织之间的经济往来,按照有关的法律规定和双方订立的合同承担经济责任,解决合同争议。

第五十八条 合营企业应当依照《中华人民共和国统计法》及中国利用外资统计制度的规定,提供统计资料,报送统计报表。

第九章 税 务

第五十九条 合营企业应当按照中华人民共和国有关法律的规定,缴纳各种税款。

第六十条 合营企业的职工应当按照《中华人民共和国个人所得税法》缴纳个人所得税。

第六十一条 合营企业进口下列物资，依照中国税法的有关规定减税、免税：

（一）按照合同规定作为外国合营者出资的机器设备、零部件和其他物料（其他物料系指合营企业建厂（场）以及安装、加固机器所需材料，下同）；

（二）合营企业以投资总额以内的资金进口的机器设备、零部件和其他物料；

（三）经审批机构批准，合营企业以增加资本所进口的国内不能保证生产供应的机器设备、零部件和其他物料；

（四）合营企业为生产出口产品，从国外进口的原材料、辅料、元器件、零部件和包装物料。

上述减税、免税进口物资，经批准在中国国内转卖或者转用于在中国国内销售的产品，应当照章纳税或者补税。

第六十二条 合营企业生产的出口产品，除中国限制出口的以外，依照中国税法的有关规定减税、免税或者退税。

第十章 外汇管理

第六十三条 合营企业的一切外汇事宜，按照《中华人民共和国外汇管理条例》和有关管理办法的规定办理。

第六十四条 合营企业凭营业执照，在境内银行开立外汇账户和人民币账户，由开户银行监督收付。

第六十五条 合营企业在国外或者港澳地区的银行开立外汇账户，应当经国家外汇管理局或者其分局批准，并向国家外汇管理局或者其分局报告收付情况和提供银行对账单。

第六十六条 合营企业在国外或者港澳地区设立的分支机构，其年度资产负债表和年度利润表，应当通过合营企业报送国家外汇管理局或者其分局。

第六十七条 合营企业根据经营业务的需要，可以向境内的金融机构申请外汇贷款和人民币贷款，也可以按照国家有关规定从国外或者港澳地区的银行借入外汇资金，并向国家外汇管理局或者其分局办理登记或者备案手续。

第六十八条 合营企业的外籍职工和港澳职工的工资和其他正当收益，依法纳税后，减去在中国境内的花费，其剩余部分可以按照国家有关规定购汇汇出。

第十一章 财务与会计

第六十九条 合营企业的财务与会计制度，应当按照中国有关法律和财务会计制度的规定，结合合营企业的情况加以制定，并报当地财政部门、税务机关备案。

第七十条 合营企业设总会计师，协助总经理负责企业的财务会计工作。必要时，可以设副总会计师。

第七十一条 合营企业设审计师（小的企业可以不设），负责审查、稽核合营企业的财务收支和会计账目，向董事会、总经理提出报告。

第七十二条 合营企业会计年度采用日历年制，自公历每年 1 月 1 日起至 12 月 31 日止为一个会计年度。

第七十三条 合营企业会计采用国际通用的权责发生制和借贷记账法记账。一切自制凭证、账簿、报表必须用中文书写，也可以同时用合营各方商定的一种外文书写。

第七十四条 合营企业原则上采用人民币作为记账本位币，经合营各方商定，也可以采用某一种外国货币作为记账本位币。

第七十五条 合营企业的账目，除按记账本位币记录外，对于现金、银行存款、其他货币款项以及债权债务、收益和费用等，与记账本位币不一致时，还应当按实际收付的货币记账。

以外国货币作为记账本位币的合营企业，其编报的财务会计报告应当折算为人民币。

因汇率的差异而发生的折合记账本位币差额，作为汇兑损益列账。记账汇率变动，有关外币各账户的账面余额，于年终结账时，应当按照中国有关法律和财务会计制度的规定进行会计处理。

第七十六条 合营企业按照《中华人民共和国外商投资企业和外国企业所得税法》缴纳所得税后的利润分配原则如下：

（一）提取储备基金、职工奖励及福利基金、企业发展基金，提取比例由董事会确定；

（二）储备基金除用于垫补合营企业亏损外，经审批机构批准也可以用于本企业增加资本，扩大生产；

（三）按照本条第（一）项规定提取三项基金后的可分配利润，董事会确定分配的，应当按合营各方的出资比例进行分配。

第七十七条 以前年度的亏损未弥补前不得分配利润。以前年度未分配的利润，可以并入本年度利润分配。

第七十八条 合营企业应当向合营各方、当地税务机关和财政部门报送季度和年度会计报表。

第七十九条 合营企业的下列文件、证件、报表，应当经中国的注册会计师验证和出具证明，方为有效：

（一）合营各方的出资证明书（以物料、场地使用权、工业产权、专有技术作为出资的，应当包括合营各方签字同意的财产估价清单及其协议文件）；

（二）合营企业的年度会计报表；

（三）合营企业清算的会计报表。

第十二章 职 工

第八十条 合营企业职工的招收、招聘、辞退、辞职、工资、福利、劳动保险、劳动保护、劳动纪律等事宜，按照国家有关劳动和社会保障的规定办理。

第八十一条 合营企业应当加强对职工的业务、技术培训，建立严格的考核制度，使他们在生产、管理技能方面能够适应现代化企业的要求。

第八十二条 合营企业的工资、奖励制度必须符合按劳分配、多劳多得的原则。

第八十三条 正副总经理、正副总工程师、正副总会计师、审计师等高级管理人员的工资待遇，由董事会决定。

第十三章 工 会

第八十四条 合营企业职工有权按照《中华人民共和国工会法》和《中国工会章程》的规定，建立基层工会组织，开展工会活动。

第八十五条 合营企业工会是职工

利益的代表,有权代表职工同合营企业签订劳动合同,并监督合同的执行。

第八十六条 合营企业工会的基本任务是:依法维护职工的民主权利和物质利益;协助合营企业安排和合理使用福利、奖励基金;组织职工学习政治、科学、技术和业务知识,开展文艺、体育活动;教育职工遵守劳动纪律,努力完成企业的各项经济任务。

第八十七条 合营企业董事会会议讨论合营企业的发展规划、生产经营活动等重大事项时,工会的代表有权列席会议,反映职工的意见和要求。

董事会会议研究决定有关职工奖惩、工资制度、生活福利、劳动保护和保险等问题时,工会的代表有权列席会议,董事会应当听取工会的意见,取得工会的合作。

第八十八条 合营企业应当积极支持本企业工会的工作。合营企业应当按照《中华人民共和国工会法》的规定为工会组织提供必要的房屋和设备,用于办公、会议、举办职工集体福利、文化、体育事业。合营企业每月按企业职工实际工资总额的2%拨交工会经费,由本企业工会按照中华全国总工会制定的有关工会经费管理办法使用。

第十四章 期限、解散与清算

第八十九条 合营企业的合营期限,按照《中外合资经营企业合营期限暂行规定》执行。

第九十条 合营企业在下列情况下解散:

(一)合营期限届满;

(二)企业发生严重亏损,无力继续经营;

(三)合营一方不履行合营企业协议、合同、章程规定的义务,致使企业无法继续经营;

(四)因自然灾害、战争等不可抗力遭受严重损失,无法继续经营;

(五)合营企业未达到其经营目的,同时又无发展前途;

(六)合营企业合同、章程所规定的其他解散原因已经出现。

前款第(二)、(四)、(五)、(六)项情况发生的,由董事会提出解散申请书,报审批机构批准;第(三)项情况发生的,由履行合同的一方提出申请,报审批机构批准。

在本条第一款第(三)项情况下,不履行合营企业协议、合同、章程规定的义务一方,应当对合营企业由此造成的损失负赔偿责任。

第九十一条 合营企业宣告解散时,应当进行清算。合营企业应当按照《外商投资企业清算办法》的规定成立清算委员会,由清算委员会负责清算事宜。

第九十二条 清算委员会的成员一般应当在合营企业的董事中选任。董事不能担任或者不适合担任清算委员会成员时,合营企业可以聘请中国的注册会计师、律师担任。审批机构认为必要时,可以派人进行监督。

清算费用和清算委员会成员的酬劳应当从合营企业现存财产中优先支付。

第九十三条 清算委员会的任务是对合营企业的财产、债权、债务进行全面清查,编制资产负债表和财产目录,提出财产作价和计算依据,制定清算方案,提请董事会会议通过后执行。

清算期间,清算委员会代表该合营企业起诉和应诉。

第九十四条 合营企业以其全部资产对其债务承担责任。合营企业清偿债务后的剩余财产按照合营各方的出资比例进行分配,但合营企业协议、合同、章程另有规定的除外。

合营企业解散时,其资产净额或者剩余财产减除企业未分配利润、各项基金和清算费用后的余额,超过实缴资本的部分为清算所得,应当依法缴纳所得税。

第九十五条 合营企业的清算工作结束后,由清算委员会提出清算结束报告,提请董事会会议通过后,报告审批机构,并向登记管理机构办理注销登记手续,缴销营业执照。

第九十六条 合营企业解散后,各项账册及文件应当由原中国合营者保存。

第十五章 争议的解决

第九十七条 合营各方在解释或者履行合营企业协议、合同、章程时发生争议的,应当尽量通过友好协商或者调解解决。经过协商或者调解无效的,提请仲裁或者司法解决。

第九十八条 合营各方根据有关仲裁的书面协议,可以在中国的仲裁机构进行仲裁,也可以在其他仲裁机构仲裁。

第九十九条 合营各方之间没有有关仲裁的书面协议的,发生争议的任何一方都可以依法向人民法院起诉。

第一百条 在解决争议期间,除争议事项外,合营各方应当继续履行合营企业协议、合同、章程所规定的其他各项条款。

第十六章 附 则

第一百零一条 合营企业的外籍职工和港澳职工(包括其家属),需要经常入、出中国国境的,中国主管签证机关可以简化手续,予以方便。

第一百零二条 合营企业的中国职工,因工作需要出国(境)考察、洽谈业务、学习或者接受培训,按照国家有关规定办理出国(境)手续。

第一百零三条 合营企业的外籍职工和港澳职工,可以带进必需的交通工具和办公用品,按照中国税法的有关规定纳税。

第一百零四条 在经济特区设立的合营企业,法律、行政法规另有规定的,从其规定。

第一百零五条 本条例自公布之日起施行。

印刷业管理条例

(2001年7月26日国务院第43次常务会议通过 2001年8月2日中华人民共和国国务院令第315号公布 自公布之日起施行)

第一章 总 则

第一条 为了加强印刷业管理,维护印刷业经营者的合法权益和社会公共利益,促进社会主义精神文明和物质文明建设,制定本条例。

第二条 本条例适用于出版物、包

装装潢印刷品和其他印刷品的印刷经营活动。

本条例所称出版物，包括报纸、期刊、书籍、地图、年画、图片、挂历、画册及音像制品、电子出版物的装帧封面等。

本条例所称包装装潢印刷品，包括商标标识、广告宣传品及作为产品包装装潢的纸、金属、塑料等的印刷品。

本条例所称其他印刷品，包括文件、资料、图表、票证、证件、名片等。

本条例所称印刷经营活动，包括经营性的排版、制版、印刷、装订、复印、影印、打印等活动。

第三条　印刷业经营者必须遵守有关法律、法规和规章，讲求社会效益。

禁止印刷含有反动、淫秽、迷信内容和国家明令禁止印刷的其他内容的出版物、包装装潢印刷品和其他印刷品。

第四条　国务院出版行政部门主管全国的印刷业监督管理工作。县级以上地方各级人民政府负责出版管理的行政部门(以下简称出版行政部门)负责本行政区域内的印刷业监督管理工作。

县级以上各级人民政府公安部门、工商行政管理部门及其他有关部门在各自的职责范围内，负责有关的印刷业监督管理工作。

第五条　印刷业经营者应当建立、健全承印验证制度、承印登记制度、印刷品保管制度、印刷品交付制度、印刷活动残次品销毁制度等。具体办法由国务院出版行政部门会同国务院公安部门制定。

印刷业经营者在印刷经营活动中发现违法犯罪行为，应当及时向公安部门或者出版行政部门报告。

第六条　印刷行业的社会团体按照其章程，在出版行政部门的指导下，实行自律管理。

第二章　印刷企业的设立

第七条　国家实行印刷经营许可制度。未依照本条例规定取得印刷经营许可证的，任何单位和个人不得从事印刷经营活动。

第八条　设立印刷企业，应当具备下列条件：

(一)有企业的名称、章程；

(二)有确定的业务范围；

(三)有适应业务范围需要的生产经营场所和必要的资金、设备等生产经营条件；

(四)有适应业务范围需要的组织机构和人员；

(五)有关法律、行政法规规定的其他条件。

审批设立印刷企业，除依照前款规定外，还应当符合国家有关印刷企业总量、结构和布局的规划。

第九条　设立从事出版物、包装装潢印刷品和其他印刷品印刷经营活动的企业，应当向所在地省、自治区、直辖市人民政府出版行政部门提出申请；其中，设立专门从事名片印刷的企业，应当向所在地县级人民政府出版行政部门提出申请。申请人经审核批准的，取得印刷经营许可证；并按照国家有关规定持印刷经营许可证向公安部门提出申请，经核准，取得特种行业许可证后，持印刷经营许可证、特种行业许可证向工商行政管理部门申请登记注册，取得营业执照。

个人不得从事出版物、包装装潢印刷品印刷经营活动；个人从事其他印刷品印刷经营活动的，依照前款的规定办理审批手续。

第十条　出版行政部门受理设立从事印刷经营活动的企业申请，应当自收到申请之日起60日内作出批准或者不批准的决定。批准设立申请的，应当发给印刷经营许可证；不批准设立申请的，应当通知申请人并说明理由。

印刷经营许可证应当注明印刷企业所从事的印刷经营活动的种类。

印刷经营许可证不得出售、出租、出借或者以其他形式转让。

第十一条　印刷业经营者申请兼营或者变更从事出版物、包装装潢印刷品或者其他印刷品印刷经营活动，或者兼并其他印刷业经营者，或者因合并、分立而设立新的印刷业经营者，应当依照本条例第九条的规定办理手续。

印刷业经营者变更名称、法定代表人或者负责人、住所或者经营场所等主要登记事项，或者终止印刷经营活动，应当向原办理登记的公安部门、工商行政管理部门办理变更登记、注销登记，并报原批准设立的出版行政部门备案。

第十二条　国家允许设立中外合资经营印刷企业、中外合作经营印刷企业，允许设立从事包装装潢印刷品印刷经营活动的外资企业。具体办法由国务院出版行政部门会同国务院对外经济贸易主管部门制定。

第十三条　单位内部设立印刷厂(所)，必须向所在地县级以上地方人民政府出版行政部门办理登记手续，并按照国家有关规定向公安部门备案；单位内部设立的印刷厂(所)印刷涉及国家秘密的印件的，还应当向保密工作部门办理登记手续。

单位内部设立的印刷厂(所)不得从事印刷经营活动；从事印刷经营活动的，必须依照本章的规定办理手续。

第三章　出版物的印刷

第十四条　国家鼓励从事出版物印刷经营活动的企业及时印刷体现国内外新的优秀文化成果的出版物，重视印刷传统文化精品和有价值的学术著作。

第十五条　从事出版物印刷经营活动的企业不得印刷国家明令禁止出版的出版物和非出版单位出版的出版物。

第十六条　印刷出版物的，委托印刷单位和印刷企业应当按照国家有关规定签订印刷合同。

第十七条　印刷企业接受出版单位委托印刷图书、期刊的，必须验证并收存出版单位盖章的印刷委托书，并在印刷前报出版单位所在地省、自治区、直辖市人民政府出版行政部门备案；印刷企业接受所在地省、自治区、直辖市以外的出版单位的委托印刷图书、期刊的，印刷委托书还必须事先报印刷企业所在地省、自治区、直辖市人民政府出版行政部门备案。印刷委托书由国务院出版行政部门规定统一格式，由省、自治区、直辖市人民政府出版行政部门统一印制。

印刷企业接受出版单位委托印刷报纸的，必须验证报纸出版许可证；接受出版单位的委托印刷报纸、期刊的增版、增刊的，还必须验证主管的出版行政部门批准出版增版、增刊的文件。

第十八条　印刷企业接受委托印刷内部资料性出版物的，必须验证县级以上地方人民政府出版行政部门核发的准印证。

印刷企业接受委托印刷宗教内容的内部资料性出版物的，必须验证省、自治区、直辖市人民政府宗教事务管理部门的批准文件和省、自治区、直辖市人民政府出版行政部门核发的准印证。

出版行政部门应当自收到印刷内部资料性出版物或者印刷宗教内容的内部资料性出版物的申请之日起30日内作出是否核发准印证的决定，并通知申请人；逾期不作出决定的，视为同意印刷。

第十九条 印刷企业接受委托印刷境外的出版物的，必须持有关著作权的合法证明文件，经省、自治区、直辖市人民政府出版行政部门批准；印刷的境外出版物必须全部运输出境，不得在境内发行、散发。

第二十条 委托印刷单位必须按照国家有关规定在委托印刷的出版物上刊载出版单位的名称、地址，书号、刊号或者版号，出版日期或者刊期，接受委托印刷出版物的企业的真实名称和地址，以及其他有关事项。

印刷企业应当自完成出版物的印刷之日起2年内，留存一份接受委托印刷的出版物样本备查。

第二十一条 印刷企业不得盗印出版物，不得销售、擅自加印或者接受第三人委托加印受委托印刷的出版物，不得将接受委托印刷的出版物纸型及印刷底片等出售、出租、出借或者以其他形式转让给其他单位或者个人。

第二十二条 印刷企业不得征订、销售出版物，不得假冒或者盗用他人名义印刷、销售出版物。

第四章 包装装潢印刷品的印刷

第二十三条 从事包装装潢印刷品印刷的企业不得印刷假冒、伪造的注册商标标识，不得印刷容易对消费者产生误导的广告宣传品和作为产品包装装潢的印刷品。

第二十四条 印刷企业接受委托印刷注册商标标识的，应当验证商标注册人所在地县级工商行政管理部门签章的《商标注册证》复印件，并核查委托人提供的注册商标图样；接受注册商标被许可使用人委托，印刷注册商标标识的，印刷企业还应当验证注册商标使用许可合同。印刷企业应当保存其验证、核查的工商行政管理部门签章的《商标注册证》复印件、注册商标图样、注册商标使用许可合同复印件2年，以备查验。

国家对注册商标标识的印刷另有规定的，印刷企业还应当遵守其规定。

第二十五条 印刷企业接受委托印刷广告宣传品、作为产品包装装潢的印刷品的，应当验证委托印刷单位的营业执照或者个人的居民身份证；接受广告经营者的委托印刷广告宣传品的，还应当验证广告经营资格证明。

第二十六条 印刷企业接受委托印刷包装装潢印刷品的，应当将印刷品的成品、半成品、废品和印板、纸型、底片、原稿等全部交付委托印刷单位或者个人，不得擅自留存。

第二十七条 印刷企业接受委托印刷境外包装装潢印刷品的，必须事先向所在地省、自治区、直辖市人民政府出版行政部门备案；印刷的包装装潢印刷品必须全部运输出境，不得在境内销售。

第五章 其他印刷品的印刷

第二十八条 印刷标有密级的文件、资料、图表等，按照国家有关法律、法规或者规章的规定办理。

第二十九条 印刷布告、通告、重大活动工作证、通行证、在社会上流通使用的票证的，委托印刷单位必须出具主管部门的证明，并按照国家有关规定向印刷企业所在地公安部门办理准印手续，在公安部门指定的印刷企业印刷。公安部门指定的印刷企业必须验证主管部门的证明和公安部门的准印证明，并保存主管部门的证明副本和公安部门的准印证明副本2年，以备查验；并且不得再委托他人印刷上述印刷品。

印刷机关、团体、部队、企业事业单位内部使用的有价票证或者无价票证，或者印刷有单位名称的介绍信、工作证、会员证、出人证、学位证书、学历证书或者其他学业证书等专用证件的，委托印刷单位必须出具委托印刷证明。印刷企业必须验证委托印刷证明。

印刷企业对前两款印件不得保留样本、样张；确因业务参考需要保留样本、样张的，应当征得委托印刷单位同意，在所保留印件上加盖“样本”、“样张”戳记，并妥善保管，不得丢失。

第三十条 印刷企业接受委托印刷宗教用品的，必须验证省、自治区、直辖市人民政府宗教事务管理部门的批准文件和省、自治区、直辖市人民政府出版行政部门核发的准印证；省、自治区、直辖市人民政府出版行政部门应当自收到印刷宗教用品的申请之日起10日内作出是否核发准印证的决定，并通知申请人；逾期不作出决定的，视为同意印刷。

第三十一条 从事其他印刷品印刷经营活动的个人不得印刷标有密级的文件、资料、图表等，不得印刷布告、通告、重大活动工作证、通行证、在社会上流通使用的票证，不得印刷机关、团体、部队、企业事业单位内部使用的有价或者无价票证，不得印刷有单位名称的介绍信、工作证、会员证、出入证、学位证书、学历证书或者其他学业证书等专用证件，不得印刷宗教用品。

第三十二条 接受委托印刷境外其他印刷品，必须事先向所的在地省、自治区、直辖市人民政府出版行政部门备案；印刷的其他印刷品必须全部运输出境，不得在境内销售。

第三十三条 印刷企业和从事其他印刷品印刷经营活动的个人不得盗印他人的其他印刷品，不得销售、擅自加印或者接受第三人委托加印委托印刷的其他印刷品，不得将委托印刷的其他印刷品的纸型及印刷底片等出售、出租、出借或者以其他形式转让给其他单位或者个人。

第六章 罚 则

第三十四条 违反本条例规定，擅自设立印刷企业或者擅自从事印刷经营活动的，由公安部门、工商行政管理部门依据法定职权予以取缔，没收印刷品和违法所得以及进行违法活动的专用工具、设备，违法经营额1万元以上的，并处违法经营额5倍以上10倍以下的罚款；违法经营额不足1万元的，并处1万元以上5万元以下的罚款；构成犯罪的，依法追究刑事责任。

单位内部设立的印刷厂（所）未依照本条例第二章的规定办理手续，从事印刷经营活动的，依照前款的规定处罚。

第三十五条 印刷业经营者违反本条例规定的，由县级以上地方人民政府出版行政部门责令停止违法行为，责令停业整顿，没收印刷品和违法所得，违法经营额1万元以上的，并处违法经营额5倍以上10倍以下的罚款；违法经营额不足1万元的，并处1万元以上5万元以下的罚款；情节严重的，由原发证机关吊销许可证；构成犯罪的，依法追究刑事责任：

（一）未取得出版行政部门的许可，擅自兼营或者变更从事出版物、包装装潢印刷品或者其他印刷品印刷经营活动，或者擅自兼并其他印刷业经营者的；

（二）因合并、分立而设立新的印刷业经营者，未依照本条例的规定办理手续的；

（三）出售、出租、出借或者以其他形式转让印刷经营许可证的。

第三十六条 印刷业经营者印刷明知或者应知含有本条例第三条规定禁止印刷内容的出版物、包装装潢印刷品或者其他印刷品的，或者印刷国家明令禁止出版的出版物或者非出版单位出版的出版物的，由县级以上地方人民政府出版行政部门、公安部门依据法定职权责令停业整顿，没收印刷品和违法所得，违法经营额1万元以上的，并处违法经营额5倍以上10倍以下的罚款；违法经营额不足1万元的，并处1万元以上5万元以下的罚款；情节严重的，由原发证机关吊销许可证；构成犯罪的，依法追究刑事责任。

第三十七条 印刷业经营者有下列行为之一的，由县级以上地方人民政府出版行政部门、公安部门依据法定职权责令改正，给予警告；情节严重的，责令停业整顿或者由原发证机关吊销许可证：

（一）没有建立承印验证制度、承印登记制度、印刷品保管制度、印刷品交付制度、印刷活动残次品销毁制度等的；

（二）在印刷经营活动中发现违法犯罪行为没有及时向公安部门或者出版行政部门报告的；

（三）变更名称、法定代表人或者负责人、住所或者经营场所等主要登记事项，或者终止印刷经营活动，不向原批准设立的出版行政部门备案的；

（四）未依照本条例的规定留存备查的材料的。

单位内部设立印刷厂（所）违反本条例的规定，没有向所在地县级以上地方人民政府出版行政部门、保密工作部门办理登记手续，并按照国家有关规定向公安部门备案的，由县级以上地方人民政府出版行政部门、保密工作部门、公安部门依据法定职权责令改正，给予警告；情节严重的，责令停业整顿。

第三十八条 从事出版物印刷经营活动的企业有下列行为之一的，由县级以上地方人民政府出版行政部门给予警告，没收违法所得，违法经营额1万元以上的，并处违法经营额5倍以上10倍以下的罚款；违法经营额不足1万元的，并处1万元以上5万元以下的罚款；情节严重的，责令停业整顿或者由原发证机关吊销许可证；构成犯罪的，依法追究刑事责任：

（一）接受他人委托印刷出版物，未依照本条例的规定验证印刷委托书、有关证明或者准印证，或者未将印刷委托书报出版行政部门备案的；

（二）假冒或者盗用他人名义，印刷出版物的；

（三）盗印他人出版物的；

（四）非法加印或者销售受委托印刷的出版物的；

（五）征订、销售出版物的；

（六）擅自将出版单位委托印刷的出版物纸型及印刷底片等出售、出租、出借或者以其他形式转让的；

（七）未经批准，接受委托印刷境外出版物的，或者未将印刷的境外出版物全部运输出境的。

第三十九条 从事包装装潢印刷品印刷经营活动的企业有下列行为之一的，由县级以上地方人民政府出版行政部门给予警告，没收违法所得，违法经营额1万元以上的，并处违法经营额5倍以上10倍以下的罚款；违法经营额不足1万元的，并处1万元以上5万元以下的罚款；情节严重的，责令停业整顿或者由原发证机关吊销许可证；构成犯罪的，依法追究刑事责任：

（一）接受委托印刷注册商标标识，未依照本条例的规定验证、核查工商行政管理部门签章的《商标注册证》复印件、注册商标图样或者注册商标使用许可合同复印件的；

（二）接受委托印刷广告宣传品、作为产品包装装潢的印刷品，未依照本条例的规定验证委托印刷单位的营业执照或者个人的居民身份证的，或者接受广告经营者的委托印刷广告宣传品，未验证广告经营资格证明的；

（三）盗印他人包装装潢印刷品的；

（四）接受委托印刷境外包装装潢印刷品未依照本条例的规定向出版行政部门备案的，或者未将印刷的境外包装装潢印刷品全部运输出境的。

印刷企业接受委托印刷注册商标标识、广告宣传品，违反国家有关注册商标、广告印刷管理规定的，由工商行政管理部门给予警告，没收印刷品和违法所得，违法经营额1万元以上的，并处违法经营额5倍以上10倍以下的罚款；违法经营额不足1万元的，并处1万元以上5万元以下的罚款。

第四十条 从事其他印刷品印刷经营活动的企业和个人有下列行为之一的，由县级以上地方人民政府出版行政部门给予警告，没收印刷品和违法所得，违法经营额1万元以上的，并处违法经营额5倍以上10倍以下的罚款；违法经营额不足1万元的，并处1万元以上5万元以下的罚款；情节严重的，责令停业整顿或者由原发证机关吊销许可证；构成犯罪的，依法追究刑事责任：

（一）接受委托印刷其他印刷品，未依照本条例的规定验证有关证明的；

（二）擅自将接受委托印刷的其他印刷品再委托他人印刷的；

（三）将委托印刷的其他印刷品的纸型及印刷底片出售、出租、出借或者以其他形式转让的；

（四）伪造、变造学位证书、学历证书等国家机关公文、证件或者企业事业单位、人民团体公文、证件的，或者盗印他人的其他印刷品的；

（五）非法加印或者销售委托印刷

的其他印刷品的；

（六）接受委托印刷境外其他印刷品未依照本条例的规定向出版行政部门备案的，或者未将印刷的境外其他印刷品全部运输出境的；

（七）从事其他印刷品印刷经营活动的个人超范围经营的。

第四十一条 有下列行为之一的，由公安部门给予警告，没收印刷品和违法所得，违法经营额1万元以上的，并处违法经营额5倍以上10倍以下的罚款；违法经营额不足1万元的，并处1万元以上5万元以下的罚款；情节严重的，责令停业整顿或者吊销特种行业许可证：

（一）印刷布告、通告、重大活动工作证、通行证、在社会上流通使用的票证，印刷企业没有验证主管部门的证明和公安部门的准印证明的，或者再委托他人印刷上述印刷品的；

（二）不是公安部门指定的印刷企业，擅自印刷布告、通告、重大活动工作证、通行证、在社会上流通使用的票证的；

（三）印刷业经营者伪造、变造学位证书、学历证书等国家机关公文、证件或者企业事业单位、人民团体公文、证件的。

印刷布告、通告、重大活动工作证、通行证、在社会上流通使用的票证，委托印刷单位没有取得主管部门证明的，或者没有按照国家有关规定向印刷企业所在地公安部门办理准印手续的，或者未在公安部门指定的印刷企业印刷的，由县级以上人民政府公安部门处以500元以上5000元以下的罚款。

第四十二条 印刷业经营者违反本条例规定，有下列行为之一的，由县级以上地方人民政府出版行政部门责令改正，给予警告；情节严重的，责令停业整顿或者由原发证机关吊销许可证：

（一）从事包装装潢印刷品印刷经营活动的企业擅自留存委托印刷的包装装潢印刷品的成品、半成品、废品和印板、纸型、印刷底片、原稿等的；

（二）从事其他印刷品印刷经营活动的企业和个人擅自保留其他印刷品的样本、样张的，或者在所保留的样本、样张上未加盖"样本"、"样张"戳记的。

第四十三条 印刷业经营者被处以吊销许可证行政处罚的，应当按照国家有关规定到工商行政管理部门办理变更登记或者注销登记；逾期未办理的，由工商行政管理部门吊销营业执照。

第四十四条 印刷企业被处以吊销许可证行政处罚的，其法定代表人或者负责人自许可证被吊销之日起10年内不得担任印刷企业的法定代表人或者负责人。

从事其他印刷品印刷经营活动的个人被处以吊销许可证行政处罚的，自许可证被吊销之日起10年内不得从事印刷经营活动。

第四十五条 依照本条例的规定实施罚款的行政处罚，应当依照有关法律、行政法规的规定，实行罚款决定与罚款收缴分离；收缴的罚款必须全部上缴国库。

第四十六条 出版行政部门、公安部门、工商行政管理部门或者其他有关部门违反本条例规定，擅自批准不符合设立条件的印刷企业，或者不履行监督职责，或者发现违法行为不予查处，造成严重后果的，对负责的主管人员和其他直接责任人员给予降级或者撤职的行政处分；构成犯罪的，依法追究刑事责任。

第七章 附 则

第四十七条 本条例施行前已经依法设立的印刷企业，应当自本条例施行之日起180日内，到出版行政部门换领《印刷经营许可证》。

依据本条件发放许可证，除按照法定标准收取成本费外，不得收取其他任何费用。

第四十八条 本条例自公布之日起施行。1997年3月8日国务院发布的《印刷业管理条例》同时废止。

行政规章

国家工商行政管理总局授予湖北省荆门市、云南省玉溪市工商行政管理局外商投资企业核准登记权

工商企字[2001]第6、7号

二〇〇一年一月四日，国家工商行政管理局根据《中华人民共和国企业法人登记管理条例》及其施行细则的有关规定，决定授权湖北省荆门市工商行政管理局、云南省玉溪市工商行政管理局代国家工商行政管理局行使外商投资企业登记管理权。

国家工商行政管理总局对认定企业主管部门有关问题的答复

工商企字[2001]第119号

安徽省工商行政管理局：

你局《关于企业改变隶属关系后谁是原主管部门的请示》（工商企字[2001]80号）收悉。经研究，答复如下：

根据《企业法人登记管理条例施行细则》第四十八条的规定，企业申请注销登记，应提交原主管部门审查同意的文件。对于已改变隶属关系、变更主管部门的企业，在办理注销登记时，应提交改变隶属关系后的主管部门审查同意的文件。

二〇〇一年五月九日

国家工商行政管理总局关于补发企业法人营业执照有关问题的答复

工商企字[2001]第123号

上海市工商行政管理局：

你局《关于福来国际（上海）有限公司补照纠纷处理问题的请示》（沪工商注[2001]215号）收悉。经研究，答复如下：

根据《中华人民共和国企业法人登记管理条例》及《中华人民共和国公司登记管理条例》有关规定，营业执照遗失或毁坏的，企业法人应依法向登记机关申请补领。除上述原因外，企业法人申请补领营业执照和登记机关补发营业执照目前均无法律依据。

对企业隐瞒真实情况，以营业执照遗失或毁坏为由已补领营业执照的，登记机关应责令企业限期缴回，逾期不缴的，登记机关有权公告补发的营业执照作废。

二〇〇一年五月十五日

国家工商行政管理总局对国有独资公司及其子公司设立登记有关问题的答复

工商企字[2001]第133号

辽宁省工商行政管理局：

你省大连市工商行政管理局《关于国家授权投资的公司下设全资子公司是否需有关部门批准的请示》（大工商发[2001]58号）收悉。经研究，答复如下：

依据《公司法》、《公司登记管理条例》的规定，国家授权投资的机构或者国家授权的部门可以投资设立国有独资公司。国有独资公司只有自身是国家授权投资的机构，方可投资设立全资子公司。该子公司设立登记时，除应提交其母公司是国家授权投资的机构的批准文件外，不需提交该子公司设立登记的批准文件，其注册资本最低限额应当符合法律、行政法规的规定。

二〇〇一年五月二十三日

国家工商行政管理总局关于事业单位能否设立不具备企业法人资格的经营机构问题的答复

工商企字[2001]第164号

广东省工商行政管理局：

你局《关于事业单位能否设立不具备企业法人资格的经营机构的请示》（工商企字[2001]220号）收悉。经研究，答复如下：

依据《事业单位登记管理暂行条例》（国务院令第252号）和现行企业登记管理有关规定，事业单位自身不得从事经营活动，事业单位依法举办的营利性经济组织，必须实行独立核算。因此，事业单位不得设立不具备企业法人资格、非独立核算的营利性经营机构。

二〇〇一年六月二十八日

国家经济贸易委员会 国家工商行政管理总局 公安部 财政部 中国人民银行 海关总署 国家税务总局 中国证券监督管理委员会 国家质量监督检验检疫总局 国家外汇管理局关于加强中小企业信用管理工作的若干意见

国经贸中小企[2001]368号

各省、自治区、直辖市、计划单列市及新疆生产建设兵团经贸委（经委）、工商行政管理局、公安厅（局）、财政厅（局）、人民银行各分行、营业管理部、海关广东分署、各直属海关、国家税务局、地方税务局、证券监督管理办公室、质量技术监督局、外汇管理局，国务院有关部门：

为贯彻落实《国务院办公厅转发国家经贸委关于鼓励和促进中小企业发展若干政策意见的通知》（国办发[2000]59号）精神，引导中小企业增强信用观念，提高中小企业的整体素质和综合竞争力，改善中小企业信用状况，创造良好的信用环境，现就加强中小企业信用管理工作提出以下意见。

一、加强中小企业信用管理的重要性

1. 信用是市场经济的重要基础，规范有序的市场经济活动需要建立一个能够有效调动社会资源和规范市场交易的信用制度。良好的信用关系是企业正常经营与国民经济健康运行的基本保证。改善中小企业信用状况，对于提升中小企业整体素质和综合竞争力，抵御信用风险，改善中小企业融资条件，促进中小企业健康发展具有重要意义。加强中小企业信用管理，对于实现宏观调控目标、扶持优强中小企业发展，具有重要的现实作用。

2. 近年来，中小企业在我国国民经济和社会发展中发挥着日益重要的作用。但是，个别中小企业的一些欺诈行为和由此引发的抽逃资金、拖欠账款、逃废银行债务、恶意偷税欠税、产品质量低劣等信用问题，已在一定程度上影响了中小企业的整体信用形象，成为制约中小企业发展的突出问题。特别是在建立社会主义市场经济体制和我国即将加入世界贸易组织的情况下，没有良好的信用，将难以保证宏观经济政策的顺利实施，难以保证中小企业的健康发展和社会经济的安全运行。加强中小企业信用管理已成为提高中小企业信用，增强企业抵御市场风险能力的迫切要求。

3. 中小企业信用状况是中小企业在持续经营期间，对外进行经济交往的基本信息的集中表现，它主要包括企业登记、合同履行、应收应付账款、银行贷款偿还、产品质量、企业经济合同纠纷以及法定代表人信用记录等情况。加强中小企业信用动态监管工作的目的，一是促进中小企业改进自身的信用管理，提高信用管理对企业发展的贡献程度；二是推动政府培育良好的信用环境，实现产业、产品结构调整和升级的良性循环。

二、加强中小企业信用管理工作的指导思想和基本原则

1. 指导思想：按照社会主义市场经

济体制的要求,建立良好的信用制度。要面向市场,加强中小企业的信用管理,提高中小企业的信用等级;运用市场机制,强化信用管理的内部约束机制和利益激励机制;在法律框架内,按照规范、有序和不搞重复建设的原则,充分发挥人民银行信贷登记咨询系统、中小企业信用担保体系、工商登记年检等系统的作用,培育以中小企业为主要服务对象的社会化信用体系,有步骤地建立中小企业信用状况评价体系,建立信用风险的防范、信息披露和监督管理系统;制定相应的法规为中小企业的信用提升创造有利的条件。

2. 基本原则:充分发挥政府部门和市场的作用,调动社会各界的积极性,加快中小企业信用工程的建设。按照"制定政策、创造环境、加强监管、提高信用"的原则,鼓励中小企业加强信用管理,推进中小企业信用体系建设;重视发挥行业协会等相关中介组织在为中小企业提供资信调查和信息咨询方面的作用。

三、培育中小企业的良好信用

1. 中小企业要遵循诚实信用、公平竞争的原则,依法开展生产经营活动,自觉接受工商行政管理等有关部门的监督管理。

2. 中小企业要依法建账确保会计资料真实完整。要严格按照国家统一的会计制度规定进行会计核算,不得账外设账;不得授意、指使、强令会计机构、会计人员违法办理会计事项,禁止一切弄虚作假的行为。

3. 中小企业要加强财务管理,建立财务预决算制度。中小企业按照国家统一的财务制度建立内部财务管理办法。要以现金流量为重点,对生产经营各个环节实施预算管理,严格限制无预算资金支出,最大限度减少资金占用,保证按期如数偿还银行贷款,树立在银行等金融机构中的良好信用形象。强化内部管理制度和责任追究制度,加强对应收应付账款的严格管理,认真审查收货单位或销货单位的偿付能力和信用程度,避免和减少企业间相互拖欠。同时,要按规定编制年度财务预算,真实反映企业的财务状况。

4. 中小企业要加强质量管理。坚持质量第一、用户至上的方针,树立最大限度满足用户需要的质量观念,搞好产品从开发、生产、销售全过程的质量控制,严格按标准组织生产,强化质量检验和计量标准化工作,确保不合格产品不出厂,努力改善产品售后服务质量,严禁生产和销售假冒伪劣产品。

5. 中小企业要严格按照国家法律法规要求,及时足额缴纳应缴税款。涉及外经贸业务的中小企业,要严格遵守国家外汇管理和海关管理的法律,法规。

四、中小企业信用管理工作的实施

1. 推进中小企业信用制度的建立和完善。政府有关部门要指导中小企业建立信用管理的基本制度,加强培训,指导经营者树立良好的信用意识。强化中小企业经济交往对象的资信管理,防范信用风险。实施中小企业信用工程,充分发挥中介机构对中小企业信用管理的促进作用,制订中介机构的相关执业规范,创造中介机构公平竞争的执业环境,提高中介机构对中小企业信用的约束力。

2. 加强组织协调,实现中小企业信用监督管理的社会化。各级经贸委、财政、金融、税务、工商、质量技术监督、海关、外汇管理、公安等有关部门,要探索建立部门间联合的信用信息征集与信用评价体系。要制定措施支持社会信用服务中介机构收集和汇总中小企业的有关信用信息,充分利用计算机和网络等先进技术和现代化工具,在法律框架内,逐步建立信息发布、信息共享和网络化的信用体系,实现中小企业信用资料的查询、交流及共享的社会化。

3. 制定中小企业和中介机构信用评价标准,为开展中小企业信用担保体系等工作提供基础资料,同时将信用评价的结果及时提供给有关金融、税务、工商、海关等部门,以便对不同信用状况的中小企业采取不同的监控措施。规范中介组织行为,对蓄意出具虚假验资报告、资产评估报告及审计报告、质量认证等的中介机构要严格按照有关规定追究责任,直至取消其相关执业资格,严防中介机构与企业合谋欺诈的情况发生。

4. 各级经贸委、财政、金融、税务、工商、质量技术监督、海关、外汇管理、公安等有关部门,要制定有关政策,加大执法力度,做好中小企业信用监督管理工作。遇有重大问题,要及时向同级政府报告。

5. 中小企业信用管理工作的具体实施办法另行下发。

二○○一年四月二十日

公安部 国家经贸委 教育部 监察部 建设部 文化部 卫生部 国家广播电影电视总局 国家工商行政管理总局 国家旅游局 国家安全生产监督管理局关于开展公众聚集场所消防安全专项治理的实施意见

公发[2001]13号

近一个时期以来,一度得到遏制的群死群伤火灾又呈抬头之势。据统计,2000年全国共发生一次死亡10人以上的火灾9起,死亡501人。2000年3月29日,河南省焦作市天堂音像俱乐部发生火灾造成74人死亡;同年12月25日,河南省洛阳市东都商厦又发生恶性火灾造成309人死亡,给人民生命财产造成了严重损失,严重影响了党和政府的声誉,引起了党中央、国务院和中央领导同志的高度重视和社会各界的广泛关注。

公众聚集场所群死群伤火灾多发是当前火灾形势严峻的主要问题。据统计,1991年至2000年,全国共发生公众聚集场所特大火灾264起,造成1750人死亡,起数占同期全国特大火灾总数的27.2%,死亡人数占全国特大火灾死亡总数的50.9%。其中,一次死亡百人以上的3起恶性火灾事故均发生在公众聚集场所,共造成867人死亡。因此,预防公众聚集场所火灾尤其是群死群伤火灾的发生,是当前和今后一个时期消防安全工作的重中之重,必须竭尽全力做好预防工作。鉴于目前此类场所火灾隐患突出,消防安全状况普遍令人堪忧,随时都有发生群死群伤火灾的可能。为深入贯彻落实江泽民总书记等中央领导同志的重要指示和全国社会治安工作会议、全国整顿和规范市场经济秩序工作会议精神,为经济发展和社会稳定创造良好的消防安全环境,必须采取紧急有效措施,在全国范围内对公众聚集场所和学校、医院依法开展消防安全专项治理工作。

根据《中华人民共和国消防法》(以下简称《消防法》)关于"消防工作由国务院领导,由地方各级人民政府负责"的规定,决定于今年5月至9月,由地方人民政府负责,组织各有关部门,依法开展以公共娱乐、宾馆、饭店、商场、市场等公众聚集场所和学校、医院为对象,以防止群死群伤火灾为目的的消防安全专项治理。现提出以下实施意见:

一、专项治理的指导思想

以江泽民总书记"隐患险于明火、防范胜于救灾、责任重于泰山"的重要指示精神为指针,以《消防法》等法律法规为依据,以遏制群死群伤火灾事故为目标,突出重点,加大力度,标本兼治,督促单位彻底整改火灾隐患,严格落实消防安全责任制,切实加强消防安全管理,确保公众聚集场所和学校、医院的消防安全。

二、专项治理的范围和重点

(一)专项治理的范围。

1. 影剧院、夜总会、录像厅馆、桑拿浴室等公共娱乐场所。

2. 客房数在50间以上的旅馆、宾馆、饭店和餐位超过200座的营业性餐馆。

3. 总建筑面积超过3000平方米的商场、超市和室内市场。

4. 礼堂、大型展览场馆,20层以上的写字楼。

5. 摄影棚、演播室。

6. 大专院校和中、小学校、幼儿园。

7. 医院。

(二)专项治理的重点。

1. 在《消防法》施行后新建、改建、扩建建筑内部装修和改变建筑使用用途的公众聚集场所,未经消防设计审核、消防验收、开业前的消防安全检查或经审核、验收、检查不合格,违法施工、使用、开业的。

2. 在《消防法》施行后依法开业的公众聚集场所存在火灾隐患的。

3. 在现行有关消防法规和消防技术规范施行之前开业的公众聚集场所,不符合现行规定要求的。

4. 学校、幼儿园、医院存在火灾隐患的。

三、专项治理的工作步骤和措施

专项治理工作要按照"依法严管、确保安全"的原则,普遍检查,澄清底数,区分情况,作出处理,取缔违法经营,消除火灾隐患。要采取单位自查整改与依法整治相结合的工作方法,按组织部署、自查整改、集中治理、督查验收4个步骤进行。

(一)组织部署。各省、自治区、直辖市人民政府要成立专项治理督查机构,指导和督查各地专项治理工作。专项治理工作由市、县人民政府具体负责。各地要成立由政府主要领导任组长,公安、经贸、教育、监察、建设、文化、卫生、广电、工商、旅游和安全行政监督管理部门主要负责人参加的专项治理工作领导小组,根据实施意见的要求,结合本地实际情况,制定具体的治理工作计划和方案,明确职责,周密部署,精心组织实施。

(二)自查整改。市、县人民政府在组织专项治理时,要先公告公众聚集场所和学校、医院,按照《消防法》等法律法规、消防技术规范和本实施意见的要求,先行自查自改,消除火灾隐患,并责成属于专项治理重点第一项内容的单位在规定时限内申报补办相应的消防审批手续。

(三)集中治理。

1. 要坚决依法取缔不符合规定设置的公共娱乐场所:(1)设在建筑物地下二层以下的(含二层);(2)设在文物古建筑、博物馆、图书馆等建筑物内的;(3)毗连重要仓库或危险品仓库的;(4)在居民住宅楼内改建的。

2. 对属于专项治理重点第一项内容的,要先进行消防设计审核,然后实施消防验收和消防安全检查。凡在规定期限内不申报补办相应消防审批手续或经申报审批不合格的,要坚决依法责令其停产停业并处罚款。同时,对其直接负责的主管人员和其他直接责任人员予以处罚。此项内容的治理,必须责令单位依法办齐法定的审批手续,审批程序可根据不同情况一并进行。

3. 对属于专项治理重点第二项和第四项内容的,要严格依法治理。对不依照《消防法》第14条、第16条规定履行消防安全职责的,要坚决责令其改正。对在疏散通道、安全出口部位设置栅栏或采取其他形式封堵、封闭的,要立即责令有关单位拆除。对应当当场改正的违法行为,要责令其当场改正。对应当限期改正的,要责令限期改正;逾期不改的,必须依法从重处罚。学校、医院存在类似问题的,教育、卫生部门要对其直接负责的主管人员和其他直接责任人员及时作出相应处理。

4. 对有专项治理重点第三项内容的,要责令限期整改。对需要改动建筑结构或增加用地,必须结合改建、扩建才能整改的,要责成单位制定具体的整改计划并按期完成。对建筑耐火等级或疏散楼梯数量不符合现行规范要求,确因客观原因不能整改,随时都有可能发生火灾造成群死群伤的,当地政府要采取果断措施,该停的停,该改变使用性质的改变使用性质。

5. 对未经县级以上人民政府文化行政主管部门、公安机关和卫生行政部门批准、未经工商行政管理机关登记注册擅自开业的公共娱乐场所经营单位,应当依法予以取缔;对已经登记注册但因审批手续不全或者达不到消防规范要求的公共娱乐场所经营单位,应当责令限期补办相关审批手续或者整改,逾期不补办审批手续或者经整改仍达不到规范要求的,由工商行政管理机关吊销其营业执照。

(四)督查验收。在集中治理结束后,市、县人民政府要按照实施意见的要求对专项治理情况进行验收,认真检查和处理专项治理工作中遗漏的单位和火灾隐患以及执法不到位的问题,并将验收情况向省级人民政府作出书面报告。省级人民政府要适时对各地专项治理工作进行督查,及时发现和查处不落实治理措施的问题,在集中治理结束后,要对市、县的专项治理情况进行验收,并将验收情况报公安部。

四、专项治理的要求

(一)提高认识,加强领导。地方各级人民政府要按照江泽民总书记“三个代表”重要思想的要求,从讲政治、促发展、保稳定的高度,充分认识这次公众聚集场所消防安全专项治理工作的重要性、必要性,正确处理消防安全与经济发展、社会稳定的关系,把这次专项治理作为迫切解决的突出问题纳入重要议事日程,采取一切必要的措施,保障治理措施落到实处。

(二)部门联动,形成合力。公安、建设、文化、卫生、工商、安全行政监督管理等部门要在这次专项治理中针对公众聚集场所存在的问题,按照各自的职责和权限,依法作出处理。有关部门要在这次专项治理的基础上,加强本行业、本系统的消防安全管理,督促单位依法履行消防安全职责,确保消防安全。

(三)加强宣传教育,把握舆论导向。广播、电视、报刊等宣传媒体要积极配合专项治理工作,大力宣传专项治理的重要性、必要性,处理好依法严管与发展经济、繁荣文化市场的关系,保护广大人民群众根本利益与打击少数人违法经营活动的关系,正确把握舆论导向。要充分发挥舆论监督作用,对存在重大火灾隐患的单位和违法行为实施跟踪报道,坚决予以曝光。同时,要将防火常识和逃生自救知识纳入社会公益宣传的内容,增强全民的消防安全意识。

(四)建立长效机制,巩固治理成果。要认真汲取以往屡经治理、多有反复的教训,切实贯彻“综合治理、标本兼治”的原则。各有关部门要针对专项治理工作中发现的带有普遍性、倾向性的问题,认真总结经验教训,及时制定、修订有关法规、规章和技术规范,完善相关制度,大力加强经常性的监督管理工作,建立健全适应社会主义市场经济发展要求的监督管理机制。

(五)坚持严格依法办事,严惩违法违纪行为。专项治理工作必须严格执行有关法律法规和政策,做到有法必依、执法必严、违法必究。对于干扰、阻挠专项治理工作的单位和个人,要依法从严处理;对于在专项治理工作中领导不力、执法不严、失职渎职、徇私舞弊的领导干部和工作人员,纪检监察机关要及时调查,严肃处理,决不能姑息迁就。触犯刑律的,要依法追究刑事责任。

各地专项治理结束后,公安部等有关部门将组成督查组对各地专项治理工作情况进行抽查,并将抽查结果予以通报。公安部将各地开展专项治理工作和抽查情况上报国务院。

二〇〇一年四月二十九日

国务院纠正行业不正之风办公室 国家发展计划委员会 国家经济贸易委员会 卫生部 国家工商行政管理总局国家药品监督管理局国家中医药管理局关于印发《医疗机构药品集中招标采购监督管理暂行办法》的通知

国纠办发[2001]17号

各省、自治区、直辖市人民政府纠风办、物价局(计委)、经贸委、卫生厅(局)、工商局、药品监管局、中医药局:

为加强对医疗机构药品集中招标采购的监督管理,促进药品集中招标采购工作规范有序地开展,国务院纠风办、国家计委、国家经贸委、卫生部、国家工商总局、国家药品监管局和国家中医药局共同研究制定了《医疗机构药品集中招标采购监督管理暂行办法》,现发给你们。各地要根据本办法狠抓落实,切实做好药品集中招标采购的监督管理工作。

二〇〇一年十一月十二日

医疗机构药品集中招标采购监督管理暂行办法

第一章　总　则

第一条　为贯彻落实国务院《关于城镇医药卫生体制改革的指导意见》和配套文件,以及《医疗机构药品集中招标采购工作规范(试行)》,加强对医疗机构药品集中招标采购的监督管理,遏制药品购销中的不正之风,保证医疗机构药品集中招标采购工作规范有序进行,依据国家有关法律法规,制定本办法。

第二条　对医疗机构药品集中招标采购进行监督管理,适用本办法。

本办法所称医疗机构是指:县及县以上人民政府、国有企业(含国有控股企业)等举办的非营利性医疗机构。

第三条　医疗机构药品集中招标采购必须遵循公开、公平、公正和诚实信用的原则,接受政府有关部门、社会和舆论的监督。

第四条　药品集中招标采购当事人必须严格遵守医疗机构药品集中招标采购相关法规政策和工作规范。

第二章　监督机构及职责

第五条　对医疗机构药品集中招标采购的监督,实行监察机关和纠风机构与价格、经贸、卫生、工商、药监、中医药等部门各司其职、齐抓共管的联合监督工作机制,并建立相应的监督组织。其职责是协调各职能部门根据分工依照有关法律法规监督药品集中招标采购当事人的行为,并对药品集中招标采购的全过程依法进行监督,受理当事人的投诉,纠正和查处药品集中招标采购中的各种违法违纪行为。

第六条　药品集中招标采购的监督组织形式,由各地根据实际情况确定,

第七条　监察机关和纠风机构依照《行政监察法》等有关法律法规履行以下职责:

(一)会同有关部门制定药品集中招标采购的监督管理办法,协调有关部门对药品集中招标采购的监督管理;

(二)受理有关药品集中招标采购的检举和控告;

(三)负责对政府有关部门及其工作人员、由国家行政机关任命的其他人

员在药品集中招标采购中履行职责、执行法律法规和政策的情况进行监督，依法对其不作为、违规行政和执法、包庇纵容和参与违法活动，违规干预或参与药品集中招标采购过程、谋取单位和个人利益，以及贪污、受贿等行为进行查处，依法作出《监察决定》或向有关部门提出《监察建议》；构成犯罪的，移交司法机关。

第八条 卫生行政部门负责对医疗机构的药品集中招标采购行为进行监督，依照《执业医师法》和《药品管理法》等有关法律法规，对医疗机构及有关人员违反规定的行为进行纠正和查处。与药品监督管理部门共同依照《招标投标法》和《药品招标代理机构资格认定及监督管理办法》（以下简称代理机构监督办法），对药品招标中介代理机构的行为进行监督。

第九条 中医药行政管理机构负责对中医医院的药品集中招标采购行为进行监督，并依照《执业医师法》和《药品管理法》等有关法律法规，对中医医院及有关人员违反规定的行为进行纠正和查处。

第十条 价格主管部门负责对药品集中招标采购有关当事人的价格、收费行为进行监督管理，并依照《价格法》、《价格违法行为行政处罚规定》等有关规定，对价格违法行为进行纠正和查处。

第十一条 经济贸易部门负责依照《招标投标法》等有关法律法规，对药品集中招标采购活动中投标企业的行为进行监督管理。

第十二条 药品监督管理部门负责对药品集中招标采购中标药品的质量进行监督管理；依照《招标投标法》和《药品管理法》等有关法律法规，对参加药品集中招标采购的生产和批发企业进行监督，并对药品生产和批发企业违反规定的有关行为进行查处；与卫生行政部门共同依照《招标投标法》和《代理机构监督办法》，对药品招标中介代理机构的行为进行监督。

第十三条 工商行政管理部门负责对通过药品集中招标采购所签合同的行政监管，依照《反不正当竞争法》、《招标投标法》、《药品管理法》、《合同法》和《关于禁止商业贿赂行为的暂行规定》等有关规定法规，对药品集中招标采购当事人的不正当竞争行为，购销双方的合同欺诈及其他利用合同危害国家利益、社会公共利益的违法行为进行纠正和查处。

第十四条 负责对药品集中招标采购进行监督管理的有关部门，应当公开办事程序，接受社会监督，及时受理和查处举报的问题，维护药品集中招标采购各方当事人的合法权益。

第三章 监督管理

第十五条 医疗机构有下列行为之一的，由卫生（中医）行政部门依照药品集中招标采购等有关规定处理：视其情节，给予批评、通报批评；情节严重的，对有关领导和责任人给予处分。

（一）不按规定参加药品集中招标采购、不按规定的药品品种进行集中招标采购，或以其他任何方式规避药品集中招标采购；

（二）在发布中标通知书后擅自改变中标结果；

（三）发出中标通知后，无正当理由不按时、不如实或拒绝与中标企业签订合同。

第十六条 医疗机构或医疗机构负责人、药品采购人员、医师、药师等有关人员收受药品生产和批发企业或其代理人给予的财物或其他利益的，分别由工商行政管理部门和卫生行政部门依照有关规定处理。

第十七条 医疗机构不按规定时间、定价原则调整中标药品零售价格；不按实际成交价如实开据发票，不如实记账；在集中招标采购中自定项目、自定标准乱收费；其他价格违法行为。有上述行为之一的，由价格主管部门依照有关规定处理。

第十八条 医疗机构无正当理由不按购销合同采购中标药品或另设附加条件，不按合同规定的时间付款，以及有其他违约行为。有上述行为之一的，依照《合同法》有关规定处理。

第十九条 医疗机构有下列行为之一的，由工商行政管理部门依照有关规定处理。

（一）向他人透露已获取招标文件的潜在投标人的名称、数量或者可能影响公平竞争的有关招标投标的其他情况，侵犯他人商业秘密；

（二）从购销合同规定的采购渠道之外购进中标药品或擅自采购非中标药品替代中标药品；

（三）不按规定要求与中标方签定药品购销合同，或在药品购销合同签字后又与中标方订立背离合同实质性内容的其他协议。

第二十条 由医疗机构联合组成的药品集中招标采购经办机构的牵头单位有下列行为之一的，由价格主管部门依照有关规定处理。

（一）不按规定及时向价格主管部门进行中标药品价格备案；

（二）不执行国家有关药品集中招标采购收费规定，自立项目、自定标准乱收费。

第二十一条 医疗机构委托不具有药品招标代理资格的机构进行药品集中招标采购的，招标无效，其经济损失全部由医疗机构自行承担。同时，由工商行政管理部门依照有关规定对非法代理药品招标采购的机构进行处理。

第二十二条 药品生产和批发企业提供虚假资质证明、药品批准证明文件、药品检验证明文件和其他有关证明资料的，由药品监督管理部门依照有关规定处理。

第二十三条 药品生产和批发企业有下列行为之一的，由价格主管部门或工商行政管理部门依照有关规定处理。

（一）相互之间或与经办机构和采购方串通投标、报价，排斥其他药品供应商的公平竞争，损害采购方或者其他药品供应商合法利益；

（二）借联合招标之机相互串通抬价、操纵投标价格或搞价格垄断。

第二十四条 药品生产和批发企业以低于成本的报价竞标，排挤竞争对手的，其中标无效，并由价格主管部门或工商行政管理部门依照有关规定处理。

第二十五条 药品生产和批发企业有下列行为之一的，中标无效，并由工商行政管理部门依照有关规定处理。

（一）以向招标人、经办机构、专家、

政府官员等有关人员行贿的手段谋取中标；

（二）以他人名义投标或者以其他方式弄虚作假，骗取中标。

第二十六条 药品生产和批发企业在中标后采用不正当竞争手段进行临床促销的，由工商行政管理部门依照有关规定处理。

第二十七条 药品生产和批发企业签订购销合同后，不按合同要求配送药品的，依照《合同法》和《招标投标法》有关规定处理。

第二十八条 药品生产和批发企业在开标后投标有效期内撤销投标或有违规行为的，要在评标过程中酌情扣减其信誉分；有严重违法违规行为的，取消本次投标资格，已经中标的，中标无效，并且各地医疗机构在两年内不接受该企业对药品集中招标采购的投标。

药品生产和批发企业中标后不在规定期限内签订药品购销合同或不履行合同义务的，由有关部门做专门记录和公布，并在以后的药品招标评标中，酌情扣减其信誉分。

第二十九条 药品招标代理机构有下列行为之一的，由卫生行政部门和药品监督管理部门依照有关规定处理。

（一）对投标人应提交的各种证明文件未进行审核、未保证文件齐全的；

（二）违反药品集中招标采购程序和工作规范；

（三）不按有关部门规定提供备案资料。

第三十条 药品招标代理机构有下列行为之一的，由卫生行政部门、药品监督管理部门和工商行政管理部门分别依照有关规定处理。

（一）涂改、转让其资格证书；

（二）接受无《医疗机构执业许可证》单位的委托，并为其代理药品招标业务，或接受医疗机构的委托，与无《药品生产许可证》、《药品经营许可证》的单位进行药品招标代理活动；

（三）利用行贿等不正当手段牟取药品招标代理权和其他非法利益。

第三十一条 药品招标代理机构有下列行为之一的，由工商行政管理部门依照有关规定处理，或由卫生行政部门和药品监督管理部门依照有关规定处理。

（一）以不合理条件限制或者排斥潜在投标人，对潜在投标人实行歧视待遇，限制投标人之间公开、公平、公正竞争；

（二）串通采购方、供应商弄虚作假，损害他人合法权益，或者泄露投标人的商业秘密和评标过程的秘密，泄露应当保密的与招标投标活动有关的可能影响招标公正的情况和资料。

第三十二条 招标代理机构有垄断行为，限制其他中介机构公平竞争的，由工商行政管理部门依照有关规定处理。

第三十三条 招标代理机构从事药品经营活动的，由药品监督管理部门依照有关规定处理。

第三十四条 招标代理机构不执行国家有关药品招标采购收费规定，自立项目、自定标准乱收费，不按规定及时向价格主管部门进行中标药品价格备案的，由价格主管部门依照有关规定处理。

第三十五条 评标委员会成员有下列行为之一的，取消其评标委员会成员资格，并由工商行政管理部门、卫生行政部门和药品监督管理部门分别依照有关规定处理。

（一）私下接触投标人，接受药品生产和批发企业资助的可能有碍公正的参观考察、礼物馈赠和宴请，索取或收受药品生产和批发企业的钱物或其它好处；

（二）利用职务之便为配偶、子女及亲友谋取私利；

（三）泄露与医疗机构药品集中招标采购相关的商业秘密。

第三十六条 评标委员会成员有下列行为之一的，取消其评标委员会成员资格，并由卫生行政部门和药品监督管理部门分别依照有关规定处理。

（一）从事药品生产、批发活动或兼职取酬；

（二）从事涉及医疗机构药品集中招标采购的有偿中介活动；

（三）有其他有损于药品集中招标采购公正性的行为。

第三十七条 药品集中招标采购当事人有其他违反法律法规行为的，由有关部门依照有关规定处理。

第三十八条 有关部门对药品集中招标采购当事人的违规行为进行处理的同时，要分别建立对监督对象违规行为的登记制度和在指定媒体通报的制度，并由当地药品集中招标采购监督组织对招标采购当事人的违规行为进行统一、定期的通报。

第三十九条 有关部门在履行监督职能时，被检查的单位和人员拒绝按规定提供监督检查所需资料、情况和说明或提供虚假资料、情况和说明，转移、篡改、毁灭证据的，由有关部门依照有关规定处理。

第四章　附　则

第四十条 对药品集中议价采购的监督管理参照本办法执行。有特殊要求和规定的除外。

第四十一条 对军队、武警部队医疗机构药品集中招标采购进行监督管理执行本办法的具体办法，由中国人民解放军卫生主管部门制定。

第四十二条 本办法自发布之日起施行。

国家工商行政管理总局卫生部关于进一步加强医疗广告管理的通知

工商广字[2001]第32号

各省、自治区、直辖市及计划单列市工商行政管理局、卫生厅（局）：

为进一步加强医疗广告管理，从根本上解决医疗广告虚假违法现象突出的问题，依据《广告法》、《医疗广告管理办法》，现就有关问题通知如下：

一、凡未取得《医疗机构执业许可证》的，一律不得发布医疗广告。医疗机构内部科室不得单独以科室或以专科门诊等名义发布广告。

二、医疗广告必须按照省级卫生行政部门出具的《医疗广告证明》中医疗广告格式化内容发布。未实行格式化的医疗广告，一律停止发布。

继续暂停发布性病医疗广告。

三、禁止以新闻报道形式发布医疗广告。有关医疗机构的人物专访、专题报道等文章中不得出现有关医疗机构详细地址、电话、联系办法等广告宣传内容;在发表有关文章的同时,不得在同一媒体同一时间或版面发布有关该服务及其医疗机构的广告。

四、广告经营者、广告发布者必须严格审查《医疗广告证明》并按《医疗广告证明》中医疗广告格式化内容发布。对卫生行政部门核定的医疗广告格式化内容,不得进行任何改动。不得设计、制作、代理、发布未取得《医疗广告证明》的医疗广告。

五、卫生行政部门要严格按照格式化要求,依据《医疗广告管理办法》和本通知的规定,依法出具医疗广告证明,核定医疗广告格式化内容,并向同级工商行政管理部门备案。

六、工商行政管理机关要切实加强医疗广告的监督管理,对未按卫生行政部门核定和备案的医疗广告格式化内容发布的,要依法予以查处。对以新闻报道形式发布医疗广告的,依照《广告法》第四十条规定予以处罚;对超出医疗广告格式化内容发布的,依照《医疗广告管理办法》第十八条规定予以处罚;其他违反本通知规定的行为,依据《广告法》有关规定予以处罚,《广告法》无相应处况条款的,依据《医疗广告管理办法》有关规定予以处罚。

附件:一、医疗广告证明(式样)

二、医疗广告格式化内容(式样)

(略)

二〇〇一年一月十九日

国家工商行政管理总局国家广播电影电视总局新闻出版署关于进一步加强对大众传播媒介广告宣传管理的通知

工商广字[2001]第37号

各省、自治区、直辖市及计划单列市工商行政管理局、广播影视局(厅)、新闻出版局:

近年来,特别是《广告法》施行以来,广告监督管理机关针对各类大众传播媒介存在的虚假违法广告等问题,陆续组织开展了电视、报刊、广播广告专项检查,对净化广告市场,打击虚假违法广告,收到了明显成效。同时,各级广播电视、新闻出版管理部门也认真履行自身职责,加强和改进对大众传播媒介广告宣传的行业管理和内部监督,不断地规范大众传播媒介的广告发布行为。但是,目前广告市场中仍不同程度地存在着广告经营行为不规范、广告发布内容虚假违法等问题,如医疗广告夸大疗效,药品广告擅自更改审查内容,保健食品广告宣传治疗功能,在广告中违法使用医疗机构、医生、专家、患者的名义和形象作证明,或者以人物传记、专题报道等新闻形式发布广告,凡此种种,严重损害了消费者的合法权益和大众传播媒介的良好声誉,破坏了广告市场正常秩序,为了认真贯彻党中央、国务院关于整顿市场的重要决定和从严治政、全面加强管理的要求,确实从根本上解决有法不依、执法不严的问题,依据《广告法》、《广告管理条例》及广播电视、新闻出版等有关法律、法规、规定,现就进一步加强广告宣传管理有关问题,通知如下:

一、在我国,广告是促进经济发展,传播精神文明的重要手段,各类大众传播媒介的广告宣传,要坚持为社会主义"两个文明"建设服务的正确方向,在广告经营发布活动中应严格遵守国家的法律、法规和有关宣传政策,不得为追求经济利益发布虚假违法广告。

二、建立健全广告经营管理制度及领导责任追究制。各类大众传播媒介经营广告要建立健全广告业务承接登记、审核、档案保存等内部广告管理制度,要充分发挥广告审查员的作用,认真实行广告审查员"一票否决制",未经广告审查员签字的广告不得发布;要建立领导责任追究制,对发布虚假违法广告较多的单位,必须追究有关单位领导的行政和经济责任。

三、各类大众传播媒介广告经营部门要切实对本单位发布的广告内容负责,不得因广告经营方式的变化而放松对广告内容的审查和管理。

四、广告发布价格统一部门管理,媒介可根据市场需求制定,明码标价,不得随意抬高或压低广告发布价格。各类大众传播媒介要及时将本单位广告发布价格刊播,并将依法备案后的广告价目表和收费办法悬挂在经营场所。

五、各类大众传播媒介要严格控制广告发布数量,不得随意中断节目插播广告,不得随意扩大广告版面。

六、加强对药品、医疗器械、农药、兽药、医疗、房地产、保健食品、化妆品等广告审查出证及其他证明文件的查验工作,对无出证(批准)文号、证明文件不全或不符合发布规定的广告要坚决禁止发布。

七、不得以任何新闻报道形式刊播或变相刊播广告,媒介内部的非广告经营部门不得经营或代理本单位的广告业务,记者不得借采访名义承揽广告业务,要坚持新闻报道工作与经营活动分开、新闻从业人员与广告经营人员分开的有关规定。各类大众传播媒介有关人物专访、企业专题等报道中不得含有地址、电话、联系办法等广告宣传内容;报刊在发表有关文章的同时,不得在同一媒体同一时间发布有关该商品、服务及其生产经营者的广告。不得以普及科学知识、专家咨询宣传等名义,介绍、推销药品、保健食品以及推荐医生、医疗机构。

各地接到本通知后,应根据本地的实际情况,立即对本地区的大众传播媒介的广告经营和发布行为进行一次清理和检查,督促各类大众传播媒介认真解决广告工作中存在的问题,端正广告经营方向,依法经营和发布广告。各级广播电视、新闻出版部门要加强对广播电视、报刊广告宣传工作的领导。各级工商行政管理机关在继续抓好宣传广告管理法规、严格执法、加大广告执法力度的基础上,要通过建立和完善广告发布监测机构,督促广告经营者、广告发布者建立健全内部广告管理制度,加强广告经营资格检查,依法规范媒介的广告发布和广告经营活动,切实加强对医疗、药品等广告审查(出证)机构的指导。对不顾国家和社会公众利益,继续为追求本单位经济利益发布虚假违法广告的单位,要坚决依法处理。

二〇〇一年二月五日

国家工商行政管理总局关于非烟草制品生产者经销者发布含有与烟草有关内容广告问题的认定与处理意见

工商广字[2001]第200号

北京市工商行政管理局：

你局《关于非烟草制品生产者、经销者发布含有烟草有关内容广告是否适用〈烟草广告管理暂行办法〉处理的请示》(京工商文字[2001]73号)收悉。经研究，答复如下：

非烟草制品生产经营者在广告宣传中，如果出现与烟草企业的烟草广告相同、近似的画面、用语，或者与烟草制品商标相同、近似的商标文字图形，属于与烟草制品有关的表示，违反了《烟草广告管理暂行办法》第七条的规定，应依法予以处理。

二〇〇一年七月三十日

国家药品监督管理局 国家工商行政管理总局 新闻出版署关于公布允许刊播处方药广告的第一批医药专业媒体名单的通知

国药监市[2001]39号

各省、自治区、直辖市药品监督管理局，工商行政管理局，新闻出版署：

根据国家药品监督管理局、国家工商行政管理局《关于加强处方药广告审查管理工作的通知》(国药管市[2001]14号)规定，粉针剂、大输液类和已经正式发文明确必须凭医生处方才能销售、购买和使用的品种以及抗生素类的处方药，自2001年2月1日起，停止受理和审查在大众媒体发布广告的申请。上述品种的广告只能在医药专业媒体发布。现就医药专业媒体有关问题通知如下：

一、医药专业媒体是指具有国家新闻出版管理部门批准的具有国内统一刊号(CN号)，由医药卫生科研教育机构、学术团体等专业部门主办的，以医药卫生专业技术人员、管理人员为主要读者对象的医药卫生类报刊(不含面向大众的科普刊物)；

二、经征求有关部门意见，现研究确定中华内科杂志等164种报刊为第一批医药专业媒体(见附件)；

三、凡符合本通知第一条规定，未被列入第一批医药专业媒体目录的，可持样刊和国家新闻出版管理部门批准的国内统一刊号批件原件、广告经营许可证原件，向省、自治区、直辖市药品监督管理局申请，确定同意后、将样刊、批准统一刊号批件复印件及广告经营许可证复印件一并上报国家药品监督管理局。经国家药品监督管理局、国家工商行政管理局、新闻出版署予以审查批准公布。

四、大众媒体禁止发布的处方药广告中必须注明“仅限医药专业媒体发布”字样。

附件：第一批医药专业媒体名单(略)

二〇〇一年二月八日

国家广播电影电视总局 信息产业部 国家工商行政管理总局关于加强卫星电视广播地面接收设施及境外卫星电视节目广告管理的通知

广发社字[2001]247号

各省、自治区、直辖市广播影视局(厅)、信息产业主管部门、工商行政管理局：

根据国务院1993年发布的《卫星电视广播地面接收设施管理规定》(129号令)及其《实施细则》，个人不得安装和使用卫星电视广播地面接收设施；单位安装和使用卫星电视广播地面接收设施接收卫星电视节目，必须持有广播电视行政部门发放的《接收卫星传送的电视节目许可证》，并且只有三星级或国家标准二级以上的涉外宾馆等少数特殊业务需要的单位，方可申请接收境外卫星电视节目。

而最近一段时间，一些报纸、期刊等传媒不断刊登家用卫星电视广播地面接收设施和介绍境外卫星电视节目及其解码器的广告，违反了国家行政法规，助长了一些单位和个人家庭非法安装卫星电视地面接收设施的行为，在社会上对消费者起到了误导作用。为此，现就卫星电视广播地面接收设施及境外卫星电视节目的广告管理问题作如下通知：

一、禁止任何单位、个人通过各种媒介发布境外卫星电视节目专用解码器、境外卫星电视节目接收方法及境外卫星电视节目内容的广告。

二、除信息产业部批准的卫星电视广播地面接收设施生产定点单位，及省级以上(含省级)工商管理部门批准的卫星电视广播地面接收设施销售定点单位外，禁止其他单位和个人发布卫星电视接收天线、卫星电视高频头、卫星电视接收机(包括境内卫星电视节目专用解码器)的广告。

三、发布卫星电视接收天线、卫星电视高频头、卫星电视接收机和境内卫星电视节目专用解码器的广告，须持省级以上(含省级)工商部门发放的、证明该企业具备卫星电视广播地面接收设施销售资格的批准文件，或信息产业部发放的、证明广告中的产品是经批准生产的产品的批准文件，及广告样件，到拟发布广告地区的省级广播电视行政部门办理《卫星电视广播地面接收设施广告证明》(统一式样附后)。广告发布者查验《卫星电视广播地面接收设施广告证明》，核实广告内容后，方可发布广告。

四、经批准发布的卫星电视接收天线、卫星电视高频头、卫星电视接收机和境内卫星电视节目专用解码器广告，必须在广告词中以显著位置加入《卫星电视广播地面接收设施广告证明》文号和“安装和使用卫星电视广播地面接收设施，必须经广播电视行政部门批准”的字句(不得少于广告幅面的10%)；广告词中不能含有或隐含有“家用”、“可接收境外电视节目”等方面的内容。

五、未经国家广播电影电视总局批准，不得在各类展览展示会、影视节等活动中推销境外卫星电视节目接收设施及节目。

六、违反本规定发布广告的，由工商行政管理部门依据（广告法）第三十九条予以处罚。

七、自本通知下发之日起一个月内，各有关部门对本辖区内关于卫星电视广播地面接收设施及境外卫星电视节目的广告情况，组织一次全面检查，对不符合上述要求的，予以改正。

附件：《卫星电视广播地面接收设施广告证明》（略）

二〇〇一年三月二十二日

国家药品监督管理局 国家工商行政管理总局 关于国家药品监督管理局停止受理药品广告申请的通知

国药监市[2001]171号

各省、自治区、直辖市药品监督管理局，工商行政管理局：

目前，各省、自治区、直辖市药品监督管理机构已组建完毕，药品广告审查人员已基本确定，药品广告审查工作正逐步依法规范。为加强药品广告的审查监督管理工作，经研究决定，国家药品监督管理局自2001年5月1日起，停止保护期内的新药、境外生产的药品及利用重点媒介发布的药品广告的审查工作。现就有关问题通知如下：

一、国家药品监督管理局对2001年5月1日之前已经受理的广告申请应继续严格按规定审查，合格的核发药品广告审查批准文号，批准文号超过一年有效期后自然作废。国家药品监督管理局对经审查发布的在有效期内的药品广告要继续依法检查发布情况，发现违法发布要及时处理，并通知工商行政管理机关依法查处。

二、申请发布境外生产的药品广告，须由进口口岸药品检验所所在地省、自治区、直辖市药品监督管理局受理申请和审查。例如在青岛药品检验所检验进口即在山东省药品监督管理局受理审查，在广州市药品检验所检验进口即在广东省药品监督管理局受理审查。

三、原由国家药品监督管理局负责审查的16个药品广告重点媒介，仍不得发布地方药品标准收载的药品的广告。

各地药品广告审查机关必须认真查验药品质量标准文件，对于经批准的地方药品标准收载的品种广告，在审查批准意见和“计划发布媒介”栏中分别注明“不得在重点媒介发布”。

四、《药品广告审查办法》第五条第二款关于异地发布药品广告需换发广告审查批准文号的规定，各地仍应认真贯彻执行。

五、自2001年5月1日起，各省、自治区、直辖市药品监督管理局要将审查批准的广告审查表及该药品标准、说明书一并于15个工作日内上报国家药品监督管理局备案。

六、国家药品监督管理局今后要进一步采取有力措施，加大对各省、自治区、直辖市药品广告审查工作的指导、检查、监督工作力度，对各地审查工作存在问题的，要及时予以纠正。

二〇〇一年三月二十三日

国家药品监督管理局 国家工商行政管理总局 关于加强药品广告审查监督管理工作的通知

国药监市[2001]476号

各省、自治区、直辖市药品监督管理局，工商行政管理局：

新修订的《药品管理法》规定，处方药不得在大众传播媒介发布广告或者以其他方式进行以公众为对象的广告宣传。根据药品分类管理的实施原则和进展的实际情况，为切实贯彻《药品管理法》，现就有关问题通知如下：

一、关于处方药的广告

（一）自2001年12月1日起，各省、自治区、直辖市药品监督管理局停止受理和审批下列药品申请在大众媒介发布的广告，下列药品广告已经审批，且广告审查批准文号在有效期内的，自2002年2月1日起停止在大众媒介发布广告。

1. 非抗生素类抗感染处方药。

2. 激素类处方药。

3. 用于治疗心绞痛、高血压、肝炎、糖尿病的处方药。

（二）国家药品监督管理局和国家工商行政管理总局已确定的粉针剂、大容量注射剂、小容量注射剂、抗生素类处方药和已明确的其它品种仍不允许在大众媒介发布广告。

（三）根据我国首次批准上市的新药五年内不得参加非处方药遴选的规定，国家药品监督管理局对首次批准上市五年内的新药按处方药管理。决定1997年1月1日之后首次批准上市的新药自2001年12月1日起，各省、自治区、直辖市药品监督管理局停止受理和审批大众媒介广告。已经审批，且广告审查批准文号在有效期内的，自2002年2月1日起停止在大众媒介发布广告。上市满五年后，被确定为非处方药品种的，方可申请在大众媒介进行广告宣传。

（四）根据国家对药品分类管理品种的遴选进度，至2002年11月30日止，除已确定为非处方药的品种外，一律不得在大众媒介发布广告。

二、关于地方标准药品的广告

（一）地方标准的中药保健药品、中成药、化学药品正在整顿中，对不能上升为国家标准，已确定被淘汰的品种，要立即撤销药品广告批准文号，停止发布其广告。

（二）对整顿中的地方标准中药保健药品、中成药、化学药品，除已明确规定不得在大众媒介发布广告的处方药，自2002年4月1日起对不能提供上升为国家标准有效证明的品种，各省、自治区、直辖市药品监督管理局停止受理广告申请，对已取得广告批准文号并在有效期之内的广告，允许发布至2002年6月30日。2002年7月1日之后，地方标准品种禁止在任何媒介发布广告。

三、自2001年12月1日起，申请发布经遴选公布的非处方药品广告，广告主必须提供经国家药品监督管理局审定的非处方药药品使用说明书；各省、自治区、直辖市药品监督管理局对非处方药品广告内容的审查，必须以国家药品监督管理局审定的使用说明书为准。

四、各省、自治区、直辖市药品监督管理局要严格按本通知要求的时限，做好药品广告审查工作。2001年12月1

日之后,要对辖区内广告发布情况进行检查,发现违法发布广告的,要及时移送同级工商行政管理部门查处。

五、各级工商行政管理部门要加强对违法药品广告的监督查处,对违法发布药品广告的,按《广告法》查处。

二〇〇一年十一月五日

国家工商行政管理总局关于停止执行《商标评审规则》第三十四条、第三十五条的通知

工商评审字[2001]357号

根据全国人大常委会《关于修改(中华人民共和国商标法)的决定》(2001年10月27日第九届全国人民代表大会常务委员会第二十四次会议通过),自2001年12月1日起,当事人对国家工商行政管理总局商标评审委员会的决定、裁定不服的,可以自收到通知之日起三十日内向人民法院起诉。据此,停止执行《商标评审规则》(国家工商行政管理局令第37号)第三十四条、第三十五条规定。

国家工商行政管理总局商标评审委员会对于2001年12月1日前受理的重新评审申请,经审核申请事由不成立的,应当书面通知申请人;经审核申请事由成立的,应当撤销已经作出的决定、裁定,重新作出决定、裁定,并通知当事人。

现予公布施行。

二〇〇一年十二月七日

国家工商行政管理总局关于执行《中华人民共和国商标法》有关问题的通知

工商标字[2001]第374号

各省、自治区、直辖市、计划单列市工商行政管理局:

经第九届全国人民代表大会常务委员会第二十四次会议通过的《全国人民代表大会常务委员会关于修改(中华人民共和国商标法)的决定》已于2001年12月1日起施行,为了贯彻执行修改后的《中华人民共和国商标法》(以下简称《商标法》),特通知如下:

一、2001年12月1日(含12月1日)以后提出的商标注册、转让、变更、续展等有关商标注册事宜的申请、商标异议,国家工商行政管理总局商标局(以下简称商标局)依照修改后的《商标法》进行审查。2001年12月1日以前提出的商标注册、转让、变更、续展等有关商标注册事宜的申请、商标异议,商标局在2001年12月1日前尚未作出审查决定或者裁定的,依照修改后的《商标法》进行审查并作出决定或者裁定。

二、国家工商行政管理总局商标评审委员会(以下简称商标评审委员会)于2001年12月1日(含12月1日)以后受理的案件,依照修改后的《商标法》进行评审。商标评审委员会在2001年12月1日前受理的案件,且在2001年12月1日前尚未作出决定、裁定的,依照修改后的《商标法》进行评审并作出决定、裁定。

三、商标违法行为发生在2001年12月1日以前的,适用修改前的《商标法》处理;商标违法行为在2001年12月1日前发生,且持续到2001年12月1日以后的,按行为发生时间分别适用修改前、后的《商标法》处理。

自2001年12月1日起工商行政管理部门查处商标侵权案件行使修改后的《商标法》第五十五条所规定的职权。

二〇〇一年十二月二十一日

云南省人民政府关于公布云南省省直部门改革行政审批事项目录(第三批)的决定

(摘　登)

(2001年7月26日云南省人民政府第55次常务会议通过2001年8月17日云南省人民政府令第103号公布)

此次列入第三批清理的省政府24个部门,除7个部门目前对社会无行政审批事项外,共报审批事项428项,其中,取消93项、下放39项、备案9项、合并28项、转入服务职能46项、保留213项。取消精简率50.23%。

十二、省工商行政管理局取消的审批事项(12项)小轿车一次性审批下放的审批事项(8项)

1. 在省工商行政管理局登记注册的企业单独或共同出资设立的注册资金在500万元人民币以下(不含500万元)的公司登记。

2. 由在省工商行政管理局登记注册的企业出资设立的,经营地址在各地、州、市辖区内的分支机构登记

3. 在省工商行政管理局登记注册、经营地址在各地、州、市、县的股份有限公司和企业集团的年度检验

4. 个人独资企业注册登记

5. 个体工商户注册登记

6. 合伙企业注册登记

8. 中央驻滇单位、省属企业开办的商品交易市场登记

保留的审批事项(19项)

1. 省级管辖权限内的公司和非公司企业法人登记

2. 需在省工商行政管理局登记注册的各类企业单独或共同出资设立的注册资金在500万元人民币以上(含500万元)的公司或非公司企业法人登记

3. 由自然人出资,在昆明市五华、盘龙、西山、官渡等四区内经营的,注册资本在500万元以上(含500万元)的有限责任公司登记

4. 由在省工商行政管理登记注册的私营企业控股,与其他类型企业、社会团体、事业单位、自然人共同出资设立的有限责任公司、私营企业集团登记

5. 母公司在省工商行政管理局登记发照的企业集团,或由国家工商行政管理局授权省工商行政管理局登记的国家试点企业集团登记

6. 除属昆明、玉溪、德宏三地登记外的外商投资企业、外商投资企业分支机构的设立、变更、注销登记

7. 外国(地区)企业常驻代表机构的登记

8. 外国(地区)企业在中国境内从

事经营活动登记

9. 设立冠以“云南”行政区划名称的广告经营单位

10. 从事广告发布活动有省属媒介单位的资格

11. 在省属权限内临时性广告经营

12. 广告显示屏设置

13. 发布烟草广告

14. 自费出国留学中介服务广告

15. 在全省范围内发布的固定形式的印刷品广告登记

16. 印制烟草制品和人用药品的商标单位证书

17. 抵押物在云南省内,在省工商行政管理局登记注册企业的动产抵押物登记

18. 汽车、旧机动车交易验证

19. 省、地级人民政府举办的商品展销会登记或核转登记

保留的核准事项(4 项)

1. 冠以“云南”行政区划的企业名称

2. 外商投资企业名称预先核准登记

3. 对在省工商行政管理局进行登记、注册企业的年度检验

4. 商标印制业务管理人员资格

保留的审核事项(2 项)

1. 云南省著名商标认定

2. 设立外商投资广告企业

云南省人民政府关于废止2001年以前发布的部分规章的决定

(摘　登)

(2001年12月18日云南省人民政府第62次常务会议通过2001年12月18日云南省人民政府令第106号公布)

附件二

2001年以前公布的地方性法规、规章中已明令废止的规章目录(146件)

82　云南省经济合同管理暂行规定　云政发[1998]1997号　19881110

92　关于加强批发企业和批发市场管理的暂行办法　云政发[1989]188号　19891016

重要文件选载

云南省工商行政管理局转发国家工商总局《关于进一步加强对已取缔报废车辆拆解市场监管和打击非法拆解拼装车辆违法行为的通知》的通知

云工商公字[2001]37号

各地、州、市工商行政管理局：

现将国家工商行政管理总局《关于进一步加强对已取缔报废车辆拆解市场监管和打击非法拆解拼装车辆违法行为的通知》、《整顿和规范市场经济秩序工作简报(第137期)》转发给你们，请结合各地实际认真组织学习，从中吸取教训，进一步做好有关监管执法工作。

一、各地要在认真组织学习《通知》和《简报》的同时，重新组织学习《报废汽车回收管理办法》，进一步统一思想、提高认识。坚决克服麻痹松懈思想，积极配合有关部门，采取强有力的措施全面贯彻国务院的要求，防止走过场，真正抓出成效。

二、各地要对已经取缔了的报废车辆拆解市场进行全面复查。检查已取缔市场周围报废车辆回收行业、汽车维修行业及汽车零配件经营场地，发现违法交易的要严厉打击，坚决遏制任何回潮苗头。

三、近一步认真落实责任制和过错追究制度。对有法不依、执法不严、徇私枉法以及监管不力、工作失职、渎职的要从严处理，依法追究主要责任人和直接责任人及领导人的责任。

四、各地要在当地党委、政府的统一领导下，积极配合有关部门，齐抓共管、综合治理，采取有效措施全面落实《报废汽车回收管理办法》的有关规定，从根本上堵住利用报废车辆拆解拼装车辆违法行为的源头，维护正常的市场经济秩序。

请各地将此项工作的落实情况及时上报省局整顿办。

附件：工商公字(2001)第314号

二〇〇一年十一月二十七日

国家工商行政管理总局关于进一步加强对已取缔报废车辆拆解市场监管和打击非法拆解拼装车辆违法行为的通知

工商公字[2001]314号

各省、自治区、直辖市及计划单列市工商行政管理局：

坚决取缔报废车辆拆解市场，是今年整顿和规范市场经济秩序的一项重要任务。在全国整顿和规范市场经济秩序领导小组的统一领导下，经过各级工商行政管理机关的共同努力，这项任务已基本完成。但是，由于利益的驱动，有的不法分子仍顶风作案，继续从事较为隐蔽的报废车辆拆解和拼装活动，加之个别地方工商行政管理部门监管措施不力，从而导致个别地方报废车辆拆解市场死灰复燃。日前，国家工商行政管理总局组织查处的山西省夏县高家埝报废车辆拆解市场就是典型案例。

山西省夏县裴介镇高家埝村报废车辆拆解市场于1998年形成，共有50余户从事拆解拼装车辆活动，今年5月被依法取缔。但从9月下旬开始又死灰复燃，并形成一定规模市场。高家埝报废车辆拆解市场死灰复燃问题暴露后，引起了国务院领导的关注。国家工商行政管理总局高度重视，立即派出工作组前往调查处理，现已再次取缔了新形成的报废车辆拆解市场。同时对出现这一问题负有直接责任的夏县工商行政管理局及裴介镇主要负责人4人予以行政撤职处分。对当地政府、工商行政管理部门及有关部门的责任人员9人也依法依纪追究了其行政责任。

为进一步加强对已取缔报废车辆拆解市场监管，防止死灰复燃，坚决打击非法拆解、拼装车辆违法行为，现就有关问题通知如下：

一、吸取教训，提高认识。各级工商行政管理部门要对报废车辆拆解市场死灰复燃问题予以高度重视，进一步提高认识。要从夏县事件中吸取教训，举一反三，认真反思，坚决克服麻痹松懈思想。要采取切实有效措施，把国务院和国家工商行政管理总局就此项工作提出的要求落到实处，防止走过场，真正抓出实效。

二、立即对已取缔的报废车辆拆解市场全面进行复查。重点检查原取缔市场周围地区的报废车辆回收行业、汽车维修行业及汽车零配件经营场点。同时，对零散、新的交易场点，对转移、隐匿报废车、拼装车和废旧车零部件进行地下暗中交易的，要依法严厉打击。还要加强日常的市场巡查，认真履行职责，及时查找隐患，坚决遏制任何回潮苗头。

三、进一步落实责任制和过错追究制度。在取缔报废车辆拆解市场和打击非法拼装汽车行为工作中，各级工商行政管理机关要真正负起责任，层层建立责任制，将责任落实到人。对有法不依、执法不严、徇私枉法，以及监管不力、工作失职或者渎职的，必须从严进行处理，依法、依纪追究当地工商行政管理机关主要责任人和直接责任人以及其上级机关有关领导的责任。

四、加强信息反馈和情况沟通，搞好协调配合。各级工商行政管理机关要积极向当地政府请示汇报，及时报告日常监管工作中发现的新情况、新问题，在当地党委和政府的统一领导下，协调各相关职能部门，齐抓共管，综合治理，采取有效措施，坚决贯彻落实国务院《报废车辆回收管理办法》，从根本上堵住利用报废车辆拆解拼装牟利的市场源头。

五、加强对经营者的法制宣传教育。要结合贯彻落实国务院《报废车辆回收管理办法》，积极向经营者宣传国家有关取缔报废车辆拆解市场和打击非法拼装车辆的法律法规，使经营者充分认识非法拆解、拼装车辆问题的严重性，提高认识，依法经营。同时，要抓住典型案例，严肃处理，予以曝光，增强法律的威慑力，为从严打击非法拼装车辆违法犯罪活动创造一个良好的执法环境。

请各地将此项工作的落实情况及时报告国家工商行政管理总局。

二〇〇一年十一月六日

云南省工商行政管理系统关于开展严厉打击传销专项整治行动方案

云工商公字[2001]34号

各地、州、市工商行政管理局：

最近，国务院和规范市场经济秩序领导小组召开了严厉打击传销、整顿和规范建筑市场加强税收管理电视电话会议，把打击传销和变相传销违法活动作为下一阶段整改和规范市场经济秩序的一项重点工作进行部署，国务院办公厅同时下发了《关于开展严厉打击传销专项整治行动的通知》。为认真贯彻电视电话会议和国务院办公厅通知精神，根据国家工商行政管理总局的统一安排部署，经云南省工商行政管理局党组会议研究，决定从现在起，在全省范围内开展工商行政管理系统严厉打击传销专项整治行动。各级工商行政管理机关要认真学习领会李岚清副总理在电视电话会议上的讲话和国务院办公厅《关于开展严厉打击传销专项整治行动的通知》，立即在所辖区域内组织开展打击传销专项整治行动，坚决把传销和变相传销回潮蔓延势头打下去。

一、任务目的

在国家工商行政管理总局的统一指导下，在各级党委、政府的领导下，与公安、人民银行、经贸、民政等有关部门密切配合，协同作战，特别是要主动配合公安机关集中力量、集中时间，开展严厉打击传销违法犯罪活动的“秋风战役”行动。迅速摸清情况，确定重点，坚持重点打与面上查相结合，坚持打与防相结合，坚持严打首犯与教育挽救协从人员相结合的方针，查处一批传销和变相传销案件。同时，加大传销和变相传销行为社会危害性的宣传力度，教育广大群众，使之提高遵守国家法律、法规的自觉性，提高自我保护意识，自觉抵制、揭露和批判传销和变相传销违法活动，营造良好的执法、守法氛围，从而从根本上祛除传销和变相传销这一影响政治稳定、经济发展的毒瘤。

二、打击对象

鉴于传销和变相传销违法活动涉及地域广、参与人员多，情况十分复杂，各地在整治行动中，要坚持打击少数、教育多数的原则，严格掌握法律法规和政策界限。重点打击对象为：

1. 专业从事传销或变相传销活动的企业；

2. 传销组织在各地的分支机构；

3. 各种地下传销组织和地下传销活动；

4. 各地在此次专项整治活动中，查获的传销或变相传销企业或组织的负责人或组织者，要及时移交司法机关依法处理。

三、组织领导

按照国务院领导同志的指示，国家工商行政管理总局已成立了打击传销和变相传销专项整治行动领导小组，下设办公室，具体负责组织、指导全国工商行政管理系统打击传销和变相传销工作。全省各级工商行政管理机关也应设立相应组织机构及人员，实行“一把手”负责制，层层落实辖区责任制和过错追究责任制，结合当地实际，制定详实周密的行动计划，确保打击传销和变相传销专项整治行动取得明显成效。

四、阶段安排

1. 调查摸底阶段。各地在接到通知后要立即抽调精干力量，开展调查摸底工作，积极动员各方面力量，广泛发动群众，寻找和发现案件线索，密切掌握当地传销和变相传销活动的情况，确定一批重点打击的对象。

2. 重点打击阶段。在摸清情况的基础上，迅速开展查处打击工作，在查处中以重点案件为突破口，争取社会各方的支持，运用多种办案手段，集中力量开展工作，特别是要采取“端窝点，抓头目，封账号，吊执照”等一系列强有力措施和手段，认真查处一批大要案件，抓获一批犯罪分子，追缴一批赃款赃物。同时，要注意发现线索，严查深挖，彻底摧毁传销和变相传销的各种组织网络，防止其死灰复燃。在这次专项整治活动中，各地要加强上下级之间联系和相关部门之间的协调配合，要把重点打击与公安部门正在开展的“秋风战役”有机地结合起来，形成“一方办案，八方支援”的合力，切实加大查处和打击力度。

3. 清理善后阶段。各地在抓好对传销违法活动查处工作的同时，应积极、稳妥地配合有关部门切实做好疏散、遣送传销人员等善后工作，以便防止聚众上访、闹事等群体性事件的发生。各地工商行政管理机关应与公安等部门建立长期的情况通报、信息共享等协作机制，巩固打击成果。同时，要注意做好案卷的归档和暂扣（封存）财物的处理等工作，避免出现程序上的失误。

五、宣传教育

在开展打击传销和变相传销专项整治行动的过程中，各地要加大对传销和变相传销活动社会危害性的宣传力度，启发教育广大群众要象揭批“法轮功”那样，彻底揭露和批判传销和变相传销活动坑人、害人的本质，彻底与传销和变相传销活动决裂；要从维护广大人民群众切身利益出发，加大舆论宣传的力度，提高广大人民群众的自我保护意识，彻底铲除其赖以生存的土壤。为此，各地要加强与新闻媒体的联系，充分发挥新闻媒体的作用，通过在电台、电视节目中播出专题节目；在报刊上开辟专栏，在墙报、黑板报上建立宣传栏等各种形式，进一步扩大宣传，教育广大群众提高自我保护意识，自觉抵制、揭批传销和变相传销违法活动。

六、信息反馈及报告制度

各地要注意及时掌握辖区内传销活动的动态和打击传销工作的进展情况。各地、州、市工商行政管理局要做好打击传销工作信息情况和数据资料的收集、汇总、上报工作。各地应在每月10日、25日将情况上报省局。省局联系电话：(0871)4130758，传真：(0871)4143120。重大案件及其他有关重要情况随时上报。

二〇〇一年十一月十日

云南省工商行政管理局 云南省盐务管理局 关于贯彻落实《云南省盐业管理条例》有关条款在具体执行中的规定

云工商发[2001]24号

各地、州、市、县工商行政管理局、盐务管理局(办、处、所)，各盐矿、各级盐业公司及食盐代转批单位：

根据省人民政府办公厅《关于加强食盐专营工作，开展打击非法加工经营食盐专项行动的通知》(《内部明电》云府办电93号)的要求，经省工商行政管理局与省盐务管理局共同研究，并报经省政府同意，现对认真贯彻落实《云南省盐业管理条例》第七条、第十四条、第十六条的规定，在具体执行中提出以下具体规定和要求，请认真贯彻执行。

一、对贯彻落实《云南省盐业管理条例》第七条的具体执行规定

国务院公布的《食盐专营办法》明确规定：“国家对食盐实行定点生产制度。非食盐定点生产企业不得生产食盐”。凡食盐生产的企业，必须持食盐生产《卫生许可证》和《食盐定点生产企业许可证(证书)》(以下简称“两证”)方可到工商行政管理机关办理企业注册登记，工商行政管理机关应在所核发的营业执照经营范围栏目注明“食盐”字样。

对“两证”不全或过期失效的企业，工商行政管理机关不予核发营业执照或不予年检。

对非食盐定点生产企业，工商行政管理机关不得在营业执照的经营范围栏目注明“食盐”和“盐产品”字样。

对擅自生产锅盐，利用盐土、硝土和工业废渣、废液生产、加工食盐的单位或个人，各地工商行政管理机关一律不得核发营业执照，并按《云南省盐业管理条例》规定，由当地盐业管理部门进行查处。

二、对贯彻落实《云南省盐业管理条例》第十四条的具体执行规定

《食盐专营办法》明确规定：“国家对食盐批发实行批发许可证制度。未取得食盐批发许可证的，不得经营食盐批发业务”。凡从事食盐批发业务的企业，必须持有《食盐批发许可证》方可到工商行政管理机关办理企业登记或参加年检，工商行政管理机关应在所核发的营业执照经营范围栏目注明“食盐及其他盐产品批零兼营”字样。

对受食盐批发企业委托的食盐代理批发企业，必须申领《食盐代(转)批发许可证》后方可到工商行政管理机关办理企业登记或参加年检。工商行政管理机关应在所核发的营业执照经营范围栏目注明“食盐代理批零兼营”字样。

对无《食盐批发许可证》或《食盐代(转)批发许可证》的，或者“证”已过期失效的企业，工商行政管理机关不予核发营业执照或不予年检。

三、对贯彻落实《云南省盐业管理条例》第十六条的具体执行规定

对经营食盐零售的单位和个人，应当持卫生部门核发的经营卫生许可证和工商行政管理机关核发的营业执照，向县以上盐业主管机构申办食盐零售许可证。

无食盐零售许可证的单位或个人，一律不得经营食盐。

已取得食盐零售许可证的单位或个人，不得经营不符合食盐标准的盐产品。违者，由盐政管理机构按有关盐业法规处罚，直到取消其食盐零售资格。

经营食盐零售的单位或个人，应当从食盐零售许可证上注明的食盐批发企业或代(转)批发企业购进食盐，并在规定的范围内销售。

食盐零售许可证由省盐务管理局统一监制，各地、州、市盐务管理局(办公室、盐政管理处)审核发放。核发食盐零售许可证的有关盐业管理部门，应加强对食盐零售许可证的监管，每两年进行一次审验，对不符合条件要求或不需要设立网点的，不予核准或换发食盐零售许可证。

四、各地工商行政管理部门和盐业管理部门应主动加强工作联系，相互支持，密切配合，沟通信息，交流情况，共同加大涉盐违法案件的查处力度，打击非法加工经营食盐的违法行为。对情节严重触犯刑律的案件，移交司法机关处理。

二〇〇一年七月十一日

云南省工商行政管理局转发国家工商行政管理总局《关于进一步加强市场监督管理加大打击假冒伪劣违法行为的若干措施》的通知

云工商消保发[2001]14号

各地、州、市工商行政管理局：

现将国家工商行政管理总局《关于进一步加强市场监督管理 加大打击假冒伪劣违法行为的若干措施》(工商消字[2001]第301号)转发你们，望认真组织学习并结合本地实际贯彻执行。

附：工商消字[2001]第301号

二〇〇一年十二月十八日

国家工商行政管理总局关于印发《关于进一步加强市场监督管理加大打击假冒伪劣违法行为的若干措施》的通知

工商消字[2001]第301号

各省、自治区、直辖市及计划单列市工商行政管理局：

现将《关于进一步加强市场监督管理加大打击假冒伪劣违法行为的若干措施》发给你们，请各地结合实际情况认真贯彻执行。

二○○一年十月十五日

关于进一步加强市场监督管理加大打击假冒伪劣违法行为的若干措施

为切实履行市场监督管理和行政执法的重要职责，加强市场监督管理，加大打击假冒伪劣违法行为的力度，保护经营者、消费者的合法权益，维护市场经济秩序，促进经济健康发展，现提出如下措施：

一、突出重点，适时开展打假专项整治工作

1. 各地应根据市场秩序的状况，针对假冒伪劣问题突出的重要商品，制定整治方案，集中力量，有组织、有计划地开展打假专项整治工作。当前，要以国务院所确定的食品、药品、农资、棉花和拼装汽车为重点，继续抓好市场经济秩序的整顿和规范工作。

2. 加强对区域性制假产地、城乡批发市场、商标和包装印制行业以及货物托运业的重点整治，标本兼治、着力治本，查处、教育、规范、扶持相结合，堵住制假售假的源头。

3. 发挥生产企业掌握案件线索和识假辨假的优势，继续开展与企业联手打假维权行动。进一步健全与企业联手"打假维权网络"，把被假冒严重的名优企业纳入协作网络。健全企业申诉举报受理制度，及时组织查处有关违法案件；健全案件处理结果反馈制度，依法支持企业追偿索赔；落实定期联系和走访制度，加强与网络成员企业的情况交流。认真总结与企业联手打假维权工作的经验，研究解决工作中存在的问题，加大工作的力度，保护企业的合法权益，促进企业的发展。

二、强化日常监管，全面推行市场巡查制度

1. 全面推行市场巡查制度，及时查处制假售假、非法经营、欺诈消费者等违法行为。实施市场巡查制度以基层工商所为主，分组划片（区域），责任到人，有组织、有计划地对辖区内经营户和交易场所进行普遍巡查。县（市、区）工商行政管理局应组织人员定期或不定期地对集中交易市场和主要商业街区进行重点巡查，并对基层工商所市场巡查工作进行督查。

2. 各地应健全市场巡查职责、巡查内容、工作程序、考核标准等巡查制度。严格市场巡查记录制度，建立与"经济户口"管理相配套的市场巡查工作档案，规范市场巡查工作行为。

3. 进一步落实基层工商所辖区责任制。在巡查中对一般违法违章行为和简单消费争议，应现场即时查处和解决；对严重违法行为和复杂消费争议需要立案调查的，按有关办案程序处理。对不认真履行职责，巡而不查，查而不究的，实行"不作为"追究制度。

三、完善监管方式，实施商品质量监督抽查制度

1. 实施商品质量监督抽查制度，是加强流通领域商品质量监督管理的主要方式。国家工商行政管理总局制定《商品质量监督抽查暂行办法》（见附件），并统一组织全国范围的商品质量监督抽查工作；各省（自治区、市）工商行政管理局，可依据《商品质量监督抽查暂行办法》，结合实际，制定具体办法，组织本地区的商品质量监督抽查工作。

2. 抽查的重点是那些涉及消费者人身、财产安全的商品以及消费者申诉举报比较集中的商品。抽查的内容是对商品内在质量进行检测，同时，依据工商行政管理法律、法规对商品外在标示进行检查（包括商标、包装装潢、商品标识等）。抽查商品质量的检测工作委托国家法定的质量检测机构实施。

3. 抽查工作每季度进行一次，抽查结果由组织商品质量监督抽查的工商行政管理机关向社会公布。对抽查中发现的违法单位和个人，各地工商行政管理机关要及时组织查处。

四、加大执法力度，完善大案要案的查处工作制度

1. 各地要充分发挥省以下工商行政管理机关实行垂直领导管理体制的优势，集中力量，继续狠抓大案要案的查处工作。强化大案要案的排查和督办工作制度，排除地方保护主义干扰，加大办案力度，对立案查处的案件要一查到底。

2. 上一级工商行政管理机关要发挥在大案要案查处工作中的组织协调作用。各地对跨省、跨地区的大案要案应加强协调配合，提高办案效率。严格执行案件上报备案制度，重大案件要及时报送国家工商行政管理总局备案。

3. 依据《国务院关于行政执法机关移送涉嫌经济犯罪案件规定》，积极会同公安部门制订有关移送的具体程序，密切协作配合。对查办案件中发现涉嫌构成刑事犯罪的案件，坚决移送公安部门，不得以行政处罚代替追究刑事责任；对公安部门移送来的经济案件，按程序受理，依法处理。

五、采取有效措施，建立市场经营主体信用监督制度

1. 实施市场经营主体违法行为备案制度。要把市场经营主体从事违法违章行为，通过建立档案形式，记录在案。已实行计算机网络管理的地方，要把市场经营主体违法行为记录纳入信息监管系统，建立市场经营主体信用预警机制。

2. 实施市场经营主体违法行为公示制度。对在日常监管工作中查处的各种违法违规行为，在市场经营主体的营业场所或适当的范围予以公布，以惩戒违法者，警示其他经营者。

3. 实施违法市场经营主体重点监管制度。各地应对违法市场经营主体进行分类排队，对严重违法或多次出现轻微违法的市场经营主体实施重点监管，并视情况，依法采取限制经营范围、不予年检等限制市场准入措施。

六、以“12315”为依托，建立社会监督举报信息网络

1. 进一步完善“12315”“一个中心、三级执法”消费者权益保护执法网络。地级以上城市都要建立“12315”消费者申诉举报(指挥)中心，切实做好申诉举报的受理、分流、督办、汇总分析工作。市局、分局(县)、基层工商所上下联动，有关职能科室相互配合，共同做好消费者权益保护工作。

2. 进一步完善与相关行政执法部门的维权协作网络。“12315”消费者申诉举报中心接到的属于其他行政执法部门职权范围的申诉举报，要及时移送；其他行政部门移送的属于工商行政管理部门职权范围的申诉举报，要及时处理。

3. 进一步完善“12315”消费者申诉举报社会监督网络。把“12315”消费者申诉举报网络扩展和延伸到各大型市场、主要商业街、城市社区、农村乡镇，广泛建立保护消费者权益联络点和举报信息员联系网络。认真做好“打假维权进社区(村镇)”的工作。制定和完善对制假售假案件举报人奖励办法，鼓励和动员广大人民群众参与打假治劣和保护消费者权益的工作。

4. 进一步加快“12315”消费者申诉举报系统信息化建设。以国家工商行政管理总局统一开发的“12315”软件为基础，逐步建立全国消费者申诉举报计算机网络处理系统。有条件的地方也可开辟网上消费者申诉举报。重视和加强申诉举报处理信息的分析研究，定期向社会公布维权情况和假冒伪劣案件，及时发现侵害消费者权益和制假售假活动新的动态，采取相应对策和行动。

七、发挥“打假维权满意街”示范作用，严格规范各类市场经营主体行为

1. 在当地政府的领导下，与有关部门协作配合，继续深化创建“打假维权满意街”活动。通过办培训班等形式，向经营者宣传工商行政管理法律法规，促使经营者守法经营、文明经商。强化执法检查，严格查处侵害消费者权益案件，打击经销假冒伪劣商品等经营违法行为，及时调解消费纠纷。严格创建和考核验收标准，通过命名表彰，大力宣传创建工作的先进单位，推动创建活动的深入开展。

2. 发挥“打假维权满意街”的示范作用，严格规范各类市场经营主体的行为。指导、监督各类市场经营主体建立进货索票(证)制度，验明商品来源渠道、合格证明以及法定标识；严格出库、上柜等内部管理制度，保证商品的质量；完善售后服务制度，落实国家“三包”规定和向消费者的承诺；健全消费争议处理制度，自觉维护消费者的合法权益。推行市场主办者责任制，加强对市场主办者的监管。

3. 发挥社会团体和新闻媒体在打假维权工作中的作用。指导个体劳动者协会、私营企业协会继续深入开展“户户讲道德、店店无假货”活动，教育个体私营业户做到“不掺假、不制假、不售假”。支持消费者协会对商品和服务进行社会监督，维护消费者合法权益。利用新闻媒体的舆论监督作用，宣传打假维权的成效，曝光典型案件，震慑违法犯罪分子。

八、加强组织领导，提高执法队伍素质

1. 加强对打击制售假冒伪劣商品违法行为工作的组织领导，主要领导要亲自抓，实行行政首长负责制；加强工商行政管理机关内部各职能部门的组织协调，消费者权益保护、公平交易、市场、商标、广告等业务部门各负其责，互相配合。

2. 进一步建立健全各级打假目标责任制，实行属地管理的原则，确保辖区内不发生严重危害消费者权益和国家利益的制假售假案件。要建立打假奖惩激励机制和执法监督机制，对打假查案有功的办案人员要给予奖励；对工作不力、失职、渎职和滥用职权，特别是与制假售假分子相互勾结，包庇、纵容制假售假违法犯罪分子的领导干部和有关责任人，要追究其法律责任。

3. 为了适应流通领域商品质量监督管理和打假工作的需要，各地工商行政管理机关都要建立或确立一支综合执法专门队伍，具体负责制假售假等经济违法案件的查处工作。要选配素质好的执法人员，保证所需的办案经费，配备相应的交通、通讯等办案工具。

4. 大力加强执法队伍的岗位培训和知识更新培训，提高执法人员的政治、业务素质，积极掌握和运用先进科技监管手段，增强履行岗位职责的能力，树立廉洁、公正、文明执法的良好形象。

附件：《商品质量监督抽查暂行办法》

商品质量监督抽查暂行办法

为了进一步加强流通领域商品质量的监督管理，打击经销假冒伪劣商品的违法行为，规范商业企业的经营行为，保护消费者的合法权益，依据国务院赋予工商行政管理机关流通领域商品质量监督管理的职能和《中华人民共和国消费者权益保护法》、《中华人民共和国产品质量法》等有关法律法规，制定本办法。

一、抽查的组织

商品质量监督抽查，由国家工商行政管理总局统一规划和组织，委托法定的产品质量检验机构，对各类商品交易场所经销的商品质量进行抽查，将抽查结果如实地向社会公布，并对抽查中发现的违法行为，依法进行处理。

二、抽查的范围

(一)商品：

1. 可能危害人体健康和人身、财产安全的商品。

2. 与人民群众衣、食、住、行密切相关的商品。

3. 消费者、有关组织投诉问题比较集中的商品。

4. 工商行政管理机关认为需要抽查的商品。

(二)场所：

1. 有固定场地、设施，进行商品交易活动的各类场所，包括综合、专业市场，大中型批发、零售企业。

2. 提供商品的各类服务消费场所，包括宾馆、饭店、美容美发店等。

三、抽查的内容

(一)商品进货凭证。

(二)商品的注册商标。

(三)商品标识。

1. 商品检验或检疫合格证明。

2. 中文标明的、真实的商品名称、生产厂厂名和厂址。

3. 需要标明商品规格、等级、所含主要成份的名称和含量的,用中文相应予以标明。

4. 限期使用的商品,在显著位置清晰地标明生产日期和安全使用期或者失效日期。

5. 使用不当,容易造成商品本身损坏或者可能危及人身、财产安全的商品,有警示标志或者中文警示说明。

6. 认证标志、名优标志等质量标志。

(四)是否在商品中掺杂、掺假,以假充真、以次充好或者以不合格商品冒充合格商品,是否销售失效、变质的商品。

(五)说明书及其他宣传资料是否符合商品的实际状况。

(六)是否销售国家明令淘汰的商品。

(七)法律法规规定的其他情况。

四、抽查的程序

(一)制定计划。国家工商行政管理总局根据市场状况和监管工作需要以及有关行业主管部门及检验机构的建议,制定每年或每季度的抽查计划。计划的内容包括:

1. 确定抽查商品的品种和内容。

2. 确定抽查的地点和场所。

3. 确定承检单位。承检单位应当是依法设置或依法授权的商品质量检验机构。

(二)制定抽查方案。承检单位根据抽查计划制定具体抽查方案,包括:明确检验项目、检验标准、检验方式、合格界限和综合判定原则;确定抽样数量、地点、方法和运送方式;时间安排和经费预算等。

(三)国家工商行政管理总局对承检单位的具体抽查方案进行审批,并向承检单位下达《商品质量监督抽查任务书》和《商品质量监督抽查通知书》。

(四)承检单位依据抽查方案组织实施抽查。承检单位抽查人员持《商品质量监督抽查通知书》及相应资格或身份证明证件,直接到商品经销单位以购买的方式抽取样品。抽样过程要有详细记录,抽查人员和被抽查对象应当在《商品质量监督抽查工作单》上签字、盖章;被抽查对象是市场的,市场主办单位负责人也要在抽查工作单上签字、盖章。被抽查单位拒绝或拖延抽查的,抽查人员可持抽查任务书,请求被抽查单位所在地工商行政管理机关予以协助。被抽查单位仍然拒绝或拖延抽查的,应当在媒体上予以曝光,情节严重的,依据《产品质量法》第五十六条的规定予以处罚。

抽查的商品应当在经营场所或仓库内随机抽取。抽样数量除要保证满足检验之需外,还要保留备份样品。对同一商品同一场所的抽查,在同一季度内不得重复进行。

商品抽查不得向被抽查对象收取检验费。被抽查对象对商品检验结果有异议,申请商品复查检验的,其样品和检验费用由申请复查检验的单位支付。

(五)样品确认。承检单位在抽样结束后,应将《商品质量监督抽查工作单》留给经销单位一份,寄生产企业一份,寄经销单位所在地省工商行政管理局一份,寄国家工商行政管理总局消保局一份。生产企业认为样品不是本企业生产的,应在15日内提供足够的证据;商品经销单位应提供该样品的进货凭证及供货单位真实的名称、地址。

(六)抽查结果判定。承检单位要严格遵照有关标准进行检验判定,检验数据和综合判定应当准确无误。对被抽查的商品是否存在假冒商标、虚假宣传或者虚假表示等违法行为,由承检单位提出意见后,由国家工商行政管理总局依法予以认定。

(七)抽查结果反馈。承检单位在样品检验结束后,应当将《商品质量监督抽查检验结果通知书》分送有关被抽查的对象,包括商品经销单位和生产企业。被抽查的对象对抽查结果有异议的,应在接到通知书之日起15日内,向承检单位提出书面意见。逾期未提出异议的,视为承认检验结果。承检单位收到被抽查对象的书面意见,应当在10日内作出书面答复,并抄报国家工商行政管理总局。

(八)综合汇总分析和报告。承检单位要对检验结果进行汇总,对不合格项目要分析原因,按要求写出抽检工作总结报国家工商行政管理总局。

(九)抽查结果公布。国家工商行政管理总局根据各承检单位的总结,拟出商品质量监督抽查通报和说明,并通过媒体向社会公布。

抽查情况未经国家工商行政管理总局领导批准,任何单位和个人不得向外界透露。

(十)违法行为处理。对抽查中发现的违法行为,相关地工商行政管理机关,依照《中华人民共和国消费者权益保护法》和《中华人民共和国产品质量法》及其他有关法律法规的规定进行处罚;对严重危害人民群众生命、财产安全的不合格商品,要依法严肃处理。

五、抽查的经费

国家工商行政管理总局安排的商品质量监督抽查所需费用,由国家财政拨款。

六、抽查的要求

1. 严格按照商品质量监督抽查的计划和工作方案组织抽查。商品质量监督抽查每一步都要周密组织,精心安排,严谨细致,切实搞好。

2. 严格依据法律、法规对产品质量的规定和产品所执行的标准组织抽查。保证抽查结果真实、可靠。

3. 严格遵守商品质量监督抽查的纪律和规定。参与抽查的工作人员,对抽查目录和被抽查单位要严守秘密,不徇私情。对于抽查人员玩忽职守、滥用职权、徇私舞弊的,要严肃处理。检验机构应及时、准确地向被抽查对象反馈结果,如实地上报抽查情况;对虚报、瞒报商品质量监督抽查结果的,在媒体上通报批评;情节严重的,追究有关领导人的责任。

4. 被抽查单位要积极配合抽查工作,不能以任何理由和形式设置障碍,对影响抽查工作正常进行的单位和个人,要追究责任。被抽查单位不得以抽查结果作为商品广告的依据。

各省、自治区、直辖市工商行政管理局可以参照本办法,结合实际,制定具体办法,组织本行政区域内的商品质量监督抽查工作。

云南省工商行政管理机关2001年“扫黄”“打非”集中行动方案

云工商公字[2001]13号

省政府办公厅：

根据省人民政府2001年重点工作任务项目分解和国家工商局2001年“扫黄”“打非”集中行动方案要求，为充分履行工商行政管理机关的职能，加大“扫黄”“打非”工作力度，持续有效地抓好这项工作，出色地完成政府交给的任务，现就今年的工作提出如下实施方案。

一、主要任务

根据国家法律、法规的授权和省人民政府的部署，工商行政管理机关在“扫黄”“打非”工作中的主要任务是，加大专项治理力度，强化日常监督，坚决查处非法出版物，严厉打击盗版盗印和光盘私货交易活动，加强对娱乐场所的监督管理。

按照国家工商局的部署和省人民政府的要求，结合我省实际，省局决定在今年5—6月和10—11月分别组织两次集中整治行动，重点打击出版和销售政治性非法出版物和淫秽色情出版物的违法活动，以及盗版盗印和光盘私货交易活动。具体任务是：

（一）全面清理各种出版物市场。

凡未经省级主管部门批准，擅自设立的书报刊和电子出版物批发市场、音像制品批发市场要一律取缔。对已经批准开办的市场，要严格检查是否办理了市场登记；市场开办单位是否建立相应的规章制度和监督措施；市场内经营出版物的单位、门市、摊点是否持有营业执照，并在核准的经营范围内经营，是否暗地销售政治性非法出版物和淫秽色情出版物。

（二）全面清缴非法出版物，重点查缴以下品种：

1. 政治性非法出版物。要重点查缴政治性非法图书和音像制品，发现一本查处一本。同时要加强对刊登禁载内容的小报小刊的查缴。在少数民族聚居地区，要注意坚决、妥善地查缴煽动民族分裂的非法出版物。要继续查缴“法轮功”类出版物，气功类非法出版物，其他宣扬伪科学、愚昧迷信的非法出版物。

2. 淫秽色情出版物。尤其要坚决查缴腐蚀性大的淫秽光盘，对日本淫秽卡通画册和64开本口袋本等新品种要露头就打。

3. 盗版出版物，特别是盗版教材和教辅读物，盗版光盘和名书名刊名影视作品的盗版品。

（三）严厉打击盗版盗印活动，摧毁制售非法出版物和非法电子出版物窝点。

要从清理检查市场中发现的线索入手，追查委印、委制人，追究印刷和复制源头，摧毁非法出版物的生产窝点。同时，要继续清查和取缔无证照印刷企业。要依法加大对违规印刷、复制企业的查处力度，直至吊销印刷、复制营业执照，没收其工具、设备，对构成犯罪的，移送司法机关处理。

二、几点要求

各级工商行政管理机关要牢固树立政治意识、责任意识、大局意识，务求实效，狠抓落实，把“扫黄”“打非”工作真正落到实处。

（一）各级工商行政管理机关要结合实际，制定出具体的行动方案，明确任务和要求。要突出对出版物市场经营主体及其经营行为加强监管这一重点，坚决取缔无照非法经营，对违规情节严重或屡教不改的经营业主，要坚决吊销其营业执照。要加大对游动商贩的治理力度，加强对机场、车站、码头等交通枢纽的检查。要重点对大中小学校园内部及周边的非法出版物摊点进行集中清理。

（二）实行辖区管理目标责任制，加强日常监管。

各地要结合今年的机构改革和推行“小局大所”的监管机制，积极探索新的行之有效的监管模式。要在摸清本辖区出版物经营情况的基础上，结合辖区经济户口管理，实行辖区内出版物管理目标责任制，把任务分解到人。要与辖区内的出版物经营主签定不制售非法出版物、淫秽色情出版物的责任状，规范市场主体行为，打防结合，标本兼治，强化市场管理和监督。要认真分析出版物市场管理中存在的薄弱环节，加强制度建设，完善监管措施，使出版物市场的管理工作经常化、规范化、制度化。

（三）加强信息交流，及时掌握动向。

各地要主动地与宣传、出版、公安、文化等相关部门取得联系，沟通情况，及时了解和掌握“扫黄”“打非”工作动态，了解应查缴的非法出版物和色情淫秽出版物的名录，使工作更有针对性。积极向当地党委、政府的“打非”“扫黄”工作机构汇报情况，求得领导和支持。要加强上下之间的沟通和联系，注意总结系统“扫黄”“打非”工作经验和成果，及时将辖区内集中行动的进展情况及大要案件查处情况，逐级上报。

二〇〇一年三月二十八日

云南省工商行政管理局关于开展整顿和规范市场经济秩序工作的通知

云工商发[2001]12号

为认真贯彻落实全国、全省整顿和规范市场经济秩序工作会议精神，切实履行工商行政管理机关在发展社会主义市场经济中的职责，根据国家工商行政管理总局和省政府的部署，现将我省工商行政管理系统整顿和规范市场经济秩序工作有关问题通知如下：

一、目标要求

经过一年左右的集中整治，使非法生产经营活动得到明显遏制；大案要案得到揭露和处理；触犯刑律的犯罪分子得到惩处；有关法律、法规得到进一步完善；执法队伍和执法力度得到加强；市场经济秩序得到进一步改善和规范；人民群众对整治结果感到基本满意。

二、主要任务

整顿和规范市场经济秩序，要坚持深化改革与加强法制并举的指导思想，标本兼治，边整边改，着力治本。要把握三条原则：一是既要做好长期斗争的思想准备，又要抓紧解决当前的突出问题。特别是要抓住一批严重干扰市场经济秩序的大案要案，加大打击力度，形成高压态势,尽快遏制经济领域中违法犯罪猖獗和蔓延的势头。二是既要全面推进,又要突出重点。市场经济秩序混乱问题涉及经济和社会生活的方方面面,必须全面部署,综合治理。首先要解决直接关系群众切身利益、社会反映强烈的重点领域和突出问题,以重点问题的突破带动全面工作的推进。三是既要治标,又要治本。要从体制、机制和制度上查找漏洞,通过深化改革、转变职能、调整机构、加强管理、建章立制、严肃执法等措施,从根本上解决这些问题。同时,也要从当前的具体实际出发加大治标力度,从重从快打击那些影响恶劣、危害严重的违法犯罪活动,从而为治本创造条件。各级工商行政管理机关要按照国务院、省政府关于切实强化对市场准入行为、市场交易行为、市场竞争行为和市场监督执法行为的规范管理,促进全国统一、公平竞争、规范有序的市场体系的建立。

(一)开展"清理无照经营"行动,以查处违法违章经营为重点,大力整顿和规范市场主体准入行为

1. 全面开展企业前置审批的复查工作,加强对重点行业企业档案的清理,重点清理食品、药品、易燃易爆品、农资、粮食等产品的不符合法定条件的生产经营企业;

2. 重点治理和规范从事歌舞娱乐、电子游戏、网吧、桑拿按摩、录像放映等经营的企业;

3. 在基层工商所全面建立企业"经济户口";

4. 严厉查处"三无"企业、取缔无照经营;

5. 建立市场主体退出机制;

6. 强化对中介机构及中介活动的监管,严厉查处资产评估机构、验资审计机构、咨询机构出具虚假资信证明、虚假评估等违法行为;

7. 加强对合同和经纪人的监管,严厉打击利用买卖、承揽、居间合同进行欺诈的行为;

(二)开展"打假维权保名优"等行动,以打击制售假冒伪劣商品、欺诈等违法行为为重点,大力整顿和规范市场交易行为

1. 着重抓好重点地区(如旅游区等)、重点商品(如房地产等)、重点市场(如边贸市场等)的专项整治;

2. 完善工商行政管理机关打假维权网络;

3. 开展拉网式查禁"毒鼠强"等非法剧毒鼠药;集中整治学校周边经营环境的专项斗争;

4. 严厉打击传销、变相传销和其他欺诈违法经营活动;

5. 继续加大对虚假广告和商标侵权假冒行为的惩治力度;

6. 加强对粮食、棉花、成品油、汽车等重要产品交易活动的监管;

7. 进一步强化、完善"12315"申诉举报指挥中心和三级行政执法网络;

8. 继续密切配合有关执法部门,严厉打击偷税、骗税、骗汇行为,深入开展"扫黄"、"打非"斗争。

(三)开展"反垄断、反封锁"等行动,以打破地区封锁和部门、行业垄断为重点,大力整顿和规范市场竞争行为

1. 认真开展垄断性行业限制竞争行为的专项整顿,重点查处电力、保险、铁路、商业银行等行业的限制竞争行为;

2. 严厉查处仿冒知名商品特有的名称、包装、企业名称以及仿冒、伪造产地和产品质量标志的行为;

3. 严厉查处利用节日促销、巨奖销售等方式,对商品进行虚假宣传的误导行为;

4. 严厉查处建筑工程、旅游、房地产等市场的商业贿赂行为。

(四)开展"整顿队伍作风,规范执法行为"活动,以惩治执法腐败、查处失职渎职为重点,大力整顿和规范市场监管执法行为

1. 从严查处失职渎职行为;对有令不行、有禁不止、有案不查、瞒案不报的单位和个人,以及监管不力、工作失职、不作为的行为,要坚决追究单位领导和有关责任人的责任;

2. 严厉惩治执法腐败行为,坚决查处有法不依、执法犯法、徇私枉法的行为;

3. 严格"收支两条线"管理的各项规定;

4. 继续加大学习和培训力度,提高广大干部执法水平,运用正反两方面的典型,大力弘扬先进,切实加强干部队伍的教育、管理和建设;

三、具体要求

(一)迅速行动,狠抓落实,确保各项工作到位。各地要认真组织学习,统一思想,提高认识;迅速成立领导机构,落实领导责任制和目标责任制,加强对整顿工作的组织领导;要结合实际找准突破口,增强整顿工作的针对性和实效性;要制定切实可行的工作方案,坚持时间进度服从整顿效果和标本兼治的原则,确保整顿工作取得阶段性成效并能保持长期效果;要加强内外配合协作,调动各方面的积极性,形成整顿工作的执法合力。

(二)从严治政,整顿作风,严格规范执法行为。各地要针对队伍中存在的突出问题,把整顿和规范市场经济秩序与整顿规范执法行为结合起来,坚持两手抓,两手都要硬。要把整顿规范执法行为与整顿规范市场经济秩序工作一起部署,一起落实,一起检查,通过整顿规范执法行为,进一步提高整顿和规范市场经济秩序工作的质量和水平;通过整顿和规范市场经济秩序,进一步检验整顿规范执法行为的效果。

(三)加强督促检查,确保政令畅通,强化舆论宣传。各地要采取切实措施,认真履行职责,及时沟通信息,加大宣传力度。

1. 省局将成立若干个督查组,适时分赴各地检查、指导整顿和规范市场经济秩序工作的落实情况。各地也应组织工作组,深入问题突出的重点地区,检查、督促、指导工作,组织协调大要案件的查处。

2. 要加强社会监督,广泛发动群众参与。各地要把"12315"作为群众举报扰乱市场经济秩序违法行为的举报电话,并另开通专门的举报电话,设置举报信箱,公布电子信箱网址,落实专人值班受理群众举报。

3. 要及时反映工作进展情况,整顿工作期间实行月报制度,在当月5日前各地应将上月工作进展情况上报省局整顿和规范市场经济秩序领导小组办公室。

4. 要加强舆论宣传。各地要紧紧围绕整顿和规范市场经济秩序工作，主动争取新闻媒体的支持，组织力量，大力宣传整顿成果，并注重选择典型案例予以曝光，形成强大的舆论声势，震慑违法分子，教育广大群众，树立工商行政管理机关的执法权威。

《云南省工商行政管理局整顿和规范市场经济秩序工作实施方案》及《整顿工作情况月报表》将于近日下发。

二〇〇一年四月二十八日

云南省工商行政管理局关于进一步开展整顿和规范市场主体准入行为专项工作的通知

云工商企字[2001]9号

各地、州、市、县工商行政管理局：

今年以来，按照国家工商总局和省局的工作部署，在我省各地开展的整顿和规范市场主体准入行为的专项工作，不仅是当前在全国广泛开展的整顿和规范市场经济秩序的重要内容，也是对现行企业登记管理工作执法水平的一次检查和规范。各级企业登记机关务必按照国家总局和省局的具体部署，在前一阶段清理整顿工作的基础上，进一步强化对市场准入行为专项工作的规范管理，不断提升整顿和规范市场主体准入行为的工作力度，扎扎实实，卓有成效地抓好整顿和规范市场主体准入行为的各项工作。现将有关要求通知如下：

一、指导思想和原则

整顿和规范市场主体准入行为，要坚持深化改革与增强法制意识并举的指导思想，标本兼治，边整边改，着力治本。在工作的安排和部署上，要把握三条原则：一是既要做好长期整治的思想准备，又要抓紧解决当前的突出问题。二是既要全面推进，又要突出重点。整顿和规范市场主体准入行为涉及经济和社会生活的方方面面，必须全面部署，综合治理。要重点解决社会反映强烈，直接关系群众切身利益的重点领域和突出问题，以重点问题的突破带动全局工作的推进。三是既要治标，更要治本，要从法制、机制和制度上查找漏洞，通过深化改革，转变职能，调整机构，加强管理，严肃执法等措施，从根本上解决问题。

二、工作任务和目标

根据省政府的要求和我省市场主体准入方面存在的突出问题，整顿和规范市场主体准入行为重点要抓好以下几个方面的工作：

1. 严格执行国家有关法律法规、产业政策，规范市场主体进入规则，切实做到“三严格三禁止”，即严格执行登记管辖权限，禁止越权登记；严格执行登记管理的条件和程序，禁止随意降低法定条件，减少登记程序；严格执行法律法规规定的审批制度，禁止随意减少法律法规规定的专项审批或随意增加不必要的审批，使进入市场的主体符合市场经济规范的要求，依法把好市场准入关。

2. 认真抓好建立“经济户口”工作的前期准备工作。一是结合2000年度企业年检，对在本部门登记注册的企业要进行一次全面彻底的普查，普查采用书式审查与实地检查相结合，以书式审查为主，紧密结合年检审查内容，将企业登记事项与企业登记档案进行对照检查，为在工商所建立辖区内企业“经济户口”管理档案摸清底数；二是进一步提高认识、统一思想，组织干部对经济户口的管理内容、监管方式等相关知识进行深入探讨学习，为建立分级登记管理与属地监督管理相结合的联动机制、实现全省电子信息网络联网监督做好基础性工作。

3. 在前段对书式档案清查工作的基础上，对需办理前置审批的企业，尤其是涉及人民生命财产安全，如生产、经营易燃易爆物品的企业、交通运输、煤矿生产、化学危险品和储运及文化娱乐等行业的书式档案再进行一次全面、彻底的清理。对未办理前置审批手续或前置性审批手续已超过有效期限的企业，督促其限期补办，并提交有效批准证书、许可证或资格认定文件。逾期未办理的，责令其变更经营范围或办理注销登记。对涉及公共安全的危险物品生产企业及娱乐场所、宾馆等公众聚集场所，不仅要严格清理企业档案，还要亲临现场，据实核查法定代表人、生产经营场所等有关情况，进一步巩固清理成果、消除各种隐患，不留死角和空白，确保有效防范安全事故的发生。

4. 深化企业年检工作，要增加实地查验比例，严厉查处虚假出资，抽逃出资的行为，坚决取缔无照经营，严肃查处“三无”企业。给合2000年度年检，对查实的“三无企业”应吊销其营业执照。

5. 进一步加大对“五小”企业清理力度，让已不具备市场准入条件的企业和浪费资源、技术落后、质量低劣、污染严重和不具备安全生产条件的企业退出市场。消除不合格不健康的市场主体。

6. 强化对中介机构及中介活动的监管，严厉查处资产评估机构、验资审计机构、咨询代理机构出具虚假资信证明、虚假评估等不法行为。

三、工作步骤

1. 提高认识，加强领导

各级企业登记管理部门要在各级整顿规范市场经济秩序工作领导小组的领导下，统一思想、高度重视、按本通知的工作目标和要求，制定切实可行的实施方案，精心组织、周密部署，认真做好清理整顿工作。各级工商行政管理机关的分管局长要亲自挂帅，积极协调督促，并为其提供必要的条件切实抓好落实，确保专项整治工作取得预期成效。

2. 清理整顿的时限和检查验收阶段

各地接此通知后，务必于6月中旬按上述几个方面的目标和任务开展清理整顿和自查自纠工作。7月30日前以书面总结材料和表格形式上报省局企业处，并同时报送同级整顿和规范市场经济秩序工作领导小组；8月初至9月30日省局将组织各地、州、市企业科对该项工作情况分片进行交叉检查；对重点地区的清理整顿工作，省局将组织检查组进行重点检查验收。对在此项工作中玩忽职守、敷衍了事、造成工作疏漏和失误的地区和部门，要按照有关规定追究主管领导和有关责任人员的责任。

3. 总结阶段

清理整顿专项工作结束后，省局企业处将依据各地开展此项工作的情况和检查验收结果，于年底召开一次专项总结会，总结工作经验，交流情况，研究改进工作的措施，以进一步加强对市场准入行为的规范管理工作，促进市场经济秩序规范、健康有序的发展。

二〇〇一年六月七日

云南省工商行政管理局关于严厉打击非法出版物认真清理整治出版物市场的通知

云工商市字[2001]4号

各地、州、市工商行政管理局：

为认真贯彻全国工商行政管理工作会议精神，按照王众孚局长提出的："要下大力气对各种出版物经营场所进行全面清理，重点查缴政治性非法出版物、淫秽色情出版物、"法轮功"类非法出版物和各种盗版出版物"的要求，现将我省开展严厉打击非法出版物、整顿出版物市场的有关事项通知如下：

一、充分认识打击非法出版物，整顿出版物市场的重要性。这次清理整治出版物市场，是为迎接国务院市场秩序整治大会的召开作准备，是今年整治市场经济秩序工作的重要内容之一，是党中央多年来始终坚决开展"扫黄""打非"工作的继续。因此，各级工商行政管理机关的领导同志，务必从思想上高度重视，深刻领会国家工商局王众孚局长提出全面清理的重点，工作中要把清理和收缴政治性非法出版物作为重中之重，精心组织好这次专项整治工作。

二、整治的主要内容

1. 凡多家进场集中交易的图书、书刊市场，是否按《云南省商品交易市场管理条例》办理了市场登记证。

2. 市场开办单位是否建立了相应的市场规章制度，在建章立制工作中，是否对严禁销售非法出版物作出了明确的规定。

3. 凡经营书刊等出版物的单位、门市、摊点是否持有营业执照并在核准的经营范围内经营。

4. 利用已取得的合法经营权，暗地销售反动、淫秽等非法出版物的行为。

5. 国营、集体、个体印刷厂、装订厂，承接、印刷、装订非法出版物的行为。

三、清理整治的方法

1. 各地收文后，要结合本地区的实际情况，对重点城镇要选派经验丰富的干部组成摸底调查小组，采取暗访的方式调查掌握动向，弄清销售非法出版物的基本情况。

2. 在当地党委、政府的统一领导下，与文化、新闻出版、公安等部门共同研究，制定切实可行的清理整治方案，采取联合执法的方式，统一进行清理。

3. 在调查、清理过程中，对所发现的政治性非法出版物的案件线索，非法出版物的来源、去向要一查到底，并将具体情况书面报送省工商局。

4. 加强市场巡查，强化日常监督管理，提高警惕，及时掌握动态。

四、时间要求

1. 三月三十一日以前，以调查摸底为主，为全面清理做好准备。

2. 五月底以前完成清理整治工作并将情况报送省工商局市场处（联系电话：0871－4143044；联系人：段萍）。

二〇〇一年二月二十一日

部分企事业单位简介

云南澜沧江水电开发有限公司

云南澜沧江水电开发有限公司是由国家电力公司、云南电力集团有限公司、云南省开发投资公司、云南红塔实业有限责任公司按照27:29:24:20的股比，依照《中华人民共和国公司法》组建的大型水电流域开发公司，公司将以漫湾水电站为母体进行资金积累并按股权比例增资方式，本着“流域、梯级、滚动、综合”开发的原则对云南省境内的澜沧江、金沙江等流域水电站实行滚动开发。

云南具有丰富的水能资源，尤以金沙江、澜沧江水能资源最为丰富，开发条件最好，澜沧江干流在云南境内分为14级开发，总装机容量约2 259万千瓦。金沙江为云南省第一大江，理论蕴藏量达11 246万千瓦，居全国十二大水电基地之首，属云南省的装机容量为4 094万千瓦。

云南澜沧江水电开发有限公司成立后，首先开发澜沧江上的小湾水电站，该电站为我国已建和在建的第二大水电站，地下厂房装有6台单机容量为70万千瓦的水轮发电机组，投资约300亿元，坝高292米，为世界拟建中最高双曲拱坝，工程规模巨大，技术复杂，它的建设标志着我国水电设计、施工、管理进入了世界先进水平。

澜沧江水电是中国“西电东送”的重要电源点，随着“西电东送”南部大通道的贯通，向广东等沿海省区输送优质、可靠、环保、经济的电力已成为现实。2001年7月23日，云南电力集团有限公司、广东省电力集团公司、国家电力公司南方公司在昆明举行“云南向广东送电的售购电和输电合同”的签字仪式。从2001年7月1日至年底，云南将向广东送电11亿千瓦小时，这标志着两省和国电南方公司落实国家西电东送战略迈出实质性步伐。广东省人民政府与云南省人民政府同时签署了《关于加强两省经济合作框架协议》，广东省同时还出具了将来接受云南小湾电站的电力电量的承诺函。

湄公河流经的中南半岛五国，由于受资源环境限制，电力需求缺口大，澜沧江下游水电送中南半岛不仅地域优越，而且有价格优势。1998年11月，泰国与中国政府签署了到2017年向泰国送电300万千瓦小时的谅解备忘录；1999年1月，老挝国家电力公司与云南省电力公司签订了向老挝送电的原则协议；2000年由中国投资方和泰国GMS公司签订了《中泰投资者合作开发云南景洪水电站投资协议书》，拟由中泰两国合资建设，掀起了澜沧江水电梯级开发的热潮。

澜沧江(湄公河)是一条著名的国际河流，全长4 880千米，在中国境内河长2 100千米，落差5 000千米，流域面积17.4万平方千米，出境处多年平均年水量680亿立方米，为黄河的1.2倍。丰沛的水量，深深的河谷，蕴育了丰富的水能资源。澜沧江水能资源蕴藏量约3 656万千瓦，其中干流约2 445万千瓦。

澜沧江在云南省境内长1 240千米，落差1 780米，分14级开发，装机容量约2 259万千瓦，在中国十二大水电基地中排名第三。目前，上游段正在进行规划。1986年完成的《澜沧江中下游河段规划报告》，推荐8级开发方案。1995年，装机125万千瓦的漫湾水电站(一期工程)已建成投产；2001年装机135万千瓦的大朝山水电站第一台机组发电，2003年全部建成；下游装机150万千瓦的景洪水电站已完成可行性研究报告；装机550万千瓦的糯扎渡水电站正在开展可行性研究报告工作，将于2003年完成；澜沧江水电基地的开发已全面展开。

董事长：肖　鹏
总经理：寇　伟
地　址：昆明市拓东路15号
电　话：0871－3014526
邮　编：650011

中国电力技术进出口公司云南分公司

中国电力技术进出口公司云南分公司是由中国电力技术进出口公司和云南电力集团有限公司合资组建的外经贸企业，享有总公司赋予的子公司职权，自1996年成立以来得到当地工商、税务、海关、银行、商检等部门的大力支持和配合，在云南各火电厂、水电厂、供电部门的支持和帮助下，几年来为阳宗海发电公司从美国进口两套锅炉出灰设备及吹灰设备，为曲靖发电有限责任公司进口两套美国克来德公司制造锅炉输灰设备及锅炉给水泵设备，为宣威发电厂进口各类高压阀门上百套，为昆明供电局进口六氟化硫开关，为鲁布格电厂及阳宗海发电公司进口几批电力设备的备品配件，为云南电力线路器材厂从意大利进口全套自动化铁塔加工生产线。在为各地电力企业服务的同时也锻炼了一批从事外经贸事业的业务骨干。最近公司除继续为各电力企业进口各类机电设备及备品备件的同时，拟向外经合作事业发展，发挥云南靠近东南亚邻国的地理优势与有关单位合作，实现走出去的战略，扩大业务以适应我国加入WTO的竞争形势。

中国电力技术进出口公司云南分公司
CHINA ELECTRIC POWER TECHNOLOGY I/E CORP. YUNNAN BRANCH
地址：中国云南省昆明市春城路19号
ADD:19 CHUN CHENG RD.KUNMING,YUNNAN P.R.C
负责人：谢昆生 L.P.:Xie Kunsheng
电话：86-871-3124770 Tel:86-871-3124770
传真：86-871-3124756 Fax:86-871-3124756
邮编：650011 P.C:650011
电子邮箱：E-mail:pceticyb@public.km.yn.cn

公司为其提供部分进口设备的曲靖发电厂

云南文山电力股份有限公司

云南文山电力股份有限公司是经云南省人民政府批准，1997年12月29日由文山州电力公司采取分立式改制与其它法人共同发起组建的股份有限公司，总股本5157万元。股本结构：文山州电力公司3276万元，占总股本数的63.52%；文山盘龙河流域水电开发有限责任公司1431万元，占总股本数的27.75%；江河农村电气化发展有限公司150万元，占总股数的2.91%；云南省地方电力实业开发公司150万元，占总股数的2.91%；中国东方电气集团公司150万元，占总股数的2.91%。

公司经营范围：发电、供电、电站、电网设计、建设，维修、改造、咨询服务、中小水(火)电站的投资开发、总承包及设备成套及物资供应、电网调度自动化技术开发利用推广。国内贸易(不含管理商品)。

公司下设办公室、证券投资部、资产财务部、人力资源部、生产技术部、电力调度中心、市场营销部7个部室；设工程设计室、电力试验所、水电公司，文山用电公司、文山供电公司、文山电力公司、砚山供电公司、丘北电力公司、富宁电力公司、平远供电公司、小河沟发电厂11个二级核算单位，并对丘北格雷二级电力有限责任公司、西畴电力有限责任公司实行了相对控股。公司还先后投入资金对文山马鹿塘发电有限责任公司、云南水利电力有限公司、文山暮底河水库开发有限公司参股。

截至2001年2月，公司共有员工1175人，专业技术人员(含工人技师、助技)251人。公司拥有电站11座，容量3.89万千瓦；拥有110千伏变电站6座，容量25万千伏安；35千伏变电站27座，容量12.68万千伏安；拥有110千伏线路400.67千米，35千伏线路863.96千米；并拥有地调级自动化系统1座，县调自动化系统3座。

1999年12月公司被中华人民共和国水利部评为“水利系统水电先进集体”，2000年4月被云南省经贸委、云南省财政厅评为“管理达标企业”，2001年9月被省人民政府评为“省级文明单位”，2001年9月，被省五好家庭创建活动协调领导小组评为“先进集体”，2002年1月，被省经贸委、省财政厅评为“管理优秀达标企业”。

1997年9月，公司党委书记、董事长冯崇武被评为“云南省第四届企业优秀党委书记”，1998年6月被全国总工会评为“先进女职工之友”、“关心支持职工读书自学活动优秀组织者”，1998年12月被云南省总工会评为“职工信赖的好经理”，1999年4月被评为“云南省劳动模范”，2000年5月被评为“云南省劳动模范”，2001年5月获得“五一劳动奖章”，2002年1月，被中共云南省委评为“第九届云南省优秀企业家”。

法定代表人、董事长：冯崇武
总经理：杨朝文
地址：云南省文山县开化镇建禾东路71号
电话：0876-2123422 2122048
传真：0876-2130029
邮编：663000

石屏县电力公司

石屏县地方电力始于建国初期，早在50年代，就以公私合营的方式创办了石屏电厂，使用柴油机发电，装机20千瓦，形成了最初的电力雏形。1959年，设置了100千瓦蒸汽发电机，成立了“石屏地方国营电厂”，厂址迁往黑龙坡。1962年扩建为240千瓦发电机组。1972年开始架设石屏至建水35千伏输电线路，1974年竣工投入运行， 同时配建了坝心、黑龙坡两座简易变电站，滇南电网正式与石屏联网，1975年成立了石屏县供电所。在着手建火电的同时，从60年代至70年代，为响应国家兴建“夜明珠”的号召，全县共建成微型电站74座. 但由于适应性差，到1978年，大部分均已陷于瘫痪。为了不断提高小水电建设的良性发展，70年代后期，石屏县依托资源优势，开发小水电，先后建成了大桥硝洞一级、二级电站和岔河、小河底二座骨干电站。当时，根据国家水电部“自建、自管、自用”的方针和“以电养电”的政策，县人民政府决定撤销石屏县供电所，于1988年成立了石屏县水电公司，同年建成了石屏县花果山中心变电站，装机容量10 300千伏安，在此汇集了全县南部、西部和中部的小水电，并与滇南大电网相联，进行功率交换和电力电量的输入与输出平衡。随着小水电的不断开发和利用，为改变电力“建、发、供、管、用”分离的状况，为加快电气化建设进程，1991年，县人民政府决定撤销石屏县水电公司，建立石屏县电力公司，形成了强化管理、分级核算的地方电力体系。1994年6月，“云南省个旧供电局石屏供电分局”挂牌成立，与县电力公司实行一套班子，两块牌子合署办公，形成“五不变”、“五统一”的电力经济实体。

近年来，经过农村水电初级电气化、村村通电及“两改一同价”等重点工程建设，电力建设跨上了一个新的台阶。全县小水火电从1989年的装机26台10 608千瓦，增长到现在的31台11 948千瓦，增长12.63%。还与红河县小河底电站联网，丰水期增供电力电量2 000千瓦，包括外县并网装机，全县人均占有地方小水火电装机51.07瓦。110千伏变电站和输电线路从无到有，线路全长48.3千米；35千伏输电线路从149千米增长到现在的222.87千米，增长49.6%，10千伏配电线路888.77千米增长到现在的1 269.63千米，增长42.9%。35千伏变电站从1989年的3处9台22 230千伏安增长到现在的8处12台26 930千伏安（包括35千伏直降变压站），增长21.14%；10千伏配电变压器从648台31 730千伏安增长到现在的1092台74 630千伏安，增长近1.4倍。截至2001年底，全县电网户通电率达99.6%；人均年用电量405千瓦小时；供电综合网损率达8.8%；户均年生活用电量320千瓦小时。

目前，石屏县电力公司除下设发电、修试、调度、输电、变电、用电等生产经营单位外，还增设修理车间、安装队、电杆厂、种养殖场、小河底矿冶厂、宝秀炼铁厂等多种经营企业，主要业务包括电能销售，35千伏及以上输变电工程设计、安装、调试、供用电技术服务和设备维修、汽车维修，以及生产和销售6~10米电杆、碳素锰铁等。2001年全公司完成发电量2 728.4万千瓦小时，售电量7 129.8万千瓦小时，购电量5 170万千瓦小时，完成销售（主营业务）收入2 446万元，售电总成本是1 868万元；全员劳动生产率为8.96万元/人；完成社会贡献总额850万元，实现税利246万元，拥有固定资产原值3 173万元，固定资产现值1 291万元，注册资金1 648万元。设备完好率达100%，继电保护正确动作率达100%，操作票合格率达99%。

石屏县电力公司坚持人民电业为人民的宗旨，使社会效益和经济效益达到完美的统一，以《电力法》为依据，已基本形成了安全、经济、合理的供电网络体系。随着市场经济体制的建立，公司在优化外部环境的基础上，切实加强内部建设和多种经营，正向着多元化、复合型、全方位的格局迈进。

经营范围：主营供电、售电、线路安装服务、电器仪表零售、修理服务、五金工具零售、锰矿石冶炼；兼营烟、酒、糖、茶副食品零售。

法定代表人：李书明

地　址：石屏县异龙镇焕文路93号

电　话：0873-4857359

邮　编：662200

云南省个旧绿水河电力实业有限公司

云南省个旧绿水河电力实业有限公司是绿水河电厂的多种经营实体。绿水河电厂位于云南省红河州南部，地处个旧、金平、蒙自、河口、屏边4县1市交界处，海拔250米，属典型的低海拔、亚热带气候。绿电实业公司的前身为劳动服务队，从1986年起步，经过10多年的艰苦创业，经营范围逐步延伸，涉足服务业、水力发电、机电安装及非标机械加工、商贸宾馆、旅游、餐饮娱乐、种养殖、汽车修理、租赁等领域。

1997年7开始进行股份制改造工作，1998年2月云南省个旧绿水河电力实业有限公司正式挂牌成立。2001年3月通过了股份制改造验收，成为产权明晰、权责明确、自主经营、自负盈亏的市场竞争主体。经过考察、论证，2001年公司利用当地旅游资源组建“云南省个旧绿水河旅游开发有限公司”。

绿电实业公司现有资产2 939万元，员工336人，小水电装机容量3 100千瓦。1997年曾荣获红河州“环境保护先进单位”、“花园式工厂”、1998~2000年连续3年荣获个旧市“重合同守信用”先进单位、2001年荣获云南省电力集团公司“单项效益突出”先进单位及红河州“重合同守信用”先进单位荣誉称号，并连续两年产值超千万，利润过百万。

公司种植的优质芒果、龙眼、荔枝、柚子品种众多、芳香怡人、美味香甜、誉享南国。源于红河苏铁自然保护区原始岩层中的“爽公子”山泉水，清爽甘甜、物美价廉、深受人们的喜爱。

绿水河流域有大面积的原始森林及各类珍稀动植物，属国家级保护的植物多达20余种，特别是世界级珍稀植物——多歧苏铁，获有珍贵植物“大熊猫”的美誉。这里四季郁绿、山清水秀、景色怡人，气候独特，具有大自然赋予的得天独厚的自然旅游资源。绿水河电厂是一座地下室发电厂，是一颗镶嵌在红河谷畔的璀璨明珠，是七十年代的战备电源电厂，到此参观游览，就可以揭开当年作为战备电源电厂那神秘的面纱。是红河州建成的集科普、旅游、训练为一体的综合性的科普教育示范基地；是科学考察、度假、休闲、观光的理想去处。

2002年5月由有关部门授予个旧市“科普教育基地”，标志着绿水河电力实业有限公司在多元化发展的道路上又迈出了坚实的一步。

法定代表人：唐　斌

电话：0873-7273901

地址：开远市西南路绿电大楼

邮编：661600

云南新立有色金属有限公司

云南新立有色金属有限公司是云南省最大的电铅生产企业，隶属于云南冶金集团总公司，具有独立法人资格。

公司1999年成功收购按国家计划破产的昆明冶炼厂电铅整体生产系统及产品品牌，并利用该厂原有的生产场地在原有的生产、经营基础上加强技术改造、规范管理运作。

公司主要产品有：电铅、精铋、精锑、黄金、白银、碲、铅钙、铅锑、铅锡等铅基合金及部分化工产品等。产品均以“金沙”牌为注册商标，其中电铅为国优银质奖暨出口免检产品，1996年4月10日在英国伦敦金属交易所注册。白银、精铋为部优产品，黄金为省优产品。公司连续多年被云南省确定为名牌产品生产企业。

公司位于昆明西郊马街，紧邻火车站，门接国道线，交通便利。面积45.57万平方米，年产各种有色金属8万吨，年销售额3亿元。主要冶金设备有：鼓风炉、反射炉、转炉、烟化炉及各种湿法冶金设备。

公司由云南冶金集团总公司控股，参股单位有云南冶金集团进出口有限公司、云南兰坪有色金属有限责任公司、云南保山铅锌股份有限公司、云南会泽铅锌矿。公司集各股东资金、技术、信息、外资渠道之优势，经过改制和技术改造，具备了先进的生产工艺装备和计量检测手段，并按现代企业制度规范管理和运作。公司良好的产品质量和信誉赢得了国内外用户的信赖和好评，产品远销欧、美、日、韩及东南亚市场。

公司愿与国内外同仁在平等互利原则的基础上，进行互惠贸易或承接来料加工等业务，并可按用户要求生产各种铅基合金。欢迎国内外客商垂询。

电 铅

地址：中国云南省昆明市西郊马街48号
电话：（0871）8181559
传真：（0871）8184820
邮编：650100
网址：www.ynkmxinli.com.cn

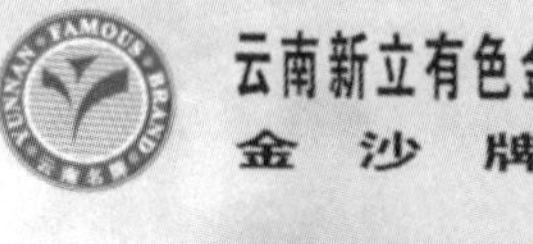

云南新立有色金属有限公司
金沙牌铅锭

云南省名牌产品

云南省经济贸易委员会
二〇〇〇年四月

荣 誉

白 银

黄 金

飞鸟

云南飞鸟铸造厂

该厂十余年来，已生产工用、农用、军用、建筑用的铸铁、铸铝、铸铜、球墨铸铁、耐热铁等10万多种各类配件，在质量、信誉上赢得用户的好评。

为保护森林、保护环境、方便老百姓炊事，该厂引进生产的飞鸟生物质直燃无烟节能炉是广大老百姓炊事不可少的好朋友。

该炉的特点是：

1.燃料广泛易得：各种秸秆、杂草、树枝、树叶、甘蔗渣、刨木花、干牛粪等可燃物。

2.易燃:燃烧时无烟无尘。

3.节能：两千克燃料，可燃40～50分钟明火，30分钟左右小火，发热量可达3 000～4 000大卡/时，可煮熟3～5人吃的一顿饭、菜、汤。比普通灶节约70%燃料。

飞鸟

厂长：李惠芳　　手机：13708493272
地址：云南省昆明市教场东路沙沟埂106号
电话：0871-5198873　5128492
传真：0871-5198873
E-mail：zzg1123@km 169.net

云南景谷林业股份有限公司

云南景谷林业股份有限公司所属林板部（即原景谷人造板厂），是公司专门生产各种规格人造板的产家，年产各类人造板40 000立方米，已开发出3 × 3尺、3 × 6尺、3 × 7尺、4 × 4尺、4 × 8尺等幅面的三层、五层、七层、九层及其以上的胶合板和刨切贴面板、细木工板、刨花板、中密度纤维板（贴面中密度纤维板）等100多种规格的“航天”牌系列产品。

——“航天”牌胶合板具有变形小、幅面大、不翘曲、拉力强度大、制胶工艺先进、适应各类油漆、加工后不鼓泡起层、使用方便等特点。广泛用于建筑、家具、包装、车厢、造船、航空、军工及其它部门的生产建设和人民的日常生活中。

——“航天”牌刨花板具有幅面大、板面硬、耐磨、易加工等特点，广泛用于家具面料、框架、建筑、车辆和船舶的装修，某些机器的附板、外壳、台板，家庭装修基础板等。

——“航天”牌中纤板广泛用于家具制造和建筑内部装修。

“航天”牌系列产品经林业部南京质检站、云南省指定的质检站定期和不定期抽查，质量均达到或超过国家标准，规格尺寸100%、胶合强度100%、外观质量100%、含水率合格。产品远销上海、武汉、四川等10多个省市，以优质的产品和服务在广大用户中赢得了良好信誉。

“航天”牌系列产品价格合理，运输方便，公司以质量第一、信誉第一、顾客至上、信守合同为经营宗旨，竭诚为国内外客商服务，代办运输，欢迎广大客商惠顾，来电洽谈。

地址：云南景谷县威远路47号
电话：0879-5223758
昆明经营公司负责人：叶德雄
昆明办事处：昆明人民西路151号
电话：0871-8185022
传真；0871-8156937

个旧市沙甸磷酸盐厂

个旧市沙甸磷酸盐厂位于著名的回乡沙甸，南通锡都个旧，北连春城昆明，西通历史文化名城建水，东连开放县城蒙自，是4县市的交界处，交通便利，民族风情浓郁。个旧市沙甸磷酸盐厂属个旧市首家生产磷酸的非公有制企业，该厂始建于1990年，自1991年建成投产以来，在党的改革开放政策的滋润下，在社会各界人士的大力支持下，工厂以市场为导向，以质量求生存，以科技求发展，以经营管理求效益，经过9年的艰苦创业，建成了具有先进科学技术的专业成套设备、固定资产达280万元、年创利润10万余元、年上缴利税20万余元、从业人员50余人的中型个体私营企业。

2001年被评为红河州先进私营企业。

主要产品有85%工业级磷酸及黄磷系列产品，产品质量上乘，价格合理；主要销往越南、广东、上海、浙江等周边国家及城市，有力地支持了连锁工业的发展。

个旧市沙甸磷酸盐厂创建人、厂长马明周先生从白手起家到拥有百万元以上的资产，他从未丢掉勤劳善良的本色。并尊重科学，关心教育，在艰苦创业的几年中，为附近的几所学校捐资达3万余元；他还尊敬老人，关心孤寡，每年用于帮助孤寡老人及附近贫困山村的资金高达上万元；而作为一个虔诚的伊斯兰教民，又秉承了回族人民善良博爱的美德，曾先后向清真寺捐款6万余元。他受到了家乡人民的尊重，于1999年被选为工商联合会鸡街、沙甸、倘甸分会会长及个旧市私营企业协会鸡街分会副会长。

沙甸环境优美，气候宜人，交通便利，是参观旅游、洽谈生意、投资办厂的好地方。个旧市沙甸磷酸盐厂厂长马明周先生携该厂全体员工欢迎各界新老客户前来洽谈合作、贸易，并衷心祝愿社会各界人士心想事成、万事如意！

厂长：马明周
地址：个旧市鸡街关口
电话：0873-2571146
邮编：661013

云南省玉溪化肥厂

云南省玉溪化肥厂创建于1958年，属全国重点磷肥生产企业之一，1998年改制为股份合作制企业。企业拥有总资产1.4亿元，厂区占地13万平方米，职工900余人，各类专业技术人员300余人。工厂管理机构健全，工艺设备先进，技术力量雄厚，监测和检验设备齐全，质量保证体系完善。经济效益显著，实现了销售收入、利润两项主要指标，1996年~1998年连续3年荣登云南化工30强排名榜。曾先后荣获全国化肥生产与管理先进企业、云南大中型企业争先创优竞赛先进企业、科技先进企业、重合同、守信用先进企业称号。

玉溪化肥厂产品

主要产品："龙潭"牌过磷酸钙、复混肥、硫酸、蓄电池硫酸、化学试剂硫酸、"瑞龙"牌工业氧气、医用氧气。

伴随改革的深入，"玉化"大胆创新，积极推进"多形式合作，多产品结构、多元化经营"的三多工程，先后与国有、集体、私营企业合资、合作组建了"玉溪铜业有限责任公司"等8个有限责任公司。生产的主要产品有：粗铜、塑料编织袋、丙二醇、茄尼醇、硫酸铝、中密度纤维板、迷迭香、山泉水等。

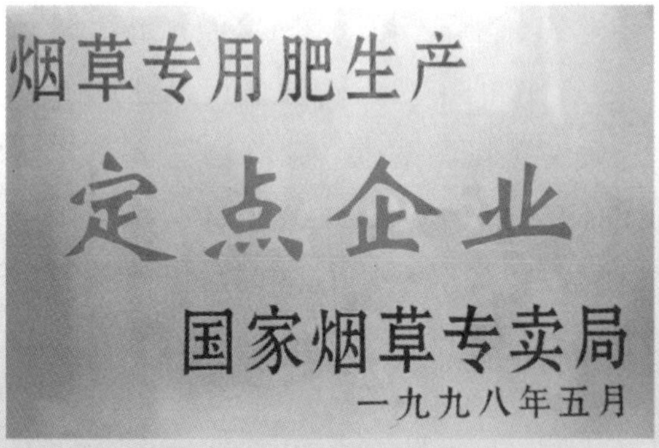

企业下属的化工工程安装队具有设备安装三级环境治理资质。可对外承接化工设备制作、安装和环境治理工程项目。

企业热忱欢迎国内外客商光临，并竭诚期望与社会各界朋友合作，携手共创美好的明天。

烟草专用肥生产

定点企业

国家烟草专卖局

一九九八年五月

法定代表人：谢家平
业务联系：向双照
地　址：玉溪市高龙潭
电　话：0877-2072089　2072038
传　真：0877-2072007
邮　编：653100

云南红河煤焦化有限责任公司

云南红河煤焦化有限责任公司属股份合作企业，位于红河州泸西县中枢镇，由云南红河电力实业有限总公司(控股)、泸西电力(集团)有限责任公司、开远一行有限责任公司、泸西煤炭经贸总公司4家公司于1998年6月创立。公司董事长(法人代表)由沈伟出任。公司主要经营内容为：煤焦、化工产品、电力资源、旅游资源开发利用、石油产品经营、汽车运输、修理等。

公司现有焦化一厂、焦油厂、选煤厂、煤焦综合加工厂等生产单位，根据公司的发展规划及市场需求，2001年2月8日开始兴建泸东焦化厂二期工程即焦化二厂(年产机焦23万吨)，预计2002年年内可建成投产。

现场办公

公司年产机制焦炭(含焦丁、焦粉)15万吨，二期投产后将形成38万吨机焦／年的规模。目前产品主要有Ⅱ级冶金焦、Ⅲ级冶金焦、化工焦。每年生产的主要化工产品有甲醇、二甲醚、甲苯、二甲苯、轻油、重油、碳素沥青、酚、萘等系列化工产品4万吨；年产15万吨洗精煤。以上产品远销红河、文山、玉溪、昆明等地，并出口韩国、越南等国家。

办公大楼

董事长：沈 伟

总经理：贾正海

地　址：泸西县中枢镇九华路东段

电　话：(0873) 6628177

邮　编：652400

传　真：(0873)663641 5

主要产品

厂 房

中国石油化工股份有限公司云南昭通石油分公司

公司负责人：姜　平

公司前身为中国石油煤建公司云南石油煤建公司昭通批发站，1999年按照集团公司的规定对资产进行了全面重组。2000年3月正式更名为中国石油化工股份有限公司云南昭通石油分公司。分公司资产总额为1.23亿元，负责昭通市10县1区的石油产品供应；有40多座加油站分布在10县1区的干道公路和乡镇上。在水富县和昭阳区分别兴建了铁路接卸油料专用库，储油能力一次2万多吨，形成了昭阳区、水富区两大片区公司依托通槽油库经营石油的格局，基本实现了储油布局和零售网点布局的合理化。近年来，通过开展加油站达标创星工作，严格按照集团公司的规范服务要求，对加油站的外观形象，服务质量和服务态度进行了全方位的整顿并取得了成效，基本实现了"统一标识、统一质量、统一服务"的标准。

昭通市环东路加油站

正在兴建的北闸通槽油库

经营范围：汽油、煤油、柴油、润滑油、润滑脂、石油液化汽、沥青、钢瓶、灶具等批发和零售。

负责人：姜　平
地址：昭通市昭阳区晨曦路12号
电话：0870-2158687　2157361

昆明西山石化总公司

昆明西山石化总公司是以液化气运输、储配、销售、管道燃气工程安装、供气、管理为主，兼设工贸营销、餐饮娱乐等经营项目的综合性民营企业。

公司借鉴国内外发达城市的先进经验，对住宅小区管道液化气工程的安装、供气、管理、服务形成了一整套完善的服务体系。业务范围遍及全省各地州市。该公司所做的液化气工程由于安装质量高、价格合理、供气质量好、服务及时周全，得到了广大用户的一致好评。

十多年来，西山石化总公司在保护生态环境、减少污染、提高人民生活质量等方面做出了积极的贡献。今后，公司将继续坚持"以质量求生存、以信誉求发展"的宗旨，关注市场变化，研究大众需求，力争将更多更好的服务奉献给广大消费者，使企业向更新、更好、更高的目标迈进。

地址：昆明市丰宁小区西凤大厦
电话：0871-8182872
邮编：650106

云南省铁路总公司

云南省铁路总公司是1992年在云南省铁路建设工程公司基础上，经云南省人民政府批准成立的省属国有大型综合施工企业，注册资金6.9亿元人民币，被确认为云南省交通事业发展的重点和改革试点单位，具备国家建设部颁发的《铁路综合施工壹级资质证书》和国家对外贸易经济合作部批准的国外经济技术合作业务经营权。

云南省铁路总公司承担铁路、公路与民用建筑的建设、施工，主要经营范围：铁路、公路工程及中小民用建筑的勘测、设计、施工及线路管道设备的安装，铁路运输，交通工程技术的研究咨询等。总公司下属云南省铁路第一工程公司、云南省铁路第二工程公司、云南省铁路工业公司、云南省铁路物资公司、云南省铁路设计公司、云南省广大铁路维修公司、云南省云文房地产公司，分别从事工程施工、工程设计咨询、物资供应、铁路专用器材生产、房地产开发等业务。

云南省铁路总公司现有职工3 700余人，其中：高中级技术人才240余人，中级以下专业技术人员1 150余人；具有项目经理资质的93人，其中一级项目经理34人；公司拥有国内外先进施工设备近千台（套）。

云南省铁路总公司及其前身——“云南省铁路建设工程公司”先后参与了成昆铁路、中宝铁路、广大铁路、内昆铁路等项目的隧道、桥梁和部分路基土石方工程的施工；参与了昆明南环铁路、昆玉铁路及罗茨铁路专用线、田坝铁路专用线、东川支线、五钠厂专用线、广大铁路专用线的修建；还参与了昆曲高速公路、昆玉高速公路、楚大高速公路、昆明南过境高速公路、大丽线起点段高速公路、国道213线、昆水公路及亚行贷款项目老挝ADB5#、ADB7#公路改扩建项目等工程。在生产经营中，公司一贯以信守合同、保证质量、保证工期、安全生产为宗旨，建立健全了一整套严格的管理制度，积累了丰富的经验。全公司重视新技术、新工艺的开发和推广应用，并建立了严密的质量管理和科学检测体系，多年来，在铁路、公路、水利等工程的施工中多次获得优质工程和科技进步奖。

云南省铁路总公司作为云南省政府产权代表单位以总股本55%，与昆明铁路局共同组建云南广大铁路有限责任公司，建设经营云南广通——大理铁路。

云南省铁路总公司将以一流的质量、安全、效率，为广大客户服务，并愿与国内外各界真诚合作，共谋发展。

法定代表人：王学彬

地址：昆明市人民西路131号

电话：0871-8334982　8334962

传真：0871-8334982

邮编：650118

昆明滇申管道工程有限公司

昆明滇申管道工程有限公司是由昆明自来水总公司、上海自来水管线工程公司、日本ATS株式会社组建的中外合资企业。公司引进国外先进技术和设备，专业施工各种口径金属管道内衬水泥砂浆喷涂防腐项目。近年来，公司又自行开发了中小口径埋地管道刮管除垢喷涂防腐专利技术，通过国家有关部门鉴定。1997年荣获昆明市科技进步三等奖。

高压水射流管道清洗 是一种高效的物理清洗技术，其效果比传统的化学清洗和机械清洗好得多。目前已广泛应用于石油、化工、市政等行业的各型管道内外壁的清洗，它具有清洗等级高、无污染、无腐蚀等特点。公司先后在昆明日新至官渡DN250、玉溪东风水库至一水厂DN500的清洗刮管喷涂防腐等工程中采用了此项管道清洗工艺，取得了非常好的效果。

PIG球清洗技术 也是一种物理清洗方法，主要用于清洗各种管道中的污垢、沉淀物、腐蚀瘤等，可广泛应用于石油、化工、发电、造纸、市政等各行业的管道清洗。PIG球本身具有良好的可塑性，使之能通过各类标准弯头、"V"形管、变形管等，具有清洗管线长、速度快、无污染等特点，比其它清洗方法效率更高。

喷砂除锈及涂料防腐 喷砂除锈是该公司引进的具有专利技术的喷砂技术，是独特的循环回收式喷砂除锈方法，可使磨料循环、重复利用，不仅节省资源，而且提高工作效率，可广泛应用于各种金属设备、板材及管道等外表面的除锈处理，具有效率高、操作方便、环保卫生等优点，经过处理的基面效果可达Sa2.5~Sa3级。

金属管道水泥砂浆防腐 由于腐蚀明显影响到自来水管网的正常供水安全，公司自1993年以来采用离心式防腐工艺对DN100~DN500口径的管道进行离心涂衬防腐作业，随后又采用行走式喷涂设备对DN600~DN2400的管道进行喷涂防腐作业，公司每年为省内外自来水管材用户防腐近万吨，管道长度百余千米，并以良好的质量、周到的服务赢得了广大用户的广泛赞誉。

中小口径埋地管道刮管水泥砂浆喷涂修复技术 埋地管道运行一定时间后，内壁的腐蚀会严重影响到其运行能力，重新换管不仅投资大，工期长，且影响面大，而采用旧管修复技术是有效延长管道使用寿命、恢复其运行能力的好办法。公司采用高压水射流及PIG球清洗管道，然后喷涂水泥砂浆进行管道修复，此工艺技术效果好、成本低、无毒、无污染，工程费用仅是新建管道的1/3，适用于规格为DN250~DN600输入原油、污水、饮用水等不同介质的金属管道。

联系人：曾祥宏　代学义

地　址：昆明市环城北路271号

电　话：0871-5130740　5190740

传　真：0871-5190733

邮　编：650051

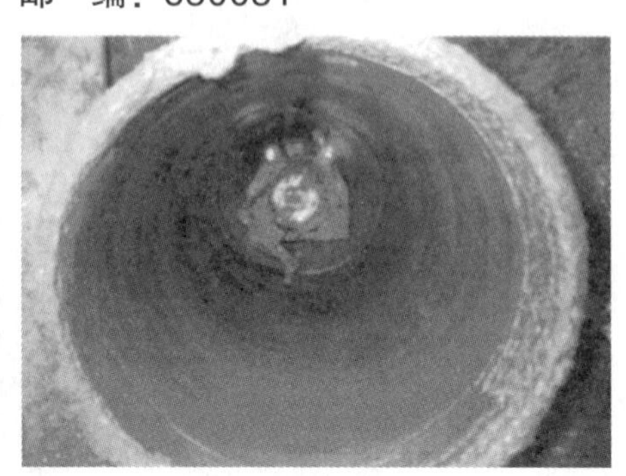

云南电力瑞讯达科贸有限公司

公司前身为云南电力调度实业总公司。成立于1993年，1999年改制为股份制企业，2001年进行资产重组，由原云南电力调度所职工持股会、云南滇能集团控股公司，依照《中华人民共和国公司法》，共同投资组建为云南电力瑞讯达科贸有限公司。公司实行董事会领导下的经营班子运作，各类人才资源齐备，流动资金充足，技术力量雄厚，以人为本，在互利互惠的基础上共同发展。

公司注册资本金为1 072万元，拥有资产总额3 100多万元，具有建筑业二级施工资质。主要经营：无线寻呼；电子；电力调度；继电保护；电源监控；综合布线方面的技术开发、设计改造、咨询及转让；自动化工程；通信安装调试；通信设备及器材；自动化设备、继电保护设备、计算机及配件、电器机械及器材等，集设计、施工、安装、调试、系统集成和技术开发于一体。

公司现有员工100余人，有各类专业技术人员40人。其中，高级工程师8人，工程师15人。拥有一支设备精良、技术完善、作风过硬、能承担各类工程项目施工的队伍，在工程施工、经营方面创造了许多优秀业绩。自1993年以来，先后承担了漫昆微波、草普缠绕光纤、滇东北微波、青山光纤、曲靖光纤、大思昆微波及低压电力线路、玉元高速公路、500千伏宝峰至草铺变ADSS光缆、220千伏谢家河至元谋变光纤、国家重点工程135万千瓦大朝山水电站站内通信工程等多项施工任务。公司坚持管理创新、技术创新、机制创新，致力于以质量和服务求生存，以信誉促发展，树立了良好的形象。

法定代表人、董事长：唐　海

地址：云南省昆明市东风东路112-1号

电话：0871-3013968　3013529

邮编：650041

江苏天地钢结构工程集团有限公司云南公司

国家甲级设计壹级施工的大型专业化集团公司

*云南公司工程实例：*普尔斯马特仓储式商场；曲靖市就业市场不锈钢网架；北市区客运站停车钢结构挑棚、主站房网架、中庭采光、电影院；成都市金牛体育中心网球馆；昆明宏峰加油站A、B网架工程；云南省小龙潭矿务局办公楼网架；云南省安宁市汽车客运中心网架及屋面；昆明铁路局北车辆段屋面大修工程；丽江紫茎泽兰高压微粒板生产线厂房；昆明铁路局河口站新旧钢结构雨棚；云南省第二女子监狱服装加工厂钢结构；昆明东站增设集装箱货场办公室网架；昆明市公安局车管所网架工程；昆明云安会都餐厅工程、网架工程；昆明高快车客运站钢结构工程；四川蓬安会展中心网架工程；个旧世纪广场网架、屋面工程；红塔集团办公楼网架、开远市体育场网架工程、蒙自师专大型体育馆钢结构；曲靖广播电视中心钢结构、网架工程等60余项代表工程。

*企业荣誉：*1997年被江苏省人民政府批准为大型省级专业化集团；通过ISO9002国际标准质量管理体系认证企业；中国建筑钢结构协会、上海市金属结构协会会员单位；"江苏省最佳形象企业"、"江苏省质量管理先进企业"；连续被中国建行江苏分行评信用等级"3A"级；江苏省科技协会评为"高新技术企业"；2000年4月被中国钢结构协会评为钢结构、网架制作安装"定点企业"，获国家建设部颁发的甲级设计证书、壹级施工资质证书。

总经理：吕雪清

地址：云南省昆明市西华东区（别墅区）4栋

电话: 13700685568 0871-4179808 4125913 4190772

Email:yntdgs@163.com

云南省水利水电勘测设计研究院

云南省水利水电勘测设计研究院成立于1964年，是国家甲级勘测设计单位和具有法人资格的经济实体。现有在职职工328人，其中具有高级专业技术职务48人，中级专业技术职务151人，国家注册结构工程师4人。共设有规划、勘察2个分院及设计、地电、施工概算、工程监理等6个生产部门，专业齐全，装备上乘、技术力量雄厚，工作经验丰富，持有国家建设部颁发的工程勘察、设计、工程造价咨询、工程总承包甲级资格证书；国家水利部颁发的水文、水资源调查评价、水土保持方案编制、建设监理甲级资格证书；国家测绘总局颁发的测绘甲级资格证书；国家环保总局颁发的乙级环境影响评价资格证书；云南省建委颁发的一级实验室资格证书等。

主要业务范围：以水利水电为主体的工程勘察、测绘、规划、设计、咨询、监理与科研。可承担水资源调查评价与开发利用；流域或区域的综合规划；河道整治、节水灌溉、城市防洪、供水发电等工程的规划、设计；地质勘探与基础处理；工程测量与土工、岩石力学试验；各类水工建筑物及机电、金属结构设计；大、中型水利水电工程淹没处理及移民安置规划；工程病险处理；水土保持与环境影响评价；施工概预算与经济评价；水利水电工程前期工作评估及招标、技术论证、技术咨询；工程建设监理；工程安全鉴定。随着社会主义市场经济的发展，经营范围正不断地向外延伸和拓展。

建院以来，主要完成了云南省水资源利用研究、云南省水利化区划、云南省水中长期供求计划及金沙江、澜沧江、怒江、龙江——瑞丽江、南盘江等20余条干支流的综合利用规划和专项规划；完成了松华坝、渔洞、柴石滩、云龙等大型水利枢纽工程的规划、勘测、设计；完成了高桥、糯租等200余件中型电站、水库的规划、勘测及设计工作。先后派出技术人员帮助阿尔及利亚、毛里求斯、越南、老挝、缅甸等国家兴建水利水电设施；完成缅甸、老挝等国家的电站及送变电工程勘测、设计与施工，获得了所在国有关部门的好评。共获国家、省（部）级优质工程、优秀设计、优秀勘测、科技进步奖60项（次），其中大理宾川大银甸水库获国家优秀设计银质奖，昆明松华坝水库获国家第七届优秀工程设计银奖。

1987年推行全面质量管理（TQC），1990年达标验收，在全面质量管理基础上，于2002年元月顺利通过GB/T19001-2000—ISO9001：2000国际标准认证。云南省水利水电勘测设计研究院将以“质量为本、技术先进、顾客满意”为宗旨，竭诚向社会各界提供高质量的产品和完美的服务。

法定代表人：曹世惠
地址：云南省昆明市青年路376号
电话：0871-3162902 3195796
传真：0871-3168739
邮编：650021

云南省水利水电勘测设计院成果之一

云南省农业信息中心

云南省农业信息中心（原省畜牧科技信息中心）是1997年经省政府批准成立的。云南省农业信息中心综合大楼位于世博园主干道穿金路156号，占地17.7亩，总建筑面积2.6万平方米，共20层，总高91.8米，总投资1.1亿元，综合大楼采用最先进的综合布线系统，包括3个子系统：工作区子系统、水平区子系统和管理区子系统，共设有628个信息点，实现了大楼内各个房间都可以上网，并配有先进的计算机培训教室。

云南省农业信息中心以加强省政府对农业宏观经济调控提供有效的农业信息服务为基础，充分利用自身的技术和网络优势，已实现与Internet网、国内信息及地县农业部门联网并建立《云南农业信息网》www.ynagri.gov.cn和《云南畜牧业信息网》www.yn-animal.com.cn。两个专业网站内容丰富、专业性强，深受全国农业系统特别是全省农业系统同仁的欢迎。

省农业信息中心同时开展农业技术经济预测分析，为促进农业经济发展，增加农产品有效供给和增加农民收入提供有力支持，并充分发挥信息的引导、咨询、监督服务功能，使之成为农业部门转变职能，提高决策和管理科学水平，对农村经济进行宏观调控的重要手段；逐步培育智能化、网络化、实用化、国际化的农业信息产业，为云南省实现农业现代化做出积极贡献。

省农业信息中心下属的实体云南齐宝酒店是按四星级标准建设及管理的旅游涉外酒店。酒店拥有国际标准带电脑插口的各类客房175间（套），是集餐饮、娱乐、康体、商务、会议服务为一体的综合型现代化智能酒店，是旅游、商务、会议下榻的理想场所。云南齐宝酒店热忱欢迎各界朋友的光临。

云南齐宝酒店

地址：中国·昆明市穿金路156号
电话：0871-5611587
传真：0871-5611592
齐宝酒店：0871-5628888
传真：0871-5611390
邮编：650225

玉溪第二职业高级中学

校长、高级教师　　谢君立

玉溪二职中创办于1989年9月。在省、市、区各级政府和教育行政部门的领导下，在社会各界的大力支持下，全体师生发扬开拓进取、努力拼搏的精神，实现了从“合格职中”(1992年5月) —“示范性职中”(1994年1月) 一“省级重点职中”(1995年10月) 一“国家级重点职中”(2000年6月)的持续、快速发展，建校10年即达到了我国职业学校的最高等级。

学校以较高的办学水平赢得了社会的普遍赞誉，近年来，曾被国家教委、体委、劳动部授予“全国体育工作先进单位”称号，曾获得省级“文明单位”、“文明学校”和市级“社会治安综合治理先进单位”、“军民共建先进单位”等几十项荣誉称号。学校已成为玉溪市精神文明建设的一面旗帜，社会文明的一扇窗口。

学校占地面积109亩，建筑面积3.2万平方米。现有教职员工160人，在校42个教学班共2 300名学生。

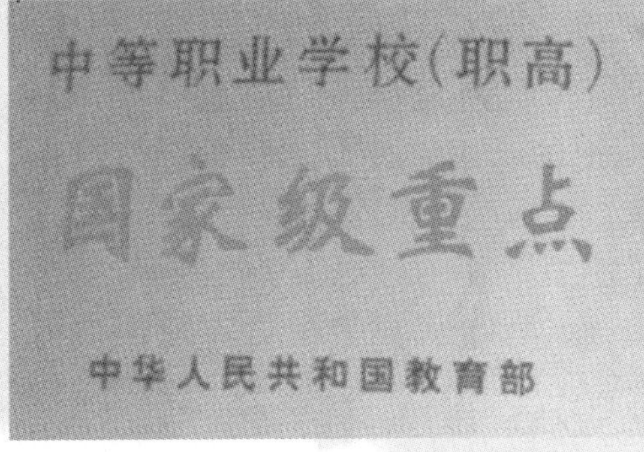

学校教学设备先进齐全，建有语音室、电教室、多媒体微机室、电子阅览室及各专业实验实作室，建立了多媒体信息校园网及“校园一卡通”管理系统，教育教学管理实现了科学化、现代化。

学校遵循“按需培养人才，及时服务社会”的办学宗旨，始终紧密联系当地社会经济的发展开办专业，形成了以计算机专业、电子技术应用专业、旅游服务与管理专业和财会管理专业等为骨干的现代信息技术特色专业群。深受广大学生和各用人单位的欢迎。

学校率先在玉溪市实施“半军事化管理”，从严治校，铸成了“玉溪二职中人”特有的精神风貌，蜚声省内外。

学校成立有“云南省第一O八国家职业技能鉴定所”，各专业学生均可参加中级工技能鉴定，由省劳动厅核发等级证书。

玉溪二职中以“高速度、快节奏、重实效”的工作作风，创建了“合格+特色、速度+效益”的办学模式，走出了一条教育、科研、生产、实习、培训、就业一体化的办学路子。学校全面推行素质教育，注重培养学生的创新精神和实践能力，毕业生以良好的职业道德和过硬的专业技能赢得了社会各用人单位的好评，成了“争气、拼搏、成大器”的建设者和接班人，为玉溪的经济建设和社会发展做出了显著贡献。

地址：云南省玉溪市红塔东路11号
电话：0877-2053249
邮编：653100

院长：杨恩福

云南省林业勘察设计院

该院成立于1953年，是云南省林业厅直属单位，具有独立法人资格。持有国家林业局核发的林业调查规划设计甲B级资质证书；建设部核发的建筑乙级、勘察乙级资质证书；国家计委核发的乙级工程咨询资质证书；省测绘局核发的乙级测绘资质证书。

该院是综合性勘察设计单位，为政府和国内外投资业主提供森林工业、林产工业、生物食品工程、建筑工程、营造林（园林）工程、道路桥梁工程项目的可行性研究报告编制、论证、评估、测绘和监理服务。该院拥有一批精通各类专业，经验丰富的经济、技术专业人员，具有较强的技术装备。改革开放20年来，该院受各级政府和投资业主委托，完成各类项目800余项，涉及投资26亿元，为云南省经济建设、森林生态保护利用和环境工程建设提供了优质勘察、设计、咨询成果。

林业勘察设计在生态保护、环境工程建设、生物资源保护开发和利用中显得日益重要。跨入21世纪的云南省林业勘察设计院，将致力于向政府和社会以及国内外广大投资者提供全方位的工程勘察、设计、咨询服务，把“重合同、守信用”作为经营行为准则和生存发展之本，尊重科学知识，履行职责，在市场竞争中寻求最佳社会和经济效益。

地址：昆明市西站交林路8号
邮编：650031
电话：0871-5326054　5323051
传真：0871-5323051
E-mail:Linkan0408@sina.com

云南省轻工业科学研究所

云南省轻工业科学研究所组建于1958年，是云南省轻工行业惟一的技术开发应用型综合性研究机构。现有职工117人，其中高、中级科技人员80多人，按科研体制改革的要求，于2001年由事业单位转为科技型企业。

研究所位于昆明市区南面，占地面积1 000多平方米，科技大楼2 300平方米。下设制糖、食品、造纸、自动化研究室，云南省造纸产品质量监督检验站、云南省玻搪陶产品质量监督检验站。

业务范围

制糖行业：主要从事制糖新工艺、新技术、新设备、新产品，糖厂附产物综合利用及“三废”治理技术开发应用。食品行业：有机食品绿色食品的研究开发，野生蔬菜、乳制品、白酒酿造、干果深加工系列产品，植物蛋白等软饮料生产技术及其它生物资源开发利用。造纸行业：制浆造纸工艺设计、污水处理、纤维原料分析、测试，新原料开发试验，特种纸及纸制品系列产品深加工。自动化技术：工厂生产过程中自动化技术及微电子技术的应用开发，糖厂蒸发站微机控制推广，锅炉仪表自控，微糖分自动检测报警，DOS系统在糖厂蒸发站中的应用。省造纸产品和省玻搪陶产品质量监督检验站：完成全省纸制品、玻璃搪瓷及陶瓷产品统检和日常监督检验的同时，开展新产品检测、质量鉴定、定级判定和产品抽检，做到公平、公正、科学，确保质检机构的严肃性和权威性。

法定代表人：高正卿
地址：昆明市气象路13号
邮编：650034
电话：0871-4142483　4144340　4150505
传真：0871-4142483

云南伽玛刀治疗研究中心

YUNNAN GAMMA KNIFE TREATMENT AND RESEARCH CENTER

该中心是由昆明医学院及其附一、附二、附三医院（肿瘤医院）共同投资组建和管理的云南省惟一伽玛刀治疗研究机构。拥有当今世界上最新一代旋转式伽玛刀，做到了不用开颅手术就能解除颅内疾病。安全无痛苦，定位精确，疗效可靠。

该中心治疗以下疾病：

1.脑内血管畸形；

2.颅内肿瘤：听神经瘤、脑膜瘤、垂体腺瘤、生殖细胞瘤、部分 实质性颅咽管瘤、松果体区肿瘤、胶质瘤、脊索瘤、脑转移瘤等；

3.常规开颅手术后残留或复发的颅内肿瘤，高龄或体质弱不能接受手术者；

4.部分鼻、咽部或眶内肿瘤：鼻咽癌、视网膜黑色素瘤等；

5.功能性脑神经疾病：顽固性疼痛、癫痫、三叉神经痛、巴森氏病、部分精神病患者。

地址：昆明市人民西路189号（昆明医学院正大门左侧）
专家门诊时间：每周一至五
电话：0871-5386716
邮编：650031

北京生命之星科技开发有限公司云南分公司

现代医学证明："妇人以血为本"，"血为气之母，气为血之帅"，肾为气血调节师。血旺气旺，女人身体才会健康，百病皆无，一旦气血两亏，百病缠身。肾有藏精、生髓、滤毒、调节内分泌四大功能，而肾最重要的作用是促进骨髓生成血红细胞，人体内的血红细胞90%是由肾激发的，肾是人体造血机能的根本，因此补血、补气只是治标，而不治本。肾虚会导致颜面枯黄、色斑沉淀，月经不调、痛经、行经腹痛，寒湿带下，尿频、尿急、腰膝酸软、失眠多梦、四肢发凉等症。所以，以补肾入手是解决上述症状的根本之道。男人补肾是生精，女人补肾为造血。但是中国几千年来封建文化有着不良的影响，错误地认为补肾产品只对男人，使人误认为补肾就是壮阳。而女人一提到补肾就脸红，因此，女人必须走出"补肾只顾男人不顾女人，只管生精不管气血"的传统误区，科学补肾，大大方方补肾。

神迪鹿胎宝——专为女人设计的补肾良药。是吉林辉南长龙生化药业在传世药方的基础上，以珍贵梅花鹿胎为原料，选取了长白山名贵药材精华精制而成，其中鹿胎对严重气血亏，贫血有挽救之功；具有补气养血、调经养颜、调节内分泌的作用。益母草是众所周知的妇科良药，具有抗菌消炎、消热燥湿、杀虫止痒、温经止带、理气开郁、泻火解毒、补血益气等作用。肉苁蓉滋阴补肾、用于腰膝酸软、月经不调等。人参，大补元气、补脾益肺、安神益智，用于眩晕头痛、妇女崩漏等症。鹿胎宝，汲取了大自然的精华，加上严谨配方、科学的理论，对女性肾虚，气血不足所致的各种疾病有较好的治疗效果。

销售网点：
昆明五华大厦一楼药品柜
昆明西南大厦一楼药品柜
昆明天元商厦一楼药品柜
昆明市内各大药店有售
健康热线：0871-5317452

云南诚隆伟业商贸有限公司

诚隆的实力　网络的动力

◇多媒体教育网、远程教育网、政府上网工程

◇综合布线、广域、局域网工程

◇IBDN、Amp、Lucnet、百通、科隆全线综合布线产品

◇电子防盗、小区智能、监控系统、系统集成

◇中国VCOM布线产品云南物流中心

总经理：欧阳明
地址：昆明市龙泉路口金太阳电脑城1-1号
电话：0871-5153291　5153295　5190077
手机：13987671688

云南临沧鑫圆锗业股份有限公司

公司由云南省临沧地区冶炼厂、云南省核工业西南地质局二0九大队、临沧县国有资产管理经营有限责任总公司、双江糖业有限责任公司共同发起组建。

现有员工700余人，其中高、中、初级各类专业技术人员60余人，总资产8 301万元。公司主要生产高纯二氧化锗产品，实行采、冶、销一体化经营体制。年产99.999%的高纯二氧化锗产品8 000～10 000千克，是目前国内最大的锗原料和锗产品生产基地之一，产品90%以上销往日本、美国、欧洲等国家和地区。

公司拥有自己的矿山，锗矿煤储量丰富，目前公司投资3 500万元的矿山竖井技改项目即将竣工投产，投产后，年采矿量达2万吨，服务年限20年。

公司控股股东临沧地区冶炼厂建于1971年，有30年的锗生产历史，生产经验丰富，工艺先进，其“一步火”法从煤中富集提锗技术”和“一种从煤中提锗的工艺”分别获得国家专利权。

公司于2000年经国家外经贸部批准获外贸进、出口经营权。

董事长：张荣崑（高级工程师）
总经理：杨凤祥（高级工程师）
地址：云南省临沧县凤翔镇南京凹186号
电话：0883-2122790
传真：0883-2125498　　2133840　　2122790
邮编：677000

云南光电辅料有限公司

云南光电辅料有限公司系云南北方光学电子集团有限公司下属的子公司，其主导业务为光学辅料的生产及运用开发。在其40多年的历史中，为中国军工光学做出了一定的贡献。进入80年代，面对国外先进高效冷加工生产线的引进，公司投入大量人力、物力、财力进行新品种开发，经过近十年的努力，形成了磨具磨料、光学加工冷却液、保护涂料、清洗剂、胶粘剂、清擦材料、润滑密封材料等7个系列100多个品种的规模化生产，产品覆盖了光学冷加工和装配的全过程。目前公司产品已辐射到省内外100多个企业。公司新近开发的新型抛光磨料、金刚石产品及新型光学清洗剂，已得到奥林巴斯、日东公司、南海祥旺、天津三星公司等大型外资企业的认可，并批量供货。此外，还开发了用于加工磁性材料，硬质合金材料的金钢石产品供瑞士ISA公司（天津）使用。

公司取得了省科委认定的"高新企业"资格。公司将在提高原有产品质量及服务的同时，努力开发多领域的高新技术产品，将公司发展成为全国最大最强的光电辅料开发生产基地之一，并逐步走上国际化的道路。

法定代表人：蔺延钫

地址：昆明市西山区海口镇

云南彩丰油墨有限公司

公司成立于1996年9月，位于昆明市金鼎科技园，占地面积4 000余平方米，是专门生产经营中高档印刷油墨的花园式现代化公司。

"彩丰"引进当代一流的油墨制造技术，主要生产纸张凹版印刷油墨、胶印油墨、复合墨等；采用先进的产品检测手段，全方位监督、检测整个生产过程以确保产品质量，并以此维护公司产品的高质量、高信誉。彩丰现已成为省内外多家知名包装印刷企业的油墨供应商，并荣获"昆明市私营企业50强"称号。

经过多年发展，彩丰已建立了一套完善的销售服务系统，可随时提供技术服务、跟踪产品质量。为了充分 满足客户的要求，技术人员定期上门提供技术咨询、配合客户上机试墨、指导客户掌握技术要领，通过尽善尽美的服务，客户对彩丰的产品有了十分的认识、十分的信心。

彩丰将一如既往地坚持Q（质量）、C（价格）、D（交期）、S（服务）的经营宗旨，竭诚为广大用户服务，以开拓、进取的精神为蓬勃发展的包装印刷事业尽己之责。

法定代表人：符明泽

地址：昆明市金鼎山北路9号

邮编：650033

电话：0871-5342614

传真：0871-5346654

云南华云工程造价咨询有限公司

公司成立于1994年8月，云南省建设工程造价管理协会所属原“云南建设工程造价工程师事务所”经建设部核定为国家甲级资质工程造价咨询单位。注册资金100万元，现有股东20人，其中具有造价工程师执业资格并具有中、高级技术职称的股东12人，占股东总人数60%，企业在册职工28人，具有专业技术职称人员共23人，占职工总数的82%。公司具有联系面广的优势和较强的专业技术实力。专业配置涉及建筑安装、装饰修缮、市政园林、轻纺化工、铁路公路等，相关业务已拓展至全省各地。为工程业主提供各类建设工程估算、概算、预（结）算、标底的绘制与审核，以及司法诉讼造价鉴定等建设工程造价管理全过程服务。公司本着“改革求发展、作用求地位、实力求生存、信誉求效益”的精神，团结拼搏，开拓前进，为云南省建设工程造价的合理确定和有效控制做出了一定的贡献。

自实施脱钩改制后，公司努力建立符合市场要求的自律性运行机制，促进独立、客观、公正地执业。

法定代表人：马桂秋
地址：昆明市西昌路169号
电话：0871-4151167
邮编：650034

昆明南珠电子工程有限公司

昆明南珠电子工程有限公司，是在原昆明电子技术研究所改制基础上，于1997年1月成立的云南省内惟一一家以有线电视网络产品研发、生产和电子工程设计、施工为主的，按现代企业制度进行管理的新型公司。创建几年来，建立了以市场为中心，以创新为主导，以管理为保证三位一体的经营模式，本着务实谨慎的态度，走一条自我探索、自我适应、自我发展的道路。

在产品研发方面，公司一直致力于有线电视网络的产品研制，在对国内外先进设备进行深入的研究和探索过程中，充分理解这些设备的设计思想和工作原理，并将其应用到自身产品的设计中，先后完成了拥有自主知识产权和高技术含量的HFC网络设备的研制生产。主要产品有：有线电视系统光发射机、光接收机及反向光发射机、反向光接收机、双向放入器等；音视频光纤收发器；数字网络设备等。

在工程系统方面，主要从事有线电视、计算机网络、工业自动化控制、电视监控报警等系统工程。先后设计施工完成了昆明国贸中心、佳路达大酒店、云南龙凤祥大酒店、迪庆州香格里拉县、丽江地区广播电视局等有线电视系统、电视监控报警、计算机网络、音响系统的设计、施工和维护。工程施工本着“认真做好每件事”的企业精神精益求精，一丝不苟。应用在实践中所积累的丰富的工程经验，不论是与土建施工相配合，还是与装修工程相协调，都能较好地处理所出现的问题，满足各方要求。

公司的承诺是：**优化的设计，优良的产品；优惠的价格，优质的服务。**

公司致力于以优良的产品质量和服务质量赢得用户。

地址：昆明高新技术开发区海源中路30号创新大厦D段2楼
电话：0871-8317515　8324724
传真：0871-8312695
E-mial：kmnz@public.km.yn.cn　Http：//www.nanzhu.sinobnet.com

云南华昆会计师事务所有限公司

董事长、主任会计师　史金生

中注协副会长、原秘书长丁平准到云南华昆会计师事务所祝贺并题词

云南华昆会计师事务所有限公司合并签字仪式

法定代表人、董事长：史金生
地址：昆明市东风西路123号三合商利写字楼16楼
电话：3648687 3648701
邮编：650032

为了适应中国加入WTO后的新形势和注册会计师行业发展的需要，根据财政部、中国注册会计师协会鼓励事务所联合、合并，规模发展的要求，经省财政厅批准，昆明华昆会计师事务所、云南经纬会计师事务所、玉溪宏信会计师事务所、楚雄华信会计师事务所合并为云南华昆会计师事务所有限公司，其设在地州的事务所分别为“华昆（玉溪）会计师事务所”、“华昆（楚雄）会计师事务所”。注册资金210万元，职业风险金178万元。从业人员200余人，注册会计师73人，注册评估师17人，注册税务师24人，造价工程师20人，人员队伍中80%的人具有大专以上学历，75%的人具有会计师、工程师、经济师专业技术职称。

云南华昆会计师事务所有限公司，包括合并前的4家会计师事务所，自成立以来，主要从事特大型、大中型企业（包括地州小型企业）的财务收支和基建工程概、预、结（决）算审计验证服务。近几年来，服务范围扩大到资产评估、会计报表、效益评价、破产清算、税务代理、经济责任、金融业务、司法鉴定、会计咨询、人员培训等，在云南烟草、电信、冶金、电力、金融、航空、商业等行业以及玉溪、楚雄等地区树立了良好的形象，获得了较高的信誉。

该所共设机构有14部1室：财务审计5个部、资产评估2个部、工程审计4个部、咨询培训部、税务代理部、业务指导部和办公室，具有较强的综合执业能力。

截至2000年12月31日该所总资产为：1476.49万元，2000年度的总收入1759.99万元（以上数据为4家的合并报表数）。

该所在烟草行业执业已有10多年的历史，遵循“质量第一、信誉第一、服务第一”的宗旨，独立、客观、公正的原则，勤勉尽责、兢兢业业的工作作风，赢得了服务对象的赞誉和主管部门的好评。云南华昆会计师事务所有限公司全体员工决心努力工作，认真负责，以高质量的服务为烟草等行业发展和管理水平的提高做出贡献。

中国工商银行红河州分行营业部

中国工商银行红河州分行营业部现辖12个分理处、18个储蓄所，共有员工352人。长期以来，该部认真贯彻执行党和国家的路线、方针、政策，始终坚持“两手抓，两手都要硬”的方针，认真贯彻落实江泽民“三个代表”重要思想，深化改革，强化管理，坚持依法合规经营，加强党建和精神文明建设，广泛开展创先争优活动，健全激励机制，外树形象，内强素质，坚持“以客户为中心”，努力开展业务创新，为客户提供优质服务，有效地促进地方经济的发展，取得良好的社会效益和经济效益。截至2001年末，各项存款余额20.6亿元，各项贷款余额14.6亿元，在个旧地区的同业占比分别为43.27%和56.79%，全年实现利润1 296万元。精神文明建设又结硕果，营业部被省委、省政府授予“省级文明单位”荣誉称号，2001年人民路储蓄所被中央金融团工委授予总行级“青年文明号”。

欢迎前来办理新业务：

- “万家福”个人消费贷款　　　汽车消费贷款
- 单位、个人住房贷款
- 外币业务
- 汇款直通车业务
- 网上银行业务

总经理：郑利洪
地址：个旧市人民路梧桐大厦1楼
电话：0873-2165786　2123643
邮编：661000

中国工商银行蒙自县支行

工行蒙自县支行在省州分行党委和当地县委、县政府、县人民银行的正确领导下，认真贯彻落实党的十五届五中全会精神和全省行长工作会议精神，结合支行实际围绕“实施质量攻坚，提高经营效益，推进改革创新，提高管理水平”的工作思路，把“重质量、重效益、重管理、重开拓、重服务”作为全行的工作重点。经过全行员工的努力，2001年末各项存款余额达49 973万元，比上年增加3 615万元，各项贷款余额22 877万元，比上年增加1 351万元，实现封闭利润153.3万元，圆满完成了州分行下达的各项经营指标。支行省级文明单位届满重新申报工作已通过验收。同时继续保持了县级“文明单位”称号。党支部被州分行授予“基层先进党支部”。工会继续保持省级金融系统“模范职工之家”。1个网点被省分行命名为省级“青年文明号”，2个网点继续保持州级“青年文明号”，7个网点和3个网点分别保持县级“青年文明号”、“文明窗口”，两个文明建设取得了新的成就。全行实现了无重大责任事故，确保金融秩序正常运行。

存款是银行赖以生存和立行之本，是信贷资金的主要来源。工行蒙自县支行全体员工始终牢固树立存款第一的思想，把存款工作列为重中之重，以“没有最好，只有更好”的指导思想，加大与客户之间的联系，尤其是大户和优质客户的联系，全行上下齐抓共管，不断改进服务手段和服务功能，积极采取各种有效措施，努力吸纳资金，壮大银行实力，确保存贷的稳定增长，至年末全面完成了上级行下达的各项指标。

按照全省行长会议确定的信贷工作重点，积极开展工作，调整结构，实施进退策略，努力盘活存量贷款，把好增量投向关。进一步加大优质客户群的贷款营销和住房贷款、综合消费贷款、汽车消费贷款力度，转化不良资产，提高信贷资产质量。年末盘活存量贷款移位474.63万元，清收处置不良贷款7662.18万元，信贷资产质量有了明显的好转，全年综合收息率达90%以上，在全州保持了较高水平。

以江总书记“三个代表”和“七一”重要讲话为指导思想，结合支行实际，党支部制定了各种制度，深入学习领会邓小平同志对党建工作的论述，贯彻江总书记对新时期加强党建工作的指示。通过“三个代表”、“七一”重要讲话专题学习，提高了党员干部的政治素质，增强了党员、干部及广大员工的事业心和责任感，精神面貌焕然一新，促进了企业的发展。

从严治行、规范管理，严格规章制度，加强监督，注重落实，狠抓重要岗位和薄弱环节，从上至下签订了“三防一保安全责任制”、“经济案件防范责任制”、“党风廉政建设责任制”，一级抓一级，层层抓落实，做到了依法合规稳健经营，16年来未发生过经济案件和重大安全责任事故，确保了国家资金和职工人身安全，促进了各项业务的发展。

法定代表人：伍志云

地址：云南省红河州蒙自县人民中路49号

电话：0873-3643113

邮编：661100

中国工商银行开远市支行

中国工商银行开远市支行自1985年成立以来已有17年的历史，目前拥有196名员工、15个营业网点。2001年末，各项存款11.5亿元，各项贷款6.7亿元。东风路储蓄所是开远市惟一一家存款超亿元的大所。多年来，工行开远市支行致力于为地方经济发展服务，通过狠抓管理，从严治行，切实树立以客户为中心的现代经营服务理念，内强素质，外树形象，依托科技促发展，实现了计算机全国联网，并在该市设立了11台自动柜员机、4台自动登折机，设立了开远市惟一一家自助银行。严格的管理、高素质的员工队伍和先进的现代化设施，使得各项业务蒸蒸日上，长足发展，有力地支持了地方经济建设。

工行开远市支行17年来依托科技促发展。1988年率先在市金融机构中利用计算机办理储蓄业务。从1988年7月使用微机办理业务，各处所各自为阵，到1991年10月运用中型机支行处所全辖联网实现全市通存通兑，再到1998年7月大型机全国联网，实现全国通存通兑，2001年9月先进的综合义务系统投产。几年一个台阶，大跨步发展，彻底告别了传统原始的劳作模式，使员工从繁重的手工劳动中解放出来，实现高质量、高效率的科学金融结算。科技的进步不断促进了各项业务的长足发展。目前，对公结算业务、异地资金往来实时汇划、转账支票全省通存通兑等业务，使企业的资金周转速度大大加快；储蓄业务实现了个人活期存折、牡丹灵通卡在自动柜员机自助取款、自助存款，极大地方便了工行广大客户。在传统业务发展的同时，新业务在科技的依托下，得到了大力开拓，增办了牡丹信用卡业务、外币业务、教育储蓄以及个人汇款等新业务；中间业务也得到了快速发展，从代理发行、兑付国债业务、代发工资，逐步开展了代收电话费、代收移动通信费、代收代付房款等各种款项的服务，推出了“银证通”转账业务。新的代理业务适时推出，满足了广大客户各方面的金融消费需求。工行开远市支行正在积极筹办个人金融理财服务中心，新的综合业务系统已投产运行。

狠抓效益不放松是工行开远市支行的又一经营特色。多年来，在资金运用上，工行开远市支行克服了经营环境不利因素，严格贷款管理，优化增量，盘活存量，确定了以信用等级高、有影响、有潜力的重点企业和行业为信贷投放的主体，支持地方支柱产业的发展。在消肿治散，清理不良客户的同时，全力支持了电力、建材、邮电、化工、交通、能源、轻工等重点行业的生产发展。工行开远市支行还不失时机，积极稳妥地开办了小额抵押贷款、住房贷款、个人综合消费贷款、汽车消费贷款等新业务。2001年为开远个私园第二期工程建设投入了近千万元的资金支持，为地方经济的发展做出了新的贡献。1985年以来，工行开远市支行累计实现人民币利润1.27亿元，还创下了连续3年经营效益高居全州工行系统榜首的业绩。

高质量高效率是工行开远市支行17年来全力塑造的新形象。为客户提供优质文明服务是工行开远市支行历来的宗旨。在努力提高员工综合业务技能的同时，不断加强政治思想教育，培养员工的职业道德素养。全行员工全部经过岗位培训和上岗考核，并经常开展劳动竞赛和业务练兵比赛活动，从制度上促进员工自觉努力提高自身的业务水平。同时，加强党风廉政建设，加强对员工的思想教育和职业道德教育，使政治思想教育常抓不懈，培养 了一支业务过硬、作风优良的员工队伍。在管理上，按领导为员工服务，二线为一线服务，一线为客户服务的制度加强管理；在开远市的金融系统中，在一线服务窗口，率先推行先进的柜员制劳动组合管理制度，按规范化服务要求，每月严格考核，并定期评选十佳业务员；在基层处所广泛开展创建青年文明号和创建巾帼文明岗活动。优质文明服务结硕果，工行开远市支行获得了省州政府“重合同守信用”先进单位称号，1999年被授予省级文明单位，支行营业部、东风路储蓄所被评为州级“青年文明号”，东风路所还被评为“巾帼文明岗”。支行员工苏红勤同志在1996年被授予“全国金融系统青年岗位能手”。

行长：罗顺平

地址：开远市东风路94号

电话：0873-7122925

邮编：661600

昭通市昭阳区农村信用合作社联合社

昭通市昭阳区农村信用合作联社创建于1985年。在上级行的正确领导和各级党政部门及社会各界的大力支持下，始终坚持深化改革，努力防范化解风险，不断改进支农服务，强化内部管理，提高经营水平，使各项业务得以平稳发展，特别是通过近几年来的建设，现已发展成为资金实力雄厚，业务范围广泛，经营网点众多，服务功能齐全，在全市金融行业中占有重要地位的合作金融组织。

昭通市昭阳区农村信用合作联社立足农村求生存，面向农业闯市场，心系农民谋发展，牢牢把握“面向农村、服务农民、发展农业”的市场定位，积极开拓服务领域，不断加大支农资金投入，同时积极扶持第三产业和个体私营经济发展，培育新的经济增长点。其突出的支农业绩赢得了广大农民群众的广泛赞誉，得到了上级领导的充分肯定，多次被授予“文明单位”、“支农先进单位”等荣誉称号。目前，昭通市昭阳区农村信用合作联社辖属5科1室、20个信用社、34个信用分社及1个营业部，员工总数270人。至2002年5月，实现各项存款余额3.98亿元，各项贷款余额4.31亿元，实现利润达220万元，固定资产3 600万元。

在未来的征途中，昭通市昭阳区农村信用合作联社将继续鼓足勇气，振奋精神，抓住机遇，转变观念，改进作风，真抓实干，沐浴着改革的春风，迎着新世纪，迎着西部大开发的时机加快发展步伐，不断强化内部管理，矢志不渝地遵循“民主办社、灵活经营、高效廉洁、文明服务”的合作金融企业精神，贴紧农村，方便农民，充分发挥支农主力军作用，促进农村信用合作事业的健康发展，为昭阳区农业和农村经济的发展做出更大贡献。

经营范围：办理个人储蓄；农户、个体工商户、农村合作经济组织及企事业单位存款、贷款及结算；代理国家银行的存贷款业务；经中国人民银行批准的其他业务。

法定代表人：余　平
地址：昭通市海楼路83号
电话：0870-2220003
邮编：657000

泸西县农村信用合作社联合社

泸西县农村信用合作社联合社设信贷股、稽核监察股、财务信息股、人事教育股、保卫股、党政综合办公室、营业室(5股2室)。下辖11个独立核算的乡镇农村信用社，10个信用分社，86个流动服务点。全县农村信用社现有职工206人，其中：退离休职工69人，在职职工137人。在联社党委的领导下，肩负着深化改革和支持“三农”发展地方经济的重任。为了筹集资金、壮大支农资金实力，全体干部职工一是牢固树立“存款兴社”的思想，充分利用农村信用社扎根农村，贴近农户，机构网点遍布城乡的优势，走村串户、上门提供优质服务。二是积极开展中间业务，代发工资、代付烤烟收购款、代收电话费、收办保险业务，代收电视服务费等，最大限度地改善金融服务，拓宽服务领域。通过提供一系列的金融服务，赢得了广大城乡居民及农民朋友的高度信任和关心支持。年末完成存款余额2.91亿元， 比上年增加了2 797万元，增长10.65%，且存款结构良好。

党委书记、联社主任：杨彦祥

农村信用社扎根于农村，定位于服务“三农”。信用社始终把支持“三农”，服务“三农”作为整个工作的重中之重来抓，确保各项支农资金的足额到位。工作上紧紧围绕县委、政府调整农村产业结构的工作思路，加大对新兴生物产业除虫菊、杜仲开发的资金投入，积极支持县委政府加大对蔬菜产业的扶持力度，发展订单农业、庭院经济等新的农村经济。农业贷款的主要投向包括：化肥、种籽、地膜、农药、种植、养殖、农田水利、农机农具、农产品加工、农林特产、工商副业、加工运输等各个领域，全年累计发放各种支农贷款到6.92万户，金额3.47亿元，极大地满足了广大农民群众的生产生活的资金需求，促进了全县农业增产、农民增收、农村社会稳定，真正成为了农民致富的金融纽带，发挥了农村金融主力军的重要作用。2001年，根据“三个代表”学习教育活动中各基层反馈的意见，联社加大了党的组织建设的力度，及时向中共泸西县委递交了成立联社党委的请示，并且得到了中共泸西县委的批准，于2001年10月18日成立了联社党委、纪委，杨彦祥当选为联社党委书记，李学文当选为党委副书记、纪委书记。各基层社相应成立了党支部，进一步加强了党组织的战斗堡垒作用，领导全体党员真正发挥党员的先锋模范作用，带领全县农村信用社努力实践江总书记“三个代表”的重要思想，齐心协力做好农村金融工作，切实防范和化解金融风险。

2001年，联社始终紧紧围绕“两个到位”开展工作，主要是把劳动用工和人事制度改革工作分步实施。一是打破铁饭碗、铁交椅，实行末位淘汰制；二是干部职工实行双向选择，实施“双聘”；三是建立干部能上能下，职工能进能出的管理体系，通过体制改革，强化队伍建设。先后有12名干部职工通过体制改革率先在全县农村信用社范围内竞聘了岗位。广大干部职工积极参与改革，放下包袱，轻装上阵， 以主人翁的姿态正确地面对改革、迎接挑战。

联社始终把坚持改革开放同业务发展紧密结合，坚持业务发展与精神文明建设两手抓、两促进。把“建家兴社”列为工作的议事日程。做到年初有计划，年中有行动，年末出成果。注重在职工中开展弘扬爱国主义、集体主义，从实际出发积极开展精神文明的创建活动，形成党、政、工、青、妇齐抓共管的局面，教育全体职工自觉抵制“法轮功”邪教组织，破除封建迷信，提倡科学、文明、健康的生活方式；举办法制知识演讲比赛，利用节假日举办丰富多彩的联欢晚会；组织职工参加县委、政府、总工会、宣传部、文体局等部门组织的各种文化体育及娱乐活动；积极开展“创建文明单位、树立行业新风”以及“文明窗口”、“青年文明号”、“巾帼建功标兵”等创建活动。通过一系列的创建活动，既陶冶了广大职工的情操，又使大家增长了各种知识。充分地展示了新时期崭新的精神风貌。3月份被县综治委表彰为“安全文明小区”、7月份被县委、县直属机关党委表彰为“先进党支部”、12月被州委州政府表彰为“州级文明单位”和州级“重合同守信用先进企业”，同月被中国人民银行红河州中心支行表彰为“2001年信贷管理先进单位”，最为值得欣慰的是联社的各项工作受到了中国人民银行总行合作金融监管司的表彰，光荣榜上再添新花，获得了“全国农村信用社支农工作先进单位”的殊荣，在全省120多个县级联社中是惟一的一家。

党委书记、主任：杨彦祥
电话: 0873-6621039
党委副书记、纪委书记、副主任：李学文
电话: 0873-6622740
副主任：张从吉
电话: 0873-6621515

云南派特律师事务所

该所为云南省司法厅直属律师事务所，同时获得国家知识产权局批准的办理专利申请代理业务，是具有双重资格的律师事务所。

为您服务，助您成功是该所的服务宗旨。

法律业务、专利代理并驾齐驱，为您提供全方位的法律服务。

地址：昆明市五一路 177 号福华花园
电话：0871-3641495　3641493　3623160　3641481
传真：0871-3641495　3641481
邮编：650031
Email：ynpait@21cn.con　　ynpatent@163.com

昆明市农村信用合作社联合社

昆明市农村信用联社成立于 1986 年 8 月，是全国最早组建的地（市）级联社。目前，市联社下辖 12 个县（区、市）联社、2 个直属信用社和 1 个营业部，共有法人机构 161 个，营业网点 426 个，职工 2 656 人。截至 2001 年末，昆明市农村信用社各项存款余额为 94.4 亿元；各项贷款余额为 59 亿元。

近年来，全市农村信用社坚持“以农为本，为农服务”的思想，按照国家的产业政策，积极调整信贷结构和投向，进一步拓宽服务领域，重点支持了农田水利建设、农业生产资料以及蔬菜、花卉、水果、烤烟、养殖业等项目的发展；支持了一批效益好、科技含量高的骨干乡镇企业和个体私营企业的发展；同时，适应市场需求，大力开展汽车消费贷款、住房按揭贷款、助学贷款消费信贷业务，为昆明市城乡经济发展做出了积极的贡献。据统计，昆明市近 78% 的农业贷款和 85% 的乡镇企业贷款都是由农村信用社发放的，稳居全市各类金融机构之首，成为支持农村经济发展最重要的金融力量。

为改善服务手段，昆明市农村信用社确立了“科技兴社”的发展战略，不断加快电子化建设步伐，开通了全储种“通存通兑”业务，发行了“金碧储蓄卡”，实现“一卡通用”，提高了金融服务水平。

云南发展建设监理有限公司

董事长：钱维基

热情服务　秉公办事

法定代表人：钱维基
地址：昆明市环城南路326号
电话：0871-3551585
邮编：650041

云南发展建设监理有限公司，由原云南建设监理公司改制，于1993年5月28日成立。属智力密集型、专业化、社会化的具有法人地位和甲级监理单位资质等级的股份制企业。受建设单位委托，开展工程建设全过程及分阶段的建设监理工作，并提供工程建设方面的技术、经济、管理咨询服务。是云南省最早批准成立的社会监理单位之一。公司主营一般工业与民用建筑及安装，公路建筑工程一、二、三等工程的建设监理业务。公司于2001年通过北京外建质量认证中心对质量体系ISO9002的贯标认证，是中国工程建设标准化协会会员单位，并被云南省建设厅、云南省建设监理协会评为“先进工程建设监理单位”。

公司拥有一批专业配套、结构合理的工程建设咨询、可行性研究、经济评估、设计、施工、检测及计算机等各类专业人才，具有装备齐全、手段先进的试验检测设备。现有从业人员180多人，其中高职31人，中职60余人，均经有关部门培训考核，持证上岗。其中国家注册监理工程师26人。

公司特别重视建设监理工作的程序化、规范化、制度化建设，从正式开业起，始终坚持高起点、高质量、高水准创云南建设监理路子；始终坚持全方位、全过程、全环节为业主提供优质监理服务。在监理业务中坚持“守法、诚信、公正、科学”的执业准则；坚持“严格监理、热情服务、秉公办事、一丝不苟”的工作原则；紧紧把住“目标规划——动态控制——组织协调”的主线，严格控制、积极参与、全力协调、做好工作，深受业主的信任和好评。在市场经济中树立起以技术水平、工作质量、服务态度、工作效率取胜的企业形象。

1998年~2001年，公司共承担了玉溪烟厂关索坝工程、昆明机场候机楼工程、云南建工大楼、云南省第一人民医院综合楼、昭通卷烟厂烟叶复烤生产线（12 000千克/小时）、昆明卷烟厂红云小区及省政府金牛住宅小区、关上电信局大楼、昆明电信八三分局大楼等大、中、小型项目工程监理项目170多个，总标的150多亿元，面积300多万平方米。20层以上高层建筑工程18幢，工业生产群体工程4项，住宅小区6个，均是速度快、质量好的建设监理项目，受到业主广泛赞誉。公司监理的昆明机场候机楼工程获得国家建设部颁发的“鲁班奖”；公司监理的云南省第一人民医院综合楼、建工大楼、玉溪烟厂科技楼等工程荣获“云南省优质工程”称号；公司监理的昆明西郊垃圾填埋场、晋宁污水处理厂、昆阳磷肥厂污水处理系统等世行贷款项目，工程质量优良，投资得到有效控制，获得业主及世行贷款项目办的好评。公司历年所监理的工程涉及烟草、粮油、电信、医药、文教、电子、航天、轻工、房地产等行业的多层、高层、大中型工业建设项目和民用建筑。

云南发展建设监理有限公司将继续高标准、严要求，不断提高监理水平，进一步完善规范管理，充分发挥自身优势，竭诚为社会各界提供满意的服务。

云南白云旅游航空服务有限公司

天艺票务中心

云南白云旅游航空服务有限公司，系经国际航空协会审核、认可、西南航空管理局批准，云南省工商局登记注册，从事航空客运代理业务的服务性经济实体。公司注册资本100万元，现有员工20余名，公司自1997年6月成立以来，坚持诚信为本、服务社会的原则，广交各界朋友，谒诚为航空客运服务贡献力量。

法定代表人、总经理：杨爱芝
地址：昆明市春城路172号（原100-101号）
电话：0871-3548106
订票：0871-3527777
传真：0871-3548105

昆明光荣航空票务有限公司

昆明光荣航空票务有限公司位于环城北路101-103号，地处北京路与环城北路交叉口旁边，公司是经国际航空运输协会认可，销售全国各大航空公司机票的定点单位。

公司拥有先进的管理，精干的队伍，一流的服务，顾客订票只需拨打订票热线（0871-5186666），公司便可准确及时为您免费送票上门，并享受各大航空公司的优惠票价。

订票热线 0871-5186666

订票热线 0871-5186666

法定代表人：赵光荣

地址：昆明市环城北路101-103号

电话：0871-5186666

传真：0871-5156855

云南正基物业管理有限公司

云南正基物业管理有限公司成立于2000年3月3日，目前已受昆明正基房地产有限公司委托从事对证券大厦的物业管理工作，公司自组建以来一直立足于高起点、规范性运作，并取得了喜人的业绩，目前公司业务已涉及房产经纪、室内装饰装修、信息咨询等多个领域，公司管理的证券大厦已获得昆明市建设局颁发的“昆明市城市优秀物业管理”称号。

运营模式方面，公司严格按ISO9002质量认证体系规范运作，与香港、深圳模式接轨，为此公司分别与深圳市多家物管企业和进修学院密切合作，汲取先进的管理经验，结合公司受托物业的具体情况，制定出一整套先进合理的物管流程，同时聘请业内专家顾问加以策划，高瞻远瞩，为业主的长远之需求作出部署；人力资源方面，公司是一个年轻化、知识型、充满朝气的现代服务企业，公司现有管理人员14名，均为大专以上学历，员工思想活跃，敬业高效，充满创造力，是公司成功开展高效物业管理的基石。

公司的企业理念系统是：

企业精神：敬业、诚信、效率、创新

机构运行准则：精简、灵活、效率

管理目标：管理无盲点、业主无怨言、服务无挑剔

公司的整体规划是：第一年打基础，第二年创市优，第三年创省优，第四年达到全国物业管理示范大厦标准，第五年成为地方知名物管企业。

公司有信心管理好“证券大厦”和其它受托物业，遵循不断创优的思路创立自己的品牌，使证券大厦和公司的物业管理品牌成为昆明的一大亮点。公司自信凭他们的管理实力和不懈努力，一定能为您名下物业的保值增值献力，一定能为您的置业投资事业锦上添花！

楚雄彝族自治州种子公司

云南省楚雄州种子公司成立于1978年，隶属楚雄州农业局。种子管理站、司合一，实行两块牌子，一套班子。公司下设办公室、品审品管室、良繁室、检验室、财务室、经营部和青龙桥原种场，现有职工27人，有高级农艺师、农艺师、专业技术人员17人。公司拥有一个占地6亩，年收贮、加工、包衣、包装500万千克稻、麦良种加工中心和一个能承担国家、省州农作物新品种试验和国家级区域试验站。有良种繁育、试验田165亩，晒场6 923平方米，低温仓库223平方米，普通仓库2 051平方米，种子加工车间2 004平方米。并且拥有与种子经营相适应的种子加工、包衣、包装机械21台和先进的种子检验仪器设备56台（件），资产近2 000万元。

公司主要从事种子管、育、繁、售，农作物新品种引进、试验、优育、示范、繁殖、推广、经营，农作物种子的原种和良种，提纯繁殖玉米亲本和配制玉米杂交种，调节经营杂交水稻、杂交玉米、大豆、蔬菜等农作物种子。公司年经营各类农作物种子280余万千克。该公司善于引育开发新品种，基地基础扎实，繁育技术科学规范，诚实经营，优质服务和过硬的种子质量，彝州“彝丰牌”良种在省、内外赢得较高声誉，20多年来倍受“彝丰牌”种子覆盖地农户的厚爱，销往云、贵、川3省的13个地（州）86个县（市）、186个单位。公司繁殖生产的楚粳二号、楚粳三号、楚粳五号水稻良种曾出口卢旺达和玻利维亚两个国家。

楚雄州种子公司20多年来，始终坚持“质量第一、信誉第一、服务第一”的宗旨，依靠职工，求真务实，艰苦创业，把一个原来固定资产不足30万元的种子公司，发展成为初具现代规模，资产近2 000万元的种子公司。公司11次被评为国家、省、州先进单位，其中，1986年、1988年、1993年分别荣获云南省农牧渔业厅农业科技推广先进单位和全省种子系统先进单位；1991年获农业部种子贮藏保管先进集体。同时曾先后有36项种子科技成果获得省、州奖励。

面对严峻的市场竞争，公司将一如既往，加强与社会各界朋友精诚合作，携手共进，共图种子大业。“您的辉煌就是公司的发展，你的满意和丰收就是公司的追求。”

经理：刘文智
地址：楚雄市鹿城东路18号
电话：0878-3013964　3013417　3011526
传真：0878-675000

瑞丽台丽农牧发展有限公司

1993 年，台湾商人詹茂胜先生抓住我国改革开放、招商引资的机遇，在祖国最西南的边疆地区——瑞丽安营扎寨，成立了瑞丽台丽农牧发展有限公司，先后发展了瑞丽姐相乡600亩种植基地，台丽商业城（已拆）、农贸集市、水果批发市场和屠宰加工厂，又经瑞丽市政府的全力支持，在瑞丽暮里成立了云南瑞丽台丽翡翠谷雨林风景区旅游有限公司。

公司以发展绿色产业种植为龙头，兼以市场摊位出租、旅游业发展于一体为特色的外商独资企业，它以其独特的生产经营方式和管理技术为运作方向，大量发展种植名、特、优、珍、稀水果，尤其以种植“云南蜜王枣”、“德宏水晶蜜柚”，“优质米”而闻名。公司注重技术、尊重人才，科学技术就是第一生产力，公司董事长詹茂胜深知其故，紧紧抓住人才不放，先后聘请了台湾农业技术专家、农学院技术人才等，对农产品种植进行了科学研究，成功培育了云南蜜王枣、德宏水晶蜜柚、莲雾、释迦、番石榴、杨桃、枇杷、桃李、水梨等果种，并带动邻近群众发展种植。现在茂盛农场共投入资金1 000多万元，还建盖了一所农业科技免费培训中心，并从台湾不定期请来农业专家进行科技培训，使全州农业种植业科技普及化。公司茂盛农场被瑞丽市政府命名为瑞丽高科技农业种植示范基地。

公司另一个项目是旅游业，大力宣传旅游、发展旅游已被提到议事日程上，为迎合这一发展要求，公司竭尽所能，在距瑞丽20多千米深山区——暮里开辟了一个旅游风景区。

暮里景区森林密布，古木参天，上千种植物在此繁衍，受国家保护的二、三级植物就有20多种，景区气候宜人、常年无霜期，内有温泉、花园，瀑布等可供休闲、观赏，大自然特有的条件构成了热带雨林奇异的景观，郁郁葱葱的热带雨林谷，吸引了大批中外游客。

经营范围：农业、畜牧业、农副产品加工、销售；摊位出租。

董事长：詹茂胜
副董事长：詹昌碧　邱柏霖
副总经理：詹　彩
地址：云南省瑞丽市兴市街
电话：0692-4143939
传真：0692-4143929
邮编：678600

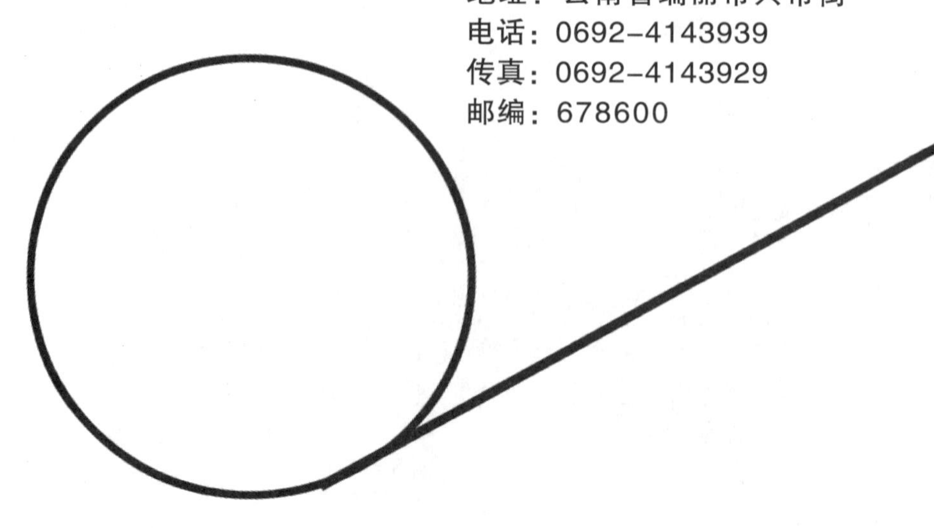

昆明城区卷烟配送有限公司

昆明城区卷烟配送有限公司成立于1999年，是由云南省烟草昆明市公司和云南省烟草卷烟销售公司共同出资组建的股份制企业，注册资本500万元。公司下设3部1室、8个访销部、1个物流中心；有职工125人，其中中专以上文化程度74人，占职工总数的59.2%；有送货车辆25辆。

公司的主要业务：负责昆明城区市场的卷烟访销和配送，经营有国内外100多个名优品牌的卷烟，年销量3.5万箱，经营总额3.8亿元，利润2 100万元。

按照“全国一流网建”的目标，现在公司已建立起了以专卖、销售、信息、资信为一体，四网并举的计算机管理系统，和对客户实行全面访销、全面配送的覆盖昆明城区的卷烟一级配送服务网络体系。截至2001年末，已有3 000多零售户加入该公司的卷烟销售网络。

董事长：郑天一
总经理：刘培喜
地　址：昆明市圆通街33号云南烟草商厦8楼
电　话：0871-5132152
邮　编：650031

云南昆岭薄膜工业有限公司

公司从德国布鲁克纳（BRUCKNER）进口先进的制膜生产设备

公司从英国阿特拉斯（ATLAS）进口先进的专用分切机

云南昆岭薄膜工业有限公司是三林集团和国际企业(香港)公司共同投资2 900万美元兴建的，地处昆明国家经济技术开发区，占地5.94万平方米，建筑面积1.4万平方米，年生产双轴延伸聚丙烯BOPP薄膜1万吨，是资金密集型和技术密集型的合资企业。公司1994年12月15日经批准筹建，1996年8月21日建成投产。现有职工256人、外籍人员8人。

该公司采用了国际20世纪90年代先进技术设备，从德国布鲁克纳(BRUCKNER)和英国阿特拉斯(ATLAS)进口生产设备和专用分切机，整条生产线采用全电脑控制。能生产厚度12微米至50微米的高品质可热封性、可印性、热收缩性各类BOPP薄膜。公司生产的优质爱岭“ilene”牌双轴延伸聚丙烯BOPP薄膜，广泛用于食品、药物、香烟及多种轻工产品的包装，也可作为印刷、真空镀铝及复合之基材。“爱岭”牌薄膜的品质在国内处于领先地位，自投产开始，就畅销国内外。尤其是高速、热收缩型等高档卷烟包装膜，已在云南省及国内许多烟厂广泛使用。公司产品除销售本省外，还销往上海、宁波、广州、北京、河南、河北、四川、贵州等省市，并出口美国、东南亚及香港等国家和地区。

在产品品种、质量方面，为了满足客户的要求，公司针对客户各种机型设计，调整生产不同的产品品种，产品质量一直得到客户的好评。优质的产品加上规范化、制度化的良好售后服务工作，为实现“客户的满意就是我们的成功”提供了可靠保证。公司产销平衡，2000年实现销售收入2.43亿元，比上年增长10.27%，实现上缴税金2 550万元，比上年增长26.55%。自投产以来累计上缴税金7000万元。

在董事会领导下，通过全体员工共同努力，公司先后于1998年被昆明市政府授予“外商投资先进企业”称号，1998年3月经云南省经贸厅确认为“先进技术企业”，1998年9月被中国包装技术协会授予“全国优秀包装企业”称号，1999年11月又被中国包装技术协会授予“中国包装龙头企业”称号，1999年4月9日通过了英国劳氏质量有限公司的IS09002质量体系认证，1998年~1999年两年被昆明市政府授予“重合同、守信用”单位称号，1998年~1999年两年被云南省政府授予“外商投资先进企业”称号，2000年11月被中国包装企业协会授予“中国200强先进包装企业”，2000年12月，被云南省人民政府授予“外商投资企业高利税企业”及“外商投资高营业额企业”称号。

该公司的管理层都是从国外聘请具有多年管理经验的专家，并在国内聘请了经过考核，具有相当经验的专业人才。全体员工齐心协力，始终遵循“以市场为主导，专业化的管理和建设性的合作”三大经营思想，努力提高管理水平。公司将继续坚定不移地以优质产品，最佳服务，不断满足客户需求为宗旨，为中国经济的发展多做贡献。

地址：中国云南省昆明市官渡区牛街庄昆明国家经济技术开发区昆岭路10号
电话：(86-871)7266661
传真：(86-871)7265625
邮码：650217
上海办事处：上海市延安西路2299号上海世贸商城8楼G05、G07室
电话：(021)62361468　62361467
传真：(021)62361466
邮编：200336

昆明百货大楼珠宝经营有限公司

公司成立于1993年8月6日，风雨坎坷，几经艰辛，已发展成为集零售、加工、批发为一体的大型珠宝企业，网点遍及全国大中城市及省内地州县。

占领龙头价位、推崇品牌消费、优质的服务是公司一贯的经营宗旨。拥有强有力的质量监督保障体系，与云南省珠宝协会共同在商场内建立了珠宝鉴定中心，视完善的售后服务及品牌的保证为生命线；公司在与国际珠宝市场接轨的同时，勇于开拓创新，向国际化、规范化发展，在机遇与挑战中赢得更大的发展。

2000年，昆百大珠宝荣登“中国十佳珠宝优秀企业”。2001年中国技术监督情报协会授予了“国家监督检测质量十佳放心推荐品牌”称号；并被云南省珠宝协会、昆明市商贸局、云南省黄金饰品检测中心评为春城黄金饰品质量最值得信赖单位，授予了“春城黄金第一家”称号，同年10月昆百大珠宝又获得了由中国珠宝协会首批推荐的“中国珠宝驰名品牌”的殊荣。

昆明圆通时装公司

昆明圆通时装公司成立于1993年10月8日，是昆明第一职业中专的校办企业，以经营、生产为主，集教学、科研、服务为一体，具有法人地位的国有企业，是云南省职业学校最大的产教结合基地。

公司本着“做一批服装，交一方朋友”的宗旨，为机关、学校、银行、宾馆、工商企业设计、加工了大批各式服装，受到了普遍的称赞，在激烈的市场竞争中，站稳了脚跟，获得了良好的经济效益和社会效益。

公司代理经销的英国、意大利等国的进口面料、中国名牌面料等丰富的面料品种，为广大顾客的选择提供了诸多便利。

圆通时装款式新颖、设计别致。公司拥有一批素质高、技术好，能科研、教学、设计、制作管理的专业人才队伍。为服务于社会，立足云南、拓展国内、走向世界。所设计的服装集民族文化之精髓，制作生产质量上乘考究。重信誉、守合同、保质量、善售后。昆明圆通时装公司热忱欢迎新老客户、服装界同仁光临指导洽谈。

总经理：李新华
地　址：昆明市圆通街18号
电　话：0871-5149002
手　机：13908872635
邮　编：650031

昆明市官渡区老玉溪食府

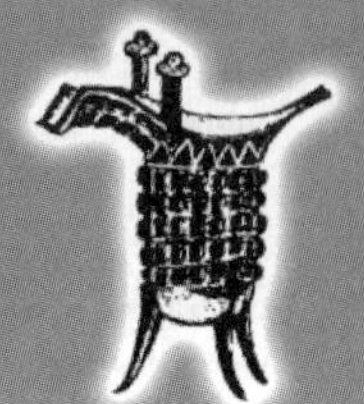

玉溪，彩云南璀璨之明珠。自古福地多美食。久负盛名之玉溪风味佳肴，博采中原、西北游牧、中南沿海美食之精华；广纳域内各民族饮食之习俗；独道、独味、自成一体，尤具特色。与滇东北类川菜，滇西南民族菜，滇中南汉族菜一道，构成云南美食文化靓丽之风景线，为中华美食之奇葩。

“滇味正源何方觅，翡翠流处老玉溪”。

老玉溪食府坐落在风景如画的昆明市滇池路中段，拥有一次性接待300位嘉宾之席位和百辆爱车停泊之港湾；府内备有大、中、小各式豪华包间和宽敞明亮、山水相伴之大厅供各位选用。

老玉溪食府烹饪之美食——“霸王别姬”、“通海酱油鸡”、“北城粉蒸鸭”、“香草牛蹄”、“荨麻煮鱼”、“峨山老腌肉”、“大营街烤鸭、炸鸭肫”、“锅烧肉”、“肉皮鳝鱼”……等为玉溪正宗风味之美食；“柠檬脆耳”、“春鸡”、“春时鲜”、“春干巴”、“鬼火绿”、“手撕鸡”……等卤凉食品为玉溪民族美食之精华；“西施醉酒”、“蜂蛹韭菜”、“太极豆腐”、“南瓜奶羹”、“金笋酥”、“贡梨”、“葱油饼”、“财星金被”等汤羹、小点，为推陈出新之佳品；更有热、凉米线、饵𫗦、卷粉、面条等小吃最具特色。

老玉溪食府“诚信为本，全意为民”，在这温馨高雅环境，亲朋聚会乐园之中用餐，热情周到的服务，物有所值的消费，乡土气息的熏陶，定会让你感受到云南古滇美食文化之神韵，领略到玉溪风味美食之异彩。

诚挚恭迎各位宾客、专家、同仁光临品评，指点赐教。

欢迎团队、会议订餐，喜接婚宴、寿宴包席。

总经理：周光明
地址：昆明滇池路4千米
订餐电话：0871-4130666 4130999
邮编：650238

野菌园

野菌园经营野生食用菌美食近20年，对百多种野生菌类的食用有较深的研究，对野生菌的保鲜储存也有独特的方法，并且常年能提供几十种食用菌供顾客享用，配料、制作等方面都十分讲究。

野菌园加工制作出纯正的山珍野味、上好的美食佳肴，是野菌园多年来的努力与结晶。经常食用野生菌能降血脂、降血压，又能排毒养颜、补充人体多种氨基酸、调节人体生理机能。野菌园是以开发、研究、加工、制作野生食用菌为精髓，独特的口味自成一体，富有特色，素有美食园之称，并受到省市领导、中外同仁和广大顾客的高度赞誉。同时欢迎广大美食爱好者光临指导。为回报广大顾客，满足顾客的需求，增设了高原明珠分店。恭候佳宾贵客前来品尝。热情周到的服务，物有所值的消费，让您高兴而来，满意而归。

总店：昆明市关上关兴路银海温泉花园旁
分店：昆明市关上关中路191号高原明珠
电话：0871-7167476
电话：0871-7154291

昆明市向阳糕点厂

该厂建于1954年，经过半个世纪的艰苦创业，目前发展成云南省昆明市重点糕点食品行业，以生产中西式糕点、饼干、月饼为主，尤其以“滇式”名特糕点著称，已注册商标双塔牌。该厂是省二级企业，中国质量管理协会会员单位，多年来食品标准、产品质量稳居同行前列，19个产品曾荣获部、省、市金奖、银奖和有关证书等40余项奖励。该厂始终把质量作为企业的第一生命，把顾客对产品质量的满意程度，作为管理的根本出发点，精益求精，树立了良好的社会信誉。

1994年被省商业厅、省质量管理委员会授予“质量管理先进单位”，1999年云南省技术监督局与昆明食品协会检测认定该厂“双塔”牌云腿系列产品为推荐品牌；2000年该厂产品鲜花云腿月饼经国家质量监督中心抽查各项指标合格；2001年蜂蜜奶酥、奶油曲奇酥、奶油荞酥参加中国食品骨干企业国家质量达标产品展示，被中国食品工业协会评为“国家质量达标产品”并颁发了荣誉证书。该厂热忱欢迎国内外企业前来投资合作，该厂有场地、车间、办公楼，可以改造改装，为开拓市场共谋大业。

法定代表人：陈天福
联系人：高幼林 施四全
地址：昆明市西坝新村12号
电话：0871-4141624 4141538
传真：4167062
生产区：昆明市西山区中环路沙沟尾
联系人：朱法文 顾昆生
电话：0871-8217718 8215238

昆明卞氏菜根香餐饮有限公司

公司创立于1998年，原名成都菜根香泡菜酒楼，2000年更为现名，集团公司下设卞氏菜根香餐饮管理公司和卞氏菜根香烹饪技术学校。公司目前实行全国连锁经营，至2001年9月，公司已在全国开设几十家分店，遍及四川、北京、河北、山东、江苏、重庆、湖南、云南、江西、贵州等10个省市和地区，现有职工2 000多人，营业面积1万多平方米。

公司宗旨：宾客至上，服务第一。“稳定、健康、发展”是公司坚持不懈的经营理念，将川菜与川文化相结合，广泛挖掘民间菜品，积极弘扬川菜文化，大力推进四川餐饮行业的发展和进步。公司已初步形成了“菜品风味化、人才专业化、管理系统化、经营规模化”的格局，下一步将争做中国的百年老店，争办一流的连锁企业。

经营特色：以民间泡菜及泡椒系列为主题。

公司荣誉：

1999年获得“成都双信企业”、“物价计量信得过单位”、“四川知名新兴企业”等称号。

2000年6月获得“成都市重点企业”称号。

2000年2月卞氏招牌菜：菜根老坛子、泡椒墨鱼仔荣获“中国名菜”称号；菜根回锅肉、菜根香排骨、泡菜半汤桂鱼荣获“四川名菜”称号。

2000年6月荣获“四川餐饮业最大规模30强”称号。

2000年10月荣获“四川餐饮名店”称号。

2001年7月荣获“成都十佳餐饮企业”称号。

2001年11月卞氏招牌菜：菜根香排骨、泡菜半汤桂鱼、菜根老坛子、泡椒墨鱼仔荣获“第二届中国美食节中国名菜名点大赛”金奖；菜根鲜鹅肠、龙井桑拿虾、百年酱肉、卞氏蒸蒸糕荣获“第二届中国美食节中国名菜名点大赛”银奖。

法定代表人：喻 斌
地址：昆明市金星小区金星东门
电话：0871-5721502
邮编：650225

云南红葡萄产业集团

云南红葡萄产业集团，是由具有国际财团背景的投资集团——香港通恒国际投资有限公司及云南农垦国营东风农场共同在云南投资的国际专业化葡萄酒酿造产业集团，是云南省外资投资最大的农业产业化项目。

自1997年6月成立第一家实体企业云南高原葡萄酒业以来，经过4年发展到目前已形成云南高原葡萄酒有限公司、云南红酒业公司等十几家公司构成的产业集团。形成葡萄种植、栽培、酿造、销售、研究及开发鲜食葡萄及葡萄皮籽药用提炼的一体化产业集团。

云南的葡萄和葡萄酒产业是云南省政府在继烟草之后重点扶持的又一经济支柱产业，云南红酒业作为该产业的龙头企业，得到了地方各级政府的大力支持，被喻为云南“红塔山后又一红”。

云南红酒业集团，现已拥有3万亩优质高原酿酒葡萄园，并拥有年出圃400万株优良酿酒葡萄的种苗基地和依照国际标准在葡萄园区内建立的大型现代化厂房及国际一流的葡萄酒酿造设备。

云南红酒业集团，拥有国内一流的技术队伍和管理班子：在种植方面，由山东酿酒葡萄研究所在云南设分所负责技术指导；在酿造方面，由法国波尔多地区酿酒世家的传人担任酿造工艺顾问，国内最优秀的酿酒师、国家级品酒师担任总工程师，采用最先进的工艺，按照国际标准精心酿造“云南红”；在营销方向，公司聘请国际一流的广告公司制定了一套符合中国国情的，行之有效的市场营销和品牌策略，与国际接轨的新型管理模式，使企业在种植、生产和营销方面都拥有可靠的保障。

昆明华狮啤酒有限公司

昆明华狮啤酒有限公司位于昆明市郊杨林工业开发区，占地260亩。

公司于1998年设立，现已形成5万吨啤酒/年生产能力，生产装备及技术达到国内同行业先进水平，其生产的核心——糖化和发酵过程，实现计算机自动化控制。引进德国最大啤酒生产企业DAB公司的优良酵母菌种和生产工艺，按照ISO9000标准建立和完善质量体系，以严格科学的质量管理监督和控制采购、生产、销售全过程。

公司主要产品为KK系列啤酒，具有典型的国际流行风味，其高度的质量稳定性和清纯的口感给消费者带来全新感受。1999年全省行业质量统检，KK啤酒总分为第一名；1999年和2001年连续两届荣获“云南省消费者喜爱产品”称号。

公司理念：全心投入、正直诚实、团队精神、顾客导向。

电话：(0871)7973438(生产)
5720307(销售)
5720001(服务热线)
传真：(0871)7973442(生产)
5720230(销售)

砚山县丰林花生油厂

砚山县有花生基地10万亩，年产量1万吨。砚山县因具备得天独厚的区位优势，被称为“小粒花生王国之乡”，名扬省内外。小粒花生具有特殊的食用、油用和药用价值。

在新的世纪里，人们的饮食对象趋向“高蛋白”、“高营养”、“低脂肪”、“色鲜味美”的理想保健食品。随着人们饮食结构改变，倾向用植物油代替动物油。丰林花生油具有香甜可口、营养丰富的特点，用来炒菜有色鲜味美的功能。为发挥砚山的优质、特色“小粒花生”产业优势，于1998年12月组建花生油加工厂。近3年来，该厂以质量求生存，得到广大消费者的好评。产品远销广东、广西等省区。

法定代表人：张林木

地址：云南省砚山县环城北路丰林花生油厂

电话：0876-3127068 3130210

云南下关茶厂沱茶（集团）股份有限公司

经营范围：茶叶生产销售，日用百货、服装鞋帽、针纺织品、毛皮制品、文化用品、机电产品（不含小轿车）、汽车配件、家用电器、金属材料、装饰材料、建筑材料、烟（零售）糖、副食、其它食品、农副土特产品的批发、零售，饮食、住宿。

在全球经济增长明显减缓、全国茶叶出口大幅度下降的不利的形势下，公司凭借优良的产品质量，发挥品牌优势，积极开展促销活动，取得了较好的经济和社会效益。

法定代表人：罗乃炘

地址；云南大理市下关建设西路141号

电话：0872-2125090

传真：0872-2170761

邮编：671000

大理亚星大饭店

亚星大饭店为台资企业按五星级标准化兴建的度假及会议型豪华酒店。占地面积6.66万平方米，以园林式景观和宫殿式建筑为特色，在云南独树一帜。饭店主体为弧形建筑群，坐落于大理古城南门外约800米处。倚苍山迎洱海，北接三塔寺，南临文献楼，西通三月街，东至洱海码头。环境幽雅，交通便利。酒店拥有高级客房301套，湖光山色、间间有景。大中小型会议厅及各类商务、休闲、娱乐、餐饮、购物等服务设施一应俱全。亚星大饭店伴随阁下大理之行，共度温馨美好的时光。

亚星大饭店的大堂在云南各大酒店中最具有民族特色。面积1 680平方米的宽阔空间里有高达6米的剑川木雕跑马廊、巨型观音壁画、立体星河灯光、与天空融为一体的透明天幕、园林式大堂吧。是集大理民族风格、白族建筑艺术以及自然情趣为一体的艺术天堂。

以苍山为背景可同时容纳600宾客的中餐厅——“吟龙厅”缀有木檐瓦当环形回廊，结合大红擎柱及百米悬空蟠龙，伴以白族洞经古乐每晚现场演奏，烘托出典型的大理民族特色。与之呼应的西餐厅——“美食廊”则是环境雅致、坐拥湖光美景的最佳场所。

以“五华国际会议厅”为首的大小6个会议室，可为16~500人提供专人专项的会议服务。会场音响声光效果出色，白板幻灯投影、电脑辅助设施等一应俱全。布局合理、功能机动、空间宽敞、色调鲜活，为阁下的商旅会议洽谈提供及时而到位的优质服务。

位于大堂南侧的商务中心是饭店的商旅服务窗口。在便利舒适的空间里可以享受电脑互联网、复印、翻译、传真、邮递、报刊书籍、国内外长途电话以及飞机车票预订、旅游代办等系列服务。

饭店内的健身中心、台球室、桌球室、棋牌室、麻将室是使人放松精神的娱乐空间。“古道茶艺馆”，备有古朴的原木根雕泡茶桌椅，提供正宗台湾茶艺与有机乌龙茶、铁观音、普洱饼茶等，还有各色精致茶点心，是闲聊品茗的最佳场所。

购物艺廊“聚宝斋”和“扎染坊”位于二楼中西餐厅两侧。“聚宝斋”展示高级珠宝、古董、玉石、木雕、陶艺与工艺精美的传统中国结。“扎染坊”则是荟萃了大理白族扎染工艺之精华，种类丰富，花色繁多，价廉物美。

医务室、美容厅、按摩沙龙等位于大堂东南侧，配有高级美容美发师、专业健康按摩师和提供24小时的医疗门诊服务。

备有豪华轿车、中型面包车等各类车型，为阁下提供优质便捷的交通服务。

地址：中国·云南·大理古城旅游度假区
电话：（86）872-2679999　2670009（总机20 lines）
传真：（86）872-2671699（商务中心 Business Center）
（86）872-2670399　2672299（市场销售部 Sales Dept.）
邮编：671003
网址：Website:http//www.asiastarhotel.com
电子邮件 E-mail:ashrsvn@public.km.yn.cn

美登大酒店是云南红塔集团大理卷烟厂建造的四星级商务型旅游酒店。位于繁华的大理经济开发区苍山路东段，东临民族广场、火车站，南接楚大高速公路，西靠大型商业区，北眺洱海，交通便利、环境优美。

酒店占地22亩，总建筑面积2万平方米，主楼高6层，整个建筑群以典型的欧陆式风格建筑装饰，典雅庄重、独具特色。

酒店拥有各式套房、标准间、单人间100间（套），房间布局合理、设施齐备，配置有中央空调、国际卫星电视、国际互联网系统、背景音乐系统、国际国内直拨电话、全自动消防报警系统等现代设施。

酒店设有风格各异、装饰优雅的大型宴会厅、中西餐厅及豪华包房，可容纳1 700多人同时就餐。各餐厅均由名师主理，为您提供粤、鲁、沪、川、滇及白族风味等菜系名菜；早晚茶市；特色饮品。

酒店配置现代办公设备。高品质视听设备的高级会议厅、报告厅，拥有32间异域风情的KTV包房、豪华表演厅、特色酒吧的美登夜总会，大型超市、精品屋，以及壁球馆、网球馆、棋牌室、羽毛球馆、健身中心、台球室、乒乓球室等大型会议、休闲娱乐、健身康体设施，为您的商务会议、休闲度假之旅提供完善、理想的场所与服务。

法定代表人：马　骅

地址：大理市下关苍浪路

电话：0872–2138999

传真：0872–2138666

邮编：671000

昆明新南疆酒店有限公司

昆明新南疆酒店是一家新兴的四星级涉外酒店，位于繁华的东风西路241号，型似豪华舰艇的商务酒店闹中取静，环境幽雅，人气旺盛，北连百汇商业广场，南向大观商业城，东近美丽的翠湖公园，西望昆明体育馆。车距机场约30分钟，到火车站约20分钟，交通极为便利。

昆明新南疆酒店设备完善，装饰典雅，庭院宽敞，设有上百个车位的大型地面、地下停车场；酒店拥有168套装修豪华、舒适的各类高级客房；酒店硬件设施齐全，有宽敞明亮的大堂，现代气派的大堂吧及功能齐全的各式大、小会议室；拥有全套国际办公设备的商务中心为您提供一流的服务；容纳260人用餐的中餐厅为您提供名厨主理的各式美味佳肴，风格别具能容纳100多人用餐的咖啡厅以及供美式自助早餐和欧陆式西餐；多功能大厅可举办250人的会议及容纳200人用餐的宴会；风格幽雅的茶室、棋牌室，其乐无穷；嘉年华芬兰浴馆有数十个高档的桑拿贵宾房，17个大、中、小KTV包房和可容纳150人豪华气派音响一流的歌舞厅；温泉游泳馆、健身房等多项服务设施期待宾客的光临。

下榻新南疆犹如乘坐豪华游轮，昭示事业一帆风顺，是您旅游、观光、会议、商务活动的理想驻足之地。酒店将以现代化管理模式为各界宾朋提供优质的服务。

酒店总机：0871-5381999
传真：0871-5382389
公关销售部热线：0871-5381666

泰丽（信苑）国际酒店
XinYuan International Hotel Kunming

- 位于昆明东部商业中心，地理位置优越，交通便利
- 按四星级标准建造的涉外旅游饭店
- 493间（套）标准间、商务（豪华）套房、行政（豪华）套房
- 总统套房及行政楼层和无烟楼层
- 中、西餐厅、大型豪华宴会厅及酒吧等
- 完备的宴会和会议服务设施，600多平方米的多功能厅，配有6种语言的同声传译系统
- 类型丰富的娱乐设施
- Located in the commercial center of east Kunming
- A four-star level tourism hotel
- 493 rooms included president suite,deluxe commercial suites,deluxe executive suites,standard rooms and so on
- Chinese Restaurant,Westem Restaurant,Beer Bar,Lobby Bar
- Conference and banquet facilities,the Conferences hall can accommodate up to 500 personsand
- 6-channel simultaneous interpreter systemand audiovisual facilities
- veriety of health and entertainment facilities

地址：中国云南省昆明市环城南路39号
邮编：650041
Add: No.39 South Huan Cheng Rood,Kunming,Yunnan 650041,China
Tel:(86-871) 3305888
Fax:(86-871) 3305999
E-mail:telhotel@public.km.yn.cn
网址：http://www.kmtelehotels.com

房间预订电话
86-871-3305888-51

健之佳 健康药房

HEALTH DRUG STORE

品质保证 专业服务

健之佳（连锁）健康药房是由深圳海王星辰医药有限公司投资的一家专业医药零售公司。公司自1998年12月28日成立以来，成功地引进了深圳海王星辰（连锁）健康药房先进的医药零售管理技术，并在昆明地区开设了数十家健康药房。2001年4月1日健之佳（连锁）健康药房被定为昆明市首批医保定点药店，同时被昆明市政府确定为药品分类试点单位。健之佳人以发展中国现代健康服务业为已任，努力成为中国现代零售药店发展先锋。

地址：昆明市北京路1039号
电话：0871-5711322

云南集力工贸有限公司

董事长兼总经理 朱仁恩

公司主要经营各种轿车轮胎、载重轮胎、农用轻卡轮胎以及各种农业机械。占地15亩，建有仓库4幢面积5 000平方米，办公楼2幢1 000平方米，注册资金100万元，自有流动资金800万元，在册职工58人，现有送货车7部，轿车4部。

公司1998年开始着手网络建设，到目前为止，销售网络遍布云南省各地、州、市、县，已形成分散经营统筹管理的格局，拓展出稳定的经销商155家。公司每年定期对全省各地经销商进行营销、推广、“三包”知识讲座的培训学习，让每一位经销商在营销过程中从业务知识、信誉认识、文化结构等方面都得到补充和提高，使公司在全省各地、州、市、县的每一个网点辐射当地的营销能力日趋增强，从根本意义上实现公司和全省各地经销商紧随时代营销的潮流，相互依托、共同发展、着眼未来，共同构筑本地区、本行业的优秀营销网络。由于近年来坚定不移地推行网络建设，坚定不移地抓好市场规范，因此，很多经销商都愿意依靠公司长期发展，对公司的信任度逐年提高。该公司被多个生产厂家授予“特约经销商”并连续5年被当地政府授予“重合同守信用”企业。

为实现公司的远景发展目标，增强市场竞争的能力，公司设立了轮胎部、门市部、企业管理办公室及财务部，各部门分工明确，各负其责，形成了一个充满活力、管理规范具有现代企业气息的行业前沿企业。1998年经云南省人事厅批准，获得了首批民营企业接受分配大学生资格，至今已拥有大专以上学历12人，中专学历12人，拥有高级职称1人，中级职称5人，形成了一支技术强、素质高、年轻化的专业队伍。为了明确公司的发展方向及提高企业职工的整体素质，由朱仁恩董事长兼总经理亲自撰写了《集力行动指南》，作为公司全体员工思想行为的规范标准。同时，每周一至周五早上学习20分钟，全体员工一道学习新知识，吸收新信息，使企业员工的文化素质不断提高。

坚持“脚踏实地、讲求信誉、创立名气”的企业精神，愿与国内外厂商开展长期合作，共谋发展。

地址：昆明市东郊经济技术开发区（小板桥镇雨农村167号）
电话：13808736589　邮编：650214

攀枝花钢铁（集团）公司昆明销售分公司

攀枝花钢铁（集团）公司是全国10大钢厂之一，也是西南最大的钢铁生产基地。攀枝花钢铁（集团）公司昆明销售分公司成立于1999年9月，是攀钢在昆明地区设立的驻外产品分销机构，负责云南地区攀钢产品的推广与服务。

攀枝花钢铁（集团）公司昆明销售分公司2000年实现销售20万吨，销售收入5.07亿元，2001年实现销售18万吨，销售收入4.31亿元，2002年预计销售30万吨，销售收入6.50亿元。

攀钢产品因具有良好的性能优势，在国内享有较高的市场知名度和良好的声誉。攀钢产品广泛应用于建筑、铁路、汽车、摩托车、自行车、家电、包装、家具等行业。攀枝花钢铁（集团）公司昆明销售分公司依托攀钢资源，面向广大客户，秉承“热忱、高效、优质、诚信”的服务宗旨，为广大客户提供优良的产品和优质的服务。

总经理：戴中文
业务部：陈爱国
市场部：邓小波
财务部：唐陵波
地　址：昆明市官渡区关上中路63号汇溪大厦6楼604号
电　话：0871-7158126　　7185130
传　真：0871-7157057

云南万友经贸有限公司

云南万友经贸有限公司隶属于重庆万友经济发展有限责任公司。1994年10月进入云南市场，主要经营长安系列微型车和建设、嘉陵、建设雅玛哈摩托、南方雅玛哈、嘉陵本田等系列品牌摩托车。其中，长安系列微型车年销售量在云南汽车经销商中名列前茅。

万友公司销售网络覆盖云南全省，在昆明凯旋利、正大、高新展场及环城西路设有规模很大的经营场所，并在开远、思茅、大理、潞西等州、县建有4个分公司和10多个销售网点，为客户提供全款购车、按揭购车、免费代办落户、挂靠年审具有汽车俱乐部性质的多项服务，在昆明建有长安汽车万友维修站，为客户提供汽车修理、汽车美容服务。

"让用户买得放心，让用户用得安心"，做用户的购车顾问，为用户提供保姆式的服务，不仅是用户的要求，也是全体万友员工不断超越自我的工作理念。买放心车请到万友！买长安车请到万友。不论您在哪里购车，您都能享受"一处购车，连锁服务"。

万友公司的经营宗旨是：与客户真诚合作，做客户的可靠朋友。

法定代表人：侯　全
电话：0871-3649812
昆明地区：凯旋利展场　0871-4624805
正大展场　0871-8171772
高新展场　0871-8322010

摩托车公司：0871-4161477
4155876
大理分公司：0872-2271627
潞西分公司：0692-2130322
开远分公司：0873-7225592
思茅分公司：0879-2146897

云南华龙园林绿化工程有限公司

中外合资云南华龙园林绿化工程有限公司成立于2001年2月。公司拥有工程设计乙级资质、工程施工乙级资质。现有职工185人，其中高、中级专业技术人员及各种高级管理人员60余人，具有较强的绿化工程设计、施工实力，能承接各种大、中型、绿化工程设计、施工工作。

公司苗圃地处玉溪市华宁县董家山，占地120多万平方米，总投资1 750万元，主要培植具有云南地方乡土特色的绿化苗木，是云南省绿化苗木科研培植网的主要基地之一。公司长期聘请了多位园林绿化高级工程师，在苗种选择、种植、病虫害防治等各个环节严格把关。

公司承建的文山州新城路绿化工程、华宁县江华一级公路绿化工程，华宁县河滨公园、玉溪市高地公园、玉溪市玉江高速公路（红塔区段）等绿化工程均以优质的服务，良好的信誉，超越的设计，精心的施工，受到客户的好评。公司在2001年春节玉溪市“世纪”迎春花卉展销活动中荣获三等奖；2001年10月华宁县人民政府授予公司“2000年度先进私营企业创新奖”称号。

严谨、规范、求实、创新是华龙的企业精神，用智慧创造绿色和扮靓云南是华龙人的心愿，把云南建设成为绿色经济强省是华龙人的奋斗目标。

董事长兼总经理：罗加曾
地址：云南省玉溪市高新开发区财新路31号
电话：0877-2662536（转11）
传真：0877-2662537
公司驻昆明办事处地址：昆明市关上宝海路13号宝海豪园11号商铺
电话：0871-3570568
邮编：653100

昆明官渡区雅光装饰雕塑厂

雕塑厂提供以木材、石材、玻璃钢、不锈钢、铜等材质制作各种艺术浮雕、圆雕、佛像雕塑。同时为建筑装饰配套服务。如窗门套、花栏杆、花瓶、柱头柱脚等。

1992年建厂以来，已为许多城市设计制作了一批永久性艺术雕塑，得到社会的普遍好评。该厂希望同社会各界携手共创美好未来。

厂长：陈卫东
地址：昆明市金马镇白龙寺村刘家营155号内
电话：0871-5634580
手机：1370841942
传呼：126-29348
邮编：650224

昭通龙泉实业有限公司

昭通龙泉实业有限公司是由昭通卷烟厂职工于1998年5月入股成立的股份制公司，注册资金为335.9万元。公司经营范围：液化石油气、燃油、润滑油、汽配、五金、建材、机电产品（不含轿车）、化工（不含管理商品）、日用百货等。

公司成立4年来，坚持“内抓管理，外拓市场”，积极开展多种经营。1999年11月，与香港贵联集团合资成立了昭通安通包装材料有限公司，产品主要有铝箔纸、金卡、银卡等复合包装材料。

至2001年，昭通龙泉实业有限公司共实现销售收入1.46亿元，投资收益368万元，上缴各种税金581万元，实现利润2 930万元，上缴所得税783万元。

法定代表人：文华玖　　地址：昭通市昭阳区凤霞路　　电话：0870-2231988　　邮编：657000

云南俊田汽车有限公司

云南俊田汽车有限公司成立于1999年9月，是云南惟一的本田汽车专卖店，它集销售、维修、零配件供应和信息反馈为一体，让每一位用户都能得到从购车到用车的全方位服务，受到社会各界的好评。

公司所销售的广州本田雅阁汽车，有2.3豪华型、2.3普通型、2.0环保型供用户选购，价格和档次令人满意，并上门为用户代办保险，建立用户档案，进行跟踪服务。

公司的售后服务部，配备了维修专业电脑、设备、专用工具及专用维修资料。技术工人也是经过广州本田专业技术培训合格，有丰富的维修经验、熟练的操作技术，提供24小时维修服务。能在最短的时间内进行快修，保证质量、收费合理、事先报价，并进行维修跟踪服务。零配件供应部按广州本田的要求提供质量担保，以及正厂零件，并做到订货及时、明码标价，合理收费。

信息反馈部及时反馈客户的意见，为用户提供技术咨询，新车的使用以及保养咨询，随时通报厂家产品动态，通知用户维护、保养、续保的时间。

公司本着一切为了用户的原则，将一如既往地秉承“修车快捷、质量上乘、服务周到、收费合理”的服务宗旨，用精湛技术、至诚精神，为用户提供最完美的服务。公司通过不断的努力，成为维修行业中一颗闪亮的明珠。

地址：云南昆明新迎小区白云路口
服务热线：0871-3328868　3321463

JIAXINDA
佳信達印刷
JIAXINDA

云南佳信达印务有限公司（香港佳信达印刷集团）

云南佳信达印务有限公司是香港佳信达印刷集团的下属公司，公司成立于2000年11月，主要从事企业策划、包装、画册设计制版、文字录入排版、纸制品制作及销售、纸张、印刷耗材的批发、零售及代购代销业务。

集团目前拥有世界一流的德国海德堡探戈滚筒电分制版成套设备，德国海德堡CTP直接制版系统，德国海德堡CD102七色、五色、四色印刷机，德国海德堡1+1色印刷机及全套印刷后加工、装订生产线。

质量第一　信誉至上

地址：昆明市青年路馨花园广场B幢2单元301
电话：0871-3210345　3130772　3130511
传真：0871-3210345
邮编：650021
E-mail:jiaxinda@public.km.yn.cn

昆明市农业生产资料有限公司

质量是企业的生命，信誉是企业的形象。

公司是以经营化肥、农药、农地膜、农机为主，兼营化工、建材、农副产品，拥有星级标准的餐饮、住宿、会议等配套服务设施，具有进出口权的综合性经营企业。

该公司于2001年8月经上级批准，由原昆明市农业生产资料公司改制组建而成，至今已有46年的历史。担负着全市农业生产资料的供应、储备、淡旺季调节、平抑市场、救灾等职能。公司解放思想，锐意改革，以为农服务为宗旨，不断改进和完善经营服务措施，以优质的服务、良好的信誉赢得了广大农民的信赖，特别是改革开放以来，领导班子团结向上、积极开拓，全体职工努力拼搏，使公司有了很大的发展，为昆明市以及全省农业生产的发展做出了重要贡献。

该公司有营业网点1.6万平方米。设4个管理部门，即党群工作、财务统计、行政人事、物业管理部；下辖5个分公司：农药化工、化肥、进出口、商贸分公司、威龙农资培训中心。除确保全市农业生产资料供应外，农药经营覆盖全省，所经营的各种国产、进口农药规格品种达400多种，商品销售在全省占有率为40%左右，年销售额近2亿元，连续几年被省社会经济评价中心、省统计局、省经济贸易委员会评为云南省批发贸易明星企业“百强企业”。连续3年被市政府评为“重合同守信誉单位”，银行评定贷款信用等级为A级。

地址：云南省昆明市五里多民航路1号
联系电话：0871-3342467　3387851
邮编：650041

昆明兰台城建科技信息发展有限责任公司

Kunming Lantai Construction Science&Technology Development Information co, Ltd

公司概况

昆明兰台城建科技信息发展有限责任公司是以城建科技信息技术”为先导，以丰富的城建科技信息资源为主体，发挥科技信息技术优势，使其尽快转化为生产力，促进城市规划、建设、管理工作现代化为宗旨。七年来，公司始终坚持高效、优质、安全服务的企业精神，在建设城建科技信息技术的道路上，逐渐成为云南边疆地区技术力量雄厚、设备齐全、完备，涵盖科研、管理、营销、服务多方位的信息开发企业。赢得了社会的认同。兰台公司将以更加豪迈的激情进入WTO，迎接全球经济化的挑战。

总体战略

兰台城建科技信息致力于以城市为依托，共同为实现城市规划、建设、管理现代化服务。

机构设置

- 公司股东会——总经理——财务部——市场部
- 管线探测部
- 声像制作中心
- 建设资料监理部
- 建筑装饰工程部
- 《建设者之家》兰台大酒店

外地授权本公司代理机构

- 国家建设部中国勘察设计研究院遥感中心RSCC昆明办事处
- 国家建设部信息中心北京建设数字科技有限责任公司云南省一级代理
- 国家建设部信息中心北京建设信源资信有限责任公司云南省总代理
- 北京威远图有限责任公司云南省总代理

经营范围

●管线探测部：是应用GIS技术，从事集城市地上地下管线探测和城市综合管线测绘为一体的专业化队伍，可为城市各建设单位和市政工程项目，精确地完成地下管线的走向及准确位置，并绘制电子管网数字地图。

●声像制作中心：主要承担建筑工程全过程的声像状貌摄制、编辑及历史文物的拍摄制作集成归档。

●建设工程信息资料监理部：对建设工程档案资料整理归档及工程资料进行监理咨询服务，档案人员进行业务培训。

●建筑装饰工程部：建筑房屋室内外装饰工程、建筑涂料工程，经销原装日本进口(关西)涂料Kansai系列产品——“爱丝丽”底漆、“有耐力”乳胶漆、“丽可来”乳胶漆、“伟丽丝”丝光漆。

●《建设者之家》兰台大酒店：是集客房、餐饮、娱乐、保健、商务为一体的涉外宾馆；致力于为广大的城建科技工作者和各界顾客提供热情周到的优质服务。几年来，先后接待了来自世界10多个国家和地区的贵宾，赢得了各界朋友的一致好评。

城建科技信息

●国家建设部信息中心所属北京建设数字科技有限责任公司授权代理如下软件：

■《规管2000》实现规划管理工具化图文一体解决方案。

■《房管2000》面向房地产管理部门办公自动化的一体化解决方案。

■《基础2000》城市基础地理信息系统，面向城市测绘行业的4D化空间化、网络化的城市空间地理信息共享平台系统。

■《决策2000》城建政府电子政务可视化决策系统，面向城市政府的规划、建设和管理与电子政务结合的数字城市可视化辅助决策信息系统。

●国家建设部信息中心所属北京建设信源资信有限责任公司授权代理。

●北京威远图公司授权云南省独家代理如下软件：

■建筑物沉降分析软件SettlementV2.0.

■地下管线测绘及管理软件SVPIPE.

■房产测量师软件TOP—RS。

■特许经销SV300测绘软件。

■特许经销TOPadj平差软件。

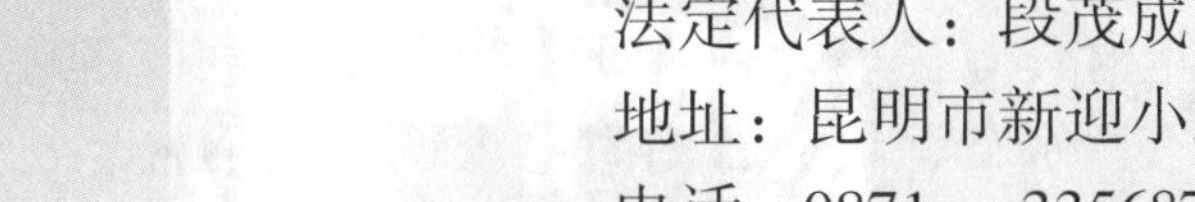

法定代表人：段茂成
地址：昆明市新迎小区文艺路
电话：0871—3356878 3349988-4403
传真：0871—3356878
邮编：650216

昆明市第一建筑工程有限责任公司

昆明市第一建筑工程有限责任公司，是由原昆明市第一建筑工程公司按照建立现代企业制度的要求，经昆明市经济体制改革委员会批准，整体改制成立的有限责任公司。

公司始建于1956年8月，1985年经建设部批准为工业与民用建筑施工一级资质企业。1999年经国家外经贸部批准取得对外经营权；2000年通过ISO9000质量体系认证，取得质量体系认证证书。

公司现有职工2 163人，各类专业技术管理人员463人，其中：高级职称17人、中级职称85人；项目经理61人，其中一级项目经理12人、二级项目经理36人、三级项目经理13人；持证上岗人员336人。大中型施工机械设备366台（套）。

公司在生产经营活动中，始终坚持“重视质量，信守合同，造价合理，保证工期，坚持回访，负责保修”的经营方针，积极参与市场竞争，深化内部改革，强化管理，促进了企业生产的稳步发展。公司曾先后独立承担过各种类型、结构复杂的大中型工业与民用建筑、高层建筑和省市部分重点工程的建设任务，所承建的工程一次交验合格率100%，优良率50%以上，合同履约率100%，多次受到上级的表彰和奖励。公司连续10年被云南省、昆明市政府授予“重合同，守信用先进企业”称号，被中国建筑业协会等有关上级部门授予“全国优秀施工企业”、“全国施工企业设备管理先进单位”、“全国建筑业新技术应用银牌示范工程”、“云南省安全生产工作先进单位”、“昆明市创建安全文明卫生工地”、“安全生产先进单位”、“质量管理先进单位”等荣誉称号。

公司成立45年来，特别是改革开放以来，坚持“立足昆明，走向专州，跨出国门”的战略方针，先后为云南人民建盖了一大批造型精美、质量优良的工业与民用建筑，涉及国防、科研、教育、医疗、医药、水利、烟草、金融、邮电等各个行业。其中近5年内具有代表性的主要工程有省机电设备公司综合楼、昆明广场、昆明市排水公司第三污水处理厂、云南省电力调度通信楼、昆明市青少年活动中心、省园艺博览局人与自然馆、昆明市总工会职工培训中心、昆明市检察院综合楼、昆明市公安局指挥中心大楼等。公司充分发挥现有技术、人才的优势，致力于开拓国外建筑市场，承担了援建老挝国家文化中心项目以及泰王国乌汶师范大学工业科技教学楼工程任务，受到外国朋友的称赞，积累了承揽国外工程的经验。

公司所承建的昆明市第三污水处理厂工程荣获国家工程建设质量优质工程银质奖；昆明市春苑小区荣获建设部城市住宅小区建设试点部级奖；昆明市青少年活动中心工程荣获省级优质工程一等奖；世博园“人与自然馆”、昆明市公共汽车总公司、昆明市总工会业务培训中心工程、昆明市人大常委会会议厅改扩建工程、昆明市检察院办公大楼工程、建设大厦工程、昆明市供电局耀龙饭店等工程荣获“春城杯”市优质工程奖。

董事长、总经理：李洪云

地　址：昆明东风西路317号

电　话：0871-5321805　　5321847

传　真：0871-5322579

邮　编：650031

沾益县房地产开发经营总公司

总经理：袁国才

沾益县房地产开发经营总公司，是分设沾益县后成立的一家以房地产开发为主的国有企业，也是沾益县惟一一个取得房地产开发经营资格的国有企业。公司成立于1998年8月，隶属县城乡建设局。

三年多来，公司在上级有关部门的正确领导和大力支持下，按照“统一征地、统一规划、统一设计、统一建设、统一管理、综合开发、配套建设”的城市住宅建设方针，成功开发和建设了沾益县第一个上规模、上档次的住宅小区——玉龙住宅小区。玉龙小区规划建设14万平方米，建设住宅1200余套，社区服务用房6000余平方米。于1999年4月开工至2001年12月全部完工，总投资达1.2亿元，工程合格率100%，优良率达80%，小区建设受到了省、市、县各级领导和广大群众的好评，被推荐为省级住宅示范工程。公司被授予云南省房地产综合实力20强开发企业。在开发建设中，公司始终坚持以“管理创一流、质量出精品、服务创信誉”为宗旨；始终坚持“团结拼搏、勤奋高效、务实创新、争创一流”的企业精神；始终坚持“以人为本”的开发经营理念。

公司坚持“一业为主，多业并举”的工作思想，在搞好房地产开发经营的同时，还开展了建筑工程施工、物业管理、社区服务、建材加工生产经营、宾馆酒店等服务项目，公司有一大批善经营、懂技术、会管理的各类科技人才，公司将以“重信守约、质量为本、科学管理、真诚服务”的工作理念，为沾益县“山水园林”城市建设和满足群众住房需求做出应有的贡献。

房地产公司投资建设的二星级宾馆

14万平方米玉龙小区一角

法定代表人：袁国才
地址：沾益县东风北路
电话：0874-3078989
邮编：655031

云南巨人建筑装饰设计工程有限公司

法定代表人：梁家江

地址：昆明市白塔路延长线星耀大厦906#～908#

电话：0871-3113899 13008689999

邮编：650051

公司是经云南省建设厅批准成立的专业从事建筑、室内外装饰工程的专业企业。拥有高级建筑师、美术师、经济师和施工经验丰富的项目经理，现有固定资产800万元、基地1.33万平方米。

公司以“卓越时尚的设计理想、优质完善的工程质量、至诚合作的服务信誉”为宗旨，牢固树立重质量、守信誉的巨人风格，先后完成了石林国际大酒店、云南省人民医院干部保健大楼、门诊楼、中行云南省分行干部中心办公楼等多处工程的建筑及室内外设计装饰工程。特别是在中国昆明世博园内，首先设计施工了茶园室内外装饰工程，紧接着完成了印尼馆、以色列园、赏石艺术馆等从土建、水电、装饰、装修到园林绿化的全园配套工程和泰国园的土建及园林绿化工程。2001年又参与了昆明国际贸易中心的大修和改扩建工程的建设及云南农业大学植病大楼的主要装修工程。

公司以全新的企业管理理念和机制，以及对项目管理模式的不断探索、创新，使公司充满了生机与活力，畅游在市场经济的大潮中，不断发展壮大。公司本着“开拓、创新、高效、优质”的企业精神竭诚与社会各界同仁携手共创未来。

云南旅游装饰工程有限公司

中国室内装饰甲级企业

通过ISO9001国际质量体系认证企业

地址：昆明市董家湾路26号

电话：0871-3326088　3326099　3329719

传真：0871-3326099

邮编：650041

铁道部达成铁路建设指挥部
昆明物资总公司

铁道部达成铁路建设指挥部昆明物资总公司。**下设：**昆明铁路器材厂，昆明铁建物资器材有限公司。**主营：**铁路专用器材设备，铁路通信信号器材，铁路工程维修，大修铁路工程改造，轨道车配件，机械设备，金属材料，建筑材料， 铁路延伸服务。

地址：昆明市官渡区福海乡五家堆村362号
联系人：邢 钢 丁永生 李泽林
电话：0871-8222098 4620184 3520617
手机：13708420388 13888164677 13888597901
传真：0871-4146156 4140334
邮编：650238

TCL国际电工

昆明德泰工贸经营部

K4.0 超豪华系列开关插座

法定代表人：吴初锋
地址：昆明市西昌路104号
电话：0871-4113024
邮编：650032

昆明德泰工贸经营部成立于1994年，隶属于建工集团云南省第四建筑工程公司水电安装处。公司主要经营TCL国际电工电器开关插座，TCL空气开关、TCL照明及其他五金建材，自1997年起成为TCL国际电工特约专销商。作为电器附件经销商在云南享有较高的知名度。

经营部成立至今，一直致力于营销网络的建设和培养一支精干的营销队伍并致力于保持和业界与用户伙伴的亲密关系。他们一直相信："良好的合作是成功的基石"，在TCL国际电工的大力支持下，迈出了坚实的脚步。经营部不断创新、不断完善，提供品质卓越的一流产品和用户满意的一流服务。

昆明捷明木业有限公司

昆明捷明木业有限公司系合资经营企业，投资总额为252万美元，合资中方系昆明新飞林人造板有限公司，公司拥有全套国外进口设备生产线及一流的工艺技术人才，并有丰富的木材深加工生产管理经验，产品质量符合德国DIN409标准及中国GB13011—91标准，商业信誉可靠，公司地理位置优越。

公司产品和业务范围：

一、刨切单板（木皮、薄木片）为林业部部优产品

全套引进国际上享有较好声誉的意大利A.克雷蒙娜公司生产线，刨切厚度0.2~1.2毫米；常规厚度0.45、0.6毫米；年生产250万平方米桦木、樱桃、枫木、木兰、红椿、柚木等各种树种的刨切单板，刨切单板具有自然美观的木质纹路，是高档家具 、木门、墙裙、钢琴、音箱等装饰的优选材料。

二、木地板

主线引进德国WEI NI G公司六轴四面刨；意大利FRI ULMAC公司全自动双端铣；设备技术指标先进、精度高、质量好；通用规格为长900、750、600、450、300；宽90、75；厚18毫米；年生产3万平方米，还可为您提供特定规格的各类木地板。

三、木材干燥业务

引进4台意大利CEAF公司NARDI公司全自动控制木材干燥窑，容量100立方米/窑一次可干燥木材400立方米；检测手段先进、电脑控制，干燥质量稳定可靠。

四、年产5000立方米锯材及各种木材装饰材料

公司将以同类产品最优惠的价格与贵单位真诚的合作，欢迎来人面洽或者信函联系。

董事长：李林铭　总经理：许志勇
地　址：云南省昆明市西站蔡家村122号
　　　　或交菱路88号（昆明木材厂内）
电　话：0871-5351774　13608802230 13078797506
传　真：0871-5315032
邮　编：650031

昆明佳洁环卫设施有限公司

昆明佳洁环卫设施有限公司，是云南省惟一的从事环卫专业性服务的民营企业，下设环境卫生服务、汽车维修、环卫设施设计销售、清洁车配件销售4个服务部门，公司的服务宗旨是，四海交朋友，九洲迎佳宾。以最佳的服务态度、熟练的服务技能、快速的服务效果、最好的产品质量，赢得客户的信任。公司殷切希望与新老客户精诚合作，共同创造一个舒适美好的生活环境。

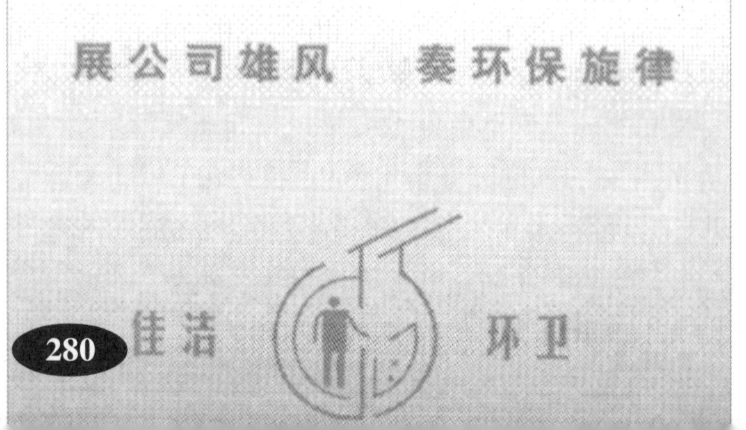

法定代表人：付开义
地址：昆明市穿金路628号
电话：0871-5639439　5636290
传真：0871-5639439
邮编：650221

泸西县庐水建筑建材装潢工程有限公司

公司是一个具有三级资质的建筑企业，下辖庐水大厦宾馆、餐厅、装修厂、施工队、建材经营部等。公司总部及宾馆，位于县城中心，环境优雅，安全舒适，是商务、培训、会议、宴席、住宿的理想场所。

公司历史悠久资金雄厚，注册资本506万元，固定资产和流动资产合计1 000余万元。

1998年，公司被评为“云南省私营100强企业”（第48名），还多次被省州县授予：“施工企业协会先进会员”、“先进施工”企业、“重合同守信用”企业等荣誉称号。

随着中国加入WTO，在经济全球化的新形势下，公司董事长皮戎生先生和总经理皮小永先生热忱欢迎社会各界人士前来合作开发新项目。

法定代表人：皮小永
地址：泸西县中枢镇九华路东段
电话：0873-6623247
邮编：652400

镇雄县通达建筑工程公司

公司始建于1984年1月，企业资质为四级综合性建筑施工企业，施工经验丰富，技术力量雄厚，能独立承担工业与民用建筑、综合性高层建筑的施工任务。18年来，始终坚持“质量第一、用户第一、信誉第一”的企业宗旨，将“向管理要效益，以质量求发展”作为企业工作的指南，追求节约化经营，向高科技、高质量迈进。自1997年~2000年连续4年被评为“重合同，守信誉”企业。公司坚持以人为本，以生产经营为中心，全面加强企业管理，坚持走“科技兴企”之路，尊重知识，尊重人才，注重科技开发应用。发展至今，拥有各类管理人员55人，工程经济技术人员52人，项目经理11人，从业人员300人，有总资产789万元，施工机械设备80余台（件），能同时满足多个工程施工的需要。

通达公司有较好的社会信誉与企业形象，有良好的外部环境。为了适应社会主义市场经济的需要，立足主业，多层次经营，公司坚持走内部市场化、区域化、规模化的经营之路，恪守“用户至上，信誉第一”的职业道德，坚持走管理效益型和质量效益型的道路；坚持执行每位员工，做每件事，都要预防为主；每个工程，每项服务，都让用户满意的质量方针。大力弘扬“团结、拼搏、创新、奉献”的企业精神，努力实现“树一流思想，创一流管理，建一流队伍，办一流企业”的目标，坚持不懈地开展质量创优活动，把安全生产放于首位。

公司自成立以来，先后承建了南台水泥厂生料圆库、提升机房、技改工程、烟草公司复烤厂二、四、五、六、七等烟叶储备库、复烤车间、综合业务用房、烟草公司办公大楼等工程，经投入使用，深受建设单位及社会各界好评，工程交验合格率均为100%，有部分工程被评为优良工程。

法定代表人：王天魁
地址：昭通市镇雄县乌峰镇南广路
电话：0870-3131699
邮编：657200

云南省第一建筑工程公司

云南省第一建筑工程公司成立于1953年，现属云南建工集团全资子公司，公司经理华武。现有高级技术职称41人，中级技术职称255人，助级职称210人。是建设部一级资质施工企业，有国家一级项目经理12人。资产总额2.35亿元。1997～2000年分别完成施工产值3.6亿元、3.3亿元、2.5亿元、3.4亿元，累计实现利润300多万元。公司成立至今承担了30多项国家、省重点工程的施工任务，获多项优质工程称号。

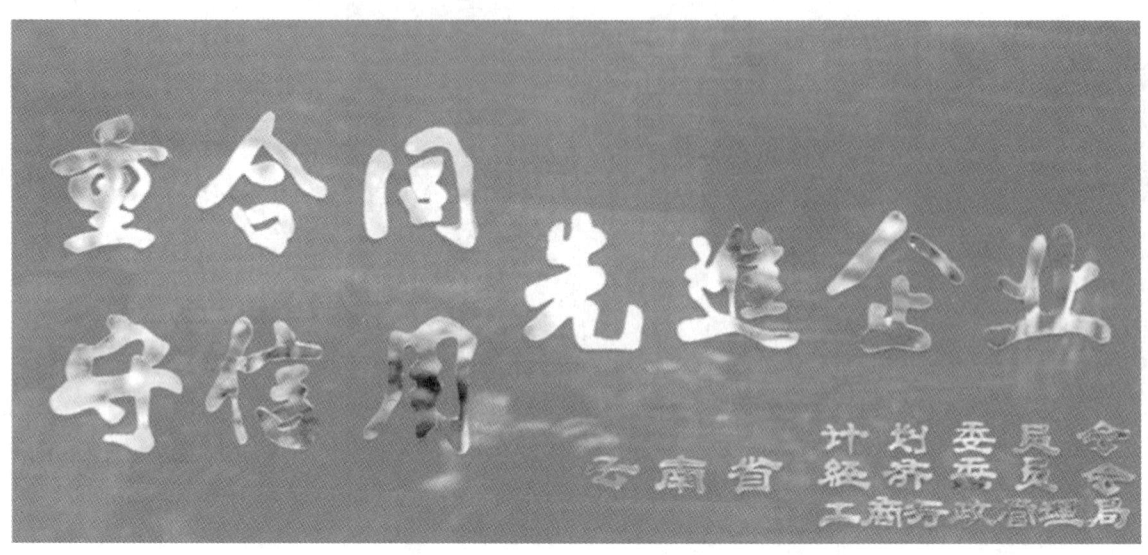

云南省建筑机械化施工公司

公司成立于1954年，是具有独立法人资格的国有大中型机械化施工骨干企业之一。持有机械施工一级、公路工程施工二级、水利水电施工二级、房屋建筑二级资质证书，并具有钢结构工程设计甲级资质。公司注册资金6 003万元。现有职工1 288人，各类专业技术人员256人，其中：高职20人、中职115人、初职109人；国家一级项目经理21人、二级项目经理11人。有各类大中型机械设备321台（套），完全能满足大型土石方工程、水利水电工程、路桥工程、地基基础工程、大型钢结构制作、吊装施工的需要，并配备了齐全的检验、测量、试验仪器（设备）。

公司先后被云南省人民政府评为“省级先进企业”，连续10年以上被昆明市人民政府评为“重合同、守信用”单位称号和省级管理先进企业称号，获企业“AA”级信誉证书和档案管理省级先进企业、计量三级合格证书，试验室二级资质，并于2001年3月14日获北京外建质量认证中心颁发的ISO9002：1994（工业与民用建筑、公路和水利工程的施工、钢结构制作和安装）质量认证证书。

公司始终遵循“质量第一、信誉至上”的经营服务宗旨。在已竣工的200多项大中型建设项目中，一次合格率100%，优良率达80%以上。其中：昆明三聚磷酸钠厂获国家质量工程银质奖，昆明松华坝水库工程获省优工程一等奖，昆明安宁张家坝水库工程获省样板工程一等奖，昆玉高速公路第六合同段工程获省优质工程一等奖。

法定代表人：陈文山
电话：0871-3310849
地址：昆明市东郊路78号
邮编：650041

昆明市西山区高铝耐火材料厂

该厂是昆明地区主要的耐火材料制造企业之一，拥有500吨高冲程摩擦压力机和大筒珠磨机等先进生产设备，聘请国内知名的耐火材料专家和高级工程师，以完善的设备、领先的工艺、丰富的经验和齐备的检测手段，生产三大类30多个品种，数百个规格产品。

1.新型高耐磨磷酸砖，高、中、低档镁碳砖，铝碳砖、铝碳化硅碳砖，铝尖晶石碳砖，粘土、高铝制品，高铝炉盖砖。

2.低水泥、超低水泥、无水泥结合的高铝质，刚玉质、sic质，AM尖晶石质、轻质等浇注料或预制作。

3.快速补炉料，各规格牌号耐火泥、可塑料、捣打料等。

年综合生产能力2万多吨，产品销往全省各地及贵州等省区，深受用户好评。同时，该厂专家、工程师可根据国内外最新技术动态，为用户研制开发所需其它产品。

该厂始终以“团结、拼搏、赶超国内一流水平”的企业精神，优质优价服务为新老客户。

厂长：张　良　　联系人：张荐芬
地址：中国·昆明西郊桃园
电话：0871-8407691 0871-8407049
邮编：650103

昆明市金马精密铸造厂

该厂是1975年建厂从事精密砂型铸钢、铸铜、不锈钢机械加工融为一体的铸造专业厂家。年铸造能力600吨，年产值300万元。该厂技术力量雄厚，能加工结构较为复杂的大至250千克小至4克的工件；采用特殊工艺铸造，能一次性完成机械加工无法完成的高难度、高精度工件；为用户降低成本，深受用户好评。产品已普及到国防汽车、冶金、化工、矿山、烟机、农机、铁道建筑、水电设备及仿古艺术铸造。该厂荣获官渡区人民政府颁发的“重合同守信誉”证书、“精神文明单位”荣誉称号。该厂交通便利，离城中心1公里，火车东站3公里，热忱欢迎各行业前来洽谈业务。该厂宗旨是质量第一，用户至上。

厂长：魏凤洁
地址：昆明市东郊金马寺金太路中段
电话：3853464　3846681

科教文卫

中国科技开发院云南分院

中国科技开发院云南分院是民营科技股份制企业,主营技术开发、技术推广、技术咨询、技术交流、中间服务及可研报告编制,试验示范及生产销售福贝复合菌微生物肥料。

法定代表人:张敖罗

地址:昆明市新迎小区文艺路128号

电话:0871-3374102

云南省公路规划勘察设计院

该院名列全国勘察设计单位百强,具备国家勘察设计、测绘和工程咨询中级资质及对外经济技术合作经营权,通过ISO9001质量体系认证,承担各等级公路、桥梁、隧道等项目的规划、勘察和设计,兼工程监理、地质勘探、岩土工程及建筑设计等专业,承担了云南省已建和在建的二级以上及所有高速公路项目的勘察设计工作,业务扩展到东南亚和非洲国家,多个项目荣获国家级和省部级优秀勘察设计奖。

地址:昆明市拓东路石家巷9号

电话:0871-3162321　3174903

中国有色金属工业昆明勘察设计研究院

该院创建于1953年9月13日,是原国家有色金属工业局直属的甲级勘察设计研究单位,2000年7月14日,国家对有色金属行业管理体制进行调整,下放云南省管理。

该院持国家和省级颁发的工程勘察、工程设计、岩土治理、地基与基础施工、测绘、工程咨询、工程检测、建筑桩基检测、城市规划设计等资质证书,并于1999年通过ISO9000质量体系认证。

该院拥有勘察设计行业优秀的专业技术人员376人,其中具有高级职称的31人,享受政府特殊津贴专家10人,国家级勘察大师1人。

该院曾被授予"全国勘察先进单位"、"云南省科技先进单位"、"重合同、守信用企业"的称号。自1986年以来,获得国家优秀勘察金奖3项、银奖4项、铜奖4项;获得省、部级优秀勘察奖项共52项;获得国家、省、部级科技进步奖6项。1994年被评为云南省勘察设计单位综合实力50强排行榜第五名,勘察单位综合实力第一名。

云南省建筑工程设计院

设计院成立于1984年。现拥有建筑、规划、结构、给排水、电气、采暖通风、建筑经济、电子计算机、工程地质、工程测量、岩土工程、土工试验等多种专业。全院现有职工140人,其中高级职称32人,中级职称64人,一级注册建筑师8人,一级注册结构师14人,是国家甲级工程设计、乙级工程勘察并同时具备建设项目可行性研究、智能建筑设计、工程总承包和工程建设监理等资质的设计、科研、咨询单位,主要承担工业与民用建筑、城镇小区规划、建设项目可行性研究、工程咨询、工程勘察、岩土工程、工程测量、桩基测试、危房加固与改造,室内外装饰设计、工程建设项目总承包,为社会提供多方位、多功能服务。

该院成立以来完成具有代表性的工程勘察项目300多项,工程设计1 000多项,近年来共获得部、省级优秀勘察设计奖、科技进步奖、优秀QC活动奖项40多项,其中所设计的云南建工大楼、云信大厦、云南省电子大厦、省图书馆等一批高层建筑得到社会各界好评,取得显著的社会效益和经济效益,为云南的经济建设和城市建设作出积极的贡献。该院以过硬的技术、质量和信誉于1995年起跻身于云南勘察设计单位综合实力十强之列,并连续五年获得昆明市政府颁发的"重合同守信誉先进企业"称号,2000年12月通过ISO9001国际质量体系认证。

法定代表人:张　辉

地址:昆明市民航路39号

电话:0871-3314660

邮编:650041

中化云南地质勘查院

云南地质勘查院隶属中化地质矿山总局。单位技术力量雄厚,设备先进,开展矿产地质调查与勘查、水文地质工程地质勘查、地质测绘与工程测量、地质勘探、岩石矿物及水质分析鉴定、矿山开采、工程勘察、桩基处理等业务。

法定代表人:李云灿

地址:云南省昆明市西山区七公里河底村

联系电话:0871-8189132

传真:0871-8189129

邮编:650100

云南省水利水电科学研究所

云南省水利水电科学研究所成立于1964年6月,1969年被撤销,1974年1月又批准恢复,注册资金

773 万元，现设 4 个业务科室和 3 个行政科室。即：农水研究室、水工研究室、材料试验室、科技情报室、办公室、人劳科、财务科。职工总数 103 人，其中在职职工 53 人，离退休职工 50 人。

水科所主要从事研究项目有：1. 节水灌溉技术的研究推广与应用；2. 泵站节能改造的研究推广与应用；3. 筑坝材料的研究与应用；4. 水利水电工程质量检测；5. 水利水电水工模型试验；6. 量水和调度水的自控、遥控技术研究与应用；7. 水土保持治理规划设计；8. 病害水库工程治理研究与应用。

水科所主要获奖成果：1. 国家专利三项（1）巴歇尔木水槽量水器；（2）堰用累计量水器；（3）管道流量计。

2. 主要获奖成果（1989 年～2000 年）获“水利部科技进步奖”一项；获“云南省科技进步奖”三项；获“云南省星火奖”三项；获“厅级科技进步奖”六项。

云南省计量测试技术研究院

云南省计量测试技术研究院是 2000 年 7 月由原云南省计量测试研究所与昆明市计量测试研究所合并组建的云南省最高法定计量技术机构，为全省贯彻实施计量法律、法规提供技术保证。同时又是云南省计量测试技术省级科研单位，为提高云南省计量检测技术，为全省经济建设服务。

1. 建立省级最高计量标准及次等级标准，为云南省贯彻实施计量法，保证计量单位统一，量值准确服务。

2. 密切结合全省经济建设和科学研究的需要，开展计量测试的理论、方法、新仪器设备的研究。

3. 承担省质量技术监督局委托的计量执法监督检查。

4. 为云南省企（事）业、科研单位培训计量检测技术人员。

5. 为企业承担开展计量技术、科研设计等服务。

强化法制观念、建全检测体系、确保数据准确、热忱服务用户是该院的质量工作方针。

努力建设成全省信赖的科学、公正、高效、有为的计量测试技术研究中心是该院的奋斗目标。

院长：李建华

地址：昆明市东风东路唐家营（一部）

昆明市人民东路延长线大树营（二部）

电话：0871－3133210　3197367

传真：0871－3133210

邮编：650041

云南红河电力设计院

云南红河电力设计院位于锡都个旧市，成立于 1985 年，办公面积 500 平方米，设有系统室、电子气、线路、土建、通信、办公室等专业室组。送变电丙级勘察设计资质，可承担 110 千伏以下电压等级输电、变电、配电工程的勘察设计和相应的建筑工程、通讯工程的设计以及电力技术咨询服务。

全院现有职工 54 人，其中高级工程师 12 人，工程师 24 人，助理工程师 9 人、二级注册建筑师 3 人、一级注册结构师 1 人、注册造价师 1 人。拥有计算机、数码复印机、绘图仪、网张交换机、经纬仪、水平仪以及工程复印机、晒图机等设备 50 多台及一流的专业软件系统，计算机出图率 80% 以上，设计合格率 100%，2000 年通过 ISO9001 质量体系认证。

该院自成立以来秉承“质量第一、信誉至上、优质服务、争创一流”的质量方针，已完成 110 千伏河口、屏边、蒙自、泸西、风筝山、菜花庄、南沙送变电工程等大小设计项目数百项，为边疆电力事业的发展做出了巨大的贡献。

法定代表人：巫云洲

地址：云南省个旧供电局内

电话：0873－2112317　2112319

传真：0873－2153661

邮编：661000

E－mail：2153661@163.com

曲靖市水利电力勘测设计研究院

曲靖市水利电力勘测设计研究院成立于 1984 年 10 月，由原曲靖地区水电局水电勘测设计队组建而成，属自收自支实行企业管理的事业单位。主要从事水利水电工程、民用建筑工程的勘察设计，水利水电工程建设监理和工程总承包等业务。现持有：水利工程乙级勘察、设计证书；水利电力工程项目可行性研究乙级证书；工程总承包乙级证书；水电及民用建筑工程丙级设计证书；水利工程建设监理丙级证书等。内部机构设有：地勘处、测量队、设计处、施工预算处、监理部、试验检测所、建筑设计分院、人事秘书处、生产经营处、财务处、总工办、后勤管理处和印制服务中心等 13 个部门。现有职工 153 人，其中：高级专业技术人员 29 人，中级专业技术人员 75 人，初级专业技术人员 21 人。

在勘察设计工作中结合工程实际，重点对土工合成材料，高喷技术，振冲技术，硅粉砼，CAD 技术等的推广应用以及堆石面板坝，高拱坝，风化料坝，膨胀土治理等项目组织科研攻关并运用于实际，在工程建设中取得了良好的社会效益和经济效益。如罗平湾子水库库区岩溶补漏技术研究应用，振冲置换法在南盘江盘虹桥河堤加固中的应用等25项勘察设计及科研项目获得省、市科技成果奖。强风化软弱基岩内高压喷射灌浆的施工方法获国家专利和1996年第四届国际新优技术及产品博览会金奖，“激光锤球”、“激光对中给向工程测量仪”、“测量仪器读数自动照明灯”“无光水准测量仪”获国家知识产权实用新型专利证书，“连通试验仪”、“具有激光对中器的大地测量仪”获第十三届全国发明展览会银奖。

该院以“科技兴院、人才兴院”为根本宗旨，以“质量为本、服务第一、用户至上”为信誉保证，以“团结协作、严谨细致、精心设计、质量上乘”为企业精神，大胆创新，深化改革，学习先进加快发展，努力提高经济效益和社会效益，为水利水电事业做出新的贡献。

法定代表人：吴曙光

地址：曲靖市麒麟区东星小区一组团

电话：0874－3251231

邮编：655000

昭通市水利水电勘测设计院

该院于1987年5月注册，注册资金179万元，经营范围：水利、水电行业丙级资质范围的勘测、设计。

该院现有职工91人（含退休职工29人），其中：高级工程师8人，工程师45人，初级职称人员21人，专业技术人员占全院职工总数的81.3%。

目前，该院具有编制开发建设项目水土保持方案乙级资质，土工、建材试验壹级资质，水利工程勘察、设计、测绘丙级资质。能够承担中、小型水利水电工程的地质、测量、水文规划，水工建筑物及渠道设计，金属结构设计，水电站设计；编制工程建设项目水土保持方案；水利水电工程、公路、桥梁、机场、工业与民用建筑的土工、建筑材料试验和施工现场质量检测。拥有先进齐全的仪器设备和科学的检测手段，设计质量可靠。曾主编多种水文水资源技术文献，多次获省地科技进步一、二等奖。撰写的高质量技术论文被列为国内推广应用成果，选入《中国科学技术文库》。

该院完成或承担的工程有：渔洞大型灌区、镇雄大水沟水库、巧家炉房水库、昭通勒力寨水库、镇雄大木桥水库等水利工程；永善白水孔电站、巧家黄金子电站、大关河电站、鲁甸沙坝四级电站等水电工程；213线水土保持工程勘测设计等及其他工程。

法定代表人：李昌华

地址：昭通市爱民路185号

电话：0870－2123664

邮编：657000

昆明兰德设计有限公司

昆明兰德设计公司是资深民营勘察设计企业。自1987年创建至今，在创始人段霖先生的直接运作下，持民用建筑、化工、医药、市政公用工程、装饰、装潢设计及工程总承包商乙级资质，先后承接了大、中、小各类型建筑工程总策划、勘察设计及工程总包400余项，完成投资总数10亿元，其中高层建筑9座，各类工厂41座，各类民用建筑300余项，创造了多项第一名，成绩十分显著。公司以人为本，对工作认真负责、重质量、讲信誉，而且有独特的风格和创造性，被广泛誉为“信得过单位”，荣获联合国颁发的“设计精巧、独创风格”，中美合资企业颁发的“设计之神”锦旗。

地址：中国·昆明市人民东路246号6楼

电话：0871－3312758

传真：0871－3313802

邮政编码：650051

昆明市环境科学研究所

该所从事环境规划、环境影响评价、企业及区域污染防治对策、环境标准、湿地及少废农业研究、ISO14001环境管理体系咨询，是《滇池水污染防治九五计划及2010年规划》及后续计划、规划的主要编制单位。投资创办昆明净滇环境保护有限责任公司及云南高科环境保护工程有限责任公司，前者主营业务为各类污染源治理的咨询、设计及工程承包、营运，后者主营业务为国家高技术产业化推进项目——高浓度生化难降解有机废水湿式催化氧化技术的引进、消化、国产化及推广运用。该所还是国务院外国专家局引进项目——植物无糖组织培养的推广依托单位。

地址：昆明市新闻南路23号

电话：0871－4145669

云南省交通科学研究所

云南省交通科学研究所成立于1974年，隶属于云南省交通厅，主要从事汽车运用、交通工程、交通信息化技术及相关技术开发研究。所内专业技术人员90余人，中、高级技术人员55人，占61.1%。该所先后共完成数百项科研课题，曾获国家三等发明奖1项，全国科学大会奖1项，国家科技进步二等奖1项，交通部、原机械工业部和云南省政府科技进步奖36项，云南省交通厅科技进步奖 62 项。

联系人:李鸣山　王永清

地址:昆明市拓东路

电话:0871－3163895

传真:0871－3169721

邮编:650011

昆明民用建筑设计研究院

昆明民用建筑设计研究院是昆明市房产管理局下属的集建筑设计、房地产评估、房屋面积测量为一体的综合性、专业性的科研院所,全院职工全部具有本科以上学历,80%以上具备中高级职称,70%左右职工在 40 岁以下,有丰富的实践经验和较高的理论水平。本院职工年龄结构合理,知识层次丰富,是一个年轻化、专业化、知识化的团结战斗的集体,愿为昆明市房地产业的发展作出贡献。

现有资质:工程设计乙级,规划设计丁级,测绘丁级,房地产评估甲级。

法定代表人:刘志刚

地址:昆明市护国路 78#市房管局 5 楼

电话:13708793200　0871－3154117　3154116　3130028

昆明五华智安科技研究所

智安科技是专业从事楼宇智能化系统的设计安装、单元电控防盗门设计制造的一家云南知名安防企业。

智安科技以优秀人才为骨干,培育高素质职工队伍,以踏实严谨的工作作风和精湛的技术优势服务于社会,享有高度声誉。工程的设计、开发、生产、服务全面一条龙,一直为广大用户和政府管理部门所肯定。

负责人:归　瑜

地址:昆明市穿金路 510 号

电话:0871－5651155　5618944　5613902　13908863508

云南农业大学稻作研究所

1969 年云南农业大学李铮友教授育成了我国第一个粳稻不育系,从此正式开展了滇型杂交水稻的利用研究,并成立了云南农业大学稻作研究所。

该所以杂交水稻的选育为中心,注重稻米品质、产量和抗性的提高。利用云南丰富的具有特色的稻种和气候资源。结合从国际水稻所、泰国、韩国、日本等国引进的优良材料,选育出了若干杂交粳稻组合,其中“榆杂 29”创造了粳稻单产的世界纪录,亩产达 1108.55 千克,合作选育出一系列优质米品种,如“滇陇 201”、“滇瑞 408”、“滇屯 502”等,先后获国家、省部级奖 14 项,地厅级奖 24 项。

该所在新品种选育上采用传统技术与新技术结合,提高育种效率,重视选育符合市场、生产效益和经济效益好的品种。在国际上,与菲律宾、韩国、泰国、埃及的大学研究所进行科技合作和硕士、博士生联合培养。

经过三十多年的艰苦努力,该所已拥有较好的科研条件,拥有自主知识产权的“三系”(“温敏两系”不育系和恢复系)材料上万份。拥有一支实践经验和理论知识相当丰富,由国内外培养的博士和硕士、大中专和熟练技术工人组成的人才队伍。拥有从事分子检测、分子育种、组织培养、大田选育、繁殖、制种、栽培的技术力量。

为充分发掘云南的资源优势,创造品牌,欢迎各界人士与该研究所一道共同从事滇型水稻的研究、选育及开发。

负责人:谭学林

地址:昆明市北郊云南农业大学

电话:0871－5227810

电子邮箱:RRIVAU@ publie. km. yn. cn

云南省微生物研究所

云南省微生物研究所(Yunnan Institute of Microbiology)是 1979 年经国家科委同意建立的专业研究所,1997 年划转云南大学。有科技人员 46 人,其中高级研究人员 26 人。业务方向是开发利用云南省丰富的微生物资源。所内建有“教育部微生物资源开放研究重点实验室”(The Key Laboratory for Microbial Resources of Ministry of Education, P. R. China,),设细菌放线菌研究室,真菌资源及菌种保藏研究室,开发及中试研究室。

承担和完成的国家基金重大项目 1 项,面上项目 13 项,国际合作项目 3 项;国家 973 前期项目 1 项、高新技术产业化推进项目 1 项、攻关项目 1 项、攻关项目 3 项,省基金项目 5 项,国际合作项目 6 项。在国内外发表的论文 200 多篇,出版专著 8 部。获国家发明奖 1 项,省部级一二三等奖共 8 项。

较有特色的研究领域和应用成果如下:

1. 放线菌研究　系统开展土壤、森林、湖泊、山地和不同极端环境放线菌生态,分子生态与分子进化研究,发表论文30多篇,奠定了我国放线菌生态研究基础。在放线菌分类领域,发表了两个得到国际承认的放线菌新属(Actinobispora and Streptomonospora),出版《放线菌分类学》专著及20多篇论文,为推动我国放线菌分子系统学的发展作出了重要贡献。

2. 极端环境微生物研究　从80年代初开始,研究了云南近百个温泉高温菌资源的种类,分布及开发利用,收集高温菌近千株,发表论文20多篇,出版《高温菌生物学》专著,为推动我国高温菌研究作出重要贡献。

3. 微生物资源开发利用　广泛进行微生物资源的收集、保存和开发利用。目前保存有开发潜力的真菌2.4万株,放线菌1万株,提取物及化合物1.2万个。

技术成果:具有显著降低血脂和增强免疫作用的虫草菌及虫草菌多糖系列产品生产技术,FABY高效堆肥复合菌原种生产技术,高效降血脂药物Lovastatin(舒降脂)生产技术,治疗女阴白色病变和斑痕疙瘩的特效药竹红菌甲素和竹红菌软膏生产技术,中草药的微生物发酵技术,果酒发酵技术,难选冶金矿微生物氧化预处理技术等。

云南是全世界生物多样性最丰富的地区之一,微生物资源极为丰富。云南省把生物资源开发作为建设绿色经济强省的重大战略。欢迎国内外朋友与该所合作,共同开发利用云南微生物资源,为人类造福。

所长:姜成林
地址:昆明市一二一大街136号云南大学英华园
电话:0871－5171975
传真:0871－5171975

云南科技扶贫开发研究所

研究所于1999年2月24日正式成立,为股份合作制科技企业。全所共有高、中、初级科技人员6人。1999年先后深入景洪、蒙自、河口等县市贫困乡、镇,围绕当地园艺作物生产上存在的主要问题开展技术培训,受到农民及企业的欢迎。

2000年2月21日～28日,开办昆明市无公害蔬菜栽培技术培训班,参加培训人员共104人。

2000年3月～10月深入到昭通、临沧地区,调查农村种植业产业结构调整中存在的问题及如何选择适合当地发展的种植业。

1999年3月初,对元江县热坎芒果进行品种改良实验,已初见成效。

2001年工作重点是进行优质反季芒果栽培技术示范。通过示范带动广大果农改造芒果品种。2001年4月召开优质反季芒果品质鉴定会,肯定了反季芒果为优质产品,并建议在云南省推广。争取省科委列入2001年优质农产品项目,在昭通地区开始栽培反季芒果。另外争取澳大利亚小型扶贫项目甜竹笋在河口县瑶山、桥头乡实施。

法定代表人:周立端
地址:江岸小区省农科院生活区
电话:0871－5167923
邮编:650221

云南省土壤肥料工作站

云南省土壤肥料工作站于1980年经省政府批准成立,设置5个科:土壤环境科、肥料科、测试科、技术咨询科和综合科。其中肥测试中心系“七・五”期间部、省联合投资建立的农业专项测试机构,1993年经省政府与省编委批准成立云南省农产品质量监督站,统称“中心”。承担全省耕地土壤养分的动态调查与测试;灌溉水质分析、农产品质量监测和绿色食品申报原料样品的测试;负责全省农化分析网络建设,即地、县农化分析室设计、仪器选型和技术人员的岗位培训;承担全省农用肥料(纯化肥、复混肥、复合肥、有机肥、新型肥等)质量监测工作。

技术咨询:全省土壤肥料技术咨询服务;土肥技术物资推广配套服务;土壤肥料技术信息收集、分析和处理;新型肥料的筛选、推广和运用;植物生长调节剂、土壤调理剂的筛选和推广;土肥农化服务和市场调研、提供土肥产业化发展依据。

法定代表人:窦晓黎
电话:0871－4145351　4145347
邮编:650034

云南省林木种苗站

该站成立于1964年,系省属林业事业单位。现有职工75人,其中有各类专业技术人员40人,苗木花卉技术工人10余名。建站之初,主要是负责为云南飞播造林筹集种子,调剂省内外人工造林用种和进行种子质量检验业务。从20世纪90年代初开始,全面履行全省林木种苗行政管理职能,主要负责贯彻执行有关种苗工作的方针政策和法律法规,参与编制全省林木种苗发展规划和年度计划,指导全省种苗生产和种苗基地建设,进行种苗质量管理,组织种苗科技成果推广、技术培训和良种引进、推广等工作。1994年,有关部门批准成立了云南省林木种苗质量监督检验站，与技术种苗站为一个机构两块牌子，负责对全省林木种苗质量进行监督检验和管理。建站37年来，由种苗站直接筹集了130多个树种的林木种子共2100万千克，用于飞播造林、工程造林和各地群众造林，有效地保证了绿化造林对各类林木种子的需要。

现云南省林木种苗良种基地建设已初具规模，一大批用材林和经济林采种基地、母树林、种子园、采穗圃遍及全省，基地供种率和使用率逐步提高，开始步入“生产基地化、质量标准化、造林良种化”的轨道。

站长：段大钧

电话：0871－3812012

云南省农科院园艺所花卉研究中心

云南省农科院园艺所花卉研究中心自成立以来，始终面向花卉生产，注重科技成果转化，为花卉生产实际服务。立足云南自然及花卉资源优势，加强省院、省校、市院及科技院所的强强联合，进行花卉科技攻关，加强与国际的合作。重点进行香石竹、非洲菊、百合、花毛茛、银莲花等的抗病性、抗逆性及新品种的选育工作及云南野生花卉的开发利用研究。有望在近期选育出具有自主知识产权的新品种，打破所有花卉种类完全依赖进口的局面。花卉科技的不断深入发展将为云南花卉产业的升级提供强有力的技术支撑。

云大科技股份有限公司

云大科技股份有限公司的前身是成立于1992年的云南大学南亚生物化工厂，1998年公司进行股份制改造并于9月在上海证券交易所挂牌上市（股票简称：云大科技，股票代码：600181）。

公司在保持主营产品“云大－120”优势的同时，积极调整产业结构，突出核心优势，围绕农化、医药及保健品和花卉三大产业，构建专业型、国际化的企业集团。

在农化产业方面，除生产和销售“云大－120”系列调节剂产品以外，积极开发叶面肥和生物农药等系列产品，目前已拥有叶面肥系列产品近40个以及生物杀线灵、0.8%阿维·印楝乳油和32.5%阿维·毒乳油等生物农药；在医药及保健品产业方面，控股人以生产和销售三七制品的云南特安呐制药股份有限公司，参股生产人用纯化狂犬疫苗和新一代乙肝疫苗等高新技术产品的大连高新生物制药有限公司以及合资成立在分子医学诊断、基因组、疾病基因等方面进行系列研究和开发的上海孟德尔基因研究有限公司，以此构建了公司以医药及保健品、疫苗和基因工程为三个主体系列的医保产业链；在花卉产业方面，与省、市、县三级政府合作成立昆明国际花卉交易中心有限责任公司，建设高水平、国际化的花卉交易拍卖中心，以此为基础，推动云南省花卉产业的发展。

经过十多年的发展，公司取得了较好的经营业绩，截至2001年6月，公司总资产14.4亿元，市值超过50亿元。

法定代表人：付文明

地址：中国云南昆明高新技术产业开发区科医路59号

电话：0871－8326999　8312120

传真：0871－8311251

邮编：650106

Http：//www.yd120.net

E－mail：ydstmail@public.km.yn.cn

云南铜业科技发展股份有限公司

云南铜业科技发展股份有限公司坐落于昆明高新技术产业开发区，占地面积37.5亩。现有5部2室2个试验厂：项目一部、项目二部、信息部、财务部、营销部、分析试验室、办公室、冶金试验厂、加工试验厂。

为适应市场竞争和企业发展的需要，2000年6月由云南铜业（集团）有限公司牵头，云南铜业股份有限公司、昆明理工大学、昆明贵金属研究所、浙江大学、洛阳有色金属加工设计研究院、昆明高新技术产业开发区建设总公司等7家单位共同创立云南铜业科技发展股份有限公司，公司总股本5 000万元。公司充分借助这些院校和科研单位的科技项目成果，结合云南铜业的资金优势、管理优势对筛选项目进行中试、孵化，进而产业化。

公司的宗旨是以市场为导向，以科技创新为主体，以建立高新技术产业为支柱，用现代化企业的管理机制，充分发挥各股东单位的科技人才和资金优势，开发新技术、新产品，加快高新技术成果的产业化，形成自己的高新技术产业群，实施多元化、集团化、国际化和技术与经济相结合的经营发展战略，把公司建成现代化的具有市场竞争力的高新技术企业。

目前正与昆明理工大学冶金材料学院共同开发专利技术“多金属连续包覆挤压及设备”；与昆明理工大学真空所合作成功开发高纯硒产品供应市场。公司信息部为社会提供有色金属信息；项目部可为社会提供有色金属湿法冶金技术服务；分析试验室能为社会提供有色金属元素的分析检验。公司热忱欢迎社会各界以多种形式参与合作，共同研究、开发高新科技产品。

地址：昆明市高新开发区二环西路625号
电话：0871－8320737
传真：0871－8320737
网址：www. Yncs. com. cn.
E－mail：shencc@ sina. com

沪滇农业开发有限责任公司

公司是上海市援滇的一个开发式农业扶贫项目，创建于1997年9月。其宗旨是把上海和云南农业的优势结合起来，引进适合在云南贫困地区推广发展的优良品种和先进技术，向当地农户及上海对口帮扶的22个贫困县辐射，带动贫困地区的农民脱贫致富。

公司创建四年多来，在沪滇双方的共同努力下，认真实施开发式农业扶贫工程，取得了良好的扶贫效益。公司种猪场从上海引进优良纯种梅山种猪200头，已培育出纯梅及二元杂的杜梅、长梅优质种猪5 000头在红河、思茅、文山、大理、楚雄、怒江、迪庆、昆明、玉溪等9个地州市推广养殖，受到广大农户的欢迎。在种植业方面，公司从上海农科院引进种植了“寒优湘晴”、“95－22”、“申优一号”等优质粳稻品种，在当地充分表现出其高产、优质、高效的优势，具有良好的推广前景。此外公司引进种植的新品种优质葡萄、东升南瓜、申春甜椒等均获得成功，为当地农民增收发挥了示范作用。

公司于1999年被云南省人民政府评为“云南省国内经济技术协作先进企业”，2001年被评为上海在滇“十佳企业”。在“十五”期间，公司将进一步加大先进农业技术的开发推广力度，不断完善“良畜、良种、良苗”的培育推广体系，在上海和云南的经济协作中发挥更大的作用。

董事长、总经理：钱鹤葵
地址：红河州蒙自县草坝镇
电话：0873－3860430
电传：0873－3860768
邮编：661101

昆明大塘康林园艺有限公司

公司成立于1993年5月，原名昆明市大塘康林园艺场，后改制为昆明大塘康林园艺有限公司。公司是具有云南省建设厅颁发的城市园林绿化工程设计、施工的风景园林绿化经营资格证，专业从事城乡园林规划、设计、施工、苗木生产、供应、绿地养护为一体的专业化公司。

经营范围：生产销售绿化苗木、四季盆花、观叶植物、园艺盆景、根雕艺术、城乡园林建设工程规划、施工、绿化美化工程、假石山喷泉、园林小品等中外仿古建筑和现代园林建筑。经销进口草种、花种、肥料、农药、园林机械、艺术插花、室内外花卉租摆、会议花卉布置、花车花篮、花盆花具、草卷生产、土石方工程、民用建筑、园艺培训、技术咨询等。

公司技术力量雄厚，现有高级园林工程师、园艺师、工民建工程师、中级工程师、技术员及专业队伍共100余人。总场下设：园林设计部、工程施工部、预算财务部、苗圃管理部、营业供销部、绿化养护部、安全综合部等部门。经营的品种300多个，规格多样，价格从优，是一个实力雄厚、发展快、信誉高、全方位服务的综合性企业。在多次参加大型花展、世博园园艺展大赛中荣获多项奖；十多年来经本公司设计施工的园林绿化工程，不少项目被省市、区评为花园式单位；’99世博会，公司参加了部分展区的园林建设绿化工程，提供了高质量及稀有品种的花木，获得了好评和奖励。

公司承诺，公司设计承建的绿化工程，苗木成活率在移交时达到百分之百。

法定代表人、总裁兼董事长：李美林
手机：13708420311
总经理：焦树森
地址：昆明学府路羊仙坡中段3号
手机：13708444513
电话：0871－5347167
传真：0871－8330465
邮编：650033
网址：www. ynh. com. cn/dtklyy
电子信箱：dtklyy@ sohu. com

云南生态技术有限公司

公司以“国际热区人工群落与生物多样性协会”为依托，专业化从事各类草籽、草坪、花卉、绿化苗木、园林机械、绿化工程、土壤改良、种草养畜、生态环境保护及技术的开发与应用。

公司拥有一批专业化的工程技术管理人员和科研队伍。在草坪建植技术、土壤改良技术、各类草地运动场的建植技术方面是我国西南地区实力最为雄厚的企业之一。

公司先后在我国的西南地区和缅甸等国完

成了5 000多万平方米的足球场、高尔夫球场、草地网球场、山地滑草场和生物防护工程,2 000多万平方米的市政绿化工程。

公司承建的昆明市团结乡“欢喜滑草场”,2001年被列入上海大世界吉尼斯世界纪录;承建的“'99世界园艺博览会”东区大环境绿化工程被组委会评为优质工程;承建的昆明江东住宅小区“鸣翠园”获得2001年绿化设计三等奖,施工技术一等奖;2001年完成的“红塔体育中心”环境绿化及足球场、草地网球场建植工程项目受到了各界人士的一致好评。

公司坚持信誉第一,讲求实效,以一流的技术、一流的质量、一流的服务为承诺,同社会各界人士一道,为建造美好家园共创辉煌。

地址:云南省昆明市教场西路14号
电话:0871-5151023　5174248
传真:0871-5110811　5174248
邮编:650223

云南华夏中医中药研究所

云南华夏中医中药研究所于2000年10月正式挂牌成立。研究所在技术人员的组成、仪器设备、工作场地等方面已初具规模。研究所的工作宗旨是依托云南省丰富的天然药物资源,进行新药、保健食品、绿色产品的开发研究,把资源优势转变为经济优势,造福于社会,服务于人民。

地址:昆明市交菱路40号
电话:0871-5387003
邮编:650031

昆明德盟商贸有限公司

昆明德盟商贸有限公司是集科、工、贸一体的多元化企业。主要从事保温隔热材料、建筑装饰材料及通风工程安装、民用复合材料的研制、开发和经营。公司自成立以来,德盟人发扬“艰苦创业、团结奋进”的企业精神,不断加强企业内部管理,建立健全了科学合理的管理机制,为社会提供了优质的产品和服务,赢得了市场的信赖,树立了良好的企业形象。主要经营的产品有:

1. “福乐斯”发泡橡塑保温隔热材料
2. 离心玻璃棉保温隔热材料
3. RH99防下陷高级吸音矿棉天花板及龙骨系统
4. 阿姆斯壮商用弹性地材
5. PAP防晒防水反射性复合材料

法定代表人:邓　竣
地址:云南省昆明市东二环路430号C座243号
电话:0871-3857797
传真:0871-3857649
http://www.dmkmyn.com

昆明劲勋化工有限公司

公司成立于1993年,是由昆明化肥有限责任公司与香港劲勋投资有限公司共同投资750万美元成立的中外合资企业。具有一套年产6万吨的压密法复合肥生产线和一套年产10万吨的料浆法复合肥生产线。主要生产和经营高浓度三元粒状复合肥和其它系列复合肥料。

劲勋公司拥有先进的复肥生产工艺技术,国内首家引进法国SC公司压密法先进工艺及主体设备,具有自动化程度高、流程短、能耗低,全流程计算机调控,易于更换产品规格和添加中、微量元素等优势。2001年,该装置经省外经贸厅、省化工学会评定为先进技术设备。

公司通过ISO9002国际质量体系认证,有完善的质量监督检验体系。产品经国家化肥产品质量监督检验测试中心(上海)不定期随机抽检,各项指标均优于国标GB15063-2001标准;产品经云南省质量技术监督局连续五年抽检均合格。1998年被国家烟草总局指定为烟草肥定点生产厂,主供昆明地区和曲靖地区的烟草用肥。

公司下设有经化工部考核认可的劲勋化工农化服务中心,从事产品的试验、示范、应用推广工作,为用户提供生产技术服务。

公司发扬了“奋斗求发展,发展再奋斗”的企业精神,连续五年被云南省外商投资企业协会表彰为效益先进企业;连续三年被云南省人民政府授予先进企业称号。

法定代表人:郑　池
地址:昆明市护国大厦24楼
电话:0871-3148861　3163631
邮编:650021

贵研铂业股份有限公司

贵研铂业股份有限公司由昆明贵金属研究所(世界三大知名贵金属研究所之一)、云南红塔集团、云南铜业集团、云南烟草兴云公司、深圳国信证券公司等省内外大型知名企业共同发起,于2000年9月注册登记设立的股份有限公司。2001年总资产为1.58亿元,总收入1.76亿元,利润1 500万元。

公司现有员工256人,科研创新和技术力量雄厚,拥有一批在贵金属领域享誉国内外的知名专家,现有中国工程院院士1人,博士生导师4人,硕士生导师10多名,本科以上学历占公司员工的40%,高级工程师以上职称占25%。公司研发、生产和销售员工占80%以上。

公司主要业务领域为贵金属(含金)信息功能材料、环保材料、高纯材料、电气功能材料的研究、开发、生产、销售以及含贵金属(含金)物料综合回收利用。同时,公司拥有国家进出口商检局贵金属、有色金属成份分析和结构性能分析认可的实验室,承担着贵金属、有色金属原料、过程控制和最终产品的成份分析,以及金属材料、化合物等的结构、性能分析等任务。

公司服务的1 000多家客户涉及航天、航空、电子信息、石油和精细化工、电器仪表、冶金、机械、环境保护等广泛行业。电子信息材料、新型环保材料是公司重点关注的发展方向。

公司将利用人才、技术优势,力争年内上市并公开发行股票,实现资本与技术的有机结合,大力发展高新技术产业,积极参与国际竞争,建成国内贵金属领域综合实力强大,并极具国际影响的高新技术企业。争取2005年实现经济规模15~20亿元,2010年经济规模达到30~40亿元。

法定代表人:唐　俊

地址:昆明市二环北路核桃箐

邮编:650221

电话:0871-5137584　5137582

传真:0871-5151533

E-mail:office@ipm.com.cn

云南高新创业投资有限公司

公司是经云南省人民政府批准,由云南银通投资有限公司、云南滇能(集团)控股公司、云南省科技产业创业有限公司、深圳市财福投资有限公司、浙江金洲集团股份有限公司5家股东组成。主要从事风险项目投资,资产管理,企业重组、收购与兼并,股权经营,投资及管理咨询等经营活动。

投资方向:生物制药、新型材料等领域

法定代表人:张亚光

注册地址:昆明市高新技术产业开发区海源中路28号

通讯地址:云南省昆明市东风西路280号文贸大厦19楼

电话:0871-5399055　5375145

传真:0871-5384153

邮编:650031

电子邮件:YNGC@KM169.NET

网址:htpp://www.yntz.com

云南绿大地生物科技股份有限公司

云南绿大地生物科技股份有限公司于2001年3月成立,注册资本3100万余元,资产近1.5亿元。

公司业务范围:

1. 植物花卉的科研开发、生产、销售、租赁和养护;

2. 园林绿化工程的设计、施工、监理和维护;

3. 各类花器、农具、化肥、农药等配套物资的销售;

4. 承接绿化工程效果图设计业务。

公司取得云南省建设厅园林绿化工程设计、施工双乙级资格,承担了“99昆明世博园”中茶花园、花园道路及英国、美国、日本等展馆的绿化施工任务。公司设计承建的园林绿化工程遍布全国及越南、缅甸。公司在北京、广州、南昌、长沙等地设立了分支机构,在红河州、曲靖市、昆明市建有珍稀花卉研发基地,开发的珍稀花卉有兜兰、滇丁香、山茶、地涌金莲、红花木莲及山玉兰等。公司是省人民政府生物资源创新工程项目承担企业、省私营企业百强之一,通过ISO9000认证,是国家认证的高新技术试点企业之一。

地址:云南省昆明市金殿伍家村

电话:0871-5018278　5018378-8002　7278106

传真:0871-5018278

邮编:650224

网址:http:/www.yngreen.com

E-mail:ynldd@peoploinail.com.cn

云南香荚兰产业有限责任公司

公司在西双版纳拥有2000亩香荚兰种植园和收获季处理300吨鲜荚的半自动化生香加工厂。在昆明有深加工厂和销售机构,归属云南省香料研究开发中心,天然香料科研与开发具有坚实的人材基础和雄厚的研究实力。

电话:0871-3138919　3198921　3138922
　　0691-2200922

昆明格林温室园艺有限公司

公司是专业设计生产各型钢架塑料大棚、PC(玻璃)、双层膜温室、园艺设备设施的温室公司,配套经营园艺资材及农业设备、设施、花卉贸易等业务，并承接金属结构、喷滴灌工程、绿化工程等。

公司以温室大棚的生产、安装为主，年生产规模可达30万平方米。公司针对各地区不同客户的实际需要及不同的气候条件，开发生产各种不同类型，不同档次的钢架大棚、温室。公司业务遍及全国各地，业务对象有科研院所、园艺集体、个体企业及台、泰、港属企业等。

公司成立于1989年初，典型工程有省农业厅优质农产品基地花卉大棚、泰国正大生物公司景洪基地花卉荫棚、江川英茂花卉公司花卉大棚、嵩明木作园艺区花卉蔬菜大棚等。

总经理：陈振林

地址：昆明市老海埂路红庙办事处

电话：0871－4582175　4582947

邮编：650228

云南汉德生物技术有限公司

云南汉德生物技术有限公司是一家（中美合资）高新技术企业，始创于1993年8月，一直立足于云南丰富的生物资源，致力于生物技术研究与开发，从事生物制品、植化产品、药品、功能性食品、农产品的研制和开发，业务涉及药品、农业、食品等领域。汉德公司是国内首家通过美国食品和药品管理局（简称FDA）cGMP认证的紫杉醇生产企业，先后被评为昆明市出口创汇先进企业。

地址：昆明市学府路金鼎科技园三号平台

电话：0871－5313300　5329580　5340095（市场部）

传真：0871－5329081

云南金象咖啡橡胶有限责任公司

云南金象咖啡橡胶有限责任公司是思茅市为发展地方特色支柱产业，发挥区位资源优势而成立的一家国有独资公司。公司拥有资产5700万元，是云南省最大的咖啡种植企业之一，也是思茅市惟一橡胶种植企业。近年来，公司紧紧把握住国家实施西部大开发战略和云南省“建设绿色经济强省”的机遇，充分依托思茅地区的自然资源优势，以“公司＋基地＋农户”的产业开发模式，开发种植了卡蒂姆系列生态咖啡园1.5万亩，年产优质咖啡米2000吨，高产橡胶园1.3万亩，年产一级标胶800吨，茶叶1 000亩，走上了种植、加工和销售为一体的多元化发展之路。

公司技术力量雄厚，管理科学规范，共有职工111人（其中：技术管理人员80人），70%的职工为大中专学历。通过多年的产业开发和实践，公司已积累了丰富的种植和管理经验，造就了一批懂技术、会管理、善经营的人才，为公司稳定发展奠定了坚实基础。

金象咖啡无污染、无公害，是饮用之上品，除秉承了云南咖啡“浓而不烈，香而不苦，还带有果味”之特点外，还具有“滋味醇和，香气高甜”的独特风味，是国际市场新宠。目前，公司充分迎合咖啡市场需求趋势，正致力于为客户提供高质量的绿色咖啡产品。公司所生产的一级标准橡胶，产品质量检测符合GB8081—87标准，远销全国各大城市，深受用户好评。

目前公司积极向无公害、有机咖啡方向发展，改善园地生态条件，同时进行多种经营，优化产业结构，热忱欢迎海内外各界朋友前来洽谈咖啡、橡胶及茶叶种植和产品加工销售业务。

董事长：彭　青

联系人：段　炜　张　越

地址：云南省思茅市振兴南路179号

电话：0879－2123440

传真：0879－2123153

邮编：665000

昆明方戈菌类科技开发有限责任公司

公司是中华全国供销合作总社昆明食用菌研究所的下属科技企业。公司以市场为导向，以研究所的技术力量为依托，充分利用云南丰富的野生食用菌资源，从事食（药）用菌产品的生产和销售，人工菌种的规模化生产、销售及技术培训等业务。

公司在食用菌种的规模化生产方面已形成较强优势，已在全省各地建立三级菌种生产点，有食用菌栽培品种30多个，满足市场的需求。目前利用云南名贵、珍稀野生菌资源，通过成熟的菌丝体发酵技术，开发具有食、药兼用的保健型菌丝体产品，并利用保鲜加工技术，解决食用菌加工中色、香、形难保持的有关问题，延长货架期，使云南野生菌一年四季走上市场。公司希望与各企业在食用菌领域开展广泛的技术交流与合作，为开发云南优质食用菌资源，积极携手，共创辉煌。

联系人：朱　萍

地址：云南昆明政教路14号

电话：0871－5176289　5124593（传真）

邮编：650223

云南省腾冲县高岭土联合开发公司

腾冲县高岭土公司创建于1992年，与闻名中外的地热景观——腾冲热海相毗邻。因受地热蚀变影响，区内高岭石矿物具有结晶形态好（六方片状），自然白度高等优点。

公司优质高岭土生产线属国家级星火项目，主要产品荣获1995年中国昆明科技成果新产品展览会金奖。依靠优质的高岭土资源及严格的管理体系，现年产5 000吨造纸涂布级、5 000吨精细陶瓷级系列产品。目前已和扬州群发化工集团合作，拟在两年内把高岭土产品产量提高至年产5万吨。产品主要质量指标为：

法定代表人：张基达（地质高级工程师）

地址：腾冲县清水乡

电话：0875－5150351　5186352

邮编：679100

产品类别		产品代号	白度（%）	粒度－2μm（%）	325目筛余物（%）	500CP含固量粘浓度（%）	化学成份（%）					烧失量（%）	PH
							Al_2O_3	SiO_2	Fe_2O_3	TiO_2	SO_3		
造纸涂料	刮刀级	RH－1	≥87	≥90	≤0.02	67	≥37	<48	≤0.5	≤0.02	≤0.03	13	5－6
		RH－2	≥85	≥85	≤0.02	67	≥37	<48	≤0.5	≤0.02	≤0.03	13	5－6
	气刀级	G－1	≥85	≥75	≤0.06	65	≥36	<50	≤0.5	≤0.02	≤0.03	13	5－6
		G－2	≥85	≥65	≤0.06	65	≥36	<50	≤0.5	≤0.02	≤0.03	13	5－6
陶瓷料	特级	T－0	≥82		≤0.5		≥34	<52	≤0.7	≤0.02	≤0.03	13	6
	一级	T－1	≥80		≤0.5		≥30	<56	≤0.8	≤0.02	≤0.03	13	6

云南北方光学电子集团有限公司

公司前身为云南光学仪器厂，始建于1936年9月，隶属中国兵器工业集团公司，是中国第一个军用光学仪器厂，被誉为中国光学的摇篮和故乡。公司于2000年6月改制为国有独资公司。

60多年来，云光公司在周恩来、邓小平、朱德等党和国家领导人的关怀和支持下，经云光人艰苦创业，现已发展成为拥有员工6 000多人，各类技术人员近2 000人，总资产近6亿元，生产设备、设施4 000多台（套）。产值超过4亿元，出口创汇近2 000万美元，拥有23个参股、控股子公司。以研制、生产、经营光、机、电相结合的光学仪器、夜视仪器、红外和微光等光电产品为主的国内规模最大、品种最多、工艺门类齐全、技术力量雄厚的现代光学企业。

近几年，云光公司充分发挥军工企业的人才、技术、设备优势，加快建立现代企业制度的步伐，大力发展高科技产业，在昆明高新技术开发区组建了昆明高新爱克瑞光学技术有限公司、北方夜视技术股份有限公司、昆明北方红外技术股份有限公司，为把昆明建成光学和夜视基地打下了基础。

目前，云光公司正抓住我国加入WTO和西部大开发的机遇，按照现代企业制度的要求，集全体员工的智慧，发扬“改革、创业、奋斗、献身”的云光精神，致力于科技创新、管理创新，实施名牌战略，建设壮大“云光集团”，以进一步提高国际竞争能力，建设新的国际型企业。

董事长：胡士保

总经理：姚高俊

地址：昆明市西山区海口镇中滩

电话：0871－8590395

邮编：650114

北京用友软件股份有限公司云南分公司

北京用友软件股份有限公司是目前中国最大的财务及企业管理软件开发供应商，也是目前中国最大的独立软件厂商，是中国第一家通过ISO9001及ISO9002国际质量体系认证，并将该体系全面推广和实施到全国分支公司的软件企业。

用友软件以实用、先进、可靠的软件产品著称，是中国应用最广泛的财务及企业管理软件。用友软件包括财务软件、企业管理/ERP、电子商务/CRM 软件三大类别。用友软件具有良好的市场表现，市场发展始终保持稳步增长，其中财务软件市场份额超过40%，连续12年居中国市场第一，企业管理软件居中国市场国产品牌第一。

地址：昆明青年路448号华尔顿大厦22层

电话：0871－3159284

传真：0871－3159271

邮编：650021

昆明信通力合计算机系统工程有限公司

公司是注册于昆明高新开发区的高科技企业，自成立以来，多次率先引进和推广国内外最新技术与产品，以较强的技术实力在省内各大行业建立起若干个大中型计算机网络信息系统、业务应用软件系统及计算机互联系统，尤其是以完善和齐备的售后服务与整体全面的技术依托，赢得了省内外各界各行业用户的信赖与支持。通过几年来的经营和运作，公司积累了雄厚的技术实力。现设立网络工程部、软件工程部、网络安全部、市场拓展部等部门，公司员工中，高工、硕士、学士等专业人才占85%以上，公司秉承“技术第一、用户第一、服务第一”的宗旨，致力于计算机技术的深层次开发与大面积推广应用，尤其注重系统工程建设与网络技术研究以及各应用软件系统的协同开发，计算机相关领域的发展和应用，并以专业化的水准，为各界用户提供更完善的技术与技术服务。

公司一直关注网络安全技术和产品的应用和推广，1999年公司举办了首次网络信息安全研讨会，获得了参会的省市信息办和相关部门领导的高度评价。同年，公司与信息产业部第三十研究所合作，为多家企业和政府部门提供网络安全产品与工程实施服务。2001年，公司通过国家密码管理委员会的审查与认证，获得了国家密码管理委员会的授权，成为云南地区惟一一家可以为用户提供商用密码产品销售与技术服务的单位。

法定代表人：张庆希

地址：昆明市环城北路62号天和大厦三楼A座

电话：0871－5149641

传真：0871－5149766

邮编：650051

http://www.syntone.com.cn

云南德诚科技有限公司

深圳德诚信用咭制造有限公司

深圳德卡智能卡设备有限公司

专业开发与生产：接触式非接触式IC卡、磁卡、公用事业项目、公安、工商、税务、社会保障及智能化工程专业开发与生产。

地址：昆明拓东路94号东园商务大厦11层

电话：0871－3152510　3130762
　　　3132381　3160258

传真：0871－3200159

手机：13608710926

Email：dechen@public.km.yn.cn

昆明新微创信息网络有限公司

昆明新微创信息网络有限公司是一家以经营UPS电源、计算机信息网络为主的高科技企业，拥有多家名牌电源产品代理权和优秀的专业工程师，是梅兰日兰UPS、台达UPS、力博特（大力神）电池云南总代理。多年来公司坚持第一次就做好的理念，以优质的产品和良好的售前、售中、售后服务，取得众多行业用户和商家的认同。

地址：昆明市北京路908号汇峰大厦A区6楼

电话：0871－5721955　5721553
　　　5721829　5721972

云南农业大学

学校创建于1938年，建校伊始为云南大学农学院，1958年独立为昆明农林学院，1971年与云南农业劳动大学合并成立云南农业大学。1993年被列为省属重点大学，是一所以农为主，农、工、经、管、理、文、教诸学科协调发展的多科型农业大学。2001年被省政府列为云南省生物创新人才培养基地。

学校设有农学与生物技术、动物科学技术、经济贸易、工程技术、烟草、植物保护、园林园艺、资源与环境、水利水电与建筑、基础与信息工程、食品科学技术、体育、外语、人文社会科学以及职业（成人）教育15个学院。有28个本科专业，13个专科专业，8个省部级重点学科，18个硕士学位授权点；有植物病理、动物营养与饲料两个省级重点实验室、23个研究所（中心），正在筹建教育部“农业生物多样性与病害控制”重点实验室。“云南省版纳微型猪近交系重点实验室”已批准立项建设，投入建设经费1 040万元。学校具有在职人员申请硕士学位审批权、副教授任职资格审批权和外国留学生招生权，并已与国内外6所大学联合培养博士研究生。

校园占地130余公顷，校舍面积25万平方米，教学、科研仪器设备总值3 555万元。有27个校外实习基地,图书馆藏书63万余册,校园计算机网络已开通使用,教学、科研和生活设施齐全。1998年以来先后被评为云南省文明学校、云南省文明单位。

学校现有在职教职工1 239人,其中教授73人,副教授267人,硕士生导师113人;6位教授受聘校外博士生导师;11人入选云南省跨世纪学术带头人。有省级突出贡献优秀人才10人,省部级以上劳动模范及先进工作者5人,省部级优秀教师21人,享受国务院及省政府特殊津贴24人。现有在校生7 000余名,其中硕士生239名,成人教育学生1 400余人。63年来,共培养各类人才40 000余名。

云南艺术学院

云南艺术学院于1959年8月成立,是我国西南边疆的一所实力雄厚、艺术门类齐全的综合性本科高等艺术院校,占地面积165亩。在职教职工591人,其中具有副高职以上职称130人。

学院现设有美术系、艺术设计系、音乐系、音乐教育系、戏剧系、舞蹈系、电影电视艺术系及一所附属艺术学校。有音乐学、作曲与作曲艺术理论、音乐表演、绘画、雕塑、美术学、艺术设计、舞蹈编导、表演、导演、戏剧影视文学等11个本科专业和舞蹈表演、舞蹈教育、民族音乐表演、时装广告模特表演4个专科专业,还有电脑音乐制作、广告艺术设计、播音与节目主持3个高职专科专业。一部分专业已面向省外招生。2001年初,在校全日制普通学生达1 600多人,成人教育学生2 000人,中专部学生750人。根据学院"十五"计划的发展目标,到2005年大学部全日制普通学生将达3 000人,成教学生规模达到2 800人,中专部在校生规模发展到1 500人以上。

院长:吴卫民

电话:0871－5352695

传真:0871－5352694

云南省农业学校

云南省农业学校前身为云南蚕桑学堂,创办于清光绪30年(公元1904年),"首开云南农业职业教育的先河"。1979年9月恢复办学至今,隶属于云南省农业厅领导。

现开设有淡水养殖、农业技术推广、园艺、农业经济管理、园林、办公自动化、计算机应用等专业,在校学生1 012人。自恢复办校共毕业学生4 352人。历任领导从严治校,严谨治学,探索教学、科研、生产、经营和服务"五位一体"的办学模式和能力体系的改革试点,使学校形成了"团结、奋进、求实、创新"的良好校风。

通过全校师生的共同努力,1993年被云南省政府认定为"省部级重点中专"学校,1999年被农业部列为"农业职业技术教育培训示范基地"。

校长:李铸声

地址:昆明市交林路5号

电话:0871－5326048

云南省建筑工程学校

该校位于昆明市黑龙潭景区北侧,继1993年被评定为"省部级重点中专学校"后,2000年又被国家教育部评定为"国家级重点中专学校"。该校现有教师90余人,其中高级职称教师26人,中级职称教师43人。学校现开设有工业与民用建筑、建筑经济管理、城镇建设等14个专业。学校现有计算机350台,语音教室1个,国家一级实验室1个,多媒体教室2个和若干个专业教室。学校自1979年恢复重建以来,已为建设行业输送毕业生5 400多人,培养了一大批云南省建设事业生产第一线业务技术骨干。学校社会声誉好,有一定的知名度,多次受到国家教育部和建设部的表彰。

法定代表人:朱正中

电话:0871－5150580

邮编:650204

昆明市交通技工学校

学校创建于1974年9月,是经云南省劳动厅批准的合格技工学校。学校位于美丽的滇池之滨,石安公路旁,占地近30亩,拥有6 000平方米的现代教学综合楼和1.5万平方米的学习训练场地,有大小教练车50辆,设有教学解剖车、电教室、微机室、阅览室、修理实习车间、钳工实习车间、餐厅、招待所、沐浴室等。学校有完整的管理机构、合理的教学计划、雄厚的师资力量。开设的主要专业有汽车驾驶、汽车修理、钳工、特种焊接、摩托车修理等专业。面向全省招收初中、高中毕业生进行1～3年学制的学习培训,毕业时要达到所学专业中级技工水平。学校还根据市场需求,为社会学驾人员开办了各种学制的大客车、大货车、吉普车和轿车的驾驶培训及交通行业的职业技能培训等业务。迄今已为社会输送了1.6万多名合格的技能型人才,受到了社会和各用人单位的好评,赢得了较高的社会信誉。

办学的宗旨:为社会培养职业型和技能型人才;

服务宗旨:您的满意就是我们的追求。在市场经济的大潮中,坚持以坚定正确的政治方向,实事求是的科学态度,刻苦钻研的学习风气,艰苦朴素的生活作风,开拓进取,锐意创新,为职业教育事业的发展做出最大的贡献。

校长、党支部书记:刘兴汉

地址:昆明市西郊下普坪 174 号

电话:0871 - 842049　8420750

邮编:650109

云南省人力资源开发协会

协会是由云南省劳动和社会保障厅主管,经省民政厅登记注册的社团组织,成立于 1996 年 12 月。协会以配合政府及政府相关职能部门,紧紧围绕市场需求,开展以人力资源开发研究为主,同时在政府职能部门的指导下,面向社会开展信息咨询、课题研究、学术交流、培训鉴定、潜能拓展、就业指导、劳务交流、创业服务等一系列智力型社会服务活动。

协会会员涵盖全省各级劳动人事部门、人力资源开发中心和优秀大中专院校,以及部分具有行业代表性的企事业单位。协会除秘书处外设有学术交流部、职业技能鉴定所、社会服务部和专家顾问团等实体和办事机构。

协会下设的学术交流部,主要负责组织、策划和筹备各类论坛、讲座,学术交流,培训考察等交流活动,广泛吸纳当前国内外人力资源开发的新理念、新方法,与有关部门合作,推动人力资源产业的形成与发展;社会服务部是协会的主要业务部门,负责面向社会开展信息咨询、就业指导、劳务代理、青少年潜能拓展以及创业支持等社会服务。150 职业技能鉴定所是协会下属的专业实体,主要在政府相关职能部门的引导下,开展数十个工种(专业)的职业技能考核和鉴定。协会还聘请具有较高政治觉悟、政策水平和社会影响力的省委、省政府领导作为高级顾问和名誉会长,聘请具有学术专长的专家教授,以及长期从事劳动人事工作的劳动经济专家作为特邀顾问,共同组成协会的专家顾问团。为发展人力资源开发事业提供强有力的政策支撑和智力支持。

云南省人力资源开发协会是云南省具有权威性的行业组织,协会真诚希望并愿意会同国内外有志于人力资源开发事业和领域进行合作的机关企事业单位、院校、社团、民间组织及其有识之士,携手并进,共同发展。

地址:昆明市五华山云南省人民政府内

电话:0871 - 5198123　5173407

传真:0871 - 5173407

西昌路医院

昆明西昌路医院坐落在昆明市西昌路 296 号(云南省委对面),是一所技术力量雄厚、设备先进、科室齐全的综合医疗机构,有病床 100 张。采用中西医结合治疗各种疾病,除收治外科、内科患者外,尤其擅长治疗各种疑难杂症,为广大患者解除各种病痛,得到社会各界的好评。

外科:0871 - 4150019

肝病科:0871 - 4150015

男性科:0871 - 4150012

胃肠科:0871 - 4150010

泌尿科:0871 - 4150005

咽炎科:0871 - 4141805

痔瘘科:0871 - 4141745

鼻炎科:0871 - 4126515

乳腺科:0871 - 4141374

灰指甲科:0871 - 4126579

甲状腺科:0871 - 4190882

腰椎间盘科:0871 - 4150013

哮喘、神经科:0871 - 4141521

腰、颈椎疼痛科:0871 - 4141570

妇科、整形美容:0871 - 4150008

昆明文荟书画店

昆明文荟书画店始建于 1985 年初,隶属于昆明市文化局文化产业发展总公司。

书画店主要经营图书类别:

大学教辅、教参、大学英语、四、六级英语考试用书,各类成人高考专科、本科考试用书,计算机、电脑等图书。

经理:丁俊琨

地址:昆明市环城北建设路 71 号

电话:0871 - 5515397　5519041

邮编:650031

云南清华实业公司清华书屋

书店宗旨:为云南的社会进步、经济增长、科技水平提高作出自已的贡献,为培养各种人才,特别是高层次的人才服务。

主要经营:计算机、外语、政治、法律、经济、管理、数理化、生物和各种考试类图书。

法定代表人:沈台平

地址:昆明市一二·一大街158号

电话:0871-5314348

传真:0871-5515058

邮编:650092

楚雄新华书店有限公司

楚雄新华书店有限公司前身为楚雄州新华书店,2000年12月改制为楚雄新华书店有限公司。公司下设6个部、9个分公司、21个直销网点,注册资本金540万元。主要经营图书、图片、音像制品、文化用品。以零售为主,为读者办理图书预订、新书预约、电话购书、邮购代办等业务,年销售5 000多万元。公司本着"以人为本、开拓进取、诚实守信、优质高效、争创一流"的创业宗旨,内强素质、外树形象、强化管理,以崭新的姿态,积极参与市场竞争,扩大市场份额,在创建文明行业的同时,努力为楚雄州两个文明建设服务。

董事长兼总经理:杜明芬

地址:楚雄市鹿城西路30号

电话:0878-3124331

传真:0878-3124331

邮编:675000

北门书屋

北门书屋,由我国著名爱国民主人士李公朴先生1942年在昆明北门街创办,由公朴先生生前好友和原北门书屋的一些老同志协商并在各级领导关怀下于1985年在昆明文林街重建。如今位于新闻路429号的北门书屋,已是一家拥有上万个图书品种批零兼营的书店,在书店林立的图书批发市场内独具特色。它既是中外名著的宝库,又是各类艺术图书的殿堂;既是政治法律图书的世界,又是各类文教少儿读物的海洋。

法定代表人:阚　闳

地址:昆明市新闻路429号

电话:0871-4178837(办)

传真:0871-4178974

E-mail:Kunming@zhen-ao.com

昆明黄页广告有限公司

设计制作、发布、代理国内各类广告,商品包装、装潢设计、广告材料销售;公用电话维护业务;印刷制品、文化用品的销售;印刷、复印、打字服务(经营范围中涉及专项审批的按许可证经营)。

法定代表人:万云波

地址:昆明市北京路605号驰宇大厦25楼

云南体育广告公司

云南体育广告公司是隶属于云南省体育局的直属国营广告公司,经营体育赛事冠名广告、运动队与企业联姻冠队名广告、户外广告、印刷品广告、场地广告,以体为主,多项发展。公司从创办以来,得到了社会各界的大力支持,也为云南体育事业的发展作出了较大贡献。

地址:昆明市东风东路99号拓东体育场7号门

电话:0871-3176146

传真:0871-3176162

楚雄嘉信科技有限责任公司

嘉信公司是以广告为主业的民营企业。在广告业中长于策划、精于实施。在设计制作方面已有众多实例令人信服,实践着"优秀的创意加优势媒体=优秀的广告"这一行业经典。同时向装潢、包装、种养殖方面拓展,并寻求多方面的合作。

经理:杨品皋

地址:楚雄市学校街162号

电话:0878-3135882　13987079056

邮编:675000

丽江添泰广告有限责任公司

公司成立于1997年7月,主要从事:设计、制作、发布、策划、代理国内广告业务、室内外装潢设计。公司成立后,便以高起点、高标准,严律自己。积极引进先进技术设备,全面科学管理,有力地推动和促进当地广告业的发展,丰富了当地的广告市场,并获得较好的经济效益和社会效益,使添泰广告在近年内得到了发展。

作为丽江的本土广告公司,积极参与了丽江政府策划、设计、制作的三届丽江国际东巴文化艺术节及一些重大活动、赛事,产生了很好的社会效益,为丽江的形象宣传作出了贡献。

公司培养了一批高素质的各型人才,能为客户提供全方位服务。

公司的客户涉及:银行、保险、电信、制造、房地产、IT、旅游、零售、教育、法律、科研、文化、艺术、体育、卫生、食品、娱乐等领域。

如今,添泰广告已占据了丽江市场,逐步向周边地区延伸。“创一、创新、创优”将始终作为公司的发展目标。

文化理念

一、公司口号:燎原之火,添泰广告

二、公司格言:言必行,行必果

三、公司经营理念:

以诚信为根本,以创新为依托

提高效率,增进效益,创添泰广告品牌

四、公司企业精神:

冲击新高地,挑战新领域

总经理:和笑江

地址:云南·丽江·福慧路中段

电话:0888-5183614　5183615

传真:0888-5183614

E-mail:lu0829@mail.lj.yn.Cninto.net

云南恒太彩艺制作有限公司

云南恒太彩艺(制作)有限公司是集设计制作、电脑分色、圆网平网制版为一体的综合印刷企业,拥有一批高素质的美术设计和电脑分色制版专业人才,拥有整套高精度、大幅面的进口激光照排系统,以及多套专业计算机制作系统。

公司自创建以来,本着以质量求生存,以信誉求发展,以价格和速度创优势的宗旨,始终以科技为导向,不断开发新技术,使公司稳定发展壮大。

经营范围:计算机软硬件的开发、应用、服务、电脑彩色喷绘制作与设计、五金交电、普通机械及配件、建筑材料、金属材料、机电产品、木制品、日用百货、工艺美术品的批发、零售、代购代销;经济信息咨询服务,科技产品的开发。

服务对象:印刷业、广告业

法定代表人:李　俊

地址:昆明市小菜园141号1楼(思源路12号)

电话:5126635　5165312

邮编:650223

昆明视景图形图像创作有限公司

昆明视景图形图像创作有限公司(Kunming Visual Scape Digital Graphics Arts Co.,Ltd)是由电脑艺术工程师及影视创作人员组建的企业,以电脑三维动画,影视特效,影视后期制作为主,集前期拍摄、电脑特技、后期制作于一身。多年的从业经验,娴熟的软件运用,精湛的视觉表现,准确的沟通意识是公司的动画师、特技师、后期剪辑师最大的资源宝库。配以先进的SGI专业设备,以先进的制作技术,务求将艺术与广告揉和拓展出一种前所未有的视觉新领域,创造出尽善尽美的作品,达到在广告、电影、电视、制作上最理想的视觉效果。

昆明视景图形图像创作有限公司本着“技术领先,追求完美”的宗旨,将以专业化的服务本质,职业化的从业精神,为影视广告、电视节目包装、数码影视特技合成、MTV制作提供专业化的充满灵感的制作环境。

服务范围

1. 三维影视动画、电视节目策划、包装、片头设计制作

2. 电视广告、企业专题片策划、创意、拍摄、制作

3. 影视后期特效合成

4. MTV创作、拍摄

总经理:杜　瑛

制作总监:张林林

地址:昆明市东寺街328号新兴大厦16楼1号

联系电话:13708432383　4185623　4185042

电子邮件:zvisual@public.km.yn.cn

网址:www.视景.com

邮编:650032

思茅地区电影发行放映公司

思茅地区电影公司是事业性质实行企业化管理的全民所有制企业,公司负责全区电影发行放映行业的业务指导和管理。公司现有职工31人,其中高、中、初级专业技术人员14人。主要经营电影发行放映、录像放映、房屋出租、住宿、餐饮、娱乐等。

公司共有三个放映点:民航路8号;振兴中路;环城西路243号。其中民航路8号机关大楼兼营招待所及房屋出租;环城西路243号思江路口电影大楼占地6 000平方米,建筑面积3 133平方米,备有标准客房及配套餐厅、娱乐项目,出租铺面20间。

法定代表人:王兴遵

地址:思茅民航路8号

电话:0879-2124167

邮编:665000

制造加工业

崛起奋进中的云南铜业

The Rising Yunnan Copper

云南铜业(集团)有限公司为国家512户重点企业之一。集团公司有全资子公司:云南冶炼厂、云南易门矿务局、云南大姚铜矿;有控股公司:云南铜业股份有限公司(上市公司)、云南玉溪矿业有限公司、楚雄矿冶股份有限公司、云南金沙矿业股份公司、云南星焰有色金属股份公司、东川铝业公司、云南铜业科技发展股份有限公司、昆明锂业股份有限公司、云南期货经纪有限公司和香港云港股份有限公司;有参股公司:云南世博园股份公司、贵研铂业股份公司等。云南铜业(集团)有限公司是一个以铜为主,跨地区、跨行业经营,资产多元化,产品多样化,集采、选、冶,科、工、贸为一体的大型企业集团。

公司现有员工1.8万人,专业技术人员6 000余人,总资产72亿元。保有可采铜金属地质储量300余万吨,主产品年产精矿含铜5.2万吨,粗铜12万吨,电铜16万吨,铜线杆5万吨,黄金2.5吨,白银150吨,硫酸30万吨,硫酸铜3 600吨,硫酸镍1 000吨,电解铝1.5万吨,电解锌1万吨,金属耐磨材料1万吨,保健饮料5 000吨。"铁峰牌"电解铜为中国名牌产品,获国家同类产品最高质量奖,产销率100%,国内市场占有率12%,并在上海、深圳、英国伦敦有色金属交易所注册交易。该公司还经营着相当规模的机械制造业、铁路、公路运输业、建筑材料业、酒店旅游业。年销售收入40亿元,利税3亿元。

在中国政府决定实施西部大开发战略和云南省发展矿业的"支柱产业"政策形势下,公司以振兴民族铜工业为己任,制定了做大做强发展战略,明确了到2005年的奋斗目标,即总资产突破100亿元,净资产达50亿元,年销售收入超过50亿元;主要技术经济指标达到国内同行业先进水平,部分达到国际先进水平。努力把云南铜业(集团)有限公司建成国内一流、国际闻名的现代企业。

董事长:邹韶禄

地址:昆明市人民东路111号

电话:0871-3124834

邮编:650051

E-mail:YT-Group@km169.net

云南公路机械修配厂

云南公路机械修配厂是生产筑养路机械的专业化工厂。主要产品有:YZJ1.4、YZC2、YZZ8、YZJ12、YZC14、YZJ16、YZJ(K)22等各型振动压路机;传统各型颚式破碎机以及HSJY15、30、60、100等各型联合碎石设备;LJY40、60型沥青混凝土拌和机及CWCQ100、300型稳定土拌和机。工厂已通过ISO9001-2000国际质量体系认证。

云南化工机械厂

云南化工机械厂创建于1965年,经过35年的艰苦创业,已经发展成为一个集压力容器、金属包装容器、化工机械、防腐设备、液化石油气贮罐等产品设计制造为一体的机械加工企业。

企业的主要产品有:各种材质高、中、低压压力容器,各种规格、用途的金属包装桶,6.5~200立方液化石油气贮罐、储配站建站、板框压滤机、塑料防腐设备、不锈钢水箱等,涉及化工、冶金、医药、食品、烟草、石油、文化旅游、市政建设等产业。产品分布全省各地及全国20多个省市,部分产品还销往东南亚及日本、韩国等国家。与德国、美国、瑞典、缅甸、越南等国家的公司集团合作,承接了云南磷肥公司燃烧水化塔、昆明醋纤公司冰醋酸等大型设备的制作及安装,在国内外享有较好的声誉。

该厂具有现代化的装备及完善的检测手段,具有国家技术质量监督局、化工部颁发的一、二、三类压力容器设计、制造许可证,国家商检局颁发的《出口商品包装质量许可证》,云南省颁发的压力管道安装许可证和化工防腐施工资格证,是云南省设计、制造、安装压力容器、石油化工装备的重点骨干企业。

法定代表人:周文平

地址:昆明市穿金路263号

电话:0871-5154052

邮编:650225

昆明茨坝矿山机械厂

昆明茨坝矿山机械厂创建于1983年,坐落在昆明市北郊黑龙潭,是西南地区矿山机械主要厂家。该厂生产的"採宝"牌矿山机械广泛应用于各类矿山企业,主要为有色、黑色、煤炭、化工、非金属提供破碎、筛分、分级、磨矿、浮选、洗矿、浓缩、脱水、输送、给排料加药等系列成套设备。可为各矿山选厂提供设计、生产、安装、调试等一条龙的服务工作。

电话:0871-5150398　5150575　5213710

云南公路交通工程设施制造厂

云南公路交通工程设施制造厂是云南公路桥梁工程有限公司下属的一个独立核算的经济实体。

该厂是云南首家生产、安装现代公路交通设施的专业厂家，是省交通厅交通标志生产安装的首推单位。自1989年引进美国3M公司的反光材料，采用丝网印刷等先进工艺，制作安装公路交通标志牌、各种广告牌、厂牌。承接道路标线、反光诱导器、停车场等的标线工程，承接公路交通附属设施的制作安装，各种桥梁配套设备的设计加工，城市人行天桥、汽车吊桥、人马吊桥的制造、安装、冷作铆焊件和金属加工等业务，先后完成了南过境高架路钢模设计加工、怒江大桥、西双版纳斜拉桥的大型施工钢托架、玉元高速公路化皮冲特大桥180米跨径钢管劲性骨架、大保高速公路澜沧江T形钢构连续梁200米跨径特大桥施工挂篮。

全厂职工奉行“开拓进取，务实奉献”的企业精神，与云南长江现代交通设施有限公司共同合作，先后完成了昆明—玉溪、昆明—曲靖等高速公路和高等级公路的道路标线、交通标志、门架、防撞栏、隔离栅的制作安装工程，为云南的公路建设作出了贡献。

该厂恪守“质量第一，用户至上”的宗旨，严格信守合同，真诚与各界朋友合作，共展宏图。

厂长：邱梦麟

联系人：张忠厚　金家祥　杨明珠

地址：昆明黄土坡昆沙路21号

电话：0871－5347909(传真)

邮编：650101

楚雄正泰电控设备有限公司

公司始建于1997年，坐落于楚雄州经济技术开发区，占地面积6 000平方米，生产照明配电箱、高低压开关板、柜，动力配电屏，自耦减压起动柜，电表箱，母线槽电缆桥架、计量箱等配电系列产品。同时销售全国各大名牌厂家生产的高低压电器配件。

公司以雄厚的技术力量，先进的生产工艺，完善的检测设备，可靠的产品质量，优质的售后服务欢迎广大朋友惠顾。

总经理：孙国勤

地址：云南楚雄开发区云南开关厂大门口

电话：0878－3393886(传真)　3393237　3121913

邮编：675000

云南星焰有色金属股份有限公司

云南星焰有色金属股份有限公司注册资本为1 000万元，主要经营有色金属采、选、冶、有色产品深加工、技术咨询与服务等。

公司通过对面临破产的牟定铜矿进行资产重组、盘活，同时租赁、承包了牟定电解锌厂、锌粉厂、楚雄硫酸厂、楚雄电解锌厂，并进行综合运筹，加强企业管理，搞活经营、开拓市场、不断创新、不断努力创造效益，迎接WTO的挑战。

董事长、总经理：景永康

地址：楚雄市经济技术开发区

联系电话：0878－3395456

邮编：675000

昆明金山机械制造有限公司

昆明金山机械制造有限公司(原东川矿务局机械总厂)，拥有各类工程技术人员60多人，其中高级职称占8%，中级职称人数占30%。

公司拥有铸钢、铸铁、有色金属铸造、精密铸造、冷作、铆焊、锻造加工、热处理、机械加工等一套较为完整的加工设备和生产能力，设有理化检验室，具有齐备的检测手段。

公司的主要设备有：3吨电弧炉、500公斤中频炉、2吨冲天炉，Φ3.4米立车、Φ2.1米立车、Φ4米落地车床、2米×6米龙门刨床，25模数加工直径3.25米滚齿机、1.6米×4米单臂刨床、Φ500×2 200毫米外圆磨床以及CW61100A、CW6163A、CW6140A、普通车床、平面磨床、插床、插齿机、伞齿刨、立铣、卧铣、镗床等机械加工机床，有400吨摩擦压力机，1吨汽锤等锻造加工设备。

该公司可生产制造成套选矿厂的破碎、筛分、给矿、输送、分级、搅拌、浮选、浓缩、烘干等系列设备，潜孔钻机，电耙绞车、矿车、梭车等矿山采运设备，凿岩机钎头、磨球、耐磨材料、非标设备以及冶金、化工、建材类非标工业炉窑等。

地址：昆明市东川区创业路1号

电话(传真)：0871－2124074　2121423

邮编：654100

云南哨鑫送变电铁塔厂

该厂建于1996年，系云南省内各电压等级输电线路专业生产厂家。可为用户提供10千伏～220千伏各型热浸镀锌、电镀锌铁塔、铁附件、电视塔、微波塔及各类变电站构架、桥架、紧固件等产品。其中：35千伏16种塔型，110千伏31种塔型，220千伏23种塔型，还可根据各地区的设计要求进行生产。

该厂生产的各电压等级单回、双回路各型架空输电线路铁塔、铁附件、变电站构架的产品畅销全省地州市、县(电力公司、水电局)，远销兴义、贵阳、凯里、六盘水、遵义等地，并出口缅甸等周边国家。质量可靠、交货及时。1997年经省市技术监督局考核、验证，并颁发了产品合格证书。

法定代表人：陈增学

地址：昆明市官渡区小哨乡哨关公路123号

电话：0871－7391299

昆明高中压阀门厂

该厂是目前云南省惟一的生产各类高、中、低阀门的企业。始建于1992年，占地11亩，建有铸造车间、金加工车间、组装车间、锻压车间、库房、办公楼，职工宿舍等。总计使用面积1万多平方米。

该厂生产的长弓牌钢制闸阀，经云南省质量管理协会检验，评定为质量信得过产品。2001年被昆明市政府评为先进企业。

该厂按JB、GB标准生产的各类通用阀门。主要用于石油、化工、制糖、造纸、矿山、冶金、发电、环保、供水等行业。还可按用户需要设计、制作各种标准、非标准及特殊阀门和管道配件。

该厂生产的阀门，质量可靠、价格优惠、品种齐全，实行“三包”。除满足云南省内各企业的需要外，还销往全国各地。

该厂宗旨是：不断创新，将质量最好、价格最优的产品，推向市场，奉献给广大用户。

厂长：张国光　13908855421

厂址：昆明市三公里小石坝收费站旁

电话：0871－7202045　7426476

传真：3820849

邮编：650101

昆明市刃具厂

经营方式：制造、加工、销售

主营：金属切削工具

兼营：机械零配件加工、热处理专业协作

法定代表人：张继光

地址：昆明市东风西路瓦仓庄118号

电话：0871－3621866　3634759

邮编：650032

昆明紧固标准件有限责任公司

昆明紧固标准件有限责任公司(原昆明市标准件总厂)系1958年成立的云南省最大的标准紧固件生产老企业，企业占地8.53万平方米(127.88亩)，拥有先进的生产设备248台，职工468人，专业技术人员46人，已通过ISO9001～2000国际质量体系认证，生产经营4.8级、8.8级、10.9级及以上标准紧固件，金属冷作件，各种规格冷拔圆钢。

法定代表人：肖　勇

电话：0871－5811807　5816053　5815434

传真：0871－5815434

地址：昆明市北郊茨坝镇小麦溪龙泉路570号

邮编：650202

昆明水泥股份有限公司

公司以昆明水泥厂为主体改制成立。昆明水泥厂是国家“一五”计划期间重点建设项目之一，1957年12月建成投产，经扩建和持续进行系统的技术改造，已形成了120万吨水泥的年产规模。现为大型一档建材企业，国家520户重点企业之一。

企业的《石林牌》水泥系云南名牌产品，主导产品一直保持为“国家质量认证产品”，1999年7月，公司正式通过ISO9002质量体系认证。经不断优化产品质量和结构，形成了基本满足云南水泥市场需求，以高标号水泥为主的品种系列及储备产品结构，并为省内惟一持许可证生产625号水泥且具规模主销量的厂家。2001年4月，公司顺利实现水泥生产和检验ISO标准“转标”，现生产品种为P. S32.5、P. S42.5、P. O42.5、P. O52.5、P. Ⅱ52.5、P. Ⅱ62.5及道路水泥、中热(大坝)水泥等低碱系列产品。

法定代表人：马荣生

总经理：吴卫国

地址：云南省昆明市西山区普坪村168号

电话/传真：0871－8411522(总机)　8411852

营销一部：0871－8411013—3111、3115

营销二部：8421177或总机转3117、3118

邮编：650109

E－mail：Kmsnwis@ Public. km. yn. cn

昆明立宇建材有限责任公司

昆明立宇建材有限责任公司于2000年10月由原晋宁县水泥厂改制成立。公司地处滇池之滨，占地面积34.5万平方米，拥有固定资产2.3亿元，在职员工580余人。

多年来，公司一直以标准化、制度化、规模化作为发展的基本点，以为客户提供优质的水泥产品和完善的服务为发展方向，力图在水泥市场获得长久发展，逐步涉及其它领域并最终成为集团化的大型企业。

30多年来，公司通过不断的技术改造和扩建，年总生产能力突破50万吨，拥有西南最大的回转窑生产线。全公司日产熟料1 000余吨，主要生产32.5、42.5、52.5矿渣硅酸盐水泥，硅酸盐水泥、普通硅酸盐水泥和R型水泥，日供货能力达1 500吨以上，为云南省四大水泥企业之一。

产品通过了ISO9002国际质量认证并被省技术监督局推荐为国家级免检产品。

大理市华营水泥厂

大理市华营水泥厂始建于1993年7月，1994年3月建成投产，实际生产能力达20万吨/年，入省级中二型，是新崛起的大理地区水泥骨干生产企业。

该厂拥有一大批多次荣获省、州、市质量管理部门及行业系统表彰的优秀QC小组，有一整套科学、完善的质量管理体系和质量保证体系，产品质量达标稳定，主产品“华营牌”42.5R普通硅酸盐水泥，先后荣获州人民政府“金花奖”、“省级名牌金奖”，企业先后荣获“省级质量管理奖”、“全省水泥质量优质企业”、“云南省名星企业”、“重合同守信用企业”、“对国家税收有突出贡献企业”等殊荣。2000年进入省乡镇企业百强，于2001年12月通过ISO9001－2000质量体系认证。产品畅销省内各地，深受用户信赖，被大理州技术监督局推荐为“用户信得过产品”，并由省水泥质检站、国家工程建设协会指定为推荐产品及推广产品。

该厂始终坚持“科学管理，质量第一，持续改进、服务社会”的质量方针，“用户至上、信誉第一”的经营宗旨，不断投入资金引进先进的工艺技术，工艺设备和先进的检测仪器，不断提高产品质量、服务质量，不断增强企业的竞争机制，争创一流产品，热忱欢迎各界朋友光临惠顾，共谋发展。

法定代表人：褚显兴

厂址：大理市凤仪镇华营普和

电话：0872－2486199　2486206

联系人：段崇礼　包加兴

手机：13013366755　13013366768

邮编：671005

云南开远水泥股份有限公司

该公司位于滇南重镇开远市南郊，北至昆明240千米，南至河口与越南一水之隔，南北之间有铁路和公路相贯通，于1969年底建成投产。是全国重点大中型水泥企业和云南省100户重点骨干企业之一，公司已跨入大型二档企业行列，拥有固定资产原值2亿元，在职职工1496人（其中各类专业技术人员318人）。主要产品有《红河》牌42.5R等级（老标准525#R）普通硅酸盐水泥、42.5R等级（老标准525#R）矿渣硅酸盐水泥和32.5等级（老标准425#）矿渣硅酸盐水泥；还可根据用户需求生产52.5R等级（老标准625#R）硅酸盐Ⅰ型水泥和52.5R等级（老标准625#R）硅酸盐Ⅱ型水泥。

公司坚持“质量第一，用户至上”的经营思想，严格按高于国家水泥标准（GB175和GB1344）的公司内控标准组织生产，产品实行全过程质量控制。始终依靠科技进步求发展，依靠产品质量和服务质量求生存，把质量管理作为企业管理的首要工作来抓。不断强化和完善基础管理，走出了一条质量效益型的路子。出厂水泥合格率和富裕强度合格率已连续14年两个百分之百合格，是云南省建材行业中首家实现产品全优的企业，企业于1988年晋升入国家二级企业行列，取得国家二级企业证书。公司是云南省水泥行业中首家实现全部产品通过国家水泥产品质量认证的企业。

该公司的产品畅销省内外以及东南亚地区的越南、缅甸等国家，日本大成公司在中国承建的鲁布格电站主体工程，启用了该公司生产的42.5R等级（老标准525#）普通硅酸盐水泥；云南省“九·五”重点工程——五里冲水库，指定使用开远水泥股份公司生产的普通和矿渣硅酸盐水泥；版纳机场的建设也是使用该公司的普通硅酸盐水泥；昆明地区的高层建筑和立交桥，如黄土坡立交桥、36层的佳华广场大楼以及南屏街世纪广场大楼等也使用该公司生产的水泥；在道路工程建设中，昆玉、元磨、嵩待、昆石等省级高速公路及鸡石、通建等州建成的高速公路的桥梁、隧道等，均使用该公司的水泥。

由于公司产品质量、性能、耐久性和稳定性优良，在用户中享有较高的声誉，成为云南省重点工程施工中的指用产品。公司年均生产和销售水泥65万吨以上，为红河州的利税大户之一。

地址：云南省开远市西南路干桥

邮编：661600

会泽县金塬建材有限公司金钟水泥厂

该厂于1999年投入生产,年设计生产能力8万吨,现有职工198人,专业技术人员78人。主要生产强度等级32.5、42.5普通,矿渣、复合硅酸盐水泥,生产工艺流程由云南省建材科研设计院设计,设备起点高,精选了全国水泥生产先进设备和日本变频器监控φ2.8×10米机立窑煅烧,采用七套微机进行生产监控和质量检验,是目前全省8万吨机立窑水泥生产线设备最为先进厂家,自生产以来该厂制定了:"强管理、上质量、降成本、抢市场"十二字生产经营战略决策,经过几年的努力,产品质量已达到同行业先进水平,始终保持出厂水泥质量、重量、包装合格率100%。产品大量用于内昆铁路桥梁、隧洞及会泽、巧家的市政建设等工程,深受用户的信赖和好评。自生产以来先后取得了省级颁发的《化验室合格证》和《采用国际标准标志证书》、《二级计量资质证》,并于2002年元月获得曲靖市水泥品质指标检测第二名的好成绩,荣获《云南水泥明星企业》称号,云南省《全面质量管理优秀企业》、《质量统计先进单位》、《计量先进单位》等荣誉,生产、销售状况良好,取得了良好的社会效益和经济效益,至2002年元月,共产销水泥16.2万吨,完成税费达到270多万元。该厂将一如既往地加强内部管理,狠抓质量,争取用高质量的产品来服务用户,和广大用户一道创造美好的明天。

地址:会泽县城西郊以礼坪

电话:0874－5120188

邮编:654200

元谋土林水泥有限责任公司

公司(原元谋水泥厂)始建于1972年,现有设备先进、工艺布局合理的两条水泥生产线,年生产水泥13万吨,拥有固定资产4 600万元,两条生产线分别位于108国道旁的尹地和黄瓜园,成昆铁路从厂区穿过,在车站设有专用线、货台和仓库。

元谋土林水泥有限责任公司一贯坚持"质量第一,用户至上"的服务宗旨,所生产的"土林"牌普通硅酸盐425#、525#水泥和矿渣硅酸盐425#水泥,质量稳定,各项指标均达到国家标准,被广泛用于公路、铁路、桥梁、隧道及高层建筑。全部使用"土林"牌水泥建造的楚雄州农行17层大楼、楚雄州龙泰电影城、楚雄州供销社综合楼等工程被评为优良工程。该厂水泥还用于安(宁)楚(雄)、昆(明)曲(靖)、牟(定)元(谋)高等级公路和广(通)大(理)铁路等重点工程。"土林"牌水泥在楚雄州内具有广阔的前景,在楚雄、牟定、姚安、大姚、永仁等县市设有销售处。产品除供应本州市场外,还远销海南、衡阳、柳州、广州、深圳、攀枝花、瑞丽、畹町等地。

公司名列全省水泥行业50强第31位,企业分别被省、州、县党委、政府命名为"文明单位";被州技术监督局授予"水泥生产行业产品质量信得过单位";荣获工业企业管理"一级企业"、"重合同,守信用"先进企业、"先进化验室"等称号。

总经理:李忠良

地址:元谋县老城乡尹地

电话:0878－8327102

邮编:651300

南华县水泥制品厂

南华县水泥制品厂位于姚安公路旁,距南华县城500米,交通便利,始建于1998年,主要生产水泥电杆、水泥涵管等品种,产品除满足本县范围外,还销往姚安、大姚、祥云、弥渡、牟定等地。产品经省州县有关部门检验,符合国家标准。

该厂服务宗旨是:"质量第一、信誉第一、用户至上"。该厂愿竭诚与广大用户建立长期友好的合作。

厂长:魏金富

地址:南华县龙山路19号

电话:0878－7222526　13508781419

邮编:675200

个旧市光博电冶厂

个旧市光博电冶厂在个旧市沙甸区冲坡哨,位于市郊外20千米处,铁路、公路运输较为方便,企业占地面积9 990平方米,注册资金760万元,拥有成套生产工艺设备,具有较好的技术管理水平,管理机构健全。主要产品有国家标准pb99.994% 1#铅锭和各种标准的铅钙合金,附属产品有粗铅,粗银。企业宗旨"以质量求生存,以信誉求发展"。满足客户需要,严格把握质量关,扩大销售市场,增加生产数量。产品自产自售,销往海外:台湾、韩国、美国等国家和地区,国内销售:浙江、山东、成都等省份。品质信誉度高,国标1#铅锭标准GB/T469－95,产品合格率100%,企业生产规模年产1#Pb99.994%铅锭和各种标准铅钙合金15 000吨,其余附属产品约15吨之多,年产值6 500万元,全厂职员90人。

该厂具有进出口经营权资格,无负债,热忱欢迎新老客户光临指导,洽谈进出口及销售业务。

法定代表人:闻正光

地址:个旧市沙甸冲坡哨
电话:0873-2654716　手机:13808771197
邮编:661400

电话(TEL):0873-2653384　2654584
传真:(FAX):0873-7356109
邮编(Postcode):661013

个旧市天黎冶炼厂

个旧市天黎冶炼厂,始建于2000年,主要加工冶炼有色金属,其中以粗铅为主。现有职工80人,其中32人为残疾职工,属福利企业。该厂创建人林洪总经理,自筹资金,到目前为止累计投资800万元,已建成一个冶炼规模达5平方米的冶炼炉。该厂在生产过程中,注重管理、注重技术改造、注重人才的培养;重环保。在短短的两年中发展较快,赶上和超过了同行业。该厂讲求信誉,遵纪守法,积极上缴国家税金,安排待业人员、残疾人的工作,为地方经济建设作出了应有的贡献。

法定代表人:林　柔
地址:个旧市鸡街黑神庙坡
电话:0873-2653389
邮编:661000

个旧市沙甸兴沙有色冶炼厂

GEJIU SHADIAN XINGSHA NON-FERROUS SMELTING FACTORY

个旧市沙甸兴沙有色冶炼厂是集粗炼至精炼为一体的铅冶炼加工厂,位于云南省个旧市沙甸区冲破哨(距昆河公路1公里处)。

厂区占地面积60余亩,连接厂区造林600余亩,现有资产4 000多万元,是一家三兄弟合资的私营中型企业,拥有自营进出口经营权。年产铅锭2万吨,铅阳极泥(含银20吨)和含铜、锡的其它副产品。铅锭注册商标《穆兴》牌,产品生产执行国家标准GB/T469-1995,生产中间环节质量管理、内控标准严格,产品检验标准执行国家标准GB472-84,检验结果pb≥99.997%,产品质量达到国际先进水平,销往国内10多个省、市、自治区、直辖市,远销欧美、亚太等国家和地区,得到客户的好评,成为一些客户的首选品牌。

个旧市沙甸兴沙有色冶炼厂一贯坚持“质量为本、恪守信誉、优质高效、高产低耗”的企业经营理念。多次荣获个旧市、红河州“重合同、守信用”企业称号和“个旧市私营企业10强”,“红河州私营企业50强”的殊荣。

法定代表人:王　毅
地址:云南省个旧市沙甸区冲破哨
(Shadian Gejiu Yunnan China)

个旧市沙甸矿冶厂

该厂建于1993年,以生产销售粗铅为主,从事矿业冶炼并自筹资金45万元投资办厂,建成一个0.5平方米的冶炼炉,投产第一年生产销售粗铅800吨。经过七八年的努力拼搏,企业得到了发展壮大,冶炼炉规模逐步从初建的0.5平方米扩建发展到4.5平方米,现在年产量达1万吨以上,资产总值达1 100万余元,每年向国家上交税金近百万元。

该厂能成为今天颇具规模的私营冶炼企业,与他们始终坚持遵纪守法经营,注重技术改造,重视环保,讲求信誉,多为社会作贡献的指导思想密不可分,在取得良好的经济效益基础上,积极回报社会,提供百余人的就业,积极捐资助学,定期救济扶贫,为当地政府分忧。现在,随着西部大开发战略的实施和红河州把矿业兴州以及把红河州建成云南省最大的有色金属加工基地发展战略的确定,该厂再次迎来新的发展机遇,在目前具备的经济基础和技术条件下,将进一步依靠科技进步,加强与国内外同行的合作,引进先进技术,开发高新矿业产品和推进矿产品的深加工,进一步提高企业的技术水平和生产能力,适应加入世贸组织后的竞争需要,为矿业兴州作贡献。

法定代表人:马柱宽
地址:个旧市鸡街镇关口长山
电话:0873-2653680
邮编:661013

个旧市沙甸大通冶炼厂

个旧市沙甸大通冶炼厂位于市郊外20公里,铁路、公路运输较为方便,企业占地面积20多亩,拥有成套生产工艺设备,资产总额2 500多万元,具有较好的技术管理水平,是机构健全的私营企业。主要产品国标pb99.994% 1#铅锭,附属产品有粗锡,粗银。生产能力均可达到市场要求。企业宗旨是“以质量求生存,以信誉求发展”满足客户需要,严把质量关,扩大销售市场。产品自产自售,销往台湾、韩国、越南、美国等地。国内销售上海、浙江、山东、成都等省市。品质信誉度高,国标1#铅锭标准GB/T469-95,从原料投入至成品入库,产品合格率100%,国外及国内销售不合格品为零。企业生产规模:年产1#pb99.994%铅锭15 000吨,其余附属产品约15吨,年产值6 500万元。

该企业具有进出口经营权资格,资金雄厚,负债率3.73%。热忱欢迎新老客户,洽谈进出口及销售业务。

法定代表人、董事长:赛进方

地址:个旧市沙甸区冲坡哨

电话:0873-2653814

邮编:661013

个旧市沙甸振兴冶炼厂

该厂是个旧市最大的一家私营电解铅厂,年生产能力2.5万吨,产值上亿元,全厂职工110人。被市政府誉为1999年、2000年"重合同、守信用"企业。

该厂通过几年的摸索,吸取了同行业的精华,自创了一套行之有效的管理模式,人员安排紧凑,工厂秩序井然,管理有序,检测手段先进,质量保证体系完善。生产"云沙"牌电铅,质量可靠、稳定,不仅符合国标要求,而且主元素铅长期保持在高纯铅的水平线上。产品供不应求,深得用户好评,国内的东北、华北、华东、西南,国外的美国、韩国、日本、马来西亚等国及港台地区,都有云沙牌电铅的市场,为国家创汇上千万美元。

该厂以一流的服务为宗旨,用管理增效益,靠科技求发展,热忱欢迎国内外客商来洽谈业务,共谋发展途径。

我们合作的前提是:互利

我们企盼的结果是:双赢

法定代表人:王正恩

地址:个旧鸡街冲坡哨

电话:0873-7356110

邮编:661013

云南省楚雄变压器厂

云南省楚雄变压器厂是云南省机械行业定点生产各种中小型电力变压器的专业企业,注册资金298.5万元。经美国NSF-ISR国际验证公司审核,通过了ISO9001-2000国际质量管理体系认证。

该厂产品主要有35千伏、10千伏级S9、SZ9系列电力变压器。其中10千伏级S9-30-1600/10系列配电变压器通过了国家变压器质量监督检验中心的全部试验,并通过了国家级专家组鉴定,被国家经贸委列入"城乡电网"改造推荐产品的目录。

法定代表人:普光雄

厂址:云南省楚雄市鹿城西路247号

电话:0878-3125620

传真:0878-3122088

邮编:675000

云南罗平锌电股份有限公司

联营方式:股份制

经营项目:锌锭、电力、镉锭、铅精矿、锗精矿、氧化锌粉、锌浮渣、金属硅以及稀有金属等

生产规模:6万千瓦电站1座,采选日处理300吨的铅锌矿1座,年产3万吨的锌冶炼系统一条。

法定代表人:杨嘉勤

地址:云南省罗平县罗雄镇九龙大道南段

注册资本:7654万元(人民币)

成立时间:2000年12月21日

云南新型建筑材料厂防水材料分厂

该厂属国有企业,主要生产以油毡为主的系列防水材料,有20多年的油毡生产历史。因商标到期,原"石林"牌油毡已重新注册为"昆林"牌。"昆林"牌油毡继承原"石林"牌油毡耐老化、耐高温的特点,严格按国标[GB326-89]生产。由于生产工艺、设备先进,产品质量好,被云南省经济贸易委员会评为省优产品,被省农垦局指定为定点使用产品,远销东南亚。2001年被中国技术监督情报委员会授予"消费者使用放心产品"称号。

法定代表人:盛家福

地址:昆明市西郊大普吉

电话:0871-8308452

邮编:650102

昆明福峰防水涂料厂

昆明福峰防水涂料厂的"福峰"牌抗老化高弹性彩色防水涂料是在北京大学化学博士后李富友先生和北师大化学硕士石梅小姐协助下,由昆明福峰防水涂料厂厂长石峰先生研究发明,国家知识产权局认定,产品专利号:98109179.2。并由昆明福峰防水涂料厂开发实施。该涂料是'99中国昆明世博会部分主要展馆、主要服务楼和世博学院等国家重点工程的首选产品。含世博会在内,总施工面积达20多万平方米。该产品克服了我国防水材料所存在的种种弊端而独领风骚;曾荣获第七届"中国专利技术博览会"金奖和第十三届"全国发明展览会"金奖。它具有抗紫外线、耐老化、使用寿命长、无毒无污染、色彩美观多样、弹性强、延伸率极大(700~900%)、粘结性好、整体成膜、耐高温、施工方便(单组份冷施工)、对基体干燥度

要求低、投资小、见效快、防水性能优异市场前景广阔等优越性。使用过该产品的地区有:云南、四川、湖南、湖北、江西和黑龙江省等。

该涂料主要用于各类建筑屋面、阳台、天沟、墙面、厨厕、浴室等的防渗漏;用于各类地下室、地下停车场、地下车站、仓贮库和底层居室的防潮;亦可用于某些金属物件的防腐防锈和制作网球场的表层。

该产品被列为国家专利精品和国家建材精品而载入《中华优秀专利技术选精》、《中国工程建设》、《中国建筑材料及设备供应手册》、《中国主要建材企业及知名建材产品概览》以及《中华骄子》、《世界科技专家》、《中国人才库》等二十多部大型工具书和大型丛书之中。中国建筑材料工业协会、中国建材工业局技术情报研究所、中国硅酸盐学会、中国建材工业出版社等国家权威机构联合向全国建筑工程推荐使用。

该厂热烈欢迎广大中外企业合资、合作、技术转让、贸易洽谈。

厂长:石　峰

地址:昆明市官渡工业园区(东郊大板桥)

电话:0871－7333925　13808713469

传真:0871－7333925

邮编:650211

昆明震坤防水材料有限公司

昆明震坤防水材料有限公司、昆明亚南防水材料厂两家单位是集销售和生产为一体的实体。从1996年建厂到2000年成立公司,至今已有6年历史。产品从单一的防水涂料发展到内、外墙涂料多个系列品种,在云南、四川、重庆、湖南、西安等省市推广应用,完成施工工程千计以上,普遍受到用户的青睐和好评,2001年又获国家环保局颁发“绿色产品奖”和绿色标志。

昆明石棉制品厂

昆明石棉制品厂始建于1958年,所生产的“龙门牌”石棉水泥中波瓦获得“部优”“省优”产品称号,被临沧地区扶贫办等选为指定产品。

该厂所生产的其它石棉水泥制品、石棉保温制品、石棉制动制品、内外墙涂料和建筑胶水以质量好、价格合理、售后服务良好而占有市场。

该厂坚持“质量第一,用户第一”的宗旨,获得昆明市人民政府授予的“重合同、守信用”企业及“云南先进企业”等荣誉称号。欢迎各界人士来厂洽谈业务。

法定代表人:陈永明

厂址:昆明市西山区黄土坡新村44号

电话:0871－5512541

业务主办:刘勇　田辉

电话:0871－5512846　5512296

传真:0871－5511540

邮编:650101

昆明太河渔富水泥预制构件厂

该厂是由原“望城水泥预制构件厂”迁址更名的一个有近20年生产历史的老企业,占地20余亩,技术实力强,检测设备完善,运输工具先进,服务周到。生产各规格预应力多扎板,隔热板花窗、花格等水泥制品,1999年被昆明市建管局评为“质量优良”单位,欢迎新老朋友光临惠顾。

联系人:钟　键　尉秀芝

地址:昆明市老海埂路七公里764号(渔户村)

电话:0871－4322182　13708845218

邮编:650228

云南塑料厂

该厂是省内以支农产品、建材产品、化工防腐产品、给排水系列管道产品为主要发展方向的中型企业,年设计生产能力10 000吨。

该厂生产的“迎春花牌”聚乙烯塑料大棚膜被省经委授予“云南省名牌产品”。

厂长:柴本桐

地址:云南省昆明市北郊茨坝

电话:0871－5150230　5150493

邮编:650203

昆明市塑料五厂

昆明市塑料五厂是昆明塑料工业(集团)公司所属的以生产各类轻型软包装为主的专业定点厂。

工厂始建于1958年,是云南规模较大的软包装生产企业之一。

工厂占地面积15 333.18平方米,固定资产原值1 100万元,各类加工设备96台(套)引进设备占1/3,年产量1 200～1 500吨。

主要产品为:超高分子轻质耐温手提袋,高低压PE彩印袋,多种复合材料软包装、光膜光袋、夹链袋、农地膜、照像制版等,产品销往云南及邻近省区。

厂址:云南省昆明市羊仙坡7号

经营联系电话:0871－5394275　5392785

5390359　5390369

传真:0871 - 5319664

邮编:650033

昆明市日新航天塑料厂

经营范围:

各种规格塑料白袋、彩印袋、食品包装袋、手提背心袋、编织袋、植物育苗袋、工业包装袋、特殊规格包装袋等。

注册时间:1985 年 4 月 30 日

法定代表人:赵兴亮

地址:关上镇日新村

电话:0871 - 7174500

邮编:650200

昆明市富勒塑料厂

该厂成立于 1958 年,专业生产塑料鞋底、聚烯烃填充材料,专用改性料;经营增塑剂、聚丙烯、聚氯乙烯等化工原料及其助剂。

工厂宗旨:"以市场为导向,质量为先,服务一流,信誉第一",竭诚与新老客户携手合作,共创辉煌。

厂长:尹宏祥

地址:昆明市富民县

驻昆办:昆明市西山区马街镇积善村

厂部电话:0871 - 8839398

经营部电话:0871 - 8172644　8171937

邮编:650100

楚雄泰兴塑料制品有限责任公司

主要经营:塑料制品的生产、批发、零售,废旧塑料回收。兼营五金、交电、化工,建筑材料批发、零售。现有职工 75 名,年生产塑料编织袋 400 万米、销售额 520 万元,年缴税收 20 万元。

泰兴公司的全体员工以热情、周到、及时的态度全心全意为社会各界服务。

经理:李泽栋

地址:楚雄市永安镇车坪村

电话:0878 - 3398421

邮编:675000

昆明市华港塑业有限公司

住所:昆明市官渡区关上镇中苜蓿村

注册号:5301111005702

法定代表人:蔡文达

注册资本:60 万元

企业类型:有限责任公司

经营范围:塑料编织袋的生产销售(彩印复膜袋)经营范围中涉及专项审批的按许可证经营

成立时间:2000 年 12 月 21 日

昆明市永臻铝塑复合包装厂

该厂始建于 1997 年,系国家药监局批准成立的药品包装生产厂,在生产药用 PTP 及药品、食品、轻化工产品包装用塑塑、塑铝塑、纸塑、纸铝塑等软包装方面,取得骄人成绩。目前已与众多知名企业建立了良好的合作关系。

该企业为中国医药协会及昆明市包装协会会员、2000 年优秀会员单位。

厂长:杨　微

厂址:昆明市学府路金鼎科技园 1 号楼 4 楼

电话:0871 - 5358254　5354146

传真:0871 - 5335758

邮编:650033

昆明龙鑫洋塑料防腐设备安装制造厂

该厂是集产品研制、开发、营销为一体的新型企业,长期与云南各大院校共同努力研制、开发各类新型防腐产品。

该厂研制开发的聚丙烯、聚全氟乙丙烯(FEP、简称 F46)防腐蚀钢塑复合管道,15 - 426 毫米的系列钢塑复合直管及各种管件,具有强度高、机械性能好,耐腐蚀性能优良,不老化、无毒、无味、温度适应性范围广,使用压力可达到 1.6Mpa 等特点,广泛应用于电力、化工、冶金、有色金属、制药、石油、建筑、染料、农药、农业灌溉、城市消防供水、市政供排水及环保等防腐蚀性强领域,不仅完全可以取代传统的衬橡胶等管道,而且能在较高温度、压力下代替不锈钢管使用。

该厂塑料产品从单一的聚氯乙烯化工管、板、棒、阀及安装制作开始,现已发展成较为全面的、多品种的集工程塑料营销、生产及化工工程的制造和安装,并系统引进省内外名优产品的企业。

该厂产品质量稳定,信守合同,按国内外或国际标准组织生产,也可按用户的技术要求进行设计生产。

厂址:昆明市上马村(昆明贵金属研究所旁)

云南省南湖橡胶厂

云南省南湖橡胶厂是以生产布面胶鞋为主的中

型国有企业，企业具有雄厚的技术力量，丰富的管理经验，先进的检测设备，较强的经济实力和发展后劲。是西南地区生产规模较大、发展较快、效益较好、产品市场占有率较高的胶鞋生产企业。同时也是我国各项经济指标名列前十名的胶鞋制造企业之一。

主要产品有“石林”牌系列篮球、乒乓球、排球、足球、网球等各类运动鞋。产品销往云南、贵州、四川、广东、广西、湖南等省区。

近年来，企业在自我发展的进程中以市场消费需求为导向，以树品牌、创名牌为重点，实施规范化经营。1991 年被云南省政府授予“省一级先进企业”；连续十年被评为省、州、县“重合同、守信用”先进单位；石林牌系列运动鞋在“中国首届鞋文化博览会”上获“铜质奖”；在“中国首届鞋业大王博览会”上获“金鞋奖”；1997 年，“石林”牌系列运动鞋荣获云南省首批“名牌产品”和“云南省消费者喜爱的商品”称号；2001 年又被中国社会调查事务所在全国范围内的调查后评为“国家公认品牌”称号。

法定代表人：徐　红

电话：0873－3848061

传真：0873－3848063

云南红云氯碱有限公司

公司是由原云南化工厂整体改制组建成立的。公司的前身——云南化工厂是国有大二型企业，创建于 1958 年。经过四十多年的建设与发展，现已成为云南省最大的氯碱化工企业，步入中国化工企业 500 强的行业，通过了 ISO9002 质量体系认证，连续十年被昆明市人民政府评为“重合同，守信用”单位，所生产的“红云”牌系列产品，技术先进、工艺精湛，具有较高的知名度和较强的市场竞争力。公司现有资产总额 3.35 亿元，占地 72 公顷，各类技术和管理专业人员 600 多人，公司主产品年生产能力为：烧碱 3 万吨、电石 3 万吨、聚氯乙烯 3 万吨、百菌清 1 000 吨 、液氯 1.5 万吨、盐酸 1.7 吨、三氯化铁 2 000 吨，并有盐卤和石灰石矿山各 1 座，自备铁路编组站 1 个。公司的离子膜法制碱技术达到当今世界先进水平，烧碱、聚氯乙烯、三氯化铁连续多年被评为省优产品；具有“植物青霉素”之称的高效、低毒、低残留的新型杀菌剂百菌清农药曾荣获国家科技进步二等奖，达到国际粮农组织规定的质量标准，并出口国际市场。

云南红云氯碱有限公司将继续推进企业的二次创业工作，加大对外合作力度，拓展融资渠道，实行多元化资本运营，坚持“一业为主，多种经营”的方针，加强技术开发和产品结构调整，努力使产品优势、技术优势转化为效益优势，发挥云南电力及安宁地区 130 亿吨盐矿储量等资源优势，加快发展步伐，力争在“十五”期间实现 5 万吨烧碱、5 万吨聚氯乙烯、5 万元销售收入、5 000 万元利润的发展目标。

法定代表人（董事长）：杜文龙

总经理：王有玺

地址：云南省安宁市连然镇大屯

电话：0871－8671193　8675800

传真：0871－8671193

电挂：5142

邮编：650300

昆明醋酸纤维有限公司

昆明醋酸纤维有限公司由中国烟草总公司、云南省烟草公司和美国塞拉尼斯远东公司共同投资 5 000 万美元（其中中方占 70%，美方占 30%）兴建，是云南省首次进入全国外商投资企业 500 强的外商投资企业。

公司引进美国赫司特·塞拉尼斯公司先进的丝束生产技术和专用设备，具备年产 1.25 万吨烟用二醋酸丝束的生产能力。所生产的丝束经玉溪、昆明等 9 家烟厂使用，质量完全达到进口国外同类产品的标准。

法定代表人：边有伦

地址：昆明市穿金路 705 号

云南弥勒县磷电化工有限责任公司

云南弥勒县磷电化工有限责任公司位于云南省弥勒县竹园镇白沙坡，西临昆河公路，距省城昆明 160 千米。公司注册资金 1 600 万元，控股投资方为江苏澄星磷化工股份有限公司，年产黄磷 7 000 吨，公司现已建成装机容量为 17 000 千瓦的水电站与黄磷电炉的配套，有充裕的电力供应保证。

该公司产品为黄磷（商品名：黄磷　英文名：Yellow Phosphorus 石蜡状、白色或淡黄色），主要用于制造磷酸和磷酸盐，广泛应用于肥料、洗涤剂、食品、医药、农药、电镀、电子、饲料、国防等工业。公司产品已取得国家技术监督局认证的产品采用国际标准证书，具有强有力的产品质量保证体系。

该公司经过长期运作已培养出了一批经验丰富的管理人员和技术人员，并具有稳定的职工队伍，为了让公司在将来取得更大的发展，他们正着力于公司内部的各项基础建设，该公司的经营方针是：质量第一，维护用户利益，价格优惠，长期携手合作。欢迎广大客商前来公司洽谈业务。

地址：云南省红河州弥勒县竹园镇白沙坡

电话：0873－6378392

联系人：赵　波

邮编：652304

昆明明珠化工有限责任公司

公司始建于1966年，是市属国家控股中型化工生产企业，生产区占地23 000平方米，现有职工230人，总资产2 000多万元。公司技术力量雄厚，生产工艺、设备先进，检验手段完备，产品质量稳定可靠，产品年销售额1 400万元以上，经济效益处行业前列。公司工程技术人员占十分之一，专设技术信息处，负责产品开发和对用户的技术服务。公司积极参与市场竞争，为发展地区经济作贡献。

公司以"明珠"的精神，"明珠"的质量、"明珠"的信誉服务于用户。曾先后荣获"省级先进企业"，"省承包经营先进企业"、"云南省重合同守信用单位"、"昆明市重合同守信用单位"等称号。主要产品硫酸铝评为省名牌产品。

产品介绍

一、明珠牌硫酸铝：

公司生产硫酸铝已有46年历史，生产设备先进技术力量雄厚，生产能力3万吨/年。1979年以来一直为省优质产品，1997年评为省名牌产品，产品质量符合《HG2225－91》标准，产品畅销省内外及东南亚地区。该产品主要用于饮用水处理，也用于生活污水、工业废水处理，在造纸行业大量用于造纸施胶。

二、明珠牌聚氯化铝：

公司生产明珠牌聚氯化铝已十多年，系省内最早、最大的聚氯化铝生产公司，在云南省水处理行业知名度较高，生产能力3 000吨/年，产品质量符合《GB15892－1995》标准。本产品广泛用于生活饮用水、工业用水、生活污水、工业废水的净化处理。

三、公司生产钾明矾、铵明矾、酚醛树脂、分散松香胶专用乳化剂等产品。

公司有专业的非金属防腐蚀队伍，有专业的冷作铆焊队伍，可对外承接设备的防腐蚀工程，金属非标设备的加工和金属构件的制作工程。

公司（昆明市南坝路4号）现占地9亩左右，建有明珠商城，有商场铺面200余间，有招待所等服务场所，欢迎新老用户承租并投资合作开发。

欢迎各用户单位订购该公司产品

法定代表人：吴少锋

生产区地址：昆明市学府路羊仙坡3号

办公室：0871－5365159

传真：0871－5335724

明珠商城地址：昆明市南坝路4号

电话：0871－3532391

E－mail：minzhu@ public. km. yn. cn

webmaster@ mingzhu－chem. com

http：//www. mingzhu－chem. com

云南省龙陵县硅开发有限责任公司

云南龙陵县硅开发有限责任公司是一个目前拥有固定资产1 700万元、员工200余人的享有自营进出口经营权的重点乡镇企业，公司规模现已发展有2×3 200、1×4 200千瓦的三台冶炼炉，年产"龙珠"牌金属硅6 000吨，年产值达4 000多万元。

公司始终坚持"以质量求生存，以信誉谋发展，以顾客满意为宗旨"的经营原则，产品远销东南亚和欧美等地。公司主要生产以2202级别为主的金属硅，产品合格率均为100%，优一级硅品率达99.6%。

经理：杨连昌

地址：云南省龙陵县龙山镇下碗厂

电话：0875－6123168　6124936

传真：0875－6124936

昆明市宜良化工厂

该厂是宜良县"十强企业"之一，始建于1984年，占地1.5万余平方米；拥有固定职工近200人，其中高级工程师、工程师、经济师、会计师等专业技术人员20余人；固定资产1200多万元；年生产饲料级磷酸氢钙、磷酸二氢钙，肥料级磷酸氢钙、氟硅酸钠等"云兴牌"化工系列产品3万余吨；被指定为化工产品出口基地定点厂。

该厂引进湿法硫酸生产工艺，其设备、安装建设均标准规范，工艺流程中脱氟、除砷、除镁的控制在国内同行业中处于领先地位。

企业生产的"云兴牌"饲料级磷酸氢钙可溶性饲效达98%以上，各项理化指标优于国家标准，产品质量档次高，曾先后荣获省级名牌和国家化工部、农业部授予的优质产品称号，并于1991年第二届北京国际博览会上，经29个国家的专家鉴定，荣获国际金奖，是云南省饲料工业协会推荐产品。产品以其优良的质量，远销俄罗斯、南韩、日本、泰国等国家，同时销往香港、海南、广东、江苏等地区，深受用户喜爱。

企业坚持以质量求生存,以信誉求发展,以顾客至上为宗旨,诚迎广大客户来人来函洽谈业务。

厂长:张中印

地址:云南宜良汇东桥南侧

电话:0871-7524410　7526669

邮编:652100

昆明工业制粉厂

该厂是昆明市民政局下属国有民政福利企业,主要产品为"云石牌"系列方解石粉(重质碳酸钙)、双飞粉、滑石粉、去污粉、重晶石粉、石膏粉、石英粉。广泛用于牙膏、涂料、橡胶、饲料、塑料、扣板、造纸、养殖等行业,是西南地区最大的非金属矿粉生产基地,同时还承接来料加工。

该厂生产的"云石牌"系列工业用粉通过国家ISO9001质量体系认证,并获得中国质量检验协会"国家权威检测达标产品"称号。

法定代表人:丁文英

厂址:昆明西山区黄土坡观音寺

电话:0871-5529769(办公室)
　　0871-5529242(销售科)

邮编:650101

云南卫生材料厂

该厂是集生产、销售为一体的企业,主要生产一次性医疗卫生用品,如手术衣、中单、产包、手术(腹)包、医用棉签、脱脂纱布包(块)、一次性乳胶手套、绷带、输液贴、敷贴、导尿包等,并可根据客户的不同需求生产不同规格的产品。质量保证、生产规范、管理先进、服务到位是该厂的特点;精益求精是该厂发展的方向和目标;满足客户所需,为客户提供优质服务是该厂的承诺。

厂长:周高春

地址:昆明市人民西路157号

电话:0871-8215538　013908734024
　　13078799662

昆明嘉彩印务有限责任公司

彩色传单、各类包装盒、精美手提袋、精装书刊画册、无碳复写、不干胶、表格联单等印刷品的设计制作一条龙服务。

法定代表人:樊嘉丽

经营部地址:白塔路282号

电话:0871-3129049　3124095

厂址:昆明市石闸立交桥旁(龙聚商场后面)

电话:0871-3818717

云南电力印刷厂

2000年,云南电力印刷厂拥有固定资产135万元。全年产值280万元,营业总额280万元,利税总额60万元,其中增值税达33万元。现有员工42人。

云南电力印刷厂拥有以下印刷设备:586型微机2台,686型微机4台、对开08型单色胶印机1台、对开单色双面胶印机1台、8开小胶印机4台、激光印字机2台、美能达3170型制板复印机1台、佳能激光打印机3台、GR1716一体机1台、YTIBZ四开单色平板胶印机1台、对开双面胶印机1台、KDFM650覆膜机1台、能达1556型制板复印机1台。本年新购瑞典三纳四色胶印机1台。云南电力印刷厂体系更趋完善,具备全能印刷厂的规模。同时,大大提高印刷质量,改变原来依靠外面制板的状况。

印刷业务不断扩大,加强了印刷体系的集中管理和质量管理,建立健全员工岗位责任制,印刷品检查制等,同时提高了员工技术业务水平,除经常性组织技术业务学习和倡导互相学习、取长补短之外,还分批选送微机室人员到中央工艺美术学院计算机艺术培训中心学习。

法定代表人:黄正中

电话:0871-3012329　3196592

地址:昆明市拓东路49号

邮编:650011

曲靖福牌彩印有限公司

曲靖福牌彩印有限公司位于麒麟区环东路,拥有意大利和法国制造的两条凹印生产线,是由曲靖烟厂、中云集团、市彩印厂与香港东方公司共同投资800万美元合办的中外合资企业,专门为曲靖烟厂生产配套烟用商标,2001年实现净利润568万元。公司连续5年获省级"外商投资先进企业"称号,连续3年经济效益居曲靖市外商投资企业首位。

法定代表人:袁建华

总经理:雷　鸣

电话:0874-3251699

云南楚兴包装有限公司

楚兴包装有限公司成立于1992年,注册资金1 500万元,现拥有大型无导爪七层瓦楞纸板生产线及相关的配套设备,年生产能力达1 200万平方米。

并提供各种规格用于出口及内销产品的三、五、七层瓦楞纸板外包装箱和各类彩色箱盒，以质量为生存，信誉为保证，与各客户商家携手合作，为振兴云南经济作出应有的贡献。

法定代表人：高中华

地址：楚雄市鹿城东路

联系电话：0878－3017344　3019605

邮编：675000

云南华尔木业有限公司

中外合资云南华尔木业有限公司成立于1997年，占地面积25 000平方米，生产车间800平方米，总投资1500万元。公司位于昆明西郊明波（安石公路旁），交通十分便利；公司拥有集成材、集成材实木门、刨切单板等五条进口设备生产线，主营集成材、集成材实木门及各类木制品的出口及内销，年出口创汇300万美元以上；公司拥有一大批高级技术人才和管理人员，将一如既往地为广大中外新老客户提供最优质的服务。

地址：昆明市西郊明波

电话：0871－8242409　8242635

邮编：650100

昆明五华云青木工艺制品厂

昆明五华云青木工艺制品厂是一个以生产各类高档实木家具为主的出口创汇企业。自1985年建厂，现已形成了以实木家具为主的板式生产线，工厂占地1万平方米，产品部分出口日本、欧美和台湾，生产能力目前达年产值2 500万元。该厂“舵牌”产品既保留了民间工艺精品的特点，又融合了国内外高档装饰的风格。

该厂产品以回报自然再现原木本色为宗旨，采用先进的集成材加工工艺。产品一律采用无缺陷木材，并经过严格的干燥处理，用材含水率全部达到国际标准，所有产品都保证做到不弯曲变形。

该厂产品独特的设计构思，精良的加工手段，优质的售后服务，受到了中外顾客的广泛赞誉。云青厂的技术实力、设备实力、管理实力均能达到国际先进水平。

该厂欢迎各地客户前来合作投资，洽谈订货。

厂址：昆明西郊黑林铺昭宗路依禄村

电话：0871－8187691

传真：0871－8187691

邮编：650106

网址：Http://www.yncte.com

昆明加华彩色石厂

天然彩色石的颜色有十余种，它与大理石、花岗岩有所不同，其特点是颜色纯净、鲜艳不褪色、无放射性，适用于制作室内外美术水磨石楼地面、人造花岗岩和室外彩色水刷石、彩砂喷涂（真石漆）等墙面装饰、鱼缸水草植砂、盆景装饰。

持有发明专利“一种再造彩色石粒”、“一种特轻混凝土浮块”两项。欢迎投资合作开发。

厂长：廖加华　　手机：13708807541

地址：云南昆明西山区黑林铺镇小团山村47号

电话：0871－8185028　8108036　8414227

邮编：650106

云南雷通装饰材料有限公司

云南雷通装饰材料有限公司是圣象制造集团在云南的总代理，成立于2000年1月，主要经营和代理圣象品牌的系列产品，在云南全省13个市县有代理商和经销商，在昆明市内有7家统一形象的圣象专卖店。

法定代表人：刘海宾

地址：老海埂路8号云纺建材市场五区355－1号

电话：0871－4124713　4131586

传真：0871－4131786

云南金宏装饰材料有限公司

该公司系云南康和工贸集团有限公司的子公司，于1993年引进德国U23型木制地板条生产线及意大利全电脑控制干燥设备，总投资80万美元，年生产量8～16万平方米，年产值约1 000万元人民币，创利税约150万元，金宏牌地板远销全国各地。

欢迎国内外新老客户光临惠顾。

董事长：杨正元

地址：云南弥勒城南4公里（原军校内）

电话：0873－6161889

邮编：652300

云南省邮电管理局六0五厂

“六0五”厂建于1965年，固定资产2 000余万元，属国有企业。1979年按照邮电部的指令停止生产电话机后，1980年起全面转为铁制档案箱、密集架、组合办公家具、复合防盗门等系列产品的生产，并大量承接设计生产邮电、银行、医院、部队等系统的特殊产品。二十多年来，该厂始终坚持高起点，瞄准国内外同类先进产品,创出名牌,是云南最早、规模最大的金属箱、柜、架等生产厂,也是云南省档案局最早的定点产品,产品遍布西南。

"六0五"厂是曲靖市"文明单位",信用等级一直保持"AA"级。产品被市技术监督局评为"质量信得过产品"。云南省档案局还授予"突出贡献奖"荣誉称号,并取得省、市(县)多家政府采购资格。同时还是纳税先进单位之一。

六0五厂的产品一直采用规范化、模具化生产,表面采用静电粉沫喷涂(塑),产品具有设计合理、美观大方、经久耐用等特点。该厂装备精良,人才济济,专业技术人员占30%以上,确保了产品的质量和供货时限。另外,还可根据用户需要设计生产、来料加工等。

该厂的宗旨是:以质量求生存,以创新求发展,以信誉赢市场,以服务留客户。

法定代表人:李春选

厂址:曲靖市南宁东路167号

经营部:昆明市白龙路130号

业务电话:0874-3122891

0871-3167292　5626895

邮编:655000

昆明锅炉有限责任公司

昆明锅炉有限责任公司是国家机械部、劳动部锅炉定点生产企业,是云南省生产工业锅炉及锅炉辅机的骨干企业。公司具有国家颁发的B级锅炉制造许可证和云南省颁发的Ⅰ、Ⅱ类压力容器设计和制造许可证。公司坐落在昆明经济技术开发区,占地面积2.09万平方米,现有职工328人,其中工程技术人员45人,并形成了与工业锅炉制造相应的专业技术队伍及质保体系,具有完善的理化实验、无损检测、焊接试验、计量等检测仪器,拥有水压机、自动焊机等生产锅炉压力容器的关键设备164台/套,公司研制的自动碳弧气刨机属国内首创,性能已超过国外同类产品水平。

董事长、总经理:张冬平

地址:云南省昆明经济技术开发区经东路27号

电话:0871-7272938　7271909

传真:0871-7272155

邮编:650214

昆明三雄空调设备配件厂

三雄是集生产制造、销售、工程安装为一体的综合性经济实体,承接了众多通风空调、排烟排风、除尘等系统工程的安装调试并提供了各种优质的通风空调部件。

三雄以雄厚的实力,雄厚的技术力量,雄厚的施工队伍,竭诚为各建设和施工单位提供优质服务。

昆明市五华新云体育用品厂

生产:篮球架、乒乓球桌、单杠、双杠、杠铃、体操垫、排球、羽毛球架及各类健身器材。

地址:昆明市教场中路208号

电话:0871-5158346

邮编:650223

双柏县妥甸酱油厂

双柏县妥甸酱油厂有年产500吨酱油的生产能力,专业生产的"葡萄泉牌"、"妥甸牌"酱油,1979年以来连续被评为"省优秀食品",获省优质产品"金马奖";1981、1985、1989年连获国家商业部"优秀产品奖",被授予"著名商标",并颁发"免检证"。1990年荣获首届中国食品博览会银奖和中国妇女儿童用品40年博览会银奖。1999年度获第四批云南省名牌产品,2000年获第九届中国专利新技术新产品博览会金奖。该厂以"质量第一、信誉第一"的经营宗旨,竭诚和中外朋友精诚合作、共谋发展。

厂长:李成旭

地址:云南省双柏县妥甸镇

电话:0878-7712404　7711275

邮编:675000

云南神农饲料有限公司

云南神农饲料有限公司创建于1994年元月,经过公司全体员工艰苦不懈的努力,现已发展成为一个具有高度社会责任感,丰富创造力和强大竞争力的现代饲料科技企业,成为云南民族饲料工业的代表和云南省百强私营企业之一。

公司占地面积2.5万平方米,拥有固定资产2 800万元,年生产能力9万吨。公司将"以人为本、科技兴农"作为企业的经营理念;从国内聘请各类优秀人才加盟公司,公司现有员工185人。

公司从原料供应到产品出厂和售后服务,以ISO9002国际质量体系为标准,做到全过程受控,2000年7月顺利通过ISO9002国际质量体系认证,成为云南饲料行业第二家通过国际质量体系认证的企业。公司生产的"东方红"牌和"福"牌饲料,产品规格达

180 多种,覆盖猪、鸡、鸭、鱼全系列。公司的乳猪料、猪浓缩料和肉鸡饲料生产技术在云南居于行业领先水平,产品先后被中国和云南省饲料工业协会评为推荐产品,1999 年抽检产品全部合格。

公司以"扬神农精神,创神农天地"作为企业文化的基石,以改变农村传统的生产模式、致力发展高效、优质农牧业和科技武装农民,造就"现代神农"——知识型农民作为公司的事业目标。

公司已在广西南宁、云南大理分别建立南宁东方红饲料有限公司、云南大力生饲料有限公司。神农公司愿与广大农牧业同仁携手合作,共创美好明天。

法定代表人:何祖训

公司地址:昆明市东郊茶旺山

电话:0871 -3839557　3857481

传真:0871 -3849657

邮编:650216

Email:ynsn@ shennongfeed. com

Http://www. shennongfeed. com(cn)

云南正义饲料有限公司

该公司于 1999 年开始生产猪、鸡、鸭、魚四大系列全价饲料、浓缩料,迄今已发展成为饲料市场上不可缺少的一匹"黑马"。公司一贯遵循"信誉至上,质量第一,以诚待客,薄利多销"的经营宗旨。

法定代表人:王　清

地址:昆明市东郊金马村火车站煤焦专线

电话:0871 -7338960

传真:0871 -7338690

邮编:650208

昆明华港饲料有限公司

昆明华港饲料有限公司创建于 1996 年,以"品质优良、信誉可靠、经济实惠、顾客至上"为经营宗旨,坚持"以人为本、科技驱动"的发展方针,现已发展成为一个现代化大型饲料科技企业。

公司目前拥有 4 条先进的全电脑自动化生产线和完善的检测手段,每年可向社会提供品质一流的猪鸡鸭鱼四大系列 60 余个品种的浓缩饲料、配合饲料 10 万吨。

公司产品被云南省经贸委、技术监督局、省饲料工业协会评为优质产品,2000 年公司又在大理投资新建"云南大理康华饲料有限公司"。

地址:云南昆明市关上镇日新工业区

电话:0871 -7151719　7161758

传真:0871 -7151719

邮编:650200

昆明黄龙山(饲料)工贸有限公司

公司是一家集饲料生产、植物油脂加工、商场物业租赁、铁路中转、科研开发、畜禽养殖、粮油饲料原料贸易和进出口贸易于一体,由昆明市饲料公司改制而成的国家控股的有限责任公司。

现有三套由美国、意大利、瑞士等国引进的饲料生产设备,年生产能力达 31 万吨。新车间由美国 Wenger 公司引进的 UP/C 挤压膨化设备,可生产高档膨化饲料、浮性水产料、高能膨化乳猪料等高档优质饲料。公司有全套植物油脂生产设备,年处理油菜籽 2 万多吨、二级食用油 1. 5 万吨、高烹精炼油 1 万吨。在省内地州有年生产能力达5 万吨的两个分公司。在市中心有两个大型商场及多处商铺进行商场租赁;铁路专用线直达生产厂区,可进行货物中转。2001 年公司饲料销量 8. 25 万吨,销售收入 1. 98 亿元,利润 254 万元,资产保值增值率 118. 9% 。

多年来,公司与浙江大学、四川农大、西南农大、云南农大、中国农大、云南省兽研所等众多高校和科研单位开展广泛的合作与交流,不断提高饲料产品的科技含量。到 2001 年底,公司向市场提供了猪、鸡、鱼、鸭、牛等系列配合饲料、浓缩饲料、复合预混料 160 余个规格品种。自投产以来,已累计生产销售《黄龙山》牌、《千禧》牌系列饲料 120 多万吨,产品销往云南、贵州、广西、四川等省区及周边国家。公司先后获得"全国饲料行业 50 家最大工业企业"、"云南省双百强工业企业"、"昆明市连续十年重合同守信用企业"、"中国饲料工业协会优秀团体会员单位"、"中国质量、服务、信誉"3A 企业、"中国公认名牌产品"等称号。

法定代表人:王振岗

地址:昆明市呈贡县黄龙山

电话:0871 -7330538

昆明市程鹏饲料有限责任公司

公司始建于 1997 年,占地近 20 亩,建筑面积约 8 000 平方米,总投资960 万元。公司引进成套饲料加工设备,实行计算机控制,电脑设计配方,已通过并取得 ISO9001 质量管理体系认证证书,经省技术监督局批准并备案。公司生产猪、鸡、鸭、鱼、鹌鹑配合饲料和浓缩饲料共五大系列 70 多个品种。

法定代表人(董事长):孔祥顺

总经理:唐开洲

地址:昆明市东郊小板桥镇昆洛公路1202号
电话:0871-7353302
传真:0871-7354301

宜良县兰天饲料厂

李燕山,六十年代初大学本科毕业,高级工程师,中国毒理学会会员,政协委员,云南蓝天集团董事长、总经理、总工程师、工商联常委、执委、消协理事,云南省人民政府授予的工商联先进会员,昆明市劳协常务理事,宜良县劳协副会长,城区劳协副会长,曾荣获全国经光杯奖。

李燕山1988年创办宜良第一家民营饲料企业——云南蓝天集团宜良蓝天饲料厂,相继又创办了蓝天中风、骨质增长专科医院、蓝天酒厂、蓝天第一砂厂、蓝天养殖厂。蓝天集团热心社会公益事业,先后为希望工程、扶贫救灾、抗洪救灾、见义勇为基金会、抗震救灾、治理滇池、修建立交桥、建学校、修公路、救济五保老人、修柴石滩水库工程等多次捐资,并垫资扶持贫困山区数千户老百姓发展养殖业,对贫困百姓进行科技扶贫、医疗扶贫,赢得社会好评,受到上级党委、政府的表彰和奖励。被评为省市县三级先进文明单位,被省政府多年评为"重合同、守信用"先进企业、产品质量信得过先进企业、消费者信得过先进单位,被昆明市五局委联合授予文明先进单位,被宜良县委政府评为私营企业50强之一称号。

"蓝天中风、骨质增生专科医院",运用中药、针灸治疗高血压、低血压、中风偏瘫、骨质增生、坐骨神经痛、肩周炎、痛风、风湿、类风湿、关节炎、胃病、糖尿病、胆结石、肾结石,收费很低、疗效很好。

为救治部分吸毒青少年,李燕山开展了一项特殊的扶贫工程——中药戒毒。蓝天门诊为部分特困吸毒青少年用中药针灸免费戒毒,对部分特困老人、下岗特困职工治病、免费提供住宿、有的治病也免费、有的还送给衣服、送米、送钱、送鞋,用诚心和爱心撑起一片健康的蓝天,赢得患者和社会各界的好评。受到上级有关部门的表彰和奖励。

总经理(总工程师):李燕山
地址:云南省昆明市宜良立交桥北段西侧
联系电话:0871-7592588 7594875
0871-7594888(宅)
手机:13888034888
邮编:652100

云南省兽药厂

该厂是云南省兽医防疫总站的独立法人集体所有制经济实体,是定点兽药科研生产企业,建厂几年来,连年被云南省计委,云南省经委、云南省工商局授予《重合同、守信用先进企业》的称号。

该厂立足于本省和西南地区丰富的中草药资源优势,以云南省科委的科研成果及云南省兽医防疫总站、云南省中兽医药研究会等科研院、所雄厚的技术力量和实验设备为依托,继承和开发祖国的中兽医药遗产,密切结合全省畜禽疫病防治和养殖业发展的需要,研制开发低毒、无残留的畜禽中、西成药,治疗、预防、保健、促长新产品。预防和治疗仔猪黄、白痢的纯中药制剂"母仔安""仔痢宁"荣获云南省人民政府星火科技推广二等奖,1994年度云南省畜牧业科技推广一等奖和'95中国·昆明科技成果暨新产品新技术展览交易会"金奖。研制开发了"188猪用高效料精"和"188牛羊补饲精","云享1658复合饲料添加剂"等十余个新品种,投放市场以来深受广大用户的欢迎和信赖。

电话:0871-5159457 5164727
电挂:1658
邮编:650051

思茅地区畜牧兽医技术服务中心

思茅地区畜牧兽医技术服务中心,自1963年成立以来,一直从事全区畜牧兽医技术推广、疫病防治、畜禽良种、品种改良、疫情监测、防疫监督等工作,经过四十年的努力,不断创新发展,逐步形成一套较为完备、系统、规范的工作模式,为推动全区畜牧业发展做出了重要贡献。

为适应市场经济需要,适应开放的市场竞争环境,服务中心本着推动全区畜牧业发展的宗旨,采用多元化服务方式,下设多个分支机构,分别有兽药、饲料经营、畜牧兽医技术服务咨询、畜牧兽医技术培训、兽药饲料监察、果木示范场、畜牧科技示范园、农畜产品进出口贸易等机构和业务。

思茅地区畜牧兽医技术培训中心主要提供技术培训兼宾馆业务。培训中心以其设施完备、住宿舒适、环境优美等优点,备受八方宾客广泛赞誉。年培训人员2000多人次,有力地推动了该区各项技术推广应用工作。

思茅金牛工贸有限责任公司,主要从事牧畜饲养,农畜产品,农特产品进出口业务。目前与泰国多家公司就农产品进出口、畜产品进出口贸易达成协议，有关的进出口工作正在有条不紊地进行之中。

对面新世纪的机遇与挑战，思茅地区畜牧兽医技术服务中心的广大干部职工将本着“锐意进取、求实创新、抓住机遇、深化改革”的宗旨服务于社会，并与八方来客携手共创美好的明天。

法定代表人：朱图寿

地址：云南省思茅市民航路24号

电话：0879－2124734

传真：0879－2142886

云南省祖代肉种鸡场

云南省祖代肉种鸡场，始建于1995年，系云南省农业厅直属单位，是云南省肉鸡饲养业的核心企业。场址位于昆明东郊小哨，总占地面积18公顷，总投资2 000余万元。现饲养狄高曾祖代、祖代种鸡8 000余套，父母代种鸡20 000套，云凤乌鸡5 000套；年向社会提供20余万套种雏鸡和250余万羽商品代雏鸡。

1997年，该场从澳大利亚狄高家禽发展公司引进狄高肉用型曾祖代、祖代种鸡以及先进技术和管理方法，生产和销售狄高红羽父母代种雏鸡和商品代肉仔鸡苗。狄高肉鸡是世界著名的肉鸡品种，生产性能优越，适应性强，在不同的气候条件和农村条件下均可饲养。商品代肉用仔鸡饲养42天，体重即达2.10千克，料肉比1:1.95；后期连续生长性能较好，饲养90～100天，体重可达5.0千克；羽毛颜色与土鸡相似，肉质鲜美，近似于土鸡，适合农村、城镇各层次消费者的需求。

狄高种母鸡具有独特的“隐性白羽”遗传性状；父本公鸡生长发育良好，产肉多，可作为地方品种改良之亲本。

该场利用自身的技术优势和云南地方良种鸡资源，以及狄高鸡稳定的遗传特性，培育出具有地方特色的“云凤乌鸡”。云凤乌鸡具有生长发育快，抗病能力强、饲料报酬高、体态丰满、肉味鲜美、营养价值高等特点；饲养90日龄，母鸡体重达2千克以上、公鸡体重达2.5千克以上，饲养期比本地乌鸡提早40～45天，成活率在95%以上，肉料比1:2.5。2001年投放市场后，受到广大养殖户和消费者的青睐。

法定代表人：贾兴华

地址：昆明东郊小哨

电话：0871－7391479(代传真)　0871－7391018

邮编：650212

电力·通信·交通

楚雄滇中电力实业有限公司

楚雄滇中电力实业有限公司是由楚雄滇中电力实业有限公司职工持股会、云南滇能(集团)控股公司共同投资组建的有限责任公司。公司下设开发区分公司、通信、自动化工程分公司、物资供销分公司、汽车修配厂和送电工程两个队，变电工程两个队，土建修缮队汽车运输服务队、土建队、电力器材经营部、嘉顺文化服务部8个分支机构及滇中电力物业集团有限公司、楚雄第四汽车综合性能检测站两个控股企业。公司现有职工219人，经过资产重组及股份制改造后，注册资金为2 512万元。

主要从事110千伏及以下电压等级的送、变电工程安装及维护、运行；电力生产及销售、送配电工程土建及零星工作、房屋修缮；电力通信工程和电网自动化工程；节电工程技术咨询服务；建筑材料、针纺织品、电工器材、通信器材、五金交电、化工；220千伏及以下送、变、配电器材，电脑技术服务；摄像服务；电测仪表修校；横担、构支架加工、家电修理；饮食服务；汽车货运；机动车辆修理；代购代销铜铝材、农牧业、种植及加工、设计、制作、发布广告等业务。

总经理：刘　璋

地址：楚雄市团结路4号

电话：0878－3016123

邮编：675000

云南省昆明发电厂

昆明发电厂隶属于云南电力集团公司，属国家中一型火力发电企业，现装机容量为2×100万千瓦，是云南电网昆明负荷中心的一个骨干电源点。现有职工1216人，离退休职工885人；全厂占地面积72.45万平方米。

该厂始建于1956年8月，1957年扩建，两期工程共装机4.8万千瓦；1984年11月进行节能改建，2×100万千瓦机组分别于1987年和1988年投产。之后，原有的4.8万千瓦老机组先后退役和封存。

昆明发电厂以“开拓求实、团结奋进”为企业精神，先后获得了安全文明生产达标、云南省思想政治工作优秀企业、全国环保先进单位、云南省节能降耗优胜单位、云南省文明单位、国家电力公司双文明单位、云南电力集团公司双文明单位标兵、昆明市“花园式单位”等荣誉。

主营:火力发电

兼营:发电设备、锅炉检修、汽车货运、吊装掘进。丁级范围内的工业与民用建筑工程设计、咨询、培训。

经营地址:云南省昆明市西山区碧鸡镇车家壁

电话:0871-8411327　8411399

电报:昆明 8005

传真:0871-84113470

邮编:650109

云南省思茅供电局墨江电力公司

从五十年代末期,一台仅有的柴油发电机开始了云南省墨江哈尼族自治县的供电历史,四十余年的发展,使墨江电力公司成为以电为主、多种经营的经济实体,是一个实力雄厚并充满了活力的企业,更是坐落在北回归线上的一颗璀璨的明珠。

公司拥有固定资产 4 263 万元,在册职工 294 人,具有专业技术职称人员 42 人,大专以上学历 14 人。公司下设二个电站,装机容量 8 400 千瓦;三个厂:即年生产 3 000 吨以上的 360 千伏安电炉的铁合金冶炼厂,专门生产农机具、承接各种工矿机械修理及配件制作的机械厂,维修、保养各型车辆的汽修厂。同时还担负着全县 17 个乡(镇)工农业生产和人民生活用电的供电任务。

公司始终坚持以安全生产为基础,以经济效益为中心,以优质服务为宗旨的方针,加强内部管理,不断深化改革,企业综合实力不断提高,两个文明建设取得丰硕成果,2001 年被墨江县委、政府授予“县级文明单位”称号。

法定代表人:胥向松

电话:0879-4232868

地址:云南省墨江县

邮编:654800

云南德宏户宋河电力开发有限公司

公司是德宏州电力公司与马来西亚利升资源有限公司合资兴建的一家电力企业,电站工程总投资为 3.6 亿元人民币。其中:中方投资为40%,马方投资为60%。电站于 1997 年 7 月 1 日正式建成并网发电。

户宋河电站调节水库总库容为 8 055 万立方米,净水头 393 米,装机容量为 3×2.1 万千瓦,年利用小时数 4 322 小时,年平均发电量为 2.72 亿千瓦时,厂房发供电全部采用计算机监控系统。

户宋河电站工程是德宏州投资最大也是引进外资最多的工程项目,是全州电网中最大的骨干电站,担负着调频、调峰、调枯的任务。

户宋河枢纽工程中有待开发建设的二级站,设计装机容量为 3×6 000 千瓦;初步概算工程造价 8 000 万元人民币。1995 年已得到云南省政府批准,并已作为德宏州的立项建设工程。其开发权属户宋河电力开发有限公司。另一个有待开发的项目为库区旅游,预算投资 3000 万元人民币,并计划对此项目进行招商引资。

法定代表人:房敬文

总经理:林炳森

地址:云南省盈江县

电话:0692-8922024

邮编:679312

镇雄县电力公司

公司组建于 1980 年。现有职工 748 人,其中中高级技术人员 11 人。有发电厂(站)6 座,总装机容量 3.32 万千瓦,其中水电装机 2.72 万千瓦,火电厂装机 6 000 千瓦,年发电量 1.60 亿千瓦小时。电源点 14 个,35 千伏变电站 8 座,变电容量 3.82 万千瓦,10 千伏输电线路 950 千米,固定资产总额 1.46 亿元(人民币)。

镇雄电力始终以“人民电力为人民”为服务宗旨,坚持“优质、方便、规范、真诚”的服务方针。以“创一流的科技品牌,一流的效益品牌,一流的服务品牌”为企业奋斗目标,努力实践江总书记“三个代表”重要思想,搞好农村电网建设和改造工作;优化电网结构和资源配置,不断深化电力体制改革,加快电力发展。

法定代表人:李　义

地址:镇雄县乌峰镇南大街南段西侧

联系电话:0870-3121670

邮编:657200

会泽县供电有限责任公司

会泽县供电有限责任公司是一个以水力发电、转供电为主的小型国有企业。公司现有在册职工 445 人,其中各类专业技术人员 79 人、大中专毕业生 157 人。下辖 6 个发电站,总装机 16 580 千瓦,年发电量 9 000 万千瓦时;35 千伏变电站 5 座,主变总容量 28 000 千伏安;22 个供电所,年供电量达 1.22 亿千瓦时,加上发电站近区供电容量,电网负荷达 33 200 万千瓦。形成了以系统 110 千伏、220 千伏变电站为依托，地方35千伏变电站及其输电线路为骨架的变、配电网络，从35千伏变电站向各用户以10千伏电压等级配电。10千伏配电网已覆盖全县各个乡镇。建成35千伏输电线路159千米，10千伏配电线路2 828千米，电网初具规模。

1998年，按照党中央、国务院关于“两改一同价”工作的部署和要求，公司完成了对全县18个乡（镇）的农电体制改革工作。2001年12月，全县第一期农村电网建设改造工程竣工并顺利通过省级验收，进入全省农网改造先进县行列。现在，第二期农网建设改造工程正在全县范围内展开。届时，全县的供电格局将发生重大变化，网络结构更加合理，农村供电可靠性将大幅提高，公司将以高速的发展和崭新的面貌步入新世纪。

法定代表人：栗　冰

地址：云南省会泽县钟屏西路140号

电话：0874－5122625

邮编：654200

云南省寻甸供电有限责任公司

公司是隶属云南省电力集团公司控股的中型企业，在册职工569名，各种专业技术人员39名。公司在保证安全供电的同时，能够承担35千伏以下供电线路（包括电缆）和变电站的设计、施工等任务。

新组建的寻甸供电有限责任公司全体员工，将以“优质、方便、规范、真诚”服务，欢迎各方有识之士前来合作，共谋发展，同创美好的明天。

经营范围：供电、发电，35千伏以下电力工程设计、施工、安装，电力器材、电气产品制造、销售，餐饮。

法定代表人：黄建闽

地址：寻甸仁德镇凤梧路8号

联系电话：0871－3652540

邮编：655200

楚雄滇中电力物业集团有限公司

楚雄滇中电力物业集团有限公司组建于2000年5月18日，是根据现代企业管理体系组建的具有自主经营、自负盈亏、自我约束、自我发展的现代独立法人实体，注册资金1 000万元。公司下设公关部、财务部、物业管理部、基建部、保安部、经营部、卫生所6部1所，现有职工100余人，中专以上文化占40%以上。公司以物业管理为基础产业，以良好的形象、优质的服务和完美的追求致力于楚雄的城市建设和小区物业管理事业，同时积极开拓建筑业、餐饮业、宾馆业、旅游业、广告业、商业、计算机信息网络业的开发应用等多种经营业务。公司投资兴建的“滇中明珠假日酒店”已在建设中，即将成为楚雄地区又一旅游休闲胜地。2001年4月，公司成立了子公司——楚雄滇中电力物业集团恒通有限责任公司，主要经营建材、卫生洁具、电炊电灶、空调制冷设备，计算机信息网络的开发应用等。楚雄滇中电力物业集团有限公司愿与社会各界携手共进，共创美好未来。

董事长：张祖华

总经理：杨　涌

地址：云南楚雄市团结路4号

电话：0878－3022267

邮编：675000

天正集团云南销售有限公司

公司是从事“天正牌”高低压工业电器销售的专业化公司，秉承诚实、守信、开拓、进取的宗旨，为不断扩大经营、增强实力、提高公司的知名度，一直在努力拼搏。2000年被昆明市人民政府授于“重合同、守信用”单位称号。

公司通过总公司提供的高低压电器、成套设备、仪器仪表、交通电器、防爆电器等主导产品，与总公司下属的5家生产型子公司、40多家成员企业以及分布在全国各地的500多家子公司，实行了经济多元化、营销网络化的一体化管理、分散经营的格局。

公司自1996年以来，取得了较快的发展，先后与昆阳磷肥厂扩建工程、澜沧铅矿、兰坪大华电站及110千伏中心变电站、云南县级两网改造等50多个工程项目签订了近8 000余万元的合同。公司的高低压电器元件、电缆、电线等物资的销售额近3年来平均增长率达25%。

董事长：高建益

云南省电信公司

2000年7月12日，中国电信集团云南省电信公司成立。云南电信在几代电信员工的艰苦努力下，在“八五”大发展的基础上，在“九五”期间实现了腾飞，取得了辉煌的成绩，网络规模，技术层次和服务水平都跃上了一个新台阶，综合通信能力实现了质的飞跃。目前，云南电信电话交换机总容量达到590多万门；光缆总长度达到了5.1万千米。基本建成了一个现代的、高科技的数据多媒体宽带信息网，建成了覆盖全省，通达四海五洲的公用电信网络。

电信公司已开展的电信业务：

1. 固定电信业务:本地电话、国内长途电话、国际电话业务、港澳台电话业务、公用电话业务、IP 电话业务、800 业务、108 业务,虚拟专用网(VPN)、交互式电话会议业务、集中用户交换机(centerx)、综合业务数字网(ISDN)、语音信箱、无线市话。

2. 电话卡业务:国际 300 业务、300 业务、宜通电话卡业务、201 业务、IP 电话卡业务。

3. 电话信息服务业务:160、168。

4. 电报、传真业务:用户电报、国内电报、国际电报、礼仪电报、公众真迹传真、传真存储转发。

5. 视像业务:电视会议业务。

6. 互联网业务:中国公众计算机互联网(CHINANET)、中国公众多媒体网(CHINAINFO)。

7. 专线、数据网业务:模拟专线、数字电路、方组交换(CHINADDN)、帧中继(CHINAFR)、ATM。

8. 网络元素出租及带宽出租业务。

"用户至上,用心服务"是电信的服务宗旨,务实、诚信是电信的行为指南,依托中国电信的技术与网络,全省电信员工将承继"九五"的辉煌,开创"十五"的伟业,将供广大用户享受到更加方便、快捷的服务。

云南云电信息通信股份有限公司

公司是由云南云电控股(集团)有限公司控股的专门从事信息通信业务的股份有限公司。公司注册资金为 6 800 万元。

该公司以"为云南电网的安全、稳定、优质、经济运行提供电力信息通信技术保障和面向社会提供信息通信业务服务"为宗旨,对云南电力系统信息通信及其它相关资源进行最优配置和组合,同时实现对云南电力系统信息通信其它相关资源的统一规划、统一建设、统一经营、统一管理。

云南电力信息通信网经过几十年的建设运行,已发展成为拥有覆盖云南电力各发、供、变电单位,遍布全省 10 多个地州及数十个地县的集载波、微波、光纤、卫星于一体的传输交换网络;截至 2001 年底,共建成数字微波干线 2 500 千米,光纤网络骨干 1 000 多千米,形成了全省范围内的 ATM 骨干数据交换网络,建成了基于 IP 的远程会议电视系统;这些业已形成的网络资源是公司面向信息通信产业化发展的基础保证。

电力系统特有的 OPGW、ADSS 等光缆技术为电力信息通信带来了可靠的安全保证;电力系统特有的沟、管、孔、渠以及杆塔等信息通信可选用资源是电力信息通信快速发展的有利条件;电力高压线宽带传输技术和电力低压线宽带接入技术的日趋成熟,为电力信息通信开辟了广阔的发展前景;遍布各地的电力信息通信机构和电力营销网点以及长期从事信息通信、经验丰富、勇于创新的专业技术队伍和建设队伍是信息通信步入市场的最佳优势;公司充分利用优势资源,立足电力,面向社会。以市场为导向,发展为目标,借助西部大开发的发展机遇,已逐步发展成集工程建设、运营服务和科研生产于一体的经济实体。

2001 年,云电信通公司全面完成各项电力生产和经营目标,连续第六年获得云南省和昆明市两级文明单位称号,同时还获得电力集团公司"双文明单位"和"优秀思想政治工作企业"的称号。

主营业务范围:

1. 为电力系统的用户提供基础电信业务服务

2. 信息通信工程建设(含信息通信系统的勘测、设计、施工、调试、安装、修造、工程监理、工程总承包、计算机网络的系统集成)

3. 其他信息通信项目的产业投资和面向社会的增信电值业务

兼营业务范围:

1. 电力系统自动化的工程建设、系统集成

2. 与信息通信业务相关的系统集成、技术开发、咨询服务、广告、信息和通信设备、材料及办公用品的生产、销售、维护和维修

3. 软硬件产品研发,信息及通信设备的代理销售,设备的托管和宽带的租债。

4. 云南电力寻呼台

地址:昆明市拓东路 49 号电力大厦 17 层
电话:0871 - 3012516
电传:0871 - 3012588

昆明东方快递服务有限公司

昆明东方快递服务有限公司成立于 2000 年 1 月,是以国内货物速递为主的快递公司,公司简称"东方快递"。

公司在 2001 年底设立客服部、操作部,又细分为查件、发送、车辆、调配四组,配有完善的硬件设备及软件设施,具有先进的管理方法,在国内各大中城市布有优秀的网络合作公司,能及时、准确地处理各种业务。

公司本着"急客户之所急","想客户之所想"的服务意识,提倡"客户至上、快速高效、服务卓越"的经营理念,为广大客户群体提供优质服务。公司拥有一批优秀的、工作责任心强的员工,在市场业务、货物运输操作、顾客服务方面具有丰富的经验。

东方快递致力于全方位多层次的业务拓展，如今已开拓国内铁路、航空、公路等多种运输方式，为客户提供国内货物快递、市内速递、仓储配送、物流分拨等业务。提供货物的门到港、门到门、门到库的服务方式，以“安全、准确、快速、一票到底”为工作准绳为广大客户提供优质的服务。

“东方快递”通过信息、服务二位一体的业务平台，集合国内货运市场丰富的业务运作经验，赢得众多公司的支持，现公司与联想、UT 斯达康、摩托罗拉、西门子等公司建有良好、稳定的合作关系。

东方快递将以多方位、多层次的服务应对21 世纪的机遇和挑战。

法定代表人：邵宇波

地址：昆明市思源路 12 号

电话：0871 －5171677

邮编：650031

云南邮政物流服务有限公司

云南邮政物流服务有限公司隶属于云南省邮政局，具有遍布城乡的实物投递网络和现代物流企业管理机制。是专营物流配送并具有国际、国内货运代理资质的现代物流企业。

主要业务范围：普通邮件投递业务；特快专递邮件投递业务；报刊批销零售、收订和投递业务；广告投递业务；包裹及其他物品递送业务；代理集邮票品业务、代理中国电信、中国移动、中国联通等委托代办业务；邮政礼仪业务；国家邮政局允许开办的其他业务。

为用户提供“先进、高效、快捷、方便”的服务，是公司的服务宗旨，让客户满意是全体员工不懈追求的目标。

法定代表人：李永康

地址：昆明邮区中心局南窑通信枢纽大楼内

电话：0871 －3579393

传真：0871 －3579393

邮编：650011

网址：http://www.ynpost.com

昆明正浩电讯有限公司

昆明正浩电讯有限公司是一家专业从事无线通讯产品经营和专业维修的高新技术企业。公司成立于 1999 年，总部设在昆明，致力于云南省的林业与公安的常规和集群以及微波数字传输技术工程建设。公司拥有一支多年从事无线通讯工程组网 的高级人才队伍，并取得摩托罗拉公司云南指定代理和日本健伍公司无线通讯产品的特约经销，同时还拥有日本马兰仕，哈尔滨侨航公司无线通讯产品的特约经销。

地址：昆明市鼓楼路 149 号 3 楼

电话：0871 －5170362

传真：0871 －5123742

E－mail：zx2001a@zlcn.com

zx2001a@hotmail.com

昆明慧达信息台有限责任公司

集团由昆明慧达信息台，各地州分台，大理下山口度假村等组成，慧达信息台是经云南省邮电管理局批准成立的高新企业。宗旨是：面向千家万户，着力于个人决策。致力于个人生活工作发展相关的求学、求职、求医、求教等热点信息情况开发；实用信息代表着电话信息发展的主流，电话信息是社会文明进步的需求。

六年来集团共推出 500 多项信息。与政府有关部门共同开发的三车遗失查询系统已成为公安机关收集盗窃犯罪信息的网络查询系统；推出的优生优育科技信息成为云南省计生委向国家计生委上报优生优育人口信息的重要网络；高考、自考，各类人事考试考分查询；铁路货运、行包到站查询；开通的中国移动、中国联通手机信息台服务；与电视台合作开发的互动信息服务等等都受到公众的好评。

主要合作信箱如下：

290288998　高考查分热线
290288299　成人高考查分热线
290288190　自考查分热线
290288195　艺术类考试查分热线
290288176　导游查分热线
290277999　计生委紧急避孕热线
290200199　互动电视点歌
290212999　航班动态查询
290260908　青春俱乐部
290251888　个股行情动态查询
290212888　东站货物到站查询
290219118　公交车路线查询

慧达信息集团董事长：朵保禄

慧达信息台台长：闻满华

地址：昆明市人民中路吹萧巷 26 号桃源花园 A 幢 17 楼 B 座

联系电话：0871 －3130975

传真：0871 －3197311

邮编：650051

E - mail:http://www.huida.net

曲靖市交通局

我国已加入了WTO。西部大开发,积极的财政政策等,对交通发展来说,是机遇,更是挑战。在今后的工作中,要念好交通建设"十字经",即一争、二筹、三分、四投、五管、六贷、七发、八引、九股、十干。"争"就是争取各级政府的重视和上级有关部门的项目、资金;"筹"就是打通融资渠道,多方法、多渠道筹集资金;"分"就是根据任务、公路级别、性质等实行分级负责;"投"就是充分体现"人民公路人民建、建好公路为人民"的服务宗旨;"管"就是通过严格、科学、高效的管理,最大限度地控制投资、降低成本;"贷"就是要始终贯彻"贷款修路,收费还贷"的政策,大胆贷款建设;"发"就是依照程序,积极申请,发行债券,募集资金,发展曲靖的交通事业;"引"就是抓住引资建设,抓住入世的机遇,抓住西部大开发及市场十分活跃的机遇,吸引八方嘉宾投资曲靖公路建设;"股"就是利用股份制合作形式,开发、建设、经营曲靖的公路;"干"就是通过宣传,发动全市交通系统的干部、职工积极开拓、苦干、实干,认真完成省委、省政府、省交通厅、曲靖市委、市政府下达的各项任务。

法定代表人:陈学刚

地址:曲靖市云塘西路

电话:0874 - 332233

邮编:655000

云南康盛驾驶员培训有限公司

公司前身为公安驾驶员培训部,1994年建立,是省内最早、最有实力的培训部。驾训部成立6年来,拥有严格、科学的管理,完备的教学设施,高素质的教练队伍;拥有大客、大货、吉普、轿车四种车型80多辆。有理论培训,红外线桩考仪,道路驾驶考试点,整套理论学习训练路考都在本部进行,有严格的管理制度,可全方位保护学员的利益,理论学习、上车训练时间机动、灵活,为方便学员,负责接送。最完善便捷的服务、最实惠的培训费、最高的教学质量是该部的宗旨。

站长:周训武

电话:0871 - 5814834　5813063

云南省委机关服务中心汽车修理厂

该厂是省委办公厅下属事业单位,是云南省第一家修理进口轿车的修理厂,修理轿车经验丰富,技术精湛,保证质量。该厂设备先进,收费合理,修理快捷,节假日照常上班。

经营范围:各型进口、国产轿车,吉普车、面包车的整车大修,肇事车的修复,全车喷漆、烤漆、镗磨气缸及其它机件加工,德国设备校车轮动平衡、汽车美容、补胎、胎加气、尾气检测、电眼睛检测、电喷车辆故障、机器检测、清洗进口电喷车辆故障、机器检测、清洗进口电喷车辆的喷油嘴、车辆急救等。

厂长:李勐棋

地址:昆明市西昌路538号

电话:0871 - 4091480

邮编:650032

云南省旅游汽车公司修理厂

省旅汽修创建于1987年,是云南最早从事进口汽车维修的国有企业之一。连续在1996、1997、1998年被评为昆明市一类维修先进企业。省旅汽修隶属于云南省旅游集团股份有限公司,经过十多年的发展,现已成为拥有固定资产1200多万元,拥有先进的维修设备和一批专业维修人员,年维修车辆8 000多辆次的知名企业。

与国际接轨,实现维修专业化是省旅汽修的发展战略。引入科学的管理方法、先进的维修技术、时尚的服务理念,使自身发展成为一个管理科学化、维修专业化、服务规范化的新型维修企业,赢得了国内外知名汽车厂家的青睐。成为日本本田、美国克莱斯勒、韩国现代、韩国双龙、海南马自达、广东三星、广州云豹等汽车在云南的特约维修站。并与全国惟一专业进行自动波箱维修的全自动波箱厂联合建立——全球自动波箱省旅汽修分厂,从而把云南的自动波箱维修提高一个水准。

省旅汽修把为广大客户提供一流的维修服务视为已任。以此提出了"市场的需要,就是我们的目标"的服务宗旨。推出了"星级宾馆"式的服务标准,无论在维修质量、接待服务和工作环境上都要求按星级宾馆的标准来要求自己,从而赢得广大客户的信赖。与烟草、金融、邮电、电信、党政机关等企事业单位建立了长期友好的合作关系,拥有大批稳定的客户群体。

先进的设备和专业的技术是现代维修服务有力的保证。为适应现代汽车维修高科技要求,省旅汽修长期以来注重优秀人才的引进和培养,每年都要引进一批思维敏捷、专业知识扎实的大中专毕业生和经验丰富的技术人员充实维修队伍。并把培训工作视为工作重点,定期进行专业技术培训,不断更新维修人员的知识结构,拥有了一支技术过硬、工作责任心强、作风优良的维修队伍。在设备的投入上不惜重金购置了发动机故障检测仪、电脑故障解码器、光学定位仪、车身校正台、自动波箱清洗机和进口烤漆房等。近年还添置了各车型的电脑故障检测仪和建立了汽车维修资料库,奠定了现代汽车维修的资料、信息、技术基础。成为云南省汽车维修技术实力雄厚的企业之一。

省旅汽修致力于集团化发展,已于1997年建成了第一个分厂——建华分厂,1999年10月省旅汽修丽江分厂开业。我们今天所走出的每一步是与我们自身的努力分不开的,更与您长久以来的支持、关心分不开。感谢每一位关注省旅汽修的朋友。

地址:关上东路103号

电话:0871-7181666

思茅欣禾汽车服务有限责任公司

公司占地面积3 600平方米,有停车场、接待室及生活区等;已实现业务、办公、配件、技术、生产、结算的计算机网络化管理,建立了一套行之有效的高级管理模式;公司现有职工48人。公司拥有举升机9台,电脑解码设备2套,四轮定位1套,轮胎动平衡1套,烤漆房两间,电脑调漆中心,喷油嘴清洗校正仪一台,以及快速的施救设备。

公司是中国人寿保险公司、太平洋保险公司指定的肇事车辆定点维修厂之一,是思茅地区惟一的"三菱"和"猎豹"汽车特约维修站。

公司的经营理念是:"以诚信服务于客户和社会",企业文化是"以人为本";工作训条是:我代表公司,我有强烈的信心,我有坚定的毅力,我要更加地勤奋,我要光荣地成功。以真正汽车医院作为技术定位,以全天候24小时的专业服务立足市场,以一对一的营销模式作为公司的营销策略,以"平等和谐、竞争上进、以诚相待、共同发展"的企业精神和员工共同发展,同创明日辉煌。

公司目前正在推行ISO9001-2000质量管理体系,以规范、严格的管理方法来提高管理水平,给客户提供优质、高效的服务。

法定代表人:罗以祥

公司地址:思茅市环城西路252号

电话:0879-2144097

传真:0879-2139996

电传:0879-2139996

昆明钢板弹簧有限公司

该公司是国内汽车钢板弹簧的专业生产企业及国家二级企业,属中国汽车钢板弹簧工业协会理事单位及技术委员会成员单位。

公司拥有资产总额7 850万元,主要生产线三条,生产设备145台套,检验设备14台套,年生产能力1.8万吨。产品覆盖了重、中、轻、微型汽车和各种农用运输车的124种车型、235个规格型号。产品除供国内主机配套和维修配件市场外,还出口美国、加拿大等欧美国家和缅甸、泰国、新加坡等东南亚国家,中国汽车进出口总公司将该公司列为汽车板簧出口的定点生产企业。

公司建有完善的质量体系,产品质量长期保持优质稳定,并屡受国内外用户赞誉,其多种车型的板簧随主机赴海南国家汽车试验场进行2.5万千米可靠性路试及5万千米强化试验均无断片,获专家好评。有3个车型的板簧多次荣获省、部优质产品称号。1997年,公司生产的"春鹰"牌系列钢板弹簧被评为云南省名牌产品。2000年8月,经英国摩迪认证公司认证审核,公司顺利通过了ISO9002质量体系认证。

董事长吴振家携全体员工向支持、关心公司不断发展和壮大的国内外用户表示诚挚的谢意。

楚雄州万顺物资再生利用有限公司

公司是具有独立法人资格的经济实体,注册资金为240万元。1992年被国家物资部评为"全国物资再生利用系统先进单位",并连续几年被州工商局授予"重合同守信用企业"。

公司下设:报废汽车拆解中心和云南旧机动车辆交易中心,主要从事旧机动车交易、报废汽车回收、拆解等。

董事长兼总经理:李延玉

地址:楚雄市北浦路文体巷3号

电话:0878-3122441　3142473

邮编:675000

云南云辉货运有限公司

云南云辉货运有限公司是云南首家中外合资的物流企业。公司主要担负云南烟草系统进出口物资的运输以及配套仓储服务,并面向社会提供全面周到的运输、中转、货运代理、汽车修理等多项服务。总投资500万美元,注册资金500万美元。公司拥有进口大型厢式货车40辆,总吨位320吨,拥有2万平方米多层仓库及配套仓库10万平方米,以及3 000平方米办公楼及4 000平方米停车场及车辆修理车间等配套设施。为拓展物流业务，公司在广东省南海市设立了货运部，方便客户，更好地为客户服务。公司成立五年来，以市场为导向，按照市场经济的要求积极参与市场竞争，狠抓内部管理，业务不断扩大，实力不断增强，年均实现利润1 000万元以上，5年共向国家缴纳各种税收858万元，资产已达1.29亿元。公司全体员工将遵循“团结、拼搏、服务、发展”的企业精神，以客户满意为宗旨，竭诚为客户提供周到、细致、优质的服务。

法定代表人：李桂芬

地址：昆明国家经济技术开发区45－1

电话：0871－7271079　7272337　7271011

　　0871－7272334　7272640　7262116

传真：7272361

邮编：650217

上海上汽大众汽车销售有限公司云南销售服务中心

上海上汽大众汽车销售有限公司云南销售服务中心是上汽大众汽车销售有限公司在云南地区的总代理，该公司的业务主要是向整个云南地区销售桑塔纳、帕萨特系列轿车，为客户提供快捷、优质的服务。

地址：昆明市人民西路368号春苑小区路口

电话：0871－8336198

传真：0871－8336586

中汽总公司云南客车有限公司

该公司是隶属于中汽客车有限责任公司的独立法人子公司，是云南省惟一专业从事客车销售的公司。公司根据云南公路运输、旅游服务的特点，不断推出“星王”牌系列客车产品，引进国内各客车生产厂最新款的各型客车，适应各行业对各型客车的需求，创造较好的社会效益和企业经济效益。

地址：云南省昆明市春城路云南盛达汽车配件城内9幢11－12号

联系人：李德俭

电话：0871－3548897

邮编：650200

昆明宝达汽车经贸有限公司

现代汽车云南一级代理(现代系列)

JAC云南总代理

中外合资云雀昆明总代理，云雀系列微轿

经营范围：

丰田、宝马、奔驰、日产三菱各型轿车、吉普、轻客等系列原装大贸进口汽车

法定代表人：周　艺

总部地址：云南省昆明市石安公路昆明凯旋利汽车城23号

电话：4624794　4110165

传真：0871－4626134

邮编：650228

二营业部：云南高新汽车交易市场A区

电话：8321977

三营业部：云南省昆明市白龙路429号

电话：0871－5012951　5012369

云南中机金鼎汽车贸易有限公司

云南中机金鼎汽车贸易有限公司由五华区企业开发总公司控股，公司按照现代企业制度组建于1999年8月，注册资本为人民币500万元，并拥有全国小轿车经营权及获得国家外经贸部授予的进出口企业资格证书，公司具有雄厚的资金实力，注重企业管理和市场开发。并服务于客户，实现规模化经营为主导。

公司现为吉利美日汽车云南总代理并建有4S店，上海大众一级经销商，上海大众警务专用车云南批发经销商、上海别克汽车特约经销商、猎豹汽车特约经销商、猎豹汽车云南省猎豹警务专用车经销商、柳州五菱汽车一级经销商。

公司经营宗旨：用户第一、质量第一、信誉第一、效率第一

法定代表人：胡　波

总经理：杨　勇

地址：昆明西二环路黄土坡立交桥旁

电话：0871－8329017　8329750

西二环路立交桥旁销售部：8329749　8329921

凯旋利销售部：4620835

高新销售部：8322273

邮编：650101

云南云汽实业有限公司

公司是云南省集整车销售、维修服务、备件供应、技术咨询、电脑综合检测为一体的大型综合汽车服务企业。是中国轻型汽车修理行业联合会理事单位，云南省小汽车修理集团核心企业；昆明市机动车排放污染专项治理维修企业；云南省“百强”工业企业之一。

公司拥有助师职称以上工程技术人员、管理人员187名。先后投入巨资进口各类轿车维修设备、检测

仪器100多台(套),以及各型高档轿车原厂维修手册、专项维修技术资料,购进国产设备500多台(套);同时拥有先进的计算机管理网络系统、多媒体电视监控系统。从物资采购、价位管理、办理索赔、工作流程及现场监控等各方面实施质量监督,充分保障、维护客户的权益。是我国西南地区最大的现代化轿车维修基地。

凭借先进的现代技术装备,完善的技术质量管理,训练有素的技术人员和技工队伍,以及一套规范并具有企业特色的服务管理体系,该公司同国内外知名汽车生产厂家建立起27个“四位一体”的技术服务中心(特约维修站)。连续多年荣获国家交通部及全国交通系统先进集体、优秀企业称号,云南省工业企业管理评价为一级、工商信誉等级定为AA+,昆明市连续十年“重合同、守信用”企业。公司年销售额、产值3亿元以上,维修轿车6万辆以上。

法定代表人:缪苓荪

地址:云南省昆明市黑林铺直街12号

电话:0871-8181936

传真:0871-8181936

邮编:650106

网址:www.chineseauto.net

电子信箱:yqsynet@puablic.km.cm

昆明中机长铃汽车有限公司

公司以汽车整车、配件、汽车用品销售和售后服务为主营业务的股份制企业。公司前身是云南省物资流通行业的主干企业,年汽车销售额达4.6亿元,具有丰富的汽车销售经验和良好的供应和销售网络。

目前公司销售业务主要面向家庭轿车市场,专营重庆长安铃木汽车有限公司产品,成为长安铃木公司在云南最大的合作伙伴,1996年~2001年均占云南销售量第一。其中较为突出的成绩有:

1.1995年成为重庆长安铃木汽车有限公司业务合作伙伴,是长安铃木公司在云南地区的第一家合同单位;

2.1996年奥拓轿车销售突破200辆;

3.1997年5月,成功将奥拓轿车引入西南商业大厦展销,销售概念面向家庭;9月开展以“一万八,奥拓开回家”为主题的分期付款销售;全年奥拓轿车销售达500辆;

4.1998年5月成立长安铃木汽车专卖店;11月推行无抵押的分期付款销售;全年奥拓轿车销售500辆;

5.1999年10月建成占地2 000平方米、具有“四位一体”功能的汽车销售服务中心,同时拥有网点4家,为用户提供完善的售前、售后保障,全年奥拓轿车销售800余辆,被评为“全国优秀代理店”;

6.2000年多次举办、参加各种类型的汽车展示会,实现分期付款现场办理,全年奥拓车销售量近900辆。

7.2001年在汽车市场日益竞争激烈的情况下,仍销售奥拓轿车近500辆,继续名列云南省第一。

随着中国市场经济的建立和改革开放的不断深入,轿车进入家庭已逐渐变为现实。面对不断变化的市场需求和竞争,公司深刻认识到“只有满足顾客的需求,企业才能生存;只有超越顾客的需求,企业才能发展”。因此,公司将面向市场需求,深刻分析汽车销售模式的变化趋势,建立较为完善的质量监督机制和人才培训机制,形成以现代化企业制度为方向的科学的管理体系和具有丰富内涵的企业文化,建立科学的决策体系和健全的约束、激励机制,为企业的长期稳定发展而努力。

法定代表人:施　文

地址:昆明市石安公路(西华园东侧50米)

电话:0871-4168586　4100757

邮编:650032

云南昆明交通运输集团有限公司

云南昆明交通运输集团公司是在以昆明汽车运输经贸有限公司为母公司,以武定、元谋、禄劝、宜良、石林运输有限公司和云南联运集装箱公司第二级法人为子公司的基础上组建的,是云南省规模最大的汽车运输企业之一。

昆明交运集团母公司的前身,是云南和平解放军事接管过程中诞生的企业,先后更名为昆明汽车运输总站、昆明汽车运输经贸总公司等,1998年底完成改制。公司50多年的艰苦创业历程,为云南省经济建设和社会发展立下了汗马功劳,公司自身也不断发展扩大,成为全省举足轻重的运输企业。

该公司总资产6.9亿元,职工8 000多人,使用土地940亩,在籍各种车辆1 862辆,其中营运客货车1 710辆。

昆明交运集团公司下设规模较大的子公司、分公司、客运站、修理厂等二级单位五十多个,其中南窑客运站、西站客运站、黄土坡货运站、昆明关上快运物流分公司、明波东风汽车昆明技术服务中心等,都是省内有一定知名度的经营单位。集团公司客运线路覆盖全省,并辐射到川、黔、湘、桂、粤、浙、闽等省区,40

多辆沃尔沃、桂林大宇等豪华高快大巴是云南高快客运的主力军;300 多台普通各型货车、专用车,以及 20 吨~200 吨的 33 台大型拖板车,是云南实力最强的货运物流车队。

该公司又是一个集公路客货运输、汽车修理、物流服务、驾驶培训、房地产、旅游、交通物资营销等为一体的综合性大型企业。

昆明交运集团公司愿与各行各业的兄弟单位携手合作,共同发展,开创辉煌的明天。

云南德宏交通运输集团公司

原公司成立于 1978 年 3 月,2000 年 8 月组建云南德宏交通运输集团公司。企业占地面积 521 亩,员工 1 700 人,经营网点履盖全州各县市,并幅射至昆明、四川省、广西壮族自治区。集团公司下设 17 个经营实体,总资产 1.2 亿元;营运车辆 746 辆,年营业收 1.3 亿元,年实现利税 500 多万元。主要经营:公路客货汽车运输、城市出租车服务、汽车配件销售、汽车维修、汽车综合性能检测、橡胶制品、汽车销售、石油液化气销售、宾馆、餐饮业、旅游业等 20 多个经营项目,是实现集团化、规模化经营的国有中型运输企业。公司被云南省交通厅、德宏州委、州政府评为文明单位、安全生产先进单位。

公司全体员工在省交通厅党组的领导下,在德宏州党委、各级政府的大力支持下,将用一流的服务,回报社会,为国民经济的发展,为国有企业的改革做出应有的贡献。

总经理、法定代表人:尹安尧

地址:云南省德宏州潞西市芒市团结大街 1 号

联系电话:0692-2121474

邮编:678400

云南省商业储运总公司

国家二级企业——云南省商业储运总公司,是云南省最大的商业储运专业化企业之一,连续十年被称为"重合同,守信用"企业。

公司成立于 1957 年。主要为商业物资和社会物资进出省提供接收、中转、发送和仓储服务,拥有铁路专用线 3 条,总长 930 多米,中转站台和储存仓库 6 万多平方米,年货运中转量 120 多万吨。

公司下设昆明公司、甸尾公司、汽车运输公司、经营公司、贸易公司等专业企业,并投资控股云南全库网络交易市场,开展货物中转、仓库储存、商品贸易、网络交易等业务。

近十年来,公司通过逐步深化企业改革,转变观念,狠抓内部管理,以市场为导向,调整经营结构,企业整体实力和管理水平不断提高,年货运中转量由原来的 70 万吨左右增长到 120 万吨,由于开拓以储运为依托的商贸等经营业务,年营业收入由原来的 400 万元左右增长到 1 亿元左右;10 年累计实现利润 7 123 万元,累计缴纳税金 3 200 多万元,到 1999 年公司总资产达 1.6 亿多元,相当于 10 年前的 10 倍。目前,公司正积极策划开展物流企业产业升级,未来公司将面临更大的发展机会。

公司原与省内外各界真诚合作,为促进云南省商品产、运、销一体化现代流通体系共同努力。

法定代表人:祖朝林

地址:昆明市北京路 383 号

电话:0871-3161615

邮编:650011

中介·咨询·服务业

云南东陆会计师事务所有限公司

公司的前身是云南东陆会计师事务所,成立于 1993 年,是云南大学举办,经云南省财政厅批准的社会中介机构,2000 年已完成改制。现具大中型国有企业、烟草企业审计资格;整体资产评估资格;司法鉴定资格;基建工程造价审计资格;会计专业(含电算化)培训资格等。

公司现有专业人员 50 余名,其中:注册会计师 28 名(含 2 名具有证券从业资格)、资产评估师 11 名、注册造价师 3 名、注册税务师 7 名、土地估价师 1 名。平均年龄 36 岁。具有高级职称 10 名(包括大学教授、副教授等)。

公司能为企业、事业单位和个人提供如下服务:各类审计、资产评估、清产核资、司法鉴定、工程造价预决算审计和咨询、企业改制方案设计、企事业单位财务管理咨询和制度设计、会计记账代理、常年财务顾问、债务重组咨询和方案设计等。

公司的宗旨是:中立、公正、诚信,以极大的热情和执业态度为客户提供最优质的服务。

法定代表人:李碧琼

地址:昆明一二·一大街 149 号(云南大学信息楼 4 楼)

电话:0871-5033620　5034737　5033832

0871－5034848
传真:0871－5034737
邮编:650091
Email:donlucpa@ public. km. yn. cn

云南云岭会计师事务所有限公司

云南云岭会计师事务所由云南国防科工办组建,成立于1988年12月。2000年3月经省财政厅批准,脱钩改制为云南云岭会计师事务所有限公司。公司拥有朝气蓬勃、刻苦敬业、多年从事财务审计、资产评估及工程造价咨询工作的专业人才68人。主要业务范围为各类企业的财务咨询、审计、资产评估、工程造价审计、注册资本验证、代理记账等。事务所全体执业人员愿为社会各界提供优质中介服务。

法定代表人:张素华
地址:昆明市大观路152号
电话:0871－5321199
传真:0871－5384071

云南同胜律师事务所

该所是云南省司法厅厅属律师事务所,全所现有5名专职律师,擅长办理民事经济纠纷案件、房地产案件、刑事案件,具有多年工作经验。该所十分重视律师队伍的思想、业务、作风建设,把与当事人的关系建立在诚信基础之上,提倡快速、严肃、扎实的工作作风,实行合理收费,接受群众监督,遵守律师职业道德和执业纪律,形象较好。

主任:刘清煜
地址:昆明市新闻路230号2楼
电话:0871－4113951

云南天赢会计师事务所有限公司

云南天赢会计师事务所有限公司现有注册会计师50人(其中6人具有证券业务资格),注册资产评估师18人,注册税务师11人;具有高级职称者12人,中级职称者48人。具有云南省财政厅批准的从事国有大型企业审计资格、整体资产评估资格;外商投资企业审计、验资资格以及烟草企业审计资格等。是目前云南会计服务功能最完善的会计师事务所之一。

云南天赢会计师事务所有限公司具有全新的管理体制,是年轻化、人才化的会计师事务所。该所牢固树立"以人为本,人才至上"的发展观念,拥有一支专业素质高、业务技能强,会微机、会外语、会独立操作、会公共关系和懂相关法律知识的"四会一懂"的人才队伍。创建以来,该所恪守"独立、客观、公正"的原则,以"一流的人才、一流的服务、一流的管理、一流的信誉"为宗旨,确保优质高效的执业水平,竭力协助和满足客户的需要。迄今为止,已为全省百余家企事业单位提供了各种综合会计服务,各项业务已辐射全省,面向全国,2001年已在曲靖设立了分所。

21世纪是知识经济腾飞的时代,是会计市场国际化的时代,云南天赢会计师事务所任重道远。他们将一如既往、不断完善,与各界同仁携手共进,为中国会计事业的发展作出贡献。

法定代表人:杨　勇
地址:昆明市昆铁得胜大厦B座20楼
电话:0871－3197299
传真:0871－3140752

云南光大会计师事务所有限公司

云南光大会计师事务所有限公司2000年3月"脱钩改制"为云南光大会计师事务所有限公司,现有执业人员91人,其中:注册会计师46人、注册资产评估师11人、注册税务师4人,高级会计师9人、会计师26人、高级工程师7人,其他经济类、工程类技术人员22人,有硕士研究生3人,大专以上学历53人。该公司业务规模不断扩大,为适应业务发展的需要,光大事务所下设国内业务、涉外业务、资产评估、税务代理、工程审计、业务咨询、指导、联络、培训等9个业务部及办公室,是一个具有活力、开拓进取、积极创新的现代会计师事务所。

经过多年的执业实践,建立了一套健全的、行之有效的执业方法、执业标准、行业自律的规章制度。严格遵守国家和财政主管部门制定的各项方针政策和制度,严格执行独立审计准则,按章办事,遵纪守法,坚持"信誉第一、服务第一、效率第一"的宗旨及"客观、公正、独立、保密"的原则,以较高的工作质量和服务质量,赢得了良好的社会声誉;连续三年被省财政厅考核评为先进事务所,多次受到主管部门的表彰和奖励;中国注册会计师协会在全国刊物上两次将光大会计师事务所列为全国的重点会计师事务所之一。

执业资格:《注册会计师法》规定的法定业务资格;整体资产评估资格;承办大、中型企业年度会计报表审计资格;承办世界银行贷款企业财务状况评价资格;中国人民银行、财政部批准可以从事城市商业银行、城市信用合作社及其联社、农村信用合作社及其联社、以及中国人民银行分行监管的信托投资公司、企业集团财务公司、金融租赁公司的金融相关审计业务资格；

业务范围：接受国内企事业单位、外商投资企业、中外合资、合作企业、私营企业的委托承办会计账务、会计报表审计、查证。验证企业、公司和其他经济实体注册资本及年检业务；

承办公司、企业、其他经济实体合并、分立、解散、破产清算的财务审计业务；

承办企事业单位法定代表人、行政负责人离任审计业务；

承办各类工程预、决算审计（核）及基建投资审核业务；

承办经济纠纷、经济案件鉴证业务；企事业单位和其他经济实体的资产评估（单项、整体）业务；国内外贷款项目的审计、财务评价业务；

承办财务会计、税务咨询、税务代理业务；

承办企事业单位财务顾问、财务制度设计、代理记账业务；

财会电算化及其他财务处理；

培训各类财会人员。

主任会计师：张家礼

地址：昆明东风东路62号9楼

电话：0871－3154169　3101405　3179669

昆明安泰会计师事务所有限公司

昆明安泰会计师事务所有限公司原名安宁会计师事务所，完成改制后，是具有审计、整体资产评估、工程造价咨询资质、会计专业培训的中介机构。

主要业务范围：财务及会计报表审计、验证投入资本、企业整体资产评估、工程预结算审核、担任会计顾问，提供财会咨询、承办企业解散、破产清算、培训财务人员、代理记账等。该所现有从业人员28人，其中：注册会计师14人（高级会计师5人）、注册资产评估师5人（高级工程师2人）、工程造价师5人、经济师及工程师4人。

"真诚、公正、客户至上"是他们的经营宗旨。

"热情、周到、优质服务"是他们追求的目标！

法定代表人：蒋本义（中国注册会计师）

地址：云南省安宁市湖滨路39号9幢

电话：0871－8691125　8695311　8699851

传真：0871－8697085

邮编：530300

云南耕耘会计师事务所有限公司

云南耕耘会计师事务所有限公司成立于1992年，现有员工39人，其中注册会计师12人，注册评估师7人，注册造价师6人，全部员工的学历均在大专以上，中、青年技术人员占全所人员的80%以上。经云南省审计厅、云南省财政厅、云南省建设厅等有关部门考核认定，该所具有国有企业审计查证、整体资产评估、工程造价咨询、工程预决算审计查证、注册资金验证等资质。建所多年来承担了在昆高校的基本建设预（决）算审计、标底编制、参与部分可行性研究、财务收支审计、干部离任审计、年终会计报表审计、专项审计等项工作，共完成各项审计项目数百个，审计总资产达数百亿元，仅工程预（决）算审计就为投资者节约上亿元。

法定代表人：米开先

地址：昆明市小菜园学府路2号

电话：0871－5191726

邮编：650223

云南中庆会计师事务所有限公司

云南中庆会计师事务所有限公司成立于1992年，是具有审计大中型企业、涉外企业、资产评估、基建工程预决算审计、会计专业技术培训、会计咨询、会计服务等资格的综合性事务所。

该所对所承办各项业务信守合同、实事求是、重视质量、讲求效率，并严格为客户保守商业秘密，曾多次被云南省财政厅、云南省人民政府三大检查办公室联合授予"先进集体"光荣称号；被原云南省国资局授予检查评比"优胜单位"称号。

在承办客户的有关业务中，如对吐哈油田（总资产100亿元）1998年度会计报表审计；玉门油田（总资产60多亿元）、江苏油田（总资产40多亿元）1999年度会计报表审计；1996年中保昆明公司分立为中保财险昆明分公司和中保人寿昆明分公司时，承办有关业务的会计鉴证；北海管道液化气工程决算审计等，均得客户信赖和好评。高质量的服务为事务所赢得良好的信誉，该所成为入住昆明市便民服务中心的惟一一家会计师事务所。

中庆会计师事务所现有会计、审计、管理、基建、房地产、机械、石油、化工、轻工、纺织等各类专业技术人员60余人，其中注册会计师24人，注册评估师7人，高、中级职称58人，大专以上学历53人。

法定代表人：杨银秀

地址：昆明市人民中路43号右弼大厦15楼

电话:0871－3626558　3645448　3645599
0871－3645598
传真:0871－3645599
邮编:650021

天一会计师事务所有限责任公司云南分公司

天一会计师事务所是经财政部批准,在国家工商行政管理局登记注册的跨省设立的有限责任会计师事务所,注册资本200万元。注册会计师203人,从业人员437人。下设云南分所、贵州分所、山东分所、河南分所及北京业务部。

天一(云南)会计师事务所是经云南省财政厅批准成立,并于2001年2月8日正式经工商登记并挂牌。现有从业人员102人,注册会计师41人、注册资产评估20人、注册税务师20人。

天一会计师事务所除具有《中国注册会计师法》规定的一般法定业务资格外,还具有财政部和中国证监会批准的从事证券、期货相关业务资格,财政部和中国证监会批准的证券资产评估业务资格,财政部和中国人民银行批准执行金融相关审计业务资格。并经国家大型企业工委推荐为可审计特大型企业的27家会计师事务所之一。天一(云南)会计师事务所享有天一会计师事务所的所有业务资格,为社会各界提供审计、财务、税务、工程造价及管理咨询等多项服务。他们将坚持独立、客观、公正的原则。以质量求信誉,以信誉求发展,竭诚为客户提供优质高效的服务。

负责人:王著琴
地址:人民中路36号如意大厦9楼、10楼
电话:0871－3648720　3645335
传真:3645939

云南兴华会计师事务所

云南兴华会计师事务所成立于1993年元月,能独立承担承办除上市公司以外的审计、评估、查账、验资咨询等注册会计师业务。1998年取得云南省国有资产管理局批准的整体评估资格和云南省财政厅批准的国有大中型企业审计资格。事务所曾独立承办云南省烟草公司下属楚雄州、大理州、文山州、思茅地区公司及下属烟草企业、云南农垦供销公司、云南正昌集团、云南旅游服务集团股份有限公司等大中型企业及积大制药公司、云南红酒业有限公司等外商投资企业的报表审计、资产评估业务。在已承办的上百项业务中,均未发生执业质量问题,深受顾客好评。经2000年事务所改制后,报省工商局注册登记成为有限责任事务所。

该所现有从业人员60余人,其中:注册会计师数36人,注册评估师和评估项目负责人18人。

法定代表人:陈德明
地址:昆明市东风西路197号
电话:0871－5335304

昆明精诚会计师事务所有限责任公司

KunmingJingchengCertifiedPublicAccountants

昆明精诚会计师事务所于2000年7月完成脱钩改制,注册登记设立有限责任公司。

公司下设4部1室(审计部、评估部、验资部、工程造价咨询服务部、办公室),现有注册会计师12人,注册资产评估师6人,造价工程师5人,注册税务师3人,各类专兼职技术人员28人,其中具有高级职称的9人,中级职称的16人。公司专业组织机构合理、知识技术密集,自脱钩改制以来,完成多项上亿元的企业整体资产评估和基建预决算审计。

公司以人为本,在精益求精、诚实信用、精诚团结、追求卓越的经营理念指导下正健康、快速地向前发展。

法定代表人:余琼华
地址:云南省昆明市民航路424号
电话:0871－7177714　7174241
邮编:650200

云南云达会计师事务所有限公司

云南云达会计师事务所有限公司是根据《中华人民共和国注册会计师法》,经省级财政机关批准,于1989年3月成立的会计师事务所,是具有法人资格,依法独立从事注册会计师业务,履行社会经济监督职能的中介机构。取得国家主管机关颁发的《执业证书》、《整体资产评估资格证书》、《外商投资企业有关业务资格证书》、《工程造价咨询资格等级证书》大型企业年度会计报表审计业务资格,以及土地增值税计税价值评估资格,从事金融相关审计业务资格。

该所现有专业人员60余人,其中具有高中级以上职称的专业技术人员占职工总数的95.3%。全所共有注册会计师30人(其中有证券执业资格1人),注册资产评估师10人,资产评估项目负责人8人,注册税务师6人,取得司法会计鉴定资质证书7人。

公司业务范围:财务审计、外资企业审计、基本建设投资审计、资产评估、金融相关审计、资金验证、司

法鉴定、咨询和培训等。

该所在执业中,恪守独立、客观、公正的原则,维护社会公众、客户合法权益;坚持“以质量求生存,以信誉求发展”的办所宗旨,视执业质量为事务所生存发展的生命线;增强风险意识,确保业务质量和规范化程度不断提高,树立了良好的职业形象。

法定代表人:谭克文

地址:云南省昆明市环城西路21号

电话:0871-5316249 13708713339

邮编:650031

电子邮件:ynydcpa@public.km.yn.cn

云南尚同律师事务所

云南尚同律师事务所是直属于昆明市司法局领导和管理的律师事务所之一。该所现有执业律师16人,另有实习律师、律师助理及行政人员9人。

该所律师曾承办过大量的诉讼和非诉讼案件,内容涉及到刑事、民事、经济、行政、金融、房地产、建设工程、知识产权等领域,所办案件中部分属重大、疑难案件,这些案件的办理都取得了较好的结果,得到了当事人的肯定。现在,该所律师仍担任着近十家企事业单位的常年法律顾问,还为一些企业和个人提供了大量的法律咨询服务,并与昆明人民广播电台都市调频一起开办了专栏法律资讯节目“与法面对面”。宣传和普及法律知识,提高全民的法律意识,促进国家的法制建设是该所将继续履行的职责。“真诚服务,回报社会”是该所的一贯宗旨。

主 任:陈婷芬

副主任:李 雪

云南云能会计师事务所有限公司

云南云能会计师事务所有限公司的前身是云能会计师事务所,成立于1991年7月,隶属于云南省电力工业局,2000年5月完成了脱钩改制,组建成现在的云南云能会计师事务所有限公司。

该所成立十年来,始终坚持“客观、公正、严谨、求实”和“质量第一、信誉第一”的宗旨,严格遵守有关法律、法规、合同的规定,建立了以电力行业为主要服务对象、辐射全省各行业的全方位服务体系。经过不断努力和发展,取得了整体资产评估、国有大中型企业审计、外商投资企业审计、工程咨询、基本建设项目竣工决算审计、项目可行性研究编制、税务代理等多项资格。

目前,事务所拥有注册会计师26人,注册资产评估师8人,注册税务师16人,注册造价师4人,工程技术专家8人,会计师及经济类专业人员8人,具有高级职称者占总人数的25%。另外拥有会计、评估、国有资产管理、预决算、机械、电子、土建、土地、房产、法律、翻译等方面的专家若干人。是一支具有较高执业水平和严谨执业态度的专业队伍。为众多客户提供了各项专业服务,切实维护了国家、客户及其投资者的合法权益,在公众心中树立起了诚信、效率、客观、公正的良好企业形象。

地址:昆明市拓东路94号东园大厦6楼

电话:0871-3150622 3150660

传真:0871-3196648

邮政编码:650011

电子信箱 Email:yncpa@km169.net

云南云新会计师事务所有限公司

云南云新会计师事务所有限公司经省财政厅批准,由成立于1992年的云南云新会计师事务所改制而成。事务所以“客观公正、严谨求实”为办所宗旨,以较高的质量服务社会为执业方向,9年来,全所人员勇于开拓,不断进取,建立了一支专业技术过硬的执业队伍和一套成熟、规范的执业程序,以优质的服务取得了良好的社会信誉。目前所内共有执业人员40人,其中注册会计师14人,注册资产评估师4人,具有高级职称的占20%,中级职称的占60%,是一支老、中、青相结合的富有活力的专业队伍。所内设审计查证部、资产评估部、验资部、业务指导咨询部、综合办公室。

业务范围:财务收支及会计报表审计、资产评估、注册资本的验证和年检、基建工程预决算审计、厂长(经理)离任经济责任审计、经济案件会计鉴定、财会及审计业务咨询服务。

法定代表人:蒋臣炳

电话:5335934

传真:5378795

云南中立会计师事务所

云南中立会计师事务所是1988年经云南省财政厅、云南省注册会计师协会批准,在原昆明市审计事务所脱钩改制基础上,重组设立的资深社会审计中介机构。目前已取得国家和省级有关部门颁发的国有企业审计查证、整体资产评估、司法会计鉴定、基建工程造价咨询以及工程预决算审计等从事多种业务的资格证书,服务区域遍及全省,与省内外众多的会计师事务所保持协作关系，能充分发挥社会审计的群体优势，在云南省具有较高声誉。

现有各类专业人员61人，其中高级工程师4人，高级经济师2人，高级会计师3人，注册会计师26人，注册资产评估师、土地估价师8人，工程师、会计师、助理（工程）会计师15人。

主要承办下列业务：财务收支审计、厂长（经理）离任审计、经济责任和经济案件的审计鉴证、资产评估、基建预决算和基建项目审计、会计报表审计、清理债权债务、担任企业财务顾问等。

法定代表人：罗　毅

电话：0871－3128490

传真：0871－3128490

云南云信会计师事务所

云南云信会计师事务所是在原邮电部统一安排部署下，由云南省邮电管理局组建成立的云南云信审计事务所改制而成的。该所原服务对象为全省邮电系统各企业，随着脱钩改制的完成，现在面向全社会进行中介服务。

该所的经营范围包括财务收支审计、经济效益、经济责任的查证、注册资金的验证和年检、基建工程预（结）算的审核、财务人员培训等。该所于1996年取得了省建设厅颁发的工程造价咨询乙级资质证书，在工程审计方面成绩显著。

法定代表人：孙素云

地址：昆明市东风东路125号邮电宾馆院内

电话：0871－3390918

传真：0871－3390918

禄劝通泰（联合）会计师事务所

禄劝通泰联合会计师事务所原名禄劝彝族苗族自治县审计师事务所，经云南省财政厅批准完成改制，是具有审计、工程造价咨询资质、会计专业培训的中介机构。

主要业务范围：财务会计报表审计；验证投入资本；工程预决算审核；担任会计顾问；提供财会咨询；承办企业解散、破产清算；培训财务人员；代理记账。

该所现有从业人员4人，其中：注册会计师2人（会计师2人）。

“真诚、公正、客户至上”是事务所的经营宗旨。

“热情、周到、优质服务”是事务所追求的目标！

法定代表人：张仕禄

地址：云南省禄劝县屏山镇粮贸招待所2楼8号

电话：0871－8914477

邮编：651500

昆明兴嵩会计师事务所有限公司

昆明兴嵩会计师事务所有限公司原名嵩明县审计事务所，完成改制后，是具有审计、工程造价咨询资质、国有企业审计查证资格的社会中介机构。

主要业务范围：接受委托承办审查验证财务账目报表；验证投入资本；工程预决算审核；提供会计业务咨询及培训；资产评估；担任会计顾问。

该所现有从业人员13人，其中注册会计师7人（高级审计师1人）

为您的事业提供有效的帮助——这是他们事业的奋斗目标。

法定代表人：马明顺（中国注册会计师）

地址：云南省嵩明县嵩阳镇兴云路26号

电话：0871－7911024

邮编：651700

曲靖鑫诚会计师事务所有限公司

曲靖鑫诚会计师事务所有限公司于2000年3月20日经云南省财政厅批准由原曲靖会计师事务所脱钩改制成立。在曲靖市工商行政管理局登记注册为有限责任的社会中介机构，能独立承办《中华人民共和国注册会计师法》规定业务，具有整体资产评估和审计国有大型企业有关业务资格的会计师事务所。

该所现有执业人员39人，其中注册会计师23人、注册资产评估师5人、注册税务师6人；有高中级职称的30人，其中高级职称10人、中级职称20人。内部机构设有综合部、审计业务部、资产评估部、工程造价咨询业务部和培训咨询部。

多年来，该所在承办各种业务中，始终坚持独立、客观、公正和实事求是的原则，为社会各界提供优良的服务，由于树立了良好的社会信誉，从1998年起曲靖市烟草系统的各项业务基本是该所承办，该所有承做烟草系统各类业务的经验和能力。

地址：曲靖市南城门外

电话：0874－3212728　3211138

传真：0874－3211138

邮编：655000

曲靖新光（联合）会计师事务所

曲靖新光（联合）会计师事务所，前称为曲靖市审计事务所，成立于1989年8月28日，2000年3月改制后称为曲靖新光(联合)会计师事务所,享有原曲靖市审计事务所的全部执业资格。能承办《注册会计师法》规定的全部业务。

该所现有执业人员18人,其中主任会计师1人、注册会计师6人、注册审计师6人、建筑工程师2人、项目负责人2人、外聘各种专业技术人员高中级4人、具有司法鉴定资格人员2人。机构内设业务部、查证部、服务部、办公室,各部室负责人均由具有双资格并从事审计工作8年以上人员担任。

地址:曲靖市南宁北路14号

电话:0874－3120493

邮编:655000

宣威广信(联合)会计师事务所

宣威广信(联合)会计师事务所是2000年3月由原宣威会计师事务所脱钩改制成立的社会中介机构,承办财务收支审计查证、资金验证、会计报表审计、资产评估、解散清算、培训财会人员、基本建设项目预、决(结)算审计等。

内部设有审计验证部、资产评估部、基建预决(结)算审计部、咨询培训部等。

该所在承办业务中,始终坚持独立、客观、公正和实事求是的原则,为社会各界提供服务。

主任会计师:周均良

地址:宣威市榕城镇城双路北段

电话:0874－7137533

邮编:655400

富源金城会计师事务所有限公司

该所由原富源县审计事务所改为富源金城会计师事务所有限公司(证书编号53220059)。是实行“有偿服务、自收自支、依法纳税、自负盈亏、自我约束”的企事业单位。注册资金30万元,内设验资部、查证部、基建部和办公室,从业人员20人,其中注册会计师5人,注册造价工程师1人,审计师1人,基本建设概预算资格证5人,助理会计师2人,为拓展业务,扩张服务渠道,提高服务质量,增强执业公信度奠定了基础,事务所现主要从事以下业务:财务咨询、审计、核验注册资金,基本建设预(结)算审计、财务、审计业务培训,担任审计、会计、财务顾问,经济责任审计。

作为社会主义市场经济的产物,实践证明,该所在对富源县市场经济的建立、规范、发展过程中发挥着不可替代的服务、监督、沟通、协调作用,为加快国有企业改革步伐,加大经济结构调整力度提供独立、公正、客观的高质量、高效率中介服务。近几年来,该所紧跟时代步伐,抓住机遇、深化改革,执业队伍和社会影响逐年扩大,对外交往日益频繁,为推动富源县经济建设和保证社会经济秩序发挥了重要作用。

主任会计师:贺福道

地址:云南省富源县中安胜境大街中段

电话:0874－4612693

邮编:655000

罗平九龙(联合)会计师事务所

罗平九龙(联合)会计师事务所是经云南省财政厅批准成立的。现有执业人员4人,其中:注册会计师2人,注册资产评估师1人,注册造价工程师2人。具有执行注册会计师法定业务,查证国有企业审计资格,经济案件鉴定、验资、审查会计报表,建账、建制、资产评估、工程预决算审计和经济往来查证等法定业务资格。

该所具有全新的管理体制,牢固树立“以人为本、人才至上”的发展观念,拥有一支专业素质高、业务技能强、会微机、会外语、能独立操作,懂相关法律知识的人才队伍。创建以来,该所恪守“独立、客观、公正”的原则,以信誉第一、质量第一、服务第一为宗旨,确保了优质高效的执业水平,竭力满足客户的需要,迄今为止,已为罗平县几十家企事业单位提供了各种综合会计服务,各项业务已辐射全县,面向全地区,如师宗、陆良都来该所办理业务。

法定代表人:孔益仙

地址:罗平县文笔路16号银茂花鸟市场(原人民银行)305号

电话:0874－8224746

陆良同乐会计师事务所有限责任公司

陆良同乐会计师事务所有限责任公司,现有执业人员15人,其中:注册会计师6人,注册资产评估师2人、注册造价工程师2人、注册税务师2人。执行注册会计师法定业务。业务范围:各类企业资产评估、财务收支审计、验资、基本建设项目竣工预、决(结)算审计、经济管理咨询、案件鉴定、建账建制咨询及其他法定业务。

陆良同乐会计师事务所有限责任公司具有全新的管理体制,牢固树立“以人为本,人才至上”,争创信誉质量,服务水平一流的发展观念,拥有一支专业素质高、业务技能强、会微机、懂相关法律知识及外语运用强的人才 队伍。该所恪守“独立、客观、公正、公开、公平、诚实信用”的原则。以信誉第一、质量第一、服务第一为宗旨,确保优质高效的执业水平,竭尽全力完成客户的委托要求。

法定代表人:高建桥

地址:陆良县城东门街23号(陆良县人民政府大院内)

电话:0874－6220598

云南玉溪永信会计师事务所有限公司

公司的前身云南玉溪红塔审计事务所,成立于1993年,是由云南省玉溪市红塔区审计局创办的社会中介机构,2000年已完成改制。现具有中小型国有企业审计资格;单项资产评估资格;乙级基建工程造价编审资格。

公司现有专业人员20余名。其中:注册会计师7名、资产评估师1名、注册造价工程师3名、土地估价师1名。平均年龄35岁。具有高级职称4名。

公司能为政府、企业、事业单位和个人提供如下服务:各类财务审计、资产评估、清产核资、基建工程预结算编审和咨询等、注册资本金审验、常年财务顾问等。

公司的宗旨是:客观、公正、诚信;以热情、严谨的执业态度为客户提供最优质的服务。

法定代表人:李继荣

地址:云南省玉溪市东风中路方圆楼4楼

电话:0877－2061729　2061949　2064258

传真:0877－2061728

邮编:653100

绥江瑞亨会计师事务所有限公司

公司的前身绥江县审计事务所和绥江会计师事务所,分别成立于1993年12月和1995年7月,是由绥江县审计局和财政局举办的社会中介机构,1999年3月合并为绥江瑞亨会计师事务所。于2000年3月完成脱钩改制。

公司现有专业人员10名,其中:注册会计师5名、工程师2名、高级会计师1名、会计师2名。

公司为企业、事业单位和个人提供如下服务:

验证注册资本,审查会计报表、各类离任审计,财务收支查证,评估企业资产,司法会计鉴定,承办清算解散,基建工程审计,财务人员培训,企业改制建制。

公司的宗旨是:客观、公正、公允、诚信,以极大的热情和认真负责的执业态度为客户提供最优质的服务。

法定代表人:黄开全

地址:绥江县中城镇县府街2号(绥江县供销社大楼3楼)

电话:0870－7624268

邮编:657700

楚雄中大会计师事务所有限公司

楚雄中大会计师事务所有限公司前身为楚雄会计师事务所,是专门 从事财务审计资本验证、资产评估、基本建设预决算审计、财会人员培训、财会咨询、纳税代理、司法会计鉴定等全方位的社会中介服务机构。

楚雄中大会计师事务所有限公司现有注册会计师13人、注册评估师3人、工程造价师3人、高级工程师3人、会计师10人。为适应市场经济的发展需要,广集彝州各界人才,特邀外聘有会计、经济、建筑、机械、机电、土地等各类高级、中级职称以上的专业技术人才30多人,具备资产整体评估资格,涉外(三资企业)业务的查账验证资格,大中型企业年度会计报表审计资格,基建工程预决算审计资格,企业工资内外收入监督检查资格,会计人员培训资格,是一支实力雄厚,具有一定专业技术水平和权威的会计、经济等专业人才聚集的队伍,是楚雄州规模较大的会计师事务所。

楚雄中大会计师事务所有限公司服务宗旨:热忱服务,质量第一,客户至上;执业原则:客观、公正、独立、求实。

竭诚欢迎社会各界到该所联系办理业务!

主任会计师(法定代表人):刘春华

地址:楚雄市北浦路104号

电话:0878－3124857　3122542　3142200

邮编:675000

红河大成会计师事务所有限公司

红河大成会计师事务所是由改制前的滇南富通、建水、石屏、泸西、屏边、金平、元阳、红河8家审计事务所,经省财政厅批准脱钩改制后,合并成立的有限责任事务所。是红河州具有一定规模的社会中介服务机构。

公司现有执业人员61人,其中:注册会计师16名,注册资产评估师2名,项目负责人4名;中级以上职称36名,大专以上学历48名。现具有整体资产评估资格、年度会计报表审计资格、司法会计资格、基建工程预(决)算审计资格。

公司以“服务第一、质量第一、信誉第一”为企业、事业单位和个人提供如下服务:资产评估、清产核资、审计查证、验证资本、司法会计鉴定、建账建制、咨询服务等。

他们以独立、客观、公正为办所宗旨,以热情、优质、诚实、谨慎的执业态度为广大客户服务。

法定代表人:解水萍

地址:个旧市川庙街15号

电话:0873-2138838 2139722

邮编:661000

蒙自瀛洲会计师事务所有限公司

1993年4月成立的“蒙自审计事务所”于1999年脱钩改制为“蒙自瀛洲会计师事务所”,是从事经济鉴证服务的中介机构。

蒙自瀛洲会计师事务所有限公司拥有注册资本30万元,有取得执业资格的注册会计师、注册资产评估师和丰富工作经验的会计师、高级经济师、高级工程师等专业技术人员18人,并具有良好的办公环境和社会信誉。

蒙自瀛洲会计师事务所有限公司,本着务实的工作态度,坚持独立、客观、公正的工作原则,承办财务报表及财务收支审计、注册资本金验证、抵押贷款资产验证和评估、改制企业整体资产评估、基本预决算编制和审核、司法会计鉴定、财务咨询等项目,为客户提供优质服务。

蒙自瀛洲会计师事务所全体员工在今后的岁月中将团结奋进,努力工作,致力服务于社会各界。

法定代表人:周 洪

地址:云南蒙自安宁街12号

电话:0873-3642811 3642203

邮编:661100

弥勒县立信会计师事务所有限公司

公司的前身是弥勒县审计事务所。成立于1994年12月,于2000年4月脱钩改制为社会中介机构。

公司现有专业人员8人,其中注册会计师3人。

公司执行《中华人民共和国注册会计师法》赋予的执业职责,为企业、事业单位和个人提供如下服务:

注册资本验证、会计报表审计、基建工程决算审计、财务收支审计、查证、税务代理、企业破产清算、企业清产核资、财务人员培训、企业财务建章建制、管理咨询、常年会计顾问、会计记账代理等业务。

公司的宗旨是:公正、公允、求实、诚信,以极大的热情和认真负责的执业态度为客户提供最优质的服务。

法定代表人:朱保寿

地址:弥勒县弥阳镇桃园路31号

电话:0873-6133384

文山安信会计师事务所有限责任公司

公司的前身是文山会计师事务所,成立于1993年,现具大中型国有企业、三资企业审计,整体资产评估,司法鉴定等执业资格。

公司现有专业人员36名,其中:注册会计师13名、资产评估师3名、注册造价师1名、注册税务师2名。平均年龄36岁。

公司为客户提供如下服务:各类审计、资产评估、清产核资、司法鉴定、工程造价预决算审计和咨询、企业改制方案设计、企事业单位财务管理咨询和制度设计、会计记账代理、常年财务顾问、债务重组咨询和方案设计等。

公司的宗旨:以质量求生存、以信誉求发展。

公司的精神:团结、进取、优质、高效。

法定代表人:梁远正

地址:文山县普阳路州经贸委1~2楼

电话:0876-2183890 2185457 3120808
0871-7624333 6125585 7128015

邮编:663000

云南思茅思联会计师事务所有限公司

思茅思联会计师事务所于1999年在原思茅地区审计事务所基础上脱钩改制为有限公司,下设澜沧、孟连、景东、镇沅4个分所,共有注册会计师12人、资产评估师1人、工程预算决算工程师3人,其他专业人员12人。主要执业范围:为国有企事业单位、股份合作制、集体、私营、中外合资、外商独资企业和个人进行会计报表审计、工程竣工结算审计,会计咨询,代理记账,司法会计鉴定,破产清算,验资等。工商注册资金34万元。法定代表人(所长)中国注册会计师、省注册会计师协会理事程克敏热忱欢迎社会各界和朋友前来洽谈业务。

法定代表人:程克敏

副主任会计师:郭丽英 白仲明

地址:思茅市环城西路257号

电话:0879-2123200

手机:13033315299

思茅诚挚会计师事务所有限公司

思茅诚挚会计师事务所有限公司原为思茅会计师事务所,成立于1989年6月。2000年3月经云南省财政厅批准,改制为思茅诚挚会计师事务所有限公司,在普洱设有分所。具有注册会计师法定业务执业资格和整体资产评估资格。

该所现有各类专业人员25人(含普洱分所),其中注册会计师12名、注册资产评估师5名、业务助理人员8名。有高级会计师2名、会计师12名、高级农经师1名、讲师1名、工程师4名。

业务范围:年度会计报表审计;注册资本金验证;资产评估;经济责任审计等其他审计业务;基本建设预决算审计;培训;代理记账、担任会计顾问、会计咨询等;其他法定业务。

该所的宗旨是:公正、公允、求实、诚信,以极大的热情和认真负责的执业态度为客户提供优质的服务。

法定代表人:李树清

地址:思茅市振兴路建设巷

电话:0879-2122374

传真:0879-2143111

邮编:665000

墨江通达(联合)会计师事务所

墨江通达(联合)会计师事务所原为墨江审计事务所,成立于1992年3月。于1999年脱钩改制,并于2000年3月,改称"墨江通达(联合)会计师事务所",享有原墨江审计事务所的全部执业资格,改制后的事务所为合伙制事务所。

业务范围:审计咨询、财务业务审计、国有企业审计查证、资产评估、验资服务、基本建设工程预(决)算。

墨江通达(联合)会计师事务所有注册会计师3人、注册资产评估师2人、持云南省概预算资格证工程师2人、助理工程师2人、从业人员4人。该所持有:执业证书、资产评估资格证书、工程造价咨询资质等级证书。

合伙人:王立章　罗以运　张晓荣

金发唐　冯云杰

地址:墨江县城新建路10号

大理振兴会计师事务所有限公司

大理振兴会计师事务所有限公司于2000年由原大理市审计事务所改制成立的社会中介组织。目前有中国注册会计师9人、中国注册资产评估师2人、高级会计师1人、机械、运输、电气、建筑高级工程师4人、化工、建筑工程师3人、地价评估师、房地产评估师2人。该所坚持"质量为本、信誉至上"的执业宗旨,恪守"独立、客观、公正、保密"的审计原则,以良好的职业道德和专业技能全心全意为客户服务。维护社会公众利益和委托者的合法权益,按《独立审计准则》及《中国注册会计师法》等法律、法规,执行审计业务。承办业务所出具的审计报告具有法定公证作用,并对外承担相应的民事责任。

执业范围:年度报表审计、资产评估、财务收支等审计和效益审计、工程预决算审计、抵贷款验证、经济案件鉴定、会计、审计咨询及人员培训、建账、建制和企业终止、破产清算、税务代理等业务。

该所坚持质量第一,服务第一,信誉第一的业务方针,实事求是,客观公正,愿与社会各界通力合作,精诚执业,谋获成果,共创一流。

法定代表人:李国萍

地址:云南省大理振兴街振兴联贸大厦

电话:0872-2196116　2120171

邮编:671000

大理聚诚会计师事务所有限公司

大理聚诚会计师事务所的前身是大理州审计师事务所,始建于1988年12月。2000年脱钩改制,改制后经工商注册为"大理聚诚会计师事务所有限公司",注册资本金50万元,办公地址在大理市下关建设东路94号。同时,在祥云县设立分所。

改制后拥有专职人员30人,兼职6人,其中:高级职称8人,中级职称19人。中国注册会计师12人,中国注册资产评估师3人,资产评估项目负责人4人,注册工程造价师1人,司法会计鉴定人3人。专业门类齐全,能适应市场经济发展的需要。

注册资质有:国家审计署核发的《国有企业审计查证资格证书》,云南省国有资产管理局核发的《整体资产评估资格证书》,云南省建设厅核发的《工程造价咨询等级资质证书》(乙级),云南省高级人民法院核发的《司法鉴定人资格证书》,为开拓业务具备了法律性条件。

业务范围:财务收支、经济效益、经济责任审计查证事项,经济案件鉴定事项,基本建设工程预算、结算、决算审核事项,资产评估,注册资金验证,破产清算审计,审核会计报表,查证会计账目,建账建制,清理债权债务事项,担任财务、会计、审计和经济管理咨询顾问等。

建所以来,承办各类业务总计6 205项,审计查证总额86.91亿元,执业过程中,遵守职业道德,坚持"信誉第一、质量第一、服务第一"的宗旨,取得了较好的社会效益和经济效益。在社会上树立了良好的中介机构形象,受到社会各界的信任和赞誉,服务业务由一般的临时委托发展为固定委托和行业系统委托,促进了事务所的发展壮大,服务业务不断拓宽,服务覆盖面由州内延伸到丽江等地区,审计业务和项目结构逐步形成向高起点、高层次发展的格局。

云南安宁正宇会计师事务所有限公司

云南安宁正宇会计师事务所有限公司的前身是安宁市审计事务所。按照中介机构脱钩改制的有关精神和规定,安宁市审计事务所改制为云南安宁正宇会计师事务所有限公司,并在云南禄丰县设立分所,该分所名称为云南安宁正宇会计师事务所有限公司禄丰分公司。

公司拥有从业人员34人,其中:注册会计师15人、注册资产评估师4人、工程师12人、助理人员3人。具有审计、验资、工程造价咨询、资产评估等资格(质)。内部设有:所长办公室、工程审计部、审计查证部、验资部、资产评估部、微机室、档案室等机构。

业务范围:审查企业会计报表,出具审计报告;验证注册资本,出具验资报告;办理企业合并、分立、清算事宜中的审计业务,出具有关的报告;办理法律、行政法规规定的其他审计业务,出具相应的审计报告;担任会计顾问、提供会计咨询、财务、税务和其他经济管理咨询;资产评估;工程造价咨询。

联系人:刘建国　张祖荫　杨明秋　张　凡

地址:安宁市金方路73号

电话:0871－8693002　8687171

德宏求实会计师事务所有限公司

公司的前身是德宏会计师事务所,成立于1991年11月,是由德宏州财政局设立,经云南省财政厅批准的社会中介机构,2000年4月完成脱钩改制。

公司现有专业人员20名,其中:注册会计师7名、土地估价师2名、高级工程师2名、工程师4名、会计师5名。

公司能为企业、事业单位和个人提供如下服务:

注册资本验证、会计报表审计、基建工程审核、财务收支查证、税务业务代理、经济效益评价、企业破产清算、经济责任审计、涉外企业验证、经济案件鉴定、财务人员培训、企业建制改制、财会管理咨询、常年会计顾问、会计记账代理、管理制度设计。

公司的宗旨是:公正、公允、求实、诚信;以极大的热情和认真负责的执业态度为客户提供最优质的服务。

法定代表人:张兴洲

地址:潞西市芒市镇青年路37号(德宏州财政局院内)

电话:0692－2121103

传真:2121103

德宏永兴(联合)会计师事务所

该所的前身是由德宏州审计局主管的德宏州审计事务所,成立于1989年9月。2000年2月顺利完成审计事务所的脱钩改制工作,成立了"德宏永兴(联合)会计师事务所"。

该所现有专业人员26名。其中:中国注册会计师5名、资产评估师2名、土地估价师2名、建筑工程师4名、机械师1名、汽车高级技师3名、高级农艺师1名、农艺师1名、会计师8名。

该所能为企业、事业单位和个人提供如下服务:

1. 资产评估(整体、单项);2. 工程预决算编审;3. 验证企业资本;4. 审计查证;5. 会计审计咨询服务;6. 审查企业会计报表;7. 经济案件鉴定;8. 培训财会人员;9. 法律、行政法规规定的其他审计业务;10. 电算化会计及电脑化管理培训,包括代为采购电脑及软件、安装、咨询服务等。

该所的宗旨是:公正、公平、公允、诚信、实事求是,以极大的热情和认真负责的执业态度为客户提供最优质的服务。

法定代表人:段　萍

地址:潞西市芒市镇青年路34号(德宏州纪委大院内)

电话:0692－2123573

传真:0692－2123573

盈江中元会计师事务所

盈江中元会计师事务所成立于1993年,2000年3月脱钩改制为"自主经营、自担风险、自我约束、自我发展"的社会中介机构,事务所类型为有限责任,注册资本35万元。下设盈江中元会计师事务所瑞丽分所。

建所近十年来,为政府、社会各行业提供了优质的社会中介服务。现有从业人员17人,其中:注册会计师12人、注册评估师2人,具有整体资产评估、外商投资企业审计等资格。主要业务范围:财会咨询、财务审计、资产评估、资本验证、会计培训、销售会计资料、其他财会审计。

在新世纪里,事务所将以更精的业务,更高的质量服务于社会。

法定代表人:周树芹

地址:云南省盈江县平原镇永胜路文化巷1号

电话:0692－8180986

云南丽江意诚会计师事务所

丽江意诚会计师事务所有限公司是原丽江地区审计事务所经"脱钩改制"依法设立。该所具有一定的专业技术力量,依法从事注册资本验证、会计报表审计、财务收支审计、经济责任和经济案件的审计、鉴证、基建工程预结(决)算审核、经济会计咨询、代理会计业务和会计顾问,以及《注册会计师法》规定的其他经济鉴证类法定业务。

丽江意诚会计师事务所有限公司始终严守服务第一、质量第一、信誉第一的信念,坚持独立、客观、公正的原则,竭诚为社会各界服务。

丽江意诚会计师事务所有限公司将继续发展专业技术力量,不断提高服务质量,树立良好的中介组织形象,为本省本区的社会经济发展提供优质服务,作出应有的贡献。

法定代表人:王洪全

地址:云南丽江县大研镇雪山中路丽房商厦4楼

电话:0888－5123350

手机:13708826406

传真:0888－5123350

邮编:674100

怒江云峡会计师事务所

怒江云峡会计师事务所前身为"兰坪县会计师事务所",组建于1996年,从事财务收支、年度会计报表、财务清算、专项经济项目、企业年检审计及资产评估等业务。执业范围着重在怒江州兰坪县境内,为市场经济服务。

该所从组建以来坚持解放思想、实事求是、开拓创新,认真贯彻执行党和国家的方针政策,牢固树立服务意识,加强注册会计师队伍建设、提高服务质量、完善会计师事务所管理体制、巩固行业清理整顿、脱钩改制成果。在政府宏观调控下,强化行业自律管理、讲求职业道德、树立行业形象、加大业务监管力度、提高执业质量和水平,为怒江州经济的快速健康发展和西部大开发作出贡献。

法定代表人:杨光裕

地址:怒江州兰坪县人民路3号

电话:0886－3211860

邮编:671400

维西阳光(联合)会计师事务所

改制以来,他们认真学习党的方针、政策、十五届六中全会精神,学习江泽民同志的"七一"重要讲话,以邓小平理论为指导,以"三个代表"思想为动力,不断加强对"注册会计师法"、"会计法"、"独立审计准则"的学习,提高风险意识,加强执业道德,在执业过程中坚持以质量求生存,以优质服务求发展,团结一致,共同努力,勤奋工作,在2001年度共完成各项委托业务28项。

在新的征途中他们更加紧密地团结在以江泽民同志为核心的党中央周围,坚持四项基本原则,坚持改革开放,以实际行动迎接党的十六大胜利召开。转变观念,迎接入世后新机遇和新挑战,把会计师事务所办成全心全意为社会主义市场经济服务的中介组织而努力奋斗。

法定代表人:杨顺才

地址:维西县保和镇小平街23号

电话:0887－8628080

云县中誉有限责任会计师事务所

该所的前身是云县审计事务所,于1991年成立,2000年3月完成脱钩改制,并在耿马、双江两个县设立分所。

该所目前从业人员25人。其中:注册会计师11人、注册评估师1人、工程师4人、具有建设工程概预算资格6人、其他3人。

该所根据《中华人民共和国注册会计师法》的规定,为客户提供如下服务:

注册资本验证、基建工程审计、财务收支审计、经济责任审计、承包经营者责任制审计、资产评估、会计报表审计、经济案件鉴定、单项查账、企业破产清算、企业建制改制、常年会计顾问、会计、财务、税务和经济管理咨询、会计记账代理。

该所的宗旨是:客观公正、严谨求实。以质量、信誉、服务为第一,以极大的热情和认真负责的执业态度为客户提供优质的服务。

法定代表人:周希唐

地址:云县爱华镇打铁街1号

电话:0883－3211843

传真:0883－3211843

云南东风律师事务所

云南东风律事务所是由云南省律师协会和云南省法学会共同领导的民办法律事务所,于1988年7月1日在昆明东风西路182号2楼正式成立,1994年改制为云南东风律师事务所。

地址:昆明市中心东风西路182号

电话:0871－3625328

深圳亨瑞信息咨询服务有限公司昆明办事处

加拿大亨瑞国际咨询集团总部设在加拿大首都渥太华,在联邦政府注册,是加拿大颇具影响、享有盛誉的专业移民咨询事务所之一,得到了加拿大外交部和中华人民共和国驻加拿大使馆对于该事务所经营状况和资信程度的认可。亨瑞事务所在全球各地的办事处严格遵守所在国家和地区法令法规,得到了当地官方的认可和支持。亨瑞事务所在中国各地设立的办事处,严格遵守奉公守法的原则,通过了中国各级政府机关极其严格的审批,为中国客户提供中、加两国充分有效的法律保障。

亨瑞提供的服务内容:

★加拿大、新西兰、澳大利亚各类移民签证

★独立技术移民、投资移民、企业家移民、自雇移民、家庭团聚移民探亲签证、学生签证、在加拿大注册公司、工作签证、旅游签证

★受理各类移民拒签案上诉

★合法办理规避移民监的返加证等相应手续

★移民后接机、住宿、安家、就业、发展等全套服务

法定代表人:邹　平

地址:昆明市青年路448号华尔顿大厦2518室

电话:0871－3159221　3159217

网址:www.henryglobal.com.cn

Emai:kunming@henryglobal.com.cn

昆明万力通地产评估有限公司

公司是2000年6月由原昆明市西山区地价评估事务所脱钩改制成的中介服务机构。

公司持有由云南省国土资源厅颁发的国家B级《土地估价机构资格证书》。

主要从事:地价地产评估/基准地价测算/地产投资效益分析/课税/司法仲裁/地产政策、法规、信息、地产手续咨询/代理、代办土地手续及其他需要进行评估的事务。

公司秉承客观、公正、科学的原则,热忱为社会各界提供优质、高效的服务。

法定代表人:孙向阳

联系人:陈　桓　13888238887

陈　刚　13888230166

地址:昆明西二环路西山区土地管理局办公大楼5楼

电话:0871－8227847　8185332　8229667

传真:0871－8229667

邮编:650118

E－mail:kmwaniton@km169.net

昆明市同力建设工程咨询有限公司

公司成立于1999年10月,是经昆明市建筑业管理局批准成立的一家自收自支、职能完善的中介服务有限责任公司。

公司是以专业技术人员为主要技术力量,从事建设工程招投标代理、预决算编制、审查、监理、技术、财务的咨询服务实体。公司设有工程招标投标代理部、工程造价部、综合经营部。现有员工41人,其中:高级工程师3人、高级经济师1人、工程、经济、会计师22人、助师15人,公司员工绝大多数是多年从事工程造价管理、工程造价编制工作的专业技术人员,有扎实的专业理论基础、丰富的实践经验和熟练掌握有关工程施工招标投标的法律、法规。

公司自成立以来,已接受各方委托招标代理、编、审工程项目若干。经公司代理招标的项目有:云南无线电厂职工住宅、建安房地产开发经营公司春晖三期住宅工程、昆明市经济开发区商务中心、昆明市公安高等专科学校三位一体综合楼工程等项目。诸多标底编制、投标预算、结算等准确率高达98%以上,得到了业主及委托单位的好评。

公司在总结各工程造价咨询机构的管理经验的基础上,形成了一整套快速、高效的管理方法及规范完善的招投标代理、工程的预、决算等一系列工作程序,公司凭借雄厚的人才实力、规范的办公自动化管理及一整套切实可行的管理措施,得以保证公司的各项工作顺利进行。

“以质求信、以信求存、以速求胜、以技创新、以实为本”是公司的服务宗旨;“公开、公平、公正”是公司服务的承诺,希望得到各界朋友的支持帮助与合作。

法定代表人:苏丽萍

地址:东风东路47号建筑大厦22楼

电话:0871－3132484
邮编:650041

云南省公路工程监理咨询公司

公司是在云南省重点公路建设指挥部基础上成立的交通部、建设部甲级监理咨询单位,拥有甲级工程造价咨询和一级试验室资质证书。

公司于1993年9月在云南省工商局依法注册登记,注册资金532万元。主要从事各类型公路工程和桥梁、隧道的建设监理工作。

公司成立以来,共承接各等级公路、独立大桥、交通工程监理项目及工程招标工作等60多项,其中近8年内完成的监理项目均被评为优良工程。先后荣获交通部"全国交通系统先进监理单位"、"1999～2001年全国公路建设质量年活动优秀单位"和建设部"全国先进监理单位"以及云南省交通厅、建设厅等授予的各种荣誉称号10多项,并连续5年被评为昆明市文明单位,取得良好的经济、社会效益。于2000年11月又通过ISO9002国际质量体系认证,在此基础上建立起完善的、运行有序的质量保证体系,得到各监理服务项目业主的好评。该公司将秉承守法、诚信、公正、科学的宗旨,以谨慎勤奋、科学规范的工作态度继续为公路建设事业做出贡献。

法定代表人:王　康
地址:昆明市华山南路103号
电话:0871－3622238
传真:0871－3622238
邮编:650021
E－mail:yngljlgs@public.km.yn.cn

昆明诚信建筑工程咨询有限责任公司

昆明诚信建筑工程咨询有限责任公司于1994年由昆明市建筑设计院和昆明市外经委下属的昆明对外经济贸易发展公司投资200万元合股成立的,是一家以建设监理为主,含工程托管、建设项目前期策划、技术咨询等技术服务的公司。

公司遵循"以诚待人、以信为本"的经营方针,以"高效率、高速度、服务优质、真诚、求实、创新"为宗旨。集中了一批来自各大专院校、科研及施工生产第一线的高、中级优秀专业技术人员及管理人才,建筑、结构、水电、安装、概预算、经济等各专业配套齐全。

公司先后承接了"绿洲大酒店"、"世博会场馆"、"昆美大厦"、"集大广场""船房小区"、"阳光花园三期昱苑"、"教育花园"、"思茅电信枢纽楼"、"安泰花园"、"盘龙区人民检察院办公楼及职工住宅"等一系列高层及住宅小区、综合楼工程的监理,以及"通信基地"(含泰丽国际大酒店)超高层写字楼的工程项目建设总托管工作。在合作中,以诚恳、认真、负责的工作态度受到了社会的好评,获得了理解与信任。他们将以真诚的"现在"去迎接美好的"未来"。

法定代表人:张元坤
地址:昆明市新迎小区白龙路226号
电话:0871－3327853　3327846
邮编:650233

云南联华咨询有限公司

公司于2000年10月成立,主要从事专业代理、商务投资咨询、生化开发代理,为美国金融桥投资公司中国西南三省一市区域总代理,注册资本额100万人民币。

主要经营项目:

1. 中成药、草药及少数民族用药、健康食品、用品之开发、代理、贸易。

2. 项目中介及操作:

★接受海外、云南省外公司、客户之委托,在云南省寻找合适、对口的投资项目,并依客户要求代为操作前期作业。

★接受云南省内各公司、发明人、客户之委托,代为寻找合适之投资、经营伙伴或买主,并依客户要求代为操作前期作业。

3. 专项代理:

★接受客户对专业范围之委托,操作代理业务。

★代客户寻找云南地区或省外、海外地区之合适代理、经销商。

4. 投资及商务咨询服务:

★提供关于云南省投资政策、环境、项目、操作流程等咨询服务。

★针对委托项目提供市场调研、项目可行性研究报告、项目论证、项目建议报告。

5. 人力资源开发:

★为客户寻找适合之人力资源。

★为客户培训及开发既有人力资源。

地址:中国·云南·昆明市白塔路387号星耀大厦10楼1006室
电话:0871－3123396　3123509
传真:0871－3123552
邮编:650021
E－mail:linkbio@link－bio.com

昆明诚通税务咨询有限责任公司

经营范围：有关税收政策、法律、法规和涉税事宜等方面的咨询服务；企业经营管理方面的咨询服务；承办财务会计业务；对财会及办税人员提供业务辅导服务；受聘担任税务顾问和常年全面办理税务事宜。

法定代表人：马　蜥

公司经理：佘兴年

公司地址：昆明市环城西路139号

电话：0871－5353178

邮编：650032

业务部地址：昆明市永安路75号

电话：0871－3510589　3510590　3519957

邮编：650011

昆明伟业餐饮管理服务有限责任公司

想开一家餐厅或酒楼，你却不知从何下手，或你现在经营的酒楼遭遇困难，你不必困扰，由专业公司来帮你解决问题。伟业餐饮管理公司拥有经验丰富的人才，由香港专业人士为你提供业务咨询、人员培训、经营管理，欢迎垂询。

地址：昆明市人民东路93号金泉大酒店5楼

电话：0871－3196888－5701

邮编：650000

中国工商银行建水县支行

建水县支行在总行、省、州分行和县委、县政府及县人民银行的领导下，以邓小平理论、江泽民总书记“三个代表”重要思想为指导，全面贯彻中央经济工作和金融工作会议及全省地州市县行长会议精神，认真落实省州分行工作会议的各项部署，以市场为导向，以客户为中心，以防范和化解资产风险为特征的组织架构得到进一步完善。截至2001年末，各项资产余额5亿元，较上年增加2 799万元。全年实现账面利润74万元。各项贷款余额2.09亿元，较上年增加781万元，其中个人住房贷款、个人综合消费性贷款1 168万元，较上年增加924万元。各项存款余额5.03亿元，较上年增加3 982万元，其中储蓄存款余额3.76亿元，较上年增加3 035万元。多年来，建水县支行高度重视加强全行员工法律法规学习，始终把“重合同、守信用”商业理念贯穿到全行经营管理的活动中。2001年共签订合同255份，金额2 801万元，履约率达100%。建水县支行连续9年8次被县人民政府评为《重合同守信用先进企业》，分别于1996年和2001年两次被红河州人民政府评为《重合同守信用先进企业》。

地址：建水县东正路308号

电话：0873－6720336

邮编：654300

中国建设银行红河州分行

2001年，建行红河州分行紧紧围绕全州经济增长目标，认真落实年初金融工作会议精神及总分行各项方针战略，充分结合红河州的实际，突出效益中心，深化市场定位，全面提升服务档次，以优化客户群体为重点，加大信贷结构调整力度，狠抓风险控制，进一步深化内部管理体制改革和机构改革，加大对资源的整合，使全行在信贷市场营销、中间业务、外汇业务、房地产金融业务、各项委托代理业务、改善结算手段为社会各界广大客户提供全方位的金融服务等方面，取得了可喜的成绩。

2001年，分行一般性存款余额达33.68亿元，较上年增长了19.32%，其中企业性存款余额16.51亿元，储蓄存款余额17.17亿元，信贷资产贷款余额为20亿元，信贷资金的投放有力地支持了烟草、化工、交通、电信、城建、建材、冶金、医疗卫生等行业；委托代理业务也广泛得到社会各界的大力支持，先后代理了国家开发银行、移动通信、税务、医疗卫生财政统发工资、财产及人寿保险、社会医疗保险等业务，代理资产业务量为7.93亿元；国际业务结算量已达5 590万元；全年实现利润3 019万元。

建行红河分行加大走实施集约化经营路子，有效地进行了分支机构的撤、并、迁调整，实施调整后全州现有所辖分支机构及营业网点55个，为实现“十五”规划集约化经营管理目标迈出了坚实的一步。

中国建设银行蒙自县支行

2001年，建设银行蒙自县支行坚持以党的十五大精神、邓小平理论和江泽民同志“三个代表”重要思想为指导，认真贯彻执行国家金融方针政策和法令法规，强化金融风险防范意识，不断解放思想、转变观念，以开拓进取精神和务实的工作作风，圆满地完成了上级行下达的各项工作任务。

年末，全行一般性存款余额3.08亿元，比上年增加6 315万元，增长率为25.78%，市场占比19.09%。全年现金投放3.24亿元，回笼现金3亿元，代理发行国债230万元。各项贷款余额6 711万元，累计发放贷款4 800万元，累计收回到逾期贷款5 199万元，不良贷款完成“双降”任务，年末不良贷款198万元，不良率2.95%。实现利润63.11万元。蒙自支行已连续14年被蒙自县人民政府评为"重合同、守信用"先进单位,保持了过去获得的省级"青年文明号"单位称号和省级"文明单位"称号。2001年,在州分行举办的业务知识竞赛中,蒙自支行1人获得业务知识第一名,1人获得单指点钞第三名。有2人还代表州分行参加了全省建设银行业务知识竞赛,获得团体全能第一名和银行业务知识单项第一名,1人被评为州级"青年岗位能手",评为州分行"十佳储蓄所"1个,评为"十佳营业员"1人。两个文明建设取得了可喜成绩。

全行内设5个部室1个营业部和5个储蓄网点,在职员工71人,党支部有党员29名(离退休党员7名)按照上级行的改革精神,将原支行的信贷经营部和储蓄部更名为公司业务部和个人银行业务部,人民中路储蓄所2001年报经人民银行批准升格为分理处,该行正在加紧筹备,2002年初将正式挂牌营业。

党支部书记、行长:范永平

地址:蒙自县天马路3号

电话:0871-3643757

传真:0871-3643757

中国农业银行会泽县支行

经营范围:吸收公众存款,发放人民币短期、中期、长期贷款,办理结算、票据贴现、政策性住房信贷以及经中国人民银行批准的其他业务。

法定代表人:马维朝

地址:会泽县金钟镇钟屏西路83号

电话:0874-5122157

邮编:654200

国泰君安证券股份有限公司昆明人民中路证券营业部

经营范围:证券代理买卖、代理还本付息、分红派息、证券代保管、鉴证、代理登记开户。

法定代表人:黄灵谋

地址:昆明市人民中路9-2号

电话:0871-3149660

邮编:650051

海通证券有限公司昆明东风西路证券营业部

海通证券有限公司昆明营业部是海通证券有限公司在云南的全资分支机构,1992年11月24日正式对外营业。

营业部主要业务范围:代理股票买卖、代理发行、买卖和兑付国债,代理场内国债回购(反售)、代保管有价证券,自营国债买卖及在总公司授权下开展自营股票业务。

1999年4月营业部通过了中国证监会的审核,领取了中国证券监督管理委员会发的《证券经营机构营业许可证》。营业部目前有营运资金1 000万元,交易席位号为:上海证券交易所51 016,深圳证券交易所254 300。

作为全国性证券公司的海通昆明营业部具有管理制度健全,经营范围广、资金实力强、业务技术基础好、信息网络遍及全国等优势。目前,营业部现有职工22名,有21名具有证券从业资格,均为金融、经济、电脑大专以上学历的专业人员,经济师、会计师、注册会计师的比例已为营业部职工人数的68%,有60%的职工为注册交易员,100%的职工参加过证券管理人员、技术人员的专业培养。

海通证券有限公司昆明营业部以"一流管理、一流人才、一流服务、一流效益"为经营目标,提出了"务实、规范、稳健、卓越"的经营理念,在当地证监特派办和总公司的领导支持下,凭借总公司雄厚的资金实力,遍布全国的证券信息网络,充分发挥人才云集的优势,依法经营、稳健发展。

海通证券有限公司昆明营业部成立之初是由交通银行昆明分行和上海海通证券公司合资设立的,由交通银行昆明分行主管,经中国人民银行昆明市分行于1992年9月1日批准,经云南省工商行政管理局登记注册,具有法人资格,实行独立核算、自主经营、自负盈亏的证券经营机构。

营业部现设机构为总经理室、办公室、业务部、财会部、电脑部。为保证营业部安全稳健运行,对防范风险提出了更高要求,严格实行核查制,有效地保证客户证券资金安全,在长期的证券市场运作中形成了一套科学、规范、严格的管理体系。海通昆明营业部还将继续加大业务部的工作力度,全方位地为客户提供优质服务,交易手段不断更新,柜台委托、自助委托、电话委托、远程可视委托及自助交割等广泛运用,银证段网将全面实施,客户经理、投资咨询将进一步完善。以全新的面貌展示"海通"风采。

副总经理:张荣德

地址:昆明市东风西路162号

邮编:650031

云商日盛期货经纪有限公司

该公司是由中国证监会批准,在国家工商行政管理局登记注册的期货经纪专业公司。注册资金为3000万元,股东为云南省商业集团下属骨干企业云南省糖业烟酒公司和云南日盛信息经纪有限公司。

云商日盛公司是按照现代企业制度运作的公司。公司重组后,资金、资产全部到位,人员实力增强,规章制度日臻完善、规模不断扩大,已成为西南地区一家运作规范、规模较大的期货经纪公司。公司坚持"以人为本"的人才发展战略,坚持继承发展的原则,优先考虑使现有的人才素质不断得到提高,并为社会各界优秀分子提供广阔的期货舞台。在第一届"世华杯"全国期货模拟操作大赛中,公司派出的选手取得了第一名的优异成绩,被誉为"高原黑马"。面对我国加入WTO后的巨大挑战和由此给期货行业带来的宝贵机遇,云商日盛人决心在中国证监会和云商集团的领导下,抓住机遇,以服务改革、服务社会、服务经济建设为己任,规范运作,精诚合作,扎实工作,再创辉煌。

该公司实力雄厚、信誉良好,深受客户信赖。拥有优秀的技术分析人才,提供网上咨询等专业化服务,是客户投资理财的好帮手。

地址:昆明市青年路387号华一广场17楼

电话:0871－3195067　3186876

网址:www. ysrs. net

邮编:650021

中国人民保险公司红河分公司

中国人保红河分公司在一个团结务实领导班子的带领下,2000年实现保费收入1.38亿元,全面完成各项任务指标,被省分公司评为"双文明"建设先进单位,文满成总经理被省公司授予"双文明"建设先进个人光荣称号。

法定代表人:文满成

地址:个旧市金湖西路358号

电话:办公室　0873－2123622

业务发展部　0873－2148943

客户服务部　0873－2122782

云南省国有资产经营有限责任公司

云南省国有资产经营有限责任公司是根据《云南省人民政府关于组建云南省国有资产经营有限责任公司的通知》的要求,由原云南省国有资产(持股)经营有限责任公司与云南省技术进步开发投资有限公司合并组建的。公司直属省政府,行业归口省财政厅。公司的成立,是进一步深化云南省国有资产管理改革,搞活国有企业,促进政府转变职能,实现政企分开的重要步骤。公司注册资金10亿元人民币,运营资本20亿,控股、参股全省不同地州、不同行业的100余家企业。同时为了帮助中小企业解决贷款难,扶持高新技术企业的发展批准成立了云南省融资担保有限责任公司,作为云南省国有资产经营有限责任公司的全资子公司,注册资金3亿元人民币。

公司的主要经营范围:公司资本范围内的投资入股、股权买卖、企业改制上市、企业托管等自营业务;受省政府及有关职能部门的委托,管理和经营财政有偿资金债权转股权;省级财政其他投资入股业务;省政府或有关部门授权的国有资产管理和经营业务;经批准其他业务。省融资担保公司主要承担省内中小企业、高新技术企业的融资担保工作。

联系人:刘天坤

地址:昆明市人民中路丰园大厦16楼

电话:5391893

中国信达资产管理公司昆明办事处

中国信达资产管理公司昆明办事处是经中国人民银行批准,在云南省工商行政管理局注册登记,于2001年3月30日成立的中国信达资产管理公司在云南省的派驻机构,在中国人民银行批准的业务范围内,按照总公司的授权开展各项业务工作。

负责人:黄继林

地址:昆明市祥云街55号银佳大厦

电话:0871－3643676

邮编:650021

中国华融资产管理公司昆明办事处

中国华融资产管理公司是经国务院批准设立的国有独资金融企业,于1999年10月19日在北京成立。公司由中国人民银行负责监管,涉及人民银行监管范围以外的金融业务,由中国证监会等相关业务主管部门监管,财政部负责财务监管。

中国华融资产管理公司昆明办事处于2000年6月9日正式挂牌成立,是中国华融资产管理公司在云南省的惟一派出机构,其主要任务和经营目标是收购、管理、处置工商银行云南省分行剥离的不良资产,肩负着国家赋予资产管理公司的三大职能:一是收购不良资产,帮助提高国有商业银行的资信;二是利用国家给予的特殊法律地位和专业优势,实现不良资产价值回收最大化;三是运用债权转股权、资产证券化、资产置换等市场化债权重组手段,支持、帮助国有企业摆脱困境。

昆明办事处现有员工50名,平均年龄37岁,全部是大专以上文化程度,50%是共产党员,具有一支政治素质高、业务水平高、年轻富于开拓的干部员工队伍,5 000多平方米的办公大楼坐落于昆明市北市区金星小区金江路1号。在省委、省政府、人民银行、财政专员办、工商银行等有关部门的关心支持下,昆明办事处克服了人员少、时间紧、工作量大、任务艰巨的困难,收购了不良资产1 773户,总金额82.43亿元,是省内资产管理公司分支机构中最大的一家。

昆明国际机场观光酒店

昆明国际机场观光酒店是云南民航经营开发总公司投资兴建的涉外三星级酒店,位于昆明国际机场内,距候机厅100米,距市区车程仅需5分钟,独特的地理位置是阁下观光驻足之地。

酒店独具现代庭院式风格,拥有豪华客房、商务客房、标准客房共126间。客房内设国内、国际直拨电话、卫星电视、空调、小酒吧,电视监控及消防报警系统。

不同风味的中餐厅、西餐厅、宴会厅、大堂吧敬备各式美味佳肴。会议厅、机票代理处、商务中心、银行、歌舞厅、KTV包房、桑拿、美容美发厅为阁下提供方便之余,更给您带来家的温馨。

以“知会一声、定妥安排”为宗旨的观光员工将热忱恭候您的光临。

地址:中国云南省昆明国际机场内

电话(Tel):0871-7177038转2888、2800

传真(Fax):0871-7177038转2859

邮编(Post):650200

ADD:Kun Ming lnternational Airport, Yun Nan, P. R. C.

云南好来登大酒店

级别标准:国家旅游涉外二星级

服务项目:住宿、餐饮、旅游、娱乐、购物、会议接待、机票预订、商务文印、美容美发。

房间规格:套房(3间)、豪标(31间)、普标(34间)、三人标(7间)

房间设施:直拨电话、彩色TV、电子密码箱、IC卡门锁、电视监控。

餐厅规格:大厅(300人),雅座(20人),包厢(10人)。

餐厅风格:风味滇菜、客串粤菜、歌舞伴餐。

服务宗旨:您的下榻是好来登的荣幸,您的满意是好来登的心愿。

经营地址:昆明市人民中路1号

订房电话:0871-3179729　3179730

订餐电话:0871-3179733

大理市下关饭店

下关饭店是一座具有现代化设备和综合性服务设施的二星级旅游涉外饭店,装饰新颖、功能齐全、档次较高,集吃、住、行、游、购、娱为一体的9层豪华饭店。饭店坐落在风景秀丽的洱海之滨。大理市繁华中心地段,交通、旅游、购物十分便利。

饭店设有客房部、餐饮部、旅行社、歌舞厅、地下停车场。客房部拥有各种档次的单人间、双人间、豪华套间256间,室内配有闭路电视,程控电话及全套卫生设施。另设有经济间172间,为宾客提供安全、舒适、清洁的下榻环境。并具有能接待各种类型会议的大、中、小型会议厅;并提供寄存、打字、复印、电传、出租汽车、桑拿浴、代售旅游车船票、机票等服务。具有浓郁白族风情的三道茶歌舞晚会,将为您洗去旅途的疲倦。

在餐饮部可品尝到精美的地方风味菜肴及荣获云南省首届饮食产品大赛“金马奖”、“银马奖”的“砂锅鱼、八宝土豆泥、干烹肉丝”等名菜,并设有雅座、宴会大厅、散座供需用。

饭店的员工经过严格的礼仪、公关专业培训。全店员工将竭诚欢迎阁下光临,并为阁下提供尽善尽美的服务。

总经理:冯永诚

地址:大理市下关建设东路58号

电话:0872-2125859

传真:0872-2128020

邮编:671000

云南兴昭商贸有限公司兴昭饭店

云南兴昭饭店地处新迎小区白龙路与白云路交叉路口的繁华地段,拥有二星级饭店的设施、设备。

内设:风味餐厅、夜总会、商务中心、客房、美容按摩中心、会议室等。兴昭饭店本着商德第一、宾客至上、特色服务、文化服务的宗旨,创造自己的服务理念。

现有客房标准间、双人间、套房100间。

思茅民航酒店

酒店位于思茅地区人民西路，占地面积2 485平方米。客房拥有72个床位、餐饮可供700人同时就餐，酒店配有会议大厅、茶室等设施，有车位22个，酒店正以优质的服务、优美的环境，努力申报二星级酒店。

法定代表人：黄　彬

电话：0879－2134026　2144719

邮编：665000

云南省人民政府招待所

云南省人民政府招待所位于昆明市城区主要交通干道东风东路。距火车站2千米，机场4千米，'99世界园艺博览会主会场3公里。交通便利，是餐饮和下榻的好去处。该所推出温馨、舒适、安全的标准间，东骧特色饮食文化，优质快捷的洗涤服务，工薪消费，星级享受。

特惠客房：标准间50元/晚（独立卫生间，24小时热水）经济客房：10元/床、晚。

东骧食府承接团队订餐、业务订餐、婚宴、家宴、寿宴、生日宴、朋友聚餐和会议订餐等。餐厅另备包房，一律免收包房费和服务费。

法定代表人、总经理：张金荣

地址：昆明市东风东路186号

订餐电话：0871－3321709

订房电话：0871－3321708

洗涤服务电话：0871－3321806

云南省人民政府招待所海埂花园卧龙山庄

海埂花园卧龙山庄地处昆明滇池路西贡码头右转前行200米处，环境幽雅、清馨自然、返朴归真，是休闲、度假、考察和团体会议的首选，周末双休下榻和农家乐饮食的好去处。2002年4月1日起全新推出一条龙服务：30元/人起价，二人起接（免费提供一日三餐；标准间、夫妻间）。并提供：麻将、台球、乒乓球、象棋、扑克、钓鱼和卡拉OK等娱乐服务。

海埂花园卧龙山庄宾客预订电话：

0871－3321708　4311837

思茅银利大酒店

思茅银利大酒店是思茅镇下属的一个集食宿、娱乐为一体的集体所有制企业。住宿部共设31个标准间、2个单间、2个大套房；餐厅宽敞明亮，装饰典雅，备有各种炒菜、特色菜，可承办各种不同档次的宴席，能同时容纳1 200多人就餐。歌厅装潢考究，采用最新电脑点歌系统，音响设施一流，KTV包房实行自助式服务，食品、酒水自选，收费明码实价，消费水平客人可自己掌握。泰式按摩洗头、洗脚手法独到，小有名气。酒店以宾客至上为惟一宗旨，热忱欢迎四方宾客，八方朋友。

经理：谭　林

地址：思茅市环城西路254号

电话：0879－2129998　2120089

邮编：665000

红河州蒙自天马大酒店

蒙自天马大酒店，隶属红河州人民银行，是集住宿、餐饮、会议、娱乐、商务为一体的高档酒店，位于蒙自南湖湖畔、天马路中段，环境优美，交通便利。

酒店设施齐全，装备精良，有豪华间、标准间、三人间、大小会议室，能容纳200人的餐厅、停车场、舞厅、桑拿、土耳其浴等，能满足商务交往、团队、会议等来宾不同层次的消费需求，24小时均可接通IDD、DDD电话和供给热水。

为宾客提供安全、温馨、舒适——宾至如归的感受是全体员工的共同心愿和服务宗旨。

热忱欢迎海内外嘉宾光临。

电话：0873－3652168　3652188

蒙自宾馆

蒙自宾馆位于蒙自县中心、风景秀丽的南湖畔。交通方便，是您观光、旅游、下榻的理想处所。2000年7月被红河州旅游局评定为一星级宾馆。

宾馆内设高、中档客房78间，房间光线柔和，设备高雅，布局得当，有闭路电视和国内、国际直拨电话等。具有容纳600余人就餐的大小餐厅2个，大小会议室2个，有停车场、美容美发室、KTV包厢等。

蒙自宾馆将遵循“宾客至上，信誉第一”的服务宗旨，求真务实，以严格的管理、优质的服务，争创一流品牌，竭诚欢迎各界人士光临。

总经理：王记理

地址：云南蒙自县桂林街大井巷3号

电话：0873－3642472　3642859

邮编：661100

云南省城市建设培训中心

云南省城市建设培训中心是云南省建设厅直属、以行业培训教育为主的事业单位。

中心主办行业系统内职工技能培训,全省建设系统出国考察培训。中心位于昆明市刘家营小区,建筑面积1.1万平方米,主楼高9层,拥有:豪华套房、标间、单人间、三人间等高、中、低档客房130间,可容纳400人的报告厅及中小会议室共7个,可容纳300人的多功能大型宴会厅及豪华包间5个,配套设施:商务中心、洗衣服务、旅行社、酒吧、美容厅、棋牌室等。

地处市区繁华地段,到机场、车站及市内商业区交通方便,是食宿、会议、培训的最佳选择,他们将为您提供温馨、周到、舒适、安全的服务。

法定代表人:李国忠

地址:昆明市刘家营小区东区城市建设培训中心

电话:0871-4129629　4128645

邮编:650032

昆明探矿机械厂

昆明探矿机械厂1998年前,以生产和加工机械设备为主,现主要从事三产服务业和地产业开发,下属昆明地探经营公司、云南昆探物业管理有限公司和探矿舞厅等企业及分支机构。90年代末,厂实施"退二进三"发展战略后,依托地下水资源优势,先后建成了矿泉池康体桑拿中心、温泉游泳馆、温泉招待所等三产服务项目,附设大、中型室内外停车场两个。2000年又设立了云南昆探物业管理有限公司,开展商贸业务。厂区集吃、住、休闲、商贸为一体,土地资源丰富,交通便利,热忱欢迎各位有识之士莅临指导,洽谈开发合作事宜。

主营:地质机械设备,工具,配件

兼营:机械设备及其配件,非标金属结构件的制作安装,圆钉制造。停车、洗车服务

法定代表人:李炳云

地址:昆明市人民东路大树营

电话:0871-3313411

传真:0871-3370041

曲靖市人民政府驻昆明办事处

曲靖市位于云贵高原中部,云南省东部,毗邻贵州、广西,距省城昆明135千米,是进出云南的陆上要塞,素有"入滇钥匙"之称。千里珠江就发源于距市区70千米的马雄山麓。曲靖市1997年5月6日经国务院批准撤地设市,辖麒麟区、沾益、陆良、师宗、罗平、会泽、富源、马龙7县和宣威市,122个乡镇,面积28 958平方千米,总人口540多万,有汉、彝、回、壮、布依、苗、瑶、水等8个民族,少数民族人口34万,占全市人口的6.4%。市委、市政府所在地麒麟城,海拔1 860米,年平均气温14.5℃,冬无严寒,夏无酷署、四季如春。城区面积25万平方千米,城市人口25万,是省内仅次于昆明的第二大城市。曲靖山川秀丽,资源丰富,经济繁荣,交通发达,历史悠久,文化灿烂,是亚洲最大的优质烤烟基地和云南省煤炭、化工、能源、建材、纺织、机电和农业生产基地。旅游景点主要有珠江源风景区、陆良彩色沙林、罗平九龙河瀑布群、鲁布革"小三峡"、多依河、会泽15万亩高山草场等,是十分优美的自然奇观和旅游览胜景区。

曲靖市政府驻昆明办事处是市委、市政府派驻昆明的办事机构,承担接待、办事、信息、宣传、联络协调、招商引资、洽谈项目等项工作任务。办事处内设客房部、餐厅、卡拉OK厅,有标间12间32个床位,设施齐全。客房部、餐厅、卡拉OK厅对外承包经营。

热忱欢迎海内外朋友前来办事处洽谈有关业务和项目,欢迎到曲靖参观考察、旅游观光、兴办实体、经贸通商,在新的世纪,在西部大开发中共图新的发展。

法定代表人:翟应江

地址:昆明市人民西路795号(梁家河电影院斜对面)

电话:0871-8199531

传真:0871-8199614

邮编:650106

红河州国家税务局机关服务中心

红河州国家税务局干部培训中心是由云南省国家税务局于1997年批准成立的事业单位,位于中国锡都——个旧市金湖西路332号,担负着全州国税系统干部培训、承办各类会议和对外接待任务。

中心拥有标准间、三人间、四人间和豪华套房、多功能自助餐厅、小会议室、大会议厅及州内一流的多媒体计算机语音电教室,还配有各种文化娱乐设施、停车场,治安秩序良好。

培训中心自成立以来接待国内外宾客21万人次,接待州内系统、行业、全省会议200多次,其中成功地承办了全省'99桥牌甲A联赛、红河州第九届、第十届桥牌比赛和西南地区彝族学会研讨会,为社区和单位提供丰富多彩的联谊活动,得到了社会各界的好评。

2001年机构改革后,一并设立红河州国家税务局机关服务中心,机关服务中心除负责原培训中心工作外,还担负着州局机关固定资产管理,大宗物品采购,

机关车辆管理等后勤保障工作。

红河州国税服务中心一贯坚持“团结、求实、廉洁、奉献”的精神和“信誉至上、竭诚服务”的宗旨，努力为各界人士提供便捷、高效、全面的服务。

洗马河水库管理中心

景区位于“绿海明珠”云南生态旅游城市——思茅边城东路顶端，国家高等级公路——磨思公路擦湖而过，是游览休闲的好去处。

它是1956年在洗马河桥旧址上修建的人工湖泊。420万立方米的优质饮用水造福全城9万人，9.49平方千米之湖山有待人们去保护和修饰。湖区已有长廊、花栏、草坪、高廊、竹楼、诸葛塑像、洗马群塑等人工景点，还有游泳池、餐饮等服务设施及文化娱乐场所。

相传三国名相诸葛亮带兵南征，曾在此洗刷战马，故名曰：洗马河。它表达了祖国边疆各民族对团结、安宁、太平的向往。

欢迎前来观光、休闲、创作和投资经营。

法定代表人：李树芝

地址：思茅市洗马河路13号

电话：0871－2123323

手机：13033319286

邮政编号：665000

昆明上海滩海鲜酒楼

上海滩酒楼原名元秀楼餐厅，是一家由上海厨师主理，专业经营正宗淮阳菜和各类海鲜的老字号、餐饮企业。经过十多年来的创业和社会各界人士的支持，现已成为春城一家颇具规模的知名餐饮企业。

法定代表人：许伟新

地址：昆明市春城路国贸中心内

订餐电话：0871－7184342

办公电话：0871－7184305

昆明市官渡区京川酒楼

主要经营传统滇味菜肴、滇味特色野生菌火锅、野生菌炒菜。

经营品种从家常炒菜、时鲜小炒、滋补炖品到生猛海鲜、各种美味野生菌。餐厅宽敞明亮，备有包间、停车场，是您生日宴会、会议订餐、朋友聚会、全家团圆的上佳之选。

地址：关上关兴路180号（万兴花园）

电话：0871－7152168（老店）　7168577（新店）

马兴园清真牛菜馆

餐厅成立于1998年12月，坐落在城市中心，占地面积500平方米，能够接待350人以内的各种宴会，一楼、二楼皆有大厅、小厅、带包间。餐厅还备有卡拉OK、舞台，环境优雅，交通、停车方便。

餐厅以腾冲清真风味为主，主营腾冲特色菜肴。

欢迎各界人士光临。

地址：昆明市兴仁街56号（职业八中旁）

订餐电话：0871－3178729

邮编：650031

昆明海外旅行社有限责任公司

昆明海外旅行社有限责任公司是经昆明市旅游局批准于1995年成立的国际旅行社，自成立以来，公司在总经理李永辉的领导下，在团结、开拓进取的高层领导班子的引导下，日趋完善、成熟。市场份额占有率及年接待能力逐年增加，公司实力愈来愈雄厚，现已在竞争激烈的昆明旅游市场中站稳脚根，同时深知服务行业的特殊性，为使游客满意，让员工在工作中力争“少出错”，同时注重抓管理，抓服务质量，成功地接待了一批又一批游客，不但获得了良好的经济效益，同时也获得了良好的社会效益，1998年被评为全国百强旅行社之一。

昆明海外旅行社努力在开辟新的旅游线路的同时，将完善自己的旅游服务，中国加入WTO后，旅游业面临的考验更为严竣，公司有信心、有能力，迎接新的挑战。

云南新联旅行社有限公司

云南新联旅行社有限公司是2001年6月19日经省工商局批准注册成立的国内旅行社，该社秉承“友善、可靠、务实”的新联宗旨服务于大众，在取得较好经济效益的同时，更渴望获得较大的社会效益，愿为云南的经济发展，为云南的旅游事业再创辉煌。

法定代表人：李向群

地址：昆明市环城西路300号万怡酒店G层

电话（传真）：0871－4143130　4143324

邮编：650032

云南省华侨旅游侨汇服务公司

法定代表人：余腾永

地址：昆明市东风东路136号

电话：0871－3331504　3313012

邮编：650041

昆明滇池旅行社

昆明滇池旅行社是经市旅游局批准的国有旅行社。该社拥有一批训练有素,重信誉、讲实效的工作人员和精通业务、作风严谨的管理人员,旅行社机构齐全、实力雄厚,具有宾馆、饭店、船队、车队、导游及一系列服务人员。该社开辟旅行线路多、安全可靠、服务水准高,以坚持信誉为本、质量为本的原则,曾参与接待过国家重要领导人及外宾,赢得了省内外各界人士和众多旅游者的赞扬。

经营许可证:L-YN-GN01090

地址:云南·昆明市北京路85号

总经理:姚世伟

手机:13987681862

副总经理:曹　黎

手机:13708458584

电话:0871-3547592

传真:0871-3522889

邮编:650011

云南丽江白鹿国际旅行社有限公司

公司成立于1994年7月,原为国有企业,1999年初改制为股份制企业,是一个以承办各种旅游服务项目,提供各种委托代办服务,集旅游、信息、咨询为一体的综合性旅游企业。现有职工88人。

公司在1998年~2001年连续被丽江玉龙雪山省级旅游开发区管理委员会授予“物质文明和精神文明双优模范单位”,荣获1999年度云南省“青年文明号”的荣誉称号,被丽江地区旅游局授予“十佳旅行社”称号,被云南省旅游局评为2000年度国内旅游20强企业之一,2001年9月成为云南丽江玉龙旅游业股份有限公司的发起成员。

公司严格按照ISO9001:2000/ISO1:1996国际质量/环境管理体系标准进行管理,有效促进旅行社“网络化经营管理”,参与国际市场竞争。

法定代表人:张丽宏

地址:云南省丽江县大研镇福慧路玉龙雪山旅游集团大楼二层

电话:0888-5167019　5163878　5161855

传真:0888-5161112　5161765　5167015

邮编:674100

电子信箱:Whitedeer@KM169.net

网址:www.lijiangtour.com

云南龙宇经贸有限公司

公司经西南民航管理局批准成立于1997年,2000年申请加入国际航协,以销售民航国内客票为主,24小时开展免费订、送票业务。

公司拥有全国联网民航CRS电脑订票系统,有健全的组织管理机构并拥有一批高素质的青年员工队伍。公司经营几年来,销售客票在同行中名列前茅。公司全体同仁热忱欢迎您的惠顾,尽心尽力地为您提供最优质的服务。

订票电话:0871-3536664　3536670

办公室:0871-3553592

云南龙生航空服务有限公司

公司是经民航西南管理局批准,国际航协“IATA”认可的航空运输销售代理机构。

公司在昆明市开展了电话及网络预约订票;团队、会议流动售票;24小时免费送票等业务。

“电话一拨通、机票送手中”,顾客的满意是公司的惟一追求。

订票热线:0871-3551999　3531999

云南鲲鹏航空服务有限公司

公司是由云南航空公司、深圳机场候机楼有限公司和香港新峰企业有限公司于1993年3月28日组建的中港合资企业。

鲲鹏公司以云南民航事业为依托,以航空配套服务为方向,主要经营昆明机场候机楼3 000平方米的商业(含餐饮、家电、服装、日用百货、糖茶烟酒、副食饮料、农副土特产品、中西成药、针纺织品、珠宝首饰、书报杂志、音像制品)和机场宾馆,并代办机票和旅游业务。

鲲鹏公司经过几年的运作和拼搏,现已初具规模,拥有固定资产4 200万元,员工268人。自行投资3 200万元建成的机场宾馆二期按照三星级多功能,综合型布局,设计新颖、配套完善,共有客房178间,其中豪华套房16间,豪华标间58间,普通标间88间,三人间16间。有观景茶楼、豪华舞厅、商场、餐厅、美容室、各种健身室和温泉浴等。既有可容纳200多人会议的大中小会议室,又有纵情欢歌的卡拉OK镭射厅和充满浪漫情调的KTV包房。因宾馆硬件和软件均已达标,现已成为中国旅游饭店协会会员。

鲲鹏公司几年的运作,取得了较好的社会效益和经济效益,从1995年~1998年连续4年被评为云南省外商投资企业先进企业。

总经理:徐亚佳
地址:昆明机场宾馆
电话:0871 -7176965
邮编:650200

云南省宜良县九乡风景名胜区旅游开发总公司

国际洞穴协会会员、全国首家风景名胜区通过ISO9002认证、国家4A级风景名胜区、国家级重点风景名胜区——九乡风景区,位于昆明市宜良县境内,距省城昆明90千米,距著名的石林风景区30千米。

九乡风景区是云南省以溶洞景观为主体、洞外自然风光、人文景观、民族风情融为一体的综合性风景名胜区。拥有上百座大小溶洞,为国内规模最大、数量最多、溶洞景观最奇特的洞穴群落体系。

现已开发的九乡风景区有十大景域:峡谷旅游观光电梯、荫翠峡、惊魂峡、古河穿洞、雄狮厅、仙人洞、雌雄双瀑、蝙蝠洞和旅游索道。其中,荫翠峡平波清韵,景色清幽迷人,被誉为情人谷;雄狮大厅为世界独一无二的地下厅堂,整个大厅面积达1.5万平方米;雌雄瀑气势恢弘,如黄河倒悬,神田奇传伟丽,充满田园风味,为世界罕见的一大奇观。难怪许多游客感慨地说:"不游九乡,枉来云南。"

全国人大常委会副委员长费孝通为九乡题词:"九乡风景好!"

九乡——定会给您留下终生难忘的记忆。

局长:刘庆明
地址:中国·昆明·九乡
电话:(0871)7511998　7511966　3531166
传真:(0871)7511948
邮编:652114
网址:http://www.jiuxiangscenery.com
http://www.jiuxiangscenery.com.cn
E-mail:master@jiuxiangscenery.com

西双版纳傣族园有限公司

国家4A级旅游风景区西双版纳傣族园,坐落于风光秀美的橄榄坝,它南傍澜沧江,北依龙得湖,总体规划面积336公顷,距西双版纳州府景洪市27千米。园内五寨连珠,积淀着悠久、厚重的傣族文化。曼春满、曼将、曼嘎、曼乍和曼听5个傣族自然村寨,热带田园风光秀丽旖旎,民俗风情淳朴、浓郁。五寨组成了西双版纳保存完好的最大干栏式建筑群落,其中的曼春满佛寺,已经有1 400多年历史,是傣族人民建筑艺术的杰作。

傣族园通过参与性强、民族特色浓郁的民俗活动,向游客展示原汁原味的傣族风情和文化。现已开展的民俗活动有"天天欢度泼水节"、傣族民间歌舞表演、傣寨参观、傣族传统手工艺展示、傣族民间音乐演示、傣家婚俗表演、曼春满古佛寺参观、赶摆等。

傣族园推出的旅游专项服务"傣家乐"一日游,可让游人吃在傣家、住在傣家、玩在傣家、乐在傣家,亲历淳朴、自然的傣家生活。

傣族园内村村有佛寺,寺寺有佛缘,园内极尽秀美的亚热带庭院风光,典型的干栏式竹楼建筑、淳朴厚重的民风民俗、神奇的佛教传说,构筑了景区得天独厚的旅游文化资源,享有"孔雀羽翎"之美誉,正如诗人说:"一日做客橄榄坝,夜夜梦回傣族园"。

董事长:刘德连
总经理:范文武
地址:云南省景洪市勐罕镇(橄榄坝)
电话:0691 -2411568
传真:0691 -2411000
邮编:666108

昆明康龙环保工程有限公司

公司是昆明烟机集团的技术中心和骨干企业。主要开发生产:工业和城市污水处理成套设备;方便湿面生产线成套设备及承担工业废水处理工程;承建城市绿地园林绿化喷灌、喷泉及温室大棚工程(含大棚喷滴灌等)。

联系人:龙其源
地址:昆明市董家湾烟机大楼4楼
电话:0871 -3357443
传真:0871 -3357452
E-mail:ynkmkn@163.net
邮政编码:650041

昆明市环境保护服务公司

昆明市环境保护服务公司成立于1983年。隶属于昆明市环境保护局,是昆明地区最早从事环保工程的公司。

多年来在昆明市区两级环保管理部门的领导下,全体员工通过艰苦创业,现已发展成为企贸型的环保专业公司。公司下设有经营部、营业部和环保设备制造厂。

公司主要业务是环保"三废"工程治理,环保设备的制造、安装,环保设备、仪器、仪表、化玻试剂的经销;代理上海、重庆、南京、青岛、济南等环保厂家的各类设备仪表、仪器销售,2001 年又开辟了中越边境贸易。

公司在工业生产废水、医院污水、生活废水、餐饮废水的治理工程方面取得了一定的技术经验,在各类柴油发电机、风机、空压机等噪声控制及在烟尘治理方面有较为成熟的技术经验。至今公司已完成大小各类环保治理工程数百个,均达环保排放标准和良好的效果;公司下属环保厂已能够生产各类消声器、除尘器、净水器、接触氧化设备、气浮设备等专业环保产品。

公司的宗旨是竭诚为用户服务,提供现代先进技术的环保设备,以优质、优良的工程及售后服务于社会。公司希望与国内外环保科研单位、生产企业合作,共同发展,为发展云南的环保事业作出更大的贡献。

法定代表人:杨少华

地址:昆明市新闻南路 23 号

电话:0871 -4141251

邮编:650032

昆明普瑞达节能技术有限公司

该公司是一家以专业研究、生产、销售、服务为一体的节能省电的高新科技企业。普瑞达省电产品获国家专利,广泛用于动力照明、系统及混合用电负载节能省电,有科技含量高、功率大、省电率高、使用寿命长几大优点。广泛投放市场以来,以明显的省电效益,深受广大用户的欢迎。

该省电产品是现代高新技术最有效的系统省电产品,采用特殊材料运用先进的科学技术研制而成,设计特殊能消除电网中的各种有害物质。产品在电能通过的状态下回收能源利用,提高效率,降低系统用电的无功浪费,省电率高达 25% 以上。产品安装使用简单,性能可靠,属目前用电系统节能省电的有效产品。目前公司全新导入 ISO9001 -2000 国际质量体系认证,产品已获国家知识产权局专利并通过云南省电力试验研究所、云南省产品质量监督检验中心检验合格。

总经理:南福松

地址:云南省昆明市昆瑞路 86 号

电话:0871 -5370899　5375977　5370918

传真:0871 -5375974　5370918

邮编:650101

网址:http//:www. puruida -909. com

电子信箱:km@ puruida -909. com

云南田心环保设备制造有限责任公司

公司成立于 1984 年 1 月,以环保产品及工程为主,下设昆明市田心机械厂、昆明市田心炉窑机械厂。有高级工程师 5 人,工程师 6 人,注册资金 200 万元。该公司主要针对各种工业炉窑改造,开发新产品,设计新型炉型,包制作安装、投产达标、环保达标,节能 30 ~60%。能制造中小型轧钢厂钢锭加热炉;各种退火炉;陶瓷厂推板窑;干燥炉;选矿矿粉干燥转炉,转炉炼钢污泥成球干燥炉;链式炉排粗锌冶炼炉。

董事长、总经理:王治坤

地址:昆明市南坝谭家营 5 号

电话:0871 -4588480

手机:13908858321

传真:0871 -4588480

邮编:650228

昆明化学清洗公司

该公司是云南省国有经济专业化清洗公司,行政隶属第十四冶金建设公司,技术管理属中国蓝星化学清洗公司,是中国工业清洗协会会员。公司自 1991 年成立以来,经过不断实践、完善,形成了一套规范、成熟、可靠的清洗工艺,积累了丰富的施工经验。

公司充分利用曾获化工部科技进步一等奖,国家科技进步二等奖的“蓝星系列清洗(剂)技术”,为化工、冶金、交通、机械等行业客户提供了优质的清洗服务。目前公司拥有缓蚀技术、化学清洗技术、水处理技术及应用、防腐技术及应用、物理清洗技术(管理 PIG 清洗技术、PIG 跟踪系统)、金属表面喷砂新工艺(湿喷砂技术)、高压水射流清洗技术等,技术门类齐全、手段完善,各项技术综合运用水平高。公司凭借雄厚的技术力量,已先后完成了德宏州糖厂 20 吨工业锅炉的化学清洗;昆钢三炼钢厂 6 000 米氧气管道开车前在线清洗;昆钢劳动服务公司废钢厂输氧管道在线化学清洗;云南冶炼厂、昆明焦化制气厂换热装置清洗;宜良钢厂空分系统管道及输气管道在线化学清洗;昆钢高线加热炉油液压系统管道在线化学清洗;昆明冶炼厂分厂输氧管道在线化学清洗;昆钢第五制氧站氧罐系统在线化学清洗;易门冶炼厂制氧站空分系统的化学清洗;云南磷肥工业基地装置区外氧气管、仪表压缩空气管、脱盐水管的在线化学清洗;以及空分空压站氧气管道的脱脂磷化处理、车间润滑油液压路系统开车前在线清洗,昆钢 6#高炉水箱的化学清洗、试压;昆钢铁前第三烧结厂烟道金属表面处理及防腐;水城钢铁公司 6 000 立方米空分全系统清洗;云南冶炼厂拉丝车间乳化液管和润滑油管化学清洗;云南泸西氮肥厂合成氨系统"难溶"硫磺垢化学清洗;水钢1#高炉大修工程中的防腐(干喷砂)工程(处理量达1 200余吨)等典型业务。其清洗效果均达到国家标准,为业主新装置的开车成功和正常生产做出了有力的保障,获得业主广泛好评,公司已发展成为云南省乃至西南地区较有影响的专业清洗企业。

地址:云南·昆明西站12号

电话:0871-5324803

传真:0871-5324803

E-mail:kmcc@km169.net

昆明双星化学清洗有限责任公司

昆明双星化学清洗有限责任公司是集科研、生产、销售、清洗服务于一体的化学清洗专业企业,是中国锅炉水处理协会会员,云南省首家具有A级资格证的化学清洗公司,技术力量雄厚,拥有一支由化工高级工程师、机械师、经济师、技工组成的职工队伍。业务范围主要是:1. 为社会各界提供锅炉及各种工业管道压力容器等设备的化学清洗服务;2. 生产锅炉除垢防垢剂、清洗剂等系列科技产品;3. 新技术开发研究。

公司目前运行情况良好,服务对象由一般小型私人企业逐步发展到中、大型企业的大型成套设备的清洗。几年来已为数百家企事业单位提供了锅炉、压力容器、各种热交换设备、工业管道等工程的清洗服务。经过检测验收,清洗质量合格,达到规定技术要求,获得客户的好评。

经过大量清洗实践,检验了公司的清洗技术及清洗剂产品,公司的实力也获得了提升,现在完全可以承担大型设备及疑难设备的清洗工程。

公司还生产经过国家工商局注册的晶星牌除垢防垢系列科技产品:YXF-A锅炉除垢防垢剂、YS-201水垢清洗剂、YS-881A缓蚀剂、YS-501金属油污清洗剂、以及民用产品YS-203卫生间清洗剂、YS-601瓷面清洗剂、YS-801除锈剂、高效去污粉等。已在广大用户中建立良好信誉,受到广大客户青睐。

公司恪守"质量第一,信誉至上,热忱服务"的宗旨,竭诚为广大用户提供优质产品和服务。

董事长、法定代表人:杨兴周(经济师)

总经理:杨兴富(高级工程师)

地址:昆明市呈贡洛羊镇小石坝民办科技园旁。

电话:0871-7426517　7426991

传真:0871-7426517

邮编:650501

网址:http://member.21bc.com/double-star

电子邮件地址(email):dbstar@ynmail.com

糖茶酒·日常生活

云南云维糖业公司

公司前身为云南省糖业总公司,成立于1973年,现隶属云南省最大有机化工化纤建材联合企业——云南云维集团有限公司。1998年,根据中央、云南省关于进一步搞活国有企业的要求,鼓励优势企业兼并亏损企业,云维集团采取承担债权债务的兼并方式,在原云南省糖业总公司的基础上组建成立了云南云维糖业公司。

公司是独立核算、自负盈亏、以市场营销为主的经济实体,主营白糖、酒精、化工建材产品及糖厂的物资、设备供应和技术推广等,属国有中型流通企业,兼有行业管理的职能,是中国糖协、省糖协常务理事单位,与全国制糖企业及商业企业有着较紧密的关系,并有完备的销售网络和信息网络。公司拥有全省较大的酒精中转库和酒精自备罐车,以及昆明高新技术开发区占地3 000平方米的食糖仓库。

云南永德糖业集团有限责任公司

云南永德糖业集团有限责任公司于2001年10月组建运行,以永德县永甸糖厂为核心企业,组建企业集团,下设5个分公司和2个子公司,有日处理甘蔗1 500吨和2 000吨的生产线各1条;日产有机复合肥30吨生产线和年产饮料1万吨的生产线各1条;日供水4320立方米的自来水厂1座。目前集团共有资产3.7亿元,有正式员工1 081人。

随着我国加入WTO,公司已逐步融入国际市场竞争,集团公司永甸糖厂和康甸公司已于2001年3月,通过了ISO9001-2000版国际质量管理体系认证,由北京中经科环质量认证有限公司颁发了证书。2001年8月,"晶莹"牌白砂糖和"玉丹"牌系列饮料获得了"绿色食品A级产品"称号,由中国绿色食品发展中心颁发了"绿色食品证书"。

法定代表人:李世平(董事长)

地址:云南省临沧地区永德县永康镇

电话:0883-5812182

云南省德宏州梁河糖厂

梁河糖厂下设沙坝分厂，矣庄分厂，总资产1.73亿元，生产规模为日处理原料蔗2 500吨，日产酒精20 000公升。主要产品有“双效”牌白砂糖和食用酒精。现在年生产总规模已达年入榨甘蔗30万吨以上，产糖3万吨以上，产酒精3 000吨以上的生产规模，2001年实现销售总收入1.11亿元，实现利税总额1 635万元。

梁河糖厂在市场经济的大潮中，不断加强自身建设，改善经营管理，转变经营机制，坚持以“以糖为主、综合开发多元经营、增强实力、建立现代企业制度”为企业发展总方针，以“团结、开拓、务实、创新”为企业精神，经多年来的努力，已发展成为具有一定生产规模，具备较高的生产技术水平和经营管理水平的中型企业，成为梁河县的支柱产业之一。得到了各级政府和社会的好评，多次受到表彰奖励：1997年省科委授予科技先进企业称号；1996年、1999年被省委、省政府命名为省级“文明单位”称号；2001年经省保护消费者权益委员会评定授予第六届消费者喜爱商品称号。

法定代表人：朱德文

地址：云南省德宏州梁河县梁河糖厂

电话：0692－6909808

传真：0692－6909888

邮编：679200

会泽卷烟厂

云南会泽卷烟厂，坐落在历史文化名城，南方古丝绸之路入滇重镇——会泽县，始建于1973年。经过近30年曲折艰辛的发展，原来的街道小厂现已发展成为固定资产7.2亿元，年创税利6.3亿元的国有中二型工业企业。在高标准、高起点的技术改造与革新后，装备达到了国际九十年代先进水平，实现了制丝、卷接、包装到成品入库的一整套自动化作业，为优质名烟的生产打下了坚实的基础。本着“励精图治、自立自强、依靠科技、铸造辉煌”的企业精神，会泽卷烟厂外拓市场，内强管理，锐意进取，以建立优质原料基地，注重人才教育培训为基础，优化技术设施，主攻产品质量，从根本上实施创名牌工程。

会泽卷烟厂从1993年起就先后进入了“全国500家最大工业企业”、“中国烟草加工业最佳经济效益企业”、“云南省最佳经济效益企业”、“云南省管理优胜企业”行列，并获“中国行业一百强企业”称号。

法定代表人：马子肖

电话：0874－5122257

邮编：654200

云南省烟草曲靖市麒麟区公司

公司前身是原县级曲靖市烟草公司，1997年地改市后，把原县级曲靖市烟草公司分为麒麟区烟草公司和沾益县烟草公司。

麒麟区烟草公司共设9个科室，7个烟叶站，1个卷烟配送中心，1个劳动服务中心。公司现有职工235人，其中：大专以上55人，高中、中专114人，具有专业技术职称128人。

麒麟区是全国优质烟生产基地，海拔、气候属烤烟生长的最适宜区，全国优质烟生产乡镇——越州镇，烤烟生产技术水平高，烟叶销往全国70多家卷烟厂，连续多年被评为烤烟生产、收购先进县。

全区自1998年以来，烤烟种植面积每年稳定在15万亩左右，产量30万担，产值1.42亿元；上中等烟比例95%，其中上等烟比例35%左右。

随着我国加入WTO，烟草行业面临着新的挑战，同时也带来了前所未有的机遇。公司在烤烟生产上将进一步加大科技投入，提高烤烟质量，以市场为导向，把握机遇，迎接挑战，创造辉煌。

地址：曲靖市麒麟北路115号

电话：0874－3290937

邮编：655000

昆明食品(集团)股份有限公司

该公司是云南省内较大的以生产经营肉类食品为主的公有制商贸企业，共有员工2 148人，资产总额3.2亿元，占地面积30余万平方米。

改革开放以来，公司积极在流通改革实践中大胆探索市场经济条件下菜篮子工程建设的新路子，形成了以集团公司为核心，联合市属5区8县1市为基地，从规模化生猪生产到肉类食品加工销售的产、供、销一条龙的经济联合体。从原来单一经营肉食品的格局逐步发展并形成了以经营肉类食品为主，包括多种经营在内的多元化、多角化经营的新格局。

董事长兼总经理：赵文富

地址：昆明市如安街3号

电话并传真：0871－3635306

邮编：650031

双柏虎山茶叶有限责任公司

双柏虎山茶叶有限责任公司是目前楚雄州内茶园面积、生产规模、机械化程度、技术力量都位居第一的茶叶公司;也是公司加基地、基地连农户、产供销一条龙、科工贸、餐饮、娱乐一体化的实业公司。

公司达到年产干茶180余吨,拥有各种初、精制机械16台,公司所属老虎山茶厂有茶园面积712亩。生产的高、中、低档茶叶共有16个品种,公司生产的"鄂嘉牌"虎山系列茶是楚雄州技术监督局1998年度向社会推荐的茶叶产品。欢迎新老朋友订购。

总经理:万德志

地址:楚雄州双柏县鄂嘉乡街上

电话:0878－7862088(公司办)

0871－7862131(老虎山茶厂)

0871－3138795(楚雄办)

0871－3393146(仓库)

邮编:675100

云南元江县玉元茉莉花产业开发有限公司

云南元江县玉元茉莉花产业开发有限公司成立于1998年7月,是元江发展茉莉花产业的龙头企业。公司承担的"元江茉莉花"项目是省级生物资源开发创新工程项目。公司的主产品"玉元牌"茉莉花茶被云南省政府定为全省重点培育的"十大茶叶品牌 "之一。至2001年底,公司总投资达2 900万元,自营种植茉莉花示范基地400亩,带动发展茉莉花种植基地1万余亩;建成花茶车间三间,拥有年加工花茶4 000吨的生产能力;已发展成为以种植、加工、销售及高新技术开发为一体的现代绿色企业。公司拥有规范的管理,合理的组织,已通过ISO9001国际质量体系认证,计划在2002年内完成绿色食品标志使用权的申请及通过ISO14000环境体系认证。公司现正与中科院昆明植物所、西南农大、湖南农大等科研单位和高校合作,应用高新技术,对茉莉花进行深度开发研究,并已取得重要进展。

公司所生产的玉元牌花茶系列产品,赢得了茶叶界专家、企业人士以及消费者的一致好评,并多次在全国各种博览会、展销会、比赛中获奖,如"玉元大白毫"在云南第二届"云茶杯"比赛中被评为"云南名茶";在中国第六届国际食品博览会上,玉元系列花茶产品荣获金奖;在第二届全国茉莉花茶交易会上,"玉元一级茉莉花茶"和"玉元普洱茉莉花茶"分别获银奖和铜奖。为适应中国加入WTO后的市场要求,公司制定了创"玉元"花茶品牌的战略计划,正在组织实施。公司现已获得自营进出口权,在构建国内营销网络的同时,已在积极开发国际市场。

目前,公司全体员工同心同德、团结一致,为建立中国一流的花茶生产企业、创一流的茶叶品牌而努力工作。

公司真诚欢迎国内外各界朋友光临惠顾。

地址:云南元江大路新寨

昆明营销中心地址:昆明市金实小区茶叶批发市场301号

电话:0877－6017789　0871－5709578

传真:0877－6017861　0871－5706055

邮编:653300

电子邮件信箱:ynjasmine@163.net

网址:http://www.yn－tea.com

昆明云岭咖啡厂

昆明云岭咖啡厂始建于1988年,是集体股份合作制企业。下设机构:云岭工贸有限责任公司、云岭咖啡厂贸易部、上海经营部、进出口业务部、仓储部。

经营项目:咖啡、茶叶进出口贸易业务及代理进出口业务;咖啡、茶叶种植基地开发;咖啡、茶叶农产品加工生产、仓储、国内贸易业务。

作为中国云南咖啡主要出口商之一,在货源组织、加工、生产、供货方面均有较强实力。咖啡、茶叶产品已出口到欧美、中东、东南亚等国,并以上乘的品质和热诚的服务在国内外赢得了较高的商业信誉。

昆明云岭咖啡厂也是国内主要的烧炒咖啡生产厂和高品位特种外国咖啡原料供应商。为了满足国内外市场需求,在生产上采用目前国际上技术先进的进口设备,从世界咖啡主产国进口原产地高品位咖啡原料进行生产,生产出一系列不同风味的特色咖啡。该厂产品注册商标为"云岭"牌。

欢迎品尝"云岭"牌咖啡,茶叶。

法定代表人:张润华

地址:昆明市南郊老海埂路310号

电话:0086－871－4579519　4579911

传真:0086－871－4579816

邮件:ylcoffee@public.yn.con,cn

邮编:650228

云南省昭通地区葡萄井酒厂

云南省昭通地区葡萄井酒厂是一家有四十多年历史的国有企业,建厂于1958年,现有职工400多人,有资产4 000多万元。主产浓香型大曲白酒,产品有四个系列二十多个品种,其中多数产品获得过部优、省优等不同奖励称号。主要产品有:

滇王酒——是目前该厂质量档次较高的产品。

2001年9月经云南省白酒品评专家组,昆明酒类行业协会,云南省酿酒科学研究所组成专家现场品评认为该酒质量优异堪称云南名优白酒之典范,被评为云南省白酒优质产品。

轻工部优质酒——滇曲。曾多次蝉联“云南省优质产品”称号,在全国酒类质量大赛中获铜杯奖,是云南省第一个进入部优酒行业的佼佼者,1992年被中国第三届艺术节选为指定产品。1995年11月在全国科技大会获中国科技成果暨新产品新技术银奖。

小五粮液——龙酒。1990年获云南省优秀产品“金象奖”。1995年11月获中国昆明科技成果暨新产品新技术金奖。

老牌地方名酒——葡浆二曲。该产品已有几十年的生产历史,在广大消费者心目中有较高的声誉,市场信誉。曾多次获得云南省优秀产品称号,被誉为地方名酒。年产销量2 000吨以上仍供不应求。

中华猕猴桃果酒——该品采选富含多种微生素,被誉为“水果之王”的野生猕猴桃鲜果为原料,采用纯种酵母发酵与传统工艺相结合,精心酿制而成。酒体晶亮透明,呈琥珀色,富含多种微生素和人体必需的氨基酸等营养物质,是老少皆宜的佐餐佳品。

该厂白酒都具有“窖香浓郁,醇和绵软,甘洌爽净,回味悠长”的独特风格。

电话:0870-2161795　2161392　2861015
　　0871-2220791　2861003

昭通市远昌酒业有限公司

中国云南昭通市远昌酒业有限公司生产的“乌蒙神”牌淫羊藿系列,是以乌蒙山珍贵野生奇草淫羊藿、天麻为主原料,配以10多种天然名贵中草药品,加入窖藏多年的优质高梁酒和纯蜂蜜浸泡提炼的神奇补酒。

该酒对补血填精,滋阴壮阳,提高人体免疫力有明显功效。在2000年荣获第十二届中国新技术新产品博览会金奖和第九届中国专利新技术新产品博览会金奖称号,2000年石家庄“云南民族文化节”被作为贵宾礼品酒。

法定代表人:李远昌

地址:中国云南昭通市沙坝

电话:0870-2162638

手机:13888755133

邮编:657000

云南高仓实业集团有限公司

云南高仓集团是国家大型一档企业,国家级企业集团,全国技术创新示范先进单位。已形成玉溪市溶剂厂有限公司、玉溪市云溪香精香料有限公司、玉溪市高仓化工有限公司、玉溪市生物化工有限公司、玉溪市环腾科工贸有限公司、玉溪市南亚面粉厂、玉溪市南亚化工设备制造厂、玉溪市高仓建筑安装工程有限公司等16个企业实体。所生产的卷烟专用嘴棒增塑剂、香精香料、醋酸乙酯、丁酯,面粉面条等系列产品远销海内外,年营业收入超6亿元。

董事长:蒋兴建

总经理:赖庆林

地址:云南省玉溪市高仓工业区

电话(传真):0877-2076608

邮编:653100

昆明市东川区无名面条工贸有限公司

法定代表人:吴尧明

注册资金:38万元

注册时间:2000年4月10日

经营范围:粮油制品生产加工、销售

主要产品:无名牌系列面条

地址:东川区新村团结路中段

电话:0871-2121012

昆明康宁天然保健食品专卖店

昆明康宁天然保健食品专卖店独家代理天津阿尔发公司、北京唐安公司等全国十多家知名无糖企业生产的无糖糖果、糕点、粉糊、面条、茶类等近200种保健食品。无糖降糖食品是以苦荞、燕麦、南瓜、玉米等杂粮为主,采用先进设备,经阿尔发工艺处理生产,香甜可口,放心食用。

地址:北京路600号(盘龙区中医院旁)

电话:0871-3170776　3195591

昆明市味精厂

昆明市味精厂成立于1958年,是云南省惟一生产味精的中二型集体企业。主要生产“茶花牌”系列味精、鲜味素、小粉,产品两次荣获省市优质产品称号,生产能力为年产2 000吨。

法定代表人、厂长:郦天文

地址:昆明市螺蛳湾274号

销售科电话:0871-3558092

传真:0871-3550151

昆明市鸿运调味品厂

该厂建于1999年11月，是一家私营企业，主要产品有：咸酱油、生抽王、昆明香醋、特级甜酱油，什锦酱、豆瓣酱、甜面酱、昭通酱等。

产品严格按GB18186－2000、GB18187－2000酿造食醋、GB18186－2000酿造酱油的标准制作，全粮酿造、工艺精良、设备先进、质量上乘、价位适中，欢迎广大用户选购。

经理：石金虎　陆广南　向光明

地址：昆明市小石坝196号

电话：0871－7203648　7203141

邮编：650208

昆明子弟食品有限公司

公司于1998年成立，以3 000万元资金于2000年正式投产生产。

经营的产品："子弟"牌土豆片

法定代表人：黄思烈

地址：昆明市大观楼村

传真：8240668

电话：8240636

邮编：650032

泸西旅游食品厂

泸西旅游食品厂是集生产、经营为一体的民营企业。

该厂生产的"阿庐牌"荞丝系列食品，是采用泸西高寒山区种植的纯天然粮食作物——苦荞麦为主要原料，据《本草纲目》记载称为"五谷之王"，营养保健价值极高。

该厂采用荞麦粉精制而成的"阿庐牌"荞糊、荞自发粉、荞奶粉、荞丝、荞片等系列食品和成人高档荞枕、成人普通荞枕、儿童荞枕、婴儿荞枕等有益于人体健康，并畅销省内外。

法定代表人：王树方

地址：云南省泸西县芸埂路

电话：0873－6622679

邮编：652400

昆明市宜良软包装食品厂

该厂始建于1987年，位于"滇中谷仓"、"鸭子之乡"的宜良县匡远镇，拥有固定资产700万元，全面质量管理部级达标，曾荣获全国及省市多项大奖。

该厂自创建以来，本着"以质量求生存，以信誉求发展"为宗旨，采用国际先进技术及设备和传统秘方精心调味生产的"滇宜"牌烧鸭系列产品赢得了海内外人士的广泛好评。在此厂长李明率全体员工向多年来支持关心"滇宜"牌烧鸭的各界朋友表示衷心的感谢，愿和各位新老朋友一道，为西部大开发共创美好的明天。

厂长：李　明

厂址：昆明市宜良县匡远镇育才路2号

电话：0871－7524623

传真：0871－7524623

邮编：652100

楚雄和瑞祥食品公司

楚雄和瑞祥食品公司，由两家原楚雄州、市食品公司合并而成，是集饮食服务、食品生产、加工、流通为一体的股份合作制企业。

公司现有固定资产3 000多万元，经营场地45亩，下设和瑞祥屠宰厂、和瑞祥综合农贸市场、冷冻厂、饮料厂、日月分公司和蔬菜水果分公司等。公司竭诚与社会各界人士广交朋友，真诚合作，携手共创辉煌的明天。

董事长兼总经理：郭宗富

地址：楚雄市中大街125号

电话：0878－3121731　3120742

邮编：675000

国营昆明跑马山实业总公司

国营昆明跑马山实业总公司（国营昆明市第二农场）创建于1956年，是一个以乳制品研制开发为中心、食品生产为支柱的农牧工商全面发展的中型企业。公司下辖8个生产经营单位，现有职工600余人，其中各类专业技术人员180余人。2001年销售收入5 131万元，利税476万元。固定资产为4 182万元。公司连续多年分别被云南省政府、昆明市政府授予"重合同，守信用"先进单位和市级文明单位称号。

公司近年投资2 000余万元，进行技术改造，并引进先进设备、工艺、技术和管理。主要产品有：

"前进牌"系列牛奶：纯酸奶、果味酸奶、八联杯酸奶，消毒奶、屋顶盒纯鲜奶、调味纸盒奶，环保袋纯鲜奶；

系列奶粉：母乳化奶粉、全脂甜奶粉、全脂奶粉、中老年奶粉、婴儿奶粉；

淀粉及淀粉糖：玉米淀粉、精制小粉，系列葡萄糖；

其它食品:强化麦乳精、可可麦乳精、牛奶软糖;

其它产品:塑料袋、饮料吸管。

其中“前进牌”全脂奶粉和“茶花牌”母乳化奶粉、婴儿奶粉、强化麦乳精等产品多次被评为市优、省优、部优产品,是云南省的知名品牌。“茶花牌”母乳化奶粉在2000年又被评为云南省名牌产品。“前进牌”系列牛奶以天天新鲜为承诺,向广大消费者提供品质优良、风味纯正、价格合理的产品和优质的服务。

公司目前正在办理改制手续,年内将更名为:昆明前进乳业有限责任公司。

法定代表人:栗　铨

地址:昆明东郊跑马山

电话:0871－7353893　7353305

邮编:650213

昆明雪兰牛奶有限责任公司

昆明雪兰牛奶有限责任公司是昆明市农业产业化的龙头企业和国家认可的学生奶定点生产企业。日加工鲜奶100吨,年销售收入近亿元,是云南省最大的液态奶生产企业。

公司现有8个设施完善、设备一流的现代化奶牛场和10个奶牛合作社,饲养1万多头优质健康的荷斯坦奶牛和杂交黑白花奶牛。

公司拥有国际一流的美国盒装鲜牛奶和世界著名的瑞典灭菌奶生产线6条;国内先进的袋装灌装生产线16条;同时,公司还拥有丹麦的FOSS－133B型多功能成份仪、美国的Soma count150型细胞计数仪等先进检测设备。目前公司有3大系列11种规格20个品种的乳制品。公司的生产设备和工艺技术先进,雪兰乳品的承诺是:“新鲜、优质、营养、安全、卫生”。

公司多年来获得昆明市“文明单位”和“昆明市第五届优秀企业”、“国家监督抽查产品质量过硬放心品牌企业”等光荣称号,雪兰牌系列乳制品先后荣获“第五、六届云南省消费者喜爱商品”、“国家质量达标食品”、“中国知名乳制品信誉品牌”等荣誉称号。2001年获中国绿色食品发展中心的绿色食品认证,雪兰乳品是云南省市场乳制品主导消费品牌,市场占有率达70%。

“雪兰牛奶好,健康少不了”。

云南楚雄龙川江鲜奶食品厂

该厂始建于1992年,前身是楚雄龙川江奶牛场,是一家专业生产牛奶的食品厂。注册资金100万元,年产值850万元,围绕“丰富的饲料、健康的奶牛,无菌的生产,可信的品牌”这一宗旨,生产出新鲜、可口的“龙川”江牌牛奶,欢迎广大消费者品尝。

厂长:孙如海

地址:楚雄市北浦路中段

电话:0878－3136025

邮编:675000

个旧市国营乍甸农场

个旧市国营乍甸农场,是为个旧冶金矿山工人和城市居民的保健食品需要,于1954年建设的,位于个旧市北郊的乍甸坝子,海拔1 400米,年平均气温18℃,年降雨量900毫米,占地面积0.57平方千米,出入个旧的公路穿场而过。在经历了艰辛创业的历程后,调整产业结构,走“农场加农户”的农业化道路。农场为农户提供产前、产中、产后的全程服务,农户紧紧依托农场,集生态效益、经济效益一体,形成了牧、工、贸一体的奶牛产业化。鲜牛奶及其系列产品除供个旧以外,已销往开远、蒙自、建水、弥勒等红河州13个县市以及文山、通海地区。乍甸农场已成为滇南地区鲜牛奶的重要生产基地。

经技术监督局、卫生防疫站检验,牛奶理化指标、卫生指标均达到国家标准,清洁、卫生、方便,高质量的牛奶深受顾客的欢迎。销售量进入了快车道,1995年牛奶销售650吨,2001年销售3 500吨。

2000年乍甸农场投资500万元,建立牛奶加工车间,生产酸奶、果奶、炼乳、雪糕、冰淇淋。随着市场的完善和生产规模的扩大,到2005年,牛奶销售量将达到1.2万吨。农户饲养奶牛5 000头,按每户养牛5头计,就有1 000户农民靠养奶牛致富奔小康。乍甸农场年收入将达到3 500万元,税利600万元,欣欣向荣的乍甸农场将更上一层楼。

法定代表人:季业麟

地址:个旧市乍甸镇

电话:0873－2671025

邮编:661009

云南天外天天然饮料有限责任公司

公司是集生产、销售、完善的售后服务为一体的综合性新型企业。

公司主要生产“石林天外天”天然矿泉水系列产品。其水源位于云贵高原长江和珠江流域的分水岭——呈贡七甸,在灌木覆盖质密坚硬的玄武山谷内,幽静、原始的生态环境和得天独厚的地质条件决定其天然洁净,干季或雨季,泉水都无色无味,流量、含量极为稳定,富含有人体必须的20多种微量元素,如:钙、钠、钾、溴、镁、铁、偏硅酸和碳酸根等。"石林天外天"天然矿泉水以卓越的水质、精湛的加工使品质一流,符合国家技术检测标准。自1995年以来,在云南省40多家矿泉水水质年检中,"石林天外天"天然矿泉水连续六年排名第一,连续三年受到省技术监督局的通报表彰;在1996年全国统检833家矿泉水中被评为9家优质矿泉水之一,并受到最高权威检测机构国家技术监督局的通报表彰,博得广大消费者的青睐和厚爱。

公司从生产——销售——服务一条龙,都利用现代化高科技的管理。采用国际先进的生产设备精制生产,建立了庞大的销售网络和完善的售后服务体系,汇集了大批高素质的优秀人才,以"高效、敬业、务实"的精神实现对客户和社会的承诺:"一流的水质、一流的服务。""幸福家庭、健康维系。""天外天"把健康送到您家里,只需您拨打送水热线:(0871)3366822、3366833;咨询电话:3366877就会受到公司全方位的服务。客户满意永远是"天外天"的追求。

昆明天添力工贸有限公司

"天添力"矿泉水凭质量创名牌

1997年矿泉水全国统检合格企业;1998年矿泉水全国统检免检企业;1999年矿泉水全国统检合格同时获得省级和国家级表彰的先进企业;2000年矿泉水全国统检合格企业;2001年矿泉水全国统检合格企业;2001年被评为卫生合格企业。

法定代表人:唐全明

地址:昆明市新闻南路114号(西坝新农贸市场)

销售电话:0871-4177127　4161668

水厂地址:观音山天乐泉

水厂电话:0871-8429117

邮编:650032

云南太乙工贸有限责任公司

太乙饮用薄荷水,为太乙公司研制的专利饮品。本品以昆明北郊山坳优质地下水为水源,经独特的工艺配制而成,口感清凉甘甜,液色晶莹透亮。面市以来深受群众喜爱,多年畅销不衰。本品曾获"云南省星火计划奖"、"昆明市科技进步奖"并被中国食品工业协会列入"全国食品工业科技进步优秀项目"1998年云南省政府认定本品为"云南名牌产品"。

地址:昆明市北郊松华坝盘江西路249号

电话:0871-5897648　5228377

传真:0871-5228271

邮编:650201

昆明市水产总公司

昆明市水产总公司是云南省最大的一家国有水产专业性公司。下属有3个水产养殖场,皆在昆明城郊,占地700余亩,可进行养殖或房地产开发,另有滇池子湖——草海(万余亩)可供大水面增养殖;下属冷冻食品加工厂,占地25亩,总投资2 000多万元,有1 400吨冷藏库位,10吨结冻间,日制冰10吨,另有600多平方米的清洗加工车间;下属供销部门有众多销售网点,多年从事国内及东南亚各国水产品经销业务,生产经销的"滇池"牌银鱼深受海内外欢迎。进入21世纪,愿加强合作,共求发展。

法定代表人:杨亚平

地址:中国·云南·昆明市南屏街南屏综合大楼

电话:0871-3623263　3645478

传真:0871-3623263

泸西县自来水厂

自来水厂是县建设局下属的事业单位。建于1974年,27年来,日供水能力由960立方米提高到2万立方米。2000年12月该厂被省建设厅评为先进集体,2001年7月厂支部被中共红河州委评为先进党支部,2001年5月被中共泸西县委和泸西县人民政府评为文明单位;1993年~2001年连续被泸西县建设局表彰为先进单位,1999年~2001年连续获得中共泸西县直属机关委员会表彰的先进党支部。该厂有职工54人、党员17人、助工13人、技术员14人、大专学历9人、本科1人。

自来水厂现有水处理厂两座,一厂日处理水能力1万立方米,二厂设计规模日处理水2万立方米。目前,一期工程日处理水1万立方米已竣工并已供水。

现有加压泵站两座,600立方米、500立方米高位水池各1座,1 000立方米清水池两座,900立方米、600立方米清水池各1座。年供水量达198.4万立方米。现在DN100毫米以上管网建设总长90余千米,供水面积42平方千米,供水户数5 980户(含集体户),供水人口6万余人,年产值487万元。

法定代表人;唐富益

地址:泸西县中枢镇东华路东段

电话:0873-6623408

邮编:652400

禄劝撒坝火腿研究会

禄劝撒坝火腿系1992年从云南农业大学引进的"新云腿"加工技术精制而成,当年在禄劝试验腌制800千克,1995年禄劝科技局在全县推广试制,1996年由昆明市科技局立项进行示范推广,当年初加工规模达10吨,1997年,禄劝科技局结合禄劝撒坝地区特点和盛产撒坝猪优势,将"新云腿"更名为撒坝火腿,撒坝火腿从1996年~2001年始终被立为昆明市科技局重点科技开发项目。1998年,为规范全县撒坝火腿质量管理,成立禄劝撒坝火腿开发研究会,将所有加工大户(企业)和购销大户(企业)纳入研究会员进行管理,并统一撒坝火腿专用配方盐料供应,1999年撒坝火腿被立为禄劝农业产业结构调整先导项目,2000~2001年连续两年被立为昆明市政府农业产业结构调整项目,轿子山绿色食品加工厂等三家从事撒坝火腿开发的企业,被立为市农业产业化经营龙头企业,加工规划从1996年10吨发展到2001年近1 500吨,深加工100吨左右,产值近2 500万元,市场前景良好,产品供不应求。

地址:禄劝县城屏山镇英子龙巷18号

电话:0871-8912653

邮编:651500

昆明牙膏有限责任公司

昆明牙膏厂属国有企业,是云南省一级先进企业,原国家轻工部定点专业厂。2001年企业经改制更名为"昆明牙膏有限责任公司"。公司现有3条软管生产线、3条自动灌装生产线、1条复合管生产线、2条制膏生产线,年生产牙膏5 000万支以上。现有职工200人,其中专业技术人员28人,资产总额1 492万元。产品除内销外,还有氟化钠牙膏、蝴蝶牙膏出口东南亚。

主产品"三七"药物牙膏为国家A级产品,该产品以云南名贵中药三七作为添加剂。三七药物牙膏有效成份三七皂甙在刷牙过程中,经口腔粘膜吸收有迅速修复牙龈毛细血管创面,改善牙龈循环功效,经省内各大医院鉴定,对口腔消炎、消肿、止血、止痛有特效,从而起保护口腔、护齿、健齿的作用。

公司有生产牙膏近30年的丰富经验,有较强的科研开发能力,严格的生产工艺、科学的管理和质量保证体系,职工队伍技术素质高,因此能够严格工艺标准,认真组织生产高质量的产品。

公司始终坚持质量第一、信誉第一、用户第一的宗旨,竭诚为消费者服务。

地址:昆明市青年路节孝巷12号

电话:0871-5175018

传真:0871-5155665

邮编:650021

云南药材有限公司

Yunnan Medicinal Materials Company Limited

公司是由中国药材集团公司、云南医药集团有限公司及职工参股,按照"产权清晰、权责明确、政企分开、管理科学"的现代企业制度组建的。

公司利用全国各地的销售网络优势,以中药现代化、经营规模化、市场国际化、管理专业化为目的,按市场经济规律对各种资源优化组合,并以职工投资持股制度,建立起长期稳定的动力机制。

公司现有控股企业:云南长乐药业有限公司、云南云日保健品实业发展有限公司、云南天虹旅行社、云南康辉药业有限公司、云南康裕药业有限公司、云南云慈药业有限公司、云南百禾药业有限公司。

法定代表人:袁文成

地址:云南省昆明市东风西路121号

电话:0871-3611543

传真:0871-3621525

邮编:650031

云南医药集团昆明市官渡区医药公司

公司坐落在官渡区政治、经济、文化中心,官渡区政府所在地——关上。

公司的前身是国有企业,是昆明辖区内医药商业流通的主渠道之一。经营项目有中西成药、生化药品、进口药、新特药、中药饮片、小型医疗器械等,服务于全区人口的各种防病、治病及医疗保健药品的供应,是关上地区惟一的医疗定点零售药店,服务于所有参保人员的购药。

公司宗旨是:质量第一、信誉第一、服务至上。

地址:昆明市关上关岭路3号

经理室:0871-7173099

副经理室:0871-7171120

批发部:0871-7173863

销售科:0871-7172668　7184045

云南东骏药业有限公司

云南东骏药业有限公司其前身是云南卫生经销公司一科和昆明市官渡区医药公司经营一科,四年多来,以广大农村市场和边远山区市场为依托,本着薄利多销,低价位运营的经营策略,方便客户的服务体系,赢得了市场,销售额连年翻番。1999年跨过1亿大关,2000年经云南省药品监督管理局批准,云南东骏药业有限公司于5月29日挂牌成立,公司经营:中西成药、中药材、医疗器械、中药饮片近4 000多个品种,在大观商业城设有专门零售业务的“东骏大药房”。2001年7月经云南省药品监督管理局批准为云南省跨地区连锁经营企业,东骏大药房更名为云南东骏药业有限公司东骏大药房连锁总店。本着增设一个分店,健康一方百姓的宗旨,新开设了红联分店、下关迎宾连锁店、下关正阳连锁店。严把药品质量关,让百姓吃上放心药,在全国各大厂家的大力支持下,公司取得了20多个全国知名制药企业、200多个品种在云南的总代理。

云南东骏药业有限公司着力塑造“百姓药业,一马当先”的企业形象,对待一分钱的交易是东骏全体员工的服务理念。以“不鸣则已,一鸣惊人”的企业精神在云南药业站稳了脚跟,得到了春城市民的厚爱。东骏连锁店以规范的药品管理,新颖的导购式服务,按照药品分类管理和医保规定的要求,严格把处方药、非处方药、甲类药品和乙类药品区分开来,进行药品分类管理。于2001年4月通过昆明市医保中心的审核,定为昆明市医疗保险定点药店。围绕“质量第一,信誉为本,服务至上”的企业宗旨,使企业一步一个脚印,一年一个台阶。公司于2000年9月正式向有关部门申报GSP达标认证,力争成为省内经营规模化、管理规范化的大型商业企业,更好地服务于社会,服务于民众。为云南的经济发展,为云南地方药品生产的发展作出贡献。

电话:0871-5333728

公司执行董事、总经理:李卫东

云南东骏药业有限公司批发部

地址:昆明市人民西路322号西红联百货广场四楼

电话:0871-5333781

云南东骏药业有限公司大理批发部

地址:大理市兴胜路113号

电话:0872-2195849

云南东骏药业有限公司东骏大药房连锁总店

地址:昆明市大观商业城B1座2楼

联系电话:0871-5380451

彝良县天麻产业开发办公室

天麻(Gastrodia elata Bl),又称定风草、赤箭、鬼督邮、神草等,它是一种根叶退化的兰科植物。天麻在生长过程中与蜜环真菌建立共生关系,同菌类互为营养。

天麻是世界驰名的名贵中药材,又是绿色保健珍品。天麻以治疗眩晕头痛、惊厥抽搐 、四肢麻木、风湿、体痛、语言不顺、血脉不通、痰痈气阻等症见长,故有“三镇”、“三抗”、“一补”之说。即抗癫痫、抗惊厥、抗风湿,镇静、镇痉、镇痛,补虚。现代药理研究表明,天麻主要有四大治疗作用:对神经中枢系统的镇静、抗惊厥和镇痛作用;对心血管系统的强心作用;有耐缺氧作用和增强免疫功能的作用;很好的保健作用。

彝良县小草坝以其特殊的地理、气候、土壤等自然条件,蕴育了堪称世界一流的天麻。小草坝天麻个大、体圆、肉质肥厚、质地坚硬且呈半透明状,被尊为“明天麻”。内在质量好,天麻素、氨基酸、微量元素等含量高,品质纯正。近年来,省内外相关制药企业以小草坝天麻为原料,生产出了“全天麻胶囊”、“复方天麻颗粒”、“天麻丸”、“天麻口服液”和“天麻蜂蜜”、“天麻酒”等药品和保健品。

彝良县已将天麻作为“十五”期间全县重点培植的三大支柱产业之一进行规划建设,3 000亩天麻规范化种植作为重点已被列入《国家中药材现代化科技产业云南昭通天麻基地建设》。2001年,全县已种植天麻1万余亩,生产鲜天麻100万千克,产值达4 000万元,天麻产业对当地经济起着重的要作用。

联系人:马吉寒　彭泽源

地址:昭通市彝良县角奎镇大河遍

电话:0870-5126175

传真:0870-5123573

邮编:657600

云南新云三七产业有限公司

云南新云三七产业有限公司是由香港新世界中国实业项目有限公司与云南药材有限公司共同投资组建的国内第一家专业从事云南名贵药材——三七的种植、加工、研发、生产和销售,及出口为导向的专业化医药及保健食品企业。

公司严格按照绿色食品标准在文山建立了2000余亩无公害三七种植生态基地,已成为科技部无公害三七种植示范基地,并引进国外先进的生物技术用于无公害三七的种植,严格按照中药GAP标准进行管理,其产品取之于天然植物,品质完全达到绿色食品标准,符合国际天然保健品潮流。

业务电话:0871-3611637

传真:0871－3628020

云南瑞丽市滇野制药厂

熊胆粉,据中国唐朝(纪元695年)苏敬等人的《新修本草》记载,早在1000多年前,这一珍贵药材就被人们所认识利用,明朝医祖李时珍的《本草纲目》将熊胆粉称为“神药”。它具有保肝明目、利胆化石之功能,适用于各种急慢性肝炎、黄胆、肝肿胀、肝硬化、胆囊及胆道疾病,是直径小于0.5毫米的非钙化型胆结石的特效药,并用于肝机能低下所致的多种肝病的治疗。

其他生理:用于抗动脉硬化,脑血管硬化,防治脂肪肝及降血清胆固醇。

该厂运用新技术人工引流胆汁加工成的“滇野牌”熊胆粉,有效地保护了野生动物资源,又充分利用了动物药资源,使历史悠久的名贵神药得以继续发扬光大。

厂长:李汝兴

地址:昆明市白塔路272号(昆明门市部)

电话:0692－4900788

联系人:高继红　高文福

电话:0871－3177965

云南省纺织总公司

云南省纺织总公司是于1994年1月由原省纺织工业局机关成建制转体组建的企业,注册资金1200万元。

经营范围:针纺原料、针纺织品、服装、纺织机配件,自营和代理各类商品及技术的进出口业务,经营进料加工和“三来一补”业务,经营对销贸易和转口贸易。

总公司组建八年来,开拓进取,拥有一支高素质职工队伍,诚信经营,效益良好。公司热诚欢迎新老客户垂顾。

法定代表人:胥　鸿

地址:昆明市环城东路董家湾大厦

电话:0871－3314577

传真:0871－3315519

邮编:650041

昆明市纺织工业公司

公司始建于1978年。1987年按政府要求,改制成为自主经营、独立核算、自负盈亏,具有法人资格的生产经营型企业。

公司经营业务有:针棉织品加工销售;纺织原材料、纺织成品半成品、工业用布、防水布经营;针织内衣裤的加工制造及营销;招待所住宿、餐饮服务。

法定代表人:李家驷

地址:昆明市尚义街216号,拓东路65号

电话:0871－3168267　3160950

生产经营部:0871－3163033

针织厂:0871－3342333

招待所:0871－3163115

云南昌兴被服有限公司

公司创建于1993年5月6日,原名中国人民武装警察部队云南边防总队棉絮加工厂,主要生产供应部队所需的军用被服。1997年根据中央的要求,企业与部队脱钩,工厂更名为昆明市西山区被服厂,重新申办了营业执照,办理了税务登记,并转向主要生产民用被服,供应云南和贵州两省大中专院校、医院、社会福利机构。2001年遵照党的十五大精神和国家有关方针政策,改制为云南昌兴被服有限公司。

总经理:傅昌兴

地址:昆明市兴苑路中段

电话:0871－8214384

传真:0871－8180809

邮编:650100

北京顺美服装股份有限公司昆明分公司

顺美公司在全国设置的14个分公司之一的昆明分公司自1993年进入昆明市场以来,就以一流的质量、优质上乘的服务赢得了顾客的信赖,连年取得较好的销售业绩,业务范围不断扩大,现已在昆明市区开设了4家专卖店及专柜。

在经营中,“脚踏实地,稳步发展”已成为顺美服装昆明分公司立足市场的根本所在。为了提供更全面的服务,特设专业制装部,为企业订制服装,以专业、完善的服务迎接顾客。

服务热线:0871－5162067

传真:0871－5175039

圆通专卖店	圆通街39号	5162069
小西门专卖店	东风西路28－31号	5314053
交三桥专卖店	人民东路35号	3134255

大理秀泽民族工艺服装厂

云南大理秀泽民族工艺服装厂成立于1994年,注册资金50万元,具有先进的生产技术和质量保证体

系，生产各类民族服装、麻料服装及工艺品。

该厂开发的“秀泽”牌系列产品做工精细，古装和时装相结合，以纯棉白布或纯麻为原料，采用植物染料，经传统工艺制成，有手工挑绣系列，刺绣系列等各类服装、工艺包、桌布、门帘、披肩、围巾扎染面料和纯麻面料等1 000多个品种，远销日本、欧美、东南亚等国家和地区，深受国内外人士的欢迎。

法定代表人：尹秀泽

厂址：中国・云南・大理古城护国路95号

电话：0086－872－2663516　2672400

传真：0086－872－2676526　2670158

手机：(0)13508723609

邮编：671000

云南思茅兴达皮革制品有限公司

公司是集科、工、贸为一体的股份合作制企业。注册资本830万元，拥有国内外先进的制革、制鞋生产设备200多台(套)。是滇南地区惟一的综合性皮革及其制品制造加工企业。主要产品有黄牛水牛全粒面、半粒面、修面鞋面革、“思美牌”各式男女皮鞋、“齐思切牌”真皮服装和其他皮件产品。年生产能力为：皮革10万张，皮鞋30万双，皮衣1万件。

公司经过40余年的艰苦创业，积累了丰富的制革、制鞋生产经验，掌握了成熟完善的生产工艺，造就了大批熟练工人及技术人才。公司由于有先进科学的工艺技术和管理方式以及严格的质量保证体系，辅以完善的售后服务措施，产品质量及服务质量得到了社会的认可。公司连续多年被思茅市人民政府、云南省人民政府分别授予“消费者信得过单位”、“消费者喜爱商品”称号。

法定代表人(董事长)：王元林

地址：云南省思茅市环城西路253号

联系电话：0879－2122291

邮编：665000

昆明东林家具制造有限公司

东林家具制造有限公司主要是生产厨房家具、办公用书桌书柜、电视机柜等，同时兼有进口优质木材，加工其他木制品业务的新型企业。

公司引进国际先进的全新设备，采用先进的工艺技术，科学的管理手段，遵循以信为本，以质取胜的经营方针和经营求变，产品求精，管理求细的经营理念，为用户提供一流的产品和一流的售前、售中、售后服务。

为了让客户用上满意的家具，公司派有经验的技术人员到用户家中根据用户的喜好和房间情况，实地测量并按用户要求选择优质板材和理想的合理搭配的配套厨具。真正实现了质量第一，追求完美，价格合理的不变承诺。

该公司家具制造厂地处白云路，石闸立交桥东侧龙聚市场旁边高威龙木地板市场内，在白云路34号(盘龙区税务局对面)设有东材厨柜门市。

联系人：陈永平　罗永斌

电话：0871－3843648

传真：0871－3843658

东材厨柜门市电话：0871－3317555

昆明柏联百盛购物广场有限责任公司

百盛作为享誉东南亚的马来西亚著名金狮集团创立的成功零售连锁企业，自1992年进入中国市场以来，在开拓中国市场方面取得了长足的发展。

公司是中国百盛集团与具有专业资质的中港合资昆明柏联房地产开发有限公司强强联手开设的云南第一家百盛百货连锁店，也是百盛在中国开设的第21家综合时尚百货店。

昆明柏联百盛自2001年1月15日全面开业以来，以“潮流焦点，尽在百盛”的商业形象，优雅的购物环境，热情周到的服务，以及精彩不断的促销活动，将一种全新的消费理念注入了昆明商界，引领着昆明时尚购物潮流。

地址：昆明市三市街6号柏联广场内

电话：0871－3630186

昆明樱花实业股份有限公司

昆明樱花购物中心成立于1992年，是一个大型综合零售商场。企业于1999年改制为樱花实业股份有限公司，并成为中外合资昆明樱花宾馆有限公司的控股股东，全面经营管理红联超市公司、红联百货广场等大型仓储商场及连锁超市，网点遍及昆明市区及玉溪地区，已成为一个新兴的商业企业集团。

电话：0871－3140429

邮编：650011

南华县华鑫购物中心

南华县华鑫购物中心是南华县供销社属专营日用工业品的企业，现有职工70人，营业面积3400平方米，注册资金251万元。成为南华县上规模上档次的集娱乐、购物、住宿为一体的购物商场。先后被省委宣传部、省文明办定为“省级文明行业示范点”;被州精神文明办评为“精神文明单位”。

总经理:刘汉东

地址:南华县龙川镇龙泉路30号

电话:0878－7221374

邮编:675200

建筑·房地产业

云南省第四建筑工程公司

云南省第四建筑工程公司总资产5.5亿元,注册资金6 045万元,资质为工民建一级,水电消防一级,路桥二级,具有民用机场场道施工许可证,通过了ISO9002质量体系认证。共获2个鲁班奖,3个国家银质奖,1个军队优质工程一等奖和多个省市级奖项。

云南省第五建筑工程公司

公司是具有国家建设部一级资质的国有建筑施工企业,信用等级为3A级。主要从事工业与民用建筑项目和房地产开发、公路、桥梁工程的建筑施工。拥有各类专业技术人才1 029人,其中具有中高级职称的283人,配置各类大中型建筑机械设备价值4 000多万元。公司自1953年成立以来,承建了大批工程,积累了丰富的实践经验,在高层及超高层建筑、公共建筑、民用住宅、工业厂房、高级装饰、水电暖通、消防工程安装施工等方面,具有突出的管理和技术优势。

多年来,五建坚持质量兴业,不断强化管理、苦练内功,根据改革和发展要求建立健全了系统、科学、规范的管理机制。改革以来,建成了一大批优质工程,其中由五建公司施工的昆明长春花园、云南烟草公司综合业务大楼和昆明巫家坝机场新航站楼分别被建设部授予中国建筑工程鲁班奖(国家优质工程),云南省金融保险综合大楼被授予国家优质工程银质奖。至2001年底,五建公司已获国优工程鲁班奖3项、国优工程银质奖1项、全国用户满意工程一项、部优、省优工程奖38项,市优工程奖19项。十几年来五建公司施工质量合格率始终保持100%,优良品率平均65%以上,近五年的优良品率平均85.7%以上,远高于行业主管部门规定的指标。年完成施工产值、竣工面积、优良品率、人均税利等主要经济技术指标连续17年在全省同类建筑企业中保持领先水平。云南五建公司先后被建设部和云南省授予“创全优工程先进公司”、“全国先进施工企业”、“全国优秀施工企业”、“全国工程质量管理先进单位”、“全国质量效益型先进施工企业”、“省级先进企业”,全国及云南省建筑业“科技成果推广先进集体”,云南省及昆明市连续十多年“重合同守信用企业”等荣誉称号,被国务院有关部门认定为全国“500家最大建筑业企业”,于1998年通过了ISO9002标准质量管理体系认证,为长期、稳定地提供更多的优质建筑产品提供了新的保障。

法定代表人:冯树华

地址:云南昆明西郊黑林铺直街31号

电话:0871－8184402　8188831

传真:0871－8188705

邮编:650106

西南有色地质勘查局昆明勘测工程公司

公司组建于1986年,是建设部1989年首批审定的一级施工企业,持有地基基础施工一级、公路工程施工二级资质证书。主要从事各种桩基础工程、软土地基处理工程、深基坑工程、大坝工程、岩土体锚固与边坡处理工程、水资源与地热开发工程、公路桥梁工程、地下工程等的施工。公司现有职工458人,各类专业技术人员260多人,持有一、二级资质的项目经理56人。

公司建立以来,参与了云南磷肥工业基地、昆明焦化制气厂扩建、云南氮肥厂24万吨复肥工程、昆钢改扩建、云南大红山铜铁矿、珠海国际机场、老挝国家文化艺术中心、昆明南过境干线、昆玉高速公路、邦克大酒店、佳华广场、昆明世博园等重点工程的建设。累计完成了近百幢大厦的深基坑工程、近千幢高层及多层建筑物的基础工程、数百口冷热供水井的管井工程。

在技术进步方面,公司在危岩锚固、树根桩托换、异径钻孔桩、扩底沉管桩、压力灌浆、喷射灌浆等技术方面有深入的实践与研究。并在危房处理、病害水库治理、软土地基处理、地质灾害治理等领域形成了独特技术专长。在公路施工中,该公司首家将袋装砂井、土工布、砂桩、碎石桩、塑料插板等新技术在云南进行试验和应用。

建司以来,公司共完成各类工程二千余项,工程履约率100%,工程优良率80%以上。荣获国家优秀工程银质奖1项,省部级优秀工程奖27项,省部级优秀质量管理小组成果奖23项。公司长期注重质量管理工作,1992年被建设部评为“推行全面质量管理先进单位”。2000年9月获得ISO9002质量体系认证证书。

公司以“诚信服务,用户至上;科学管理,全员参与;持续提高,创造一流”的质量方针,竭诚为国内外广大顾客服务。

法定代表人:李鸿芳

地址:云南省昆明市人民东路东风巷29号

电话:0871-3142808 3142807

传真:0871-3145779 3176143

Email:ynyskc@public.Km.yn.cn

邮编:650051

云南省第二安装工程公司

云南省第二安装工程公司始建于1958年9月。隶属云南建工集团总公司。公司于1989年8月经国务院企业管理指导委员会批准晋升国家二级企业。1995年10月经建设部重新审查批准,继续保持就位国家设备安装工程施工一级企业资质等级证书,并具有建筑装饰二级资质证书和建筑施工三级资质证书。1999年获得GB/T19002—ISO9002质量体系认证书。

公司现有职工1 500多人,具有各类专业技术职称的350人,占职工总数22%。其中具有高、中级职称174人。公司具有国家二级计量合格证及锅炉、电梯、压力容器、无损检测、压力管道、燃气管道、消防资质等专业安装、生产许可证。装备有适应于高、大、精、尖工程施工的大、中型施工机械设备500多台,包括各类吊装、机械切削加工、板金工加工中频弯道、电动弯管、通风管道和部件生产专用设备。同时配备有各类测试、调试仪表,理化试验和无损检测设备以及各类液压、电动工具千多套。技术装备率3 200元/人,动力装备率4.01千瓦/人。

公司具备承担各类大、中型工业项目生产装置和大、中型民用项目的施工安装能力,年施工生产能力在2亿元以上,非标制作能力2 000吨/年。

公司承担过国家、省、市的化工、机械、电力、电子、建材、冶金、军工、科研、医药、烟草和高科技行业的数百个大、中型骨干项目的安装施工任务,尤其是承担过几十项大、中型国外引进装置的安装施工,分别与美国、英国、荷兰、芬兰、德国、意大利、日本等外商企业友好合作,在对国外引进技术的项目合作方式、技术标准、规范、图纸资料等方面积累了较丰富的经验。公司在毛里求斯、也门、喀麦隆等国家承包施工了一批项目。在洁净工程的施工与调试、大型设备吊装等方面的施工水平居领先地位。公司承担施工的云南天然气化工厂、云南光学仪器厂、昆明三聚磷酸纳厂、昆明国际机场、云南氮肥厂、云南沾益化肥厂等六项工程分别获得过国家优质工程银质奖、中国建筑工程鲁班奖、中国安装之星、云南优质工程奖等荣誉称号,连续13年获云南省、昆明市“重合同守信用”企业称号,企业资信等级为3A级。

昆明市第二建筑工程有限责任公司

公司创建于1956年,是具有房屋建筑工程施工总承包一级资质,集建筑施工、市政建设、路桥施工、房地产开发、商品混凝土及冷轧带肋钢筋产销为一体的建筑工贸企业集团。公司拥有资产总额22 302.66万元人民币,银行信用3A级,具有独立的对外承包和劳务合作经营权,于1999年12月获得ISO9002质量体系国际认证,年综合施工能力5亿元人民币,年竣工面积50万平方米,工程质量优良率80%以上。

近年来公司承建了昆明会堂、昆明国际贸易中心、昆明市政府大楼、昆明市新闻中心、昆明市中级人民法院、云南民族村傣家寨、金龙饭店、昆明市体育场等标志性优质工程。其中昆明西华住宅小区荣获国家建筑质量鲁班金奖。

公司具有承建国际工程的丰富经验,有优秀的工程技术人员和高素质的员工队伍,有较高技术装备水平和较强的融资能力。公司在瑞士、德国、泰国、老挝承建的工程均以优质快速、重誉守信赢得良好国际信誉。

法定代表人、董事长:朱学普

副董事长、党委书记:邓家驹

副董事长、总经理:吴　笙

地址:中国·云南·昆明市北京路338号

电话:0871-3164343

传真:0871-3184894

邮编:650011

昆明小坝建筑工程处

昆明小坝建筑工程处成立于1994年9月,是官渡区联盟镇小坝办事处下属乡镇集体企业,主要从事道路、市政、土石方工程施工,现具有建筑企业“公路工程施工叁级”资质。企业自成立以来,多次参与国家重点高等级公路建设,由于重视质量,各项工程均评为“优良”。几年来,企业艰苦创业,公路施工能力和施工技术水平不断提高,企业也得到发展壮大,注册资金从组建时的198万元增加为现在的1 100万元。现具有年施工各类型等级公路3 500~4 000万元的生产能力,机械设备总台数57台(套),总功率3367千瓦,动力装备率12千瓦/人,技术装备率4.29万元/人。企业现有从业人员283人,具有各类专业技术人员63人。

法定代表人:李洪明

地址:小坝下河埂村

电话:0871-5628309　5713824

云南楚雄公路桥梁工程总公司

云南楚雄公路桥梁工程总公司隶属于云南省公路局,是具有公路工程总承包二级资质的施工企业,现有专业职称技术人员253人,其中,高级工程师12人,中级工程师58人,下设路基、路面、桥梁三个分公司。先后承揽过楚大、昆玉、元磨高速公路的路基、路面工程的施工及安楚、大丽、磨思二级以上公路的路面工程施工,共完成各等级公路126.16千米,其中高级、次高级公路92.79千米,共有进口和国产的设备234台(套)。注册资本4 100万元,固定资产6 794万元。

公司重视现代化管理,已通过了ISO9002质量体系认证,并按该标准实施质量管理。工程施工严格按国家、行业标准或业主要求进行,有优良的质量和信誉。

总经理:杨晓波

地址:云南省楚雄市鹿城西路406号

电话:0878-3120724(综合办)

0871-3112762(经营办)

0871-3131098(经理室)

0871-3131279(财务部)

传真:0878-3120724

邮编:675000

网址:www.yncxroadbridge.com.cn

电子信箱:yncxrb@yncxroadbridge.com.cn

红河州工程建设有限公司

公司成立于1996年1月,是由多家法人单位按多元股权结构形成组建,以承包房屋建筑工程为主,完全按照《公司法》、《合同法》等法律法规进行管理和运作的有限责任制施工企业。

在施工生产实际中,该公司严格按照"项目法"施工要求,建立健全一套从总工程师到项目经理,从质检员到班组长,从生产技术科到质检科的质量保证体系,6年来,先后在开远、昆明、蒙自等地优质高效地完成了包括红河州医院住院大楼等大型房屋建筑工程在内的数十个大小工程项目,累计完成房屋竣工建筑面积20多万平方米,施工产值近2亿元,取得了较好的经济效益和社会效益,公司自1996年起连年被红河州建设局、红河州施工企业协会评为"全州先进施工企业",并被红河州人民政府授予"1998、1999、2000年度重合同守信用单位"荣誉称号。

总之,通过近几年的发展,公司信誉明显提高,市场竞争能力显著增强,已是拥有注册资本金3168万元,员工252人(其中有职称员工153人),二级项目经理14人,机械设备412台,机械总功率1 656千瓦的中型施工企业。

跨入21世纪后,该公司将以更优质的工程质量,更高效的效率服务于更广大的用户、争取为社会的进步发展作出更大的贡献。

总经理:贺亚林

地址:云南省开远市灵泉西路315号

电话:0873-7122178

邮编:661600

云南林业工程总公司

云南林业工程总公司是专营公路、桥梁、水电、大型土石方工程及工业与民用建筑的国家专业施工企业,先后承建了一大批国家和省重点工程,以按期交工、优质、守信赢得了各建设单位的好评。

1993年以来,公司连续5年被云南省计委、省经贸委、省工商局评为"重合同、守信用"企业,被省建委审定为云南建筑行业41家骨干施工企业之一。1998年公司完成的云南丽江机场场道土石方挖填工程获国家优质工程"中国建筑工程鲁班奖"。

1996年公司以股东身份承建了云南省第一条按股份制建设的全封闭四车道汽车专用高速公路——曲靖~陆良段19.75千米(含南盘江7×20大桥,3×20中桥各1座),竣工交验,被评为优良工程。

公司现有职工570人,具有高、中、初级各类技术人员388人,占职工总数68.07%;有各级各类技工180人,占全员总数的30%。有各类机械197台(件),总功率59 079.9千瓦,动力装备为103.65千瓦/人。注册资金3 000万元,现有资产总额为:1.18亿元。年施工能力可完成施工产值1.5亿元以上。

法定代表人:习建国

地址:昆明市王大桥沐东村

电话:0871-3812359　3812353　3812354

传真:0871-3812359　3812354

邮编:650216

中国有色十四冶安装工程公司

十四冶安装工程公司(The Installation Engineering Company of the 14th Metallurgical Constructive Co.)成立于1954年,是一个具有近50年历史的国有专业安装施工企业,具有冶炼机电设备安装工程专业承包一级资质和三个增项专业承包一级资质(钢结构工程;起重设备安装工程;化工石油设备管道安装工程)。经营范围:机电设备安装调试,压力容器、非标设备、金属结构制作与安装维修,高压线路改造,配电工程施工,消防工程施工,废水、废气、固体废物治理,环保设备的开发与制造等。1997年通过了ISO9002国际质量体系认证。公司下设四个综合安装分公司,一个电气仪表安装、调试分公司,拥有二条"H"型钢生产线。在非标设备和钢结构的加工制造,机电设备安装及电气调试上,具有较强的实力。长期服务于滇、黔、川、桂、沪等省、市,并具有多次承揽国外工程的丰富经验。是一支技术力量雄厚、享有良好信誉的施工队伍,连续10年以上被云南省、昆明市政府评为"重合同、守信用"企业。

在充满挑战和发展机遇的二十一世纪,十四冶安装公司将继续造就"创新、敬业、团队"的员工队伍,坚持"主动协作、诚信服务、满意业主"的经营理念和"以信为本、创造一流、服务社会"的质量方针,遵循"双赢"的市场原则,以业主为尊,为业主提供一流的产品和服务。我们衷心地希望在未来的发展进程中,能够继续得到社会各界的支持。

法定代表人:史家杰

地址:云南省昆明市羊仙坡北路82号

电话:0871-5327416

传真:0871-5315718

邮政编码:650033

电子信箱:ssyazh@ynmail.com

云南建工混凝土有限公司

云南建工混凝土有限公司是云南建工集团下属的云南省建筑材料供应公司及云南省第一、第二、第三、第四、第五、第六、第八建筑工程公司等8家企业于1996年出资组建的有限公司。是云南省建设厅认定的二级资质商品混凝土企业。公司现有固定资产5 000多万元,在职员工120余人,设备总功率达7 500千瓦,拥有年生产能力45万立方米的成套生产设备和输送设备,以及经验丰富的专业技术队伍,并于2000年通过了ISO9002质量体系认证。

公司所属东搅拌站、西一搅拌站和西二搅拌站分别引进意大利SIEMEM公司和日本光阳株式会社具90年代国际先进水平的全电脑控制自动化搅拌系统,每套站年生产能力15万立方米,公司所属输送站配备了满足三个生产站运输、泵送需要的36台日本三菱搅拌输送车,以及日本IHI臂架式混凝土汽车泵、德国SCHWING泵等各式混凝土泵8台。

公司自1996年8月正式投产以来,先后承建了省政府多层车库、世纪广场、铁路大厦、邦克大厦、建工大楼等二百多个在昆明知名度高的大型建设项目中的混凝土工程,均以过硬的质量赢得了项目方的首肯,并连年被昆明市建管局、市散办授予"推广使用散装水泥先进单位"称号。同时,公司的科技创新工作也取得了多项成果,连年获得云南建工集团科技进步奖项。

公司以技术、质量、服务、效率为兴办企业的宗旨,在今后 生产经营中,公司将继续加强技术开发和质量管理,抓住机遇,聚集发展实力,使公司发展再上一个新台阶。

董事长:周嘉琦

地址:云南省昆明市环城东路148号

电话:0871-3313458　3369329

传真:0871-3313458

邮编:650051

牟定散花建安有限责任公司

公司始建于1970年3月,2001年9月改制为牟定散花建安有限公司。注册资本2 198.8万元,净资产2 514万元,从业人员825人,有职称的工程技术、经济管理干部161人,项目经理28人,拥有各类施工机械300多台(套),具有二级工民建项目施工资质。名列云南省建筑施工企业百强中六十二强,并被评定为重合同,守信用企业。

董事长(高级经济师):陈绍光

副董事长(高级工程师):谭德顺

地址:楚雄市团结路100号

电话:0878-3126568

邮编:675500

牟定中屯建筑有限责任公司

牟定中屯建筑有限公司注册资本为698万元,施工经验丰富。连续13年被省、县人民政府命名为"重合同、守信用"企业;1997、1999年度被评为楚雄州乡镇百强企业。公司热忱为您提供"德业双馨"的优质服务,欢迎社会各界考察光临。

董事长、总经理:杨　伦
地址:楚雄市团结路100号
电话:0878－3134935　3122167
邮编:675500

昆明群力建筑公司

公司是昆明市西山区谷律彝族、白族乡集体建筑施工企业。成立于1983年11月。具备国家二级建筑施工资质,可承担25层以下、30米跨以下的建筑物,高度100米以下的构筑物的建筑施工,包括土石方工程,地基与基础工程,结构工程,屋面工程,内外部的装修装饰工程,供水、供暖、电器、卫生洁具、通风、照明、消防等安装工程。此外,公司还具备二级标准(含二级标准)以下公路工程施工。

注册资金2 119万元。拥有在册职工500多人,其中各类高、中、初级专业技术管理人员近160人,为公司的发展奠定了坚实的基础。公司拥有满足各类施工需要的大、中型机械设备,以及其它各种小件施工机具。

公司1996年进入云南省建设部施工企业综合实力100强第58名,先后荣获"国家建筑施工现场达标企业"、"云南省先进集体企业"、"昆明市优秀乡镇企业"、"昆明市先进企业"、"西山区明星乡镇企业","农业部全面质量管理达标企业"、"全国质量管理合格企业"并被昆明市人民政府评为连续五年以上"重合同、守信用"企业等荣誉称号。

现有土建工程处8个,水电安装处2个和1个木工组一个设备组。充分发挥自身人才、设备和技术优势,率先在西山区建筑企业中首家承建体量大、层数高的建筑——集成大厦,该工程被市、区列为集体建筑企业的样板工程,被市质检站评为优良工程,并独立承担了浑谷公路、鲁律公路、安富公路的施工建设任务,为公司赢得了较高的市场信誉。

公司全体员工将一如既往,始终坚持"群策群力、信守合同、质量第一、用户至上"的宗旨和经营理念,竭诚为用户提供最好的服务并愿与社会各界真诚合作,创建更多更好的优秀建筑作品,共同为我国现代化建设做出贡献,为昆明市的经济建设和城市发展做出贡献。

法定代表人:李卫平
地址:昆明黑林铺昆富公路163号
电话:0871－8188770
传真:0871－8188769
邮编:650106

鲁甸县荣昌建筑工程有限责任公司

公司成立于1997年,属四级建筑企业,注册资金871万元。经营范围:土木工程建筑、五金交电、广播电视设施、锌矿采选、室内装饰设计、涂料生产、销售、房屋安装。

公司下设5个工程处、1个装潢公司、1个涂料厂,1个林果基地(1 000亩);现有职工900多人,工程专业技术人员47人,其中:高级职称1人、中级职称11人、初级职称35人;经济、会计、统计专业人员5人,其中:中级职称3人、初级职称2人;三级项目经理22人、技工168人。公司占地面积4 380平方米,拥有各类机械设备116台,总功率1 780千瓦,年生产能力2 500万元以上。公司承建的职工宿舍、办公室、校舍、灌沟、渡槽工程履约率100%,合格率100%。

农业综合开发项目工程连续7年被评为优良工程,公司多次被评为"重合同,守信用"单位、"纳税先进单位"、"鲁甸县十强企业"、"昭通地区五十强企业"。

法定代表人:陈能昌
地址:云南省昭通市鲁甸县文屏镇石桥路
电话:0870－8121757
传真:0870－8121757
邮政编码:657100

瑞通集团有限责任公司

公司成立于1998年,注册资金2 050万元,属私营股份制企业,主营建筑安装业。公司技术装备精良,施工设备齐全,拥有各类技术人员28人,其中:工程师5人、助理工程师7人、经济师1人、会计师1人、项目经理6人、助理会计师2人、技术员13人。公司具有丰富的施工经验和健全的现代企业管理制度。能独立承担大型公共设施、工业与民用建筑、道路、桥梁、水电安装、市政及装饰装潢等建筑施工能力,同时向房地产开发、木材加工、家具制造、信息咨询及农业开发等多行业拓展。

五年来,公司本着"以质量求生存、以信誉求发展"的宗旨,坚持"质量第一、安全第一"的经营原则,承建并竣工了耿马电信局职工住宅楼、永德县农行生活小区、云县农行草皮街分理处办公楼、孟定电信支局办公楼及宏信大酒店、孟定新农贸市场等工程,工程合格率为100%,优良率达60%。至2001年底,累计上缴税金200多万元,为当地的经济建设和发展作出了贡献。公司先后被省政府评为"云南省百强私营企业"、临沧地委行署评为"临沧地区先进私营企业"、耿马县委、县政府评为“耿马县先进私营企业”,临沧工商局授予“临沧地区重合同守信用单位”、耿马县工商局授予“耿马县重合同,守信用单位”、耿马县政府授予“捐资助教先进单位”。公司在不断发展和壮大的同时,也注重企业的自身建设和对社会的真诚回报。目前,公司有红木家具厂、木材加工厂、宾馆各1个;还准备投资修建竹胶合板厂1个,大型集贸市场1个。

法定代表人:叶均可

地址:耿马县青年路40号

电话:0883-6121599

传真:0883-6127555

邮编:677500

云南宏业建筑工程有限公司

云南宏业建筑工程有限公司,具有建筑装饰装修二级资质,建筑特种结构资质(包括水塔工程施工、滑模工程施工、粘钢加固,建筑物纠偏等工程施工),属智力密集型、技术专业化、社会化的具有法人地位的股份制公司。自1998年以来,经过艰苦创业,开拓进取,目前已有了一定的规模。公司配套齐全,具有高水平、高素质、施工经验丰富的工程设计人员、施工管理人员63人。工程设备及办公设备日趋完善,现有塔吊2台、混凝土输送泵1台、井字吊5台、钢管脚手架1 800吨、钢模板9万平方米、各种车辆8辆,并配备了最先进的专业电脑设计管理系统。有了现代化的办公设备及创意观念,使公司的设计构思与表现形式紧跟行业先进水平。

公司近年来承担的工程设计和施工有:晋宁县烟草公司威尼拉大酒店的设计和施工。海逸酒店的粘钢加固工程;中国联通公司保山分公司的粘钢改造、装饰工程的施工等。长期以来公司本着以诚信为本,把确保工程质量列为公司重点,使项目优良率达到90%以上,树立了良好的企业形象,赢得了市场占有率。

法定代表人:杨有华

地址:昆明市民航路39号(省建工设计院内)

电话:0871-3312964

邮编:650041

昭通市西城建筑工程公司

昭通市西城建筑工程公司成立于1986年7月8日,有十余年的建筑历史,发展到现在,有8个建筑施工队、2个建筑件预制品加工厂(钢筋预制厂、水泥预制品厂)、一个运输队、共计15辆车。

经营范围:经省、地、市建委核定,可承建16层以下,24米跨度以下的建筑物,高度50米以下的构筑物的建筑施工。

十六年来,公司出色地完成了大中型基建项目188项次,合格率100%,建筑面积23.52万平方米,其中:获优良工程的面积为7.68万平方米,占总面积的17.4%。公司严格把住质量关、信誉关。对职工严格要求,讲究“文明施工”。1998年被市委、政府评为先进乡镇企业;1998年、1999年被市政府乡镇企业局评为“安全生产先进单位”,2000年被市政府工商部门评为“重合同、守信用”先进单位,公司1999年完成产值2 560万元,2000年完成产值2 000万元,2001年完成产值2 016万元,几年来,公司在保证质量、信守合同上求得发展,在工期质量及管理上提高效益。

公司资质等级:工业与民用建筑叁级施工

公司主管部门:昭通市西城办事处

经理:(法定代表人)唐仕祥(高级工程师)

地址:昭通市南大街西段(西城办事处内)

昭通市蒙泉建筑安装工程公司

昭通市蒙泉建筑安装工程公司,是由原蒙泉乡建筑总队经过艰苦努力,逐步发展壮大变更为昭通市蒙泉建筑安装工程公司,注册于1978年,注册资金636万元,建筑资质等级为三级,实行独立核算、自负盈亏。

公司主营:工民建16层以下,24米跨度以下的建筑物,高度在50米以下的构造物的建筑施工,兼营水电安装。

公司现有高级工程师4人,工程师98人,会计师2人,其余各方面技术人员和管理人员比例大,实力雄厚,技术力量强,是公司保证工程质量优质快速的前题条件。

近年来公司全体员工,都以主人翁身份处处为公司着想,确保公司的产品信誉,多创优质工程,使公司在同行业的市场竞争中获得较好的社会信誉。每年的施工产值1 000多万元以上,最高产值达2 500万元以上。从未发生过安全、质量事故,所有工程项目经质检部门检查全部评定为合格以上工程,其中:优良工程占80%以上,20%以上提前交付甲方使用。

公司于1996年至今连续五年被市政府评为“重合同、守信用”和“安全生产先进乡镇企业”单位称号,并于2001年12月经国家质量认证中心(北京三星九千质量认证中心)现场审核认证,公司所实施的

ISO9001－2000质量管理体系合格达标。

法定代表人:刘存刚

地址:昭通市昭阳区海楼中段

电话:0870－2229938

传真:0870－2227971

云南省陆良建筑工程集团公司

公司始建于1983年,原名称“陆良县建筑工程公司”。公司施工资质等级为工民建施工2级,同时具有起重机械拆装2级资质,注册资金3 180万元,年平均职工人数3 020人,现拥有8个分公司,20个工程处,年完成产值1亿元左右。

公司技术、设备力量雄厚,以质量第一、信誉第一为宗旨,2001年被省委、省政府评为全省“乡镇百强企业”。历年来,公司所承建的工程全部一次性验收合格,优良率均为80%左右。公司永远坚持质量第一、信誉第一、安全第一、服务第一、造价优、工期快的宗旨,热忱为社会各界服务。

法定代表人:骆昆云

地址:云南省陆良县开发区朝阳西路

电话:0874－6322581

邮编:655600

驻昆办:昆明市环城南路108号

电话:0871－3340091

传真:0871－3337507

邮编:650041

云南博多装饰工程有限公司

云南博多装饰工程有限公司是经过云南省建设厅资质等级认证的建筑装饰装修工程设计与施工二级资质专业化公司,注册资本600万元,业务范围覆盖省内外。公司主要承接建筑装饰装修工程设计与施工,以及相配套的钢、木家具的制造与销售、绿化工程等,为客户提供设计、施工、监理一条龙优质服务。公司拥有技艺精湛、管理水平较高的专业化管理、施工队伍。总经理王爱春毕业于云南大学经济管理系,毕业后赴日本留学,期间曾先后到多个发达国家进行考察、研究,回国后创建了云南博多装饰工程有限公司。

公司从1998年创建至今,已取得了骄人的成绩。公司本着质量是企业生存之本,严格管理方能出效益的思想,经公司完成的项目均为优良工程,获得了权威质检部门和客户的一致好评。公司不但注重工程的质量,尤其注重环境质量的改善。材料尽量使用无污染环保型的装饰建材,制作安装上配套家具工厂化,避免了环境污染,做到真正的环保装修,为提高社会效益、改善环境作贡献。

公司在创造了良好的经济效益的同时,不忘为社会奉献爱心。公司总经理王爱春率员工捐资40余万元,在寻甸县六哨乡建起了一所能容纳300人的花园式学校,为教师们修建了配套宿舍,为孩子们购置了崭新的课桌椅及体育用品等教学用具,使他们深深地感受到了共产党领导下新时代企业家的博爱之心。

总经理:王爱春

地址:中国·云南·昆明市人民中路36号如意大厦21层A、B座

电话:0871－3647450

传真:0871－3610556

邮编:650021

云南昌达装饰工程有限公司

云南昌达装饰工程有限公司,经云南省建设厅核定为建筑装饰三级施工企业,承担室内外装饰工程设计与施工。公司配置了最先进的专业电脑设计系统,创意观念、设计构思与表现形式紧跟行业先进水平,能为业主提供富有内涵的设计与装修。

电话:0871－8101722

云南龙都装饰设计工程公司

公司创立于1993年,现有各类高素质的建筑装饰设计、工程技术管理、经济管理高、中级职称人员40余人,已完成建筑装饰工程产值3亿余元。

公司建立了系统完整的设计和施工管理质量体系,获得国家质量中心颁发ISO9000的质量认证书以及安全资格证书,并被授予“重信誉、守合同”单位证书。

公司结合云南自然与人文特点,已形成环境艺术与建筑相融合,民族特色与现代风格相结合的具有特色的生态建筑风格,受到建设部行业领导和专家的好评。中国建筑装饰协会会长张恩树在参观本公司业绩后题辞“一流的设计,优秀的企业,装饰界明珠”。

法定代表人:黄吉淳

地址:昆明市环城南路267号黄河大厦7楼

电话:0871－3548142　3540449

传真:0871－3544432

电子邮箱:Longdu oo7@ sina. com

昆明世博设计装饰工程有限公司

昆明世博设计装饰工程有限公司是云南省建工

集团控股的专业设计、施工的装饰公司。是具备国家二级装饰工程资质,并集室内、外装饰设计、施工、空调、电器安装,装饰材料、工艺技术玻璃的深加工为一体的现代企业。是目前从事装饰、安装工程的专业公司。公司拥有一支高素质的员工队伍,高中级职称的专业技术和管理人员占员工总数的88%。

公司拥有固定资产658万元,流动资金360万元,年产值约1 800万元,其中装饰、安装产值约1 200万元,销售产值约350万元,高级玻璃工艺加工产值约250万元。

公司自成立以来,以科技求发展,以质量求生存,以重合同,守信用为宗旨。

地址:昆明东风东路36号建工大厦6楼

电话:0871-3103916　3173968

传真:0871-3188911

云南威鑫装饰工程有限公司

云南威鑫装饰工程有限公司1995年成立,公司实行董事会领导下的总经理负责制。公司自成立以来承接了许多大型的室内、室外装饰工程,1996年~2001年均被省经贸委行业协会评为“先进企业”,并通过了ISO9001国际质量体系认证。公司常年信奉“质量第一、信誉第一、服务第一”的宗旨。

昆明兴成装饰工程分公司

公司是云南省具有雄厚实力的大型装饰企业之一。公司成立于1992年4月,经过近十年的艰苦创业,以不断求实奋进的精神,在整个装饰行业激烈竞争中,成为一支能够独立承揽大中型装饰工程的专业施工队伍。

公司先后完成的主要工程有:昆百西站商场、友谊酒楼、会泽县建设综合大楼、昆明翠湖公园舞厅、昆明联贸酒楼、昆钢商贸公司美发厅、昆明兴隆酒楼、建水邮电通信大楼、会泽烟厂电影院、会泽烟厂职工宿舍、会泽烟厂综合车间、昆明经济技术开发区云辉货运办公楼、东川区供电局办公大楼、会泽县建行、滇北电力局宿舍工程等。

公司的服务宗旨是:“以质量求生存,信誉至上,薄利经营,热诚为各界用户服务。”依靠高水平的设计力量,精湛的施工技术,打造高水平的装饰工程品牌,以一丝不苟的工作作风在接待工程中对客户的咨询有问必答,为客户着想,做好工程预算,让客户明白物有所值。在施工中,实行规范化、标准化管理,设专职质量检查员,对每项工程,每一个环节进行监督。

该公司注重科学技术,不断进取、不断创新、不断完善,加强专业人员的素质培养,不断学习先进的设计风格和先进的管理经验,促进企业的腾飞发展,树立企业的品牌形象。

“诚恳、质量、服务”是该公司的一贯方针,“价格合理、管理第一”是本公司的追求宗旨。正如兴成装饰公司的经理所说,“以质量求生存是我们企业的生命之本,信誉至上我们才赢得客户,薄利经营我们才换来企业立足之地。我们要靠热情服务,广交诸多朋友。”

法定代表人:王详林

地址:昆明市穿金路237号

电话:0871-5623337

昆明霁明装饰有限责任公司

昆明霁明装饰有限责任公司是以内外墙涂料经营和施工为主的装饰工程公司。公司拥有一批具有多年从事工程技术管理,经济财务管理专业职称的中高级管理人员和从事内外墙涂料施工丰富实践经验的熟练技工,配置先进的施工设备和科学的管理,使多项施工项目均获得了设计单位、建设单位的好评。

公司在昆明地区完成的施工项目有:澳大利亚泰尼科有限公司昆明园艺基地办公楼、版纳大厦、汇溪大厦、东来大厦、海棠饭店、鸿源烟草住宅楼、康怡休闲园、云大120科技楼、宝海花园高级公寓、昆明市政府小区、银海雅苑小区、工商局柿花桥住宅楼外墙涂料工程、云南红酒业有限公司厂房办公楼内外墙涂料和官房金康园1~10幢高层建筑外墙线条、底层饰面装饰涂料等工程,建设单位对工程质量均表示满意。部分工程经设计单位、建设单位和质检站三方面验收,质量评定为优良。内墙涂料施工在国贸中心烟草大厅、茶苑集团大厦、宝云办事处办公楼、证券大厦、市政府小区幼儿园等工程通过验收,被评为质量优良。

公司是立邦涂料工程新产品在云南的惟一代理商。

公司将以质量第一、用户至上的原则,重合同、守信誉并提供良好的施工后期服务赢得客户。

法定代表人:肖正昆

地址:昆明夏之春百姓家装市场7-1号

电话:0871-5704935　5704937

传真:0871-5704880

地址一:昆明万兴建材城LB区12号

电话:0871-3559509　3559510

地址二:昆明夏之春百姓家装市场7栋3-5号
电话:0871-5718048

云南云深装饰设计工程有限责任公司

云南云深装饰设计工程有限责任公司是与深圳南岛实业开发总公司于1995年合资组建的专业装潢装修公司,具有雄厚的技术实力,承担过多项星级酒店的室内外装潢装修和设计施工,如昆明佳华酒店(五星级)内装修;曲烟宾馆(五星级)外装修;临通大酒店内外装修(四星级标准)等,公司一贯追求新颖的创意,卓越的品质,对工程质量精益求精,深受业主的欢迎和好评。

法定代表人、总经理 陈西章
地址:昆明市白塔路245号省机械厅5楼
电话:0871-3191748
传真:0871-3176967

云南科达装饰公司

该公司是国家建设部核定的建筑装饰设计、施工贰级法人企业,作为云南省建筑业协会的会员单位,以推动行业的发展为己任,已成为知识型、专业化、现代化建筑装饰企业。

公司具备二级装饰设计及二级装饰施工资质。并于2001年通过了ISO9000质量体系认证。专业是从事宾馆、舞厅、商场、影剧院、高级住宅、餐馆等高、中、低档内外装饰设计施工;以及广告、园林绿化等工程。

企业要发展,一靠本身的技术实力,二靠社会各界朋友的支持、扶助。公司本着顾客至上,社会信誉第一的原则,以自身的技术优势紧扣时代脉搏,掌握建筑装饰行业的动态。以全新的思维观念,在装饰行业脱颖而出。

规范的管理和良好信誉赢得了客户的信赖,公司的规模日渐壮大,其中1993年由该公司设计装饰的昆明东方夜总会大型工程,曾受到云南众多新闻专题采访报道;1995年公司设计装饰的三星级金山宾馆荣获优良工程;1998年以来设计装饰南疆宾馆、省科委培训中心、天马大酒店、联盟大酒店、公安学校及烟草物资公司物资大楼等工程均获得很高评价,临沧地区财政培训中心、曲靖卷烟厂工程荣获2001年省优一等奖,其余工程都受到各地区省市质检站的好评。

公司拥有高素质的职工队伍,融洽、团结一致的精神、认真做事、严谨的工作作风,愿服务于广大新老客户。

联系人:王永红
联系电话:0871-5610308 13078712388
传真:0871-5705319

云南弘邓建材装饰有限公司

云南弘邓建材装饰有限公司始建于1987年,名称为"昆明市西山海燕钢窗总厂",1997年变更为"昆明市洪园工贸公司",2001年4月经西山区人民政府体改委批准改制为:"云南弘邓建材装饰有限公司"。是以金属门窗及幕墙、钢结构、建筑装饰装修为主业的专业厂家,同时兼营建材。企业的宗旨是"质量第一,安全第一"。

1998年初,企业自行研制的"隐框安全幕墙"获国家专利技术证书,专利号:ZL96.2.219002。同年通过省建设厅新产品鉴定。1999年金属门窗获全国工业品生产许可证。1999年为省设计院22层住宅制作并安装铝合金门窗,质量优良。2000年为云南铜业科技大楼制作并安装平面,圆弧幕墙及隐框窗,一次性验收合格。

2000年公司获昆明市人民政府颁发的"连续十年重合同守信用企业"光荣称号。企业注册资本金530万元,2001年结算收入4 400万元。固定资产599万元,拥有经营场地1.3万平方米。

法定代表人:邓春汝
地址:昆明市二环西路615号
电话:0871-8320991
邮编:650101

昆明深海装饰工程有限公司

地址:北京路856号1-702室
电话:0871-5726188 5726388
邮编:650051

楚雄州金苑建筑装饰工程有限公司

楚雄州金苑建筑装饰工程有限公司室内外装饰装潢资质为三级,是楚雄州内一家专业的装饰装潢公司。

主要从事室内外装饰装潢、水电安装、太阳能设备安装、防水、房屋维修及室内外附属配套设施工程的施工,兼营五金建材、装饰装潢材料、水暖器材、卫生洁具、防水材料、电工器材、灯具的批发和零售。

公司已圆满完成了楚雄市百货大楼、中国银行楚雄开发区办事处、楚雄金苑大厦、楚雄卷烟厂第三车间、楚雄卷烟厂北浦小区食堂等的装饰装潢工程,得到了客户的一致好评。

总经理:潘建勋

地址:楚雄市团结路149号

电话:0878-3012899

邮编:675000

云南石油总公司工程安装公司

公司成立于1958年,位于昆明市东郊路168号,隶属云南石油总公司,是云南省惟一从事石油库加油站工程安装、输油设备销售的专业企业。公司集施工、经营于一体,较强的专业施工能力和良好的经营业绩使公司一直跻身于云南省建筑施工企业综合实力百强行列。

公司拥有各类专业技术人员28人,技术工人58人,公司占地面积33亩,拥有各类生产设备150台套,资产总计2 000多万元。先后承担了云南省内98%以上的石油库建设工程,多次参加国内石油库工程大会战,共为云南省和全国10多个省区安装了130多万立方米、400多座大、中型油库和60多万米输油管道、工业管道、压力管道和近千座加油站,为云南石油设施和经济发展作出了重大贡献。公司作为国内外各种品牌的加油机、输油设备、防爆电器和其它设备的云南省总代理,商品远销全省各地和周边邻国。云南省石油总公司工程安装公司力争百尺竿头更进一步,在中国石化集团公司和云南省石油总公司的领导下,逐步建立新的运行机制,苦练内功,挖掘潜力,提高素质,增强市场应变能力,打铸好企业腾飞的翅膀。以工程为依托,销售为补充,向复合型公司发展。

地址:云南省昆明市东郊路168号

电话:0871-3313150　3316622

传真:0871-3313224　3370328

邮编:650041

云南长江现代交通设施有限公司

云南长江现代交通设施有限公司是云南省交通厅下属的专门从事交通安全设施产品生产、销售及施工的综合性企业,是美国3M公司"视觉丽"反光材料云南的特约经销商。公司获得了交通部公路工程(交通工程专业)施工企业资质和云南省公路建设工程从业许可证。

公司是中外合资企业,主要生产各种反光标志,反光热熔料,销售交通安全系列产品和控制器材及承担防撞护栏,道路标线等交通工程设施的施工。公司自1992年以来积极参与了昆明至曲靖、石林至新哨、芒市至瑞丽、昭通至麻柳弯、大理至丽江及景洪机场路、"楚大公路"、"曲陆公路"、"昆玉公路"、"玉元公路"等高速公路交通安全设施的施工,均被评为优良工程。公司连续6年评为云南省外商投资企业中的效益先进企业,同时,又是云南省最早吸收国内外先进技术,使用树脂等主要进口原料,开发生产热熔标线涂料的企业,产品质量经交通部、交通工程检测中心多次现场抽检,各项指标达到中华人民共和国行业标准(JT/1280-1995)。

公司拥有一批多年从事公路建设并受到专业技术培训的各类人才,施工经验丰富,施工设备先进。

地址:昆明市环城西路1号

电话:0871-5317431　5317432

云南泰华工业工程有限公司

公司系云南铜业集团下属公司。承担系统内外的工业工程设计及非标设备的制造、安装;通用机械设备、矿产品、建筑材料、有色金属产品及原料贸易;工业及民用实用技术及产品开发、生产、咨询服务。集科、工贸一体,技术力量强,实力雄厚、服务优良。

地址:昆明市人民东路111号云铜大楼4楼

电话:0871-3139048　3139050

传真:0871-3145043

邮编:650051

云南烟草集团兴云房地产开发公司

云南烟草集团兴云房地产开发公司成立于1993年。开发项目有:位于关上中心区的"宏兴大厦"、钱局街省烟草公司宿舍、佳园小区、佳园上居、交林路兴云投资公司宿舍等项目。公司1996年房地产综合实力评比为十一名,1997年为第六名,1999年为第四名。公司注册资金6800万元。

法定代表人:邵　明

地址:昆明市钱局街186号8楼

主营:房地产开发经营

兼营:建筑材料,装饰材料

电话:0871-5399736

传真电话:0871-5320079

邮编:650031

昆明旭光泰房地产开发有限公司

昆明旭光泰房地产开发有限公司是以精品住宅作为发展方向,坚持住宅开发与环境美化相结合,建筑艺术与城市美化相结合,房屋质量与物业管理相结合，在欧式花园小区建设上独树一帜。

公司积极引入国外民宅设计精华，广泛采用美国、德国、加拿大、澳大利亚、日本及国内知名公司的先进物业设施，全部选择大公司施工，率先推出住宅质量保证体系和专户物业管理服务体系，1998 年累计投资 1 亿人民币，开发面积 4.1 万平方米。

公司营建的裕康花园小区，评选为云南省推荐外商商住小区。

地址：昆明市万宏裕康花园

电话：0871－5711999　5711998

传真：0871－5711997

云南广业屋业有限公司

云南广业屋业有限公司是经省建设厅批准成立的专业房地产开发企业，公司自 1998 年成立以来，本着诚实守信、以人为本的精神，成功地开发了金碧路现代商务楼宇“广业大厦”。

今天，“广业人”正为把昆明建成最适合人类居住的城市而尽自己的一份力量。

昆明荣成房地产有限公司

由昆明荣成房地产有限公司开发建设的花园式住宅小区“翠明园”坐落在繁华的昆明市中心，地处树木葱郁的园通山和波光粼粼的翠湖水之间，空气清新，自然环境绝佳。

翠湖历史人文底蕴厚重，环翠湖文化教育资源富集，名校荟萃，百年翠湖，生活配套设施一应俱全，就医、休闲、游乐、交通便捷。翠明园中庭法式花园独具风采，智能化系统和先进的设施配置齐全，户型多样，五星级服务的物业管理，是昆明一流的人居环境。

售楼热线：0871－5180149　5160888　5160868

地址：云南日报社 16 楼

电话：4147973

云南汤井房地产开发有限公司

云南汤井房地产开发有限公司是一家外商独资企业，是云南省注册较早的房地产公司。公司自 1992 年成立以来为云南经济建设作出了一定的贡献。

自公司成立以来，先后成功的开发了位于春城路片区“汤井新村”多层式住宅小区，小区拥有住宅 600 多套，于 1995 年初竣工使用；1996 年中期又开发了位于东风东路的“汤井商业中心”为高层式带中央空调的甲级写字楼，楼高 17 层，紧靠云南省体育馆。经过前两个项目的成功开发，公司又于 1998 年底建设了精品项目“星河明居”占地约 15 亩，位于国贸中心旁，天然的地段（关上中路与宝海路十字路口），更显此项目的尊贵。

新世纪的到来，公司将在云南开发更多更好的项目，为云南经济作更大的贡献。

云南物资屋业开发有限公司

“绿洲花园”是云南物资屋业开发有限公司开发的精品花园小区，位于昆明城区吴井路 237 号，占地 63.5 亩，周边学校、医院、银行、商业网点云集，交通便捷。绿化率达 35%，1 万平方米的大型法式园林景观，亭台雕塑，绿荫葱葱，充分体现人与自然的和谐与融洽，形成优美舒适的居住环境。让你在享受都市繁华的同时拥有一份宁静与安详。

小区采用短肢剪力墙结构技术，配套齐全，水、电、有线电视、电话、煤气入户，太阳能集中供热，智能化监控系统，100～287 平方米共 33 个户型。

经营范围：房地产开发与经营

法定代表人：毕滇闽

地址：昆明市翠湖北路 76 号

售楼热线：3548808　3548889

昆明鼎业房地产开发经营有限公司

昆明鼎业集团，是一家集房地产开发、建筑施工、建筑装饰、物业管理于一体的现代集团化大型企业，致力于长远的发展战略方针，具备丰富的开发规划、建筑施工及优质物业管理服务经验。

建筑工程和建筑装饰业务及云南各大城市，并开始走向更广阔的市场。

昆明鼎业房地产开发经营有限公司，于 1999 年 11 月 8 日经昆明市工商行政管理局批准成立；经营期限 10 年，注册号 5301001013921；开发资质：3 级，注册资金 1200 万元人民币。

中信物业管理公司是一家高起点的专业物业管理机构，在负责自身开发物业项目的同时，对外为多个明星楼盘提供了优质物业管理服务。

继“金州花园”之后，昆明鼎业房地产开发经营有限公司又同时开发了“景江花园”和“金州湾”两个大型优质的住宅项目，并创造了开盘 2 个月，销售突破 70% 的项目奇迹。

秉承诚信、踏实、勤奋的经营作风，该集团公司培养和发展了一支视质量和信誉为生命，富有创造性的专业队伍。

在“精心创造美好环境的天地里”，鼎业集团将会为居住者创造美好的生活空间环境。

法定代表人:刘加纯

地址:昆明市北京路延长线908号汇峰大厦

电话:0871－5710825

传真:0871－5706259

昆明亚康房地产营销有限公司

昆明亚康房地产营销有限公司经市工商局批准成立,取得中介机构资格证,公司经营项目:为房地产开发商代理销售房屋,为二手房房主中介出售(租)房屋,与银行合作办理二手房按揭贷款。

法定代表人:骆中亚

地址:昆明市白云路颐园小区南9号

联系电话:0871－5725801　5710936

昆明市官渡区房地产经营总公司

经营项目:房地产经营、物业管理、房屋租赁、统代建工程及房屋拆迁、周转房建设、代购代销各类商品房及房地产吞吐、建筑材料、装饰材料等。

法定代表人:杨　祥

地址:昆明市春城路70号

电话:0871－3174804　3135684

传真:0871－3135649

呈贡元顺房地产开发有限公司

呈贡星河旅游资源开发有限责任公司早在1995年就致力于梁王山横冲水库流域的旅游开发,截至2000年底,累计投资已达5 000余万元,建立了“梁王山旅游度假区”,吸引了无数游客。

为了更好的开发“梁王山旅游度假区”,使梁王山周边的自然生态优势得到充分的发挥,云南国际技术促进公司、呈贡星河旅游资源开发有限责任公司和滇大科技开发服务有限公司3家实力雄厚的企业共同投资,联合组建了“呈贡元顺房地产开发有限公司”,以梁王山横冲水库流域的地产开发为主。

“呈贡元顺房地产开发有限公司”依据地理环境特点,在保护自然生态环境的前提下,结合市场需求,独辟蹊径,确定了“生态智能别墅”的开发方向,其特点集中体现在利用自然生态优势并引入现代科技,致力于人与自然的和谐统一,努力创建一个环境与科学有机结合的高档社区。

通过充分的策划,已成功开发了两期(共计126亩)高档别墅项目,已有200多位有识之士捷足先登率先进入。目前第三第四期(共计150余亩)的项目开发正在有条不紊的进行。

创业无止境,蓬勃发展的公司坚持“团结、拼搏、开拓、进取”的企业精神,为进一步发展经济、绿化美化家园、促进本地区经济的发展提供高效、优质、文明的服务。

法定代表人:罗　东

地址:昆明北京路延长线汇峰大厦B区401室

电话:5706791

邮编:650224

昆明市东川区房地产综合开发公司

昆明市东川区房地产综合开发公司是东川区从事房地产综合开发经营的国有企业,成立于1985年,拥有一支素质高、经验丰富的技术队伍,现有各类高、中、初级技术人员15人。注册资金800万元,资质等级为三级,具有年开发10万平方米开发能力,经营方式:房地产开发、销售;建筑施工、设计、修理、安装服务。经营范围:房地产、设计、施工、公路工程建筑及维修、建筑材料、装饰装潢材料。

近几年来,受到云南省建设厅、人事厅表彰,评为“八五”房地产工作先进单位,被昆明市政府评为连续5年重合同守信用单位,公司热忱欢迎省内外客户光临惠顾、合作,共谋发展。

法定代表人、总经理:马贤举

地址:昆明市东川区碧云街北段

电话:0871－2122391　2123024

邮编:654100

云南楚雄州城乡建设开发公司

公司成立于1985年,是楚雄州最早的全民所有制房地产开发企业,各类专业技术人员占职工总数的60%。公司创建了楚雄州建设规模小区的先例。

公司宗旨:“客户为本,信誉第一,真诚相待,回报社会”。

“心系城乡房产,创建美好家园”。

法定代表人:邱天寿

地址:楚雄市东兴路

电话:0878－3019510(售房处)3013977(办)

邮编:675000

云南省楚雄州金贸房地产开发有限公司

楚雄州金贸房地产开发有限公司是由建设银行楚雄分行等6家股东出资组建的有限公司,注册资金800万元,主要从事房地产综合开发和经营,房地产物业管理，承揽房地产工程承包、建筑工程设计，兼营化工产品、建筑材料、装饰材料，房屋装饰及维修。

公司目前有职工21人，其中：中、高级职称7人，初级职称9人，具有房地产综合开发三级资质资格，是楚雄州的纳税大户之一，2001年4月被评为云南省“九五”期间房地产开发先进企业。公司恪守信用，严格执行合同，被州工商局评为“重合同、守信用企业”。

公司经营的8年中，经营开发了以北浦住宅小区为主的房地产业务，建盖房屋10万多平方米，近两年优良工程率达85%，目前，公司的总资产负债率为71%，流动比156%，速动比79%，没有被告案件，财务状况良好。

现在，北浦小区的住宅楼Ⅰ—17幢、Ⅰ—18幢，已竣工，这两幢住宅楼的建筑总面积为5 625.4平方米，48套住宅全部售完，44个车库已售出14个，新开工建设的金甸园附一、附二楼、Ⅱ—16幢也正在抓紧施工，预购情况良好，2001年已实现年初制定的利润指标。

法定代表人：陈永新

地址：楚雄市团结路149号

电话：0878－3014096

邮编：675000

楚雄市房地产综合开发经营总公司

楚雄市房地产综合开发经营总公司，是楚雄市全民所有制企业，成立于1992年12月，是一家集房地产开发经营、房屋修缮、设计、装饰装潢、建筑建材、水电安装、工程管理、工程预结算为一体，具有房地产三级开发资质的综合性房地产开发经营企业。注册资金800万元，平均每年上缴税费92.8万元，年完成商品房开发量7 680平方米。

总经理：杨庆恩

地址：云南省楚雄市环城西路338号

电话：0878－3122722

邮编：675000

牟定县房地产综合开发公司楚雄灵秀小区项目部

牟定县房地产综合开发公司是一家集房地产开发、经营、房屋维修、设计、装饰装潢、建筑建材、水电安装、工程管理、工程预决算为一体的，具有房地产三级开发资质的综合性房地产开发经营企业。

公司目前正投资兴建楚雄灵秀小区，总建筑面积4.68万平方米，绿化率32.6%，有80平方米～196.20平方米的13种户型供住户选择。小区设计本着“回归自然，以人为本”的理念，为您营造“人与自然和谐发展”的生态空间环境。

公司将一如既往地奉行“团结、开拓、务实、坚持工程质量第一”的创业精神，竭诚为社会各界服务，为城市建设作出更大贡献。

总经理：吕　明

电话：0878－5211109

项目部地址：楚雄灵秀路1号

项目部注册号：5323011001351

项目部经理：潘建勋

电话：0878－3112899

昆明市房屋安全鉴定办公室

昆明市房屋安全鉴定办公室为昆明市房产管理局直接领导的房屋安全管理及鉴定的职能部门。

具体职能是：负责昆明市城镇房屋安全管理；宣传、贯彻执行国家建设部关于房屋安全管理的政策、法规及鉴定标准；制定昆明市城镇房屋安全管理办法和技术措施；负责昆明市所辖县（市）房屋安全鉴定机构的工作指导及监督。

业务范围是：旧城改造、企业技改项目、村镇自建房中的危旧房拆除鉴定；涉及房屋安全的司法纠纷鉴定；房屋可靠性技术鉴定；房屋装饰改造、拆墙打洞的可靠性鉴定；建（构）筑物维修加固设计方案及房屋装饰改造方案的审定及竣工验收。

该办自成立以来，制定《昆明市城镇危险房屋管理办法》、《昆明市房屋安全鉴定收费标准》、《昆明市城镇房屋装饰改造管理规定》经昆明市人民政府批准执行。

主任：杨玉坤

电话：0871－5393745　5393581

网址：yybb528 ayHoo. cn

商贸企业

中国烟草云南进出口有限公司

“中国烟草云南进出口有限公司”的前身为“中国烟草云南进出口公司”。中国烟草云南进出口公司随云南烟草行业的起步而诞生，随云南烟草行业的发展而壮大，自1985年成立以来，一直承担着云南省的烟草进出口业务，主要经营烟草机械、仪器、配件、烟用辅料、烟叶和卷烟的进出口贸易包括卷烟寄售、来牌来料加工、补偿贸易、技术出口和对外经济技术合作等业务。

“中国烟草云南进出口有限公司”是2000年4月资产重组而成立的股份制公司,股东分别是:中国烟草进出口(集团)公司、中国烟草总公司云南省公司、玉溪红塔烟草(集团)有限责任公司、昆明卷烟厂、曲靖卷烟厂、红河卷烟厂、云南省烟草研究院。

十五年来,中国烟草云南进出口有限公司经历了艰苦创业、健康成长、快速发展等阶段,具备了相当的规模,形成了自己的经营特色。在中国烟草进出口(集团)公司和云南省烟草公司的领导下,全体员工以服务为宗旨,以开拓国际市场为己任,为云南烟草做出了历史性贡献;圆满完成了云南烟草行业的进口订货任务,先后为各烟草企业从德、英、意、美等国家引进各类生产线数十条,各种卷接包设备数百台(套),烟用辅料14万多吨,进口贸易额累计逾16亿多美元;积极把“红塔山”、“云烟”系列、“WIN”等十多种云南名优卷烟和高质量、多等级的烟叶推向国际市场,出口卷烟近1 000余万件,出口烤烟、香料烟16万多吨,共创汇16亿多美元。公司多年来一直被评为全国500家大型出口企业之一,为云南省出口创汇大户。

公司在抓好主业,强化服务的同时,积极拓展其他业务,8个下属全资子公司,控股公司(香港天成太平洋有限公司、缅甸天成国际有限公司、云辉货运有限公司、泰福仓(深圳)有限公司、保山香料烟责任有限公司、天宏房地产经营有限公司、钜豪屋业公司和北海观海阁旅游服务公司)和两个办事处(瑞丽和深圳办事处)较好地发挥了各自的作用,在实施公司国际化、实业化、多元化方面迈出了可喜的一步。

新世纪的到来为中国烟草云南进出口有限公司的发展揭开了新的一页,面对国际国内复杂的经济形势和瞬息万变的市场状况,肩负着行业的重托,公司全体员工决心解放思想、更新观念,按照服务求生存、创新求发展的思路,努力实践自己的宗旨。

地址:云南省昆明市圆通街129号

129#Yuantong Road, Kunming, Yunnan

电话:0871-5127677

Tel:0871-5127677

传真:0871-5127680

Fax:0871-5127680

邮编:650031

Postcode:650031

E-mail:yntieltd@public.km.yn.cn

云南省机械进出口公司

云南省机械进出口公司(英文全称缩写为YMC)是云南省外经贸厅下属专业外贸公司,是集进出口业务和对外经济技术合作一体化的多功能贸易公司。从1989年到现在10年为国家累计进出口创汇近9亿美元,其中出口额近5亿美元,1996年进出口额达到1.2亿美元创历史上最好水平。从1989年~1996年连续被评为全省出口创汇先进集体,从1992年~1996年5年连续进入全国进出口额最大的500家企业的排名。2000年10月公司通过了ISO9002质量体系认证。

公司坚持一业为主,集科、工、贸、银优势参与竞争,公司与世界20多个国家和地区有贸易往来,在缅甸、香港、马来西亚、美国、印尼、越南、老挝、泰国等均设立了驻外机构,在上海、瑞丽、河口等地设立国内贸易窗口。与国内近百家工厂企业建立了稳定的供货合作关系,形成了有效益的贸易营销和服务网络。公司注重产品质量、工作质量和服务质量,重合同、守信誉,树立热情、优质、高效的作风是公司一贯的服务宗旨,不断开拓新领域是公司始终追求的目标。公司专营各类成套机械设备和机、电、仪器产品进出口,并开展来料加工、来图来样生产和定牌生产、补偿贸易和买方信贷贸易,承包境外工程和国际投标,开办海外企业和劳务输出,援外合资合作、境外带料加工贸易等等。主要出口产品为船舶、桥梁、工程机械、汽车、铁路车辆、矿山机车设备、纺织和食品加工设备、农业机械、人造板成套设备、糖机设备、光学仪器、船厂改造项目、水泥厂改造项目等。特别在承担大型桥梁架设、船舶出口、港口建设、高速公路建设等方面具备了丰富的经验。如在缅甸完成架设了200座桥梁,其中一座长1 900英尺桥梁是缅甸目前长度最长、跨度最大的一座桥,同时还完成了75艘舶船出口。公司通过开展各类贸易项目,带动了国内近百家工厂、企业进入了国际市场,参与国际市场的竞争。

公司成立二十年来,以同心协力、艰苦奋斗、开拓进取的企业精神和热情、优质、高效的服务宗旨,赢得了国内外客户的良好信誉。

地址:云南省昆明市北京路175号外贸大楼

电话:0871-3164879　3149620　3149932

传真:3136829　3149506

邮编:650011

电子邮件地址:ymcjlb@hotmail.com

云南省机械设备进出口公司

YUNNAN MACHINERY & EQUIPMENT IMPORT & EXPORT CORP.

企业业绩：

·名列中国进出口额最大500强企业第285位；

·中国出口200强企业；

·中国机电产品出口百强企业；

企业结构：

YMEC是YMEC集团公司的核心成员，已走过18年光辉的历程。YMEC集团公司是具有106个成员单位的跨省界、国界、行业所有制的大型集团公司，是YMEC外贸、经贸业务的坚强后盾。

YMEC在中缅边境的瑞丽，中越边境的河口，沿海的上海以及美国、泰国、缅甸、老挝、越南等地设立了分支机构，与世界上80多个国家和地区建立了贸易和合作关系，形成了一个庞大的外贸、外经、服务、信息网络。

外贸业务：

专业经营各类金属切削机床、光学仪器、医疗器械、电线电缆、柴油机、电动机和农业、轻工、食品、建筑工程、运输等机械，各类电工产品、汽车、摩托车及大、中型机械和成套设备等机电产品的国际贸易业务。还大力开展来图来料、来样加工，定牌生产、合作、合资生产，开展易货、补偿、边境和转口贸易业务，开展国际、国内的投标、招标、议标业务。

外经业务：

承包本行业境外工程和境内国际招标工程及上述工程所需的设备、材料出口，对外派遣本行业工程的各类劳务人员。按国家规定在海外申办各类企业。

公司以良好的信誉、优异的产品质量和完善的售后服务享誉国内外，YMEC真诚地希望与海内外各界朋友在广泛的经济领域开展合作。

总裁：林在佑

President：Lin Zai You

地址：中国昆明拓东路45号世博大夏8～9楼
45TuoDong Rd, Kunming, China 8 – 9th/F Expo. Building

电话(Tel)：86(871)3181360　3182604　3167467

传真(Fax)：86(871)3168878

邮编(P. C)：650011

Email：ymec @ public. km. yn. cn

云南省纺织品进出口公司

YUNNAN PROVINCIAL TEXTILES I/E CORP.

经营范围：纺织品等商品进出口业务及代理进出口业务(包括经贸部批准的数量内云南省自用涤纶、晴纶类化纤的进出口业务)，承办中外合资经营、合作生产业务，承办“三来一补”业务，开展转口贸易和边贸业务，开展国家允许纺织品内销业务。

总经理：白　孜

地址：云南省昆明市北京路175号

175 BEIJING ROAD KUNMING YUNNAN

电话：0871－3169176　3135841

传真：0871－3136108

邮编：650011

云南省供销合作社进出口有限公司

公司是集基地、供销、网点为一体的有限公司，主营国产、进口石油道路沥青、农药、化肥及农副产品。

基地加供销是公司经营道路沥青的一大特色，旨在增强竞争实力，拓展市场业务，最大限度地满足客户对道路沥青的不同需求。公司在广西钦州港投资2 800万元建成了年产20万吨的沥青中转基地，可为客户提供优质、方便、快捷的进口、国产沥青桶装、散装及火车、汽车、槽车外运业务。近几年来，公司已对云南安楚、玉元、楚大及地县油路提供过优质沥青。

农资供销与网点相结合，为农业发展服务，经营科技含量高的农药、化肥等农资产品。农药达400多个品种，化肥10多个品种，在云南省4个地州建立的公司销售网点遍及乡、镇，赢得了市场信誉和客户的满意。豆类、菌类、调料类在东南亚、中东、欧美国家深受喜爱，公司已和一批外商建立了长期稳定的外贸关系。

公司一贯奉行“做生意、交朋友、讲信誉、促双赢”的经营宗旨，竭诚欢迎国内外新老朋友共谋商机，携手共进。

法定代表人：李建国

地址：昆明市护国路69号护国大厦17楼A座

电话：0871－5741547

邮编：650021

中国包装进出口云南公司

公司成立于1975年，属国有企业。

公司专营：进口及国产纸张、塑料原料、包装机械、塑料编织袋及各种制成品、进口及国产金属原材料及制成品。

公司拥有一流的包装纸箱生产线和仓储设施。

经营进出口和代理进出口业务,开展转口贸易及边贸业务,从事进出口商品的内销业务及装饰装潢设计、制作等。

法定代表人:耿志明

地址:昆明市西昌路177号

电话:0871-4175173

传真:0871-4155075

邮编:650032

云南省土产进出口公司

云南省土产进出口公司创建于1954年12月20日,目前是由云南省土产进出口公司、云南省医药保健品进出口公司组成的具有一定规模的国际集团公司。

主要经营:干果干菜、香料及香料油、林化产品、食用菌、花卉、木材、轻工产品、化工产品、化肥、中药材、中成药、医疗设备等进出口业务和对外经济合作工程业务。

地址:云南省昆明市北京路175号16~18楼

电话:0871-3136461

传真:0871-3136378

中国土产畜产云南茶叶进出口公司

公司1938年12月成立,经营云南地产优质吉幸牌红茶、绿茶、普洱茶、沱茶、饼茶、花茶、咖啡和其它农副土特产品的出口及国内贸易,承办代理进口业务。

地址:昆明关上中路89号

电话:0871-7190065

传真:0871-7182658

云南机电通用设备有限公司

云南机电通用设备有限公司是经营动力设备的专业公司,经营电站、通用、工程、船用柴油机组、气体压缩设备、油气分离及气体干燥设备、空调及制冷设备、工业泵类、风机类等通用设备,具有丰富的销售、配套、安装、维修的经验及完善的售后服务系统,可为客户提供良好的和及时的售后服务。

公司1995年取得英国威尔信香港公司的销售及维修代理权,负责在云南省内销售及维修英国威尔信公司制造的柴油发电机组。公司也是深圳赛瓦特动力科技公司所生产的VOLVO系列;Cummins(康明斯)系列;道依茨(DEUZT)系列柴油发电机组的云南省独家代理商。又是上海柴油机股份有限公司所生产的“东风牌”系列柴油机云南地区的总代理。柳州空压机集团有限责任公司云南指定经销商、沈阳空气压缩机制造厂云南指定经销商。多年来公司本着诚实、守信、专业、高效的原则与省内各界客商及用户保持着友好的往来。

地址:云南省昆明市吴井路190号

电话:0871-3543282

传真:0871-3520166

邮编:650041

云南省金属材料总公司

法定代表人:黄毅明

经营范围:主营:金属材料、矿产品

兼营:仓储服务,铂族金属、建材、金刚石、化工原料及产品,橡胶及制品,电线电缆、机电产品(含国产汽车,不含小轿车),汽车零部件、煤焦、石油制品(不含管理商品)。

地址:昆明市东风西路167号

电话:0871-5311415

传真:0871-5327175

邮编:650031

云南维智建设机电有限公司

YUNNANWEIZHICONSTRUCTION MACHINERY & ELECTROMECHANIC CO. LTD

主要生产经营混凝土机械、建设机械、混凝土搅拌机、配料机、卷阳机、钢筋机械、碎石机械、发电机组等为全省工程建设单位服务。

法定代表人:曾维智

地址:昆明市二环东路南口石虎关立交桥旁

电话:0871-7174112

生产处:昆明市关上关通路53号

电话:0871-7172455

大理州机电设备公司

公司是主营国产、进口各型汽车、机电产品及汽车租赁的国有物资流通企业。

公司下属:机电产品专业经营机构,滇西汽车市场、上海汽车工业大理销售公司、汽车租赁服务部等9个职能管理和经营机构。现有职工58人,拥有固定资产681万元,流动资金361万元;办公场所1.02万平方米,机电产品和汽车库场1.06万平方米。年销售国产、进口汽车1 000多辆,年销售总额近1亿元,经济效益逐年提高,1997年~2001年间累计上缴国家税收

233万元。

1994年1月14日省经贸委批准成立的云南省滇西汽车市场，占地11亩可容纳各类车辆800多辆。市场建立运行至今，始终坚持“公开、公正、公平和诚实信用”的原则，已先后吸引全国知名的50多个汽车厂商进场展销，按照走规模化、专业化、系列化和集约化的发展方向，目前市场营销功能已基本完备，存车条件优良、品种车型齐全，影响力和辐射面遍及全州乃至滇西地区。1986年以来，企业连续10多年被大理市人民政府评为“重合同、守信用”先进单位，1991年、1992年两次被评为全省机电系统“优质服务优胜单位”，1993年6月受到国内贸易部的表彰，1993年8月被云南省统计局列入云南省物资流通企业50强中的第30名，1996年～1999年连续4次被大理州人民政府评“文明市场”。1999年2月被大理市人民政府“三大检查”办公室评为1998年度纳税先进单位。2000年8月被云南省出入境检验检疫局、云南省工商行政管理局、云南省保护消费者权益委员会评为“云南省销售进口商品质量信得过单位”，此荣誉为省内地州首家。

法定代表人：魏晨红

电话：0872－2124903

传真：0872－2122552

邮编：671000

云南飞亚侨经贸有限公司

公司经营范围：金属材料、建筑材料、装饰材料、机电产品（不含小轿车）、化工产品（不含国家管理商品）、水处理成套设备及材料、机械设备、电力器材、五金交电、洗涤设备的批发、零售、代购、代销。

地址：昆明市东华小区秋实里2号楼附15号

电话：0871－3310040

云南三马机电设备有限公司

主营：起重运输干燥机械、发电机、电动葫芦、单双梁行车、柱吊、旋臂吊、安全滑触线、手拉葫芦、电机电器开关柜、桥架、泵阀、冶金化工、水泥矿山工程成套设备、金属材料、产品的非标设计、安装维修等。

法定代表人：姜梅兰

地址：昆明市东二环路898号

电话：0871－3847290

邮编：650216

昆明凯迪电器设备有限公司

该公司主要经营高、低压开关柜、配电箱、插接母线槽、金属构件（限在符合环保条件下）加工、安装（经营范围中涉专项审批的项目按经营许可证经营）。

保证产品的安全、美观、可靠和经济运行是公司不懈的追求目标和经营理念。客户的满意是公司的最大愿望，凯迪人将以最真诚的热情与行动换取用户的满意和信赖。

法定代表人：胡琪平

地址：昆明市拓东路岔街45号鸿运都市别墅1单元3楼1号

电话：0871－3148269

传真：0871－3148336

邮编：650041

昆明租赁总公司

昆明租赁总公司成立于1983年6月。总公司总资产2001年达4亿元，主要经营建筑用钢模板、钢脚手架及配件租赁；建筑用械租赁；仓储、仓库（场地）租赁；天然植物提取加工、生产。

法定代表人：陈新云

地址：昆明东郊金马寺金太路

电话：0871－3829473

传真：0871－3859239

邮编：650216

昆明诚信恒达科技有限公司

昆明诚信恒达科技有限公司是一家集计算机软硬件销售、网络产品分销、系统集成、服务为一体的新型高科技信息企业。是NEXANS综合布线产品西南地区级代理商。公司的座右铭是：“诚信为本，开拓创新，以技术为后盾，以服务求发展”。

昆明市兴昌隆商贸有限公司

昆明兴昌隆商贸有限公司位于昆明老海埂路17号。1999年期间投资150万元在昆明市石安公路南坝路口建起占地5亩，商铺45间的市场，主要经营五金建材，汽车零配件。2000年1月份公司又征用土地6亩建盖商厦，一楼为商铺，主要经营各种纸张、办公用品、文化用品、印刷机、复印机、电脑消耗材料及配件。二楼提供套式住房及办公室，三楼为商户提供休闲，娱乐场所。公司现征用土地10亩，计划投资200万建盖纸张市场配套仓库。公司管理严格，防火、防盗、安全警报齐全，定期检查，保安24小时值班，让商户在良好、放心的环境中经营,诚心尽力是公司宗旨。

法定代表人:陈圣话

地址:昆明市前卫纸张批发城17号D幢3楼

电话:0871-4589208　4587038

传真:0871-4589308

邮编:650228

昆明华美龙防伪网络系统有限公司

华美龙防伪网络系统兴起于我国最大的经济特区深圳市。该防伪系统采用的是国家专利技术,属国家级高级技术产业,得到了国家技术质量监督局、公安部、全国防伪技术产品管理办公室、中国防伪行业协会及中国防伪技术协会的大力支持和推广,是目前国际上最先进的防伪技术。

昆明华美龙防伪网络系统有限公司于1999年12月在昆明国家高新技术产业开发区正式成立,是深圳市华美龙公司的云南分公司,主要从事防伪标识物的生产、销售及推广应用,译码电话防伪技术的开发、销售等业务,负责云南省全境的工业产品防伪打假工作。

联系人:曾娅娉

地址:昆明国家高新技术产业开发区海源中路30号创新大厦6楼

电话:0871-8326833　8326733

云南冶金仁达电脑公司

云南冶金仁达电脑公司成立于1992年11月,是由云南冶金集团总公司、成都科思达电脑公司共同合作,昆明冶金研究院、昆明冶金高等专科学校和仁达公司内部职工持股会合作参股的一家科技型公司。公司专业从事计算机及周边设备、办公自动化设备的经营和维护、网络系统集成设计与实施、应用软件开发以及汽车配件经营等业务。仁达公司是美国商用机器"IBM"计算机授权星级代理、美国HP计算机地区A类代理、国产实达电脑云南总分销。公司现设有实达授权"三星级维修中心"和IBM授权"蓝色快车"行业服务站,可为用户提供全方位的服务。经云南省人民政府信息化工作领导小组审批,曾授予仁达公司全省解决计算机2000年问题技术支持服务单位。在省、市政府采购中心对各信息产业企业进行的公开评审中,公司荣获《政府推荐信息化企业资质证书》,是昆明市信息化产业协会成员单位。荣获国家信息产业部认证颁发的"系统集成资质证书",是云南省IT行业的知名企业。

地址:昆明市穿金路8号

电话:0871-5180119　5147615　5122649
0871-5122611

传真:0871-5180130　5133726

E-MAIL:ynrenda@publi.km.yn.cn

昆明鑫源达科技中心

中心经营办公用品及耗材、理光、佳能、施乐、美能达、东芝、夏普、三田、松下等复印机系列,具有高精度的复印,一次扫描多次复印,旋转复印、电子分页、旋转分页等特殊功能,丰富实用,可满足现代化数码办公的多种需要,公司以质优、价好的服务宗旨欢迎广大客户前来洽谈。

地址:昆明市园通北路122~124号

电话:0871-5127594　13708450803

云南拓普技术有限公司

公司是云南省高新技术企业,主要从事电力行业系统集成、自动控制、软件开发等研发和销售。公司主要产品有拓普低压电力用户集中抄表系统、拓普变电站综合自动化系统、拓普电能量计量计费管理系统,已通过电力部电力科学研究院相关检测,并取得电力部入网许可证。

地址:昆明市高新技术产业开发区科医路红塔大厦A座3楼

电话:0871-8322103　8322085　8322101

昆明市贵虹电器有限公司

经营范围:家用电器、日用百货

经营品牌:"格兰仕"微波炉;"爱庭"瓦锅、电磁炉;"艾美特"风扇、油汀、暖风机;"家乐仕"饮水机;"希贵"热水器等。

发展趋势:已陆续在地州县建立了十几家贵虹加盟店,欲继续扩大连锁范围,走品牌经营道路,建立自己的营销网络。

法定代表人:程德刚

地址:昆明市前卫镇永丰路8-15、16号

电话:0871-4578304

传真:0871-4591729

云南航辰经营开发有限公司

经营项目:五金、交电、化工产品及原料、建筑材料、金属材料、电器机械及器材、普通机械及配件、电子产品及通信设备、百货、工艺美术品、农副产品、水

产品的批发、零售、代购代销；通信导航设备；台站设计、安装、维修；电子、电器产品维修服务；航空运输延伸服务。

经营宗旨：遵循社会主义市场经济规律，勇于创新、大胆探索、造福人民，为繁荣社会主义市场经济作出贡献，并努力取得良好的社会效益和经济效益。

法定代表人：李明道

地址：昆明市巫家坝机场

电话号码：0871－7113658　7113652

昆明忆通电子公司

昆明忆通电子公司自1993年成立以来，一直致力于云南掌上电脑、电脑辞典、电子记事簿市场的开发、销售及服务。现为香港权智集团“快译通”系列云南省总代理；“心E通”、“大学士”掌上电脑、电子辞典云南总代理；“名人”系列产品云南代理；“联想”掌上电脑云南代理；在全国掌上电脑、电子辞典、电子记事簿行业中享有盛誉。在云南市场上始终保持为客户提供尽善尽美的售前、售中、售后服务，公司特别设有掌上电脑、电子辞典记事簿维修部，由维修经验丰富的工程师负责承接维修业务。公司所代理的掌上电脑、电子辞典记事簿品种众多，价格最具竞争力。作为云南PDA行业上历史最久，实力雄厚的专业公司，欢迎新、老客户继续与忆通紧密使用合作，共创美好未来。

法定代表人：张　勇

地址：昆明市桃源街1号(圆通大桥旁)

销售热线：0871－5127990　5127991　5195265

售后热线：0871－5195080－2000

维修热线：0871－5195085－2018

德威音响厂

厂长：董寿伦

经营项目：高、中档系列音响

经营地址：昆明市螺蛳湾

地址：昆明南坝潭家营工业区10号

电话：0871－4571810　1398868683

传真：0871－4570032

昆明浩帆商贸有限公司

该公司是一家以经营代理厨房用品、家用电器为主的有限责任公司，是浙江“苏泊尔”牌系列炊具、宁波“唐宁”牌系列多功能电气锅，绍兴“亿田”牌系列燃气灶、吸油烟机、消毒柜，上海“瑞居”牌系列家用梯的云南总代理。

已建设销售网络：昆明市内有普尔斯马特超市及其连锁店、昆明沃尔玛、昆明好又多、昆明红联等20多家大中型超市；云南省各地有150多家终端商场、超市。年销售量达2 000万元，拥有专业业务人员20多人。

经营理念：“超越、创新、共赢、共进”

联系人：赵志然　田家勇

地址：昆明市前卫永丰家电五金批发城8栋23号

电话：0871－4589716　4589718

传真：0871－4589716

云南昆华贸易总公司

云南昆华贸易总公司是集外资、边贸、内贸为一体的综合性国有企业，设有进出口部、边境贸易部、经营部、打印服务部和医药公司等经营部门。总公司主要经营轻化产品、五金矿产、机械设备、粮油食品、针纺织品、土特产品等进出口业务，并代理进出口业务，承办中外合资、合作生产“三来一补”业务，从事对外经济贸易咨询服务。总公司附设招待所，位于昆明市中心，交通、食宿方便，热忱欢迎中外客户光临惠顾。

法定代表人、总经理：杨庆生

副总经理：魏志华　王海涛

地址：昆明市东风西路瓦仓庄4号

电话：0871－3621176　3629924　3633647

0871－3647673

传真：0871－3633634

邮编：650032

电子邮箱：Ynkh@ km169. net

昆明森盛涂装技术工程有限公司

该公司专业销售美国GRACO(固瑞克)公司的建筑高压无气喷涂设备、混气及无气家具喷涂设备、工业厂矿的涂装设备及流体输送设备，欢迎相关用户来电咨询。

联系人：梁　斌

地址：昆明市西南建材市场11－5号

联系电话：0871－8242828　8224195

传真：0871－8224195

邮编：650100

昆明仟平自动门经营有限公司

该公司是在昆明注册的惟一专营自动门的有限责任公司，有十余年经营、承制自动门的历史，积累了丰富的经验,拥有国内最先进的自动门安装专业设备和技术,在昆明机场航站楼和国贸中心自动门项目全国招标中,凭优秀的品牌,完美的服务,合理的价格一举中标,所建工程被评为省优质工程。

地址:昆明市明波建材批发市场临街区 2－3 号

电话:0871－8242960　5357977　4154992

传真:0871－8242960

邮编:650100

云南正邦化工有限公司

该公司为中外合资公司,在昆明市西郊建有 1 500 吨桐油贮存设施及 1 000 多平方米厂房及仓库。公司在广州设有进出口货物中转仓库。公司主要经营桐油、蓖麻油、松香、马林酸树脂、高档涂料及磷酸、磷酸盐等磷化工产品的出口以及甘油、硬脂酸等产品的进口业务。

法定代表人:王寿元

地址:昆明市白龙路 411－2 号

电话:0871－5612692　5612715　5612721

传真:0871－5612827

邮编:650224

昆明市官渡区永发装饰材料经营部

该部从事多年专业的油漆、涂料的销售、施工及售后服务,凭着优秀的品质与真诚的售后服务赢得众多用户好评,是香港的紫荆花油漆系列和香港的“长颈鹿”牌木器漆和“菊花”牌建筑涂料以及“金鹰”牌白乳胶和“万石”牌天然真石漆的云南总代理经营部。“卓越品质、品位到家”是经营部对产品的要求,“环境保护,功在当代,利在千秋”是经营部的宗旨和责任。

法定代表人:江永强

地址:昆明市老海埂路云纺建材市场四区 258 号

电话:0871－4177513　4129647　13987691764

传真:0871－4177513

昆明建云气体供销有限责任公司

公司经营各类特种气体:笑气、高纯氧气、高纯氦气、高纯氢气、高纯氩气、高纯氮气及各种混合气体;焊接混合保护气体:氧气、氩气、二氧化碳气;溶解乙炔气、电石、干冰、各类永久气瓶,气体减压表;各类焊割工具及配件。

公司经理:翟玉忠

副经理:李　昆

地址:昆明市学府路 716 号

电话:0871－5378105

邮编:650100

第一经营部:昆明市学府路 730 号

第二经营部:昆明市学府路 710 号

云南呈贡良润经贸有限公司

公司成立于 1998 年 5 月,注册资金 150 万元,地处王家营火车站、昆明南站及昆玉高速路、安石高速路之间,交通便利。主要以优质润滑油及精细化工产品服务于省内各界朋友,同时承接特种油、脂的生产定货及中转、储存工作。

公司坚持以“质量创信誉、质量创效益”为理念,以“顾客至上,信誉第一”为经营原则,以“优质产品,优良服务”为宗旨,以“从点滴做起,只为你满意”为公司指导思想。欢迎各界朋友光临指导、垂询。

法定代表人:莫春良

电话:0871－7410140

传真: 0871－7410959

邮编:650501

昆明永雄石化有限责任公司

该公司生产经营各种汽车专用机油小包装、刹车油、润滑脂及各种工程机械用油。

法定代表人:裴永雄

地址:昆明市西山区昆沙路 377 号

电话:0871－8301352

传真:0871－8301356

云南金海豹橡胶有限公司

云南金海豹橡胶有限公司成立于 1997 年 8 月,注册资金 100 万元,经营范围有:橡胶、轮胎批发及零售等。经营面积 4 900 平方米,是云南省最大的轮胎销售公司之一。公司管理层人员学历均在大专以上,有长期的管理经验和法律意识,规章制度较为健全,信用观念好。公司目前是国家金质奖、国家 A 级产品“黄海”系列轮胎云南总代理和获得“国际 UKAS 皇冠标志”质量体系认证的“头马”系列轮胎西南地区总代理。公司本着为开发和建设西部而树立品牌意识的宗旨,以优质的产品和完善的售后服务,专营和批发中国名优品牌产品:青岛橡胶(集团)下属橡胶二厂生产的“黄海”牌和橡胶六厂生产的“头马”牌共 40 余种规格的系列轮胎。营销网络 100 余家,销售网点除遍及云南省各地外,还包括贵州、四川的大部。常年来库存量适中,资金周转较好,未收款仅占应收款的

1.5%左右,2001年销售额突破4 200万元,利润保持在8%左右。2002年一季度虽属轮胎销售淡季,但仍可完成销售1 000万元以上,公司合同执行较好,到目前为止无任何负债,属于云南轮胎行业中的带头企业之一,企业形象好。

法定代表人:丁兆祥

地址:昆明市贵昆路380号

电话:0871-7171157

云南省建筑材料供销总公司

云南省建筑材料供销总公司是云南建材集团直属企业。公司成立于1978年,是省级建材骨干企业,20多年来,为云南建材行业做出了重要贡献。

公司下设中国ISO标准砂销售公司、科学仪器设备公司、物业管理办公室、仓库等经营管理部门。

中国ISO标准砂云南定点销售公司,经厦门艾思欧标准砂有限公司授权,定为中国ISO标准砂云南惟一定点经销单位。为满足云南广大标准砂用户的需要,向广大用户承诺,保证供货质量,保证供货数量,保证随时为您服务,节假日提货可事先预约,可以代办运输。

科学仪器设备公司主要经营水泥机械设备、配件;水泥新标准仪器、化玻试剂、试验设备、工程机械、通用设备、建筑材料、装饰材料。

物业管理办公室负责2 000平方米商场铺面租赁经营管理。商场主要经营工矿机械设备、水泥机械、化玻仪器。

公司仓库负责1万平方米室内、外库房的租赁经营管理。仓库设施齐全、交通便利、管理优良、服务周到。

法定代表人:梁为民

地址:昆明东站三公里菊华立交桥旁云南建材商场

电话:0871-3368001

邮编:650215

部门电话:

ISO标准砂公司	3366403	联系人:陈进忠
科学仪器设备公司	3337959	联系人:裴景林
物业管理办公室	3366883	联系人:李厚昌
公司仓库	3911659	联系人:姚芬婷

贵州水晶有机化工(集团)有限公司昆明销售分公司

贵州水晶有机化工(集团)有限公司为国家大(I)型化工企业,主要生产白乳胶、聚乙烯醇、季戊四醇、聚乙烯醇缩丁醛树脂、电石等四十余种化工系列产品,其中,曾获"部优、省优"及"贵州省名牌产品"称号的"水晶牌"白乳胶和季戊四醇深受全国用户喜爱,白乳胶市场份额长期雄踞国内榜首。作为集团公司的驻外经营部,主要负责其产品的对外销售。

2001年中国加入WTO,这意味着我国市场将进一步融入全球一体化经济,公司也面临着更加严峻的考验和挑战,但是,有竞争才有发展,公司坚持以质量求生存、平等合作,真诚守信、竭诚为客户服务的经营方针,在靠现有的实力及自身的优势,形成自身的核心竞争力,即企业的品牌管理能力,以及技术和产品开发能力,积极探索管理新手段,引入经营管理新思维、新观念,不断充实完善自己,提高公司的综合竞争力,相信公司将会迎来欣欣向荣的新局面。

腾冲县林云工贸有限责任公司

公司成立于1999年11月,属私营有限责任公司。公司下设:化工经营部、电线电器部、五金机电部、宾馆。主要销售各种油漆,化工产品;各型乳胶、拼板胶、各种粘合剂,各种焊条、圆钉、铁丝,国标电线,优质门锁,国标开关插座闸刀,通海管件,上海名优工具,五金配件,国标铝材,装饰粉料,防水材料等产品。公司秉承"质量为先、信誉至上、服务优良、价格适当"的经营方针,不断开拓进取,团结拼搏,现已成为中华涂料有限公司(中华牌油漆),贵州水晶有机化工集团公司(水晶牌白乳胶),昆明电缆股份有限公司(电工牌电线),川东电缆有限公司(黑象牌电线)等厂家在腾冲地区的独家总代理及特约代理商。

公司投资管理的吉兴宾馆,位于腾冲县城环东路元吉村21号,紧邻腾冲客运站,交通便利,院内宽敞平坦,可停放各型车辆,内部环境优雅,设施齐全,楼下设有银行、商场,共有标准客房22间,普通客房20间。宾馆全体员工本着"宾客至上,服务第一"的理念,努力让每位下榻宾馆的客人都有宾至如归的感觉。

法定代表人:林生跃

地址:腾冲县城开发区邮电路

电话:0875-5186059　5187647

传真:0875-5168019

邮编:679100

昆明市盘龙区株亚经营部

法定代表人:黄永芳

成立时间:1999年

经营范围:玻璃制品、化工实验用品

地址:昆明市人民中路兴华街50号
电话:0871－3644389
邮编:650021

云南光源工贸有限公司

公司1997年5月30日成立,主要经营上海产各种电工电料、插头、组合插座、五金工具及电光源商品,被指定为:飞利浦照明及电子配件云南物流中心、爱迪生GE照明云南特约一级经销商。

地址:昆明市宋旗营结缘酒店一楼
电话:0871－3575027
传真:0871－3575035
邮编:650200

昆明联通商贸发展有限责任公司昆明西南建材市场

市场地处云南省昆明市南过境高架桥与西二环路交汇口,距昆明西火车货运站仅3千米。

市场占地98亩,建筑面积达3.85万平方米,公共设施面积2.68万平方米,布局合理,设施便利。市场经营辐射整个西南地区及东南亚地区,是目前西南最具规模的建筑装饰材料集散地。1998年被云南省委、省政府授予“百强乡镇企业之一”的荣誉称号,2000年被评为中国建筑装饰材料市场信息网常务理事及副理事长单位;是全国百强建筑装饰材料市场和中国百家优秀建材行业企业之一。

市场遵循“诚信为本,务实求真”的经营理念,成为厂家驻点直销量最多的市场,汇聚国内外各厂家的名牌厂品,郑重承诺:品种齐全,厂价直销,质量第一,顾客至上,欢迎惠顾。

法定代表人:杨肃云
地址:中国·云南·昆明明波立交桥南侧
电话:0871－8221998
邮编:650100

昆明欣力德林业木工机械有限公司

昆明欣力德林业木工机械公司系经营木工机床、木工刀具、木工配件,代理意大利、台湾和全国各企业名优林业、木工机械产品的专营企业。设有2 000平方米的销售展厅及1 000平方米的试验场地,可现场试车表演。公司成立8年来具有强大的售前售后服务队伍,可为用户免费进行工厂整厂策划,工艺布局,指导安装调试,提供技术咨询,技术培训等服务到现场的一条龙“交钥匙工程”。购欣力德产品实行包修、包换、包退,解决用户后顾之忧,真正做到“买的放心,用的舒心”。

地址:昆明西郊石安公路明波西南木材林产品交易市场南门
电话:0871－8173375　8173376　13987130624
传真:0871－8171954
售后服务热线:13700669605
质量服务监督电话:13608863418

云南省昭通市棉麻日杂公司

公司位处昭通市市中心,有营业、办公大楼1幢,营业面积3 500平方米。有距市中心约3千米的红卫山仓库(库房数幢)、加工闲置厂房两幢,占地面积约2万平方米。有固定资产513万元,流动资金150万元。其它经营门市两个,营业面积200平方米,在册职工110人。

随着改革开放,公司规划:1. 利用现有闲置仓库开办养殖、加工业。

2. 利用现有闲置厂房开发农副土特产品再加工。

另外,当地盛产各种农副土特产品,主要有:桐油、青椒、大红袍花椒、金江魔芋角、金江魔芋精粉、苹果、黄梨、水蜜桃、板栗、核桃、樱桃、铅锌、硫磺、硫金沙等。公司积极寻求合作伙伴,招商引资,真诚合作,共谋发展。

经营范围:日用百货、副食土杂、五金交电、烟花爆竹
法定代表人:姚永清
地址:昭通市昭阳区陡街141号(昭通市家家乐超市大厦)
电话:0870－2123443　13038637993
邮编:657000

云南省昭通市农业生产资料公司

注册资金:1 145万元

公司下属三个单位:

1. 昭通市农资公司农化分公司。负责人赵声雷,电话:0870－2220788　2233136。主要经营化肥、农药、农用薄膜、中小农机具。分公司在水富县设有办事处,可代理各种商品的中转业务。

2. 昭通市西街农贸市场。负责人周世宽,电话0870－2124874,主要经营农业土特产品、副食果品、房屋租赁等。

3. 水富县友谊市场。负责人赵平,电话0870－8637227,主要经营日杂百货、房屋租赁等。

公司自成立以来担负着整个昭通地区所需化肥、

农药、农膜等的供应任务,每年经营占整个市场的70%左右。

市北郊和水富县还有仓库空地80多亩,准备与有关单位合作开发有关项目。

欢迎各界朋友前来垂询、投资和开展有关业务。

法定代表人:程　卫

地址:昭通市青年路南段281号

电话:0870－2228456　2220059

邮编:657000

云南省林业物资公司

经营范围主营:采购、供应本系统内所属企业(事业单位)生产建设所需的计划物资和设备;计划外自行组织的生产资料和设备(含国产汽车、小轿车)系统外经营。

兼营:汽车货运,仓储。组织下属营业性企业按核准的经营范围开展经营活动。

法定代表人:赵先国

地址:昆明市小菜园146号(林业厅招待所大院内)

云南省昭通市农业机械公司

昭通市农机公司系经营农业机械及其配件的专业公司,自1966年成立至今已有36年历史。现有人员30人,资产总额达650万元,其中净产值为260万元最高年销售额曾达3 000多万元。主要经营农用汽车,拖拉机,农副产品加工机械,橡胶制品等。公司占地面积1万平方米,其中仓储设施200平方米,门面1 000平方米。

公司曾多次获得政府授予先进企业和“重合同、守信誉”等称号,在多年来银行举行的企业信誉评估中均获得一级信誉企业证书。特别是在1996年荣获国内贸易部颁发的全国农机流通行业先进单位的荣誉证书。

随着改革开放的不断深入和发展,公司将进一步解放思想、更新观念、全心全意为振兴农村经济的发展服务,全面树立“市场第一,服务第一,效益第一”的经营理念,在竞争中实现自身的发展壮大。

热忱欢迎省内外和社会各界有识之士前来洽谈、合资、合作、开发等事宜。

法定代表人:胡丰云

联系人:文金林

地址:昭通市元宣路48号

电话:0870－2223415　2223004

电报挂号:2894

邮编:657000

云南楚雄云星实业有限责任公司

云星公司是大姚铜矿为实施二次创业和产业转移中长期发展战略而创建的。公司成立于1996年4月,主要生产经营铜材铝材、有色金属冶炼、金属材料、饮品、饲料、建材生产加工、汽车维修、餐饮娱乐等。

公司下属企业17个,其中分公司5个:云星铜材厂、大姚星盛饮料厂、营销公司、小汽车维修中心、云星园。子公司9个:星泰金属耐磨材料厂总厂、大姚星康实业有限公司、金孔雀实业公司、星源公司、星耀公司、星奥公司、星茂公司、云星楚雄门诊部。直属单位1个:物业管理部。联营企业3个:永仁团山铜矿、大姚桂花选冶厂、民乐选冶厂。

2001年,资产总额1.47亿元,其中:固定资产7 775万元,流动资产5 834万元。

公司年产铜精矿2 000余吨、电积铜1 500余吨、铜铝材深加工400余吨、新型耐磨材料及机加工3 000余吨,并有一条全电脑控制的A级汽车综合性能检测线和16个汽车检修车位。年销售额超过亿元。

公司下属企业产品和服务质量优良,在州内、省内、西南地区和国内其他地区有良好的市场信誉。多年来,云星公司多次受到上级及州市人民政府有关部门的表彰。

董事长:曾光培

电话:0878－3399602

地址:楚雄经济技术开发区火车站后面

邮编:675000

云南省粮油贸易总公司

该公司于1999年7月在原粮贸公司基础上正式成立,现拥有资产1.7亿元。总公司内设:办公室、财务部、贸易一部、贸易二部、贸易三部、进出口部,下辖云南省稷丰食品有限公司、开远滇南大酒店、昆明市拓东路综合写字楼。该公司为云南省最大粮食企业之一,主要担负全省粮油供给平衡,保障城乡居民供给任务。

总公司业务:

主营:粮食及制品,食油及制品,面粉加工销售、包装物,粮油机械。

兼营:日用百货、副食品、农副产品,机电产品(不含汽车),住宿餐饮、文体娱乐。

经营方式：计划、调拨、批发、零售、代购代销。

云南稷丰食品有限公司是由省粮油贸易总公司投资兴建的中港合资企业，位于昆明市东郊黄龙山，占地80多亩。

该公司总投资6 000多万元，全套引进瑞士布勒公司20世纪90年代最先进的生产线——包括清麦润麦、制粉、配粉包装系统和全套的专业检测化验设备，除生产高品质的稷丰牌等级粉外，还采用美国、加拿大、法国等地的优质小麦生产稷丰牌专用面粉，倍受广大消费者的青睐，已销达全国各地以及东南亚国家。生产流程完全由电脑自动控制，日处理小麦可达200吨以上，是云南省最大的面粉生产企业。

总公司投资5800多万元，按照国际三星级标准兴建的开远滇南大酒店是集客房、餐饮娱乐为一体的多功能涉外酒店，地处滇南重镇开远市繁华商业中心黄金地段灵泉西路219号，大楼总面积1.58万平方米。该酒店是红河州惟一旅游涉外饭店培训中心。

酒店拥有：设备齐全的标准客房、双人套房、三人套房及豪华套房，可同时容纳500多人就餐的中餐厅，川滇粤味齐全。一流设备的保龄球、台球室、歌舞厅、棋牌室、中央空调系统（集中音响、程控电话、影视中心播放）商场、商业票务中心、邮政、彩扩冲印等设施。还有旅游、美容按摩、洗衣及大、小型会议服务。

总公司总经理、法定代表人：高吉洪

地址：昆明市拓东路94号

总经理室：0871－3182906

办公室：3182907　财务部：3182901

贸易一部：3182910　贸易二部：3182902

贸易三部：3182909　进出口部：3182905

传真：3194874　网址：yngrain－oil. com. cn

邮编：650011

E－mail：office@ yngrain－oil. com. cm

昆明市粮油储运公司

昆明市粮油储运公司隶属于昆明市粮食局，组建于1980年4月，是以粮油调拨、中转、运输、储藏、购销、加工为一体的粮食商业中型企业。粮食流通体制改革以来，公司成为专门从事政策性粮油储备和粮油购销经营的购销企业，下辖两个大中型粮库，职工553人，2000年末总资产2亿元。占地面积10万余平方米，担负着粮油储备、军粮供应、粮油经营、调控市场、平抑物价等重要职能，粮油贸易具较大规模，是昆明市粮食系统的龙头企业。

近年来，公司面向市场，创立了以优良品质、优质服务作保证的品牌商品“银桦”牌系列大米；研制、生产了有较高科技含量的“二线智能测温系统”产品，该产品技术水平在全国仓库测温同类产品中居于领先地位，获得云南省科技发明二等奖；同时公司还是“手标”、“鲤鱼”、“胡姬花”等油脂品牌在昆明市场的总经销单位。公司已与全国28个省、市、自治区的有关单位建立了友好的贸易关系，树立了良好的信誉。公司愿与全国同仁携手合作，共同发展，热忱欢迎各界人士前来洽谈业务。

总经理：李云生

地址：云南昆明市民航路26号

电话：0871－3345791

传真：0871－3310133

邮编：650041

昆明市油脂公司

公司成立于1954年，在计划经济时期执行国家油脂的专营管理任务，是与昆明市粮食局合署办公的事业单位。

为了适应粮食流通体制改革的发展需要，1993年开始，根据国家对粮食行业提出的“本业为主，多种经营”的指导政策，经工商部门批准经营范围为食用植物油、粮食、粮油制品、糖烟酒、建筑材料、百货等商品的批发与零售业务。

截至2000年，本业业务销售收入1.4亿元，实现利税700多万元，注册资本从100万元发展到750万元，固定资产1 300万元。公司多年来的辛勤经营成果，为将来的发展壮大奠定了较好的物质基础。

地址：昆明市鱼课寺街24号

电话：0871－3647364　3642428

昆明市城市排水公司

昆明市城市排水公司1994年9月成立。公司负责昆明市污水处理厂的建设和运行管理，已建成污水处理厂6座，日处理污水49.5万吨。负责城区排水管网设施的改造、维修、养护、管理工作。对昆明市城区的34座泵站进行运行管理。

法定代表人：马培舜

地址：昆明市书林街134号

联系电话：0871－3129874

云南会泽佳建水产实业有限公司

云南会泽佳建水产实业有限公司是由香港佳建国际集团有限公司、云南以礼河实业有限公司和会泽县水利工程管理站共同出资组建的中外合资企业。公司总投资210万美元、注册资本150万美元。公司主营水产品养殖、加工、销售，兼营饲料、饲料添加剂、农副产品、建材、旅游服务、餐饮、娱乐。

公司充分利用亚洲第一大土坝毛家村大型水库的蓄水，引进国外优质鲑科鱼类，进口国外宝马公司的优质饲料饲养彩虹鳟鱼。现建成流水养殖池20亩，每秒流量3立方米的引、排水系统、每年可孵化200万粒鱼卵的孵化池及鱼池、饲料库、办工楼、餐饮服务楼，加工生产线及配套设施达到年生产400吨商品鱼的养殖规模。

由于水源清洁、无污染，水量充沛，保证率高，选用的鱼种品质优良，进口优质饲料喂养，从而保证了公司生产的彩虹鳟鱼的优良品质。现在公司产品已顺利通过云南出入境检验检疫局、香港食环署、美国食物环保处的检查，虹鳟鱼产品已稳步向海外市场供货。深受海内外广大客商好评，该公司常年提供的虹鳟鱼产品色泽红润、肉质紧密、纹理清晰、口感极佳。

虹鳟鱼在中国及海外的市场前景十分广阔，公司真诚期盼与各方有志之士共同寻求在这一领域的广阔合作，共谋发展。

地址：云南省会泽县毛家村虹鳟鱼养殖场

传真：0874－5127876　5133628

邮编：654200

云南强发经贸有限公司

公司是在原昆明市蓬溪中药材经营部基础上，于2000年组建成立的有限公司，是经营各种名贵中药材，各省地产药材为主的企业。并提供药材出口、天然药物的加工、提取、分离、精制，代购、代销、代仓储业务。

公司本着"诚信为本"的原则，赢得了信誉。10多年来艰苦创业，努力拼搏，"强发"一天天发展壮大。现已与云南盘龙云海、昆明中药、云南省中医院、云南省中医中药研究所附属医院、华洋制药、广仁堂中药厂澳门有限公司、日本长友药品有限会社等国内外30多家药品生产企业和医疗卫生机构开展了业务。公司不但在云南省各药材产地设有基地，还有全国各大药材市场设有采购部，保证了药材的来源和质量。经营药材品种达1 000多种。并在昆明市菊花村药材市场建有300多平方米的"千种特价中药自选超市"，品种齐全，服务优良。

该公司能从一个小小药材经营部发展到今天，靠的是"以质量为本，以诚待人"的纯朴作风；良好的信誉，合理的价格，优质的服务。他们愿与各界朋友合作，共创美好的未来。

地址：昆明市东郊路114～117号

电话：0871－3321367

传真：0871－3360040

云南瑞风经贸有限公司

公司位于昆明市人民中路长春花园大厦20楼，经营特效降压药"稳压灵"胶囊是公司的重要项目。

稳压灵胶囊是治疗高血压病的新型良药，该药由纯天然名贵中草药组成，有降血压、调血脂、软化血管、抗动脉硬化等疗效。多年临床实践证明，经该药治疗康复后，即可停药，达到长期稳定的目的。该药曾荣获首届国际"李时珍"医药成果最高金奖，是第七届北京国际博览会推荐产品和卫生部信誉度调查委员会推荐产品。

此外，公司还经营速冻牛肝菌、松茸、银鱼等农副土特产品。

电话：0871－3111011　3193288

传真：0871－3193716

云南云微科贸有限公司

云南云微科贸有限公司是云南大学云南省微生物研究所经办的下属公司。该公司依托良好的科研环境和雄厚的技术力量，主要从事微生物资源的开发应用。目前公司主要产品有：虫草精粉、虫草多糖、虫草菌丸、虫草口服液等虫草系列产品和其它微生物制品。

地址：云南大学英华园微生物研究所

电话：0871－5033541

传真：0871－5171975

云南省南华县医药公司

公司总部坐落在滇中高原西部的南华县县城龙山路。该县东接楚雄、牟定，南接楚雄、景东，西邻弥渡，北毗祥云、姚安，古有"九府通衢"之称，历来是富贾云集之地。公司现有在职员工38名，是药品经营的正规企业。1998年从国有企业改制为股份制企业。公司在董事长兼总经理自雄同志的带领下，通过内强管理抓服务，外稳市场增销售，取得了较好的经济效益和社会效益。从1990年以来每年都是南华县纳税大户之一。

公司各项配套设施完善，员工素质较高，欢迎各界新老朋友惠顾。

董事长兼总经理:自　雄

地址:云南省楚雄州南华县县城龙山路

电话:0878－7222633

邮编:675200

云南英茂集团股份有限公司

1992年公司初创时名称为“北京云南经济贸易促进有限公司”,1995年更名为“云南京云股份有限公司”,1998年根据资产规模的扩大和产业结构的形成,正式更名为“云南英茂集团股份有限公司”,注册资金2.59亿元。

英茂集团公司形成了多元化经营格局,投资设立了控股参股的独立法人企业10余个,涉足药业、生物、花卉园艺和卫星通信、房地产开发、国内外贸易等具有良好发展空间的经济领域。从事高科技产品研究、开发、生产、服务的公司和房地产公司,已成为集团发展的主导力量。1998年云南省人民政府确定英茂集团公司为重点培育的大企业、大集团。

地址:云南省昆明市滇池路英茂集团大厦

电话:0871－4639426

传真:0871－4639400

邮编:650228

网址:http://www.yinmore.com

E－mail:ymgroup@public.km.yn.cn

自然美容中心

开业13年来曾为数万名爱美人士做过各种美容手术,中心不断引进国际最先进的医疗设备,拥有十几年经验的专业美容师及国内知名外科美容专家,以高科技激光为您永久脱毛、洗眉、脱胎痣、电脑绣眉、整形除皱、隆胸、抽脂、垫鼻、疤痕平复、各种中高档面膜,让您高兴而来,满意而归。

法定代表人:吴自明

总店:昆明市东风东路48号金泰大厦708室(市政府斜对面)

中心:昆明市书林街139号附6号市总工会大楼一楼

电话:0871－3175678　3102347

昆明五华永旭芦荟总店

经营范围及方式

皮肤护理服务、日用百货、健身器材、副食品的零售。

法定代表人:白　萍

地址:昆明市五一路28号2楼(国防医院斜对面)

电话:0871－3649319　6709541　13085362689

电子邮件:pmasaco@pub.xa－online.sn.cn

云南鸿国贸易有限公司

鸿国贸易公司是专业的营销网络公司,代理以恒顺、味莼园等产品为主的系列调味品。公司下设成都鸿国公司、云南鸿国公司、重庆鸿国公司,在西部独树一帜,备受众多供应商和客户信赖,网络覆盖云南、四川、重庆、西藏地区。

法定代表人:陈鸿国

地址:昆明华丰食品城3－3栋32－33号

电话:0871－4581728

传真:0871－4581734

邮编:650223

昆明金钰酒店用品有限责任公司

公司是经营酒店用品的专业公司,至今已有9年的经营历史和经验,属昆明最早的专业型酒店用品公司,用户遍布各地州市,尤以昆明用户居多,近几年开业的:新南疆酒店、香宫酒店、威龙饭店、星耀城、新昌元酒楼、旺角海鲜酒楼、聚宝名都娱乐城、中云酒楼、富港渔村酒楼、世博吉鑫园、世博园接待中心、大自然风情园、云安会都等数十家昆明酒店、宾馆长期使用公司经营的酒店用品。

公司一直以经营瓷器、玻璃器皿、台布、床上用品、不锈钢杂件、电器、金器、清洁设备等为强项,对酒店实施综合配套服务。产品质量可靠,价格优势大,服务周到,大小客户一样热情对待。在此公司热切希望能与各酒店合作成功,建立长期的供货关系,多交一些新朋友。

法定代表人、总经理:刘子瑞(刘　斌)

地址:滇池路转柳苑路平桥村132号

联系电话:0871－4625056　4137825　4147307　13908713619

传真:0871－4625059

昆明安利达劳保用品有限公司

昆明安利达劳保用品有限公司是主营劳保用品的专业性公司,也是云南省经贸委特批的劳保用品定点销售单位。

公司成立以来,本着“以质量求生存,以信誉求发展”的宗旨,培养了一批高素质、高水平、经验丰富的管理人员和营销人员，组建了一个较为强大的营销网络。公司主要经营普通、特种劳保用品、防辐射、防酸、防静电、防阻燃工作服；耐油、耐酸碱、绝缘、工矿雨衣、水鞋、皮鞋、手套；防尘、防毒、防紫外线、口罩、面具、护目镜；安全帽、带、网、绳等各种劳保系列产品；并加工订做各种职业服装。“安利达”劳保用品汇集了全国各劳保定点生产厂家的产品，均符合国家劳动防护用品规定的标准。热忱欢迎您使用“安利达”劳保用品。

地址：昆明市西昌路782号

电话：0871－5325334

传真：0871－5328959

网址：www. KMALD. com

E－mail：KMALD@ public. km. yn. cn

昆明市保安服务总公司

昆明市保安服务总公司是1987年市政府批准成立的，十五年来，公司一直以保护人民群众生命财产安全为宗旨，为维护昆明社会治安做出了积极的贡献。

所属部门：一校（昆明保安培训学校）、三司（昆明保安护卫公司、昆明保安技防公司和昆明鑫安会务公司）、一室（办公室）、四部（保安护卫总部、财务部、经营一、二部）。

经营范围：人防保安、技防保安、保安培训、器材经营等业务。

昆明保安护卫有限公司，到目前为止已承担工行、城市商业银行、建行等114个网点的押运任务，为金融安全提供了有力的保障。

昆明鑫安会务中心，位于滇池畔，能同时容纳300人会议、就餐、娱乐的度假休闲场所；昆明警察博物馆坐落其中，昆明警察博物馆向社会开放，展示昆明警察时代的风采。

昆明市保安服务总公司于2002年2月1日，成立了一支由92名保安队员和保安管理干部组成的陆军预备役侦察分队，为维护治安和国防建设发挥积极作用。

随着中国加入世贸，昆明市保安服务总公司努力开拓进取、加强管理，进一步提升竞争实力，协助公安机关维护春城治安、预防和制止违法犯罪，为春城人民的安宁、城市的繁荣，充分发挥保安、护卫、防卫作用。

法定代表人：张庆云

地址：昆明市北京路399号

电话：3015287

传真：3180595

邮编：650011

昆明市五华保安服务公司

公司现有219个执勤网点、报警监控点125个，并与公安局110联网同步进行接警处治工作，820名保安员遍布昆明5区8县银行系统的保安服务网络及云南省部分地区报警监控网点。

被公安部、云南省公安厅、市公安局评为三年连续合格的保安公司。

1999年被公安部、团中央、全国总工会评为“全国优秀保安公司”。

2000年被昆明市评为“重合同，守信誉”的先进企业。

2001年被评为连续五年重合同、守信誉先进单位。

法定代表人：董基克

总经理：王晓献

楚雄丽尔影楼婚庆服务公司

楚雄丽尔公司是一家功能齐备的大型专业婚庆公司，公司自1995年开业以来，本着“请专业的人，用专业的心，做专业的事”的原则，为广大顾客服务。婚纱摄影、外景拍摄、新人化妆、花车装饰及婚纱、晚礼服、旗袍出租、出售是公司的主要经营项目。同时是国际品牌——雅芳在楚雄的专卖商。

丽尔影楼将以热忱优质的服务恭候各位光临。

经理：尹丽英

地址：楚雄鹿城南路上园巷1号二楼

电话：0878－3112815

邮编：675000

昆明彩虹喜庆礼仪有限责任公司

公司主要业务：

气球类：气球吊标、升空彩球、印字气球、落地式气球、放飞气球、小气球造型等。

模型类：充气彩虹门、充气舞星、行动气偶、充气模型等。

庆典类：总体策划、搭台布展、房地产奠基开盘庆典、提供主席台上的席位卡、桌布、礼仪服务、灯光音响设备、花卉盆景、庆典彩花、主持人、军乐队、威风锣鼓队、放鸽舞狮、庆典演出、促销演出、舞台搭建，各类会议背景设计、制作、会场环境布置等。

专业制作：彩旗、丝印布标、会议背景、各类展板、泡沫机片字、电脑刻字、充气卡通模型等。

总经理：徐孝林

地址：昆明新迎金马源温泉花园（原探矿厂）3幢2单元201室

庆典热线：0871－3379735　13808727942　13908871764

传真：0871－3378012　5632560

制作部地址：穿金路695号（小坝桥头）

电话：0871－5632560

传真：0871－5632560

云南红塔足球俱乐部

2001年是红塔足球俱乐部组建后的第四年。四年来，在省市各级党委和政府的正确领导下，在广大球迷的关心和支持下，俱乐部的整体实力不断提高，成绩也一年比一年好。2001年，俱乐部组队代表云南省出征九运会的足球项目比赛并取得第七名，一线队也取得了较好的成绩。

红塔足球队是一支年轻的队伍，队伍的整体实力和比赛成绩都有待进一步提高，俱乐部将立足长远，打牢基础，逐步提高，为云南的足球发展和精神文明建设作出自己的贡献。

云南印章公司

云南印章公司于1984年注册正式成立，注册资金150万元。

主营：刻制各种印章、钢印、招牌、制作名片、复印。

兼营：彩色扩印、雕刻工艺品、证卡制作、计算机网络、制证等相关项目。

公司是国家定点、公安部物证鉴定中心监制生产印章信息网络管理系统、设备及中国工商银行总行指定生产各种金融印章、印鉴和信息网络印章的高新技术企业。能快速制作各类公章及信息加密现代印章、开发各类证卡工程、制作各种证卡。

法定代表人：杨贵昌

电话：0871－5149493　5175504

手机：13708726987　13033342853

地址：云南昆明民院路227号

邮编：650033

昆明文化用品（集团）有限公司

昆明市文化用品集团公司批零兼营文化用品、综合百货、纺织及床上用品，经营黄金饰品、珠宝玉器等，并开办吴井百货文化市场和福德花鸟市场，吴井大酒店提供吃、住、娱一条龙的综合服务。

法定代表人：陆荣辉

地址：昆明市吴井路176号

电话：0871－3517778

邮编：650041

昆明技术监督资料发行站

经营发行：标准、计量、质量、环境、职业安全卫生等管理体系认证标准与咨询资料、检验、检疫资料、技术监督管理，工商出版社出版的工商行政管理资料、法律法规资料、相关宣传与培训教材、科技图书与光盘、软件等发行、开发。

对外联系人：王镜通

地址：昆明市菊花村新草房80号

电话/传真：0871－3310066

邮编：650041

云南春城档案用品工贸有限公司

云南春城档案用品工贸有限公司的子公司有云南春城商务信息有限公司、昆明行动成功文化传播有限公司、彩印厂、档案用品厂、档案衣物保护药厂，是国家档案局，省市档案局定点生产单位。公司全部产品均注册乐春天商标，其中防霉驱杀虫药、防霉蛀衣物宝是国家级科研成果并获奖。服务宗旨是：以信誉求生存，以质量求发展。

董事长：罗志章

总经理：沈文莲

地址：昆明市安康路182号

电话：0871－4151204　4165987

传真：0871－4126464

邮编：650032

昆明市印刷厂劳动服务公司

该公司经销的各种规格、各种型号的国内外印刷材料、纸张、油墨、电化铝、印刷机配件均为国内外的优良品牌，质量上乘，价格优惠，欢迎省内外新老客户光临惠顾。

法定代表人：苏　铨

地址：人民西路204号（梁家河电影院对面）

电话（传真）：0871－8186977

邮编：650106

昆明市广告公司

地址:昆明青年路工艺美术大楼4楼
电话:0871 -3160921

昆明市高层建筑清洗公司

地址:昆明市西山区明河路137号
电话:0871 -8243924
传真:0871 -8243107
邮编:650100

昆明新正科技发展有限责任公司

地址:昆明市圆西电子广场2楼14号
电话:0871 -5156102

云南华文电子技术有限公司

地址:昆明市正大电子城B区3排1号
电话:0871 -8233164

统计资料

云南省查处公平交易案件基本情况

单位:件、万元

案件总数	案　　值	罚没金额
40960	14149	2585

云南省内资企业登记基本情况

单位:户、万元

合　　计		其中:公司	
户　　数	注册资本	户　　数	注册资本
114231	17343612	17997	7669497

云南省外商投资企业登记基本情况(一)

单位:户、万美元

年　末　实　有									
企　业　数							投资总额	注册资本	
小计	其　　中				投资总额1000～3000万美元	投资总额3000万美元以上		小计	其中:外方
	中外合资	中外合作	外资企业	中外股份公司					
1632	949	145	537	1	120	20	537740.64	339833.64	205523.87

云南省外商投资企业登记基本情况(二)

单位:户、万美元

本　年　登　记									
企　业　数							投资总额	注册资本	
小计	其　　中				投资总额1000～3000万美元	投资总额3000万美元以上		小计	其中:外方
	中外合资	中外合作	外资企业	中外股份公司					
132	51	15	66		15	2	50123.26	34680.40	25865.35

云南省私营企业基本情况

单位：户、人、万元

户　　数	投资者人数	雇工人数	注册资本
28737	82124	376181	3265827

云南省个体工商业基本情况

单位：户、人、万元

户　　数	从业人员	注册资金
691324	1042922	820518

云南省广告经营基本情况

单位：户、人、万元

经营单位	从业人员	广告经营额
1813	12410	85211

云南省查处商标一般违法案件基本情况

案件数（件）	已结案件数（件）		未结案件数（件）		处　理　情　况				
					收缴和消除商标标识（件）	销毁物品（吨）	罚款		
							案件数（件）		金额（元）
	国内	国外	国内	国外			罚款10万元以下	罚款10万元以上	
211	191		20		322370		33		102200.00

云南省查处商标侵权假冒案件基本情况（一）

案件数（件）	已结案件数（件）		未结案件数（件）		责令赔偿经济损失		移送司法机关追究刑事责任	
	国内	国外	国内	国外	案件数（件）	金额（元）	案件数（件）	人数（人）
276	239		37		36	286400.00		

云南省查处商标侵权假冒案件基本情况(二)

处理情况				
收缴和消除商标标识(件)	销毁侵权物品(吨)	罚款		
		案件数(件)		金额(元)
		罚款10万元以下	罚款10万元以上	
793570	3.11	166		430529.00

云南省市场基本情况

单位:个、万元

消费品市场		生产资料市场		生产要素市场	
市场数	成交额	市场数	成交额	市场数	成交额
3837	2945217	149	521654	10	

云南省合同管理基本情况

单位:份、万元

鉴证		检查	
份数	金额	份数	金额
190927	757355	795124	6195605

云南省企业抵押物登记基本情况

单位:份、万元

动产抵押		房地产抵押	
抵押合同份数	抵押物价值	抵押合同份数	抵押物价值
2503	1239824	1341	189236

云南省工商行政管理系统实有机构、编制、在职人员基本情况

单位:个、人

机构数		编制数			在职人数	
合计	其中:工商所	合计	行政编制数	事业编制数	合计	其中:工商所
2378	1022	13116	11862	1254	12611	7494

索　引

说　明

一、本索引采用主题分析法编制。索引范围主要包括全书各部类条目，“特载”、“专文”、“法规·政策”、“部分企事业单位简介”、“统计资料”等部类的具体内容未作索引，仅以其文献标题、文献性质或署名标引。

二、《云南工商年鉴》为专业年鉴，故本索引着重从工商行政管理的业务范围方面进行标引。读者可从业务工作主题词下找寻有关地区、部门的相关内容，亦可以各行政区划名称为主题查找有关资料。

三、本索引按主题词首字汉语拼音音序（同音字按声调）排列，若首字拼音相同则按第二字音序排列，以此类推。

四、索引款目由主题词、修饰（说明）词、位置所组成，并采取主题词前置的形式。索引款目中的阿拉伯数字表示该主题内容在书中的页码；a、b、c 字母则表示主题内容在该页码的栏别（从左至右）。

五、同一主题词的内容采用“附见”或“参见”的形式标引，其中在主题词下各占一行排列的为“附见”，在主题词后出现的两个以上的页码为“参见”。

六、各部类、栏目标题，重要主题词在本索引中以黑体字标引。

A

安宁市　68a
安宁市
　获表彰　68c
　基本情况　68a
　领导名单　68c
安全生产专项检查（大理州）　142c
安全生产专项整治　53c
案件办理，行政的（龙陵县）　154b
案件查处
　沧源县　175b
　昌宁县　154c
　大理市　144a
　大理州　143a
　洱源县　147b
　凤庆县　1472b
　鹤庆县　148a
　澜沧县　137b
　临沧县　171c
　龙陵县　154a
　泸水县　166a
　勐海县　141a
　南涧县　148b
　宁蒗县　164c
　双江县　174a
　腾冲县　153b
　文山州　125a
　西双版纳州　138a
　祥云县　144b
　云县　172c
案件查处指导　47c

B

把握机遇　开拓进取　切实抓好保护消费者权益工作，程映萱　2
“百城万店无假货”（盘龙区）　63a
保护消费者权益　见“消费者权益保护”
保护消费者权益委员会理事会，讲话，程映萱　2
保山市　150
保山市
　领导名单　152c
　注册商标数　151c
报废汽车拆解收购，取缔（大理州）　142b
报废汽车收购点，取缔（施甸县）　153a
避孕药具市场，专项清理（西畴县）　127c
表彰先进（文山州）　126a
宾川县　144c
宾川县
　工商行政管理基本情况　144c
　领导名单　145a
不公正竞争
　查处保山市　151c
　查处迪庆州　167c
　查处丽江地区　161b
不正当竞争专项治理（永平县）　145c
部分企事业单位简介　221

C

财务工作　47a
沧源佤族自治县　175a
沧源县
　工商行政管理基本情况　175a
　领导名单　175c
茶叶制假案查处（永胜县）　162c

昌宁县　154b
昌宁县
　工商行政管理基本情况　154b
　领导名单　155c
　注册企业　154b
车辆交易管理(丽江地区)　161b
成品油市场监管　49b
成品油市场整顿
　昌宁县　154c
　金平县　124b
呈贡县　68c
呈贡县
　基本情况　68c
　领导名单　69c
城镇个私经济　54b
程映萱,讲话　2、4、7
澄江县　90b
澄江县
　基本情况　90b
　领导名单　91a
出版印刷行业整治(保山市)　151b
楚雄经济技术开发区　114c
楚雄市　107c
楚雄市
　基本情况　107c
　领导名单　108b
楚雄彝族自治州　106
　“三个代表”学习　107b
　基本情况　106a
　领导名单　107c
传销,打击　51a
传销,打击
　曲靖市　75a
　五华区　64b
　大理州　142c
传销案查处(丽江地区)　161b
传销窝点捣毁(大理市)　143c

D

打击传销　51a
大关县　101b
大关县
　基本情况　101b
　领导名单　101c
　政务公开　101c
大理白族自治州　142a
大理市　147b
大理市
　工商行政管理基本情况　143b
　领导名单　144a
大理州
　工商行政管理基本情况　142a
　领导名单 147b
大事记　43
大姚县　111b
大姚县
　基本情况　111b
　领导名单　111c
党风廉政建设　45b
德宏傣族景颇族自治州　155
德宏州
　登记注册企业　155c
　个私经营户　156a
　工商行政管理基本情况　155a
　领导名单　156b
德钦县　169c
德钦县
　工商行政管理基本情况　169c
　领导名单　169c
迪庆藏族自治州　167
迪庆州领导名单　168c
抵押登记　50a
地州市县工商行政管理概况　60
电视广告,查处(南涧县)　148c
电子口岸建设　52b
东川区　67b
东川区
　基本情况　67b
　来信来访　68a
　领导名单　68a
动产抵押登记(保山市)　152a
豆制品市场整顿(石屏县)　119c
毒鼠药清缴(西畴县)　127c

E

峨山彝族自治县　93a
峨山县
　党风廉政建设　93c
　基本情况　93a
　荣誉表彰　93c
　社会治安综合治理　93c
洱源县　147a
洱源县
　工商行政管理基本情况　147a
　领导名单　147b

F

法规·政策　176
法规知识培训(昌宁县)　155b
法律　176
法制工作　46c
　安宁市　68c
　楚雄市　108b
　楚雄州　107b
　大姚县　111c
　富民县　70b
　富宁县　130b
　富源县　81c
　个旧市　117a
　官渡区　65c
　广南县　129c
　河口县　124a
　鹤庆县　148b
　红河州　116b
　红塔区　89a
　华宁县　92a
　建水县　119b
　江城县　137c
　江川县　90b
　金平县　124c
　晋宁县　70a
　景东县　134b
　开远市　117c
　澜沧县　136b
　鲁甸县　99c
　禄丰县　114c
　罗平县　82c
　麻栗坡县　130c
　马龙县　80c
　勐海县　141a
　勐腊县　141c
　弥渡县　145c
　弥勒县　120c
　墨江县　135c
　南华县　110c
　怒江州　165c
　盘龙区　63c
　普洱县　134a
　巧家县　100b
　丘北县　129b
　曲靖市　76b

石林县 72c
思茅地区 132b
思茅市 133a
嵩明县 72a
通海县 91c
威信县 105b
巍山县 149b
文山县 126c
武定县 113c
西畴县 128b
西盟县 137a
西山区 67a
西双版纳州 138c
新平县 95a
宣威市 79b
寻甸县 74a
盐津县 101a
砚山县 127b
姚安县 111a
彝良县 104c
易门县 92c
永平县 146b
玉溪高新区 97b
玉溪市 86c
元江县 96a
元阳县 121c
云龙县 147a
镇雄县 104a
镇沅县 133c
法制建设(保山市) 152a
法制建设 47a
法制建设
立法 47b
指导工作 47a
法制教育(大理市) 144a
法制宣传教育(施甸县) 153a
反不正当竞争(大理州) 142b
反不正当竞争执法 50c
仿冒商标,查获(施甸县) 152c
非法出版物,打击 49a
非法出版物查处(祥云县) 144b
非法传销,打击(大理州) 142c
非法广告印刷点,捣毁(祥云县) 144b
非法收购粮食查处(丽江地区) 161a
非公有制经济,引导、发展(蒙自县) 118a
废旧机动车市场专项整治(祥云县) 144b
废旧汽车拆解,取缔
漾濞县 149c
大理市 143c
废旧汽车回收、拼装,取缔(丽江地区) 161a
废旧汽车拼装,查处(镇沅县) 133b
废旧物资市场整治(弥渡县) 145b
凤庆县 172a
凤庆县
工商行政管理基本情况 172a
领导名单 172c
扶贫助学(马关县) 128c
福贡县 166b
福贡县
工商行政管理基本情况 166b
领导名单 166c
富民县 70a
富民县
基本情况 70a
领导名单 70c
富宁县 130a
富宁县
工商行政管理基本情况 130a
领导名单 130b
富源县 81a
富源县
基本情况 81a
领导名单 82a

G

干部教育培训 46c
高新区(玉溪) 96c
个旧市 116c
个旧市
基本情况 116c
领导名单 117b
个私工商户、企业数(瑞丽市) 157a
个私工商户注册登记(河口县) 123c
个私经济
楚雄市 108a
大理州 143a
个私经济产业结构 54c
个私经济地区比较 55a
个私经济管理
德宏州 156a
红河县 122a
姐告贸易区 159b
临沧地区 170c
禄丰县 114b
威信县 105a
个私经济户数(梁河县) 158a
个私经济监管
安宁市 68b
保山市 150c
宾川县 144c
沧源县 175b
澄江县 90c
楚雄开发区 115b
楚雄州 107a
大理市 143c
大姚县 111b
德钦县 169c
东川区 67b
峨山县 93b
洱源县 147a
凤庆县 172b
富民县 70b
富宁县 130a
富源县 81b
个旧市 117a
耿马县 174c
官渡区 65b
广南县 129c
鹤庆县 148a
红河州 116a
红塔区 88c
会泽县 85a
剑川县 147c
江城县 137b
江川县 90a
金平县 124b
晋宁县 70a
景谷县 135a
景洪市 140a
开远市 117c
兰坪县 167a
澜沧县 136a
丽江县 162a
临沧县 171c
陇川县 159a
泸水县 166a
鲁甸县 99b
陆良县 83c
绿春县 122c
罗平县 82b

麻栗坡县　130c
马关县　128c
马龙县　80c
勐海县　140c
勐腊县　141b
弥勒县　120c
墨江县　135b
牟定县　109c
南华县　110b
宁蒗县　164b
盘龙区　63a
麒麟区　77c
巧家县　100b
丘北县　129b
曲靖市　75c
瑞丽市　157a
石林县　72b
双柏县　109a
双江县　174b
水富县　105c
思茅地区　131c
思茅市　132c
嵩明县　71c
绥江县　103b
腾冲县　153b
通海县　91b
畹町经济开发区　160a
维西县　170c
文山县　126b
西畴县　128a
西盟县　136c
西山区　66c
西双版纳州　138b
祥云县　144b
新平县　95a
宣威市　79b
寻甸县　73c
砚山县　127a
漾濞县　150a
姚安县　111a
宜良县　71b
彝良县　104b
永德县　173b
永平县　146a
永仁县　112a
永善县　102b
元阳县　121c
云龙县　146c
　云县　173a
　沾益县　79c
　昭通市　98a
　镇康县　173c
　镇雄县　104a
　镇沅县　133b
　中甸县　169a
　河口县　123c
个私经济行业分类　54c
个私商户数(怒江州)　165b
个体、私营经济协会　58b
个体、私营企业登记(石屏县)　120a
个体工商户(迪庆州)　168b
个体工商户,民族的(澜沧县)　136a
个体工商户,验照(永平县)　146a
个体工商户档案,理顺(镇沅县)　133b
个体工商户数
　大理市　143c
　福贡县　166b
　丽江地区　160b
　西双版纳州　138b
　永胜县　162c
　中甸县　169b
个体经济监管(迪庆州)　168b
个体劳动者,受灾、慰问(景洪市)　140b
个体商户登记(盈江县)　158b
个体私营经济登记(屏边县)　123a
个体私营经济管理(泸西县)　121a
个体私营经济监督管理(建水县)　119a
个体私营经济监督管理　见"个私经济监管"
个体私营经济监管　54b
个体私营经济监管
　昌宁县　154c
　南涧县　148c
　施甸县　153a
　巍山县　149b
　存在问题　55a
　发展特点　54b
　概况　54b
　增长原因　55a
耿马傣族佤族自治县　174c
耿马县
　工商行政管理基本情况　174c
　领导名单　175a
工商法规培训(凤庆县)　172c
工商法规学习(镇沅县)　133c
工商干部教育(文山州)　125b
工商管理队伍建设(文山州)　125a
工商局作风评议(盈江县)　158b
工商企业户(潞西市)　156c
工商所长培训班(瑞丽市)　157c
工商所法制专管员培训班(梁河县)　158a
工商体制建设(文山州)　125b
工商行政管理　45
工商行政管理
　建水县　118c
　泸西县　120c
　蒙自县　118a
　弥勒县　120b
　石屏县　119c
　元阳县　121b
工商行政管理概况
　地州市县　60
　维西县　169c
工商行政管理基本情况
　永德县　173a
　宾川县　144c
　沧源县　175a
　昌宁县　154b
　大理市　143b
　大理州　142a
　德宏州　155a
　德钦县　169c
　凤庆县　172a
　福贡县　166b
　富宁县　130a
　耿马县　174c
　广南县　129b
　河口县　123b
　红河县　122a
　华坪县　163c
　剑川县　147b
　江城县　137a
　姐告贸易区　159b
　金平县　124a
　景东县　134b
　丽江地区　160a
　丽江县　162a
　梁河县　157c
　临沧地区　170a
　临沧县　171c
　龙陵县　153c

陇川县　158c
泸水县　166a
潞西市　156b
绿春县　122b
麻栗坡县　130b
马关县　128b
勐海县　140b
勐腊县　141a
弥渡县　145a
墨江县　135b
南涧县　148b
宁蒗县　164b
怒江州　165a
屏边县　123a
普洱县　134a
丘北县　129a
施甸县　152c
双江县　174a
思茅地区　131a
思茅市　132c
腾冲县　153b
巍山县　149a
文山县　126b
文山州　125a
西畴县　127b
西盟县　136b
西双版纳州　137a
祥云县　144a
砚山县　127a
漾濞县　149c
盈江县　158b
永平县　145c
永胜县　162b
云龙县　146c
云县　172c
镇康县　173c
镇沅县　133a
中甸县　168c
工商行政管理基本情况　134c、136a、139a、147a、148a
工商政管理概况(全省)　45a
工行政管理基本情况(兰坪县)　166c
公共场所安全检查(大理州)　142c
公平交易
安宁市　68a
宾川县　144c
沧源县　175b
昌宁县　154c
呈贡县　69a
澄江县　90b
楚雄开发区　115a
楚雄州　106b
大理市　144a
大姚县　111b
迪庆州　167c
洱源县　147b
凤庆县　172b
福贡县　166c
富民县　70b
富源县　81a
个旧市　116c
耿马县　174c
贡山县　167c
官渡区　65a
广南县　129b
河口县　123c
鹤庆县　148a
红河县　122b
红河州　115c
红塔区　88b
建水县　118c
剑川县　147c
江川县　90a
金平县　124b
晋宁县　69c
景谷县　134c
开远市　117b
兰坪县　167a
丽江县　162a
临沧地区　170b
临沧县　171c
龙陵县　154a
泸水县　166a
泸西县　121a
鲁甸县　99b
陆良县　83b
禄丰县　114a
禄劝县　73a
潞西市　157a
绿春县　122c
罗平县　82a
麻栗坡县　130c
马关县　128c
马龙县　80b
勐海县　140c
勐腊县　141b
孟连县　136a
墨江县　135b
牟定县　109b
南华县　110b
南涧县　148b
怒江州　165b
盘龙区　62b
屏边县　123a
麒麟区　78b
曲靖市　74b
施甸县　152c
双柏县　108c
双江县　174a
思茅地区　131a
思茅市　132c
嵩明县　71c
绥江县　103a
腾冲县　153b
通海县　91a
威信县　105a
巍山县　149a
维西县　170a
文山县　126c
五华区　64c
武定县　113b
西盟县　136c
西山区　66a
西双版纳州　138a
祥云县　144b
宣威市　79a
寻甸县　73b
盐津县　100c
砚山县　127a
漾濞县　149c
彝良县　104b
易门县　92b
永德县　173b
永平县　145c
永善县　102a
玉溪市　86b
元谋县　112c
云龙县　146c
云县　172c
沾益县　79c
昭通市　98a
昭阳区　98c
镇康县　173a
镇雄县　103c

镇沅县　133b
中甸县　169a
公平交易、市场监管(元阳县)　121c
公平交易执法　50b
公平交易执法　概况　50b
公平竞争(保山市)　151c
公益广告　56c
公益广告表彰会,讲话,吴光范　1
贡山独龙族怒族自治县　167b
贡山县局领导名单　167c
官渡区　65a
官渡区
基本情况　65a
领导名单　65c
广告查处(金平县)　124c
广告登记、审批(永平县)　146b
广告登记管理(潞西市)　156c
广告发布管理(澜沧县)　136b
广告管理
保山市　151c
德宏州　155c
蒙自县　118a
弥勒县　120c
麒麟区　78a
瑞丽市　157b
镇沅县　133c
广告监督(景谷县)　135a
广告监督管理　55b
广告监督管理
建水县　119a
马关县　128c
概况　55b
职能到位　56b
广告监管　46c
宾川县　144c
沧源县　175b
昌宁县　154c
呈贡县　69b
澄江县　90c
楚雄开发区　115c
楚雄市　108b
楚雄州　107a
凤庆县　172b
富民县　70b
富宁县　130a
个旧市　117a
河口县　123c
鹤庆县　148a
红河州　116b
红塔区　89a
会泽县　84c
剑川县　147c
江川县　90a
晋宁县　70a
景洪市　139c
开远市　117c
昆明市　61a
丽江地区　161b
梁河县　158a
临沧地区　171a
临沧县　171c
泸水县　166a
陆良县　83c
麻栗坡县　130c
马龙县　80c
勐腊县　141b
孟连县　136a
墨江县　135c
南华县　110b
南涧县　148c
怒江州　165c
盘龙区　63b
屏边县　123a
巧家县　100b
丘北县　129b
曲靖市　75c
施甸县　153a
石林县　72b
双江县　174b
水富县　106a
思茅地区　131c
思茅市　133a
腾冲县　153b
通海县　91b
巍山县　149b
文山县　126c
五华区　64c
武定县　113c
西畴县　127c
西山区　66c
西双版纳州　138b
祥云县　144b
宣威市　79b
寻甸县　73c
砚山县　127b
漾濞县　150a
宜良县　71a
永平县　146a
永善县　102b
永胜县　162c
玉溪市　86c
元阳县　121c
云龙县　147a
云县　173a
镇康县　173c
中甸县　169b
广告交叉检查(西双版纳州、思茅地区)　138b
广告经营行为规范　55c
广告经营资格检查　55b
广告商标监管(金平县)　124c
广告市场专项治理(景洪市)　139c
广告违法案件查处(勐腊县)　141b
广告业整治(大理州)　142c
广告主体资格审核登记(德宏州)　155c
广告专项整治(麻栗坡县)　130c
广南县　129b
广南县
工商行政管理基本情况　129b
领导名单　129c
国家商标法　183a
国家药品管理法　176a
国企改革,支持　52b

H

郝青山,会议发言　34
合同抵押管理(剑川县)　147c
合同管理
保山市　152a
楚雄市　108b
合同监管　49c
合同监管
凤庆县　172b
个旧市　117a
景洪市　139c
丽江地区　161b
禄劝县　73b
曲靖市　75c
嵩明县　72a
永善县　102b
镇康县　174a
合同鉴证

大理州　147b
红河县　122b
澜沧县　136b
临沧地区　171b
师宗县　83a
文山县　126c
西畴县　128b
西山区　67c
合同鉴证管理(大关县)　101b
合资经营企业法,国家的　182a
何远灿,调研(广南县)　129c
何远灿,讲话　11、20
河口县
工商行政管理基本情况　123b
领导名单　124a
河口瑶族自治县　123b
鹤庆县　148a
鹤庆县
工商行政管理基本情况　148a
领导名单 148b
"黑心棉"制售窝点,捣毁(施甸县)
153a
"红盾打假护农"
保山市　151a
大理州　142b
永胜县　163a
红河哈尼族彝族自治州　115
红河县　121c
红河县
工商行政管理基本情况　122a
局领导名单　122b
红河州
基本情况　115a
领导名单　116c
红塔区　87c
红塔区
基本情况　87c
经验交流　89c
领导名单　89c
户外广告,审批(思茅市)　133a
户外广告登记(墨江县)　135c
户外广告监管(河口县)　124a
户外广告专项治理(景洪市)　139c
华宁县　91c
华宁县
基本情况　91c
领导名单　92a
华坪县　163c
华坪县
工商行政管理基本情况　163c
领导名单　164b
化肥、农药查处(镇沅县)　133b
化肥、农药市场清理整顿(昌宁县)
154c
"黄金周"假日旅游市场管理　49a
会泽县　83c
会泽县
基本情况　83c
基础设施建设　84a
精神文明建设　84a
领导名单　85c

J

机动车辆交易市场管理(文山州)
126a
机构改革,前期准备　46b
基本建设(全省)　46b
集贸市场(怒江州)　165b
集贸市场成交额(兰坪县)　167b
集贸市场监管(景洪市)　140a
集贸市场脱钩移交(勐海县)　141a
集贸市场整顿(金平县)　124b
集市贸易成交额(思茅市)　132c
纪检监察　45b
假冒伪劣案件查处(云龙县)　146c
假冒伪劣商品,查处(呈贡县)　69b
假冒伪劣商品,打击　46a、50b
假冒伪劣商品,打击(会泽县)　84a
假冒伪劣商品查处
保山市　151b
大理州　142c
迪庆州　168a
金平县　124b
景洪市　139b
澜沧县　137b
丘北县　129a
孟连县　135c
祥云县　144b
剑川县　147c
假冒伪劣商品制售,打击(永平县)
146a
假冒注册商标清理(江城县)　137b
假日市场管理　49a
假烟生产窝点,捣毁(河口县)　123c
建水县　118c
建水县
工商行政管理基本情况　118c
领导名单　119b
剑川县　147b
剑川县
工商行政管理基本情况　147b
领导名单　148a
鉴证合同(中甸县)　169a
江城哈尼族彝族自治县　137a
江城县
工商行政管理基本情况　137a
领导名单　137c
江川县　89c
江川县
基本情况　89c
领导名单　90b
节日市场,整治(丽江地区)　160c
节日市场整顿(石屏县)　119c
节日市场整治　49a
节日市场整治(迪庆州)　168a
姐告边境贸易区　159b
姐告边境贸易区领导名单　159c
姐告贸易区企业、个体商户数　159b
解放思想　开拓创新　狠抓落实　实现新世纪工商行政管理工作的良好开局
何远灿　11
金平苗族瑶族傣族自治县　124a
金平县
工商行政管理基本情况　124a
领导名单　124c
晋宁县　69c
晋宁县
获表彰　70a
基本情况　69c
领导名单　70a
经纪人监管　50a
经济案件查处
宾川县　144c
德宏州　156b
河口县　123c
金平县　124b
梁河县　158a
潞西市　157a
勐海县　140c
孟连县　135c
勐腊县　141b
屏边县　123a
普洱县　134b

施甸县　152c
思茅地区　131b
巍山县　149a
经济合同管理
德宏州　156a
广南县　129c
红塔区　89b
潞西市　156c
盈江县　158c
经济合同监督(蒙自县)　118a
经济合同监管　61b
经济合同监管
富源县　81c
华宁县　92a
华坪县　164a
陇川县　159a
经济合同鉴证
景洪市　139c
梁河县　158a
马关县　128c
弥渡县　145b
墨江县　135b
瑞丽市　157b
经济户口(盘龙区)　64a
“经济户口”,建立(弥渡县)　145a
“经济户口”,完善(永平县)　146a
经济户口管理　53b
经济户口管理(红塔区)　89b
经济户口试点　47a
经济户口试点工作会议,讲话,王贵明　27
经济技术开发区分局(楚雄州)　114c
经济技术开发区分局
个私协分会　115c
基本情况　114c
领导名单　115c
经济违法、违章案件查处(弥勒县)　120b
经济违法案(剑川县)　147c
经济违法案查处
广南县　129b
姐告贸易区　159b
兰坪县　167b
怒江州　165b
墨江县　135b
瑞丽市　157b
畹町经济开发区　159c
西山区　66a
永胜县　162b
精神文明创建(鹤庆县)　148b
景东县
工商行政管理基本情况　134b
领导名单　134c
景东彝族自治县　134b
景谷傣族彝族自治县　134c
景谷县
工商行政管理基本情况　134c
领导名单　135b
景洪市　139a
景洪市
工商行政管理基本情况　139a
领导名单　140b
卷烟市场整顿(建水县)　119a

K

开远市　117b
开远市
基本情况　117b
领导名单　117c
昆明市　60
昆明市领导名单　62a

L

兰坪县　166c
兰坪县
工商行政管理基本情况　166c
领导名单　167b
澜沧拉祜族自治县　136a
澜沧县
工商行政管理基本情况　136a
领导名单　136b
丽江地区　160
丽江地区
工商行政管理基本情况　160a
领导名单　161c
丽江纳西族自治县　161c
丽江县
工商行政管理基本情况　162a
领导名单　162b
梁河县　157c
梁河县
工商行政管理基本情况　157c
领导名单　158a
企业数　157c
粮食、农资重要商品监管(永胜县)　163a
粮食市场管理　48b
粮食市场管理　潞西市　156c
粮食市场监管
金平县　124b
丽江地区　160c
粮食市场整顿(龙陵县)　154a
粮食收购管理(迪庆州)　168a
粮食外销、管理(西双版纳州)　138a
粮食运销证,办理(文山县)　126c
劣质农药、化肥,查处(文山州)　125c
临沧地区　170
临沧地区
工商行政管理基本情况　170a
领导名单　171c
注册企业数　170a
临沧县　171c
临沧县
工商行政管理基本情况　171c
领导名单　172a
领导名单
安宁市　68c
保山市　152c
宾川县　145a
沧源县　175c
昌宁县　155c
呈贡县　69c
澄江县　91a
楚雄开发区　115c
楚雄州　107c
大关县　101c
大理市　144a
大理州　147b
大姚县　111c
德宏州　156b
德钦县　169c
迪庆州　168c
峨山县　94a
洱源县　147b
凤庆县　172c
福贡县　166c
富民县　70c
富宁县　130b
富源县　82a
个旧市　117b
耿马县　175a

贡山县　167c
官渡区　65c
广南县　129c
河口县　124a
鹤庆县　148b
红河县　122b
红河州　116c
红塔区　89c
华宁县　92a
华坪县　164b
会泽县　85c
建水县　119b
剑川县　148a
江城县　137c
江川县　90b
姐告贸易区　159c
金平县　124c
晋宁县　70a
景东县　134c
景谷县　135b
景洪市　140b
开远市　117c
昆明市　62a
兰坪县　167b
澜沧县　136b
丽江地区　161c
丽江县　162b
梁河县　158a
临沧地区　171c
临沧县　172a
龙陵县　154b
陇川县　159a
泸水县　166b
泸西县　121b
鲁甸县　99c
陆良县　83c
禄丰县　114c
禄劝县　73b
潞西市　157a
绿春县　123a
罗平县　82c
麻栗坡县　131b
马关县　129a
马龙县　81a
勐海县　141a
勐腊县　141c
蒙自县　118c
孟连县　136a
弥渡县　145c
弥勒县　120c
墨江县　135c
牟定县　110a
南华县　110c
南涧县　149a
宁蒗县　165c
怒江州　165c
盘龙区　64b
屏边县　123b
普洱县　134b
巧家县　100b
丘北县　129b
曲靖市　76c
瑞丽市　157c
师宗县　83b
施甸县　153a
石林县　72c
石屏县　120b
双柏县　109a
双江县　174c
水富县　106c
思茅地区　132c
思茅市　133a
嵩明县　72a
绥江县　103c
腾冲县　153c
通海县　91c
畹町经济开发区　160c
威信县　105b
巍山县　149c
维西县　170c
文山县　127a
五华区　65a
武定县　114a
西畴县　128b
西盟县　137a
西山区　67b
西双版纳州　139a
祥云县　144c
新平县　95b
宣威市　79b
寻甸县　74b
盐津县　101a
砚山县　127b
漾濞县　150c
姚安县　111a
宜良县　71b
彝良县　104c
易门县　92c
盈江县　158c
永德县　173b
永平县　146b
永仁县　112b
永善县　102c
永胜县　163c
玉溪高新区　97c
玉溪市　87c
元江县　96c
元阳县　121c
云龙县　147a
云县　173a
沾益县　80b
昭通市　98b
昭阳区　99a
镇康县　174a
镇雄县　104a
镇沅县　134a
中甸县　169b
龙陵县　153c
龙陵县
　工商行政管理基本情况　153c
　领导名单　154b
陇川县　158c
陇川县
　工商行政管理基本情况　158c
　领导名单　159a
　企业、个体商户数　159a
垄断行业，检查、规范（大理州）　142b
泸水县　166a
泸水县
　工商行政管理基本情况　166a
　领导名单　166b
泸西县　120c
泸西县
　工商行政管理基本情况　120c
　领导名单　121b
鲁甸县　99a
鲁甸县
　基本情况　99a
　领导名单　99c
陆良县　83b
陆良县
　基本情况　83b
　领导名单　83c
禄丰县　114a

禄丰县
“三个代表”学习　114c
基本情况　114a
领导名单　114c
禄劝彝族苗族自治县　72c
潞西市　156b
潞西市
工商行政管理基本情况　156b
领导名单　157a
旅游市场监管(迪庆州)　168a
旅游市场整治(丽江地区)　161a
旅游投诉,受理(大理市)　144a
绿春县　122b
绿春县
工商行政管理基本情况　122b
领导名单　123a
罗平县　82a
罗平县
基本情况　82a
领导名单　82c
麻栗坡县
麻栗坡县
工商行政管理基本情况　130b
领导名单　131b
马关县　128b
马关县
工商行政管理基本情况　128b
领导名单(马关县)　129a
马龙县　80b
马龙县
基本情况　80b
领导名单　81a

M

煤矿安全检查(大理州)　142c
煤矿生产作坊,关闭(昌宁县)　154c
勐海县　140b
勐海县
工商行政管理基本情况　140b
领导名单　141a
勐腊县　141a
勐腊县
工商行政管理基本情况　141a
领导名单　141c
蒙自县　118a
蒙自县
工商行政管理基本情况　118a
经济合同监督　118a
领导名单　118c
孟连傣族拉祜族佤族自治县　135c
孟连县领导名单　136a
弥渡县　145a
弥渡县
工商行政管理基本情况　145a
领导名单　145c
弥勒县　120b
弥勒县
工商行政管理基本情况　120b
领导名单　120c
名牌商标,保护(思茅地区)　132b
名牌商标保护(弥勒县)　120c
名牌战略实施　57c
名优商品保护　50c
墨江哈尼族自治县　135b
墨江县
工商行政管理基本情况　135b
领导名单　135c
牟定县　109a
牟定县
干部队伍建设　109b
基本情况　109a
领导名单　110a

N

南华县　110a
南华县
基本情况　110a
领导名单　110c
南涧县
工商行政管理基本情况　148b
领导名单　149a
南涧彝族自治县　148b
内资企业登记注册　52a
内资企业数(大理州)　143b
宁浪彝族自治县　164b
宁蒗县
工商行政管理基本情况　164b
领导名单　165c
农药、化肥、农机市场检查(大理州)　142b
农业生产资料市场监管　49b
农资市场,整顿(剑川县)　147c
农资市场,整治
丽江地区　160c
西畴县　127c
农资市场打假,整治(保山市)　151a
农资市场监管(镇康县)　173c
农资市场清查(福贡县)　166c
农资市场整顿
华坪县　164a
石屏县　119c
农资市场整治
弥渡县　145b
永平县　146a
怒江傈僳族自治州　165a
怒江州
登记注册企业数　165a
工商行政管理基本情况　165a
领导名单　165c

P

拍卖监管　50a
盘龙区　62a
领导名单　64b
拼装汽车市场整治　51b
贫困山区个体户,帮扶(马关县)　128c
屏边苗族自治县　123a
屏边县
工商行政管理基本情况　123a
领导名单　123b
普洱哈尼族彝族自治县　134a
普洱县
工商行政管理基本情况　134a
领导名单　134b
普法培训(腾冲县)　153c

Q

麒麟区　76c
基本情况　76c
企体户验照数(德宏州)　156a
企业、个体工商户档案复查(大理州)　142a
企业、个体工商户经济户口,建立(大理州)　142b
企业、个体经济注册登记(弥渡县)　145a
企业档案,重新登记(蒙自县)　118b
企业登记
潞西市　156c

石屏县　120a
企业登记管理　51c
企业登记管理
贡山县　167b
五华区　64b
企业登记注册
凤庆县　172a
思茅地区　131a
企业动产抵押(龙陵县)　154a
企业合同管理(石屏县)　120a
企业回访制(龙陵县)　153c
企业年检(建水县)　118c
企业年检,强化监管(景洪市)　139b
企业年检　53b
企业年检数
德宏州　156a
西双版纳州　137c
企业商标,指导　58a
企业注册登记
宾川县　144c
沧源县　175a
昌宁县　154b
大理市　143b
德钦县　169c
洱源县　147a
富宁县　130a
耿马县　174c
广南县　129b
河口县　123b
鹤庆县　148a
红河县　122a
建水县　118c
剑川县　147b
江城县　137a
金平县　124b
景东县　1347b
景谷县　134c
景洪市　139b
兰坪县　166c
澜沧县　136a
丽江县　162a
梁河县　157c
临沧地区　170a
临沧县　171c
陇川县　159a
泸水县　166a
泸西县　120c
绿春县　122c
麻栗坡县　130b
勐海县　140c
勐腊县　141b
孟连县　135c
弥勒县　120b
墨江县　135b
南涧县　148b
怒江州　165a
丘北县　129a
瑞丽市　157a
施甸县　152c
双江县　174a
思茅市　132c
腾冲县　153b
畹町经济开发区
巍山县　149a
维西县　169c
文山县　126b
文山州　125a
西双版纳州　137c
祥云县　144b
砚山县　127a
漾濞县　149c
永德县　173b
永平县　145c
永胜县　162b
云龙县　146c
云县　172c
镇康县　173c
中甸县　168c
企业注册登记管理
安宁市　68a
呈贡县　69a
澄江县　90b
楚雄开发区　114c
楚雄市　108a
楚雄州　106a
大关县　101b
大姚县　111b
迪庆州　167a
东川区　67c
峨山县　93a
富民县　70b
富源县　81a
个旧市　116c
官渡区　65a
红河州　115b
红塔区　88a
华宁县　91c
会泽县　84c
江川县　89c
晋宁县　69c
开远市　117b
龙陵县　153c
鲁甸县　99a
陆良县　83b
禄丰县　114a
禄劝县　72c
罗平县　82a
马关县　128c
马龙县　80b
牟定县　109b
南华县　110a
盘龙区　62a
屏边县　123a
麒麟区　77b
巧家县　99c
曲靖市　74a
石林县　72a
双柏县　108c
水富县　105c
嵩明县　71c
绥江县　103b
通海县　91a
威信县　105a
武定县　113b
西畴县　128a
西盟县　136c
西山区　66a
宣威市　78c
寻甸县　73b
盐津县　100c
姚安县　110c
宜良县　70c
彝良县　104b
易门县　92b
永仁县　112a
永善县　102a
玉溪高新区　97a
玉溪市　86a
元江县　95c
元谋县　112c
元阳县　121b
沾益县　79c
昭通市　97a
昭阳区　99a

镇雄县　103c
镇沅县　133b
企业注册登记监管(新平县)　94c
企业注册登记数(福贡县)　166b
企业注册管理(姐告贸易区)　159b
企业总户数(丽江地区)　160a
汽车市场监管　49b
汽车行业商标整顿　57c
巧家县　99c
巧家县
基本情况　99c
领导名单　100b
切实加强工商行政管理系统党风廉政建设和反腐败工作,曾荣基　36
丘北县　129a
丘北县
工商行政管理基本情况　129a
领导名单　129b
曲靖开发区分局概况(曲靖市)　76c
曲靖市　74
曲靖市
基本情况　74a
开发区分局　76c
领导名单　76c
全国印刷业管理条例　195c
全省工商系统纪检监察工作会议,报告,曾荣基　36
全省工商行政管理工作会议,讲话,程映萱　7
全省工商行政管理工作会议,讲话,何远灿　11
全省工商行政管理工作会议,讲话,何远灿　20
全省整顿和规范市场经济秩序工作会议,发言,郝青山　34
全省知识产权工作会议,讲话,赵健　30
全县集市贸易额(红河县)　122a

R

肉食品市场清理整顿(兰坪县)　167b
肉食品市场专项整治(大理州)　142c
肉食市场治理(建水县)　119a
瑞丽市　157a
瑞丽市工商行政管理基本情况　157a
瑞丽市领导名单　157c

S

“三个代表”学习　45a
“三乱”整治　46a
“三资企业”数(保山市)　150b
商标、广告监管
江城县　137b
西盟县　136c
商标法,国家的　183a
商标工作,讲话,赵健　30
商标工作指导　58a
商标管理
宾川县　145a
沧源县　175c
昌宁县　155b
德宏州　155c
富民县　70b
个旧市　117a
河口县　124a
鹤庆县　148b
红河州　116b
红塔区　88c
江川县　90b
景谷县　135b
开远市　117c
临沧县　172a
泸水县　166b
麻栗坡县　130c
马龙县　80c
勐腊县　141c
蒙自县　118a
墨江县　135c
南华县　110c
怒江州　165c
麒麟区　78a
巧家县　100b
曲靖市　76a
瑞丽市　157b
石林县　72c
双江县　174b
思茅市　133a
通海县　91b
武定县　113c
西山区　67a
西双版纳州　138c
宣威市　79b
寻甸县　73c
砚山县　127b
宜良县　71a
永平县　146b
永胜县　163a
玉溪市　86b
云龙县　147a
中甸县　169b
商标广告管理
保山市　151c
大关县　101c
大姚县　111b
鲁甸县　99b
禄丰县　114b、c
禄劝县　73b
潞西市　156c
弥渡县　145b
嵩明县　72a
威信县　105a
盐津县　101a
彝良县　104b
盈江县　158c
永仁县　112a
昭阳区　98c
镇雄县　104a
镇沅县　133c
安宁市　68b
迪庆州　168b
峨山县　93c
富源县　81b
官渡区　65b
华宁县　92a
兰坪县　167b
丽江县　162a
牟定县　109c
双柏县　109a
腾冲县　153b
畹町经济开发区　160a
新平县　94c
姚安县　111a
易门县　92c
永德县　173b
元江县　96a
沾益县　80a
昭通市　97c
商标广告注册登记(文山州)　125a
商标监管　46c
商标监管
楚雄州　107a
思茅地区　132a

商标年检,转让(龙陵县) 153c
商标侵权案件,查处(文山州) 125c
商标侵权查处
保山市 151b
勐腊县 141c
西畴县 127c
商标印制单位,检查、整顿(德宏州) 155c
商标印制单位验证、换证(梁河县) 158a
商标印制管理人员培训(龙陵县) 153c
商标印制业监管 57b
商标执法 57a
商标注册办理(砚山县) 127b
商标注册面扩大 58a
商标注册与管理 56c
商标专用权保护
金平县 124c
丽江地区 161b
永德县 173b
商标专用权管理(昆明市) 61b
商品交易市场成交额 50b
商品交易市场规范化管理 48b
生猪定点屠宰(新平县) 94b
师宗县 82c
师宗县
干部队伍建设 83a
基本情况 82c
领导名单 83b
施甸登记注册企业数(施甸县) 152c
施甸县 152c
施甸县
工商行政管理基本情况 152c
领导名单 153a
石林彝族自治县 72a
石林县
基本情况 72a
领导名单 72c
石屏县 119c
石屏县
工商行政管理基本情况 119c
领导名单 120b
石屏县市场经济秩序整顿 119c
食品、肉食市场专项治理(大理市) 143c
食品、饮料、卷烟、酒市场整顿(华坪县) 164a
食品加工业清理(西畴县) 128a
食品市场,净化(大理市) 143c
食品市场,整顿(西畴县) 127c
食盐无碘案,查获(剑川县) 147c
市场、市场交易(大理州) 143a
市场安全经营检查(文山县) 126c
市场办管脱钩 46a、49b
市场办管脱钩
楚雄市 108b
楚雄州 107b
大关县 101c
富源县 81c
红塔区 89b
会泽县 85b
昆明市 62a
鲁甸县 99c
弥渡县 145c
南涧县 149a
麒麟区 77a
绥江县 103b
西山区 68a
盐津县 101a
宜良县 71b
永仁县 112a
玉溪市 86a
元江县 96b
元谋县 113a
沾益县 80b
市场办管脱钩移交(迪庆州) 168c
市场成交额
勐腊县 141b
西双版纳州 138a
市场登记(文山州) 125a
市场登记证年检(泸西县) 121a
市场管理规章制度 48b
市场规范管理 48a
市场规范化管理(玉溪市) 85b
市场监督(漾濞县) 149c
市场监督管理
建水县 119a
马关县 128c
盘龙区 62c
西山区 67c
西双版纳州 138a
祥云县 144b
市场监管 46b
安宁市 68b
保山市 150c
宾川县 144c
沧源县 175b
昌宁县 154c
呈贡县 69a
澄江县 90b
楚雄开发区 115a
楚雄市 108a
楚雄州 106c
大关县 101b
大理市 143c
大姚县 111b
德钦县 169c
迪庆州 168a
峨山县 93a
洱源县 147b
凤庆县 172b
富宁县 130a
富源县 81b
个旧市 116c
贡山县 167c
官渡区 65b
广南县 129c
河口县 123c
鹤庆县 148a
红河县 122a
红河州 116a
红塔区 88b
会泽县 84a
剑川县 147c
江城县 137a
江川县 90a
金平县 124b
晋宁县 69c
景东县 134b
景谷县 134c
景洪市 139b
开远市 117b
兰坪县 167a
澜沧县 137b
丽江县 162a
梁河县 158a
临沧地区 170b
临沧县 171c
龙陵县 154a
陇川县 159a
泸水县 166a
鲁甸县 99b
陆良县 83c

禄丰县　114b
禄劝县　73a
潞西市　156c
绿春县　122c
罗平县　82a
麻栗坡县　130c
马龙县　80b
勐海县　140c
勐腊县　141b
孟连县　135c
弥勒县　120b
墨江县　135b
牟定县　109c
南华县　110b
南涧县　148b
宁蒗县　164c
怒江州　165b
屏边县　123a
普洱县　134b
麒麟区　78a
巧家县　100a
丘北县　129a
曲靖市　75a
瑞丽市　157b
施甸县　152c
石林县　72b
双柏县　108c
双江县　174b
水富县　105c
思茅地区　131b
思茅市　132c
嵩明县　71c
绥江县　103a
腾冲县　153b
通海县　91b
畹町经济开发区　159c
威信县　105a
巍山县　149a
维西县　170b
文山县　126c
文山州　125c
武定县　113b
西畴县　127b
宣威市　79a
寻甸县　73c
盐津县　100c
砚山县　127a
姚安县　110c
宜良县　71a
彝良县　104b
永德县　173b
永平县　146a
永善县　102a
永胜县　162b
玉溪高新区　97a
元江县　95c
云龙县　146c
云县　172c
沾益县　80a
昭通市　97b
昭阳区　98b
镇康县　173c
镇雄县　103c
镇沅县　133b
中甸县　169a
市场建设(西山区)　66a
市场交易行为,规范
文山州　125c
永胜县　163a
市场交易行为,整顿、规范(绿春县)
122c
市场交易行为整顿(元阳县)　121c
市场经济秩序,规范
德宏州　155c
景谷县　134c
市场经济秩序,净化(勐海县)　140c
市场经济秩序,维护(红河县)　122a
市场经济秩序,整顿
广南县　129c
姐告贸易区　159b
泸西县　121a
潞西市　157a
麻栗坡县　130c
瑞丽市　157b
盈江县　158b
市场经济秩序,整顿、规范
蒙自县　118b
弥渡县　145b
市场经济秩序,整治(丽江地区)　160c
市场经济秩序监管,灾后(富宁县)
130b
市场经济秩序整顿
昆明市　60a
麒麟区　78a
全省　45c
师宗县　82c
新平县　94a
永仁县　111c
玉溪市　85c
市场经济秩序整顿、规范(大理州)
142a
市场经营整顿(建水县)　118c
市场竞争行为,规范
华坪县　163c
文山州　126a
市场年检(勐腊县)　141b
市场商品交易额(鹤庆县)　148a
市场违法、违章经营查处(德宏州)
155c
市场消防安全治理(建水县)　119a
市场巡查制　48b
市场整顿(呈贡县)　68c
市场整治
曲靖市　74b
西山区　66b
市场执法行为,规范(文山州)　126a
市场秩序,维护(勐海县)　140c
市场秩序规范(新平县)　94b
市场主体基本情况(昆明市)　60c
市场主体准入,规范管理(华坪县)
163c
市场主体准入关,严把(蒙自县)　118a
市场主体准入整顿　53c
市场专项检查、整治(蒙自县)　118b
市场专项整治　51c
市场专项整治
勐腊县　141b
西双版纳州　138a
市场专项治理(南涧县)　148c
市场准入　45c
市场准入,把关
西畴县　127c
西盟县　136c
市场准入,强化(绿春县)　122c
市场准入把关(文山州)　125c
市场准入关,严把
大理州　142a
巍山县　149a
收费管理,罚缴分离(蒙自县)　118c
鼠药经营点,清查(大理州)　143a
鼠药市场,整顿(文山州)　125c
鼠药市场整顿(龙陵县)　154a
双柏县　108c
双柏县

基本情况　108c
领导名单　109a
双江拉祜族佤族布朗族傣族自治县　174a
双江县
工商行政管理基本情况　174a
领导名单　174c
水富县　105b
水富县
基本情况　105b
领导名单　106c
私营企业(全省)　54c
私营企业,年检(永平县)　146a
私营企业工会组织成立(德宏州)　156b
思茅地区
思茅地区
工商行政管理基本情况　131a
领导名单　132c
思茅市　132c
思茅市
工商行政管理基本情况　132c
领导名单　133a
松茸市场管理(中甸县)　169a
嵩明县　71b
嵩明县
基本情况　71b
领导名单　72a

T

绥江县　102c
绥江县
基本情况　102c
领导名单　103c
特载　1
腾冲个体工商户数　153b
腾冲县　153b
腾冲县
工商行政管理基本情况　153b
领导名单　153c
企业注册登记数　153b
通海县　91a
通海县
基本情况　91a
领导名单　91c
统计资料　389

W

外商投资企业(思茅地区)　131a
外商投资企业登记管理　52c
外商投资企业数(大理州)　143b
外资服务楼　53a
外资企业法实施细则　186a
畹町经济开发区　159c
畹町开发区
工商企业数　159c
领导名单　160c
王贵明,讲话,27
威信县　104c
威信县
基本情况　104c
领导名单　105b
巍山县
工商行政管理基本情况　149a
领导名单　149c
巍山彝族回族自治县　149a
违法案件查处
福贡县　166c
中甸县　169a
违法广告,拆除(思茅市)　133a
违法广告查处　55c
违法广告查处(潞西市)　156c
违法经营物资,查处(龙陵县)　154a
违法违章经营查处(盘龙区)　62b
维护消费者合法权益　46c
维西傈僳族自治县　169c
维西县
工商行政管理概况　169c
领导名单　170c
文化市场清理(大理市)　143c
文化市场清理、整顿(大理州)　143a
文化市场清理整顿(丽江地区)　161a
文化市场整顿(金平县)　124b
文化市场整治
弥渡县　145b
西畴县　127c
文化市场专项整治(西双版纳州)　138a
文化娱乐场所整治(保山市)　151b
文明单位创建(江城县)　137c
"文明街片段"创建(华坪县)　164a
文明市场(西山区)　66c
"文明市场"评比　48b
"文明市场"评选(永胜县)　163b
文明市场创建(德宏州)　156b
文山县　126b
文山县
工商行政管理基本情况　126b
领导名单　127a
文山州
工商行政管理基本情况　125a
领导名单　126b
文山壮族苗族自治州　125
"无假货一条街"(泸西县)　121a
无照经营,取缔(昌宁县)　154c
吴光范,讲话　1
五华区　64b
五华区
基本情况　64b
领导名单　65a
"五小"企业清理　53b
武定县　113a
武定县
"三个代表"学习　114a
基本情况　113a
领导名单　114a

X

西畴县　127b
西畴县
工商行政管理基本情况　127b
领导名单　128b
西盟佤族自治县　136b
西盟县
工商行政管理基本情况　136b
领导名单　137a
西山区　65c
西山区
基本情况　65c
领导名单　67b
西双版纳傣族自治州　137
西双版纳州
工商行政管理基本情况　137a
领导名单　139a
祥云县　144a
祥云县
工商行政管理基本情况　144a
领导名单 144c
消防安全整治(河口县)　123c
消防安全专项治理　48c
消费警示,发布(镇沅县)　133c

消费品市场整治　48c
消费者满意一条街,创建(姐告贸易区)　159b
消费者权益保护　102b
安宁市　68b
保山市　151c
宾川县　145a
沧源县　175c
昌宁县　154c
澄江县　90c
楚雄开发区　115c
楚雄市　108a
楚雄州　107b
大关县　101c
大理市　144a
大姚县　111b
迪庆州　168b
峨山县　93a
洱源县　147b
凤庆县　172b
福贡县　166c
富民县　70b
富宁县　130a
富源县　81c
个旧市　117a
耿马县　174c
官渡区　65c
广南县　129c
河口县　124a
鹤庆县　148a
红河县　122b
红河州　116b
红塔区　89a
华宁县　92a
会泽县　84c
建水县　119b
剑川县　147c
江城县　137b
江川县　90a
金平县　124c
晋宁县　70a
景谷县　135a
景洪市　140a
开远市　117c
昆明市　61c
丽江地区　161a
丽江县　163b
梁河县　158a
临沧地区　171a
临沧县　172a
龙陵县　154a
陇川县　159a
泸水县　166b
泸西县　121a
鲁甸县　99b
陆良县　83c
禄丰县　114b
潞西市　156c
绿春县　122c
罗平县　82b
麻栗坡县　130c
马龙县　80c
勐海县　141a
勐腊县　141c
蒙自县　118c
孟连县　135c
弥渡县　145b
弥勒县　120c
墨江县　135c
牟定县　110a
南华县　110b
南涧县　148c
怒江州　165c
盘龙区　63b
屏边县　123b
麒麟区　78c
巧家县　100b
丘北县　129b
曲靖市　76a
瑞丽市　157b
施甸县　153a
石林县　72b
石屏县　120a
双柏县　109a
双江县　174b
水富县　106b
思茅地区　132a
思茅市　133a
嵩明县　72a
绥江县　102
腾冲县　153c
通海县　91b
畹町经济开发区　160b
威信县　105a
巍山县　149b
维西县　170b
文山县　126c
文山州　126a
五华区　64c
武定县　113c
西畴县　128b
西盟县　136c
西山区　66c
西双版纳州　138b
祥云县　144b
新平县　94b
宣威市　79b
寻甸县　73c
盐津县　101a
砚山县　127b
漾濞县　150b
姚安县　111a
宜良县　71a
彝良县　104c
易门县　92c
永德县　173b
永平县　146b
永胜县　163a
玉溪高新区　96c
玉溪市　86c
元江县　96a
元谋县　113a
元阳县　121c
云龙县　146c
云县　173a
沾益县　80b
昭通市　98b
镇康县　174a
镇雄县　104a
镇沅县　133c
消费者权益维护(德宏州)　156b
消费者投诉,调解
泸西县　121a
普洱县　134b
消费者投诉,受理
保山市　151c
沧源县　175c
昌宁县　154c
大理市　144a
德宏州　156b
迪庆州　168b
洱源县　147b
河口县　124a
红河县　122b

华坪县　164a
剑川县　147c
江城县　137b
景洪市　140a
丽江地区　161a
丽江县　162b
梁河县　158a
临沧县　172a
龙陵县　154b
陇川县　159a
泸西县　121a
绿春县　122c
麻栗坡县　130c
勐海县　141a
勐腊县　141c
孟连县　136a
弥渡县　145b
墨江县　135c
南涧县　148c
屏边县　123b
丘北县　129b
瑞丽市　157b
石屏县　120a
思茅地区　132a
思茅市　133a
腾冲县　153c
畹町经济开发区　160b
巍山县　149b
维西县　170b
文山州　126a
西双版纳州　138b
祥云县　144b
砚山县　127b
云龙县　146c
镇沅县　133c
消费者投诉、举报，受理（潞西市）　156c
消费者投诉受理（宁蒗县）　164c
“消费者信得过单位”，授予（景谷县）　135a
“消费者信得过单位”评选（保山市）　152a
消委会理事会，讲话，程映萱　2
“小局大所”（盘龙区）　64a
“小局大所”　47a
新平彝族傣族自治县　94a
新平县
队伍建设　95b
基本情况　94a
领导名单　95b
信息化建设、管理（保山市）　152b
行政处罚案件，审核（西双版纳州）　138c
行政措施，清理、废止（德宏州）　155b
行政法规　186
行政规章　199
行政审批清理　47b
行政执法监督　48a
行政执法证培训　47c
虚假违法广告，打击　55c
宣威市　78c
宣威市
基本情况　78c
领导名单　79b
学习培训，法律法规（宾川县）　145a
寻甸回族彝族自治县　73b
寻甸县
基本情况　73b
领导名单　74b

Y

烟花爆竹，清理（大理州）　143a
盐津县　100c
盐津县
基本情况　100c
精神文明建设　101a
领导名单　101a
砚山县　127a
砚山县
工商行政管理基本情况　127a
领导名单　127b
漾濞县
工商行政管理基本情况　149c
领导名单　150c
漾濞彝族自治县　149c
姚安县　110c
姚安县
基本情况　110c
领导名单　111a
药品、医疗器械市场专项治理（大理市）　143c
药品非法经营查处（施甸县）　152c
药品管理法，国家的　176a
药品市场整顿（石屏县）　119c
业务培训，执法人员（丽江地区）　161b
医疗广告管理（江城县）　137b
医疗广告整顿（迪庆州）　168b
医疗药品监管（丽江地区）　161a
医药、医疗广告检查（思茅地区）　131c
宜良县　70c
宜良县
基本情况　70c
领导名单　71b
移动电话市场整治（大理市）　143c
彝良县　104a
彝良县
“两区”建设　104c
基本情况　104a
领导名单　104c
易门县　92b
易门县
基本情况　92b
领导名单　92c
饮食、副食品市场检查（大理州）　143a
印刷业管理条例　195c
盈江县　158b
盈江县
工商行政管理基本情况　158b
领导名单　158c
永德县　173a
永德县
工商行政管理基本情况　173a
领导名单　173b
永平县　145c
永平县
工商行政管理基本情况　145c
领导名单 146b
永仁县　111c
永仁县
获奖　112b
基本情况　111c
领导名单　112c
永善县　102a
永善县
“两费”收缴　102b
基本情况　102a
领导名单　102c
营运车辆监管　102c
永胜县　162b
永胜县
工商行政管理基本情况　162b
领导名单　163c
娱乐场所、网吧整顿（景谷县）　135a

玉米陈种清查(福贡县)　166c
玉溪高新区分局
玉溪高新区分局
　基本情况　96c
　领导名单　97c
玉溪市　85
玉溪市
　"三个代表"学习　87a
　党建工作　87a
　基本情况　85a
　计划财务工作　87b
　纪检监察工作　87a
　领导名单　87c
　人事教育工作　87b
　综合治理工作　87c
元江哈尼族彝族傣族自治县　95b
元江县
　基本情况　95b
　领导名单　96c
元谋县　112b
元谋县
　基本情况　112b
　基础设施建设　113a
　信息化建设　113a
元阳县　121b
元阳县
　工商行政管理基本情况　121b
　领导名单　121c
云龙县　146b
云龙县
　工商行政管理基本情况　146c
　领导名单　147a
云南省"九五"商标工作回顾及展望，
　赵健　30
云南省个体劳动者协会　58b
云南省私营企业协会　58b
云县　172c
云县
　工商行政管理基本情况　172c
　领导名单　173a

Z

在2000年公益广告表彰会上的讲话，
　吴光范　1
在建立经济户口试点工作会议上的讲
　话，王贵明　27
在全省工商行政管理工作会议上的讲
　话，程映萱　7
在全省工商行政管理工作会议上的讲
　话，何远灿　20
在全省整顿和规范市场经济秩序工作会
　议上的发言，郝青山　34
曾荣基，报告　36
沾益县　79c
沾益县
　基本情况　79c
　领导名单　80b
昭通市　97
昭通市
　基本情况　97a
　领导名单　98b
昭阳区　98b
昭阳区
　基本情况　98b
　领导名单　99a
赵健，讲话　30
镇康县　173c
镇康县
　工商行政管理基本情况　173c
　领导名单　174a
镇雄县　103c
镇雄县
　基本情况　103c
　领导名单　104a
镇沅县
　工商行政管理基本情况　133a
　领导名单　134a
镇沅彝族哈尼族拉祜族自治县　133a
整顿规范市场经秩序(全省)　45c
整治"三乱"　46a
执法检查(双江县)　174b
制假售假，打击　45c
制假售假，打击(永胜县)　163a
制假窝点，捣毁(文山县)　126c
制售假冒伪劣商品，打击(丽江地区)
　160c
中甸县　168c
中甸县
　工商行政管理基本情况　168c
　领导名单　169b
中华人民共和国商标法　183a
中华人民共和国外资企业法实施细则
　186a
中华人民共和国药品管理法　176a
中华人民共和国中外合资经营企业法
　182a
中华人民共和国中外合资经营企业法实
　施条例　190c
中介机构监管　53b
中外合资经营企业法　182a
中外合资企业法实施条例　190c
重点商品市场监管(迪庆州)　168a
"重合同、守信用"企业评定(泸西县)
　121b
"重合同、守信用"企业评选(德宏州)
　156a
重要旅游景区整治(丽江地区)　161a
重要文件选载　211
注册、申请商标(思茅地区)　132a
注册登记管理
　保山市　150a
　普洱县　134a
注册登记管理　见"企业注册登记管
　理"
注册登记企业户数(祥云县)　144b
注册登记企业数(洱源县)　147a
注册工商企业数(保山市)　150a
注册企业
　迪庆州　167a
　盈江县　158b
注册企业数
　宾川县　144c
　宁蒗县　164c
　永胜县　162c
注册商标，假冒(盈江县)　158c
注册商标登记(巍山县)　149b
注册商标管理
　建水县　119b
　石屏县　120a
　元阳县　121c
　云县　173a
注册商标清理(华坪县)　163c
注册商标清理规范(潞西市)　156c
注册商标数(永平县)　146b
注册商标与合同管理(陇川县)　159a
注册商标专用权保护(西双版纳州)
　138c
"注水肉""私宰肉"，打击(景洪市)
　139b
专卖店管理　57b
专卖店整顿、清理(宾川县)　145a
专文　27

图书在版编目(CIP)数据

云南工商年鉴(2002)/云南省人民政府研究室　云南省工商行政管理局　编
—德宏:德宏民族出版社,2002.11
ISBN　7－80525－648－9

Ⅰ.云…　Ⅱ.云…　Ⅲ.云南　工商　年鉴　Ⅳ.Z.200

中国版本图书馆CIP数据核字(2002)第035922号

书　　名　云南工商年鉴(2002)
主　　编　姚应懿　唐恒高　杨汝祥

出版·发行　德宏民族出版社
制　　版　云南佳信达印务有限公司
印　　刷　深圳佳信达印务有限公司

责任编辑　思继春　李庆光　李维高
责任校对　冉玉兰
封面设计　姚应懿　王　斌

开　　本　889×1194　1/16
印　　张　31印张
字　　数　960千字

版　　次　2002年11月第1版
印　　次　2002年11月第1次
印　　数　0001－5000册

ISBN 7－80525－648－9/Z.200

定　　价　238.00元

风花雪月

看淡点

风花雪月淡爽白金

由源自澳洲原麦的10.8浓度麦汁，以及海拔4100米苍山雪水精心酿制而成。晶莹剔透，澈如白金，口感细腻，非常淡爽。

风花雪月淡爽极品

以来自澳洲的纯正原麦配以海拔4100米苍山雪峰的纯净源水精心酿制而成。鲜滑淡爽，清亮澄透，泡沫丰富细腻，100%纯酒花沁脾清香。

风花雪月淡爽白金

（听装）：酒色纯亮，新鲜爽淡，国际流行包装，随身淡。

风花雪月淡爽啤

（听装）：清冽甘甜酒花香，国际流行包装，十足淡爽更添活力个性。

云南大理啤酒股份有限公司 出品 云南烨昌风花雪月有限公司营销

DALI BEER JOINT-STOCK COMPANY OF YUNNAN

昆明市前卫西路春晓花园G幢502室

销售电话:0871—4591283 4578424

传真:4588918